马克思主义研究文丛

哲学基础理论研究

哲学观与哲学观念变革

（第一卷）

孙正聿◎主编
孙利天 贺来◎副主编

中央编译出版社
Central Compilation & Translation Press

五月五 🤝

总序：坚守和引领哲学基础理论研究

在纪念马克思诞辰 200 周年之际，我们认真地总结了吉林大学哲学学科的发展历程和学术传统，深入地反思了我们的研究成果和研究特色，以"哲学基础理论研究"为主题，选编了代表吉林大学哲学学科学术传统和研究特色的三本论文集——《哲学基础理论研究之哲学观与哲学观念变革》、《哲学基础理论研究之辩证法理论及其当代课题》和《哲学基础理论研究之唯物史观与社会发展理论》。

一、坚守哲学基础理论研究的学术传统

吉林大学哲学学科创建以来，特别是改革开放以来，坚持不懈地进行哲学基础理论研究，坚定不移地致力于哲学理论创新，形成了吉林大学哲学基础理论研究的特色与优势：一是形成了哲学观念变革和哲学体系改革、辩证法的理论与实践、唯物史观与社会发展理论、学术思想史与政治哲学等主要研究方向，取得了一大批具有标志性的重要研究成果；二是注重捕捉具有时代特征的重大前沿性问题，注重汲取国内外哲学研究的最新成果，注重进行跨学科的综合性的学术研究，以理论的方式推进当代中国的改革开放和社会发展；三是坚定不移地进行学风建设，形成了倡导和鼓励解放思想、实事求是、与时俱进的学风和文风，坚持理论、历史和现实相结合的研究方式，提倡并营造既坚持原则又致力创新的学术环境与氛围，引导并扶持推进哲学基础理论研究的学术新人和学术成果，坚守并引

领了我国的哲学基础理论研究。

一是探索和阐释当代中国的哲学观念变革。恩格斯在《资本论》英文版序言中说："一门科学提出的每一种新见解都包含这门科学的术语的革命"。哲学观念的变革，集中地体现了人类文明的时代内涵，展示了时代精神的精华和文明的活的灵魂。在哲学理念变革的意义上，我们深入地探讨和重新地阐释了包括"哲学观"、"世界观"、"本体观"、"实践观"、"真理观"、"价值观"和"历史观"等哲学基本观念，赋予这些哲学观念以新的时代内涵。对当代中国哲学发展的历史与逻辑，我们作出了"从两极到中介"、"从体系到问题"、"从层级到顺序"等总体性概括与阐释，把哲学理解为"理论形态的人类自我意识"，理解为"人类文明的时代性问题的理论自觉"，致力于塑造和引导新的时代精神。

二是重新理解和论述马克思主义哲学。在高清海先生主编的《马克思主义哲学基础》系统地重新阐释马克思主义哲学和重新建构马克思主义哲学体系的基础上，我们以高先生所提出的"实践观点的思维方式"、"人对世界的否定性统一"为"理论硬核"和"解释原则"，不断深入地和具体地探索了马克思的哲学革命和新世界观，出版了《马克思主义基础理论研究》、《让马克思主义哲学说中国话》、《边界意识和人的解放》、《我们需要什么样的哲学》、《当代哲学与社会发展》、《马克思主义文化哲学》等一系列著作。为了发挥哲学基础理论研究中的示范和引领作用，我们与南开大学王南湜教授、北京大学丰子义教授、复旦大学吴晓明教授、北京师范大学杨耕教授、中国人民大学马俊峰教授、武汉大学汪信砚教授等合作撰写出版了《当代中国马克思主义哲学专题研究》，总结和概括了当代中国马克思主义哲学研究的历史与逻辑，提出和探索了马克思主义哲学研究中的重大理论问题，思考和展望了马克思主义哲学研究的趋势与走向，展现了当代中国马克思主义哲学研究所取得的重要成果。

三是拓展和深化辩证法研究。我们比较深入地研究了黑格尔的"内涵逻辑"的辩证法，马克思的"批判本质"的辩证法，恩格斯的"理论思维"的辩证法，列宁的"三者一致"的辩证法，毛泽东的"实践智慧"的辩证法，以及西方马克思主义的辩证法，在《中国社会科学》、《哲学研究》发表了系列学术论文。我们指导的博士生的学位论文，还专门研究了"辩证法的思维程序"、"辩证法的确定性"、"辩证法的否定性"、"直觉辩证法"以及阿多诺、科西克、齐泽克、奥尔曼的辩证法等课题。以辩证法为主要研究方向，我们先后出版了《马克思主义辩证法研究》、《论辩证法的思维方式》、《辩证法的生存论基础》、《辩证法与实践理性》、《直觉与逻辑》等学术专著，拓宽了辩证法研究的理论视野，深化了辩证法研究的理论内涵，推进了当代中国的辩证法研究。

四是坚守和推进学术思想史研究。哲学是历史性的思想，哲学史是思想性的历史，哲学与哲学史是密不可分的。恩格斯说，所谓的辩证哲学，就是一种"建立在通晓思维的历史和成就的基础上的理论思维"。依据这一理念，我们在马克思与近代哲学、马克思与德国古典哲学、马克思与古典政治经济学、马克思与西方马克思主义、马克思与《资本论》、马克思与当代政治哲学以及高清海哲学思想研究等方面展开了具体的、深入的研究，出版了《黑格尔与马克思政治哲学六论》、《追寻自由——从康德到马克思》、《德里达发生现象学》和《高清海哲学思想讲座》等著作，从思想史上推进了哲学基础理论研究。

五是拓展和深化政治哲学研究。近年来，我们出版了《何谓正义》和《正义与善：社群主义研究》等主要学术专著，翻译了《正义新论》、《无政府、国家和乌托邦》以及《同意的道德》等政治哲学的经典原著。在社会正义理论方面形成了自己的研究特色，对平等理论作出系统化的研究，建构性地提出了当前分配正义的基本原则，对应得理论作出领先性的研究，对自然权利、需要正义、优先主义以及中立性等作出专业性研究。这些研究拓宽了哲学基础理论研究，奠定了吉林大学政治哲学在全国的学术地位。

二、反省我们时代的哲学基础理论研究

如何推进我国的哲学基础理论研究，这是我们最为关切的问题。围绕

"我们时代的哲学基础理论研究"、"我们时代的哲学理念"和"我们时代的哲学课题"等方面，比较深入地反省了哲学基础理论研究的基本理念和发展趋向。

一是对"我们时代的哲学基础理论研究"的理解。

坚守和引领当代中国的哲学基础理论研究，首先需要明确何谓"哲学基础理论"。"哲学基础理论"研究处于"哲学史"研究、"应用哲学"研究、"现实问题"研究与哲学各"分支学科"研究这四者的相对关系之中。从与这四者的比较看，"哲学基础理论"研究，强调的是"哲学基础理论"的"论"的性质，强调的是哲学基础理论研究的"非应用"或"非实用"的性质，强调的是哲学基础理论研究的"总体性"、"原理性"等性质。从上述关系出发，可以描述出"哲学基础理论"研究的诸多特征，但仅停留于此，"哲学基础理论"仍然难以获得清晰、坚实的规定。坚守和引领"哲学基础理论"研究，需要把哲学的基础理论研究置于哲学发展的历史和当代哲学的语境之中。在哲学史上，长期以来构成哲学基础理论研究核心的是"形而上学"，尤其是形而上学中的"存在论"问题。但是，在现当代哲学中，再也难以找到和建立像传统形而上学本体论那样拥有特殊地位和话语霸权的"哲学基础理论"了，"哲学基础理论"之"基础"，已不可能作为以一驭万的哲学元话语而存在。在"后基础"语境中，所谓"基础"，主要体现在三个方面：其一，这里的"基础"，首先是指对于每一个哲学研究和思考者而言的"基础"。在这个意义上，"哲学基础理论"研究既是一种充分发挥研究者理论个性和思想创造性的、以"我"为基点的研究活动，又是一种在开放状态中由不同研究者共同参与和推动的公共性事业。其二，在当代哲学语境中，哲学研究者和思想者放弃对永恒在场的"统一性原理"与"普遍性真理"的奢望，自觉地在"后形而上学"的视域中，通过对现实生活的领悟和反思，从不同角度展开对"形而上学的现实运作"与"形而上学的意识形式"的双重批判，并以此捍卫人的生命的具体性与丰富性。其三，历史性的实践智慧。揭露人在"非神圣形象"中的自我异化，破除具体历史条件下抽象力量对人的统治，从而推动人与社会生活不断深化的自我理解和自我解放，构成了

"哲学基础理论"研究的根本旨趣。

二是对"我们时代的哲学理念"的理解。

哲学是思想中所把握到的时代。时代变革必然引发哲学观念的变革。在人类文明史上，把"历史"变为"世界历史"的"现代性"，改变了人类的存在方式及其自我意识，并因此改变了作为理论形态的人类自我意识的哲学。当代中国的哲学观念，正在以"现代性"为标志的"世界历史"的进程中发生日益深刻的变革。在"西学东渐"的过程中，现当代中国哲学吸纳了以"理性的时代"、"启蒙的时代"、"思想体系的时代"乃至"分析的时代"的西方哲学，不断深入地反省了传统形而上学的"世界观"。特别是 20 世纪 80 年代以来，在解放思想、改革开放的伟大实践中，中国哲学界在对通行的哲学原理教科书的反思中，凸显了以实践观点的思维方式重新理解马克思主义哲学，更为鲜明地赋予哲学理念以时代性内涵。

诉诸人类文明史，马克思曾把人的历史形态概括为"人的依赖关系"、"以物的依赖性为基础的人的独立性"和"自由个性"，并相应地把哲学的历史概括为古代哲学的确立"神圣形象"、近代哲学的"揭露人在神圣形象中的自我异化"和现代哲学的"揭露人在非神圣形象中的自我异化"。这表明，作为理论形态的人类自我意识，哲学不仅已经从"狂妄的理性"变为"谦虚的理性"、从"无限的理性"变为"有限的理性"，而且已经明确地把"揭露人在非神圣形象中的自我异化"和推进"人的全面发展"作为我们时代的根本性的哲学理念。

三是对"我们时代的哲学课题"的理解。

恩格斯曾经明确提出，马克思主义哲学是"关于现实的人及其历史发展的科学"。人的存在方式是历史性变革的，人对世界的现实关系是历史性变革的，人的世界图景是历史性变革的，人的思维方式、价值观念和审美意识是历史性变革的，因此，作为理论形态的人类自我意识的哲学是历史性变革的。这就要求哲学必须以"历史"的解释原则提出和回答自己时代的哲学课题：以当代的人类实践活动为基础的人与世界的当代关系是怎样的？以当代科学技术为中介的当代人类的世界图景是怎样的？以当代文明为内容的当代人的思维方式、价值观念和审美意识是怎样的?以当代人类社会生活为根基的当代人类的自我意识及其理论形态即哲学是怎样的?这是我们时代的基础性的哲学课题,也是当代中国哲学观念变革的真实内容。

三、以大气、正气和勇气推进哲学基础理论研究

在哲学基础理论研究中,我们深切地体会到,学术研究最为重要的是"大气"、"正气"和"勇气"。所谓"大气",就是"立乎其大者",有高尚的品格和品位,有高远的志向和追求,有高明的思想和见地;所谓"正气",就是"真诚地求索",有"抑制不住的渴望",有"直面事情本身"的态度;所谓"勇气",就是"异常地思考",有"吾爱吾师吾更爱真理"的信念,有"语不惊人死不休"的理想。这种"大气"、"正气"和"勇气",就是作为学者的为人、为学的"境界"。

大气,首先是志存高远,有强烈的社会责任感,有博大的人文情怀,有敏锐的问题意识。理论是思想中的现实,问题是时代的呼声。以强烈的社会责任感和博大的人文情怀去捕捉和发现时代性的重大问题,并以理论的方式直面现实,这是思想者的最为根本的大气。大气又是"先立乎其大者"。海德格尔说,"伟大事物的开端总是伟大的"。对于"做学问"来说,开端的伟大,就是在基础性的、根本性的问题上形成自己的"基本理念"和"解释原则"。它是照亮自己所研究的全部问题的"普照光"。一个搞哲学的人,没有对哲学本身的深切的追问,没有关于哲学的真切的体悟,是难以达到哲学"境界"的。例如,把"哲学"分解为若干二级学科进行专门研究是必要的,但是,没有超越各个二级学科的哲学理念,却往往导致并不是在"哲学"的意义上提出和论证问题,乃至出现哲学常识化或哲学科学化的思潮。再如,把"哲学"研究具体化为对哲学家、哲学论著、哲学派别、哲学思潮的研究是重要的,然而,没有研究者自己对哲

学本身的总体性理解，没有研究者自己对哲学基础理论的系统性把握，既难以真切地理解研究对象的思想，更难以真实地提出超越研究对象的思想。研究者的学养、悟性和境界，深层地决定"做学问"的水平。

正气，就是真诚地求索。"文章千古事，得失寸心知"。自己有多少"文献积累"，自己有多少"思想积累"，自己有多少"独立见解"，自己是最清楚的。讲课时，什么时候理直气壮，什么时候惴惴不安；写稿时，什么地方酣畅淋漓，什么地方捉襟见肘；这些，有谁会比自己体会更深呢？鲁迅说，"捣鬼有术，也有效，但有限"。这道出了人生成败的真谛，特别是"当官"、"经商"和"做学问"的真谛。"捣鬼有术"，或可"爬得高一些"、"赚得多一些"、"吹得响一些"，但终究是爬不高或摔得重，赚不多或赔得惨，吹不响或得骂名，总之是"有效"但"有限"。学问是老老实实的东西，做学问需要老老实实的态度。这就是做学问的"正气"。

勇气，就是异常地思，辩证地思，就是马克思所说的"在对现存事物的肯定的理解中同时包含对现存事物的否定的理解"。对于哲学来说，它要激发而不是抑制人们的想象力、创造力和批判力，它要冲击而不是强化思维的惰性、保守性和凝固性，它要推进而不是遏制人的主体意识、反思态度和创造精神，因此，"做哲学"就是"对假设质疑，向前提挑战"，追究生活信念的前提，质疑经验常识的根据，反思历史进步的尺度，审讯评价真善美的标准，反对人们对流行的生活态度、思维方式、价值观念、审美情趣采取现成接受的态度。这种异常之思，植根于长期的"苦读"和"笨想"，体现在切实的"有理"和"讲理"，因而实现为富有启发性和建设性的思想。哲学基础理论研究，从根本上说，就是为人类提供富有时代内涵的有价值的思想。

编辑出版这套文集之际，我们向已故的刘丹岩教授、高清海教授、邹化政教授、舒炜光教授表示深切的缅怀和崇高的敬意。他们是吉林大学哲学学科的奠基人，也是吉林大学哲学基础理论研究学术传统的开创者。作为吉林大学哲学基础理论研究学术传统的后继者，我们将继续坚守和引领哲学基础理论研究。任何重大的理论问题都源于重大的现实问题，任何重大的现实问题都深层地蕴含重大的理论问题。用现实活化理论，用理论照亮现实，让"灰色"的理论变得熠熠生辉，让"朴素"的现实变得厚重深沉，以哲学的"普照光"引导新的时代精神，构建人类文明的新形态，这是哲学的使命和责任，也就是我们的使命和责任。

孙正聿

2018 年 5 月 10 日于吉林大学

总目录

General Catalogue

总　序 …………………………………………………………（1）

哲学基础理论研究（第一卷）………………………………（1—248）
（哲学观与哲学观念变革）

哲学基础理论研究（第二卷）……………………………（249—642）
（辩证法理论及其当代课题）

哲学基础理论研究（第三卷）……………………………（643—966）
（唯物史观与社会发展理论）

第一卷目录
CONTENTS No. 1

哲学与主体自我意识
  高清海 ·················· 1

哲学即人学论纲
  ——通向唯物主义的科学道路
  邹化政 ·················· 5

人是哲学的奥秘
  ——我对哲学如是说
  高清海 ·················· 14

"哲学大全"的导论
  ——哲学现象学
  邹化政 ·················· 30

哲学不是什么?
  ——一种哲学观
  刘福森 ·················· 41

哲学观:我们该如何对待哲学
  刘福森 ·················· 51

"哲学就是哲学史"命题的是与非
  刘福森 ·················· 69

生活世界转向与现代哲学革命
　　杨魁森 ·· 82
当代中国的哲学观念变革
　　孙正聿 ·· 98
思想的前提批判与哲学的活动方式
　　孙正聿 ··· 120
改革开放以来中国哲学发展的历史与逻辑
　　孙正聿 ··· 131
"哲学就是哲学史"的涵义与意义
　　孙正聿 ··· 152
哲学的合法性论纲
　　孙利天 ··· 161
多元基础主义的哲学观
　　孙利天　张岩磊 ··· 171
作为思想的形而上学
　　孙利天 ··· 182
哲学怎样才是合理的
　　张连良 ··· 194
政治美学的哲学观
　　张　盾　邢国凯 ··· 201
界限分析与批判：当代哲学重要的工作方式
　　贺　来 ··· 213
略论哲学观与哲学的内在循环关系
　　贺　来 ··· 226
"后形而上学"与哲学的合理存在方式
　　贺　来 ··· 234

哲学与主体自我意识

高清海[①]

哲学究竟是本体理论、认识理论抑或人本学理论？就拿目前苏联和我国关于哲学性质问题的这一争论来说，如果了解了历史的发展过程，即能够了解历史本身就经历了从本体论走向认识论、又从本体论和认识论走向人本学的这一前进运动过程，我想对于问题的解决会是很有帮助的。历史是一面镜子，从它可以反照出我们的认识究竟处在一个何种发展阶段。

我从思考和研究中，得出了下面一些认识。

人总是从人出发去认识世界的，构成人的本质的实践性是一切认识的始初出发点。（但）人们不只是为了人而去认识世界，并且是直接以人的观点去认识世界。解决这个出发点上的矛盾，是哲学这种反思性质的理论不同于一切科学理论的根本特点。

对人来说，世界不只是一个构成生存基础和知识内容的对象世界、本体世界，而且是一个借以发挥主观创造作用和满足主体需要的意义世界、价值世界。由实践分化活动所形成的属人世界与自然世界的矛盾关系，就是哲学世界观理论所要认识和说明的基本内容；而构成属人世界与自然世

[①] 原载《现代哲学》1988年第3期。
高清海（1930—2004），黑龙江省虎林县人，满族。我国著名哲学家，优秀的教育家。吉林大学建立资深教授制度以来首批哲学社会科学资深教授（一级教授）。其著作如《马克思主义哲学基础》、《哲学与主体自我意识》、《哲学的憧憬》等先后荣获国家级优秀教材一等奖、全国高校首届人文社会科学优秀成果一等奖、国家图书奖提名奖等奖励。他的哲学思想成为文学、史学、社会学、政治学、法学、经济学重要的理论资源和学术资源，他的社会发展理论构成了经济发展学、政治发展学、法律发展学的重要学术基础。

界关系之本质内容的主观与客观、主观世界与客观世界的矛盾，也就成为哲学理论所要解决的基本矛盾。

在产生发展的初期阶段，哲学曾经试图直接去把握客体的自然世界，但它从自然客体发现的却是对象化于其中的属人本质。自此以后，哲学便总是在现实世界（对象世界）以外设定一个超越现实本质的世界，以统一预先被分裂的对立世界的矛盾这种形式，去说明现实世界的本质。哲学设定的那个超越现实本质的世界，或是理念世界，或是本体世界，或是自我世界，不论它以何种形式出现，就其实质而言，表现的都不过是属人世界的内容。哲学这种分裂而后再去寻求世界统一的活动，根基在于人的实践。实践就是一种分化世界同时又统一世界的活动。哲学不过是以抽象理论的形式表现着实践活动的矛盾内容。属人世界本是对人而言最为现实的世界，历史上却总是以非现实、超现实的形式出现于哲学中，这个根基也在人的实践性中。从实践分化出的属人世界在一定意义上的确可以说，具有超自然现实的本质和特性；而在实践尚未得到充分发展、主体从自然的分化尚不充分的条件下，人们对此只能以非现实的形式予以表达。

以往的哲学论争，归纳起来主要聚结在三个矛盾点上：自然存在与超自然本质的矛盾；（2）物质本原与意识能动形式的矛盾；（3）主体创造活动与客体制约作用的矛盾。

与此相适应，哲学主要经历了三次分裂、三次统一、三个发展圆圈：（1）从本体论基础把世界分裂为自然世界与超自然世界；（2）从认识论基础把世界分裂为心内观念世界与心外自在世界；（3）从人本学立场把世界分裂为主体活动世界与客体自然世界。

哲学从（1）以本体论（含自然论）为主的理论进到（2）以认识论为主的理论再到（3）以人本学为主的理论，表现了人类对自身主体性质由（1）直观认识阶段到（2）反思认识阶段，再到（3）自觉认识阶段的发展所具有的不同哲学形式。

这三种理论形式同时代表了人们用以观察世界事物的三种最基本的哲学思维方式：（1）以直观认识为特征，由脱离人（或溶化人）的自然出发，从本原把握事物本性的"存在论"思维方式，（自然观点是它的初级形式），（2）以思辨认识为特征，由脱离自然的人出发，从最高发展形态把握事物本性的"意识论"思维方式；（3）以上二者的简单综合为特征，由抽象的人出发，从意识与存在的机械结合去把握事物本性的"人本学"思维方式。

以往哲学取得的最大成果，在于依照上述不同思维方式分别论证了自然世界和属人世界各自的统一性。然而这两个世界之间却是处于彼此对立无法统一的关系之中。以往哲学只能或者把属人世界合并到自然世界之中，或者把自然世界熔化于属人世界之中，都不能从否定性的关系中把它们统一起来，这就是它们的根本局限性。

马克思主义哲学的伟大贡献，就在于从造成对立世界的根源中，发现了把属人世界与自然世界、主观世界与客观世界统一起来的现实基础。属人世界与自然世界的统一的基础就是人作为主体的实践活动。马克思主义哲学提出实践观点，这就意味着人类从此掌握了用以观察世界事物的一种崭新的思维方式。实践观点是从主体与客体、主观与客观、主观世界与客观世界、属人世界与自然世界在人的现实活动中所表现的对立统一联系出发去看待一切事物的观点。实践观点是对存在观点、意识观点、人本观点的否定，又是它们在新的基础上的统一和提高。马克思主义哲学从这一思维方式去认识和对待各种哲学问题，因而才克服了旧哲学的局限，引起了哲学理论的全面的和深刻的变革。马克思主义哲学的产生表明了，人类已开始进入自觉地发挥自身主体作用的发展阶段。

这就是我对哲学及其发展的本质的基本看法。

按照这种认识，哲学就是人作为主体的自我意识的理论表现。哲学的基本功能，也就在于提高人对自身主体性的意识（以及由此出发的对他意识），在于帮助和指导人类提高主体活动的自觉性。哲学理论的发展就意味着这种自觉性本身的不断发展和提高。

哲学经历了从最初注目于外界事物，而后转向主体自身，最后走向二者统一的不同发展阶段。个体人的哲学意识也要重复这一过程，犹如爬坡一样，只有经历了前面的发展阶段，才能进入更高的认识境界。我的思想就是如此。我自由"本体论"接受哲学，后来逐渐进到从"认识论"去理解哲学，经过对人——主体的思考阶段，最后方提升到实践论的思维方式。在到达这一最高点时，顿有豁然开朗之感。其实，经过这一历程最后我所达到的，不过是马克思创立马克思主义哲学时的思想起点，即《关于费尔巴哈的提纲》中的思想。这一番漫游绝非毫无意义。只是在经历了这个发展过程之后，我才真正体验到马克思思想的伟大。也正是由于在游历之后方体验到马克思起点的思想，这才使我看清了后来在教科书中所阐述的哲学与马克思的思想有着多么大的差距！我们的教科书不是在马克思思想的基础上往前走，甚而可以说是反向逆行。它不仅失去了人的主体意识，连认识论哲学的内容也被抛掉，而是径直退回到本体论哲学和朴素实在理论。这就是促使我要去改变哲学教科书理论体系的思想基础。

哲学即人学论纲

——通向唯物主义的科学道路

邹化政①

1. 凡为人所称道的一切实在性，如自然、社会、思维、艺术、宗教、哲学、科学和社会—政治—法律制度，以及其中的一切个别事物，都是对人显现着的实在性。而对人显现着的一切实在性，都是为人的意识所显现，从而它们在这显现中，都是意识。

万物皆备于我，这说的是：对人显现着的万物，都是在意识中而为意识所显现的万物。

人是万物的尺度，这说的也理应是：所谓"万物"，在其对人的直接性上，只能是为人的意识所显现着的万物，所以意识是在怎样显现着它们，它们对人便是怎样的。

人不能脱离意识而有其对人显现着的万物存在的实在性。

在这个意义上，以上两个命题都有无可怀疑、无可争辩的真理性。

2. 显而易见，意识的存在，是不容怀疑、不容争异的，因为如果要对意识的存在表示怀疑和争异，这本身便是一种意识的存在。

意识的存在是无可怀疑的，则为它所显现着的一切实在性，在意识中作为一些意识实在性的存在，也都是无可怀疑的。这两方面的统一，就是

---

① 原载《社会科学战线》1988 年第 1 期。

邹化政（1925—2008），男，山东海阳人，吉林大学原哲学社会学院教授，致力于会通中西哲学，建构哲学新体系，特别是在德国古典哲学研究中独树一帜、卓有建树。已出版著作有《〈人类理解论〉研究》、《黑格尔哲学统观》、《先秦儒家哲学新探》等。

一个人对其存在不能有一点怀疑的意识存在系统。

3. 然而意识是人的意识，是人的一个意识存在系统；人的存在，必然就是这个意识系统的存在。人从来对自己的存在，是不加怀疑的，因为人自知其为人的存在，是一个无可怀疑的事实，他不能认为自己不存在。

在这里，便出现两个问题：第一，人自知其为人的存在是一个无可怀疑的事实，是在什么逻辑基础上表现出来的呢？第二，人不能对自己的存在加以怀疑的这个"人在"，就其不能为意识所怀疑的限度内，它只能是什么呢？

4. 意识的存在，是无可怀疑的。但意识的本质是精神，是精神活动的表现，而精神活动不是一个自己可以说明自己的自足性，它必须有其负荷者为主体。它也不能以绝对虚无为其负荷者的主体，因为绝对虚无只能从虚无到虚无，绝不能从中表现出任何实有的实在性来。几何学所谓点，如果只是一个绝对的虚点，则它在其三维延扩之量的永恒延续中，便只能是一绝对空虚的空间，从中什么也产生不出来。因此，精神活动在其意识表现中的主体，必须是一种实有的存在者。这个存在者，就是人。

意识的存在是无可怀疑的，这个存在者作为人的存在，也必然是无可怀疑的。二者的这种统一性，正是人在其以自己为主体的自我意识亦即人的意识中，能自知其为人在是无可怀疑的事实的内在逻辑基础。

5. 从意识与其主体作为一个存在者的统一性中，可以推出人不能对自己的存在加以怀疑的那个"人在"，必然而且只能是人作为一个具有意识性能的存在者的存在。

人是什么？人就是一个具有意识性能的存在者，（而）不管它的本质及以此为基础的其他规定是什么。这一点，任何人都不能对之有所怀疑和争异的，除非他不顾绝对虚无不能产生任何实有的公理。例如要是认为，人就是意识的本质——精神的存在，是这一精神活动的存在，从而人作为意识的主体，就是这一精神活动，则精神活动不能成为独立自足的存在主体，它只能是某一负荷者的属性；这负荷者既然不是实有的存在者，它便只能是绝对的虚无了。

至于人作为一种有意识性能的存在者，是否如像意识所显现那样，是一具有时空形式的身—心统一体，现在是不能对它加以肯定或否定的。因为要是这样，无论是肯定或否定，都会马上引起不同意见的怀疑和争异。

6. 现在，出现了一个意识与存在的统一性，虽然它只是一个意识与人的存在的统一性，但它的潜在性是无所不包的，是哲学一开始便可立足其上的一个真理性。既然这个统一性的内容必然一是说，意识是人的性能，人是意识的主体来源；二是说，人的存在只能作为一种客观内容，表现在人自知其为人的存在是无可怀疑的意识里；从而三是说，这二者的统一，是一个意识表现人在的主客统一性，那么人在的前提①、本质及以此为基础的全部其他规定与意识的关系，也必然是一个前者为意识所表现的主客统一性。这个主客统一性又必然就是：

第一，它是一个人呈现其真理系统的意识界的一个道、一个规律系统。

第二，人在的前提、本质及以此为基础的全部其他规定，也是一个道、一个规律系统，不问这二者的统一的实在性是什么；

第三，此者作为客观内容，只能为前者所表现，这便是一个人道的主客统一性。

意识与人的存在的统一性，就是这样一个以人为主体的人道主客统一性，简称人道。

人道的表现，就是人的真理系统作为一个意识界的实在性，它也必须是一个以人道为根据的主客统一性。

7. 哲学的出发点是人，人道是它的研究对象。为意识所显现着的自然、社会等等作为意识的规律，人创造其艺术、宗教、哲学、科学和社会—政治—法律制度的规律，无不包含在人道之中，而是人道的一些特定环节。只有哲学，才能从一般概括性上去把握人道的总体性。所以，哲学不是别的，它就是作为整体而存在的人学。

哲学作为人学，是人对其人道的最高自我反思，同时又是人道的一个必然的最高环节。哲学在表明其自身的本质和作用时，就包含或体现了后一方面的内容在内。哲学的本质或作用就在于：人在其人道的社会实践

---

① 所谓人在的前提，从现在来看，只能指出它不外是这样两种可能性：一为人在是本体，一为人在不是本体，只是本体的一种现实表现，从而人在之外，还有他在。

中，必然要产生对其人道基础的某种自觉，去追求与是道相合一，以便为人生航程提供最高的立足点和原则。不管这种自觉的程度和形式是什么，也不管它会提供怎样的最高立足点和原则，哲学的本质和作用总是如此。

8. 人道的表现是意识，是作为真理意义上的意识，是这样一种意识的主客统一性。这是人类意识的本性。在意识本性的意义上，人道就是人呈现其意识本性的规律系统，而哲学作为人学，则是有关这个规律系统的一般理论系统。这个系统是：

$$
\text{人类意识的逻辑原理} \begin{cases} \text{人类意识的自然原理} \\ \text{人类意识的社会原理} \\ \text{人类意识的审美原理} \end{cases}
$$

这个原理系统中的一切原理体系，都是一个意识的主客统一性，都和意识表现人在的前提、本质及其一切规定的客观内容的统一性分不开。因此，系统的整体性是必须彻底从一切对人显现着的实在性都是为人的意识所显现，因而它们都是（从）意识的前提出发。这就是说，它必须立足于人的存在是一种有意识性能的存在者的存在这一无可怀疑的真理上，而从人的意识出发，去演绎出意识的主客统一性作为人道的一般真理系统来。①

在这个真理系统中，以不可抗拒的逻辑必然性，使我们进入客观的物质世界及人在对它的关系中的一切创造活动。在我看来，这便是通向唯物主义的一条与现代西方哲学相抗争的唯一科学道路。

9. 人学原理是这个系统的导论，是对这个哲学系统作为人道学的综合论述。它自成体系而代表这个哲学系统，可归结为一个哲学即人学原理的实在性。因此，它的逻辑结构必然就是：

首先，是要论述意识之所以为意识的直接性，以及它的存在系统，和这个存在系统的主客统一性。

其次，意识的本质是精神，是人的精神活动或精神属性，因而论述的进程，必须从意识的主客统一性，转向精神的主客统一性。它涉及精神的

---

① 必须注意，人是如何达到这个演绎体系的，与这个演绎体系本身是相区别的，二者不可混为一谈。

创造性及其一切无意识的领域。

最后，精神与意识的统一，就是人性，而人性是人道作为一个意识的主客统一性的总体性。人只有在人性表现其社会存在规律①的制约中，才能进入本身的实践活动。于是人学原理最后告终于人性的具体主客统一性。

这样，人学原理便由三个部分组成：

意识的直接性：意识论；

意识的间接性：精神论；

意识的总体性：人性论。

意识的直接性与意识的间接性，都是意识的总体性作为人性的不同层次，二者的统一才能充分表现出意识的本性，意识的本性，就是人性。人性可定义为：人性是人表现其社会存在规律的机能系统。在这个机能系统中，人的一切真善美统一的意识，都结晶在其中了。

10. 马克思主义哲学，到底应不应该包括人性论呢？

马克思针对边沁的效用原理说："效用原理不是边沁的发现。他不过无意味地，把爱尔维修（Helvetius）及其他十八世纪法兰西人的才气横溢的言论，再生产罢了。例如，要知道什么对犬有效用，先得研究犬性。这种犬性自身，是不能由效用原理推知的。应用到人身上来，人们想依效用原则来判断人的一切行为、运动、关系等等，也首先要研究人性一般，然后研究各时期历史地变化了的人性②。"

马克思在这里明确地肯定了人性的实在性，而人性一般与其历史形式的统一，正是人的意识在其主客统一性中的一般本性与其历史性的统一。这是人的意识之为一个主客统一性的内在核心和总体性。可见马克思主义哲学作为马克思主义的人学原理，最后是必须要归结为和包含人性论的。

11. 人们会说，马克思主义哲学，是从客观存在着的物质世界和人的社会物质生活条件出发，而不是从意识出发；从意识出发，把全部哲学问

---

① 人性表现人的社会存在规律，不是说人一定能认识到其存在规律，这只是说，它在一定意识的形式上，适合于这种规律而表现了它。
② 马克思：《资本论》第1卷，人民出版社1953年版，第765页，脚注。

题都归结为人的意识原理问题，这就走向神秘和离经背道了。

然而不是别人，正是恩格斯把哲学最高问题归结为思维对存在的关系问题。客观存在，不会自己溜进人的心灵或精神，它必须通过人的精神机能作为感性机能而对人显现为感官印象。因此，所谓思维对存在的关系问题，也就是一个思维以感性为中介而对客观存在的关系的主客统一性问题。对这问题的理论展现，就只能是一个人学原理作为人类意识原理的实在性。哲学不是这个实在性，那么您说它能是另外的什么实在性呢？果真有这样一个不是意识原理的主客统一性的哲学实在性，那才是天字第一号的神秘呢！

据此，所谓客观物质世界和人的物质生活条件等等，也是人的一些观念，是人规定、把握对人显现着的自然、社会两种感官印象的一些规定性。从而，从这些观念出发，也就是从意识出发了。哲学的真正任务不在于宣布我们要从这样一些现成的观念出发，而在于论述、阐明这些观念的逻辑必然性及其为主客统一的真理性。

当今唯物主义与唯心主义的对立斗争问题，完全不在于现成地宣布存在决定意识，意识是在反映着不以意识为转移的包括人之社会物质生活条件在内的物质世界，而在于确立思维规定、把握感官印象这样一个规定性的主客统一的真理性。要做到这一点，只有从意识出发，从这个无可怀疑的前提出发使哲学即人学原理作为人类意识原理处在其系统展开的逻辑必然性中，才是可能的。

12. 人们又会说，要是这样，这便把全部哲学问题都归结为认识论，而取消了世界观了。人们所以会这样提出问题，是由于人们缺乏这样一种高度自觉：所谓逻辑学（形式逻辑与辩证逻辑的统一）、认识论与世界观的三种区分，首先必须是在人的意识范围之内的一种区分；因为对人显现着的一切实在性，都是为人的意识所显现，因而都是意识。此三者的统一，也必须是一个表现意识规律或人对其意识规律达到自觉的主客统一性。这样，哲学即人学原理作为人类意识原理的实在性，怎么会取消世界观，而把哲学归结为认识论呢？

人学原理的宗旨就在于：它以思维对存在的关系为前提，在真善美意识的统一中，揭示以人为中心的全部人道。它不但体现逻辑学、认识论与世界观的三统一，而且还体现这个统一性与人性论的统一。在我看来，不但人创造其社会历史的规律是一个主客统一性的人道，逻辑学、认识论与世界观的三统一，作为人对其一般意识规律（包括社会伦理规律在内）的主客统一性的自觉，也是人道。当然人创造其宗教、艺术的规律，也是人道。

从精神机能的层次上看，所谓人道，就是人的精神作为思维机能以感性为中介而对客观存在的固有关系，亦即哲学基本问题的一切环节的内在统一。

这里，便涉及到一个哲学的对象问题。

13. 思维以感性为中介而对客观存在的固有关系的直接表现，就是人的意识。而对人显现着的一切实在性、一切事物，都是为人的意识所显现，都在这显现中是意识事实，这便决定了哲学对象的直接性，首先必须是意识的规律系统，是意识、精神和人性三个层次上的意识规律的统一体。

如果所谓不以意识为转移的客观存在这一观念的内涵所指，不仅是指意识的主体——人在，而且还说人在之外必有他物存在，是指二者同为存在的统一体，从而的确存在着一个在我们之外的如像人的意识所表现着的那样一个时空物质世界，那么二者便是一个存在只能为意识所表现的统一性。对人说，客观时空物质世界的存在，只能作为一个客观内容显现于人的意识之中；脱离意识的中介，人在的内部便归于一无所有的沉寂。这个统一性，就决定了客观存在的规律系统，必然也是人的意识规律系统所固有的客观内容，二者也是一个前者为后者所表现的同一性。正是在这个统一性中，就其客观内容而言，哲学的对象转化为客观存在的规律：哲学，以客观存在的规律系统为对象，客观存在于其多样性中的最高本源问题，也包含在这个规律系统之中，并且是它的一个终极层次。这正如本源的观念如像本体、实体等等，是人的意识规律系统的终极层次一样。

然而客观存在的规律系统，是这样两个方面的统一体：一为人在对其他存在的统一体的规律系统，一为存在总体本身在对人的关系中，转化为在人对人、人对其他存在的相互关系中的一切存在总体的规律系统；前者在后者中多了一层规定，亦即任何存在都无不涉及人对自身及他物的固有关系的规定。前者作为前提而归宿于后者的统一性，才是作为哲学对象的客观存在的规律系统。因为对人说，客观存在及其规律系统，只能是这样一个统一性。只有在这个统一性中，才有人创造其社会历史过程的逻辑先在根据。

显而易见，在人意识中对人显现着的包括被称为人那个意识事实在内的万物总体的规律系统，就其整体结构说就是这样的。如果这个意识界的确在表现一个客观存在的外界，则这外界的规律系统的整体结构，也只能是这样。此者作为前者的客观内容返归前者的主观性，便又复归为一个意识规律系统的主客统一性。于是，哲学的对象，现在便转化为人的意识规律系统的主客统一性。这是哲学对象的一个总体环节，前两个环节一为单纯的主观性，一为单纯的客观性，只是它的两个对立方面。

这个意识的主客统一性，实质上就是使人所以为人的一个人道，因为人是它的主体，它是人的主体属性。哲学的对象，归根到底是以人道为对象。

就这个主客统一性的本质而言，它是思维以感性为中介而对客观存在的固有关系，所以这是哲学基本问题，也是人道的基本问题。

14. 人道的一切层次、一切环节，最后都在真善美意识的统一性中，集中为它之为人性表现人的社会存在规律的机能系统，集中为在这个机能系统中的为人所特有而关于人自身的真善美意识统一的主客统一性。

现在，我们已有了人在为其意识性能所表现这样一个无可怀疑的主客统一的真理性。如果前面有关哲学对象的论述是真理，从而哲学对象的确有其那样一种客观性一面，并且它在这种客观性一面中的一切内容，就是人在的前提、本质及其一切规定性的客观基础，那么立足于这一真理性，当能由意识而精神，由精神而人性，系统地演绎出哲学对象作为一个意识主客统一性的全部逻辑内容来。这就是哲学即人学原理的理论体系。

在这个理论体系中，马克思主义哲学的一切原理，都在其应有的地位中，以不可抗拒的逻辑必然性向人展现出来，并得到充分的论证和发展。

这不但是通向唯物主义的唯一科学道路，而且也是发展马克思主义哲学，使它更为现代化的唯一合理之道。

人学原理作为哲学导言，便是力图展现这个合理之道的具体内容。由于站在现代科学和时代精神的高度上，它的内容和涉及的问题，远比黑格尔的《精神现象学》浩繁得多，所以人学原理可以写成这样三大卷书：

人学原理——意识论；

人学原理——精神论；

人学原理——人性论。

这三卷书的统一，便是人学原理的理论体系的结构和系统。

15. 总之，贯通人学原理的哲学精神，一言以蔽之：合内外之道也，知性而知天也——"道不远人，远人非道也"这样一个人道即天道的哲学大道理。

这里所谓天道，即为贯通客观物质世界的物质实体作为道或理的实在性。它既是意识规律和存在规律的本源，同时又只能与人的意识规律相统一而为后者的意识存在系统所表现。二者的统一，就是一个天人相通之为思维与存在同一性的人道实在性。

人只有在天人相通中，达到天人合一的最高精神境界，才有人的最高自由。天人合一的理想，是照耀人类社会伦理生活及其发展的灯塔。

人是哲学的奥秘[①]
——我对哲学如是说

高清海

一、人与哲学的"对象世界"

通过对哲学发展历史的多年研究和思考，关于哲学，我形成了如下的看法：哲学作为"世界观"理论，面对的虽是外部世界，表达的却是对人自己的观点。

所谓哲学表达的实质上是人对自己的观点，这不只是说，人总是从人出发去看待世界、为了人的目的而去研究世界；而主要是说，哲学对世界的认识实际上不过是对人自己的认识，它是通过世界以理解、把握人自身的存在及其活动的性质、意义和价值的。当然，这句话反过来也意味着，人也总是从对自己的理解中去把握外部世界。这样．在哲学史上才出现这种情况：哲学是怎样理解人的，它也就怎样去理解世界哲学关于世界不同观点的分歧和论争，表现的实质都是对人自身的不同看法。

人之所以需要从世界这一对象去理解自己，就因为人是一个以整个世界为对象的存在。这是唯有人才具有的特性。就我们今天的认识所及，可以认为人是世界的最高存在，属于宇宙全部精华的结晶。人是只有在走完

[①] 原载《哲学研究》1993年第6期。

宇宙经历的一切进化过程，达到它的巅峰阶段而后才会形成的存在。因而可以说人就是一个缩微的宇宙。试想，在人的身上，外部世界什么东西是它所没有的？我们很难指证得出来。相反地，人身上有的东西，比如理性，在自然界中却并不都能看到。

上面谈的只是人体构成情况。在人的活动表现出的对象性关系中，这种性质更加明显。除人之外，其他一切事物都只能以有限的自然存在为自己活动的对象。而人则面对着广漠的世界，从其可能性说须以整个宇宙为自己生存活动的对象。这也是唯人才具有的特征。所以，从人的观点来看，自然构成威慑着人的一种强大异己力量；相反地，如果自然有知，从它的观点去看，也会认为唯人才是敢于同它抗衡、构成对它威慑力量的强大对手。

这就表明，人是一种世界性的存在，人与世界无论就其始源关系或是发展关系说，都是融为一体、密不可分的。人来自于自然，构成世界存在的一个部分，在这方面应该认为人属于世界；但在另一方面，人在活动中逐步把自然存在转化为自己的"无机身体"，使它成为人的存在之部分，从这一意义上又必须认为世界是属于人的。人原本是一种自然存在，要了解人的始源不能不追溯到自然世界，因而应该认为世界是人的秘密所在；然而另一方面，人作为宇宙精华的最高结晶同时又集中了宇宙最尖端的矛盾，认识世界的那个最困难部分因而就不在人外存在而恰恰是人的存在，从这一意义上又必须认为人才是世界的奥秘所在。由此决定，我们想要了解人往往必须溯源到世界，而要真正了解世界又必须去理解人。哲学的历史就是沿着这样的道路走过来的：它总是从人走向自然，然后又不得不从自然返回人自身，要在二者之间不断地往复循环。

这同时也就表明，哲学所面对的"世界"，并不是人产生以前那个无人的洪荒宇宙，而正是人直接生活于其中的这个世界，即处在了对人关系中的世界、经过人的活动所参与创造的、对人二次生成过的世界。如果说本来的世界只是大自然的一统天下，自然是至上唯一的主宰，那里一切都服从于自然因果的支配；那么，自从人出现以后，由于人的自我创造活动不仅扰乱了自然固有的这个秩序，甚至颠倒了人和物的自然关系，在人迹所到之处，都要灌注人的目的，实现人的支配作用。很明显，这样的世界已不再是单一和纯粹的自然世界，而是变成了充满两重矛盾关系的世界。因为这里已不只是自然的主宰，人也在争取支配权；不只有自然因果规律在起作用，同时又出现一种合目的性的应然规律；它已不只是一个必然性的王国，其中正在开创人的自由天地；如此等等。这是一个多重的世界，自然的和属人的双重矛盾构成了这一世界贯彻一切方面的现实本质。

这就是说，作为"世界观理论"——哲学之对象的那个所谓"整个世界"，决不是指物理空间的界域说的，只能是指由于人的出现而使它具有的多重性质或者多重世界的关系而言的。

世界原本只是一个，并没有几个不同的世界。只是由于自然性和属人性的矛盾，使得事物的内容和性质不但以自然为转移，同时还要以人为转移，因而从不同的人和不同的视角看来，世界才成为各不相同的存在。这就是通常所说，人们虽然共在一个屋檐下，却各有自己的生活世界，甚至同一个人在不同情境下体验到的世界也会互不相同。

世界因人出现多重关系，也被人分裂成为不同的世界。科学、神学、哲学作为各自独立的理论，虽然都以世界为对象，由于观察的角度和方法不同，把握到的"对象世界"也各不相同。正是这一点，构成了它们之间彼此区别的内在根据。

比起"哲学世界"来，"科学世界"和"神学世界"都属单一存在的世界。也就是说，科学和神学注重研究和思考的只是两重世界中单一的性质和关系。

科学世界，属于单一的时空物理世界，或叫自在存在的本然世界。科学追求的是原生形态的存在，因此它在活动中只能遵循一个尺度即客观性的尺度，也只要求一个结果即把握必然规律、达到真理认识的结果。这是科学理论的根本性质和特点。由于既经构成人的对象世界，哪怕仅仅是认知对象的世界，它就已经对象化了人的本质在内，即对象已被两重化，不再是纯一性质的存在；所以科学要把握存在的自在性质，就非得经过反复实验不可，只有清洗掉人为添加的性质和形式以后，才能达到客观的真理认识。这是科学认识特有的方式。在这一意义上可以说，科学方式的认识是一种复本还原的认识。

神学世界，则是属于单一性质的应然世界，也可以叫作理想化的属人世界。宗教、神学追求的是绝对自由性的人格和生活，因而在它的活动中也只讲求一个尺度即理想应然的尺度，只追求一个结果即至善状态结果。与科学认识相同的道理，在这里要实现神学的目的，也必须消解两重性矛盾，使人跳出生存三界，超脱因果轮回，彻底摆脱自然羁绊。这是神学意识的特有方式。神学思考是一种幻想式的超越性思考。

那么，对人而言，科学世界和神学世界是属于真实性的世界吗？应该说，无论科学世界或神学世界，它们都有对人的真实性质，却又都并非人的"现实世界"。如果它们不具真实性，人类为它们耗费了那样多的才思睿智，而且今后还将付出聪明才智，就成为不可理解和理喻的事。然而，现实的人又既不能生存于完全由自然辖制的荒漠宇宙，去过与禽兽为伍的动物式生活；也不能仅凭自己意志去构造自己的存在，脱离自然世界、不食人间烟火，去过天使般的生活。现实的人是一种自身矛盾性的存在，人的现实世界也只能是一个在两重矛盾关系中存在的世界。

这样，问题就清晰了。科学世界，作为单纯的自然世界对人只是一个"潜能世界"；神学世界，作为纯粹的属人世界仅是人所向往的"理想世界"。只有二者的结合和统一，才能构成现实人的现实世界，而这就正是"哲学世界"。哲学面对的就是一个由自然的和属人的、潜在的和理想的、物质的和精神的、主观的和客观的、必然的和自由的种种两重性质结合而成的矛盾世界。哲学这种理论的任务和功能，正在于要去理解和把握人在生存活动、发展活动中所造成的这一切两重关系，以便使人能够以人的态度对待人自己、以现实的态度对待人的现实世界，进而自觉地去为创造人和人的世界而奋斗。哲学，实际就是人以世界为中介的自我意识、自我理解、自我创造、自我实现的一种理论活动、理论表达。

在人类思想发展的历史中，哲学与神学、科学始终处于难分难解的密切关系中。在突出对实在世界的超越性之时，哲学便被归并于神学理论；而在注重世界实在性质的另一时期，哲学又被纳入科学系统。实际上哲学既不能划归神学理论，也不能并入科学系统。所以更多的时候是把哲学理解为既具神学内容又有科学性质的矛盾混合体。这里就反映出了哲学世界的双重性格。古代哲学自不待言，近代哲学何尝不是如此？近代许多大哲学家，在科学与宗教的激烈冲突中，即便他们站在科学一方坚决地反对宗教世界观，在他们的哲学理论中也不敢轻易抛弃"神"的观念，还经常要给神灵、神性保留一个位置。例如笛卡尔、培根、洛克、斯宾诺莎、莱布尼兹、康德、黑格尔等人莫不如此。对于这种状况我们不能仅用他们思想的不彻底性、动摇性和妥协性去解释。这方面的因素当然存在，但更为深邃的原因则是，哲学不可能被彻底"科学化"，如果哲学变成纯粹的自然理论，人将置于何地，人对自然限制的超越性如何去解释？哲学世界本就不是像科学世界那样的一片净土。所以凡是看重"人"的哲学家，在他们对人尚不能作出真正人的解释时，都不能不对神灵或神性有所保留，就连尖锐批判了基督教神学的费尔巴哈也未逃脱这一命运。

哲学不是神学却近于神学，不是科学又类于科学，它到底是什么？正确的回答是：哲学就只是哲学，而不是任何别的。这正如人只是人，它却同于禽兽而又类于神灵是完全一样的道理。

在成长过程中，哲学曾经扮演过各种不同角色、以各种不同面孔出现于历史，例如，哲学曾经是自然理论、逻辑理论、伦理理论、社会理论、政治理论、文学理论、神学理论、生物理论、语言理论、经济理论等等。这也极类于人。人在生成中没有未曾经历过的事物，哲学在成长中也是几乎什么事情都干过；人只能在不断对象化自身于外物的活动中获得自己的本质，哲学也必须在不断异化自身的活动中去获取哲学的本质。哲学浪迹天涯的那番漫游并非无谓之行，这正是使它自己成为哲学的必要条件和步骤。哲学只有在自己帮助下使各种知识学科陆续成长起来，它才有可能去全面地和深入地理解人及其所处现实世界的复杂矛盾本性。所以事情决不像有些学者理解的那样，当着知识学科从哲学孕育成熟纷纷独立以后，仿佛哲学便失去活动地盘，无事可干，应该走向消亡。事情非但不是如此，甚至恰恰相反。知识学科的独立发展对于哲学来说既是否定同时又是肯定。过去由于知识学科不发达，哲学才不得不放下本业，去为建立必要的知识基础而忙碌；现在这种基础具备了，正好使哲学有可能去发挥自己的本业和特长，从矛盾的现实入手去把握现实的人和人的现实世界。

二、人与哲学的思考方式

哲学作为思辨性的理论活动，看来是一种完全自相矛盾的活动。

哲学的宗旨本来是要寻求万物的统一性、建立统一的世界观体系；然而从事活动的方式却是地道的分裂存在的活动，达到的结果也总是陷入相反世界体系的对峙之中。这是很奇特的。如果我们说，哲学家们都是在有意地分裂世界、制造矛盾，也不算怎样过分。他们要去认识现存世界，却从不满足于对可见世界的了解，非得还要虚构或悬设一个不可见的世界，在把存在分裂为两个对峙的世界之后，然后才去设法使它们统一起来。赫拉克利特的原子世界、柏拉图的理念世界、笛卡尔的实体世界、莱布尼兹的单子世界、康德的物自体世界、黑格尔的绝对精神世界等等，都属于这类超越感官世界之外，由哲学家创造出来用以说明现存事物的不可见世界。

这种做法从素朴观点看来是很费解的。亚里士多德对于柏拉图在每个实在事物之上都悬设一个理念作为原型的做法就不很理解，曾指责说，"这几乎好像一个人要点数事物，觉得事物还少，不好点数，他就故使事物增加，然后再来点数"① 一样的荒唐。亚里士多德虽然这样指责柏拉图，他也并未好到哪里，轮到自己要去解说现存事物的动变本源时，也不得不在可感觉本体之上悬设一个"永恒不动变本体"（不可感觉的本体）作为动力来源，照样分裂了世界。

把世界分解为不同存在，从多重世界关系去理解世界的统一本性，看来这是哲学研究世界的特有方式，命定必然如此。为什么？究其原因，根子仍然在人身上。

人本来就是一种超越性的存在，只能在分化世界中生存，也只能在分化自身中存在。人有一个生命本质，在这点上它与一切动物相同，必须服

---

① ［古希腊］亚里士多德：《形而上学》，1079a。

从自然生命的生存本性；人还有一个超生命的本质，这是由它自身活动创造出来的无形本质，它也只能由自己的创造性活动所支配。人的双重本质投射于客观对象，通过人的生存活动同时也就分化了外部世界，即在自然世界之上又创造了一个为我存在的属人世界。

这种分化世界和自我分化的活动就是人的实践活动。"实践"是人的生存本性，也是人的存在方式；人可以说就是一种以实践为本性和生存方式的动物。这是人与动物的始源性分界点。动物的生存活动是由自然（物种）本能支配、完全顺应自然法则的活动，人的生存活动则相反，它是贯注自我目的、迫使自然适应并满人的需要的活动。动物利用自然存在以充实自己的本质，活动的结果只能把自己束缚于对象，变成生存环境的一部分；人的活动是对象化的活动即本质外投性活动，它通过以物的方式的活动换来的却是物以人的方式的存在。按照马克思的说明，实践就是人依一定目的、通过运用工具去变革对象、创造价值的活动，在这种活动方式中人不但创造了人的生活，创造了人自己，也创造了人的生存环境，创造了人的对象世界。所以，人由自己的活动在把自我从动物家族分化出来的同时，也就分化了世界。如果说在人以前、未踏上人的足迹的世界是自然关系的一统天下，那么，人由自己活动创造的生存世界就是以人为主体、为人而存在的属人关系的世界。

存在方式决定思想方式。哲学分化世界的理论活动方式与人类分化世界的实践活动方式是恰相适应的。不管人是否意识到自己的实践本性，在人的一切活动里作为存在方式的实践都会本能地发挥基础性的支配作用。人从不满足于给予的存在，总在追求一种尚无存在的理想事物，非得经过自己的脑和手把得到的东西改铸过以后才肯罢休，这就是人作为人的一种本能，追求"形而上学"的本性。人在生活中如此，思维中同样如此。

其实，在人类历史上，哲学这种理论就是从人怀疑感官给予的物理世界，试图开掘它对人的不可见意义这种活动中开始诞生的。在欧洲，泰勒士被公认为第一位哲学家，被称作"哲学之父"。他的思想从今日观点看来实在是简单得不能再简单了。万物来自于水最后也要复归于水，这句话之有意义并不在它给出了什么，恰在于它的否定的内容。这句话就意谓着：自然究竟是个什么，并不在它向我们直接呈现的样子，它以怎样的状态存在也不是由它自己主宰的，这一切都在它所蕴涵的那个只有运用思维才能把握的隐蔽着的本原存在里面。这样就把人的认识从既存的世界引向一个虽不可见、对人却真正实在的世界之中。哲学在此后创立的各式各样理论，都不过是为追求和探寻这一对人具有实在意义而又非直接可见的世界的某种不同设想。哲学不论采取何种形式，它所分裂的世界矛盾归根结底不过都是自然世界与属人世界矛盾的某种变形存在。

古代哲学是这样走过来的，近代哲学同样如是，可以说，全部哲学的发展无非就是从对世界的分化走向统一，而后又在更高基础走向分化的过程。每一次分裂和统一，都表现为一个圆圈式的发展，哲学史因此便是从一个圆圈进到另一个圆圈的发展史。

从总体来说，以往哲学的发展大致可以看作经历了三次大的分裂和统一、形成为三个大的圆圈式循环。这三个循环圈就是：自然物质世界与超自然精神世界的分裂和统一；心内观念世界与自在客观世界的分裂和统一；主体人化世界与客体自然世界的分裂和统一。三个圆圈与哲学理论的三个主要历史形态即本体论哲学、认识论哲学和人本学哲学大体相适应；同时也与人类思想史对自身认识的三个主要发展阶段即笼统直观认识、反思分析认识和自觉综合认识等历史阶段大体适应。

三、人与哲学的演化特征

哲学属于派别性理论，哲学领域自始至终充满着不同派别的对立、冲突和斗争。

在其他意识领域，例如文学、科学、宗教神学领域也有不同学派、流派、门派之分，哲学派别与这些都不同。哲学理论不但只能在派别中存在、不可能有派别以外的哲学，而且它的派别分歧都属根本观点上的对立。一派的主张恰是对另一派的否定，一派的理论正好是对另一派理论的颠倒。由于哲学观点的这种根本分歧，不同派别的对立经常是极为尖锐的。

　　冷眼观去，哲学确属一种怪异的理论。只要有一种正面观点存在，就必有一种反面观点予以补充。仿佛单从正面不足以看清事物，把它颠倒过来，从反面倒过去看反而会更加清楚，以致哲学观点总是经常处在颠来倒去的变动之中。天文学领域只有一次"哥白尼革命"，这种哥白尼式的颠倒在哲学领域却是屡见不鲜、层出无穷的。康德自诩在知识领域实现了"哥白尼式的革命"，其实何止康德一人是如此，柏拉图、伊壁鸠鲁、培根、莱布尼兹、费尔巴哈、尼采、海德格尔、弗洛伊德、萨特，乃至每一位对改变传统作出过贡献的哲学家，他们的理论都可以看作不同方面哲学观点的某种颠倒。

　　对于哲学的这种现象，历来人们有过各种不同解释。在我看来，造成哲学必然如此的最深层根据还是只能从人的身上去寻找。

　　人本身就是一个"二律背反"式的矛盾存在。人由两个"我"所组成，有一个肉体的我，还有一个灵魂的我。这两个我的性质完全相反，肉体通向自然，引人进入尘世生活；灵魂通向天国，引人走向彼岸世界。然而在人身上，性质相反的这两种东西又只能肯定自身于否定的关系之中。灵魂必须依附肉体而存在，肉体必须接受灵魂的支配。这样就使人成为自然中的超自然存在，或具有超自然性质的自然存在。人把世间可能有的最为极端的对立面集结于一身，堪称宇宙最为奇妙的结合体。所以长时期以来，在人们无法解释如此矛盾的性质时，对于"什么是人"这个问题便只能答以"一半禽兽，一半天使"。

　　人的生存活动更是如此。人作为一种按照体力本属最为软弱的动物，何以能够成为强大自然力量的对手甚至主宰？这里的奥秘就在于，人善于利用无限的自然力量以充实自己、武装自己。劳动工具就是作为人体有限器官的外部延伸，体现着人的意志和目的的自然物质力量。当着人把自己的本质对象化于外部对象时，也就同时占有了对象，使自在之物转化为"为我之物"，使外在环境变成人的存在部分。所以，实践既是人的创造性活动，又是自然力量的充分发挥；既是顺从自然之道而行，又是对自然联系的逆行倒施；既体现了物质的本原作用，又集中表现了精神因素的巨大能动作用。总之，一切因素和力量在这里都得到了充分的表演，但它的结局则是人和自然原有关系的大"逆转"。在这一意义上可以说，实践性的活动就是颠倒自然乾坤、逆转人物地位、转换主从关系的一种活动。

这就是哲学中多种派别林立、理论相互颠倒之可能性的真实根据。由于人本身就是一个矛盾大全，人的活动本身就是倒错阴阳的行为，哲学作为贯彻人的观点的思维理论，加上心理的、认识的、社会的、阶级的种种原因的作用，当然就会把对象世界分裂为不同的相互对立并且颠倒的世界体系。

哲学表达的"人"的观点，实际就是体现于人身、人性、人的活动中的那些自身矛盾的观点。由于世界以人为最高的存在，哲学关于属人矛盾的观点同时也就是对世界最高发展之本质的观点。这样，如何看待人的自身矛盾以及由于人的活动而出现的矛盾关系，便成为哲学用以理解世界本性的基本思维方式。哲学的功用主要不在于提供知识，而在于从这些矛盾关系中为人们观察、认识世界各种事物提供一种理论的思维方式。

适应"二律背反"式的人的矛盾本性，从实现不同因素作用中形成了哲学的不同观点、理论和派别。我们清楚地看到，历史中出现的所有派别、理论和观点，没有一个能够超出人的矛盾设定的范围；同样地，人身上和人的活动中起作用的每一种因素也几乎没有一种在哲学观点、理论和派别中找不到它的相应理论表达。

依据肉体和灵魂、物质和精神、主观和客观、自然性和属人性等矛盾所可能具有的关系，遵循历史演变的大体顺序，我们看到人类思想史上出现过的不外下述几种基本的哲学思维方式类型。

肉体和灵魂原始统一性的自然观点，属于古代哲学类型。古代哲学作为原始的素朴理论，它本能地便把肉体和灵魂、人和万物看作天然同一的自然存在。从他们的观点看来，人和物不仅同在、同源，而且同性。在这种哲学把人自然化的同时，也就把自然人性化了。古代哲学的世界可以认为就是放大了的"人"。世界同人一样，也具有肉体和灵魂的区别，只是形式有所不同而已。作为哲学思维方式，他们的出发点是自然（本原），"自然"即本然，也就是意味着肉体和灵魂的原始性结合体。由此出发建立起了他们关于本原物和变形物、物质因和动力因、实物和理念、原子和运动、质料和形式种种与人生命相类似的"物活论"世界观，并最后演变出上帝和自然、天国和尘世彼此分裂和对峙的两个世界的经院哲学理论。

很明显，所谓自然观点也就是灵魂和肉体原始混合的观点，只要揭去这个"自然"的帷幕，便会暴露它的内在矛盾，显现出肉体和灵魂的不相容性，从而走向肉体灵魂二元对立的观点。

二元观点就是从肉体与灵魂的不相容性出发，把一切事物都看作来自两个本原、由性质相反的两种存在合成的一种思考方式。二元观点肯定了人有相反本质的矛盾事实，却无能力去统一、消融这个矛盾，所以它在哲学史上大多出现于认识的转折点上，起一种暴露问题、摆出矛盾、承上启下的中介作用，自身很难坚持下去。虽然如此，例如历史上笛卡尔和康德的哲学，作为二元论理论在推动人们认识发生转变中的作用，不仅是重要的而且是十分巨大的。

二元观点暴露出肉体灵魂的对立性之后，便必然推动人们转而去寻求其间的统一性。依照肉体灵魂二者间的直接关系，只可能有两种统一方法，即或者从肉体引出灵魂，或者把肉体归结于灵魂本性。于是，近代便形成了单纯从肉体、物质、自然（狭义）出发的存在论观点，和单纯从灵魂、精神、思维出发的意识论观点的对峙。这两种彼此对立、相互颠倒的观点都属于对人的抽象化的哲学思维方式。

抽象的存在论观点注重人的自然实在性，试图把灵魂直接还原于肉体，进而从肉体的感性存在中推演出现有的一切。这种推演在一定范围内是具有可能性的，因为可以把灵魂、精神看作肉体存在的某种变形物，如18世纪启蒙学者所说，"灵魂"其实"就是身体本身，只不过我们从身体活着的时候所具有的某些作用去看，才把它称为灵魂"（霍尔巴赫）。但是，由肉体如此推演出的灵魂决不可能超出时空实体所具有的能力限度，因而用它很难说明精神在人现实活动中表现出的那些独立的始源地位和创造作用。他们由此所理解的人，只能够是同自然存在毫无本质区别的一架"机器"（拉梅特里）。

抽象的意识论观点恰好与此相反。它注重于人的自主性、能动性和创造性特点，试图把肉体归结于灵魂本性，从意识或精神中推演出外部存在的一切。这种推演在一定意义上也是可能的，因为意识本身就是以存在为内容的。但是由此引申出的存在同样也决不可能越出主观性的限度，具有直接现实性的品格，顶多只能是复合起来的"感觉"（贝克莱），或凝固状态的"概念"（黑格尔）。以这种方式建立的思维与存在的同一性，只是一种理想的同一性，决不可能是现实的同一性。

此外，还有一种肉体灵魂抽象结合的观点，费尔巴哈的人本学可以看作是这一思考方式的代表。它之所以也可以被看作一种特殊的哲学模式，是因为它把人同物区别开来了，试图从灵魂（理性）与肉体的结合中去理解人的特殊本质。但它并不了解二者在人身上所以能够结为一体的真实基础，因而也只能以抽象的方式去理解二者的结合，实际上是仅限于一个空洞的论断，它由此所了解的人基本上不超出生物学的理解水平。

这就是哲学进入现代发展阶段之前的几种基本思维类型及其演化情况。

四、人与哲学的历史性变革

人是在一个漫长的发展过程中从动物中分化出来、逐渐形成为人的。人在形成为人以后，这个发展过程并不结束，仍在继续。人总在不断地否定现存、更新自我，这是人的一个根本特点。

如果说人所面对的世界只是对人关系中的世界，那末①，随着人的生成变化，处在不同发展阶段的人们所看到和理解的世界也必然是各不相同的，这正如同虽与我们生活在一起，猫和狗看到的世界与我们作为人所看到的世界完全不同是一样的道理。这里还不只是"看到"的不同，应该说世界本身对于不同发展状态的人的存在和性质就是不相同的。因为世界对人的性质和意义本来只有在对人的关系中才能表现和实现出来，所以人的

---

① 原文如此。今一般为"那么"。——编者注

性质不同,世界对人存在的性质和意义自然也就不同。

人和世界,就其关系而言可以归结为如下两种最基本的关系:一种是自然关系,一种是属人关系或叫"人的关系"。自然关系是人作为自然生命存在所固有的关系;属人关系是人作为人在人的活动中所创造的关系。这两种关系在人和世界之间始终都要存在,但它们却可以处在不同的联结关系中。所谓人的成长、变化,从根本上说来也就表现在这两种关系的地位、作用以及联结方式的消长、变化之中。

这样我们就可以理解,为什么哲学理论面对的是同一个"客观世界",而在不同历史时代,人们用以理解世界的方式及其创造的世界观体系会有那样大区别的道理。我们不能说在这期间世界毫无变化,但很明显的是,这里主要的不同是在人自身而非客观世界的变化。由于人变化了,世界对人的关系变化了,人的对象世界因而才变得不同。

立足总体过程,从今日观点去看,我们可以认为人类思想的发展有两次重大的和根本性的转变值得特别称道。一次是人类进入文明社会之后哲学理论的诞生;一次是经过漫长发展过程由传统文明、传统哲学向现代文明、现代哲学的转变。这两次转变正是表现了人的两次历史性变化。

哲学产生于人类迈进文明社会门槛的转折时期,这决非偶然。这意味着人已开始意识到自己作为人而存在,应该去追求并创造人的真正生活。哲学就是作为最初的觉醒意识,人们开始要用人的眼光去理解世界、按照人的方式去安排自己生活的一种理论尝试。但在另一个方面,这时的人虽然已经成长为赋有理论思索能力的人,在总体上人的本质却是还未发育完全的。自然经济占据支配地位,表明人还被束缚于"自然关系"之中,不得不主要"靠天吃饭","人的关系"还处在襁褓形态之中,人们还无力去支配自己的命运。在这种状况下,人们必然会把世界看作某种更高隐秘力量的作品,认为世上一切事物都由它来决定,人的命运也同样在它掌握之中;哲学也必然要把"本体"看作世界生成的本原、一切存在的根据、万物变化的终极因,而竭力去追求某种超人的终极的永恒存在,以为只要把握这个"本体",解译出它身上的密码,就是掌握了宇宙的奥秘,世上就没有什么事物是不可了解的。

不成熟的理论形式同发育不成熟的人的状况完全相适应。从今日观点看来，以往的哲学理论，不论属于前述的哪种思考方式，它们从人的始源存在或对象性存在中去追求人的本真，都是把人归结为非人，以非人的形式来表现人的关系；它们以抽象的形式把世界的两重矛盾关系归结为精神世界和物质世界的两极对立，都是对现存世界的瓦解，以非现实的形式来表现人的现实世界。这本来是对人的严重失落，对世界的严重扭曲。但从那时人们的观点看来，那种追求终极存在、永恒本体和绝对真理的理论非但没有使他们感到失去什么，而且正是表达了自己的愿望、理想和追求，因而具有强大的鼓舞、满足和提升的力量。我们必须承认，以往的哲学在它的时代曾经是对历史起过巨大的积极推动作用的。这里的根本原因就在于，那时的人缺乏实现自己人的理想的现实力量，因而不得不借助某种超人的权威以满足自己的追求，期望从那里找到力量、信心、依靠和支持。

但是，随着人的成熟和发展、现实力量的增长和提高，世界对人的关系和人对世界的观念也就不能不跟着发生变化。自然经济经由工业社会转向后工业社会的现代经济，是人类历史的又一个重大转折。适应自然关系逐渐被纳入人的关系网络，现实世界日益显现出属人的性质和面貌，人不但有能力去支配外部世界，而且有信心去掌握自己的命运。从这种新的观点看来，世界就变成完全另种样子。它不再是什么隐秘力量的作品，也根本不是与人无关的超越存在。"世界"距离我们很近，就在我们的周边。它就是我们每个个人所体验到的世界，我们的语言文化所表达的世界，人烟熙攘"街市所属的世界"，即我们每天生活于其中的那个世界。这个世界如果也有某种权威的话，这个权威不会是别的，只能是创造和评价这个世界并对经营这个世界负有责任的我们自己。这就是现代人的观念。

已进入自立、自主、自律发展阶段的人，要求能够反映人的本质业已充分展开，人与自然、人与人、人与自身创造物之间已具有新的更高融合关系的哲学理论，以往的哲学不再能满足人的需求，而且变得令人不堪忍受。这样，从上世纪到本世纪①在思想理论领域便兴起了反对和

---

① 指19世纪和20世纪。——编者注

批判传统"形而上学"的广泛浪潮,这个浪潮今日仍在继续,正向纵深方面扩展。

传统哲学向现代哲学的转变是哲学根本性质的转变。适应人的全面转变,人们对待世界和人的态度、方式发生了根本变化。这就不仅会使哲学观点发生变化,而且使哲学的对象、主题、内容、功能以及研究方式也都不能不跟着变化。

传统哲学和现代哲学,如果作一粗略的对比,我们至少可以看到下面的一些转向:

(1)从追问原初的、先天的、绝对的东西,试图从那里找出人们的生存本性、行为根据、存在价值、生活意义乃至前途命运,转向于研究人的现实存在、现实生活、现实活动以及由此所设定的现实世界,认为从这里才能了解到人的价值和意义的真实根据。

(2)从注目身外的非人存在、投靠外在的权威力量,转向关注人自身的存在,依靠人自身的力量,发挥人自身的创造作用。

(3)从追求普遍的、永恒的、终极的真理为旨志,由此把哲学归结为单纯理智认知理论转向注重开掘存在对人的意义,建立真理、价值、审美即真善美结为一体的哲学理论。

(4)从主要以自然科学为基础、贯注必然因果联系的科学思维逻辑,转向以整个文化为基础、注重贯注以理解为标志的人文精神的全面思维理论。

(5)从以"绝对完善"存在的假设为出发点去规定现实的宗教式形而上学理论,转向面对未来、批判现实的前导性理论。

(6)从站立云端讨论世事、只注重改变人们关于世界的思想的抽象论争,转向直接面对现实人生,回到喧闹的人间,探究人际交往中的关系和问题,以求改变人间世界的现实讨论。

(7)从对立两极去追求绝对一元化整体本性、消解个体独立性、泯灭个性差异性的抽象同一性和"还原论"的思维方法,转向以个体为本位、注重探究事物多样性和多极化及相对性的具体思维方法。

总之,要从抽象化的人转向现实性的人,从远离生活的彼岸世界回到现实的人间世界，这就是哲学从传统理论转向现代理论的基本实质。

人从非人发展为人，走过的是一条迂回曲折的道路。同样地，哲学也只能逐渐从抽象走向具体、理想回到现实、彼岸到达此岸，通过迂回曲折的途径把握人和人的现实世界。

人是世界的奥秘所在，也是哲学的奥秘所在。只有紧紧地抓住人，才能回答世界之谜，也才能解开哲学之谜。

"哲学大全"的导论[①]

——哲学现象学

邹化政

开宗明义，我首先要说的是：标题中所谓"哲学大全"，并不是说，在此题目下我将要写出的东西，是哲学发展最高成就的大全，而只是说，在我看来，这些东西所构成的总体性，就应该是哲学一般的一个完美整体——哲学的其他分支，必须要以此为基础。我想，它作为对哲学的一种主张或看法，我是有权名其为"哲学大全"，而又并非一种狂妄之举的。

那么，什么是我所谓哲学一般的完美整体，它都是由哪些基本环节构成的呢？这要从什么是哲学谈起。

所谓哲学之"哲"的词义，是明知而智慧的意思；所谓哲学之"学"的词义，是学问或知识的意思，所以合此二者为一的"哲学"，就是明知而智慧的学问。学问即知识，从而哲学不是知识的说法，就"哲学"的语义说，也是说不通的。哲学作为明知而智慧的学问，就是说它是明知而智慧的知识体系。

与此相关，也要简明提一下所谓科学的问题。

所谓科学之"科"一词的词义，是分门别类的意思：语词"科"，则是它的名称。从而，与哲学相区别的科学，便是分门别类的明知而智慧的学问。这同时就是说，它是分门别类的明知而智慧的知识体系。当且仅当在这个意义上，我们才可以说，哲学不是科学。

[①] 原载《长春市委党校学报》2000年第3期。

但是，分门别类的明知而智慧的知识体系，都是明知而智慧的知识体系。就此统一性而言，很显然：明知而智慧的知识体系是共相；分门别类的明知而智慧的知识体系，则是一般明知而智慧的知识体系自身分化的各种殊相分种。这就是说，哲学是科学的共相，科学是哲学的各种殊相。此种哲学与科学区别于它们各自发生学上的、纯粹逻辑上的相关性，便充分说明，仅就二者此种相关性的语义上说，那种认为只有科学是知识、哲学不是知识的观点，更显得是荒谬不经的。科学的各种知识体系为其共相——哲学的知识体系所贯通、所制约：哲学在逻辑上怎样，科学在逻辑上也怎样。唯其如此，二者都服从逻辑学的规律。如果哲学不是知识，那么随之而来的科学也便不是知识了。正确的观点，毋宁说：哲学是知识一般，科学是它的殊相多样性。此种相关性，不管哲学与科学的发展是否已经充分体现出来了，它总是客观存在的。

在这里，现代西方如像维特根斯坦之流的哲学家，会提出这样的问题：没有贯通各种科学的共相，有的只是它们之间的共同点，因而说哲学是科学的共相，这是无从成立的。但是它们之间的共同点亦即它们的共相。不过，这共相却分为类共相和外在性特征共相：前者，是贯通科学之所以为科学的逻辑内容及在其一切环节上的共同点；后者，是此种逻辑内容见于其外在性上的共同点（例如科学的成果都必诉诸文字，以便于传播和得以永世存在）。说哲学是科学的共相，当然这共相是类共相——如果这种共相不存在，便既无哲学的存在，也不能说，凡属科学都是明知而智慧的知识体系了。

有这样一个事实，适足以表明科学的类共相是存在的：任何一种科学学说的知识体系，我们都可从哲学的视角上，从中总结出与其相联系而又不可分的一套哲学观点来。如此这般的知识体系，显现着如此这般的一般哲学观点的存在。这还不足以说明哲学是科学的共相，是科学所固有的类共相的现实体现吗？这个类共相是有关哲学之知的，所以可以称其为属知类共相，相反的在科学那里的殊相多样性便可称其为属知类殊相。属知类共相固然是存在于属知类殊相之中，但后者也同样是存在于属知类共相之中的——它原本是属知类共相内在所固有的一些显现形式。属知类共相可以脱离属知类殊相，单独被想象；而属知类殊相却不能脱离属知类共相，单独被想象的：属知类共相是属知类殊相得以成立的基础，属知类殊相却只是属知类共相的表现形式。这就是说，在我们看来，属知类共相是逻辑上优越于属知类殊相的，是逻辑上先在于属知类殊相的存在的，有了前者的存在，后者方可成立。

属知类共相——明知而智慧的知识体系，与通常所谓日常经验一般相联系，这便是属知类共相的总体：前者是这个总体的精华。

属知类殊相——分门别类的明知而智慧的知识体系，与通常所谓经验一般的殊相多样性相联系，这便又是属知类殊相的总体：前者也是这个总体的精华。

使属知类共相总体，扬弃属知类殊相总体的为自身的自在性，摆在我们面前的，就只有属知类共相总体的存在了。感知是这个总体的开端，同时也是其内在区分的不同基本共存环节的开端。但它的意义重心，在这不同基本并存环节中，却是不同的。由此以感知为起点的总体出发，便可以来正面阐明我所谓"哲学完美整体"的构成及其是什么的问题了。

属知类共相作为属人觉知必有其所知，亦即它的表现对象：前者是属人觉知的类共相，那么它的表现对象，也必然是一个所知类共相——对象一般了。这里所谈的，是属知类共相的原始对象，而不是它以自身为反思对象的存在性，所以这个对象一般不能是别的，而只能是事物一般的存在了。哲学作为属知类共相，显现事物一般存在的整个系统，便是本体论。按亚里斯多德①的说法，有一门可称之为第一哲学原理的理论体系，它研究一般有之为有、是之为是的对象性。但有即存在，而存在又必然是什么东西的存在，这个"什么东西"，在客观上只能是"事物一般"，从而什么东西的存在，也就是事物一般的存在。因此，所谓"是之为是"的实在性，实际上也就是事物的存在"是什么"的实在性。这就是说，亚里斯多德所谓的第一哲学原理，它就是这里所谓以事物存在为对象的本体论。可见，感知的意义重心，在本体论中是落在感知的对象——事物存在上去了。

所谓事物存在是什么的实在性，就是它本来所是的本体存在性。但它

---

① 原文如此。今通译为"亚里士多德"。——编者注

这种本来所是的本体实在性，是有其不同层次的，亦即事物的存在是什么的实在性，是分层次的。它的最深层次的是什么，就是本原意义上的"本体"存在性。它的所有其他层次的是什么——本体存在性，都归源于这个最终的本体存在性，而是它的不同层次的显现形式。本体论不是别的，它就论述这种逻辑内容的系统展开。

这个系统展开，便表现为一个本体论的范畴体系。

本体论所以能作为哲学的一个基本独立环节的永恒性，即在于这样一个永远不能取消的原则上：知识无论是感性之知，还是理性之知，它必然都与其所知对象是有区别的，二者不能混而为一，这在知的原始起点上，便只能是一个知以事物存在为对象的相关性。所谓事物存在，包括我们作为人的存在。我们最初的知识必须而且也只能是以事物存在为对象的知识。在这里，知与其对象，便必然是一个知与事物存在的相关性，是知与事物存在的区别性。没有这个区别性，这里的知也便无从成立了。即使西方近现代唯心主义哲学，已将事物存在归结为心智的内在产物，而不是超越心智的外在性，这种区别性也必须是存在的。无论所谓心智是属人的，还是逻辑上先于人而为先验的，都得是如此。

但是，近现代西方的唯心主义，有些体系是在不同程度上的将知与事物存在的区别性取消了，因而陷于使知同于其对象——事物存在的悖谬。例如贝克莱将感觉称为观念，说事物存在是观念的复合；休谟则将感觉称为印象，说事物存在是印象的复合等说法，还有现代的逻辑实证主义，也将事物存在看成是不同感觉的集合。所有这些主张，都是将与感觉之知相区别的感知对象取消了，使之变成感觉本身的这样一种双重性：它是感性之知，同时也是对象，因而实质上事物存在也变成由一些感觉之知的因素所组成的复杂属知存在了。实用主义的大师杜威，也说经验是双料的，它是知，也是构成事物存在的实在材料，从而这也是将事物存在变成一种复杂属知存在了。照这些说法，这不仅是知与对象的混同，是有知而无对象的悖谬，而且事物存在本身也是一个有关认识上的问题，从而便根本没有所谓知识与其对象——事物存在相关性的本体论问题存在了。

然而不同的感觉之知，是与其对象其一绝不能归结为其他的一个区别性：前者是知，后者是构成事物存在的实在因素的逻辑居先性，二者不能混为一谈。在费希特、谢林、黑格尔的近代唯心主义那里，却在其唯心主义的理论形态上，保留了感觉之知与其对象的区别性，因而也保留了知识与事物存在的区别性。所以，在这里也便仍有知识与事物存在的相关性的本体论问题存在。

只要我们能坚持住知识与其对象——事物存在相区别性的真理，不论此真理是超越心智的外在性，还是仅为心智的内在性，便必然存在着哲学的本体论这一环节的广阔天地。至于事物存在到底是超越心智的外在性，还是仅为心智的内在性，这个问题我们暂时不必过问，在这里，重要的是要理解如下一个规律：

只要有知与事物存在相关性的问题存在，就有哲学的一个首要环节——本体论的存在。

哲学本体论，是明知而智慧的知识一般的起点，没有哲学本体论，就没有起点上的此种知识一般，从而反思此种知识一般的其他哲学环节，也便无从谈起和存在了。可以这样说：没有本体论，便没有真正的哲学。

本体论是明知而智慧的知识一般，是哲学的起点。这个起点与日常经验一般相联系的整体性——属知类共相总体，便是哲学第二个基本环节得以产生的前提。在这个前提下，我们可以进而对属知类共相总体本身进行反思，研究它的本质、认识客观事物存在是否可能的可能性、起源及类分和不同层次，这便使哲学从第一个基本环节——本体论，进入了哲学第二个基本环节——认识论的领域。这又可看到，感知作为认识论的开端，它的意义重心又落到显现着其对象——事物存在的知识本身上去了。所以，认识论便是以本体论为基础的，以属知类共相总体为反思对象的知识体系。

本体论与认识论，虽然是哲学的两个不同基本环节，但它们在其既相连续又相中断的相关性中，是互相包含的。本体论的属知类共相总体，扬弃了认识论，它便成了本体论内在所固有的一个自在性。相反的认识论的知识体系，扬弃了本体论，它便又成了认识论内在所固有的一个自在性。从而，此二者互以对方为自身的内在环节，是两个各自已含对方于自身之中的全体性，这便是二者互相包含的真正辩证意义。以此意义为基础，二者又可以是互是对方的一个变易性：本体论的自在性的展开，便是认识论；认识论的自在性的展开，则又是本体论。

在这里，便存在这样一个问题：在本体论与认识论的对立统一性中，二者到底哪一个是逻辑上居先呢？从而在现实上到底是哪一个居先出现呢？我们的前提已经表明，不仅本体论是逻辑上居先的，而且它也是时间上居先出现的。但在中外哲学界中，对这个问题是有分歧的，而占统治地位的观点，却是认为认识论在逻辑上是优先于本体论的，是应该优先建立起来的。之所以如此，据说只有很好地解决了认识问题，才能从认识上很好地解决本体论问题，因为本体论须要从认识上来建立的。所以，哲学应该从认识论着手和开始。于是，这便存在一个以我们的观点去澄清此种观点的必要性。这是问题所在。

实质上，认识论既不能逻辑上优先于本体论，也不能先于本体论而居先建立。为什么呢？很显然，没有关于事物存在的知识，我们便在一开始什么知识也没有，什么认识活动也没有，从而也便没有所谓认识论的对象，因为认识论是以知识本身为反思对象的。没有本体论的对象——事物存在，就没有认识它的开端——感知之知，就没有认识论的起点，由此也便没有知识的发展，从而也便没有认识，更不可能有所谓的认识论了。这样，认识论又何能优先于本体论呢？又何能先于本体论而建立呢？人们或者会说，没有本体论的知识，认识论也会以各种日常经验知识和科学为前提而建立起来。我们回答说，各种日常经验知识，是关于各种事物存在的殊相日常经验本体论；科学也原则上是关于各种事物存在的各种殊相科学本体论，它们仍是包含在本体论的广大包容性之中的。因此，以它们为基础来建立认识论，原则上说这仍然是以本体论为基础而去建立认识论的。这里的核心是在于：以各种日常经验知识和科学去建立认识论，决不能以它的殊相来从事此种建立，而必须采取它们的共相去建立，这就是说实质上这仍是在哲学本体论的属知类共相的基础上去建立的。这也都说明认识论不能优先于本体论。加之认识论是哲学的一个明知而智慧的知识部分，单纯以各种日常经验和科学的共相来建立认识论，决达不到与哲学要求相适应的那种完美而精微的水平。它只有在本体论的基础上，才能达到适应于哲学作为本体论那种完美而精微的高度。说先于本体论而去建立认识论，这好像等于说先学好游泳，再去下水一样，这是可能的吗？

诚然，从哲学史上看，西方近代哲学以来的哲学体系，多是从认识论开始的，但是，与它们相联系的，却有西方古代和中世纪占统治地位的本体论为其历史前提的。不但如此，它们的哲学体系本身也不是纯粹的认识论，而是以它们同时又是本体论为前提的。如像笛卡尔、贝克莱、休谟、康德、胡塞尔等人的哲学体系，便是如此。

认识论的系统展现，便是一个认识论的范畴体系，它是与本体论的范畴体系，既相区别又相联系的。有一种观点认为，所谓本体论、认识论、逻辑学的三统一，就是说此三者都可统一在一个范畴体系之中，这是不对的。此三者的统一，只能是一个区别性的统一，而不是一个东西，从而还得有三个不同的范畴体系来表现它们。

本体论的对象，是事物存在，它说的是事物存在怎样和如何；认识论的对象，是各种认识的属知类共相，它说的是知识怎样和如何，二者在其既相连续又相中断的联系中，是一个不可分割的对立统一体。它的主体性，从现实显现上看，是属人心智。

在这个属人心智这样一种对立统一体中，便又分化为两大方面：一是在本体论、认识论中的知识，一是事物存在。它们在对人生存的相关性中，都有不可缺少的巨大意义。它们在其此种意义中的规定性，便被属人心智直观为价值。它们既是本体论与认识论对立统一的两个总体环节，它们便永存其中而复归于这个统一体。这就是说，本体论与认识论的对立统一体，在对人生存意义中的规定性，便是价值，是价值一般。

由此可见，哲学在其本体论、认识论两个环节的对立统一中，又必然生起它的第三个综合环节——价值论。现在我们看到，感知作为价值论的开端，其意义重心，既在感知之网上，也在感知的对象——事物存在上，是二者并重的统一性。这一点正好说明价值论是本体论与认识论的统一性。哲学是科学的共相，那么它的价值论所谓的价值，也必然是科学价值的共相。

在哲学这个综合环节——价值论中，便直接触及到本体论、认识论所谓的知识和事物在对人关系中的内在意义上的规定性。但在能动性中的人之存在，也是事物存在，只不过前者是社会性事物存在（它的总体，是地球上不同地区存在着的人类社会——社会性自然界），后者是此在与非社会性事物存在（此为一切其他非人的事物存在，它们的总体则为非社会性自然界）的共相——事物存在一般，它在数量上的综合即为自然界一般。人作为单纯事物存在一般之为价值，便与其他一些事物存在之为价值一样，只是一个对人的有用性一般。但它在作为社会性事物存在的殊相中，立即转化为人们的创造活动，这是他们按需要塑造或变换其他事物存在及自身（如像演员的表演），其结果则为人造价值的创生。所以，单纯属人有用性，便提高为创生价值的价值。因此，价值必然分为天然价值、创生价值的价值与人造价值三大类。天然价值的载体，只能是非社会性事物存在；创造价值的价值之载体，只能是社会性事物存在——人；而人造价值的载体，除了知识之外，则既可是非社会性事物存在，也可是社会性事物存在。有关此二者的知识，必然早已包含在知识一般之中了。知识是人造价值。

通常人们只在人造价值的界限内，仅将人的生产劳动看成创造价值的活动，因而也只有此种活动生产出的产品才是价值。所以人们常常强调，劳动创造价值，却又同时不将创造价值的劳动者——人，把握为创造价值的价值，更不用说还能触及到天然价值的领域了。这可以说是把一般价值无所不包的丰富内涵，缩小到零点以上的最小程度了。但为什么生产劳动的产品是价值呢？人们并没有对这一点直接做出任何阐明。不过，根据他们又认为创造价值的劳动，必须是社会所必需的劳动，我们便可以认为这等于他们说，生产劳动的产品所以是价值，因为它是社会上人们生活所需要的东西：它本身具有这样的规定性，所以它才是价值。这样，却立即又出现一个自相矛盾：人们的非生产劳动的其他各种活动，也是人的社会劳动（所谓生产劳动不过是属人社会劳动之一），它们的创造物存在，难道就不是价值吗？这些创造物存在，也都是社会上人们所需要的东西，也都具有这样的规定性于自身之中，它们又何能不是价值，而仅有生产劳动的产品是价值呢？这是一个不可理喻的矛盾，是一个必须排除的非合理性。实质上，人的各种除了生产劳动之外的社会劳动，如像哲学和科学活动、艺术活动、政治活动、教育活动直到如像商业、军事、医务、种种杂技等等一切活动，都在创造价值，它们的成果都是价值。我们甚至可以说，人类社会和国家，也都是价值，因为它们是人类生活所必需的实在性。所有这些价值，还只是人造价值，加上创造他们的属人活动（这也还只是一些创造价值的价值），此外还有所谓天然价值。可见，只以生产劳动的产品为价值的那种价值，只不过是价值沧海的一粒而已。

天然价值，是一切非社会性事物存在及其总和——宇宙，在对人生存关系中的意义规定性，这种规定性是它们本身所固有的。这就是说，不仅一切非社会性事物存在，是为人生存所必需的，而且大地乃至它们的整个宇宙结构，也是为人生存所必需的（因为没有宇宙容有地球存在这样一种宇宙结构，人就无法存在了），从而它们都是价值，是非人造的天然价值。

总之，包括一切社会性事物存在及其总体——人类社会在内的，一切一般事物存在及其总体——自然界一般（亦即宇宙一般）和知识，在其为人生存所需要的规定性中，便是价值。价值是哲学价值论的对象。

价值论的系统展现，便是一个价值论的范畴体系。它既不同于本体论的范畴体系，也不同于认识论的范畴体系，而是此二者在其统一性中升起的综合性的范畴体系。就是说，前二者的统一，最终要归宿于这个价值论的范畴体系。在它的系统展开中，将能以价值为基础展示人类社会发展的一般景象。这便把有关人类社会的方面，内在地包含于哲学一般之中了，但又不能是它的殊相化，而仍属于一般性的东西。

综上所论，我们可以看到，我们所谓哲学一般的完美整体的构成部分是：

本体论
|
认识论
|
价值论

哲学一般的完美整体，在我们看来，就是由这三部分组成的。就是说，这三者在其既相连续又相中断的关系中的整体性，就是一个哲学一般的完美整体。哲学上所谓真、善、美的问题，包含在本体论中，对它的认识，包含在认识论中。这里所谓"善"，是超越人之善恶性的普遍性：任何东西，只要在它之为它的合理性中，它对其自身说，就是好——善的，否则就是不好——恶的。

这个完美整体的论述，都必须服从逻辑学的规律。此种规律，贯通这个整体的每一部分及其不同层次，从而它必须是哲学作为属知类共相的共相，同时也必然是科学的共相的共相。因此，在这里，也必须对此种共相，做一个简洁的论述，使其作为这个导论的辅助语。

这个共相，可简称逻辑学共相；属知类共相就可以称为哲学共相。逻辑学共相，是哲学共相在它不同基本环节中的不同层次上的共相，是这样共相的共相。对这样一种共相的理论表达，便是贯通整个哲学和科学乃至日常经验的普遍制约性——逻辑学。它首先是通常称之为形式逻辑的那种逻辑学，它是由一些常项和变项的不同联系形式所组成的一个整体。它虽然是制约哲学和科学乃至日常经验的全部内容的普遍模式，而且我们日常说话、行文，都自觉与不自觉地与它血肉相连，但它却不能集中为一种指导我们进行一切研究和行动的方法论。这个任务，必然落在另外一种逻辑学——范畴逻辑学身上。

所谓范畴逻辑学，是由逻辑共相一些自身区别的范畴，如像质、量、尺度、存在或有（它的对立面是无）、区别、对立、统一、肯定、否定、否定之否定等范畴，在其辩证联系中构成的。所谓"辩证唯物主义"的辩证法那一部分，是由质量互变规律、对立统一规律、否定之否定规律所构成的，实质上就是这里所谓范畴逻辑的精简形式。它的合理性，是永远不能取消的。只有范畴逻辑，由于它直指逻辑共相的基本逻辑内容，才是指导我们一切研究和行动的真正方法论。通常人们所说的辩证法或辩证逻辑，实际上指的就是范畴逻辑。但黑格尔的逻辑学，虽然包含了范畴逻辑的某些内容，然而它远远超越了范畴逻辑的意义和界限，毋宁说它是黑格尔的第一哲学原理。

所以，逻辑学的整体，实质上是必须由形式逻辑与范畴逻辑组成的。

逻辑学——不管是那种逻辑学——不在哲学一般的完美整体之中，但它却是贯通这个整体，而为制约它的规范模式和方法论。

于是，所谓哲学一般的完美整体，就是一个为逻辑学共相所贯通、所制约的，由本体论、认识论、价值论所构成的一个内在统一体。逻辑学只是它的规范模式和方法论。

我们对哲学一般的完美整体的论述，实质上就是高度简化了的"哲学现象学"。什么是这里所说的哲学现象学？它就是一门关于"哲学现象"的学问。过去有人曾称它为"哲学学"而鼓吹要建立哲学学。可以说，这个导论，就是高度简化了的哲学学——哲学现象学，而就其主要之点提供了它的一个一般轮廓。

我对这一般轮廓的整个所论，从西方哲学上看，是立足于其传统哲学那种长期总想使经验世界反本归原的纯净立场之上的。虽然，西方哲学的整个发展过程同时却又是一个自身否定的可悲航程，而最终归宿于现代西方哲学那全面否定其传统形而上学的哲学精神。

从中国哲学上看，我的哲学思想又是植根于中国儒学特别是宋明理学那种使经验世界反本归原于"理"的纯净立场之上的。虽然，它直到当代新儒家，也没有很好地解决这一问题。在我看来，所谓"理"，就其最深层次说，它就是本原性本体存在与其显现万物之规律的对立统一。

在西方现代哲学的哲学精神看来，西方传统哲学的立场，根本完成不了它肩负的承诺，所以必须以现代西方哲学的哲学精神去代替它。否则，就是顽固不化的保守了。但在这里，真正的问题却在于：

第一，到底是传统哲学的哲学精神是符合哲学的性质，还是现代西方哲学的哲学精神是符合哲学的性质呢？

第二，传统的哲学精神，没有完成它肩负的承诺，这是一个思维上的根本不可能性呢，还是它的发展还没有到彻底完成其承诺的时候呢？

西方现代哲学的哲学精神，都只在抽象地进行肯定和否定，而却没有认真地对这两个问题进行彻底反思，作出令人心服的理论论证。

面对这一点，这个导论所论述的观点总体，即使是保守的，它也未必不是真理。问题在于，这里阐述的观点，只是一些陈词滥调，还是有所创新，而具有其独特的特点呢？这个问题，只有留待读者来评定。

哲学不是什么?
——一种哲学观

刘福森①

一、"哲学是什么":一个"无法回答"的问题

任何讲哲学的人,包括哲学史上的那些大哲学家,都要首先谈"哲学是什么"的问题,并且都异口同声地说这个问题是最难回答的问题。但是他们又都企图给出一个标准的、确切的答案。在我看来,这个问题不是"难于回答",而是"无法回答"。任何企图回答这个问题的人,无论把哲学说成"是什么",都不可能是正确的答案——因为这个问题根本就没有一致的、确定的答案。关于这个问题,海德格尔在《形而上学导论》中明确讲过:我们"无法想当然地一般地确定哲学的任务是什么以及该从哲学要求什么。哲学发展的每一个阶段,每一个开端都有自己的法则。人可以说的,只有哲学不是什么,哲学不能是什么。"②"哲学是什么"的问题是一个知识论的问题,这种提问方式是知识论的提问方式。知识论的问题的前提是要求有确定的答案;对问题的回答如果是不确定的,就不能构成知

---

① 原载《理论探讨》2009年第5期。
  刘福森(1943—)男,河北玉田人,吉林大学哲学学院教授、博士生导师,以马克思主义哲学的总体性质、历史唯物主义和生态哲学与发展哲学领域里的研究为主。
② [德]海德格尔:《形而上学导论》,熊伟、王庆节译,商务印书馆1996年版,第10—11页。

识的内容。但是,"哲学是什么"的问题却是一个没有确定答案的问题:不同民族、不同时代和不同哲学家都会对此作出不同的回答。之所以这个问题没有确定的答案,是因为哲学是一门个性化的学问,没有超越时代、超越民族和超越哲学家个人的"一般哲学"。哲学的个性化特征表现为以下三个方面:

1. 哲学的个性化特征首先表现为哲学的民族性。哲学属于人文精神。人文精神与科学精神是两种不同的文化精神。科学是没有民族性的,而人文精神都是有民族性的。哲学总是属于某一特定民族的,没有超越特定民族的"一般哲学"的样本。世界上的三大哲学都是各不相同的:西方哲学近似于科学,它以求知而谈哲理,以把握甚至征服自然(包括人自身)为首要目的,是一种彻底入世的哲学。印度哲学则近似于宗教。它以出世解脱为其最高追求,具有彻底出世的倾向。中国哲学则近于艺术,它交融了入世与出世的对立,为把握"生命"而求取智慧,因而重视与关心自己的生命,重德,重修身养性的躬身实践,并将个人的生命同宇宙之生生不已的大生命贯通,达至道通为一的圆满境界。印度哲学与西方哲学皆为"有言的系统",它们皆力求完备、系统地言说不可言说者,因此建构起各种庞大的理论体系,而中国哲学则主要表现为"无言之境界",它把"道"当作形而上学的最高的目标,而"道"不是在概念中被把握的东西,而是人们在自己的实际生活中加以体验、感悟的东西。所谓"言有尽而意无穷",正是表达了中国哲学轻知识重境界、轻概念重感悟的基本特征。这表明,哲学都是属于特定民族的特殊哲学,没有超越特定民族的"一般哲学"。而我们的许多人则忽视了哲学的民族性,一谈哲学,就是西方哲学,特别是西方近代理性主义哲学,并把这种哲学理解为"一般哲学"的样本,以此去回答"什么是哲学"这一无法回答的问题。

2. 哲学的个性化特征的另一个表现是哲学的时代性。现实存在(而不是想象出来)的哲学都是属于特定时代的特殊哲学。马克思曾说过,"任何真正的哲学都是自己时代精神的精华"[①]。黑格尔也说,"哲学是思

---

① 《马克思恩格斯全集》第 1 卷,人民出版社 1956 年版,第 121 页。

想中所把握到的时代",并指出"妄想一种哲学可以超出它那个时代"是愚蠢的。① 科学没有时代性,因此我们不能说"科学是时代精神的精华"。哲学则都是属于特定时代的,没有普适古今的一般哲学。哲学始终"在路上"。"在路上"的意思是:它从不停止于某一点上,其价值观、思维方式总处于演变的过程中。如果说哲学也追求永恒的问题(如存在问题)的话,那么后来的哲学家总是要作出新的、不同于他的先辈们的回答。哲学是过程,说的是没有一种哲学自身可以是永恒的,意味着我们不能把某一个时代的特殊哲学作为哲学的"标本"、"模板"并以此去定义哲学。

3. 哲学的个性化特征,不仅表现为民族性和时代性,而且表现为"个人性"。正如叔本华所说:"……哲学是一个长有许多脑袋的怪物,每个脑袋都说着一种不同的语言。"② 哲学是非常个性化的学说。哲学总是与哲学家不可分离的。因此,有人说,"哲学是要署名的",就是说,你只要说哲学,你说的就是某哲学家的哲学:黑格尔哲学、海德格尔哲学……没有什么超越这些哲学家"个人哲学"之上的"一般哲学"。

哲学像艺术品一样都是个人的作品。在这个意义上说,哲学是具有"不可替代性"的。科学具有可替代性,没有牛顿,一定会有另一个什么人代替他发现力学定律,而哲学家是任何人也替代不了的:没有黑格尔、海德格尔,不可能有其他人代替他们写出与他们同样的著作。毕加索也是别人代替不了的,曹雪芹也是其他人代替不了的。之所以如此,就是因为哲学和文学艺术是个性化的。任何哲学的思想都是属于某个人的思想。尽管这一思想也可能被别人接受,但它仍然是只属于首先提出这一思想的人的思想。对于知识(科学)来说,我从别人那里获得了知识,我就具有了知识;但是,我获得了别人的思想,不能说我就有了自己的思想。即使我一字不漏地背下了黑格尔的《哲学全书》,也不能说我有了自己的哲学。不能因为"我同意"了某一哲学家的观点,这一观点就变成了"我的"。德国画家卢卡斯·克拉那赫(1518年)的名画《春天女神》具有艺术创造的价值,但是,它的赝品就不具有这样的价值。作为具有个性的哲学也

---

① [德]黑格尔:《法哲学原理》,范扬、张企泰译,商务印书馆1961年版,第12页。
② [德]叔本华:《作为意志和表象的世界》,石冲白译,商务印书馆1987年版,第145页。

是一样。因此,"哲学的生命"只能存在于个别的哲学家的"特殊哲学"之中。

在这个意义上可以说,哲学就是哲学史。历史是不可重复的,而哲学又是"在思想中把握到的时代",因而哲学也是不可重复的。哲学就是哲学史,说的是哲学的历史性。哲学表现为一个历史过程,不存在一般的、永恒的、理想的哲学标本。这就是哲学的"非永恒性"(即"历史性")。这是从哲学的时代性得出的结论,也是从哲学的个人性得出的结论。任何哲学都不能超越它的时代,新时代的哲学是一种不同于旧哲学的新哲学。我们可以将整个哲学史设想为一个无结尾的故事,那么每个哲学家都是在"接着讲"不同阶段的"新故事"。因此,不同时代的哲学家之间都是不可替代的,各有自己的特殊地位。在各个哲学家的著作之外找不到哲学。要学哲学,就要去读这些哲学家的著作。

世界上根本没有能够超越时代、超越民族、超越哲学家个人的"一般哲学"的存在。在这个意义上说哲学没有普适古今中外的"一般哲学原理"。不同时代、不同民族和不同哲学家个人,对同一个哲学问题的回答都是各不相同的。"哲学是什么"的问题是以"一般哲学"的存在为前提的。既然没有一般哲学和"一般哲学原理"的存在,那么"哲学是什么"的问题就不是一个"难于回答"的"难问题",而是一个"无法回答"的问题。我们只能通过理解"哲学不是什么",去理解和解释具有个性的不同哲学形态的一般特征,因而我们只能提出"哲学不是什么"的问题。"一般哲学"是个"无",而不是"有"。因此我们不能采取"有论"的提问方式,而只能采取"无论"的提问方式。"哲学是什么"和"哲学不是什么",是两种不同的提问方式;这两种不同的提问方式根源于两种完全不同的哲学观;对这两个问题的不同理解,必然引导出两种完全不同的哲学。

二、哲学不是什么:哲学与科学的区别

哲学不是什么?它不是文学,不是艺术,不是宗教,不是科学,不是

技术……哲学有这么多"不是",为什么单单把"哲学不是科学,不是知识"拿来进行解析呢?这是因为,在哲学的学习和研究中,很多人总是把哲学等同于科学,等同于知识,并用科学的问题取代哲学问题,用科学思维去理解哲学的问题,导致用科学取代哲学的后果,严重地危及了哲学的生存。

海德格尔曾经明确指出:"形而上学与哲学根本就不是科学"①。科学给人们提供的是知识。既然哲学不是科学,那么哲学就不是知识。哲学所言的"知"不同于知识的"知"。海德格尔认为"知"乃为哲学的"思"。就是说,哲学不是知识,而是思想、观念。因此要搞清楚哲学同科学的区别,首先必须搞清楚"思想"、"观念"同"知识"的区别。

在比较狭义的意义上使用"观念"的概念,观念是决定态度和行动的思想系统,是人们的基本信念(beliefs)。因此可以说哲学是关于思想和信念的学说。既然基本观念或信念决定着人们的态度和行动,那么它们在本质上便意味着一些价值体系。"所有需要哲学干预的思想问题都是关于价值体系的问题,或者说,凡是关于价值体系的问题都只能由哲学来判定。哲学的有用性正在于此。"② 价值观在哲学中是体现在一定的概念体系中的,它决定着一个时代的文明、文化的价值指向。

哲学不是知识。知识是对外部对象的认知,而哲学则是从主体出发对对象的解释和理解。解释是以价值观为前提的。海德格尔认为:"把某某东西作为某某东西加以解释,这在本质上是通过'先有'、'先见'和'先把握'来起作用的。解释从来不是对先行给定的东西所作的无前提的把握。"③ "先有、先见和先把握说出了筹划的何所向,而意义就是这个筹划的何所向,从筹划的何所向方面出发,某某东西作为某某东西得到理解。"④ 解释是以人为中心和尺度的对对象的意义的解释。它不同于作为知识的认知。"解释"不为人们提供关于对象的具体的客观的信息、答案或

---

① 赵汀阳:《哲学怎样才是有用的》,载《社会科学战线》1995 年第 1 期。
② 赵汀阳:《哲学怎样才是有用的》,载《社会科学战线》1995 年第 1 期。
③ 洪汉鼎主编:《理解与解释》,东方出版社 2001 年版,第 120 页。
④ 洪汉鼎主编:《理解与解释》,东方出版社 2001 年版,121 页。

知识，而是通过对问题的独特的理解方式提供对对象的意义的理解和把握。

任何哲学的"解释"都是从某种特定的"立场"出发的。在这里我们必须使用"哲学立场"概念。"哲学立场"就是作为理解和解释的出发点的价值观。我们也可以把它叫做"思想坐标"。在特定的"思想坐标"的支配下，形成了某种特殊哲学形态的特殊的"解释原则"。不同历史时代的哲学之所以对同一个哲学问题作出不同的解释，就是因为这些哲学家的哲学立场是不同的。哲学立场是哲学家构建哲学体系的思想坐标，它决定了不同哲学对哲学问题的不同的解答方式，由此也就形成了不同的思想观念和不同的概念体系。科学是无立场的。真理性的知识的取得，是以主观立场的消解为前提的。也正因为如此，科学才能为人们提供确定的知识。哲学之所以对任何哲学问题的回答都不能形成一致的、确定的答案，以致形成哲学史上的不同哲学和哲学家之间的"哲学战争"，就是因为任何哲学都是有立场的。

在一定的意义上说，哲学不是"知识学"，而是"问题学"。在哲学中，由于它不能提供确切的、没有争议的答案，因而它的基本问题几乎是不过时、不消失的，它永远都是问题，如存在问题、人的问题等。哲学问题乃是一些只有不同的理解和解释方式而没有确定答案的难题。科学也有"问题"，但是，在科学中，一旦找到了确定的答案，问题便得到了解决，问题也就失去了意义。所谓问题，就是由于没有答案而对对象产生的疑惑。当我们知道了答案之后，问题就不再是问题了，问题就变成知识了。因此，科学提供的是答案（知识）而不是问题。如果科学不提供答案而只是提供问题，它就是毫无用途的，就失去了科学的功能；而如果哲学提供答案而不提供问题，哲学就成了科学，哲学就失去了哲学的生命，这种哲学就是"伪哲学"。

由"哲学不是科学"、"哲学不是知识"所引申出来的另一个判断，就是："哲学的历史演变不是进化论的"。

哲学也有一个自身的历史演变过程，但哲学不是"进化"的。进化和发展概念是具有价值含义的概念，是一个包含着某种"价值预设"的概念。进化、发展就是这种确定价值的积累向这种终极价值目标的接近的变化过程。这个过程是一个"进步"的过程。"后来的总是好于过去的"就是发展和进化概念的最一般的表述。科学史是进化论的。科学的发展意味着一个知识积累的直线式的发展过程。在认识的广度、深度和精确性等方面，后来的认识总是高于先前的认识，因而也比先前的认识具有更高的真理性价值。因此，科学认识的过程是一个发展、进化和进步的过程。但是，哲学演变历史却没有价值预设，因而没有一个评价哲学好坏的一般价值标准。这就意味着不是后来的哲学就比先前的好。很多人把西方近代理性主义哲学看成哲学的理想形态，是高级的哲学，并把它作为哲学的"模范样本"，而把古代哲学说成是萌芽状态的、朴素的哲学，是低级的哲学。这种观点就是典型的"哲学进化论"观点，是把科学的进化方式移入哲学评价的结果。在这里，人们仍然是把哲学当成了科学。我们经常说某些土著民族的哲学、文化是如何落后，言外之意就是说我们的文化是比他们的文化更好的高级文化。其实那种被我们说成是低级、落后的哲学文化观念，对那些民族的社会现状来说就是最好的。如果我们把我们的所谓先进的哲学文化观念强加给他们，对于他们来说就会形成"哲学灾难"。我们经常按照进化论的观念把西方近代哲学的自由、平等观念看成是最好的哲学文化观念，这仍然是按照科学进化论看哲学。如果把它拿到古代社会去，它就是最不好的观念。因为如果自由、平等的观念统治了古代社会的话，那么那个社会一天都会不得安宁，社会秩序也无法维持，社会无法运行，"哲学灾难"就将转变为"社会灾难"。绝对权威观念、等级观念这些被现代社会否定的观念才是古代社会所需要的哲学文化观念。我们认为好的、先进的自由、平等观念，对于古代社会来说就是不好的观念。

三、哲学的价值：有用的哲学与无用的哲学

所谓哲学的价值，就是指哲学的功能。不同的意识形式具有不同的社会功能，也就具有不同的价值。通常人们所说的"哲学的用途"，也就是

哲学的功能或价值。

科学属于认知意识，它是人对外部对象的认识。科学的用途就是为人类提供关于对象的知识。哲学属于人文学科，体现的是人文精神。人文精神和科学精神表现为两种不同性质的精神指向：科学精神以外部事物为尺度，而人文精神则是以人为中心；科学精神注重理性知识的获得和积累，人文精神追求的是非知识的意向和境界；科学追求真实和真理，人文追求价值和美好。因此，作为文化的核心和文明的灵魂的哲学的用途不同于科学的用途。哲学不是对客观对象的认知。哲学是观念、思想，是人们对对象的理解和解释。哲学提供的不是答案，而是思想和观念、问题和对问题的独特的理解和解释方式、人类生存的价值理想和终极关怀。这是哲学区别于科学的基本特征。"哲学无用论"的主要依据就是"哲学不能为人们提供具体知识和确定的答案"。这种认识的错误就在于，它是按科学的功能要求哲学的。哲学本来就不是为人们提供具体知识的，"哲学，尤其是形而上学，若是试图给予实际的信息，就会变成废话"[①]。因此，它只能说明哲学不具有科学的用途，而不能说明哲学没有哲学的用途。

没有"一般哲学"的存在。任何一种现实存在的哲学都是一定历史时代的产物，都不能够超越它所在的时代，并且是为自己的时代服务的。因此，评价哲学的用途也不能离开"时代的尺度"。离开具体的时代，仅仅在一般的意义上谈论哲学的用途是毫无意义的。如果以时代尺度去评价哲学的用途，我们就会得出这样的结论：任何现实存在的哲学，在其自己产生的时代都曾有用过；同样，随着时代的变革，落后于新时代的旧哲学也都会成为无用的哲学。不存在普遍适用于古今的一般哲学原理，因而也没有在所有时代都有用的哲学。科学有一般原理，如物理学中的力学原理、电磁学原理等。科学原理具有普遍的适用性，但是哲学没有普适古今的一般原理。如果把哲学看成适用于所有时代的万能的真言，那么，这样的哲学是"彻底无用"的。因此，我们不能一般地提出"哲学有没有用的"问题，我们只能提出"什么样的哲学对于那一个时代来说是有用的"问题。

---

① 冯友兰：《中国哲学简史》，北京大学出版社1996年版，第5页。

评价哲学的有用性涉及到的另外一个问题,就是哲学与现实世界的关系问题。哲学虽然不能为我们提供关于具体事物的知识性答案,但不能因此就否定哲学同现实世界的联系。哲学同时代的不可分离性本身就意味着哲学同特定时代的特定的生活世界的不可分离性。如果哲学同人的现实的生活世界没有联系,那么,哲学同时代也就没有任何联系,因为时代正是因人的生活世界的变革而区分的。

哲学是离人的物质生活最远的一种意识形式。哲学同人的现实的物质生活的联系是通过其他的精神文化的中介间接发生的。因此,哲学对人的物质生活表现出一定程度的"独立性":"经济上落后的国家在哲学上仍然能够演奏第一小提琴;18世纪的法国对英国来说是如此(法国人是以英国哲学为依据的),后来的德国对英法两国来说也是如此。"① 但是,哲学通过各种中介最终都与人的现实生活世界有着不可分离的联系。恩格斯说:"每一个时代的哲学作为分工的一个特定的领域,都具有它的先驱传给它而它便由此出发的特定的思想材料作为前提。""但是,不论是在法国还是在德国,哲学和那个时代的普遍的学术繁荣一样,也是经济高涨的结果。经济发展对这些领域也具有最终的至上权力,这在我看来是确定无疑的,但是这种至上的权力是发生在各该领域本身所规定的条件的范围以内:例如在哲学中,它是发生在这样一种作用所规定的条件的范围内,这种作用就是各种经济影响(这些经济影响多半又只是在它的政治等等的外衣下起作用)对先驱所提供的现有哲学材料发生的作用。经济在这里并不重新创造出任何东西,但是,它决定着现有思想材料的改变和进一步发展的方式,而且多半也是间接决定的。因为对哲学发生最大的直接影响的,是政治的、法律的和道德的反映。② 因此,仅仅依据哲学自身的逻辑矛盾来解释哲学形态和哲学观念的变革是不够的。哲学形态和哲学观念的变革,当然有哲学内部的原因,但最终还是根源于人的生存方式的变革。人的生存方式的变革,首先引起时代的价值观的变革;而价值观的变革又必然引起哲学思维方式和解释原则的变革,以致最后使哲学形态发生根本的

---

① 《马克思恩格斯选集》第4卷,人民出版社1995年版,第704页。
② 《马克思恩格斯选集》第4卷,人民出版社1995年版,第704页。

变革。

　　既然一种形态的哲学的产生和演变与人的现实的生活世界相联系，那么，关于"哲学用途"的评价尺度最终也离不开现实生活世界的价值尺度。"可以说，哲学自身根本不能自己给自己制造问题（那些糟糕的哲学已经制造了太多的精神乌托邦而且比社会乌托邦要荒谬得多）。任何一个有价值的哲学问题都是某一个具有实际意义的思想领域所产生的问题，这种问题特别之处在于它本来不是一个哲学问题，但由于它不能在实际的领域中被解决，因此转变为一个哲学问题，所以确切地说，所谓'哲学问题'其实指的是必须在哲学中被解决或者说只能以哲学方式去解决的实际问题。"[①]

　　我们在这里"强调哲学的有用性就是要求哲学恢复它对人类行动的积极意义而不再只是一种可有可无的'高级的'精神修养"[②]。哲学的用途最终仍然是同人的行动相关。尽管哲学作为一种"解释"和"理解"不能为人的行动提供解决具体问题的答案或知识，但是却能够为人的行动提供一种价值观，这是只有哲学才能做到的。

　　因此，评价哲学有用性的尺度不是自足的。哲学不是仅仅供人进行欣赏的精神财宝，哲学家也不是一些聚敛、储藏和"显摆"自己哲学财宝的"精神地主"。哲学只有与隐藏在历史深处的人的现实的生存需求联系起来，才是有价值的精神财富。哲学家们往往是凭借着一种"哲学本能"自觉或不自觉地反映现实的生活世界的内在要求，以他们的抽象的概念逻辑反映时代的人类生存问题。谁有这种"哲学本能"，谁就能成为时代的哲学代表。这种"哲学本能"就是哲学家对隐藏在深层的人类生存利益的感悟能力。哲学家之所以能够成为时代的精神代表，不是因为他的哲学超越了现实的生活世界因而失去了同时代的联系，而是因为他以他的抽象的哲学理解反映了时代的、人类的生存主题。

[①] 赵汀阳：《哲学怎样才是有用的》，载《社会科学战线》1995年第1期。
[②] 赵汀阳：《哲学怎样才是有用的》，载《社会科学战线》1995年第1期。

哲学观：我们该如何对待哲学[①]

刘福森

一、哲学观：不是知识，而是态度

研究哲学观，首先遇到的就是一个"哲学是什么"的问题。历史上每一个哲学家在讲自己的哲学之前，都首先要谈"哲学是什么"的问题，并且都认为这个问题最难回答。这个问题是一个哲学观的问题，而且是哲学观的首要问题。对这个问题的不同理解，直接关系到我们对整个哲学观的不同理解，关系到诸如对哲学与文化、哲学与现实、哲学与时代等问题的不同理解。

"哲学是什么"问题的提问方式是一个知识论的提问方式。历史上的那些哲学家也都是把这个问题作为一个知识论的问题给予回答。作为这些哲学家的晚辈，我们研究哲学时也都把这个问题看作知识论的问题并当作知识论的问题来回答，提出了各种解答方案，得出了各种结论。但是，无论是那些历史上的大哲学家还是我们这些晚辈，从来都没有得出过统一的答案，在哲学观领域关于"哲学是什么"的问题上，"哲学战争"始终就没有停止过。但是，无论人们对这个问题作出了何种回答，人们对"哲学是什么"这个问题本身的意义却很少有人作出理论上的考察。因此，研究

[①] 原载《江海学刊》2011年第1期。

哲学观本身，我们首先不是要对这个问题的答案作出某种回答，而是要对这个问题本身的意义作一番考察。如果我们不了解这个问题本身的意义，我们对这个问题作出的回答也必然是盲目的和无效的。

任何现实存在的哲学都是有个性的"特殊"哲学：不同时代和不同民族的哲学是各不相同的；即使是同一时代、同一民族的不同哲学家个人的哲学也是各不相同的。哲学史上的形态、范式和观念各异的哲学，都是具有个性的"特殊哲学"。不同时代和不同民族的哲学不仅提出了不同的哲学问题并对这些哲学问题作出了不同的回答，而且，即使是对于那些共同的哲学问题的回答也是各不相同的。正如叔本华所说："……哲学是一个长有许多脑袋的怪物，每个脑袋都说着一种不同的语言。"① 一定意义上可以说，哲学史是一个"一切人反对一切人的战场"。在哲学史上，没有一个哲学问题的回答是所有的哲学家所公认的。因此，没有超越民族、超越时代的普适古今中外的、永恒在场的"一般哲学"，有的只是隶属于特定时代、特定民族文化的作为特殊形态的有个性的哲学。

如果我们承认没有普适古今中外的"一般哲学"，只有不同民族、不同时代、不同哲学家个人的体现着个性的特殊哲学，那么，我们就不能对"哲学是什么"的问题给予一个确定的回答。对于一个不存在的东西我们就不能说出它"是什么"。"一般哲学"是"无"，因而我们就不能对它提出一个"有（存在）论"的问题并且作出"知识论"的回答。这是一个简单的常识。哲学家们之所以对这个问题的回答没有统一的、确定的答案，并且始终处于没完没了的"战争"之中，并不是因为他们的智慧不够，其原因还在这个问题本身。

科学要为人们提供知识，科学提出的问题也是知识论的问题，"××是什么"的提问方式是典型的知识论的提问方式，其回答也要求必须是确切的没有争论的答案。科学家们能够做到这一点。但是，哲学观也是一种哲学，是一种以哲学为对象的哲学，即"关于哲学的哲学"。既然哲学观也是一种哲学，它就不是为人们提供知识（答案）的。如果你把哲学当作

---

① ［德］叔本华：《作为意志和表象的世界》，石冲白译，商务印书馆1987年版，第145页。

知识，你就必然马上陷入无穷的困惑之中：哲学家们对其中的每一个哲学问题都有若干不同的回答，很多回答甚至是对立的。这时我们到底应该相信哪一个回答呢？

哲学与科学不同，哲学只能对哲学问题作出"理解"或"解释"。解释不是答案，哲学不能对问题提供具体的答案。作为哲学观的哲学也是如此。作为知识的"答案"，是人们对外部对象的认知，其评价的尺度是看其是否符合客观对象，其前提是尽量消除人们的主观立场。而哲学的"理解"或"解释"却是以人为中心的，以哲学家的主观立场为前提的。海德格尔说："把某某东西作为某某东西加以解释，这在本质上是通过'先有'、'先见'和'先把握'来起作用的。解释从来不是对先行给定的东西所做的无前提的把握。"① "先有、先见和先把握说出了筹划的何所向，而意义就是这个筹划的何所向；从筹划的何所向方面出发，某某东西作为某某东西得到理解。"② 解释是以人为中心和尺度的对外部世界的意义的解释，因而其中必然体现着个人的价值追求，这就是哲学家思考问题的"思想坐标"，即哲学立场。哲学立场的存在，使得哲学家对任何问题的解释都必然带有某些"先见"，而"先见"正是哲学家们提出自己伟大思想的首要的前提。正因为如此，就使得哲学失去了成为知识的资格。哲学立场的存在，使得哲学家个人的哲学都是有个性的哲学。由于哲学观也是一种哲学，即以哲学的方式对哲学的考察，因而哲学观也不是为人们提供关于哲学的知识的，而是提供对于哲学的理解或解释的。那种把哲学观说成是"关于哲学总体的看法"的理解，就是把哲学观等同于提供知识的科学了。

每个哲学家的哲学是各不相同的，他们关于哲学的解释就是不同的，他们的哲学观也必然都是各不相同的。当哲学家们站在不同的哲学立场（思想坐标）上，以不同的方式对哲学中的问题作出不同的理解并得出不同的结论时，他们也会对"哲学是什么"这个哲学观的问题作出不同的理解和解释。哲学家个人自己的"哲学"是怎么样的，这个哲学家在哲学观上就认为"哲学本身就应该是这样的"，他就会按照自己的"哲学"去回

---

① 洪汉鼎主编：《理解与解释》，东方出版社2001年版，第120、121页。
② 洪汉鼎主编：《理解与解释》，东方出版社2001年版，第120、121页。

答"哲学是什么"这一"哲学观"的问题,从而就形成了这个哲学家与别人不同的具有个性的哲学观。因此我们可以说,有多少种不同的哲学,就有多少种不同的哲学观。在哲学观上,对"哲学是什么"的问题的回答,哲学家们从来就没有普遍共识。古希腊的智者毕达哥拉斯对于哲学第一次使用了"爱智慧"这个词,亚里士多德则把研究超"可感实体"的"第一哲学"看成是哲学,即哲学的任务是探讨存在者之所以为存在者的学科。当欧洲哲学实现了认识论转向之后,康德哲学观的一个重要结论就是彻底否定存在本体论的意义。他在《纯粹理性批判》中提出,哲学要回答的问题是:我们能知道什么?这意味着哲学就是对于"知识成为可能"的必要条件的考察。在这个意义上说,哲学就是认识论。黑格尔则认为:"哲学的历史就是发现绝对的历史。绝对就是哲学研究的对象。"①而当哲学在实现了生活世界的转向后,则把哲学说成是对前科学的生活世界的追寻。可见,在哲学史上根本就没有能够普适古今中外的作为知识论的"一般哲学观"。不同民族有不同的哲学观,同一民族在不同的历史时代也会有不同的哲学观,哲学家个人也会有自己的与他人不同的哲学观。

总之,"哲学是什么"的问题是一个哲学观问题。"哲学是什么"的提问方式,是一个知识论的提问方式。然而,对这个问题的回答却不能给我们提供关于哲学的知识。每个哲学家所说的"哲学是什么",说的都是像他们自己的哲学那样的"特殊哲学"是什么,而不是作为"一般哲学"的哲学是什么,因为根本就没有这样的"一般哲学"。虽然哲学家说出了自己的特殊哲学是什么,但是并没有给我们提供关于哲学的知识。因为说出了某种特殊哲学是什么,这只是对客观事实的描述,这种描述并没有给我们提供新的知识。因此,"哲学是什么"这个哲学观的问题,根本就不能为我们提供关于哲学的知识。哲学根本就不是知识,哲学观也不是给人们提供关于哲学的知识的。

那么,哲学家们对这个问题的回答还有什么意义呢?它的意义就在于,哲学家们在回答这个问题时,实际上不是做了一个事实判断,而是做

---

① [德] 黑格尔:《小逻辑》,贺麟译,商务印书馆2003年版,第10页。

了一个价值判断。哲学家们所说的"哲学是什么",说的是他们认可的理想性的"一般哲学"就"应该"是像他自己的哲学那样的哲学,他把自己的哲学当成了(一般)哲学。因此,在哲学家对"哲学是什么"问题的回答中,表明的是哲学家评价哲学的一种价值倾向、一种哲学立场,一种崇尚什么哲学或反对什么哲学的"对待哲学的态度"。哲学家们实际上回答的并不是"哲学是什么",而是"哲学应当是什么",而"哲学应当是什么"提供给我们的不是关于哲学的知识,而是哲学家对待哲学的一种态度。

既然哲学观不能给我们提供关于哲学的知识,那么,在哲学史上那些大哲学家对"哲学是什么"问题所作出的回答,就不具有客观真理性的价值:不要因为历史上哪个哲学家讲过"哲学是什么",所有的民族和时代的哲学就都是像他说的那样的哲学。因为他告诉我们的不是关于哲学的知识,而只不过是他们自己的一种哲学态度而已。

打破通行的"知识论"的哲学观,对于我们现在进行的哲学研究具有重要的意义。现在进行的哲学研究的模式,就是对以往哲学家们的思想进行解释:历史上某位大哲学家说过"哲学就是爱智慧",我们也只能说"哲学就是爱智慧";历史上某位大哲学家说过"哲学就是形而上学",我们也只能说"哲学就是形而上学"。并不能因为那些是大哲学家说过的,就是真理,是不能反对的。"哲学就是爱智慧"被人们讲了两千多年,我们现在也只能去解释它,而不能反对它;同样,"哲学就是形而上学"也是大哲学家讲过的,不仅现在,即使是再过一万年,我们也只能去解释它,而不能反对它。如果这样,就是把个别哲学家对待哲学的态度当成关于哲学的普遍知识(真理)了。

只有当我们站在哲学史之上纵观整个哲学史的时候,我们才发现:尽管哲学史中的每一个哲学家都把自己的哲学看成是理想性的具有普适意义的"一般哲学",把自己的哲学观看成是具有普适意义的、理想性的"一般哲学观",但是,这些先辈们的哲学和哲学观都不可避免地被他们的后辈们所否定,于是,哲学的历史证明了根本就没有理想性的一般哲学和一般哲学观的存在,有的只是各不相同的、具有个性的特殊哲学和特殊的哲学观。同样,我们根本不能说出"哲学(一般哲学、理想哲学)是什么",因为那种普适的"一般哲学"根本就不存在,以至于海德格尔明确地得出了这样的结论:我们"无法想当然地一般地确定哲学的任务是什么以及该从哲学要求什么。哲学发展的每一个阶段,每一个开端都有自己的法则。人可以说的,只有哲学不是什么,哲学不能是什么"①。

二、哲学与文化:
中国哲学存在合法性之根据

哲学与文化的关系问题,也是理解哲学观的根本问题之一。"哲学"在本质上是一个"文化的"概念。文化可区分为以人文精神为核心构筑起来的"人文的思想文化"和以科学精神为核心构筑起来的"科学文化"。人文精神和科学精神表现为两种不同性质的精神指向:科学精神以外部事物为尺度,而人文精神则是以人为中心;科学精神注重理性知识的获得与阐述,人文精神追求的是非知识的、价值的意向和境界;科学精神追求真实,人文精神追求"美好"。"美"和"好"是两个价值性概念,它是发生在人的生活世界中的审美和伦理的核心价值。

欧洲近代哲学是建立在近代自然科学基础上的。在这个意义上说,它是近代科学文本的哲学"译文"。柯林武德说:"如果说17世纪的哲学是清理17世纪的自然科学,那么'20世纪哲学的主要任务就是要清理20世纪的史学'。""所以,在斯宾诺莎时代,科学的哲学已经不再是由其他哲学探讨中分化出来的一个特殊的分支;它已渗透到一切哲学研究,并且产生了一套完全是以科学精神来构思的完整的哲学。"②英国哲学家沃尔什也指出:"近代西方哲学起源于对16世纪晚期和17世纪初期由数学和物理学所做出的非凡进步的反思;而它与自然科学的联系从那时起就始终没有间断。知识本身就等于由科学方法所获得的知识,这个方程式是由笛卡尔

---

① [德]海德格尔:《形而上学导论》,熊伟、王庆节译,商务印书馆1996年版,第10页。
② [英]柯林武德:《历史的观念》,何兆武、张文杰译,商务印书馆1997年版,第20、34页。

和培根的时代到康德的时代几乎每一个主要的哲学家所得出的。"①因此，这种"以科学精神来构思的"西方近代哲学是知识论哲学。为科学知识的获得提供形而上学的根据，是这种哲学的主要宗旨。

这种哲学把"哲学就是形而上学"作为回答"哲学是什么"问题的唯一答案，也就必然地把这一答案看成了在哲学观上评判哲学的具有普遍性的、唯一的标准和尺度。这就必然得出这样的结论：凡不是以西方的知识论、实体论的范式存在的非形而上学的思想或观念都不是哲学。这种哲学观是一种"欧洲中心论"的哲学观，它完全否定了其他民族的"以人文精神来构思的"哲学（其中也包括中国哲学）的存在合法性。它的结论是：只有一种哲学，那就是欧洲的知识论的、实体论的形而上学的哲学，其他"哲学"都不是哲学；同样，也只有一种哲学观，那就是建立在欧洲传统形而上学哲学基础上的哲学观（即认为"哲学就是形而上学"的哲学观）。

人文的思想文化是由民族的价值观、思维方式、社会心理、风俗习惯、信仰、传统等文化因素构成的一个自协调性的系统。文化的各个方面在相互联系和相互作用中进行系统的自组织，以形成文化的完整的整体性。哲学为文化提供价值观（人生观、审美观、伦理观等），成为一个民族的文化系统的核心和灵魂。与欧洲近代哲学不同，"以人文精神来构思的"中国哲学不是对抽象本体（存在）所作的知识论、实体论的概念分析和逻辑论证，其目标也不是达到对绝对真理的认识，而是追求以"道"为核心的一种"人生境界"。中国哲学不是实体论、本体论的，而是境界论的。中国传统文化塑造的是一种关于人生的哲学。它追求的不是对外部对象的认知，而是对人生问题的关切。

所谓境界，是指由心灵超越所达到的一种"意境"。意境是心灵存在的方式。中国哲学的境界论不同于欧洲传统哲学的知识论：知识论是以主客、内外、心物二分为基本前提的，而中国哲学的境界论则是以天人合一、心物合一为价值指向的。天人合一的境界就是中国哲学的最高境界。

---

① [英] W. H. 沃尔什：《历史哲学导论》，何兆武、张文杰译，广西师范大学出版社 2001 年版，第 1—2 页。

只要承认了哲学同文化的内在联系，也就同时承认了哲学同民族的内在联系。不同民族有不同的文化，不同的文化直接影响着不同民族的思维方式和价值观，因而不同民族就有不同的哲学。

坚持哲学的文化本性才能突破欧洲中心论的哲学观。任何现实存在（而不是臆想）的哲学，都是以特定的民族文化为背景的有个性的特殊哲学。没有超民族的"一般哲学"、"理想哲学"的存在。哲学是文化的核心和灵魂，文化是哲学得以存在的"文化背景"，是哲学得以生存的"家"。失去文化背景，哲学也必将失去其生命而成为一个无家可归的孤魂野鬼。任何民族的思想文化，都是建立在这个民族的生存方式基础上的，对这个民族来说是最好的文化；同样，任何民族的哲学，也都是生存于这个民族的文化家园里的最好的哲学。不同民族的不同文化和不同哲学之间没有高低贵贱之分，他们对于自己的民族来说都是最好的。欧洲中心论的哲学观，就是坚持把欧洲哲学看成是最好的哲学，把欧洲哲学观看成是评判其他民族哲学的尺度的一种哲学观。按照这种哲学观，只有欧洲有哲学，其他民族的哲学或者都不是哲学，或者是只有按照欧洲哲学改造后才可被称为哲学。这种欧洲中心的哲学观，是一种霸权主义的哲学观，它已经成为中国哲学和其他民族哲学研究的最主要的障碍。欧洲中心论哲学观，就是套在中国和其他民族文化和哲学脖子上的一根绳索，不消除这根绳索，就没有中国和其他民族的哲学的生存空间。因此，要争得中国哲学存在的合法性，就必须推倒欧洲中心论的哲学观。

欧洲中心论的哲学观在中国也有广泛的影响。我国的一些崇尚西方哲学的学者，根据这种哲学观，得出了"中国无哲学"的结论，直接否定了中国哲学存在的合法性。另有一些人虽然表面上承认中国有哲学，但是却认为中国哲学是一种比较低级的不好的哲学。人们列举了中国哲学的"缺陷"：第一，中国哲学没有精确的概念分析和严密的逻辑论证，第二，中国哲学没有系统，只有一些零散的哲学命题的堆积。这种观点仍然是站在"欧洲中心论的哲学观"的立场上评价和指责中国哲学。如果站在欧洲哲学的立场上，根据欧洲哲学的特点要求中国哲学的话，那么，这些确实是中国哲学的"缺点"。但是，如果我们站在中国哲学的立场来评价中国哲学的话，那么，这些被指责的"缺点"就不仅不是中国哲学的缺点，而且正是中国哲学的优点。首先，欧洲近代哲学是知识论的。精确的概念、严密的逻辑是保证这种知识论哲学得以存在的基本手段。但是，中国哲学却不是知识论的，而是境界论的。正如冯友兰所说："中国哲学的传统，它的功用不在于增加积极的知识，而在于提高心灵的境界——达到超乎现世的境界，获得高于道德价值的价值。"① 如果说欧洲哲学是一种由概念和逻辑构成的"有言的知识系统"的话，那么，中国哲学则是一种无需精确概念和严密逻辑的"无言的境界"。中国哲学追求的这种人生境界，不是对外部世界的认知，而是对人生的体验、感悟、反省（不同于西方哲学的"反思")。在这个意义上说，中国哲学不是通过"认识"达到对外部世界的"知"，而是通过"悟"达到内心的"觉"。这也就是我们常说的"觉悟"。这种"悟—觉"是不能也不需要用概念清晰表达的。中国哲学的特点正是"此处无言胜有言"。"道可道，非常道"，因为"道"本不可"道"（说）。欧洲的知识论哲学用清晰的概念和严密的逻辑力图把一个概念说清楚，然而，也正是因为它说得"太清楚了"，它也就成了"确定"的知识，容不得再做文字外的想象与发挥。然而，中国哲学的这种"无言的境界"却是开放的，它为我们的"再体验"、"再感悟"留下了广阔的余地。所以中国哲学家说："书不尽言，言不尽意"（《周易·系辞上》）、"不著一字，尽得风流"（《诗品·含蓄》）。正因为中国哲学不是用清晰的概念和严密的逻辑构造出来的，所以有人说中国哲学没有系统。而实际上，中国哲学只是没有由概念和逻辑构成的"形式上的系统"，中国哲学也不需要这样的系统。中国哲学的德性（道德）、美趣（审美）和智悟（不是知识论的"知"，而是一种表现在感悟中的智慧），却是在"道"这一核心价值支配下的一个"无形的"、"实质上的系统"。

　　按照欧洲哲学的尺度对中国哲学进行解释和改造，也是以欧洲中心论的哲学观研究中国哲学时的突出表现之一。有些研究西方哲学的学者，虽然在口头上承认中国有哲学，但他们实际上承认的"中国哲学"却是按照

---

① 冯友兰：《中国哲学简史》，北京大学出版社1996年版，第4页。

欧洲哲学的标准对中国哲学进行改造后形成的一个不中不西、不土不洋的"假洋鬼子"。例如，人们用欧洲知识论哲学的"规律"、"逻各斯"等概念来解释中国哲学的核心概念——"道"，把老子的"道论"说成是中国哲学的"本体论"。这实际上是用欧洲哲学的"知识论"、实体论的"本体论"取代中国哲学的境界论的"道论"。中国哲学的"道论"和西方哲学的"存在论"本来就不是同一个种类的哲学，二者之间不能相互解释，因为在它们之间存在着一个难以逾越的文化屏障。"道"不是在人的生存实践之外的抽象实体，而是在人的生存实践之中存在的一种人生境界。这个"道"是通过人的"悟—觉"获得，并在生活实践中得以实现的。这是一个天人合一的过程。我们只能通过各种各样的生活实践去体验"道"——喝茶有"茶道"，行医有"医道"，做官有"为官之道"。这些都是"为人之道"、"人生之道"。"道"是人体验和感悟人生达到的一种境界，而不是靠认知得到的关于外部世界的客观知识。把中国哲学的不可言说的境界论的"道"改造成一个需要用概念和逻辑表达的实体论、知识论的存在论（本体论）的概念，这无异于把穿着中国马甲和粗布长衫的老子打扮成一个身穿西服、脚蹬皮靴的德国老头。

　　既然文化是哲学生存的家园，因而企图超越不同民族的文化基础，对不同民族的哲学进行类比或相互解释就几乎是不可能的。这是因为，在两种不同的哲学之间，始终存在着一个难以超越的"文化屏障"。只有真正理解了对方的文化，才能真正理解对方的哲学。例如，在哲学的价值观上，西方文化重视个体，按照西方人的思维习惯，总是把个人放在突出的地位，而中华文化则重视整体，在思维上总是突出整体的地位。即使是在姓名结构这样一个简单的表述方式上也体现着中西文化的区别。西方人的姓名表达方式总是把名字放在前面，而中国人的姓名结构却总是把姓氏放在前面。名字代表的是个人，姓氏代表的是家族整体。因此，在西方人的姓名结构中，后面的姓氏只不过是对个人名字的注释，而在中国人的姓氏结构中，个人（名字）是从属于家族（姓氏）整体的。不同的姓名结构反映出中华民族与西方民族在思维方式和价值观上的不同。就是说，一个民族理解其他民族的哲学时总是必然地遇到一个不可超越的"文化屏障"。

因此没有真正了解其他民族的文化（语言只是文化的一个方面），要想真正理解其他民族的哲学是相当困难的。企图把两种建立在不同文化基础上的哲学进行相互类比和相互解释不仅更加困难，而且出现错误也几乎是不可避免的。

总之，中国有自己特定的民族文化以及作为这种文化的灵魂的特殊哲学。中国哲学有中国哲学的独特问题和对问题的理解以及解决方式。我们既不能因为中国哲学与欧洲哲学不同就霸道地否定中国哲学存在的合法性，也不能按照欧洲哲学的范式去理解和修正中国哲学。

三、哲学与现实：哲学不是社会闲人的思维游戏

在研究哲学的学者中，虽然公开否定哲学同现实有联系的人是极少数，但是，在实际的研究中自觉或不自觉地忽视哲学同现实的联系的人却不在少数。人们在研究哲学思想的历史演变时，不考虑人的现实生活世界的历史演变，仅仅从哲学本身的内在逻辑推演去解释哲学历史的现象并不少见。这样，人们就自觉或不自觉地否定了哲学同现实（生活世界）的内在关联。

按照马克思哲学的基本观点，社会存在决定社会意识。哲学作为一种意识形式也不可能离开现实的生活世界而仅仅从人的头脑中产生。哲学作为人的意识形式，必然受到哲学家的价值观的影响和制约，而哲学家的价值观，则最终根源于人的现实生活世界，并最终被人所面临的最根本的生存问题所左右。或者说，哲学问题，最终都是人的生活世界的现实问题的哲学表达。"可以说，哲学自身根本不能自己给自己制造问题（那些糟糕的哲学已经制造了太多的精神乌托邦而且比社会乌托邦要荒谬得多）。任何一个有价值的哲学问题都是某一个具有实际意义的思想领域所产生的问题，这种问题的特别之处在于它本来不是一个哲学问题，但由于它不能在实际的领域中被解决，因此转变为一个哲学问题。所以确切地说，所谓

'哲学问题'其实指的是必须在哲学中被解决或者说只能以哲学方式去解决的实际问题。"①

马克思也非常明确地把西方近代哲学的核心观念——自由、平等的观念同近代工业文明时代的经济形式——商品经济联系起来。他说:"如果说经济形式、社会交换确立了主体人之间的全面平等,那么,使人们去进行交换的物质材料则确立了自由。可见,平等和自由不仅在以交换价值为基础的交换中受到尊重,而且交换价值的交换是一切平等和自由的现实的基础。"②"交换价值制度,或者,更确切地说,货币制度,事实上是自由平等的制度。""作为纯粹观念,自由和平等是交换价值过程的各种要素的一种理想化的表现;作为法律的、政治的和社会的关系上发展了的东西,自由和平等不过是另一次方上的再生产物而已。这种情况也已为历史所证实。"③

恩格斯也曾对这个问题有过明确的论述。他认为,哲学的领域,是"更高地悬浮于空中的意识形态的领域",即离人的物质生活最远的意识形态的领域。因此,哲学的历史演变,有其相对的独立性。这是哲学具有的不同于其他社会科学的特点:"经济上落后的国家在哲学上仍然能够演奏第一小提琴:18 世纪的法国对英国来说是如此(法国人是以英国哲学为依据的),后来的德国对英法两国来说也是如此。"④但是,哲学通过各种中介最终都与人的现实生活世界有着不可分离的联系:"每一个时代的哲学作为分工的一个特定的领域,都具有它的先驱传给它而它便由此出发的特定的思想材料作为前提。""但是,不论在法国或是在德国,哲学和那个时代的普遍的学术繁荣一样,也是经济高涨的结果。经济发展对这些领域也具有最终的至上权力,这在我看来是确定无疑的,但是这种至上权力是发生在各该领域本身所规定的那些条件的范围内:例如在哲学中,它是发生在这样一种作用所规定的条件的范围内,这种作用就是各种经济影响

---

① 赵汀阳:《哲学怎样才是有用的》,载《社会科学战线》1995 年第 1 期。
② 《马克思恩格斯全集》第 46 卷上册,人民出版社 1979 年版,第 197 页。
③ 《马克思恩格斯全集》第 46 卷下册,人民出版社 1980 年版,第 477—478 页。
④ 《马克思恩格斯选集》第 4 卷,人民出版社 1995 年版,第 704、704 页。

（这些经济影响多半又只是在它的政治等等的外衣下起作用）对先驱所提供的现有哲学材料发生的作用。经济在这里并不重新创造出任何东西，但是它决定着现有思想材料的改变和进一步发展的方式，而且多半也是间接决定的，因为对哲学发生最大的直接影响的，是政治的、法律的和道德的反映。"①

恩格斯认为，哲学家们在进行哲学研究时，直接面对的都是前辈们留下来的思想资料——因为现实生活世界并不重新创造出任何思想资料。那么，现实生活世界是如何对哲学的研究发生作用的呢？按照恩格斯的说法，现实生活世界的变化决定着"现有思想材料的改变和进一步发展的方式"。也就是说，现实生活世界的变革最终决定着哲学观念和哲学范式的变革。虽然哲学家们的研究始终是同现有的思想资料打交道的，但是，哲学家们不是一些"不食人间烟火"的仙人，而是生活在现实（生活世界）之中的"现实的人"，人的现实的生存方式以及现实（生活世界）中新出现的关于人类生存问题所引起的价值观的变革，最终决定着哲学家们的由价值观决定的哲学立场（思想坐标）的根本转变。"所有需要哲学干预的思想问题都是关于价值体系的问题，或者说，凡是关于价值体系的问题都只能由哲学来判定。哲学的有用性正在于此。"②不同思想或观念所得以立足的价值体系，就形成了不同哲学的不同的"思想坐标"。这就是哲学立场。由于哲学立场的转变，就使得哲学家们立足于新的哲学解释原则去重新解释和批判旧的思想资料，于是，一种新哲学就在对旧哲学的反思和批判中诞生了。

可见，哲学同现实的联系不同于科学同现实的联系。科学同现实世界是通过"认知"的方式相联系的，而哲学与现实的联系则是价值的联系：现实生活世界的价值观最终决定哲学家个人的价值取向，并进而决定哲学家个人的思想坐标，即哲学立场和哲学解释原则。这就是哲学同现实之间所具有的"价值同一原则"。哲学史上的任何一个真正哲学家的哲学立场，都自觉或不自觉地体现着他所在时代的现实生活世界的价值观。"反现实"

---

① 《马克思恩格斯选集》第 4 卷，人民出版社 1995 年版，第 704、704 页。
② 赵汀阳：《哲学怎样才是有用的》，载《社会科学战线》1995 年第 1 期。

或与现实没有联系的哲学是不存在的。

哲学同现实的内在联系告诉我们：哲学不是仅仅供人进行欣赏的精神财宝，也不是供社会闲人们打发时间的思维游戏；哲学家也不是一些聚敛、储藏和"显摆"自己哲学财宝的"精神地主"，为时代和民族提供核心的价值观是哲学家不可逃避的社会责任。"哲学只有与隐藏在历史深处的人的现实的生存需求联系起来，才是有价值的精神财富。哲学家们往往是凭借着一种'哲学本能'自觉或不自觉地反映了现实的生活世界的内在要求，以他们的抽象的概念逻辑反映时代的人类生存问题。谁有这种'哲学本能'，谁就能成为时代的哲学代表。这种'哲学本能'就是哲学家对隐藏在深层的人类生存利益的'悟觉'能力。哲学家之所以能够成为时代的精神代表，不是因为他的哲学超越了现实的生活世界因而也失去了同时代的联系，而是因为他以他的抽象的哲学理解反映了时代的人类的生存主题。"①

四、哲学与时代：哲学研究必须跟上时代的步伐

马克思曾说过："任何真正的哲学都是自己时代精神的精华。"②黑格尔也认为"哲学是思想中所把握到的时代"，并指出"妄想一种哲学可以超出它那个时代"是愚蠢的。③ 这些都是对哲学的时代本性的精辟概括。

哲学的时代性包含着以下几个方面。

第一，任何哲学都是思想对时代的把握，因而任何哲学都是时代的产物，是时代精神的精华。哲学同时代的联系根源于哲学同现实生活世界的联系。由于哲学都是同生活世界相联系的，而这个"生活世界"不是超时代的抽象的生活世界概念，也不是其他时代的生活世界，而是某种哲学所

---

① 参见刘福森：《哲学不是什么》，载《理论探讨》2009 年第 2 期。
② 《马克思恩格斯全集》第 1 卷，人民出版社 1956 年版，第 121 页。
③ ［德］黑格尔：《法哲学原理》，范扬、张企泰译，商务印书馆 1961 年版，第 12 页。

在的特定的生活世界；这样，哲学同现实的内在联系，也就意味着哲学同时代的内在联系。

第二，任何哲学都是在一定时代产生，并随着这一时代的消亡而失去其社会功能，从而被新的哲学所取代。这是哲学史的演变不可动摇的逻辑。因此"妄想一种哲学可以超吕它那个时代"是愚蠢的。

第三，任何现实的（而不是臆想出来的）哲学都是仅仅属于它所在时代的有个性的"特殊哲学"，而不能成为超越于时代之上的"一般哲学"。超前于时代的哲学是不可能的，落后于时代的哲学是无用的。因此，评价某种哲学的好与坏、有用与无用的尺度，只能是时代的尺度：符合时代要求的哲学才是好的哲学，才是有用的哲学。

哲学的时代性也是哲学区别于科学的基本特征之一。我们不能说"科学是时代精神的精华"，只有哲学才可被称为"时代精神的精华"。科学是可以超越时代的，没有专属于某一时代的科学。牛顿力学是近代的产物，但它在当代仍然是真理，并且在实践中应用时仍然是正确的。然而，哲学就不同了。哲学不能超越它所在的时代。因此，每一个特定的时代都有专属于自己时代的哲学；每一种哲学都仅仅是它所在的时代精神的精华，而不能成为其他时代精神的精华。也就是说，没有普适古今的"一般哲学"，有的只是专属于特定时代的有个性的哲学。

然而，忽视哲学的时代性却是哲学家们的"职业病"。每个时代的哲学家，在谈论"哲学是什么"这个哲学观的问题时，都喜欢把自己时代的那种有个性的哲学看成是可以超越时代的、理想性的（一般）哲学。他们对前辈们的哲学抱着批判否定的态度；对后代可能出现的与他们的哲学不同的哲学却茫然无知。于是，哲学家们所在时代的哲学就被他们看成是古往今来最好的哲学，也是将万世长存的唯一哲学。即使是伟大的黑格尔，也没有逃出哲学家们的这一历史命运。在黑格尔看来，绝对理念在他那里已经完满实现，以后就再也不会有别的哲学了。因此反时代性，也就成了哲学家的"通病"。

大哲学家们尚且如此，我们这些普通人就更不用说了。在哲学的学习和研究中，公开反对哲学时代性的人并不多。这不是说明我们比哲学史上的那些哲学家更有智慧，而是因为我们崇拜的哲学家黑格尔和马克思都明确肯定了哲学的时代性。我们并没有理解哲学时代性的深刻含义，只是盲目的信从而已。正因为这样，在对哲学具体问题的研究中，我们也就必然地重新陷入反时代性的牢笼。我们都把自己最崇拜的已经存在的某种哲学看成是超时代的"模范哲学"，并以这种哲学的哲学观为尺度，去否定其他哲学。

在我们的哲学研究中最流行的说法就是"哲学就是形而上学"。这种说法就是把西方传统（古典）哲学说成了普适古今的"一般哲学"，并进而以这种"特殊哲学"去否定形而上学终结后的其他"不是形而上学的哲学"存在的合法性。他们只能这样去对待形而上学终结后的现代、后现代哲学；或者直接否定现代、后现代哲学存在的合法性，把这些与传统哲学不同的哲学从哲学中排除掉；或者把现代、后现代哲学说成"也是一种形而上学"，以便把现代、后现代哲学纳入传统哲学的框架之中。在这两种情况下，他们都把西方传统哲学的"是形而上学"的"哲学"说成了"唯一存在的"哲学。这就意味着，无论将来时代怎样变化，"哲学"都是不变的；即使承认哲学会有某些变化，也只能是在形而上学框架内的细微变化，都不可能超出西方传统（古典）哲学设下的藩篱。

由于人们坚持"哲学就是形而上学"这一西方传统哲学的哲学观，就使得人们也用这种哲学观去对待马克思哲学。在马克思哲学的研究中，人们总是千方百计地到马克思的著作中去寻找"形而上学"、"本体论"这些西方传统哲学的要素，并按照那些"是形而上学"的哲学框架和话语方式去"重建"马克思哲学，按照西方传统哲学的"底样"去描画马克思哲学。人们不是去努力发现马克思同西方传统哲学的区别，而是千方百计地去挖掘马克思哲学中的旧哲学的痕迹。因为在一些人看来，只有如此，马克思哲学才更像哲学（实际上是更像西方传统哲学），才有资格被称为哲学。

坚持哲学的时代性，就意味着我们现在进行的哲学研究必须"与时俱进"，使哲学研究与时代的发展同步。如果否定哲学的时代性，把过去已有的哲学看成"一般哲学"，就必然对任何新出现的哲学观念持否定的态度,从而使我们的哲学研究落后于时代,使哲学成为无用的哲学。我们现在进行的哲学研究几乎完全变成了哲学史的研究。我们现在能够说出的东西,几乎都是西方哲学史上的哲学家们早已经说过的东西;我们所做的工作,就是去解释那些哲学家们已有的哲学思想和著作。当然,哲学史的研究在任何时代都是必要的。但是我们不能用哲学史的研究完全取代哲学研究。即使是进行哲学史的研究,我们也应该立足于我们时代的现实,去重新理解和反思历史上的哲学思想,以得出我们的结论。正如赵汀阳先生所说:"当哲学不能表明哲学为了什么而工作时,它就会盲目地遵循其历史传统而进行习惯性的工作。对历史传统的崇拜使得人们似乎只能从哲学史去理解哲学,甚至去定义哲学。""由过去所做的事情尤其不能推论出现在仍然必须做这些事情。因此,哲学不是由其历史传统所定义的,而是由它所发挥的作用所定义的,或者说,哲学史仅仅表明了哲学在过去的作用而不能表明哲学在今天必须发挥的作用。""于是,在不同的时代和条件下,哲学的工作任务是不同的,哲学绝不能被埋葬在一些千年不变而且永远解决不了的问题中。"①

假如现在黑格尔还活着,他还会去写他的《逻辑学》吗?他还会坚持他当时的那些哲学思想吗?肯定是不会的,因为他是个真正的哲学家而不只是一个哲学教授!作为一个真正的哲学家,他在他所在的时代,把他自己的哲学看成是绝对理念的完满实现,体现了那个时代的时代精神的内在要求,而现在如果他还活着,否定那个时代的他自己的哲学,也是符合他所在时代(现代)的时代精神的内在要求的。时代变了,他的哲学观念和思维方式也必然发生变革。出现在这两个不同时代的两个不同的黑格尔,都不是一个纯粹的个人,而只是两个不同时代的时代精神的人格化(代表)而已。

现在,西方工业文明已经陷入了空前危机。这种危机表现为生态环境的危机和资源危机,而实质上是人类的生存危机。这种旧文明的危机正在呼唤一种新文明——生态文明的到来。在新旧时代交替的关键时刻,我们

---

① 赵汀阳:《哲学怎样才是有用的》,载《社会科学战线》1995年第1期。

不仅需要在生产方式、经济运行模式等方面的物质变革，而且需要精神方面的哲学观念的变革。被我们视为"一般哲学"代表的西方近代主体形而上学、主客二分的思维框架和抽象的人本主义哲学，也由于时代的变革而陷入空前的哲学危机。我们现在需要的是人与自然和谐的观念和发展合理性的哲学观念，而不是征服自然、奴役自然的主体形而上学的观念。然而，在哲学研究中，用西方近代理性主义哲学、主体形而上学的价值观和主客二分的思维定式去理解和解释我们时代出现的新问题的现象还是屡见不鲜。不仅如此，这种哲学观念和思维方式仍然是支配各门主流社会科学研究的基本的哲学观念和思维方式。各门主流社会科学在对社会的研究中，还仅仅是从社会内部各要素的相互关系中寻找社会发展的动因和发展的逻辑，而把自然因素对社会的作用仅仅看成是影响社会发展的外部的偶然的因素；自然的价值、环境的价值还没有成为构成商品价值的重要组成部分而被忽视。社会科学研究中的价值观和方法论的落后，直接是由于哲学研究的落后和哲学观念的落后造成的。

　　因此，哲学的研究必须跟上时代的步伐，根据时代的发展需要弘扬适合于本时代的新观念，批判落后于时代的陈旧的哲学观念，应该成为哲学研究的绝对律令。如果我们看不到因时代的变革所引起的哲学观念的变革，把西方传统哲学的基本观念看作是超时间、超历史、超时代的理想哲学的观念，并企图用这种陈旧的哲学观念理解当代的人类生存问题，就必将使哲学远远地落后于时代，使人类的生存危机进一步恶化，生态文明的建设也必将成为一个美丽的泡影。

"哲学就是哲学史"命题的是与非[①]

刘福森

黑格尔在《哲学史讲演录》导言中提出了"哲学史本身就应该是哲学的"这个命题，后来这一命题又被人们转变为"哲学史就是哲学"的命题[②]，并进一步从这一命题引申出"哲学就是哲学史"的命题。在黑格尔对哲学与哲学史的关系的理解中，这两个命题确实是黑格尔的哲学史观和哲学观的核心思想，即黑格尔"用哲学解释哲学史"的"哲学史观"和"用哲学史解释哲学"的"哲学观"的核心思想。但是不知从什么时候开始，人们又进一步把黑格尔的"哲学就是哲学史"的命题引进了马克思的哲学观，变成了马克思哲学观的一个基本命题，这就引发了争议——黑格尔的哲学观是在他的形而上学思想体系的框架内才得以成立的，因而"哲学就是哲学史"的命题也是一个形而上学的命题。这对于以"颠倒"了形而上学为基本特征的马克思的哲学来说，是无法接受的。

一、哲学与哲学史：黑格尔的形而上学本质主义的哲学史观与哲学观

虽然黑格尔没有直接讲过"哲学史就是哲学"的命题，然而这一思想可以说是黑格尔形而上学的哲学史观的基本思想，因而我们可以把黑格尔

[①] 原载《哲学研究》2014年第4期。
[②] 江怡：《如何理解哲学与哲学史的关系》，或《哲学分析》2010年第1期。

的"哲学史观"概括为"哲学史就是哲学"。那么，在什么意义上黑格尔认为"哲学史就是哲学"呢？

黑格尔首先指出，哲学史是一个具有必然性的体系，这个必然的体系具有如下特征：第一，哲学史是"绝对精神思维自身"的内在逻辑在时间中的显现方式，是不变的绝对精神在流动的时间中的"现身"。哲学史中的个别哲学家的"特殊哲学"都是在与绝对理念自我意识的逻辑体系的关系中而获得其存在意义的："个别部分之所以有其优良的价值，即由于它们对全体的关系"，"历史里面有意义的成分，就是对'普遍'的关系和联系。看见了这个'普遍'，也就是认识了它的意义"。① 第二，哲学史中各个时代不同哲学的前后连接的次序是必然的："哲学体系的递相接连的次序不是偶然的，而是表明了这门科学发展阶段的次序。"② 而哲学史的历史必然性，是由哲学的逻辑必然性决定的。在这个意义上说，哲学史不过是绝对观念自我意识的历史，是"一系列的哲学精神形态的进展过程"，"这一长系列的精神形态乃是在精神的生命过程中跳动着的个别的脉搏"。③ 因此，在黑格尔的哲学史观中，绝对观念是哲学史的实体和主体，是全部哲学史的实质和灵魂。它决定了哲学史进展的必然性，而哲学史则不过是"哲学本身"的摹本、"形式"、"现象"。因此，从本质上说，"哲学史就是哲学"。

黑格尔的这种哲学史观，显然是形而上学的、本质主义的哲学史观。这个形而上学的哲学史观。"哲学就是哲学史"命题的是与非是以黑格尔的"逻辑与历史一致"的原则为前提的。在这里，"逻辑"是指绝对观念自我意识的内在逻辑，而哲学史就是这一逻辑在时间中的显现或现身。历史是服从逻辑的，而逻辑是先于历史的。"逻辑照黑格尔的理解，他明确

---

① ［德］黑格尔：《哲学史讲演录》第1卷，贺麟、王太庆译，商务印书馆1959年版，第11页。
② ［德］黑格尔：《哲学史讲演录》第4卷，贺麟、王太庆译，商务印书馆1978年版，第378页。
③ ［德］黑格尔：《哲学史讲演录》第4卷，贺麟、王太庆译，商务印书馆1978年版，第379页。

地说和形而上学是一回事"。① 由逻辑与历史的"一致",支撑起黑格尔的"哲学史就是哲学"的哲学史观。哲学史进展过程的必然性,就是绝对观念的内在逻辑的必然性,因而"哲学史(在本质上说)就是哲学"。

可见,"哲学史就是哲学"的命题,是黑格尔形而上学的本质主义哲学史观的一个基本命题。

如果说黑格尔的"哲学史就是哲学"的哲学史观是"用哲学解释哲学史"的话,那么黑格尔的"哲学就是哲学史"的哲学观则是"用哲学史解释哲学"。黑格尔之所以用哲学史去解释哲学,是为了使绝对理念"思考自身"的逻辑在形式上"动起来",使不变的逻辑表现为一种动态的"历史性"。正因为如此,黑格尔才用"哲学史"去解释哲学。正是对哲学的历史性解释,使得黑格尔的形而上学的哲学观区别于以往的形而上学的哲学观,因而黑格尔的形而上学也区别于以往先辈们的形而上学,表现为具有黑格尔特色的形而上学理论。

其实,黑格尔用哲学史去解释哲学,正是黑格尔哲学观中的辩证法的体现。通常人们关注的是黑格尔的辩证法同他的形而上学体系之间的矛盾,而不太注意黑格尔的辩证法与他的形而上学的同一性。黑格尔创建的辩证法,并不是为了反对他自己的形而上学的,而是为了构建他自己的形而上学体系的,是为他的形而上学体系服务的。因此,黑格尔的辩证法同他的形而上学是不可分的:黑格尔的辩证法的逻辑,正是构造他的形而上学体系的逻辑。这就使得黑格尔的形而上学区别以往先辈们的形而上学。黑格尔仍然坚持形而上学,这是不错的,但他坚持的是一种有着自己特色的形而上学。这就决定了黑格尔的形而上学必须通过他的辩证法才能够得到解释。反过来说,黑格尔的辩证法也具有形而上学的性质,这就决定了我们不能把黑格尔的辩证法直接拿来当作马克思的辩证法,也不能把黑格尔的"哲学就是哲学史"的命题直接拿来当作马克思哲学观的命题。

黑格尔的哲学观是形而上学的哲学观,但这是一种包含着辩证法的形而上学的哲学观,即一种有辩证法特色的形而上学哲学观;他的这种形而

---

① [英]罗素:《西方哲学史》下卷,马元德译,商务印书馆1963年版,第278页。

上学的哲学观是需要辩证法"帮忙"的。因此，黑格尔必须要用哲学史去解释哲学，才能使自己的形而上学的哲学观区别于以往先辈们的形而上学的哲学观，打上黑格尔的印记。这正是黑格尔为什么要用哲学史去解释哲学的原因。

那么，黑格尔是如何用哲学史去解释哲学的呢？

黑格尔把哲学史理解为一个从低级到高级的发展过程："一个时代的最后一种哲学是哲学发展的成果，是精神的自我意识可以提供的最高形态的真理。因此那最后的哲学包含着前此的哲学、包括所有前此各阶段在自身内，是一切先行的哲学的产物和成果。"①"最晚出的、最年轻的、最新近的哲学就是最发展、最深刻、最丰富的哲学。"②哲学史的这一由低到高的发展过程的最终结果就是绝对理念的自我意识的完成："绝对就是哲学研究的对象"，而"哲学的历史就是发现绝对的历史。"③当绝对理念的自我意识完成之后，也就意味着哲学的最后完成。这种最后完成了的哲学就是全部哲学中的最高的哲学。它之所以能够成为最高的哲学，是因为它把哲学史的全部都包括在自身之中，是全部哲学史发展的最后的、最完满的"产物"和"成果"。在这个意义上说，"哲学就是哲学史"。

在哲学与哲学史的关系问题上，黑格尔的"哲学史就是哲学"的哲学史观同他的"哲学就是哲学史"的哲学观是不可分离的两个方面。这两个方面共同构成了黑格尔对哲学与哲学史的关系的全面理解。在他的哲学史观中，黑格尔强调的是哲学史的内在本质，是哲学史的形而上学性；而在哲学观中，黑格尔强调的则是哲学的形式，是哲学在形式上的历史性（辩证法）。黑格尔的哲学观和哲学史观是不可分的，"哲学就是哲学史"的命题同"哲学史就是哲学"命题是不可分的，我们不能抛开其中的一个命题单独去解释另一个命题。在黑格尔看来，无论是哲学还是哲学史，"普

---

① ［德］黑格尔：《哲学史讲演录》第4卷，贺麟、王太庆译，商务印书馆1978年版，第378页。
② ［德］黑格尔：《哲学史讲演录》第1卷，贺麟、王太庆译，商务印书馆1959年版，第45页。
③ ［德］黑格尔：《小逻辑》，贺麟译，商务印书馆2003年版，第10页。

遍的理念始终是内在的根本，是无所不包的和永恒不变的"。①"在理念中出现的一切的部分和所有这些部分的系统结合，均由此唯一理念产生，一切特殊部分只是这唯一生命的反映和摹本。它们只有在理念的统一里，才得到它们的实在性，而它们的区别或不同的特性也只是理念的表现和包含在理念里的形式。所以理念是中心，同时也是边缘，是光明的源泉。"② 黑格尔在这里清楚地表达了他本人关于哲学与哲学史内在同一性的思想：第一，理念是内在的根本，是永恒不变的；第二，哲学史中一切哲学家的特殊哲学只是理念的"反映和摹本"，是包含在理念里的形式；第三，理念是"中心"，是"光明的泉源"。当理念显现为哲学史时，它并不走出自身，而只是显现自身。

这说明，不仅黑格尔的哲学体系是一个充满矛盾的体系，而且黑格尔的哲学观也是一个充满矛盾的哲学观。一方面，他坚持哲学的形而上学性，把理念、精神理解为不变的"绝对"，理解为哲学的实体和主体；另一方面，黑格尔又把哲学的形式理解为历史的、变化的。在这两个方面中，形而上学始终处于主导地位，它不仅窒息了辩证法，也窒息了哲学史的历史性。

二、马克思的哲学观：对形而上学的本质主义哲学观的超越

马克思不仅在"哲学"上超越了西方传统的形而上学的、本质主义的思维方式，创建了历史唯物主义的哲学世界观，而且形成了一种以"现实的哲学"为出发点和基本特征的新哲学观。这是对黑格尔的形而上学的本质主义哲学观的根本"颠倒"。在处理哲学与哲学史的关系问题上，黑格

---

① ［德］黑格尔：《哲学史讲演录》第1卷，贺麟、王太庆译，商务印书馆1959年版，第32页。
② ［德］黑格尔：《哲学史讲演录》第1卷，贺麟、王太庆译，商务印书馆1959年版，第33页。

尔坚持的是"用哲学解释哲学史"的哲学史观和"用哲学史解释哲学"的哲学观。当马克思完成了"对形而上学的颠倒"①之后，也完全颠覆了黑格尔在哲学与哲学史关系问题上的形而上学的解释。黑格尔的"哲学史就是哲学"与"哲学就是哲学史"的命题，在马克思的哲学观中已经失去了合理性，从而被马克思所否定。

第一，马克思的哲学观不承认有超越哲学史上的"一般哲学"或"哲学本身"的存在。这样，马克思的哲学观就从根本上否定了黑格尔的无所不包的、永恒不变的绝对理念的存在。在马克思的哲学观看来，"现实的"哲学，就是由哲学家个人创造的"特殊哲学"。恩格斯指出："每一个时代的理论思维，从而我们时代的理论思维，都是一种历史的产物，它在不同的时代具有完全不同的形式，同时具有完全不同的内容。"②按照恩格斯的理解，所谓"理论思维"（思想、哲学）的"历史性"包括以下内容：一是"条件性"，即每一种哲学都是在特定时代的特殊历史条件下产生和存在的哲学，每一种哲学都不可能超越它所依赖的历史条件而成为具有普适性质的"一般哲学"；二是不同历史条件下的哲学在形式和内容上都是各不相同的；三是随着社会历史的变革，必然引起哲学的革命性变革。因此，那种超历史的、永恒在场的"一般哲学"只不过是形而上学的哲学家们的主观臆想而已。

第二，既然否定了"一般哲学"的存在，那么，马克思的哲学观中所讲的"哲学与哲学史的关系"，就已经不再是如黑格尔所说的"作为普遍精神对它自身的思考"的"哲学本身"与作为绝对精神的摹本的"哲学史整体"之间的关系，而是指某一时代哲学家个人的"特殊哲学"同以往（在他之前）的先辈们的各种特殊哲学之间的关系。这时的"哲学史"可以说是哲学的"前史"，而哲学则是"史后"的哲学：哲学史与哲学的关系表现为时间上的前后关系。例如，当我们说康德哲学与哲学史的关系时，我们所说的实际上是康德哲学同康德哲学以前所有的哲学家个人的特殊哲学之间的关系。这时，哲学是指"现实的"哲学，哲学史也是指由以

---

① 孙周兴选编：《海德格尔选集》（下），上海三联书店1996年版，第1244页。
② 《马克思恩格斯选集》第4卷，人民出版社1995年版，第284页。

往若干"现实的"哲学构成的总体。

第三,在马克思的哲学观中,由于"哲学是在哲学史之后",因而我们已经不能再用哲学去解释哲学史(例如,我们不能用康德哲学去解释康德以前的哲学);同时,尽管"哲学史在哲学之前",我们也不能再仅仅用哲学史去解释哲学。这是因为,尽管我们并不否认后来的哲学的产生离不开先辈们所提供的历史资料,但是有了这些历史资料并不能保证后来的"新哲学"的生成:哲学史只能决定哲学的过去,并不能决定哲学的现在和未来,因而我们并不能从先辈的哲学推导出后辈的哲学。先辈的哲学只是为后辈的新哲学的形成提供了思想史的前提;要形成新的哲学,还必须要有哲学史之外的"现实的基础"。马克思哲学观的理论特质,就在于它在哲学史(精神史)之外找到了实现哲学变革和新哲学产生的现实基础——社会历史的基础。

在历史唯物主义看来,不是哲学只(精神史)的发展决定了哲学的创新和变革,而是现实社会历史的变革最终决定了哲学的创新和变革。为什么古代哲学把"绝对权威"的观念、"等级观念"作为基本的价值观念,而近代哲学则把"自由、平等"的观念作为基本的价值观念?哲学史上发生的这种观念变革只有通过社会历史的变革才能得到最终的解释,而依据"哲学就是哲学史"的命题是不能得到解释的。马克思创立的历史的唯物主义,不仅唯物地解释了人的社会历史的变革,而且也唯物地解释了人的精神(其中就包括哲学)历史的变革,因而在人们的现实的生活世界中找到了哲学的"根"。马克思非常明确地把西方近代哲学的核心观念——自由、平等的观念同近代工业文明时代的经济形式——商品经济联系起来。他说:如果说经济形式、社会交换确立了主体人之间的全面平等,那么,使人们去进行交换的物质材料则确立了自由。"可见,平等和自由不仅在以交换价值为基础的交换中受到尊重,而且交换价值的交换是一切平等和自由的生产的、现实的基础"。①"交换价值制度,或者更确切地说,货币制度,事实上是自由平等的制度"。"作为纯粹观念,自由和平等是交换价

---

① 《马克思恩格斯全集》第 46 卷上册,人民出版社 1960 年版,第 197 页。

值过程的各种要素的一种理想化的表现；作为法律的、政治的和社会的关系上发展了的东西，自由和平等不过是另一次方上的再生产物而已。这种情况也已为历史所证实。"① 可见，哲学观念演变的历史，归根到底根源于人类社会生活的发展史。哲学史只是显现了哲学的过去，它不能单独决定哲学的现在和未来，最多它只能为后来的新哲学提供思想的"前提"。恩格斯所说的"每一个时代的理论思维，从而我们时代的理论思维，都是一种历史的产物"，并不是说哲学就是"哲学历史"的产物，而是说，哲学是现实的社会历史的产物。由于社会历史作为更深刻的现实根源决定了哲学和哲学史，因而马克思的哲学观便不能再说"哲学就是哲学史"。"哲学就是哲学史"的命题只能解释后来哲学对先前哲学的历史继承性，而不能解释后来哲学对先前哲学的历史超越性。如果我们企图用"以往的"哲学历史去解说后来哲学的全部问题，就会导致在哲学观问题上完全"用精神（哲学史）去解释精神（哲学）"的"唯心主义"，从而否定马克思的唯物主义的哲学观。

　　人们通常用"哲学家对旧哲学的批判"来解释哲学的创新或变革。这种说法当然是对的，因为如果不批判了旧的哲学观念，就不可能有新的哲学观念的诞生。但是，我们必须继续追问：为什么在过去被人们普遍接受和赞扬的旧哲学，后来却引起人们的反对和批判呢？这个问题是不能根据"哲学就是哲学史"的命题从哲学史内部求得解释的。根据马克思的历史唯物主义的哲学观，引起后来的哲学家对旧哲学进行批判的原因在于，由于现实的社会历史时代的变革，人类的生存问题和生存方式发生了根本的变化，由此必然引起社会价值观念的根本变革。当新时代的哲学家自觉或不自觉地（本能地）感受到了现实世界的这种变化之后，新时代的哲学家的"哲学立场"就会发生根本的变化。他们开始用新的"思想坐标"（新的视角）去重新思考、解释与评价先辈们提供给他们的旧哲学资料。这样，过去曾被人们肯定和赞扬的旧哲学，就成了新时代哲学家们批判的主要对象。于是哲学史上的旧哲学观念就被新的哲学观念所代替，从而使旧

---

① 《马克思恩格斯全集》第46卷下册，人民出版社1960年版，第477—478页。

哲学被新哲学所取代。因此，在马克思的哲学观中，引起哲学变革与创新的根本原因在现实的社会历史之中，而不在先前的哲学史（旧哲学）之中。

恩格斯非常明确地说明了社会的经济是如何作用于先辈们提供的思想资料才实现了哲学变革的：恩格斯并不认为社会经济可以直接决定哲学，而是认为经济的决定作用必须通过前人留下来的思想资料才能发生作用。恩格斯指出，经济的"这种至上权力是发生在各该领域本身所规定的那些条件的范围以内：例如在哲学中，它是发生在这样一种作用所规定的条件的范围内，这种作用就是各种经济影响（这些经济影响多半又只是在它的政治等等的外衣下起作用）对先驱所提供的现有哲学材料发生的作用。经济在这里并不重新创造出任何东西，但是，它决定着现有思想材料的改变和进一步发展的方式"①。恩格斯在这里指出：现实的社会历史"对哲学的影响"表现为"对先驱所提供的现有哲学材料发生的作用"，"它决定着现有思想材料的改变和进一步发展的方式"。也就是说，决定着哲学"进一步发展的方式"的根据，不在哲学史本身之中，而是在哲学史之外的人的现实的生活世界之中。正是人的现实的生活世界——社会历史的变革，最终引发了哲学的变革。如果把哲学归结为"就是哲学史"，我们就将失去对哲学变革与创新的解释能力。因此，黑格尔的"哲学就是哲学史"的命题，并不能取代马克思的"不是意识决定生活，而是生活决定意识"②的命题，因为无论哲学同社会科学等意识形式相比较有多么大的区别，它最终也不能彻底摆脱人的社会生活的纠缠而被完全束缚于精神历史的牢笼之中。与黑格尔的形而上学的哲学观相反，马克思是从人的"现实的"生活实践出发去解释"现实的"哲学和哲学史的。

在马克思看来，现实存在的哲学都是有个性的特殊哲学。所谓"一般哲学"或"哲学本身"只不过是哲学家们臆想的结果，在现实中是不存在的。现实存在的哲学都是有个性的特殊哲学，而哲学的个性或差别性则是根源于不同时代（不同历史条件下）人的生活实践的不同要求。这种唯物

---

① 《马克思恩格斯选集》第4卷，人民出版社1995年版，第704页。
② 《马克思恩格斯选集》第1卷，人民出版社1995年版，第73页。

主义的哲学观是从人的现实的生活实践出发去解释哲学的。因此，一种哲学的危机，反映的最终是它所依赖的现实生活实践的危机；哲学史中发生的哲学的变革，最终根源于人的现实生活世界变革的要求。这种哲学观是历史唯物主义的哲学观。仅仅从哲学的精神特性和哲学史的内在逻辑出发去解释哲学和哲学史，完全忽视或否定人的生活实践对哲学历史演变的最终决定性，就必然走向唯心主义的哲学观，从而与马克思的唯物主义的哲学观背道而驰。

马克思和恩格斯都没有讲过"哲学就是哲学史"。不知是谁、在什么时候把它变成了马克思哲学观的命题。于是，人们便接受了这个似是而非的命题（本人当时也是如此）。如果我们看一看马克思关于哲学的论述，就可以明了马克思在哲学观问题上的基本理论倾向：尽管马克思也不否认哲学与先前的哲学之间的历史性联系，但马克思的目光始终没有停留在哲学历史的视野中。马克思在哲学观问题上关注的主要问题是哲学的革命性、创新性、批判性、时代性和社会历史性。马克思的哲学观正是用历史唯物主义的理论原则（生活决定意识是原则）去解释哲学的历史演变的根本原因的，这就避免了仅仅用精神史（哲学史）解释精神（哲学）的唯心主义的倾向。因此，我们反对把黑格尔的"哲学就是哲学史"的命题看作马克思哲学观的命题。

三、哲学的时代性：在哲学研究中应当如何对待哲学史

任何新哲学观念都不是从现实世界中直接概括出来的，而是从对旧哲学的批判中产生的。哲学直接面对的不是现实的事物，而是思想。确切地说，哲学直接面对的是"前辈的思想"。在这个意义上说，哲学的直接对象不是现实的生活世界，而是思想，哲学是对思想的再思想。因此，没有哲学史提供的理论资源，我们就无法"哲学地"思考哲学，也无法进行真正的哲学研究。

但是，仅仅掌握了哲学史提供的思想资料，还不能进行真正的哲学研究。在哲学研究中有两种不同的对待哲学史的方法：一是考古学的方法，二是现实主义的方法。这两种不同的对待哲学史的方法，会产生两种完全不同的理论结果。

"哲学就是哲学史"命题提供给我们的是考古学的方法。对待哲学史的考古学的方法，在哲学研究中表现为考古学的研究范式。这种研究范式的基本特征是：研究者完全站在旧哲学的立场上去探讨哲学问题。由于没有哲学立场的根本变化，就只能对前辈们的哲学思想进行纯客观的描述，因而得出的结论也不会超出旧哲学的思想框架。在具备了一定的历史资料的前提下，能否形成不同于旧哲学的新的思想观念，关键就在于研究者是否具有新的哲学立场，是否站在新的哲学立场上进行理论思维。所谓哲学立场就是哲学的"思想坐标"，或如通常人们所说的"理论视角"。人们进行的任何哲学思考都是从自己的思想坐标出发来确立自己的解释原则的。不同的思想坐标，对同一个哲学问题的回答也必然是各不相同的。因此，在哲学研究中，如果我们完全站在哲学史上的旧哲学的立场上，按照"哲学就是哲学史"的命题去阅读、理解、解释、评价旧哲学，那么，就不会形成与旧哲学观念本质上不同的新观念，也就不会有不同于旧哲学的新哲学的形成。这种研究不仅没有给哲学史增添任何新的内容，也没有使以往的哲学史在时间中得到延续。这种研究方式是一种对待哲学史的消极的态度，由于我们的思想没有超越旧哲学，其后果就是哲学史将在我们这一代的手中停止或中断。

对待哲学史的现实主义的方法，就是研究者根据自己所处的新时代的人类生存需要，确立一个不同于旧哲学的新的思想坐标，并用这一新的思想坐标去重新理解、解释、评价哲学史上的旧哲学的价值观、思维方式和理论态度。这种方法体现了一种积极的对待哲学史的态度。这种对待哲学史的态度，是建立在对哲学的"时代性"的理解基础上的。哲学的时代性说明了：第一，任何现实的（而不是臆想出来的）哲学都仅仅是属于它所在时代的有个性的"特殊哲学"，超时代的、超历史的、永恒在场的具有普适性质的"一般哲学"或"哲学本身"是根本不存在的。因此，哲学的"时代性"概念,是用来解释"特殊哲学"的一个概念。第二,任何哲学都是在特定的社会历史时代产生,它从属于这个时代并随着这一时代的消亡而失去其存在的合理性,从而被新的哲学所取代。哲学的这种革命性变革,最终是由社会历史的时代性决定的。第三,哲学研究应该立足于"当代",从当代的新视角去重新理解和解释哲学史,从中形成适合于研究者所在时代要求的新哲学。这就是我们所说的现实主义的研究方式。

在这里需要特别指出的是,黑格尔也讲哲学的时代性:"每个人都是他那时代的产儿","妄想一种哲学可以超出它那个时代""是愚蠢的"。① 但是,黑格尔在这里讲的哲学的时代性所指的是"普遍精神对它自身的思维"的逻辑过程在哲学史中表现出来的"阶段性"。这种时代性是指精神内部的"时代性":"每一哲学都是它的时代的哲学,它是精神发展的全部锁链里面的一环"。"个人无论怎样飞扬伸张——他也不能超越他的时代、世界。因为它属于那唯一的普遍精神,这普遍精神就是他的实质和本质。"② 因此,黑格尔讲的哲学的时代性,仅仅是精神(哲学史)内部的时代性(即"精神发展的全部锁链里面的一环"),是绝对精神自我意识的不同逻辑阶段在时间中的再现,因而这种"时代性"仍然是从属于黑格尔形而上学体系的时代性;而马克思讲的哲学的时代性,是指现实的社会历史过程中表现出来的时代性。正是社会历史的时代性,决定了哲学的时代性,也决定了哲学史的时代性。因此,黑格尔讲的哲学的时代性,并不能同马克思哲学观讲的时代性相提并论;我们也不能用黑格尔讲的那种时代性取代马克思哲学观的时代性。

既然每一种哲学归根到底都是它所在时代的社会历史的产物,那么,我们今天研究哲学,就必须站在我们的时代的立场上去重新理解、解释和评价先辈们的哲学。只有如此,我们的哲学研究才能超越先前旧哲学的基本价值观和思想框架,形成适合于我们时代的新哲学。

古代的哲学思想,是在古代的视角下形成的,而我们今天对哲学的研

---

① [德]黑格尔:《法哲学原理》,范扬、张企泰译,商务印书馆1961年版,第12页。
② [德]黑格尔:《哲学史讲演录》第1卷,贺麟、王太庆译,商务印书馆1959年版,第48页。

究应该在今天的新的视角下进行。"哲学不是用考古学的方式去阅读古代文本,而是像每一种人类行动一样,是存在的创造性的展开。"① "所以,我们的目标似乎不是在阅读古代文本时简单地回复古代人的目标,而是用新的视界、新的问题,从新时代来认识古代文本。我们应该让它以新的方式向我们阐述。在这么做的过程中,文本和哲学家就变成了活的而不是死的——因而也是更真实的。在这个意义上,文本的阅读是活的传统的一部分。"② 古代哲学家的思想,对于他所在的时代(古代社会)来说是一种"活思想"(有生命力的思想)。但是如果我们把它原封不动地拿到当代来,对于我们的时代来说,这种"活思想"就变成了一种"死思想"(失去了生命力的思想)。我们只有站在今天的新时代的立场上去理解、解释古代的思想,古代思想才能成为新时代的"活思想"。因此,我们可以这样说:历史上哲学家的思想是"死人"的"活思想",而在"今天"的哲学研究中用考古学研究方式所得到的却只能是"活人的""死思想";我们只有站在新时代的现实生活的基点上,从一个新的视角(思想坐标)出发去学习和利用哲学史上的思想资料,才能在今天得到"活人的""活思想"。

哲学的时代性并没有否定哲学的历史性,而是让哲学的历史性在新时代的视角下获得了全新的展开。历史上每一个真正的哲学家之所以能够超越前辈们的思想,形成自己的新思想,都是这种现实主义研究方法的结果。这种现实主义的研究方式不仅没有否定哲学史,而且以创造性的成果为哲学史续添了新的内容,使哲学史在时间中得到延续,避免了哲学史在我们一代的手中被人为地终结,并为我们后代的哲学研究提供了新的思想资料。这种对待哲学史的态度,才是我们今天进行哲学研究应该采取的积极态度。

---

① [美]乔治·麦克林:《传统与超越》,干春松、杨凤岗译,华夏出版社2000年版,第28页。
② [美]乔治·麦克林:《传统与超越》,干春松、杨凤岗译,华夏出版社2000年版,第27页。

生活世界转向与现代哲学革命①

杨魁森

西方哲学在经历了世界、上帝、理性几大主题之后，似乎已经不知道哲学究竟应当研究什么，许多哲学家都在探究新的研究领域，寻找新的研究对象。生活世界转向代表了这种探究的主导方向，生活世界理论越来越明显地成为现代哲学的研究主题。目前国内学界的实践唯物主义、生存论、实践哲学、生活哲学、文化哲学等，从哲学研究对象和主题转换的意义上说，都可整合到生活世界的理论研究中去。对于生活世界这一新的哲学主题，国内从上世纪90年代以来已积累了不少研究成果，但尚有许多问题需要进一步研究，特别是对生活世界转向之于现代哲学革命和哲学未来发展所产生的重大影响更需给予充分的认识和阐发。我们以为，现代哲学的生活世界转向不是枝节和局部问题，而是涉及哲学发展方向的根本问题，它必然引起哲学的研究对象、基本问题和思维方式的重大变化，从而导致现代哲学新形态的形成。本文的目的就在于探讨生活世界转向对现代哲学变革所发生的重大而深远的影响。

尽管胡塞尔是最早明确提出生活世界转向的，但也应当承认马克思是现代生活世界理论的真正奠基者之一。马克思创立的以实践观为基础的新哲学，不仅把哲学主题从世界、理性转向人的现实生活实践，从实践出发去理解人的存在方式，剖析人的生存矛盾，探索人的生活意义，同时也把实践观点作为理解人的生活世界的新思维方式，所以马克思哲学已经奠立

---

① 原载《吉林大学社会科学学报》2007年第5期。

了比较完备的生活世界理论基础。罗素曾指出,"把马克思纯粹当一个哲学家来看,他有严重的缺点。他过于尚实际,过分全神贯注在他那个时代的问题上。他的眼界局限于我们的这个星球,在这个星球的范围之内,又局限于人类。"① 这段看似批评的话恰好抓住了马克思哲学的实质。因此在讨论现代哲学的生活世界转向时,我们应当立足于马克思哲学的生活世界理论,这不仅有助于把握现代哲学转向生活世界的深刻内涵及其重大意义,而且更有助于推进马克思主义哲学的当代发展。

一、研究对象:从彼岸世界到此岸世界

哲学研究通常从探究存在的本性开始。存在论或世界观并不是对实际存在或外部世界的客观描述,作为哲学研究的对象,它在本质上是人的视域,是人对存在世界的认识和理解,所以它具有如下特点:(1)存在是什么与怎样理解存在以及存在对人的意义等问题是联系在一起的,因此存在论同时蕴涵着本体论、认识论、意义论的内容,这三位一体构成哲学的基础和核心,没有存在论的哲学是飘零无根的哲学;(2)哲学所研究的存在具有普遍性和超验性,它力图找出各种具体存在形态背后更深刻的根源,从整体上把握存在以提供世界统一性的根据,特别是要说明自然、精神、人之间的统一性关系;(3)尽管哲学总是力求从无限性去把握存在,但对存在的认识又受到认识者本身特定的存在境遇的限制,由于不同时期人类的实践水平和认识水平的局限,因而每一时代的哲学只能提出相应的"存在"概念。由于存在论是哲学研究的对象载体,体现着哲学对世界的基本解释原则,因此,哲学的根本变革往往都是从世界观或存在论的革命开始的。现代哲学向生活世界转向而引发的哲学革命,也源于存在论观念的变革。

对于生活世界转向在存在论方面的变化,由于对哲学发展线索的理解

---

① [英]罗素:《西方哲学史》下卷,马元德译,商务印书馆1997年版,第343页。

不同，也会出现不同的解释。如果把哲学史理解为是从本体论到认识论再到生存论的转换，那就意味着哲学研究对象是从自然世界到理性世界再到生活世界；如果按理论哲学和实践哲学区分的思路，那么生活世界转向就意味着从理论哲学转向实践哲学；如果按"哲学对世界的认识实际不过就是对人自己的认识，它是通过对世界的认识以理解人自身的存在及其活动的性质、意义和价值的"① 观点看，哲学所研究的世界实质上就是人的生活世界，那么生活世界转向是意味着现代哲学对生活世界的解释原则和思维方式的变化。但无论怎样理解哲学史都可看出，传统哲学无论是研究世界的，还是通过世界研究人的，都是把存在的研究推到人的现实生活的彼岸，变成脱离人的世界观或存在论的研究，哲学研究的存在成了"世界之外的遐想"（马克思）或"被遗忘了的存在"（海德格尔）。那么，为什么哲学研究存在的本意是寻求人与存在的统一，结果却造成人与存在的分离呢？关键问题是怎样解决人的存在与世界存在的统一性，站在什么基点上、以什么方式去认识和实现这种统一。特别是，是从外部世界存在出发去解释人的存在，还是立足于人的存在去解释人与世界的统一？不同的答案，反映着不同时代人类的实践水平和认识水平。古代哲学以探究世界的本源为核心建立了自然世界观理论，把人的存在统一到自然存在中去，以自然法则解释人的生活根据和意义。这种理解是由于古代人的生活实践尚未从自然独立出来的缘故。近代哲学把存在的研究从外部世界转向人，从人的理性本质出发去探究世界统一性问题，特别是黑格尔以理性统一性的方式完成了世界统一性的逻辑图景，这实际上还是在科学世界观的范围内解释人的生活。古代、近代哲学之所以进入不到人的现实生活中去，根本原因是缺乏对人不同于自然世界的特殊本质和生存方式的科学认识。一方面，需要对近代以来所展开的工业实践有充分认识。现代实践证明，虽然自然界在一般存在意义上仍然保持着优先的地位，是人之产生及其活动的基础和前提，但人脱离自然界之后，通过长期的实践活动所形成的社会和创造的历史，已经构成了一个不同于自然界的新质的世界，这是人的生存

---

① 高清海：《哲学的憧憬》，吉林大学出版社1993年版，第1页。

和发展的主要基地和舞台。与此相应，人类生存的主要矛盾也发生变化。如果说，古代、近代社会主要是认识和解决人与自然界之间的矛盾，那么现代社会的主要矛盾已转向人同自己所创造的属人世界之间的矛盾。属人世界既集中了自然世界中所有的东西，又创造了自然世界所没有的东西，是世界发展的最高结晶。所以，认识世界的最前沿、最困难的部分不是人之前的世界，而是人本身的世界。哲学只有立足于人去解释世界，才能体现出哲学的现代立场和解释水平。另一方面，对人的认识也需要关于人的历史科学的充分发展。近代哲学的存在论虽已摆脱了对世界的直观而进入科学认识，但它依据的主要是自然科学，是从科学视野中的世界观出发去解释人。柯林武德曾批评过"以前的历史理论在方法论和在主题两方面所犯的根本错误；错误在于它们努力要模仿自然科学，以自然科学为蓝本，力图以自然科学那样的普遍规律来归纳历史现象"①。近代科学世界观与现代哲学主张的生活世界观的区别在于，科学世界观揭示的是以客观规律性为中心的物的世界，而生活世界观所揭示的则是规律性与目的性、事实与价值相统一，以合理性为中心的人的世界，这是一个"为我而存在"的世界，它包含着科学世界所没有的人文意义和内容。没有独立的关于人的历史科学，对人的解释只能包含在自然科学之中；只有当历史科学独立出来以后，对人的存在方式和历史发展的特点有了充分的认识，关于人的自我理解的"历史意识"深刻渗透进哲学思维，才为人的存在论研究提供了真正科学的认识根据。正是在这样的背景下，发生了现代哲学的生活世界转向，它使哲学研究的对象从与人无关的彼岸世界回到人的现实生活的此岸世界，把存在概念变成生存概念，突出了哲学作为生活世界观的意义。海德格尔对存在与"生存"的区分充分表达了这个思想。"海德格尔把他对存在的意义的追问称作基本存在论。基本存在论并不试图制定包罗万象的存在概念，而是要分析提问者的存在方式——即海德格尔称之为生存状态（die Existenziale）的那些基本结构。提问者的存在与其他存在者的存在的区别在于，他能够展开与自身的关系。这种能够展开与自身的关系，能在

---

① [英]柯林武德：《历史的观念》，何兆武、张文杰译，商务印书馆1997年版，第23页。

其存在的可能性中领会自身,就是由生存规定的存在者的根本特征。'生存'(Existenz)是一个只能运用于人的专名……非人的存在者存在,但不生存;它没有与自身发生关系的可能性"①。在生活世界的视野内,存在的概念就不再是脱离人的自然或脱离自然的精神,而是将自然、理性与人的活动凝为一体,成为能充分体现人的生存特征、方式和意义的生活世界。

在现代西方哲学发展中,明确提出生活世界转向的是胡塞尔。他提出从科学世界转向生活世界,呼唤着哲学研究的存在论的转换。但在此之前,已有不少哲学家(特别是批判理性主义的哲学家)已经主张把哲学从人之外的世界转向人本身的世界;在此之后,海德格尔从存在论、维特根斯坦从语言学、加达默尔从解释学、哈贝马斯从交往理论、卡西尔从人类文化学等不同视角、不同方式解释和发挥了生活世界理论;西方马克思主义学派更是把生活世界理论与现代社会批判结合,具体研究当代人类生活面临的重大矛盾和问题。如果说,现代西方哲学曾因打破传统本体论而变成哲学碎片,那么,生活世界理论又将使这些碎片重新凝聚起来,成为新的具有浓重时代感和生活感的主题哲学。

马克思是最早实现哲学对象转变的现代哲学的奠基者之一。他确实没有在世界本源意义上或认识世界的逻辑图式上去探讨本体论或存在论,而是把哲学研究的对象和中心从外部的自然世界转到人自身的生活世界,以实践观为基础建立起一种新的哲学世界观。他把"真理的彼岸世界消失以后,历史的任务就是确立此岸世界的真理"规定为新哲学的研究目标。马克思最初遇到的难题是国家与市民社会的关系问题,这是黑格尔哲学进入社会历史领域之后遇到的最直接、最现实而又没有解决的矛盾,是哲学重心从自然领域转向社会领域的转折点。马尔库塞在谈到"从哲学到社会理论"的转折时说:"从哲学向国家和社会领域的过渡已经成为黑格尔体系的一个内在本质部分。他的基本哲学观点在国家和社会所假定的特殊历史形式中已经实现了自身,而后者则成为一个新的理论的兴奋中心。哲学已

---

① [德] 比梅尔:《海德格尔》,刘鑫、刘英译,商务印书馆1996年版,第36页。

经转化为社会理论。"① 正是从这个"新的理论兴奋中心"出发,马克思通过早期三大手稿即《黑格尔法哲学批判》、《1844年经济学哲学手稿》、《德意志意识形态》②,深刻揭示了人类存在和发展的真实基础——劳动(实践),并以劳动为核心展开建构了唯物史观的理论大厦。可以看出,马克思的哲学即是唯物史观,而唯物史观就是一种新世界观。一些学者不同意把唯物史观当作世界观看待,认为世界观是对整个世界的看法,唯物史观只是揭示了人类社会历史发展规律,而社会只是整个世界的一部分,对社会的认识不能代替对整个世界的认识。实际上,马克思哲学并不缺少作为世界观的"存在"概念,并未撇开哲学所应回答的自然、精神、人的统一性关系,只不过是存在论的观念和统一性的基础发生了变化。与以往的自然统一性或理性统一性不同,马克思是立足于实践去解决人与自然的统一问题,在人的实践活动中,通过自然向人的生成和人向自然的生成,实现了以人为中心的世界统一性。而表达这种统一性的范畴就是"社会存在",它并不是一个具体的、局部的社会历史范畴,而是新世界观的基本哲学概念。在这里,自然已不是传统唯物主义本体论意义上的自然,而是纳入了人的实践范围的社会历史范畴,它作为实践活动的物质前提和基础,成为具有生存论意义的人类生存条件;理性也不是仅具有认识论意义的理性,而是成为生存论意义的理性,成为贯穿于实践活动中的主观性和目的性。这样,马克思就克服了以"脱离人的自然"或"无人身的理性"为基础去解释世界统一性的哲学观,而建立了以实践为基础去理解并达到世界统一性的新世界观。世界观就是历史观,历史观就是世界观,不存在一个世界观、一个历史观的问题。马克思所说"新唯物主义的立脚点则是人类社会或社会的人类",正是表达了这一哲学的基本立场。

把马克思哲学理解为生活世界观,并把它纳入到现代西方哲学发展的主流之中,并不是否定或降低了马克思哲学的特质和意义,而是更有助于

---

① [德]马尔库塞:《理性和革命——黑格尔和社会理论的兴起》,程志民等译,重庆出版社1993年版,第229页。
② 前苏联学者认为这三部手稿体现了马克思哲学形成的基本脉络,其他著作都是阐述和发挥这些手稿的思想,参看[苏]Γ. A. 巴加图利亚:《马克思的第一个伟大发现》,陆忍译,中国人民大学出版社1982年版,第16、62页。

理解马克思哲学在哲学发展史上所实现的重大变革的实质、地位和影响。过去往往把马克思主义哲学与现代西方哲学作为两种不同的哲学话语分离开来，这从学科分类研究的角度看是合理的，但如果由此把马克思哲学排斥在现代西方哲学发展的主流之外，也会形成一种学术偏见，把马克思哲学变成游离于西方哲学之外的"另类"哲学，这不符合列宁所说马克思主义"绝不是离开世界文明发展大道而产生的固步自封、僵化不变的学说"的观点。其实，只要我们把现当代哲学置于"世界历史"的实践背景和"现代性"的理论背景之下考察，就不难发现具有使命感的哲学家们在人类发展主题和哲学主题问题上所产生的凝聚、共识和趋同。当然，马克思哲学与现代西方哲学的生活世界理论也有原则的区别。首先，同样是主张生活世界理论，其理论内涵和实践所指并不相同，胡塞尔、海德格尔式的解说并不是唯一的，我们完全可以用马克思哲学的话语方式开展这方面的研究。其次，特别是在对生活世界的本质及研究的逻辑起点上，马克思既以实践观点（特别是物质资料的生产）解开生活世界之谜，也以实践观点作为理解生活世界的逻辑起点，这为生活世界研究奠定了科学的理论基础和解释原则。而后来的某些西方学者虽在生活世界理论研究的扩展和深化方面都有不同的贡献，但有的往往只是从生活世界的一个片断或一种理解方式出发，把生活世界不同程度地意识化、语言化、心理化、日常生活化等，这固然丰富了生活世界的研究内容，但由于缺少马克思实践论所揭示的生活世界的真实根基，也容易导致一个没有确定性内容和意义的生活世界。所以，马克思为生活世界理论所奠定的实践论基础是不应动摇的，我们应当以马克思的实践观作为生活世界之根，去研究它是怎样长成活生生的生活之树的。再次，马克思哲学一再强调回到实践生活的感性世界，意在把人的生活从理论王国降到实践王国，从现实生活实际出发探究人类的生存和命运，使哲学真正成为人的解放的"头脑"；而坚持生活世界理论的西方哲学家虽然也主张回到人的本真状态，但如果不是按实践哲学而仍是按传统理论哲学的路数去研究生活，脱离现实生活实际去编织生活世界的概念逻辑之网，那就仍有可能把对生活的研究重新从此岸世界推回到彼岸世界。

二、基本问题：从认知矛盾到生存矛盾

哲学基本问题是与哲学的研究对象相联系的，哲学以什么样的世界为研究对象，人与世界处于什么样的矛盾关系之中，就应当到哪里去寻找和概括哲学的基本问题。近代哲学由于大工业发展的需要以及自然科学发展的巨大影响，把哲学主要定位为认识论哲学，从认识的基本矛盾去理解哲学的基本问题，它把世界抽象为作为认识对象的存在，把人抽象为作为认识主体的思维（理性），从而把思维和存在的关系问题看作哲学的基本问题。

同样，如果从现代哲学观念出发，把哲学理解为生存论，那就应当从现代人类生存的基本矛盾去理解哲学的基本问题。人类生存的基本矛盾，按照马克思的理解，应是人的生命意识与生命存在的矛盾。马克思认为，人的生命活动的独特性，在于人能"使自己的生命活动本身变成自己意志的和自己意识的对象"①，即能把生命意识与生命存在区别开来，形成生命意识对于生命存在的审视和反思。这既表明人的存在的双重性特点，也构成人的存在的基本矛盾。卡西尔也曾指出："人被宣称为应当是不断探究他自身的存在物——一个在他生存的每时每刻都必须查问和审视他的生存状况的存在物。人类生活的真正价值，恰恰就存在于这种审视中，存在于这种对人类生活的批判态度中。"② 在人类发展的不同时期，生命意识与生命存在的矛盾会有不同的表现形式，它既可以表现为灵魂与肉体的本源性关系，也可以表现为思维与存在的认识论关系，这些看似不同的关系所表现的都是人的意识与存在世界的矛盾。如果说要用一个贯穿始终的东西来概括哲学基本问题，那么用生命存在与生命意识的矛盾表述是比较合理的。不同时代的哲学基本问题所表达的不同内容，都不过是人类生存基本矛盾的不同形式的体现。现代哲学把关注对象从人之外的世界转向人自身

---

① 马克思：《1844年经济学哲学手稿》，人民出版社2000年版，第57页。
② ［德］恩斯特·卡西尔：《人论》，甘阳译，上海译文出版社，2003年版，第10页。

的世界，那么，以自觉的生命意识来审视人自己的现实生命存在，揭示生存矛盾，探究生存意义，就成为现代哲学理解哲学基本问题的主要思路。

按恩格斯的说法，哲学的惊异是来自于远古蒙昧时代人对于灵魂是否可以脱离肉体问题的思考。这是古代人类对于人的生存本性和生存矛盾的最原始的思考。通常把古代哲学解释为本体论，它所探究的是世界的本源问题，似乎与人自身无关，其实古代哲学对世界本源问题的探讨，已经包含着对灵魂和肉体关系问题的思考，它企图在人的现实生命之外为灵魂寻找归宿。柏拉图认为，灵魂脱离肉体，沉思美好的理念世界，乃是人生的终极目的。古希腊哲学是建立在自然界渗透或充满着心灵这个原则上的，自然界中心灵的存在是自然界规则或秩序的源泉，人的生命根源和生命意义，也应当到自然界中去寻找，这是在自然本体论意义上对人类生存矛盾的探讨。随着近代自然科学和工业实践的发展，人开始自觉地将灵魂、活性从自然中分离出来，把自然还原为没有主体性经验和感觉的纯粹客观的物理世界，把灵魂以及经验、感觉、情感、意志等主体性因素回归到人自身，从而把原来混沌统一的世界一分为二：人是主体，非人的存在是客体；主体的特征是理性，客体是主体认识和改造的对象。这反映在近代哲学中，就是灵魂和肉体的关系问题转化为理性与自然、主体与客体、思维与存在的关系问题，它以理性为支点确立了人在世界中的主体性地位。然而，在现代实践面前，近代哲学所建立起来的主客体关系又遇到尖锐的矛盾和挑战。由于生产力和科学技术的巨大发展，极大地增强了人类利用和改造自然的能力，自然世界在越来越大的范围内和越来越深的程度上转化为属人世界，人类实际上已经生活在自己所创造的世界当中。人类生存的主要矛盾，已经不是传统的人与自然界的矛盾，而是转移到人同自己的活动及其产物的矛盾。这种矛盾主要表现在：属人世界是人创造的，但它是否真正、完整地体现了人的本质和要求？人创造的世界应当由人来支配，为什么人反而被自己的创造物所支配？人怎样才能成为自己所创造的生活世界的主人？等等。概括说来，就是人的存在与本质、人性与物化、生存现实与生活意义的矛盾。这个矛盾是古代灵魂和肉体、近代理性和自然矛盾的继续和深化，它应当成为现代哲学所要着重研究的基本矛盾。

马克思作为现代哲学的奠基人，在把哲学研究的对象从自然世界转到人所创造的世界的同时，也把哲学研究的主题确定为揭示这个世界中人的存在和本质的矛盾。从人的现实性看，一定社会的生产方式就是人的生活方式，人是什么样的，这同他们的生产是一致的；但"现实"并不等于"应当"，不能把存在与人的这种关系绝对化、凝固化，从人的理想性和超越性的本性看，人又总是要对自己不合理的存在状态进行批判和变革。马克思批评了费尔巴哈关于"存在就是本质"的观点，即：某物或某人的存在同时也就是某物或某人的本质；一个动物或一个人的一定生存条件、生活方式和活动，就是使这个动物或这个人的"本质"感到满意的东西。对这种掩盖和回避存在与本质的矛盾的观点，马克思指出：以往的理论家只是希望确立对存在的事实的正确理解，然而一个真正的共产主义者的任务却在于推翻这种存在的东西，在实践中，即通过革命使自己的"存在"与自己的"本质"协调一致。① 这是实践唯物主义的核心主张，也是理解马克思哲学实质的关键之点，比如，马克思为什么不赞成哲学家只是解释世界而强调改变世界，为什么实践唯物主义者同时就是或应当是共产主义者等问题。

对于人类生活其中的现代资本主义世界中人的存在与本质的矛盾，马克思把它概括为"异化"矛盾。异化是人的存在和本质矛盾的一种特殊的、极端的形式。一般说来，人的存在和本质之间总是存在着矛盾。人的存在是人的本质的对象化产物，它在某些方面或某种程度上既体现又限定了人的本质要求；但人的超越性特点又使他总是不满足现成的存在，总是要通过改变现状去满足不断生成发展着的本质需要。在这种矛盾中，主体的要求和活动虽然也受客体的制约，但主客体的关系并没有颠倒或错位。在古代社会，虽然人受自然力量的支配，但自然界并不是人创造的，因此不能说是异化矛盾；在未来社会，虽然也存在人与创造物的矛盾，但对立、异己的矛盾已经消除，因此也不能叫异化；只有在现代资本主义社会，人与自己创造的世界处于对立状态，才使异化成为主要的生存矛盾。

---

① 《马克思恩格斯选集》第 1 卷，人民出版社，1995 年版，第 96—97 页。

因此，异化与对象化并不是同类概念，对象化所表达的是人与对象之间的一般性矛盾，异化所表达的是人与对象之间的对立性矛盾；异化也不是永恒的，而是资本主义社会所特有的矛盾，它是资本逻辑的必然体现。同时还可看出，异化并不仅仅是经济学、社会学概念，它更是概括人与世界的现代性关系、表达现代人类生存论的哲学概念，马克思哲学正是以此为核心，展开了对现代社会中人的生存矛盾的分析。由此也可以理解，当20世纪30年代马克思的《1844年经济学哲学手稿》公开发表以后，为什么会在西方思想界产生那样巨大的反响和经久不息的讨论。现代哲学转向生活世界，关注现代人类生存矛盾，需要找到一种新的理论支点和解释原则，而《手稿》中提出的人和异化理论正好满足了这种需求和渴望。

马克思以及许多现代西方学者所阐述的异化理论表明，现代哲学所关注的主要问题已经越来越深入到"人的根本"即人本身。哲学开始时是从外部自然界去观照人的存在，而后是从人对自然界的认识和改造关系中确立人的主体地位，现在则转向研究由于人的主体活动所造成的自身存在的矛盾。这种矛盾不仅涉及人在世界中能否生存、如何生存的问题，更涉及自己的生存意义问题。马克思当初提出的异化理论，主要是从劳动与资本的矛盾出发去揭示人与自己所创造的世界的矛盾，更多地论及到由这种矛盾所造成的剥削、贫困、阶级对立等不合理的生存状态，同时，也指出了异化劳动带来的生活意义的丧失问题。现代西方思想家结合当代发达社会的生存实践，进一步把异化提升为总体性、中心性的哲学范畴，把它扩展为当代人类生存的普遍性问题，即人在自己所创造的物化世界面前主体的迷失问题。个人作为独立的主体能自主地支配自己的活动，但无数个体活动所汇成的总结果却是一个不能为自己所支配的物化世界；人所创造的世界越丰富、越精彩，反而越感到这个世界并不是自己的；虽然人们都在辛勤忙碌，却并不知道自己的生活目标是什么，更不清楚当下的生活性质和意义；如此等等。西方学者把它称为"存在的忘却"，其实更是存在"意义"的忘却。当代哲学正是应当根据当代人类生存矛盾的这种特点和表现，去总结和概括现时代的哲学基本问题并以此明确哲学发展的方向和重点。

三、思维方式：从科学思维到历史思维

哲学的对象和主题的改变，相应地也要求哲学思维方式的变化。思维方式取决于对象的性质，最普遍、最抽象的思维原则虽然可以覆盖各种对象、各种认识，但并不能代替对不同对象的不同认识方法，它只有同某一时代哲学的实践背景和研究对象相结合，才能转化为可适用、可操作的思维方式。长期以来，人们对哲学性质、哲学形态及哲学思维的理解，实际上一直是以黑格尔哲学为根据，把他所建立的辩证法、认识论、逻辑学三统一的哲学模式，看作是典型的哲学形态和表达方式。然而，这种哲学是与黑格尔力图建立大一统的世界哲学观相联系的，它的认识对象是整个世界，认识来源是近代自然科学，认识方法是适用于自然、社会和精神的普遍辩证法。这种哲学背景也就决定了黑格尔哲学的局限，即没有把自然世界与人的生活世界区分开来，因而也没有把认识物的方法与认识人的方法区别开来，它在本质上还是属于近代认识论哲学的经典范式。现代哲学在实现了生活世界转向之后，哲学的研究对象、基本问题都发生了改变，哲学的思维方式也必需相应地改变。既然现代哲学所研究的是人的现实生活世界，所思考的是生命意识与生命存在的关系问题，所关注的是人的现实生存状况和生存意义，那么现代哲学的思维方式必定是一种在明确区分认识物的方法与认识人的方法的基础上所建立的关于认识人的哲学思维方式，是一种能够深入理解人及其现实生活世界的思维方式。换句话说，它要求哲学思维从科学思维推进和深入到历史思维。

对存在性质的理解中就蕴涵着理解存在的方式，关于人的历史思维方式是建立在对人及其生活世界的两重性本质之上的。自然界本身不具有目的性，是纯粹客观的事实世界，各种事物、现象之间存在着最基本的因果必然性联系，人们在把握这种联系的基础上就可以深入地揭示自然世界的本质和规律，如从原因推出结果，从现象探究本质，从多样寻求统一，从现实预测未来等，把这种认识概念化、逻辑化，就成为科学认识论的体系

和方法。而生活世界是由人作为主体的实践活动所创造的感性世界，是主观性与客观性、因果性与目的性、事实性与价值性相结合的世界。这个世界的特点是，一方面，生活世界是人的本质的对象化结果，具有客观的、事实的性质，另一方面，人又要在他创造的世界中直观自身，追问他所创造的存在的目的和意义。存在的事实和存在的意义，两者结合才构成完整的生活世界。正是从人的这种存在特点出发，现代哲学提出了不同于科学的认识人及其生活世界的方法。马克思说对事物、现实、感性必须把主体与客体结合起来去理解，由于这里的事物、现实、感性都已纳入到人通过实践所创造的感性世界之内，所以马克思这里所提出的理解原则正是生活世界的认识原则。狄尔泰提出"自然需要说明，历史需要理解"两种不同的认识方法。海德格尔主张人的存在与存在的意义或对存在的领会是融为一体的。此后，生活世界理论的主张者，大都明确地把关于"人的自我理解"作为解释生活世界的基本原则，这确实抓住了历史思维与科学思维区别的根本之点。

当然，并不是说科学思维对历史思维是无关、无效的，相反，历史思维是带着科学思维的认识成果进入历史的。在以往哲学中，对"人究竟是什么样的存在物"并未作出科学的解释，或者看作自然的存在物，或者看作观念、道德的存在物，都没有找到人的真实的存在基础。现代西方一些"后历史时代"的主张者，也否认历史活动的连续性、确定性、可预见性，认为人类种族已经退出了历史，不存在可以描述历史的轨迹或发展的线索。按此，历史就变成不可认识、不可理解、不可言说的了。马克思哲学向生活世界转向时，在历史观上所要解决的首要问题是历史的科学性问题。马克思以"劳动"作为打开人的本质之谜的钥匙，把人的生存基础归结为"生产生活"，并对人类物质生产方式的形成演变作了历史与逻辑统一的考察，以便把人类历史的发展理解为具有严密科学性的"自然历史过程"。然而，不能因此认为马克思的生活世界理论只停留在生活的物质存在层面，或者马克思分析人的方法只限于科学的逻辑方法。虽然马克思在研究人的存在问题时，始终关注的是资本主义条件下的异化劳动，怎样造成人的生活意义的丧失，而没有更多地从正面论及劳动怎样体现和创造生活的意义。但从《手稿》到《资本论》不难看出,马克思提出的劳动概念具有极为丰富的生活化、人性化内容,特别是关于"人性"、"人的解放"、"人的自由全面发展"的论述中,更包含着科学和逻辑远远不能容纳的价值论、方法论思想。只是由于马克思关注的问题重点不同,对人的生活的对象化确证的论述相对充分,而对人怎样在自己创造的世界中直观自身,寻求生活意义的理解和体验方面尚未充分展开,这为后来研究马克思的生活世界观理论及其方法论留下了重大课题和发展空间。

在主张哲学向生活世界转向的哲学家看来,哲学要真正深入人的现实生活世界,就必须超越传统哲学的科学思维方式,建构一种"关于人的自我理解"的历史思维方式。

理解消除了认识主体和客体之间的二元对立,要求把生活世界中的主体和对象融为一体。传统的认识物的方式为了达到对物的真理性认识,必须把认识主体和认识对象严格区别开来,客体在主体之外,无论主体和客体都是认识论意义上的抽象。而人的生活是人自己所创造的,作为理解者的人与作为被理解对象的人的现实生活存在是内在统一的,没有外在于理解者的被理解对象,也没有超越于被理解对象之上的理解者。这说明,生活中的存在与存在者是一致的,正如历史中"剧作者"与"剧中人物"是统一的。因此,要揭示生活的本质,了解人及其生活于其中的世界,不但要揭示客观的生存状态,而且要揭示人对如此生活的意识、领会和体验,这样才能达到"认识你自己"的目的。《人论》作者卡西尔在把"认识自我"看作哲学探究最高目标的同时,也把对人的认识区分为外向观察和内向观察两个方面。如果说,外向观察是指向人的存在根据,内向观察是指向人的存在意义,那么历史思维方式正是这两种观察方式的统一。而且,人类文化越向后发展,内向观察的问题就变得越为明显和突出。现代人类自我认识的危机,或许主要不在于缺少对生存事实方面的科学认识,而在于自我主体意识的迷失,丧失了对生活的深切体验、反思和批判的能力,使人成为不了解或者找不到存在意义的生活"动物"。因此,在人的自我理解中,对人的存在意义的理解具有更突出、更现实的意义。

理解也突破了传统的以科学为背景所形成的认识论的逻辑思维模式,

而要求把逻辑、直觉、体验等融为一体的综合认识方式。理解既是"思",也是"悟",是思和悟的统一。逻辑地认识世界和直觉地体验世界一直是人把握世界(存在)的基本形式,只是由于对哲学的理解和哲学研究对象的不同,哲学家们往往会推崇某一种形式而忽视甚至排斥另一种形式。且不说传统中国哲学与欧洲哲学由此产生的重大差异和相互排斥,即使同样是生活世界理论主张者的胡塞尔和海德格尔在此问题上也存在尖锐分歧。胡塞尔虽然主张回到前科学世界,面对生活世界的经验、现象采用素朴的生活世界的说话方式,但仍是试图用科学、理性的方法去建立与近代精确科学相称的关于生活世界的严格的、科学的知识体系。他激烈反对海德格尔等人用非理性方法研究存在和人生意义问题,认为丢掉了理性方法就丢掉了哲学;而海德格尔则强调以"体验"方式对人的"此在"的展现和澄明,大多存在主义哲学家也持此思路。可见,探讨逻辑与直觉的结合,是研究生活世界方法论的关键问题。哲学作为一种理论思维,理性、逻辑性当然是基础性的,但当哲学考察人和人的生活世界时,单纯理性的逻辑思考可能会使哲学远离生活现实而成为抽象的空论。直觉、体验由于其主观性、随意性、私人性、即时性等特点,难以形成普遍的、规范的知识,向来被传统理论哲学认定为非科学的、应当被压制和排除的干扰性因素;但是在对人和人的生活世界的理解中,直觉、体验所达到的却是最本真的、最原初的、也是最现实的理解,它是矫正理性思辨和逻辑推理局限的必不可少的认识因素。张世英在谈到"重想象的现当代转向突破了思维的极限和范围"时说,在思维逻辑走到尽头之际,想象却为我们展开一个全新的视域。"只有通过想象才能达到最真实而又最现实、最具体、最生动的生活境界,这种生活境界完全不同于抽象的思维概念的阴影王国","没有想象,就没有人生"。① 不难看出,缺少逻辑方法,就难以理解人和人的生活世界的客观存在事实,难以揭示生活的真正基础和根基;而缺少直觉和体验,也不能体悟丰富的人生、达到完满的人生境界、返归人的本真状态。所以,我们应当寻找一种能将逻辑和直觉融为一体的认识方式,它们

---

① 张世英:《哲学导论》,北京大学出版社2002年版,第52—54页。

不是作为两种分离的认识形式而存在,而是作为生存体验的不同情状而存在,以扬弃的方式统一在对人的存在与生活的理解之中。

哲学向生活世界转向所带来的哲学革命,最终要落到重建形而上学这个哲学之根问题上。海德格尔说:形而上学就是超出存在者之上的追问,以求反过来对这样的存在者整体获得理解。如前所述,人的生存方式的特点,在于能把生存意识和生存活动区别开来,把生存活动作为人的意识审视和思考的对象,不断追问人是怎样存在的、为什么是这样存在、应当怎样存在等,以找到理解我是什么、我将成为什么、我应当成为什么的基本根据。正是在对人自身存在的形而上学思考和实践追求的过程中,人才获得了自我本质,发展了自我人性,提升了自我意识,因而才真正成为人的。一般说来,形而上学包括三方面内容:(1)形上对象;(2)形上思维;(3)形上追求。这三位一体的内容,凝聚成不同时期哲学的核心内容和特有的思维方式。由于对形上对象即存在的理解不同,会导致理想诉求和思维方式的变化,但所变化的只是历史上某种特定的形而上学形态和体系,而不是哲学追求形而上学的本性和精神。哲学如果没有形而上学,就等于失去了灵魂。所以,哲学向生活世界转向,并不是消灭形而上学,而是拯救形而上学,使它真正回到人类生存论的根基上来,恢复形而上学与人的生存本性之本质关联。因此,重建生活世界的形而上学,是现代哲学的崇高使命;而在当代人类生存实践的基础上建构马克思主义的生活世界理论,更是把马克思哲学推向当代形态的基本途径。

当代中国的哲学观念变革

孙正聿

哲学是思想中所把握到的时代。时代变革必然引发哲学观念变革。在人类文明史上,世界性的现代化进程改变了人类的存在方式及其自我意识,并因此改变了作为理论形态的人类自我意识的哲学。改革开放以来,当代中国的哲学观念正在以"现代性"为标志的"世界历史"的进程中发生日益深刻的变革,并在建设中国特色社会主义的伟大实践中不断地深化哲学理念创新。本文试图通过对哲学观、世界观、本体观以及反思和表征等哲学基本观念的反省和解析,具体地探讨当代中国哲学观念变革和哲学理念创新的思想内涵。

一、哲学观:人类文明的
时代性问题的理论自觉

在当代中国改革开放的历史进程中,中国的经济生活、政治生活、文化生活、精神生活和全部社会生活,都发生了举世瞩目和空前深刻的变革。在这个社会变革的过程中,当代中国哲学既发挥了推进社会解放思想的作用,又经历了自身的思想解放。从总体上看,当代中国哲学自身的思想解放,主要体现在以下五个方面:一是变革通行的哲学原理教科书的哲

---

① 原载《中国社会科学》2016年第1期。本文为国家社科基金重点项目"改革开放以来的当代中国哲学史"(项目号11AZD054)的阶段性成果。

学范式，从两极对立的思维方式当中解放出来；二是强化哲学研究中的问题意识和创造精神，从教条主义的研究方式当中解放出来；三是超越对哲学的经验化和常识化理解，从简单化和庸俗化的哲学倾向中解放出来；四是突破哲学与科学二元关系的解释模式，从哲学的知识论立场上解放出来；五是激励哲学家的主体自我意识，从哲学研究的"无我"状态中解放出来。这五个方面的思想解放，首先是体现在对"哲学"本身的重新理解，也就是变革"哲学观"。

当代中国哲学对"哲学"本身的关切，从根本上说，是对达成哲学自觉的关切，对哲学如何切中现实的关切，对哲学的当代理论创新的关切，对哲学塑造和引导新的时代精神的关切。世界性的现代化的历史进程，全面地改变了人与世界的关系，要求哲学以新的理念阐释人类面对的新问题：其一，从人与自然的关系说，现代化所构成的最为严峻和最为紧迫的时代性问题是可持续发展问题；其二，从人与社会的关系说，现代化所构成的最为严峻和最为紧迫的时代性问题是由资本的逻辑所构成的人"对物的依赖关系"问题；其三，从人与自我的关系说，现代化所构成的最为严峻和最为紧迫的时代性问题是虚无主义的文化危机问题。对"现代性"的反省，是对当代人类实践活动所构成的人与世界关系的全面反省；解决"现代性"问题，是对人类文明新形态的寻求；探索人类文明的新形态，则需要哲学理念创新。当代中国的哲学观念变革，从根本上说是以新的哲学理念去回应现代化所构成的人类文明新问题，是以新的哲学理念表征人类文明的新形态。世界性和时代性的哲学视野，引发当代中国哲学对"哲学"的重新理解。

以"哲学观"为聚焦点的当代中国哲学，"激活"了三个方面的比较研究：一是激活了对马克思主义哲学、中国哲学和西方哲学的比较研究，试图在马、中、西的"对话"中，深化对哲学的理解；二是激活了对科学主义思潮与人本主义思潮的比较研究，试图在"两大思潮"的对话中推进对哲学的理解；三是激活了对中国文化与西方文化的比较研究，试图在"两种文化"的对话中，反省对哲学的理解。正是在对哲学本身的"历时态"与"同时态"的纵横交错的比较研究和深切反思中，当代中国哲学界实现了"哲学观"上的变革。这就是：哲学作为人类把握世界的一种基本方式，既不能以宗教、艺术、科学等基本方式代替哲学方式，也不能以哲学方式代替宗教、艺术、科学等基本方式；对哲学的自觉就是对哲学以何种方式把握世界的自觉，也就是对哲学方式的特殊性质和独特价值的自觉。

关于哲学的特殊的理论性质和独特的社会功能，最为恰切和最为精辟的表达，莫过于马克思所说的"时代精神的精华"和"文明的活的灵魂"。所谓时代精神，就是标志人类文明不同发展阶段的、具有特定历史内涵的人的生活世界的意义；所谓时代精神的精华，则是关于时代意义的社会自我意识，也就是对时代性的生活世界的意义的理论把握。任何时代的生活世界的意义，都是人类以其把握世界的全部方式创造出来的，宗教、艺术、科学都是创造意义的"同一主旋律"的"众多变奏"，而"哲学的任务正是要使这种主旋律成为听得出和听得懂的"。① 这就是作为"时代精神的精华"的哲学，也就是作为意义的社会自我意识的哲学。这种"真正的"哲学，是对人类文明的时代性问题的理论自觉。

纵观哲学史，不同时代的哲学，不同民族的哲学，不同派别的哲学，不同领域的哲学，它们之所以为"哲学"，首先就在于它们是以一种区别于宗教、艺术和科学的哲学方式把握世界，也就是以意义的社会自我意识的方式把握世界，以人类文明的时代性问题的理论自觉把握世界。这是哲学的"同中之异"和"异中之同"。片面地以时代、民族、派别或领域之"异"而拒斥其作为哲学之"同"，就会阉割哲学作为人类把握世界的一种基本方式的特殊性质和独特价值；反之，片面地以哲学之"同"而无视时代、民族、派别或领域之异，则会融化哲学作为历史性的思想的多样性、丰富性和创造性。只有在对哲学的"同中之异"和"异中之同"的辩证理解中，我们才能既深切地洞见每个时代的哲学所具有的"广泛而深刻的一致性"，又会真切地把握不同时代、不同民族、不同派别、不同领域乃至不同风格的哲学的多样性、丰富性和创造性，从而达到对哲学本身

---

① ［德］恩斯特·卡西尔：《人论》，甘阳译，上海译文出版社2003年版，第91页。

的理论自觉。

哲学源于生活，源于对时代的迫切问题的理论自觉。每个时代的人类都有自己的时代性的生存困境，都有自己的时代性的迫切问题。真正的哲学之所以是"自己时代的精神上的精华"，就在于它自觉地体悟到自己时代的人类的生存困境，自觉地捕捉到自己时代的人类的迫切问题，并自觉地把人类文明的时代性的困境和问题升华为理论形态的人类自我意识。时代精神主题化，这是哲学切中现实的根本方式。这表明，源于现实生活的哲学，并不是对现实生活的经验描述，而是对现实生活的批判性反思和理想性引导。超越感觉的杂多性、表象的流变性、情感的狭隘性和意愿的主观性，全面地反映现实、深层地透视现实、理智地反观现实和理想地引导现实，哲学才能成为"思想中所把握到的时代"。

哲学作为"时代精神的精华"和"文明的活的灵魂"，并不只是"反映"和"表达"时代精神，更重要的是"塑造"和"引导"时代精神。塑造和引导时代精神，就要实现哲学的理论创新。任何一种新的哲学理论，都凝聚着哲学家所捕捉到的该时代人类对人与世界相互关系的自我意识，都贯穿着哲学家用以说明自己时代的人与世界相互关系的独到的解释原则和概念框架，都熔铸着哲学家用以观照人与世界关系的时代性的价值观念、审美意识和终极关怀。哲学"创新"，就是哲学家以新的哲学理念和思维方式为人类展现新的世界，提示新的理想，为人类文明的新形态提供新的理念。哲学"创新"蕴含着以否定性的思维对待人类的现实，揭示现实所蕴含的多种可能性；以否定性的思维检讨各种理论的前提，揭示理论前提的多种可能性；在现实与理论多种可能性的某种交错点上，揭示人类文明的时代性问题，展现人与世界之间的新的意义，提示可供人们反省和选择的新的理想。

对哲学来说，人类所形成的全部思想，从来都不是现成接受的对象，而永远是批判反思的对象。作为人类所特有的批判性追问的自我意识，哲学反对人们对流行的思维方式、时髦的价值观念、既定的科学理论采取现成接受的态度，反对人们躺在无人质疑的温床上睡大觉，反对人们在思想观念和实践活动中采取非批判的实证主义态度。它通过自己的批判性反思，向人类已经获得的全部假定的确定性不断地提出新的挑战，并把这种批判意识变成全人类的自我意识。以人类文明的时代性问题为批判性的反思对象，以新的哲学概念、范畴揭示和展现当代人类的自我意识，从而塑造和引导新的时代精神，这是当代哲学的共同关切和哲学的当代使命，也是当代中国哲学观念变革的最为深刻的思想内涵。

二、世界观：人生在世和人在途中的人的目光

哲学观念的变革不是抽象的，而是具体的。按照通常解释，"哲学是理论化、系统化的世界观"。就此而言，对"哲学"的理解，直接地取决于对"世界观"的理解；哲学观的变革，具体地体现在"世界观"的变革；当代中国的哲学观念变革，首先是集中地体现在重新理解和阐释哲学的"世界观"。

长期以来，关于"世界观"的通常解释是："世界观就是人们关于整个世界的根本观点"。对此，改革开放以来的中国哲学界所提出的追问是：其一，这里所说的"人们"是历史性的还是超历史的存在？如果是历史性的存在，"人们"的"关于整个世界的根本观点"能否具有"毋庸置疑"的真理性？反之，如果是超历史的存在，"人们"的"关于整个世界的根本观点"是否还具有"时代内涵"？其二，这里所说的"关于整个世界的根本观点"，究竟是"人们"以"整个世界"为对象而形成的关于"世界"的"根本观点"，还是"人们"反思"人与世界的关系"而形成的"理解和协调人与世界关系"的"根本观点"？如果是以"世界"为对象而形成的"关于整个世界的根本观点"，这种"世界观"同常识或科学所提供的"世界图景"有何区别？反之，如果是在反思中所构成的"关于人与世界关系"的"根本观点"，又应当怎样理解哲学的"世界观"？其三，就"世界观"本身说，这里的"世"是人生在世之世，还是与人无关的自然而然、无始无终的"世"？这里的"界"是人在途中之界，还是与人

无关的自在天成、无边无际的"界"?这里的"观"是人生在世和人在途中的人的目光,还是无始无终和无边无际的、非人的或超人的"神"的目光?

值得深思的是,当我们这样向"世界观"提问时,不仅已经直接地包含了对诸如"世界"、"历史"、"理性"、"真理"乃至"哲学"等基本观念的追问,而且已经深层地包含了时代性的"世界观"变革。这种世界观变革,如果借用美国《导师哲学家丛书》的概括,从中世纪的"信仰的时代"到20世纪的"分析的时代",经历了文艺复兴时期的"冒险的时代"、17世纪的"理性的时代"、18世纪的"启蒙的时代"和19世纪的"思想体系的时代"的数百年历程。正是在世界观的时代性变革中,哲学不仅在"理性的法庭"中批判地反省构成思想的各种基本观念,而且深层地把"理性的批判"转化为对"理性"本身的批判,把"揭露人在神圣形象中的自我异化"(对"神"的批判)转化为"揭露人在非神圣形象中的自我异化"(对"理性"的批判)。正是在这种批判性反思的历史进程中,作为理论形态的人类自我意识,哲学已经从"狂妄的理性"变为"谦虚的理性",从"无限的理性"变为"有限的理性"。因此,哲学的"理论化、系统化的世界观",已经不再被视为关于"世界"的永恒真理,而被理解为"人生在世和人在途中的人的目光"。这就是由传统到现代的"世界观"革命。

哲学的世界观变革,源于人类文明的变革;直接地说,哲学的世界观变革,源于人类文明从"前现代性"到"现代性"的变革。马克思提出,"必须把'人类的历史'同工业和交换的历史联系起来研究和探讨"①。只有在"人们"从"地域性的存在"转变为"世界历史性"存在的过程中,也就是在"地域性的个人为世界历史性的、经验上普遍的个人所代替"②的过程中,"人们"的"世界观"以及"哲学"的"理论化、系统化的世界观"才会发生真正的革命。对于当代中国哲学来说,只有在解放思想、改革开放的"现代化"进程中,在邓小平所倡导的"面向世界,面向现代

---

① 《马克思恩格斯选集》第1卷,人民出版社2012年版,第160页。
② 《马克思恩格斯选集》第1卷,人民出版社2012年版,第166页。

化、面向未来"的观念变革中,才能超越以"自然经济"为根基的"世界观"而逐步地形成以"现代性"为根基的新的"世界观"。

在人类文明的历史长河中,工业文明以前的文明是以"自然经济"为基础的地域文明,工业文明以前的历史是以"民族"为基本时空的民族历史,工业文明以前的个人是以"人对人的依附性"为存在方式的狭隘个人。地域文明、民族历史和狭隘个人,构成了人类数千年的有限的"属人世界"。值得深思的是,正是有限的"属人世界"造就了"无限理性"的人类自我意识——人的理性能够从有限的经验中构成对"世界"的终极解释。诉诸哲学史,我们会发现,无论是西方哲人所期许的对"最高原因的基本原理"的寻求,还是中国先贤所向往的对"究天人之际,通古今之变"的寻求,都不仅仅是一种"期许"和"向往",而且被这些哲人或先贤视为"可望而又可即"的"真理"——世界就是他们所理解和阐释的世界,真理就是他们所把握和论证的终极真理。这就是传统形而上学的关于"绝对之绝对"的世界观和哲学观。构成这种世界观的思维方式,就是真与假、善与恶、美与丑这种非此即彼、两极对立的形而上学的思维方式。这意味着,传统形而上学的世界图景、思维方式和价值观念是一致的,哲学意义上的存在论、真理观和价值观是一致的。超越传统形而上学的"世界观",其根基在于人类文明实现了从"农业文明"到"工业文明"的转化,人类社会实现了从"前现代化"到"现代化"的转化。当代中国的哲学观变革和世界观变革,正是以当代中国的历史性变革为基础的。

现代化是世界性的历史过程,也就是马克思所说的"历史"变为"世界历史"的过程。在现代化的"世界历史"进程中,"过去那种地方的和民族的自给自足和闭关自守状态,被各民族的各方面的互相往来和各方面的互相依赖所代替了。物质的生产是如此,精神的生产也是如此。各民族的精神产品成了公共的财产。民族的片面性和局限性日益成为不可能,于是由许多种民族的和地方的文学形成了一种世界的文学"①。19世纪后半叶以来的中国哲学,在"西学东渐"的过程中,吸纳了以"理性的时

---

① 《马克思恩格斯选集》第 1 卷,人民出版社 2012 年版,第 404 页。此处的"文学"泛指科学、艺术、哲学、政治等方面的著作。

代"、"启蒙的时代"、"思想体系的时代"乃至"分析的时代"的西方哲学,不断深入地反省了传统形而上学的"世界观"。特别是20世纪80年代以来,中国哲学界在对通行的哲学原理教科书的反思中,凸显了以实践观点的思维方式重新理解马克思主义哲学的"世界观",更为鲜明地赋予"世界观"以时代性内涵。其中,最为重要的是把世界观理解为"关于人与世界关系"的哲学理论,并且从人的历史性去理解"人与世界的关系",从而在一定意义上形成了对"世界观"的具有革命意义的新的理解:人生在世和人在途中的人的目光。

人生在世和人在途中的人的目光,既不是关于"绝对之绝对"的"终极真理",也不是关于"绝对之相对"的"主观意见",而是关于"相对之绝对"的"时代精神"。具体言之,每个时代的世界观,既具有该时代的绝对性,又具有历史中的相对性;离开历史中的相对性而把时代性的绝对性予以夸大,就是世界观的绝对主义;离开时代性的绝对性而把历史中的相对性予以夸大,就是世界观的相对主义;以时代性的绝对性与历史性的相对性去看待世界观,才会形成"相对之绝对"的世界观,也就是把"世界观"理解为"人生在世和人在途中的人的目光"。

传统形而上学的世界观,在现代哲学的批判性反思中,暴露了其根深蒂固的"病根"——"不知其不可而为之"。在传统形而上学那里,虽然人的个体生命是有限的,但人的理性却可以对人的经验及其知识作出某种统一性的和终极性的解释;虽然历史事件是不断变换的,但"分久必合,合久必分"的历史经验是不断重复的,因此人的理性可以对历史作出某种统一性的和终极性的解释。对于传统形而上学来说,"相对"只是他人的"无知","绝对"则是自家的"真理"。"不知其不可而为之",这是现代哲学家"拒斥形而上学"的依据,而绝不是传统形而上学的自觉。然而,正如恩格斯所说:"一旦对每一门科学都提出要求,要它们弄清它们自己在事物以及关于事物的知识的总联系中的地位,关于总联系的任何特殊科学就是多余的了",因此,"不再需要任何凌驾于其他科学之上的哲学了"。[①] 重

---

① 《马克思恩格斯选集》第3卷,人民出版社2012年版,第400页。

新理解和阐释哲学的"理论化、系统化的世界观",不能不是在当代变革哲学观念、推进哲学发展的首要前提。

恩格斯曾经明确提出,马克思主义哲学是"关于现实的人及其历史发展的科学"。人的存在方式是历史性变革的,人对世界的现实关系是历史性变革的,人的世界图景是历史性变革的,人的思维方式、价值观念和审美意识是历史性变革的,因此,作为理论形态的人类自我意识的哲学是历史性变革的。这就要求哲学必须以"历史"的解释原则提出和回答自己时代的"世界观"问题:以当代的人类实践活动为基础的人与世界的当代关系是怎样的?以当代科学技术为中介的当代人类的世界图景是怎样的?以当代文明为内容的当代人的思维方式、价值观念和审美意识是怎样的?以当代人类社会生活为根基的当代人类的自我意识及其理论形态即哲学是怎样的?这是当代中国哲学观念变革的现实基础,也是当代中国哲学观念变革的真实内容。

三、本体:规范和评价人的思想及行为的根据与标准

世界观的变革与本体观的变革是密不可分的,或者可以更为明确地说,离开本体观变革,世界观的变革就是不真实的、不彻底的。当人们把"世界观"界说为"关于整个世界的根本观点"时,已经制约和规范了对"本体论"的理解和阐释,这就是具有权威性的《辞海》所说的"本体论是哲学中研究世界的本原或本性的问题的部分"。而在通行的哲学原理教科书中,则在关于"哲学基本问题"的论述中,更为明确地把"本体论"解说为关于"精神和物质谁为世界本原的问题",并由此把关于"世界本原"问题的"本体论"规定为"世界观"的"首要问题"。

把"本体"解释为"本原",进而把"本体论"解释为关于"世界本原"的哲学理论,这是把作为理论思维的"哲学"还原为经验思维的"常识"的集中体现。它不是反思作为哲学"基本问题"的"思维和存在

的关系问题",而是从经验上断言"世界本原"问题。关于"本体"和"本体论"的这种理解和阐释,首先是与哲学史上通常所理解的"本体"和"本体论"不同。在反省古希腊早期哲人关于"万物所由来、万物所复归"的"始基"、"基质"等"万物本原"说的进程中,哲学所追究的"本体"并不是经验的"在者"而是超验之"在",哲学所探究的"本体论"并不是"世界的本原论"而是"关于一般存在或存在本身的哲学学说"。因此,当代中国哲学的"本体"观念的变革,对"本体论"的批判性反思,其锋芒所向主要地并不是"世界本原论",而是"关于一般存在或存在本身的哲学学说"。

  在对这种"本体论"即"关于一般存在或存在本身的哲学学说"的批判性反思中,中国当代学者提出了一系列思想深刻、立论坚实的理论观点,深刻地变革了"本体观"。比如,高清海提出,所谓本体论,就是"认为我们感官所观察到的事物并非存在本身,隐藏在它的后面、作为它的基础的那个超感官的对象,才是真正的存在,即所说的'本体'。经验存在与本体存在是一种决定论的演绎关系:经验现象中的一切都来源于本体的规定,所以只有从后者才能使前者得到理解和说明。相反地,本体却不受经验现象的规定,它本身是一个绝对自在的、具有终极始因的存在。把存在的事实和存在的本体分离开来、对立起来,是本体论思维的基本前提"①。由此我们可以看到,把研究"在"或"本体"作为哲学的立足点和出发点的"本体论",有三个根本性的思想前提:其一,就其思想本质来说,是把存在本身同存在的现象割裂开来、对立起来,认为经验观察到的现象并非存在本身,存在本身是那种隐藏在经验现象背后的超验的存在;其二,就其思想原则来说,是把主观和客观、主体和客体对立起来,把哲学所追求和承诺的"本体"视为某种超出人类或高于人类的本质、与人类的历史状况无关的自我存在的实体,力图剥除全部主观性,归还存在的本来面目;其三,就其追求目标来说,是把绝对与相对分割开来,企图从某种直觉中把握了的最高确定性即作为支配宇宙的最普遍的原则或原理

---

① 《高清海哲学文存》第 1 卷,吉林人民出版社 1996 年版,第 141 页。

出发，使人类经验中的各种各样的事物得到最彻底的统一性解释，从而为人类提供一种终极的永恒真理。从上述三个思想前提可以看到，以本体论为解释原则或理论硬核的哲学模式，是由于把本质与现象分离开来、主观与客观割裂开来、相对与绝对对立起来而产生的。它的实质，是要求哲学为人类揭示出宇宙的绝对之真、至上之善和最高之美。这是传统哲学关于"存在本身"的"本体论"，也是传统哲学关于"绝对之绝对"的"世界观"。这深刻地表明，传统哲学的"本体论"是其"世界观"的本质和灵魂；超越传统哲学的"世界观"，就必须超越传统哲学的"本体论"。当代中国的"世界观"变革与"本体观"变革是融为一体的。

　　本体论的哲学模式既把哲学追求永恒真理、探寻终极原因、表述世界本体的渴望推向了极端，同时也就使本体论哲学走向了自我否定。离开存在的现象，人们如何认识存在本身？存在作为人类对象，它能否排斥认识的主观性？人类关于存在本身的认识，能否具有绝对的、至上的、终极的真理性质？当着哲学家从对"本体"的追究而转向对人类认识的反省时，哲学研究的理论硬核发生了变革。"没有认识论的本体论为无效"，这是近代哲学的立足点和出发点。由于近代哲学的发展，以探寻存在本身为理论硬核的本体论哲学模式，就被以反省人类认识为理论硬核的认识论哲学模式所取代；以追求纯粹客观性为目标，并把主观性与客观性绝对对立起来的形而上学的思维方式，就被探索思维与存在、主观与客观如何统一的辩证法理论所扬弃。独立存在的本体论哲学及其所代表的形而上学的思维方式，已经被德国古典哲学及其所代表的辩证法的思维方式所否定。这表明：本体论哲学作为一种世界观和理论思维方式，它本身只是人类思维在一定历史发展阶段上的产物，没有任何理由或根据把它当作永恒的解释原则或理论硬核去建构当代的哲学模式。对此，高清海发人深省地提出："本体论作为对象的解释原则完全是属于人的，它表现的是人从人的观点以理解和把握对象世界的一种方式。抛开可见的现存世界，去追求一个不可见的本体世界，这是只有人才会具有的特性。人是一种从不满足于既有存在，总是追求未来理想存在的一种存在。这通常被称作人的'形而上学'本性。本体论就是以探寻对象之外和之上的本真存在这种方式，来表达人的形而上学追求的。"① 值得注意的是,高清海在这里已经把"形而上学"与"形而上学追求"、"本体论"与"本体论追求"区别开来,既否定了传统形而上学和本体论的思维方式,又肯定了哲学的"形而上学追求"和"本体论追求"。这种区别对于当代哲学的观念变革是至关重要的。

马克思主义哲学认为,人类的社会实践活动,以及实践基础上的人类认识活动,是一个不断发展的历史过程。在这个历史过程中,人类所获得的全部认识成果,包括哲学层面的本体论追求,总是具有相对的性质;但同时,人类的实践和认识又永远不会停留在一个水平上,总是向着全体自由性的目标迈进。因此,马克思主义哲学否定传统本体论占有绝对真理的幻想,但并不拒绝基于人类实践本性和人类思维本性的本体论追求。在对哲学本体论的当代理解中,我们应当达到这样一种认识:本体论作为一种追根溯源式的意向性追求,作为一种对人和世界及其相互关系的终极关怀,它的可能达到的目标,并不是它所追求的"本"或"源";它的真实意义也不在于它是否能够达到它所指向的终极存在、终极解释和终极价值;本体论追求的合理性在于,人类总是悬设某种基于现实而又超越现实的理性目标,否定自己的现实存在,把现实变成更加理想的现实;本体论追求的真实意义就在于,它启发人类在理想与现实、终极的指向性与历史的确定性之间,既永远保持一种"必要的张力",又不断打破这种"微妙的平衡",从而使人类在自己的全部活动中始终保持生机勃勃的求真意识、向善意识和审美意识,永远敞开自我批判和自我超越的空间。② 这应当是"本体观"变革的最为深层的时代性内涵。

"世界观"和"本体观"是人类思维的产物。对于"世界观"和"本体观"的理解,必须诉诸对人类"思维"的反省。对此,恩格斯明确地指出,以人的实践为基础的人的思维,是"至上"与"非至上"的辩证统一,"按它的本性、使命、可能和历史的终极目的来说,是至上的和无限

---

① 《高清海哲学文存》第1卷,吉林人民出版社1996年版,第141—142页。
② 参见《孙正聿哲学文集》第5卷,吉林人民出版社2007年版,第98—99页。

的；按它的个别实现情况和每次的现实来说，又是不至上的和有限的"。① 哲学的本体论追求正是植根于人类思维的"本性、使命、可能和历史的终极目的"，即植根于人类思维的"至上"性。对此，当代美国哲学家瓦托夫斯基也指出："不管是古典形式和现代形式的形而上学思想的推动力都是企图把各种事物综合成一个整体，提供出一种统一的图景或框架，在其中我们经验中的各式各样的事物能够在某些普遍原理的基础上得到解释，或可以被解释为某种普遍本质或过程的各种表现。"这种本体论的形而上学渴望之所以是不可"拒绝"的，是因为人类"存在一种系统感和对于我们思维的明晰性和统一性的要求——它们进入我们思维活动的根基，并完全可能进入到更深处——它们导源于我们所属的这个物种和我们赖以生存的这个世界"。② 在这个意义上，本体论的思维方式是必须批判和超越的，而哲学的本体论追求则既不可回避，也无法取消。

在对哲学本体论的理解中，值得深思的问题是，"本体"的寻求即是矛盾。这突出地表现在两个方面：其一，"本体论"指向对人及其思维与世界内在统一的"基本原理"的终极占有和终极解释，力图以这种"基本原理"为人类的存在和发展提供永恒的"最高支撑点"，而人类的历史发展却总是不断地向这种终极解释提出挑战，动摇它所提供的"最高支撑点"的权威性和有效性，由此构成哲学本体论与人类历史发展的矛盾；其二，"本体论"以自己所承诺的"本体"或"基本原理"作为判断、解释和评价一切的根据、标准和尺度，从而造成自身无法解脱的解释循环，因此，哲学家们总是在相互批判中揭露对方的本体论的内在矛盾，使本体论的解释循环跃迁到高一级层次，这又构成哲学本体论的自我矛盾。正是在如何对待哲学本体论的内在矛盾这个根本问题上，使哲学从原则上区分为"传统哲学"与"现代哲学"。"传统哲学"之所以"传统"，就在于全部的传统哲学总是力图获得一种绝对的、终极的"本体"，并因而把世界分裂为真与假、善与恶、美与丑的非此即彼、抽象对立、永恒不变的存在。

---

① 《马克思恩格斯选集》第3卷，人民出版社2012年版，第46页。
② 参见［美］瓦托夫斯基：《科学思想的概念基础》，范岱年等译，求实出版社1989年版，第14页。

这是一种统治人类几千年的非历史的、超历史的、僵化的本体论的思维方式，也就是当代哲学所自觉到的"形而上学的恐怖"。与此相反，"现代哲学"之所以"现代"，就在于现代哲学从思维方式上实现了"从两极到中介"的变革，从研究路径上实现了"从体系到问题"的变革，从基本理念上实现了"从层级到顺序"的变革，也就是从人类的历史发展出发去理解哲学所追寻的"本体"和哲学的本体论追求。这是以"现代性"为根基的"现代哲学"的"基本共识"，也是所谓的"后形而上学"的"深层一致"。

在现代哲学中，马克思主义哲学从"现实的人及其历史发展"出发去看待哲学，哲学的"本体论"就发生了真正的革命：人类在自身的历史发展中所形成的判断、解释和评价一切事物并规范自己思想和行为的"本体"观念，既是一种历史的进步性，又是一种历史的局限性，因而它孕育着新的历史可能性。就其历史的进步性而言，人们在自己的时代所承诺的"本体"，就是该时代的人类所达到的关于人与世界的统一性的最高理解，它成为规范和评价该时代人的全部思想和行为的根据和标准，即该时代人类全部活动的最高支撑点，因此具有绝对性；就其历史的局限性而言，人们在自己时代所承诺的"本体"，又只是特定历史时代的产物，它作为人类全部活动的最高支撑点，即作为规范和评价人的全部思想和行为的根据和标准，正是表现了人类作为历史的存在所无法挣脱的片面性，因而具有相对性；就其历史的可能性而言，人们在自己时代所承诺的"本体"，它作为规范和评价人的全部思想和行为的根据和标准，正是人类在其前进的发展中所建构的阶梯和支撑点，它为人类的继续发展提供现实的可能性。这深切地表明，"本体"作为规范人的思想和行为的根据和标准，它永远是作为中介而自我扬弃的。① 这种"本体观"，与把"世界观"理解为"人生在世和人在途中的人的目光"的解释原则是一致的，与把"哲学"理解为关于"相对之绝对"的"时代精神的精华"是一致的。这就是马克思主义哲学的"革命的和批判的"辩证法的"世界观"、"本体观"和

---

① 参见《孙正聿哲学文集》第5卷，吉林人民出版社2007年版，第65页。

"哲学观"。

四、反思：批判和重构人的思想及行为的根据与标准

哲学的"世界观"和"本体观"，是以哲学的思维方式构建的。关于哲学的思维方式，人们经常用"反思"这个概念来表述它的特殊性。然而，正如人们对哲学所寻求的"本体"有不同的理解，人们对哲学的"反思"也有不同的理解。进而言之，正是由于人们对哲学的特殊的活动方式——反思——具有不同的理解，则必然导致对哲学的特殊的寻求对象——本体——形成不同的理解。就此而言，"反思"，应当是最值得反思的哲学观念。

哲学所追究的"本体"并不是知识性的"关于世界的根本观点"，而是构成这种"根本观点"的根据和标准。但是，在人的思想过程中，作为思想的根据和标准的"本体"却是思想中的一只"看不见的手"。揭示和辨析这只"看不见的手"，也就是揭示和辨析构成思想的前提，并且进而批判和重构思想的前提，这就是哲学意义上的"反思"。这表明，哲学的反思的思维方式，与哲学的世界观、本体论的理论性质是密不可分的；哲学反思的对象和水平，与各个时代的世界观、本体论是融为一体的。

反思，在其最直接的意义上，就是思想以自身为对象反过来而思之，也就是黑格尔所说的"对思想的思想"。然而，作为传统哲学的集大成者和辩证法大师的黑格尔似乎早已洞悉理解"反思"的艰难，因此，他在提出哲学的反思的思维方式的同时，就自觉地考察和对比了"表象思维"、"形式思维"和"思辨思维"这三种不同的思维方式。黑格尔明确地提出：所谓"表象思维"，"可以称为一种物质的思维，一种偶然的意识，它完全沉浸在材料里，因而很难从物质里将它自身摆脱出来的同时还能独立存在"；所谓"形式思维"，"乃以脱离内容为自由，并以超出内容而骄傲"；所谓"思辨思维"，则是努力地把思想的"自由沉入于内容，让内

容按照它自己的本性，即按照它自己的自身而自行运动，并从而考察这种运动"。① 值得深思的是，在对哲学所寻求的"本体"的理解中，我们恰恰可以发现表象思维、形式思维和思辨思维这三种不同的思维方式。

把哲学所寻求的"本体"视为某种"经验"的存在，而不是"超验"（超越经验）的存在，这就是把经验的对象误作"反思"的对象，把"表象思维"误作"反思"的思维。在这种误解中，不是把"反思"理解为"思想以自身为对象反过来而思之"，而是把"反思"当成关于经验对象的"思想"。这种误解的结果，混淆了作为经验对象的"在者"与作为哲学对象的"在"，也混淆了作为经验思维的"反映"与作为哲学思维的"反思"。特别令人深思的是，当现代哲学家奎因以区分"何物存在"和"说何物存在"为标志而提出"本体论承诺"时，仍然是把"本体"理解为"物"，因而并没有真正超越"表象思维"，因而并没有真正理解哲学意义上的"本体"。哲学所寻求的"本体"，不是作为经验对象的"在者"，而是作为超验对象的"在"——规范人类的思想与行为的根据、标准和尺度。这种作为"本体"的根据、标准和尺度，蕴含于（隐藏于）人们的思想之中，因此，只有"以思想自身为对象反过来而思之"，才能够"反思"到哲学所寻求的"本体"。

把哲学所寻求的"本体"视为某种关于经验对象的普遍性的"思想"（知识），并把哲学的"反思"视为从特殊性的"思想"（知识）中概括出具有最大的普遍性的"思想"（知识），这就是哲学研究中的知识论立场，也就是现代哲学研究中的科学主义思潮。这种哲学研究中的知识论立场或科学主义思潮，不是从哲学存在的人类性根据去追问哲学，而是简单化地从哲学与科学的二元关系中去界说哲学，从知识分类表的层级关系去解说哲学，因而把哲学与科学的关系解说为普遍与特殊、深层与表层的关系，从而把哲学的"本体"视为具有最大普遍性的亘古不变的"普遍原理"。在这种解释模式中，哲学只是科学的"延伸"或"变形"，只是具有最大普遍性的"科学"，而不是对科学的"超越"，即不是区别于"科学"的

---

① ［德］黑格尔：《精神现象学》上卷，贺麟、王玖兴译，商务印书馆1979年版，第40页。

人类把握世界的另一种基本方式——哲学。这表明，理解"哲学"就必须理解哲学的"反思"；哲学的观念变革，就必须变革对哲学的"反思"的理解。

"思想"与"反思"的区别，意味人类的思维有两个相互区别的基本"维度"：一是"构成思想"的维度，也就是思维以人的认识活动为中介而实现"思维和存在"相统一的维度；二是"反思思想"的维度，也就是思维把"思维和存在"的关系当作"问题"而进行"反思"的维度。在"构成思想"的维度上，思想的任务是实现"思维和存在"的统一，而不是把"思维和存在的关系"当作"问题"；与此相反，在"反思思想"的维度上，思想的任务不是实现"思维和存在"的统一，而是把"思维和存在的关系"当作必须予以追究的"问题"。对此，恩格斯不仅明确地提出"思维和存在的关系问题"是哲学的"基本问题"，而且明确地提出思维和存在服从同样的规律是"理论思维的不自觉的和无条件的前提"。因此，哲学"反思"的使命，并不是以理论思维去"构成思想"，并不是在理论思维中达成"思维和存在的统一"，而是要寻求和揭示隐含在理论思维之中的这个"不自觉"和"无条件"的"前提"，并进而批判地重构规范人的思想和行为的根据和标准。

在哲学史上，黑格尔曾明确地把哲学的"反思"解释为"对思想的思想"。正是对"反思"的"思想"的追问，深化了对哲学的"反思"的理解，也深化了对"反思"的"哲学"的理解。思想的"前提"并不是一般的思想"内容"，而是思想构成自己的根据和原则，也就是思想构成自己的逻辑支撑点。思想的"前提"作为思想中的"一只看不见的手"和思想构成自己的"幕后操纵者"，既具有规范思想的逻辑"强制性"，又具有"看不见"、"摸不着"的"隐匿性"。思想的"前提"作为思想构成自己的根据和原则，它就是哲学所寻求的规范人的思想与行为的"本体"；哲学的"反思"则是以思想自身为对象反过来而思之，揭示和"审讯"构成思想的"前提"，即发现和批判哲学所寻求的"本体"。哲学的"反思"与哲学所寻求的"本体"密不可分；哲学的"基本问题"与哲学的"前提批判"相互规定。

哲学所寻求的"本体"最普遍地、最深层地制约、规范和引导人的全部活动，但它又是作为隐匿在思想中的"前提"——规范人的思想和行为的根据、标准和尺度——而隐含在人的全部活动之中，因此，寻找"本体"的哲学的活动方式只能是批判的反思。超越"表象思维"和"形式思维"，超越哲学的知识论立场和科学主义思潮，对"假设"质疑，向"前提"挑战，这就是哲学的批判性反思的理论思维方式。"反思"的哲学，就是揭示"人生在世和人在途中的人的目光"，就是揭示"规范人的思想和行为的根据、标准和尺度"，也就是实现哲学的"世界观"和"本体论"的自我批判和自我超越，为人类提供自己时代的"最高的支撑点"。达到"反思"的哲学自觉，才能实现变革"世界观"和"本体论"的理论自觉，才能使哲学成为"思想中所把握到的时代"。把"反思"理解为对思想的"前提批判"，这是当代哲学的理论自觉，也是当代哲学的深层的观念变革。

五、表征：时代精神的精华和文明的活的灵魂

阐释哲学的特殊的理论性质和哲学的独特的社会功能，我们总是反复地引证马克思的这句名言：任何真正的哲学都是"时代精神的精华"和"文明的活的灵魂"。然而，哲学究竟何以成为时代精神的"精华"和文明的活的"灵魂"？这就必须探讨哲学的特殊的存在方式问题。当代中国的哲学观念变革，深层地触及到对哲学的特殊的存在方式的追问。

在现代西方哲学的"语言转向"中，逻辑实证主义的重要代表人物卡尔纳普曾以区分语言的两种职能即"表述"职能和"表达"职能为前提，为其"拒斥形而上学"作出了具有逻辑说服力的论证：如果"哲学"既不能像"科学"那样"表述"经验世界，又不能像"艺术"那样"表达"情感意愿，也就是既不能走"拟科学"的道路，也不能走"拟文学"的道路，那么，"哲学"还有什么道路可走？面对卡尔纳普对"哲学"的挑

战，当代哲学必须回答这样的问题：哲学是否具有既非"表述"、亦非"表达"的独特的存在方式？或者说，哲学是否具有既非"拟科学"、亦非"拟艺术"的独特的存在方式？这是当代哲学面对的哲学"合法性"问题，也是当代马克思主义哲学必须予以深切阐发的重大问题。

回应这个关乎哲学的存在方式及其"合法性"的重大问题，引发我们更为深切地理解和阐发马克思关于哲学的"名言"：哲学之所以区别于科学和艺术，真正的哲学之所以是"时代精神的精华"和"文明的活的灵魂"，就在于它既不是像"科学"那样"表述"时代状况和人类文明的经验事实，也不是像"艺术"那样"表达"个人对时代状况和人类文明的情感意愿，而是以自己的独特的存在方式构成时代精神的"精华"和文明的活的"灵魂"。在笔者看来，这个独特的存在方式，就是区别于科学"表述"和艺术"表达"的哲学"表征"。

所谓"表征"，并不是与"表述"和"表达"相并列的另一种"语言职能"，而是透过"表述"和"表达"而"表征"着"时代精神的精华"和"文明的活的灵魂"。或者更为明确地说，虽然哲学总是在"表述"什么或"表达"什么，但哲学却既不是单纯的对经验事实的"表述"，也不是单纯的对情感意愿的"表达"，而是体现着存在论、真理论和价值论相统一的"表征"，也就是体现着真、善、美相统一的"表征"。哲学的"表征"，是以价值诉求为目的而展开的对存在的反思和对真理的追求，因此不是孤立的、单纯的存在论或真理论或价值论，而是融真、善、美于一体的存在方式。正是这种"统一"，构成了哲学的独特的"表征"的存在方式，并以"表征"的方式构成了时代精神的"精华"和文明的活的"灵魂"。

理解哲学的区别于"表述"和"表达"的"表征"，关键在于理解哲学的存在论、真理论和价值论的统一，或者通俗地说，关键在于理解哲学所追问的"有没有"、"对不对"和"好不好"的统一，即哲学所追求的"真"、"善"、"美"的统一。如果把哲学割裂为"表述"存在的存在论、"表述"真理的真理论和"表达"价值诉求的价值论，把哲学割裂为关于"有没有"、"对不对"、"好不好"的追问和回答，把哲学分割为"可信者不可爱"的"表述"或"可爱者不可信"的"表达"的两种存在方式，就只能是形成"拟科学"的"科学主义思潮"或"拟艺术"的"人本主义思潮"。这是当代哲学必须超越的理论困境。

哲学之所以是区别于"表述"和"表达"的"表征"，在于哲学是理论形态的人类自我意识，即以理论形态所体现的对"人与世界关系"的关切和回答，对人类生活意义的关切和回答。诉诸哲学史，我们会发现，哲学从寻求"万物的统一性"到寻求"意识的统一性"再到寻求"人类的统一性"，从来不是单纯地"表述"关于世界的经验事实和"表达"对世界的情感意愿，而是"表征"了对"人与世界关系"的历史性、时代性的理解。古代哲学把"水"、"火"乃至"原子"作为万物所由来和万物所复归的"始基"、"基质"，并不是"表述"或"表达"了万物的统一性，而是"表征"了人类对生活意义的"最高支撑点"的渴望和寻求；近代哲学以"经验"或"理性"来论证或否定思想的客观性，并不是"表述"或"表达"了人类意识的统一性，而是"表征"了人类力图把生活意义的"最高支撑点"奠基于"思维和存在的同一性"；现代哲学以"语言"、"文化"乃至"实践"来阐释"人与世界关系"，并不是"表述"或"表达"了人类的存在方式，而是"表征"了当代人类力图把生活意义的"最高支撑点"视为"相对之绝对"——时代性的绝对与历史性的相对的统一。哲学就是以这种"表征"的方式而构成了"时代精神的精华"和"文明的活的灵魂"。

哲学对"时代精神"的"表征"，是以派别冲突的方式实现的。这种实现方式，更加深刻地体现了哲学的区别于"表述"和"表达"的"表征"的存在方式。贯穿于整个哲学史的唯物主义与唯心主义、辩证法与形而上学、经验主义与逻辑主义、绝对主义与相对主义等等的派别冲突，并不是哲学派别之间的不同"表述"或不同"表达"之间的冲突，而是"表征"着对人类生活、人类文明、人类历史、人类未来的"悖论"性质的不同理解和不同期待。从哲学的主要的派别冲突看，哲学的唯物主义与唯心主义并不是单纯地"表述"或"表达"世界的"本原"问题，而是深切地"表征"着人类的自然性与超自然性的悖论；哲学的经验主义与逻辑主义并不是单纯地"表述"或"表达"把人的感性归结为人的理性或是把人的理性归结为人的感性,而是深切地"表征"着人类的感性存在与理性存在的悖论;哲学的绝对主义与相对主义并不是单纯地"表述"或"表达"人类认识的绝对性或相对性,而是深切地"表征"着人类存在的时代性与超时代性的悖论;哲学的辩证法与形而上学并不是单纯地"表述"或"表达"肯定或否定事物的矛盾运动,而是深切地"表征"着人类存在的确定性与非确定性的矛盾。在现代哲学中,本质主义与存在主义、理性主义与非理性主义、科学主义与人本主义、历史决定论与非历史决定论,更是以错综复杂的理论冲突方式"表征"着当代人类面对"现代性的酸"所构成的"意义危机"。因此,应当从"表征"人类存在的矛盾性去看待哲学的派别冲突,而不是把这些派别冲突归结为哲学的自我冲突;应当以"表征"的理念去看待哲学的"理论形态的人类自我意识",而不是把"理论形态的人类自我意识"当成对人类文明的"表述"或"表达"。马克思恩格斯所创建的"新唯物主义",不仅变革了只是从客体的或者直观的形式去理解人与世界关系的旧唯物主义和抽象地发挥人的能动性的唯心主义,而且是"在人的实践中以及对这个实践的理解中"去回答全部哲学问题。它理论地表征了超越"市民社会"的"人类社会或社会的人类"的新唯物主义的"立脚点"。因此,从哲学的"表征"方式去重新理解哲学的派别冲突,不仅能够深刻地理解哲学派别冲突的现实基础和真实意义,而且能够透过哲学的派别冲突而深切地把握每个时代的"时代精神"。在这个意义上,马克思恩格斯所创建的"新唯物主义"不断为我们提供丰富的思想资源及方法论的指导,反思当代中国的哲学观念变革,以一种哲学的存在方式融入当代中国改革开放的历史进程中。

从深层上看,哲学是以"理论形态的人类自我意识"而"体现"着人类存在的历史形态及其自我意识的时代性变革。这是哲学的"表征"的存在方式的集中体现。哲学的观念变革,直接地取决于人类关于自身存在的自我意识的历史性变革;而人类关于自身存在的自我意识的历史性变革,则深层地取决于人类存在本身的历史性变革。诉诸人类文明的历史与未来,马克思把人类存在的历史形态概括为"人的依赖关系"、"以物的依赖性为基础的人的独立性"、"以个人全面发展为基础的自由个性"这三大历史形态①，并相应地把"哲学"的历史任务概括为：人在"神圣形象"中的自我异化，揭露人在"神圣形象"中的自我异化和揭露人在"非神圣形象"中的自我异化。②哲学的历史任务，就是以理论形态的人类自我意识而"表征"人类存在的历史形态及其发展趋向。人的存在形态的历史性变革与哲学的时代使命的历史性变革的统一，这不仅显示了哲学的"表征"的存在方式，而且揭示了哲学发展的历史性的时代内涵。正是哲学以"表征"的方式所揭示的人类存在及其自我意识的时代内涵和历史变革，"真正的"哲学才不仅成为"时代精神的精华"，而且成为"文明的活的灵魂"。

哲学的存在方式决定哲学的工作方式。如果把哲学的存在方式界定为"表述"时代状况和人类文明的经验事实，就会把哲学混同为实证科学，并因而走向科学主义；如果把哲学的存在方式界定为"表达"个人对时代状况和人类文明的情感意愿，就会把哲学混同为文学艺术，并因而走向人本主义。把哲学的存在方式界定为"表征"，则要以"时代精神主题化、现实存在间距化、流行观念陌生化和基本理念概念化"的工作方式去凝练"时代精神的精华"和"文明的活的灵魂"。以理论形态"表征"当代人类在"现代性"中的存在方式及其自我意识，为创建人类文明新形态提供新的哲学理念，从而塑造和引导新的时代精神，这是当代哲学的实质内容和社会功能，也是当代中国哲学必须实现的观念变革。

---

① 参见《马克思恩格斯全集》第30卷，人民出版社1995年版，第107—108页。
② 参见《马克思恩格斯选集》第1卷，人民出版社2012年版，第2页。

思想的前提批判与哲学的活动方式[①]

孙正聿

如何从"出场学"定位"思想的前提批判"？能否把"哲学的活动方式"概括为"思想的前提批判"？怎样理解思想的"前提批判"的"前提"是"不自觉的和无条件的前提"？这是任平、高云涌和高超在其论文中分别提出的问题，也是阐释"思想的前提批判"必须回答的问题。因此，我以《思想的前提批判与哲学的活动方式》为题，对这三篇论文及其所提出的问题予以回应。

一、如何从"出场学"定位 "思想的前提批判"？

任平教授基于他本人长期关切的"出场学"，以及他对当代中国马克思主义哲学"研究范式"的系统而又深入的研究，以《论孙正聿先生学术研究的出场范式》为题，对我的研究路径作出明确的指认："当代中国秉持原理研究与体系创新范式的主要代表"。

对于这个"指认"和"定位"，就我个人来说，确实是缺乏自觉的，也就是说，我尚未自觉地从"出场学"思考自己的哲学研究的"路径选择"。但是，读过任平教授的论文，不能不由衷地感谢他对我的四本书的

[①] 原载《哲学分析》2016年第1期。

深切的分析与评论，不能不由此引发我对自己的"研究范式"的自觉的反省。

依据任平教授的思路和概括，当代中国的马克思主义哲学研究范式，大体上可以分为"教科书和改革、原理研究与体系创新、马克思主义哲学史、与中西哲学对话、经典文本解读、反思的问题学、部门哲学、马克思主义中国化、马克思主义出场学"等等。任平教授由此发问：怎样才能确认我的"学术话语本体存在的地理位置和范式空间"？为此，他具体而又深入地分析了我的四本书。

任平教授提出：《哲学通论》的"原初出场"就是一种讲坛哲学的话语形式，随后又成为向论坛哲学转变的中介形态，这从出场路径和研究范式的归属来看，应当属于原理研究与体系创新的范式；《马克思主义辩证法研究》以重新激活辩证法内在的批判的活的灵魂而重新阐述辩证法的理论内容，是另一种形式和风格的原理研究和体系创新；《人的精神家园》根在现实、本在原理研究，最终形成的是关于人的精神家园的体系化的哲学话语逻辑，仍然是坚守原理研究与体系创新范式；《哲学：思想的前提批判》所展开的对构成思想的基本信念、基本方式、基本逻辑、基本观念和哲学理念的五大前提批判，强大的思维穿透的依然是哲学原理研究的逻辑。由此，任平教授作出的总体评价是："四本著作就以如此的样式在我面前形成一个范式闭环，从教科书改革范式出发走向原理研究和体系创新，经过穿透现实而又回到原初范式"。"这一循环仍然是在原理研究与体系创新的范式空间中深刻地发生的"。

对于这种"原理研究与体系创新范式"，任平教授予以充分的理解并给予高度的评价，认为这种范式是"这一时代思想解放、学术创新的方法论产物"，"孙先生的研究范式就是从这一时代变革的大潮中一路走来而取得重要成就的"。而对于这种"范式"的反思和批评，任平教授明确地提出三个问题：一是断言式的独断与多元理解之间的矛盾；二是作为论断、论据与哲学史的矛盾；三是关于哲学、马克思主义哲学的论断在多元理解的今天的反思问题。这三个问题都具有准确的针对性和深刻的学理性。

怎样看待"断言式的独断与多元理解之间的矛盾"？任平教授把《哲

学通论》的"特色"概括为"介绍分析多元,秉持一元,力求从相对中追求绝对"。对于这个概括,我深以为然。在我看来,哲学既是哲学家以个人的名义讲述人类的故事,又是哲学家以人类的名义讲述个人的故事。讲述人类的故事,就会有多种的观察角度,就会有多样的思考方式,就会有不同的研究重点,就会有不同的总体观念,因此,就必然是"多元理解";讲述个人的故事,就会有对特殊的生活经历的独特的生命体验,就会有对特殊的理论资源的独特的理论想象,就会有对特殊的思考对象的独特的解释原则,因而又只能是"断言式的独断"。以个人的名义讲述人类的故事,所能达到的最好的状态,大概就是把"断言式的独断"建立在充分的"多元理解"的基础上。失去"多元理解","断言"就会成为彻底的"独断";没有"断言式的独断",也就没有作为"一言之家"的特定的哲学。古今中外,概莫能外。因此,任平教授所指认的这个矛盾,对于哲学家的自我反省来说是不可或缺的,对于哲学家的理论活动来说又是不可避免的。或者可以说,正是这个矛盾构成学术批评的前提,并因此推动哲学本身的进步。

与上述矛盾不同,"论断、论据与哲学史的矛盾",则不仅是学术研究之"大忌",而且还是"原理研究"中的"重症"。学术研究要"言之有理",首先要"持之有故",没有根据地"断言",无异于"胡说"。然而,在我们的"原理研究"中,正如任平教授所言,"很容易将马克思在某一时期的论述摘引出来后将意义标准化、教条化、绝对化",成为"非法引证"。引证本身的合法性受到挑战,这在"史"的研究中是经常碰到的,在"论"的研究中更是普遍存在的。对于任平教授所指认的"论断、论据与哲学史的矛盾",虽然是我本人所自觉到的,但却只能是竭力避免的。我在哲学研究中自觉到的最大的矛盾,就是"顽强的追问"与"有限的知识"的矛盾。不用说对尼采、胡塞尔、维特根斯坦、海德格尔等思想家的研究,就是对康德、黑格尔的研究,对马克思、恩格斯的研究,很多时候也是"望文生义"、"借题发挥",缺乏切实的考证和梳理。有理有据地言说,对我个人来说,只能是"仍需努力"了。

在多元理解的今天,反思对哲学、马克思主义哲学的论断,这是我们的共同使命。我在自己的多篇文章中说，20世纪80年代的教科书改革，其出发点和归宿点都是重新理解马克思主义哲学，而20世纪90年代以来的"后教科书哲学"，其标志则是以对"哲学"的追问为出发点而重新理解马克思主义哲学。在《哲学通论》中，我曾把当代的哲学观概括为普遍规律说、认识论说、语言分析说、存在意义说、精神境界说、文化批判说、文化对话说和实践论说。这个不完全和不准确的概括，已经显示了对"哲学"的多元理解。当代中国马克思主义哲学界关于"辩证唯物主义和历史唯物主义"、"实践唯物主义"、"历史唯物主义"的争论，正是在如何"称谓"的争论中体现了对马克思主义哲学的不同"定位"。这表明，对哲学、马克思主义哲学的"多元理解"，不仅是哲学研究的现实状况，而且是推进哲学研究的必由之路。但是，哲学研究的另一个基本事实是，每个时代的哲学都具有艾耶尔所说的'广泛而深刻的一致性"，马克思所实现的哲学革命具有其"不以人的意志为转移"的真实的思想内涵。因此，探索这种时代性的"广泛而深刻的一致性"，寻求马克思哲学革命的真实的思想内涵，应当是在"多元理解"的基础上的最为重要的哲学使命；在"多元理解"与"作出论断"之间必须保持"必要的张力"，应当是行进中的哲学活动的基本态度。

二、能否把哲学的活动方式概括为"思想的前提批判"？

如果说任平教授是从"出场学"的视野定位我的"思想的前提批判"的"研究范式"，那么，高云涌博士的论文则是从"逻辑与直觉的关系"去追究"思想的前提批判"的理论倾向及其困难。在我看来，云涌所提出的问题，并不仅仅是哲学活动中的逻辑与直觉的关系问题，而且是如何理解"哲学的活动方式"的问题，是能否以"思想的前提批判"来表达"哲学的活动方式"的问题。

哲学活动属于人类精神活动。人类的精神活动，绝不只是理性的、逻辑的思维活动，而且是非理性的、非逻辑的精神活动。在人的一般性的精神活动中，知、情、意是融汇在一起的，而在科学研究、艺术创作和哲学思考中，任何一种科学发现、艺术创造和哲学思想，总是包含某种直觉的顿悟和灵感的爆发。我在自己的哲学研究中，无论是把"哲学"定位为"思想的前提批判"，把"世界观"解说为"人生在世和人在途中的人的目光"，还是把"本体"解说为"规范人的思想和行为的根据、标准和尺度"，把哲学的存在方式界定为区别于"表述"和"表达"的"表征"，都真切地感受到了"直觉的顿悟"和"灵感的爆发"。对上述问题的思索是一个长期的积累进程，对上述问题的独立回答却是一个"突发奇想"的过程。哲学研究中的这种心理的"高峰体验"，是最为激动人心的。怎样把自己的这种"高峰体验"化为"表述"或"表达"，是我最想"讲述"给自己的朋友和学生的，又是最难说清楚的。

现在的问题是：我的这种真实的研究体验，为何会形成高云涌博士所批评的"前提批判论哲学观的逻辑主义倾向"？显而易见，云涌所探讨的并不是我的哲学研究的心理体验，而是我的"思想的前提批判"的哲学观的理论倾向。由此我想讨论三个问题：其一，"思想的前提批判"是探究哲学的理论性质，还是设计哲学研究的程序和方法？其二，"思想的前提批判"是展现哲学的理论空间，还是构造哲学的活动方式？其三，"思想的前提批判"是激发哲学研究的思想活力，还是承续或确立逻辑的或直觉的"学术传统"？

首先，"思想的前提批判"并不是设计哲学研究的"程序和方法"。我把哲学"定位"为"思想的前提批判"，最基本的出发点是破除哲学的"知识论立场"，也就是改变把哲学视为具有"最大的普适性"和"最高的解释力"的"科学"的哲学观，从而把哲学活动界说为以构成思想的诸种前提为对象的批判的、反思的活动。变革哲学观，这是"思想的前提批判"的实质。为了阐释和论证这种新的哲学观，就要诉诸对反思的思维、反思的方式、反思的过程、反思的逻辑的探索；但是，这些探索并不是给出某种"规范性"的程序和方法，而是要论证哲学何以是"思想的前提批判"，"思想的前提批判"何以超越了"哲学的知识论立场"。在这个意义上,"思想的前提批判"的哲学观尚未触及哲学研究中的"逻辑与直觉"的关系,因而并不是探讨以"逻辑"的或"直觉"的方式进行"思想的前提批判"。也就是说,在哲学观的意义上,"思想的前提批判"并不具有"规范"哲学活动的"程序和方法"的含义,既不是断定哲学是"逻辑"的,也不是否定哲学是"直觉"的,只是要求哲学活动应当批判地反思构成思想的前提。

其次,"思想的前提批判"并不是"构造"哲学的活动方式。"思想的前提批判"不是抽象的而是具体的,由此我提出了对构成思想的基本信念、基本方式、基本逻辑、基本观念和哲学理念的五个方面的前提批判,并以此展现"思想的前提批判"的开阔的和开放的理论空间。这里所凸显的,仍然是要求把哲学活动聚焦于对构成思想的诸种前提的反思和批判,而不是"规范"哲学以逻辑的或直觉的方式去展开对思想的前提批判。这就是说,不仅"思想的前提批判"的对象是开阔的和开放的,而且"思想的前提批判"的方式也是开阔的和开放的。我把哲学的存在方式界说为区别于"表述"和"表达"的"表征",可能是更深层地体现了哲学活动的"逻辑"与"直觉"的"互补"。"表征""时代精神的精华"和"文明的活的灵魂",而不是"表述"时代状况和"表达"情感意愿,这绝不仅仅是"逻辑"推演的结果,而且总是形成于"生命体验"和"理论想象"基础上的"直觉的顿悟"和"灵感的爆发"。就此而言,正是哲学的"表征"的存在方式,才真切地要求"逻辑"与"直觉"的"互补";离开对哲学的"表征"的存在方式的自觉,就难以深层地理解哲学活动中的"逻辑"与"直觉"的"互补"。

再次,"思想的前提批判"并不是承续或确立"逻辑"的或"直觉"的学术传统。"思想的前提批判",既不等同于"逻辑前提的批判",也不等同于"逻辑推演的前提批判"。其一,思想的前提批判与对构成思想的逻辑前提的批判并不等同。如上所述,思想的前提批判至少包括对构成思想的基本信念、基本方式、基本逻辑、基本信念和哲学理念的前提批判,对构成思想的基本逻辑的前提批判只是思想的前提批判的内容之一。其次,思想的前提批判并不只是在逻辑推演中所展开的批判。我把思想的前提批判"定位"为"对概念的反思",是因为概念、范畴是人类文明史的积淀、总结和升华,是列宁所说的人类认识的"阶梯"和"支撑点",因此,"对概念的反思",就是批判地反思人类的文明史。在这种反思中,既蕴含着反思者的生存境遇和生命体验,也蕴含着反思者的理论资源和理论想象。在反思的过程中,不仅包含反思者的"合乎逻辑"的理性思考,也包含着反思者的"直觉的顿悟"和"灵感的爆发"。反思中所形成的创见,正是在"合乎逻辑"的追问中所"顿悟"到的新思想。其三,思想的前提批判并不是"线性"的"逻辑"进程。仅以云涌所批评的"思想把握表象、思想蒸发表象、思想重组表象"的"认识论模式"而言,这里的"把握"、"蒸发"和"重组",就已经体现了人的认识的感性与理性、表象与思想、直觉与逻辑的矛盾,而不是单一的或单纯的"逻辑推演"。

按照我的理解,云涌可能是从能否和如何"提出哲学创见"这种思考对"思想的前提批判"提出质疑,并将其概括为"逻辑主义倾向"。如果是这样,我想说的是:其一,构成"哲学创见"的"直觉的顿悟"和"灵感的爆发"不是"教出来的",而是"水到渠成"的,因而不能从"程序和方法"去看待逻辑和直觉的互补性;其二,构成"哲学创见"的真实内涵是赋予哲学理念以新的思想内涵,因此,其主要途径是揭示和批判构成思想的前提。为思想提供新的前提,大概就是我们所向往的"哲学创见"。

开门见山、旗帜鲜明地对被批评者提出批评,特别是以这种方式对自己的老师提出批评,这不仅是难能可贵的,也是最可珍视的。我之所以在这里对云涌的论文作出详细回应,既是与云涌一起思考他所提出的问题,更是借此有针对性地阐述我自己所理解的"思想的前提批判"。对我而言,"思想的前提批判"是把哲学活动"定位"为批判地反思构成思想的前提,从而为哲学的批判活动敞开"知其不可而为之"的理论空间,而不是"规范"哲学活动的"程序和方法"。正如云涌所说的,如果有谁"试图严格按照前提批判"的"方法和步骤"而"尝试提出哲学创见",就与"思想的前提批判"的"真实意义"产生"视差之见"了。

三、怎样理解构成思想的"不自觉的和无条件的"前提？

思想的前提批判，首先是对构成思想的基本信念的前提批判，也就是对思维和存在的同一性的前提批判。这个"前提"，在人的全部活动中究竟是如何存在的？它是"本能的"、"不以意识为转移的"还是"不自觉的和无条件的"？这对于如何理解"思想的前提批判"的哲学观是至关重要的。

我在形成"思想的前提批判"的哲学观的研究历程中，最为直接、最为重要的思想资源，就是恩格斯关于"理论思维的不自觉的和无条件的前提"的论述。正是在对恩格斯这个论述的探索中，我形成了如下的基本观点：在人类把握世界的各种基本方式中，除哲学之外的其他方式都是把"思维和存在的同一性"当作"不自觉的和无条件的前提"而去"构成思想"，而哲学则是把这个"不自觉的和无条件的前提"作为反思的对象，对这个"前提"本身进行批判的反思。这就是我的"思想的前提批判"的立足点和出发点。显而易见，如何规定哲学反思的"前提"，对于"思想的前提批判"的哲学观来说，是一个必须澄清的问题。

高超提交给会议的论文，题目就是《〈自然辩证法〉"unbewusst"一词的译法与"前提批判"的哲学理论》，也就是要通过对"unbewusst"一词的辨析而审视"前提批判"的哲学理论。由于我本人只是直接使用把"unbewusst"译为"不自觉的"这一译法，既没有探讨这个词的德文原意，也没有辨析这个词的不同译法，高超所做的工作就显得尤为重要了。

按照高超所提交的论文，"unbewusst"一词有三种不同的权威性中文译法：1971年出版的《马克思恩格斯全集》译为"不自觉的"；1995年出版的《马克思恩格斯选集》译为"本能的"；2009年出版的《马克思恩格斯文集》译为"不以意识为转移的"。现在的问题是：其一，这个词的德文原意是什么？其二，这个词的不同译法会构成对恩格斯的论述怎样不同的理解？其三，我在自己的"思想的前提批判"中采用"不自觉的"这个译法，它的真实的哲学意义何在？关于前两个问题，高超在他的论文中作出了认真的考证和具体的分析，我在这里主要是讨论后一个问题，也就是我所使用的"不自觉的"译法，对于理解"哲学"及其"基本问题"的"真实意义"，以及对于理解我所说的"思想的前提批判"的"真实意义"。

把"思维和存在的同一性"理解为理论思维的"不自觉的和无条件的前提"，凸显了这个"前提"在理论思维中的双重特性：一是它的"不自觉"性，一是它的"无条件"性。所谓"不自觉"性，就是人们在理论思维中并没有"自觉"到这个问题，因而并没有把这个问题"当作"问题；所谓"无条件"性，就是人们在理论思维中无法"逃避"这个问题，因而这个问题又构成理论思维的根本性的"前提"。在我看来，正是这个"前提"的"不自觉"和"无条件"的双重特性，既决定了"思维和存在的关系问题"是"全部哲学"的"重大的基本问题"，又决定了以"思维和存在的关系问题"为"基本问题"的"哲学"是对"思想的前提批判"。

理解思维的这个"前提"是"无条件"的，离开这个"前提"就不可能进行理论思维，因此，对"思维和存在的关系问题"的"反思"，从根本上说就必须是对这个"无条件"的"前提"的"反思"。只有诉诸对这个"无条件"的"前提"的"反思"，才会提出"思维和存在的关系问题"：思维能否把握存在？思维所把握到的存在是否就是存在本身？思维如何把握存在？如何理解和看待思维把握存在的"能动性"？如何理解和看待思维把握存在的"概念"和"范畴"？如何理解和看待思维把握存在的"历史"与"逻辑"？如何理解和看待思维把握存在的"直觉"与"逻辑"？如何理解和看待思维把握存在的"实然"与"应然"？如何理解和看待思想客观性的"标准"和"尺度"？承诺"思维和存在的同一性"、"我们的主观的思维和客观的世界服从于同样的规律"，这是理论思维的"无条件的前提"；反思这个"无条件的前提"，这是理论思维的"无条件的前提"；反思这个"无条件的前提"，使人们"自觉"到这个"前提"所蕴含的"思维和存在的关系问题",则是"哲学"的"重大的基本问题"。

哲学的使命之所以首先是使人们"自觉"到理论思维的"前提"所蕴含的"思维和存在的关系问题",就在于这个"前提"是"不自觉"地存在于理论思维之中的。哲学的历史,就是使人们"自觉"到这个"不自觉"的前提的历史,就是揭示、反思这个"不自觉"的"前提"所蕴含的"思维和存在的关系问题"的历史。恩格斯在作出关于"理论思维的不自觉的和无条件的前提"的论断之后,展开了如下的论述:其一,"18世纪的唯物主义,由于其本质上的形而上学性质,只是从内容方面研究这个前提。它只限于证明一切思维和知识的内容都应当来源于感性的经验,并且重新提出下面这个命题:感觉中未曾有过的东西,理智中也不存在";其二,"只有现代的唯心主义的,同时也是辩证的哲学,特别是黑格尔,才又从形式方面研究了这个前提"。这就是说,旧唯物主义和辩证的唯心主义,都是把这个"不自觉的和无条件的前提"作为自己的"重大的基本问题",然而,它们又"只是"分别地研究了这个"前提"的"内容方面"或"形式方面",而没有合理地提出和研究这个"前提"问题。

在《关于费尔巴哈的提纲》中,马克思既批判旧唯物主义"只是从客体的或直观的形式去理解"思维和存在的关系问题,又批判唯心主义"抽象地发展了""能动的方面"。这与恩格斯批判旧唯物主义和唯心主义"只是"从"内容"或"形式"方面研究"思维和存在的关系问题",具有高度的一致性。不仅如此,马克思深刻地揭示了旧唯物主义和唯心主义之所以"只是"从"内容"或"形式"方面研究"思维和存在的关系问题"的根源,就在于它们不是从人的实践活动去看待"思维和存在的关系问题",不是从人的实践活动去反思"理论思维的不自觉的和无条件的前提"。马克思说:"全部社会生活在本质上是实践的。凡是把理论引向神秘主义的神秘东西,都能在人的实践中以及对这个实践的理解中得到合理的解决";"人的思维是否具有客观的真理性,这不是一个理论的问题,而是一个实践的问题"。人对世界的实践关系,是否定性的统一关系;以实践为基础的人的思维活动,是思维对存在的否定性统一。揭示和反思"理论思维的不自觉的和无条件的前提",就是"自觉"地揭示"思维和存在"的"矛盾关系","自觉"地反思这些"矛盾关系"的"历史内涵",不断地深化对"思维和存在的关系问题"的理解,不断地实现人对世界的否定性的、历史性的统一。因此,以"理论思维的不自觉的和无条件的前提"为对象的"思想的前提批判",就是把作为"全部哲学"的"重大的基本问题"的"思维和存在的关系问题"明确为对构成思想的诸种"前提"的批判,从而为人类的哲学活动敞开广阔的和开放的理论空间。

改革开放以来中国哲学发展的历史与逻辑[①]

孙正聿

一、伟大的实践与实践的哲学

改革开放是中国特色社会主义的伟大实践。自1978年改革开放以来，我国的经济生活、政治生活和整个社会生活，发生了举世瞩目的重大变革。作为这种重大变革的理论表达，哲学已经和正在经历着自身的变革。从哲学的最基本的理论框架去分析中华人民共和国成立以来的哲学状况，大体可以划分为20世纪80年代以前的教科书哲学、80年代的以反思教科书为主要内容的哲学改革和90年代以来的以现代性的反省为主要内容的后教科书哲学。进入新的世纪，在中央实施马克思主义理论研究和建设工程战略决策的指导下，建设具有中国特色、气派和风格的马克思主义哲学，成为中国哲学界共同的努力方向，并取得了一系列重要的研究成果。

把中华人民共和国成立后至20世纪80年代以前的中国哲学从总体上界说为"教科书哲学"，其主要依据在于：一是把全国通行的哲学原理教科书作为标准的马克思主义哲学概念框架，以这个教科书模式去宣传、讲

[①] 原载《吉林大学社会科学学报》2008年第5期。
作者附记：受教育部社科司委托，作者组织编写了《中国高校哲学社会科学发展报告（1978—2008）哲学卷》，并撰写了该报告的总论。为纪念改革开放30周年，应《吉林大学社会科学学报》之约，现将"总论"全文发表于此，其中部分内容曾发表于其他刊物。

授、解释和研究马克思主义哲学，并以这个教科书模式为标准去区分马克思主义哲学与非马克思主义哲学；二是以这个教科书模式作为最基本的哲学理论框架和解释原则，去建构包括中外哲学史、伦理学、宗教学、逻辑学、美学和科技哲学等在内的全部哲学学科，并用它去研究、评述和批判古今中外的各种哲学理论、哲学派别和哲学思潮；三是以这个教科书模式作为最高层次的真理体系，去规范自然科学和社会科学的研究以及文学艺术的创作，并用它去论证包括政治生活在内的全部社会生活中的各种重大举措，从而规范人们的精神生活和实践活动。

这种教科书哲学及其在全部社会生活中的重要地位和重大作用，从根本上说，是把社会主义归结为计划经济的产物。在这个意义上，80年代以前的教科书哲学既有其历史的合理性，也蕴含着内在的否定性。随着80年代以来的改革开放，由计划经济转向市场经济，我国的哲学研究便合乎逻辑的由教科书哲学转向反思教科书的哲学改革。

在解放思想、改革开放的过程中，哲学原理界内部形成了以变革教科书体系为基本指向和主要任务的哲学改革的潮流。这场哲学改革的出发点和归宿，是重新理解和重新建构马克思主义哲学体系。其突出特点，是以实践为核心范畴，重新理解人与世界、思维与存在、主体与客体、主观性与客观性、历史规律与人的历史活动、自由与必然等哲学所探索的重大关系问题，并以这些重新理解的研究成果去重构马克思主义哲学体系。其重大意义，在于从当代人类社会实践特别是当代中国改革开放的社会实践出发，变革人们的思维方式、价值观念、审美意识和行为方式，以适应和促进中国的改革开放和现代化进程。

在哲学原理界内部改革的同时，包括中外哲学史在内的各个哲学学科也出现了自身的改革，从而深化了哲学原理界的教科书改革。西方哲学领域在翻译和评述西方传统哲学和现代西方哲学论著的基础上，逐步地从研究对象自身出发，把一系列新的哲学范畴、哲学问题和哲学提问方式渗透到哲学理论探索之中，并展开了马克思主义哲学与包括现代西方哲学在内的整个西方哲学的对话。中国哲学领域在反省其研究方法、研究态度的基础上，在学术交流中扩展了学术资源并拓宽了理论视野，对中国传统哲学乃至整个传统文化的利弊得失进行反思，探索"返本开新"、"融汇中西"的途径与意义。哲学界长期以来所进行的自然辩证法研究，在现代科学和现代西方科学主义思潮的背景下，展开了对现代科学技术以及现代西方科学哲学的研究，形成了我国科学技术哲学的雏形；伦理学、逻辑学、美学和宗教学提出并研究了一系列对学科建设具有重大意义的新问题和新课题。在整个80年代持续高涨的文化热，不仅构成了哲学原理与哲学各个分支学科的交接点，并把哲学改革的侧重点聚焦在中国现代化建设的文化模式和协调发展的问题上。

在我国的经济生活、政治生活、精神生活和整个日常生活发生重大变革的过程中，经济学、政治学、法学、社会学等社会科学，文学、史学、语言学、艺术学等人文学科，都在力图建构适应和推进社会主义市场经济的概念框架和解释原则，迫切要求哲学作出深层的理论解释和予以深层的理论支持。这就不仅推动了80年代以来的反思教科书的哲学改革，赋予哲学改革以新的理论课题和新的理论内容，并极大地拓宽了哲学的研究领域和学术视野。80年代以来的"哲学论坛"比较集中地探讨了认识论的反映论与选择论的关系、辩证法的本体论与认识论的关系、价值论的理想主义与功利主义的关系、历史观的决定论与非决定论的关系、真理观的事实判断与价值判断的关系、唯物论的物质论与实践论的关系等一系列重大的理论问题。这些讨论，深刻地变革了以素朴实在论为代表的直观反映论的思维方式，变革了以机械决定论为代表的线性因果论的思维方式，变革了以抽象实体论为代表的本质还原论的思维方式，形成了具有丰富理论内容的世界观、历史观、人生观和价值观。回顾80年代的哲学改革，可以看到，这场哲学改革是在面向改革开放的现实和重新理解马克思的两个维度的交接点上，聚焦于对教科书哲学的反思。进入90年代，中国哲学界开始超越对教科书哲学的反思，从"体系意识"转向"问题意识"，以"问题"作为哲学研究的根本出发点，比较集中地探索了"哲学观"、"人的存在方式"、"发展"、"两大哲学思潮"和"中西文化比较"等一系列问题，从而展现出更为广阔和更为深化的研究前景。

进入21世纪，在中央实施马克思主义理论研究和建设工程的战略决策的指导下，以科学发展观为指导的构建社会主义和谐社会的问题成为哲学研究的新的聚焦点。"以人为本"的哲学理念，"全面、协调、可持续发展"的战略思想，"统筹兼顾"的方法论，构建和谐社会的公平、正义问题，社会主义核心价值观和人的精神家园建设等问题，特别是建设具有中国特色、气派和风格的马克思主义哲学问题，成为 21 世纪初我国哲学研究中的主要问题，并已经和正在取得重要的研究成果。

二、解放思想的哲学与哲学的思想解放

改革开放的历史性起点，是 1978 年党的十一届三中全会确立的解放思想、实事求是的思想路线。这一思想路线的哲学基础，是把实践确立为检验认识的真理性的唯一标准；这一思想路线的现实意义，是把人们的思想从"两个凡是"的思想禁锢中解放出来，为建设中国特色社会主义开辟道路。因此，解放思想首先是一场深刻的思想革命，一场深刻的哲学革命。在这场深刻的思想革命和哲学革命的过程中，中国哲学承担起相辅相成的双重使命：推进社会的解放思想和实现哲学自身的思想解放。

以检验真理的实践标准为突破口的思想解放，蕴含着一系列深层的哲学问题。这首先是针对"两个凡是"所造成的哲学思想的混乱，重新理解马克思主义哲学的问题。翻阅 20 世纪 80 年代以来的中国马克思主义哲学论著，可以发现一个耐人寻味和发人深省的现象：不计其数的哲学论著，均以马克思的《关于费尔巴哈的提纲》、马克思恩格斯的《德意志意识形态》等经典论著关于"实践"的论述为立足点和出发点，重新理解和阐释马克思主义哲学，并形成了关于"实践的唯物主义"的基本理念。

以"实践"的观点重新理解和阐释马克思主义哲学，以"实践的唯物主义"概括和表达马克思主义哲学的特征和本质，这绝不仅仅是关系到马克思主义哲学的"解释路径"问题，也绝不仅仅是关系到马克思主义哲学"如何称谓"问题，而是集中地表现了对马克思主义哲学的根本性理解，深刻地昭示了如何在中国特色社会主义伟大实践中坚持和发展马克思主义

哲学问题。

"实践的唯物主义"的哲学理念，在 20 世纪 80 年代以来的马克思主义哲学研究中，获得了越来越丰富、越来越深刻的思想内涵，从而也在越来越广阔、越来越深刻的思想解放中发挥了哲学的作用。从改革开放以来中国马克思主义哲学研究的历史与逻辑的统一上看，在关于"实践的唯物主义"的哲学研究中，主要是形成了下述重要理论成果：一是在关于真理的检验标准的讨论中，从理论上确立了检验真理的实践标准，为解放思想、实事求是的思想路线奠定哲学基础，并为重新理解和阐释马克思主义哲学奠定了重要的思想前提；二是在从理论上确立检验真理的实践标准的基础上，以实践观点重新理解马克思主义的能动的反映论，从主体对客体的能动反映出发，探索人的认识活动中的反映与创造、选择与建构、思想与反思的关系，凸显了哲学理论研究中的主体与客体关系问题；三是在对主客体关系的研究中，揭示出以实践为基础的主体对客体的认知关系、价值关系、审美关系以及作为特殊的主客体关系的"主体间关系"，以人的主动性、创造性和丰富性为基本内涵的"主体性"问题成为哲学思考的聚焦点；四是以人的主体性为基础，反思人的历史活动与历史的发展规律的关系，在回应"非历史决定论"对历史唯物论的挑战中，深化对历史及其发展规律的理解；五是以"历史"为核心范畴重新理解人与世界的关系，即从"现实的人及其历史发展"出发重新理解人与世界的关系，变革对"世界观"及其理论形态的非历史的或超历史的理解；六是在"世界观革命"的意义上重新理解马克思主义哲学，反对把马克思主义哲学当作某种僵化模式和"终极真理"，真正确立在实践中坚持和发展马克思主义哲学的基本理念。

提出和探索"实践的唯物主义"，并进而形成"实践的唯物主义"的基本理念，这既是一个艰难的理论进程，也是一个以理论的方式表征和推进中国特色社会主义伟大实践的历史进程。因此，在"历史"的意义上理解"实践的唯物主义"及其对马克思主义哲学的"定位"，就必须诉诸中国改革开放的历史进程。

改革开放 30 年的理论与实践表明，"实践的唯物主义"的理论成果，是来源于并服务于中国特色社会主义伟大实践的理论成果：其一，提出和探索"实践的唯物主义"的现实基础和理论前提是关于"实践是检验真理的唯一标准"的大讨论，而研究和论证"实践的唯物主义"则在理论层面上深化了这个大讨论从而推进了全社会的解放思想；其二，以"实践的唯物主义"的基本理念重新理解和阐释马克思主义哲学的能动的反映论，以实践观点的思维方式理解和阐释人与世界、主体与客体的关系，这既是源于改革开放所要求的批判精神和探索精神，又是为这种批判精神和探索精神提供重要的理论支撑；其三，"实践的唯物主义"所凸显的"主体性"问题和"主体间性"问题，以及由此而凸显的"交往实践"问题，不仅从理论上论证和阐扬了改革开放所要求的人的积极性、主动性和创造性，而且从理论上探索和回答了"经济全球化"过程中的人的实践问题；其四，"实践的唯物主义"所提出的人的历史活动与历史的发展规律的关系问题，是从理论上回答历史发展的必然性与偶然性、现实性与可能性、趋向性与选择性等一系列重大问题，从而为从历史发展规律上探索中国特色社会主义道路提供深层次的哲学思想；其五，"实践的唯物主义"是从"现实的人及其历史发展"出发去理解人与世界的关系，"历史"地理解人与自然、人与社会以及人与自我的关系，因而既是以"发展"的观点和"变革"的理念去回应社会生活提出的全部问题，又是对"发展"本身的哲学反思，从而为科学发展观提供了重要的理论资源；其六，"实践的唯物主义"深入地探索和回答了马克思主义哲学是"改变世界"的"世界观"这个最为根本的理论问题，从而在哲学世界观上为坚定不移地继续解放思想、坚定不移地继续改革开放提供了最为根本的理论支撑。

从"现实的人及其历史发展"出发的"实践的唯物主义"的核心理念是：人的存在方式是历史性变革的，人对世界的现实关系是历史性变革的，人的世界图景是历史性变革的，人对自己与世界的关系的自我意识是历史性变革的。因此，马克思主义哲学必须提出和回答自己时代的世界观问题：以人的当代的实践活动为基础的人对世界的当代关系是怎样的？以当代科学为中介的人的当代世界图景是怎样的？以人的当代社会生活为基础的当代人的思维方式、价值观念、审美意识和终极关怀是怎样的？如何以科学的发展观实现当代社会的进步和推进人的全面发展？这表明，"实践的唯物主义"既赋予哲学以时代的目光和世界的视野，又把当代中国的马克思主义哲学研究聚焦于建设中国特色社会主义的最为重大的理论问题和现实问题。

马克思说："任何真正的哲学都是自己时代的精神上的精华"，它"不仅在内部通过自己的内容，而且在外部通过自己的表现，同自己时代的现实世界接触并相互作用。"①"实践的唯物主义"正是"不仅在内部通过自己的内容，而且在外部通过自己的表现"，与中国特色社会主义的伟大实践、与当代中国的改革开放息息相关。

三、哲学中的问题与问题中的哲学

20世纪80年代的哲学改革，从其根本的指向性上看，是以新的教科书体系取代旧的教科书体系，也就是重构教科书体系。进入90年代的中国哲学界，则在理论探索中出现了较为明显的转向，这就是从"体系意识"转向"问题意识"，形成了"哲学中的问题"与"问题中的哲学"的互动，并出现了"开拓性哲学"、"准原理哲学"和"专门化哲学"的萌芽。

整个80年代的哲学任务，是以变革通行的哲学原理教科书为出发点，在重新理解马克思主义哲学的进程中重建它的理论体系。"体系意识"是整个80年代中国哲学界的"主流意识"、"主导意识"。所谓的"热点"问题或"焦点"问题，无不与重构体系的"体系意识"密切相关。最为显著的标志是，80年代作为"热点"或"焦点"问题的"物质本体论"与"实践本体论"问题、"反映论"与"选择论"问题、"辩证法"与"系统论"问题、"历史决定论"与"非历史决定论"问题，恰恰是作为"体系"的"四大部分"即"世界观"、"认识论"、"辩证法"和"历史

---

① 《马克思恩格斯选集》第1卷，人民出版社1995年版，第220页。

观"中的核心问题而展开激烈论争的。具有"称谓"和"定位"马克思主义哲学意义的"实践唯物主义",更恰恰是作为重建马克思主义哲学体系的"解释原则"而提出的。然而,这种重建马克思主义哲学体系的急迫的"体系意识",在改革开放初期并不具备现实的可能性。重建马克思主义哲学体系,除去应有的历史前提,还必须至少具备三个重要的理论前提,即:占有充分的"理论资源",发现真正的"理论困境",形成创新的"理论思路"。

从"理论资源"上说,由于哲学总是以时代性的内容、民族性的特色和个体性的风格去求索人类性问题,因此就不仅需要重新理解马克思主义哲学,而且需要重新研究西方哲学(特别是现代西方哲学)和中国哲学(包括现代新儒家哲学)及其与马克思主义哲学的关系。在80年代,中国哲学界虽然比较集中地讨论了马克思的《手稿》和《提纲》以及列宁的《笔记》,并围绕"马克思主义与人道主义"、"辩证法就是认识论"、"实践唯物主义与辩证唯物主义和历史唯物主义"等问题展开过较为深入的讨论,但无论是对马克思主义"文本"还是对当今的时代都缺乏系统的理论研究。在80年代,汹涌而入的现代西方哲学的各种思潮,曾经从多方面引发中国哲学界的思考,但是,无论是对"分析"哲学还是"解释"哲学,无论是对"结构主义"还是"存在主义",都还处于"引进"、"评述"而非"反思"、"消化"的阶段。对于中国传统哲学,80年代的哲学界基本上是局限于对中国哲学史自身的研究,而极少触及它与马克思主义哲学的关系。至于力图"返本开新"的现代新儒家哲学,虽然引发了哲学界的某种"激情"或"热情",但主要是作为一种特定的对象而被学界的一些人予以研究。缺少对"文本"的系统研究,缺少马、中、西的沟通与交流,这就是80年代的中国哲学界在重建马克思主义哲学体系时的"理论资源"不足。

从发现"理论困境"和创新"理论思路"上说,主要是存在理论深度不够和难以取得共识这两个方面的问题。通行的哲学教科书的根本性的理论问题究竟是什么?重建马克思主义哲学体系的真正的理论困难究竟是什么?在80年代的较长时间里,人们还主要是盯住"体系"本身做文章,提出或形成了一些互有差别的新体系，诸如"一总三分"或"一总四分"的方案。当着超越对"体系"的构造而触及"内容"的时候，难以弥合的分歧造成了难以深入的争论，其中最为关键的问题是：究竟怎样理解"实践"在马克思主义哲学体系中的地位和作用？把"实践观"作为"解释原则"将构成怎样的马克思主义哲学"范式"？离开对这个根本性问题的讨论，既不能找到真正的"理论困境"，也不可能形成真正的"理论思路"。

80年代的中国哲学界在"体系"上陷入的困境，只能是从"体系意识"的自我超越中获得新的出路。这就是90年代的从"体系意识"到"问题意识"的历史性转换。由于重构马克思主义哲学体系所面对的最重要的"问题"是"理论资源"贮备不足、"理论困境"捕捉不准、"理论思路"深度不够的问题，因此，90年代的中国哲学的"问题意识"主要是表现在对这三大根本性"问题"的探索之中。所谓"理论资源"不足，既是由于人们缺乏对马克思主义哲学"文本"的系统研究，又是因为人们把研究的视野仅仅局限在马克思主义哲学"文本"之中。如何理解马克思主义哲学，它的重要前提是如何理解哲学；正是因为人们对"哲学"有着相距甚远乃至截然不同的理解，才无法形成对马克思主义哲学的统一性理解；因此，重构马克思主义哲学的首要任务，应当是在当代的背景下进行哲学的自我理解。这表明，进入90年代的中国哲学界逐渐地"聚焦"于哲学的自我理解，即"元哲学"问题，并非偶然。

哲学的自我理解，既不是自我封闭的苦思冥想，也不是固执己见的自我认同，而是以广阔的哲学视野为背景，以开放的哲学意识为基点，在各种各样的哲学观特别是当代的各异其是的哲学观的比较鉴别中，深化对"哲学"的理解。正是由于90年代的中国哲学界以"哲学观"为"聚焦点"，才逐步"激活"了包括各种各样的哲学思潮、哲学流派、哲学观点在内的各种哲学问题。其中，首先是"激活"了对马克思主义哲学、中国哲学和西方哲学的比较研究，试图从这种比较研究中，深化对"哲学"的理解。其次是"激活"了对"两大思潮"即科学主义思潮与人本主义思潮的比较研究，试图从这种比较研究寻找到"超越"这两大思潮的"思路"。再次是"激活"了对"两种文化"即中国文化与西方文化的比较研究,试图从这种比较研究中为"哲学"奠定深厚的文化底蕴,特别是从中国传统文化中获得具有现代意义的"东方智慧"。

以"哲学观"问题为"聚焦点"而"激活"对马克思主义哲学、中国传统哲学和西方哲学的研究,这就是"一个问题"与"所有问题"的"共振"。这种"共振",以"开拓性哲学"、"准原理哲学"、"分支哲学"和"部门哲学"兴起的方式实现了90年代的哲学繁荣。20世纪最后10年的当代中国哲学的繁荣,为跨世纪的中国马克思主义哲学的大发展奠定了坚实的理论基础。

从"体系意识"转向"问题意识",这突出地表现在,不是以争论教科书的利弊得失和如何重构教科书体系为研究的出发点,而是把教科书作为某种退入背景的理论框架,从现实生活或现代哲学中提出问题,并且注重提问方式的转换,从而形成了所谓"开拓性哲学"。仅就哲学原理来看,90年代以来比较集中地提出和探讨了理想主义与功利主义的关系问题,效率与公平的关系问题,真理与价值的关系问题,实践理解论问题,交往实践和语言的实践基础问题,现代化与现代性的反思问题,社会认识论问题和人类活动论问题等等。这些源于现代社会生活的哲学问题,不断地开拓了哲学研究的新领域,从而为马克思主义哲学的当代研究注入了生机和活力。

90年代哲学研究的"问题意识",明显地表现为"准原理哲学"的兴起。这里所说的"准原理哲学",指的是哲学原理与哲学各分支学科的双向融合。80年代以前,哲学的各个学科处于界限分明、壁垒森严、互不介入的状态。在80年代反思教科书的哲学改革过程中,这种状况虽有所改变,但仍然是以各自的"研究领域"为对象。进入90年代,某些共同的"问题"开始成为哲学研究的出发点,从而形成了一种双向融合的趋向:一是哲学原理界在探索现代社会生活和现代哲学提出的重大理论问题的过程中,显著地拓宽了自己的研究视野和背景知识,不仅注重于哲学理论与哲学史的史论结合,以及哲学原理与具体科学的结合,而且注重于从文化哲学、科学哲学、语言哲学、逻辑哲学以及伦理学、心理学、宗教学、逻辑学和美学等多重视角去讨论问题，并且融注了这些学科的研究成果，从而改变了哲学原理的研究方式和自身形象；二是哲学史和哲学的各个分支学科强化了自身的"原理意识"，在探索某些共同问题的过程中，力求在"原理"的意义上形成某种哲学思想。这在中国哲学和西方哲学的研究领域中，以中西哲学比较研究的方式，表现得尤为突出。这种"准原理哲学"的兴起，更加明显地凸现了90年代哲学研究的"问题意识"。

"体系意识"的弱化与"问题意识"的强化，还表现在"专门化哲学"的兴起。这里所说的"专门化研究"，主要是指这样两种趋向：一是注重研究人类文化的某个成分或某个侧面，并从这种研究中寻求当代哲学的生长点。这种研究趋向的突出特征，是在汲取现代西方哲学积极成果的基础上，通过对语言、逻辑、观念、科学、技术、艺术、宗教、伦理、政治、法律、经济等的哲学探索，形成马克思主义的语言哲学、逻辑哲学、科学哲学、艺术哲学、政治哲学、经济哲学和法哲学等等。二是注重研究现代哲学的各种流派及其所提供的方法论，其中主要是深化了对胡塞尔的现象学、索绪尔的结构主义、海德格尔的存在主义、维特根斯坦的日常语言分析、伽达默尔的解释学、罗蒂的新实用主义、德里达的解构主义以及包括卢卡奇、葛兰西、马尔库塞、哈贝马斯、阿多诺等在内的国外马克思主义的研究。哲学研究的"专门化"，强化了哲学研究的职业化和学术化，从而突出了各种"具体问题"在哲学研究中的地位。这种"专门化哲学"的兴起，为中国哲学界走出简单、抽象、空洞的哲学论争，在坚实的哲学研究的基础上形成更富于创造性和启发性的世界观理论，提供了必要的理论准备。

90年代中国的哲学研究从"体系意识"转向"问题意识"，在总体趋向上，主要是集中研究五个大问题，即"元哲学问题"、"人的存在方式问题"、"发展问题"、"两大思潮问题"和"中西文化问题"。

"元哲学问题"，即哲学在各个历史时代的自我反思和自我理解问题，在80年代中期就已经成为国内哲学界讨论的热点问题之一。但是，从《哲学研究》1987年第8期所组织的"哲学的特点和功能"讨论专辑来看，国内哲学界还主要是从特殊与普遍、思想与反思等角度去辨析科学与哲学的关系，从而界说哲学的特点与功能。1989年《中国哲学年鉴》所整理的"关于元哲学的讨论"，则主要是集中于探讨"究竟什么是元哲学"，以及"元哲学与哲学"的关系问题。这些讨论推进了国内哲学界对哲学的反思和理解，但还没有从"现代化"这个时代课题出发去探索当代哲学的特点、功能和使命。进入90年代，国内哲学界关于元哲学的讨论，则明显地突出了对哲学的当代反思，特别是突出了对哲学与当代人类存在方式的反思。有的论者从哲学表达的实质是人从自己的观点出发，把传统哲学向现代哲学的根本性转变归结为从抽象的人转向现实的人，从远离生活的彼岸世界回到现实的人间世界，因而把当代哲学的使命确认为对当代人类存在方式及其内在矛盾的哲学思考。有的论者提出，哲学就是每个时代的人们对自己生存状况的根本性、整体性问题的思考，是关于人的生命活动在某一时代的总体特征、全面情势和基本发展趋向的问题。显而易见，这些元哲学思考都把当代哲学聚焦于当代人类的存在方式上。

"人的存在方式问题"，对国内哲学界来说，首先是人的实践活动问题。80年代反思教科书的哲学改革，其实质内容就是用实践观点重新理解马克思主义哲学和重新建构马克思主义哲学体系。进入90年代，则是把实践作为人的存在方式，具体地探索实践与人的主体性、实践与交往、实践与语言、实践与理解、实践与日常生活、实践与真理和价值等问题。在现代化的反思中，哲学界开始注重从当代实践的特点出发去研究当代人类的存在方式，特别是在社会主义市场经济条件下的人的存在方式问题。建立社会主义市场经济，这并不仅仅是资源配置方式的选择，而是深层地表现为以经济关系为基础的人的存在方式的变革。市场经济的建立，弱化了计划经济模式下个体对"单位"这个"小社会"的依赖，既强化了个体的独立性，又强化了个体的社会性，从而使个体的思维方式、价值观念、消费方式、享受方式、交往方式和整个生活方式都发生了深刻变化。哲学界正在透过市场经济条件下人的存在方式的变革，重新理解人与社会、人与文化、人与人以及人与自我之间的关系，探寻人的全面发展的现实之路。

"发展问题"是现代化思潮与反现代化思潮争论的焦点。进入90年代,国内哲学界比较集中地讨论了发展的价值基础、合理性目标以及发展的代价等问题。有的论者提出,发展从来就不是客观的中性的纯粹的经济增长过程,也不仅仅是人们的物质生活状况的逐步改善过程,更重要的是各种文化价值在经济增长中起着根本性的作用,它决定增长作为一种目标的合理性。"代价"是发展过程中的一种被否定和牺牲的替代性价值,即主导价值趋向对其他价值形态的抑制、否定和牺牲。还有的论者提出,价值观的主导范式具有强烈的时间效应,价值观自身不能先验地确定自身的合理性,对于当代中国而言,首要的是立足现代化对前现代化价值观的反思,而不是立足后现代化对现代化价值观予以反思。关于"发展问题"的这种哲学思考,从理论上支持了当代中国对现代化目标和社会主义市场经济的选择。进入21世纪,关于科学发展观的研究,大大地推进了关于发展本身的研究。

"两大哲学思潮"是指盛行于现代西方哲学之中的科学主义思潮和人本主义思潮,它们的形成、演化及其相互关系的变化,理论地表达了现代发达国家的人与自然、人与社会、人与他人、人与自我的深层矛盾。所谓"两大思潮问题",就是国内哲学界对这两大思潮及其相互关系的哲学反思,其深层的理论内涵,则是对"现代化"的哲学反思。80年代,国内哲学界主要是注重对这两大思潮的各种流派及其理论观点的介绍与评述。进入90年代,则使深层的"现代化"问题上升为探索两大思潮及其相互关系的主导思想。许多论者提出,学术研究在任何时候都标志了一定人生选择的内涵。两大思潮的对立与融合,表现了现代社会的个人自由与社会模式化的紧张关系以及要求在二者之间保持必要的张力的时代潮流。

"现代化"既不是抽象的普遍性,也不是与历史传统的断裂,它的实现和表现形式,必然具有民族的特色和保持与传统文化的联系。所谓"中西文化问题",即是探讨一种以中西文化对话为方向的现代民族文化的可能。这种讨论的热点之一,是儒家文化与现代化的关系问题。进入90年代以后,许多学者深刻地反省了探讨"中西融合问题"的出发点和立足点。有的论者提出:在讨论这个问题时,我们是否在感情上依恋于作为母体的儒家文化,而在理性上又以欧洲模式为基准?现代化应当具有多元模式，我们是否应当和能够超越这种"依恋"和"基准"去思考中国的现代化问题？文化的世界性与民族性、文化的时代性与多样性，构成在新的世纪建设具有中国特色、气派和风格的马克思主义的重要学术问题。

20世纪90年代我国哲学界所探讨的五大问题，显然不能全面地反映当代中国的哲学思考。但是，以探讨这些重大问题为主要内容的现代化反思，却标志着90年代中国的哲学研究已形成了从"体系意识"到"问题意识"的转化，形成了"哲学中的问题"与"问题中的哲学"的互动，标志着当代中国的哲学研究在现代化的反思中展现了广阔的前景。

四、科学发展与关于发展的哲学

"发展才是硬道理"。这是当代中国改革开放和建设中国特色社会主义的基本理念。这个基本理念改变了中国，使中国实现了举世瞩目的发展。正是在发展的过程中，面对各种新的机遇和挑战，不断地深化了对发展的认识，形成了指导全部工作的科学发展观。"科学发展观"的第一要义是发展，核心是以人为本，基本要求是全面协调可持续，根本方法是统筹兼顾。这是建设中国特色社会主义的伟大的战略思想。以"实践的唯物主义"为基本理念的当代中国哲学，在新的世纪所展开的关于"发展"的哲学研究中，为深入理解和贯彻落实科学发展观，提供了重要的理论支持。

在哲学的层面上研究"发展"，"实践的唯物主义"首先关切的是"发展观"。"发展"，这并不只是对人与社会的存在状态和存在过程的描述，而且是对人与社会的存在状态和存在过程的评价。"发展"与"发展观"是密不可分的。"发展观"，是基于对"发展"的评价标准而构成的在实践中作出顺序性选择与安排的关于发展的思想理论。因此，"发展观"总是与"发展"的状况和水平密不可分的。

在集中地阐述人类社会发展规律的时候，马克思明确地提出："人类始终只提出自己能够解决的任务，因为只要仔细考察就可以发现，任务本身，只有在解决它的物质条件已经存在或者至少是在生成过程中的时候，才会产生。"① 建设中国特色的社会主义的伟大实践是前无古人的，我们是"摸着石头过河"的。在百废待兴的改革开放之初，我们对"发展"的要求，首先必须是"加速发展"。正是在"加速发展"的过程中，不仅为"又好又快"地发展奠定了坚实的物质基础，也为形成"又好又快"的发展理念奠定了坚实的思想基础。我们今天所形成的科学发展观，提出的以人为本，全面、协调、可持续发展的历史任务，是以当代中国的现实为依据的。改革开放以来的中国取得了前所未有的巨大的历史进步。正因为中国的经济发展到了现在的规模、程度和水平，才能凝练出"以人为本"的科学发展观，提出全面、协调、可持续发展的历史任务。

进入21世纪，中国站在新的历史起点上，这不仅标志中国社会的巨大进步，也意味着跨入新世纪的中国面对新的问题。20世纪80年代，中国经济社会的基本特点是，经济的发展比较自然地带来了社会的进步，经济与社会的发展大体上是同步的。从20世纪90年代以来，中国开始面对经济与社会发展的不平衡，东西部的差距拉大了，城乡的差距拉大了，贫富的差距拉大了，这意味着经济的发展并不必然地、并不自然地带来社会的全面进步和人的全面发展。经济与社会的全面协调可持续发展成为最严峻的迫切问题。

以理论的方式面对现实，中国哲学界以"实践的唯物主义"的基本理念思考社会发展中的深层次矛盾，更为深入地探索了历史的发展规律。人类历史的一个突出特征在于，"片面性"是它的"发展形式"，即历史总是以某种"退步"的形式而实现自身的"进步"。历史过程中的任何进步都要付出相应的"代价"，任何"正面效应"都会伴生相应的"负面效应"，任何"整体利益"的实现都意味着某些"局部利益"的牺牲，任何"长远利益"的追求都意味着某些"暂时利益"的舍弃，由此便造成了反观历史的"大尺度"与"小尺度"的矛盾。历史的"大尺度"，就是以人的"根本利益"、"长远利益"、"整体利益"为出发点的反观历史的尺度；与此相对应，历史的"小尺度"，则是以人的"非根本利益"、"暂时利

---

① 《马克思恩格斯选集》第2卷，人民出版社1995年版，第33页。

益"、"局部利益"为出发点的规范人的历史活动的尺度。因此，在推进当代中国历史发展的过程中，需要深刻地理解以人为本的科学发展观所蕴含的历史尺度，在历史的"大尺度"与"小尺度"之间保持必要的张力并实现微妙的平衡，从而自觉地促进当代中国的全面、协调和可持续发展，并为实现人的全面发展创造新的历史条件。

科学发展观不仅是从中国与世界的现实出发的，而且是以对人与世界关系的哲学反思为基础的。从人与自然的关系说，恩格斯早就警告我们，"不要过分陶醉于我们人类对自然界的胜利。对于每一次这样的胜利，自然界都对我们进行报复。每一次胜利，起初确实取得了我们预期的结果，但是往后和再往后却发生完全不同的、出乎预料的影响，常常把最初的结果又消除了。"① 破坏人类赖以生存的家园，就必然威胁人类自身的生存与发展。如何协调人与自然的关系，实现可持续发展，已经成为"发展"的最为严峻的迫切问题。从人与社会的关系说，马克思曾把市场经济概括为"以物的依赖性为基础的人的独立性"。在体制的意义上，经济全球化首先是市场经济及其原则的全球化。市场经济按照自己的要求去塑造全部的社会生活，也就把市场经济的等价交换、优胜劣汰的原则融入整个社会生活，这不仅塑造了人的"独立性"，而且构成了人对"物"的依赖关系。利益最大化的逻辑，构成了现代社会的生存逻辑。世界各国在现代化的过程中，都出现了严峻的问题，突出地表现为经济的增长并不必然地带来社会的全面的进步，而且还表现为以巨大的社会代价和生态的破坏来换取经济的增长，因此自20世纪中叶以来，随着发展问题日益成为人类社会面临的重大而迫切的问题，形成了各种形态的社会发展理论，对发展的哲学反思和科学研究，已经成为哲学和科学的"显学"。

"发展"问题蕴含着一对根本性的矛盾，这就是发展的"标准"与"选择"问题。"以人为本"和"又好又快"的发展理念的理论意义和实践意义，在于它为发展确立了明确的标准，为发展中的思想和行为的选择提供了最根本的依据，即：我们的"发展"必须是以人为本的"又好又

---

① 《马克思恩格斯选集》第4卷，人民出版社1995年版，第383页。

快"的发展，必须是"全面、协调、可持续"的发展。这个发展理念的实践意义是巨大的。人的实践活动，是把人的目的性要求变为现实的活动；目的性，是实践活动的灵魂。对人来说，发展并不是一个单纯的事实判断，而是某种目的、理想、价值的实现。发展是实现了的目的、理想和价值。正因如此，确立发展的标准，并依据发展的标准而确认实践中的价值排序和行为选择，就具有不容回避和不可忽视的巨大的实践意义。

理论不仅是"指导"实践的，也是"反驳"实践的，即：理论不仅规范和引导人们"做什么"，而且规范和引导人们"不做什么"。现代科学和现代哲学有一个认识论上的共识，就是"观察渗透理论"。这个共识告诉我们，人们总是以某种理论、观念去观察现实，并用这种理论、观念规范自己所要解决的问题，以及解决问题的途径与方式。因此，建设中国特色社会主义，既要求我们面向现实，深入实际，切实解决问题，又要求我们树立科学的发展观，用科学发展观去观察现实和解决现实问题。这就需要全面地理解理论与实践的关系。科学发展观的重大意义，就在于它为错综复杂的社会实践活动作出顺序性的选择和制度性的安排，并为这种选择和安排提供赢得人民支持的理论支撑。以人为本的科学发展观，就是要"反驳"违背人民利益的实践，"反驳"阻碍社会全面进步的实践，"反驳"各种"形象工程"的实践，"反驳"威胁可持续发展的实践。因此，在全面建设小康社会的过程中，必须用科学的发展观推进符合最广大人民群众的根本利益的实践，推进实现人的全面发展和社会的全面进步的实践。

五、建设具有中国特色、气派和风格的马克思主义哲学

在领导中国革命和建设的伟大实践中，毛泽东曾一再强调，"马克思列宁主义的伟大力量，就在于它是和各个国家具体的革命实践相联系的"，"离开中国特点来谈马克思主义，只是抽象的空洞的马克思主义。因此，

使马克思主义在中国具体化,使之在其每一表现中带有必须的中国的特性,即是说,按照中国的特点去应用它,成为全党亟待了解并亟待解决的问题。"① 建设具有中国特色、气派和风格的马克思主义哲学,是马克思主义中国化的重要内容,也是我国哲学界的共同使命。

改革开放以来,我国的哲学学科建设取得了丰硕成果,这为建设具有中国特色、气派和风格的马克思主义哲学奠定了坚实基础。进入 21 世纪,我国的哲学学科建设和哲学教育改革获得了新的体制性支持。一批高校的哲学学科被确定为国家重点学科,一批高校的哲学研究机构被确定为教育部人文社会科学重点研究基地,一批高校的哲学研究基地被确定为"985 工程"国家哲学社会科学创新基地,一批高校的申报研究课题被确定为国家社科基金和教育部的重大或重点项目。尤为重要的是,中央实施马克思主义理论研究和建设工程,把编写马克思主义哲学教材列为首批重点建设项目,并先后把马克思主义哲学史、中国哲学史、西方哲学史、伦理学、宗教学等教材列为重点建设项目。改革开放 30 年来,哲学各个学科专业召开了数以千计的各类学术研讨会,在学术争鸣中推进了哲学的学术研究。其中,自 2001 年至 2007 年,连续七届的"马克思哲学论坛",深入地探索了马克思主义哲学的当代价值、马克思主义哲学的本体论、当代西方马克思主义哲学研究、马克思主义哲学与现代化的反思、构建当代形态的马克思主义哲学体系、马克思主义政治哲学、马克思主义哲学研究范式等重大问题。关于马克思主义哲学的学术研讨,进而延伸为中国哲学、西方哲学与马克思主义哲学的"对话"研究,特别把建构具有中国特色、气派和风格的马克思主义哲学作为中国哲学界的共同使命。探索马克思主义哲学中国化,取得了越来越广泛的共识,并取得了越来越丰富的研究成果。

总结和继承中国传统文化,是建设具有中国特色、气派和风格的马克思主义哲学的重要内容。毛泽东说:"我们这个民族有数千年的历史,有它的特点,有它的许多珍贵品……今天的中国是历史的中国的一个发展;

---

① 《毛泽东选集》第 2 卷,人民出版社 1991 年版,第 16 页。

我们是马克思主义的历史主义者，我们不应当割断历史。从孔夫子到孙中山，我们应当给以总结，承继这一份珍贵的遗产。"① 中华民族是富于哲学智慧的民族。中国哲学在长期的发展过程中，形成了自己的独特风格和特有的概念体系与表达方式，并形成了集中地体现中华文明的中国哲学精神。我国当代学者在总结和概括中国哲学的基础上提出，中国哲学精神，主要是天人合一的宇宙观、革故鼎新的发展观、自强不息的人生观、知行合一的实践观、社会和谐的理想观。中国哲学凝聚了中华民族对世界和生命的认知和感受，积淀了中华民族的精神追求和行为准则，形成了中国哲学的恢宏气派和独特风格。中华民族在漫长历史发展中形成的独具特色的文化传统，深深影响了古代中国，也影响着当代中国。现时代中国强调的以人为本、与时俱进、社会和谐、和平发展等，既有着中华文明的深厚根基，又体现了时代发展的进步精神。中国传统哲学的肥壤沃土，为中国化的马克思主义哲学提供了丰富的思想资源。

　　面向中国特色社会主义的伟大实践，总结和升华这一伟大实践的基本经验，是建设具有中国特色、气派和风格的马克思主义哲学的更为重要的内容。自1978年以来，中国进入了全方位改革开放的新时期。"新时期最鲜明的特点是改革开放"，"事实雄辩地证明，改革开放是决定当代中国命运的关键抉择，是发展中国特色社会主义、实现中华民族伟大复兴的必由之路；只有社会主义才能救中国，只有改革开放，才能发展中国、发展社会主义、发展马克思主义。"② 中国哲学界已经自觉到，改革开放是当代中国实践最鲜明的主题和当代中国最大的具体实际。坚持把马克思主义哲学与当代中国的具体实际，特别是与当代中国的改革开放实践相结合，当代中国的马克思主义哲学研究才能成为名副其实的"当代中国的"马克思主义哲学研究。建设社会主义核心价值体系，增强社会主义意识形态的吸引力和凝聚力；建设和谐文化，培育文明风尚；弘扬中华文化，建设中华民族共有精神家园；推进文化创新，增强文化发展活动；这既是我国社会主

---

① 《毛泽东选集》第2卷，人民出版社1991年版，第533—534页。
② 胡锦涛：《高举中国特色社会主义伟大旗帜，为夺取全面建设小康社会新胜利而奋斗——在中国共产党第十七次全国代表大会上的报告》，人民出版社2007年版。

义文化大发展大繁荣的历史任务，也是我国哲学大发展大繁荣的根本内容。

建设具有中国特色、气派和风格的马克思主义哲学，一个重要内容是哲学的教育和普及工作。进入新的世纪以来，一批"面向 21 世纪的课程和教材"在哲学教育改革中发挥了重要作用，一批高校哲学教师获得了国家级教学名师奖，一批哲学课程被评审为国家级精品课程，一批哲学教学成果获得国家级教学成果奖，一些哲学学科教学团队被评审为国家级教学团队。这些成果切实地推进了我国的哲学教育改革，强化了我国的哲学学科建设。在高等教育大众化的进程中，培养"人"的哲学教育不仅直接提升了大学生的人文教养，而且间接地提升了全体公民的人文教养和整个中华民族的人文教养。近年来，我国哲学工作者以撰写和出版哲学普及读物等方式，直接地向社会公众宣讲哲学。例如，2004 年北京大学出版社出版的"名家通识讲座"丛书，先后出版了《西方哲学十五讲》、《现代西方哲学十五讲》、《哲学修养十五讲》、《文化哲学十五讲》、《美学十五讲》、《宗教学基础十五讲》等著作，并成为 2004 年度畅销书，对普及哲学知识和推进人文素质教育发挥了重要作用。

建设具有中国特色、气派和风格的马克思主义哲学，为构建社会主义核心价值体系奠定坚实的理论基础，已成为我国社会发展，尤其是文化发展的一项重大任务。"当今时代，文化越来越成为民族凝聚力和创造力的重要源泉、越来越成为综合国力竞争的重要因素，丰富精神文化生活越来越成为我国人民的热切愿望。要坚持社会主义先进文化前进方向，兴起社会主义文化建设新高潮，激发全民族文化创造活力，提高国家文化软实力，使人民基本文化权益得到更好保障，使社会文化生活更加丰富多彩，使人民精神风貌更加昂扬向上。"[①] 哲学作为文化的核心部分，对于提高和扩大我国文化的"思想力"、"软实力"在国际社会中的地位和影响，具有不可或缺的重大作用。哲学界清醒地意识到了这一问题的重要性和迫切性。改革开放 30 年来，特别是进入新世纪以来，无论是关于中国哲学、

---

① 胡锦涛：《高举中国特色社会主义伟大旗帜，为夺取全面建设小康社会新胜利而奋斗——在中国共产党第十七次全国代表大会上的报告》，人民出版社 2007 年版。

马克思主义哲学和西方哲学的会通和融合的讨论,还是中国哲学合法性的反思和重建;无论是建构中国化的马克思主义哲学形态的呼声,还是让西方哲学"说汉语"的努力,都体现了学者们对此的自觉意识。实现这一历史任务,需要我国哲学界真正地面向世界与未来,立足于我们已有的文化传统,创造出有个性的、原创性的、具有典范性的伟大哲学作品,从而在世界哲学领域发挥其影响力,赢得世界哲学界的关注和承认。

恩格斯说:"我们的理论是发展着的理论,而不是必须背得烂熟并机械地加以重复的教条。"① 以理论的方式表征和推进中国特色社会主义伟大实践的哲学,是解放思想、实事求是、与时俱进的哲学,是反思传统、面向现实、开拓未来的哲学。坚定不移地继续解放思想,坚定不移地继续改革开放,这是中华民族的伟大复兴之路,也是当代中国哲学的无限光明的发展之路。

---

① 《马克思恩格斯选集》第 4 卷,人民出版社 1995 年版,第 681 页。

"哲学就是哲学史"的涵义与意义[①]

孙正聿

任何一个有价值的哲学命题,都不是空穴来风,而是有其鲜明的针对性;同样,对于任何一个哲学命题的诘难和反驳,也不是无病呻吟,而是有感而发。倡言或批判"哲学就是哲学史"这一命题就是如此。

批判"哲学就是哲学史",其针对性和积极意义是明显的:哲学研究应当以理论的方式面向现实、回应现实,从而形成具有时代感和创造性的思想,而不是钻进故纸堆中当"秦二世";然而,被批判的"哲学就是哲学史"是否亦有其针对性和积极意义?这个命题的真实涵义和真正意义究竟是什么?具体言之,能否离开哲学史而专业地研究哲学?能否离开哲学史而以哲学的方式面向现实?能否离开哲学史而实现哲学的理论创新?这是讨论这个命题的症结之所在。

一、能否离开哲学史而专业地研究哲学?

"哲学就是哲学史"这个命题有两层涵义:其一,哲学是历史性的思想;其二,哲学史是思想性的历史。"哲学就是哲学史"这个命题的真实涵义,在于哲学活动中的"历史"与"思想"的内在关联。

哲学是由哲学家思维着的头脑所形成的理论形态的人类自我意识,任

[①] 原载《吉林大学社会科学学报》2011年第1期。

何一种哲学理论都与哲学家所生活的时代、所继承的文化传统、所具有的个性特征和所思考的人类性问题密不可分。对于任何一个哲学家来说，他总是以人类的名义讲述个人的故事，又是以个人的名义讲述人类的故事。个人的体悟和思辨，与人类的思想和文明，与时代的特征和潮流，是水乳交融、密不可分的。就此而言，全部的哲学都是以时代性的内容、民族性的形式和个体性的风格去求索人类性的问题，因而总是一种历史性的而非超历史性的思想。

哲学本身作为历史性的思想，由古往今来的哲学所构成的哲学史，就是思想性的历史。这个思想性的历史，是"思想英雄较量"的历史，是"高尚心灵更迭"的历史，是"时代精神变革"的历史。它以哲学史的形式展现了"历史性的思想"，展现了这些"历史性的思想"所思考和求索的问题，展现了这些"历史性的思想"所提供给后人的"理论形态的人类自我意识"，因而构成哲学发展的"阶梯"或"支撑点"。每个时代的哲学家及其哲学研究，都必须借助于这个"阶梯"或"支撑点"；离开这个"阶梯"和"支撑点"，无论怎样的"天才"都无法在哲学研究的道路上攀登和前行。

在论述黑格尔哲学时，恩格斯曾经一再强调：黑格尔的辩证法是以最宏伟的形式总结了全部哲学发展，是二千五百年来的哲学发展所达到的成果，黑格尔的每个范畴都是哲学史上的一个阶段。正因如此，恩格斯明确地提出，"理论思维无非是才能方面的一种生来就有的素质。这种才能需要发展和培养，而为了进行这种培养，除了学习以往的哲学，直到现在还没有别的办法"[①]；恩格斯还"预警"式地提出，由于对哲学史的不熟悉，"哲学上在几百年前就已经提出，并且在哲学界中往往早已被抛弃的一些命题，在理论自然研究家那里却常常作为崭新的知识而出现，甚至在一段时间里成为时髦"[②]；恩格斯又针对"坏的时髦哲学"指出，"官方的黑格尔学派从老师的辩证法中只学会搬弄最简单的技巧，拿来到处应用，而且常常笨拙得可笑。对他们来说，黑格尔的全部遗产不过是可以用来套在任

---

① 《马克思恩格斯选集》第4卷，人民出版社1995年版，第284页。
② 《马克思恩格斯选集》第4卷，人民出版社1995年版，第285页。

何论题上的刻板公式，不过是可以用来在缺乏思想和实证知识的时候及时搪塞一下的词汇语录"①；由此，恩格斯又以结论性的论断提出，所谓辩证的哲学，就是一种"建立在通晓思维的历史和成就的基础上的理论思维"。

哲学史作为思想性的历史，哲学史上的任何一种哲学——历史性的思想——都不是某个哲学家的"独白"，而是哲学家之间的"历时态"的和"同时态"的"对话"。离开哲学"对话"的哲学"独白"是不存在的，而哲学"对话"的前提则是了解、熟悉和研究各种各样的"历史性的思想"。探讨任何一个哲学问题，如果不以哲学史——思想性的历史——为前提，这种"探讨"都会由于离开"思维的历史和成就"，而把某种"历史性的思想"当作"用来套在任何论题上的刻板公式"，甚至把早已"被抛弃的一些命题"，"作为崭新的知识而出现"。正因如此，在研究任何一个哲学问题时，以"思想性的历史"（哲学史）中的各种各样的"历史性的思想"（哲学）为"背景"或"参照系"，就不是可有可无而是不可或缺的前提。

尽管人们在自己的思想活动中都会使用各种各样的哲学名词，但是，这些哲学名词对于专业性的哲学研究和非专业的哲学爱好是完全不同的。对于专业性的哲学研究，这些哲学名词是积淀着全部哲学史——"思想性的历史"的概念，是研究哲学的"阶梯"和"支撑点"。对于非专业的哲学爱好者，这些哲学名词则往往是离开"思想性的历史"的名称，难以构成哲学思考的"阶梯"和"支撑点"。例如关于"哲学"，在专业性的哲学研究中，并不是某种给定的"定义"，并不是某种僵化的"结论"，而是古往今来的哲学家关于"哲学"的多样化的理解和解释，需要在"纵向"和"横向"的比较中思考"哲学"本身，因而"哲学"才构成批判反思的对象。与此相反，在非专业的哲学爱好中，"哲学"往往是一个给定的"定义"和僵化的"结论"，因而只能是从这种"定义"或"结论"出发去思考哲学。阅读一篇或一部非专业的"哲学"论文或著作，我们常常会发现一种"惊人的相似性"：其论点是"独创的"，其论据却是"教

---

① 《马克思恩格斯选集》第4卷，人民出版社1995年版，第40页。

科书的",其论证则是"独白"的和"不能追问"的。这种惊人相似的根源就在于这种非专业的论者不了解作为"思想性的历史"的哲学史,缺少进行哲学研究的"阶梯"和"支撑点"。问题的严重性在于,不仅仅是非专业的哲学爱好者,甚至是一些"专业"的哲学工作者,同样是以这种"非专业"的方式进行"专业"的哲学研究。因此,真正地理解"哲学"和"哲学史"是"历史性的思想"和"思想性的历史",从而把哲学史作为哲学研究的"阶梯"和"支撑点",就显得特别重要了。这是倡言"哲学就是哲学史"的最为明确和最为直接的针对性。

二、能否离开哲学史而以哲学的方式面向现实?

以理论的方式面向现实,是以占有理论为前提的;对于哲学来说,所谓的"理论"并不是某种或某些枯燥的条文和现成的结论,而是由"历史性的思想"(哲学)所构成的"思想性的历史"(哲学史);离开由"历史性的思想"所构成的"思想性的历史",就失去了面向现实的哲学,因而也就无法(无力)达到以"哲学"的方式面向现实。

现代科学和现代哲学所取得的一个基本共识是:观察渗透理论,观察负载理论,没有中性的观察,观察总是被理论"污染"的。人们对"现实"的理解和解释,总是自觉或不自觉地"渗透"、"负载"着理论。因此,真正的问题就在于:在人们对现实的"观察"和"把握"中究竟"渗透"和"负载"着什么样的"理论"?是一种"通晓思维的历史和成就"的理论,还是某种"过时"的或"褊狭"的或"独创"的理论?对于哲学来说,它究竟是一种以"思想性的历史"为"阶梯"和"支撑点"所形成的"历史性的思想",还是某种离开"思想性的历史"而形成的"非历史性的思想"?

人们对现实的"观察"和"把握",主要是"经验"和"理论"这两种基本方式。理论对现实的观察和把握,不仅以"经验"为中介,而且以

"理论"本身为中介，因此理论地把握现实，总是与现实之间具有并保持一定的"间距"。正是由于这种"间距"，理论才能超越黑格尔所批评的"表象思维"和"形式推理"，即超越感觉的杂多性、表象的流变性、情感的狭隘性和意愿的主观性，才能全面地反映现实、深层地透视现实、理性地面对现实、理想地引导现实和理智地反思现实，才能实现哲学的"思想中所把握到的时代"，才能使哲学成为"时代精神的精华"。

在对当前哲学研究状况的反思和批评中，对"脱离现实"的批评是重要的和必要的；但是，究竟以何种方式"面向现实"，即究竟是以"经验"方式还是以"哲学"方式面向现实，却往往是被人们忽视甚至是忽略的。直面哲学研究现状，我们不难发现一种比较普遍的现象，这就是以研究"现实"之名，其实是在非哲学的层面上提出、思考和回答问题，也就是在"经验"的层次上提出、思考和回答问题。这种"非批判的实证主义"，缺少哲学研究的"阶梯"和"支撑点"，缺少真正的理论思维和艰苦的理论探索，把"现实"变成"数据的堆砌"和"实例的总和"，因而无法（无力）对"现实"作出应有的理论把握。例如，究竟如何看待"中国问题"？离开"思想性的历史"，特别是离开马克思恩格斯的历史唯物主义，我们能否真实地达到对"中国问题"的理论把握？马克思和恩格斯在《德意志意识形态》中就指出，在"我们的时代"，"历史"已经成为"世界历史"；在《共产党宣言》中则更为明确地指出，在"我们的时代"，"民族的片面性和局限性日益成为不可能"。因此，"中国问题"并不只是"中国的问题"，而是当代中国所面对的世界性问题，以及当代中国以何种方式解决世界性问题。从"世界历史"的视野看"中国问题"，我们就会十分亲切地感受到马克思所提供给我们的"历史性的思想"的巨大的理论力量。马克思认为，区分一个历史时代，不在于它"生产什么"，而在于它"用什么生产"；马克思提出，市场经济的本质，在于它是一种"以物的依赖性为基础的人的独立性"的存在方式；马克思指出，近代哲学的任务是"揭露人在神圣形象中的自我异化"，而现代哲学的任务则是"揭露人在非神圣形象中的自我异化"；马克思所理解的理论与现实的关系是，"光是思想力求成为现实是不够的，现实本身应当力求趋向思想"。马克思的上述的"历史性的思想",对于我们观察和把握"现实",对于我们理解和解释科学发展观,理解和解释转变经济发展方式,理解和解释理论与现实的复杂关系,理解和解释中国现实的经济建设、政治建设、文化建设和理论建设,理解和解释中国现实的技术创新、体制创新、文化创新和理论创新,不是具有不可或缺的重大的"理论"中介作用吗?或者反过来说,离开这种"历史性的思想",离开这种理论的中介作用,我们又如何去观察和把握"现实"?"面向世界,面向现代化,面向未来"的当代中国哲学,不只是要"面向"世界、现代化和未来,而且必须是以哲学的方式"面向"世界、现代化和未来,从而在哲学的意义上反映和表达中国的现实、塑造和引导中国的未来。

三、能否离开哲学史而实现哲学的理论创新?

　　理论创新有两个基本前提:一是获取理论资源,一是发现理论困难。这两个前提是相辅相成的:只有获取相应的理论资源,才有可能发现相应的理论困难;只有发现相应的理论困难,才能活化相应的理论资源。正是在获取理论资源和发现理论困难的双重互动中,才有可能实现真正的理论创新。

　　哲学创新的艰难,首先在于哲学必须以理论方式把握到自己时代的人类性问题。人类生活的每个时代,都充满着错综复杂的矛盾。人与自然、人与社会、人与自我之间的矛盾,个人之间、群体之间、阶层之间、阶级之间、民族之间、国家之间的矛盾,以及由这些矛盾所构成的社会制度问题、政治理想问题、伦理道德问题、价值观念问题、社会心理问题和社会思潮问题,使得哲学总是在神圣与世俗之间、理性与非理性之间、标准与选择之间、必然与自由之间、理想与现实之间、历史的"大尺度"与"小尺度"之间徘徊。这种关于人类生存与发展的哲学思考,既不能凭借某个人的"体验"和"思辨"来回答,也不能依靠"数据的堆砌"和"实例的总和"来论证，而只有运用恩格斯所说的"建立在通晓思维的历史和成就的基础上的理论思维"，也就是以积淀着整个人类文明史的"思想性的历史"，才能在哲学的层面上达到对时代性的人类问题的深层的理解、全面的把握和批判性的反思，从而使哲学真正成为"思想中所把握到的时代"。离开以"思想性的历史"为"阶梯"和"支撑点"的"哲学创新"，既经受不住"思想性的历史"的追问，也经受不住时代性的人类问题的诘难。

哲学创新的艰难，又在于哲学对时代问题的理解和把握，并不仅仅取决于理论与经验之间的"外部困难"，而且取决于各种理论之间的"内部困难"。恩格斯说："在社会历史领域内进行活动的，是具有意识的、经过思虑或凭激情行动的、追求某种目的的人；任何事情的发生都不是没有自觉的意图，没有预期的目的的。"① 这些各不相同甚至是截然相反的"意图"和"目的"，总是经由哲学家的思维着的头脑而构成作为理论形态的人类自我意识的各种不同的哲学，进而成为人们观察和把握现实的相互冲突的理论。离开对相互冲突的理论的深入研究和批判反思，就会只把某种"历史性的思想"作为观察所负载的理论，从而失去理论创新的批判力。例如，当代哲学在讨论特别关切的"正义"问题时，不仅不能回避罗尔斯、诺齐克和哈耶克这些哲学家的论著，不仅不能绕开新自由主义、新左派和新保守主义这些哲学思潮，而且不能不面对这些哲学论著和哲学思潮中的自柏拉图、亚里士多德到霍布斯、洛克再到康德、黑格尔的"幽灵"。一个中国学者探讨这个问题时，不仅不能回避这些西方的"幽灵"，更无法回避从孔孟、老庄到朱熹、王阳明再到康有为、梁启超的"幽灵"。美国学者宾克莱在《理想的冲突》一书中提出，一个人在对他能够委身的价值进行探索时，要遇到许多竞相争取他信从的理想，他若要使这种探索得到满足，就必须对各种理想有所了解。② 离开这些理论资源，离开对这些理论资源的批判性反思，就不能深刻地提出问题和探索问题，当然也就谈

---

① 《马克思恩格斯选集》第 4 卷，人民出版社 1995 年版，第 247 页。
② 参见 [美] L. J. 宾克莱：《理想的冲突：西方社会中变化着的价值观念》，马元德、王太庆等译，商务印书馆 1983 年版。

不上哲学创新了。

哲学创新的艰难，还在于发现理论资源中的真正的理论困难，从而以新的理论去回答和解决这些理论困难。哲学的发展，是在不断地发现和解决这些理论困难的进程中实现的。离开作为"思想性的历史"的哲学史，离开这个"思想性的历史"所构成的哲学发展的"阶梯"和"支撑点"，离开对"思想性的历史"中所蕴含的真正的理论困难的发现，所谓的"哲学创新"是不真实的。发现真实的理论困难，不仅需要长期的、艰苦的"文献积累"，更需要持久的、艰辛的"思想积累"，消化理论资源、活化理论资源、突破理论资源。理论资源的突破口，就是理论资源中的真正的理论困难。例如，对于黑格尔的辩证法，马克思、恩格斯和列宁都在钻研黑格尔哲学的过程中，深切地揭示了黑格尔辩证法的真实的理论困难，从而创建和推进了马克思主义的辩证法理论。马克思认为，"第一个全面地有意识地叙述了辩证法的一般运动形式"的黑格尔的辩证法之所以是"神秘的"，不仅是由于他把思维过程当作"现实事物的创造主"，而且是由于辩证法在其"合理形态"上会"引起资产阶级及其夸夸其谈的代言人的恼怒和恐怖"[①]；恩格斯提出，"彻底否定了关于人的思维和行动的一切结果具有最终性质的看法"的黑格尔辩证法[②]，之所以"竟产生了极其温和的政治结论"，是因为黑格尔"拖着一根庸人的辫子"，即德国古典哲学作为"法国革命的德国理论"只是发生了一场"睡帽中的革命"；列宁则从"辩证法是活生生的、多方面的（方面的数目永远增加着的）认识"这种理论视野出发，揭示了包括黑格尔哲学在内的唯心主义哲学的认识论根源，即"哲学唯心主义是把认识的某一个特征、方面、部分片面地、夸大地""发展（膨胀、扩大）为脱离了物质、脱离了自然的、神化了的绝对"[③]。在哲学史的意义上，正是由于马克思、恩格斯和列宁真切地获取了黑格尔辩证法的理论资源，真实地发现了黑格尔辩证法的理论困难，并以"改变世界"的理论自觉面向现实，才形成了马克思主义的"合理形态"

---

① 《马克思恩格斯选集》第2卷，人民出版社1995年版，第112页。
② 《马克思恩格斯选集》第4卷，人民出版社1995年版，第216页。
③ 列宁：《哲学笔记》，人民出版社1974年版，第411页。

的、"革命的和批判的"辩证法——"对现存的一切进行无情的批判"的辩证法。

综上所述,"哲学就是哲学史"这个命题的真正涵义,并不是把哲学归结为哲学的历史,更不是把哲学研究限定为对哲学历史的研究,而是强调哲学与哲学史是"历史性的思想"和"思想性的历史";"哲学就是哲学史"这个命题的真正意义,并不是要凸显对"哲学史"的研究,更不是要以"历史"冲淡乃至代替"现实"和"未来",而是把"哲学"合理地理解为"历史性的思想"即不是把哲学当成枯燥的条文、现成的结论和"终极的真理",把"哲学史"合理地理解为"思想性的历史"即不是把哲学史当成人物的罗列、文本的堆砌和"厮杀的战场"。哲学思想的开放和创新,从根本上说,就是以"历史性的思想"的理论自觉不断地创新"思想性的历史"。就此而言,只有理解"哲学就是哲学史"这个命题的"历史性的思想"构成"思想性的历史"的真实涵义和真正意义,才能达到这个命题的批评者所要达到的目的——以哲学的方式面向现实与未来。这需要从事哲学研究的人深长思之。

哲学的合法性论纲[①]

孙利天

一、问题的提出：对哲学合法性的质疑

美国哲学家罗蒂提出"后哲学文化"的概念，这既是对当代西方发达国家文化世俗化、大众化、多元化特征的概括，也是一种没有主导原则、没有核心、没有结构、没有一级真理，亦即没有传统意义哲学的文化构想。这实质是对传统哲学的合法性进一步的质疑，是对哲学的性质和功能的新理解，是现代西方哲学从维特根斯坦、卡尔纳普、艾耶尔等人明确提出"拒斥形而上学"以来，不断消解传统哲学，不断对哲学作为最高智慧、第一原理的合法性，对哲学的认识论上、真理观上和学科上的"帝国主义"优先地位的不断否定，其结论是并不存在一个知识的等级表，哲学不是这个等级表上天然合理的一级知识。

对传统哲学合法性的质疑和否定，是理解现代西方哲学的一个基本线索，也是现代西方哲学运动的一个基本趋势。怀特在《分析的时代》和艾耶尔在《二十世纪哲学》的第一章，都以反叛黑格尔作为现代西方哲学的起源，西方20世纪哲学家大都对黑格尔"这个该死的绝对"（詹姆士）深恶痛绝。科学主义思潮自罗素之后，明确地把哲学的任务转向语言分

[①] 原载《吉林大学社会科学学报》1991年第4期。

析、逻辑分析、科学结构分析，把哲学看作是一种分析的活动，而不是凌驾于科学之上的真理体系或知识形态。但罗蒂认为，实证主义和分析哲学在向后哲学文化运动中半途而废了，因为它在其科学概念及其"科学哲学"概念中，仍保存了一个"神"，即对哲学和逻辑的盲目崇拜。在德里达看来，这仍未摆脱西方思想传统的"逻各斯中心主义"，因而仍需要解构和消解。黑格尔之后的人文主义思潮，从文学、艺术等文化形式中、从直觉和体验中吸取灵感，对近代西方哲学的理性主义传统提出质疑，用情感、意志、生命等非理性因素显示人生的真理，进而提出某种一元论的世界观。在分析哲学家看来，这派哲学仍然是要对宇宙人生给出一种整体的观点，因而仍是传统哲学的旨趣和工作方式。但在我们看来，它是在以文学、艺术等文化形式取代和消解哲学，它也是使哲学非哲学化的一种努力。

对哲学合法性的质疑，可看作是非哲学文化（如科学、逻辑、文化、艺术、宗教）对哲学文化唯我独尊地位的抗议，是现代西方文化多元化、大众化、世俗化的必然结果，是文化上的自由主义和平等原则的体现，不容许任何文化形式、学科的"专制主义"，实际上是对任何文化主体的优先地位和特权地位的否定。在这个意义上，它宣告了作为最高智慧和意识形态的旧哲学的终结。我们认为，这是西方文化发展的一个重大进步，也是哲学自我意识的一个巨大进步。但是，非哲学文化对哲学的抗辩只有化为哲学自身的对话和主题才能消解哲学、改造哲学。因而在向后哲学文化的运动中，对传统哲学的质疑中，不可避免地出现用哲学消解哲学、用理性反对理性、用逻各斯反对逻各斯中心主义的悖论。这表明哲学作为人类把握世界的一种方式有着文化上的合理性，几千年的哲学思维和理论样式是人类生活方式的一部分，它不能被消解和解构。

二、传统哲学合法性的自我申辩

与日常意识和近代实证科学不同，甚至与文学、艺术、宗教等文化形式也不同，哲学是需要为自身存在的权利进行申辩的。而前者凭借它的生活效用直接表明了自己存在的价值和合法性。因此，古今中外的各派哲学大都包含着三个方面的内容，一是自己的理论体系；二是自己对哲学的独特理解；三是对自己哲学意义和价值的申辩，即自己哲学合法性的论证。

古代哲学的天然合法性似乎是不证自明的。前苏格拉底的自然哲学作为知识的总汇，与日常意识的区分仅仅是基于分析和概括的知识形态的命题与日常经验话语的模糊界限，而科学—哲学的警句和最早实证知识的萌芽，总是能够得到人们的惊奇和赞赏，显示出古代人对智慧和概括的热爱和追求。爱智者即哲人的沉思的生活样式是古希腊自由人的时尚和理想。苏格拉底"认识你自己"的要求是古希腊理智活动的必然结果，也是对自然哲学非反省态度的第一次质疑，是古代哲学主体性意识的觉醒，它最后导致了破坏性的怀疑主义、相对主义。这是哲学的第一次自我否定。

亚里士多德以"人本自由"的主体观念为基础，第一次对知识的构成进行了划分，他把了解所有事物普遍原理和原因的形而上学看作最高智慧，看作最能表达人的自由本性的自由学术。亚氏逻辑克服了朴素辩证法和怀疑主义的冲击，以形式逻辑的确定性为哲学和知识的合法性做出了认识论的证明。而人本自由和哲学作为最自由的学术，实际上也是哲学合法性的人性论证明。

近代自然科学的兴起和它的重大社会历史作用不证自明地显示了自己的价值和意义，显示了科学和理性的威力。科学的成功把哲学从人类智力活动的前台推到了幕后，近代哲学的认识论或知识论追随于科学之后，力图对科学给出方法论的说明。哲学先后效法数学方法、力学方法，而在对力学方法实质的理解中引发了唯理论和经验论的对立。力学的成功是经验观察和数学描述的完善结合，是归纳法和演绎法的综合运用，力学的两个因素中何者是更为基本的？认识论对科学知识实质和最终确定性的追究，导致了休谟的怀疑主义，这是近代哲学的一次自我否定。

休谟的怀疑主义把康德从独断中唤醒。康德哲学的划时代意义以及他对现代西方哲学的持久影响，可能在于康德是第一个自觉寻求哲学特有方法，改变哲学提问方式的哲学家。康德认为，贯穿于人们的经验意识和科学知识中的"理性的秘密判断"即先验统觉是哲学反思的对象，是哲学特有的内容和题材，分析这些"自明性的东西"是"哲学家的事业"。康德不是去为科学家提供方法，而是用自己的先验方法去追问知识何以可能，从而使"知识合法化"。

康德之后的德国古典哲学的中心任务是解决康德哲学中造成的主观和客观、现象和本体（自在之物）的分裂，亦即力图达到精神和自然的"和解"。从费希特经谢林到黑格尔，基本上是关于自然精神化和精神客观化的哲学努力。康德哲学基本上做到了第一点，在"人为自然立法"的意义上对人显现的自然具有精神性的本质，但这不是外在于人的客观的自然。康德哲学的主体性、主观性和自由性缺少客观的环节，因而缺少"实在性"。谢林和黑格尔的自然哲学设定了或直观到自然的精神本质，逐步把自然提升到自我意识的精神水平，从而达到思维与存在的同一。费希特、谢林的直观和黑格尔的辩证法，既是解决这一哲学任务的手段和方法，也是理论体系本身。直观的方法和辩证的方法是哲学寻求自己方法的重大贡献，也是哲学为自身合理性的有力申辩。在黑格尔看来，哲学有了自己的方法才能有自身的存在。

黑格尔的辩证法是绝对的方法，是绝对理念的自我运动，是关于整个世界和自我意识内容的一般真理，即绝对真理。黑格尔的绝对真理不是终结了包括科学认识在内的人类认识，不是否定了实证科学认识发展的可能性，而是使科学认识得以可能的最后根据。绝对精神在静止的意义上是人类认识的"坚定的自信"，是时代在思想中的最后把握，是人类精神生活和全部文化的最高依据。但是黑格尔的辩证法是绝对运动的历史主义方法，而历史主义则已埋藏着"怀疑主义的黑色野兽"，黑格尔哲学已经包含着消解自身、走出自身的因素。黑格尔从精神现象的历史发展中，明确地把哲学高举在自我意识的最高环节上，毫不怀疑地肯定了哲学的认识特权。在承认每一个体精神经过艰苦的精神劳作都能达到哲学的境界而言，黑格尔是不同于谢林的认识论上的民主主义者；在肯定哲学在人类精神现象中的特权地位的意义上，黑格尔又是文化上的专制主义者。这就决定了黑格尔哲学在现代的历史命运。

三、现代哲学革命和哲学观的转变

黑格尔在世的时候，叔本华即已开始了对黑格尔哲学的挑战，他以具有东方佛学意味的意志论对抗黑格尔的理性，由此开始了非理性主义哲学对情感、生命、意志的关注，使一种所谓诗化哲学由微而显。我认为，这在一定意义上可以看作现代文化对哲学特权的一种抗议，它通过具有艺术气质的哲人把这种抗议化为对理性哲学的消解。近代哲学本质上可以看作是"理性威力的学说"（奥伊泽尔曼），以自然科学的样式和方法建立伦理、社会、政治的严谨科学，从而使全部人类生活按照科学、理性的程序和尺度去运转，这是几个世纪哲学家的梦想。这里我们可以看到，理性和自由的一个深层悖谬：理性的本质是自由思考，而理性自由思考所建构的东西，却反转成为压抑自由思考的枷锁；打破理性的统治和逻各斯的框架，必然成为自由理性的强烈冲动。

用黑格尔的说法，青年人总有改变现实的冲动，而老年人则有与现实和解的智慧。正是这种改变现实的冲动，首先是使费尔巴哈接着是马克思断然与黑格尔哲学决裂。由此开始了一场真正的哲学革命。这场革命的实质在于不是用一种理论体系取代旧的体系，而是对全部旧哲学理论的方式和功能的否定，是对解释世界的哲学样式的否定。这是由对哲学功能的反省进而到哲学性质、对象的全新理解。哲学需要从社会存在得到说明和自己存在权利的证明，生产力和经济生活具有不可辩驳的优先地位。历史唯物主义作为社会科学的发现，把哲学作为社会意识形态的一种形式，它必须以自己对社会存在反作用的方向和力度为自己提供合法性的证明。在这样的意义上，旧哲学终结了。

20世纪初，英国剑桥的罗素和麾尔领导了对黑格尔哲学的反叛，这场叛乱的武器是逻辑分析和语言分析。摩尔对贝克莱著名的命题"存在就是被感知"的精细分析，示范了一种新的技术性的哲学工作方式，并由此开始了所谓的"分析哲学革命"。分析哲学的基本哲学观是：形而上学命题既不是分析的重言式命题，也不是可证实的综合命题或经验命题，因而是无意义的。无意义是指不具有知识和科学的意义，尽管它可能具有表达信念、意愿和情感的生活意义，就像诗歌和艺术品一样。但哲学不同于诗，它以知识的形式混淆了知识的界限，因而必须予以澄清和拒斥。研究哲学恰恰是为了取消哲学，这样哲学的任务就成为一种批判和澄清的活动，它不是对现实世界作出什么经验判断（命题），因而更不是什么世界观。

与逻辑实证主义和科学哲学相反，卡西尔的文化哲学、符号哲学已经开始寻求"多重文化变奏的主旋律"，即在多种不同的文化形式中（如语言和神话）、符号形式中，寻找人这种符号化动物的功能统一性。海德格尔实现了解释学由认识论向本体论的转变，他追问"理解何以可能"而不是"知识何以可能"，从而把人（此在）看作是领悟着的，带给对象以意义的生存论根据。解释学努力的意旨在于为人文科学和自然科学寻求统一的理解的前提，这一方面使自然科学人本化，否定自然科学的工具理性的无根状态，另一方面也为人文科学的合法性、哲学的合法性作出证明。在一种历史的视野中或"地平线"上，理解和解释由前提所带来的"偏见"获得了合法性的辩护。

解释学无法摆脱的主观主义倾向引起了结构主义的抗议，寻求神话、原始思维、语言、艺术等的深层结构，在语言学、人类学、神话学、文学批评和马克思主义的广泛领域中兴起了结构主义思潮。但是，解释学和结构主义的共同特征都是要找到某种确定的意义。同样分析哲学也未经批判地肯定了逻辑和科学的优先地位。在德里达看来，这一切都未摆脱西方思想传统的"逻各斯中心主义"，这仍然肯定了某种"中心结构"。罗蒂则认为，哲学在后哲学文化中成力理解不同理解方式，沟通不同理解方式的对话和文化批评。哲学的优先地位和特权被否定了，哲学的活动和功能却保留着。传统的作为最高智慧和第一原理的哲学在多元的文化中消解了，但却没有消失。

四、一种特殊的文化形式

现代哲学对传统哲学合法性的质疑，是从哲学作为知识形态的虚假、意识形态的社会根源的揭露、理性威力盲目自信的否定、人生体验真实的强调、哲学的学科帝国主义的批判等多方面展开的。这是对哲学的性质、方法和功能的全面反思。这种批判和反思，具有多元化、相对主义和经验论的倾向，几乎都陷入不可解脱的悖论之中。从对形而上学的拒斥，导致对用以拒斥形而上学的科学和逻辑的质疑；用情感意志否定泛逻辑主义的理性哲学，却又必须把情感、意志作为理性的可理解的东西，非理性主义只能用理性的形式反对理性①；哲学作为一种文化形式却要理解全部文化形式，等等。这说明现代哲学对哲学合法性的质疑并不能真正取消哲学，对传统的形而上学问题的关注有着不可消解的人性根源。哲学的思考根深蒂固地存在于我们的文化方式、说话方式和存在方式之中。

哲学作为人类把握世界的一种方式，是一种特殊的文化形式。它是特殊的，就在于它有自己特殊的问题和方法。哲学问题的特殊性在于它的形而上学性质，它是人们对世界和生活最终意义的追究。它不满足于日常经验和科学认识对世界和生活的分裂的认识，而要求用一个统一的原理和体系对世界作出解释。就哲学作为知识论和认识论说，它要给出一个说明全部人类认识活动和成果的阿基米德点，以终止解释的倒退；就哲学作为逻辑学说，它要透过思维形式的表层，探究思维与存在的统一性中的思维自己运动的客观逻辑；思维的规律也是存在的规律，任何关于存在的规律都已经过思维规律的中介，在这种意义上哲学是反省的世界观；就哲学作为使人类社会生活得以可能的伦理学说，它是人生意义的最后回答。这一切都是不能用实证的方法作出判决的。

哲学的问题可以在艺术宗教的形式中被体验和表达，以致哲学的外在

---

① 参见［美］L. J. 宾克莱:《理想的冲突：西方社会中变化着的价值观念》，马元德、王太庆等译，商务印书馆1983年版。

形式也仅有模糊区别的界限。警句、格言、哲理诗或小说、戏剧都可能有真正的哲学智慧,但是纯正的哲学形态却总是一个严谨的理论体系,它具有黑格尔所说的思想的"整齐"和"单纯"。赖欣巴哈攻击形而上学是"逻辑与诗搅混了,许多哲学体系是一首杰出的诗,但没有科学解释所具有的那种说明问题的力量。"就哲学缺少实证科学意义的确定性而言,这种责难是对的。但哲学追求的是另一种意义的真实和真理,它需要高度思辨水平上的逻辑的严谨和一致,它有哲学意义的确定性。

哲学提问和哲学语言的特殊性,表现为哲学反思的建构和还原,表现为哲学理论在哲学史上自己的运动和展开。哲学作为一种追本溯源的思考,它是有鲜明的批判性,并且是一种前提的批判,即对那些"自明的东西"的分析。哲学的前提批判,既是一种反思的规定,是一种建设性的批判,这当然也是对常识、科学和先前哲学形态的否定和消解。康德的说法是正确的,没有建设性的批判是无效的。没有一个新的哲学原则和体系是无法真正取代旧体系的。由此,哲学就是哲学史,是人类智慧不断寻求最高统一性的持续努力。

哲学批判在哲学史上的展开,哲学作为一种把握世界的方式,都依赖于哲学特有的方法。哲学没有区别于科学和其他文化形式的特有方法,哲学就失去了存在的权利。在古希腊哲学中,哲学方法就是区别于原始宗教意识的科学方法,即分析的、概念的认识方式;近代哲学曾力图为科学提供新的方法和工具,数学方法、力学方法都曾是哲学家极力效法的东西,由对伽利略和牛顿力学方法实质的新的领悟,出现了康德的哥白尼式革命,哲学有了自己特有的先验方法。这是哲学与科学分离之后,哲学方法自觉的开始。此后,每一真正独立的哲学体系,都必有对自己特有方法的苦苦追求。费希特特别是谢林的直观辩证法,黑格尔的绝对理念的辩证法,这二者也都可以说是自我意识的辩证法;马克思的改变生存状态的实践辩证法,历史辩证法;胡塞尔的现象学方法;弗洛伊德的精神分析法;分析哲学的逻辑分析和语言分析方法;解释学的方法;结构主义的方法;解构主义的方法,等等。哲学方法的自觉追求是现代哲学的重要特征,不能简单地把它看作是肤浅的标新立异,它实际上是在为哲学寻求一个在众多的文化形式中安身立命的根基。至于对这些方法价值的评价和取舍则是另一问题。

哲学作为对世界和生活的整体理解，必然是对人类全部文化形式的理解，它要沟通不同的理解方式，需要自己特有的概念框架和方法，但是哲学理解毕竟是人的理解，它的理解方式和方法又不能脱离人的其他方式和方法，这表现出哲学方法的奇异循环。哲学方法要努力使自己与常识的认识方法和科学方法区别开来，它又摆脱不了后者的制约和限定。黑格尔强调哲学家要有"健全的常识"，胡塞尔晚年强调"生活世界"的优先性，日常语言学派对语言日常用法的关注，马克思对生活、实践的强调，都有某些共同的意味：哲学需要向生活的归结和还原。中国传统哲学对此的理解可能是很深透的：即出世与入世的统一。哲学要取得自己的存在权利，必须是出世的，它高于日常意识的觉解；又必须是入世的，它能够在日常生活中见到或显示出自己的真理性。

总之，哲学有自己特有的问题、形式和方法，哲学作为人类把握世界的一种方式有存在权利的证明，但哲学又必须调整自己的自我意识，哲学应警策自己：我们只是在寻求世界和生活的最高统一原理，而不是已经完全拥有了这个真理，对哲学功能的过高期许，永远是哲学的不幸。

五、一种有限的哲学功能观

现代西方哲学对传统哲学合法性的质疑，主要是对它的允诺和自许的质疑，是对哲学"学科帝国主义"的厌恶和拒斥。自由的理性思考日益成为人们自己个人的精神事务，从而对限制个人自由思考的哲学教条也日益难以忍受。但是如果哲学的兴趣依然存在，哲学学科总是必然具有最高原理的性质和特点。哲学作为纯粹个人的精神事务只是一种个人内心的独白，只要说和写就要影响、干预别人的内心生活。个人的自由思考要成为可能，也总要凭借已有哲学的语言和概念。外在的哲学形态和个人内在的哲学思考是密不可分的。个人固然有哲学思考的自由，但他思考的结果也总离不开哲学的考察和评价。自由的、多元的哲学思考，并不意味着每一思考都具有同样的价值和合法性，因而不必然导致相对主义的态度和价值观。我认为，传统哲学的问题和方法可以作出自身合法性的辩护，但是它必须谨慎地、谦虚地去正视自己的价值和功能，必须有自我批判的哲学态度。具有一种有限的哲学功能观，是现代哲学对哲学合法性质疑的一个值得重视的批判成果。以一种有限的哲学功能观反转过来重新审视哲学的性质、对象、形式和方法，会给我们一些新的启示和教益。这将促使我们去思考和把握住哲学这一文化样式的特点，也将使我们意识到哲学与非哲学文化界限的模糊性，哲学家作为理解不同理解方式的"多能知识分子"，他的教养和工作方式必须是哲学的，而他的哲学的功能的实现却必然是在其他的理解方式和存在方式之中。

哲学在人类的生活中并不是无足轻重的，哲学是一种人类智慧和理性承认的权力，但是哲学权力、权威和尊严的实现和见证，必须诉诸理论改造人心的教化力量。理论的说服力量、启示力量是哲学功能的根本界限。从一种广义的存在哲学去看，哲学的力量在于哲学家的人格力量，哲学家某种生活方式的示范所具有的感召力量。

哲学的功能是有限的，这不仅因为人们的生活境界有着本质的差异，对于大多数人说，在闲暇中的反思或哲学思考是一种精神的奢侈。而且哲学功能是通过个体精神教养的途径来实现的。哲学作为个体的精神教养，既是发明本心、启发灵性的个体精神的发展和成熟，也是把外在的哲学理论化为内心自觉见证的理解过程。片面强调前者，容易陷入主观任性、自大狂和空疏的自由；片面地强调后者，又容易陷入教条、僵化、琐碎的名言之中。而这两种片面性，也正是非理性主义和逻各斯中心主义的偏颇。个体的精神教养和外在的哲学理论形态的矛盾也表明，哲学既是个人的精神事务，它需要自由的理性思考；哲学也是人类文化的一个方面，所以也有哲学存在的必然性与合法性。

多元基础主义的哲学观[①]

孙利天　张岩磊

怀特、艾耶尔等人都认为20世纪哲学即现代哲学是从攻击、叛离黑格尔开始的。[②] 怀特说道:"几乎20世纪的每一种重要的哲学运动都是以攻击那位思想庞杂而声名显赫的19世纪的德国教授的观点开始的,这实际上就是对他加以特别显著的颂扬。"[③] 尽管各派现代西方哲学从不同的方面着手对黑格尔哲学展开攻击或者说反叛,他们对哲学自身都有着新的不同理解,不过他们都明确地反对黑格尔哲学所代表的传统西方哲学的柏拉图式的本质主义或者说基础主义。但正如德里达所说,并没有一个不受污染的思想源头,现代西方哲学在批判传统西方哲学的基础主义过程中却不断显露出新的基础。或许通过思考这种新的基础主义"污染",才能真正理解现代、后现代西方哲学的旨趣和目标,也才能在多元主义、相对主义盛行的今天,自觉地坚守哲学追本溯源的理论性质。

一、现代哲学对基础主义的批判

纵观整个20世纪的西方哲学,哲学家众多,门派林立,哲学文献也

[①] 原载《社会科学战线》2012年第2期。
[②] [美] M. 怀特:《分析的时代》,杜任之主译,商务印书馆1981年版,第7页;[英] A. J. 艾耶尔:《二十世纪哲学》,李步楼等译,上海译文出版社2005年版,第25页。
[③] [美] M. 怀特:《分析的时代》,杜任之主译,商务印书馆1981年版,第7页。

浩如烟海。围绕对基础主义的批判我们试作一简约的概括，我们认为主要有来自以下四个维度的批判。

其一，是人们通常所说的逻辑的批判和科学主义的批判，以维也纳哲学小组最为典型。对于什么是科学、什么是非科学，维也纳小组提出了一个非常规范的判准，即逻辑和经验，因此维也纳小组的哲学也被叫作逻辑经验主义。逻辑经验主义认为人类的知识只有两种，一种是他们所说的由分析命题所构成的形式知识或者叫形式科学，最为典型的是数学、逻辑学，它不需要经验的证明，仅靠逻辑形式的正确性就能保证这种知识的有效性。第二种就是像物理学、化学、生物学等等这样一些所谓经验科学的知识。这种经验科学的知识按照维也纳小组的看法，最后都必须还原为感觉命题基础上的逻辑构造。那么从逻辑和经验的标准去看哲学，他们得出的结论是，哲学既不是形式科学，即不是由分析命题所构成的分析的真理，也不是经验科学，即不是由综合命题所构成的可以由经验检验和证明的真理。哲学既不是分析的真理，又不是综合的真理，所以哲学就不是真理，哲学就不是科学。按照赖辛巴哈的看法，哲学是"冒充科学"，哲学更像是"一首蹩脚的诗"。

这种批判如果从哲学史的角度去追溯，最早可以追溯到休谟和康德。休谟当时有一段非常经典的话："我们在巡行各个图书馆时，将有如何大的破坏呢？我们如果在手里拿起一本书来，例如神学书或经院哲学书，那我们就可以问：其中包含着量或数方面的任何抽象推论么？没有。其中包含着有关事实与存在的任何经验的推论么？没有。那么我们就可以把它投在烈火里，因为它所包含的没有别的，只有诡辩和幻想。"① 而在《纯粹理性批判》中，康德关于分析命题和综合命题、知性和理性的区分，关于超越知性的界线理性必然陷入的辩证幻象的分析，可以说是维也纳小组批判的先声，也可以说是维也纳小组的哲学批判最早的哲学史依据。这是对哲学的第一个也可能是最沉重的批判，那就是用科学的标准去看哲学，结论自然就是哲学不是科学。在科学主义至上的现代性语境中，这样的批判对

---

① ［英］休谟：《人类理解研究》，关文运译，商务印书馆1957年版，145页。

传统哲学来说无疑是致命的。

其二，是从语言的维度批判传统哲学，这也是我们通常所说的西方哲学的语言转向。为什么传统哲学不具有科学的性质而又要冒充科学？从罗素开始，也包括前期维特根斯坦认为，是因为哲学混淆了语言的表层语法和深层的逻辑句法，语言使用混乱。也有哲学家从语言的概括性去寻找哲学的根源，比如以柯日布斯基为代表的日常语言学派。柯日布斯基非常清晰地批判传统哲学怎样受语言的诱惑而陷入了过分概括化的陷阱。赖欣巴哈也有相似的表述，他在《科学哲学的兴起》中明确地说，知识的本质是概括，概括是科学的起源，概括也就是解释的本质。① 应该说，赖欣巴哈的这种"概括"是很具说服力的。我们不会反对今天的所有的经验科学知识都是来自于科学概括这样一种"概括"，问题在于，在赖欣巴哈，包括柯日布斯基看来，由于科学概括的成功，诱使人们在缺少相应经验材料的基础上去作过分的概括。"这样，普遍性的寻求就被假解释所满足了。哲学就是从这个土地上兴起的。"② 如此，因不严密的语言（的使用）而作过分的概括被认作是哲学产生的一个根源。后来又有牛津学派关于语言的陷阱的一些分析，基本上都是从语法语用这样一些角度去分析传统哲学的语言根源。一定意义上，根据语言学的批判，哲学上的基础主义只不过是基于对"过分概括"的诉求而对语言的误用或者滥用，只要理清了语言的语法、语义、语用等规则和界限，哲学即形而上学问题就自然消解了。

其三，是从政治的角度对传统形而上学进行的批判。20世纪60年代以后，在西方出现了所谓后现代主义的哲学思潮。其中一大批法国哲学家如德里达、福柯、利奥塔也包括德勒兹、加塔利等，从另一个维度展开对传统哲学的批判。我们可以简略地把他们对传统哲学的批判视作一种政治批判。法兰克福学派的著名学者阿多诺，最先提出同一性哲学是死亡哲学。法国哲学家利奥塔把这一点说得更为明确，甚至指责同一性哲学要对奥斯维辛大屠杀负责。福柯则出色地揭示出无处不在的知识与权力的内在交织而形成的规训系统，他在为德勒兹和加塔利合著的《反俄狄浦斯》一

---

① ［德］赖欣巴哈：《科学哲学的兴起》，伯尼译，商务印书馆2009年版，第9页。
② ［德］赖欣巴哈：《科学哲学的兴起》，伯尼译，商务印书馆2009年版，第11页。

书所作的序中,明确地把该书的主旨归结为"反法西斯主义的"、"反对人心中的法西斯主义"。① 同弗洛姆的"逃避自由"一样,德勒兹和加塔利认为要把群众中的作为法西斯主义的集体欲望给揭示出来,而在其合著的《千高原》中,提出以"游牧思想"来对抗自柏拉图以来的"城邦思想"。总之,在这些后现代哲学家看来,同一性、逻各斯中心主义这样的基础主义哲学意味着霸权甚至意味着臭名昭著的法西斯主义。

其四,是从文化的角度对传统形而上学进行的批判。由于文化批判中总是蕴涵着政治批判的维度,所以上文中后现代主义哲学家从政治角度对传统哲学的批判也可以视为是从文化角度进行的批判。在后现代哲学家们看来,传统哲学所犯的一个最大的弊病就是"学科帝国主义"。把哲学这样一个学科,作为唯一的、真理的把握世界的方式,实际上是要把整个世界纳入哲学的同一性逻辑中。针对传统哲学中的这种柏拉图式的、基础主义的、知识女王的霸权式倾向,罗蒂提出"后哲学文化"。他明确地说:"在这个文化中(指后哲学文化,引者注),无论是牧师,还是物理学家,或是诗人,还是政党都不会被认为比别人更'理性'、更'科学'、更'深刻'。没有哪个文化的特定部分可以挑出来,作为样板来说明(或特别不能作为样板来说明)文化的其他部分所期望的条件。"② 德勒兹和德里达等哲学家更是明确地强调多样性、生成性的"差异"来对抗传统哲学中同一性的、压制性的"重复"。

叛离黑格尔为代表的基础主义哲学可以更早地追溯到马克思的唯物史观和弗洛伊德的精神分析学说,这两种被法国哲学家利科尔称为"怀疑主义的解释学"从根本上颠覆了基础主义哲学赖以可能的意识自明性的基础。社会存在决定社会意识,潜意识规定自觉意识,这使任何传统哲学作为自觉意识而确立的基础命题和原理失去了基础地位,在深层的怀疑主义的对意识的解释中,哲学的基础塌陷了。上述现代西方哲学对基础主义的多维批判,进一步瓦解了传统哲学的基础,极大拓展了哲学的理论视野,

---

① Deleuze and Guattar, *Anti-Oedipus*, translated from the French by Hurly, Mark Seem, and Helen R. Lane, Minneapolis: University of Minnesota Press, 1983, pp. Xi.
② [美]理查德·罗蒂:《后哲学文化》,黄勇译,上海译文出版社2009年版,第12、13页。

丰富了哲学的知识领域，发展和完善了诸多精巧的哲学方法，形成了多元化的哲学理论形态。但是，各派哲学在对传统哲学的基础主义展开批判时，一方面，不可避免地受到批判对象固有的理论旨趣、思维逻辑乃至思想风格的规定，从而批判就是激活或复活传统哲学的特殊形式，批判基础主义不可避免地显露出某种新的基础的寻求；另一方面，在反对基础主义中发展起来的各种专门知识、技术和方法，可能过于沉醉于自己的严谨和精巧，从自我迷恋而致自我丧失，失去了在人类知识和人类文明进步中的意义。

二、在批判旧世界中发现新世界

通过上文对各派现代西方哲学的简单勾勒可以看出，拒斥形而上学、反对基础主义似乎成为不争的事实，怀疑主义似乎再一次胜利。好像哲学从此远离了"同一"、基础主义而与多元、相对主义纠缠在了一起。这样看来，怀特把20世纪哲学归结为"分析的时代"似有些太过强调英美分析哲学所取得的成就。问题在于，形而上学真的已然终结，而相对主义真的就是哲学或者"后哲学"的宿命么？

哈贝马斯也曾归纳现代西方哲学的思想主题："后形而上学思想，语言学转向，理性的定位，以及理论优于实践的关系的颠倒——或者说是对逻各斯中心主义的克服。"[①]但他同时认为，20世纪哲学研究的这四种最重要的原动力，不仅带来了新的认识，同样也有新的偏见。在某种意义上，哈贝马斯所说的"偏见"就是我们所说的新的"基础主义"：科学的方法论使科学主义成为新的神话，语言学转向形成了一种新的本体论式的语言观，理性的重新定位使哲学重新成为理性的保护神，逻各斯中心主义的克

---

① ［德］于尔根·哈贝马斯：《后形而上学思想》，曹卫东、付德根译，译林出版社2001年版，第6页。

服促生了各种新的还原论。①

我们同意上述哈贝马斯的观点。现代西方哲学反对传统西方哲学的那种追本溯源式的基础主义,但是在他们批判旧哲学的基础主义的过程中却又显露出新的基础。这暗合马克思所说的"在批判旧世界中发现新世界",即现代西方哲学各派在批判旧哲学中发现了新的哲学基础或方向。

哈贝马斯自身就是如此,他不赞成阿多诺等人对启蒙运动以来的思想传统的彻底颠覆,而是认为批判传统的目的是为了保持传统使之适应现实的变化,从而获得新的活力。因此他自觉地捍卫启蒙运动中的普遍主义或者理性主义传统,试图用新的"实践理性"来为传统的理性主义奠定新的基础。为此,他诉诸康德来论证交往规则的普遍有效性,从而提出了著名的"社会交往理论",用"交往理性"即"交互主体性"代替传统的"主体中心的理性"。

罗蒂的思路大致类似于哈贝马斯,只是罗蒂视自己为最彻底的反普遍主义者,从而"不想为普遍主义或者理性主义淘旧换新,反之,他想瓦解两者,并以别的东西来取代"②。为了实现他所谓的"人类团结"的乌托邦,他诉诸"同情心"来代替哈贝马斯的"沟通理性"。罗蒂所理解的"人类团结"是指"肯定我们每一个人内在都具备某种东西——我们的基本人性,而这东西呼应着其他人所具有的同样的东西"③,这"同样的东西"就是他的"同情心",罗蒂试图借着更加敏锐、通达的"同情心"来增加"我们"的"我们感",从而使"人类团结"成为可能。

英国女哲学家罗尔斯的学生奥尼尔则明确地把康德主义的建构主义的预设重新定位为"可理解性"。奥尼尔在回答提问时说:"我认为,在今天,我们有理由追求一种能够跨越边界的证成。这不是说,我们总是能够找到其他人可以接受的证成。'意见一致'要求太多,势必很难达到。但是我们可以将'可理解性'(intelligibility)作为起点,没有'可理解性'

---

① 参见[德]于尔根·哈贝马斯:《后形而上学思想》,曹卫东、付德根译,译林出版社2001年版,第8页。
② [美]理查德·罗蒂:《偶然、反讽与团结》,徐文瑞译,商务印书馆2003年版,第97页。
③ [美]理查德·罗蒂:《偶然、反讽与团结》,徐文瑞译,商务印书馆2003年版,第269页。

我们也不会达到意见一致。而当今世界的边界更易于穿透（porous），这意味着我们不可能再将公民同胞间的意见一致作为政治哲学的起点。"①应该说奥尼尔的"可理解性"较之罗尔斯的融贯论以及罗蒂的"同情心"更为基础，也更具直接的"我们感"。

与以上这些哲学家不同，海德格尔的表述或许更为晦涩一些。他在晚年的讨论班中明确了自己全新哲学的目标和使命，即"思想的移居"②。思想的移居是从柏拉图主义用思想规定存在进而控制、宰制存在的居所，转移到让思想倾听存在、回应存在的召唤进而归属存在的居所，亦即从主体形而上学的人的平面转到思之澄明的存在的平面。海德格尔认为，希腊哲学开启的视域已经在现代科学技术中得到完成，存在者的领域已被分割、规划和控制在技术座架中。而这同时，存在的意义被遗忘，人被连根拔起，世界进入午夜。所以，思想的移居是哲学终结之后最根本的思的任务。海德格尔对传统的"逻各斯中心主义"的消解或许更为彻底。按照他的解释，逻各斯不是逻辑规定，而是"采集"；理论不是行动的规划而是凝视和盘桓；思想不是寻找本原和概念，而是询问地接纳。原始的诗的命名即是存在的绽放着的持存。所以这个在存在平面上的思想比柏拉图主义的思想更实在、充盈、生动，因为"意识植根于此在之中"。③而以存在之思在世的此在是领会了存在意义的在者，他诗意地栖居在大地上。

统观以上几位较有代表性的哲学家的观点，无论是罗蒂的"同情"、哈贝马斯的"交往理性"、奥尼尔的"可理解性"还是海德格尔的"思想的移居"，不管他们如何表述，我们都不难看出，他们实际上仍然在批判旧哲学的过程中为哲学寻求着新的基础。不仅如此，在最激烈地拒斥和批判形而上学的分析哲学中，我们甚至看到向黑格尔回归的思想趋向。这一方面是因为黑格尔哲学自身所达到的思辨高度难以超越，比如，按照伽达

---

① O. 奥尼尔、陈晓旭：《一个努力与整个世界沟通的哲学家——访剑桥哲学家欧诺拉·奥尼尔》，载《世界哲学》2010年第5期。
② ［法］F. 费迪耶等辑录：《晚期海德格尔的三天讨论班纪要》，丁耘摘译，载《哲学译丛》2001年第3期。
③ ［法］F. 费迪耶等辑录：《晚期海德格尔的三天讨论班纪要》，丁耘摘译，载《哲学译丛》2001年第3期。

默尔的看法，德国唯心主义辩证法已开始了对实体本体论的拆解，我们也可以说康德、黑格尔已明确批判了"知性形而上学"，否定了知性的僵死的作为共同点的抽象"同一性"，黑格尔辩证法是具体同一性、具体普遍性的辩证法，它力求获得包容全部差异性、多样性乃至历史性的具体真理，所以指责它是压制非同一性的死亡哲学就难以成立。再如，黑格尔哲学比以往任何哲学都更自觉地追求思存统一的真理，思想的客观性是真理性的前提。以致在《逻辑学》中黑格尔竟大胆地说"事物是概念"、"事物是判断"、"事物是推理"，把思想的形式看作事物的本性固然是彻底的唯心主义，但这又是最彻底的客观主义。因为黑格尔的《逻辑学》是思想内容的逻辑，黑格尔的辩证法是内涵逻辑的辩证法，思想内容即是对人显现的客观事物，思想内容的逻辑运动即是事物自身规定的逻辑展开。所以，另一方面，随着分析哲学对内容逻辑、实质推理、日常语言内含的基本概念方式等的关注，回归黑格尔就是分析哲学自身发展的结果。

三、中国马克思主义哲学的思想方向

综上所述，尽管各派现代西方哲学家都在力图反对传统西方哲学中的基础主义，但是他们在批判基础主义的过程中却不可避免地显露出新的"基础"，因此我们可以说，现代哲学的多元基础成为一个不争的事实。对于中国的马克思主义哲学来说，这里最根本的挑战在于，若以既往的传统形而上学基础主义的思维模式切入世界这个混沌，我们容易限于同一性的死亡哲学；而取消同一性的基础主义的哲学观，听任多元、相对主义的哲学观，实际上又容易使世界陷入混沌而使人无所适从。如何面对这种多元基础的事实，如何重新选择一种平面切入现实的混沌？我们在此以一种多元基础主义的哲学观，即"文化的相对—哲学的绝对"的哲学观，尝试作一回应。

近百年来的西方哲学史似乎表明怀疑主义又一次取得了胜利，一定意义上甚至可以说相对主义是必然的。但是，在我看来这里包含着对哲学理论性质和哲学功能的混淆，相对主义可能是一种健康的生活智慧和文化观点，但却不是一种好的哲学，因为从根本上说哲学就是形而上学，是绝对的真理与方法。①按照康德的看法，形而上学是人的一种本性。这意味着关于绝对的思考、关于绝对真理的追寻将会伴随人类文明始终。也正是在这样的意义上，我们把辩证法，把整个哲学看作是关于绝对的相对真理。这意味着哲学所指向的目标和对象，是形而上学的绝对，而每一个哲学家关于这个绝对所获得的理论认识作为一种历史的文化是相对的。每个哲学家关于这个绝对的认识，都是在特定的历史时期、在特定的文化传统中形成的认识，从而只是一种相对的认识。哲学的内在诉求指向一个绝对的目标，但是任何哲学理论自身都是相对的真理。

哲学所追求的绝对，是说它从理论性质上是区别于经验科学的绝对真理，是非对象性的真理。一定意义上，人类一切文明的成果都是思想的创造，如果我们承认这一点，我们就会把哲学看作对于绝对、对于使人类文明、使思想得以可能的那个绝对基础的探寻。进一步说，任何一种哲学理论、哲学形态，总是和这个民族的文化传统、这个民族的当下的现实生活，或者马克思所说的时代精神、民族精神有着密切的关联。在这样的意义上，哲学又是一种文化形式。那么，表达一种生活理想的哲学必定具有民族的形态，当然有着它的文化特征、文化传统，所以作为一种文化形式的哲学，它必然是多元的。但是，不同文化形式的哲学作为追根究底的思考的共同本性，又使不同文化形式的哲学、不同民族的哲学同样作为关于绝对的相对真理具有了可交流性、可对话性。在多元基础主义即"文化的相对——哲学的绝对"的哲学观这样一个前提下，当代的辩证法才真正开始进入了一种对话辩证法阶段。

中国的马克思主义哲学是中国化的马克思主义哲学，作为一种文化形式来说，它是中国人自觉的理论选择和思想创造，是当代世界哲学中多元形态哲学的一元，也可以说是我们自己的相对真理；但对中国马克思主义哲学研究者，特别是信奉者来说，它就是哲学的绝对真理，就是中国马克

---

① 参见孙利天：《绝对的真理与方法》，载《天津社会科学》1997年第5期。

思主义哲学关于绝对的理解，否则就没有中国马克思主义哲学的存在。按照通常的理解，马克思的哲学革命终结了传统形而上学，使"独立的哲学"消失了，这种哲学已不再是哲学，而只是新世界观，只是无产阶级革命实践的内在的一个理论环节。这种理解有马克思文本的根据，也十分明确地标示出马克思哲学革命的真实意义。但按照我们对现代西方哲学批判基础主义的分析，马克思的哲学革命也同样受到传统哲学特别是黑格尔哲学这个批判对象的理论空间的限制和规定，反对黑格尔的非批判的实证主义的历史解释①，即需要一种批判的实证主义的改变世界和历史的基础主义学说，实际上就是马克思全部学说的基本理论预设，亦即马克思的理论形态的哲学。

对应于黑格尔非批判的实证主义，马克思哲学的根本特征是方法上的批判的实证主义。马克思虽然肯定了黑格尔辩证法中所具有的"作为推动原则和创造原则的否定性"的伟大之处，但是他批评"黑格尔唯一知道并且承认的劳动是抽象的精神劳动"。②所以对于黑格尔来说，"密涅瓦的猫头鹰总是在暮色降临的时候才悄然起飞"，他的理论仍然只是在"反思"和"静观"的意义上关照现实，仍然是"躺在睡帽中的哲学"。而对于马克思来说，"辩证法，在其合理形态上……因为辩证法在对现存事物的肯定的理解中同时包含着对现存事物的否定的理解，即对现存事物的必然灭亡的理解；辩证法对每一种既成的形式都是从不断的运动中，因而也是从它的暂时性方面去理解；辩证法不崇拜任何东西，按其本质来说，它是批判的和革命的"③。马克思的"以往的哲学家只是在解释世界，而问题在于改变世界"这句名言，在这里矛头直指黑格尔。马克思是典型的革命家而非经院哲学家，因此，马克思是唱响黎明的高卢雄鸡，他终生致力于"使现存世界革命化"。作为一种实质伦理学，马克思"每个人的自由全面发展"的诉求就已经内在地包含着罗蒂意义的同情心、奥尼尔意义的可理解性等这样一些现代哲学的基础寻求。"同情心"、"可理解性"对于马克思

---

① 马克思：《1844年经济学哲学手稿》，人民出版社2000年版，第99—100页。
② 马克思：《1844年经济学哲学手稿》，人民出版社2000年版，第101页。
③ 《马克思恩格斯选集》第2卷，人民出版社1995年版，第112页。

来说是不言而喻的事情，他用实践代替了经院哲学家需要论证的环节。每个人的自由全面的发展最终要达到的"自由人的联合体"，这对于人类来说或许是可想见的最高理想。

随着我国社会主义经济体制改革取得的举世瞩目的伟大成就，当下中国马克思主义哲学研究最为紧迫的任务是如何把握中国社会主义改革和现代化建设的现实，进而引导社会实践的发展，这是中国马克思主义哲学研究者的共同关切。以马克思所示范的批判实证主义的方法和人的自由全面发展的理想目标去触摸社会生活中那些本质性的实体性的存在，我们既要像黑格尔那样，洞察到在巨大的丰富的物质财富的对象性存在中有哪些是促进人的自由全面发展和确证人的自由本质的肯定性的东西，并以哲学范畴的形式把它写入中国文明的史册；更要像马克思那样，以批判的否定的精神洞察到社会生活中背离人的自由和解放的目标、异化人的劳动和否定性的存在，并以理论的实践和实践的理论实际地改变世界。而要真正做到以上两点，我们就必须以开放的心态、从容超越的理论态度吸取中外哲学的有益成果，而不能过于急切和浮躁。中国马克思主义哲学作为我们关于绝对的相对真理，需要持久地保持哲学的绝对维度，保持基础主义的形上真理的追求。

作为思想的形而上学[①]

孙利天

20世纪60年代以来,欧洲大陆的一些著名哲学家在对传统西方哲学的批判中使用一个古老却有新意的主题词,即"思"或"思想"。海德格尔的著名论文《哲学的终结和思的任务》,哈贝马斯的集其哲学思想之大成的代表性著作《后形而上学思想》,阿多诺在《否定的辩证法》中对思想否定性的情有独钟,乃至德里达在《书写与差异》的中译本序中对西方哲学和东方思想的区分,都使哲学或形而上学与思或思想的对峙鲜明地凸现出来。甚至可以说,诉诸一种非逻辑、非规定性的思想以超越传统形而上学,是当代欧陆哲学的一个普遍性的倾向。思想与形而上学的对峙或思想对形而上学的拒斥和超越,预设了哲学终结或取消形而上学的时代判断,或者说它显示了我们这个时代的思想偏好。哲学终结、形而上学灭亡的结论很难说是客观必然有效的论断。人们说,哲学总是埋葬它的掘墓人。自相缠绕地思考形而上学与思想的关系,可能会有助于我们重新发现形而上学的永恒意义,而不只是哈贝马斯所说的形而上学的"语义学潜能";也可能会有助于澄清形而上学的迷误,发现形而上学的真实界限;更重要的是非形而上学思想、后形而上学思想如何可能?这将从根本上决定当代哲学的取向。

[①] 原载《学习与探索》2003年第6期。

一、思想是形而上学的秘密

有几千年历史的哲学究竟是什么？人类为什么会产生或必然产生形而上学的知识形态？形而上学是否是由于人类理性的迷误而制造的虚幻的知识"怪影"，因而随着人类理性的成熟而必须予以消除？从亚里士多德到康德和黑格尔，从英美分析哲学到欧陆当代哲学，哲学家们对这些问题给出了种种不同的答案。本文认为，作为西方形而上学的完成者和终结者的黑格尔对这些问题的看法值得重提，它也许会给予我们抗拒而不是屈从于今天哲学潮流的勇气和信心。

黑格尔以"伟大的历史感"总结了西方哲学的历史，即哲学范畴提出和演进的历史。他把历史上升为逻辑，以逻辑学的知识形态概括了西方哲学两千多年的发展，可以说逻辑学是浓缩的哲学史。在黑格尔看来，哲学就是哲学史，哲学史是纯粹思维或纯粹思想自我否定和自我生成的历史，哲学就是思想以思想为对象的自我反思或思想的自我认识。黑格尔的绝对唯心主义所说的绝对方法、绝对认识、绝对知识和绝对精神等等，其中最重要的意义是思想以自己为对象从而消除外部对象性的含义。

按照通常的看法，思想总是对什么的思想，是对事物、存在和世界的认识和思想。具体说，思想总是对我们经验中呈现的事物和对象的某种规定，而这些规定的有效性和正确性总是要符合经验对象或用经验来验证。但在黑格尔看来，这是对思想的外在性理解，是人们习惯的表象思维、形式推理的思维。哲学作为一种思辨的思维恰恰要破除这些常识性的看法。因为当人们用思想而不是用表象、意志等去把握对象时，就要沉入对象自己运动的节奏中，要按照事物自身的同一性、单纯性等规定去理解事物，这种彻底的客观主义的思维使思维成为存在，同时也就使存在成为思想。黑格尔论证说："一个实际存在物的持续存在，或者说，实际存在物的实体，乃是一种自身同一性，因为如果它与自身不同一，它就会陷于瓦解。不过自身同一就是纯粹的抽象，而纯粹的抽象就是思维。当我说质的时候，我是在说单纯的规定性，一个实际存在所以与另一个不同，或它所以成为一个实际存在，就在于有质。实际存在为它自己存在着，换句话说，它存在着乃是由于它跟它自身有这种单纯性。但是，这样一来，实际存在从本质上说就是思想了。"① 黑格尔关于思维和存在同一性的命题受到唯物主义的批判，说"实体即主体"，实体、主体就是精神，这似乎是极端唯心主义的独断。但从上述黑格尔的论证中，我们仍可以理解其中的逻辑和合理性。问题的关键是如何理解黑格尔所说的思辨的思维、哲学的认识把握世界的特点。对哲学思维方式说，我们所能思维的存在只能是思想中的存在，是为思想所规定的存在，没有任何规定性的存在对思想来说就是非存在，或者说就是无。存在就是为思想的把握和规定的存在，存在就是思想。所以，黑格尔把古希腊哲学的存在论，亦即关于存在和存在本质的学说思想化、逻辑化了。表达世界本质和存在规定的哲学范畴，原来就是哲学这种把握世界的思维方式所固有的纯粹思想，因而它也是哲学视界中的世界自身的纯粹本质。用黑格尔自己的说法，是逻辑学和形而上学汇合了、同一了。思想成了形而上学的真正秘密。

　　黑格尔哲学对世界的精神化和思想化依据于他对哲学思维方式把握世界方式特点的规定。黑格尔写道："哲学的要求可以是这样的：精神，作为感觉和直观，以感性事物为对象；作为想象，以形象为对象；作为意志，以目的为对象，但就精神相反于或仅是相异于它的这些特定存在形式和它的各个对象而言，复要求它的最高的内在性'思维'的满足，而以思维为它的对象。这样，精神在最深的意义下，便可说回到它的自己本身了。"② 黑格尔所说的感觉、直观、现象、意志和思维，就其现实性说都是人的意识形式，人所意识到的世界只能是为人的意识所表象的世界，或者说是意识界中的世界。就此而言，黑格尔的唯心主义与贝克莱以来的近代唯心主义并无本质区别。但黑格尔客观唯心主义的特点在于把意识表象世界的能动性说成是世界本身作为精神实体的主体性和能动性，把思维作为

---

① ［德］黑格尔：《精神现象学》上卷，贺麟、王玖兴译，商务印书馆1979年版，第36—37页。
② ［德］黑格尔：《小逻辑》，贺麟译，商务印书馆1980年版，第51页。

精神的内在本质进而作为世界的本质，从而成就了一种思想形而上学或逻辑学的形而上学。

黑格尔认为他的绝对唯心主义哲学是西方两千年哲学逻辑进展的必然结果，是潜伏的精神实现自身的内在渴望获得的满足，因而可以说是思想形而上学的完成。黑格尔的这些看法并非是无根据的自负和骄狂。他对哲学史的辨证运动的总结，特别是对思维把握世界的优先性和必然性的论证，对哲学的后来人来说永远是一个难以逾越的高峰。黑格尔思想形而上学的力量在于：人们和人类不能停止思想，思想是永远不满足的渴望和冲动。思想是规定性和否定性的统一，当人们把事物纳入思想之中，事物就获得了思想的规定，存在就成为思想；但思想按事物的本性在运动，思想总是不断超出、否定已有的规定，以致终于达到思想知道自己的对象就是思想的绝对知识，达到了精神的自我认识，从而可以在半透明的纯粹思维的整体性中安顿自己。

黑格尔的思想形而上学以人类认识史"总计、总和、结论"（列宁语）的形式，揭示出使一切日常意识和科学认识得以可能的纯粹思想的基本结构，或者说是使常识概念框架、科学概念框架得以可能的哲学概念框架，所以，黑格尔宣称"一切科学都是应用逻辑"。或许人们可以指责黑格尔逻辑的范畴进展有诸多牵强之处，或许科学家会说自己并未知道纯粹思维的什么范畴却同样在自己的领域中成为能手，或许人们难以接受事物、存在的本质是精神和思想这种与常识悖谬的说法。但从康德到黑格尔，对思维能动性规律的探索，却可以说具有永恒的意义和价值。只要人类一天不停止思想，那么人类就一天不能停止对思想的思想，亦即不能停止对使思想可能的思想的内在本质和结构的自觉反思。

一切经验常识、科学认识的哲学理论，都是思维活动的结果，自觉地反思思维自身的活动规律，永远是哲学最重要的主题，甚至可以说是它的特有主题和任务。黑格尔思辨哲学或思想形而上学的历史贡献在于，它提出了一种不脱离思想内容、内在于思想内容的思辨的逻辑或辩证逻辑，从而界定了区别于形式逻辑、经验心理学、康德的先验逻辑等研究思维规律的哲学方法。我们甚至可以推想，即便现代基因技术破解了人类思维的全部秘密,哲学对思维的反思仍是不可替代的。因为基因研究的概念、方法、技术的有效性仍然依赖于渗透其中的表现思维能动作用的哲学范畴。黑格尔坚持在思想内容自己运动中获得它的普遍形式的意识,即达到"具体普遍性"的真理认识。黑格尔强调纯粹观念的诸范畴,不是表达思维规律主观形式的原理,也不是经验对象中抽象出的共同点,即不是抽象的普遍性,而是思维和存在共同的内在生命和灵魂,是包含了经验对象的一切差异性、多样性的普遍性。因而要理解黑格尔逻辑学诸范畴及其必然进展,就要像列宁所说用全部人类文明成果教养自己、充实自己,这样才能把握包含了无限丰富性的"具体普遍性",才能达到黑格尔所说的哲学的"理性真理"。在我看来,这种需要用漫长的个体教养、丰富的人生阅历才能达到的"理性真理",其实就是一种理想的人生境界,辩证法实际是一种人生态度和理想。

用思维而不是功利的态度和意志去把握世界,事物、世界和存在就成为思想中的存在。在思想内容历史运动中去反思思想的内在本质和结构,既能获得不脱离思想内容的思维规律的逻辑学,同时也就获得了关于存在本质的形而上学。在黑格尔看来,逻辑学或思想形而上学是西方哲学的隐匿的渴望,也是它的最终完成。思想是形而上学的真正秘密。

二、思想形而上学的界限

怀特、艾耶尔等人都说 20 世纪哲学是从叛离黑格尔开始的。谁也不能否认,拒斥形而上学是 20 世纪哲学的主流。哲学家们从心理、语言、逻辑、社会存在、权力关系、生活世界等一切可以想到的维度,对形而上学进行嘲讽、澄清、颠倒和拆解。形而上学几乎成了狂妄、罪恶、神经错乱的同义语。作为集形而上学之大成者的黑格尔,自然成为当代哲学批判和攻击的主要目标。但是,黑格尔哲学体系的博大精深,辩证法对僵死知性的消解及其内在的否定性原则,以及它对哲学史的充分理解和吸收,几乎已经包容了对它进行批判的所有可能性。以致当代哲学的许多批判都是盲人瞎马，步入歧途。

首先，从形而上学产生的心理根源说。赖欣巴哈在《科学哲学的兴起》一书中，对传统哲学产生的心理原因作出了全面的分析。他所说的人类认识安全的需要，科学概括的成功诱发的过度概括性，为人类道德行为提供确定性的需要等，确实都是形而上学的根源。对此，康德、黑格尔等古典哲学家也同样十分清楚。康德所说的人的形而上学本性导致的理性的僭妄，黑格尔所说理性的"魔力"导致的思想内在的否定性，都充分认识到形而上学的人性根源。但黑格尔明确表示，哲学不是满足人的偶然的主观需要，必须把哲学的"爱智"之名变为知识和智慧本身。无论怎样，黑格尔绝不是心理主义者。在哲学史上可能很少有人比他更强调思想的客观性、必然性亦即逻辑性了。

其次，从20世纪哲学最富有成果的语言分析和逻辑分析说，黑格尔的思辨形而上学仍然是最有挑战性的学说。黑格尔严格坚持一种思想的内在主义，客观思想的自己运动是真正的主体。而表达思想的语言、符号只有成为概念、获得内在的精神生命，才成为思想的有机成分，否则就只是僵死的"名称"。黑格尔也敏锐地注意到日常语言固有的辩证性质，认为德语中同一个词具有相反的意义，这对思辨的思维来说是一件"快事"。黑格尔与现代语言哲学、逻辑哲学的对立集中于一点，就是是否存在一种思辨的语言和逻辑。黑格尔并不否定日常经验和科学经验的有效性，但从哲学或思辨的思维把握世界的方式去看待它们，常识与经验科学就只是经验现象学，是意识向绝对知识发展的"意识形态"。如果要把这些表象思维、形式的推理思维认作是科学的思维、哲学的思维，这就是某种独断的或智性的形而上学，是纯粹思想必然要否定和扬弃的知性环节。20世纪哲学对传统哲学的批判，大都是以经验科学的思维方式为典范的科学主义批判。而黑格尔哲学的一个中心任务就是要消解经验科学的知性思维或形式的推理。黑格尔认为，脱离思想内容而又外在应用于思维内容的形式的推理，避免不了主观的任意的使用，不是把握客观思想内容本身。只有思辨的思维这种高级的思维方式才能达到"理性的真理"。如果我们承认日常意识、经验科学的思维同作为思维，必得有思维之为思维的一般规律和原理，那么反思纯粹思维的哲学必得有异于经验科学的语言和逻辑，这就不是什么神秘和怪诞的想法了。思想形而上学的语言和逻辑也许有存在的理由。

最后，我们再简略地思考一下对形而上学的社会意义的批判。黑格尔并不否定自己哲学的社会意义和政治意义，他认为哲学家不应抱怨人们对他的哲学的政治意义的考察。在20世纪的时代文化氛围中，人们指责黑格尔哲学的"该死的"绝对（詹姆斯语）、泛逻辑主义、思维和存在的同一性乃至他的思辨话语的梦呓般的混乱，等等。20世纪70年代以来的后现代主义哲学家更是发现传统形而上学的基础主义是一种学科帝国主义，它强化了现代性的同一性对异质性和多样性的统治，形而上学是一套权威话语系统，它有助于霸权主义、专制主义乃至法西斯主义的意识形态，形而上学的建构理性是个人自由的大敌，它导向"奴役之路"，等等。时代精神的变化确实可以改变一种哲学的社会意义和政治意义，借助于民族、宗教、道德和革命的激情，也可以使一种理性的哲学为某种狂热的意识形态提供合法性论证。但黑格尔的思想形而上学本身却不必然成为意识形态的专制力量。马克思和恩格斯都曾肯定德国古典哲学的积极的政治意义，作为法国革命在德国的思想表现，它虽然也可能沾染上某种"多数的暴政"的精神气息，但从根本上说，自由才是德国古典哲学的真正政治主题。马克思的洞察力可能是最为深邃和准确的：黑格尔哲学只是"无人身的理性"自由，也可以说是抽象的人类主体的自由。而问题在于每个个人作为"不抱幻想而具有理智的人来思考，来行动，来建立自己的现实"①这已经说出了后现代主义哲学的真谛。

哲学或者说以黑格尔哲学为代表的思想形而上学，就其直接性说只不过是哲学家个人思想的表达，它绝不是神谕或绝对的真理，因而当然有其合理性的界限。但又必须承认，哲学作为人类共享的精神成果，它又有超越哲学家的自身逻辑和问题结构。任何真正的哲学，都必有黑格尔所说哲学或思想自己运动的客观意义，由此它获得了某种永恒的意义的价值。按照这样的理解审视和评价黑格尔的思辨形而上学，黑格尔哲学在任何时代

---

① 《马克思恩格斯选集》第1卷，人民出版社1995年版，第2页。

可能都不会成为无生命、无精神的"死狗",它将永远对我们这些以哲学谋生的人做出诘难、反讽甚至是轻蔑的一笑。但人类的思想和对思想的反思永远是开放的,正如黑格尔承认的思想本质即是否定性的生成。发现和超越黑格尔哲学乃至形而上学的界限,也许并不必然是哲学的终结。

职业化的黑格尔哲学专家会发现黑格尔哲学的内在疏漏,从而对思想形而上学做出内在的超越。比如,黑格尔对康德先验逻辑的主观意义、形式主义的批评是否公允、准确;对耶可比①和谢林的"理智直观"的批评,是否割裂了直觉与逻辑的必然关联,从而使纯粹思维失去了内在明证性的基础。学者们更多的指责是,黑格尔过于偏好思想的整齐和单纯,他的正题、反题、合题的否定之否定有公式主义之嫌。逻辑学范畴的必然进展固然可以诉诸认识史的检验,但历史与逻辑仍是差异中的同一,逻辑的必然性无法用历史的客观性担保,那么,它只是黑格尔自己思想的必然性或他自己相信的必然性?作为黑格尔哲学的外行,我曾提出一个朴素的判断,"辩证法是关于绝对的相对真理"。即便我们承认思辨形而上学要把握的是纯粹思维的绝对真理,而任何哲学家关于绝对的反思成果仍是相对的,甚至是可错的。因此,思辨形而上学永远是未完成的事业。

从外在的文化学的观点理解哲学(这也是现代哲学的主流看法),哲学就是劳动分工中的一种工作,是与文学、艺术、宗教等文化形式并列的一种形式,或者说是由经济基础决定的一种意识形态。按照取消哲学的观点,哲学则是冒充科学的伪科学,是语言的误用,是在说那些不能说而只能保持沉默的问题,是逻各斯中心主义,等等。如果参照前文所引黑格尔在《小逻辑》中对精神的不同意识形式的看法,那么传统形而上学或思想形而上学的根本界限就是思想的界限。感觉、直观、想象、意志等人类意识形式不仅对象不同,而且都是一种人类把握世界的方式,都是人的存在方式、生活方式,甚至可以说都是一种世界观。黑格尔思想形而上学的秘密在于它坚持思想的优先性,坚持思想作为精神内在本质的哲学偏好,从而把一切意识形式都还原为思想,或者说是思想化、逻辑化。尽管黑格尔

---

① 雅科比(Friedrich Heinrich Jacobi,1743 – 1819),又译为耶可比、雅各比,德国哲学家。——编者注

以"具体的普遍性"、"差异中的同一性"力求保持人类意识的全部丰富性、多样性，但终究在《逻辑学》中把世界变成了逻辑的枯骨。如此说来，思想把握世界的方式不管多么力求全面，它仍是对意识和世界的抽象、减损和剥夺。因而，它不能代替其他的意识形式和人类把握世界的方式。思想形而上学的界限就是哲学把握世界方式的界限，就是哲学的界限。

三、超越形而上学的思想

按照海德格尔和德里达的考证，逻各斯的希腊文含义是"采集"、"聚集"的意思。海德格尔力求从一种"生动在场"的印象，寻找原始的逻各斯作为"到场"给存在的光亮，以获得一种区别于传统形而上学的非规定、非宰制性的"思"。德里达则干脆认为，逻各斯作为"聚集"就是把事物聚拢起来，给予意义的统一性。逻各斯开始就是"逻各斯中心主义"。因此，必须拆解西方语言固有的形而上学。无论现代西方哲学家们怎样规定传统形而上学的性质，如说它是实体本体论，是控制论的思维方式，是"工程师精神"，或者说它是无意义的胡说，大都认为传统形而上学的根本弊端是企图用最抽象的思想规定限制存在、控制存在乃至改变存在。以致海德格尔认为，最激烈地反对形而上学的尼采仍未脱离主体形而上学，他把思维对存在的规定变成了价值规定，把存在价值化了。所以，当代哲学对传统形而上学的批判集中于破解形而上学的思想规定。

伽达默尔认为，德国唯心主义的辩证法已经开始了对实体本体论僵死思维规定的消解。阿多诺在《否定的辩证法》中也充分肯定黑格尔辩证法的思维否定性原则。康德、黑格尔都曾批判17、18世纪的"理智形而上学"，即把某种抽象的思想规定实体化、本体化为世界的本质或起源。康德认为没有直观的理性概念是思想的僭妄，黑格尔认为任何单独的抽象判断都不能把握思想和存在的真理。区别于经验科学有限思维方式的哲学，只能在思想自己运动、自我否定的过程中把握全体的真理。黑格尔哲学实际已经提出了一种区别于传统形而上学的"思想"，即自我否定、自我生成的客观性思想；提出了一种区别于形式的推理的思辨的逻辑。但在现代哲学家看来，他仍然驯服于传统哲学的本体说。黑格尔虽然把每一思想环节都看作是自我否定的消失的过程，但却把思想的整体看作是"半透明"的绝对的肯定性。恩格斯所说的"体系与方法"的矛盾，显示出思想的内在冲突，即思想内在的肯定性与否定性的冲突。无论是把思想的主要机能理解为概念、判断或推理，思想总是对什么的思想，即使是思想以自身为对象的哲学反思，也要对对象给予明确的规定。否则，思想就没有了确定性，从而使思想瓦解、消散。但任何思想规定都是有限的规定。思想必然要否定既有的规定，而表现为自由开放的、批判的、解放的精神维度。黑格尔解决思想内在矛盾的方法是：以各个环节的必然性和全体的自由性建立了概念自己运动的思辨逻辑。这种思想内容自己运动的逻辑，虽然解决了思维与存在、内容与形式、规定性与否定性、普遍性与特殊性的统一，但同时也产生了经验上的不确定性和形而上学的绝对性这些新的矛盾。

立足于逻辑与经验的分析哲学，以形而上学命题既不是逻辑命题，也不是可由经验证实或证伪的经验命题为由，断定它为无意义的假命题。这实际仍然隐含着逻辑主义、经验主义的形而上学立场。欧洲大陆的后形而上学思想则从思想形而上学的绝对性、规定性拒斥形而上学，从而提出了一种非逻各斯中心主义的，非规定性、宰制性的"思"或"思想"的可能性。

后期海德格尔对哲学终结之后的"思"做了很多探索，从揭示西方形而上学的逻辑学机制，到批判主体形而上学；从艺术作品的起源和本质的沉思，到对荷尔德林的诗的解读；从追问技术，到对技术运作、民主运作的现代性的批判；从不厌其烦的词源学追寻，到对"为什么在者在而无反倒不在"的根本疑问的反复思考，海德格尔的许多思考因为旨在破解思想的规定性而难以明确的规定。但有些思考可能与黑格尔相去不远，以致伽达默尔认为海德格尔仍在黑格尔身边流连[①]。比如，海德格尔破除主体形而上学，强调思对存在的倾听和归属。而黑格尔同样强调彻底的客观性思想，实体即是主体，思想是存在作为精神的自我意识。海德格尔要破解主

---

① ［德］伽达默尔：《黑格尔与海德格尔》，邓晓芒译，载《哲学译丛》1991年第5期。

体给予存在的思想规定。黑格尔的辩证法也是要破解僵死的知性思维规定。二者的原则差别也许是黑格尔仍给予对象以自身的规定、思辨的规定。海德格尔要置换一种非规定性的思。所以，如果不考虑建设性的后现代主义、哈贝马斯的后形而上学思想等折中的不彻底的思考，后形而上学思想的根本问题是"非规定性的思如何可能"？

海德格尔在《形而上学导论》和《哲学的终结与思的任务》中，似乎特别关注对"无"的思。黑格尔《逻辑学》的开端也是"纯存在"即"无"。但黑格尔仅是在无规定性的意义上理解无。海德格尔则认为，"为什么无反倒不在"这个形而上学之链，更加突现出"无"的本体论意义。在海德格尔看来，黑格尔的客观唯心主义虽然也呼吁"面向事情本身"，虽然断定实体即主体，但本质上仍是主体是实体，仍是把主体的"理性之光"作为事情的"根据"，仍是主体形而上学。真正需要思的事情则是，使理性之光得以进入游戏运作的"敞开之境"，即"澄明"或"疏明"。直观的思考是：如果事物、事情或存在是毫无缝隙的、自身闭锁的绝对的充实，那么无论是知性的理性，还是思辨的理性都无法进入和照亮，任何思想的规定都是不可能的。所以，"敞开之境"是先于理性和非理性的更为原始和本真的事情，是哲学终结之后的思的任务。

"敞开之境"或"疏明"，是在者的在，也是非存在者即无的在。非存在或无并不是思想的规定，即无规定性或等于、小于零的量性规定，而是存在自身的空隙、疏明。它使在者或事情本身到场和运作，显现和"澄明"。或者说非存在、无的在，才有"敞开之境"。"为什么在者在而无反倒不在"？因为从亚里士多德以来西方哲学就是一种表象、计算、控制的思维方式。哲学在经验科学中和现代技术中完成了对表象的存在领域的划分和控制，自然、精神和社会的一切"在者"都已纳入到精确的计算和控制之中。哲学终结了，但无虽被遗忘却仍存在。在完全绝望之际，在某种心花怒放之际，在某种荒芜之际，"无为什么反倒不在"这个问题浮现出来了，"犹如一声浑沉的钟声，悠然入耳，发出缓缓的回音"①。

---

① ［德］海德格尔：《形而上学导论》，熊伟、王庆节译，商务印书馆1996年版，第3页。

从黑格尔的思辨形而上学，到海德格尔所说的对"敞开之境"的思。一种区别于知性思维的思想，一种区别于艺术的、宗教的、科学的和实践的把握世界的方式，仍在顽强地表现出来。从宽容的多元文化观点说，哲学作为一种别样的思维方式、生活方式和把握世界的方式，本身就是需要精心看护的一种文化资源。取消形而上学似乎倒是有些形而上学的霸气。从多种思维方式相互矫正和制衡的意义说，思想形而上学和超越形而上学的思想，是抗拒我们这个时代的科学意义、经济学帝国主义这种最猖獗的形而上学的力量。哲学或超越形而上学的思想也许可以有更多的希冀和期待。如反对理性建构的哈耶克也意识到的，从较长的历史尺度看，思想和观念影响人们的行为，用"观念战胜观念"，是一种重大的事情。[①] 黑格尔、胡塞尔、海德格尔等则干脆认为，哲学或思想是决定民族历史命运的根本大事。海德格尔耐心地等待着人类从技术"座架"中的人与自然相互催逼挣脱出来。到那时人们可以思入"敞开之境"，可以看到一个全新的世界，从而也使自己的历史此在更为坚实和苍劲。

---

① 冯克利：《用观念战胜观念》，载《读书》2003 年第 2 期。

哲学怎样才是合理的[1]

张连良

1. 在《建设合理的哲学理性》(《长白学刊》1996 年第 1 期)一文中,我们指出,自 70 年代[2]后期以来,中国哲学正经历着自身的改革。同时,我们还认为,"哲学改革"意识的觉醒,归根结底,表达了中华民族对一种更合理、更有效的哲学理性的要求,表达了对于人的合理的生存方式选择的意义的关注。据此,对体现合理的哲学理论的哲学形态所应具有的基本特征作些预设研究,是非常有意义的工作。通过这一预设研究,最起码能为我们提供一个有关哲学怎样才是合理的总体观念。在这一总体观念的观照中展开哲学研究,有利于哲学沿着不断合理化的方向发展。

2. 在合理的哲学理性基本特征的预设研究中,最基础性的工作莫过于对马克思主义哲学的精神实质和马克思主义哲学革命变革的意义的深入研究。迄今为止,还没有哪一种哲学形态,能像马克思主义哲学那样,对无产阶级和劳动大众来说,在总体上能担当得起合理性哲学的名义。马克思主义哲学是当代合理的哲学。

我们说马克思主义哲学对于无产阶级及广大的劳动大众的生活实践来说,是唯一能担当得起合理性哲学的名义的哲学时,绝不意味着我们通常对马克思主义哲学的理解都是合理的,特别是如果仅仅通过传统哲学原理教科书的媒介来学习马克思主义哲学时,就更容易偏离马克思主义哲学的合理性内涵。将马克思主义哲学的传播同我国近现代以来的社会矛盾结合

---

[1] 原载《长白学刊》1996 年第 5 期。
[2] 指 20 世纪 70 年代。——编者注

起来考察，我们发现，中国近现代以来的社会矛盾及对这些矛盾的认识，在诸多方面限制了我们对马克思主义哲学的合理性的理解。就其消极影响而言，第一，中国近代以来的社会矛盾，决定了中国近现代哲学特殊的心态。其集中表现就是忧患意识前提下的激情；民族主义情结下的爱国主义；反传统、民族主义与西化的奇特结合；学习西方与设防西方的心理紧张。在这种心态的作用下，使我们在将马克思主义哲学整合为中华民族的新的哲学理性时，失去了对中国传统文化全面深入分析批判基础上的民族文化的根基。第二，中国近代以来的社会矛盾影响了中国近现代哲学特殊的语境，本体论的话语方式成了基本的哲学话语方式，并进而影响了日常话语方式，大话、空话、假话泛滥。与此相联系，中国近现代哲学具有浓厚的体系意识而缺失问题意识。第三，中国近代以来的社会矛盾影响了哲学对自身的社会功能、作用的认同。哲学的意识形态功能几乎成了唯一的功能；直接解释经验事实几乎成了哲学的唯一作用。第四，中国近代以来的社会矛盾影响了中国哲学研究的操作方式。其中最突出的表现就是抽象化与庸俗化两种倾向的联姻。①这些都说明，虽然马克思主义哲学是合理的哲学，但绝不意味着我们对马克思主义哲学的理解都是合理的。

对马克思主义哲学的这种不理解状态，近十多年来有了巨大改观。许多学者对马克思主义哲学的实质、理论内容、基本价值态度、理论体系等的新理解，为我们提供了诸多理解、把握马克思主义哲学的新视角。在众多新理解中，我认为，孙利天教授的理解是极富启发性意义的。他在《寻求和建设马克思主义哲学的当代形态》②，一文中指出，马克思主义哲学的实质在于创立了实践观点的思维方式，这种思维方式是对本体论思维方式、还原论思维方式的否定，是对任何先在本质决定的哲学解释模式的否定。实践观点作为哲学思维方式就是马克思主义哲学理论内容的全体，它不仅是概括了人类认识史的认知范畴体系，同时也是表达时代精神的价值原则体系。从较深的理论层次说，马克思主义哲学是生存论的哲学，而不

---

① 参见张连良、孙丽娟：《当代中国哲学的聚焦点哲学发展的前提研究》，载《长白学刊》1996年第2期。
② 载《社会科学战线》1996年第2期。

是自然哲学或本体论哲学。对于他的上述观点，我是完全赞成的。在《建设合理的哲学理性》一文中，我们指出："哲学研究的本文是人的生活。从这个意义上说的'哲学发展研究'，其实质是人的生存与发展问题的哲学研究，即把人的生存与发展过程中所遇到的问题提升为哲学问题，并对其作出有内容、有深度的理论阐释。"这一点也正是基于对马克思主义哲学与上述理解相同的基础上提出的。

3. 既然马克思主义哲学是一种生存论哲学，既然它的革命性、它的生命力，在于它的对无产阶级的价值关注，即在于它的无产阶级和劳动人民的自由和解放的基本价值态度，那么，我们也就可以说，人的生存矛盾是合理哲学理性基本特征预设研究的实在基础。是否真切地反映、表达了人的生存矛盾，是否有助于人的生存矛盾的现实有效的解决，应该成为评价一种哲学形态是否具有合理性的一个根本标准。以此为基础，我认为一种合理的哲学理性，起码应具备如下基本特征。

第一，人的历史与现实的矛盾，要求合理的哲学理性应该是历史感与现实感的统一；时间性（历时性）智慧与空间性（共时性）智慧的统一。

人的生存与发展，离不开同"外物"的联系。人的生存过程是在对象化活动中确证自身的过程，即在实际的创造一个对象世界、改造无机自然界，将无机自然界变成属人的自然界的过程。将无机自然界变成属人的世界，只有在社会中才是可能的。"只有在社会中，人的自然的存在才成为属人的存在，而自然界对人说来才成为人。"①所以，人的生存过程是一个在人人关系即社会关系中的自然过程和在人物关系中的社会过程的统一。这一过程的无限丰富性和无限复杂性，既通过人的存在的自我超越的时间性的历史联系表现出来，又通过人与外物间空间性的同时并存的联系表现出来。当人以这些感性经验为基础，对人自身的本质、本性及人与万物同为物的形上基础作理性的反思时，亦即在寻求人的生存与发展的真谛，建立哲学的人学原理时，便会出现两种不同的可能性：或者从万物在空间上的同时并存性中寻求万物统一性来说明，或者从万物在时间上的历史发展

---

① 马克思：《1984年经济学哲学手稿》，人民出版社1979年版，第75页。

中寻求万物统一性来说明。前者表现为空间性思维方式，后者则表现为时间性思维方式。两种不同的思维方式结晶为两种不同的文明类型：表现空间性智慧的"破裂性"文明和表现时间性智慧的"连续性"文明。这两种类型的思维方式，在中西哲学发展史上都各有不同表现。在中国古代传统哲学中，道家哲学和儒家哲学较有代表性地表现了这两种不同的思维方式。道家哲学以追求人的真实存在、自由存在为归宿。但他们发现，人的真实存在、人的自由必然是一种超越有限和相对的绝对存在，是与天道合一的存在。那么，人应与之合一的绝对的天道是什么呢？道家思想家从反思具体存在的有限性中去体认天道的属性。首先，他们将统一的世界理解为广延上的总和。在这总和中，他们看到任何有规定性的存在都是有限的、相对的、暂时的，都是一个矛盾性，都不足以成为构成人的绝对自由的基础、真人的基础。由此他们认定天道的属性只能是"无"，"无"作为生长发育的原则，只能是"自然而然"。由此，他们认为，真人、自由，只能作为一种心理事实而存在，即作为人的境界而存在。在现实生活中则应尽可能地向自然靠拢，不断地超越具体事物存在的有限性、相对性的局限性，自然无为是人行为的最高原则。儒家思想家在建立自己的人学原理时，表现出与道家不同的思维方式，他们不仅仅将统一的世界理解为广延上的总和，更把它看成是时间上的历史发展的秩序系统。"生"和"则"（轨则、秩序、规律、理）是这一系统的两个基本原则："天生蒸民，有物有则"①，"维天之命，於穆不已"②。在这生生不已的发展系列中，人是最高环节、最具体的环节。人生虽本于自然性，却不就是自然性。所以，他们一方面说"天命谓之性，率性谓之道"③，同时又说："口之于味也，目之于色也，耳之于声也，鼻之于臭也，四肢之于安佚也，性也，有命焉，君子不谓性也。"④人之所以为人的根据，在于人的社会伦理规律，而不在于自然本性。社会伦理规律作为天道发展的环节，作为天道的自觉表现，

---

① 《诗·大雅·蒸民》。
② 《诗·颂·维天之命》。
③ 《中庸》。
④ 《孟子·尽心下》。

是一等级秩序，此亦即孔子"正名"思想的基础、根据。所以，当墨子从人的自然性出发，宣扬一种"兼爱"思想时，孟子说他的兼爱说是"无父"，"无父无君是禽兽也"。① 以往人们对此不理解，其实，孟子这里说的无非是指自然性并非是人性的本质。人之异于禽兽者在于人的伦理关系。"人之所以异于禽兽者几希。庶民去之，君子存之，舜明于庶物，察于人伦，由仁义行，非行仁义也。"② "仁义"是人的本质规定。"仁义"的现实性，就是人的社会伦理关系的总和。人的伦理规律基础上的伦理关系，就是天道的表现，就是人性的实现。

由上述可知，儒道两家用不同思维方式解决同一问题时，得出了不同的结论，表现了两种不同的智慧。道家从人与万物的广延关系中，确立起了人的超越性存在的精神境界、心理体验的可能性；儒家从人与万物的历史发展的连续性中，确立起了人的超越性存在的现实伦理生活的可能性。但由于二者终极关怀的同一性，二者都将"反"作为实现其可能性的途径，道家讲返璞归真，讲"万物并作，吾以观其复"。③儒家讲"克己复礼"，讲"复性"，讲"善反"，等等。这又都表现了二者共同的历史性智慧。再加上二者实现"哲学的突破"的文化前提的一致性，使二者在历史发展过程中终于走向融合，并共同塑造了中国的"连续性"文明形态。④。

与中国文明类型不同，西方一开始就表现出强烈的空间性"破裂性"文明类型。古希腊哲学所追求的是原子式的本原，对对象抱一种共时性的理智分析的态度，追求对对象界限的认识，对形式化的思维形式的认识。在古代西方文化中，虽也有时间性、历时性的描述，但终摆脱不了原子式的界限，比如在《旧约全书·创世纪》中描述的耶稣创造世界万物的过程，并非真正的历时性的发展的观念。西方文明，始终摆脱不掉主体与客体、此岸与彼岸、真理与意见、本质与现象等二元分裂意识的阴影。这种文明的积极性结果，是推动了科学的产生和发展，而其消极影响则易造成

---

① 《孟子·滕文公下》。
② 《孟子·离娄下》。
③ 《老子·第十五章》。
④ 参见张连良：《儒道融合的心路历程》，载《长白学刊》1994年第4期。

相对主义，造成人类精神家园的迷失。与西方不同的中国文明，由于一开始便建立在"天人合一"观念的基础之上，在天道与人道之间保持了良好的张力关系，所以，很难产生西方式的相对主义。（以往人们认为庄子是相对主义者，我认为此为误解，篇幅所限，此不具论。）但其消极结果是很难形成建立在主客二分基础上的逻辑分析的传统，很难发展出理性主义的科学。所以，一旦在生存过程中遭遇到外界阻力，便极易退避于虚灵的精神境界、心理体验之中，通过心理矛盾的消解，代替现实矛盾的解决。

中西两种类型的文明都应有优长与缺陷，各有解决人的生存矛盾的独特功能，未来的合理哲学理性的建设，应该是二者的有机综合。

第二，人的心理与文化的矛盾，要求合理的哲学理性应该是知识与境界、解释功能与价值功能、现实生活智慧与形而上学的终极关怀的统一。人的存在，抽象地看，无非是表现为两种经验事实：一是心理存在，一是文化存在。人在生存过程中的人与自然之间的关系，在历史发展中，就表现为这两种存在之间的关系，即心理与文化的关系。这种关系亦可称之为人自身生存发展过程中的内外关系，它表现于人的认识，便是直觉与逻辑的关系；表现于实践，便是精神能动性与对象化成果之间的关系。心理与文化是辩证统一的，一方面，文化是人的本质力量的对象化，它是人的意志、情感、知识的客观化，是人的心理存在的表征。另一方面，心理作为具体的意志、情感和想象，又是文化占有人的结果。上述文化与心理之间的矛盾运动又进一步表现为文化的形式结构与文化的精神义理作为文化的内容之间的矛盾运动等等。人作为一个有机整体，其实在性就是这诸多矛盾的综合。并且这些诸多矛盾着的两个方面，始终处于相互过渡、渗透的关系中。二者的对立仅仅是知性分析的结果。这样一种辩证关系便决定了人与自然界的相互作用，作为人的生存发展过程，总表现为创造生活与体验生活的统一；指向现实与超越现实而指向未来理想的统一。理想、体验作为批判现实的尺度，时时修正着现实，而现实作为理想的基础也时时修正着理想。人就是这样在即现实即超越、即心理即文化的矛盾运动中实现了超越性的发展，改造了客观对象的同时，改造了主观世界。哲学作为人的生存矛盾的理论表达，必须反映心理与文化之间的这种矛盾运动。为人们消解由知性偏执所带来的心理与文化间矛盾对立提供理论说明。这就要求哲学理性在心理与文化之间保持必要的张力，即不可将自身等同于纯粹的知识，又不可将自身停留于主观的感受。它既是一种知识，更是一种境界；既是现实的生活智慧，更是人的安身立命之本的终极关系。这种特征，如果在西方意义上理解理性和非理性的概念的话，就是理性与非理性相统一的特征。

第三，哲学自身逻辑形式结构与意义之间的内在张力的自觉建立，是保证合理哲学理性自身发展的基本条件。

以上提出的合理哲学理性基本特征的要求，最终体现在哲学理论形态上，就表现为哲学的概念体系与其精神实质之间的相互关系上。哲学的道理，不能不借范畴体系以彰明，但并不等于范畴体系。人不可没有终极关怀，但又不可将其归结于任何一种具体存在。解释循环的不可避免性，决定了任何建立终极体系的企图必然归于失败。所以真正合理的哲学概念体系，只能是内在包含心理与文化、质与文、内容与形式内在张力的哲学体系。在这方面，中国古代传统哲学和马克思主义哲学提供了良好的范例。

哲学的心理与文化、质与文的内在张力的形成和发展，只能通过不同哲学派别间的对话才能实现。由此我们说合理的哲学理性应该是心胸宽广的、从容的。以此教化出的人、民族也应该是心胸宽广的，从容不迫的，富有同情心的。

政治美学的哲学观

张　盾　邢国凯

一、作为美学的哲学

海德格尔说,所有哲学家都思考同一个问题:"存在是怎么一回事?"这一现代哲学的重大论断如果没有升华为理论思维的结果,就还只是一个一般化的见解,很难产生出真正重要的意义。当海德格尔把存在当作毕生追问的问题,他并没有真正回归希腊存在论的二元论这一最重要的源头。如果只限于从一元论上去理解,无论存在的本意被理解为物质自然还是精神意识,抑或是扬弃了二者对立的主客同一性,都是对存在的实体性理解,无论做出了多少幽秘玄远的论说,仍然没有上升为反思性的理解。

二元论是真正的存在论,是使存在上升为理论思维的前提。存在与意识、现象与物体、"可见世界"与"可知世界"是分开的,各自拥有不同的根据和逻辑,无法实现内在的统一,但却保持着"必要的张力"。二元论意味着,在普通的现实的存在之上,有一种特殊的更高意义上的存在,比普通的现实的存在更真实、更完美,它见证着存在的反思性意义的显现。作为"美的规律",它是哲学思考的专属对象,哲学也在这一意义上成为一种美学。

按照第俄提玛的美学启示,原初意义的美学必然是政治美学,它包含

---

① 原载《求是学刊》2017年第2期。

着三个基本维度：所谓"政制之美"是对正义原则的彻底理解；所谓"人性之美"是对人本身的彻底理解；所谓"哲学之美"则是对存在本身的彻底的反思性理解。或者可以说，一种达到理论思维的形而上学应该是美学。以往之所以不能在纯粹反思的意义上理解"存在是怎么一回事"，提供作为美学的对于存在问题的真正理论思维，根本在于缺乏使存在得以反思性地显现本性的二元论维度，只是把存在理解为现实事物的实存或人的此在，把意识理解为存在的印象、观念或关于其客观必然性的概念知识。柏拉图的政治美学提供了使存在的反思性理解得以可能的哲学方法。哲学之所以能成为通向存在之本意的一条道路，在于它是美的存在的创造方法。现实的现成存在就其不被创造而言不是哲学的真正对象。

在一元论占主导的时代，美学对于思考存在的重要意义未能受到足够的重视，因为美学只是被当作文艺美学。艺术之美无法最终见证更高存在的显现，因为它携带着艺术作品的物质性质料，只是直接见证着感性经验存在的意义。美的本质是存在的永恒的完美，因此不能用经验主义的方法去研究美学，而应觉悟到美学是使对存在的研究真正上升到理论思维的纯粹哲学，而不仅仅是哲学的附庸，因为美学把对存在的理解变成了理性的知识，让我们第一次看到了显现本性、回归真理的存在本身。

然而，美学面对的存在确实兼具感性的实存内容与理性的反思形式之双重维度，必须在两个层面对立统一的张力关系中去寻找真理，因而需要寻找能够扬弃这种对立统一的一种"概念式理解"的界面。柏拉图揭示了存在其实是一个二元关系的等级性格局，因而对存在的理解应该是整全性的和关系性的，而非实体主义的抽象对立。感性的现实实存与理性的抽象意识都还是对存在的实体主义理解方式，超越实体主义两极对立的新理解应该以整全性为基础。真正作为美学的哲学只能是整全性构成了存在，整全性先于实体，形式先于质料，先于整全性没有有意义的存在。反思作为哲学的技艺把实体带入整全性。美的本质作为完美的存在属于二元论关系中那个在现实存在之上的更高的存在界面，它当然不是物质自然的实体性，但也不是抽象意识的实体性，而是从二元论关系的整全性中产生出来的对于存在的反思性理解。真正重要的是哲学提供了这种更高存在的逻辑展开的方法,即更高的存在是观念性与创造性之内在统一体及其真实性与完美性。更高的存在既是观念性存在,又是被创造的产物,二者分别是哲学的知识与技艺的实现形式。更具体地说,"观念"不是现实存在物的图像和标记,而是与现实存在的差异性,它是存在的实存性、质料性内容被超越之后呈现出来的存在的纯粹形式,是现实存在的实体性自然律被否定之后产生出来的另一种自由与美的规律,从而是关于这种差异性、否定性和超越性的知识。更为切近地说,更高的存在是语言性存在,它是哲学用语词创造出来的一个完美世界。在此,"创造"也不是在实体意义上创造出新的现实性存在的内容,而是开启一个与现实存在完全不同的更高存在的维度。哲学的创造方法是观念的知识论限制,它是对更高存在与现实存在之差异性进行彻底理解的技艺,从而是创造扬弃了实存性质料的纯粹"形式"以及不同于现实存在之自然规律的另一种规律的技艺;在直观上哲学的创造方法则意味着,哲学所开启的"更高的存在"是直接现实意义上不存在的东西,因而只能借助哲学所赋予的精神力量创造出来,唯其如此,它在反思的意义上才是更真实、更完美的东西,因为它从现实上升到知识,从实体性内容上升到纯粹形式,具有了彻底的可理解性。

"更高的存在"作为反思性存在的唯一特性是真实与完美,只有哲学能达到这种真实性与完美性。从反思的理由上看,现实的存在之为现实性必然是不完美的和不真实的,人们只看到了现实中直接存在的物质载体和历史要素,但这些东西只是外在的、次要的、有限的方面,现实生活中充满了错误、丑恶和腐败的东西。这样的所谓存在够不上真实的存在本身,只能是一些偶然的现象或假象。因为达不到"人之为人"的概念和形式,没有目的和意义,现实的存在是不能被彻底理解的。柏拉图认为,可理解性是事物存在的最高形式,知识作为观念性与创造性的内在统一体是超越了自然与现实的更高意义上的存在,只有知识能内在于存在的真理之中,因为经过了创造的推动并上升为观念化的形式,存在本身的内容在其可理解性上反而更能保持其真实和充盈。孟子说"充实之谓美"。夏夫兹博里[①]说

---

① 夏夫兹博里(Shaftesbury,1671–1713),又译舍夫茨别利,英国伦理学家、美学家,新柏拉图派代表人物,著有《论特征》等。——编者注

"凡美皆真"。所谓更高的存在只能是反思性的存在，而反思对存在的唯一要求是真实性与完美性，只有哲学能够通达这种真实与完美，因为这里所谓"反思性的存在"之观念性原则和创造性原则只不过是哲学的知识与技艺的实现形式。并非所有的观念都能进入"反思的存在"，虚假的观念是意见，基于现实事物的观念也只是存在的图像，甚至关于客观的科学规律的概念知识也不能进入反思性的自由的存在，只有美与真的观念才能"上升到我们称之为真正哲学的存在"。这种美与真的观念性存在必须被哲学创造出来，才能成为超越了直接性现实的更高的存在。

为什么柏拉图认为哲学创造的"可知世界"比实存的感性世界更真实？因为真实性（真理）的本意是可理解性而非可感知性，思想构成了人的真正尊严，哲学作为"纯粹的思想"除去了自身的一切实体性质料的重负，"纯粹的思想"能够在变动不居的现象之上看到存在本身可以有一种不同于自然现实的更真实、更美的原理和逻辑，就其确定性而言比现实的存在更真实，柏拉图称之为"永恒的存在本身"。以此，哲学改变了人们理解存在的方式，精神理性可以在一个更高的不可见的世界中自由无碍地行走，比可见的现实世界具有更大的确定性和真实性。没有什么比真更美。哲学悬搁了现实存在的一切实质性内容和道理，将其扬弃为感性经验的现象和有限性；同时也悬搁了普通意见中物质与意识、自然与精神的实体性对立，将其转化为知识内部存在之二元关系的内在反思性，在此基础上获得了对存在之为存在的最真实、最完满也是最美的理解。庄子所说的"圣人者，原天地之美而达万物之理"，如果当作一个知识论原则，只适用于作为美学的哲学。我们要确立的"美的存在"就是哲学性存在，而使其具有美的原因是观念的自由的非意指性的反思。

二、作为政治美学的哲学

如果完美的存在是对存在本身的彻底理解和认识，那么这一美的存在就是一个人性的原理，从而我们要确立的"哲学之美"就是一个政治性界面，作为美学的哲学只能是对政治的反思。柏拉图第一次揭示了哲学与政治的一体两面性，即政治的本质是哲学性和知识性，而非现实性和实践性；哲学对更高存在的创造在于它是政制之美与人性之美的创造方法，而不是抽象地思考"更高存在"的实体性概念。

我们不难发现，柏拉图著作中反复出现的哲学首先和主要是一种观念政治，而非近代意义上纯粹先验的存在论和知识论。政治的哲学性是对政治的实体性的扬弃，把政治还原为观念的创造及其可理解性，从而使政治对于人的整全性的理解与哲学对存在的反思性理解整合于同一个理论界面上，使二者服从相同的关于更高存在的观念性原则和创造性原则，并将"更高的存在"落实为政制之美与人性之美。更为确切地说，"政治的哲学性"在于政治是关于人之为人的完美概念的知识，"哲学的政治性"则意味着哲学是一种创造最美政制与最美人性的特殊技艺。柏拉图的这一发现，超越了理论与实践的流俗划分，克服了自然与人文的实体性对立，开显出把对存在的思考与对人的思考统一起来的最纯粹的先验界面，把哲学带到了政治这一存在问题的核心地带，同时也将传统的政治问题升华为关于"更高存在"的美学问题，使整个人文科学和社会科学获得了严格理论思维的真理基础。

哲学之所以必须是一种政治美学，根据就在于哲学与政治的这种内在一致性和一体性。哲学研究可以（而且应该）上升到自然之上，但必须植根于人性之中，政治是哲学必须据有的界面。哲学把知识性作为政治的本质，其实是以知识性悬搁现实政治中不具有意义构成作用的实质性内容，使制度与人性转化为纯粹形式概念即由可理解的纯粹认识构成的存在，以此呈现政治之美。最美的政治是彼岸的原型，现实中没有这样完美的制度与人性，只能借助于哲学的纯粹思想，在观念政治的平台上创造出最彻底的正义原理和完美人性的概念图景。哲学以这种方式创造出"更高的存在"，即马克思所致力的用理论思维创造一个完美的世界。

哲学的理论思维成熟的过程，正是哲学成为政治美学的过程。哲学之为最纯粹的政治，既是哲学之"反思的思想"的要义所在，也是政治显现本性、回归自身的唯一机遇。这一机遇很快就失去了。近代先验哲学之所以未能达到真正的理论思维,在于它未能记住哲学的政治本性,从而也就抓不住哲学自身。近代先验哲学只是就存在与意识、感性与理性、真理与方法的抽象概念去研究存在问题,从未在政治的界面上思考存在的知识,从未意识到存在的知识与人的救赎是内在相关的问题,只是依循自然科学来规划精神科学的格局,从而导致了思想的实在化倾向而忘记了思想的创造性能力,把认识限定在经验范围内,进而把存在本身当作不可认知的设定之物。然而,限定在经验范围内就是限定在意见世界中,感性意味着人性中的脆弱、卑下部分,不能成为人之为人的知识的根据,在经验范围内没有真正的知识。近代先验哲学的一元论立场把精神科学的格局弄窄了,认识论没有给理性的世界和"更高的存在"留下地盘,而是将其转移到伦理学,忘记了存在本身才是真正的知识与真理的对象,而存在本身就在人性和政治之中。"更高的存在"作为观念性与创造性的内在统一体正是对永恒存在本身的彻底理解,结出的果实就是关于政制之美与人性之美的知识。

所以,近代先验哲学对存在的思考是外在的而非本质的,毋宁说只是对哲学的经验化和抽象化,使哲学追问存在却抓不住存在自身。当然,这种自觉也只有在我们重新回忆起哲学与政治的内在一体性之后才会具有。相反,为近代意识哲学的理论格局所束缚,人们一直认为哲学的本质是概念性,即对抽象的存在概念和认识概念的思考,正如海德格尔指出的,近代意识哲学遗忘了存在是人的此在本身的一种生存论性质。海德格尔在一定程度上回忆起哲学是关于"人之为人"的知识从而是政治哲学,但海德格尔对政治与人性的研究限定在人的日常生存领域,他的"此在之生存论分析"只是揭露了人的感性存在和意见世界的庸常、颓废与委琐,同样遗忘了政治哲学的美学维度,更彻底地失落了政制之美与人性之美的理想,丝毫没有触及从洞穴中的意见世界重新上升到"人之为人"的知识与真理的问题,只显露出末世论的悲观气象。

柏拉图天才地发现了哲学与政治的内在一体性,指出了哲学是最纯粹的政治,最好的政治是哲学和知识,而非现实的制度和现实的人的实践;同时,柏拉图还创立了使哲学如其本性地显现为一种政治制度的方法,即把哲学规定为一种创造政制之美和人性之美的特殊技艺,从而使哲学成为一门政治美学,哲学从一种一元论的抽象实体性存在论变成了一门基于严格理论思维的人的科学。哲学作为形式化和知识化的政治制度,使存在的意义与价值依赖于制度和人性中的感性与理性、知识与意见的二元对立关系,即存在本身的内在反思性,而不再依赖于存在与意识、自然与精神的实体主义的抽象对立,从根本上哲学不再作为思考客观性与主观性、物质客体与纯粹意识之间关系的意识哲学,而是作为"完美存在"和"美的规律"之创造方法的政治美学,将这个"完美存在"生成为关于最美政制和最美人性的反思的知识。我们已经初步制定了政治美学的基本概念和基本论域:(1)最好的政制不是现实的制度与实践,而是对正义原则的彻底理解和反思的知识,现实的政制只能是作为理论与实践之实体性统一的次好政制;(2)最美的人性不是现实的人,而是对人之为人的完满概念和先验图景的彻底理解,现实的人及其实践作为有限的存在只能处于意见界面和洞穴世界之中。这样,哲学的政治本性就使哲学对存在的思考构成为"理性的具体"、内在反思的思想,从而使"哲学之美"成为可能。

马克思学说最深刻的本质在于,它重新为现代政治树立起崇高的理想,将现代政治重新带回到对最美制度与最美人性的创造与理解的界面上。就这一本质来说,马克思学说无疑是一种政治美学。我们对马克思的实践观点和唯物主义不应当从直接性的(字面的)意义上去解读,而是要在理论思维的反思性中抓住问题的本质。马克思的实践观点、革命观点和唯物主义不是本质性的、哲学的知识问题,但它们在对资本主义现实事物的理论思维方面有意义,即这种对现实事物的思维着的考察有助于在二元论的反思关系中重新抓住政治美学的原初问题,这种意义在直接性经验事实层面反而得不到确证,当代资本主义发展的经验事实不支持马克思的实践观点和革命观点。而在反思的知识界面上,马克思以"自由的联合"和在"自由联合中全面发展的自由个性"恢复了柏拉图对最佳政制和最美人性的思考。如前所述,"自由的联合"在任何意义上都不是一种现实性的制度,而是一个观念的创造与理解问题,它拒绝以现实的次好政制和有限正义为目标,而是以对最高正义原则的彻底理解为目的。因此,"自由的联合"从直接性的理由上看只是一种"完美的不可能性",但对政制之美的反思却必须站在这个高度上才是可能的。同样,"全面发展的自由个性"作为完美的人性也不是任何"现实的人"的规定,而是马克思用理论思维创造出来的更高更美的存在观念,代表着马克思对"人之为人"的先验概念的彻底理解,马克思用标示人的"自由的本质"的全面的自主性劳动和内在性财产这两个概念来充实他对人的这种理解,以彻底的形式反思悬搁了"现实的人"的最坚固的自然性实体性内容,使劳动和财产成为美的对象和规律,从而成为人性之美的纯粹知识和形式原理。

由此可知,先验的更高的存在、形上反思的超越性、存在本身和人本身的完美形式,从根本上构成了马克思理论思考的真正目标和本质规定,使马克思学说成为一门政治美学,而且只有作为政治美学,马克思的学说才能构成自身。马克思对抽象思辨的形而上学的批判,不是对形上维度和更高存在的否定,而是对抽象的近代意识哲学的批判,这种意识哲学割断了哲学与政治的内在联系,消解了二元论理论格局中对"更高的存在"的反思之维,使哲学对存在的思考陷入抽象的实体主义的概念思辨。马克思则坚持哲学对存在的思考"不应当带有任何神秘和思辨的色彩"[1]。在思辨终止的地方,"关于意识的空话将终止,它们一定会被真正的知识所代替"[2]。这种真正的知识就是政治的哲学性和哲学的政治性,基于二元论的政治美学的态度必然是"从人间升到天国"。只有超越直接性解读,按照理论思维的反思性原则去解读马克思,我们才能真正理解马克思所理解的"哲学之美"。

三、哲学之美与艺术之美

哲学是最纯粹的政治,而政治与艺术具有某种先天的相似性,即政治和艺术都是精神创造的定在形式,差别在于,政治通过创造制度之美与人性之美直接获得人之为人的存在本身的内在根据,艺术则以创造艺术品的

---

[1] 《德意志意识形态》(节选本),人民出版社2003年版,第16页。
[2] 《德意志意识形态》(节选本),人民出版社2003年版,第17—18页。

感性存在来表现人之为人的超越本质，因此我们可以通过分析艺术与哲学之间的差别，来发现什么是哲学本身之美。

如前所述，近代美学通过艺术把握更高实在的努力失败了，其遇到的主要困难是艺术品的实体性存在如何通达更高的存在之真理。柏拉图早就彻底否定了这种可能性。造成这一困难的根源在于人的二重性存在，人无法离开自然生命的基础，艺术也需要自然质料的载体，艺术因其本质地牵连着人的感性存在而使上升之路举步维艰。什么是艺术之美？近代美学的主流观点认为艺术即表现。表现是一个感性存在物对一个尚未感性存在之物的双项对立统一关系，艺术品的表现力就在于使某个感性形象通过联想作用来暗示或象征某种更崇高、更深远的对象、思想或情感，以此促成事物的审美变化，使表现力成为一种审美价值。艺术的表现之美在于，被表现的东西总是比表现物更深刻、更重要，因为表现是一个"把形象展示给领悟"的过程，艺术品通过审美经验让人"看到"某种并未直接存在但能够被领悟的东西，由此实现了感性经验向理性世界的升华，表现作为"领悟性的观看"进入了观念的创造问题。"艺术是表现而非再现"，但仍然不是彻底的美学反思，因为表现的主要对象和目标是审美情感而非存在的真理，比如克莱夫·贝尔认为，"对艺术作出的任何形而上学的思考都是不重要的。真正重要的是审美情感以及它的直接对象"[1]。所谓"有意味的形式"只是为了表现这种审美情感。表现之美在于它不是直接的纯粹主观的情感，而是需要被客观性的经验质料所承载，因此表现实际上被理解为情感经验的完满性及其实现过程，或者说，表现是内在情感与物质与料、过去经验与当下经验的统一整体，过去的经验尤其充实着艺术作品，使表现获得灵韵的源泉。杜威认为，情感对于艺术品的表现是至关重要的。"恰当的措辞（mot juste），正确的地点中的正确的位置，比例的敏锐性，在确定部分的同时又构成整体的准确的语气、色彩、浓淡的决定，这些都是由情感来完成的。然而，并非每一个情感都能如此，而只有那些充满着所掌握和所搜集的材料的情感，才能做到。情感只有

---

[1] ［英］克莱夫·贝尔：《艺术》，周金环、马钟元译，中国文联出版公司1984年版，第190页。

在间接地被使用在寻找材料之上,并被赋予秩序,而不是被直接消耗时,才会被充实并向前推进。"① 可见,艺术之美作为表现乃是一种感性与理性的统一、形式与质料的统一,艺术作品凭其自身的感性存在而具有表现力,在对可见之美的"领悟性观看"中象征性地看到不可见之美。这种艺术之美永远需要物质质料的承载,因而携带着无法扬弃的实体性存在,不可能彻底地上升到关于存在本身的纯粹知识,只能停留在现实性的意见世界中。

与之相比,哲学是彻底的理解力和知识本身。哲学作品表现为作为文本的"纯粹的思想",文本不是实体性的存在,而是语言性的存在(意义性存在或者概念),从而是逻各斯的直接开显,彻底悬搁现实的直接性存在,超越自然规律的一切制约,完全上升到精神的界面,在反思的纯粹形式中构造起"更高的存在"即关于存在本身的纯粹知识。因此哲学之美是一种纯粹的形式之美。我们应该怎样理解这种奇特的哲学之美?《会饮篇》中的"第俄提玛教义"的核心在于:所谓"知识之美"就是美本身,即"美的话语的汪洋大海",这里没有哲学与存在之间的对象性关系,没有能指与所指的实体性对立,知识与存在直接为一,所谓"更高的存在"作为彻底的可理解性和纯粹的知识就是"我们称之为真正哲学的实在",没有另外一个超越性的形而上的实体性世界自在地存在着,等待着被哲学去发现。因此,当你凝神注视着美的话语的汪洋大海,在哲学对存在的长久沉思中,"那长期辛劳的美的灵魂会突然涌现出神奇的美景",直接得到"终极启示"即"关于美的知识"。② 关键在于"美的存在"是一个人性的原理,人只能"通过使美本身成为可见的(可理解的)而看到美本身",这意味着美本身与对存在的彻底理解是同一的,知识是存在的直接见证,在关于美的知识之外并没有自在存在着的实体性的美本身,"更高的存在"之开显就是哲学的存在本身。哲学本身在创造着"更高的存在"这一界面同时也据有着这一更高存在的全部逻辑空间,哲学作为人的原理因而成为最严格的存在本身的自我认识;或者换一种说法,哲学是世界的形上主

---

① [美] 约翰·杜威:《艺术即经验》,高建平译,商务印书馆2010年版,第81页。
② 《柏拉图全集》第2卷,王晓朝译,人民出版社2003年版,第254页。

体，作为"纯粹的思想"不需要任何承载它的自然与料和物质载体，人的经验性存在则消失在哲学的问题之外。诗也是一种语言性的存在和精神迷狂的形式，诗之所以达不到那更高的存在、"真正存在的居所"，就在于诗的精神还需要被尘世生活的自然与料所承载。只有"纯粹的思想"能够直接创造更高的存在并直观自己的作品。在精神迷狂的最高形式（哲学）中，"最后揭开给我们看的景象全是完整、单纯、静谧、欢喜的；我们沐浴在最纯洁的光辉之中，而我们自身也一样纯洁，还没有被埋葬在这个叫做身体的坟墓里"①。《斐德罗篇》关于美本身的这一神秘描述喻示着这里所描述的东西既是美的存在图景也是哲学本身，二者之间没有存在论上的间距，哲学本身作为对存在的彻底理解直接充实着存在论的逻辑空间。

哲学是比诗更纯粹的语言性存在，因为它的文本即是逻各斯的直接开显。我们该如何理解这种作为语言之美的哲学之美？关键在于，更高的存在作为原型世界乃是一种语言性的存在，它用语言建构自身，只能被理性所把握，因而是一种不可见之美；它在艺术的界面上只能象征性地表现自身，而在哲学的界面上则能够直接被理解，因为哲学作为最纯粹的语言性存在与原型世界的更高存在本身是直接同一的。奥古斯丁早就觉悟到更高的完美的存在是上帝用语言搭建起来的世界，这个完美的存在作为反思性的存在形式就是语言，因为能够被理解的完美性只是语言，它不能与任何形象相符，哲学是对这一真理的最直接的确证。"哲学创造了存在的纯粹形式"这一真理的要义就在于，哲学本身才是存在的纯粹形式，哲学之美就在于它是逻各斯的直接开显。换言之，哲学创造了完美的存在，使之成为彻底理解的知识，这意味着真正伟大的哲学本身就是存在的完美性，即完美存在的开启方式。除了在伟大的哲学作品中，我们还能到哪里去找到一种完美的存在呢？这也部分地解决了维特根斯坦的难题：完美的更高的存在是不可说但可以显示的——这一真理本身是被哲学创造出来的存在的道理，这意味着哲学是唯一可以说出"更高存在"的正确方法。世界的意

---

① 《柏拉图全集》第2卷，王晓朝译，人民出版社2003年版，第164页。

义虽然在"可见世界"之外,但却在"可知世界"之中,它只能存在于哲学中,哲学作为完美世界的形上主体就是完美的世界本身。这一点构成了哲学之美。

界限分析与批判：当代哲学重要的工作方式[①]

贺 来

为自身存在的合法性进行辩护，构成了哲学工作十分重要的组成部分。这在现当代哲学中显得尤为迫切。可以说，"哲学何为"已成为对于当代哲学来说性命攸关的挑战。本文通过对传统哲学观的批判性分析，提出了一种对哲学存在方式和功能的论证。本文认为，"界限分析"应该成为哲学工作方式的核心内容之一，它将让哲学摆脱传统哲学观不切实际的自我期待，使哲学在当代知识背景和社会生活语境中重获生机与活力。

一、"消融界限"与"澄清界限"：
两种基本的哲学工作方式

"界限分析和批判"的哲学工作方式是与"消融界限"的哲学工作方式相对而言的。后者长期以来在哲学发展史占据统治地位，并构成了当代哲学中"反哲学"思潮的主要目标。

"消融界限"并获得超越一切界限的话语权，是哲学自产生起就赋予自身的十分强烈的愿望和使命。按照通常的理解，哲学产生的重大标志是人们摆脱了对神话思维的依赖，开始用理性思维去把握世界的秩序。但正如哲学史研究所表明的那样，哲学与神话虽然在思维方式上有重大区别，

[①] 原载《江苏社会科学》2010年第4期。

但在深层它对后者有着一种"路径依赖",这表现在哲学与神话一样,共同执着于"根的神话":"哲学保留了根的神话——说明之所以能够说明,是因为根,即说明,无论是时间的还是逻辑的,此时都与非时间的和非现象的起源联系起来。恰恰是因为起源是不朽的和无差异的,所以起源,即第一原理,才能够从不同的逻辑平面上进行说明"①,因此,虽然哲学抛弃了神话中关于神的启示的观念,但仍然保持了"到超自然中追寻自然的起源,到非现象中追求现象的起源这一信念,因此,哲学不得不假定语言和理性最终可以在实在中建立起来"②。很清楚,执着于"根的神话",哲学所要把握的必然是涵盖一切领域、囊括一切具体知识的终极实在,康德把这种"终极实在"的特点概括为"无条件的总体性"。作为"无条件的总体性",它是"自由"的,而"自由正是有力量来越过一切特定的限度的"③。获得这种越过一切限度的"自由",是哲学最为迷恋的理想。

在哲学史上,这种试图消融一切界限的哲学形态最典型的无疑是传统形而上学。亚里士多德把"存在之存在"作为哲学研究的第一原则,以"存在"本身为研究对象的学术,即是形而上学。"存在之为存在"的研究与各种具体"存在"的研究相比,有着根本性的不同,后者是"把实在切下来,研究这一段的质性",它们"各自划定一些特殊(专门)实是,或某些科属,而加以探索"④,"各为其范围内所可认识的事物觅取某些原理与原因……各门皆自限于其所研究的各类事物之中,似若勤求诸事物之所由存在与成实者……各门学术于各类事物之何以成其'怎是'者各有一得之见,而于努力阐明其它真理亦往往各臻于专精"⑤,"每一门学术所考虑的只是各自范围内自身的目的",而形而上学则是研究"'实是之所以

---

① [法]雅克·施兰格等:《哲学和他的假面具》,徐友渔编选,社会科学文献出版社1999年版,第55、58页。
② [法]雅克·施兰格等:《哲学和他的假面具》,徐友渔编选,社会科学文献出版社1999年版,第55页、第58页。
③ [德]康德:《纯粹理性批判》,韦卓民译,〔武汉〕华中师范大学出版社2000年版,第332页。
④ [古希腊]亚里斯士德:《形而上学》,吴寿彭译,〔北京〕商务印书馆1959年版,第118页。
⑤ [古希腊]亚里斯士德:《形而上学》,吴寿彭译,商务印书馆1959年版,第221页。

为实是',以及'实是由于本性所应有的秉赋'"①,这一超越感觉的永恒独立的本体"没有任何量度,没有部分而不可区分(因为这能历经无尽时间创造运动,而一切有限事物均不能有无限能力;每一量度既或为有限或为无限,这一本体既有无限能力就不能是有限量度,但无限量度并无实际存在,因此这也不会是无限量度)"②。可见,哲学区别于具体学术,根本之处在于后者总是在特殊的"界限"中工作,而前者恰恰能超越这些界限,寻求贯通在所有领域中并对它们具有最终规范力与解释性的最高真理与终极知识。对于这种信念,伯林归纳为三个基本命题:首先,它相信"所有的真问题都能得到解答,如果一个问题无法解答,它必定不是一个问题",其次,它相信"所有的答案都是可知的",其三,它相信所有的答案都必须是兼容的③。哲学就是要把所有的答案"兼容"一起,超越各种具体问题和答案的界限,获得终极的答案。

"消融界限"、以"无条件的总体性"作为哲学的主题,其深层旨趣是为了建立"知识秩序"和"存在秩序"。对此,亚里士多德清楚地说道,"苟无某些永恒常在的独立实是,这宇宙又何以立其秩序"④。"有界限"的事物总是特殊、多样和异质性的,总是在"生成"和"消逝"中,因此它是"无常"和"无序"的,只有"发现"消融一切界限的终极存在,才能克服这种"无常"和"无序"性,"终极存在"既是一,同时又能"成为一切"。它如同普照的光,能"照亮"一切特殊的存在者,使后者从晦暗中走出来获得最终的根据。以之为中心和根据,一切缝隙都被弥合了,一切异质性都被调和。就这样,一种"以一驭万"的知识和存在的秩序被建立起来的。对此,哈贝马斯概括道:"一和多作为同一性和差异性的抽象关系,是一组基本关系。一既是原理和本质,也是原则和本源。从论证和发生意义上讲,多源于一;由于这个本源,多表现为一种整饬有

---

① [古希腊] 亚里斯士德:《形而上学》,吴寿彭译,商务印书馆1959年版,第55页。
② [古希腊] 亚里斯士德:《形而上学》,吴寿彭译,商务印书馆1959年版,第249页。
③ [英] 以赛亚·伯林:《浪漫主义的根源》,亨利·哈代编,吕梁等译,译林出版社2008年版,第28页。
④ [古希腊] 亚里斯士德:《形而上学》,吴寿彭译,商务印书馆1959年版,第212页。

序的多样性。"①

与"消融界限"不同,"澄清界限"的工作方式不以寻求超越一切界限的无条件总体为目标,恰恰相反,它把揭示事物的界限并以消解无条件的总体性为目的。具体而言,它有如下特点。

首先,它否认"共同人性"、"普遍的善"、"统一性原理"、"总体性法则"、"同一性本质"等,自觉地承认人的生活世界各个领域的相对"分离性"和"断裂性"以及由此所具有的相对"自主性"和"自律性"。它主张人的生活世界不是一个"合乎逻辑"的按照某种先验模式设计出来的理性整体,而是一个由既相互独立又相互交错的各个面向和各个领域编织而成的"拼贴画"。生活世界的各个面向和各个领域之间具有相对独立性,私人领域与公共领域,科学、道德和艺术领域,逻辑领域与价值领域等,都各有属于自己的不同的原则和标准,不同的生成和实现途径,因而具有相对的"自律性"和"自主性"。因此,对于人的生活世界的所有面向和领域而言,不存在支配它们的普适性的、共同的"游戏规则"和"宏大叙事"。不同的面向和领域有着属于自己的分殊的"局部叙事"和"游戏规则",在各个面向和领域之间存在着相对的"区别"、"分离"和"分化",因而不是一种绝对的"连续性"或"贯通性"。

其次,它自觉地承认每一领域所具有的内在"有限性"和"相对性"。所谓"有限性",包含两层基本含义:一是它受时间和空间的限制。"时间"上的限度,指的是每一领域的"历史性",即每一领域总是存在于特定的历史情境之中;空间上的限度,指每一领域在空间上的"有界性"或"有域性"。二是指每一领域的存在、运动和生成所遵守的"游戏规则"的规范力量的有限性。它只是适用于自己领域的特殊规则和原理,对其他领域没有约束力和规范性。所谓"相对性",就是指每个领域的存在都是相对于一定的时空背景、相对于其他领域而存在的。后者规定了每个领域得以存在和活动的"场域"或"范围"。"有限性"和"相对性"表明,任何领域的存在都处于一定时间和空间、一定具体条件的"界限"

---

① [德] 哈贝马斯:《后形而上学思想》,曹卫东译,译林出版社2001年版,第29页。

之内,"无界限"的存在必然是抽象的。

第三,人的世界的每一个领域的产生、运动和演进都有着属于自己的、特殊的目的或需要。这些目的或需要是每一个领域所特有的,它构成了此一领域的"中轴原理",是一切活动为之环绕的中心。对此规定,我们可以概括为领域的"自成目的性"。它强调的是,不存在普遍的、对所有的领域都适用的"总体性"的目的、功能和需要,各个领域的目的、功能和需要是"分殊"的而不是普适的,因而既不能用一般的、放之四海而皆准的某种"目的"来要求每个特殊的领域,也不能用其他领域的目的、功能和需要来衡量和裁判自身领域。

第四,与上述三点内在相关,它自觉地意识到:每个领域的"游戏规则"都不得越过各自领域的"界限"去规范其他领域的存在、运动和生成,去充当其他领域的"权威"。企图越过边界,把本来只适用于自身领域的规则用于其他领域,必然带来人的生活世界秩序的错位和混乱,并导致难以解决的悖论,甚至将导致整个生活世界的虚无化和人的自由的彻底丧失。但这并不意味着各个领域之间"老死不相往来",而是强调,它们之间真正交往和合作的前提正在于各个领域对自身限度的充分自觉。

二、语言、知识、存在与价值:
"界限分析"的四个基本层面

"澄清界限"也即是要进行"界限分析"。在哲学史上,这种"界限分析"主要体现在语言、知识、存在和价值四个基本层面。

"语言层面"的"界限分析"指通过对语言逻辑的批判性反思,揭示其有限性与边界。

古希腊时期的智者学派可谓这种工作方式的先驱。它在哲学史上第一次把语言逻辑作为一个独立的对象来予以考察并深刻地揭示了语言与"逻各斯"之间所存在的内在裂隙,通过对语言的"相对性"的强调,明确表达了对"逻各斯"、对绝对"神性"、对超验"神意"的拒斥,使"绝对的"逻各斯的界限得以绽现。在现代西方哲学中,维特根斯坦试图通过"语言批判",来划清"可说"与"不可说"、"在场"与"不在场"的"边界",在一个新的视野和层面对语言的界限进行了批判性分析。在《逻辑哲学论》导言中,维特根斯坦明确地说:"这本书将为思维划定一条界线,或者毋宁说,不是为思想而是为思想的表达划一个界限……因此这界限只能在语言中来划分,而处在界限那一边的东西就纯粹是无意义的东西。"① 对于该书的宗旨,维特根斯坦这样一言以蔽之:"这本书的全部意义可以用一句话概括:凡是可以说的东西都可以说得清楚;对于不能谈论的东西必须保持沉默"②。所谓"可说的东西",就是"自然科学的命题","哲学中正确的方法是:除了可说的东西,即自然科学的命题——也就是与哲学无关的东西之外,就不再说什么"③;除了自然科学的命题,像伦理、美学、宗教以及哲学形而上学等都应划入"不可说"的领域。以往哲学的根本错误就在于其跨越界限,使用逻辑语言,来试图表达和说出根本不可说的、应"保持沉默"的东西。正是在此意义上,维特根斯坦这样定位哲学的角色:"没有哲学,思想就会模糊不清;哲学应该使思想清晰,并且为思想划定明确的界限"④,"哲学应当为能思考的东西划定界限,从而也为不能思考的东西划定界限"⑤。逻辑的世界与非逻辑的世界、科学的世界与人文的世界都是世界的不同侧面,不同彼此代替和还原,以一种独断的方式,企图以一终极的权威为基础来统一整个世界,正是传统哲学的致命痼疾。

"知识层面"的"界限分析",主要指通过对知识类型的划分,破除某种知识类型的霸权和专制。在现当代哲学中,舍勒、哈贝马斯等无疑是最重要的代表人物。

"科学知识乃是唯一合理的知识",这是近代以来人们根深蒂固的信念。在舍勒看来,这种科学主义的知识观在根本上误解了"知识"的本

---

① [德]维特根斯坦:《逻辑哲学论》,郭英译,商务印书馆1999年版,第23页。
② [德]维特根斯坦:《逻辑哲学论》,郭英译,商务印书馆1999年版,第23页。
③ [德]维特根斯坦:《逻辑哲学论》,郭英译,商务印书馆1999年版,第104页。
④ [德]维特根斯坦:《逻辑哲学论》,郭英译,商务印书馆1999年版,第48页。
⑤ [德]维特根斯坦:《逻辑哲学论》,郭英译,商务印书馆1999年版,第49页。

性。知识"具有一种基本的在体性，它是人的一种生存方式，是作为在者的人与另一更为整全的在者建立起一种生存关系。因此，'知识'的本质是个体或群体参与或分有整体……知识源于人把自己有限存在与一种本质存在联系起来的冲动，这种冲动形成的所知（认识）结成世界观"①。在此意义上，知识是与人的生存意向内在联系在一起的，人的生存意向的差异性与丰富性，决定了知识类型的分殊格局："人力所及的知识有这样三种，即宰制知识或成效知识、本质知识或教化知识、形而上学知识或救赎知识"②。这三者有着其不同的功能，遵循着不同的原则，因而存在着不能彼此代替和还原的"界限"，"宰制知识或成效知识"坚持的乃是"实证"的原则，要求认识与所经验的事实相一致，并最终服务于人的物质需要的满足，"本质知识或教化知识"坚持的乃是"本质直观"的原则，要求观照世界绝对"自明的本质"，以把握世界的先验的本质结构，"形而上学知识或救赎的知识"遵循的是个体的爱意行为法则，要求个人全身心投入到对绝对的无限追求之中，以使个人获得精神的拯救。在精神气质上，哈贝马斯与舍勒有着重大的不同，但在通过划分知识类型、确定各知识类型的界限上，二人却是一致的。哈贝马斯认为，知识是与"人类兴趣"分不开的，这种的人类兴趣主要有三种："技术兴趣"有关经验和分析的劳动过程；"实践兴趣"是人际之间关于意义的沟通和了解；"解放兴趣"则是关于摆脱劳动的支配和沟通的扭曲以使人获得自我反思的超越力量。与这三种人类兴趣相适应，存在三种不同类型的知识：实证经验性知识、实践交往性知识以及解放批判性知识。第一类知识以自然科学为代表，旨在对对象的控制；第二类知识满足人的交往的需要，旨在达到对人类行为的意义的掌握；第三类知识受人的自由解放的目的引导，意在通过对人的自我反省，不断地摆脱一些控制人类的枷锁和束缚。三种知识类型各与不同的旨趣相联系，各有不同的理性法则，各有其边界和领域，因而任何一种知识类型的话语霸权都是僭妄和越界。

---

① 参见刘小枫：《现代性社会理论绪论》，上海三联书店1998年版，第246—247页。
② ［德］M. 舍勒：《哲学的世界观》，见刘小枫编译：《舍勒选集》下，上海三联书店1999年版，第1058—1059页。

"存在层面"的"界限分析"旨在戳穿传统形而上学关于"存在"的"永恒在场"的幻象,揭示"存在"的边界及其限度。这其中最为重要的是"存在"与"非存在"的界限、"存在"与"存在者"的界限。海德格尔在此方面做出了杰出的工作。

在《形而上学导论》一开头,海德格尔就提出这样一个反诘:"究竟为什么在者在而无反倒不在?这是问题所在。这问题恐怕不是个普普通通的问题。'究竟为什么在者在而无反倒不在'显然这是所有问题中的首要问题。"① 要回答这一问题,首先必须厘清"存者在"的真实含义。海德格尔通过对哲学史的分析指出,人们经常在如下意义上理解"存者在":"停留,总是同样,现成,当前——说的归根到底是同一回事:常住的在场"②。这意味着人们在理解"在者的在"的时候,实质上是把"存在"把握为"存在者"。而之所以如此,根源于知识论的、科学化和逻辑化的把握方式,运用这种把握方式来把握"存在者","存在者"将"显现为因果之网中的现实的东西"③,因而不过是假冒"存在"之名的"存在者":"在一切科学中,当我们探索其最根本的旨趣的时候,我们是和在者本身打交道"④。在海德格尔看来,区别于"存在者"的"存在",实际上是"无",而"无"是无法被对象化的,对"存在"即"无"的追问不是科学和逻辑的任务,而是形而上学的任务,"形而上学就是超出在者之上的追问,以求返回来对这样的存者整体获得理解"⑤。

这意味着,要回答"为什么存在者在而无反倒不在"这一问题,必须对"在"与"无"的界限进行自觉的分析和划分。按照通常的理解,"存在"总是与"无"相对,"无"意味着"不存在",然而,"不存在"的

---

① [德]海德格尔:《形而上学导论》,熊伟、王庆节译,商务印书馆1996年版,第3页。
② [德]海德格尔:《形而上学导论》,熊伟、王庆节译,商务印书馆1996年版,第201页。
③ [德]海德格尔:《论人道主义》,见《存在主义哲学》,商务印书馆1963年版,第92页。
④ [德]海德格尔:《形而上学是什么》,见洪谦主编:《西方现代资产阶级哲学著作选辑》,商务印书馆1964年版,第345页。
⑤ [德]海德格尔:《形而上学是什么》,见洪谦主编:《西方现代资产阶级哲学著作选辑》,商务印书馆1964年版,第356页。

"无"其实正构成了"存在者存在"的基础,而以传统哲学的方式去把握存在者之存在,恰恰导致了"存在"之遗忘。因此,对"存在"与"无"的边界进行自觉的分析和划分,其目的正是为了拯救本源性的存在。在此意义上,对"存在"与"无"进行划界的真实意图就是要对"存在者"和"存在"进行划界,以"存在者"的方式把握"存在",才是导致"存在"之被遗忘的根本原因。而"无",正是无法被还原为"存在者"的"存在",只有这样,才能避免存在变成"存在者"因而也才能避免虚无主义的结局:"把这个在忘得精光,只和在者打交道——这就是虚无主义",而反之,"在追问在一直追问到无之边缘的问题中来行事并把这个无扯到在的问题中来,这才是克服虚无主义的第一个而且是唯一的有效步骤"①。

"价值层面"的"界限分析",主要指对绝对主义的价值教条进行批判性反省,以揭示其内在悖论与限度。

在当代哲学中,伯林通过对价值绝对主义的反省,成为价值层面界限分析最具代表性的人物之一。伯林论证了人类的各种价值之间存在着难以完全彻底和解的不相容性和冲突性,他这样批判孔多塞式的启蒙理想:"启蒙运动的一些思想家的那种抽象的完美社会的理念,不过是企图把一些本来属于不同的思想方式、行为方式和生活方式因而与其不可分离又不能随意缝合在一起的不相容的品质、特点、理想、天赋、才能和价值硬给焊接在一起的结果;这种理念必然是绝对荒谬的。其荒谬性在于,比如说,使阿基米德成为杰出人物的东西,与使苏格拉底或米开朗基罗或斯宾诺莎或莫扎特或释迦牟尼成为值得赞赏的人物的东西,其间是有巨大的冲突的,因为这些东西只适用于各自的文化,也只有在这种文化中一定人物的成就才能得到理解和评价",这个事实击碎了启蒙运动思想家们的梦想。"善"与"善"、"真"与"善"、"真"与"美"、"善"与"美",等等,并非"有机的"和谐统一,而往往存在着难以克服的冲突和矛盾,人们为了促进"平等"和"民主",往往不得不"以牺牲人自由作为代价",为

---

① [德]海德格尔:《形而上学导论》,熊伟、王庆节译,商务印书馆1996年版,第202页。

了"成就艺术"而"牺牲平等",为了"促成仁慈"而"牺牲公正",为了"促成自发性"而"牺牲效率",为了"幸福、忠诚与纯洁"而"牺牲真理与知识"①,所有这些都是人类追求和理想中的美好价值,但由于每一种价值都存在自身界限,这得价值冲突成为生活的常态。面对这一"生命的实情",人所能和所应做的便是"选择",和"舍弃",在各种冲突的"好"和"价值"中、在不相容的诸种"理想事物"中选择所欲的价值,舍弃和牺牲虽然所欲却不可兼得的价值,"人的'目的是相互冲撞的,人不可能拥有一切事物……于是,选择的需要,为着一些终极价值而牺牲另一些终极价值的需要,就成为人类困境的永久特征'"②。

以上从语言、知识、存在和价值层面四个方面,分别简要讨论了哲学家们所做的"界限分析"。事实上,这四个层面是内在关联在一起的,知识需要通过语言来表述,语言总是包括对存在的承诺,在这种承诺中又总是包含着价值信念的指向性。它们从各个不同侧面展现了"界限分析"的工作方式。

三、"界限分析"与哲学的批判气质

"界限分析"是对哲学批判本性的拯救。这是因为传统形而上学通过消融一切"界限"、获得"无条件总体"的欲望在根本上是与哲学的批判精神是相冲突的。以"界限分析"取代形而上学的思维方式,把哲学的批判性从形而上学的非批判性倾向中拯救出来,这是"界限分析"重大的理论贡献。

在哲学史上,形而上学对"无条件总体"的追求实际上已经蕴含着强烈的批判意向。形而上学要超越"现象世界",追寻超感性的本质世界,其基本信念是:"现存的不可能是真实的","直接经验的世界——我们发现自己生活于其中的世界——必须被理解、改变甚至颠覆,以便显露出它

---

① [英]以赛亚·伯林:《自由论》,胡传胜译,译林出版社2003年版,第47页。
② [英]以赛亚·伯林:《自由论》,胡传胜译,译林出版社2003年版,第49页。

的实际面目"①。因此,哲学所做的第一件事就是要消解和否定现存世界,去"构造"或者"创造"出一种"理想"中的、超越性的"现实"。它要求否定和超越"现存"世界,去追求和寻找一种属于哲学的"真实"。只有这种"真实",才是哲学家所认可的"合乎理性"的生存世界。可见,形而上学对超感性的本质世界的追求,内在地包含着一种对现存世界的批判性意识。但是,这种批判意识与形而上学试图消融一切界限的欲望是内存冲突的。如前所述,形而上学思维方式把逻辑概念化世界视为人与世界的终极根据,因此它对现实世界的批判只能是一种以终极原则为出发点和基础的"外在原则"的规范和要求。同时,由于把逻辑概念世界视为永恒的、超历史的实体化的王国,这就注定了形而上学的超越性最终必然屈服于非历史性原则而把现存状态永恒化。马克思曾批判黑格尔哲学"潜在地包含着批判的一切要素,而且这些要素往往已经以远远超过黑格尔观点的方式准备好和加过工了"②,但是,这种批判仅"有一个完全否定的和批判的外表",是"一种隐蔽的、自身还不清楚的、神秘化的批判"③,其根源就在于黑格尔把"抽象精神"、把"纯粹的思辨的思想"当成了形而上学的"终极存在"。"因为有自我意识的人认为精神世界——或人的世界在精神上的普遍存在——是自我外化并加以扬弃,所以他仍然重新通过这个外化的形态确证精神世界,把这个世界冒充为自己的真正的存在,恢复这个世界,假称在自己的异在本身中就是在自身……黑格尔的虚假的实证主义或他那只是虚有其表的批判主义的根源就在于此。"④马克思的批判十分深刻地揭示了消融界限的形而上学与哲学批判性之间的内在冲突。

与此相反,"界限分析"不再迷恋"无条件的总体性",恰恰相反,它要揭示"思想"、"语言"、"存在"和"价值"的界限,澄清其有限性和限度,揭穿一切终极性存在、话语、观念和价值的虚妄性与独断性。因此,"界限分析"的工作方式与生俱来具有鲜明的批判气质。这主要体现

---

① [美] 马尔库塞:《单向度的人》,刘继译,上海译文出版社1989年,第111页。
② 《马克思恩格斯全集》第3卷,人民出版社2002年版,第319页。
③ 《马克思恩格斯全集》第3卷,人民出版社2002年版,第319页。
④ 《马克思恩格斯全集》第3卷,人民出版社2002年版,第328页。

在如下主要方面。

首先,"界限分析"是一种对普遍主义的话语霸权的解构和否定。传统形而上学的解释原则无论在语言层面,还是存在层面,无论是思维层面,还是价值层面,都充满了普遍主义的诉求。正如前面所指出的,这种普遍主义的诉求对一切与普遍的先验原则不一致的异质性存在和倾向必然采取一种排斥和抹杀的态度,以"同一性"来"统一"和控制异质性,巩固和保证普遍的形而上学原则不可动摇的绝对统治地位,构成它的主导性精神气质。很显然,在这种精神气质中,贯彻和渗透的是一种对话语权力和话语霸权的迷恋和占有。"界限分析"的一个重要功能就是拆解这种话语权力和话语霸权的垄断地位,揭示其有限性与限度,瓦解其不容置疑的无条件的普遍真理性,从而为语言游戏、存在方式、思维方式和价值理念的丰富性和多样性开辟空间。就此而言,"界限分析"体现出对一切"放之四海而皆准"的抽象教条的自觉拒斥,对"通吃一切、以一驭万"的话语方式和思维方式的自觉否定,并通过这种拒斥和否定,来捍卫和肯定思维、语言和存在方式的丰富性。

同时,"界限分析"是对非历史的终极真理的解构和否定。如前所述,对超历史的终极真理的执着,这是传统形而上学陷入非批判性的深层根源。与此相对,"界限分析"所要拒斥的正是对非历史的终极真理的迷信。首先,"界限分析"是一种真正的历史性活动。在不同的历史条件和情境下,都存在着试图成为终极真理的思想与话语企图,"界限分析"就是要针对不同历史条件和情境下的这种种企图进行批判性分析,揭示其对终极真理的主张所包含着的内在悖论。这意味着,"界限分析"不是一劳永逸的工作,而是一项在历史中需要不断重新开始的活动。就此而言,"历史性"构成了"界限分析"的特质。同时,"界限分析"作为"历史性"的活动,其核心目标指向一切以绝对真理自居的抽象观念和力量,揭示这种观念和力量的"界限"。解构其统辖一切的野心所具有的僭妄,是界限分析工作的重大旨趣。在此意义上,界限分析要结束一切关于"绝对真理"的幻想,并因此结束以绝对真理为名对人的思想和存在的控制和压迫,从而为在具体历史条件下寻求历史性的"具体真理"开辟道路。

与上述密切相关,"界限分析"是对一切压制人的自由的抽象化、教条化的思想观念、话语方式和价值原则的超越和否定。无论是普遍主义的话语霸权,还是非历史的终极真理,在根本上都是以压制人的自由为代价的。它要求人的思想和行动,服从于超历史的、不分具体条件都适用的先验规定和同一性权威。很显然,在此强制性的要求之下,人将成为康德所说的"牵线木偶",沦为受因果必然性支配的机械性"钟表"。人的自由因此将彻底丧失。"界限分析"对此有着充分的自觉,它对普遍性的话语霸权和抽象的绝对真理的批判和否定,正是要把人从这种先验教条原则的束缚和压制中解放出来,确证人所具有的不能还原为抽象的先验原则的自由本性。就此而言,"界限分析"是对与人的自由相敌对的一切抽象力量的否定与批判活动,捍卫和维护人的自由,构成了界限分析最为核心的价值取向。

　　以上我们从几个方面展示了界限分析的批判性气质。不难看出,界限分析之所以能够使哲学的批判性得以彻底的贯彻和体现,一个最为重大的原因就在于它超越了传统形而上学的解释原则与思维方式,克服了传统形而上学在哲学批判性上所包含的内在悖论,使哲学的批判性体现为一种以"界限分析"为核心的历史性活动。对此,福柯在《何为启蒙》一文中的表述是十分深刻的:"批判正是对极限的分析和对界限的反思……在今天,批判的问题应当转变为更积极的问题:在对我们来说是普遍的、必然的、不可避免的东西中,有哪些是个别的、偶然的、专断强制的成分。总之,问题在于把在必然的限定形式中所作的批判转变为在可能的超越形式中的实际批判。"①

---

① 杜小真编选:《福柯集》,上海远东出版社2003年版,第539页。

略论哲学观与哲学的内在循环关系[①]

贺 来

讨论哲学观,所面临的一个重大问题就是哲学观与哲学的关系。二者究竟是如何相互影响和作用的?二者的理论性质和功能究竟有什么区别和联系?二者各自的理论有效性范围和边界是什么?等等。这些问题,直接影响到如何恰当地理解哲学观的理论定位,影响到哲学观与哲学之间能否保持一种良性的互动关系,并因此影响着整个哲学的发展。

一、"等级关系"、"平行关系"还是"内在循环关系":三种基本观点

对于哲学观与哲学二者的关系,目前国内哲学界已存在两种代表性的观点,可以分别概括为"等级说"和"平行说"。

所谓"等级说",就是认为在二者关系中,哲学观拥有首要的、基本的地位,具有总揽全局、以一驭万的特殊意义,这种观点认为:"每个真正的哲学家,都把'哲学观'作为自己的哲学思考的首要问题,并以自己的哲学观去创建自己的哲学理论","以追问和回答哲学究竟是什么为标志的'哲学观'问题,这不是哲学中的'一个问题',而是全部哲学的根本问题,是决定如何理解和解释其他所有哲学问题的根本问题。或者说,人

---

① 原载《求是学刊》2002年第6期。

们对哲学的其他所有问题的理解与解释，都取决于对'哲学究竟是什么'这个哲学观问题的回答。"① 按照这种观点，哲学观在全部哲学研究中具有最重要、最核心的地位，一切其他哲学问题的研究都依附和从属于哲学观，与其他哲学问题相比，哲学观在"等级"上、在"价值序列"上占据着制高点或者说具有第一位的优先性，它能"决定"和"制约"其他哲学问题，起着"纲举目张"的统帅作用。

所谓"平行说"，就是认为，与其他哲学问题相比，哲学观并不具有等级上或价值序列上的优先性，它只是多种哲学问题的"其中之一"；哲学观或者说"哲学的元问题"固然重要，但是它并不高居于全部哲学体系的顶端，可以对其他哲学问题产生"控制"和"统帅"作用。这种观点认为，"在哲学之中，所有的问题都是关联在一起的，在这个意义上，哲学的元问题并不具有绝对性，它是相对的"②。这也就是说，哲学观的问题虽然有其特殊之处，但它与其他哲学问题的关系是"平行性"的，而不是"等级性"的。

可以清楚地看出，"等级说"与"平行说"代表两种不同的倾向，前者所强调的是哲学观与众不同的"优越性"，后者所强调的是哲学观与其他哲学问题的"平等性"。

在本文，笔者试图提出上述两种观点之外的第三种观点，即"内在循环说"，认为哲学观与其他哲学问题之间的关系既不能是"等级性"的，也不是单纯"平行"的，而是"内在循环"的。其基本看法是：哲学观与哲学其实是一种内在缠绕的关系，它们之间存在着一种"解释学的循环"：哲学观的确立必须以对具体哲学问题的研究为条件，具体哲学问题的展开又必须内在地以哲学观的自觉为前提，离开其他哲学问题研究，"哲学观"则"空"，而离开哲学观的领悟，"哲学研究"则"盲"。因此，哲学观必然内在生成于对具体哲学问题的研究和阐发，具体哲学问题的研究也潜移默化地体现和渗透着哲学观，二者之间是一种互为前提也互为结果的关系。在此意义上，可以说，一方面，"哲学观"的奥秘在于

---

① 孙正聿：《哲学通论》，辽宁人民出版社1998年版，第22页。
② 俞吾金：《俞吾金集》，学林出版社1998年版，第22页。

"哲学",另一方面,"哲学"的奥秘又在于"哲学观"。正是通过这种"内在循环"运动,既推动着哲学研究的深化,又推动着哲学观的自我跃迁,从而促使哲学整体水平的提升。

二、哲学观的奥秘在于哲学

这是哲学观与哲学内在循环关系的第一个方面,它所表明的是,哲学观并不是外在于具体哲学研究的外在权威,更不具有在哲学之外支配具体哲学问题的话语霸权,恰恰相反,哲学观作为对哲学的自我理解和自觉意识,只有在具体的哲学研究过程中,在对具体哲学问题的阐发中才能够获得,离开后者,所谓哲学观只能是无源之水,成为缺乏真实内容的抽象和空洞的教条。就此而言,哲学观是"内在于"哲学和具体哲学问题研究的,或者说哲学观的奥秘在于哲学。

首先,从发生学的意义上,哲学史上存在着一个不可否认的简单事实,即总是先有哲学和具体哲学问题的研究,然后才可能有对哲学的自我观照和自我反思,即才可能有哲学观,而不是相反。最早的哲学家在追问"世界的本源"和"世界的本体"等具体的哲学问题之时,并非一开始就在一种自觉的哲学观的引导下进行的。亚里士多德的《形而上学》作为古代第一部比较系统和专门地讨论"哲学观"问题的专著,是在哲学经历了几百年的发展和积累,留下了大量哲学的原始材料之后才成为可能的。因此,亚氏在该书中花费了大量篇幅回顾和总结了以往哲学的研究成果,在对它们进行了深入的分析和批判的基础上,才引申和发挥出他对哲学本身的理解,并形成其哲学观。离开了前辈以及自己对许多哲学问题的专门探讨,亚里士多德根本不可能发表那些至今仍脍炙人口的关于哲学本身的论述。

其次,从每个哲学家的哲学观生成的角度来看,哲学具体研究的过程,实际上同时也是一个酝酿和生成哲学观的过程,哲学观不是脱离具体哲学研究,在它之外和之上的另一双"眼睛",而是在哲学问题的具体研究中所内蕴和升华出的一个自然的结果。看看历史上的大哲学家，当他们在提出、解决和论证各种重大的哲学问题时，他对哲学本身的理解，即其哲学观实际上已与这些哲学问题同时托出和同时显现了。当柏拉图追问世界的根据和本体，并把这种根据和本体归结为超感性的"理念世界"时，他那影响着整个西方哲学史的"柏拉图主义"的哲学观也便一同被奠定并一同被揭示出来；当笛卡尔试图以"我思故我在"为阿基米德点来演绎出其全部哲学体系时，他那影响整个近代哲学的认识论哲学观也便随之彰显和涌现出来；当海德格尔对"存在"问题进行细密沉思和曲折阐发之时，他自成一格的存在论哲学观也便呼之欲出、同时"在场"了。从此角度来看，哲学观的形成过程与哲学的具体研究过程并不是相互分离的，而是同一个过程。

最重要的是，从学理的角度来看，哲学观的内容与哲学家对基本哲学问题的研究是分不开的。一个哲学家有什么样的哲学观点，其哲学观也就相应地呈现出什么样的内容，哲学观的内容内在地蕴含在哲学家具体的哲学观点之中。哲学家的哲学观点确定了哲学观的性质、规立了哲学观的方向、包含了哲学观的基本旨趣，或者说，哲学家之所以如此理解哲学，之所以有这种哲学观，是因为他是如此来"做"哲学。当柏拉图提出其"理念论"时，"哲学就是练习死亡"的哲学观也便自然地成为这种"理念论"哲学的题中应有之义，在"理念论"中，其哲学观的基本倾向和思想旨趣就已经被确定了，其哲学观的思想内涵和主张就已逻辑地蕴含其中了。维特根斯坦在《逻辑哲学论》中提出了对20世纪哲学影响深远的哲学观："哲学的目的是从逻辑上澄清思想。哲学不是一门学说，而是一项活动"[1]。如果追根溯源，就不难发现，这种哲学观的基本思想在维特根斯坦此前所阐发的独特的"世界观"、"语言图像论"、"逻辑涵项"等理论中实际上就已经逻辑地被规定好了，这些具体的哲学理论为他的哲学观确定了基调，提供了背景，规定了意趣。哲学史上之所以存在各不相同的哲学观，在很大程度上是因为不同哲学派别对一些最重大的哲学问题有着一

---

[1] ［德］维特根斯坦：《逻辑哲学论》，贺绍甲译，商务印书馆1996年版，第48页。

些根本性的分歧，对待和解决"存在论"、"认识论"、"价值论"等重大问题的不同态度和方式，直接影响着哲学观的不同取向和主张，例如海德格尔的哲学观之所以区别于柏拉图的哲学观，最深层的原因就在于他们对"存在"问题的截然不同的阐释。可以说，哲学研究是哲学观的"本体"和"依据"，离开前者，后者将成为无根之萍。

从上述简要分析可以看出，无论从哲学观的发生，从哲学观的生成，还是从哲学观的内容来看，哲学研究和具体哲学问题的探索都构成了其内在的根据。离开具体哲学问题的展开，所谓哲学观将成空中楼阁。正是在此意义上，我们认为，哲学观的奥秘在于哲学。

三、哲学的奥秘在于哲学观

哲学观的奥秘在于哲学，这是问题的一个方面，与此相辅相成的另一方面便是，哲学的奥秘也在于哲学观，它所意指的是，哲学观是哲学理论精神的凝聚，它把发散在各个具体哲学问题探讨中的哲学思维集中起来，进行一种收敛性的反思，以使自己的整个哲学思想获得一种内在的巩固性和坚实性，并且为具体的哲学研究工作提供一种自觉的阐释和辩护。为什么要"如此这般"地展开和论证哲学问题？为什么采取"如此这般"的思维方式和理论态度？为什么"如此这般"地来"做"哲学？等等，所有这些问题，从哲学观出发，都将获得一种高屋建瓴的澄明。哲学观犹如一束普照的光，使这些问题在一种反观自省的态度中获得重新的体认。在此意义上，通过哲学观的自觉领会，将使整个哲学获得一种更高的自明性、贯通性和彻底性，哲学的奥秘在于哲学观。

首先，哲学观将为具体的哲学研究提供合法性证明，即回答"为什么要研究哲学"和"为什么要这样搞哲学"这些对于哲学具有安身立命意义的重大问题，从而保证了整个哲学的自我融贯性和统一性。在对哲学具体问题进行研究时，哲学思维驰骛于逻辑推演和概念构建，沉迷于对具体问题的细致讨论和阐发，它并不对"为什么要研究这些问题"和"研究这些问题的方式是否合理"等进行反观自问，也就是说它缺乏对研究这些问题的合法性进行自我澄清，这就使得具体哲学研究的正当性处于悬而未决的状态。按照通常的理解，所谓"哲学观"，最主要的是要回答"什么是哲学"或"哲学是什么"的问题，这种提问方式给人这样一种感觉，即"哲学观"似乎要为人们理解哲学提供一种普遍性的客观知识。然而究其实际，历史上每个哲学家对这一问题的回答都大相径庭，充满个性和差异性，之所以如此，就是因为当他们提出"什么是哲学"或"哲学是什么"这一问题的时候，他们的用意并不是试图提供某种关于哲学的普遍知识，而是要为自己具体的哲学研究提供合法性申辩，为"我为什么如此进行研究"提供理由和根据，即证明他们自己所关注的哲学问题、对哲学问题所展开的论证、通过论证得出的结论具有完全的正当性。在此意义上，哲学观使整个哲学获得一种自我融贯的合理性，使哲学家们的哲学真正成为在逻辑上彻底的理论。

其次，哲学观是全部哲学研究的理论旨趣和理论精神最集中的表达，它以一种凝练的方式反映着哲学的思想底蕴和真实意图，显示着哲学家所获得的最根本的哲学识见和所达到的原则高度。就此而言，哲学观既是全部思想体系的序言，又是全部哲学研究的结语；既是哲学研究的逻辑开端，又是哲学研究的逻辑归宿，因而对于哲学理论来说具有十分特殊的意义。我们每每有这样的体验，一想到或提到某位哲学家或哲学派别的时候，最直接映入我们脑海或者给我们产生最深印象的往往不是某个具体的哲学观点，而是其关于哲学观的经典论述。例如，一提到康德哲学，我们马上想到的是"我能知道什么"、"我能做什么"、"我能希望什么"以及"人是什么"等著名的康德课题；一想到马克思哲学，我们最亲切的莫过于"哲学家们只是用不同的方式解释世界，问题在于改变世界"的名言；一想到现代分析哲学，最熟悉的就是其"拒斥形而上学"、"哲学就是进行语言批判"等哲学宣言；一想到怀特海，我们最先浮现于脑际的是他"提出一种世界观，也就提出了一种宗教"，"整个西方哲学史不过是柏拉图哲学的注脚史"等名言；一提到海德格尔哲学，我们印象最深的常常是其"哲学的终结和思的任务"等对于哲学观的论述，等等。之所以如此，最根本的原因就在于这些关于哲学观的论述凝聚了其哲学思想的精华,揭示了哲学家最深层、最真实的理论信念和理想,标志着一个哲学家所达到的精神境界。在此意义上,哲学观犹如中国古人所说的画龙之点睛,为整个哲学增加了最富灵性的一笔。

最后,哲学观一旦形成,对于具体的哲学研究的展开和深化将具有重大的反作用。我们在前面曾论述过,哲学观的内容根植于具体的哲学研究,但另一方面,一旦通过具体哲学研究,升华和提炼出哲学观,这种哲学观又会反过来对于进一步的哲学研究产生积极的促进作用;尤为重要的是,它将作为一种理论纲领,开一代之风气,对后继者的哲学研究产生持续深远的影响。众所周知,现象学和分析哲学是20世纪以来影响最为广泛的哲学运动,它囊括和汇聚了一大批具体观点不尽相同的杰出的哲学家。之所以如此,与其创始人的哲学观有着十分重要的关系,胡塞尔那"回到事实本身"的哲学精神,那种认为只有"通过向直观的原本源泉以及在此源泉中汲取的本质洞察的回复,哲学的伟大传统才能根据概念和问题而得到运用,只有通过这一途径,概念才能得到直观的澄清,问题才能在直观的基础上得到新的提出,尔后也才能得到原则上的解决"的哲学信念,把来自各个方向的哲学家凝聚在一起,从而促成了声势浩大的现象学运动。维特根斯坦在《逻辑哲学论》和石里克在《哲学的转变》里所表述的哲学观则成了整个分析哲学的基本纲领,这些哲学家们具体的观点充满异质性,但在如何"看"哲学、如何"做"哲学上面却保持着基本的一致,正是这一点维系着"分析哲学运动"并使之成为可能。在此意义上,具有创新意义的哲学观往往构成一个哲学派别、哲学思潮和哲学运动的旗帜,对于哲学的发展具有十分特殊的意义。

通过上述分析可以看出,哲学观对于哲学的存在、深化和推进都起着不可替代的重大作用,它以一种特殊的方式凝结着哲学的奥秘。

哲学观的奥秘在于哲学,而哲学的奥秘又在于哲学观,这就是哲学观与哲学的"内在循环"关系。这种内在循环关系启示我们:哲学观既源于哲学又超越哲学,哲学既受惠于哲学观同时又支撑着哲学观,哲学观离开哲学则空,哲学离开哲学观则盲,因此在阐发哲学观时,必须以具体的哲学研究为根基，而在研究哲学问题时，又应时时保持对于哲学观的自觉。只有通过二者的这种良性的"解释学循环"，哲学才能真正实现自身的健康发展。

"后形而上学"与哲学的合理存在方式[①]

贺 来

哲学总是需要为自我存在的合法性进行自我辩护，这是哲学区别于其他学科的重要特质，也是哲学必须面对的"宿命"。在当代哲学中，哲学的这种自我辩护任务显得尤其沉重，这是因为在某种意义上，对哲学合法性的质疑、反思和否定，已成为当代哲学发展的重要线索和趋势之一。这种质疑、反思和否定最集中地体现在"后形而上学"这一思潮。由此所提出的最为尖锐的课题就是：哲学在当代的合理存在方式究竟为何？只有回答了这一课题，哲学的当代合法性才能得到有力的辩护。本文试图以对"后形而上学"思潮的反思性考察为切入点，对哲学的当代合理存在样式进行较为深入的研究。我们认为，这是当代哲学所面临的最为重大的前提性问题。

一、作为当代哲学重要主题的"后形而上学"

"后形而上学"作为当代哲学的重大主题，是由哈贝马斯第一次作出的明确概括。在《后形而上学思想》中，他说道："当代哲学研究的基本状况已经发生了变化。也就是说，从那时起，我们在后形而上学思想面前已经别无选择"[②]，并从"程序合理性"、"理性的定位"、"语言学转向"

[①] 原载《社会科学战线》2013年第5期。
[②] ［德］哈贝马斯：《后形而上学思想》，曹卫东、付德根译，译林出版社2001年版，第28页。

和"超验的萎缩"等四个方面讨论了"后形而上学"思想产生的理论和社会背景及其主要思想特质。在哈贝马斯之后,进一步对"后形而上学"思想进行深入阐发的代表人物是美国哲学家罗蒂,他在《后形而上学希望》一书中,从新实用主义立场出发,阐发了其"以希望代替知识、以想象力代替理性"的"后形而上学"哲学理想。哈贝马斯和罗蒂虽然角度有所不同,但在把"后形而上学"概括为当代哲学的重大主题和基本走向这一点上,可以说两人异曲同工。"后形而上学"这一概念虽然由哈贝马斯、罗蒂等人明确概括和提炼而成,但作为当代哲学的重大主题和倾向,却经历了一个不断推进和深化的演化过程,不同的哲学思潮都加入其中,在不断地相互批评和自我反思中,共同把"后形而上学"推向一个越来越明晰和彻底的境地,使之凸显为当代哲学的重大趋势。从当代哲学发展历程来看,"后形而上学"是当代哲学一开始就酝酿的"拒斥形而上学"这一思潮的必然结果。怀特在《分析的时代》一开头就指出,"几乎20世纪的每一种重要的哲学运动都是以攻击那位思想庞杂而声名显赫的19世纪的德国教授的观点开始的"[①],对黑格尔的攻击,首当其冲的攻击对象即在他那里达到顶峰的形而上学哲学形态。纵观当代哲学,这种攻击中有代表性的哲学运动包括以石里克、卡尔纳普、艾耶尔等人为代表的逻辑实证主义,有以赖欣巴哈等人为代表的科学哲学,有以叔本华、尼采等人为代表的意志主义哲学,有以海德格尔等为代表的现象学存在哲学,有以德里达、德勒兹等为代表的"后现代主义哲学"等,都以不同的方式表达了"形而上学终结"的主张,可以说,"反形而上学"是一场由众多思想背景、理论出发点和所运用概念及思想武器各异的哲学派别和哲学人物的集体"谋杀"运动。

"后形而上学"既与上述"拒斥形而上学"的思潮有着内在的思想关联,同时与之相比,又呈现出新的特点,这集中体现在两个方面。

第一,在"后形而上学"的视野里,当代哲学发展中许多以"反形而上学"为旗帜的哲学派别并没有真正摆脱形而上学,而是以一种隐蔽的方

---

① [美] M. 怀特:《分析的时代》,杜任之主译,商务印书馆1981年,第7页。

式坚持甚至强化着形而上学的理论原则和思维方式,"后形而上学"则要对这种隐蔽的形而上学予以前提性的批判,驱逐其隐藏着的形而上学幽灵,并真正使哲学成为"非形而上学"的存在形态。罗蒂在《哲学与自然之镜》中,对此作了十分具体的分析,在他看来,分析哲学虽然以"拒斥形而上学"自诩,但它与"形而上学"仍然分享着共同的前提,他说道:"按照我的理解,发端于罗素和弗雷格的那种哲学,和经典的胡塞尔现象学一样,只是使哲学占据康德曾希望它去占据的那个位置的另一次企图……分析哲学是另一种康德哲学……分析哲学仍然致力于为探求、从而也是为一切文化建立一种永恒的、中立的框架"①,与之不同,在"后形而上学"的"后哲学文化"中,人们将彻底放弃与某种形而上学的"非人类的实在"之间的联系,不管这种实在是柏拉图的"善"、黑格尔的"绝对精神"还是实证主义的"物理实在",还是其他什么。与罗蒂把批判对象指向分析哲学遗存的形而上学阴影不同,德里达则把矛头对准了尼采、海德格尔等同样宣称克服与解构形而上学的哲学家,在德里达看来,海德格尔把尼采视为西方"形而上学之完成",并把尼采视为"最后一个形而上学家",认为自己才真正解构了形而上学传统,开辟了思想的新视阈和新境界,事实上,海德格尔对"存在"的执着,使之比尼采更接近形而上学的整体性立场,因而"最后一个形而上学家"的称号更适合于海德格尔本人而非尼采。与他们不同的是,在"后形而上学"的"解构活动"中,一切"在场形而上学"和"逻各斯中心主义"都将被"延异"中不断生成的意义之流所取代,形而上学的幽灵将真正被彻底清除。在此意义上,可以说,"后形而上学"是当代哲学"拒斥形而上学"这一思想趋向的彻底化。

第二,"后形而上学"思想并不仅以消解形而上学为目的,而且十分自觉地提出了在"形而上学终结"之后哲学的合理存在方式或哲学的出路问题。由于"后形而上学"把"拒斥形而上学"这一思想趋势推向了逻辑终点,必然随之产生的一个尖锐问题是:"形而上学终结"之后,哲学

---

① [美]理查德·罗蒂:《哲学与自然之镜》,李幼蒸译,生活·读书·新知三联书店1987年版,第5页。

将以何种方式存在？"非形而上学"的哲学是否可能？如果可能，哲学将如何存在？在此意义上，"后形而上学"不仅仅是一种否定和解构的举动，同时也是一种面向哲学未来的探询和求索。无论是德里达对作为一种具有"社会政治意义"的"解构"的哲学工作方式的示范和实践，还是哈贝马斯对"后形而上学"时代代替形而上学理性的"交往理性"的阐发，抑或罗蒂对"后形而上学希望"的强调，等等，都是对"形而上学终结"之后哲学合理存在样式所提出的新设想，在这些新设想中，涉及哲学在社会生活中的位置与功能、哲学与人类文化其他存在样式之间的关系、哲学恰当的工作方式等事关哲学合理存在方式的重大问题。在此意义上，"后形而上学"实质是对"形而上学之后"哲学命运的一种深切关注和深刻思考。

毫无疑问，"后形而上学"所针对的主要批判对象是传统形而上学的理论形态、思维方式与理论原则。在哈贝马斯看来，这种理论形态、思维方式和理论原则的核心是"同一性思想"、"理念论"以及"强大的理论概念"①，罗蒂认为"寻求统一于某个超人类的事物，它是超我的源泉，具有解脱人的愧疚和耻辱的权威"、"屈从于一个权威形象对于过上一种适当的人类生活是必要"②构成这种传统形而上学的最高期待和希望。20世纪以来的不同思潮及其代表性哲学家都从不同角度对传统形而上学的特征及其本质进行了各种表述。应该说，无论是哈贝马斯还是罗蒂，他们对传统形而上学本质特征的概括，都并不新鲜。但是，"后形而上学"不仅从理论上对传统形而上学的内在困境与矛盾进行了自觉的分析，而且把"形而上学的命运"与"现代社会的命运"内在结合起来，探讨形而上学必然走向终结的深层根源，这使它比历史上的种种"反形而上学"思潮，显示出更深刻的洞见和更宽广的视野。我们认为，这是它特别值得重视的地方。

---

① [德] 于尔根·哈贝马斯：《后形而上学思想》，曹卫东、付德根译，译林出版社2001年版，第28页。
② [美] 理查德·罗蒂：《后形而上学希望》，张国清译，上海译文出版社2003年版，第87页。

二、"后形而上学"的现代社会生活基础

哲学走向"后形而上学"最深刻的根据在于：形而上学作为一种理论形态、思维方式和理论原则之所以必然走向终结，是因为它与现代人的生活与现代社会的特点和趋势之间存在着不可克服的冲突，或者说，它与现代人的生活在本性上是正相敌对的。坚持传统形而上学的思维方式与理论原则，意味着否定现代人和现代社会生活的存在品性及其合法性。在此意义上，拒斥形而上学思维方式与理论原则，与捍卫现代人生活的存在价值具有不可分割的内在关系。它给人们提出了一个十分尖锐的选择：究竟固守形而上学的思维方式和理论原则，还是尊重现代人的生命存在和现代社会生活的重大成果？

那么，现代人的生命存在和现代社会生活究竟在什么意义上与形而上学的理论原则与思维方式不相容？

这是因为，现代人的生命存在和现代社会生活在根本上具有"后形而上学"性质。这种"后形而上学"性质具体体现在两个方面：第一，"合理分歧"成为现代社会不可逆转的基本状态；第二，在"不确定的风险"中寻求未来生活的希望成为现代社会人们生活无法抗拒的"常态"。

何谓"合理分歧"？美国学者拉莫尔作了这样的概括："现代经验的那种根本要素就是承认，在生活意义的问题上，通情达理的人们自然而然地会产生分歧。我们已经认识到，在关于完备的生活、人类之善和自我实现的性质——这些概念对于古代伦理的以德性为中心的观念是本质性的——问题上，我们讨论得愈多，我们的分歧就越多，甚至我们与自己的分歧也会愈多"[①]。是否承认"合理分歧"的重要意义，是区分现代社会与传统社会的分界线。

"理性"能提供一种终极的担保，来保证所有人在"应当如何生活"

[①] [美]查尔斯·拉莫尔：《现代性的教训》，刘擎、应奇译，东方出版社2010年版，第11页。

这一根本问题上的最终的一致，这是形而上学深层的信念。它对"永恒在场"的终极实在的迷恋，对于超验的"无条件总体"的执着，对于一统天下、无所不在的"先验理性"的狂热，都表达了这样一种观点：以形而上学所"发现"和"确立"的"真理"、"本质"、"理性"为根据，所有不同的个人都将抛弃个人的"意见"和"片面性"，实现普遍的、无条件的统一，所有的"偶然性"和"现象"都将被扬弃和超越，达成绝对的、同质性的一致。一言以蔽之，以形而上学所奠定的"同一性"本质为"阿基米德点"，人们将找到一种永恒的、与历史无关的先验模式，它将使人们一劳永逸地逃脱"怀疑论"和"相对主义"，从而脚踏大地，发现生命的意义。

对形而上学的"先验理性"的这种信念，与传统社会"未分化"的、"同质性"的社会生活状态以及"人对共同体的依赖"为本质的人的生存状态有着十分深层的关联。社会理论的研究成果告诉我们，传统社会是一个以"共同体"为本位的社会，整个社会依靠一种同质性的价值体系来维持社会的团结和稳定。按照迪尔凯姆的观点，传统社会是一个以"机械团结"为特质的社会形态，人们臣服于"集体意识"（其核心是约束全体社会成员的共同价值观与信仰）来实现整个社会的统一性。马克思在相似的意义上指出，传统社会是以"人的依赖关系"为本质特征的，在此阶段，个人"表现为不独立，从属于一个较大的整体"[1]，这一整体即个人之上的"共同体"。与个人相比，"共同体"是真正自因自足的实体，而个人则是依附于这一实体的"偶性"和附属品；"共同体"是真正的目的和意义，个人只有在这一整体中通过"分享"整体所分配的角色和地位才能获得存在的价值和意义，"共同体"是真正"自由"的存在，共同体和共同体的代表们按照自己的意志来行使对共同体成员的支配和统治，个人必须无条件地服从这种支配和控制。可见，在共同体和个人关系中，只有前者是自足、自因和自由的存在，后者无条件地束缚于前者因而是微不足道的部分。很显然，在这种人与社会的存在状态中，人们服膺的是普遍的、对

---

[1]《马克思恩格斯全集》第30卷，人民出版社1956年版，第25页。

所有人都具有无条件的约束力的"终极存在"和"绝对原则"。形而上学迷恋终极存在和最高实体的思维方式,与上述传统社会人的存在方式有着深刻的亲和性。①

现代社会区别于传统社会的根本之处正在于它改变了上述"未分化"与"同质性"状态,并使"分化"与"异质"成为其重大特质。这种"分化"与"异质"最集中体现在人们不再臣服于某种抽象的普遍原则和同一的价值理念,而是自觉地意识到:人们无法再依仗于某种先验理性来为生活意义提供终极的保证,价值信念上的分歧、差异甚至冲突,乃是不可避免、必须予以承认并尊重的重要价值。对此,罗尔斯作了十分透彻的分析。在《政治自由主义》一书中,他指出:现代民主社会具有首要意义的"第一个事实"是:"在现代民主社会里发现的合乎理性的完备性宗教学说、哲学学说和道德学说的多样性,不是一种可以很快消失的纯历史状态,它是民主社会公共文化的一个永久特征"②,这里所说的"完备性学说的多样性",在根本上是指:关于"人性"、"至善"、"生活目的"的理解,在现代社会有着不可还原的"多样性"与"异质性",这一事实,构成了人们生活于其中的现代社会的根本性质,除非用强制性的力量来人为地予以取消和抹杀,否则,这一事实就将与现代社会相伴始终。

罗尔斯所说的"理性多元论"与前述"合理分歧"具有同样的含义。他敏锐而深刻地揭示了在分化的、充满异质性的现代社会中,我们不能再像传统社会那样,依靠某种关于人性、善、终极目的等形而上的统一性的先验原理,来为所有人提供并奠定终极的基础,罔顾这一现实,强制性地以某种形而上学的"先验真理"为根据,要求所有人无条件地认同和接受,其结果必然扭曲个人的生命存在和社会生活。罗尔斯对于现代社会的上述理解并非孤立,而已成为许多哲学家的基本共识。罗蒂认为现代社会代表着"一个彻头彻尾启蒙开明的、世俗的文化;这个文化丝毫不残留神的遗迹——不论其以神化的世界或神化的自我形式存在;这个文化不相信

---

① 对此的详细论述,参见贺来:《辩证法与实践理性》(中国社会科学出版社 2011 年版)第三章的有关论述。
② [美] 约翰·罗尔斯:《政治自由主义》,万俊人译,南京:译林出版社,2000 年,第 37 页。

人类应该向任何非人的力量负责；这个文化丢弃或彻底重新诠释神性的概念，以及'奉献给真理'和'满足精神最深刻的需要'等概念"①。哈贝马斯强调"理性"不是一个工具性概念，而应是一个"交往"性概念，而理性作为"交往"性概念，意味着对不同个人的视角、观点和信念的平等承认和尊重，意味着对绝对同一性和普遍性的形而上学理性的拒斥，形而上学的同一性话语霸权是对"交往理性"的扭曲因而也是对生活世界的殖民化。

现代社会的另一重大特点在于它是一个"风险社会"。对此的自觉，是现代社会理论家们的一个重要贡献。这里所谓"风险"，不同于"危险"，危险是由外在的因素导致的，而"风险"则是在"传统和自然失去它们的无限效力并依赖于人的决定的地方"，因而它是由人的活动、人的行为和决断所决定的。贝克指出："风险是一个指明传统终结和自然终结的概念。或者换句话说：在传统和自然失去它们的无限效力并依赖于人的决定的地方，才谈得上风险。风险概念表明人们创造了一种文明，以便使自己的决定将会造成的不可预见的后果具备可预见性，从而控制不可控制的事情，通过有意采取的预防性行动以及相应的制度化的措施战胜种种（发展带来的）副作用"②，吉登斯同样指出，晚期现代性最为重大的两个特性，一是时间与空间的分离和"脱域"机制的发展，这使得人们的社会关系从彼此互动的地域性关联中脱离出来，跨越广阔的时间—空间距离去重新组织社会关系，二是人类与物质环境之间关系的性质发生了重大变化，现代人所生活于其中的不再是如传统社会一样的"自然环境"，而是一个"人化环境"或者"社会化的环境"。前者意味着，资源和服务将再也不受地域的控制，"因此也就不可能由地方上将其用来应付偶然的突发事件，而且也存在着这样的风险，即机制作为一个整体动摇了，因而影响着每一个使用它的人"③，后者意味着，人的每一个观念和行动都有可能

---

① ［美］理查德·罗蒂：《偶然、反讽与团结》，徐文瑞译，商务印书馆2003年版，第68页。
② ［德］乌尔里希·贝克、［德］约翰内斯·威尔姆斯：《自由与资本主义》，路国林译，杭州：浙江人民出版社2001年版，第119页。
③ ［英］安东尼·吉登斯：《现代性的后果》，田禾译，译林出版社2000年版，第111页。

"制造"出对未来生活产生重大影响的风险,从而使得现代社会所面临的风险的绝对数量大大增加。各种生态灾难、核危机、恐怖活动、军备竞赛……所有这些,都构成了我们这个风险社会的内在组成部分,人类那些"不合理"的与似乎"合理"的实践活动,每天都在生产着各种无法预料的风险,我们的生活时刻与它们相伴,它们不仅远离我们个人的控制,也远离了组织、团体甚至国家的控制,成为现代人难以驾驭的力量。我们进行一种活动,实现了一种自以为美好的目的,于是乎便认为人们所进行的活动是"正确"和"安全"的,然而,这种活动的结果就如同一道神秘的大门,时过境迁,打开一看,迎接我们的却是一个始料未及的风险难测的景观——这就是我们所生活于其中的"现代社会"的特性。

对于现代社会作为"风险社会"的自觉,是对于现代社会本性及其发展特征的全新认识,同时也是对于人以往支配着人与社会发展理解上的形而上学教条的拒斥。它表明,形而上学所相信社会历史由一个超人的神性的力量所支配和决定的观念,即抽象的"历史必然性"教条就失去了其存在的合法性。在人的活动所潜存的种种风险以及由于这种风险所带来的"不确定性"面前,人们所应该做的"风险治理"以尽可能地减少风险带来的不良后果,并为自己的每一个行动承担起必要的道德责任。如果坚守"必然性"的教条而无视现实和未来的"不确定性",那么等于人们甘愿做逃避现实的鸵鸟,在莫测的环伺的种种风险面前完全失去抵御能力。

通过以上简要分析,可以清楚地看出,无论"合理分歧"还是"风险社会",都充分表明现代社会和现代人的存在方式所具有的"后形而上学"的性质。这种存在方式与形而上学的理论原则及其思维方式是不相容的。现代人和现代社会生活在向形而上学思维方式和理论原则说"不",如果我们坚持生活相对于哲学理论原则所具有的优先地位,那么,就必须否定形而上学的理论原则与思维方式。这就是"后形而上学"作为当代哲学重大主题最为深层的社会生活基础。

三、"后形而上学"时代哲学的合理存在方式

哲学走向"后形而上学",将导致对哲学的理论性质、功能、主题等一系列重大问题的理解发生重大的变化,所有这些,都可以归结为一个根本性的问题,即"后形而上学"时代哲学的合理存在方式问题。这是当代哲学所面临的最具挑战性也最性命攸关的课题。

要回答这一课题,我们不能采取"形而上学"的方式,即要求对哲学存在方式提供一种本质主义的规定。回答"后形而上学"时代哲学的合理存在方式问题,需要采取"后形而上学"的思想视角和思维方式。在"后形而上学"时代,哲学与现实生活之间的关系将实现根本性的颠倒,从凌驾于现实生活之上的高高在上的"立法者"和"主宰者"转变为内在于现实生活的"诠释者"与"推动者",同时,哲学将从"唯我独尊"的"思想垄断者"转向为哲学存在样式的多样化与民主化。

哲学与现实生活之间关系的颠倒,意味着在二者关系中,发生了一场类似于"哥白尼式革命"的转变。按照笔者的概括,传统形而上学代表着一种试图跨越一切界限、把一切囊括其中、"一网打尽"的"元意识"[①],贯彻这种"元意识",它必然把人们的现实生活以及其他具体文化样式和学科所把握的存在视为"次级"和"派生"的对象,这必须导致哲学把自身当成这样一门基本学科,即认为它将给予我们"关于具有根本重要性的东西的知识",它为"证明或批评生活方式和社会改造纲领提供着基础"[②],在哲学与现实生活的关系上,哲学代表着高了还要高的真理世界,现实生活则是需要哲学来予以提升和拯救的"堕落"的、"低下"的领域。与此不同,在"后形而上学"时代,无论是人的生存方式还是现代社会生活的存在特性,都已不可能再接受和容允某种抽象的形而上学理论体

---

① 参见贺来:《形而上学元意识:一种必须超越的哲学意识》,载《学术研究》2008年第4期。
② [美]理查德·罗蒂:《哲学与自然之镜》,李幼蒸译,生活·读书·新知三联书店1987年版,第12页。

系来作为现实生活的主宰者和支配者,现代社会的"合理分歧"与"风险社会"这两个基本事实在本性上拒斥和否定任何理论教条的"一神论"的专制,它颠倒了哲学与现实生活长期形成的不平等关系,把哲学从"外在"于现实生活的超然位置上拉回到现实生活的"内在平面"上。哲学属于现实生活的一部分,而不是相反。

由于哲学与现实生活之间关系的这种颠倒,哲学也告别了某种标准的、一元化的存在样式,而是与现实生活和人类文化的各个领域密切联系在一起,并因此呈现出多样化与民主化的倾向。施太格缪勒在《当代哲学主流》中指出,当代哲学区别于以往哲学的一个重要特征是"哲学的分化",尤其是"哲学职能的分化",在以往哲学中,哲学总是把"极其不同的各种任务结合于一身",它不仅以把握终极实在为目的,而且还试图承担一种宗教般的功能,为人们寻求"合宜生活"提供理性的基础,但是当代哲学中,具有不同性质、内容和主题的哲学样式越来越独立,哲学变成了一个"多义"的用语。对此现象,施太格缪勒的评论是:"我们断定这个分化过程是不可逆转的,这听起来也许有些悲观,但很可能是正确的。'哲学'一词的多义性,只能或者是由于全部哲学流派最后完全'绝迹'而减少,或者由于人们决心不再把所有前面讲到的这些不同性质的东西统统称为'哲学',而把'哲学'一词限制在轮廓稍微鲜明的活动上而减少"①,很显然,后一种可能性意味着现代哲学之消失,因此,"关于现代哲学的探讨,必定只能是对一个由不同成分组成的领域的探讨"②。应该说,施太格缪勒对现当代哲学存在状态的描述是准确和深刻的,在现代社会,哲学的分化,即哲学样式的多样化将成为不可阻挡的重大趋势。之所以如此,根本原因还在于前述"合理分歧"成为现代社会的基本现实,"大一统"的、无所不包的"理性"已经失去了存在的根基,理性已"分殊"为不同生命个体的自由决断与生命意志,在此条件下,哲学作为理性的创造物,也必然不可能僭越理性的这种限制,成为关于"无条件的总

---

① [德]施太格缪勒:《当代哲学主流》上卷,王炳文等译,商务印书馆1986年版,第30—31页。
② [德]施太格缪勒:《当代哲学主流》上卷,王炳文等译,商务印书馆1986年版,第31页。

体"的、"大全"般的"神的知识"。哲学成为一个"多义的词",真正从贵族式的、精英主义的姿态中解放出来,实现了存在方式的"民主化"。

哲学与现实生活关系的颠倒以及哲学存在样式的民主化,并不意味着哲学失去了自身独特的精神品格。在现代社会,反思批判将仍是哲学重要的功能,自由解放将仍是哲学最为根本的思想旨趣。所不同的是,在现代社会,哲学的反思批判功能与自由解放旨趣所体现的具体内涵与以往哲学相比,有着重大的区别。

众所周知,反思批判是哲学与生俱来的重要精神品格,也是哲学区别于其他人类文化形态的重要特质。但在传统哲学那里,哲学的反思批判功能是通过一种"外在超越"的方式来进行的,这种反思批判依赖于一种超历史的、无条件的、先验的统一性原理,以这种统一性原理为终极依据,哲学俯视芸芸众生,对一切生活样式和具体知识拥有绝对的批判和裁决权力,与此同时,哲学自身却拥有免于被质疑和批判的特权,简言之,可以批判一切,但不能被批判,这就是以往哲学反思批判功能得以维系的深层根据。现代哲学的一个重要主题是揭示哲学这种反思批判方式所具有的独断性和教条性,但这并不意味着就此抛弃哲学的反思批判功能,而是自觉意识到这种反思和批判的有限性,并重新界定这种反思批判的真实内涵与根据。

在"后形而上学"时代,哲学反思批判的基础将不再是形而上学的先验原理,而是"合理分歧"与"风险社会"已成为重大现实和趋势的现代社会生活。这包含两层含义:第一,哲学的反思批判必须以尊重和承认这一基本事实为前提并植根于现代社会生活现实;第二,哲学的反思批判必须以捍卫现实生活的"合理分歧"、揭示人们活动所可能导致以及人们生活所面临的"风险"为主题和目的。

如前所述,现代社会生活的新特点已使形而上学失去了作为生活的裁决者和立法者的资格,现实生活构成了哲学的反思批判不可超越的界限,这使得哲学的反思批判不再是超历史的和无条件的,而必然内在于现实生活而非站在现实生活之外,因而哲学的反思批判成为一种"内在超越之思"。更重要的是,哲学反思批判的主题和目的也将以现代社会现实生活为鹄的，这集中体现在两个方面：第一，哲学的反思批判将通过对独断的抽象力量的解构，以捍卫"合理分歧"这一现代社会基本品格；第二，哲学的反思将通过对人的实践活动所可能带来的风险的揭示，推动人们对于自身生存状态的自我理解，从而激发人们自身对于现实和未来的责任意识。

从大一统的"集体意识"中解放出来，承认每一社会成员对生活目的、人生意义的独立理解和自我选择，尊重异质性的生活方式的合理性，意味着对个人自由的尊重与宽容价值的凸显，意味着生命空间的丰富与开阔，这是现代社会给人的发展所带来的最为重大的成果。在此意义上，现代社会的"合理分歧"是与人的自由、独立等重大价值内在联系在一起。但是，现实生活中总是存在着试图消解和同化这种异质性和丰富性、企图以某种同一性的抽象原则来取代"合理分歧"的力量，这种力量或者是企图侵蚀一切的资本，或者是企图控制一切的强制性权力，或者是削平一切的技术力量，虽然表现不尽相同，但有一点是共同的，那就是都谋求统治全部社会生活，成为绝对的、无条件的、拥有"终极话语权"的终极存在，在其统治之下，一切"分歧"都将还原为"同一"，一切个性都将还原为无差别的"同质性"，一切繁盛的丰富性都将还原为死寂的单调。很显然，这与现代社会所确立的自由、独立等重大价值是正相违背的。哲学的反思批判功能，正体现在以一种自觉的方式，揭示以潜在或显明方式存在的这种独断和教条力量，消解它对于现实生活的扭曲，从而捍卫现代社会的自由、丰富和开放的品性，唤起社会成员对生活意义和人生目的的异质化理解和对实践的尊重，努力捍卫"容忍"、"自由探讨"和"民主的交流"等基本价值，这是哲学在"后形而上学"时代的重大主题和任务之一。同时，如前所述，现代社会的另一个重大特质在于它是一个"风险社会"，在人的实践活动中，蕴涵着难以预知和控制的风险并对人们生活的现状和未来产生巨大的影响。能否自觉到这种风险，并对于人的活动及其后果禀持高度的责任伦理，从而推动对这种风险进行有效治理和控制，关乎人类的生存命运。但另一方面，人们总是被种种虚幻的形而上学教条所惑，以为社会历史运动遵循着某种"神意"或超乎人的意志和活动的"必然规律"而通向无限美好的"终极目的"。这种观念使人陷入忘乎所以的自我欺骗，遗忘人们活动所蕴涵的风险并因此给人们的现实生活和未来带来深重的灾难。因此，哲学的另一个重大使命和主题就是以一种反思批判的方式，破解种种虚幻的形而上学教条的遮蔽和束缚，让人自觉地意识到由人的实践活动所可能蕴涵的种种风险，提升人们对自身行为的责任意识，这是哲学反思批判功能的又一重要体现。

可以看出，在"后形而上学"时代，反思批判仍将是哲学最为重要的精神品格，区别在于，它不再是以超历史的形而上学原理为根据的、以"外在超越"为基本方式的先验反思与批判，而是立足于现代社会生活，针对威胁人们生存、发展与自由生活的抽象观念与抽象力量的现实批判。很显然，这种反思批判必然内在于而非外在于现实生活，必然是历史性的而非"超历史的"的，一言以蔽之，哲学的反思批判真正具有了"内在超越"的性质。

以上，我们对当代哲学中"后形而上学"思潮的源起、走向及特征进行了专门研究，尤其对"后形而上学"思潮的社会生活基础作了较为深入的分析，并在此背景下，围绕"后形而上学"条件下哲学的合理存在样式这一重大课题进行了集中探讨。我们认为，关注并研究当代哲学的"后形而上学"倾向，对于实现当代中国哲学的理论自觉具有深刻的启示性。在我们的一些哲学观念中，形而上学的思维方式和理论原则仍然经常有意或无意地在发挥着作用，例如传统哲学教科书体系把哲学视为关于包括自然、人类社会和思维在内的"整个世界"的一般规律的"科学"，例如不少学者仍陶醉于哲学拥有高于具体知识领域和现实生活的特殊话语权的美梦之中，例如仍有人试图建立可消弭一切分歧和矛盾的、代表"真理大全"的、统一的哲学体系，等等，都体现出对"后形而上学"这一当代哲学重大趋向缺乏必要的认识和理解。还有一些人虽然对形而上学思维方式与理论原则的理论缺陷有所认识，但对这种思维方式与理论原则之所以必须走向终结的社会生活根据缺乏自觉，结果在理解、看待和评价具体理论和现实问题时，又不知不觉地落入了形而上学独断论和教条主义的窠臼。在此意义上，深入地领会"后形而上学"这一当代哲学主题和重大趋向，对于破除僵化的哲学教条，推动哲学观念变革，形成哲学与现实生活和其他具体学科的良性互动，从而推动哲学的健康发展等，都具有十分重大的意义。

马克思主义研究文丛

哲学基础理论研究

辩证法理论及其当代课题

（第二卷）

孙正聿◎主编

孙利天 贺来◎副主编

中央编译出版社
Central Compilation & Translation Press

第二卷目录
CONTENTS No. 2

论逻辑学与唯物辩证法
　　——关于逻辑学四个基本问题的研究
　　　刘丹岩 ················· 249
论辩证法就是认识论
　　　高清海 ················· 282
对研究矛盾问题的若干想法
　　　高清海 ················· 299
论直观与逻辑的本真相关性
　　　邹化政 ················· 307
辩证法的批判本质
　　　孙正聿 ················· 320
辩证法：黑格尔、马克思与后形而上学
　　　孙正聿 ················· 338
列宁的"三者一致"的辩证法
　　——《逻辑学》与《资本论》双重语境中的《哲学笔记》
　　　孙正聿 ················· 358
恩格斯的"理论思维"的辩证法
　　　孙正聿 ················· 389

毛泽东的"实践智慧"的辩证法
　　——重读《实践论》、《矛盾论》
　　　　孙正聿 ………………………………………… 404
辩证法的实践本质及辩证法理论发展的突破口
　　　　孟宪忠 ………………………………………… 419
社会历史的辩证法
　　——辩证法的高阶问题与当代处理
　　　　孙利天　王　丹 ……………………………… 426
作为生命体验的辩证法
　　　　孙利天　李建萍 ……………………………… 438
信仰的对话：辩证法的当代任务和形态
　　　　孙利天 …………………………………………… 450
现代哲学革命和当代辩证法理论
　　　　孙利天 …………………………………………… 458
什么是辩证法
　　　　姚大志 …………………………………………… 472
在什么意义上黑格尔辩证法是马克思哲学变革的思想源头？
　　——从"卢卡奇-科耶夫解读"看
　　　　张　盾 …………………………………………… 479
生命意义的觉解与辩证法的任务
　　　　王天成 …………………………………………… 497
生命的辩证性与辩证法
　　　　王天成　邵斯宇 ……………………………… 505
辩证法与人的存在
　　——对辩证法理论基础的再思考
　　　　贺　来 …………………………………………… 520
"思维"与"存在"的异质性与辩证法的批判本质
　　　　贺　来 …………………………………………… 529

辩证法的命运与中国现代性的建构
　　贺　来 ·················· *544*

历史性的辩证法与辩证法的历史性
　　韩志伟 ·················· *558*

黑格尔概念辩证法的形而上学本性
　　白　刚 ·················· *568*

辩证法理论的思想移居
　　王庆丰 ·················· *579*

黑格尔辩证法的宗教前提
　　王福生 ·················· *593*

论康德知性逻辑中的想象力"辩证法"
　　田忠锋 ·················· *601*

从认识机能看辩证法的产生与演变
　　——兼论海德格尔对辩证法的推进
　　丁　宁 ·················· *612*

恩格斯关于辩证法说了什么新东西？
　　高　超 ·················· *626*

论逻辑学与唯物辩证法
——关于逻辑学四个基本问题的研究

刘丹岩[①]

问题与解决问题的方法

逻辑学，和哲学一样，是一门很早就产生了的学问，也是一门争论最多，斗争得最为激烈的学问。

在哲学方面，从马克思发现了辩证唯物主义，把哲学建立在社会实践及各种实证科学的基础之上，就弄清了以往一切哲学争论的本质及其根源，就总结并终结了过去一切哲学臆说，而开始把哲学变成了科学。但在逻辑学方面，则直到现在，还有许多基本问题未弄明白，因而还有许多纠缠不清的问题。

近几年来，在逻辑学的研究中，提出了许多问题，存在着许多分歧意见，其中最为基本的问题是下列四个问题：

[①] 原注：本文系刘丹岩教授讲述，舒炜光、张树义两同志整理，并成书出版（选自刘丹岩：《论逻辑学与唯物辩证法：关于逻辑学四个基本问题的研究》，吉林人民出版社 1957 年版）。

刘丹岩（1901—1955），教授，吉林大学哲学系的主要创建者，第一任系主任。注重从思想体系上掌握精神实质，不拘泥于字句，反对寻章摘句，是他对待马克思主义的基本态度。经他提议，吉林大学哲学系在"文革"前一直设有"现实哲学问题研究"课，说明了他非常重视实际应用和研究。——编者注

（1）逻辑学的对象；

（2）逻辑学和辩证法的关系；

（3）形式逻辑和辩证逻辑；

（4）如何修改形式逻辑和创造辩证逻辑。

在这四个问题中，前两个问题是最为基本的问题。就逻辑学本身来说，第一个问题，即逻辑学对象问题，是逻辑学中最为基本的问题，所有逻辑学中其他问题的解决都以这个问题的解决为前提。就解决逻辑学问题或进行逻辑学的研究来说，第二个问题，即逻辑学和辩证法的关系问题，是最为基本的问题，是解决逻辑学所有问题的关键问题，所有逻辑学中其他基本问题的解决都以对于该问题的如何解决为转移。前面这两个问题的解决是相互联系着和互相依存着的。这两个问题正确地解决了，其余的问题也就迎刃而解。至于第三个问题，即形式逻辑和辩证逻辑问题，即如何认识和看待形式逻辑和辩证逻辑的区别以及它们各自在逻辑学的发展中应该处在什么地位的问题，这个问题是当前逻辑学基本问题中一个最为主要的问题。这个问题如何解决是取决于前面两个问题如何解决的。第四个问题，即如何修改形式逻辑和创造辩证逻辑的问题，这个问题是当前逻辑学基本问题中最为实际的问题，一切其他问题的解决都是为了这个问题的解决。

两千年来，逻辑学的问题没有得到基本解决，是和两千年来哲学问题没有得到基本解决分不开的。可是，自从马克思、恩格斯把两千年来哲学的问题基本上解决了，已经把哲学变成了科学，为什么逻辑学还长期不能得到解决呢？这不外两个原因。一个原因是：我们缺乏对事迹材料的认真研究分析，即对历史发展着的逻辑学的内容缺乏深入的实际研究工作。另一个原因是：其所以这样，是我们对于科学的哲学掌握不够，特别是对辩证法掌握得不够。对逻辑学问题的研究上一个普遍倾向，就是从经典著作的词句出发，有一些人同意其中这一部分，另一些人同意其中的那一部分，就是对同一词句，一些人作这样解释，另一些人又作那样解释，在引用词句中，有的是把重要东西忘了，而把零碎东西看作是重要的，有的甚至是把经典著作词句真实意义给歪曲了。这种做法是根本违反马克思和恩格斯所谆谆告诫我们的，他们的学说是行动的指南而不是教条的这个真理。其实，就是经典著作中的那些词句也必须经过对于那些词句所反映的实际作深入的研究，才能了解那些词句的精神实质，才能实际地掌握经典著作，才能用经典著作中有关逻辑的词句来实际地指导逻辑学的研究工作。如果停留在主观任意的解释和发挥经典著作的词句上，那是除了造成错误和混乱之外，是什么也做不出来的。逻辑学的重要问题迟迟得不到解决，就是由于我们没有实际地运用唯物辩证法来解决逻辑问题。

在逻辑学的研究中最为流行的看法，是主张仅以唯物主义来改造传统的逻辑，无需以辩证法来改造传统逻辑，以为有一种离开辩证法的逻辑存在。1952年苏联《哲学问题》杂志编辑部所作的逻辑问题讨论总结，实质上是这种见解的典型代表。他们的基本观点认为：只要把唯心主义排斥于形式逻辑之外，只要唯物主义地把形式逻辑加以修正就够了；经过修正后的形式逻辑，还应该叫"形式逻辑"，"只要不把它绝对化，不承认它是唯一可能的逻辑，它就绝不是形而上学"。并认为形式逻辑是初等逻辑，不是马克思主义的组成部分，只有高级逻辑、辩证逻辑才是马克思主义的组成部分。关于辩证逻辑，则说"是跟马克思主义辩证法和认识论一致的，它在本质上是和它们同一东西"，但，并未说出辩证逻辑与辩证法不同的地方是什么，而在有的地方论及辩证逻辑的时候，其内容又是辩证法。另外，也有一种见解，明白地主张必须用唯物辩证法来改造传统的逻辑。譬如，奥斯马科夫，在《论思维的逻辑并论逻辑科学》一文中，所持的基本观点，就是主张：要把形而上学和唯心主义排斥于传统的逻辑学之外，不但要唯物主义地而且要辩证法地把传统的逻辑加以修正改造；经过修正改造后的逻辑学应该是马克思列宁主义的逻辑学，而不应该仍是"形式逻辑"。这种看法是代表着全苏联逻辑教师的观点。但是，这种观点被上述流行的统治观点压下去了。我们认为后者这个基本看法却是对的，不过，由于说明得还不够具体、明确，未能做到根据全面的事实、历史以及认识的历史，明确具体地指出正确的认识是什么、为什么是，错误的认识是怎么回事、为什么错，以及我们应该怎样具体地进行修改传统的逻辑，修正的具体原则、具体办法和具体样子等等，因而说服力不大，并且在具体问题的说明上还存在着许多问题，其中主要的表现在逻辑学到底是研究什么的还未弄清楚。

正确地解决这些问题的方法，和正确地解决其他科学问题一样，应该是以唯物辩证法为指导思想，来具体地研究具体问题。这也就是说，要实事求是地研究具体问题，要客观地、全面地、发展地来研究具体问题。在这样地研究问题的时候，经典著作中，有关的思想见解，对我们诚然是极其重要的、宝贵的启发和指示。但是，我们不能依靠背诵和抄录那些启发和指示来解决具体问题。马克思和恩格斯唯物主义地改造了黑格尔的辩证法之后，就应用它来指导他们所研究的一切科学和所从事的革命实践活动。正如列宁所说的："马克思和恩格斯最为注意，他们对之有最重要最新颖的贡献，因而在革命思想史上造成了天才进步的地方，就是运用唯物辩证法来根本改造全部政治经济学，把唯物辩证法运用于历史、自然科学、哲学以及工人阶级的政策和策略方面。"① 在马克思和恩格斯手里所基本建立起来的科学，都是他们运用唯物辩证法进行根本改造的结果。马克思和恩格斯他们解决科学问题的基本态度和基本方法是如此，要真正解决逻辑的问题，使逻辑学成为科学，也必须如此。列宁也曾指出："要继承黑格尔和马克思的事业，就应当辩证地研究人类思想、科学和技术的历史。"② 这应该是我们研究一切科学，包括逻辑学在内所必须遵循的基本道路。

当前，在我们的逻辑学研究中存在着的一切问题，一切争论的解决，本质上是属于唯物辩证法的问题，也就是辩证法与形而上学在逻辑学领域中的斗争问题。

一、逻辑学的对象

关于逻辑学的对象问题，基本上也就是给逻辑学下一个正确的定义问

---

① 《论马克思恩格斯和马克思主义》，莫斯科中文版，第57页。
② 列宁：《哲学笔记》，人民出版社1956年版，第128页。

题。在这个问题上，从古到今，具体实际地来讲的时候，分歧很大。但是，抽象地笼统地来说的时候，大家也还有一致的看法。譬如，逻辑是关于正确思维的科学，这是从古到今大家都可以同意的。但是，这样的定义，只能在较大的范围确定了这个科学是属于哪一类的，却不能指出逻辑这门科学到底是研究什么的。

在辩证唯物主义出现以前就对逻辑学对象的认识和分歧而论，从康德认为逻辑学是研究纯粹思维形式的，到黑格尔把逻辑学提高到哲学的地位，把逻辑学和哲学本身等同起来，是多种多样的。在辩证唯物主义出现以后，同样的是既有分歧之点，又有共同之处。就其分歧而论，从认为只有形式逻辑是唯一的逻辑，到既有形式逻辑又有辩证逻辑，也是多种多样的。

近几年来，对于逻辑学对象的认识，也有新的共同之点，就是一般地都认为逻辑学是研究正确思维形式与思维规律的科学。但同时在大同之中也还有异。有的人认为逻辑学是研究正确思维形式的科学，有的人认为逻辑学只是研究正确思维规律的科学。

所有以上这些看法不是完全错误就是模糊不清，没有一个合乎科学的定义，也就是没有一个合乎客观实际的定义。

给任何一门科学下一个确切的定义，就必须明确地指出这门科学研究的对象的最基本的特征来，既能使它与其余的一切科学，尤其是与它紧密相关的科学，划分开来、区别开来，又能使它与其余的一切科学，尤其是与它紧密相关的科学，联系起来，统一起来。给逻辑学的研究对象下一个确切的定义，当然也必须遵守这个标准和要求。

按照上述的标准和要求来给逻辑学研究的对象下一个确切的科学的定义，我们认为，逻辑学乃是研究正确运用思维形式的规律的科学。我们之所以给逻辑研究对象下这样一个定义，乃是因为它是以研究正确地使用概念，进行判断和推论的那些规律和格式为对象的，乃是因为它是研究如何使用概念进行论断才能正确地认识或反映客观事物的道理的那些规律和格式的。因此，逻辑的规律无非是按照认识和思维活动的客观的规律来控制我们主观的思维活动在运用思维形式时所应遵守的那些规律。

近年来，比较流行的认识，不是说逻辑学是研究正确思维形式的科学，就是说逻辑学是研究正确思维规律的科学，更多的是把这二者合起来，说逻辑学是研究正确思维形式和思维规律的科学。

说逻辑学是研究正确思维规律的科学，如果把正确思维规律广义地了解为正确的思维活动所必须遵守的一切规律来说，那么，这个定义就应该适用于研究一切与正确地进行思维活动所必须遵守的规律有关的科学，这就把唯物辩证法、认识论和逻辑学混为一谈了。因为，研究正确思维规律的，除逻辑学外，还有辩证法和认识论。所以，给逻辑学下这样一个定义是太笼统了，太抽象了，这个定义所造成的后果，就势必把逻辑学的思想方法论以及认识论给弄得混淆不清了。如果把正确思维规律狭义地了解为正确地进行思维活动所必须遵守的基本规律来说，那么，这个定义就只能适用于当作思想方法论看的唯物辩证法，而不能适用于逻辑学。过去长期间的以唯物辩证法来代替逻辑，否认传统逻辑存在以及在重新承认传统逻辑的存在权以后那种认为形式逻辑是研究正确思维的初步规律，而把辩证逻辑说成是研究思维的高级规律，正都是由于给逻辑下这样一个错误定义所引申出来的一连串的错误现象。

说逻辑学是研究正确思维形式的科学，这个定义不能说是错，但是它只能反映逻辑学所研究的现象，而不能反映逻辑学所研究的本质来。这有如说经济学是研究经济现象的是一样的不妥当。因为，思维形式就其客观存在来说无所谓正确与不正确的，只有在我们如何使用思维形式的问题上才存在着正确与否的问题。而如何正确使用思维形式的问题，也就是说按着什么规律使用思维形式才是正确的。逻辑学所研究的不是什么正确的思维形式的问题，而是研究什么是正确使用思维形式的规律的问题。那么，是不是可以说，逻辑学是研究正确思维形式及其规律的科学呢？不可以。因为，如前所述，离开对思维形式的如何使用问题，是无法理解正确思维形式这个概念的。这个定义，显然是把所谓正确的思维形式和如何使用思维形式的问题先分而为二，然后又用个"及其"两字把它们认为的给联系起来了。而且，按照这个定义所表示的逻辑学显然是由两部分组成的，一部分研究正确思维形式，另一部分研究正确思维形式的规律，而这样做实际上是不可能的。这有如说,经济学是研究经济现象及其规律一样是不妥当的。至于那种说逻辑学是研究正确思维形式和思维规律的科学或正确的思维规律和思维形式的科学,显然是以上两个定义加起来的说法或是调和的说法。它们原是想避免两个定义的不确切性、片面性,可是结果把两个定义的缺点都带来了。

在逻辑学的定义中,也有的根本就不用"正确"两字。如果是在思维形式前不用"正确"二字,那就把逻辑学和心理学弄得混淆不清了。如果在思维规律前不用"正确"二字那就不仅把逻辑学和辩证法混淆不清,而且把逻辑学和形而上学也混淆不清了,同时并在逻辑学领域中把辩证法与形而上学混淆不清了。

给逻辑学下一个确切的、科学的定义,必须考虑到,逻辑学与心理学和哲学的关系,因为这三门科学都是和思维规律有关的科学。但是它们各自研究的方面是有所不同的。而且,彼此之间的关系又是相互依存、相互渗透着的。因此,在给逻辑学下定义时,既需要注意彼此之间的区别,又需要注意彼此之间的联系。现在,首先说逻辑学和心理学的关系,心理学研究思维规律和思维形式是从它们的自然发展的方面来研究,它所注意的只是客观事实,既谈正确方面也谈错误方面的。而逻辑学则不然,逻辑学是在心理学所提供的思维活动和客观实际情况的基础上(当然,心理学也是哲学的基础)根据认识活动的实际经验总结出来的进行思维活动中,在使用思维形式方面如何保证正确、避免错误的一些客观规律。如果说心理学是实证的科学,那么,逻辑学则是规范的科学。心理学在思维形式方面是研究概念、判断、推理的自然发展过程,逻辑学则是研究人们应如何自觉地创造和使用概念进行判断和推理才能保证正确,防止错误。在逻辑学和心理学的关系上,除了在认识上还有一些人不够清楚外,在实际上比较是不大容易混淆的。所以,这个问题就简单地说这一点。

至于逻辑学和哲学的关系,那就比较复杂了。在现在的哲学中,除了研究一切事物普遍发展的规律之外,有一部分,专门研究人的认识、思维的本质及其发展规律的,即研究认识的规律和思维的规律的,在这方面研究里,就必然提出什么是正确的和什么是不正确的。如同辩证法就是正确的认识规律和思维规律,而形而上学就是不正确的认识规律和思维规律。这里也就埋藏着辩证法和逻辑的关系扰乱不清的根源。也正是在这个要判清逻辑和辩证法的关系的要求下才感觉到了把逻辑学简单地规定为研究思维规律的科学的不恰当来。

从实际方面,从人类思维活动的全部情况来看,所谓正确思维,就是要使我们的思维符合于客观实际,要想思维符合于客观实际,就需要从各方面去努力,而且,是一个长期的、无限的发展过程,就要靠着我们已有的认识、经验的指导,既要努力钻研客观情况,又要努力创造和掌握日益完善着的认识方法和认识工具。这些也还不够、也还不能保证完全正确。还有一个最根本的条件,就是要靠实践来检验,而且这种检验也是不断的。以上这些条件一部分是属于科学理论方面的,一部分是时间方面的。在科学理论方面,心理学是把各方面发展的实际情况告诉我们,它给我们研究如何正确进行思维活动的一个事实基础或实际根据,哲学的研究给我们提供了一个正确地认识事物的方法,也即给我们一个正确的思想方法,而逻辑学的研究则给我们提供了一个正确思维活动所使用的工具、思想工具,即正确使用概念的方法。我们进行思维活动时,也就是进行理性认识时,就必须使用概念。概念本身原来是由人的认识活动,由感性认识上升到理性认识的产物,概念创造出来之后,它就成为进行理性认识的基本工具。如何正确地使用这个工具,正确使用这个工具的方法,就是逻辑学所研究的。这是逻辑学和哲学二者之间的根本区别。

从逻辑学的作用和意义来看,逻辑学的研究,就旨在避免、防止和反对在使用思维形式上自发地或自觉地产生脱离实际的混乱、错误的现象,也就是从使用概念、进行判断和推理这一方面来防止思想混乱,避免思想错误和反对诡辩。逻辑学的产生是和反对诡辩论相联系的。逻辑学的发展是不断地从实践中发现错误,铲除错误,而日益丰富和精确起来的过程。逻辑学之所以着重于正确地使用思维形式,要十分注意在使用思维形式上产生错误,乃因为在思维形式的使用上,首先是在概念的使用上,客观上就存在思维脱离实际的可能,概念脱离对象和概念僵化的可能,由此就可能造成种种思想上的混乱,从而不能正确地反映客观事物的道理。

逻辑学是研究正确运用思维形式的规律的科学。这个定义具体地指出了这门科学所研究的对象。唯有这个定义，才真正贯穿着逻辑学的全部内容，对于逻辑本身来说，是一个最为完整的定义；唯有这个定义，才能真正使逻辑学与其他科学，特别是那些与其紧密相关，彼此最易混淆不清的科学（即心理学和哲学），明确地划分开来；唯有这个定义，才真正标示出逻辑学作为一门独立的科学而存在的作用和意义。

二、逻辑学和辩证法的关系

辩证法是研究自然社会和人类思维的普遍规律。这是马克思主义思想界所共同承认了的。由此表明，辩证法与其他一切科学不同的地方正在于：辩证法的规律是宇宙间一切事物发展包括人类思维活动在内所共同具有的基本规律；其他一切科学都是研究宇宙间一切事物包括人类思维活动在内的某一个侧面的具体的发展的规律。普遍的、基本的规律原由特殊的、具体的规律中所概括出来，它们本身寓于特殊的具体的规律之中，而特殊的、具体规律只能与普遍的、基本的规律相联而存在，不贯穿普遍发展规律的具体发展规律，是不可能有的，实际上也不存在。

根据前面所述，逻辑学是研究正确使用思维形式的规律的科学。正确使用思维形式的规律，相对于辩证法的规律来说，当然是具体的规律，特殊的规律了。在逻辑规律中，与世界上其他一切具体的、特殊的规律中一样，必然横亘着辩证法的普遍的、一般的规律。因此在实事求是地研究逻辑规律的逻辑学中必然内在地充满着辩证法。至于不是真正实事求是地研究逻辑规律的逻辑学，当然就充满着形而上学了。反之，在辩证法中也必然概括着逻辑的规律在内。哲学与其他科学相互依存着，普遍的、一般的规律与特殊的规律依存着。

辩证法的普遍规律，首先是客观事物本身发展的规律。即是说，辩证法首先是客观事物的辩证法，客观事物发展的普遍规律正确地反映在我们的思想中来，就成为思想活动的普遍规律。即是说，客观事物的辩证法正确地反映在我们思想中来，就成为思维活动的辩证法，或思维的辩证法，或科学的正确的思维方法。客观事物的辩证法决定着思维的辩证法，思维的辩证法又决定着概念的辩证法，或者说思维活动的辩证法又决定着思维形式的辩证法。思维的辩证法与事物的辩证法根本上是一个东西，是同一辩证法所采取的不同形态，即客观的形态与主观的形态。至于概念的辩证法，它本身也是以主观的形态存在，但又是思维内容的辩证法的形式，仅仅限于思维形式的辩证运动。研究概念及概念的辩证运动、概念向判断的推移、判断向推理的推移，不是别门科学的事情，恰恰正是逻辑学所研究的。于是，逻辑学研究正确使用思维形式的规律，也不外标示着它即是概念辩证法的科学，可见，作为一门真正科学的逻辑学，本身是内在地贯穿着辩证法的。主观臆造地将辩证法从逻辑学中撵出去，并把形而上学保存于逻辑学之中，就使得逻辑学不能成为一门真正的科学。

  人们对于辩证法的认识，从人类认识史上来看，首先是反映于人类的思维活动之中。辩证法这一概念，首先是作为一种思想方法反映在人们的认识活动中来。这就是斯大林在《辩证唯物主义与历史唯物主义》中所说的，辩证法在古代是进行论战，发现矛盾和解决矛盾的方法。其次，辩证法深入于人们的意识，就表现在黑格尔从逻辑的概念运动中猜到了辩证法。到马克思和恩格斯批判了黑格尔的唯心辩证法，创造了唯物辩证法，人们才开始真正认识到了辩证法，才发觉了辩证法原来就是客观世界发展的普遍规律，事物本身发展的普遍规律。我们人类认识中的辩证法思想，不过是客观世界，事物本身普遍发展规律的反映。这就是说辩证法原是存在于各种事物本身之中的，当然它也存在于人们认识、思想活动之中，也存在于概念运动之中。正因为辩证法存在于概念运动之中，古希腊哲学家才有可能从论战中发觉了辩证法的思维规律；正因为辩证法存在于概念运动之中，黑格尔才有可能从逻辑中以歪曲了的形式挖出辩证法来。也就是说，辩证法不仅存在于客观事物之中，而且存在于思维活动和概念运动之中，才使得不仅存在有从客观事物本身发展中发现辩证法的可能性，而且有从思维活动、论辩中找到辩证法的可能性，以及存在有从逻辑中引申出辩证法的可能性。否认辩证法贯穿于逻辑之中，就无法说明为什么唯心主者黑格尔有可能从逻辑概念的运动中猜测到辩证法，尽管他的辩证法是唯心主义的。因为，唯心主义本质上是形而上学的，而不是辩证法的。

由此可见，无论在理论上或在历史实际上，都一致地说明了逻辑和辩证法有着内在联系。

具体的来看，逻辑和辩证法之间彼此的联系则更是显然的了。不使用概念，就无法说出辩证法，不使用判断就不能说明辩证法，不使用推理，就不能表达辩证法各方面的关系，更无法应用辩证法。辩证法只是在其自存的形态中才不依赖概念、判断、推理独立存在的。但意识到了的辩证法，必须以概念、判断、推理这些形式才能表达出来。反之，我们对概念、判断、推理的正确理解和应用，是一刻也离不开辩证法的。如果离开了辩证法，就不会对它们有正确的理解，而且甚至于任何不正确的理解，离开辩证法也无可理解。只有依靠辩证法才能掌握正确的和发现错误。所有逻辑中的概念、判断、推理与实际的关系，以及概念与概念间的关系，以及这些关系的推移变化都是一个辩证法的关系。所以，不了解逻辑学或者不能正确地了解逻辑的规律，也就不能完全正确地了解辩证法。反之亦然，正如同事物的本身发展基本上是从本质到现象的路线，而人对事物的认识是基本上由现象到本质的路线是一样的。从其客观发展方面看，是从辩证法到逻辑的路线，但人们对其认识，却是逻辑到辩证法的路线。

逻辑学对辩证法的关系，像逻辑学对于其他一切科学一样，任何科学研究都要使用概念，作出判断，进行推理；按照正确使用思维形式的规律，来表述在实践基础上所达到的认识，于是，逻辑学与一切科学都有联系，任何一门科学，更确切地说，任何理性认识，在正确思维形式的范围内统统不能不受逻辑学的指导。无论什么科学结论，无论什么理性认识，不管其所反映的实际内容如何，只要违背了逻辑规律，它就不可能是正确的。同样，谈到辩证法，在正确使用思维形式的范围内，亦以逻辑学为指导，毫无例外。辩证法对于逻辑学的关系，则像辩证法对其他一切科学的关系一样。所有的科学要真正成为科学，真实地从各方面揭示出客观现实的本质和规律性，必须具有正确的思维方法，于是辩证法与一切科学都有联系，包括逻辑学在内，辩证法指导着所有一切科学。从辩证法来说，除了其采取自存形态以外，它与逻辑学彼此不可以分割；从逻辑学来说，它与辩证法无论如何都不可以分割。在逻辑学与辩证法的相互关系中，既包含着哲学对其他一切科学的关系，也包含着逻辑学与其他一切科学的关系。

真正贯彻辩证法的观点，就不会也不应该设想一种脱离辩证法的逻辑学。如果公然声称自己为形而上学者的话，当然不妨承认存在有脱离辩证法的逻辑学。但是那样的逻辑学终究会为历史所抛弃的。假使说，那样的逻辑学，在马克思主义辩证法，彻底的辩证法出现以前，有其存在的历史理由的话，那么，从马克思到现在，那样的逻辑学再也没有存在的权利了。可惜的是，目前马克思主义思想界绝大多数哲学家和逻辑学家，并未意识到这一点，因而存在有实际上是依恋逻辑学中的形而上学的倾向。

至于专就思想领域而言，则除了上述的关系以外，又特殊地具有思维活动各个方面的内在关联。任何一个理性活动，要想求得正确的认识结果，既需要有正确的观点，也需要有正确的方法，还需要有正确的表现形式，这一事实说明，要想达到正确的认识，既需要有正确的认识论，亦需要有正确的思想方法，还必须正确地使用思维工具，换句话说，既要以辩证唯物主义的哲学为指导，又要以科学的逻辑学为指导。认识论、辩证法和逻辑，在思维活动中，是一个三位一体的关系。所谓"三位"，其一是思维性质，其二是思维方法或思想方法，其三是思维形式；所谓"一体"，即指它们共同统一于思维活动之中，正确地进行思维活动，不可须臾离开三者中的任何之一。思维性质包括正确的思想应从什么出发达到什么目的。思维方法即从出发到达目的应如何进行。思维形式即正确进行思维活动应如何正确使用思维形式或思维工具。这三位并不仅只是一种并存的关系，并不是截然不同的三个方面机械地合起来就算一体；他们是相互渗透，相互依赖，并在一定条件下互相转化的。唯有这样，才能真正成为一体。其中辩证法贯穿着从认识论到逻辑；认识论不过是认识的辩证法，在认识的辩证法中，包含有理性认识这一部分，而理性认识是不能离开概念、判断、推理的，这就是说，在认识论中既有辩证法又有逻辑；科学的逻辑，则既离不开唯物主义的认识论，也离不开辩证法。

在逻辑中，不管什么样的逻辑，都不能不建立在一定的认识论和方法论的基础之上，或者唯心主义的认识论或者唯物主义的认识论，或者形而上学的方法论或者辩证法的方法论。但只有建立在唯物主义的认识论和辩证法的方法论的基础之上，逻辑学才是科学的，才是现代的形态。唯心主义仅仅看到人的思想是指导人的实践活动，不了解这并非根本的一方面，根本一方面是实践决定着思想。唯心主义把概念当作实体，把概念所反映的对象看作概念的产物。唯物主义与此相反，本质上是承认概念所反映的对象是实体，而概念不过是对象的反映。如马克思所说的，观念的东西不过是被移置于人类头脑中并在人类头脑中改造过的物质东西而已。形而上学本质上是唯心主义的思想方法，它不承认概念的内容有矛盾，不承认判断、推理的概念的关系中有矛盾，正如它只承认事物外部有矛盾一样，它只承认概念的外部矛盾。形而上学总是把概念僵死化，看不到概念的运动，在说明概念、判断、推理的相互关系时，总是脱离实际，而只从概念、判断、推理自身来说明，这就是说，建立在形而上学思想方法基础上的逻辑学是脱离实际的。例如，逻辑学上的圈与圈的图示关系，站在唯心主义的观点，以形而上学方法为指导，则只能是从概念自身的关系来说明，而不能把这种关系了解为客观事物存在的关系的反映来加以说明；仅仅停止于表面形式的了解和应用上，而不能真实地、具体地了解这些圈与圈的关系的实际意义。这正是形式逻辑的实质。其实，从唯物主义的观点和辩证法的方法来看，也就是实事求是地来看，逻辑学上图示的圈与圈的关系，不过是客观实际中存在着的诸现象、对象的各种关系的图示反映。不可想象有一种逻辑，它可离开客观事物发展普遍规律和认识的普遍发展规律，而竟成为真正的科学。任何一个概念，正如同它反映的对象一样是充满矛盾的。任何一个判断，正如列宁所指出的，都表示着个别与一般的关系。推理也不外是由个别到一般的推移或由一般到个别的推移。这就说明，在逻辑的内容上，在全部逻辑学中，是充满着辩证法的。

由此就不难明白，不但离开了唯物主义的认识论无法正确解决逻辑学的问题，而且如果离开了辩证法，最多也只能达到形而上学唯物主义的逻辑学，也就是说，只能造成一种唯物主义的形式逻辑。这种逻辑，既不是建立在事物运动、发展的客观基础之上，因此它也就不会了解到概念的运动和发展，不会了解到概念与客观对象之间，以及概念与判断、推理之间的真实关系；不会了解到人类思维形式的运动和发展，也不会了解到人的逻辑知识及逻辑学的发展和变化。一句话说，不可能成为真正的科学的逻辑学。

由此也不难明白，实事求是地认识逻辑学和辩证法的关系是目前把逻辑学变成真正的科学的关键问题。而且，这样做之后，反过来会使我们对辩证法的认识更加全面，更加深入，更加具体，所以同时又是一个提高对辩证法的认识的一个关键问题。

关于逻辑和辩证法的关系问题，在形而上学统治之下时，谈不到这个问题。就历史时代而言，知道现在只有三个时期存在这个问题，其中一是古希腊时代，即自发的辩证法时代，一是黑格尔时代，即唯心辩证法时代，一是现代，即唯物辩证法时代。

在古代，辩证法作为客观发展规律反映到人们主观上来成为人们的认识方法，古代的哲学家是没有认识的，只是其中有些人自发地把世界的发展认作辩证过程——这是一方面；另一方面，那时将辩证法是当作辩论术，辩论的方法，或叫作思维术。总之，那时的辩证法仅运用于辩论中，还没有明确地当作人们整个认识活动上的思想方法，更不知道这思想方法与客观事物的关系。因而那时对于逻辑和辩证法的关系的认识，仅仅是自发地认识了的。古代哲学家看到了正确认识事物的道理时，既需辩证法又需逻辑，在这一点上是自发地正确的，但对于辩证法与逻辑的内在关系还是认识不清。这也是受当时哲学发展的水平所决定的必然结果。

以后，在形而上学长期的统治之下，逻辑便成了形而上学的思维形式了，根本谈不到逻辑和辩证法的关系问题。像其他别的科学都被形而上学所支配一样，在逻辑学中也全然被形而上学所支配。

知道黑格尔在逻辑学中猜到了辩证法，他对逻辑学中的形而上学进行了批判。但他把逻辑人为地造成了他的唯心辩证法的哲学，他虽然认识到了逻辑、辩证法、认识论三者是不可割离的，可是，他却把逻辑、辩证法、认识论混为一谈了。并且由于他的唯心主义观点，他把概念辩证法放到了第一位,而把事物的辩证法当作概念辩证法所派生的,认识的辩证法则被认为不知何时存在的"绝对概念"的辩证法复归于人类自身而已。因此黑格尔的逻辑亦即其辩证法和认识论,实际上,黑格尔的逻辑学就是他的宇宙观、哲学,逻辑学变成了黑格尔哲学的基础。

这里涉及一个重要的问题,这就是:列宁在《黑格尔〈逻辑学〉一书摘要》中所说的,"逻辑学不是关于思维的外在形式的学说,而是关于'一切物质、自然的和精神的事物'的发展规律的学说,即关于世界的全部具体内容及对它的认识的发展规律的学说。换句话说,逻辑是对世界的认识的历史的总计、总和、结论。"① 这一段话,长久以来被好多人当作了列宁自己对于逻辑学的了解。我们认为这是不对的。这段话不过是列宁用自己的话叙述黑格尔的见解述说黑格尔对逻辑学的了解而已。因为,显然,这一定义是哲学的定义,而不是逻辑的定义;而且,对逻辑作这样的了解,把它等同于哲学,在历史上只有黑格尔一人。这是就问题的实质而言。再就问题的形式方面看,列宁在《黑格尔〈逻辑学〉一书摘要》中画出框框的话,并不都是列宁自己的见解,有时仅是列宁表述黑格尔的见解。在转述的时候,有时明确写上了"黑格尔的这话应如何了解"等字样,有时则不写。上述引的那段话,实属后一种情况。不明确这个问题,则大大有碍于正确地认识逻辑和辩证法的关系。

黑格尔所认识的逻辑、辩证法、认识论的统一性问题,与辩证唯物主义者所认识的根本上不同。在黑格尔看来,他们三者的统一是统一于概念、理念、绝对精神,在辩证唯物主义者看来,则统一于客观事物发展的普遍规律。只有辩证唯物主义或唯物辩证法(这是人类认识历史上对辩证法的第三种看法)才发现了人类认识中的正确的思想方法,乃是客观事物发展规律的反映。从辩证唯物主义来看,也就是实事求是地来看,乃是客观事物的辩证法决定着人们主观思维的辩证法,继而又决定人们使用概念的辩证法。正是在此意义上,列宁才说:"在《资本论》中,逻辑、辩证法和唯物主义的认识论(不必要三个词:它们是同一个东西)都应用于同

---

① 列宁:《哲学笔记》,人民出版社 1956 年版,第 57 页。

一门科学。"① 一般引用此句话时，往往忽视了"在《资本论》中"这几个字，因而就易于忽视了它们三者之间的区别。在理性活动中，在科学论述中，辩证法、认识论和逻辑总是交织在一起的。但不等于说，辩证法、认识论和逻辑学三者是不能区别的。只看到他们的统一，不看到它们的区别，或者相反，只看到它们的区别，不看到他们的统一，都是主观、片面的看法，形而上学的看法。

至于那种把逻辑区分为初级的和高级的，以为初级的逻辑与辩证法无关，高级的逻辑才与辩证法有关，实无异于把辩证法变成了仅仅是论述或认识事物的变化的方法，而把辩证法对于事物之相对稳定性的认识给初级逻辑了，其结果既割裂了逻辑，也割裂了辩证法，从而把逻辑学与辩证法的关系就搞得一塌糊涂。关于这方面的详细分析，在下一节再说。

总之，对逻辑学和辩证法的关系，既需要如实地、恰当地认识出它们内在联系、统一性，同时也需要如实地、恰当地认识出它们的实际区别、它们的差异性。逻辑学真正作为一门科学，不仅要建筑在唯物主义的认识论的基础上，而且应内在地横亘着辩证法。在逻辑学与辩证法之间有着三层的关系，即：特殊与一般的关系，形式与内容的关系，主观和客观的关系。

三、形式逻辑与辩证逻辑

关于形式逻辑与辩证逻辑的问题，也就是如何认识和如何看待形式逻辑与辩证逻辑的问题。在这个问题的认识上也很混乱，有着各种不同的看法。有些人认为，形式逻辑和辩证逻辑可以并存，形式逻辑是初级的逻辑，辩证逻辑是高级逻辑；也有些人只认形式逻辑为逻辑，把形式逻辑与逻辑混为一谈；以及其他等等。

对于形式逻辑和辩证逻辑的认识是和对于逻辑与辩证法的关系问题的

---

① 列宁：《哲学笔记》，人民出版社1956年版，第57页。

认识分不开的。对于逻辑与辩证法的关系是怎样认识的，对于形式逻辑与辩证逻辑的认识也就是怎样的。弄不清逻辑和辩证法的关系，也就不可能真正理解什么是形式逻辑和什么是辩证逻辑。特别是由于逻辑学在其历史发展过程中，与哲学以及哲学中的认识论、方法论常常处在纠缠不清的关系中，所以，必须弄清上面那些关系才能弄清形式逻辑与辩证逻辑的问题。

我们认为，唯物辩证法既是任何事物的发展的普遍规律，又是我们思想领域内的正确思想方法；而逻辑学则仅仅是在我们思维活动中使用概念、进行判断和推理的方法。这就不难明白，逻辑学和辩证法是既有着明显的区别又有着密切的联系：即逻辑的规律和一般辩证法不同，而在逻辑中又必然内在地包含着辩证法。这就是说，在我们思维活动进行的时候，必须按照辩证法的方法进行思维，同时必须按照逻辑的规律正确地运用思维形式。就逻辑与辩证法这个概念原来意义来看，逻辑的希腊文是 lego，辩证法则是 dialego，其意义前一个是谈话、辩论，后一个是进行谈话、进行辩论，即逻辑是在谈话中、辩论中所应遵守的正确地使用概念进行论断的规律，而辩证法则是在进行谈话、进行辩论时所应遵守的思维方法。我们处理任何问题都应该按照辩证法的方法来进行，也就是按照事情本身的规律去进行，而逻辑只是把这个方法应用于使用概念、进行判断和推理上的方法。这就是说，整个思维活动的进行都要遵守辩证法，而在运用思维形式上就必须遵守逻辑上所提出来的使用概念的辩证法。按照这个了解，所谓形式逻辑也就是形而上学的思想方法在运用思想形式上的具体表现；所谓辩证逻辑，就是辩证法的思想方法在运用思维形式上的具体表现。

关于什么是形式逻辑、什么是辩证逻辑的这种看法，从人类认识的发展历史以及辩证法和逻辑的发展历史来看，也正是如此。如前面所述，辩证法自古以来就自发地被看作是一种思维方法，而逻辑学自发地被看作是使用思维形式的方法。古来就把辩证法当作思维术、当作辩论术，而把逻辑学则当作思维的工具，亚里士多德把逻辑叫作"工具"，这种看法基本上是正确的。但是，由于那个时候还不认识思想方法和客观事物发展规律的关系，也即还不认识主观辩证法和客观辩证法的关系，还不认识思想方法和概念辩证法的关系，也即是不认识辩证法和逻辑的关系；因而那时也就不能彻底解决辩证法和逻辑的关系，不能明确辨认哲学和逻辑的关系。就在最初的亚里士多德所创造的逻辑学中，如列宁所指出的，由于他动摇于唯物主义和唯心主义、辩证法和形而上学之间，他过分地强调了"形式"的这一方面，因而在其逻辑学中也还混杂着唯心主义的和形而上学的东西。但是，总的来说，还是唯物主义和辩证法占据优势。后来，随着哲学中唯物主义和唯心主义的斗争的发展，在逻辑学中就展开了唯名论和唯实论的斗争。而在此以后，由于在哲学和科学中形而上学思想方法的发展和统治，和由于自康德以来把逻辑看作是研究纯粹思维形式的学问，因而就特别发展了亚里士多德所创立的传统逻辑的唯心主义和形而上学方面，并使发展了的传统逻辑取得了形式逻辑的名称。传统的逻辑所以发展为形式逻辑就是这样的。所以，形式逻辑实质上就是形而上学的逻辑的别名；并不像某些人所说的由于逻辑是研究思维形式的才叫作形式逻辑。说这样话的人如果他们还承认有所谓辩证逻辑存在的话，他们也不能不承认辩证逻辑也是研究思维形式的，然而，为什么辩证逻辑不加形式二字呢？这岂不是相矛盾吗？令人更难理解的是，在事实上又有哪一门科学不是研究物质运动形式的呢？难道我们能把任何科学都加上形式二字吗？其实，他们没有懂得，所谓形式逻辑也就是形式主义的逻辑，而形式主义却不过是形而上学的表现形式。而有些人硬说承认形式逻辑不等于承认形式主义的逻辑，这不过是自欺欺人而已。

正是因为上述情况，反对形而上学、主张辩证法的黑格尔就同时批判了形式逻辑而提出了辩证逻辑。不过黑格尔是一个唯心主义者，所以，他最后也仍然把辩证法变成了形而上学的东西；至于他所主张的辩证逻辑也是和他的唯心辩证法、唯心主义的认识论混同在一起的，他只是在他的逻辑学中论述着他的辩证法和他的认识论。应当说明，这和批判地吸收了黑格尔辩证法的合理内核、创造了辩证唯物主义的马克思主义哲学的了解是根本不同的。从辩证唯物主义观点来看这个问题，正如同马克思和恩格斯所作的以及列宁后来所着重指出的，既然辩证法是客观事物发展的普遍规律，同时又是我们正确认识的唯一思想方法，那么，我们就应该用唯物辩证法作指导去研究一切科学、历史和技术，或如列宁所说的应该用唯物辩证法来改造一切科学、历史和技术。马克思主义所说的辩证逻辑只能在这个意义上去理解：它是作为与受形而上学思想方法支配的形式逻辑相对立的那种逻辑的称号。这意思就是说，我们要用唯物辩证法来修正传统逻辑，来改造形式逻辑。而所谓唯物辩证法的修正传统逻辑和改造形式逻辑，无非就是实事求是地来研究和论述正确运用思维形式的规律。这里我们应当谨防两个极端：过去为了反对逻辑中的形而上学竟至把整个逻辑都否定掉了的做法是显然错误的；现在又有些人在继承传统逻辑的口号下连其中的形而上学也保留下来了的这种做法同样是错误的，并且，这个错误也并不比前一个错误小。正是由于这种错误的了解才有人提出了这个奇怪的看法：把辩证逻辑和辩证法看成是毫无差别的同一东西。他们既然和形式逻辑一起保留了逻辑中的形而上学，使逻辑和唯物辩证法统一不起来，而另一方面把辩证法叫辩证逻辑又感觉存在着显然的矛盾，于是乃主观地创造了一种理论：说形式逻辑是研究正确思维的初步的规律和形式的，认为形式逻辑只是反映事物的相对稳定性，说辩证逻辑也是研究正确思维的规律和形式的，不过对形式逻辑说来，它是高级的逻辑，辩证逻辑反映着事物的发展和变化；说辩证逻辑是马克思主义的组成部分，形式逻辑不是马克思主义的组成部分，说只要不把形式逻辑绝对化，不承认它是唯一的逻辑它就不是形而上学的。这就是承认两个逻辑的这种错误认识的来源。这个说法中的矛盾很明显的，难以理解的是我们怎能创造出一种不管相对稳定性的现象而专管变化的现象的逻辑？正如同我们不能把形式逻辑仅限于反映相对稳定性的现象，因为建立在形而上学基础上的形式逻辑根本就不承认事物的辩证运动，即不承认辩证法；而建立在辩证法基础上的辩证逻辑也应该根本上是反对形而上学的。这种通过限制形式逻辑应用的范围，以及限制自己所要创造的辩证逻辑的应用范围而原样保留形式逻辑的做法，表面上看是要使形式逻辑与辩证逻辑并存，实质上却是让辩证法与形而上学并存。这只能如列宁所说的是一种对辩证法的主观应用，把辩证法变成了诡辩论和相对论。这种糟蹋了辩证法的看法，归根结底是不符合于人类认识历史发展的客观实际，所以，他们在说明时就只能限于在概念上兜圈子和在经典著作的引用上作任意的曲解，而无法作出完全合乎实际的阐明。

上面说过，决不是因为逻辑是研究思维形式的才叫形式逻辑，形式逻辑这个概念的出现是来自对于思维形式作纯粹形式的研究、割裂了思维形式和思维内容的关系、割裂了思维和实际的关系的认识。因此，上述认识即使他们是从唯物主义观点出发的，由于他们形而上学片面的形式主义的看法，也会使他们不可能坚持在彻底的唯物主义立场上、并使他们对逻辑全部问题的认识和解释做到全面地符合客观实际。必须站在辩证唯物主义的立场上才能给逻辑以彻底的唯物主义的说明，也就是实事求是地认识逻辑和说明逻辑。这就说明，离开了辩证法的逻辑就不可能是真正彻底的唯物主义的逻辑；承认有离开辩证法的逻辑这不但对逻辑的看法不会正确，同时也直接违背辩证法是宇宙间一切事物发展规律的这一根本原则。事实上，逻辑中的任何一个问题，像任何科学中的任何问题一样，离开了辩证法就不能加以完满的说明，原因很简单，这只是因为客观上的任何事物和我们主观的任何行动，不论是高级的复杂的事物或是低级的简单的事物，都是辩证法地发展着的。唯物辩证法并不是什么天才人物的头脑所创造出来而加诸客观事物的，相反的，唯物辩证法是在人类实践认识的往复不断的发展过程中到了条件具备的时候，由天才的思想家首先从客观事物的普遍认识中抽引出来的，发现出来的。难道像黑格尔那样的唯心主义者尚能从逻辑中猜到辩证法，而我们在马克思天才地揭露了和发现了辩证法之后，还想拒绝把唯物辩证法应用于全部科学和科学的全部，这本身不就是违背辩证法的吗？

上面主要是在理论范围以内讲清道理，现在我们再从逻辑的具体问题中来检查一番。

首先，我们来看看逻辑学所研究的思维形式。概念、判断、推理是抽象的思维形式，对这个问题的了解，大家是一样的。但是，对思维形式与思维对象的关系、思维形式与思维内容的关系，思维形式本身的内部关系以及这些关系的发展等问题，却可以有两种不同的基本了解：一种是形而上学的了解，一种是辩证法的了解。但即使同是形而上学的了解或同样是辩证法的了解，也还有两种不同的认识，即唯物主义的认识与唯心主义的认识。关于这一点，我们不去谈它。现在，我们只着重谈谈在唯物主义基础上对思维形式的两种不同的了解，即形而上学的了解和辩证法的了解。

形而上学对思维形式的了解：形而上学在对待思维形式上不是从正确使用思维形式的规律这个问题上来阐述什么是正确的思维形式的，而是把他们二者割裂开了；在叙述逻辑形式时，也不是始终一贯地联系着它们所反映的对象来进行说明和解释的，总是脱离内容孤立地来说明思维形式，也不能阐明思维形式之间的内在联系以及它们的发展变化。

由于形式逻辑是脱离内容地孤立地说明思维形式，就使这种形式变成了纯粹的形式，变成了空虚的形式，而这就变成了形式主义，这就不能够真正懂得这些思维形式，这样就把逻辑形式变成了死的形式。正如黑格尔所说的："——旧形式逻辑——恰好是以碎片构成图样的儿戏"①。

由于形式逻辑对思维形式的看法，只是把各种思维形式仅作为个别的、单独的来加以认识和说明，而不能阐明它们彼此之间的内在关系，因而就有的认为概念是思维的基本形式，有的认为判断是思维的基本形式，有的认为推理是思维的基本形式。这同我们在经济学上对生产、交换、分配、消费关系的认识一样，资产阶级的形而上学不能有正确的认识，只有马克思主义对它们的关系才作了正确的说明。形而上学对思维形式，既然不认识它们的相互依存关系，也就不能了解这些不同的思维形式的真正的主从关系。他们不了解全部的思维形式都是通过概念与概念的关系所构成的，不了解概念中有概念，概念外也有概念；也不了解前提和结论的相互转化的关系，不了解如列宁所说的，"每一概念都处在和其余一切概念的一定关系中，一定联系中"②。总之，就是他们不了解思维形式的产生、运动、发展和变化，也就是不了解概念、判断、推理的相互关系以及这些关系的发展和变化。同时形式逻辑对上述问题也不是按照实际认识的发展情况来说明的，因此，在形式逻辑中，不仅对人们的实践没有联系或联系的不够，而且，就是对于认识的实践也是如此。正如黑格尔所说："在旧逻

---

① 列宁：《哲学笔记》，人民出版社1956年版，第71页。
② 列宁：《哲学笔记》，人民出版社1956年版，第182页。

辑中，没有转化，没有发展（概念的和思维的），没有各部分之间的＜内在的必然的联系＞……也没有某些部分向另一些部分的＜转化＞。"① 所有上面这些，形式逻辑虽然也可能偶然说到，但只能是表面的、现象的，而不是从实质上揭露的。

所有这些形式逻辑中的形式主义的看法，都是来源于主观片面的、静止的、孤立的形而上学的思想方法。由于他们对于认识的对象的认识是形而上学的，因而他们对于反映客观对象的思维形式的认识也就必然同样是形而上学的。这样也就把逻辑学变成了不易被人理解的东西。因此，就必须彻底地清除逻辑学中的形而上学的思想方法的说明和解释，而代之客观的、全面的、发展的，也就是按照客观实际情况是怎样就怎样看问题的唯物辩证法的说明和解释。只有这样，逻辑学才能变成科学，而只有这样做了之后，才能铲除逻辑学中的一些基本问题上有令人不能理解之感。

辩证法对思维形式的看法，首先没有形而上学的看法那么混乱。辩证法认为，逻辑学虽然并不研究思维形式的内容，但是，逻辑学所研究的思维形式不能脱离它所反映的具体内容，并认为思维形式之间是有内在联系的，是发展变化的。

辩证法认为：概念、判断和推理是有内在联系的。概念原来也是判断的结果，有时又是推理得出来的；判断揭示了概念与概念的关系，而且，这种关系除了否定判断以外，又都是一种内在的关系；推理直接的、表面看来是揭示着判断与判断的关系，而间接地、归根地来看仍旧是揭示概念与概念的关系，不过这里揭示的概念的关系大多数是比较复杂而已。因此，从这里就可以得出来概念是思维形式的细胞形式，虽然，概念原是来自于判断和推理，但这种判断和推理是一般的原始的感性判断和推理。从整个的理性活动来看，思维的进行总是从概念开始的，而又以形成新的概念告终。理性认识不过是许多概念的集聚，在这个集聚中概念之间是有一定关系的，这些关系在思维形式上就表现为判断与推理，其所以如此，不过是由于思维所反映的对象，也即我们思维所反映的客观世界原来是如此

---

① 列宁：《哲学笔记》，人民出版社1956年版，第72页。

的。任何一个概念只有在同其他一切概念发生关系中才能得到理解，若孤立地看都是不可理解的，这正如同客观事物要是孤立地看就不能理解是一样的。

这就是对逻辑的思维形式的认识和说明的两种基本不同的态度。在历史上，虽然在马克思、恩格斯以及其他的马克思、列宁主义的经典著作中，特别是如列宁所指出的，在马克思的《资本论》中，都无所不在地具体体现着辩证法的逻辑，但是，在一般的逻辑著作中，还没有一个完全贯彻辩证法的逻辑著作，因此，这种辩证法的逻辑，也即真正的科学的逻辑是正有待于我们创造的。完全形而上学看法的逻辑，也只有在极端的形式逻辑中存在着，而在一般的逻辑中，虽然大多数也基本上是属于形而上学的，但是不能不指出，有些逻辑著作也自发地在个别地方表现着辩证法的看法，这就是说，在不彻底的形而上学看法中也透露出来一些辩证法的合理看法。

其次，我们来看看运用思维形式的基本规律。在运用思维形式的基本规律中，也就是通常流行的所谓逻辑思维规律中，更是充满了形而上学的歪曲，是形而上学与辩证法尖锐斗争的场所。从来辩证唯物主义者的反对形式逻辑主要就是反对表现在这些规律中的形而上学的方法。因为历史上并没有一本系统的形而上学方法的论著，形而上学只是存在于他们对问题的孤立的片面的和静止的看法上。例如，在形式逻辑中有的人赞成演绎法，就反对归纳法，有的相反，赞成归纳法就反对演绎法，也有的把他们折中地使用，这些都是形而上学方法的表现。由于形而上学把客观世界认为是基本上永远不变的，因而，从它们的老根上也就不可能有一个统一的方法论了。

对于逻辑里边那几个规律（原来是三个，后来是四个），可以说从来就没有人把它们实事求是地当作正确地运用思维形式的基本规律来看待，而只是把这些规律笼统地、一般地当作正确的思维规律来看待。因而，就使认识论、思想方法和逻辑搅混不清。譬如同一律，原本是说明在我们使用思维形式的时候，我们所使用的概念应该和我们所要反映的对象同一和一致；我们进行判断时，所作的判断应该和对象的关系同一或一致；进行推理时，则应该和对象的关系的发展、变化同一或一致；以及在我们使用概念进行判断和推理这个整个的理性认识的论断中，无论是概念也好、判断也好、推理也好，都必须要具有内部自身的同一和一致或叫统一。譬如偷换概念，这就是逻辑学上第一个要反对的；其次，也不允许判断的自相矛盾，模棱两可；不允许在推理中自相矛盾、模棱两可；等等。至于其他的规律、矛盾律、排中律、充足理由律或叫充分根据律，都不过是这个同一律的引申。也有人把这四个规律归并成两个规律（前三个并成一个，是同一原理，再加上后一个充足理由律）。这不过是说，一方面，我们的论断或论证本身必须是统一的或同一的，另一方面，我们的论断或论证又必须要与客观现实是同一的、统一的。

　　逻辑学中的论证仅限于在我们理性认识范围以内，用已经充分认识了的、已经被实践充分证实的那些道理论证我们在论断中新发掘出来的道理，使其相一致，或者证明与我们新发掘出来的道理相反的道理为不真实，等等。但实际说来，这种逻辑的证明还不能说明我们的认识就是最后的正确和真实了，因为理性认识之是否正确，永远不是理性自身所能解决的。这也就是马克思所说的："人的思维能否达到客观的真理，这个问题并不是理论的问题，而是实践的问题。人应该在实践中证明自己思维的真理，即自己思维的现实性和力量，亦即自己思维的此岸性。"① 逻辑学并不是认识论，当然它就不以研究实践和认识的关系为任务。但是，在逻辑学上也必须指明这一点，即指明不要把逻辑的论证看成是真理的最后证明，不要把逻辑规律看成是证明真理的最后根据，以及不能把逻辑规律的作用夸大到超出它本身的作用所允许的范围。因为逻辑学本身原来也是建立在人类实践基础之上的；逻辑学中的各种规律、格式之所以能够成为真理，也无非是由于它们是被我们人类的实践活动（当然也包括人类的认识活动）所证实的；逻辑学中的规律和格式也不是一成不变，其中有些由于实践、认识、再实践、再认识的发展是越来越清楚、越明确、越完全了（这也是无止境的）。另外，也有些原来被认为是正确的后来发现是错了，也

---

① 马克思：《费尔巴哈提纲》第二条。

可能有些原来是没有的规律或格式而为我们实践和认识的发展新发现出来。因此，在科学的逻辑学中，就不能不在一定的范围以内（即要与认识论有所区别），论到实践，论到逻辑与实践的关系，也就是说也不能不把实践导入逻辑学中来。尤其是在说明逻辑的规律与格式的来源时，在说明逻辑的基本规律的最后一个规律即充足理由律时，更不能不提到实践，只有实践才是联系人的主观认识活动与客观实际一个唯一的不可缺少的环节和桥梁。我们所使用的概念是否与客观对象一致，我们所下的判断是否与客观对象的关系相一致，我们的推理是否与客观对象的真实的复杂关系以及这些关系的推移变化相一致，我们对我们的论断所作的论证是否与客观的真实情况相一致，只有实践是最后的判定者，虽然也不是任何实践都能无条件地作出最有效的证明来。

在对逻辑学的这些基本规律的了解上，在基本精神上与此相违背的以及和这些基本精神无关的那一些说法，都是不合乎实际情况的，都是不合乎辩证唯物主义的认识论和辩证法的，也就是形而上学的，也就都是没有能够彻底地摒弃唯心主义的。正是那些东西，才叫作形式逻辑。例如，在逻辑学中，关于这些基本规律的那个曰者甲也，即 $A = A$ 的公式，这根本上就是形而上学的。虽然也有的人（我自己也曾这样主张过）感觉到了他的说不通，于是想给这个公式加予一种另外的解释，说前一个甲是指概念，后一个甲是指对象，或前一个 A 是指概念，后一个 A 是指对象，把甲者甲也或 $A = A$ 说成是概念应等于对象。这个解释的内容当然是对的，但这和这个公式有什么联系呢？这显然是有点驴唇不对马嘴。因为这个公式是以一个判断的形式表现出来的，它既不是单指的概念也没有说到推理，更不能包括推理。就判断形式自身来说，任何一个判断都应该是揭示和说明客观上的两个对象的关系，而两个对象的关系怎么能用甲是甲或 $A = A$ 来表示呢？其次，在这个公式中还把同一当作绝对的同一、不动的同一，而根本不了解同一性中还存在矛盾。因而这个公式就在根本上排除了事物自身的矛盾，也就是排除了概念以及概念所反映的对象中所存在的矛盾，从而也就把逻辑上所不能允许的自相矛盾与对象和概念自身中所必然存在的矛盾混为一谈了，这在实质上就是否认事物和人类认识的发展。

所有这些形式逻辑中的形式主义的看法，都是来自于形而上学的思想方法，而其根源则是来自于对于事物和整个世界的形而上学的认识。因此，在科学的逻辑学中，也就是在辩证法的逻辑学中，应该根本地铲除这个公式，而实事求是地直截了当地来说明我们使用的概念，要和这个概念所反映的对象一致，所下的判断应该和客观对象的关系一致，所进行的推理应该和客观对象的复杂关系以及这些关系的推移、变化一致，并且在整个的论断中，在理性认识中要使思维求得统一、一致。在描写客观对象的发展、变化时，概念的运动、发展、变化要和客观对象的运动、发展、变化相一致。

以上就是我们认为唯物辩证法的辩证逻辑和形而上学的形式逻辑的根本的区别。

还有一个问题需要在这里着重说明一下。这个问题就是：在辩证法中矛盾律是基本规律，而在逻辑中同一律是基本规律，不但如此，而且，在逻辑学中还有一个反对矛盾的矛盾律。这不是一个很大的矛盾吗？这个矛盾如何解决呢？这是有矛盾的，但是，这个矛盾和唯物辩证法中的矛盾规律所说的矛盾是两种不同的矛盾，辩证法中的矛盾规律所说的矛盾是客观存在的矛盾，是任何事物自身中都不可避免的矛盾，是实际的矛盾，是现实的矛盾，因而，它是合理的矛盾，这种矛盾是任何事物发展的基本动力和源泉。没有它是不可能的，假使我们想象这种矛盾是不存在的，那就无法理解事物的发展了，不然，就只有去找上帝，当然曾经有人这样做过，现在也有。但是，这是与人们长期科学认识的朴素的结果不符合的。至于辩证法的规律与逻辑的规律的矛盾，就辩证法的矛盾规律与逻辑规律的同一律来说，的确是一个矛盾，不过它乃是两个对象之间的矛盾，或者说是两个事物之间的矛盾，但是这样的矛盾不但不与辩证法的矛盾规律所说的矛盾相违背，而且，正与它相符合。因为，辩证法原来就是把世界看成是多样性的统一，是矛盾的统一，所以，这样的矛盾乃是合理的矛盾。这个矛盾不过是统一的科学中不同的科学间的矛盾，是一般的辩证法和个别的辩证法之间的矛盾。这个矛盾乃是一个相反相成的矛盾，它实质上包含着这样一个内容：事物本身都有矛盾，事物的发展就是一个矛盾的发展，是一个矛盾不断产生、发展，不断地继续的过程。我们的认识活动本身也是一个充满着不断的矛盾的发展过程。事物和我们的认识的发展都是在不断地自己克服自己的矛盾过程中发展着。这就是说，事物和认识的发展中存在矛盾是一回事，但矛盾的克服也是事物发展所必需的。我们的认识的内容在实际上也是不可避免地会与被我们所认识的事物存在着矛盾的。认识要求我们认识这个矛盾的存在，但是，认识的本性却要求我们克服这个矛盾，而不是发展这种矛盾，是力求我们的认识与客观一致，否则，我们的认识将成为一堆矛盾，也就是将成为一塌糊涂了。但是，即使我们努力去克服我们的认识与客观实际的矛盾，也还不能说在我们认识中就一定不再存在这种矛盾了。可是力求克服这种矛盾却永远是认识本性的要求。这就不难明白，逻辑规律与辩证法的规律这个矛盾，原来正是符合于辩证法的矛盾规律的。

至于逻辑学上的矛盾规律与辩证法的矛盾规律在实质上是不同的。辩证法的矛盾规律是任何事物发展的基本规律，而逻辑上的矛盾规律是指着：不允许我们乱用概念，不允许我们作出自相矛盾的判断和推理。总之，就是说，在我们的认识上不应该自相矛盾，因为这种矛盾在客观上是不应该有的。因此，在逻辑学上，这一条规律不过是从同一律反面来规范我们主观认识活动。否则，如果我们要容许这种矛盾存在，那么，我们就不会有正确的认识。我们为区分这种不应该有的矛盾和客观存在着的实际矛盾（这种矛盾也存在于逻辑学中，如概念与对象间就存在着矛盾，在判断前后两项中也存在着矛盾，在推理中存在着个别与一般的矛盾），我们通常把客观实际中、客观事物自身存在的矛盾叫合理的矛盾（这正是构成我们认识的对象。我们认识不过是认识矛盾与统一的关系及其变化）。而逻辑学矛盾规律所指的矛盾乃是不应该有的矛盾，乃是主观思维活动，使用概念进行论断过程中可能产生偏差和误谬，乃是虚假的矛盾，我们通常管这种矛盾叫逻辑的矛盾。在正确思维活动中、论断中、讨论中都必须努力克服这种矛盾，避免这种矛盾，消除这种矛盾。这样做在实际上不但不违反唯物辩证法，而恰恰是符合于唯物辩证法的。因此，如果对这个问题还未搞通，那就只能是我们还没有理解辩证法的真实意义，只能是我们还有点形而上学地对待辩证法，其实质只是认识了矛盾的相反的一面，而未认识它相成的一面。因而，为了使表达形式更适合于其内容起见，不如把同一律等名词取消，而分为第一条、第二条地叙述这些规律，这样做不但无害，而且会更有益。

四、如何修改形式逻辑和创造辩证逻辑

关于如何修改形式逻辑和创造辩证逻辑问题，也就是对于修正形式逻辑和创造辩证逻辑应该如何进行的问题。这一问题的解决是和上面问题的解决直接联系着的，是对上面这些问题的认识所产生的必然结果。因此，对前面那些问题有多少不同的看法，对这个问题就有和它相适应的多少种不同的解决。所以，在这个问题上分歧意见也很多：有人主张把形式逻辑加以唯物主义地改造，只要不承认形式逻辑是唯一的逻辑就没有形而上学了，而另外根据经典著作的指示再创造一个辩证逻辑；也有人主张应该用辩证逻辑代替形式逻辑，以及其他等等。

我对于应该如何进行修改形式逻辑和创造辩证逻辑问题的解决是和我对前面所讲的问题的认识分不开的。

根据我对上面几个问题的认识，我认为修改形式逻辑和创造辩证逻辑的问题，就是用唯物辩证法改造形式逻辑，即不仅要从形式逻辑中把唯心主义去掉，而且要清除逻辑中的形而上学的因素，把全部逻辑建立在辩证唯物主义的基础上。所以，修改形式逻辑和创造辩证逻辑是一回事，而不是两回事，修改了形式逻辑同时就是建立了辩证逻辑，并不像有些人所说的，所谓修改形式逻辑和创造辩证逻辑就是把形式逻辑加以唯物主义地修改，而另外创立一个辩证逻辑与它共存。我们反对这一种说法，因为他们主张的对逻辑所研究的同一问题除给以辩证法的说明和解释以外，又容许形而上学的解释和说明同时并存，这实质上就是让辩证法与形而上学同时存在、和平共居。

怎么修正形式逻辑和怎么创造辩证逻辑呢？所谓修正形式逻辑就是要

用唯物主义辩证法去修正形式逻辑,所谓创造辩证逻辑也不是凭空去创造,以唯物辩证法修正后的逻辑就是辩证逻辑。因此,创造辩证逻辑就不能不考虑人类逻辑思维和逻辑学的全部历史发展的情况,不能不理会传统的逻辑是怎样从其开始就有了很多形而上学的因素,而后来在其发展过程中,当形而上学思想方法占统治地位的时代,就变成了形式逻辑,使传统的逻辑取得了形式逻辑的称号。因此,创造辩证逻辑就必须从逻辑已有的历史发展着的传统逻辑和形式逻辑的基础上来创造。而所谓创造辩证逻辑也只不过是意味着剔除传统逻辑和形式逻辑中的形而上学的糟粕,而给予唯物辩证法的改造。那种认为改造形式逻辑只限于唯物主义的改造,而另外再创造一种所谓"辩证逻辑",这不仅是把统一的逻辑割裂了,同时也是把辩证唯物主义或唯物辩证法给割裂了。我们知道,离开了辩证法的唯物主义就是形而上学的唯物主义,也就是还没有完全铲除唯心主义的唯物主义,而离开了唯物主义的辩证法,必然变成唯心主义的辩证法,唯心辩证法的逻辑诚然也叫辩证逻辑,但那是黑格尔的辩证逻辑,而不是马克思主义的辩证唯物主义的辩证逻辑。正如同马克思主义的辩证法和黑格尔的辩证法根本不同一样,辩证唯物主义的辩证逻辑和黑格尔的辩证逻辑也根本不同。其实从本质上来看,辩证唯物主义的辩证逻辑不过是把逻辑学所研究的对象按其客观实际的本来面貌加以叙述、说明、解释而已。因此,这就要求我们具体研究、钻研我们人类思维活动的具体历史发展情况和反映这些实际情况的各门思维科学,即关于认识论、辩证法和逻辑学,特别是要深入地钻研关于我们运用思维形式的实际经验和逻辑学历史发展中的各种见解,才能真正地发现逻辑学在思维科学中的地位和它本身应该怎样才能日益向着完备的科学来发展,我们认为用唯物辩证法来改造形式逻辑就应该这样去做,这个工作就是改造形式逻辑的工作,改造的结果也就是创造了辩证逻辑。

我对逻辑学这些问题的研究,就是根据这样一个认识开始的。在研究过程中,进一步丰富了这个认识,更加认为这个认识是对的。现在所提出来的一些意见,就是根据这种认识进行研究的初步结果。因为研究还仅限于逻辑学的一些基本问题,因而还没有做到对逻辑学的全部问题进行全面的、细致的研究工作。虽然对逻辑学的各个方面都涉及到了，但是，现在只做到了对于一些基本的重大的问题进行了比较细致的钻研。因此，由于全面的细致钻研的不够，就会对这些基本的重大问题的认识不够具体。所以，这里所提出来的一些东西，也只不过是对于逻辑学的一些根本轮廓的认识，而且只是着重于逻辑学和辩证法的关系这个关键问题上所牵连的一些问题。由于自己不是专门研究逻辑学的，因此对于逻辑的一些细致问题的研究上未能花费更多的时间。现在就根据上面的一些认识以及在这个认识之下所研究的一些结果提出我自己对于修正形式逻辑并从而创造辩证逻辑，也就是用唯物辩证法来修正历史发展着的传统逻辑使其成为真正科学的逻辑的一些具体见解来。

在科学的逻辑学中，首先在绪论中要叙述和说明逻辑学研究的对象，它与认识论和辩证法的关系，它与心理学的关系，它与文法的关系以及与一切科学的关系；其次，要说明研究这门科学的意义和作用；再次，简明地叙述一下逻辑学的历史发展和研究逻辑的方法。

绪论中的具体内容，其基本见解在前边都叙述了，这里就不再重复。

逻辑学的以后几章，应该按照论述的对象自身的逻辑体系来考虑其前后次序的安排。因为过分细致的我还没有研究到，所以，现在我只就大的方面提出一个轮廓来。我认为在绪论之后，首先要谈的就是关于思维形式的论述，而不能一开始就谈规律的问题。因为，逻辑学既然被认为是研究正确运用思维形式的规律的科学，自然应该首先知道什么是思维形式，思维形式与整个思维活动的关系以及思维形式自身内部的关系以及思维形式是如何产生的和发展着的。我们只有把这些问题弄清楚之后才能进一步论到使用思维形式的规律问题。

在论述思维形式之后，接着一章就要论述使用思维形式的基本规律。在这一章中所要研究的规律是逻辑的基本规律。这些规律是正确地使用一切思维形式所必须普遍遵守的规律。在讲这些规律之前，首先应该说明这并不是思维形式产生、发展的自然规律，而是我们使用这些思维形式的时候要怎样使用它才能正确地反映客观事物的规律的那些客观规律。因此，必须说明人们在思维活动中使用思维形式的时候是如何自然地存在着脱离实际，甚至错误地反映客观实际的可能。因此，就必须根据我们长期实践的经验中所总结出来的那些合乎客观实际的使用思维形式的规律，来有意识地按照这些规律正确使用思维形式，来进行思维活动。同样的，根据我们长期实践的经验中所积累的那些错误的经验教训，判定出我们在使用思维形式的必须避免的、防止的、反对的那些在使用思维形式时不正确的做法。在这样说明之后，就继而依次地提出这些规律来。

如果把上边两章和以后其余的各章分别开来看，这两章就是总论而以后几章就是分论。在以后几章中，对概念、判断、推理分别的叙述它们各自的、具体的、为他们各自所特有的那些方法、规律等等。在分别论述中，当然首先要论述概念的性质、类别及使用概念的一些规矩，其次就要论述判断的性质、类别及进行判断的规矩，再次就是论述推理的性质、类别及进行推论的规矩。至于假说、反驳、证明等都应放到推理中去讲。它们是推理的特殊形式。以上各个分别的论述中，也要严格遵守逻辑的顺序来安排论述内容的过程。

以上是我们认为科学的逻辑学是应该这样做的。下面就分别论述概念、判断、推理各章中的具体内容上摘要地提几点意见。

首先，谈谈概念的问题。我们认为必须把概念是对象的反映作充分的说明。因为概念若离开了对象就失去了存在的条件，就成为幻想的概念，这如同抽象离开具体就失去了存在的条件，就成为空洞抽象一样。也要说明，即使幻想的概念也是来自对象，这正如同空洞的抽象也是从具体中产生出来的一样。正如同一切幻想虽然都不是真实的，但也都在客观存在上有其产生的根源，概念是由多次实践把感性知识推进到思维、推进到理性知识的产物。

还需要说明，概念既是思维的产物，也是思维的工具。思维、理性认识是用概念来认识事物的，同时，它也是在认识过程中来不断地改造自己。

也必须说明概念的内容和形式的以及与它所反映的对象的关系。概念的内容是反映着对象的内容。概念的形式是对象的形式的反映。因而概念的内容和形式的关系也就是它所反映的对象的内容和形式的关系。虽然逻辑学并不研究任何一个具体的概念和内容，但是，逻辑学所研究的概念的形式也并不能脱离概念的具体内容的。它只是在各种科学对概念内容的认识所已达到的基础上，来进行研究如何正确地使用思维形式的问题。事实上，没有内容的概念的形式是任何人无法理解的。譬如，一个人任意地创造一个从来没有的字，如果不加以任何说明，这是任何人，包括他自己也在内都不能理解的。因此，必须说明概念的内涵、思维的内容方面是各种其他科学所研究的对象，而逻辑学只是从概念内涵和它外延的关系上来研究如何使用思维形式，才能正确地认识客观事物的规律。

必须说明概念是间接地、概括地反映着对象的。因此，它与它所反映的对象的关系就是一种具体与抽象的关系，也就是一种个别与一般的关系。正像概念所反映的客观对象中原是存在着个别与一般的关系，因此，在概念自身中，也就是在所有概念中，也有个别的概念与一般的概念之分。

其次，关于概念的定义问题，在马克思列宁主义著作中，特别是列宁的著作中有很多宝贵的东西必须加以吸收。

再次，必须着重说明，概念的分类问题就是对于客观对象的分类的反映。因此，必须按照客观事物的实际情况及其发展情况来研究概念的分类问题，必须说明没有孤立的概念，正如同没有孤立的对象一样，若把任何一个概念孤立起来都是不可理解的，所以，我们只是在概念与其他概念的相互关系中才能认识概念。

关于判断，须要说明判断是通过概念，用概念的关系来反映对象的关系，这种关系可以是外部的关系，也可以是内部的关系，既可以是这对象与那一对象的关系，也可以是某个对象与其自身中所包括的另一对象的关系。同时，也须说明运用判断和概念的相互依存的关系。要认识一个概念离开判断是不可能的，如给概念下定义就是这样。反之，离开了概念的结合也就无从产生出判断来，判断总是从这一概念向另一概念推移，同时也是概念内容自身的展开。这就构成了概念的运动。这就是说必须说明概念、判断不是死的，而是活生生的对象的相互关系及其推移、运动的反映。

必须说明判断种类的划分乃是对象内部的和外部的各种不同关系在思维形式上的反映。

关于推理，要说明推理是判断的展开，是判断与判断的关系的推移，是概念的连续运动。如果说判断是有关概念的联系，推理则是有关判断的联系。因此，推理是连续的判断，是判断的运动，是从已知的判断推出未知的判断。所以，推理是和科学的预见性分不开的，是跟客观事物发展的规律性分不开的。要说明推理是从相互关系、因果关系和必然关系中产生的。另外，在论述各种推理的形式时，必须依照人们的认识发展过程，由简单到复杂的来叙述。而在推理的各种形式中特别需要着重说明从个别到一般及其相反再从一般到个别的道路。关于推理的各种形式的顺序的安排及其内容的说明都需要着重加以研究，力求符合于正确地反映客观实际的发展规律的要求。

关于概念、判断、推理中的一些具体内容就简单地谈这些。

最后，总的来说，改造传统的逻辑必须包括三个方面：一个方面是剔除它的唯心主义渣滓而加以唯物主义地改造；要彻底做到这样就要做到第二个方面，即要剔除形而上学的解释而加以辩证法的改造；而要彻底地贯彻辩证法的改造，就必须注意第三个方面，即要根据我们的认识、实践的新发展增加新的内容。为了达到上述的目的，就要从马克思列宁主义的一切著作中，尤其是理论著作中，尤其特别是列宁的《黑格尔〈逻辑学〉一书摘要》的有关逻辑的材料中联系实际加以钻研。这些材料既是我们改造逻辑学的指针，又包含着许多具体的改造逻辑的见解，这是我们首先要予以重视的。其次，我们也要直接从唯物主义的批判地学习黑格尔的逻辑学中去吸取其中合理的东西。第三，这一条也是最重要的一个意见，即是我们想做这个工作，首先要对唯物辩证法加以深刻的钻研，必须能掌握这个武器去深刻细致地研究人们在思维活动中使用思维形式的实际经验以及过去和现有对这些经验的总结，来改造现有的逻辑学，使之基本上成为真正不断发展的科学的逻辑学。

论辩证法就是认识论

高清海[1]

一、辩证法就是认识论的涵义

继马克思和恩格斯之后,列宁在进一步研究、探讨辩证法学说的实质时,提出了许多对于推进唯物辩证法理论的发展具有重大贡献的论断和思想。"辩证法也就是(黑格尔和)马克思主义的认识论"[2],就属于这类著名论断中的一个。

对于列宁这个论断,通常都是从认识论必须包括辩证法的方面去理解的。这当然是对的。必须把辩证法运用于反映的过程和发展,必须从辩证法去理解认识学说的内容和实质是毫无疑问的。旧唯物论的根本缺陷就表现在这里。由于不能把辩证法应用于反映论,致使它们的理论变得极端片面。列宁这一论断具体指明了马克思主义的认识理论与形而上学唯物论的认识学说的根本区别。

但这只能看作是列宁这一论断的一个方面的涵义。我认为,这个论断

---

[1] 原载《社会科学战线》1983年第2期。
高清海(1930—2004)教授,吉林大学哲学系的重要创建者之一,20世纪80年代以来我国哲学界公认的最有影响的哲学家和理论家之一,马克思主义哲学改革和哲学观念变革的推动者。生前发表的最后一篇文章是《中华民族的未来发展需要有自己的哲学理论》,寄托了他对中华民族伟大复兴的企盼。——编者注

[2] 《列宁全集》第38卷,人民出版社1959年版,第401页。

还具有另一个方面的涵义。是否承认必须把辩证法运用于反映的过程和发展，这不仅关系着对认识学说的理解，更影响认识论的性质，也关系着对辩证法学说的理解，要影响辩证法理论的性质。像上面所说的那样仅仅从认识学说方面去理解这句话，还不能算全面地把握了列宁这一论断的内容。

事实上，列宁在《谈谈辩证法问题》一文中说这句话时，针对的也并不仅仅是旧唯物论的认识学说，它还针对着当时流行于马克思主义者中间的被歪曲了的辩证法理论。在这篇短文的一开头，列宁就批评了普列汉诺夫一些人把辩证法的对立面的同一仅仅"当做实例的总和……而不是被当做认识的规律（以及客观世界的规律）"的错误。在辩证法就是认识论这句话的后半句，列宁又再次指出，"正是问题的这一'方面'（这不是问题的一个'方面'，而是问题的本质）普列汉诺夫没有注意到，至于其他的马克思主义者就更不用说了"。只是在这之后，列宁才讲到形而上学的唯物论不能把辩证法应用于反映论的缺陷①。这就可见，不懂得辩证法是认识论的，不只有形而上学的唯物论者，还有以辩证法家自居的包括普列汉诺夫在内的马克思主义者。列宁提出这一论断，应该说矛头同时针对二者，而首先是针对那些所谓的辩证论者的。

就这一论断的一般涵义来说，所谓辩证法是认识论，就是强调要把辩证法与认识论统一起来。这里也应当包含两个方面的意义。一方面，应当从辩证法去理解认识论的内容；另一方面，也必须从认识论去理解辩证法的性质。只有在二者的统一中，辩证法和认识论才能够都成为科学的理论。

如果进一步去分析它们的内容，那末②我们还会看到，这两个方面不仅不能分割开来去理解，而且简直可以说就是一个问题。所谓辩证法是认识论，这就是说，辩证法也是以解决认识论的基本问题即思维与存在的统一为任务的。辩证法不但应当揭示出自然和历史运动的客观规律，更为重要的，还必须把这种规律运用于人类的思维活动和认识的发展过程，以便

---

① 见《列宁全集》第38卷，人民出版社1959年版，第407—411页。
② 现为"么"。本文下同。——编者注

解决客观世界的运动在概念的运动中的反映的问题。只有这样的辩证法，才能够是彻底的辩证法。而像这样以解决思维反映存在的问题为内容的贯彻到底的辩证法，当然同时也就是认识论。认识论要把思维与存在统一起来，也脱离不开这样的理论，必须以辩证法为自己的内容。这样，在解决哲学的基本问题的理论中，彻底的辩证法与彻底的认识论便汇合起来，成为一个东西了。

在我看来，这就是列宁所说的辩证法就是认识论这一论断的基本涵义。

按照列宁的论断，思维与存在的关系作为哲学的基本问题，它既是认识论的根本问题，也是辩证法的根本问题。哲学基本问题并不是仅仅依靠唯物论的认识论就能完全解决的。如果不懂得思维在怎样的形式中才能反映出客观世界的运动，即不掌握思维运动与存在运动的统一的规律，是不可能把思维与存在彻底统一起来的。同一问题的反面当然也就是说，辩证法与认识论一样，也应当以解决思维与存在的统一问题为自己的宗旨。旧唯物论所以是片面的，就因为它缺乏辩证法，不懂得运用辩证法去解决思维与存在的统一问题。这样的理论尽管在认识原则上是正确的，这种缺乏内容的原则不过只是一个空洞的论断，并不能成为科学认识的方法。普列汉诺夫自诩为马克思主义的辩证论者，关于辩证法写过近千页的东西，同样也不懂得把辩证法运用于人类思维的运动。正如列宁所指出的，他在近千页论述辩证法的著作中，关于"作为哲学科学的辩证法本身"，即黑格尔分析辩证思维的大逻辑及其思想，"却一字不提"①。普列汉诺夫使辩证法退回到了黑格尔以前的状态，同时也就把马克思主义的认识论降低到直观唯物论的水平。

列宁提出辩证法是认识论，就是要求必须从哲学基本问题的高度去认识辩证法的性质。自觉的辩证法，必须把辩证法的发展原则与唯物论的统一原则结合起来，运用发展观点去解决思维与存在的统一问题。在《哲学笔记》中，列宁就是这样提出问题的："如果一切都发展着，那末这点是

---

① 《列宁全集》第38卷，人民出版社1959年版，第307页。

否也同思维的最一般的概念和范畴有关？如果无关，那就是说，思维和存在不相联系。如果有关，那就是说，存在着具有客观意义的概念的辩证法和认识的辩证法。"按照列宁的提法，这里可以归结为两个原则，一是发展原则，一是统一原则。这两个原则是紧密结合不可分开的。统一原则只有在发展原则中才能得到贯彻，发展原则也只有贯彻了统一原则才能够是彻底的。所以列宁指出，马克思主义的辩证唯物论哲学"必须把发展的普遍原则和世界、自然界、运动、物质等等的统一的普遍原则联结、联系、结合起来"①。

二、辩证法——思维反映存在运动的理论

列宁非常赞赏黑格尔讲过的一句话。黑格尔说："从来造成困难的总是思维，因为思维把一个对象的实际上联结在一起的各个环节彼此分割开来考察。"② 列宁认为这句话说得很对。

列宁赞赏这句话，因为它道出了问题的症结所在。实际上，所谓辩证的与不辩证的问题，主要是同思维的反映活动联系在一起的。

就外部世界来说，客观辩证法支配着整个自然界，一切事物无例外地都处于运动的过程，而且只能在运动过程中存在。如果我们承认没有不运动或不是处于运动过程中的事物，那就应当说，在自然界，不论事物怎样存在或者处于怎样一种状态，都是合于辩证法的。在这里，没有辩证的与不辩证的区别，只可能有事物在运动过程中的本质与现象、必然趋势与偶然因素等表现形式上的分别。现象与偶然性的存在使得统一的辩证规律在具体表现上出现了差别性和多样性，但它并不改变规律。相反地，它们自身也是属于为实现规律所不可缺少的必要因素。

只有当我们运用思维去再现事物的运动过程时，才会出现辩证法与形而上学的区别。因为思维对事物的反映，属于人所特有的能动性的活动。

---

① 《列宁全集》第 38 卷，人民出版社 1959 年版，第 280—281 页。
② 《列宁全集》第 38 卷，人民出版社 1959 年版，第 285 页。

事物只有经过改造即观念化以后，才能够移植到人的头脑中来。事物总是生动的和具体的，而概念则属于干枯的一般性。人们运用概念的形式去表达事物，正如列宁所指出的："如果不把不间断的东西割断，不使活生生的东西简单化，粗糙化，不加以割碎，不使之僵化，那末我们就不能想像、表达、测量、描述运动。思维对运动的描述，总是粗糙化、僵化。"①人们不能不用概念去反映事物。抽象概念是全面反映事物运动的认识发展中的一个必经阶段。但是，认识在这里如果停止于抽象概念的阶段，把概念具有的隔离性、僵化性绝对化起来，那末，我们的认识就会通过僵化的概念使事物失去运动的性质而脱离现实事物。这就是形而上学。

当然，人的思维也是由辩证的发展规律支配着的。就思维的自然过程来说，不论遇到何种阻力，辩证规律终究会给自己开拓出前进的道路来，在这一点上是与客观辩证法相同的。但由于思维是两种能动的反映活动，它既然可以在反映活动中通过概念把事物变成僵死的存在，从而使认识脱离客观事物，那末，也只有通过它自身同样的能动活动克服形而上学之后，才能使认识回到辩证运动的轨道上来，实现主观与客观的统一。在这一点上，便与客观辩证法不同了。这就是恩格斯指出过的，在自然界中，辩证的规律"是不自觉地、以外部必然性的形式、在无穷无尽的表面的偶然性中为自己开辟道路的"，而人的头脑则可以自觉地应用这些规律，这样，"概念的辩证法本身就变成只是现实世界的辩证运动的自觉的反映"②。

思维是从事物的本质的层级上反映事物的运动的。要透过现象抓住本质，就必须运用概念。认识与实际的不一致，不在于概念具有隔离性和僵化性，问题主要在于人们在思维的抽象中把概念的隔离性和僵化性绝对化了。形而上学对事物的歪曲反映，就是由这种绝对化而造成的。因此，克服形而上学，并不是要我们抛弃概念，回到直观的现象中去，而是要求我们必须正确地运用概念，通过符合于概念本性的思维运动的特殊形式，去反映现实事物的运动。这就是辩证法必须完成的任务。

概念作为事物本质的抽象的反映形式，它不可能像事物那样在生动具

---

① 《列宁全集》第 38 卷，人民出版社 1959 年版，第 285 页。
② 《马克思恩格斯选集》第 4 卷，人民出版社 1972 年版，第 239 页。

体的现象中以流变的方式去运动。概念既然舍去了现象,并把处于运动过程中的事物隔离开了,那末,要它再现运动,就必须在对立的概念之间建立起来联系,从联系引申出转化,通过转化使对立的概念达到同一。概念由于自身的矛盾的本性而与对立的概念发生联系、不断地向对立的概念转化并与对立概念达到同一,这就是概念从本质的层级上对事物运动作抽象反映的特殊运动形式。

辩证法与形而上学作为两种对立的发展观点,它们的分歧不是发生在事物表现于直观中的运动,主要就是发生在运用概念的逻辑去表达事物运动的问题上面。就运动的经验事实而言,古代和近代的形而上学都不否认。他们所不能承认的,是事物的本质也处在生灭变化之中。而这点就同他们从思维上不能理解运动有关。古代爱利亚派的芝诺所以否认运动,就因为在他看来,运动是一种思维无法理解因而完全不能接受的矛盾。至于"感觉的确实性"的运动,他一点也不否认。近代的形而上学大多也是沿着"运动=矛盾=荒谬"的公式得出否认运动的结论的。

辩证法发展史表明,单纯依靠经验去描述运动,既不能驳倒形而上学,也不能真正掌握辩证法。古代早期的思想家们试图把运动加以对象化,竭力去寻找人们可以直观到的最富于变化性的事物作为万物的本原。他们始而以水,继之以无限物、空气,而后又以火为这样的本原。他们的思想天然地是辩证法的。赫拉克利特对这些变化的经验事实作了初步归纳。这种总结在古代条件下达到了很高的水平,是思想史上一项重要成就。虽然如此,从思维的高度来说,他们并不真正理解运动。他们不知道如何运用概念的逻辑去表达运动。在思维方法上,他们一方面肯定了变化的经验事实,另一方面却又把这些事物看作不过是本原物的变体或变形,真正存在的只有水或火。这里就表现了思维与经验的矛盾。按照他们的思维方式,如果只有本原物是真实存在的,其余的一切仅仅是它的变形,那末,事物在本质上就是没有发生变化,所谓存在也就只能是一个"一"爱利亚派的"存在是一"的观点,正是这种思维方式的必然结果。

自发辩证法陷入的困境,说明仅凭经验把辩证运动的观念贯注到思维中去,是"此路不通"的。辩证的思维不能依靠自发性去达到。于是,在近代便出现了寻求辩证法其他途径的尝试。这就是黑格尔所走的道路：从总结人类思想史的成果中去分析概念的矛盾本性，探索辩证思维的规律。

黑格尔突破思维的传统观点，在思想史上第一次建立起了庞大的概念辩证法的理论体系。这才使思维与存在两个系列的运动有可能在自觉的意识中协调起来。对于这两个运动系列的关系，黑格尔完全弄颠倒了。尽管如此，黑格尔在辩证法史上的伟大功绩仍然是不可磨灭的。马克思主义经典作家一致肯定黑格尔是历史上的一位伟大的辩证法家，是十分公正的。

黑格尔在概念之间建立起全面的、生动的联系，使向来被视为僵化的概念活动了起来。正如列宁所分析的："对通常看起来似乎是僵死的概念，黑格尔作了分析并指出：它们之中有着运动。有限的？——就是说，向终极运动着的！某物？——就是说，不是他物。一般存在？——就是说，是这样的非规定性，以致存在＝非存在。概念的全面的、普遍的灵活性，达到了对立面同一的灵活性，——这就是问题的实质所在。"①

概念之间的这种联系并不是人为的、从外面加予的。如果概念之间的联系必须依靠人工去为它们建立起来，那是很容易做到的。但这样的联系并不能表现概念自身的运动。按照黑格尔的观点，变化必须出自概念的本质自身。这样，就必须把联系建立在每一个概念的内部去。在黑格尔看来，每一概念的本质自身，就包含了与它相对立的概念的联系，后者是前者本质规定的一个要素。所以，概念自身本质的展开，就自然地过渡——转化为另一个概念。黑格尔就是运用这种方法描绘出一幅概念流动变化的活生生的图画。

在黑格尔的概念学说中充满神秘的、虚构的内容，但这幅图画作为思想史的总结，其中却体现了事物运动与概念运动相统一的辩证法思想。列宁说，黑格尔研究了"客观世界的运动在概念的运动中的反映"②。黑格尔把辩证法提高到了一个新的发展阶段。我们要掌握辩证法，只能在黑格尔所达到的成果的基础上继续前进，绝对不能丢掉黑格尔已获得的内容。普列汉诺夫等马克思主义者所不懂的正是这一点。普列汉诺夫醉心于从自

---

① 《列宁全集》第38卷，人民出版社1959年版，第112页。
② 《列宁全集》第38卷，人民出版社1959年版，第190页。

然界和历史中为辩证法选取实例，不知道应当把辩证规律理解为认识的规律和客观世界的规律（即二者统一的规律）。他把辩证法变成单纯经验事实的归纳，使它完全失去了科学思维方法的作用。不懂黑格尔的辩证法，也就是不懂马克思主义的辩证法，就是根本不懂辩证法。辩证法是什么？按照列宁关于辩证法就是认识论的观点，我们可以说，辩证法也就是思维反映对象的运动的理论。这个理论的基本内容，如列宁所说的，就是研究（一）一切概念的毫无例外地相互依赖；（二）一切概念的毫无例外地转化；（三）概念之间对立面的同一。由于概念的流动表现在思维方法上的关键，是在对立的概念中建立联系、转化和同一，所以列宁又说："辩证法是一种学说，它研究对立面怎样才能够同一。是怎样（怎样成为）同一的——在什么条件下它们是同一的、是相互转化的，——为什么人的头脑不应该把这些对立面当做僵死的、凝固的东西，而应该当做活生生的、有条件的、活动的、互相转化的东西。"①

三、辩证法——外部世界和人类思维的运动的一般规律的科学

概念的运动，就其形式来说，与外部世界的运动有区别。但在本质内容，即支配它们运动的规律性上，则是完全同一的。我们研究概念运动的特殊形式，正是为了如实地去反映外部世界的实在的运动。研究区别，着眼点在统一。因为概念与实在是处于对立的统一关系中的，我们只有通过一致中的区别，才有可能把握它们的统一性。

前面说过，黑格尔把辩证法推进到一个新的发展阶段，然而他对概念与实在的关系的处理却是完全错误的。他的错误不仅是颠倒了二者的关系，而且由于这种颠倒，既歪曲了实在的性质，也歪曲了概念的性质。在黑格尔看来，物质作为感官事物是彼此外在、缺乏自身统一性的。这样的

---

① 《列宁全集》第38卷，人民出版社1959年版，第210、240页。

事物不仅只有凭借他物才有其存在，它的运动也只能在变灭中不断重复已有的东西。黑格尔认为，唯有概念是某种具体的共相、以矛盾为其本性，所以辩证的运动仅仅属于概念所固有的特性。由于脱离了客观实在的基础，黑格尔所讲的自行分化、自行回复统一的所谓概念的辩证运动，完全变成了神秘的东西。黑格尔的辩证法只能说是为辩证法走向科学提供了一个思想基础，对这种理论必须加以改造，才能使之变成科学的理论。这就是马克思主义哲学所面临的任务。马克思、恩格斯和列宁为了改造黑格尔的辩证法，都做了大量的工作。

所谓改造，就是要把黑格尔的概念辩证法置于外部世界辩证运动的基础上去重新加以理解，同时运用黑格尔所提供的辩证的思维方法揭示出贯穿于自然和历史过程中的同样的辩证规律。这一工作，实质上是一个重新创建辩证法理论具有创造性的科学工作。按照科学的观点，辩证法乃是自然界和人类历史的实在的发展规律，而辩证的思维不过是客观实在的运动规律的自觉的反映而已。从黑格尔的辩证法到马克思主义的辩证法，是哲学发展史上的一个具有革命意义的飞跃。

但是，否定黑格尔哲学决不意味着要改变辩证法的认识论性质，使辩证法退回到黑格尔以前的那种单纯描述客观事实的经验理论。批判黑格尔是为了在他奠定的基础上更向前进，为了把辩证法的发展原则与唯物论的统一原则彻底地统一起来。这一点，普列汉诺夫那些马克思主义者是完全不懂的。

列宁提出辩证法就是认识论，强调马克思主义与黑格尔辩证法的一致性，就是为了反对普列汉诺夫这些马克思主义者从否定黑格尔走向倒退的片面观点。这句话并不意味列宁否认或不重视马克思主义与黑格尔在辩证法理论上的区别。问题是，普列汉诺夫等人恰恰在应当突出同一的地方制造出区别，因而把马克思主义的辩证法和唯物论降低到与黑格尔以前的理论相同的水平。这是绝对不能允许的。至于马克思主义与黑格尔都认为辩证法是认识论，他们对这种认识论的性质、基础的理解，却是完全对立的。在论到辩证法应当是一种什么样的认识理论时，列宁不仅指出了马克思主义与黑格尔观点的不同，而且尖锐地批判了黑格尔颠倒主客关系，把辩证法变成游离于自然和历史之外的纯思辨理论的根本错误。按照列宁的观点，正是"事物的辩证法创造观念的辩证法，而不是相反"①。

我们理解列宁关于"辩证法也就是（黑格尔和）马克思主义的认识论"的论断，必须把握两方面的内容，即不仅是思维辩证法与客观辩证法的统一，而且是以客观辩证法为基础的统一。只有这样理解的辩证法，才不仅能够达到黑格尔的水平，而且能够远远超过黑格尔所达到的水平。

按照这样的理解，辩证法必然归结为就是研究一切运动的最普遍的规律的科学。恩格斯就是这样给辩证法下定义的：辩证法即"关于自然、人类社会和思维的运动和发展的普遍规律的科学"②。

这里发生一个问题。辩证法是认识论，认识论以认识运动的规律为对象，它与"辩证法是关于自然、社会和思维的运动和发展的普遍规律的科学"的说法是什么关系？二者能够同一起来吗？

在目前的教科书中，把二者看作是相互对立的，讲辩证法只引用恩格斯的普遍规律的定义，回避辩证法是认识论的提法，或者仅在讲认识论（狭义）时提到。我认为这样处理它们的关系是不正确的。这两个提法不仅不是互不相容的，而且必须从它们的统一中才能真正把握马克思主义辩证法的性质和内容。

列宁说辩证法是认识论，按照马克思主义的观点，认识论所研究的认识规律本来是以外部世界（自然界和人类社会）的运动规律为基础的，二者不过是统一规律的不同的表现形式。正因为马克思主义揭示出了二者的统一性，它的认识学说才能够成为科学的理论而远远高出于黑格尔。从这方面说，认识论也就是世界观，二者是同一个东西。其次，所谓贯穿一切领域的"普遍规律"，指的就是把思维的运动与外部世界的运动统一起来、使二者达到一致的规律。这种规律也就是思维正确反映存在的规律即认识的规律。事实上，只有贯串于思维和存在两个运动系列的那种普遍规律，才能够成为认识的规律；同样地，也只有认识的规律，才能够是真正的普遍规律。此外，我们从科学成果中概括出来普遍规律，并不是为了给人们

---

① 《列宁全集》第38卷，人民出版社1959年版，第210页。
② 《马克思恩格斯全集》20卷，人民出版社1973年版，第154页。

提供什么新的知识，它也不能起这样的作用。普遍规律的意义只在于为人们进一步去认识各种具体规律提供一种指导，使原来自发的认识提高为自觉的认识，即尽其认识规律的作用。这两个提法，"认识论"和"普遍规律的科学"，应该看作是相互补充的关系，后者指明了前者的内容和对象，前者揭示出了后者的性质和作用。只有从二者的统一中，才能把握马克思主义辩证法作为科学的世界观、认识论和方法论的实质。

恩格斯关于"普遍规律的科学"的提法是在19世纪70年代提出来的；列宁关于辩证法是"认识论"的论断写于1915年。列宁在同一时期写的文章中引用过恩格斯的上述定义。① 这说明列宁不是用"认识论"的提法否定恩格斯，而是要补充恩格斯的定义。这样做的必要性，从普列汉诺夫等人对恩格斯观点的片面理解中，就可以了解到。

作为哲学对象的"普遍规律"的涵义，可以从两个方面去理解。一个方面，相对于各门具体科学的规律而言，哲学规律是普遍地适用于一切科学领域的，因而叫普遍规律。与此相反，各门科学的规律对于哲学来说就是特殊规律。在这个意义上，哲学研究的普遍规律就意味着最普遍的规律，而普遍也就是最高共性的意思。另一个方面，相对于外部世界和思维两个运动系列的关系而言，哲学研究的是支配这两个系列的运动的统一规律，即思维的运动与存在的运动共同遵循的规律。这种规律相对于两个系列的运动来说也是普遍性的，因而叫普遍规律。在这个意义上，普遍规律也就是表现思维与存在关系的统一规律的意思。

这两种理解都是对的。但是，对于哲学来说，第二种涵义是基本的。必须把第一方面归结到第二方面，即从第二方面去理解第一方面的涵义，才能把握哲学及其研究的普遍规律的实质和特点。如果抛开第二个方面，仅仅限于从各门具体科学的特殊规律的关系去理解，那就有可能曲解哲学。因为各门科学的规律也是有普遍性的。凡是规律都具有普遍性。如果说哲学规律与科学规律仅在普遍性的大小上不同，那末，这里就只有量的区别，很难说明哲学与实证科学在理论性质上的不同了。实际的情况是，

---

① 见《列宁全集》第21卷，人民出版社1959年版，第35页。

哲学规律与科学规律的普遍性当然不同，但它们不仅在普遍性的大小上不同，同时还具有质的不同。这个质的不同就在，哲学是从主客观的关系去研究存在的规律和思维的规律的。哲学的普遍规律，也就是思维的运动与存在的运动相互关系的规律。没有哪一门科学是研究这样的规律的，一旦它提高到主客观的关系上去研究，那就进入哲学领域，变成哲学问题了。

与此相联系的，我们说辩证法理论是思想史的概括（包括对各门科学的成果的总结），这句话也应当从上述的意义上去理解。思想史也包括两个方面的内容。一是科学所获得的关于客观规律的知识；还有一方面是，科学在取得客观知识的理论活动中所体现出来的认识规律。所谓思想史的概括，不是仅指对客观规律的知识进行总结。果然如此，那样的哲学理论就不过只是科学知识汇编，而哲学的所谓总结顶多不过起了一个联络官的作用。不仅要去总结科学已获得的成果，还要总结科学获得这些成果的理论活动，从二者的相互关系中发现出如何按照事物的本性去把握对象的认识规律，这才是哲学的任务。思想史上的那些重大科学成果，是这两个方面内容相结合的结晶。哲学就是通过思想史的结晶去总结并认识支配着思维与存在两个系列的运动的普遍规律的。

恩格斯在《自然辩证法》中就是这样解释哲学的"普遍规律"的。在恩格斯看来，辩证法属于思维科学。他说："我们的主观的思维和客观的世界服从于同样的规律，因而两者在自己的结果中不能互相矛盾，而必须彼此一致，这个事实绝对地统治着我们的整个理论思维。它是我们的理论思维的不自觉的和无条件的前提。"[①] 按照恩格斯的观点，辩证法所揭示的普遍规律不是别的，就是使思维与存在二者统一起来的规律。在恩格斯给辩证法下的定义中，除了上面引证过的把自然、社会与思维并列起来的三分法的定义外，在更多的场合是采用二分法，即明确地把思维同外部世界并列起来去说明普遍规律，如："辩证法……关于外部世界和人类思维的运动的一般规律的科学"[②]。列宁著作中的提法就划一了。列宁引证恩格斯的，是这里的二分法的定义。列宁自己在说明辩证法时，也总是突出主客

---

① 《马克思恩格斯全集》第20卷，人民出版社1973年版，第610页。
② 《马克思恩格斯选集》第4卷，人民出版社1972年版，第239页。

观的关系，如说："世界和思维的运动的一般规律"，"认识的规律（以及客观世界的规律）"。①

三分法的定义也有它的意义。因为自然的运动与人类社会的运动是有区别的。历史上很长一段时间人们只承认自然规律，不承认社会历史有规律。定义中单独列出社会一项，突出三者辩证运动规律的一致，在一定场合是很必要的。但从理论思维的角度分析，人们所以不能把自然与社会两个领域的运动统一起来，不是因为别的，主要是因为社会历史的运动牵连到人的活动，而人的活动又同意识的作用联结在一起。归根到底，矛盾还是集中在意识与存在的关系上。所以，运用二分法突出认识论的根本矛盾，既可以概括自然与社会的关系的实质，又能够鲜明地表现出辩证法理论的本质，相对地比较来说，作为定义是更为合适的。

辩证法思想的历史发展，清楚地表现了认识不断前进的逻辑。对于黑格尔所取得的成果弃之不顾不对，不从黑格尔的成果继续前进也不对。全部问题都集中在一点上，就是必须从认识论的基本问题出发，把主观辩证法与客观辩证法统一起来。

四、辩证法——最全面最丰富最深刻的发展学说

列宁的辩证法理论是直接继承马克思和恩格斯的思想。马克思和恩格斯奠定的理论基础，就是列宁思想的出发点。他们在基本原则和基本观点上不可能有根本的不同。把列宁思想同马克思和恩格斯的思想对立起来的做法，是不正确的。

但这也不是说，列宁只是重述了马克思和恩格斯的思想。许多思想在马克思和恩格斯的著作中虽然已经有了，把这些未加阐发或尚处于萌芽状态的思想发挥出来，使之形成明确的科学论断或系统理论，这就是一个重

---

① 《列宁全集》第38卷，人民出版社1959年版，第186、407页。

大的发展。更何况列宁在自己的时代的条件下，在回答社会生活提出的新的课题时，进一步以新的内容大大地丰富了这个理论，使马克思主义辩证法不仅具有许多新的特点，还赋有了某种新的形式。这样说，并不算夸大。应当充分肯定，列宁对马克思主义辩证法的发展作出了伟大的贡献。

构成列宁具有新特点和新形式的辩证法理论的基础之一，就是"辩证法也就是……认识论"这一科学论断。马克思和恩格斯的辩证法中已经包含这一思想，但未得充分发挥。列宁不只是把这一思想变成了明确的科学论断，还曾尝试以此为基础去完成辩证法理论体系的创造。《谈谈辩证法问题》短文可以看作是这一辩证法理论的纲，十六条"辩证法的要素"则是为这一理论草拟的一个已具雏形的体系要点。可以说，这一论断是列宁科学地总结马克思和恩格斯的辩证法理论，总结黑格尔以及哲学史上全部辩证法理论得出的一个基本结论，又是列宁进一步阐发和发挥辩证法思想的基本出发点。列宁在其他方面提出的那些对于推进辩证法理论具有重大贡献的思想和原理，也是以此为基础的。

马克思主义哲学是完备的唯物论。所谓完备，就是说，第一，它把唯物论贯彻到底，使自然和社会在唯物论的基础上统一起来，它是包括社会生活在内的彻底的唯物论哲学；第二，它吸收德国古典哲学的成果，用辩证法即"最完整深刻而无片面性弊病的关于发展的学说"丰富了唯物论，从而不仅在内容上而且在形式上彻底贯彻和实现了思维与存在的统一原则。

马克思和恩格斯奠定了这两个方面的基础，因而成为新哲学的创始人。也应当承认，在当时的历史条件之下，他们的理论活动的重点是放在第一个方面即唯物史观的创建上面，在这一方面，他们提出了成熟的并且相当完备的理论系统。至于第二个方面，在他们形成了唯物辩证法的基本思想之后，便立即把它作为武器用于改造政治经济学、改造历史科学，用去分析自然科学以及工人阶级斗争的政策和策略等等问题。关于辩证法理论自身的创建工作，他们并没有做完。马克思曾经打算写一本论述辩证法的书，恩格斯也曾为写出这样一部著作做了大量准备工作。可惜的是，更为紧迫的任务使他们终未实现这一宿愿，不得不把这一工作留给马克思主

义的继承人去完成

列宁对辩证法的研究工作，就是马克思和恩格斯未竟事业的继续。

列宁依据辩证法就是认识论这一原则，更全面地探讨了唯物辩证法理论。

（1）列宁进一步研究了主观辩证法与客观辩证法的关系，在彻底贯彻唯物论和辩证法的基础上，使马克思主义关于思维与存在相统一的理论更臻于完备了。列宁不仅强调而且具体贯彻了把发展的普遍原则与统一的普遍原则结合起来的观点。这两个原则的彻底结合，就是马克思主义哲学与一切旧哲学所以不同的根本内容。

如果说马克思和恩格斯在他们的时代特别注意于把发展的原则贯彻于对自然与历史的观点中去，那末，列宁除了这个方面之外，注意力更集中于去研究与存在的运动相适应，应当如何把发展的原则贯彻于人们的思维和认识活动中去的问题。这就是列宁作了进一步发挥的关于认识过程的理论、关于真理的理论、关于辩证思维的内容和形式的理论即逻辑理论等等。由于列宁的研究，马克思主义的辩证法和唯物论在理论内容和理论形式这两个方面都深化了，并且进一步体现出了它们的统一。

（2）列宁发挥辩证法是认识论的思想，还在哲学理论的对象、内容和体系等问题上，进一步贯彻了辩证法、认识论、逻辑学三者相统一的原则。

按照列宁的认识，辩证法的规律既然是思维与存在两个系列的运动的普遍规律，那末，它必然同时既是世界观的研究对象，又是认识论、逻辑学的研究对象，辩证法、认识论与逻辑学在理论原则上就应当属于同一门科学。列宁明确地指出："在《资本论》中，逻辑、辩证法和唯物主义的认识论［不必要三个词：它们是同一个东西］都应用于同一门科学……"① 列宁就是依据这个统一的原则去阐述、发挥马克思主义哲学的基本理论的。

列宁的这一观点表明，作为一门科学的哲学理论必须是这三者的统一构成的。三者的统一，显然不是指本来是三个东西其间具有某种统一联

---

① 《列宁全集》第38卷，人民出版社1959年版，第357页。

系,而是说,在哲学的基本理论中三者就是一个东西。这一个东西同时具有三个方面的性质和内容:就理论内容说,是辩证法;就理论形式说,是逻辑;而就其理论的性质说,又是认识论。在基本理论原则中必须如此。马克思主义哲学不能由几个彼此分立和独立的东西拼合而成。当然,统一并不妨碍对它的内容从不同侧面进行专题研究。三者所以必须统一,是由思维与存在必须彻底统一的观点决定的。彻底发挥辩证法和彻底贯彻唯物论的结果,必然要导致在思维内容和思维形式及其关系上的统一的理论。列宁从三者统一的原则对马克思主义哲学的阐发,进一步从理论形态上体现出了马克思主义哲学与旧哲学的根本区别。

(3) 依据辩证法就是认识论的原则,列宁进一步阐明了唯物辩证法的实质。

列宁从客观世界的运动在思维运动中的反映这一更全面的观点去研究辩证法,特别强调要抓住辩证法认识表现在两头的性质。列宁指出,辩证法的认识集中起来可以归结于一点,就是对立面的统一。列宁说:"可以把辩证法简要地确定为关于对立面的统一的学说。这样就会抓住辩证法的核心,可是这需要说明和发挥。"又说:"统一物之分为两个部分以及对它的矛盾着的部分的认识……是辩证法的实质(是辩证法的'本质'之一,是它的主要的特点或特征之一,甚至是它的最主要的特点或特征)。"① 在另一方面列宁又强调,把辩证法的认识扩展开来,它的内容又是无限丰富的。列宁多次用类如"最全面、最丰富、最深刻的发展学说"② 这样的概念来表达辩证法的本质。

按照列宁的观点,辩证法的内容贯穿在一切方面。客观存在的一切事物都是辩证地运动着的(事物辩证法);思维对存在的反映活动也是辩证地运动着的(思维辩证法);从存在上升到思维的认识活动是一个辩证的过程(认识过程辩证法);把主观辩证法运用于进一步去揭示客观辩证法的活动同样必须辩证地进行(理论应用的辩证法)。这一切领域的无比丰富的辩证法内容都是不可穷尽的,人们只能通过无数的相对真理去逐渐认

---

① 《列宁全集》第 38 卷,人民出版社 1959 年版,第 407 页。
② 《列宁全集》第 21 卷,人民出版社 1959 年版,第 35 页。

识它。按照这样的观点，马克思主义辩证法学说就是一个开放的体系，人们对辩证法的认识自身也是在辩证地发展着的。列宁说："辩证法是活生生的、多方面的（方面的数目永远增加着的）认识，其中包含着无数的各式各样观察现实、接近现实的成分……"[①]

总结上述我们可以得出结论：明确提出辩证法也就是马克思主义的认识论，这是列宁对马克思主义辩证法理论作出的重大贡献，我们学习马克思主义辩证法，必须包括列宁所发展的这一内容；只有从辩证法是认识论出去，才能把握辩证法的丰富内容，只有这样把握的辩证法，才是马克思主义的辩证法理论。

[①]《列宁全集》第38卷，人民出版社1959年版，第411页。

对研究矛盾问题的若干想法[①]

高清海

近几年来，由于破除了极"左"思想的束缚，人们才有可能对马克思主义哲学基本理论问题和某些重大现实问题展开深入的讨论。在这里，关于矛盾的理论就是讨论得比较多、争论也很热烈的一个问题。这种讨论非常有益。它推动了学术研究，启发人们重新思考了许多问题，也加深和提高了我们的理论认识。通过讨论所取得的重要成果，必须充分肯定。

但毋庸讳言，讨论也暴露出我们对马克思主义辩证法矛盾理论的理解和认识还不够深入，争论的问题并不都是很有意义，分歧的观点也不都是涉及实质问题的。应当承认，我们的研究工作只是刚刚开始，有待今后进一步引向深入。

为了更好地开展讨论，我想就所见到的有关方法方面的几个问题，提出来供思考、研究。所提显属一孔之见，只能作为参考。

1. 矛盾是一个经验性概念，还是反映本质关系层次的概念？

长时期以来人们对这个问题不大去想，似乎并无很大分别。在我看来，这两种理解的区别很大，作何理解关系也十分重大。过去由于未很好理解这点，人们往往就把矛盾变成从大量经验实例中归纳出来的普遍原则（而不是如列宁所说的当作认识的规律），把马克思主义辩证法降低到黑格尔以前的经验理论（即自发辩证法）的水平，而不能充分体现作为辩证思维的科学方法的基本精神。人们学了矛盾理论只把它当作结论性的知识、

[①] 原载《国内哲学动态》1985年第3期。

现成的套语去用，也同这种情况有关。

应当看到，矛盾并不是一个直接的经验事实，矛盾概念在认识史上也不是从归纳经验事实中直接形成的。人们直观到的是千差万别的事物及其处于流动变化中的事实，为了理解和说明这一事实，即为了从事物的运动过程中去把握它的本质，从事物的本质去说明它的自身的运动，才产生了矛盾的概念。所以矛盾概念不是用来描述现象关系，而是在更高层次上属于思维反映事物本质关系的概念。

更进一步说，在理性思维范围内，矛盾概念也不能仅靠从运动事实的直接推论产生出来，它只能从总结和概括认识史中产生出来。因为，理解就在于运用概念的形式来表达，而概念按其自然本性说，都具有隔离性和凝固性的特点。矛盾概念作为事物本质关系的反映形式，它不能不关系到反映事物本质关系的那些概念。只有具备了能够打破一切概念的凝固性、隔离性的条件，才能形成表达事物本质关系一般性质的矛盾概念。而真正的矛盾概念，不仅反映着一切事物的本性，也必然表现着一切概念的本性。所以，矛盾概念的形成同时就意味着思维方式的改变，这样形成的矛盾概念的主要意义也就在于，通过掌握这一概念人们就可以建立一种辩证的思维方式。

如果这样去认识问题，那就必须说：只有把矛盾理解为反映本质关系的概念，我们才是真正理解和掌握了自觉辩证法的科学理论，才能摆脱自发的经验辩证法理论的局限性，我们所运用的矛盾概念才能具有世界观、认识论和方法论的意义。

2. 矛盾是一个实体概念，还是一个关系概念？

这两种理解也有重大分别。矛盾就是对立面之间既对立又统一的关系。对立面只能依附某种载体而存在，矛盾当然也就必然是实体中的关系或实体间的关系。但实体内部或两个实体之间可以包含多种多样的关系（包括多种矛盾关系）；作为矛盾关系的对立面只能在相互规定中存在，失去一方另一方即不存在，而实体之间则具有相互独立的特点。这样，我们又不能把矛盾同实体混同起来。

但在矛盾概念的应用中，人们却往往把它与实体混同起来，即把矛盾实体化或经验化。由于这种混同，就使得有关矛盾的许多重要原理变成不可理解的了。例如，矛盾的解决是否必然包含对立面的克服，即一方消灭另一方？矛盾的转化是否必然是各向自己的对方变化，直至达到对立面的同一？为什么不能有由永远并存的两个对立面组成的矛盾？如此等等。人们举出像工业与农业、领导与群众这类"矛盾"来证明，在这里任何一方也不会消失，它们是永远共存的，因此矛盾的解决就不是必然同克服对立面相联系。确是如此，矛盾的解决并不一定同实体的消失、消灭相联系。因为构成矛盾关系的对立面同两个相异的事物并不完全是一回事。但矛盾的解决则必须同对立面的克服相联系，否则，矛盾就变成僵死的东西，不会成为事物运动的源泉了。

上面所举的例子，实际上只说到两个实体，并未分析出它所包含的具体的矛盾关系。从矛盾关系出发，决不会得出否认对立面相互克服的结论。实体未消失不等于矛盾未更新，这正像生产力与生产关系一样，只要人类社会存在，就不能缺少任何一个方面，但谁也不会否认，这里的矛盾关系在不断更新。正是在对立面的不断克服，即旧的不断消失新的不断产生之中，才推动了人类社会的不断发展。

3. 矛盾与关系是否一回事，能否说现实中的任何一种关系都是矛盾？

矛盾属关系范畴。如果把这一论断引向极端，认为从现实中举出任何一种关系都可以称作矛盾，——比如说，"相反相成"这种关系是矛盾，"相辅相成"这种关系也是矛盾，对立面的关系可以称为矛盾，非对立面的关系，比如两个相异事物或并立事物的关系，也可以称为矛盾——在我看来，就很不妥当了。

我认为，矛盾是在规律层次上反映本质关系的概念，这种本质关系必须是对立统一的关系。矛盾是关系的本质，但本质与现象并不是直接同一的，它在现象领域的个别表现，却是可以主要表现为对立关系或主要表现为统一关系的。所以又不能把矛盾同关系看成等同的。"相辅相成"就主要是属于统一这一面的关系。如果把这类关系也称作矛盾，那就不存在矛盾关系与非矛盾关系的区别，在理解矛盾问题上无论怎样去看都可以是辩证法。这样就很难理解，世上还怎能有形而上学呢？

难道矛盾不是无所不在的，"差异"不就是矛盾吗？矛盾确是无所不在的，"差异就是矛盾"这一论断也是对的。但不能忘记，辩证法的普遍命题并不是无条件的（即不是抽象的真理）。这个条件就表现在毛泽东所引用的列宁讲过的一句话中："就本来的意义讲，辩证法是研究对象的本质自身中的矛盾"。一切事物的本质都是矛盾，事物本质中的差异也就是矛盾。既然没有不具有本质的事物，也没有不包含差异的本质，这就充分说明了矛盾是无所不在并且贯彻始终的，丝毫没有损伤矛盾的普遍性。相反地，只有这样（从本质关系）去理解矛盾，辩证法才不致变成"套语"，而成为从本质关系去分析经验事物的具体分析的科学方法。

4. 构成事物本质的矛盾关系是一种静态的存在，还是一种动态的存在？

这个问题看起来答案是很明显的。矛盾既是事物运动的动力和源泉，那末[①]，它自身就应当是更加富于生动性、变化性的。如果矛盾自身不是动态存在，由此怎么能说明事物的运动和变化呢？实际上，人们在对矛盾关系的分析和对矛盾关系概念的理解中，却往往把它看成一种仅属静态的存在。

我认为，在关于"同一性"概念的讨论中，就有这种情况。毛泽东同志曾把同一性规定为相互依存（统一体）和相互转化两种情形（状态）。这里不谈对同一性概念究应作何规定的问题，只想指出一点，即毛泽东同志把相互转化看作矛盾关系存在的一种重要状态单独列出来，是符合列宁、马克思和黑格尔的思想，合于辩证法的。然而经过讨论的结果，在一些书中讲对立面的同一添加上了"直接同一"，却取消了转化，比较好的情况是只保留一个转化的趋向与可能。据说，因为"转化是依存的否定、统一的破裂，属于矛盾变动性的范畴"，所以不应当用来说明对立面的同一。这样的理解，它不是把对立面同一的关系看成死的存在了吗？

关于同一性的相对性和斗争性的绝对性的讨论也表现了这种情况。由于未从动态去理解矛盾关系，只从静态把同一性与斗争性看作矛盾具有的两个本质属性，因而就很难理解上述原理的意义，认为要说绝对二者都是绝对的、要说相对二者也都有相对性，甚至认为把绝对性与相对性概念引

---

① 现为"么"。本文下同。——编者注

进矛盾关系只足以造成思想混乱，无甚意义等等。

5. 能否因为需要提高对同一性的地位和作用的认识，就必须把它看作与斗争性同等的矛盾运动的动力？

过去一个时期我们对对立面统一的地位和作用认识不足。这种情况应当纠正，但是否一定要让同一性与斗争性平起平坐，才算提高了它的地位？例如说，同一性与斗争性一样，也是推动矛盾运动的动力，或者认为有些矛盾主要靠斗争推动，有些矛盾则主要是靠同一性推动的？这个问题关系到如何认识矛盾的"动力"，如何认识同一性与斗争性的不同内容和性质，值得去进行深入的思考和研究。

6. 能否由于矛盾解决的方式和结局具有多样形式，就否认矛盾的解决必须包括相互克服、新旧交替和内容更新？

过去一个时期关于解决矛盾方式的认识过于简单化，通常只强调一方吃掉另一方、打倒另一方，不承认对立面可以融合，也不承认"调和"在调解矛盾关系中的作用。这种片面性需要纠正。现在的讲法比较全面了，指出解决矛盾的形式多种多样，解决的结局也可以各不相同。但能否由此就认为，矛盾双方克服是解决，双方融合是解决，双方并存也是解决？这样岂不走向了另一个极端，双方不论处于怎样一种状态都可以叫作解决，果然如此的话，那还有什么解决与未解决的区分？我觉得这也是值得思考的一个问题。

解决，就意味着旧的矛盾终结，让位于新的矛盾，这里必须包含否定、克服、更新、交替。与此相联系的，矛盾内容有更新，也就必然能够区分出新的与旧的两个方面。至于如何判断新旧，那是需要从发展过程中去作具体分析的。但能否因为不易判断，就否认在矛盾内容和对立面间划分新旧的必要性呢？我认为显然不应当如此。

7. 矛盾的特殊性是矛盾普遍本质的表现，还是矛盾普遍本质的否定？

对于研究矛盾特殊性的意义，大家都很清楚，这里毋庸多说。社会主义社会出现很多与封建社会不同的矛盾，有待我们去进行研究和掌握。这里的问题是，在这种研究中怎样处理矛盾特殊性与矛盾普遍性的关系呢？我们能不能脱离开矛盾的本质关系、在矛盾本质关系之外去寻找现实矛盾的特殊性呢？如果我们寻到的新型矛盾竟然不具有"对立性"或不包含

"斗争性"，即属于非对立统一的关系，马克思主义辩证法关于对立统一的基本原理岂不就失去了普遍真理的性质，人类认识史上引进对立统一观念以及为此而进行的反形而上学斗争岂不变成一场误会了吗？

划分矛盾类型是一件具有重大意义，但又十分困难的工作。我的意思不是认为区分矛盾不同类型不可能或不必要，主要是想说明，在划分矛盾类型中必须坚持矛盾理论的基本原理，处理好矛盾普遍性与矛盾特殊性的关系，不能从是否包含对立、同一性斗争性何为主要动力、对立面能否长期并存等等因素去分类。

8. 怎样才能把握矛盾，必须靠具体分析，还是也可以依靠抽象推论？

我们从矛盾是无所不在的这一普遍原理就可以断言，一切事物都包含矛盾。但这能否看作就是把握了现实事物中的矛盾呢？显然不能。我们都知道马克思主义的一条原理，就是要具体地分析具体的事物。认识矛盾也如此，只有具体分析才能把握具体矛盾。马克思主义关于矛盾的原理就属于具体分析现实矛盾的方法，而不是用作演绎推论现实矛盾的前提。但这必须把矛盾理解为反映本质关系而非描述经验事实的概念，才能够做到这一点。如果把矛盾原理看作实例总和，即使我们在思想上承认进行具体分析的必要性，用起来仍然免不了当作套语和抽象推论的前提。

我觉得抽象地谈论现实矛盾的情况是大量存在的。例如，在讨论中所讲的工业与农业、重工业与轻工业、政治与经济、红与专、自由与纪律等所谓矛盾关系，往往并没有通过具体分析真正抓住其间的矛盾关系，只是按照惯例由于它们是两个相异事物而且其间又存在关系，便指证为矛盾。人们所以从它们之间具有的相互促进、相互推动的关系得出了一种不具有对立性的新型矛盾关系的认识，也是从抽象推论引申出来的。如果我们认真地去具体分析它们的矛盾关系，我想得出的结论一定是另一样的。所以我觉得怎样才能把握矛盾这个问题也是值得深思的一个问题。

9. 能否因敌对者歪曲地利用过某一原理，我们就必须放弃原来的理论？

"文革"期间，"四人帮"采用把真理夸大一步使之变成谬误的办法，歪曲地利用过辩证法的许多命题。例如"发展是对立面的斗争"、"对立面的斗争是绝对的"就是典型一例。他们把这一原理接过去，搞出一个

"斗争哲学"，完全抹杀对立面统一的意义，给我们的国家、党和广大群众带来了深重灾难。

对于"四人帮"搞的"斗争哲学"必须彻底批判、彻底清除。但我们不能因为清算"斗争哲学"，连同原来是正确的原理也一同批掉了。发展是对立面的斗争、在与同一性的关系中斗争性是绝对的这些原理并没有错，仍然必须坚持。我们如果因被敌人玷污过就放弃这些原理，还怎么能成为辩证法者呢？不能用"四人帮"的办法同他们"对着干"；他们强调斗争贬低统一，我们就突出统一减弱斗争，他们讲当今属于"反作用决定的时代"，我们就要说反作用在何种情况下也不能起决定作用，如此等等。"对着干"是走极端，不是辩证法。从一个极端跳向另一个极端，会使我们自己也陷入片面性之中。我觉得我们在对待一些理论问题的态度中，或多或少地受到过痛恨"四人帮"的情感的影响。这种情感是可贵的，但不能从情感出发来处理理论问题，而必须以科学态度来处理。

10. 在实践上运用矛盾理论犯过错误，这一理论是否必然是错误的或有缺点的？

理论和实践的关系十分复杂。在通常情况下，实践失败了，证明指导这一实践活动的理论就是错误的。但这里还可能存在一个理论与实践结合得如何的问题。从理论向实践转化需经一系列中介环节，在这里出了毛病，也可能导致实践失败。此外还可能存在实践中完全违背了理论因而导致错误的情况。所以不能因某人实践上的错误，便怀疑他所倡导的理论也一定有问题。在这一问题上，同样必须采取科学分析的态度。

我觉得我们对待毛泽东同志的《矛盾论》就应采取这样的态度。我不认为《矛盾论》中的话句句是真理，或者其中的内容、论述一点缺点和错误也没有。但我认为它的基本内容、基本原理和基本思想是从直接继承列宁《哲学笔记》中的思想而来；而列宁的《哲学笔记》又继承并发挥了马克思、黑格尔的基本观点，即从总结认识史而来。我们决不能因为毛泽东同志在实践上有过错误，便否定《矛盾论》或降低这本著作在理论上的意义，轻率地抛弃其中的基本原理。我认为我们采取这种态度，对于我们研究辩证法理论是非常必要的。

限于篇幅，上面主要是提出问题，未能充分展开论述，缺点、错误在所难免，希望得到批评、指正。

论直观与逻辑的本真相关性

邹化政[①]

一、问题的提法

直观与逻辑，本是两个不同层面上的东西，从而要论直观与逻辑的统一，也必须意识到这是在两个不同层面上的实在性的统一。

诚然，我们知道逻辑之为逻辑的内容，要靠对它的直观。但我们要知道直观之为直观的内容，又何尝不靠对它的直观呢？就这两个不同直观的对象——直观与逻辑说，如果它们原本是两个不同层面上的东西，则现在它们仍是两个不同层面上的东西，并不会由于我们对它们的直观而成知，便有任何的改变。

然而当人们谈到直观与逻辑的相关性与统一时，却往往都将它们视为认识层面上的两个对立面来看待。于是认识便被分为直观的与逻辑的：这里所谓"认识"，既可是认识活动，也可是成知之后的知识。就前者而言，认识是属人的一种心理能动性，从而直观的心理能动性，能够远离逻辑，

[①] 原载《社会科学战线》2001 年第 6 期。
　　邹化政（1925—2008），山东省海阳人，吉林大学哲学学科奠基人之一，不仅自学掌握了英文，而且阅读了大量的中、西哲学著作，对中西哲学各自有了深入而系统的理解，并在其原来掌握的马克思主义哲学和政治经济学的基础上，融合西方哲学和中国哲学，初步形成了自己独到的、中西马融为一体的理论设想，发表了《〈人类理解论〉研究》、《黑格尔哲学统观》、《先秦儒家哲学新探》等著作和大量论文。

逻辑的心理能动性，则能够远离直观，二者都只是它们自身的一个抽象同一性。就后者而言，认识是这种心理能动性的表现，从而直观心理能动性与逻辑心理能动性各自的表现，同样都一为直观的而非逻辑的，一为逻辑的而非直观的，也各都只是它自身的一个抽象同一性。就前二者的综合性来看，这就是说，认识之被分为直观的与逻辑的，便无论从认识的心理机能上看，还是从这机能的表现来看，直观与逻辑便都只是一个它自身的抽象同一性，而再就没有它们任何相关的对立统一性了。其所以如此，这乃是因为二者各都不因对方而成立其自身，从而它们只有其不同层次上的联系和统一，而没有其作为同一层次上两个对立面的联系和统一。凡属将两个不同层面的东西看成一个层面上的东西，便总是如此。

这说明什么问题呢？不说明别的，它只说明将直观与逻辑都看成认识那个层面上的心理实在性，是不合法的。这间接也证明了直观与逻辑必须是两个不同层面上的东西，它们才能有相关的统一性。那么到底它们应该是两个什么层面上的实在性，才能有相关的统一性呢？这便是我们所立课题的论旨。

（胡塞尔已经再三地批判了将逻辑纳入心理机能的范畴，而使之归属心理学之研究领域的心理主义观点，从而在哲学史上第一次带头表明了逻辑并不是心理机能那个层面上的东西，因之也不是所谓"思维规律"的实在性。毫无疑问，这是对哲学发展的一个重大贡献。但它对直观缺乏足够的阐明，也没有明确它与逻辑的本真相关性。所以，此二者的不同层面及其相关性问题，值得我们重新来探讨。）

二、直观与逻辑的区别和联系

（一）论直观

胡塞尔的"现象学"是以属人意识活动为研究对象，他的方法原则，便是对属人意识活动的不同环节与统一，进行切身的直观。但胡塞尔的此种方法原则，并无什么独特之处。事实上，古往今来，除了感官之知以外，人们的任何成知活动，都无不出自直观，出自直观的活动。如果说胡塞尔这个方法原则真有独特之处，那么这即在于：胡塞尔在属人意识活动的研究领域中，发现了直观的成知活动这种唯一性与珍贵性。

所谓直观，便是直接地看，而这看分成感性之看与理性之看。

所谓感性之看的那个看，就是感受性；所谓感性之看，则是我们的感受性往复徘徊于其直观对象的品味。它又可分为外感知的感性之看和内感知的感性之看，而前者还可以分为视感观的。和其他如像触、听、嗅、尝等感官的，后者便是对我们的内感知对象——精神活动及其状态的感性之看。感性之看当然是直观，而且是基础性的直观，是感性直观。但在感性之看的基础上，我们面对直观对象的，毫无中介的直接思考和探索，这却是一种不同于感性之看的理性之看，它也同样是直观，是理性直观。

什么是直观？现在我们又可以说，它就是感性之看——感性直观，与理性之看——理性直观的共相：它既是前者，也是后者，此二者只是它的内涵逻辑内容——直接之看的内在区分。这便阐明了直观作为直接的看的内在意义和包容性。可见，直观的活动，包容了我们感性与理性的，在有了直观对象之后的全部认知活动——无论是此后的感性认知活动，还是此后的理性认知活动，都无不包含其中的。

那么，直观的对象，又是从何而来呢？须知直观并不是第一位的原始成知活动，因为直观本身提供不了它的直观对象——无对象的直观，显然是不能成立的。所以，在直观之前，必须有一种提供直观对象的第一位的原始成知活动。这便是我们外感知、内感知上的感性活动——感性活动，才是第一位的原始感知活动。

什么是外感知？我们对在我们精神之外的外物感知，便是外感知。什么是内感知？我们对我们精神活动及其状态（例如有所知、情绪或情感等）的感知，便是内感知。这样，外感知为直观提供在我们精神之外的外物直观对象，内感知则为直观提供我们的精神活动及其状态的直观对象。此二者，同出于我们显现它们的感性活动，因而这是第一位的原始成知活动，直观则是以此为其内在基础的第二位成知活动。直观虽然是第二位的，但它却是我们以外感知与内感知为前提的一切认知活动的根源。在这个意义上，它对我们的主观性说，是无所不包的。但直观不一定在现实的内外感知对象的基础上来进行，它也可以将此纳入想象中去实现，这二者完全是等价的。

在这里，必须要明确这样一个问题：直观的"感性之看"，不同于感性活动之对外感知、内感知的那个显现，后者只是我们的一个"我感觉到"的能动性，而前者则是一个在直观对象中往复徘徊的品味过程。至于直观的"理性之看"一面，却就完全是包含在直观之中的理性活动。

通常，人们将理性的分析与综合、判断与推理和直观对立起来，而将后者仅归结为感性之看的一个方面——外感知的"视觉之看"。这不仅把直观的"理性之看"一面，从中割裂出去了，而且也把直观的"感性之看"一面，缩小为它的一个点滴——抽象的视觉之看。面对这样的直观概念，难怪人们会把理性的分析与综合、判断与推理，看成是在直观之外的实在性了。实则感性与理性是都包含于直观自身之中的一个感性之看与理性之看的内在统一。

在这个统一性中，如果直观的"感性之看"一面，看不到其对象可以被分析与综合，可以这样或那样对它进行判断与推理的内容，便根本不会有所谓理性的分析与综合、判断与推理等主观心理活动的产生。直观的"感性之看"怎样看到它的感性成知内容，理性便相应地从概念上深入地来显现它。所以，理性的分析与综合、判断与推理等主观性的活动，便必然是以直观的"感性之看"为基础，而由直观的"理性之看"一面来完成的。这就是所谓理性必须以感性为基础的本真意义。

这就是说，在直观的"感性之看"中，也必须存在着感性的分析与综合、判断与推理的感性成知活动。没有这一面的如此这般成知活动，便没有直观的"理性一面"的分析与综合、判断与推理。二者的区别只在于：由于直观的"感性之看"的对象，只是一些对象形象的存在，因而前者便是一些形象的联系；直观的"理性之看"的对象，则是一些对象形象存在之理的环节，因而后者便是一些概念的联系。概念联系，正是揭示了形象联系的内在实质。

直观不仅是在其对象中往复徘徊的直接之看，而且也由此产生了它的分析与综合、判断与推理的成知活动。直观一分为二，分为它的感性之看与理性之看，因而它的此种成知活动，便相应地分为它的"感性之看"的感性分析与综合、判断与推理，和它的"理性之看"的理性分析与综合、判断与推理这样两个不同方面的成知活动。直观的分析与综合、判断与推理的成知活动的具体内容，便是此二者对立统一的全体性，它是贯通这个全体性的共相。

直观本身与这个全体性的内在统一，便是直观成知能动性的全部逻辑内容。因此，全面说，直观成知能动性便是以我们内外感知为基础的主观心理过程。关于直观的心理主义，是无可非议的。然而，直观成知能动性的心理过程，必须符合逻辑的客观性，它才有可能达到真理。这便使我们由直观的领域，进入逻辑的领域。

（二）论逻辑

逻辑者，联系成序的普遍规律也，有关它的理论体系，即为逻辑学。逻辑并不是像直观那样，也是心理层面上的实在性——我们的成知能动性，虽然必须符合逻辑而为其所制约，但它并不是在直观之外的另一种成知能动性的心理过程，更不是其他任何一种心理过程。将逻辑纳入心理范畴之中的心理主义，是不合理的。

据此，将逻辑把握为理性的思维规律，从而认为逻辑学是研究思维规律之科学的传统观点，也必须将它判决为不合理的心理主义观点。因为，理性思维能动性，也是一种心理过程的能动性，我们已经将它包含于直观的"理性之看"的环节之中了。

在这里，人们的模糊意识立即会对当前所论产生这样的重大疑问：直观成知心理过程的能动性，包含了分析与综合、判断与推理，现在又说逻辑不是心理层面上的实在性，而指名批判逻辑上的心理主义；但逻辑学（即使它是黑格尔式的范畴逻辑学体系）的重要构成环节，岂不正是判断与推理吗？

但是，包含在直观中的判断与推理，是直观的心理过程表现为判断、推理的能动性，它当然是直观的心理过程，是心理层面上的实在性。此外逻辑学及其判断、推理的学说，当然也同样是心理层面上的东西。不过，现在我们讲的是逻辑学的对象——逻辑本身的客观性。它却不是心理层面上的实在性。从而，在逻辑中的有关判断之为判断、与推理之为推理本身的客观内容，它们作为逻辑的主要构成环节，当然也不是心理层面的实在性，不是心理过程的能动性。这二者是一个原则上的区别性，不是一回事情。就概念而言，也是如此：概念本身及直观产生它的成知能动性是心理的，而概念本身的客观内容则是非心理的。以前，我曾认为黑格尔《逻辑学》的辩证运动，缺乏真正的能动基础——直观范畴的本源能动性。但以直观范畴的本源能动性为基础展现出的辩证运动，必然表现的是一个成知能动性大全的心理过程，而非逻辑大全的非心理性逻辑过程。这个过程，只能由概念客观内容大全本身的不同范畴环节的固有内在联系来展现。将心理性的直观范畴，作为基础放到黑格尔《逻辑学》中去，那就会使它被搞得不伦不类了。

胡塞尔对逻辑的非心理性，对逻辑上的心理主义（将逻辑纳入心理范畴之中的主张），做了大量的剖析和批判。仅就当前问题来看，从大意上说我记得他曾指出，在矛盾律的命题中，和在其他任何一个逻辑学命题中，我们从中发现不了任何一点有关"心理方面"的陈述痕迹在内。这就是说，如果逻辑可以纳入心理范畴之中，那么以逻辑为其表现对象的逻辑学命题，便不能不触及到对心理过程的陈述，否则那便等于确证了逻辑决不是心理层面的实在性。这既是对逻辑的非心理性最具明证性的论述，也是对逻辑心理主义最有说服力的批判。

逻辑不是心理层面的实在性，则现在面临的进一步问题便是：正确地说，到底逻辑是哪一层面的实在性呢？所谓"逻辑"，我们一开始便将它理解为"联系成序的普遍规律"，则现在这里的问题，便必然在于如此这般的普遍规律，究竟是什么实在性的规律呢？我们已经说过，逻辑作为普遍规律，它不可能是直观的"理性之看"那个成知能动性的规律，因为这是不合理的心理主义。但它也同样不可能是直观的"感性之看"的规律，因为这也同样是不合理的心理主义——如果前者可以说是理性论的不合理心理主义，后者便可以说是感性论的不合理心理主义。只是直观的"感性之看"也好，它的"理性之看"也好，都必须有其直观对象。直观的

"感性之看"的直观对象，是其对象形象的存在——事物形象的存在；直观的"理性之看"的直观对象，则是事物形象存在的内在之理，二者的对立统一，便是直观对象的具体内容——客观实在。它既有物理属性，也有包括属人精神在内的精神属性。所谓联系成序的普遍规律，即为这客观实在的普遍规律，从而逻辑不是别的，它就是客观实在的联系成序的普遍规律。所以逻辑的所在层面，便是直观的对象——客观实在。它是客观实在层面上的实在性，而非心理层面上的实在性。

对于黑格尔与胡塞尔的唯心主义说，一般性的概念是客观存在的，它存在于个体事物形象的存在之中，而为其内在之理。此二者的内在统一，便是胡塞尔所谓的观念或观念性的统一，黑格尔称其为理念或理念性的统一。但黑格尔与胡塞尔，都不将包括人在内的事物形象的存在，看成超越精神的外在性，而是看成内在于精神之中的内在性，是这内在性的外在显现直接性。所谓它的内在之理，便是精神显现它的内在之理，从而观念或理念的实质，便反归为精神外在显现直接性——事物形象的存在，与精神显现此者的内在之理的对立统一了。观念或理念变为精神活动的内在本质。尽管胡塞尔讨厌或不喜欢黑格尔，可这里所谓的精神，都早已超越了属人精神的界限，而是黑格尔所谓的绝对精神——宇宙精神了（因为，宇宙即为一切事物形象的总和），而所谓的观念或理念，也随之变成绝对的观念或理念——宇宙观念或理念了。

对这二位哲学家说，所谓逻辑，便是这宇宙观念或理念层面上的实在性，它决非属人心理层面上的东西。胡塞尔称其为观念的客观联系，以与属人心理联系相区别。显而易见，这里所谓的观念，不是属人认识意义上的观念，因为胡塞尔认为观念不仅是我们经验知识的先验基础，而且它也是我们外在世界的先验基础。这便只能是黑格尔所谓绝对理念主义上的观念。在这个意义上，观念便是本原意义上的本体能动性，人及其心理活动主观性，便都包含在一概念的客观性之中。

然而对我们说，观念只能是我们认识意义上的观念，它没有那么大的道行，而成为无所不包的客观本原实在性。因此，我们只坚持前面所谓"客观实在"的真理性，而认定逻辑只是客观实在层面上的实在性，而非属人心理层面上的东西。这便是逻辑与直观的本质区别。在这个意义上，认识便不能划分为直观认识与逻辑认识，而使逻辑与心理的东西相混同。认识，在我们看来，只能是出自直观能动性，并无所谓产生认识的逻辑能动性——逻辑并不会产生认识。

逻辑虽然不是产生认识的能动性，但直观的认识能动性，却必须与它相一致，为它所制约，这便是直观与逻辑的统一性。

（三）论直观与逻辑的统一

我们已经将直观对象，从更深入的视觉上，简化地归结为客观实在——直观的对象，就是客观实在。

逻辑之为联系成序的规律，是客观实在层面上的实在性。但这不是说，它像一件东西那样，现成地处在客观实在上面，而是说逻辑之为联系成序的规律，本是客观实在所固有的内在规定系统。它与客观实在本是一个对立统一的一体性。

直观是以客观实在为对象的成知心理能动性，它即在于从中直观出客观实在的内在规定系统来。但客观实在的内在规定系统不是别的，它就是逻辑之为联系成序的规律：所谓直观成知能动性必须符合逻辑，就是说它必须符合其对象——客观实在的内在规定系统。因此，直观成知能动性，不仅必须而且必然要与逻辑相统一，二者也是一个直观与逻辑相统一的一体性，这便是直观与逻辑的内在统一。

所以，直观与逻辑的内在统一，不是外在于直观成知能动性之外的另一过程，它就在于直观成知能动性之中：直观成知能动性，直观的就是客观实在的内在联系成序的规律——它的内在规定系统。我们创造逻辑学，强调直观与逻辑的统一，无非是为了使我们对这个统一性达到自觉，以便能更好地运用它而已。凡是我们的认识发生了谬误，必然是因为我们的直观成知能动性，破坏了它与逻辑的对立统一的一体性，而变成了它与非逻辑的对立统一的一体性。正因为直观成知能动性可能发生这样的错误，所以，我们对这个统一性必须达到自觉和自觉地运用。

在这个统一性中，客观实在的内在联系成序的规律——它的内在规定系统，便表现于直观成知能动性的主观心理活动之中，转化为直观的规律。从而,直观与逻辑的内在统一,便是直观规律。

三、直观规律

(一)论直观规律与逻辑的区别

直观规律是直观成知能动性与逻辑的统一,而逻辑却只是客观实在层面上的联系成序规律——客观实在的内在规定系统:二者一为主观性,一为客观性。它们此种区别的实质在于,前者是产生知识的规律而能成人之知,后者则是客观实在的自在规律而不能成人之知——逻辑不是一个成知能动性。虽说成知的过程必须符合逻辑而为它所制约,但这成知过程的能动性负荷者或主体是属人直观,从而这是直观的一个有规律性成知过程,它无论如何却不能是逻辑的一个这样成知过程。在这里,逻辑充其量只不过是这直观成知过程的必要条件而已,它本身不能显现或构成任何成知过程。

这种区别,看来是平淡的,是微不足道的;但它却能澄清传统哲学中的最大混乱。

以逻辑的客观实在性为对象的理论体系,便是逻辑学。它作为形式逻辑学,自亚里士多德对它开创以来,直到西方整个中世纪,还一直被视为是唯一无二的逻辑学。并且以后也是把它的对象——客观实在的联系成序的普遍规律作为逻辑客观实在性,放在心理层面上来把握的。所谓逻辑学是思维规律的科学便源出于此。将逻辑客观实在性,从客观实在的层面移到心理的层面上来,只要它还未真正与直观那个以"感性之看"为基础的"理性之看"的能动性——思维着的能动性联系起来,而成为思维本身的直观规律,那么它作为逻辑仍然还是不能变为产生任何知识的成知能动性。

那个所谓唯一无二的逻辑学——传统形式逻辑学,诚然是出自直观的成知能动性,但它的对象却是客观实在的联系成序的规律——逻辑客观实在性。从而它表达的客观内容,也决涉及不到知识的生成与发展的实性。因此，西方哲学在其发展过程中，从近代以来，便由笛卡尔和康德提出这样的问题：他们认为已有的传统逻辑学——形式逻辑学，只是一种明证真谬和论证的逻辑学，而非一种能够阐明知识的生成与发展的逻辑学。他们力图要建立这样一种逻辑学。对问题这样提法，便是一个最大的混乱，使非心理层面上的逻辑客观实在性，混同于心理层面上的直观成知能动性。从其学理上说，这便是逻辑学与认识论的混同。此二者当然有同一性，但却不是一个无区别的抽象统一性，二者决不是一个东西。

要建立一种其本身有生产性的创造能力的逻辑学，便必然要使逻辑客观实在性与直观联系起来，这样出现的便是直观与逻辑的内在统一。因而，逻辑客观实在性便在直观能动性中转化为直观的活动规律，亦即变成直观规律的实在性了。直观成知能动性，在其必然规律中展现它的成知心理过程，从而由此便表现为知识的生成和发展的过程。所以，如像康德《纯粹理性批判》中的先验感性论、先验逻辑，费希特的《知识学基础》的整个理论系统，和谢林的《先验唯心主义》中的以感性为基础的创造性直观等等，实质上这讲的都是直观规律，而不是逻辑客观实在性。正因为如此，它们也不是一种具有生产性的创生逻辑学，而只是一些表达不同观点的与本体论相统一的认识论。这就是说，这样的逻辑学，是根本不存在的，因为逻辑客观实在性不是一个成知能动性。

传统形式逻辑学，以后发展为黑格尔和胡塞尔的范畴逻辑学及现代西方的符号逻辑学，这都是逻辑学的不同形式的重大发展。诚然，在胡塞尔的逻辑学第二卷中，胡塞尔侧重于心理上的分析，但他这样做，仍是为了达到他所谓有关心理过程的观念联系的客观性。逻辑客观实在性，在胡塞尔看来，就是他所谓"观念"的客观联系，而属人精神活动的心理过程，也是包含在观念之中的东西。

所有这些逻辑学的重大发展，都未曾表明逻辑客观实在性是一个成知能动性。具体说，成知能动性只能反归直观规律的表现。

直观与逻辑的内在统一，就是直观规律。但问题又在于这个统一性是何以可能的呢？这便是直观规律的可能性与现实性问题。

（二）论直观规律的可能性与现实性

在有关直观与逻辑内在统一的论述中，只阐明了二者必须相统一的必然性，却未深入阐明这个必然性是何以可能的，因而亦即没有表明逻辑内化为直观规律之所以可能的先天条件或根据。直观规律是逻辑上先于它的现实表现的一个先验性，则它之所以可能的先天条件或根据，也必须是先于它而存在的一个先验性。

在这里真正的问题是在于：逻辑之为联系成序的规律——客观实在的自身规定系统，是内在于客观实在中，而与它本身是一个对立统一的一体性。我们仅从对客观实在性的直观中，又怎能直观到它的自身规定这种动态联系的系统呢？即使我们必能直观到它的不同方面的相异性和联系，可我们又怎能直观到这些相异性和联系都是它的自身规定的动态联系呢？对这个问题，必须作出回答，才能阐明直观与逻辑的内在统一。

客观实在是它的不同方面（包括它的殊相区别性在内）和联系的大全，每一相异性和联系（相异性是不同界限的中断性，联系是二者的连续性），都是客观实在的自身分化，而为它本身的一种规定性，是它之为它的特定规定性。因此，客观实在不只是一个它为它的单纯性、不动性，而同时还是一个到处都充满了它的这样或那样自身规定及其相关性的动态情状系统的生动性。这便是直观规律所以可能的先天条件或根据。正因为如此，它必为直观所看到，并以此为客观模式展开它的成知能动性。从而它的活动便与客观实在的内在自身规定系统——它的联系成序的规律之为逻辑客观实在性相统一，而使后者转化为前者的规律主观性：直观规律。于是，直观规律的可能性，便转化为现实性。

直观成知能动性，实质上是一个直观规律的成知能动性，因为直观能动性本身正是在它的规律中，才实现出它与逻辑相一致的成知心理过程的。我们可以说，直观规律的现实性不是别的，它就是这一成知心理过程本身。因此，直观规律的现实表现，必然出现为我们的知识。

由于直观规律是以客观实在的自身规定为客观模式成立起来的，因而它呈现知识的能动性，必然是一个判断行为。判断行为的规律即为一种直观规律。而它所呈现的知识，也便随之是一判断知识，是这种直观规律的外在表现。

但是，直观规律却必须分为直观的"感性之看"的直观规律，与直观的"理性之看"的直观规律。从而，它作为一个判断行为，便分为感性之看与理性之看的两种判断行为。与此相适应，直观规律的外在表现——判断知识，也必然要分为直观的"感性之看"的感性判断知识，与直观的"理性之看"的理性判断知识。前二者是一个对立统一体，后二者也同样必须是一个对立统一体。所以，直观规律的判断行为，是一个直观的"感性之看"的判断行为，与直观的"理性之看"的判断行为的对立统一总体性。它所呈现的判断知识，也是一个直观的"感性之看"的判断知识，与直观的"理性之看"的判断知识的对立统一总体性。这两个总体性的对立统一表明：无没有判断知识的直观规律判断行为，也无没有直观规律判断行为的判断知识。在这个统一性中，这二者是一对一地相互对应着的。有关概念知识与判断行为谁先谁后的争论，纯粹是一种毫无意义的争论。

这个统一性指向直观对象——客观实在全部逻辑内容的能动性，便是直观规律的层次。

(三) 论直观规律的层次

直观规律的表现对象是客观实在。它表现其对象的成知能动性，往往还需要人的活动或实践乃至科学实验的参入。但决不可认为它们是产生知识的主体能动性——在这时，主体能动性仍是属人直观规律，它们只不过作为它的辅助手段在起作用而已。

在此种设定的前提下，直观规律表现其对象的成知能动性，必然首先要表现"客观实在是客观实在"的同一律自身规定。这是它的逻辑同一律层次。如果它不首先立足于这个成知过程上，而是使它的表现对象忽此忽彼的变化不定，那么它表现其对象——客观实在的成知能动性，乃至它之为直观规律的实在性，也便一齐消失不见了。从而，直观规律的成知能动性是无从成立、无从谈起的。

在这个基础上，直观规律的成知能动性便要表现"客观实在 = x"的相异律或区别律的自身规定。这是它的逻辑相异律或区别律层次。它在这个层次上，要点是在于：它以不同的形式将客观实在归结为其不同方面的实在性。要而言之，这些形式是：(1) 客观实在与其特定方面对立统一的所是形式："是"便为实现这对立统一的内在能动性。(2) 在前一形式中，便包含了客观实在是其殊相多样性的自身规定在内，因而这便又产生了直观规律成知能动性，表现它在其殊相多样性中，作为某一殊相或某些殊相的所在位置及其与周围环境相关性的自身规定的成知实在性。（3）直观规律成知能动性，表现客观实在及其某一或某些殊相的能动和被动的自身规定的成知实在性。

这些形式，与直观规律成知能动性，表现客观实在的相异律或区别律的自身规定的成知能动性相统一，还仅是后者的横向实在性。除此之外，它还有其纵向实在性。这便是：一为直观规律成知能动性，表现客观实在的内涵逻辑内容的成知实在性，二为表现客观实在不同层次的内在结构（分子的、原子的、基本粒子的等等）的成知实在性。

（我不同意以黑格尔的辩证区别同一性来否定或代替传统形式逻辑学的 $A=A$ 的同一律的观点。实则前者只能在后者起作用的基础上，成立其应有的巨大作用；没有后者，前者便无从成立，这二者是相互依存而不可分的。这从前面所论的内容中，便可充分看到这一点。）直观规律成知能动性的逻辑同一律层次，与它的逻辑相异律或区别律层次的内在统一，便最后归结为：直观规律成知能动性，表现客观实在的终极本原——本体实在性及其外在显现的成知实在性。这是直观规律成知能动性的终极层次。这三个层次的区别与联系，便是直观规律的层次。它便是"直观与逻辑的本真相关性"这一课题的最高规定。

辩证法的批判本质[①]

孙正聿

辩证法在本质上是批判的、革命的。这已为哲学界所熟知，但是，在解释马克思的这个著名论断的时候，却往往把批判性看作辩证法的基本"功能"，而不是把批判性视为辩证法的"本质"，即不是从辩证法的批判本质去理解辩证法。

那么，究竟如何把批判性理解为辩证法的本质？进一步说，从辩证法的批判本质出发，应该怎样理解辩证法？本文作为一种尝试性的探索，拟从理论思维前提批判的角度去理解辩证法的批判本质，供哲学界批评讨论。

一、理论思维的前提批判

批判是人类所特有的活动方式，主要包括观念形态的精神批判活动和物质形态的实践批判活动。作为哲学世界观和方法论的辩证法，它既是"一种建立在通晓思维的历史和成就的基础上的理论思维"[②]，又是把理论思维作为批判反思的对象，因而是一种特殊的精神批判活动。

人类的精神批判活动是在观念上否定世界的现存状态、并在观念中建构人所要求的现实，从而为实践批判活动提供目的性要求、理想性图景和

[①] 原载《中国社会科学》1992年第4期。
[②] 参见《马克思恩格斯选集》第3卷，人民出版社1972年版，第553页。

理论性指导。实践批判活动则具有直接的现实性，它现实地否定世界的现存状态，把观念形态的目的性要求和理想性图景变成现实，让世界满足人的需要。

批判，无论是精神批判活动还是实践批判活动，以及由它们的相互渗透和相互转化所构成的各种各样的具体批判活动，总是对某种批判对象的批判。无对象的、抽象的批判活动是不存在的。并且，批判的对象不只是具体的批判活动所指向的对象，还包括把批判活动本身作为批判的对象，这就是对批判活动的批判。

对批判活动的批判，是一种具有特殊内容和特殊性质的批判活动。在各种具体的批判活动中，批判主体之间常常出现相距甚远乃至迥然相反的歧见。这种情况的出现，有时并不是由于批判主体对批判对象、批判方式和批判结果存在不同的看法，而是由于批判主体对批判活动得以进行的前提——批判活动的根据和评价批判活动的尺度——存在不同的理解。当着这种批判活动的前提的冲撞显露出来并被批判主体自觉到的时候，批判活动就会超越对具体批判对象的批判，而转向对批判活动据以进行的根据和尺度的批判，即对批判活动的前提的批判。

正是通过这种前提批判，人类历史地变革了自己的思维方式、价值观念和审美意识，从而历史地拓宽和深化了自己的精神批判活动和实践批判活动。但是，值得我们认真思考的是，在人类把握世界的诸种方式中，在人类创建的各门科学中，哲学之外的其他方式和其他科学，它们的前提批判都不是对恩格斯所说的"理论思维的不自觉的和无条件的前提"的批判，而是把这种理论思维的前提当作批判活动的"不自觉的和无条件的前提"。作为哲学世界观和方法论的辩证法，其特殊性质和特殊价值，恰恰在于它是对理论思维的前提批判。

在总结哲学发展史和人类文明史的基础上，恩格斯对哲学的本质、对象和特征作出这样的概括："全部哲学，特别是近代哲学的重大的基本问题，是思维和存在的关系问题。"① 而对于思维和存在的关系，恩格斯则指

---

① 《马克思恩格斯选集》第4卷，人民出版社1972年版，第219页。

出:"我们的主观的思维和客观的世界服从于同样的规律,因而两者在自己的结果中不能互相矛盾,而必须彼此一致,这个事实绝对地统治着我们的整个理论思维。它是我们的理论思维的不自觉的和无条件的前提。"① 除哲学之外的全部具体科学——不管是数学和自然科学,还是社会科学和思维科学——都是运用"理论思维"去研究各种具体的存在(包括人的思维),而不是反思"理论思维"的前提,除哲学之外的人类把握世界的各种方式——不管是常识和科学,还是艺术和道德——也都是把思维和存在的统一当作不证自明或不言而喻的前提,而去进行经验累积、科学探索、艺术创作和道德践履等等。这就是说,除哲学之外的各门科学和人类把握世界的各种方式,都是使思维和存在在观念或实践中达到某种特定的、具体的统一,而不是批判地反思实现这种统一的前提——思维和存在的关系问题。

与此相反,作为世界观理论的哲学,则不是使思维和存在取得某种特定的、具体的统一、而是反过来追问思维和存在的关系问题,把理论思维的"不自觉的和无条件的前提"作为自己的批判对象。

在提出理论思维的前提问题之后,恩格斯接着就指出:"十八世纪的唯物主义……只就这个前提的内容去研究这个前提。它只限于证明一切思维和知识的内容都应当起源于感性的经验……只有现代唯心主义的而同时也是辩证的哲学,特别是黑格尔,还从形式方面去研究了这个前提。"② 这就是说,无论是唯物主义哲学,还是唯心主义哲学,特别是近代哲学,它们作为"哲学",都是对理论思维的"不自觉的和无条件的前提"的自觉反思,尽管它们对这个"前提"的研究角度、研究方式及其研究结果是不同的。

当我们这样来理解哲学的特殊对象和特殊性质的时候,并不是说人们在哲学之外的活动中都不去思考理论思维的前提问题,恰恰相反,正因为它是一切理论思维活动的前提,所以在理论思维活动的一切领域都会不可避免地提出理论思维的前提问题。问题在于:当着人们在各种不同的领域

---

① 《马克思恩格斯选集》第3卷,人民出版社1972年版,第564页。
② 《马克思恩格斯选集》第3卷,人民出版社1972年版,第564页。

（常识、科学、艺术、道德等领域）提出理论思维的前提问题，并试图对这个"前提"问题予以理论解释时，就超越了特定的研究对象和研究领域，而进入了哲学层面的理论反思。

在哲学层面反思理论思维的前提，其具体内容就是研究思维和存在的矛盾关系，而这种研究的积极成果，就是作为哲学世界观和理论思维方式的辩证法。

二、辩证法对理论思维的前提批判与辩证法的批判本质

实际上，当我们承认哲学的基本问题是思维和存在的关系问题时，我们就已经承认，哲学世界观的根本矛盾，就是思维与存在的矛盾，也就是理论思维前提的内在矛盾。

思维与存在的世界观矛盾，首先是表现在，虽然思维和存在"这两个系列的规律在本质上是同一的，但是在表现上是不同的"①。思维是以感性为中介，通过概念的逻辑运动来表达存在的运动规律。因此，思维与存在的统一，并不是思想内容与对象本质的直接的符合，而是思维在概念运动和概念发展中所实现的矛盾的统一，矛盾运动过程中的统一。因此，辩证法对理论思维的前提批判，首先是表现在反思概念、范畴、命题和由它们的逻辑联结所构成的诸种理论体系能否以及怎样表述经验对象的本质和规律的问题，反思由思维形式、思维规则和思维方法所构成的思维运演的逻辑能否以及怎样描述存在的运动规律的问题。规律的客观性问题，思想的客观性问题，真理的客观性问题，以及在这种客观性问题中所蕴含的概念、语言、逻辑和意义问题，直接地构成辩证法对理论思维前提的批判性反思。

思维与存在的世界观矛盾，更深刻地表现在，人的思维的最本质最切

---

① 参见《马克思恩格斯选集》第4卷，人民出版社1972年版，第239页。

近的基础,既不是思维本身,也不是与思维相对立的存在,而是把思维和存在现实地联系起来的中介——人的目的性和对象化活动即实践。实践活动既是思维和存在统一的现实基础,又是思维和存在的矛盾无限展开的实质性内容。在人类的实践活动中,蕴含着思维的能动性与对象的现实性、主体的目的性与客体的规律性、人的尺度与物的尺度、认知关系与价值关系等丰富的矛盾关系。人类的实践活动作为历史的展开过程,又蕴含着人作为历史的前提和结果的矛盾、人类文化的正面效应与负面效应的矛盾、认识进程中的真理与谬误的矛盾、人类历史的必然性与偶然性的矛盾、人类思维的至上性与非至上性的矛盾,等等。因此,只有达到对理论思维前提的实践论批判,才能真实地揭示世界观的内在矛盾,并对其作出合理的解释。

关于辩证法的批判本质,马克思说,它在对现存事物的肯定理解中同时包含否定的理解,即对现存事物的必然灭亡的理解;它对每一种既成的形式都是从不断的运动中,因而也是从它的暂时性方面去理解①。而辩证法之所以能够在对世界上的一切事物的肯定理解中同时包含对它的否定理解,之所以能够为人类提供一种对整个世界进行辩证思考的理论思维方式,从根本上说,是因为辩证法的批判是对"理论思维的不自觉的和无条件的前提"的批判。

理论思维的前提,是人类全部活动的最基本的前提。人类的认知活动、评价活动、审美活动和实践活动,人类所创建的数学、自然科学、思维科学、社会科学和人文科学,就其实质内容而言,都是解决思维与存在的统一问题。理论思维的前提不自觉地和无条件地蕴含在人类的全部活动之中。列宁说:"如果一切都发展着,那末这点是否也同思维的最一般的概念和范畴有关?如果无关,那就是说,思维和存在不相联系。如果有关,那就是说,存在着具有客观意义的概念的辩证法和认识的辩证法。"②只有在对思维和存在的关系的肯定理解中同时包含否定的理解,把思维和存在的统一理解为"不断的运动"过程,才能从根本上把整个自然的、历

---

① 参见《资本论》第 1 卷,二版跋。
② 《列宁全集》第 38 卷,人民出版社 1959 年版,第 280 页。

史的和精神的世界理解为一个过程，才能构成辩证法的理论思维方式。

辩证法在本质上是批判，并非仅仅是说辩证法具有批判的"功能"，而是说辩证法本身就是关于世界观矛盾的批判性理论，没有这种对世界观矛盾的批判性反思，就没有辩证法理论。恩格斯说，与"坏的时髦哲学"不同，辩证哲学是"一种建立在通晓思维的历史和成就的基础上的理论思维"①。正是在对"理论思维的不自觉的和无条件的前提"的自觉的批判性反思中，才形成了内容愈来愈丰富和深刻的辩证法理论。

需要说明的是，把辩证法归结为对世界观矛盾即理论思维前提的批判，并不是对辩证法研究领域的限定，而是对辩证法的理论实质的界说。从研究领域看，辩证法的触角是极其广阔、充分敞开的。但是，无论是哪个领域的、哪个层次的、从哪个角度研究的辩证法，它作为关于世界观矛盾的理论，都是对蕴含于人类活动之中的理论思维的前提批判。

三、辩证法对形式逻辑的前提批判

辩证法对理论思维的前提批判，直接地表现为对形式逻辑的前提批判。它把形式逻辑不予讨论的两类前提，作为自己批判反思的对象。

形式逻辑不予讨论的第一类前提，是思维推理过程中的作为已知判断的前提。对于思维推理过程，形式逻辑所要求的是从作为已知判断的前提推出结论，所关切的是推理过程是否符合形式逻辑的各种规则，而不去追问作为已知判断的前提是否合理、是否真实。如果对推理的前提提出质疑，批判地追问前提是否合理、是否真实，那就超出了形式逻辑的论域。正因如此，逻辑学界一直对莱布尼兹的"充足理由律"表示怀疑，认为这种要求指向了推理的前提，而这种要求不应该、也不可能在形式逻辑的论域内得到解决。

形式逻辑排斥对推理前提的质疑，也就是排斥对推理过程中的思想内

---

① 参见《马克思恩格斯选集》第3卷，人民出版社1972年版，第53页。

容的批判性追问。这就是说,形式逻辑是以承诺或设定推理前提的已知性、真实性和确定性为前提的。即使形式逻辑并不作出这种承诺,它也是对推理前提的真实性采取"存而不论"或"置之不理"的态度。这两种态度其实是等值的:都是以不考虑推理的前提为前提。

进一步思考,我们还会发现一个问题,即形式逻辑不仅对推理的前提不予讨论,而且对形式逻辑本身何以能够成立的前提也同样不予讨论。

形式逻辑是有前提的。这就是"理论思维的不自觉的和无条件的前提"——思维和存在服从于同样的规律,两者在自己的结果中不能互相矛盾、而必须彼此一致。形式逻辑是以承诺思维运演与思维对象之间具有某种异质同构性为前提的。正是以承诺理论思维的这个根本性的前提为前提,形式逻辑才能够研究思维的形式结构及其规律和规则。如果没有这种承诺,又如何依据形式逻辑的规律和规则在思维中推论思维对象之间的复杂联系呢?

由于形式逻辑既不讨论作为思维内容的前提,也不讨论自身何以能够成立的前提,而只是要求思维推理符合形式逻辑自洽的规律和规则,所以形式逻辑内部是无矛盾的,是排斥矛盾的。形式逻辑的同一律、矛盾律、排中律,就其实质而言,都是要求思维的确定性(是就是,不是就不是,不能同时承认既是又不是)。在这个意义上,形式逻辑只要求人的思维运演过程遵循一条规律——同一律。因此,辩证法对形式逻辑的前提批判,集中地表现为对同一律的批判。

黑格尔立足于"抽象的同一"与"具体的同一"的区别,批评形式逻辑的同一律只是抽象理智的规律,而不是真正的思维规律。他提出,同一律被表述为"一切东西和它自身同一"或"甲是甲",这个命题的形式自身就陷于矛盾,因为一个命题总要说出主词与谓词之间的区别,而"甲是甲"的命题却没有做到它的形式所要求于它的。① 与"抽象的同一"相区别,"具体的同一"则是包含着差别的同一,具有内在否定性的同一。这种具有内在差别和内在否定性的思维和存在的同一性所展开的思维运动的

---

① 参见[德]黑格尔《小逻辑》,贺麟译,商务印书馆1980年版,第248页。

逻辑，就是黑格尔的概念的自我否定的扬弃过程。这样，黑格尔就在批判形式逻辑的出发点上，把批判的锋芒指向了理论思维的前提，并在这个批判的过程中构成了他的概念自我发展的辩证法。

在黑格尔的概念辩证法中，任何概念都不是僵死凝固的存在，而是作为环节和中介而存在。概念的自我否定，既是对自身的虚无性的否定（使自身获得更全面的规定性），又是对自身的固存性的否定（使自身在更高的逻辑层次上重新获得规定）。在黑格尔的逻辑学中，对任何概念的肯定理解中都同时包含着对它的否定的理解，从而使辩证法获得了自觉的批判本性。

马克思主义唯物辩证法对形式逻辑的前提批判，也是集中地表现为对同一律的批判。恩格斯指出："旧形而上学意义下的同一律是旧世界观的基本原则：$a=a$。每一个事物和它自身同一。一切都是永久不变的，太阳系、星体、有机体都是如此。这个命题在每个场合下都被自然科学一点一点地驳倒了，但是在理论中它还继续存在着……抽象的同一性，像形而上学的一切范畴一样，对日常应用来说是足够的……但是，对综合的自然科学来说，即使在任何一个部门中，抽象的同一性是根本不够的……"①

恩格斯对形式逻辑同一律的批判，是对"旧世界观的基本原则"的批判，也就是要求世界观理论超越"抽象的同一性"，形成辩证法的世界观理论。列宁也提出："在旧逻辑中，没有转化，没有发展（概念的和思维的），没有各部分之间的'内在的必然的联系'，也没有某些部分向另一些部份的'转化'。"② 从这种批评出发，列宁非常赞赏黑格尔所要求的内容和形式相统一的逻辑，认为这种逻辑是关于思维与存在矛盾统一的逻辑，也就是具有客观含义的概念的辩证法和认识的辩证法。在辩证法看来，形式逻辑中作为"已知判断"的各种前提，都只是"认识世界的过程中的一些小阶段，是帮助我们认识和掌握自然现象之网的网上纽结"③。所有的这些"小阶段"、"网上纽结"，都蕴含着思维与存在的矛盾，都具有

---

① 《马克思恩格斯选集》第 3 卷，人民出版社 1972 年版，第 538—539 页。
② 《列宁全集》第 38 卷，人民出版社 1959 年版，第 95 页。
③ 《列宁全集》第 38 卷，人民出版社 1959 年版，第 90 页。

内在的自我否定性。而研究思维与存在的内在矛盾及其自我否定运动的辩证法理论，则获得了形式逻辑所不具有的批判本质。

关于形式逻辑本身何以能够成立的前提，列宁明确地从实践论的视野提出了"逻辑的格"的问题。他说："人的实践活动必须亿万次地使人的意识去重复各种不同的逻辑的格，以便这些格能够获得公理的意义"①；又说："人的实践经过千百万次的重复，它在人的意识中以逻辑的格固定下来。这些格正是（而且只是）由于千百万次的重复才有着先人之见的巩固性和公理的性质。"②

在列宁的论述中，首先是确认了"逻辑的格"的来源——人类的实践活动。人类的实践活动也是一种"逻辑"，是一种"感性活动"的逻辑、"外部操作"的逻辑。实践活动的逻辑，既受外部存在的制约，又受主观意识的制约；同时，它既改变外部存在，又变革主观意识。在这种既受思维和存在的制约、同时又改变思维和存在的"亿万次"的实践活动中，实践既形成了自己的"逻辑"，又使意识亿万次地重复各种不同的"逻辑的格"，从而把实践的逻辑转化成思维运演的逻辑。

人的实践活动面向着客观世界，受到客观世界的制约和规范，并在改变客观世界的过程中不断地得到自我调整和自我实现。经过"亿万次"的调整与实现的实践活动的"逻辑"，与客观世界自在运动的"逻辑"，构成了列宁所说的"相合线与相离线的彼此相接触的圆圈"，具有了按照客观世界的"逻辑"而改造客观世界的意义。与此同时，人的意识在"亿万次"地重复实践的"逻辑"的过程中，使"逻辑的格"以思维范畴、思维规则、思维方法和思维规律的形式固定下来。而这种源于人类实践活动的思维的"逻辑"，反过来又成为控制、调节、规范、反馈人的实践活动的"逻辑"。这样，"逻辑的格"就获得了"先人之见的巩固性和公理的性质"。

在人类的历史发展中，"逻辑的格"既是人的历史活动的"前提"，又是人的历史活动的"结果"，并在生物学和社会学的双重意义上获得了

---

① 《列宁全集》第38卷，人民出版社1959年版，第203页。
② 《列宁全集》第38卷，人民出版社1959年版，第233页。

发展着的历史形态。恩格斯说："每一时代的理论思维，从而我们时代的理论思维，都是一种历史的产物，在不同的时代具有非常不同的形式，并因而具有非常不同的内容。"① 辩证法在对形式逻辑的前提批判中，既揭示了形式逻辑不予追问的、作为已知判断的推理前提的内在矛盾，又揭示了形式逻辑不予追问的、其自身何以成立的内在矛盾。从理论思维的"内容"和"形式"两个方面反思"理论思维的不自觉的和无条件的前提"，因而使辩证法成为一种具有批判本质的世界观理论。

四、辩证法对常识的前提批判

在形式逻辑中，作为已知判断的推理的"前提"，从知识内容上看，可以分为常识前提、科学前提和哲学前提这三大类。考察辩证法对常识、科学和哲学的前提批判，我们可以发现辩证法对理论思维的前提批判的丰富理论内容，从而更为真切、具体地理解辩证法的批判本质。这里，我们首先考察辩证法对常识的前提批判。

常识是人类生存的一种重要手段，也是理论思维的最广泛和最基本的前提。它规范人们怎样想和不怎样想，怎样做和不怎样做。它对于人类的思想和行为，同时起着规定和否定的双重作用。

常识作为理论思维的前提，是人类世世代代长期经验的产物，构成人的最基本的概念框架和最基本的思维方式。在常识的概念框架中，人们的思想得到最广泛的认同；在常识的思维方式中，人们的经验世界得到最普遍的相互理解。正因如此，任何超越常识的概念框架和思维方式，都既在某种程度上是批判常识的产物，又要在某种程度上诉诸常识。

"常识"与"经验"是密不可分的。常识形成于经验，符合于经验，并适用于经验。正因如此，人类不可能在经验自身的范围内超越常识，超越常识也就是对人类共同经验的挑战。作为一种理论思维方式的辩证法，

---

① 《马克思恩格斯选集》第3卷，人民出版社1972年版，第465页。

就是在向经验常识的挑战中形成和发展的,并在这种挑战中构成了自己的批判本质。

对于常识,恩格斯曾明确地把它与辩证法相对立的思维方式——形而上学——联系在一起予以考察。这对于我们理解辩证法的批判本质及其与形而上学的对立,是至关重要的。

恩格斯指出,作为哲学世界观和理论思维方式的形而上学,其实质是"在绝对不相容的对立中思维",其公式是"是就是,不是就不是;除此以外,都是鬼话"。① 而这种形而上学的思维方式之所以能够在人类思维中占据普遍牢固的地位,恩格斯说,这是因为"初看起来,这种思维方式对我们来说似乎是极为可取的,因为它是合乎所谓常识的"②。

在人们的日常活动的范围内,常识是"极可尊敬的",因为它是从世世代代的个体经验中积淀起来的"共同经验",它不仅仅是一套规范人们的思想和行为的观念,而且是一种思维方式和生活方式。在常识的生活方式中,一切对象都是给予的、确定的和稳定的,是与非、真与假、善与恶、美与丑,在人们的"共同经验"中具有相对确定和相对稳定的界限和标准。因此,常识的生活方式要求人们在思维活动中保持对事物的"是"或"否"的断定,对行为的"善"或"恶"的判断。这种常识的思维方式和生活方式的哲学表达,就是形而上学的世界观和理论思维方式——"在绝对不相容的对立中思维"。

形而上学的思维方式适用于"日常活动范围",但在"广阔的研究领域"却会遇到"最惊人的变故"。辩证法对常识和形而上学的批判,是随着人类的"活动范围"的拓宽和深化而发展的。

常识及其形而上学思维方式的本质在于它的非批判性,即它在对事物的肯定理解中排斥了对事物的否定的理解。常识是对经验事实的概括,而不是对经验事实的反省;常识只是用概念去描述经验事实,而不是反省描述经验事实的概念。在经验常识的范围内,人们可以发现和承认各种各样的"矛盾"现象,但是,这仍然是对作为经验事实的矛盾现象的肯定,而

---

① 《马克思恩格斯选集》第3卷,人民出版社1972年版,第61页。
② 《马克思恩格斯选集》第3卷,人民出版社1972年版,第61页。

不是从思维与存在的矛盾运动中,把握"对象本质自身的矛盾"。因此,列宁提出,对于辩证法来说,"问题不在于有没有运动,而在于如何在概念的逻辑中表达它"①。

自觉形态的辩证法是概念辩证法(这里不是特指黑格尔的唯心主义概念辩证法,而是泛指达到反思概念运动的辩证法理论)。它从思维与存在的矛盾关系中,运用"概念的逻辑"去反思"对象本质自身的矛盾",从而超越常识及其形而上学思维方式,达到在对事物的肯定理解中同时包含对它的否定的理解。

列宁认为,黑格尔的逻辑学的"真实意义",就在于"探讨客观世界的运动在概念的运动中的反映"②。但是,作为唯心主义者的黑格尔,只不过是"猜测到了"。因此,只有建立在唯物主义基础上的概念辩证法,才能够真正超越形而上学的思维方式,提供理解一切现存事物的"自己运动"的钥匙,提供理解"飞跃"、"渐进过程的中断"、"向对立面的转化"、旧东西的消灭和新东西的产生的钥匙。③

五、辩证法对科学的前提批判

科学是对常识的超越。它不满足于对经验事实的常识性描述,而要求探寻经验对象的本质和规律,并形成解释经验对象的概念体系。科学作为理论思维的前提,它要求思维和存在达到规律层次上的统一,因而也蕴含着更为深刻的思维和存在之间的矛盾关系,从而构成辩证法的理论思维前提批判的主要对象。

科学在本质上是批判的。科学批判包括两个基本层次:一是经验常识批判,二是科学自我批判。作为经验常识批判,科学在观察和实验的基础上,以理性抽象的方式形成关于经验对象的科学解释,说明或反驳常识,

---

① 参见《列宁全集》第38卷,人民出版社1959年版,第281页。
② 参见《列宁全集》第38卷,人民出版社1959年版,第190页。
③ 参见《列宁全集》第38卷,人民出版社1959年版,第408页。

从而以科学命题取代常识，使形式逻辑推理的作为已知判断的前提由常识转换为科学命题。

作为科学自我批判，科学以既有的科学理论为批判对象，揭示既有理论与经验事实的矛盾，或既有理论内部的逻辑矛盾，或并存的各种理论之间的矛盾，深化或反驳既有理论，以新的科学命题取代旧的科学命题，从而转换形式逻辑推理中作为已知判断的科学前提。值得注意的是，科学的自我批判，不仅包括对既有理论的部分概念、命题和原理的修正，而且包括托马斯·库恩所说的"范式"转换和伊姆雷·拉卡托斯所说的"研究纲领"的更新。这种科学"范式"的转换和"研究纲领"的更新，是对既有理论的逻辑前提的批判与变革，是对既有理论作为出发点和立足点的"公理"的挑战，是科学的划时代变革的基本标志和实质内容。它要求人们变革原有的理论思维方式。

但是，需要我们认真思考的是，科学对既有理论的逻辑前提的批判与变革，是以新的逻辑前提取代旧的逻辑前提，因此它所关注的是逻辑前提转换的实现，而不是对这种转换所蕴含的理论思维方式变革的反省（如果科学家在这种转换中关注对理论思维方式变革的反省，他就超越了科学层面的研究而进入了哲学层面的反思）。这就是说，科学自我批判的前提，是作为具体知识内容的前提，而不是思维何以能够与存在相统一的理论思维的前提。与此相反，辩证法对科学的前提批判，则是对蕴含于科学活动、科学成果和科学革命之中的"理论思维的不自觉的和无条件的前提"的自觉反思。

科学是人类运用理论思维探索世界的奥秘的活动，理论思维的"不自觉的和无条件的前提"是一切科学活动的根本性"前提"。在人类的历史性的科学活动中，科学家们总是以各种不同的概念框架、解释原则、逻辑方法、价值观念和审美意识等为"前提"而形成其解释世界的科学理论，但是，科学自身并不去反省这些"前提"，并不去追问诸如思维为何能够表述存在、思维所表述的存在是否是自在的存在、概念的运动怎样反映存在的运动、思想的客观性如何检验、科学的发展怎样变革理论思维方式等思维和存在的关系问题。

辩证法对科学的前提批判,并不是一般地把科学理论作为再思想、再认识的对象(科学的自我批判就是对既有理论的再思想和再认识),而是从理论思维的前提提出问题:在科学理论中蕴含着怎样的概念框架、解释原则、逻辑方法、价值观念和审美意识?它包含着哪些观察现实和接近现实的认识的成分、方面、环节和特征?它从何种角度推进了人类对思维和存在的关系问题的理解?它怎样变革了人类的思维方式和价值观念?它表达着怎样的时代精神?如此等等。正是通过这种对科学的前提批判,辩证法在哲学世界观的层面上概括出自己时代的理论思维方式,并从而变革人类对人与世界相互关系的理解。

辩证法对科学的前提批判,是以"通晓思维的历史和成就"为基础的,而不是像恩格斯所批判的"官方的黑格尔学派"那样,把辩证法看作"可以用来套在任何论题上的刻板公式","可以用来在缺乏思想和实证知识的时候及时搪塞一下的词汇语录"①。科学史表明,科学的发展总是表现为学科发展的不平衡性。某门学科的具有划时代意义的重大发现,以及由此引发的科学"范式"的转换或"研究纲领"的更新,总是突出了人类用以理解和把握世界的某种认识成分,即突出了思维与存在相统一的某个部分、方面、环节或特征。它的璀璨夺目的光芒,使得其他的认识成分在特定的时期内相形见绌、黯然失色。其结果是引发各个学科都试图运用这种认识成分(以及它所蕴含的概念框架、解释原则和逻辑方法等)去求得本学科的突破性进展,并引发哲学家试图运用这种被各门科学普遍使用的认识成分去重新理解和解释思维和存在的关系问题。

但是,正如哲学史所表明的,这种由科学的重大发现所引起的轰动效应和连锁反应,总是蕴含着某种危险性。如果哲学未加批判地、片面地夸大科学理论所提供的认识成分及其哲学意义,并从这个被片面夸大了的认识成分出发去构筑世界观理论体系,就有可能"把认识的某一特征、方面、部分片面地、夸大地……发展(膨胀、扩大)为脱离了物质、脱离了自然的、神化了的绝对"②。这种情况在哲学史上和当代哲学中都是屡见不

---

① 参见《马克思恩格斯选集》第 2 卷,人民出版社 1972 年版,第 119 页。
② 参见《列宁全集》第 38 卷,人民出版社 1959 年版,第 411 页。

鲜的。

辩证法的科学前提批判，则是把科学的划时代发现及其所引发的连锁反应自觉地升华为理论思维的前提问题，以"通晓思维的历史和成就的理论思维"去审度这些认识成分及其所蕴含的理论思维方式的变革。这样，科学的重大发现就不是以一种被片面夸大了的认识成分而存在，而是构成思维与存在的历史性统一的具体环节。

科学作为人类在其前进的发展中所获得的认识成果，并不是某种与人类的其他活动以及人类的整个文明程度无关的、独立自在的实体，而是与人类把握世界的各种方式相互制约和相互渗透的。在科学理论的深层结构中，总是蕴含着种种经验的、想象的、直觉的、逻辑的、情感的、价值的、审美的和信仰的前提，总是积淀着种种常识的、艺术的、伦理的和哲学的文化结晶。辩证法的科学前提批判，正是从人类把握世界诸种方式的相互渗透和相互转化的总体效应中，揭示理论思维前提中所蕴含的丰富的矛盾关系，在世界观的层次上不断地推进人类对思维与存在、人与世界相互关系的理解。

六、辩证法对哲学的前提批判

辩证法对形式逻辑、常识和科学的前提批判，是以自身作为哲学世界观和方法论为根据和前提的。对哲学的前提批判，或者说自我的前提批判，是辩证法对理论思维的最深层次的前提批判，也是辩证法的批判本质的最深层次的根据。

哲学作为理论化、系统化的世界观，它是通过哲学家思维着的头脑所建构的、规范人们怎样理解和变革人与世界相互关系的理论形态的思维方式。任何一种哲学所代表的理论思维方式，都凝聚着哲学家所捕捉到的该时代人类对人与世界相互关系的自我意识，都贯穿着哲学家用以说明人与世界相互关系的独特的解释原则和概念框架，都熔铸着哲学家用以观照人与世界相互关系的价值观念和审美意识。哲学家的这种解释原则和概念框架、价值观念和审美意识，以及凝聚其中的该时代的人类的自我意识，集中地表现为哲学家在自己时代的水平上所形成的关于理论思维前提的"统一性原理"，即对思维与存在、人与世界相互关系的根本性解释。这种哲学的"统一性原理"，就是辩证法据以批判形式逻辑、常识和科学的"哲学前提"。

总结哲学的历史与逻辑，我们会发现，一代又一代的哲学家们所苦苦求索的根本目标，就是在最深刻的层次上把握到人及其思维与世界的内在统一性，并以这种统一性去解释人类经验中的一切事物，以及关于这些事物的全部知识。这种哲学的"统一性原理"，既是哲学反思人类全部思想和行为的立足点和出发点，又构成哲学自我反思、自我批判的对象。辩证法，在其作为哲学世界观的意义上，就是哲学自我反思、自我批判的理论和方法。

哲学是"思想中的时代"，而又寻求对人及其思维与世界相互关系进行终极解释的"统一性原理"，并把自己所承诺的"统一性原理"作为判断、解释和评价一切的根据、标准和尺度，这是哲学自身内在的矛盾性。对此，维也纳学派的领导者 M. 石里克作过颇为精彩的描述。他说："所有的大哲学家都相信，随着他们自己的体系的建立，一个新的思想时代已经到来，至少，他们已发现了最终真理。如果没有这种信念，哲学家几乎不能成就任何事情。例如，当笛卡儿引进了使他成为通常所称'现代哲学之父'的方法时，他就怀着这样的信念；当斯宾诺莎试图把数学方法引进哲学时，也是如此；甚至康德也不例外，在他最伟大著作的序言中，他宣称：从今以后，哲学也能以迄今只有科学所具有的那种可靠性来工作了。他们全都坚信，他们有能力结束哲学的混乱，开辟某种全新的东西，它终将提高哲学思想的价值。"正是针对哲学的这种自期与自诩，石里克颇有见地地指出："哲学事业的特征是它总是被迫在起点上重新开始。它从不认为任何事情是理所当然的。它觉得对任何哲学问题的每个解答都不是确定或足够确定的。它觉得要解决这个问题必须从头做起。"①

---

① ［德］M. 石里克：《哲学的未来》，叶闯译，转引自《哲学译丛》1990 年第 6 期。

哲学自身内在的矛盾性，是辩证法的哲学前提批判（或者说自我前提批判）的根据。辩证法正是通过揭示哲学自身的内在矛盾，把形式逻辑、常识和科学所蕴含的世界观矛盾提升为哲学前提的自我批判，在哲学层面上反思理论思维的"不自觉的和无条件的前提"。

辩证法的哲学前提批判具有双重内涵：一是揭露哲学前提的内在矛盾，否定既有的哲学"统一性原理"；二是在更高的层次上展现理论思维的内在矛盾，形成表达新时代精神的哲学"统一性原理"。在这种批判活动中，哲学的"统一性原理"既是被否定的对象，又是被重建的对象，因而是否定与重建的辩证统一。

辩证法的哲学前提批判，从其理论内容上看，是不同水平的哲学理论的历史性转换。在辩证法发展史上，古代的本体论追究的辩证法被近代的认识论反省的辩证法所取代，近代的认识论反省的辩证法被德国古典哲学的逻辑学反思的辩证法所取代，德国古典哲学的逻辑学反思的辩证法又被马克思主义的实践论批判的唯物辩证法所取代。这种"取代"并不是简单的"抛弃"，而是极为复杂的"扬弃"。首先，后者总是否定了前者的"统一性原理"，并且否定了前者据以形成这种"统一性原理"的思维方式，实现了哲学自身的反思层次的跃迁。近代的认识论反省的辩证法，否定了离开思维对存在的关系而直接断言存在的思维方式，德国古典哲学的逻辑学反思的辩证法，否定了离开概念运动而直接断言思维和存在的关系的思维方式，马克思主义的实践论批判的唯物辩证法，否定了离开人类的实践活动及其历史发展而抽象地断言思维和存在的关系的思维方式。唯物辩证法发现了思维与存在对立统一及其历史发展的现实基础，并以人类实践活动的历史发展为基础不断地深化对理论思维前提内在矛盾的认识，因而是具有彻底的批判本质的"合理形式"的辩证法理论。

辩证法的哲学前提批判，从其理论形式上看，是哲学的提问方式的历史性转换。哲学是历史性的思想，哲学史则是思想性的历史。哲学问题总是自我相关、自我缠绕的：一方面是老问题以胚芽的形态蕴含着新问题，研究和回答新问题总要反省老问题；另一方面是新问题以成熟的形态展开老问题，解决老问题有赖于探索新问题。而哲学的老问题与新问题的

"同"与"异"则在于，它们是以不同的方式去反思理论思维的前提——思维和存在的关系问题。古代哲学从对象世界提出问题，探寻"万物的统一性"；近代哲学从思维与存在的关系提出问题，探寻"思想的客观性"；德国古典哲学从思维自身的规律提出问题，探寻"思维与存在统一的逻辑"；马克思主义哲学则从"现实的人"出发，探寻人类自身解放的道路。"哲学家们只是用不同的方式解释世界，而问题在于改变世界。"[①] 正是从"改变世界"的目标出发，马克思和恩格斯对"现存的一切"进行"无情的批判"，从而锻造了具有彻底批判本质的唯物辩证法。

在辩证法的理论内容和理论形式的历史发展中，实现了对哲学前提的历史性的否定之否定。列宁说："辩证法的特征和本质的东西并不是单纯的否定，并不是徒然的否定……而是作为联系环节、作为发展环节的否定。"[②] 辩证法对哲学前提的双重否定，也就是哲学前提的自我重建。辩证法的这种批判与建构的矛盾运动，构成哲学世界观的螺旋式上升，并从而构成对形式逻辑、常识、科学和整个理论思维进行前提批判的历史性发展着的哲学前提。正是在这种否定之否定的矛盾运动中，辩证法理论在愈来愈深刻的层次上展现思维与存在的矛盾关系，从而使人类愈来愈自觉地实现思维与存在、人与世界的统一。

---

① 《马克思恩格斯选集》第1卷，人民出版社1972年版，第19页。
② 《列宁全集》第38卷，人民出版社1959年版，第244页。

辩证法：黑格尔、马克思与后形而上学[①]

孙正聿

在"后形而上学"[②]的视域中推进辩证法理论，有三个重要的理论前提是不容回避的：其一，黑格尔的辩证法与形而上学的"合流"；其二，马克思的辩证法对形而上学的"终结"；其三，黑格尔和马克思的辩证法在后形而上学视域中的"澄明"。

一、黑格尔对"抽象理性"的批判：辩证法与形而上学的"合流"

以辩证法重建形而上学，实现辩证法与形而上学的"合流"，这是黑格尔为自己确立的哲学使命；把形而上学变成辩证法，并以辩证法构成形而上学，黑格尔的这个哲学使命是以关于概念的逻辑学来完成的。"概念"作为黑格尔哲学的主体和实体，也就是黑格尔以概念所达成的辩证法与形而上学的"合流"。这是人类思想史上关于形而上学的一次里程碑式的尝试。它是形而上学的"完成"，而不是哲学的"终结"——它开启了超越形而上学的辩证法的哲学道路。

关于自己的哲学，黑格尔明确地提出："我的哲学的劳作一般地所曾

[①] 原载《中国社会科学》2008年第3期。
[②] 所谓"后形而上学"，通常是指反对以寻求"最高原因的基本原理"为目标的传统形而上学的当代哲学思潮。

趋赴和所欲趋赴的目的就是关于真理的科学知识。"① "哲学的最高目的就在于确认思想与经验的一致,并达到自觉的理性与存在于事物中的理性的和解,亦即达到理性与现实的和解。"② 这就是黑格尔的关于"思存同一性"的"真理"的哲学。由此黑格尔提出:"哲学可以定义为对于事物的思维着的考察。"③ 而哲学之所以能够承担自己的使命,则在于"哲学乃是一种特殊的思维方式——在这种方式中,思维成为认识,成为把握对象的概念式的认识"④。概念是思想的规定性,而思想的规定是关于事物的规定,因此,概念是思想关于事物的规定。这就是概念的思存同一性。超越对"概念"的知性理解,达到对"概念"的"思存同一性"的具体把握,这就是黑格尔所说的哲学思维方式。黑格尔正是以这种特殊的思维方式改造形而上学,构成了辩证法与形而上学的"合流"。

作为哲学的形而上学,它的根本特征是以思维(概念)规定感性(事物),在概念中确认哲学所追求的"最高原因的基本原理"。这种"基本原理"可以使人类经验中的各种各样的事物得到统一性的解释,或者可以被解释为某种普遍本质的各种具体表现,从而使思维实现其把握和解释世界的"全体的自由性"。黑格尔完全赞同这种哲学目标,但他认为,以往的哲学或者是在把各种现象提高到概念里面之后,却又使概念分解为一系列彼此外在的特定的概念,或者是以"实体"概念去统摄各种特殊概念,但却没有自觉到对"基本原理"的追求必须以思维自身为对象,因此都没有实现"全体的自由性"。

黑格尔以辩证法改造形而上学,是通过对构成旧形而上学的抽象理性的批判,以概念的辩证运动实现思维规定感性的形而上学,把"全体的自由性"与"环节的必然性"统一起来,从而把形而上学构建成本体论、认识论和逻辑学相统一的辩证法。这就是黑格尔所实现的辩证法与形而上学的"合流"。这个"合流"的实质,是以概念自身的由"抽象的同一性"

---

① [德] 黑格尔:《小逻辑》,贺麟译,商务印书馆1980年版,第5页。
② [德] 黑格尔:《小逻辑》,贺麟译,商务印书馆1980年版,第43页。
③ [德] 黑格尔:《小逻辑》,贺麟译,商务印书馆1980年版,第38页。
④ [德] 黑格尔:《小逻辑》,贺麟译,商务印书馆1980年版,第38页。

（抽象的普遍性）到"具体的同一性"（具体的普遍性）的矛盾运动而展现"最高原因的基本原理"。把形而上学变成概念辩证法，这是形而上学所能达到的最高境界，因而是形而上学的"完成"。

黑格尔概念辩证法的出发点是双重的：一是思维与存在的同一性，即概念是思维和存在同一的规定性；二是思维与存在的差别的内在的发生，即概念是在自身的辩证运动中所达到的思存同一性。因此，黑格尔所描述的辩证法，是概念由抽象的同一性逐次地升华（跃迁、飞跃）到具体的同一性的运动过程。这是形而上学作为"最高原因的基本原理"自己构成自己的辩证法，因而是辩证法与形而上学的"合流"。

黑格尔以辩证法构成的形而上学，既是"概念"作为主体和实体所实现的思存同一性与具体普遍性的统一，也是全体的自由性与环节的必然性的统一，更是个体理性与普遍理性的统一。首先，概念所实现的思存同一性，无论是在抽象的同一性的水平上，还是在具体的同一性的水平上，都只能是一种"普遍性"，而不可能是一种"个别性"。因此，概念由抽象的同一性到具体的同一性的升华（跃迁、飞跃）的过程，也就是概念由抽象的普遍性（作为名称的思想）到具体的普遍性（作为概念的思想）的运动过程。这是思存的同一性与具体的普遍性的统一过程。其次，概念由抽象的普遍性到具体的普遍性的运动过程，是一个双重的否定过程：一方面，思想否定自己的抽象性或虚无性，由自在走向自为，获得越来越具体、越来越丰富的规定性；另一方面，思想又不断地否定自己的作为"正题"和"反题"的各种片面的规定性，在新的逻辑层面重新构建自己的作为"合题"的规定性。这就是概念的肯定与否定、渐进与飞跃的矛盾运动。这是全体的自由性与环节的必然性的统一。再次，概念由抽象的普遍性到具体的普遍性的运动过程，又是一个个体理性认同普遍理性、个体理性与普遍理性的辩证融合过程，是一个普遍理性融入个体理性、个体理性自觉为普遍理性的过程。这是个体理性与普遍理性的统一。黑格尔的概念辩证法，就是概念作为主体和实体所实现的思存同一性与具体普遍性、全体自由性与环节必然性、个体理性与普遍理性的统一的运动过程，即思想的历史与逻辑相统一的运动过程。

在哲学史的意义上，黑格尔的概念辩证法，构成了一种双重的"何以可能"的逻辑：一是"认识何以可能"的逻辑，一是"自由何以可能"的逻辑。就前者说，黑格尔以思存同一性的逻辑先在和思存差别的内在发生为双重前提，把认识的可能性归结为概念的辩证运动，即思维与存在的统一展现为概念由抽象的同一到具体的同一的运动过程；就后者说，黑格尔以全体的自由性与环节的必然性为双重前提，把自由何以可能的问题同样归结为概念的辩证运动，即概念由抽象的普遍性（自在的全体的自由性）到具体的普遍性（环节的必然性）的运动过程，这就是"自由"由自在到自为再到自在自为的运动过程。

在黑格尔的概念辩证法中，"认识何以可能"和"自由何以可能"的双重逻辑，实现在个体理性认同普遍理性的运动过程之中，即：个体理性对普遍理性的认同过程，既是由抽象的同一性到具体的同一性的认识过程，又是由抽象的普遍性到具体的普遍性的自由过程。黑格尔哲学的个体理性认同普遍理性的认识过程和自由过程，对于黑格尔的辩证法的形而上学来说，具有极为重要的意义。在黑格尔看来，之所以必须把形而上学改造成辩证法，是因为作为真理的哲学必须是使"心灵深入于这些内容，借它们而得到教训，增进力量"①，"引导一个个体使之从它的未受教养的状态变为有知识，这是个任务"，"每个个体，凡是在实质成了比较高级的精神的，都是走过这样一段历史道路的"，"都必须走过普遍精神所走过的那些发展阶段"。② 对此，科尔纽曾深刻地指出："不幸和努力是结合在一起的，没有这种结合，就没有深刻的生活。基督的形象就是这种结合的象征。这一思想构成了黑格尔体系的基础。"③ 个体理性认同普遍理性，融入普遍理性，自觉为普遍理性，这才是黑格尔以辩证法改造形而上学、实现辩证法与形而上学"合流"的"真谛"。

黑格尔所达成的辩证法与形而上学的"合流"，既是传统形而上学的

---

① ［德］黑格尔：《小逻辑》，贺麟译，商务印书馆1980年版，第5页。
② ［德］黑格尔：《精神现象学》上卷，贺麟、王玖兴译，商务印书馆1979年版，第17—18页。
③ ［法］科尔纽：《马克思的思想起源》，王谨译，中国人民大学出版社1987年版，第17页。

否定，又是传统形而上学的完成。作为传统形而上学的否定，它在思维规定感性的形而上学传统中，揭示了概念——思维规定感性的主体和实体——的内在的矛盾性，迫使形而上学与辩证法合流，也就是把形而上学变成辩证法；作为传统形而上学的完成，它在思维规定感性的形而上学传统中，确认了概念（普遍理性）作为唯一的主体和实体的地位，又把辩证法变成了概念形而上学。

黑格尔的概念辩证法及其所构成的概念形而上学，是黑格尔"在思想中所把握到的时代"。从直接的理论动机上看，黑格尔自觉到了以市场经济代替自然经济之后的"现代性困境"——"普遍理性"的失落所表征的"伦理总体性"的丧失。黑格尔认为，"放弃对真理的知识"，"走到对于理性的绝望"，"却被我们的时代推崇为精神上最高的胜利"。[1] 因此，他力图以"具体的"、"普遍的"理性的辩证法，改造由"抽象理性"所构成的旧形而上学，通过辩证法与形而上学的"合流"构成"关于真理的科学知识"。从深层的社会根源上看，黑格尔则是以哲学的方式表征了他所生活于其中的资本主义社会的内在矛盾性：一方面，资产阶级除非使全部社会关系不断地革命化便不能生存下去，"否定"构成资本主义生产方式的内在要求；另一方面，资产阶级社会的商品交换原则的"同一性"构成全部社会生活的根本模式，"概念"成为规范一切生活领域的意识形态。这就是黑格尔的概念形而上学的现实基础。马克思说，黑格尔的哲学是以"最抽象"的形式表达了人类"最现实"的生存状态，这就是人们正在受"抽象"的统治——"以物的依赖性为基础的人的独立性"——的生存状态。[2] 黑格尔的与形而上学"合流"的辩证法，正是理论地表征了人们的社会存在——由"资本"的逻辑所构成的人们的社会存在。这表明，统治人们社会生活的抽象存在——资本——才是黑格尔的辩证法与形而上学"合流"的"秘密"。

---

[1] ［德］黑格尔：《小逻辑》，贺麟译，商务印书馆1980年版，第34页。
[2] 参见《马克思恩格斯全集》第30卷，人民出版社1995年版，第107页。

二、马克思对"抽象存在"的批判：辩证法对形而上学的"终结"

在哲学的意义上，黑格尔所实现的是辩证法与形而上学的"合流"；在历史的意义上，黑格尔则是以辩证法与形而上学的"合流"，理论地表征了资本主义的存在方式。这是马克思所理解的黑格尔哲学，也是马克思批判黑格尔的立足点和出发点。正是通过对黑格尔的批判，马克思构成了自己的以人的历史活动为内容、以抽象的存在——资本——为批判对象的辩证法，并以自己的辩证法实现了双重的"终结"：既终结了超历史的形而上学，又终结了资本主义的非历史性的神话。

在批判黑格尔的出发点上，马克思深刻地揭示了黑格尔的哲学与现实之间的关系，即：黑格尔体系的第一个因素是"形而上学地改了装的、脱离人的自然"，第二个因素是"形而上学地改了装的、脱离自然的精神"，第三个因素是"形而上学地改了装的上两个因素的统一，即现实的人和现实的人类"。[①] 马克思认为，对"自然"、"精神"、"现实的人和现实的人类"进行"形而上学"的"改装"，这并不是出于黑格尔的"思辨"的"偏好"（与马克思不同，现代哲学家往往是从黑格尔的"偏好"去解释和批判黑格尔的"思辨"），而是由于"个人现在受抽象统治"。因此，马克思对黑格尔的批判，是透过黑格尔的"形而上学"的"思辨"，致力于批判构成这种"思辨"的"形而上学"的"抽象"的"存在"。

"存在"是一切哲学思考的根本出发点；哲学家如何理解"存在"，他的思考聚焦于怎样的"存在"，则构成区别各种哲学的分水岭。包括黑格尔在内的所有形而上学家，他们所理解的真正的"存在"是作为"最高原因的基本原理"的存在，他们思考的聚焦点是某种构成"思存同一性"的存在。正因如此，所谓哲学的"形而上学"，就是寻求"最高原因的基

[①] 《马克思恩格斯全集》第 2 卷，人民出版社 1957 年版，第 177 页。

本原理"的"同一性哲学";所谓"形而上学"的"改装",就是把全部的"存在"(自然、精神、现实的人和现实的人类)以思维规定感性的方式"改装"成思维的规定——概念——的自我运动。这在本质上只能是一种超历史的、非历史的"存在"。正是在批判黑格尔哲学的出发点上,马克思以自己所关切的"存在",展开了对"形而上学"的具有"终结"意义的批判。

历史学家柯林伍德说,"也许历史是马克思极感兴趣的唯一事物"[①]。"历史"成为马克思的"极感兴趣的唯一事物",这在全部哲学史的意义上,标志着马克思"发现"了超越黑格尔的辩证法的形而上学、从而终结全部形而上学的真正的"存在"。它构成马克思批判全部"抽象存在"的基本前提。

关于"历史",马克思恩格斯曾明确地指出:"'历史'并不是把人当做达到自己目的的工具来利用的某种特殊的人格。历史不过是追求着自己的目的的人的活动而已。"[②] 在马克思恩格斯这里,"历史"就是"人们的存在",就是"他们的现实生活过程"[③],"先于人类历史而存在的那个自然界",对人来说"也是不存在的自然界"。[④] 这清楚地表明,"历史"才是马克思所关切的"存在"。

作为"人的活动"的"历史",它是人的存在方式。人与动物的根本区别,在于人是"历史"的存在。由于"全部人类历史的第一个前提无疑是有生命的个人的存在"[⑤],因此马克思的"出发点是从事实际活动的人"[⑥],是"现实的个人,是他们的活动和他们的物质生活条件"[⑦]。马克思说:"人的存在是有机生命所经历的前一个过程的结果。只是在这个过程的一定阶段上,人才成为人。但是一旦人已经存在,人,作为人类历史

---

① [英] 柯林伍德:《历史的观念》,何兆武、张文杰译,商务印书馆1997年版,第186页。
② 《马克思恩格斯全集》第2卷,人民出版社1957年版,第118页。
③ 《马克思恩格斯选集》第1卷,人民出版社1995年版,第72页。
④ 《马克思恩格斯选集》第1卷,人民出版社1995年版,第77页。
⑤ 《马克思恩格斯选集》第1卷,人民出版社1995年版,第67页。
⑥ 《马克思恩格斯选集》第1卷,人民出版社1995年版,第73页。
⑦ 《马克思恩格斯选集》第1卷,人民出版社1995年版,第67页。

的经常前提,也是人类历史的经常的产物和结果,而人只有作为自己本身的产物和结果才成为前提。"① 人自身作为历史的"前提"和"结果",以自己的活动构成自己的"历史",以自己的历史构成自身的"存在"。离开人的"历史",就会把人的"存在"抽象化,把人与世界的现实关系抽象化。人们的"存在",就是人们的"现实的生活过程";人们的"现实生活"的根基,则是人们的物质生活资料的生产——劳动。"劳动"是人的"存在"。

马克思的以"劳动"为根基的"现实生活"的存在论,为"否定"的辩证法注入了"存在"的真实内容。这首先就在于:概念的差别的内在发生,或概念的内在否定性,其根源究竟何在?在黑格尔那里,一是根源于思存同一性所内在的差别性,二是根源于个体理性中的个体意识与普遍理性的内在的差别性。因此,黑格尔试图以概念的自己运动来达成二者的统一:一是概念由思存的抽象的同一性上升为思存的具体的同一性,二是概念在自己的运动中实现个体理性与普遍理性的融合。与黑格尔不同,马克思的"否定"的辩证法是奠基于人对世界的否定性的统一关系——人自身的实践活动。马克思以人类的物质生活资料的生产——劳动——作为出发点,以"劳动"的内在矛盾构成"存在"的辩证法。在《资本论》中,马克思从资产阶级社会"经济的细胞形式"——"劳动产品的商品形式,或商品的价值形式"——入手,逐次深入地揭示了商品的使用价值与交换价值的矛盾、构成商品的使用价值和交换价值的具体劳动与抽象劳动的矛盾,从而把对资产阶级社会的全部矛盾的分析聚焦于对"活劳动"与"死劳动"(资本)的矛盾分析,进而揭示出"抽象的存在"——资本——统治和支配一切"具体的存在"的资产阶级社会的"存在"。正是由于"抽象存在"统治和支配一切"具体存在",才构成黑格尔对"自然"、"精神"、"现实的人和现实的人类"进行"形而上学""改装"的现实基础。因此,马克思的辩证法绝不仅仅是批判"抽象理性"的辩证法,而是批判"抽象存在"(资本)的辩证法,是通过这种批判把资本的独立性和个性

---

① 《马克思恩格斯全集》第 26 卷第三册,人民出版社 1974 年版,第 545 页。

变为人的独立性和个性的辩证法。

作为当代哲学的一种重要思潮的"后形而上学",它对"形而上学"的批判,首先是对思维规定感性的"概念"的批判,即对"概念"的思存同一性的批判,因此,阿多诺所说的"确保概念中的非概念物",是批判"同一性哲学"的"后形而上学"的根本出发点。在这种"后形而上学"的视域中,我们可以发现,马克思的批判"抽象存在"的辩证法,真正是阿多诺所说的"对概念中的非概念物的基本特性的洞见"①。这突出地表现在:其一,马克思的哲学批判,是从思想中透视出现实,以现实来揭示思想,"不是意识决定生活,而是生活决定意识"②,构成了马克思的历史唯物主义的根本命题,并由此把黑格尔对"抽象理性"的批判转变成对"抽象存在"的批判;其二,马克思的经济学批判,是从"物与物的关系"中揭示其掩盖的"人与人的关系",通过对"把人变成帽子"的英国古典经济学家李嘉图和"把帽子变成观念"的德国古典哲学家黑格尔的批判,把对"抽象存在"的批判展现为对"死劳动"(资本)的批判;其三,马克思的空想社会主义批判,是从"人的异化"中揭示"劳动的异化",并从"劳动的异化"揭露"人的异化",把对现实的"不合理"的批判转化为对"不合理"的现实的批判。这种批判,真正地"洞见"到了"概念中的非概念物",即"洞见"到了现实与思想的矛盾、活劳动与死劳动的矛盾、现实的批判与思想("词句")的批判的矛盾,从而使辩证法从"思想"的否定走向"现实"的否定。这是马克思的历史唯物主义的"否定的辩证法"。

"后形而上学"对"概念"的"同一性"的批判,蕴含着它对"同一性哲学"的"体系"的批判,即:批判"概念"的"同一性",就是批判这种"同一性"所构成的"宏大叙事"的思想体系。在这种"后形而上学"视域中,我们同样可以发现马克思对"体系"的极其深刻的"洞见"。马克思不仅明确地指出"我的辩证方法,从根本上来说,不仅和黑

---

① 参见[德]阿多诺:《否定的辩证法》,张峰译,重庆出版社1993年版,第11页。
② 《马克思恩格斯选集》第1卷,人民出版社1995年版,第73页。

格尔的辩证方法不同，而且和它截然相反"①，并且深切地揭露了黑格尔的"体系"的实质："正如我们通过抽象把一切事物变成逻辑范畴一样，我们只要抽去各种各样的运动的一切特征，就可得到抽象形态的运动，纯粹形式上的运动，运动的纯粹逻辑公式。"② 不仅如此，马克思进而深刻地揭露了"历史"屈从"体系"（逻辑）的根源："黑格尔认为，世界上过去发生的一切和现在还在发生的一切，就是他自己的思维中发生的一切。因此，历史的哲学仅仅是哲学的历史，即他自己的哲学的历史。"③ 这表明，马克思所批判的是"体系"的"形而上学"，而不是"概念"的"思想体系"。

在马克思这里，"思想"构成"体系"的问题，不仅具有一般的认识论意义，而且具有如何以"思想"把握"现实"的重大的方法论意义。就前者说，马克思提出思想构成自己的"两条道路"，即："在第一条道路上，完整的表象蒸发为抽象的规定；在第二条道路上，抽象的规定在思维行程中导致具体的再现。"④ 就后者说，马克思在探讨"范畴"与"历史"的关系的基础上提出："人体解剖对于猴体解剖是一把钥匙。反过来说，低等动物身上表露的高等动物的征兆，只有在高等动物本身已被认识之后才能理解。因此，资产阶级经济为古代经济等等提供了钥匙。"⑤ 马克思由此得出的重要结论是："把经济范畴按它们在历史上起决定作用的先后次序来排列是不行的，错误的。它们的次序倒是由它们在现代资产阶级社会中的相互关系决定的"⑥，"资本是资产阶级社会的支配一切的经济权力。它必须成为起点又成为终点，必须放在土地所有制之前来说明"⑦。正是由于马克思在现代思想史上把"资产阶级社会的支配一切的经济权力"——资本——作为自己的批判对象，从而极为深刻地揭示了现代人的

---

① 《马克思恩格斯选集》第 2 卷，人民出版社 1995 年版，第 111—112 页。
② 《马克思恩格斯选集》第 1 卷，人民出版社 1995 年版，第 139 页。
③ 《马克思恩格斯选集》第 1 卷，人民出版社 1995 年版，第 141 页。
④ 《马克思恩格斯选集》第 2 卷，人民出版社 1995 年版，第 18 页。
⑤ 《马克思恩格斯选集》第 2 卷，人民出版社 1995 年版，第 23 页。
⑥ 《马克思恩格斯选集》第 2 卷，人民出版社 1995 年版，第 25 页。
⑦ 《马克思恩格斯选集》第 2 卷，人民出版社 1995 年版，第 25 页。

"以物的依赖性为基础的人的独立性",揭示了"个人正在受抽象统治"的存在,才构成了马克思"对现实的一切进行无情的批判"的革命的辩证法。离开这种关于"思想"构成"体系"的自觉,马克思又如何实现其对"抽象存在"——资本——的批判?同样,离开这种自觉,"后形而上学"又如何实现其对"同一性哲学"的批判?因此,冲破"体系"的辩证法,并不是反对"思想"构成"体系",而是"拒斥"体系的"形而上学"。

马克思对"形而上学"的批判,是以人的自身的解放为出发点的。早在《〈黑格尔法哲学批判〉导言》中,马克思就这样提出哲学的"迫切任务",即:"人的自我异化的神圣形象被揭穿以后,揭露具有非神圣形象的自我异化,就成了为历史服务的哲学的迫切任务。"① "揭穿"人的自我异化的"神圣形象",特别是"揭露"人的自我异化的"非神圣形象",这不仅是对思维规定感性的"形而上学"的终结,也是对"形而上学"的人格化的历史的终结——英雄创造历史的英雄主义时代的终结。这是在"历史"的意义上对形而上学的终结。对于这种"终结",值得我们深思的是,"人们自己创造自己的历史",既要求"英雄主义时代"的隐退,又需要取而代之的"英雄主义精神"的兴起。"英雄主义时代"的"英雄",是黑格尔的"普遍理性"及其人格化;"英雄主义精神"的"英雄",则是马克思的"自己创造自己的历史"的"现实的个人"。以"英雄主义精神"取代"英雄主义时代",就是以"现实的个人"取代"普遍理性"的人格化,也就是让"个人"成为真正的"现实"——具有个性和独立性的"个人",全面发展的"个人"。这是历史的辩证法,也就是马克思所揭示的"历史规律"。这个由人的历史活动所构成的历史规律,蕴含着人的"理性"、人的"目的"、人的"理想"、人的"追求"。这是一种"反形而上学"的形上追求,是一种蕴含着"形上追求"的关于人的"存在"的辩证法。

---

① 《马克思恩格斯选集》第 1 卷,人民出版社 1995 年版,第 2 页。

三、后形而上学对"宏大叙事"的批判：
黑格尔和马克思的辩证法的当代"澄明"

辩证法是对"抽象"的批判。在黑格尔的意义上，"抽象"就是"抽象的理性"，因而黑格尔的辩证法是通过对"抽象理性"的批判，达到"普遍理性"的自觉。这是一种构成思想的内涵逻辑的辩证法，即思想的自我批判和自我超越的辩证法。这种辩证法构成概念形而上学，即辩证法与形而上学的"合流"。在马克思的意义上，"抽象理性"是根源于"抽象存在"的"抽象"，因而马克思的辩证法就远不止于对"抽象理性"的批判，而是通过对"抽象理性"和"抽象存在（资本）"的双重批判，达到思想的和实践的双重批判。这是"对现存的一切进行无情的批判"的辩证法，因而是辩证法对形而上学的"终结"。由此我们提出的问题是："后形而上学"所批判的"抽象"是什么？黑格尔和马克思的辩证法在这种批判中的历史命运是怎样的？这种批判在何种意义上构成当代的辩证法理论？

"后形而上学"所批判的"抽象"，通常是被指认为"同一性哲学"及其"宏大叙事"。作为哲学的形而上学，是一种以思维规定感性而达成的思存"同一性"的哲学范式。所谓"后形而上学"，则是一种"拒斥"思维规定感性的哲学视域，即以"非同一性"代替"同一性"的哲学视域。作为"形而上学"的"同一性哲学"之所以遭到"后形而上学"的讨伐，哈贝马斯在《后形而上学思想》中的解释是："真正使这种思维方式成了问题的是从外界向形而上学发起攻击，并具有社会原因的历史发展过程"。关于这种"社会原因"，哈贝马斯作了四个方面的概括：其一是"追求一和全的整体性思想受到了新型程序合理性的质疑"；其二是"现代社会中新的时间经验和偶在经验"，"形成了一股对传统的基本概念加以解先验化的潮流"；其三是"对交往方式和生活方式的物化和功能化的批判，以及科学技术的客观主义自我理解的批判"，"促进了对把一切都用主客体关系加以概念化的哲学基础的批判";其四是"理性对于实践的经典领先地位不得不让位于越来越清楚的相互依存关系"。① 关于"形而上学"的根源与实质,以赛亚·伯林在《自由论》中提出,"能在历史事件进程中发现大的模式或规则"的观念"不仅影响着对人类活动及特征的观察与描述方式,而且影响着对待这些活动及特征的道德、政治与宗教态度","在描述人的行为的时候,忽略个体的性格、意图与动机问题,肯定是刻意的和太苛刻的"。这就是他所指认的"存在着人格的或非人格的历史理论"。他认为,"对历史变化作这种非人解释","便把所发生的事情的最终责任,推到这些'非人的'、'超人的'、'高于个人的'实体或'力量'的行动或行为上了,而这些实体或力量,便等同于人的历史"。因此,他对"形而上学"的批判,就是对"历史服从自然或超自然的规律"的观念的批判。② 这表明,"后形而上学"所批判的"抽象",从根本上说,是关于"规律"特别是"历史规律"的观念。

在这种"后形而上学"的视域中,辩证法所接受的"挑战"是双重的。这就是关于"思想"的和"历史"的逻辑问题。后形而上学对辩证法的挑战,首先是对"思想"的真理—规律—客观性的逻辑的挑战。这个挑战不仅是指向黑格尔的,同样是指向马克思的。后形而上学对辩证法的挑战,同时又是对"历史"的真理—规律—客观性的逻辑的挑战。这个挑战同样不仅是指向黑格尔的,更是指向马克思的。

形而上学作为"同一性"哲学,它的实质是为人类思想的"真理"观念奠基,即以"规律"的"客观性"为"真理"观念奠基。黑格尔之所以致力于把形而上学构建成本体论、认识论和逻辑学相统一的辩证法,就是力图通过辩证法与形而上学的"合流",实现"真理"的由"抽象的普遍性"到"具体的普遍性"的跃迁,实现"真理"的"全体的自由性"与"环节的必然性"在概念辩证运动中的统一,即以概念辩证法所实现的

---

① 参见 [德] 哈贝马斯:《后形而上学思想》,曹卫东、付德根译,译林出版社2001年版,第32—33页。
② 参见 [英] 以赛亚·伯林:《自由论》,胡传胜译,译文出版社2003年版,第106—107、109、115页。

"思存同一性"为"真理"奠基。

　　黑格尔的概念辩证法作为"完成"的形而上学，它为"真理"观念的奠基，在当代乃至未来的哲学发展中，始终具有其独立的和独特的价值与意义。对黑格尔的辩证法的形而上学的当代意义的评价，主要关涉到四个问题：一是关于"形而上学的历史"的评价；二是关于黑格尔的辩证法作为人类思想运动的逻辑的评价；三是关于黑格尔的辩证法作为现代性的逻辑的评价；四是关于黑格尔的辩证法对马克思的辩证法的"真实意义"的评价。这是"后形而上学"视域中的黑格尔辩证法问题，也是这种视域中的马克思辩证法问题。

　　对黑格尔辩证法的评价，首先是对"形而上学的历史"及其真实意义的评价问题。按照科学哲学家瓦托夫斯基的理解："不管是古典形式还是现代形式的形而上学思想，其驱动都在于力图把各种事物综合成一个整体，提供出一种统一的图景或框架，使我们经验中的事物多样性能够在这个框架内依据某些普遍原理而得到解释，或可以被解释为某种普遍本质或过程的各种表现。"① 这种"形而上学"思想的根源是在于，"为了概念的明晰性和体系的一致性而进行哲学分析的强烈愿望太根深蒂固了……存在着一种系统感和对于我们思维的明晰性和统一性的要求——它们进入我们思维活动的根基，并完全可能进入到更深处——它们导源于我们所属的这个物种和我们赖以生存的这个世界"② 形而上学的生存论根源表明，人类的形而上学的冲动或追求是不可逃避的，它是人类的"宿命"，是人类寻求和实现理想性的生存方式的理论表征。与此同时，我们不仅要看到"形而上学"对"同一性"的承诺，而且要看到"形而上学的历史是一部关于这种普遍的或一般类别的概念的批判史，是一部致力于系统表述这些概念的体系的历史……我们也许可以这样总结这种历史，即把形而上学定义为'表述和分析各种概念，对存在的原理及存在物的起源和结构进行批判

---

① ［美］M. W. 瓦托夫斯基：《科学思想的概念基础——科学哲学导论》，范岱年等译，求实出版社1982年版，第21页。
② ［美］M. W. 瓦托夫斯基：《科学思想的概念基础——科学哲学导论》，范岱年等译，求实出版社1982年版，第18页。

性、系统性探究的事业'"①。如果以这样的角度去重新审视"形而上学的历史",特别是以这种角度去重新审视黑格尔所实现的辩证法与形而上学的"合流",我们首先就会重新发现黑格尔哲学的"真实意义",即:黑格尔所承诺的"思存同一"的逻辑先在性,黑格尔对"思存同一性"的"批判性、系统性探究",在唯物主义的意义上,就是恩格斯所指认的理论思维的"本能的和无条件的前提"问题,即:"我们的主观的思维和客观的世界遵循同一些规律,因而两者在其结果中最终不能互相矛盾,而必须彼此一致,这个事实绝对地支配着我们的整个理论思维。这个事实是我们的理论思维的本能的和无条件的前提。"②是否承诺理论思维的这个"前提",是否承诺对这个"前提"的"批判性、系统性探究",既关系到是否承诺黑格尔和马克思对"规律"的"发现",也关系到"后形而上学"能否避免陷入相对主义的泥潭——在否认"理论思维的本能的和无条件的前提"的基地上,不可能形成任何真正的"共识"。

由此提出的第二个问题,是黑格尔的辩证法所揭示的人类思想运动的逻辑问题。作为19世纪的"思想体系的时代"的时代精神,黑格尔所达到的哲学思维的理论自觉,直接地是对人类思想运动的逻辑的理论自觉。这种理论自觉构成黑格尔的概念辩证法,即思想的内涵逻辑。在黑格尔的概念辩证法中,思想的内涵逻辑就是"真理"的逻辑。

以真理即思想的客观性为主题的西方近代哲学,它的重大的基本问题是作为思维规定的概念是否具有"思存同一性"的问题。黑格尔以承诺"思存同一性"的逻辑先在性为前提,其主要的哲学工作是致力于探索概念自身的辩证运动,即概念由抽象的同一性到具体的同一性的辩证运动。这个哲学工作的直接的理论成果,就是由抽象到具体的概念辩证法,也就是存在论、认识论和逻辑学"三者一致"的辩证法。这个概念辩证法,在四重意义上展现了人类思想运动的"内涵逻辑":其一,它是人作为"类"的思想由抽象到具体的运动逻辑;其二,它是人作为"个体"的思

---

① [美] M. W. 瓦托夫斯基:《科学思想的概念基础——科学哲学导论》,范岱年等译,求实出版社1982年版,第6页。
② 《马克思恩格斯选集》第3卷,人民出版社1995年版,第364页。

想由抽象到具体的运动逻辑；其三，它是"科学"构成自己、发展自己的逻辑；其四，从根本上说，它是理论思维的"本能的和无条件的前提"——"思存同一性"——的自我实现的逻辑。它为人类"自觉"到"思维的本性"提供了作为概念辩证法的"内涵逻辑"。尽管黑格尔是以历史"屈从"逻辑的方式而展现了人类思想运动的逻辑，但却为全部科学构成自己提供了一种存在论、认识论和辩证法相统一的概念的内涵逻辑。马克思的《资本论》作为列宁所说的"大写的逻辑"，深刻地体现了概念辩证法的逻辑。正因如此，马克思说他有意识地"卖弄"了黑格尔的辩证法①，列宁说："不钻研和不理解黑格尔的全部逻辑学，就不能完全理解马克思的《资本论》。"② 黑格尔的辩证法，是关于人类思想运动的宝贵的哲学遗产。是否承诺人类思想由抽象到具体的运动逻辑，同样不仅关系到是否承诺黑格尔的《逻辑学》所展现的概念运动的内涵逻辑、马克思的《资本论》所展现的人类历史的内涵逻辑，而且关系到"后形而上学"能否避免陷入相对主义的泥潭——在"非逻辑"的思想基地上不可能形成具有"文明史"内涵的任何真正的"共识"。

  由此提出的第三个问题，是黑格尔的辩证法所体现的在对现代性的反省中所提出的"个体理性"与"普遍理性"的关系问题。作为"现代性困境"的理论自觉，黑格尔辩证法的真实目的，是以"普遍理性"重建伦理的总体性，从而实现人同自己的世界的"和解"。在黑格尔那里，作为主体和实体的"概念"是伦理实体，概念辩证法是总体性的伦理观念的自我实现。通过对"抽象理性"的批判，在黑格尔的辩证法中，不仅包含着个体理性认同普遍理性的问题，而且包含着个体理性之间的"斗争"与"承认"问题，"主体间性"构成个体理性认同普遍理性的真实内容。尽管黑格尔是以个体理性"屈从"普遍理性的方式而构成其"全体的自由性"，但是，必须以某种方式实现个体理性与普遍理性、人同自己的世界的"和解"，并不只是黑格尔对"现代性困境"的理论自觉，而且是当代人类所面对的最为严峻的现实问题——"普世伦理"何以可能。因此，如

---

① 参见《马克思恩格斯选集》第 2 卷，人民出版社 1995 年版，第 112 页。
② 参见列宁：《哲学笔记》，林利等译校，中共中央党校出版社 1990 年版，第 200 页。

何理解和看待黑格尔的作为伦理实体的普遍理性及其自我实现，是"后形而上学"面对的又一重大问题。

由此提出的第四个问题，是黑格尔的辩证法对马克思的辩证法的"真实意义"问题。马克思对形而上学的"终结"，是以"批判的和革命的"辩证法"终结"了对任何东西的"崇拜"，是把辩证法实现为"对现存的一切进行无情的批判"，是通过对"统治个人的物质关系的理论表现"——形而上学——的批判，而实现为对"统治个人的物质关系"本身——资本——的批判。这是马克思的辩证法所实现的对"形而上学"及其现实的双重批判。马克思的辩证法"终结"了作为永恒真理的形而上学，也"终结"了关于资本主义的非历史性的神话。然而，这是否意味着马克思的辩证法"终结"了人类思想对真理—规律—客观性的逻辑的"承诺"与"发现"？这是否意味着马克思的辩证法"否定"了资本主义存在的合理性及其自我扬弃的必然性？一句话，马克思的辩证法是否"拒斥"了关于"真理"的"宏大叙事"？是否"拒斥"了奠基于"历史规律"的关于"人类解放"的探索与追求？

恩格斯在马克思的墓前讲话中说，马克思的一生有两大"发现"，一是发现了"人类历史的发展规律"，二是发现了"现代资本主义生产方式和它所产生的资产阶级社会的特殊的运动规律"。[①] 这就是说，马克思的工作是发现"历史规律"，马克思的辩证法是关于"历史规律"的辩证法。在马克思这里，"辩证法"不是对"规律"的否定，而是"规律"本身，亦即以"历史"为内容的存在论、认识论和辩证法相统一的"历史的内涵逻辑"。正是这个辩证法构成作为"大写的逻辑"的《资本论》。在肯定马克思的辩证法是"历史的内涵逻辑"的意义上，"挑战"真理—规律—客观性的逻辑的"后形而上学"，就不仅是对作为"思想的内涵逻辑"的黑格尔辩证法的挑战，也是（更是）对作为"历史的内涵逻辑"的马克思的辩证法的挑战。

"后形而上学"对"辩证法"的挑战，要求我们对"真理—规律—客

---

① 《马克思恩格斯选集》第3卷，人民出版社1995年版，第776页。

观性"的"宏大叙事"进行更为深入的思考和求索，并在此基础上构成我们时代的辩证法理论。

马克思恩格斯认为，历史是追求自己目的的人的活动，因此，历史的规律不是外在于人的活动，而是人的活动本身所实现的人类社会的发展过程和趋势。离开人的历史活动，就会把历史的规律外在化、抽象化、神秘化和神圣化，从而使之成为控制人的历史活动的神秘力量。究竟是现实的活动构成规律，还是先在的规律支配活动，这是马克思的辩证法与黑格尔的辩证法的根本分歧。与形而上学"合流"的黑格尔的辩证法，从实质上说，就在于把"规律"变成某种"逻辑先在"的神秘力量，并把历史演绎为逻辑的自我实现。"终结"形而上学的马克思的辩证法，从实质上说，就在于从人的历史活动出发，不仅"揭露人在神圣形象中的自我异化"，并且"揭露人在非神圣形象中的自我异化"，即揭露人在"资本"中的自我异化，把人的历史活动与历史规律统一起来。因此，回应"后形而上学"对辩证法的挑战，关键是从人的历史活动去理解历史规律。

历史规律的"客观性"，在于人的历史活动的"客观性"；离开人的历史活动——实践——的客观性，历史规律的客观性就成为一种控制人的历史活动的神秘力量。与形而上学"合流"的黑格尔的辩证法，把规律的客观性描述为"无人身的理性"的自我运动，因而这种辩证法不是形而上学的"终结"，而是形而上学的"完成"。"终结"形而上学的马克思的辩证法，把历史的规律描述为"现实的人及其历史发展"，因而这种辩证法不再是与形而上学的"合流"，而是对形而上学的"终结"。由此我们可以得出两个结论：一方面，离开人的历史活动而把历史的规律当作某种现成的"公式"即"抽象的普遍性"，这就不仅背离了"终结"形而上学的马克思的辩证法，而且是向黑格尔辩证法所批判的、"抽象同一性"的旧形而上学的倒退；另一方面，否认人的历史活动构成历史规律，从而否认规律的客观性，则不仅仅是对黑格尔辩证法的挑战，也是（更是）对马克思的辩证法的挑战。

哲学是思想中的时代，任何一种时代性的哲学都产生于对时代性的人类问题的理论自觉。以资本的逻辑为实质内容的现代社会，它的时代性的人类问题，是马克思所指出的人在"非神圣形象"——理性主义及其现实即"政治"、"法"、"国家"——中的"自我异化"。人在"非神圣形象"中的"自我异化"，导致人的现实世界的分裂——人与自然、人与社会、人与他人、人与自我的分裂。人的现实世界分裂的自我意识，构成我们时代的哲学理论。"后形而上学"的真实意义，在于它以当代人类社会生活的矛盾冲突为基础，揭示了人在各种"非神圣形象"中的"自我异化"，特别是人在社会"模式化"中的"自我异化"，从而为辩证法"对现存的一切进行无情的批判"展现了新的"视域"。

"后形而上学"的本质特征就在于，它以否认真理—规律—客观性的极端方式，集中地揭示了形而上学的"普遍理性"的内在矛盾性：其一，它集中地揭露了从柏拉图到黑格尔的"理性主义的放荡"所造成的"形而上学的恐怖"，即"普遍理性"对"人"的"偏离"所构成的"本质主义的肆虐"；其二，它对形而上学的"层级性"追求的"拒斥"，凸显了"顺序性"的选择与安排的生存论意义，从而"终结"了以"普遍理性"扼杀实践的选择性、文化的多样性的"同一性哲学"；其三，它在"瓦解"主体形而上学的进程中，凸现了"主体间性"、"交往理论"、"商谈"、"对话"、"有机团结"在人类历史活动中的现实意义；其四，它在否定"同一性哲学"的进程中，试图构建以"非同一性"为前提的、超越绝对主义和相对主义的新的哲学理念，从而使得"必要的张力"成为当代哲学的基本理念。这种"后形而上学"视域，对于深入地审视真理—规律—客观性观念，把"对现存的一切进行无情的批判"的辩证法贯彻到全部社会生活，从而不断深入地"揭露人在非神圣形象中的自我异化"，具有重要的理论意义和实践意义。

与此同时，我们不能无批判地看待"后形而上学"对"形而上学"的批判。"后形而上学"以否认真理—规律—客观性的极端方式所展开的批判，使其自身陷入了难以逃避相对主义的窘境：任何可能的"交往"、"对话"、"商谈"和"团结"，都不能不以对真理—规律—客观性的某种承诺为前提；任何可能的"思想"与"实践"，都不能不以对人的理想性、超越性的"形上本性"的承诺为前提。辩证法的"合情合理"的本质就在于此：它"终结"了关于"永恒真理"的形而上学的幻想，又"开启"了形而上学的自我批判中的本体论追求。这就是当代意义的"形而上学"或"本体论"的"复兴"。"哲学的本体论，是一种追本溯源式的意向性追求，是一种理论思维的无穷无尽的指向性，是一种指向无限性的终极关怀；哲学本体论追求的生活价值在于，人类总是悬设某种基于现实而又超越现实的理想目标，否定自己的现实存在，把现实变成更加理想的现实；哲学本体论追求的真实意义就在于，它引导人类在理想与现实、终极的指向性与历史的确定性之间，既永远保持一种必要的张力，又不断打破这种微妙的平衡，从而使人类在自己的全部生活中保持生机勃勃的求真意识、向善意识和审美意识，永远敞开自我批判和自我超越的空间。在这个意义上，哲学就是本体论，就是本体论的自我批判，也就是思想的前提批判。"① 这种"本体论的自我批判"或"思想的前提批判"，就是"对现存的一切进行无情的批判"。这深切地体现了辩证法的批判本性。

马克思说："光是思想力求成为现实是不够的，现实本身应当力求趋向思想。"② 当代的辩证法理论，既是内涵着形而上学的"激情"和"冲动"的批判、承载着形而上学的"理想"和"追求"的批判，又是对形而上学的"激情"、"冲动"、"理想"和"追求"的批判，即对形而上学本身的批判。辩证法的批判，是对"现实"与"理想"的双重批判。非批判地看待形而上学所承诺的"理想"和"追求"，就会导致"理性主义的放荡"、"本质主义的肆虐"和"形而上学的恐怖"；非批判地放弃形而上学对"规律"、"真理"和"客观性"的承诺与追求，则会导致"没有标准的选择的、生命中不能承受之轻的、存在主义的焦虑"。现代社会不是人类文明史的断裂，"后形而上学"也不可能是人类思想史的断裂。辩证法要求我们在"现代性的困境"中"保持必要的张力"并"达到微妙的平衡"。这是当代人类的实践智慧的辩证法。

---

① 《孙正聿哲学文集》第9卷，吉林人民出版社2007年版，第688—689页。
② 《马克思恩格斯选集》第1卷，人民出版社1995年版，第11页。

列宁的"三者一致"的辩证法[①]
——《逻辑学》与《资本论》双重语境中的《哲学笔记》

孙正聿

在辩证法发展史上,特别是在马克思主义辩证法发展史上,列宁的辩证法思想,特别是他在《哲学笔记》中所阐发的辩证法思想,具有独特的重大意义。《哲学笔记》的辩证法思想,主要是在黑格尔《逻辑学》与马克思《资本论》双重语境的互动中形成的:一方面,列宁始终以"参看《资本论》"为出发点来探索黑格尔《逻辑学》的"真实意义";另一方面,列宁又以"继承黑格尔和马克思的事业"的理论自觉而重新理解和阐释《资本论》。正是在《逻辑学》与《资本论》双重语境的互动中,形成了列宁《哲学笔记》的辩证法思想:唯物主义的逻辑、辩证法和认识论"三者一致"的辩证法。

一、为什么辩证法是逻辑学

列宁在《黑格尔辩证法(逻辑学)的纲要》中,作出一个结论性的论断:"在《资本论》中,唯物主义的逻辑、辩证法和认识论[不必要三个词:它们是同一个东西]都应用于一门科学,这种唯物主义从黑格尔那里吸取了全部有价值的东西并发展了这些有价值的东西。"[②] 对于列宁的这个

[①] 原载《中国社会科学》2012 年第 9 期。
[②] 列宁:《哲学笔记》,人民出版社 1974 年版,第 357 页。

论断，人们感到最难于理解的，首先在于为什么辩证法是逻辑学。

在《黑格尔〈逻辑学〉一书摘要》中，列宁写下的第一句话是："关于逻辑学说得很妙：这是一种'偏见'，似乎它是'教人思维'的（犹如生理学是'教人消化'的??）。"① 这句话所具有的振聋发聩的意义是显而易见的：人们通常都是把逻辑学视为"教人思维"的；但是，正如生理学并不是"教人消化"的，逻辑学也不是"教人思维"的；那么，不是教人思维的"逻辑学"究竟是什么？黑格尔《逻辑学》所论述的"逻辑"究竟是什么？正是在对"逻辑"和"逻辑学"的重新思考中，列宁提出了为什么必须在逻辑学的意义上理解辩证法的一系列重要思想。

关于"逻辑"，列宁在摘录《逻辑学》第一版序言中的"逻辑学构成真正的形而上学或纯粹的、思辨的哲学"和"哲学不能由一门从属的科学——数学——取得自己的方法"以及"只有沿着这条自己构成自己的道路……哲学才能成为客观的、论证的科学"② 这些论述之后，在《逻辑学》第二版序言的摘要中，以全方框方式写下这样的评语："黑格尔则要求这样的逻辑：其中形式是具有内容的形式，是活生生的实在的内容的形式，是和内容不可分离地联系着的形式。"③ 接着，列宁同样以全方框方式写下具有结论性的评语："逻辑不是关于思维的外在形式的学说，而是关于'一切物质的、自然的和精神的事物'的发展规律的学说，即关于世界的全部具体内容及对它的认识的发展规律的学说，即对世界的认识的历史的总计、总和、结论。"④

列宁关于"逻辑"的上述评语、具有强烈的理论针对性和深刻的思想内涵。早在1859年评论马克思的《政治经济学批判》时，恩格斯就曾经犀利和辛辣地指出："自从黑格尔逝世之后，把一门科学在其固有的内部联系中来阐述的尝试，几乎未曾有过。官方的黑格尔学派从老师的辩证法中只学会搬弄最简单的技巧，拿来到处应用，而且常常笨拙得可笑。对他

---

① 列宁：《哲学笔记》，人民出版社1974年版，第83页。
② 列宁：《哲学笔记》，人民出版社1974年版，第83、84页。
③ 列宁：《哲学笔记》，人民出版社1974年版，第89页。
④ 列宁：《哲学笔记》，人民出版社1974年版，第89—90页。

们来说，黑格尔的全部遗产不过是可以用来套在任何论题上的刻板公式，不过是可以用来在缺乏思想和实证知识的时候及时搪塞一下的词汇语录。"① 品味恩格斯的论述，我们可以深切地体会到，"辩证法"之所以被当成"可以用来套在任何论题上的刻板公式"，之所以会变成"可以用来在缺乏思想和实证知识的时候及时搪塞一下的词汇语录"，就在于把辩证法当成脱离思想内容的纯粹的"思维方法"，当成只是"供使用"的"手段"。② 正是针对这个关系到对"辩证法"的根本性理解的重大问题，列宁特别重视《逻辑学》对"逻辑"的重新阐释，特别肯定黑格尔所论证的内容与形式相统一的"逻辑"，特别强调"逻辑不是关于思维的外在形式的学说"，而是"关于世界的全部具体内容及对它的认识的发展规律的学说"。正是这个意义上的"逻辑学"，也就是作为关于"思维和存在的一致"即关于"真理"的逻辑学，构成作为发展学说的"辩证法"。

在黑格尔看来，哲学作为"关于真理的科学"③，它的根本性的内容与使命，在于实现"思维和存在的一致"；而人们对哲学的最大的误解，则在于或者把作为思维规定的"概念"当成离开整个世界和全部生活的空洞的"名称"，或者把整个世界和全部生活当成离开"概念"的杂多的"表象"，从而在"真理"的意义否定了"思维和存在的一致"。④ 具体言之，对"辩证法"的最大误解，莫过于把思想的内容与形式割裂开来、把概念的内涵与外延割裂开来、把哲学的理论与方法割裂开来，从而把作为世界观理论的"辩证法"当成没有思想内容、没有概念内涵、没有实证知识的"刻板公式"和"词汇语录"。这种根本性的误解，突出地表现在对辩证法的核心观念——"发展"的理解。列宁尖锐地指出："对于'发展原则'，在20世纪（以及19世纪末叶）'大家都已经同意'——是的，不过这种表面的、未经过深思熟虑的、偶然的、庸俗的'同意'，是一种窒息真理、使真理庸俗化的同意。——如果一切都发展着，那末一切就都相

---

① 《马克思恩格斯选集》第 2 卷，北京：人民出版社 1995 年版，第 40 页。
② 列宁：《哲学笔记》，人民出版社 1974 年版，第 89 页。
③ ［德］黑格尔：《小逻辑》，贺麟译，商务印书馆 1980 年版，第 5 页。
④ 参见［德］黑格尔：《小逻辑》，贺麟译，商务印书馆 1980 年版，第 41 页。

互转化，因为发展显然不是简单的、普遍的和永恒的生长、增多（或减少）等等。——既然如此，那就首先必须更确切地理解进化，把它看做一切事物的产生和消灭、互相转化。——其次，如果一切都发展着，那末这点是否也同思维的最一般的概念和范畴有关？如果无关，那就是说，思维和存在不相联系。如果有关，那就是说，存在着具有客观意义的概念的辩证法和认识的辩证法。"① 对此，列宁还特别强调地写下：这是"关于辩证法及其客观意义的问题"②。

概念的辩证法和认识的辩证法之所以"具有客观意义"，发展问题之所以"同思维的最一般的概念和范畴有关"，是因为作为思维规定的概念和范畴既不是单纯的"思维形式"也不是"抽象的普遍性"。因此，真实地理解关于"发展"的"逻辑"，就必须重新理解构成"逻辑"的"概念"和"范畴"。在肯定黑格尔所要求的内容与形式相统一的"逻辑"，并作出"逻辑不是关于思维的外在形式的学说"的基础上，列宁提出"客观主义：思维的范畴不是人的用具，而是自然的和人的规律性的表述"③，并以全方框方式对"范畴"作出如下的论断："在人面前是自然现象之网。本能的人，即野蛮人没有把自己同自然界区分开来。自觉的人则区分开来了，范畴是区分过程中的一些小阶段，即认识世界的过程中的一些小阶段，是帮助我们认识和掌握自然现象之网的网上纽结。"④ 这样的逻辑范畴就"不只是抽象的普遍，而且是自身还包含着特殊东西的丰富性的普遍"，由这样的逻辑范畴所展开的逻辑就"不是抽象的、僵死的、不动的，而是具体的"。正是基于这种理解，列宁在摘录黑格尔的这些论述后，写下了这样的评语："典型的特色！辩证法的精神和实质！"⑤

列宁的上述论断，并不是偶发的感慨，而是在"旧逻辑"与《逻辑学》的对比中作出的，即："在旧逻辑中，没有转化，没有发展（概念的和思维的），没有各部分之间的'内在的必然的联系'，也没有某些部分

---

① 列宁：《哲学笔记》，人民出版社 1974 年版，第 280 页。
② 列宁：《哲学笔记》，人民出版社 1974 年版，第 280 页。
③ 列宁：《哲学笔记》，人民出版社 1974 年版，第 87 页。
④ 列宁：《哲学笔记》，人民出版社 1974 年版，第 90 页。
⑤ 列宁：《哲学笔记》，人民出版社 1974 年版，第 99 页。

向另一些部分的'转化'",而黑格尔的《逻辑学》则"提出两个基本的要求:(1)'联系的必然性'和(2)'差别的内在的发生'"。① 列宁认为,黑格尔的这"两个基本的要求",正是深刻地体现了"辩证的东西='在对立面的统一中把握对立面'"。② 因此列宁提出:"辩证法是一种学说。它研究对立面怎样才能够同一,是怎样(怎样成为)同一的——在什么条件下它们是相互转化而同一的,——为什么人的头脑不应该把这些对立面看做僵死的、凝固的东西,而应该看做活生生的、有条件的、活动的、互相转化的东西。"③ 列宁关于辩证法的上述论断告诉我们,"在对立面的统一中把握对立面",就必须掌握"具有客观意义"的概念的辩证法和认识的辩证法;而深刻地理解辩证法是逻辑学,则必须重新理解"逻辑"的现实表达——"概念"。

特别引人注目和发人深省的是,《哲学笔记》着力最多的主要内容,是在辩证法与逻辑学的一致中重新理解"概念"。列宁指出:"对通常看起来似乎是僵死的概念,黑格尔作了分析并指出:它们之中有着运动。有限的?——就是说,向终极运动着的!某物?——就是说,不是他物。一般存在?——就是说,是这样的不规定性,以致存在=非存在。概念的全面的、普遍的灵活性,达到了对立面同一的灵活性,——这就是实质所在。主观地运用的这种灵活性=折衷主义与诡辩。客观地运用的灵活性,即反映物质过程的全面性及其统一的灵活性,就是辩证法,就是世界的永恒发展的正确反映。"④ 对此,列宁进而提出:"(抽象的)概念的形成及其运用,已经包含着关于世界客观联系的规律性的看法、信念、意识。""否定概念的客观性、否定个别和特殊之中的一般性的客观性,是不可能的。由于黑格尔探讨客观世界的运动在概念的运动中的反映,所以他比康德等人深刻得多。"⑤ 在这段论述中,列宁还以《资本论》所阐述的商品为例,具体地指出:"某种商品和其他商品交换的个别行为,作为一种简

---

① 列宁:《哲学笔记》,人民出版社1974年版,第95页。
② 列宁:《哲学笔记》,人民出版社1974年版,第97页。
③ 列宁:《哲学笔记》,人民出版社1974年版,第111页。
④ 列宁:《哲学笔记》,人民出版社1974年版,第112页。
⑤ 列宁:《哲学笔记》,人民出版社1974年版,第189—190页。

单的价值形式来说，其中就已经包含着资本主义的尚未展开的一切主要矛盾——即使是最简单的概括，即使是概念（判断、推理等等）的最初的和最简单的形成，就已经意味着人对于世界的客观联系的认识是日益深刻的。在这里必须探求黑格尔逻辑学的真实的涵义、意义和作用。"① 由此，列宁又进一步提出："当逻辑的概念还是'抽象的'，还具有抽象形式的时候，它们是主观的，但同时它们也反映着自在之物。自然界既是具体的又是抽象的，既是现象又是本质，既是瞬间又是关系。人的概念就其抽象性、隔离性来说是主观的，可是就整体、过程、总和、趋势、泉源来说却是客观的。"② 对此，列宁还引证《逻辑学》的话说，"凡是没有思维和概念的对象，就是一个表象或者甚至只是一个名称；只有在思维和概念的规定中，对象才是它本来的那样"，并写下这样的评语："这是对的！表象和思想，二者的发展，而不是什么别的"。③ 正是基于对"概念"的上述理解，列宁在"辩证法是什么？"的标题下作出如下论断："概念的相互依赖"，"一切概念的毫无例外的相互依赖"，"一个概念向另一个概念的转化"，"一切概念的毫无例外的转化"，"概念之间对立的相对性"，"概念之间对立面的同一"。④

列宁对"概念"的阐释，不仅深切地揭示了逻辑学与辩证法的一致，而且深切地揭示了这种"一致"所具有的重大的哲学意义。在摘录黑格尔关于"理解运动，就是用概念的形式来表达运动的本质"之后，列宁写下"对！"的评论，并且进而作出这样的论断："问题不在于有没有运动，而在于如何在概念的逻辑中表达它。"⑤ 这是因为，只是肯定"运动"的经验事实，还仅仅是素朴实在论的反映论，"它描述的是运动的结果，而不是运动自身"，"它没有指出运动的可能性，它自身没有包含运动的可能性"，"它把运动描写成为一些静止状态的总和、联结"，而辩证的矛盾则

---

① 列宁：《哲学笔记》，人民出版社1974年版，第190页。
② 列宁：《哲学笔记》，人民出版社1974年版，第223页。
③ 列宁：《哲学笔记》，人民出版社1974年版，第242页。
④ 列宁：《哲学笔记》，人民出版社1974年版，第210页。
⑤ 列宁：《哲学笔记》，人民出版社1974年版，第281页。

"被掩盖、推开、隐藏、搁置起来"。① 因此，只有在"概念的逻辑中"揭示"运动"的矛盾本质，才能"在对立面的统一中把握对立面"，才能构成作为理论思维的辩证法。

然而，正如黑格尔已经深刻揭示的，"从来造成困难的总是思维，因为思维把一个对象的实际上联结在一起的各个环节彼此分隔开来考察"，列宁由此提出："如果不把不间断的东西割断，不使活生生的东西简单化、粗糙化，不加以割碎，不使之僵化，那末我们就不能想象、表达、测量、描述运动。思维对运动的描述，总是粗糙化、僵化。不仅思维是这样，而且感觉也是这样；不仅对运动是这样，而且对任何概念也都是这样。"② 正是由于"思维"、"概念"总是使"活生生的东西简单化、粗糙化"、"割碎"和"僵化"，因此，实现"思维和存在的一致"的辩证法，就必须达到"概念的全面的、普遍的灵活性，达到对立面同一的灵活性"③，"这些概念必须是经过琢磨的、整理过的、灵活的、能动的、相对的、相互联系的、在对立中是统一的"④。正是在辩证法与逻辑学相一致的意义上重新理解"概念"，列宁引证恩格斯的话说，辩证法就是"运用概念的艺术"⑤。

正是基于对辩证法必须是逻辑学的上述理解，也就是基于必须以思维的逻辑运动（概念的辩证法）去把握和描述事物的逻辑（存在的辩证法）才能实现"思维和存在的一致"的上述理解，列宁不仅肯定了"具有客观意义的概念的辩证法和认识的辩证法"，而且作出了一个令人惊叹的评语："聪明的唯心主义比愚蠢的唯物主义更接近于聪明的唯物主义"⑥。对于这个评语，列宁的解释是："聪明的唯心主义这个词可以用辩证的唯心主义这个词来代替"，而"愚蠢的这个词可以用形而上学的、不发展的、僵死

---

① 列宁：《哲学笔记》，人民出版社1974年版，第284—285页。
② 列宁：《哲学笔记》，人民出版社1974年版，第285页。
③ 列宁：《哲学笔记》，人民出版社1974年版，第112页。
④ 列宁：《哲学笔记》，人民出版社1974年版，第154页。
⑤ 列宁：《哲学笔记》，人民出版社1974年版，第277页。
⑥ 列宁：《哲学笔记》，人民出版社1974年版，第305页。

的、粗陋的、不动的这些词来代替"。① 列宁的这个论断及其解释告诉我们，坚持和发展马克思主义的"聪明的唯物主义"，首先就必须深刻地理解黑格尔的"聪明的唯心主义"即"辩证的唯心主义"所提供的"概念的辩证法"，就必须真实地超越马克思所批评的"只是从客体的或者直观的形式"去理解"对象、现实、感性"的"从前的一切唯物主义"②，也就是真实地超越列宁所批评的"形而上学的、不发展的、僵死的、粗陋的、不动的"即"愚蠢的唯物主义"。而实现这种理论超越的前提，则是必须在"逻辑学"的意义上重新理解"辩证法"。

从马克思主义哲学发展史看，列宁关于辩证法就是逻辑学的思想，与恩格斯关于"思维和存在的一致"的思想是完全一致的。恩格斯说："我们的主观的思维和客观的世界遵循同一些规律，因而两者在其结果中最终不能互相矛盾，而必须彼此一致，这个事实绝对地支配着我们的整个理论思维。这个事实是我们的理论思维的本能的和无条件的前提。18 世纪的唯物主义，由于其本质上的形而上学的性质，只是从内容方面研究这个前提。它只限于证明一切思维和知识的内容都应当来源于感性的经验，并且重新提出下面这个命题：感觉中未曾有过的东西，理智中也不存在。只有现代的唯心主义的，同时也是辩证的哲学，特别是黑格尔，才又从形式方面研究了这个前提。"③ 正是由于旧唯物主义"只是从内容方面"研究"思维和存在的一致"，因而决定了"其本质上的形而上学的性质"；而"又从形式方面"研究"思维和存在的一致"的黑格尔哲学，则一方面是在辩证法与逻辑学的同一中构成了"辩证的哲学"，另一方面则是以唯心主义的神秘方式所构成的"聪明的唯心主义"。列宁强调《资本论》所实现的是"唯物主义的逻辑、辩证法和认识论"的"三者一致"，这既是充分地肯定马克思"从黑格尔那里吸取了全部有价值的东西"，又是深切地揭示马克思"发展了这些有价值的东西"，因而才实现了从"聪明的唯心主义"到"聪明的唯物主义"的飞跃。

---

① 列宁：《哲学笔记》，人民出版社 1974 年版，第 305 页。
② 《马克思恩格斯选集》第 1 卷，人民出版社 1995 年版，第 54 页。
③ 《马克思恩格斯选集》第 4 卷，人民出版社 1995 年版，第 364 页。

二、为什么辩证法是认识论

如果说列宁关于"唯物主义的逻辑、辩证法和认识论"是"同一个东西"的论断,不可否认地包含"辩证法就是逻辑学"的判断;那么,列宁在《谈谈辩证法问题》这篇具有总结性的短文中,则明确地提出了"辩证法也就是(黑格尔和)马克思主义的认识论"① 的著名论断。

对于列宁的这个论断,学界一直存在不同的理解和阐释,其中的一种具有代表性的解释模式,是把列宁的这个论断归结为"把辩证法应用于反映论,应用于认识的过程和发展"。这种解释,不仅极大地缩小了"辩证法就是认识论"的深厚的思想内涵,而且还造成了从理论形态上把列宁的辩证法思想(特别是《哲学笔记》中所阐述的辩证法思想)归结为"认识论的辩证法"的不容忽视的理论"误区"。这突出地表现在,一些学者从列宁的"辩证法也就是认识论"的论断而断言列宁的辩证法属于"认识论的辩证法",而不是"实践论的辩证法"。这表明,只有重新研读和阐释《逻辑学》与《资本论》双重语境互动中的《哲学笔记》,才能理解列宁关于辩证法也就是认识论的真实涵义,并从而跳出把列宁的辩证法思想归结为"认识论的辩证法"的理论"误区"。

在《哲学笔记》中,列宁关于辩证法的全部论述,直接针对的是把辩证法"当做实例的总和","而不是被当做认识的规律(以及客观世界的规律)"。② 正是基于这种强烈的针对性,列宁强调地指出:"辩证法也就是(黑格尔和)马克思主义的认识论:正是问题的这一'方面'(这不是问题的一个'方面',而是问题的本质)普列汉诺夫没有注意到,至于其他的马克思主义者就更不用说了。"③ 在这段发人深省的论述中,列宁有针对性地强调了三个方面:其一,辩证法也就是黑格尔和马克思主义的认识

---

① 列宁:《哲学笔记》,人民出版社1974年版,第410页。
② 列宁:《哲学笔记》,人民出版社1974年版,第407页。
③ 列宁:《哲学笔记》,人民出版社1974年版,第410页。

论。在这里，列宁不仅是把黑格尔和马克思并列起来强调辩证法就是认识论，而且特别是在《逻辑学》与《资本论》的一致性方面强调辩证法就是认识论。其二，辩证法也就是认识论，"这不是问题的一个'方面'，而是问题的本质"①。在这里，列宁所针对的正是那种把"辩证法也就是认识论"这个命题归结为"问题的一个'方面'"的理解模式，也就是仅仅把这个命题归结为"把辩证法应用于反映论"的理解模式。列宁所强调的"问题的本质"，指的是不能把辩证法"当做实例的总和"，而必须从"认识的规律（以及客观世界的规律）"去理解辩证法，也就是从作为哲学的重大的基本问题的思维和存在的关系问题去理解辩证法。其三，列宁为了强调理解这个"问题的本质"的重要性和艰巨性，又进一步地提出，这个"问题的本质"连普列汉诺夫这样著名的马克思主义理论家都"没有注意到，至于其他的马克思主义者就更不用说了"。

从"问题的本质"上看，整部的《哲学笔记》都是在把辩证法理解为逻辑学的基础上，也就是在把辩证法理解为以思维的逻辑把握存在的运动的基础上，全面地、深刻地论证了"辩证法也就是（黑格尔和）马克思主义的认识论"。这主要包括：关于人的认识辩证本性的论证，关于认识的辩证运动的论证，关于辩证法与认识史关系的论证，关于辩证法的知识领域的论证，关于认识和逻辑的实践基础的论证，关于唯心主义的认识论根源的论证等等。列宁的这些论证，不仅具体地阐述了"辩证法也就是（黑格尔和）马克思主义认识论"这个"问题的本质"，而且深刻地揭示了《资本论》的"唯物主义的逻辑、辩证法和认识论"是"同一个东西"的思想内涵，从而凸显了"这种唯物主义从黑格尔那里吸取了全部有价值的东西并发展了这些有价值的东西"。

在《哲学笔记》中，"辩证法也就是认识论"同"辩证法也就是逻辑学"，并不是相互独立的两个论断，而是从两个不同的角度所形成的关于"问题的本质"的具有共同的思想内涵的同一个判断。列宁在"探求"黑格尔逻辑学的真实的涵义、意义和作用时提出，"（抽象的）概念的形成

---

① 列宁：《哲学笔记》，人民出版社1974年版，第410页。

及其运用,已经包含着关于世界客观联系的规律性的看法、信念、意识"①。列宁由此进一步以"唯物主义的观点"提出:"逻辑学是关于认识的学说,是认识的理论。认识是人对自然界的反映。但是,这并不是简单的、直接的、完全的反映,而是一系列的抽象过程,即概念、规律等等的构成、形成过程,这些概念和规律等等(思维、科学='逻辑观念')有条件地近似地把握着永恒运动着的和发展着的自然界的普遍规律性。""人不能完全把握 = 反映 = 描绘全部自然界、它的'直接的整体',人在创立抽象、概念、规律、科学的世界图画等等时,只能永远地接近于这一点。"② 正是由于列宁以"唯物主义的观点"来解读"关于认识的学说"的《逻辑学》,因此以全方框方式写道:"极其深刻和聪明!逻辑规律就是客观事物在人的主观意识中的反映。"③ 这正是列宁以"问题的本质"——思维和存在的关系问题——所阐释的"唯物主义的逻辑、辩证法和认识论"的"三者一致"。

"辩证法也就是认识论",首先是植根于人的认识的辩证本性。列宁提出:"从最简单、最普通、最常见的等等东西开始;从任何一个命题开始,如树叶是绿的,伊万是人,哈巴狗是狗等等。在这里(正如黑格尔天才地指出过的)就已经有辩证法:个别就是一般。"④ 因此,"在任何一个命题中,好像在一个'单位'('细胞')中一样,都可以(而且应当)发现辩证法一切要素的萌芽,这就表明辩证法是人类的全部认识所固有的"⑤。在这里,列宁不仅从"辩证法是人类的全部认识所固有的"观点论证了"辩证法也就是认识论",而且是从人的认识的辩证本性论证了"具有客观意义的概念的辩证法和认识的辩证法",从而在"辩证法就是逻辑学"和"辩证法就是认识论"这两个命题的统一中,深化了我们对"唯物主义的逻辑、辩证法和认识论"是"同一个东西"的理解。

"辩证法也就是认识论",还在于人(人类)的认识本身是辩证发展

---

① 列宁:《哲学笔记》,人民出版社1974年版,第189页。
② 列宁:《哲学笔记》,人民出版社1974年版,第194页。
③ 列宁:《哲学笔记》,人民出版社1974年版,第195页。
④ 列宁:《哲学笔记》,人民出版社1974年版,第409页。
⑤ 列宁:《哲学笔记》,人民出版社1974年版,第410页。

的。在《哲学笔记》中,列宁对此作出了一系列的深刻论述:"思想和客体的一致是一个过程","认识是思维对客体的永远的、没有止境的接近。自然界在人的思想中的反映,应当了解为不是'僵死的',不是'抽象的',不是没有运动的,不是没有矛盾的,而是处在运动的永恒过程中,处在矛盾的产生和解决的永恒过程中的"[1],"人对事物、现象、过程等等的认识从现象到本质、从不甚深刻的本质到更深刻的本质的深化的无限过程"[2],"人的概念并不是不动的,而是永恒运动的,相互转化的,往返流动的;否则,它们就不能反映活生生的生活"[3]。正是基于对人的认识的辩证发展的理解,列宁在《谈谈辩证法问题》一文中对"辩证法也就是认识论"的思想内涵作出精辟的阐释:"辩证法是活生生的、多方面的(方面的数目永远增加着的)认识,其中包含着无数的各式各样观察现实、接近现实的成分(包含着从每个成分发展成的整个哲学体系),——这就是它比起'形而上学的'唯物主义来所具有的无比丰富的内容,而形而上学的唯物主义的根本缺陷就是不能把辩证法应用于反映论,应用于认识的过程和发展。"[4] 列宁的上述论断,既表明了从认识的辩证发展去理解"辩证法也就是认识论"的必要性和重要性,又表明了列宁主要是针对"形而上学的唯物主义的根本缺陷"而着重提出"把辩证法应用于反映论,应用于认识的过程和发展"的问题。如果把关系到"问题的本质"的"辩证法也就是认识论"这一命题仅仅理解为"把辩证法应用于反映论",就既不能真正把握这一命题的深刻内涵,更不能理解为什么"唯物主义的逻辑、辩证法和认识论"是"同一个东西"。

"辩证法也就是认识论",还在于哲学史上的任何一种哲学理论、一种哲学学说、一种哲学派别、一种哲学思潮,都与人的认识的某个特征、方面或部分密切相关。列宁在提出"辩证法是活生生的、多方面的(方面的数目永远增加着的)认识,其中包含着无数的各式各样观察现实、接近现

---

[1] 列宁:《哲学笔记》,人民出版社1974年版,第208页。
[2] 列宁:《哲学笔记》,人民出版社1974年版,第239页。
[3] 列宁:《哲学笔记》,人民出版社1974年版,第277页。
[4] 列宁:《哲学笔记》,人民出版社1974年版,第411页。

实的成分（包含着从每个成分发展成的整个哲学体系）"之后，作出了人们经常引证的著名论断："从粗陋的、简单的、形而上学的唯物主义观点看来，哲学唯心主义不过是胡说。相反地，从辩证唯物主义的观点看来，哲学唯心主义是把认识的某一个特征、方面、部分片面地、夸大地、发展（膨胀、扩大）为脱离了物质、脱离了自然的、神化了的绝对。唯心主义就是僧侣主义。这是对的。但（'更确切些'和'除此而外'）哲学唯心主义是经过人的无限复杂的（辩证的）认识的一个成分而通向僧侣主义的道路。"① 对此，列宁又作出进一步的深刻阐述："人的认识不是直线（也就是说，不是沿着直线进行的），而是无限地近似于一串圆圈、近似于螺旋的曲线。这一曲线的任何一个片断、碎片、小段都能被变成（被片面地变成）独立的完整的直线，而这条直线能把人们（如果只见树木不见森林的话）引到泥坑里去，引到僧侣主义那里去（在那里统治阶级的阶级利益就会把它巩固起来）。直线性和片面性，死板和僵化，主观主义和主观盲目性就是唯心主义的认识论根源。而僧侣主义（＝哲学唯心主义）当然有认识论的根源，它不是没有根基的，它无疑地是一朵不结果实的花，然而却是生长在活生生的、结果实的、真实的、强大的、全能的、客观的、绝对的人类认识这棵活生生的树上的一朵不结果实的花。"② 从"辩证法就是认识论"去理解全部哲学史，一个重大的理论意义就在于，它使人们真正地理解哲学唯心主义产生和长期存在的认识论根源。

"辩证法也就是认识论"，还在于"辩证哲学"本身就是"一种建立在通晓思维的历史和成就的基础上的理论思维"。无论是从人类认识的辩证本性和辩证发展上看，还是从理解哲学理论和哲学派别冲突的认识论根源上看，理解逻辑、辩证法和认识论的"三者一致"，都必须把"辩证法"同全部"哲学史"联系起来。这是列宁阅读《逻辑学》的一个重要结论。在《逻辑学》的"存在论"的摘要中，列宁就以全方框方式写下了这样的评语："看来，黑格尔是把他的概念、范畴的自己发展和全部哲

---

① 列宁：《哲学笔记》，人民出版社 1974 年版，第 411 页。
② 列宁：《哲学笔记》，人民出版社 1974 年版，第 411—412 页。

学史联系起来了。这给整个逻辑学提供了又一个新的方面。"① 正是这个"新的方面",得到列宁的特殊的关切。列宁在《哲学笔记》中提出这样一个问题:为什么"普遍运动和变化的思想(逻辑学,1813年)未被应用于生命和社会以前,就被猜测到了"②?列宁认为,《逻辑学》之所以能够"猜测到"这个"普遍运动和变化的思想",非常重要的原因,是由于"黑格尔在哲学史中着重地探索辩证的东西"③,"黑格尔的辩证法是思想史的概括"④。列宁由此得出的重要结论是:"要继承黑格尔和马克思的事业,就应当辩证地研究人类思想、科学和技术的历史。"⑤ 据此,列宁还进一步具体地提出,"哲学史","各门科学的历史","儿童智力发展的历史","动物智力发展的历史","语言的历史","心理学","感觉器官的生理学","这就是那些应当构成认识论和辩证法的知识领域"。⑥ 深思列宁的这些论述,我们可以深刻地理解恩格斯为什么把"辩证哲学"归结为是"一种建立在通晓思维的历史和成就的基础上的理论思维"⑦。

需要特别指出的是,在列宁的"辩证法也就是(黑格尔和)马克思主义认识论"的哲学思想中,最为重要的思想是以实践的观点来论证"唯物主义的逻辑、辩证法和认识论"是"同一个东西"。因此,列宁在这里所指认的"唯物主义",并不是旧唯物主义或一般意义的"唯物主义",而是特指《资本论》的"唯物主义"即马克思主义的"现代唯物主义"。把列宁《哲学笔记》的辩证法归结为西方近代哲学意义上的"认识论的辩证法",不仅曲解了列宁关于"辩证法也就是认识论"的命题,而且从根本上曲解了《哲学笔记》对《资本论》的理解。

在《逻辑学》"概念论"的摘要中,列宁以"对客体的认识"的评语,摘录了黑格尔关于"对真理的认识就在于:按照客体本身,即把客体

---

① 列宁:《哲学笔记》,人民出版社1974年版,第117页。
② 列宁:《哲学笔记》,人民出版社1974年版,第147页。
③ 列宁:《哲学笔记》,人民出版社1974年版,第273页。
④ 列宁:《哲学笔记》,人民出版社1974年版,第355页。
⑤ 列宁:《哲学笔记》,人民出版社1974年版,第154页。
⑥ 列宁:《哲学笔记》,人民出版社1974年版,第399页。
⑦ 《马克思恩格斯全集》第20卷,人民出版社1971年版,第552页。

作为不掺杂主观反思的东西来认识"的论述。① 列宁"用唯物主义的观点"来阐释和发挥黑格尔的思想,由此提出了关于"唯物主义辩证法"的一系列评语。首先,列宁明确地提出,"外部世界,自然界的规律,乃是人的有目的的活动的基础","人在自己的实践活动中面向着客观世界,以它为转移,以它来规定自己的活动"②,"人的目的是客观世界所产生的,是以它为前提的"③;与此同时,列宁又强调地指出,"人的意识不仅反映客观世界,并且创造客观世界"④,"世界不会满足人,人决心以自己的行动来改变世界"⑤;列宁由此提出"实质:'善'是'对外部现实性的要求',这就是说,'善'被理解为人的实践 = 要求(1)和外部现实性(2)"⑥。在这里,列宁深刻地揭示了"唯物主义的逻辑、辩证法和认识论"是"同一个东西"的存在论根源:人的实践活动的目的性要求与外部现实性的辩证关系。其次,列宁特别关切地阐述了"逻辑"的现实基础,提出"人的实践经过千百万次的重复,它在人的意识中以逻辑的格固定下来。这些格正是(而且只是)由于千百万次的重复才有着先入之见的巩固性和公理的性质"⑦。列宁的这个思想,从人类的实践活动出发深刻地揭示了"逻辑"之所以具有"客观意义"的实践源泉。再次,列宁在"黑格尔论实践和认识的客观性"的标题下,写下"人的和人类的实践是认识的客观性的验证、准绳。黑格尔的意思是这样的吗?要回过来再看"⑧。接着,列宁又以全方框方式写下,"在黑格尔那里,在分析认识过程中,实践是一个环节,并且也是向客观的(在黑格尔看来是'绝对的')真理的过渡。因此,当马克思把实践的标准列入认识论时,他的观点是直接和黑格尔接近的:见关于费尔巴哈的提纲"⑨。

---

① 列宁:《哲学笔记》,人民出版社 1974 年版,第 197 页。
② 列宁:《哲学笔记》,人民出版社 1974 年版,第 200 页。
③ 列宁:《哲学笔记》,人民出版社 1974 年版,第 201 页。
④ 列宁:《哲学笔记》,人民出版社 1974 年版,第 228 页。
⑤ 列宁:《哲学笔记》,人民出版社 1974 年版,第 229 页。
⑥ 列宁:《哲学笔记》,人民出版社 1974 年版,第 229 页。
⑦ 列宁:《哲学笔记》,人民出版社 1974 年版,第 233 页。
⑧ 列宁:《哲学笔记》,人民出版社 1974 年版,第 227 页。
⑨ 列宁:《哲学笔记》,人民出版社 1974 年版,第 228 页。

列宁的上述思想，以马克思的实践观点深刻地阐述了"唯物主义的逻辑、辩证法和认识论"的"三者一致"，从而使我们更为具体和更为深刻地理解马克思的唯物主义从黑格尔那里所吸取的"全部有价值的东西"，特别是更为具体和更为深刻地理解马克思的唯物主义如何"向前推进了这些有价值的东西"。① 这同时表明，离开列宁对思维和存在关系问题的实践论理解，把列宁关于"辩证法也就是（黑格尔和）马克思主义的认识论"的重要思想仅仅归结为"把辩证法应用于反映论"，并进而把列宁的这个思想归结为"认识论的辩证法"，是不符合列宁的思想本身的。

三、怎样理解《资本论》的"唯物主义的逻辑、辩证法和认识论"是"同一个东西"

对于列宁来说，最大的理论问题莫过于究竟什么是马克思主义，最大的理论困惑莫过于为什么包括普列汉诺夫在内的马克思主义者并没有真正懂得马克思主义。列宁在《逻辑学》与《资本论》双重语境的互动中所阐发的"唯物主义的逻辑、辩证法和认识论"是"同一个东西"的重要思想，正是对上述两个问题的根本性回答。

列宁认为，辩证法不仅是马克思主义哲学中有决定意义的东西，而且是整个马克思主义的活的灵魂。然而，在恩格斯逝世以后，马克思的辩证法却遭到两个方面的严重歪曲：一是把"发展"这个概念当作时髦的旗号搞庸俗进化论；二是把"辩证法"从黑格尔已经达到的自觉形态（唯心主义的逻辑、辩证法和认识论的"三者一致"）降低为朴素、自发的东西即"实例的总和"。对于造成这种歪曲的重要理论根源，列宁明确和尖锐地指出："不钻研和不理解黑格尔的全部逻辑学，就不能完全理解马克思的《资本论》，特别是它的第一章。因此，半个世纪以来，没有一个马克思主义者是理解马克思的！！"② 理解马克思，就必须理解马克思的《资本论》；

---

① 列宁：《哲学笔记》，人民出版社1974年版，第357页。
② 列宁：《哲学笔记》，人民出版社1974年版，第191页。

而理解《资本论》，则必须"钻研和理解"黑格尔的《逻辑学》。列宁在《逻辑学》与《资本论》双重语境的互动中所作出的这个论断，要求我们真实地、深刻地理解《资本论》的"唯物主义的逻辑、辩证法和认识论"是"同一个东西"。

列宁是作为自觉的马克思主义者来阅读黑格尔的《逻辑学》，因此"总是竭力用唯物主义观点来读黑格尔的著作"，总是以"参看《资本论》"为出发点来思考《逻辑学》，从而在《逻辑学》与《资本论》双重语境的互动中得出一个根本性的结论，即："虽说马克思没有遗留下'逻辑'（大写字母的），但他遗留下《资本论》的逻辑，应当充分地利用这种逻辑来解决当前的问题。在《资本论》中，唯物主义的逻辑、辩证法和认识论［不必要三个词：它们是同一个东西］都应用于一门科学，这种唯物主义从黑格尔那里吸取了全部有价值的东西并发展了这些有价值的东西。"① 因此，深入地阐释列宁《哲学笔记》的"三者一致"的辩证法，必须具体地阐述《资本论》的作为"同一个东西"的"唯物主义的逻辑、辩证法和认识论"。

《资本论》的"唯物主义的逻辑、辩证法和认识论"作为"同一个东西"，具有深刻的、具体的思想内涵：其一，《资本论》直接呈现的是由一系列经济范畴所构成的理论体系，离开这些经济范畴及其逻辑关系就不存在《资本论》的理论体系，在这个意义上，《资本论》就是关于资本运动的"逻辑"；其二，构成《资本论》的经济范畴及其逻辑体系，又是马克思自觉地以思维的规定把握现实的规定的产物，离开思维对现实的认识论自觉，就不可能真正地理解和把握《资本论》的逻辑体系，在这个意义上，《资本论》又是关于资本运动的"认识论"；其三，《资本论》以思维的规定所把握的现实的规定，是在商品、货币、资本、地租、利润的"物和物"的关系中所掩盖的"人和人"的关系，它的"经济范畴只不过是生产的社会关系的理论表现"②，离开"人们的现实生活过程"，就不可能真正地理解商品、货币、资本、地租、利润等全部经济范畴及其逻辑关

---

① 列宁：《哲学笔记》，人民出版社1974年版，第357页。
② 《马克思恩格斯选集》第1卷，人民出版社1995年版，第141页。

系,在这个意义上,《资本论》又是体现"思维和存在的一致"的"辩证法"。① 这表明,《资本论》所体现的"同一个东西",既是吸收了黑格尔的"全部有价值的东西"——把辩证法、认识论和逻辑学作为"同一个东西"而研究和阐述资本运动的逻辑,更是"发展了这些有价值的东西"——以马克思的唯物主义为前提和基础的"同一个东西"。这就要求我们从"唯物主义的逻辑、辩证法和认识论"的"三者一致"去理解和把握马克思的《资本论》。

在《资本论》的开头,马克思就明确地提出:"资本主义生产方式占统治地位的社会的财富,表现为'庞大的商品堆积',单个的商品表现为这种财富的元素形式。因此,我们的研究就从分析商品开始。"② 而在《哲学笔记》中,列宁首先关注的就是普遍与特殊的辩证关系,特别是在"商品"这个"元素形式"中所体现的这种辩证关系。在《逻辑学》导言部分的摘要中,列宁就以全方框方式写下:"绝妙的公式:'不只是抽象的普遍,而且是自身体现着特殊、个体、个别东西的丰富性的这种普遍'(特殊的和个别的东西的全部丰富性!)! 好极了!"③ 而在总结性的短文《谈谈辩证法问题》中,对于《资本论》关于"商品"的这个"开端"思想,列宁的评论是:"马克思在《资本论》中首先分析资产阶级社会(商品社会)里最简单、最普通、最基本、最常见、最平凡、碰到过亿万次的关系——商品交换。这一分析从这个最简单的现象中(从资产阶级社会的这个'细胞'中)揭示出现代社会的一切矛盾(或一切矛盾的胚芽)。往后的叙述向我们表明这些矛盾和这个社会的发展,在这个社会的各个部分总和中的、从这个社会的开始到终结的发展(既是生长又是运动)。"④ 在这里,列宁不只是在"唯物主义的逻辑、辩证法和认识论"是"同一个东西"的意义上深刻地阐释了《资本论》所体现的普通与特殊的辩证法,而且在"同一个东西"的意义上深刻地阐述了《资本论》所体现的"一般

---

① 参见孙正聿:《"现实的历史":〈资本论〉的存在论》,载《中国社会科学》2010年第2期。
② 马克思:《资本论》第1卷,人民出版社1975年版,第47页。
③ 列宁:《哲学笔记》,人民出版社1974年版,第85页。
④ 列宁:《哲学笔记》,人民出版社1974年版,第409页。

辩证法的阐述（以及研究）方法"——从抽象到具体的辩证法、历史与逻辑相统一的辩证法。

在《哲学笔记》中，列宁不仅从商品自身的"普遍与特殊"的辩证关系来阐述《资本论》的诸范畴，而且从认识的一般进程来看待《资本论》的逻辑。在《黑格尔辩证法（逻辑学）的纲要》中，列宁写下："概念（认识）在存在中（在直接的现象中）揭露本质（因果律、同一、差别等等）——整个人类认识（全部科学）的真正的一般进程就是如此。自然科学和政治经济学［以及历史］的进程也是如此。所以，黑格尔的辩证法是思想史的概括。从各门科学的历史上更具体地更详尽地研究这点，会是一个极有裨益的任务。总的说来，在逻辑中思想史应当和思维规律相吻合。"① 对此，列宁还具体地写下："商品—货币—资本"、"绝对剩余价值的生产"、"相对剩余价值的生产"、"资本主义的历史和对于概述资本主义历史的那些概念的分析"②，"开始是最简单的、普通的、常见的、直接的'存在'：个别的商品（政治经济学中的'存在'）。把它当作社会关系来加以分析。两种分析：演绎的和归纳的，——逻辑的和历史的（价值形式）。""在这里，在每一步分析中，都用事实即用实践来进行检验。"③ 在这里，列宁通过对《资本论》逻辑结构的概括，展现了《资本论》的辩证法、认识论和逻辑学的"三者一致"。

列宁认为，《资本论》作为"逻辑"，是"因为每一门科学都要以思想和概念的形式来表述自己的对象"，因此"任何科学都是应用逻辑"。④《资本论》所揭示的资本运动的逻辑，就是马克思以经济范畴（商品、货币、资本等等）的逻辑运动所把握到的资本运动的逻辑，也就是马克思以思维的规定所把握到的"现实的历史"的规定。列宁在《逻辑学》"本质论"的摘要中，在摘录黑格尔关于"思辨的思维就在于它能把握住矛盾，又能在矛盾中把握住自身，而不是像表象那样受矛盾支配，并且让矛盾把

---

① 列宁：《哲学笔记》，人民出版社1974年版，第355页。
② 列宁：《哲学笔记》，人民出版社1974年版，第357页。
③ 列宁：《哲学笔记》，人民出版社1974年版，第357页。
④ 列宁：《哲学笔记》，人民出版社1974年版，第216页。

自己的规定不是化为他物就是化为无"之后,写下这样的评语:"必须揭发、理解、拯救、解脱、清洗这种实质,马克思和恩格斯就做到了这一点。"① 在《资本论》中,马克思正是以"矛盾"的具体的规定性来分析商品作为使用价值和交换价值的二重性,并进而分析形成商品二重性的劳动的二重性,从而构成了马克思政治经济学的劳动价值论,以及在此基础上构成的剩余价值论。列宁认为,《资本论》的这种研究方式和叙述方式,正是表明"马克思把黑格尔辩证法的合理形式运用于政治经济学"②。

马克思《资本论》的辩证法、认识论和逻辑学的三者一致,是在黑格尔《逻辑学》以唯心主义为基础所实现的"三者一致"的基础上,以马克思恩格斯所创建的"现代唯物主义"的基地上的"三者一致",因此,列宁在以"参看《资本论》"为出发点而阅读《逻辑学》的过程中,特别关切的是马克思"从黑格尔和从费尔巴哈继续向前的运动,从唯心主义辩证法到唯物主义辩证法的前进运动"③,特别强调的是马克思"从黑格尔那里吸取了全部有价值的东西并发展了这些有价值的东西"④。这表明,深刻地理解《资本论》所实现的"唯物主义的逻辑、辩证法和认识论"的"三者一致",最为根本的问题是在于:其一,马克思从黑格尔那里所汲取的"全部有价值的东西"究竟是什么?其二,马克思怎样"发展了这些有价值的东西"?

黑格尔《逻辑学》的概念辩证法的主要价值在于两个方面:一是以"联系的普遍性"和"差别的内在的发生"为内容,批判了把概念当成"抽象的普遍性"的观点,深刻地论证了概念的"具体性";二是以思维规定在认识发展中的自我扬弃为内容,批判了把概念当成"僵死的"和"不动的"观念,深刻地论证了概念的"否定性"。马克思对这两个方面的发展,一是把黑格尔的概念的具体性唯物主义地变革为思维反映存在所构成的具体性,二是把黑格尔的概念的否定性唯物主义地变革为辩证法的

---

① 列宁:《哲学笔记》,人民出版社1974年版,第147页。
② 列宁:《哲学笔记》,人民出版社1974年版,第190页。
③ 列宁:《哲学笔记》,人民出版社1974年版,第386页。
④ 列宁:《哲学笔记》,人民出版社1974年版,第357页。

本质上的批判性和革命性。而这两方面的变革，则奠基于人类的实践活动所实现的人对世界的否定性统一的历史过程。在《资本论》第二版跋中，马克思明确地指出："我的辩证方法，从根本上来说，不仅和黑格尔的辩证方法不同，而且和它截然相反。在黑格尔看来，思维过程，即他称为观念而甚至把它转化为独立主体的思维过程，是现实事物的创造主，而现实事物只是思维过程的外部表现。我的看法则相反，观念的东西不外是移入人的头脑并在人的头脑中改造过的物质的东西而已。"① 与此同时，马克思又明确地指出："辩证法，在其合理的形态上"，是"在对现存事物的肯定的理解中同时包含对现存事物的否定的理解，即对现存事物的必然灭亡的理解；辩证法对每一种既成的形式都是从不断的运动中，因而也是从它的暂时性方面去理解；辩证法不崇拜任何东西，按其本质来说，它是批判的和革命的"。② 这清楚地表明，马克思在《资本论》中提出了关于辩证法的两个根本性论断：一是观念决定现实还是现实决定观念，这是黑格尔的辩证法与马克思的辩证法的根本区别；二是合理形态的辩证法不仅肯定现实决定观念，而且在本质上是批判的和革命的。列宁在《哲学笔记》中首先强调的就是"我总是竭力用唯物主义观点来读黑格尔的著作"，并明确指出"黑格尔学说是倒置过来的唯物主义"。③ 列宁由此提出，马克思和恩格斯在"揭发、理解、拯救、解脱、清洗"④ 黑格尔学说的唯心主义的过程中，既"拯救"和"清洗"了黑格尔的天才的基本的思想，即关于"万物之间的世界性的、全面的、活生生的联系，以及联系在人的概念中的反映"的思想，又真正地实现了以"经过琢磨的、整理过的、灵活的、能动的、相对的、相互联系的、在对立中是统一的"概念去"把握世界"，因而才构成了《资本论》的唯物主义的逻辑、辩证法和认识论的"同一个东西"。

《资本论》的"同一个东西"的辩证法，从根本上说，是超越了作为

---

① 《马克思恩格斯选集》第 2 卷，人民出版社 1995 年版，第 111—112 页。
② 《马克思恩格斯选集》第 2 卷，人民出版社 1995 年版，第 112 页。
③ 列宁：《哲学笔记》，人民出版社 1974 年版，第 104 页。
④ 列宁：《哲学笔记》，人民出版社 1974 年版，第 147 页。

"实例的总和"或"抽象的方法"的辩证法,也就是超越了以直观反映论为基础的朴素的辩证法。这是列宁在《逻辑学》与《资本论》双重语境互动中所形成的最为重要的思想。在《哲学笔记》中,列宁以"异常正确和深刻"为评语,完整地摘录了黑格尔的下述言论:"所谓对于被列为定理的具体材料的说明和论证,一部分是同语反复,一部分是对事物真实情况的歪曲,这种歪曲部分地是为了掩盖认识的虚妄,这种认识片面地挑选经验,惟有这样它才能获得自己的简单的定义和原理;它是这样地消除来自经验的反驳意见的:它不是从经验的具体的整体来了解和解释经验,而是把它作为一个例子,并且从对假说和理论有利的方面去理解和解释它。在具体经验从属于预先假设的各规定的情形下,理论的基础就被蒙蔽,它只是从符合理论的这一方面显露出来。"[①] 对于所引证的这段论述,列宁又在与《资本论》相对照的意义上写下这样的评语:"参看资产阶级的政治经济学"[②]。这就是说,"资产阶级的政治经济学"的重大理论缺陷,是以"片面地挑选经验"为前提而形成的"定理",而超越了"资产阶级的政治经济学"的《资本论》,它所实现的"唯物主义的逻辑、辩证法和认识论"的"三者一致",从根本上说,就在于它不是"片面地挑选经验",不是把"具体经验从属于预先假设的各规定",因而既不是关于资本主义的"实例的总和",也不是以某种"刻板公式"来诠释资本主义,而是"从经验的具体的整体来了解和解释经验",也就是以"理性的具体"所实现的关于资本主义的"许多规定的综合"和"多样性的统一"。[③] 这才是《资本论》的"唯物主义的逻辑、辩证法和认识论"作为"同一个东西"的"合理形态"的辩证法。

四、以"三者一致"的理论自觉推进 马克思主义辩证法研究

在《逻辑学》与《资本论》双重语境的互动中,列宁的《哲学笔记》

---

① 列宁:《哲学笔记》,人民出版社1974年版,第225—226页。
② 列宁:《哲学笔记》,人民出版社1974年版,第226页。
③ 《马克思恩格斯选集》第2卷,人民出版社1995年版,第18页。

全面地、深入地探索了辩证法理论，不只是研究和回答了一系列前人提出的或是遗留的重大理论问题，而且创造性地提出和论证了一系列关于辩证法的新问题。粗略地予以整理和概括，我们就可以在《哲学笔记》中归纳出如下的重大理论问题：为什么"辩证法也就是（黑格尔和）马克思主义的认识论"？如何理解"唯物主义的逻辑、辩证法和认识论"是"同一个东西"？为什么"不钻研和不理解黑格尔的全部逻辑学""就不理解马克思的《资本论》"？怎样理解黑格尔《逻辑学》的"唯心主义最少而唯物主义最多"？为什么"聪明的唯心主义比愚蠢的唯物主义更接近于聪明的唯物主义"？怎样理解黑格尔《逻辑学》包含"辩证唯物主义"和"历史唯物主义"的"萌芽"？马克思怎样"从黑格尔那里吸取了全部有价值的东西并发展了这些有价值的东西"？为什么作为发展学说的辩证法必须是"具有客观意义的概念辩证法和认识辩证法"？怎样使马克思主义的"合理形态"的辩证法成为人们普遍的、自觉的思维方式？

如果对上述问题进行整体性的思考和总体性的概括，我们可以发现，列宁的《哲学笔记》从两个方面探讨了一个根本问题：一是如何理解黑格尔《逻辑学》的"真实意义"并达到哲学思维的理论自觉的问题，二是如何掌握马克思"从黑格尔那里吸取了全部有价值的东西并发展了这些有价值的东西"的问题；而这两个方面所构成的"问题的本质"则是"唯物主义的逻辑、辩证法和认识论"的"三者一致"问题。直面当代国内外马克思主义哲学研究现状，特别是关于马克思主义辩证法的研究现状，研究这个"问题的本质"的重大意义就在于，列宁所提出和论述的"三者一致"问题，远不是一个已经取得"共识"或已经解决了的问题，而恰恰是当代辩证法研究中、特别是当代的马克思主义辩证法研究中需要深入探索和重新阐释的迫切的重大理论问题。

其一，由于不是从"唯物主义的逻辑、辩证法和认识论"的"三者一致"去理解辩证法，因而离开作为哲学的重大的基本问题的"思维和存在的关系问题"，把辩证法当作"实例的总和"和"抽象的方法"，并把马克思主义的辩证法"还原"为朴素辩证法和把马克思主义认识论"还原"为直观反映论。

在总结哲学史的基础上，恩格斯作出一个高度概括的论断："全部哲学，特别是近代哲学的重大的基本问题，是思维和存在的关系问题。"① 然而，在关于哲学基本问题的通常解释中，却把"思维和存在的关系问题"分解为"谁为第一性"（何者为本原）的"本体论问题"和"有无同一性"（思维能否认识存在）的"认识论"问题，从而把"辩证法"变成与"思维和存在的关系问题"无关的另一类问题，即把"辩证法"归结为一种关于自然、社会和思维的具有最大普遍性和最大普适性的对象性理论。其结果就不仅割裂了辩证法的世界观、认识论和方法论的统一，而且把辩证法变成列宁在《哲学笔记》中所批评的"实例的总和"。而把辩证法当成"实例的总和"的直接后果，就是把辩证法当成可以到处套用的"刻板公式"。按照恩格斯的看法，辩证法是"一种建立在通晓思维的历史和成就的基础上的理论思维"，它具有深厚的认识史基础和具体的思想内容。正是由于把辩证法当作"实例的总和"，因而又离开"思维的历史和成就"即离开辩证法的深厚的认识史基础去看待辩证法，把辩证法当作可以离开思想内容的"供使用"的"方法"，以至于像恩格斯尖锐批评的那样，把辩证法当成"可以用来套在任何论题上的刻板公式"，"可以用来在缺乏思想和实证知识的时候及时搪塞一下的词汇语录"。由此我们可以看到曲解辩证法的"两极相通"：把辩证法当作"实例的总和"，必然把辩证法当作超然于"实例的总和"之上的"供使用"的"方法"即"刻板公式"；而把辩证法当作"供使用"的"方法"，又必然把辩证法诉诸"实例的总和"，以自然、社会和思维中的各种"实例"来说明"对立统一"、"质量互变"和"否定之否定"的普遍性和普适性。这种"实例总和"与"刻板公式"的"两极相通"，其深层的理论根源，就在于离开"思维和存在的关系问题"去看待辩证法，也就是离开认识的"反映"原则和"能动"原则的辩证关系，把马克思主义认识论"还原"为直观的反映论，并把马克思主义辩证法"还原"为朴素的辩证法。

关于"从前的一切唯物主义"的"主要缺点"，马克思所指认的是

---

① 《马克思恩格斯选集》第4卷，人民出版社1995年版，第223页。

"对对象、现实、感性,只是从客体的或者直观的形式去理解"①,恩格斯所指认的是"只是从内容方面研究""思维和存在的一致"这个"前提"②;与"从前的一切唯物主义"相对照,关于"唯心主义"的积极意义,马克思所指认的是"和唯物主义相反,能动的方面却被唯心主义抽象地发展了"③,恩格斯所指认的是只有现代的唯心主义的,同时也是辩证的哲学,特别是黑格尔,才又从形式方面研究了"思维和存在的一致"这个"前提"。与马克思和恩格斯的上述思想一脉相承,列宁通过阅读黑格尔的《逻辑学》,根据马克思恩格斯所批评的"从前的一切唯物主义"的"主要缺点",把旧唯物主义称之为"愚蠢的唯物主义",并把"辩证的唯心主义"称之为"聪明的唯心主义"。列宁由此得出的结论是,"聪明的唯心主义比愚蠢的唯物主义更接近于聪明的唯物主义"④。

根据马克思、恩格斯和列宁的上述思想,理所当然地必须以"聪明的唯物主义"去理解马克思主义的认识论。然而,正是由于不理解"聪明的唯心主义",特别是不理解黑格尔《逻辑学》的辩证法、认识论和逻辑学"三者一致"的"聪明的唯心主义",人们往往把马克思主义的"聪明的唯物主义"还原为旧唯物主义的"愚蠢的唯物主义",把马克思主义的能动的反映论还原为旧唯物主义的直观反映论。这不仅表现在"不能把辩证法应用于反映论,应用于认识的过程和发展",而且更深层地表现在不理解"辩证法是人类的全部认识所固有的",不理解"具有客观意义的概念的辩证法和认识的辩证法",不理解"问题不在于有没有运动,而在于如何在概念的逻辑中表达它",因此,"不是从主体方面去理解""对象、现实、感性",从而在根本上达不到从"能动的方面"去理解认识论问题。与此同时,正是由于把马克思主义的能动的反映论还原为"从前的一切唯物主义"的直观的反映论,因而又必然把马克思主义的辩证法还原为朴素的辩证法,把辩证法当作"抽象的方法"和"实例的总和"。这表明,达

---

① 《马克思恩格斯选集》第1卷,人民出版社1995年版,第54页。
② 《马克思恩格斯选集》第4卷,人民出版社1995年版,第364页。
③ 《马克思恩格斯选集》第1卷,人民出版社1995年版,第54页。
④ 列宁:《哲学笔记》,人民出版社1974年版,第305页。

不到"唯物主义的逻辑、辩证法和认识论"的"三者一致",不仅会造成把辩证法当成"实例的总和"和把辩证法当成"抽象的方法"的"两极相通",而且还必然造成把马克思主义认识论还原为直观反映论与把马克思主义辩证法还原为朴素辩证法的"双重还原"。

其二,由于不是从"唯物主义的逻辑、辩证法和认识论"的"三者一致"去理解辩证法,因而离开"思维和存在的一致"的"统一原则"去看待"发展原则",把辩证法的"发展学说"庸俗化。

辩证法是关于发展的学说,然而,马克思主义以前的哲学理论,却表现为两种片面的发展学说:一种是在经验、表象的层面上描述运动和变化,而不懂得"如何在概念的逻辑中"揭示"运动的本质"的旧唯物主义的"发展学说",因而它所能达到的只是作为"实例的总和"的朴素的辩证法;另一种是在思维、概念的层次上说明思维的辩证本性和描述概念的辩证运动的唯心主义的"发展学说",因而它所能达到的只是作为"无人身的理性"的自我运动和自我认识的辩证法,这种辩证法既是自觉形态的辩证法,又是神秘形态的辩证法,而不是《资本论》的"合理形态"的辩证法。

这两种片面的发展学说,其直接的理论根源仍然在于,旧唯物主义和唯心主义"只是"分别地从"内容"或"形式"方面去看待"思维和存在的一致"。旧唯物主义只是从"内容"方面而没有从"形式"方面去看待"思维和存在的一致",因而只能是在经验、表象的层面上描述运动和变化,而无法以"具有客观意义的概念的辩证法和认识的辩证法"去把握"发展";唯心主义只是从"形式"方面而没有从"内容"方面去看待"思维和存在的一致",因而只能是在思维、概念的层面上去揭示思维的辩证本性和概念的辩证运动,而无法把握"发展"的现实。从深层的理论根源上看,马克思主义以前的旧哲学之所以"只能"是两种片面的"发展学说",则是因为二者都不懂得"思维和存在的一致"的现实基础——人类的实践活动及其历史发展。列宁明确提出,思维与存在的"交错点＝人的和人类历史的实践"[①]。人类思维的最本质最切近的基础是人类自己的实践

---

① 列宁:《哲学笔记》,人民出版社1974年版,第310页。

活动。只有把实践范畴合理地理解为辩证法的基础范畴,从人的实践活动及其历史发展的内在矛盾出发去反思思维与存在的关系问题,才能合理地说明思维对存在的否定性统一关系,即说明思维和存在在发展中的统一和在统一中的发展。

在人类的实践活动中,"存在"既是作为思维反映的现实客体而存在,又是作为思维的目的性要求的对象而存在。作为思维反映的现实客体,"存在"既规范思维的活动和内容,又被思维改造成逻辑范畴及其所构成的逻辑运动,从而构成思维中的具体;作为思维的目的性要求的对象,"存在"既是思维要求改变的现实对象,又是被思维否定的非现实的存在(人在自己的思维中为自己绘制关于客观世界的图景,并确信自己的现实性和存在的非现实性)。人类的实践活动是一个历史的展开过程。在这个历史的展开过程中,思维和存在及其相互关系都是发展的,而不是某种给定的、既成的、僵化的存在。从"思维"说,"人在怎样的程度上学会改变自然界,人的智力就在怎样的程度上发展起来"[①];从"存在"说,人的"周围的感性世界决不是某种开天辟地以来就直接存在的、始终如一的东西,而是工业和社会状况的产物……是世世代代活动的结果"[②];从思维和存在的"关系"说,由于人的实践活动的历史发展改变了"思维"和"存在",因而也同时地发展了思维与存在之间的"关系",使这种关系取得了愈来愈丰富、愈来愈深刻的现实内容。正是由于人类的实践活动及其历史发展不断地变革了"思维"和"存在"及其相互"关系",因此,必须从"发展"去理解"统一",又从"统一"去理解"发展"。如果像旧唯物主义和唯心主义那样,把思维和存在及其相互关系抽象化,或者离开思维主体的历史性而把思维与存在的统一当成"表象"与"对象"的一致,或者抽象地发挥思维的能动性而把思维与存在的统一当成"思维规定"的自我认识,怎么能真实地提出和正确地回答辩证法理论的"发展原则"呢?辩证法理论的"发展原则"和"统一原则",是以人类的实践活动及其历史发展所造成的思维与存在的发展中的统一和统一中的发展为现

---

① 《马克思恩格斯选集》第 4 卷,人民出版社 1995 年版,第 329 页。
② 《马克思恩格斯选集》第 1 卷,人民出版社 1995 年版,第 76 页。

实内容的、是通过对思维和存在的关系问题的实践论批判而取得现实性的。因此,"合理形态"的辩证法是在马克思所开拓的实践转向的哲学道路中而实现为"最完备最深刻最无片面性的关于发展的学说"。① 离开"思维和存在的关系问题",离开对这个"重大的基本问题"的实践论理解,必然把辩证法的"发展学说"庸俗化。

其三,由于不是从"唯物主义的逻辑、辩证法和认识论"的"三者一致"去理解辩证法,把辩证法、认识论和逻辑学视为三个不同论域或三个不同层次的问题,因而不仅曲解了列宁的"三者一致"的辩证法思想,而且实际上否定了《资本论》所实现的"三者一致"。

在通常的解释模式中,所谓辩证法、认识论和逻辑学的"三者一致",具体地表现为下述方式,即:辩证法作为关于自然、社会和思维发展的普遍规律的学说,它包含着认识论和逻辑学;认识论作为关于思维与存在如何统一的学说,它既被包含于辩证法之中而又包含着逻辑学;逻辑学作为关于思维本身的学说,则直接地被包含于认识论之中并从而被包含于辩证法之中。在这种解释模式中,辩证法、认识论和逻辑学首先是关于三个不同层次的论域的理论,其次则是作为三个不同层次的论域的理论具有依次的包含关系。这种解释模式,与列宁的"三者一致"思想,是完全不同的。

在列宁看来,"问题的本质"是在于能否从恩格斯所概括的哲学基本问题即"思维和存在的关系问题"去理解全部哲学问题,因此,所谓辩证法、认识论和逻辑学的"三者一致",就在于它们是"同一个东西"——关于"思维和存在的关系问题"的哲学理论。而马克思主义哲学所实现的"唯物主义的逻辑、辩证法和认识论"的"三者一致"则具体地表现在:由于马克思主义哲学所揭示的思维自觉反映存在运动的规律凝聚着、积淀着人类在其前进的发展中所创建的全部科学反映世界的认识成果,是"对世界的认识的历史的总计、总和、结论",因此,在其客观内容和普遍意义上说,马克思主义哲学就是关于自然、社会和思维发展的普遍规律的理

---

① 《列宁选集》第2卷,人民出版社1995年版,第310页。

论即唯物主义的辩证法的世界观；由于马克思主义哲学从认识和实践的主体与客体交互作用的丰富关系及其历史发展来研究思维自觉反映存在运动的规律，为人类的全部历史活动提供认识基础，因此，就其基本问题和理论性质上看，它就是关于思维与存在统一规律的理论即唯物主义辩证法的认识论；由于马克思主义哲学所揭示的思维自觉反映存在运动的规律既是对思维的历史和成就的总结，又是思维自觉地向存在接近和逼近的方法，因此，就其理论价值和社会功能上看，它又是人类认识世界和改造世界的伟大工具即唯物主义辩证法的逻辑学或方法论。"唯物主义的逻辑、辩证法和认识论"是"同一个东西"，而不是三个论域或三个层次的理论，因而也不是以论域大小为根据的依次包含关系。在通常的三个论域及其所构成的包含关系的解释模式中，辩证法、认识论和逻辑学不仅不是"同一个东西"，反而成了完全不同的"三个东西"。这种解释模式是把马克思主义的辩证法还原为"实例的总和"的辩证法、把马克思主义的认识论还原为"直观"的反映论的产物。

列宁阅读《逻辑学》，是以理解《资本论》为出发点的，也就是以理解马克思主义为出发点的，因此他在《哲学笔记》中所得出的基本结论是《资本论》实现了"唯物主义的逻辑、辩证法和认识论"的"三者一致"。然而，人们在对《资本论》的阐释中，却往往简单化地把《资本论》的辩证法当作是一种"供使用"的"方法"，或者是一种构成体系的由抽象到具体的叙述方式，因而以直观反映论的认识论去看待《资本论》的经济范畴与其对象之间的关系，并从而把《资本论》归结为某种"非批判的实证主义"。这种理解方式表明，不理解马克思的《资本论》对黑格尔的逻辑学的批判继承关系，不理解马克思的《资本论》的"唯物主义的逻辑、辩证法和认识论"是"同一个东西"，就无法真正理解《资本论》本身。

在《资本论》第一版序言中，马克思就明确地指出，"分析经济形式，既不能用显微镜，也不能用化学试剂。二者都必须用抽象力来代替"①。必须用抽象力来研究政治经济学的根据在于，"经济范畴只不过是生产的社

---

① 《马克思恩格斯选集》第 2 卷，人民出版社 1995 年版，第 99—100 页。

会关系的理论表现,即其抽象"①。而马克思所用的"抽象力"并不是"抽象"的思想,而是列宁在《哲学笔记》中所阐发的"具有客观意义的概念的辩证法和认识的辩证法",也就是把作为"同一个东西"的"唯物主义的逻辑、辩证法和认识论""都应用于同一门科学"。这正如马克思在《〈政治经济学批判〉导言》中明确指出的,如果从所谓的现实的前提即人口入手进行研究,那么研究对象就只是"关于整体的一个混沌的表象",而只有"从表象中的具体达到越来越稀薄的抽象",才能最终达到"具有许多规定和关系的丰富的总体"。②这就是说,从人本身出发而考察人,只能是从抽象的人出发而形成对人的抽象的理解,只有从关于人的各种规定出发才能形成对人的具体的理解,只有展现经济范畴所构成的具体才能构成把握人的存在的"理性的具体"。诉诸《资本论》,我们可以看到,马克思破解劳动秘密的直接对象并不是劳动本身,而是劳动所创造的商品。《资本论》通过阐发商品的二重性而揭示劳动的二重性,又通过揭示劳动的二重性而凸显人的存在的二重性,从而在物与物的关系中揭示出人与人的关系。《资本论》从"最简单的规定"即"商品"出发,以"具有客观意义的概念的辩证法和认识的辩证法"去把握"现实的历史",从而以经济范畴的辩证发展而展现了资本运动的"许多规定和关系的丰富的总和"。这才是《资本论》的"唯物主义的逻辑、辩证法和认识论"的"同一个东西"。

其四,由于不是从"唯物主义的逻辑、辩证法和认识论"的"三者一致"去理解辩证法,因而达不到哲学思维的理论自觉,以至于把列宁的"三者一致"的辩证法归结为只是西方近代哲学形态的"认识论的辩证法"。

作为哲学基本问题的"思维和存在的关系问题",既不是全部哲学问题中的"一个问题",也不是哲学问题的各个方面中的"一个方面",而是列宁所说的哲学"问题的本质",即规定哲学的特殊的理论性质的问题、规定哲学作为人类把握世界的一种基本方式的问题。或者反过来说,一个问题之所以成为哲学问题,就在于它是从思维对存在的关系提出问题,就

---

① 《马克思恩格斯选集》第1卷,人民出版社1995年版,第141页。
② 《马克思恩格斯选集》第2卷,人民出版社1995年版,第18页。

在于它揭示了这个问题所蕴含的"思维和存在的关系问题",离开思维对存在的关系问题而探讨"自然"、"社会"或"思维"的问题,那就是实证科学的问题而不是哲学意义(哲学层面)的问题。这表明,只有达到对"思维和存在的关系问题"的理论自觉,才能达到哲学思维的理论自觉。

"唯物主义的逻辑、辩证法和认识论"的"三者一致",是以这种哲学思维的理论自觉为前提的,也就是以辩证法、认识论和逻辑学是"同一个东西"——关于"思维和存在的关系问题"的哲学理论——为前提的。包括普列汉诺夫在内的理论家们之所以把"辩证法也就是认识论"当成"问题的一个'方面'",之所以把马克思主义辩证法当成"实例的总和"和"抽象的方法",之所以把马克思主义认识论还原为直观反映论,之所以把辩证法、认识论和逻辑学的"三者一致"当成三个层次论域的"包含关系",之所以把"从黑格尔那里吸取了全部有价值的东西并发展了这些有价值的东西"的《资本论》经验化和实证化,其最深层的理论根源,都在于没有理解哲学的特殊的理论性质,因而也没有达到哲学思维的理论自觉。

正是由于不是从哲学的理论特性而是从哲学的历史形态去理解"思维和存在的关系问题",因而把这个哲学的"重大的基本问题"归结为哲学的一种历史形态——西方近代哲学——的"基本问题",并因而把关于"思维和存在的关系问题"的哲学理论——辩证法、认识论和逻辑学"三者一致"的辩证法——归结为西方近代哲学形态意义上的"认识论的辩证法",也就是把这个"三者一致"的辩证法归结为一种已经过时的辩证法的理论形态。这表明,如何理解马克思《资本论》的"唯物主义的逻辑、辩证法和认识论"是"同一个东西",如何看待列宁在《逻辑学》与《资本论》双重语境互动中所阐发的"三者一致"辩证法思想,如何阐述马克思的唯物主义"从黑格尔那里吸取了全部有价值的东西并发展了这些有价值的东西",不仅需要深入地探索《逻辑学》、《资本论》和《哲学笔记》的辩证法,而且需要在反思全部哲学史的基础上,重新理解和阐释作为哲学的重大的基本问题的"思维和存在的关系问题"。因此,从"问题的本质"上看,只有以哲学思维的理论自觉为前提,才能推进马克思主义辩证法研究。

恩格斯的"理论思维"的辩证法

孙正聿

自 20 世纪以来,恩格斯的哲学思想、特别是他的辩证法遭到来自两个方面的曲解:一是自 30 年代以来的苏联哲学原理教科书,离开恩格斯对哲学思维的理论自觉,以素朴实在论和直观反映论的经验思维描述和解释恩格斯的辩证法,在相当程度上把辩证法变成了恩格斯尖锐批评的"刻板公式"和"语录词汇";二是西方马克思主义把恩格斯视为与马克思不同的"苏联模式马克思主义"的始作俑者,把恩格斯的辩证法归结为素朴实在论和直观反映论的经验思维,并由此指认恩格斯的哲学思想是与马克思不同的"科学主义"。

鉴此,本文认为,是否严肃地、认真地、实事求是地研究恩格斯的论著,是否以哲学思维的理论自觉和哲学史的开阔视野探索辩证法问题,将从根本上和整体上制约对恩格斯辩证法的理解、阐述和评价。

一、辩证法与理论思维

在理论思维的层面上系统阐述辩证法,是恩格斯对辩证法的重大贡献。它揭示和阐述了形而上学与辩证法这两种思维方式之间的关系,同时揭示和阐述了自发形态的辩证法与自觉形态的辩证法之间的关系。

---

① 原载《哲学研究》2012 年第 11 期。

关于形而上学，恩格斯把这种思维方式概括为"在绝对不相容的对立中思维"，其主张"是就是，不是就不是；除此以外，都是鬼话"，这就是"形而上学"的"思维方式"。① 恩格斯首先充分地说明了它的"合理性"："初看起来，这种思维方式对我们来说是极为可信的，因为它是合乎所谓常识的"②。在这里，形而上学思维方式的"合理性"与"局限性"均在于其"合乎所谓常识"；批判和超越形而上学的思维方式，则在于反思和超越这种"合乎所谓常识"。然而，以通行的哲学原理教科书为标志的通常解释，恰恰离开形而上学思维方式的"合理性"而批判其"荒谬性"。这就不仅曲解了形而上学的思维方式，而且必然曲解辩证法的思维方式。因此，详细地考察和阐释恩格斯关于形而上学思维方式与经验常识之间关系的论述，并进而阐述恩格斯关于形而上学思维方式与辩证法思维方式之间关系的论述，就成为研究恩格斯的理论思维的辩证法的重要内容。

在以"常识"即"共同经验"为中介的人与世界的关系中，"人"作为既定的经验主体，以"经验"的方式把握世界；"世界"作为既定的经验客体，也以"经验"的方式呈现给主体；在这种以"经验"为内容的主—客体关系中，人和世界都是既定的、稳定的、确定的存在。在这种"确定"的人与世界的关系中，"A"就是"A"，"A"不能同时又是"非A"。这就要求经验主体在思维中保持"是就是，不是就不是"的确定性。即使我们承认任何事物都存在"此一方面"与"彼一方面"的"矛盾"，也仍然是以"是就是，不是就不是"的思维方式来看待人与世界的关系、思维与存在的关系。正因如此，这种符合"常识"的形而上学的思维方式，"对我们来说似乎是极为可信的"。

然而，形而上学的思维方式虽然在相当广泛的领域中是正当的甚至必要的，"可是它每一次迟早都要达到一个界限；一超过这个界限，它就会变成片面的、狭隘的、抽象的，并且陷入无法解决的矛盾，因为它看到一个一个的事物，忘了它们互相间的联系；看到它们的存在，忘了它们的生

---

① 《马克思恩格斯选集》第3卷，人民出版社1995年版，第360页。
② 《马克思恩格斯选集》第3卷，人民出版社1995年版，第360页。

成和消逝；看到它们的静止，忘了它们的运动；因为它只见树木，不见森林"①。一旦进入"研究领域"，我们就会发现，形而上学的思维方式正像恩格斯所说的那样，"遇到最惊人的变故"：例如在对人生的反思中，是非、好坏、善恶、美丑、福祸、荣辱等等决非像"形而上学"所断言的"是就是，不是就不是"；只有"在对事物的肯定的理解中同时包含对事物的否定的理解"，才能理解生活本身。

植根于人类生活的辩证法，不仅在对"生活"的反思中是不可或缺的，而且在科学研究中也具有特殊的重要意义。从19世纪初开始，人类的自然科学研究已经由主要是"搜集材料"的科学、关于"既成事物"的科学，发展为"整理材料"的科学、关于"过程"即"事物的发生和发展"以及"这些自然过程结合为一个伟大整体"的科学。正是针对自然科学的这种基本状况，恩格斯提出："经验自然科学已经积累了庞大数量的实证的知识材料，因而迫切需要在每一研究领域中系统地和依据其内在联系来整理这些材料，同样也迫切需要在各个知识领域之间确定正确的关系。于是，自然科学便进入理论领域，而在这里经验的方法不中用了，在这里只有理论思维才管用。"②恩格斯进一步指出："辩证法恰好是最重要的思维形式，因为只有辩证法才为自然界中出现的发展过程，为各种普遍联系，为一个研究领域向另一个研究领域过渡提供类比，从而提供说明方法。"③"自然科学家们自己就感觉到，这种杂乱无章多么严重地左右着他们，并且现今流行的所谓哲学又绝不可能使他们找到出路。在这里，既然没有别的出路，既然无法找到明晰思路，也就只好以这种或那种形式从形而上学思维向辩证思维复归。"④ 在这里，恩格斯明确地把"辩证法"归结为超越经验思维的"理论思维"。

在"广阔的研究领域"即科学研究中，不仅自然科学研究离不开作为理论思维的辩证法，而且社会科学研究和思维科学研究同样离不开作为理

---

① 《马克思恩格斯选集》第3卷，人民出版社1995年版，第360页。
② 《马克思恩格斯文集》第9卷，人民出版社2009年版，第435页。
③ 《马克思恩格斯文集》第9卷，人民出版社2009年版，第436页。
④ 《马克思恩格斯文集》第9卷，人民出版社2009年版，第438页。

论思维的辩证法。关于社会历史，恩格斯深刻地指出："在社会历史领域内进行活动的，是具有意识的、经过思虑或凭激情行动的、追求某种目的的人；任何事情的发生都不是没有自觉的意图，没有预期目的的。"然而，"行动的目的是预期的"，"行动实际产生的结果并不是预期的"，"历史事件似乎总的说来同样是由偶然性支配着的"。"但是，在表面上是偶然性在起作用的地方，这种偶然性始终是受内部的隐蔽着的规律支配的，而问题只是在于发现这些规律。"① 这表明，"研究"人的活动与历史规律、历史的偶然性与必然性、历史的进步与倒退、人类的现实与未来，离开作为理论思维的辩证法，同样"无法找到明晰思路"。关于人类思维，恩格斯作出这样的论证："思维的至上性是在一系列非常不至上地思维着的人中实现的；拥有无条件的真理权的认识是在一系列相对的谬误中实现的"；"人的思维是至上的，同样又是不至上的，它的认识能力是无限的，同样又是有限的。按它的本性、使命、可能和历史的终极目的来说，是至上的和无限的；按它的个别实现情况和每次的现实来说，又是不至上的和有限的"。② 在这里，恩格斯正是以辩证法的理论思维，深刻地揭示了人类思维的本质和人类认识的规律。

在现有对"辩证法"和"形而上学"的理解中，最为根本的问题在于，通常总是在经验常识的意义上去理解和解释二者的区别，同时又在经验常识的意义上把作为理论思维的辩证法经验化、常识化。这直接地表现在把"辩证法"解释成"认为世界上一切事物都是发展、变化的，事物发展的原因在于它的内部矛盾性"，而把"形而上学"解释成"用孤立的、静止的和片面的观点去看世界，把一切事物看成彼此孤立的和永久不变的，如果说到变化，也只是限于数量的增减和位置的变更，而不承认事物的实质的变化；并且硬说一切变化的原因在于事物外部的力量的推动"。这种解释既没有揭示形而上学思维方式的"合理性"和"局限性"，也没有揭示辩证法的思维方式对经验常识的批判、反思和超越，而是以直观反映论的思维方式和素朴实在论的哲学理念把"辩证法"和"形而上学"

---

① 《马克思恩格斯选集》第 4 卷，人民出版社 1995 年版，第 247 页。
② 《马克思恩格斯选集》第 3 卷，人民出版社 1995 年版，第 427 页。

解释为对经验对象的两种不同的描述方式和解释方式。因此，这种关于辩证法和形而上学的思维方式的通常解释，就不是把人们的思维从常识层面上升到哲学层面，而是把哲学层面的理论思维下降为经验思维，以致误导人们总是停留在经验常识中理解"辩证法"和"形而上学"这两种思维方式。

二、辩证法与哲学基本问题

关于辩证法，人们经常引证恩格斯在《反杜林论》中的一句话，并把它作为恩格斯关于马克思主义辩证法的"定义"。这句话是："辩证法不过是关于自然、人类社会和思维的运动和发展的普遍规律的科学。"① 通行的哲学原理教科书认为，恩格斯的这个论断不仅明确了马克思主义哲学的研究对象（包括自然、社会和思维在内的"整个世界"），而且明确了马克思主义哲学的社会功能（揭示包括自然、社会和思维在内的"整个世界"的"普遍规律"），因此不仅把这一论断指认为关于马克思主义辩证法的"定义"，而且将其扩大为关于马克思主义哲学的"定义"。这种理解和阐释不仅混淆了哲学与科学的研究对象（科学以"整个世界"为对象，而哲学则是对科学所提供的关于"整个世界"的"全部思想"的反思），而且曲解了哲学的特殊性质和独特功能（哲学的反思的特殊性质和批判的独特功能）。这表明，究竟如何理解和阐释恩格斯的这一论断，不仅关系到对恩格斯辩证法观的理解和评价，而且从根本上关系到对马克思主义哲学的理解和评价。

理解和阐释恩格斯所说的辩证法，离不开恩格斯对"哲学"的总体性理解。恩格斯对"哲学"的总体性理解集中表现在他对"哲学基本问题"的概括中："全部哲学，特别是近代哲学的重大的基本问题，是思维和存在的关系问题"②。因此，我们不仅应当从"全部哲学"理解作为哲学基

---

① 《马克思恩格斯选集》第 3 卷，人民出版社 1995 年版，第 484 页。
② 《马克思恩格斯文集》第 4 卷，人民出版社 2009 年版，第 277 页。

本问题的"思维和存在的关系问题",而且首先应当从"近代哲学"理解作为哲学基本问题的"思维和存在的关系问题"及其所具有的"完全的意义"。需要特别指出的是,恩格斯所概括的哲学的重大的基本问题,是"思维和存在"的"关系问题",而不是"思维"和"存在"的问题。这个实质性区别表明,哲学并不是以"思维"和"存在"为对象,形成关于"思维"和"存在"的某种知识,而是把"思维和存在的关系"作为"问题"予以反思。这个实质性区别不仅标志着经验思维与理论思维的实质性区别,而且标志着科学思维与哲学思维的实质性区别,即标志着人类把握世界的两种基本方式——科学与哲学的实质性区别。这种实质性区别是在近代哲学的"认识论转向"中达到理论自觉的。

近代哲学的"认识论转向",从根本上说就是自觉到了"思维与存在"之间的矛盾,把"思维与存在的关系"当作最重要、最基本的哲学"问题"进行研究,从而使研究思维与存在、主观与客观、主体与客体的矛盾关系成为哲学的根本问题。在这种"认识论转向"中,近代哲学以探寻思想的客观性为聚焦点,不仅研究了外在的世界与人的观念之间的关系,而且特别深入地考察了人的观念内部的诸种关系问题。近代哲学明确地区分了"意识外的存在"与"意识内的存在",也就是明确地区分了"客观世界"与"意识内容",从而清楚地提出了"对象与表象"或"对象与映象"的关系问题,也就是清楚地提出了"思维和存在"的关系问题,这就是恩格斯所说的从"内容"方面去考察思维和存在的关系问题。与此同时,近代哲学还特别地从"形式"方面去研究思维和存在的关系问题。这突出地表现在,近代哲学比较自觉地考察了"意识内容"与"意识形式"的关系问题、"对象意识"与"自我意识"的关系问题、"外延逻辑"与"内涵逻辑"的关系问题、"知性思维"与"辩证思维"的关系问题、"理论理性"与"实践理性"的关系问题等一系列"思维和存在"的"关系问题"。通过探索这些"关系问题",近代哲学揭示出对象与经验、经验与知觉、知觉与表象、表象与观念、观念与思维、思维与想象、想象与情感、情感与意志、意志与自我、理论与实践等极为错综复杂的矛盾关系,从而使"思维和存在的关系问题"获得了"完全的意义"。

作为哲学基本问题的"思维和存在的关系问题",最集中最深刻地表达了世界观的内在矛盾:一方面,人及其思维是自然的产物,人的思维在本质上与自然界服从于同一规律,因此,在思维和存在、精神和物质"谁为本原"的问题上,只有坚持"物质第一性、意识第二性"的唯物主义原则,才能正确地回答"本原"问题;另一方面,从自然中生成的人类及其思维,又不仅仅是按照"自然的尺度"、"物的尺度"去适应自然,而且是按照"人的目的"、"人的尺度"去改造自然,因此,在思维和存在的相互关系中,又必须承认思维的能动性,看到思维对存在的否定性统一,辩证地理解思维和存在的关系问题。

唯心主义抽象地发展思维的能动性而否认存在对思维的本原性,旧唯物主义肯定存在对思维的本原性而不理解思维对存在的能动性,因此都无法唯物地、辩证地解决思维和存在的关系问题。马克思主义哲学则既坚持存在对思维的本原性的唯物主义基础,又肯定思维对存在的能动性的辩证理解,在哲学基本问题上实现了唯物论基础与辩证法内容的统一,成为科学的世界观、认识论和方法论。由于马克思主义哲学所揭示的思维自觉反映存在运动的规律,凝聚着、积淀着人类在其前进的发展中所创建的全部科学反映世界的认识成果,因此,就其客观内容和普遍意义来说,马克思主义哲学就是关于自然、社会和思维发展的普遍规律的理论即哲学世界观;由于马克思主义哲学从认识和实践的主体与客体交互作用的丰富关系及其历史发展来研究思维自觉反映存在运动的规律,为人类的全部历史活动提供认识基础,因此,就其研究对象和理论性质来说,它就是关于思维与存在统一规律的理论即哲学认识论;由于马克思主义哲学所揭示的思维自觉反映存在运动的规律既是对思维的历史和成就的总结,又是思维自觉地向存在接近和逼近的方法,因此,就其理论价值和社会功能来说,它又是人类认识世界和改造世界的伟大工具即哲学方法论。这表明,只有在世界观、认识论和方法论相统一的意义上去理解马克思主义哲学,也就是在作为哲学基本问题的"思维和存在关系问题"的意义上去理解马克思主义哲学,才能准确而深刻地理解恩格斯关于"辩证法不过是关于自然、人类社会和思维的运动和发展的普遍规律的科学"这一论断。

三、辩证法与自然科学

在对恩格斯哲学思想、特别是恩格斯辩证法思想的批评中，对《自然辩证法》的批评是最为激烈的。在国内外的一些学者看来，马克思的辩证法是实践的辩证法、历史的辩证法、人学的辩证法，而恩格斯的辩证法则是经验的辩证法、自然的辩证法、自然科学的辩证法，因此，他们把马克思的哲学视为"人道主义"哲学，而把恩格斯的哲学指认为"科学主义"哲学。这表明，以《自然辩证法》为主要"文本"而阐释恩格斯的辩证法思想，是一项重要的理论任务。

恩格斯的《自然辩证法》是研究"自然"的"科学"，还是反思"自然科学"的"哲学"？是"叙述"关于"自然"的"科学知识"，还是探索"自然科学"的"思维理论"？如果《自然辩证法》是研究自然的科学，是叙述关于自然的科学知识，那么，它充其量只不过是普及当时的自然科学知识的"手册"或"读本"；如果《自然辩证法》是反思自然科学的哲学，是探索自然科学的理论思维，那么，它所要回答的问题就是如何以理论思维把握"自然"和"自然科学"的问题，它所构成的就是作为理论思维的辩证法。事实表明，它是后者，而不是前者。

关于为何要研究"自然辩证法"，恩格斯本人作过明确的说明："马克思和我，可以说是把自觉的辩证法从德国唯心主义哲学中拯救出来并用于唯物主义的自然观和历史观的唯一的人。可是要确立辩证的同时又是唯物主义的自然观，需要具备数学和自然科学的知识。马克思是精通数学的，可是对于自然科学，我们只能作零星的、时停时续的、片断的研究。因此，当我退出商界并移居伦敦，从而获得了研究时间的时候，我尽可能地使自己在数学和自然科学方面来一次彻底的——像李比希所说的——'脱毛'。八年当中，我把大部分时间用在这上面。"[①]

---

① 《马克思恩格斯选集》第 3 卷，人民出版社 1995 年版，第 349 页。

这个"说明"对于理解《自然辩证法》极为重要。在这个"说明"中,恩格斯既明确了研究"自然辩证法"的目的——"把自觉的辩证法""运用于唯物主义的自然观和历史观",又明确了研究"自然科学"的目的——"确立辩证的同时又是唯物主义的自然观","需要具备数学和自然科学的知识"。对此,恩格斯进一步指出:"在自然界里,正是那些在历史上支配着似乎是偶然事变的辩证法运动规律,也在无数错综复杂的变化中发生作用;这些规律也同样地贯串于人类思维的发展史中,它们逐渐被思维着的人所意识到。这些规律最初是由黑格尔全面地、不过是以神秘的形式阐发的,而剥去它们的神秘形式,并使人们清楚地意识到它们的全部的单纯性和普遍有效性,这是我们的期求之一。显然,旧的自然哲学,无论它包含多少真正好的东西和多少可以结果实的萌芽,是不能满足我们的需要的。"[①] 对于如何理解"辩证运动规律",恩格斯说:"事情不在于把辩证规律硬塞进自然界,而在于从自然界中找出这些规律并从自然界出发加以阐发。"[②] 这是恩格斯所理解的"自然辩证法",也是恩格斯研究"自然辩证法"的出发点。

首先,"要确立辩证的同时又是唯物主义的自然观,需要具备数学和自然科学的知识"。这是因为,"原则不是研究的出发点,而是它的最终结果;这些原则不是被应用于自然界和人类历史,而是从它们中抽象出来的;不是自然界和人类去适应原则,而是原则只有在符合自然界和历史的情况下才是正确的。这是对事物的唯一唯物主义的观点"[③]。这表明,恩格斯之所以八年当中把大部分时间用在研究和思考数学和自然科学方面,是因为他反对把"原则"当作"研究的出发点",是因为他坚持把唯物主义的观点贯彻于自己的研究活动,是因为他自觉地要"从自然界中找出这些规律并从自然界出发加以阐发"。总之,坚持从实际出发的唯物主义原则,这是恩格斯研究"自然辩证法"的根本性的出发点。

其次,"要确立辩证的同时又是唯物主义的自然观",不仅仅"需要具

---

① 《马克思恩格斯选集》第 3 卷,人民出版社 1995 年版,第 349—350 页。
② 《马克思恩格斯选集》第 3 卷,人民出版社 1995 年版,第 351 页。
③ 《马克思恩格斯选集》第 3 卷,人民出版社 1995 年版,第 374 页。

备数学和自然科学的知识",还必须具有辩证法的理论思维。比如,"18世纪上半叶的自然科学在知识上,甚至在材料的整理上大大超过了希腊古代。但是在以观念形式把握这些材料上,在一般的自然观上却大大低于希腊古代。在希腊哲学家看来,世界在本质上是某种从混沌中产生出来的东西、是某种发展起来的东西、某种生成的东西。在我们所探讨的这个时期的自然科学家看来,世界却是某种僵化的东西、某种不变的东西,而在他们中的大多数人看来,是某种一下子就造成的东西"①。这表明,"自然科学家与自觉的辩证的自然科学的关系,就像空想主义者与现代共产主义的关系一样"②,"学会辩证地思维的自然科学家到现在还屈指可数"③。"现在几乎没有一本理论自然科学著作不给人以这样的印象:自然科学家们自己就感觉到,这种杂乱无章多么严重地左右着他们,并且现今流行的所谓哲学又决不可能使他们找到出路。在这里,既然没有别的出路,既然无法找到明晰思路,也就只好以这种或那种形式从形而上学思维向辩证思维复归。"④ "这种复归可以通过不同的道路来实现。它可以仅仅通过自然科学的发现本身所具有的力量自然而然地实现……但这是一个旷日持久的、步履艰难的过程,在这一过程中要克服大量额外的阻碍……如果理论自然科学家愿意较为仔细地研究一下辩证哲学在历史上有过的各种形态,那么上述过程可以大大缩短。"⑤ 正是基于这种理论自觉,恩格斯力图在总结辩证法史的基础上,为自然科学提供一种建立在通晓思维的历史和成就的基础上的理论思维,推进自然科学的发展,并从对自然科学成果的理论总结中提升人类把握世界的理论思维。

再次,"要确立辩证的同时又是唯物主义的自然观",迫切需要"理论家"与"自然科学家"的"联盟"。恩格斯说:"现今的自然科学家,不论愿意与否,都不可抗拒地被迫关心理论上的一般结论,同样,每个从事理论研究的人也不可抗拒地被迫接受现代自然科学的成果。这里出现了某

---

① 《马克思恩格斯选集》第3卷,人民出版社1995年版,第412页。
② 《马克思恩格斯选集》第3卷,人民出版社1995年版,第143页。
③ 《马克思恩格斯选集》第3卷,人民出版社1995年版,第25页。
④ 《马克思恩格斯文集》第9卷,人民出版社2009年版,第438页。
⑤ 《马克思恩格斯文集》第9卷,人民出版社2009年版,第438页。

种相辅相成现象。如果说理论家在自然科学领域中是半通，那么今天的自然科学家在理论的领域中，在迄今为止被称为哲学的领域中，实际上也同样是半通。"① "经验的自然研究已经积累了庞大数量的实证的知识材料，因而迫切需要在每一研究领域中系统地和依据其内在联系来整理这些材料，同样也迫切需要在各个知识领域之间确立正确的关系。于是，自然科学便进入理论领域，而在这里经验的方法不中用了，在这里只有理论思维才管用。但是理论思维无非是才能方面的一种生来就有的素质。这种才能需要发展和培养，而为了进行这种培养，除了学习以往的哲学，直到现在还没有别的办法。"② "然而，在理论自然科学中，往往非常明显地显露出对哲学史缺乏认识。哲学上在几百年前就已经提出，并且在哲学界往往早已被抛弃的一些命题，在理论自然科学家那里却常常作为崭新的知识而出现，甚至在一段时间里成为时髦。"③ 另一方面，则由于"理论家在自然科学领域中是半通"，甚至是在自然科学领域中尚未"脱毛"，因而又把辩证法当作"刻板公式""硬塞进自然界"，以至造成自然科学家的反感和"拒斥"。正是基于"哲学"与"科学"联盟的迫切需要，恩格斯力图以"自然辩证法"打通"哲学"与"科学"，在理论思维的层面上"确立辩证的同时又是唯物主义的自然观"。

我之所以不厌其详地反复引证恩格斯关于为何以及如何研究"自然辩证法"的论述，既是为了说明恩格斯的哲学思维的理论自觉，也是为了从哲学与科学的关系中深入地阐释作为理论思维的辩证法。哲学和科学是人类理论思维的两种基本方式。它们既具有高度的相关性和复杂的相似性，又表现为相互区别并相互补充的两个思想维度。对此，恩格斯作出了极为深刻的揭示：一方面，"思维和存在的关系问题"是哲学的"重大的基本问题"；另一方面，"我们的主观的思维和客观的世界服从同样的规律"，"它是我们的理论思维的不自觉的和无条件的前提"。这就是说：其一，哲学以外的全部"科学"都是把"思维和存在""服从同样的规律"，作为

---

① 《马克思恩格斯文集》第9卷，人民出版社2009年版，第435页。
② 《马克思恩格斯文集》第9卷，人民出版社2009年版，第435页。
③ 《马克思恩格斯文集》第9卷，人民出版社2009年版，第436页。

"理论思维的不自觉的和无条件的前提",运用理论思维去研究"思维和存在",而不是反思"思维和存在的关系问题";其二,哲学则是把"理论思维的不自觉的和无条件的前提"作为自己反思的对象,从而把"思维和存在的关系问题"作为自己的"重大的基本问题";其三,全部科学都深层地蕴含着作为"理论思维的不自觉的和无条件的前提"的"思维和存在的关系问题",而哲学则把这个"理论思维的不自觉的和无条件的前提"作为自己的"重大的基本问题",因此,哲学对科学的关系从根本上说是"反思"的关系。恩格斯的《自然辩证法》正是通过对自然科学的哲学反思而揭示自然界的运动规律,并进而阐释辩证法的理论思维的普遍意义,而不是对自然现象以及自然科学的经验层面进行描述和解释。这应当是对恩格斯《自然辩证法》的理解和阐释的根本性原则。

在对哲学与科学相互关系的理解中,能否从恩格斯所揭示的"理论思维的不自觉的和无条件的前提"出发而厘清哲学与科学的关系,是十分重要的。在现代哲学中,通常以三种方式来解释科学与哲学的关系:一是区分二者的"对象",二是剥离二者的"职能",三是划清二者的"领地"。所谓区分"对象",就是认为科学是以世界的各种不同的领域、不同的方面、不同的层次或不同的问题为对象,而哲学则以"整个世界"为对象。这是一种以"对象"的特殊性与普遍性的区分为出发点的思考方式。所谓剥离"职能",就是认为科学提供关于世界的不同领域或不同方面的"特殊规律",而哲学则提供关于整个世界的"普遍规律"。这仍然是一种以"职能"的特殊性与普遍性的区分为出发点的思考方式。所谓划清"领地",就是在恩格斯所说的哲学不断地被"驱逐"出其"世袭领地"的背景下,试图为哲学寻找一块科学无力问津的"领域"或科学无力解决的"问题",作为哲学存在的根据。这是一种以申辩哲学的现代生存权利为出发点的思考方式。

从普遍性与特殊性的关系中区分科学与哲学的"对象",以及在普遍性和特殊性的关系中剥离科学与哲学的"职能",这是对科学与哲学相互关系的最普遍的思考方式。这种思考方式表现出了长期以来存在的哲学知识论立场。哲学的知识论立场就是把哲学视为具有最高的概括性(最大的普遍性）和最高的解释性（最大的普适性）的知识，并以知识分类表的不同层次来区分哲学与科学，从而把科学视为关于各种"特殊领域"的"特殊规律"的知识，而把哲学视为关于"整个世界"的"普遍规律"的知识。这样，哲学就成了具有最大的普遍性的科学，就成了全部科学的基础。由于这种知识论立场从根本上制约着人们对哲学与科学的相互关系的理解，并从而制约着人们对哲学的理解，因此，非常有必要对"哲学的知识论立场"作出理论层面的概括与分析，从而深化对恩格斯的理论思维的辩证法的理解。

哲学的知识论立场在西方传统哲学中是根深蒂固的。从亚里士多德"寻找最高原因的基本原理"，到黑格尔构建"一切科学的逻辑"，始终是以全部科学的基础的姿态君临天下。近代以来科学的迅猛发展，不断地把哲学"驱逐"出其传统的"世袭领地"，自然、社会和思维都成为科学的研究对象。正是在这种背景下，人们开始挣脱从普遍性与特殊性的关系来区分科学与哲学的"对象"或剥离科学与哲学的"职能"的思考方式，出现了以申辩哲学的现代生存权利为出发点的思考方式，即划清哲学与科学的不同"领地"的思考方式。因此，在现代科学的背景下，更加凸显了现代哲学所面对的严峻问题：如果人类有效地解释世界的方式只能是科学，如果人类的现代世界图景只能是科学的世界图景，如果人类改造世界的实践活动只能用科学来指导，那么，人们对世界的种种哲学解释不都是"理性的狂妄"吗？人们所描绘的种种哲学图景不都是"语言的误用"吗？这样的哲学不是应当（而且必须）予以"治疗"甚至"消解"吗？哲学究竟还有什么存在的根据和存在的意义呢？

恩格斯把"全部哲学"的重大的基本问题概括为"思维和存在的关系问题"，其重大意义之一就在于深刻地揭示了哲学与科学之间的关系。从"思维和存在的关系问题"出发，我们就会明确，哲学与科学的内在联系在于，实现"思维和存在"的统一与反思"思维和存在的关系"，具有既相互区别、又相互联系的性质，而不是因为存在着研究对象的普遍性与特殊性的关系。自然、社会和思维的运动都可以用数学模型来表述，哲学界普遍关注的系统论、控制论、信息论、协同学、突变论、耗散结构论、自组织理论等等，在某种意义上都是以"整个世界"为对象；与此相反，自然辩证法、认识辩证法、思维辩证法、历史辩证法等等，更不用说数学哲学、天文哲学、经济哲学、管理哲学、法哲学等等，在某种意义上都是以"特殊领域"为对象。那么，为什么前者属于"科学"，而后者却属于"哲学"？这就是因为，前者所提出和探索的问题是关于研究对象的运动规律的问题，也就是实现研究成果中的"思维和存在"在规律层面上的统一；而后者则专门反思各种思想活动及其思想成果中的"理论思维的不自觉的和无条件的前提"——"思维和存在的关系问题"，而不是具体地研究各种"存在"的运动规律。这表明，在哲学与科学之间存在着一条"逻辑的鸿沟"：科学的逻辑是实现"思维和存在"的统一的逻辑，哲学的逻辑是反思"思维和存在的关系"的逻辑。哲学的逻辑使科学的逻辑成为哲学反思的对象。在哲学的反思中，实现了哲学与科学的逻辑沟通。

马克思主义哲学在哲学史上的革命变革，首先就是以19世纪科学的巨大发展为背景，由传统哲学的在头脑中制造联系转变为从科学成果中概括和总结现实的联系，包括自然科学、社会科学和思维科学在内的全部科学才是马克思主义哲学直接的反思对象。如果把马克思主义的"自然辩证法"视为"自然哲学"，把马克思主义的"历史唯物主义"视为"历史哲学"，这就从根本上曲解和阉割了马克思主义哲学。

如果在现代科学的背景下，还企图超越科学对世界的规律性的认识而让哲学直接地研究"整个世界"，那就不仅是对哲学的历史和科学的现实的无知，而且是一种更加明显的、不可接受的倒退。与此同时，必须强调指出的是，马克思主义哲学以科学为直接的反思对象，既不是要把科学成果汇集起来以充当包罗万象的知识总汇，也不是一般地研究科学本身的问题以充当关于科学的科学，而是通过对科学的概括和总结深入地解决作为哲学基本问题的"思维和存在的关系问题"。恩格斯的《自然辩证法》正是以理论思维的辩证法反思"思维和存在的关系问题"，正是运用辩证思维概括和总结科学成果，不断地推进人类对"自然、人类社会和思维的运动和发展的普遍规律"的认识。

任何一门科学都不仅是以自己所提供的关于世界的规律性的认识去指

导人类扩展和深化对世界的改造,而且历史地扩展和深化了人类用以反映世界的认识系统,历史地提供和更新了人类用以把握世界的概念之网,历史地改善和变革了人类用以理解世界的思维方式,从而历史地表现着思维向客体接近的规律。这正如恩格斯所说:"每一时代的理论思维,从而我们时代的理论思维,都是一种历史的产物,它在不同的时代具有完全不同的形式,同时具有完全不同的内容。"① 思维与存在的统一是人类在实践的基础上,通过科学进步的中介而实现的。科学的历史发展为人类提供不断增加的认识成分,哲学理论的现实内容来源于科学。哲学一方面是通过对认识史的总结而深化用以概括科学成果的辩证思维方式,另一方面则是运用辩证思维去概括和总结科学自身所具有的认识论意义,自觉地使之升华为思维反映存在运动的规律,形成辩证法、认识论和逻辑学"三者一致"的世界观。这是恩格斯的"自然辩证法"的"真实意义"。因此,如果把恩格斯的《自然辩证法》视为关于自然的"自然哲学",视为关于科学的"科学主义",这就从根本上曲解了作为"现代唯物主义"的恩格斯的理论思维的辩证法。

---

① 《马克思恩格斯选集》第4卷,人民出版社1995年版,第284页。

毛泽东的"实践智慧"的辩证法
——重读《实践论》、《矛盾论》

孙正聿

《实践论》和《矛盾论》是毛泽东哲学思想的代表作,是具有中国特色、气派和风格的马克思主义哲学的里程碑之作。如何理解和阐释《实践论》和《矛盾论》,不仅关系到对毛泽东哲学思想的总体把握,而且关系到如何在当代中国推进马克思主义哲学的中国化。

通常认为,《实践论》讲的是认识论,《矛盾论》讲的是辩证法,二者的论域不同,理论内容不同,解决的问题不同。这种理解,既曲解了认识论与辩证法的真实关系,也误解了《实践论》与《矛盾论》的真实关系。《实践论》和《矛盾论》,既是实践论的矛盾论,又是矛盾论的实践论。从理论性质上看,这两部著作都是实践论的认识论;从理论内容上看,这两部著作都是实践论的辩证法;从理论渊源上看,这两部著作都发挥了"辩证法也就是认识论"的基本思想;从现实意义上看,这两部著作都是"转识成智"、指导实践的世界观和方法论。实践智慧的辩证法或辩证法的实践智慧,就是毛泽东的《实践论》和《矛盾论》。

一、实事求是:《实践论》、《矛盾论》的理论宗旨

马克思主义哲学不是书斋里的哲学,马克思、恩格斯、列宁、毛泽东

① 原载《哲学研究》2015 年第 3 期。

都不是书斋里的学者。正如恩格斯《在马克思墓前的讲话》中所说,马克思首先是"革命家";同样,恩格斯、列宁、毛泽东也首先是"革命家"。作为"革命家",他们同时又是"理论家",是作为"革命家"的"理论家"。他们的"理论",都具有鲜明的现实针对性,都源于对重大现实问题的理论回答。研究和阐释《实践论》、《矛盾论》,首先必须从其现实的针对性去把握这两部哲学著作。

《实践论》、《矛盾论》,是为了反对以经验主义和教条主义为表现形式的主观主义、确立马克思主义的实事求是的思想路线而写作的,是为了树立理论联系实际的马克思主义学风、实现马克思主义与中国实际相结合而写作的。《实践论》、《矛盾论》的理论宗旨,就是为解决思想路线问题奠定坚实的哲学基础。把握住这个理论宗旨,才能深刻地理解《实践论》、《矛盾论》。

思想路线问题,从根本上说,就是如何认识和改造世界,怎样分析和解决问题的立场、观点和方法问题,就是毛泽东本人精辟概括的"实事求是"问题。主观与客观如何统一,理论与实际怎样结合,如何从"实事"中"求是",这是《实践论》、《矛盾论》的共同的理论宗旨。在《实践论》中,毛泽东明确地指出:"唯心论和机械唯物论,机会主义和冒险主义,都是以主观和客观相分裂,以认识和实践相脱离为特征的。以科学的社会实践为特征的马克思列宁主义的认识论,不能不坚决反对这些错误思想。"① 在《矛盾论》中,毛泽东同样明确地指出:"我们现在的哲学研究工作,应当以扫除教条主义思想为主要的目标。"② 如果我们真正懂得了唯物辩证法,"我们就能够击破违反马克思列宁主义基本原则的不利于我们的革命事业的那些教条主义的思想;也能够使有经验的同志们整理自己的经验,使之带上原则性,而避免重复经验主义的错误"③。

为了实现克服教条主义和经验主义这个理论宗旨,就必须从哲学上解决两大问题:一是以实践的观点阐述认识的矛盾运动,使人们从认识活动

---

① 《毛泽东选集》第1卷,人民出版社1991年版,第295页。
② 《毛泽东选集》第1卷,人民出版社1991年版,第299页。
③ 《毛泽东选集》第1卷,人民出版社1991年版,第337页。

的基本规律上自觉地实现主观与客观的统一、理论与实际的结合；一是以实践的观点阐述认识矛盾的世界观和方法论，使人们从思维方式和思维能力上自觉地实现主观与客观的统一、理论与实际的结合。《实践论》侧重回答的是前一个问题，《矛盾论》侧重回答的是后一个问题，但它们共同回答的是主观与客观如何统一、理论与实际怎样结合的问题，也就是反对和克服各种形式的主观主义问题。只有把握住这个理论宗旨，才能从认识论和辩证法的统一中理解《实践论》和《矛盾论》。

把《实践论》和《矛盾论》分解为"认识论"和"辩证法"，与通行的马克思主义哲学教科书直接相关。讲授马克思主义哲学教科书，往往是以《实践论》的基本观点讲授"认识论"，又以《矛盾论》的基本观点讲授"辩证法"。

教科书以"唯物论"、"辩证法"、"认识论"、"唯物史观"的"四大板块"分叙马克思主义哲学，这是需要认真研究和加以改进的。然而这样分叙的结果，造成人们以"认识论"来解读《实践论》，又以"辩证法"来解读《矛盾论》，似乎《实践论》和《矛盾论》本身就分别是教科书意义上的"认识论"和"辩证法"。这种"因果颠倒"的逻辑，造成了《实践论》与《矛盾论》在理论宗旨、理论性质和理论内容上的分离。因此，在对《实践论》、《矛盾论》的理解和阐释中，必须跳出教科书关于"认识论"和"辩证法"的叙述框架，从这两部著作自身的理论宗旨、理论性质、理论内容、理论渊源和"真实意义"上去把握它们。

二、认识论：《实践论》、《矛盾论》的理论性质

1964年，在与人讨论日本物理学家坂田昌一的"基本粒子"问题的谈话中，毛泽东明确地说，"什么叫哲学？哲学就是认识论"[①]。这个论断，并不是毛泽东针对特定问题所提出的想法，而是毛泽东关于哲学的理

---

① 《毛泽东文集》第8卷，人民出版社1999年版，第390页。

论性质的根本性观点。理解这个问题，最为直接和最为重要的"文本"，莫过于作为毛泽东哲学思想代表作的《实践论》和《矛盾论》。

《实践论》的副标题是"论认识和实践的关系——知和行的关系"①，主要内容是讲实践与认识的关系，并具体地阐述了认识的实践基础、认识的运动过程、如何获得和检验真理、怎样实现主观与客观的历史的和具体的统一，因此被公认为是毛泽东的认识论。但是，能否由《实践论》是认识论，而推广为"哲学就是认识论"？讨论这个问题，首当其冲的，就是回答《矛盾论》是否是"认识论"，在什么意义上是"认识论"。

《矛盾论》讲辩证法，为何也是认识论？

只要认真研读这部哲学著作，我们就会发现，它讲的是如何用矛盾的观点观察事物、分析问题的辩证法，讲的是克服唯心主义的先验论和旧唯物主义的直观反映论的辩证法，讲的是认识的能动反映的辩证法，讲的是以实践论为基础并以实践活动为内容的辩证法。毛泽东明确地指出："这个辩证法的宇宙观，主要地就是教导人们要善于去观察和分析各种事物的矛盾的运动，并根据这种分析，指出解决矛盾的方法。"② 如何"分析"矛盾，怎样"研究"问题，这是《矛盾论》的出发点，也是《矛盾论》的聚焦点。《矛盾论》的辩证法，是在"认识论"意义上讲"辩证法"，是以"实践论"为根基讲"辩证法"的。

《矛盾论》首先分析的是矛盾的普遍性与特殊性，但是，毛泽东并不是描述性地叙述矛盾的普遍性与特殊性，而是从认识论提出问题。毛泽东说："就人类认识运动的秩序说来，总是由认识个别的和特殊的事物，逐步地扩大到认识一般的事物。人们总是首先认识了许多不同事物的特殊的本质，然后才有可能更进一步地进行概括工作，认识诸种事物的共同的本质。"③ 接着毛泽东又说："当着人们已经认识了这种共同的本质以后，就以这种共同的认识为指导，继续地向着尚未研究过的或者未深入地研究过的各种具体的事物进行研究，找出其特殊的本质，这样才可以补充、丰富

---

① 《毛泽东选集》第1卷，人民出版社1991年版，第282页。
② 《毛泽东选集》第1卷，人民出版社1991年版，第304页。
③ 《毛泽东选集》第1卷，人民出版社1991年版，第309—310页。

和发展这种共同的本质的认识,而使这种共同的本质的认识不致变成枯槁和僵化的东西。"①

由此,毛泽东在《矛盾论》中对人的认识规律作出这样的概括:"这是两个认识的过程:一个是由特殊到一般,一个是由一般到特殊。人类的认识总是这样循环往复地进行的,而每一次的循环(只要是严格地按照科学的方法)都可能使人类的认识提高一步,使人类的认识不断深化。"②《矛盾论》从"特殊"与"一般"的关系所阐述的认识规律,与《实践论》所总结的"实践、认识、再实践、再认识,这种形式,循环往复以至无穷,而实践和认识之每一循环的内容,都比较地进到了高一级的程度"③的人类认识规律是完全一致的。

关于矛盾的特殊性,《矛盾论》集中地、突出地讲了两个问题:一是"主要的矛盾",一是"主要的矛盾方面"。

关于"主要的矛盾",毛泽东所强调的是,"研究任何过程,如果是存在着两个以上矛盾的复杂过程的话,就要全力找出它的主要矛盾。捉住了这个主要矛盾,一切问题就迎刃而解了"④。对此,毛泽东十分尖锐地指出:"万千的学问家和实行家,不懂得这种方法,结果如堕烟海,找不到中心,也就找不到解决矛盾的方法。"⑤ 这表明,毛泽东并不是在通常所说的"辩证法"的意义上讲述"主要的矛盾",而是非常鲜明地在"认识论"、"方法论"的意义上揭示"捉住"主要矛盾的实践意义。

关于"主要的矛盾方面",毛泽东不仅指出"事物的性质主要地是由取得支配地位的矛盾的主要方面所规定的"⑥,而且强调"取得支配地位的矛盾的主要方面起了变化,事物的性质也就随着其变化"⑦。《矛盾论》关于"主要的矛盾方面"的论述,主要是从事物性质的变化而说明"新陈

---

① 《毛泽东选集》第 1 卷,人民出版社 1991 年版,第 310 页。
② 《毛泽东选集》第 1 卷,人民出版社 1991 年版,第 310 页。
③ 《毛泽东选集》第 1 卷,人民出版社 1991 年版,第 297 页。
④ 《毛泽东选集》第 1 卷,人民出版社 1991 年版,第 322 页。
⑤ 《毛泽东选集》第 1 卷,人民出版社 1991 年版,第 322 页。
⑥ 《毛泽东选集》第 1 卷,人民出版社 1991 年版,第 323 页。
⑦ 《毛泽东选集》第 1 卷,人民出版社 1991 年版,第 323 页。

代谢是宇宙间普遍的永远不可抵抗的规律"①，并以此为根据来说明社会主义取代资本主义的历史必然性、新中国取代旧中国的历史必然性、中国革命力量由小到大和由弱到强的历史必然性。这表明，与论述"主要的矛盾"一样，毛泽东并不是一般性地说明"主要的矛盾方面"，而是非常鲜明地在如何认识客观事物、特别是在如何认识重大现实问题的意义上揭示懂得"主要的矛盾方面"的意义。

在分析矛盾的普遍性与特殊性、特别是在分析矛盾特殊性的"主要的矛盾"和"主要的矛盾方面"的基础上，《矛盾论》又分析了"矛盾诸方面的同一性和斗争性"。

对于这个问题，毛泽东是以列宁的下述论断为出发点的："辩证法是这样的一种方法：它研究对立怎样能够是同一的，又怎样成为同一的（怎样变成同一的），—在怎样的条件之下它们互相转化，成为同一的，—为什么人的头脑不应当把这些对立看作死的、凝固的东西，而应当看作生动的、有条件的、可变动的、互相转化的东西。"② 这表明，与分析矛盾的普遍性与特殊性一样，毛泽东对矛盾的同一性与斗争性的分析，同样是着眼于"研究"矛盾着的双方是如何相互依存、又如何相互转化的，要回答的问题则是"为什么人的头脑"必须把矛盾的双方"看作"是生动的、有条件的、可变动的、互相转化的东西。

在对矛盾的同一性的分析中，毛泽东明确地提出："事物不是矛盾双方相互依存就完了，更重要的，还在于矛盾着的事物的相互转化。"③ 由此，毛泽东具体地分析了"被统治的无产阶级经过革命转化为统治者，原来是统治者的资产阶级却转化为被统治者"，"拥有土地的地主阶级转化为失掉土地的阶级，而曾经是失掉土地的农民却转化为取得土地的小私有者"，以及"战争转化为和平"、"和平转化为战争"④ 等重大现实问题。

在对矛盾的斗争性的分析中，毛泽东则突出地提出和回答了"对抗在

---

① 《毛泽东选集》第1卷，人民出版社1991年版，第323页。
② 转引自《毛泽东选集》第1卷，人民出版社1991年版，第327页。
③ 《毛泽东选集》第1卷，人民出版社1991年版，第328页。
④ 《毛泽东选集》第1卷，人民出版社1991年版，第329、330页。

矛盾中的地位"问题。毛泽东提出,"矛盾和斗争是普遍的、绝对的,但是解决矛盾的方法,即斗争的形式,则因矛盾的性质不同而不同"①,并以如何看待和对待"共产党内正确思想和错误思想的矛盾"②为例,深刻地说明了解决矛盾的方法"因矛盾的性质不同而不同"的道理。

《矛盾论》从头到尾,贯穿始终的是如何"认识"和"研究"矛盾,怎样"对待"和"解决"矛盾,也就是在"认识论"的意义上讲述"辩证法",在"实践论"的意义上发挥"辩证法"。《矛盾论》是认识论的辩证法,是实践智慧的辩证法。毛泽东的"哲学就是认识论"的论断,包含着从认识论的理论性质去理解辩证法的深刻的思想内涵。

三、辩证法:《实践论》、《矛盾论》的理论内容

如果说《矛盾论》是在"认识论"的意义上讲"辩证法",那么,《实践论》则是以"辩证法"为内容讲"认识论"。认识论的理论性质与辩证法的理论内容的统一,或者简洁地说辩证法与认识论的统一,才是《实践论》和《矛盾论》。

《实践论》讲认识论,讲的是认识的辩证关系的认识论,讲的是认识的辩证运动的认识论,讲的是克服形而上学的思维方式、运用辩证法的思维方式的认识论。

《实践论》的认识论,并不是简单的"把辩证法应用于认识论",而是以辩证法为内容的认识论,是运用辩证思维分析问题的认识论,是作为实践智慧的认识论。

《实践论》的切入点,就是认识与实践、知与行的辩证关系。围绕这个基本的辩证关系,《实践论》具体地分析和阐述了感性认识与理性认识的辩证关系,直接经验与间接经验的辩证关系,相对真理与绝对真理的辩证关系,特别是理论与实践的辩证关系,揭示了认识的辩证运动规律。认

---

① 《毛泽东选集》第1卷,人民出版社1991年版,第335页。
② 《毛泽东选集》第1卷,人民出版社1991年版,第335页。

识的辩证关系和认识的辩证运动，构成《实践论》的基本内容。离开这些辩证关系，就不是《实践论》；离开辩证思维，就无法理解《实践论》。

在阐述马克思主义的实践观的基础上，毛泽东在《实践论》中提出的问题是："人的认识究竟怎样从实践发生，而又服务于实践呢？"① 整部《实践论》就是围绕着认识与实践的辩证关系展开的，就是以"认识的发展过程"即认识的辩证运动为基本内容的。

《实践论》首先分析的是以实践为基础的感性认识与理性认识的辩证关系，以及以这种辩证关系为内容的认识的辩证运动。毛泽东指出，人在实践过程中，"开始只是看到过程中各个事物的现象方面，看到各个事物的片面，看到各个事物之间的外部联系"②。这就是"认识的感性阶段"。然而，"认识的真正任务在于经过感觉而达于思维，到达于逐步了解客观事物的内部矛盾，了解它的规律性，了解这一过程和那一过程间的内部联系"③，这就是"认识的理性阶段"。由此，毛泽东体会真切地指出："感觉只解决现象问题，理论才解决本质问题。"④ 在进一步的论述中，毛泽东明确地把感性认识与理性认识的辩证关系概括为：理性认识依赖于感性认识，感性认识有待于发展到理性认识；由感性认识发展到理性认识，是认识辩证运动中的第一次"飞跃"。

在对感性认识与理性认识的辩证关系的论述中，毛泽东提出了一对值得深思的重要范畴：直接经验和间接经验。毛泽东指出："一个人的知识，不外直接经验的和间接经验的两部分。"⑤ "一切真知都是从直接经验发源的。但人不能事事直接经验，事实上多数的知识都是间接经验的东西，这就是一切古代的和外域的知识。"⑥

关于"间接经验"，毛泽东所指称的并不只是作为"共同经验"的常

---

① 《毛泽东选集》第 1 卷，人民出版社 1991 年版，第 284 页。
② 《毛泽东选集》第 1 卷，人民出版社 1991 年版，第 284—285 页。
③ 《毛泽东选集》第 1 卷，人民出版社 1991 年版，第 286 页。
④ 《毛泽东选集》第 1 卷，人民出版社 1991 年版，第 286 页。
⑤ 《毛泽东选集》第 1 卷，人民出版社 1991 年版，第 288 页。
⑥ 《毛泽东选集》第 1 卷，人民出版社 1991 年版，第 288 页。

识，而且主要是指经过"科学的抽象"的知识，"科学地反映了客观的事物"①的科学知识、科学理论。因此，在《实践论》这里，直接经验与间接经验之间的关系，已经不是单纯的"经验"之间的关系，即不是单纯的"个人经验"与"共同经验"的关系，而是包含了"经验"与"知识"的关系、"经验"与"理论"的关系、"经验"与"科学"的关系。

从这个意义去理解"直接经验"与"间接经验"的关系，不仅会直接深化对"感性认识"与"理性认识"的辩证关系的理解，而且会深化对《实践论》的根本问题即认识与实践的辩证关系的理解。

实践是认识的来源，更是认识的目的。毛泽东说："马克思主义的哲学认为十分重要的问题，不在于懂得了客观世界的规律性，因而能够解释世界，而在于拿了这种对于客观规律性的认识去能动地改造世界。"② "认识的能动作用，不但表现于从感性的认识到理性的认识之能动的飞跃，更重要的还须表现于从理性的认识到革命的实践这一个飞跃。"③ 从认识到实践的飞跃之所以"更重要"，又不仅仅在于认识的目的是实践，而且在于只有实践才是检验认识的真理性的标准，只有实践才能推进认识的深化和发展。毛泽东说："人类认识的历史告诉我们，许多理论的真理性是不完全的，经过实践的检验而纠正了它们的不完全性。许多理论是错误的，经过实践的检验而纠正其错误。"④

《实践论》关于"实践是检验真理的唯一标准"的论述，不只是肯定了检验真理的实践标准，而且是从认识的深化、真理的发展深切地阐述了认识与实践的辩证关系。

"通过实践而发现真理，又通过实践而证实真理和发展真理"⑤，这充分说明了真理是具体的、真理是历史的、真理的发现和发展是一个过程。因此，《实践论》又具体地阐述了"相对真理"与"绝对真理"的辩证关系。

---

① 《毛泽东选集》第1卷，人民出版社1991年版，第288页。
② 《毛泽东选集》第1卷，人民出版社1991年版，第292页。
③ 《毛泽东选集》第1卷，人民出版社1991年版，第292页。
④ 《毛泽东选集》第1卷，人民出版社1991年版，第293页。
⑤ 《毛泽东选集》第1卷，人民出版社1991年版，第296页。

毛泽东说:"马克思主义者承认,在绝对的总的宇宙发展过程中,各个具体过程的发展都是相对的,因而在绝对真理的长河中,人们对于在各个一定发展阶段上的具体过程的认识只具有相对的真理性。无数相对的真理之总和,就是绝对的真理。"① 对此,毛泽东具体地作出解释:"客观过程的发展是充满着矛盾和斗争的发展,人的认识运动的发展也是充满着矛盾和斗争的发展。一切客观世界的辩证法的运动,都或先或后地能够反映到人的认识中来。社会实践中的发生、发展和消灭的过程是无穷的,人的认识的发生、发展和消灭的过程也是无穷的。根据于一定的思想、理论、计划、方案以从事于变革客观现实的实践,一次又一次地向前,人们对于客观现实的认识也就一次又一次地深化。客观现实世界的变化运动永远没有完结,人们在实践中对于真理的认识也就永远没有完结。马克思列宁主义并没有结束真理,而是在实践中不断地开辟认识真理的道路。"②

这是彻底的认识论的辩证法,也是彻底的辩证法的认识论。离开辩证法,就丢弃了《实践论》的真实的理论内容和"活的灵魂"。

四、辩证法也就是认识论:《实践论》、《矛盾论》的理论渊源

《实践论》、《矛盾论》的认识论的理论性质与辩证法的理论内容的统一,不仅是与马克思、恩格斯、列宁的哲学思想一脉相承的,而且直接地继承和发展了列宁关于"辩证法也就是(黑格尔和)马克思主义的认识论"③的哲学思想。"辩证法也就是(黑格尔和)马克思主义的认识论",这是列宁在他的"辩证法"名著《哲学笔记》中作出的最为重要的论断。这个论断,不只是表达了列宁对哲学、特别是对马克思主义哲学的根本性理解,而且是直接地继承并深刻地发挥了马克思、恩格斯对他们所创建的

---

① 《毛泽东选集》第1卷,人民出版社1991年版,第295页。
② 《毛泽东选集》第1卷,人民出版社1991年版,第295—296页。
③ 列宁:《哲学笔记》,人民出版社1974年版,第410页。

马克思主义哲学的根本性理解。

马克思写于 1845 年春的《关于费尔巴哈的提纲》，被恩格斯称作"包含天才世界观萌芽的第一个宝贵文件"。正是在这个"宝贵文件"中，马克思以批评旧唯物主义的直观反映论为切入点，逐条深入地阐述了"人的思维是否具有客观的真理性"问题，明确地提出必须"在人的实践中以及对这个实践的理解中"去解决全部哲学问题，并因此得出"哲学家们只是用不同的方式解释世界，问题在于改变世界"的根本性结论。① "改变世界"的马克思主义哲学，首先就是以实践观点为核心观点的、唯物论与辩证法相统一的能动的反映论。这集中地、深刻地体现了马克思主义哲学的认识论的理论性质。

马克思和恩格斯对他们所创建的马克思主义哲学的根本性理解是深刻一致的：

第一，马克思批评旧唯物主义"只是从客体的或者直观的形式"去看待思维和存在的关系问题，而这正是恩格斯所指认的旧唯物主义"只是"从"内容"方面去看待思维和存在的关系。这表明，马克思恩格斯都从认识论上把旧唯物主义的"主要缺点"归结为直观的反映论。

第二，马克思批评唯心主义只是"抽象地发展了能动的方面"，而这正是恩格斯所指认的唯心主义"只是"从"形式"方面去看待思维和存在的关系。这表明，马克思、恩格斯都从认识论上把唯心主义归结为抽象的能动性。

第三，马克思认为旧唯物主义和唯心主义的共同根源都在于离开"感性的人的活动"去看待思维和存在的关系，而这正是恩格斯所指认的离开"历史中行动的人"去解决思维和存在的关系问题，这表明，马克思恩格斯都从认识论上把旧唯物主义和唯心主义的根本问题归结为不理解实践对认识的决定性作用。在马克思、恩格斯这里，"辩证法"绝不是离开"认识论"的孤立的"方法论"，而是构成"能动的反映论"的理论思维。

上述分析表明，马克思、恩格斯对旧唯物主义和唯心主义的批评，都

---

① 《马克思恩格斯选集》第 1 卷，人民出版社 1995 年版，第 55、56、57 页。

是立足于以"思维和存在的关系问题"为"基本问题"的"认识论"问题。特别值得我们深思的是,恩格斯不仅把"思维和存在的关系问题"概括为"全部哲学,特别是近代哲学的重大的基本问题"①,而且深刻地揭示了这一问题的实质。这就是:"我们的主观的思维和客观的世界服从于同样的规律","这是我们的理论思维的不自觉的和无条件的前提"。②批判地反思这个"前提",阐发"主观的思维与客观的世界"的辩证关系,是认识论的根本任务,也是哲学的根本任务;辩证法是认识论的根本内容,认识论是辩证法的理论性质;因此,辩证法也就是认识论。

由此可见,列宁关于"辩证法也就是(黑格尔和)马克思主义认识论"的论断,直接地继承并合理地阐发了马克思、恩格斯对他们所创建的马克思主义哲学的根本性理解,与马克思、恩格斯的哲学思想是一脉相承的。

在列宁的《哲学笔记》中,"辩证法也就是(黑格尔和)马克思主义认识论"这个命题,绝不是一个孤立的、简单的论断,而是列宁在研读哲学史、特别是在研究黑格尔《逻辑学》和马克思《资本论》的理论探索中所得出的基本结论,是列宁在《哲学笔记》中以大量的研究成果为基础所得出的基本结论。对于这个基本结论,列宁强调地指出,这不是问题的一个"方面",而是问题的"实质",并且尖锐地指出,对于这个问题的"实质","普列汉诺夫没有注意到,至于其他的马克思主义者就更不用说了"③。毛泽东则不仅"注意到"这个问题,而且深刻地阐发了这个问题的"实质"。

《实践论》、《矛盾论》多处引证了马克思、恩格斯、列宁的相关论述,其中,引证最多的是列宁的《黑格尔〈逻辑学〉一书摘要》和《谈谈辩证法问题》。这表明,毛泽东是在认真研读列宁的上述著作并深入阐发列宁的相关思想的基础上形成了《实践论》和《矛盾论》。毛泽东为

---

① 《马克思恩格斯选集》第4卷,人民出版社1995年版,第223页。
② 《马克思恩格斯选集》第4卷,人民出版社1995年版,第364页。
③ 参见《列宁专题文集》(论辩证唯物主义和历史唯物主义),人民出版社2009年版,第151页。

《矛盾论》提出的主要的理论任务，是"引申和发挥"列宁在《谈谈辩证法问题》中所阐发的哲学思想，深刻地体现了"辩证法也就是认识论"的基本思想。这表明，能否理解《实践论》、《矛盾论》的认识论与辩证法的统一，不仅取决于对这两部著作本身的理解，而且深层地取决于对马克思主义的认识论和辩证法的相互关系的理解。只有理解辩证法也就是马克思主义的认识论，才能真正理解《实践论》、《矛盾论》是认识论的辩证法，也是辩证法的认识论。

五、实践智慧的辩证法：《实践论》、《矛盾论》的真实意义

《实践论》、《矛盾论》的辩证法和认识论的统一，是以实践为核心观点的统一，也是以实践为根本目的的统一。它们是实践智慧的辩证法，也是辩证法的实践智慧。

实践智慧，是以实践观点的思维方式对待人与世界关系的智慧，是实现"合目的性"与"合规律性"相统一的智慧，也就是尊重客观规律与发挥主观能动性相统一的智慧。它不同于理论智慧，也不同于生活智慧，但又与理论智慧、生活智慧密不可分。理论智慧主要是指超然于实践的形上智慧，生活智慧主要是指基于经验的常识智慧。实践智慧既是融形上智慧于生活智慧之中，又是把生活智慧提升为理论的形上智慧。借用毛泽东关于文学艺术的看法，实践智慧是"源于生活"而又"高于生活"的智慧。

作为实践智慧的《实践论》、《矛盾论》，首先是"源于生活"的智慧。这两部著作的宗旨是反对和克服以教条主义和经验主义为主要表现形式的主观主义，这两部著作的内容是以剖析教条主义和经验主义为"靶子"而阐发知行统一的"实践论"和对立统一的"矛盾论"。无论是论证实践对认识的基础作用和以实践为基础的认识的辩证运动，还是阐发矛盾观点在认识中的核心地位和以矛盾的观点所构成的矛盾分析方法，《实践论》、《矛盾论》都立足于中国革命的实践，并始终贯穿着对生活、实践

的具体分析。

作为实践智慧的《实践论》、《矛盾论》，又是"高于生活"的智慧。这突出地表现在，两部著作对认识的矛盾分析，不仅升华为一系列哲学范畴，而且赋予这些范畴以具有独创性的哲学内涵。范畴是反映事物本质属性和普遍联系的基本概念。从"同时态"看，范畴是"思维的联结点"，是理论思维的具有高度概括性、结构性的基本概念，使人们在概念的逻辑关系中把握世界；从"历时态"看，范畴又是人类认识成果的结晶和升华，构成人类认识的"阶梯"和"支撑点"，使人们在已有认识成果的基础上把握世界。毛泽东在《实践论》、《矛盾论》中提出和阐述的感性认识与理性认识、直接经验与间接经验、相对真理与绝对真理、理论与实践、内因与外因、共性与个性、主要矛盾与次要矛盾、矛盾的主要方面与矛盾的次要方面等基本范畴，既有生动鲜活的实践内涵，又有深刻睿智的理论内涵，不仅是以理论思维把握世界的最具普遍性的概念，而且是列宁所说的认识的"阶梯"和"支撑点"。

"源于生活"而又"高于生活"的实践智慧，使得"灰色"的理论变得熠熠生辉，使得"朴素"的现实变得厚重深沉。在实践智慧中，现实活化了理论，理论照亮了现实。这突出地表现在，毛泽东的实践智慧，把作为哲学基本问题的"思维和存在的关系问题"，具体化为"主观与客观""理论与实践""尊重客观规律与发挥主观能动性"的关系问题，从根本上超越了马克思所批判的"把理论引向神秘主义的神秘东西"。在《实践论》、《矛盾论》中，"解释世界"的哲学与"改变世界"的哲学的根本区别，不仅在于是否用实践的观点回答"思维和存在的关系问题"，而且在于能否把"思维和存在的关系问题"具体化为"主观与客观""理论与实践"的关系问题，能否实现"尊重客观规律与发挥主观能动性"的统一问题。这是《实践论》、《矛盾论》"转识成智"的实践智慧的本质之所在。

"源于生活"而又"高于生活"的毛泽东的"实践智慧"，就是毛泽东的辩证法的实践智慧或实践智慧的辩证法。它具有三个方面的重大意义：一是在世界观的意义上阐发了辩证法的思维方式和方法论，实现了辩证法的世界观、认识论和方法论的统一；二是在实践论的意义上总结和升华了以矛盾分析方法为核心的辩证智慧,使辩证法成为认识世界和指导行动的现实力量;三是在中国化、时代化和大众化的意义上构建了具有中国特色、气派和风格的马克思主义哲学,从而以历史悠久的中华文明和创新实践的中国经验丰富和发展了马克思主义哲学。《实践论》、《矛盾论》的"实践智慧"开辟了马克思主义哲学中国化的正确道路。

辩证法的实践本质及辩证法理论发展的突破口[①]

孟宪忠

1. 近十年来，我国哲学研究空前活跃。许多哲学基本理论的研究取得了长足进展。特别是认识论的研究，不论在宏观上还是微观上都不乏可喜收获。据不完全统计，这一时期认识论方面的论文占了辩证唯物主义论文的近80%。相比之下，辩证法理论研究显得相当薄弱。综观这一时期辩证法研究，可以看到：人们主要是以运用自然科学的新发现、新成果检验、修正、补充、丰富、深化以往辩证法作为推进辩证法理论研究的突破口。这一工作在两方面展开。一是根据现代自然科学的新发现完善、发展已有的辩证法规律和范畴。如在原因与结果范畴中加进统计因果规律的内容，在质量互变规律中补入序变形式，在对立统一规律中增添矛盾新类型。二是根据自然科学的新理论把已往的辩证法理论作为局部情况包括在系统论、耗散结构理论、协同学、突变论之中，把辩证法数学化，创立适合当代自然科学的辩证法拟化形式，实现辩证法理论内容和理论形式的彻底更新。

毋庸置疑，人们运用自然科学新发展、新成果、新理论检验、修正、深化发展以往辩证法理论的工作是有价值、有成绩的。但这一工作是否是发展辩证法理论的突破口呢？只按照这一方向工作能否建设体现马克思主义批判性、革命性本质的现代形态的辩证法理论呢？这需进一步思考。

[①] 原载《探索》1988 年第 6 期。

2. 要建立现代形态的辩证法理论，首先要反省我们以往辩证法理论研究中存在的是什么问题？找准问题是解决问题的前提。

人们运用自然科学新发现、新理论从理论内容上补充、修正、拓展辩证法理论，这是针对我国以往辩证法理论内容陈旧而发的。但是，我国以往辩证法理论研究中存在的问题不只是甚或主要不是理论内容陈旧，而是研究辩证法的"思维方式"陈旧，是在斯大林式的传统思维方式束缚下对马克思主义辩证法的形态、性质、对象、使命、功能作了陈旧的理解。

按照斯大林的说法，辩证法有四个基本特征，辩证法把自然界看作（1）有内在联系的统一整体，其中各个对象是互相密切联系着的；把自然界看作（2）不断运动、不断变化的状态，看作（3）有规律的发展过程；（4）这一过程是一个矛盾过程。很明显，斯大林只把辩证法作为自然界的本体规律看待，多年来，我国的辩证法研究深受苏联传统辩证法理论的影响，存在着把辩证法本体论化和经验论化的倾向。人们从"本体论思维方式"出发，只把辩证法看作是客观事物发展的普遍规律，把主要精力放在运用大量自然科学社会科学材料论证辩证法的客观性和普遍性上面，传统哲学原理教科书"物质论"、"辩证法"、"认识论"、"历史观"四大块的结构安排和"辩证法"部分对辩证规律和范畴的论述方式，给人们留下一种强烈的印象：仿佛辩证法只是客体世界运动变化发展的规律，辩证法理论只是说明"世界是怎样"的理论，而学习辩证法的价值和意义就是通过大量实证科学材料的论证来树立客体世界是辩证发展的信念。

传统哲学教科书从"本体论思维方式"出发研究辩证法理论，必然只把辩证法看成客体规律，看成本体论。今天人们运用自然科学新成果、新理论推进辩证法理论时，是否突破了传统哲学教科书研究辩证的"本体论思维方式"呢？很难说突破了。

传统哲学教科书所传达的辩证法理论主要是建立在对客体事物的宏观观察、宏观研究基础之上。20世纪微观观察、宇观观测使人们发现了客体事物许多新的矛盾状况、新的矛盾类型、新的矛盾规律。发现了客体事物许多不能一下子归结为矛盾规律的新的特性和规律。于是人们要求运用自然科学的新成果、新理论检验、修正、补充、深化以往的辩证法理论。人们这一要求的实质是把以往研究辩证法的宏观视角转移到微观、宇观领域。或者说把建立在经典自然科学基础上的辩证法改建在现代物理学现代自然科学基础上，这一要求无疑是一种进步。但是这种进步并没有转变研究辩证法的"本体论思维方式"，还是把辩证法只作为客体世界的发展规律，把辩证法理论作为解释客体世界理论看待。只要细看一下近些年辩证法规律、范畴内容的深化、发展主要在于吸收、改造、熔铸自然科学新理论，就可以明了这一进步还是束缚于"本体论思维方式"之下了。

所以，扬弃传统辩证法理论不仅是根据微观观测、宇观观测更新以往辩证法的理论内容，而首先是要扬弃研究辩证法理论的传统的"本体论思维方式"。

3. 纵观辩证法理论的发展，主要有三种研究辩证法的思维方式："本体论的思维方式"、"认识论的思维方式"、"实践论的思维方式"。从这三种思维方式出发，人们对辩证法的性质、对象、内容、使命、功能作出了不同的理解，从这三种思维方式出发，人们建立不同的辩证法理论体系。

从本体论思维方式出发，人们作出了"辩证法就是本体论"的判断。人们认为辩证法主要是研究客体事物自身矛盾及事物之间矛盾关系的科学。认为辩证法的批判性、革命性是通过肯定事物自身具有矛盾、肯定事物的永恒发展实现出来的。形成于苏联20世纪30年代、流行于我国50—70年代"本体论辩证法"体系的内容大致如下：事物普遍联系、相互制约和运动、发展观点；事物发展的质量互变规律、对立统一规律、否定之否定规律；事物几种最基本的对立统一关系（原因与结果、必然与偶然、可能与现实、形式与内容、本质与现象）。以"本体论思维方式"建立的本体论辩证法理论只是把客体事物作为辩证法的载体，侧重研究的只是事物自身诸因素、事物之间的辩证关系，而没有研究认识活动、实践活动的辩证关系，即没有把辩证法作为认识规律、实践规律来研究。同时，严格说来传统本体论辩论法理论也没有形成真正的范畴系统，不过是把一些辩证法的观点、规律、范畴分章节排开。

从认识论思维方式出发，人们作出了"辩证法就是认识论"的判断。持认识论思维方式的学者把辩证法定义为关于思维与存在的辩证关系及透过思维与存在关系把握存在的辩证本性的理论。以这种思维方式建立的辩证法体系坚持思维与存在统一的原则，坚持辩证法、认识论、逻辑学统一的原则，构造了"三者一致"的辩证法体系。这一范畴体系的内容是：（1）作为主观与客观关系的范畴和认识活动的范畴：存在和思维、主观和客观、实践和认识、感性和理性。（2）作为存在规定和思维规定的范畴系统：存在和无、实体和属性、空间与时间、独立和联系、质和量、现象和本质、个别和一般、有限和无限、运动与静止、条件与根据、统一和斗争、肯定与否定、必然与偶然、可能和现实。这一范畴体系比起传统本体论辩证法体系来，有很大的进步。这一体系不但在理论内容上更丰富，而且这一体系实现了一次思维方式的变革：这一体系体现了人们只有透过思维与存在、主观与客观的关系才能把握客体的规定性，体现了辩证法的每一范畴既是存在的规定又是思维的规定。因而这种辩证法就能发挥认识论和世界观的功能。这种辩证法理论的批判性和革命性是通过肯定思维与存在、主观与客观的矛盾以及肯定这些矛盾引起认识的永恒发展来实现的。

但是，以认识论思维方式建立起来的"辩证法、认识论、逻辑学统一"的辩证法体系，只是以客体事物的运动及人的认识活动为辩证法载体的，实践辩证法被摒弃于这一体系之外，虽然在范畴体系中列出了"实践"范畴，但却是把实践作为认识的环节视之，而不是作为基础和核心范畴，并在"实践"基础上展开一系列辩证范畴。

从实践论思维方式出发，我认为可以作出："辩证法就是实践论"的判断。由此，辩证法理论主要是研究实践活动中主体与客体之间的矛盾以及由这一矛盾引起的社会发展与人的规律的科学。以实践论思维方式建立实践辩证法体系具有历史的必然性和逻辑的合理性。辩证法的历史发展和辩证法理论逻辑告诉人们：客体的矛盾本性只有透过思维与存在的关系才能把握，而思维与存在关系又是在实践活动基础上生成和解决的。我们研究辩证法理论，是为了克服与之对立的形而上学。而辩证法与形而上学的对立、冲突不发生在自然界本身。自然界的一切现象自身没有辩证法与形而上学的区别，自然界一切现象的变化也没有辩证否定与非辩证否定之分,更没有什么绝对主义与相对主义的对立。辩证法与形而上学的对立、冲突只发生在人类的实践活动中,发生在人类的认识活动中。是人类认识的形而上学把自然界事物理解为形而上学,又是人类实践活动的形而上学导致了认识的形而上学。所以,研究实践辩证法是解决思维与存在辩证关系,把握存在矛盾的逻辑基础。同时,实践辩证法不是说明、解释世界的理论,而是以主体客体丰富复杂辩证关系为对象的理论,是实现人的尺度与物的尺度的统一,实现人的价值和人的全面发展的方法论,它必然具有比存在辩证法、认识辩证法丰富、深刻的内容。以实践论的思维方式研究辩证法不是不研究认识的辩证法、不是不研究客体的辩证法,而是要求从实践的立场去研究思维与存在的关系,从实践立场去研究客体事物自身及客体事物之间的矛盾关系。这意味着不是仅就自然界的规律本身去看待自然规律,而是从自然界与人的联系方面去看待自然规律;意味着不是把社会仅仅看成是自然历史过程,而是看成个人与社会相互作用的结果。或者说,实践论辩证法是以新的方式把认识辩证法、存在辩证法扬弃于自身之中。实践辩证法体系的逻辑内容和逻辑展开基本如下:(1)实践范畴:实践主体实践客体的分化和生成;实践主体的规定性(自然性、意识性、社会性、自主性、自为性);实践客体的规定性(对象化的存在、实践的对象、意识的对象、人化的自然)。(2)实践主体与实践客体的辩证关系:实践与认识、思维与存在、事实评价与价值评价;对象世界的制约性与主体的能动性;实践主体的尺度(人的本质、主体性、需要、目的、价值、超越);客体的尺度(客观性、必然性、发展性、可超越性)。(3)实践活动过程中主体与客体的辩证关系;实践主体与工具、对象、社会环境,实践活动中理论意识因素与感性活动因素;主体的作用与客体的反作用、客体的制约与主体对制约的超越;对象性原因—主体目的—手段—结果;可能性—选择作用—现实性;必然—自主—对必然的认识自主的实现—自由;现象—主体对现象的超越—对象属人本质的实践客体的对象化、异化、异化的扬弃和占有;实践过程与实践结果;实践主体与实践客体相互作用关系的本质(对立、同一、对立统一;肯定、否定、否定之否定)。(4)实践发展与主体发展的辩证法:实践发展与人发展的同步性;实现人的本质的实践与异化的实践；实践的发展和控制；实践的可能性与实践的最优化；按照主体尺度对客体的改造，人的本质力量对象化，人的主体性的生成，主体与客体的统一，真、善、美的统一，人的价值的实现、人的全面发展。

实践辩证法体系不再像本体论辩证法那样以"存在"为逻辑起点和核心范畴，也不再像认识论辩证法那样以"思维与存在"范畴为逻辑起点和核心范畴，而是以"实践"范畴为其逻辑起点和核心范畴。一种体系以什么范畴为起点和核心范畴表明这一体系的性质和使命。实践辩证法体系之所以以"实践"范畴为其逻辑起点，之所以按照"实践—实践基础上主体与客体的分化—主体与客体矛盾展开—主体与客体的统一"这一现实与逻辑统一原则安排，是因为实践是体现人的本质的直接性对象存在，正是实践分化生成着实践主体与实践客体，开展实践主体与实践客体的矛盾，又是实践统一了主体与客体、实现了人的价值和人的全面发展。实践辩证法的批判性和革命性是通过肯定实践活动、肯定主体客体矛盾运动对客体世界的改造作用、对主体全面发展作用实现的。

逻辑的概括根据于历史的发展。在辩证法发展的历史上，被康德称为独断论的17、18世纪的辩证法理论主要是一种本体论理论。黑格尔的辩证法理论主要是一种认识论理论，马克思的辩证法理论则是一种实践论。以实践论的思维方式研究辩证法、发展辩证法，是我们今天推进辩证法理论研究、建立现代形态辩证法理论的突破口。从这一理解回观近几年我们只侧重运用自然科学成果从理论内容上检验、修正、补充、丰富以往辩证法理论的工作，就显得很不够了。如果人们只满足于这一工作，甚或宣称这一工作才是随着时代发展转变辩证法形式的正确方向，那就有还在本体论思维方式下把辩证法本体论化之嫌，有把辩证法只作为解释客体世界理论之嫌。而这是从马克思实践辩证法的倒退。

4. 现在，越来越多的人倡导马克思主义哲学是"实践唯物主义"，在本文中我提出马克思的辩证法是"实践辩证法"。"实践唯物主义"与"实践辩证法"是什么关系呢？我认为"实践唯物主义"与"实践辩证法"是统一的。实践作为"本体"不是凝固不动的实体，它是主体与客体各种矛盾生成的基础、过程、活生生的内容。实践唯物主义所要研究的就是实践活动中主体与客体的丰富的对立统一关系。所以，我们不能停止在马克思主义哲学是实践唯物主义的论断上，而要深入研究实践唯物主义的辩证内容。如果我们站在实践唯物主义的立场上，从实践论辩证法的视角研究辩证法，那么展示在我们面前的将是一片广阔天地。

社会历史的辩证法[①]

——辩证法的高阶问题与当代处理

孙利天　王　丹

在辩证法理论研究中，存在着一种为辩证法划界进而明确辩证法理论实质的努力。萨特在《辩证理性批判》中认为自然界不存在辩证法，辩证法只是人学辩证法。高清海先生在其晚年提出的"类哲学"中，也明确把知性的物种思维方式与辩证法的类哲学思维方式区分开来，认为辩证法是解决人类自我否定、自身发展的思维方式。暂不讨论这种划分的合理性，可以肯定的是人及其社会历史活动的问题是最复杂、最高级的运动形式，是辩证法理论中最高阶的问题。原因在于人所特有的自我意识和精神能力实际地参与和改变了自然历史过程，人不仅解释世界，也改变世界，人所创造的社会历史过程是主客统一的过程。因此，要认识和把握社会历史过程的趋势和规律，就只能用主客统一的辩证概念体系，用黑格尔的术语说，是用自觉、自为的有生命的概念体系去把握它的真理性。用哲学的概念和范畴概括中国道路和中国经验，也需要主客统一的社会主义概念辩证法。

一、辩证法是一种较高的思维方式

辩证法在人类思想史上有悠久的历史，但在恩格斯看来，以概念本性

[①] 原载《社会科学战线》2017年第1期。

的研究为前提的概念辩证法迟至近代才出现。用黑格尔的分析，这是因为："从前人们都以为思想是无足轻重，不能为害的，不妨放任于新鲜大胆的思想……当他们这样思想时，其结果便渐渐严重地影响到生活的最高关系。传统的典章制度皆因思想的行使而失去了权威。国家的宪章成为思想的牺牲品，宗教受到了思想的打击；这样，思维便在现实世界里成为一种力量，产生异常之大的影响。于是人们才开始注意到思维的威力，进而仔细考察思维的权能……所以考察思维的本性，维护思维的权能，便构成了近代哲学的主要兴趣。"① 康德的《纯粹理性批判》总结了近代哲学思维考察的理论成果，划定了理性的界限。他认为人类思维的权能只能划定在为先天的感性形式和先验范畴统觉的经验世界，亦即现象界，并认为使经验得以可能的外在条件"物自体"是不可知的。同样，没有经验直观的理性概念如"上帝""心灵"和"宇宙整体"等也无法用知性概念把握，否则就会陷入"辩证幻象"。一方面，康德哲学的划界，是对西方2000多年传统哲学的总体批判，是对独断论的知性形而上学的拒斥。因此，至今仍深远地影响着当代西方哲学。另一方面康德哲学仍保留着形而上学的追求，为后来的哲学留下了如何把握无限性的理念这个问题。

  黑格尔的概念辩证法可以说是对康德问题的解答。在黑格尔看来，康德的理性划界是一种"理性的谦卑"。虽然用经验的知性概念确实无法把握超验的理念，但还存在着一种"较高的思维方式"足以把握无限的真理，这就是黑格尔的概念辩证法。黑格尔反对康德关于经验与超验的知性区分，认为无限的理念虽然没有感性的直观，但无限就存在于有限，或者说意识之中。正如说物自体不可知，即已对物自体有所知，否则就说不出物自体这个概念。黑格尔赞扬康德在哲学史上的重大成就在于指出了把握理念的矛盾的必然性，但批评康德对于事物的温情主义，即认为矛盾只是思维的矛盾而事物本身不会有矛盾。黑格尔主张用自身发展的自我否定的矛盾概念体系把握无限的全体的真理。这样，黑格尔在哲学史上建构了一种全新的思辨逻辑，这是一种区别于形式逻辑的思想内容的逻辑，即逻辑

---

① ［德］黑格尔：《小逻辑》，贺麟译，商务印书馆1980年版，第68页。

学与形而上学统一的客观思想的逻辑。用黑格尔自己的说法是欲趋赴真理的逻辑，即把每一思想范畴或概念作为世界自身的本质和规律的环节，在其概念的必然发展中把握世界的最高真理。

用主客统一的概念体系把握世界的本质和规律的概念辩证法，本质上是区别于经验科学的哲学的真理和方法，是一种区别于经验科学思维的较高的哲学思维方式。它着力解决的是超验的、形而上学的哲学问题，即我们通常所说的世界观问题。当然，黑格尔所理解的这种哲学真理或新科学和后来胡塞尔所说的"严格的科学"等一样，也改变了人们对知识和经验科学的理解。因而辩证法也有从思辨向经验贯注的经验意义。比如，在黑格尔看来，经验科学是有限的思维方式，经验科学的发现具有偶然性，没有思想的必然性。因此，经验科学不足以把握绝对和无限的真理。黑格尔还认为，经验科学是"应用逻辑"，离开了表达思维规律和存在规律统一的哲学范畴或者说离开了人类思维的基本概念框架，经验科学就不能思维，等等。黑格尔多次把人们日常生活中的表象思维、经验科学的知性思维与他所说的哲学的思辨思维加以比较，从而强调辩证法作为一种较高思维方式的特点和意义，明确了辩证法作为哲学的真理和方法的意义。

马克思批判了黑格尔辩证法的唯心主义或精神本体论，唯物地颠倒了黑格尔的辩证法，但马克思也充分吸取了其合理内核。马克思在《资本论》中，甚至有意地模仿黑格尔，用商品、货币、资本、剩余价值等范畴的逻辑的必然运动，揭示资本主义社会内在的辩证法，写下资本主义社会的逻辑学。这充分说明，黑格尔的概念辩证法作为近代哲学乃至全部西方传统哲学的最高理论成果，是不能轻易放弃，也不能轻易掌握的一种高级哲学思维方式。列宁曾感叹，不钻研和不理解黑格尔的全部逻辑学，就不能完全理解马克思的《资本论》。① 我国哲学界把黑格尔辩证法作为马克思主义哲学的理论来源之一，对黑格尔的辩证法已有几代人坚持不懈的研究，达到了很高的学术水平。有学者认为，黑格尔研究对中国哲学工作者的思辨训练，是我们今天的论坛哲学与西方学界能够进行平等对话的前提

---

① 《列宁全集》第38卷，人民出版社1959年版，第191页。

之一，这是符合实际的判断。而我们的讲坛哲学却因多年来囿于苏联模式的哲学原理教科书，辩证法被公式化、形式化地表述为几条规律和几对范畴的体系。我们虽然正确地论述了辩证法是世界物质运动的规律，使辩证法的规律有了世界观内容和意义，这似乎不能说教科书的辩证法是公式化、形式化的东西，但我们缺少黑格尔和马克思那样丰富的范畴体系（这些范畴是列宁所说的"是对世界的认识的历史的总计、总和、结论"[①]），辩证法实质上仍是空泛的形式的原则。若使这些抽象的辩证法原则能够被人们理解，我们在辩证法的阐释和宣传中又必须给予它一些偶然的经验内容。这就是列宁所批评的举例子的方法，这又导致把辩证法经验化、庸俗化。我们曾把辩证法作为一把万能的钥匙，声称它能打开千把锁、万把锁，可以用辩证法解决一切经验的问题和困惑。这种被神话的辩证法失去了思想的客观性和确定性，被嘲讽为"变戏法"，损害了辩证法的理论声誉。所以，必须强调辩证法作为哲学真理和方法，作为哲学思维方式的思想高度和维度。

二、人的社会历史发展规律是辩证法的高阶问题

高清海先生曾说，"人是哲学的奥秘"，马克思也曾讲，"人的根本就是人本身"。思辨的思维与知性思维，辩证法与形而上学等等的区分和对立，从根本上取决于人所处的时代的精神状况，取决于人们在特定历史时代的理论需要和实践需要。黑格尔在马克思的时代已被作为"死狗"。在过去的一个世纪黑格尔乃至马克思的辩证法也被作为"同一性哲学""宏大叙事"等在西方饱受诟病。值得一提的是美国哲学家怀特在《分析的时代：二十世纪哲学》中认为，马克思关于阶级和阶级斗争的理论是黑格尔辩证法唯一具有理论价值的继承。此外，海德格尔晚年在讨论班中批评马

---

① 《列宁全集》第38卷，人民出版社1959年版，第90页。

克思的存在论没有摆脱黑格尔的影响，只是把黑格尔的"生命过程"变为"生产过程"的存在论。当然我们都重视海德格尔对马克思的一个积极评论，即马克思深入到历史的本质的一度。这些肯定或否定的评论，无论是阶级斗争、生产过程还是历史的本质，都触及社会历史辩证法的这个最复杂、最高阶的问题。

黑格尔的《逻辑学》和《精神哲学》都充分表明，辩证法的真实生命是精神的自己运动。而真正的自己运动、自我否定和自身发展的现实实体，只能是生命特别是人的认识和实践。黑格尔明确地讲《逻辑学》的存在论范畴是过渡性的，本质论范畴是反思映射性的，只有概念论中始于生命终结于绝对理念的范畴，才是主客统一的自我否定和自身发展，才是有生命的精神。他在《精神现象学》和《精神哲学》中也讲到精神是最复杂，因而也是最高级的存在。在马克思的经典文本中亦总是关注人本身这个根本问题，关注的是社会历史的辩证法。精神和人的社会历史活动所以是最复杂、最高级的存在，不仅因为从发生学看，它是自然进化的最高成果。思维着的精神是自然界最美丽的花朵，也是结构最精致和机理最复杂的花朵。所以，"人体解剖是猴体解剖的钥匙"，人的奥秘即是世界的奥秘。更为复杂的是精神是主客分化而又统一的过程。人的社会历史活动是自由自觉的物质活动，是合规律性与合目的性统一的活动。因此，把握社会历史的概念和范畴必须是主客统一的实体性东西，而这种实体性的东西才能是真正的主体。黑格尔所说的实体即主体，只有概念论的范畴才是现实的主体，存在论和本质论的范畴只能说是潜在的主体。精神和人的社会历史活动的辩证法的最高阶问题是哲学家反思的自我相关。这是马克思更自觉地意识到的精神维度，是马克思哲学批判的彻底性所揭示的最为深层次的矛盾。哲学家也是社会历史性的存在，哲学家对社会历史的反思和批判已经受到社会历史的前提规定。因此，哲学家也必须自觉地反思和批判自己的社会立场。这种后来解释学所说的"解释的循环"，早已在马克思的辩证法中得到显现和运用。

在黑格尔的精神辩证法中，我们以往并未充分注意的是其社会历史批判的意义。黑格尔也许自觉地掩饰了自己哲学的批判性和革命性，他所说的密涅瓦的猫头鹰在黄昏后起飞,凡是现实的就是合理的,历史的和逻辑的一致等等,可能是"理性的诡计"。实际上,当黑格尔从历史和现实中的实体性东西构造精神辩证法时,逻辑的东西已远远超越了历史。这是因为历史和现实的意识形式和文化存在,以同时态的并存而表达历时态的精神发展。古希腊的哲学理念和原则被黑格尔视为精神的家园,它作为精神发展的最高形态亦即哲学的绝对理念其最初表达即已远远超越了当下的道德、伦理等精神阶段,因而具有精神导引的意义。黑格尔在自己的许多著作中,似乎是不经意地诊断和批判自己时代的精神状况。在《精神现象学》中他认为摆脱了伦理实体而独立出现的自为存在的道德,"更接近于我们这个时代"①,亦即主观地追求个人快乐的时代。而他在《法哲学原理》中对主观道德的批判,可以视为对现代性的个人主义、工具理性和主观理性的自由的最早、最系统的哲学批判。说黑格尔是第一个自觉的现代性批判的哲学家也许并不为过。

　　黑格尔的社会历史批判和现代性批判依赖于他的精神本体论和精神辩证法。某些精神形式如哲学、艺术和宗教等能够超越自己的时代从而为历史和现实指引方向。所以,逻辑的东西先于和优于历史。马克思唯物地颠倒黑格尔的辩证法,也必然颠倒逻辑和历史的关系。哲学、宗教、艺术等黑格尔称之为绝对理念的精神形式,只能以现实和历史的社会性存在作出说明和解释。但马克思保留和物化了黑格尔所强调的历史发展的客观精神,保留和深化了对历史和现实作总体性理解的历史哲学,保留和发展了理解现实和历史的概念辩证法。没有了黑格尔式的超越时代的精神形式的引导,社会历史的批判如何可能?后现代主义哲学的一个根本困惑就是"没有标准的批判如何可能?"马克思在青年时代即已回答了这个困惑,那就是"在批判旧世界中发现新世界"②。马克思在宗教批判、社会批判、法哲学批判、政治经济学批判乃至各种当时的社会主义学说的批判中,逐渐发现和生成了新的批判尺度和标准,形成了社会存在、社会意识、社会基本矛盾、生产力和生产关系、经济基础和上层建筑等全新的社会历史辩

---

① [德]黑格尔:《精神现象学》上卷,贺麟、王玖兴译,商务印书馆1979年版,第238页。
② 《马克思恩格斯全集》第1卷,人民出版社1956年版,第416页。

证法的范畴体系，并且自觉地将其运用到哲学和哲学家的自我反思和自我批判，为我们今天思考社会历史问题提供了经典的范式和榜样。

黑格尔和马克思的社会历史辩证法至今仍是我们反思和批判现代性的思想指引。黑格尔对现代性的个人主义、主观的自由主义的理性立法的批判，最近在霍耐特的新著中受到关注①。但霍耐特在西方哲学的后形而上学语境中，必得与黑格尔《法哲学原理》的国家理性和精神本体论划清界限，担心形而上学的污染和自由至上原则的动摇。但除掉黑格尔客观精神的历史必然性，可吸取的黑格尔精神也就所剩无几了。马克思的现代性批判从根本上说即是资本批判或资本逻辑的批判。用齐泽克的说法当代资本与各国实际实现了最有效的结合，成就了今天的资本全球化、普遍化。而资本在现代技术体系的符号化、信息化、金融化支持下，以更快的速度、更广的范畴笼罩了全球。资本技术的控制体系作为"集置"或"装置"已把人们完全纳入到其或隐或显的驯化之中，以致人成了"碎片"、"非人"或"裸人"。后现代哲学对现代性的批判，基本未超出马克思资本批判的视域和逻辑。更为重要的是，马克思社会历史辩证法的现代性批判，总是葆有发现新世界的历史乐观主义精神，既有现实的、实证的超越资本逻辑的探索，又有人的自由全面发展的理想或者说是形而上学的希望。

三、构建中国特色社会主义辩证法的原则和思路

思考黑格尔和马克思的社会历史辩证法，就我们的目的说是要寻找概括和总结中国道路、中国经验的中国特色社会主义辩证法的原则和思路，是要找到用哲学理论的方式理解我们自己近40年历史经验的思考框架，是要说出我们自己的哲学理论。在对黑格尔和马克思社会历史辩证法的理解中，特别是在与西方各种后现代主义哲学的比较中，我们认为需要强调

---

① 参见［德］阿克塞尔·霍耐特：《不确定性之痛》，王晓升译，华东师范大学出版社2016年版。

的几个基本原则是：

第一，客观性原则。黑格尔的辩证法奠基于其反复强调的客观性思想，也就是我们通常批判的思存同一性原则。在黑格尔看来，逻辑学的思想范畴既是表达思维规律的内容逻辑，也是表达存在自身规定的存在论或形而上学。这无疑是唯心主义，也是海德格尔所批判的用思维去规定存在的柏拉图主义。但从唯物主义的立场说，思想要符合客观实际，思想要产生强大现实力量，也必须是客观性的思想。这是列宁感到的悖论，黑格尔的唯心主义更接近辩证唯物主义。而在对社会历史的理解中，黑格尔和马克思共同持有的历史客观性和历史必然性的信念，是一切历史科学的前提。仅此一点，黑格尔和马克思的社会历史辩证法就与当代西方的主流政治哲学和后现代主义区别开来。如霍耐特已经意识到的，当代西方的自由主义政治哲学立足于康德的理性立法的基础上，自由的理性立法可以在对话、商谈、交往实践等过程中达成某些共识。且不说这些公共理性的共识能达到何种程度，即便是有高度普遍性的共识，也未必一定具有客观性。离开了黑格尔所说的"客观精神"和马克思的"历史规律"的理性立法，难免是良善的主观愿望，甚至是脱离实际的遐想。各种后现代主义拒斥形而上学，反对"宏大叙事"，但他们一旦要对历史和现实有所言说，且要让人们理解他们的言说，就必须使用概念和理性的论证，从而不可避免地沾染上形而上学。所以，从黑格尔和马克思的社会历史辩证法出发，我们不必担心形而上学的污染，我们要着力于从自己的实践和经验中去凝练那些表达客观历史必然性的概念和范畴。这些被黑格尔叫作"实体性的东西"，"坚定不移"的东西，构成了社会历史的骨架，是社会历史发展的深层基底。

第二，主客统一的概念。表达历史发展趋势和历史必然性的客观思想及其概念和范畴，与经验科学的实证性和描述性概念不同，应是主客统一的有生命的概念。因为社会历史活动既是物质性的感性活动，也是精神性的人的有目的的自觉活动。作为社会历史中那些坚固的实体性的东西，不仅是客观化、对象化的物质性存在，而且也是伦理、道德、法律等客观的精神性存在，并且包含着特定时代人们普遍的社会实践意志，也就是人们常说的"人心所向"。要把握社会存在与社会意识统一的社会历史发展,只能用主客统一的概念及其自己运动、自我否定和自身发展的体系,亦即社会历史辩证法的理论形式来把握。黑格尔和马克思的辩证法都是面向事情本身的辩证法,其难点在于事情本身的社会历史即是最复杂、最高等级或我们所说的高阶存在。其中充满着复杂的精神变物质、物质变精神,以及精神的自我反思等不同层级的纠缠。所以,我们在理解现实和社会历史时,会经常陷入客观逻辑与主观愿望,一般历史规律和各国特殊实际,物质的技术性条件和精神文化因素等的复杂矛盾之中。在理解中国经验和中国道路时,尤为显著。主客统一的社会历史辩证法至今仍是把握复杂社会历史现象最有效的概念框架,是最适合对社会历史做总体性思考的历史哲学。在物质性的社会存在中看到精神,在精神文化的观念中看到物质,主客统一的概念是社会历史自身的特性决定的表达方式。

第三,辩证法的批判本性和范导性理想。在复杂的社会历史现实中,有些坚硬的实体性东西作为历史的本质和规律,需要哲学的反思和洞察把它表达为概念和范畴;表达社会历史本质和规律的概念和范畴是主客统一的;因为社会历史本身是人的实践和活动,人们的普遍社会实践意志是永恒的否定性和创造性。所以,它总是不停歇地进行着思想的批判和物质性的武器的批判,社会历史的辩证法必是批判的、否定的辩证法。主客统一的实体性概念,内含着自我否定、自身发展的自己运动,它以辩证否定的思维逻辑表达社会历史的客观逻辑。马克思强调的辩证法的批判性和革命性,既有社会历史自身的存在论根据,又有辩证逻辑的认识论根据。更为重要的是批判是根本性的、前提性的、本质的批判,而非主观任意的思想反叛。对马克思说,时代的使命和历史的责任是资本的批判。对我国的社会主义改革说,邓小平抓住的是对"什么是社会主义和怎样建设社会主义"这个根本问题的重新思考和思想解放。只有沉入到社会历史的本质的维度中,抓住历史自身自我否定的关键环节,社会历史辩证法才能成为强大的思想力量。黑格尔和马克思的社会历史辩证法也是肯定和葆有形而上学希望的辩证法。一些现代西方哲学家批评黑格尔和马克思的历史目的论和历史必然性的信念,固然在事实上什么偶然性都可能发生,没有什么神性的力量保证历史走向善的目的，但作为以思想的形式实际地参与和改变历史进程的理论学说，它必须给历史以正能量，以理论的形式现实地推动着历史发展。

按照上述社会历史辩证法的主要原则，思考概括和总结中国道路和中国经验的中国特色社会主义辩证法，关键是要捕捉到那些真正具有中国特色的具体的实体性的东西。我们可以从改革开放数十年的三个关键词考虑它的基本框架，这就是我们常说的"改革、发展、稳定"。让我们首先从稳定说起。我国改革开放所取得的伟大成就，首先得益于社会的稳定。研究中国问题的专家对此作出了多方面的解释。比如，从政治角度上说，我们有强大的威权政府，有效的社会治理，有强大的中央计划和宏观经济调控能力。美国经济学家刘易斯的发展经济学认为，这是后发国家现代化成败的关键。从经济角度也有人强调中国是"大陆型经济体"，东、中、西部有较大的经济发展梯度，这为化解经济风险提供了宏观调控的空间。从文化角度和社会角度看，有人强调中国上千年来绝大多数居民都是原居民，这保证了文化的连续传承。以往我们也曾讲到中国传统的家庭和亲属关系延续至今的经济上的互助，也是降低社会风险，保证社会稳定的重要条件。总之，保证我国经济社会快速发展的社会稳定，是中国道路和中国经验中十分重要的范畴。它凝结着中国特色的政治、经济、文化和社会等的丰富内涵，是理解和阐释中国经济奇迹的主客统一的基础性概念。

按照主客统一的社会历史辩证法原则，理论地阐释中国特色社会主义发展的内在逻辑，我们不能忽略人本身这个根本。我们常说，改革开放是发展的动力。作为党和国家的宏观政策或者说是理性的发展计划，改革开放从根本上改变了中国经济社会发展的制度条件和社会场域，为人们的观念和行为提供了广阔的自由选择和创造的空间，从而成为我国经济社会发展的强大动力。但另一方面，我们也不能忽视的是，所有的经济社会发展成就都是通过每一位劳动者具体的物质劳动而创造的，城市的每座高楼大厦，都有农民工一砖一瓦的辛勤劳作。经济学家们对我国的快速发展，作出了许多经济学解释。比如，从比较优势理论，强调我国的劳动力资源优势或人口红利，也有人强调我国的国有和集体所有的土地政策允许在改革开放之初以极低廉的地租大大降低了生产成本。张五常先生强调的"县域竞争"也有很强的解释力，县级政府所具有的土地审批权和县域规模的经济能力，使县域主体成为社会主义市场经济竞争的重要力量。但如果我们全面思考中国经济社会发展的动力，就会发现中国经济奇迹的奥秘不仅在于党和国家的宏观经济政策，也不仅在于中观的县域竞争，而且也在于微观的每位劳动者的选择和创造。一个直观的印象是，我国大、中、小城市的快速发展，得益于几亿农民工的劳动投入。如果我们粗略思考农民工群体的理性选择的经济和社会意义，也许会对理解中国经济社会发展提供启示。首先是农业联产承包责任制的改革和种子、化肥、农药等的技术进步，大大提高了农业劳动生产率，从而为农民进城务工提供了条件。其次，第一代农民工所具有的传统的家庭责任感和在长期艰苦生活条件下养成的吃苦耐劳的品质，使他们能够承受艰苦的生活和很高的劳动强度。而随着第一代农民工的逐渐老去，新一代劳动者的责任意识和吃苦精神已大不相同，他们很少愿意留在家里务农，也不愿去城里从事高强度的劳动。所以，农业生产的机械化和现代化，城市经济的结构升级不仅是因为粗放式增长模式已造成的环境、资源的巨大压力和产能过剩等经济问题，而且也是劳动力代际替换的必然要求。从主客统一的概念去理解我国经济结构的升级和转型，可能更符合事情本身的辩证法，也会使我们更多地关注人本身。

　　构建中国特色的社会主义辩证法应是中国自己的哲学理论的根本任务，我们现在只能粗略地讨论它的原则和思路，尚不能系统论述社会历史辩证法成熟的理论形式。这可能首先需要中国特色的社会科学的充分发展。构成中国特色社会主义辩证法的实体性东西的范畴，需要社会科学概念的中介，真正有了成熟的中国特色的经济学、政治学、社会学、文化学等，才可能有成熟的中国特色的社会主义辩证法。但我们仍可乐观地展望中国哲学的未来，这是因为近四十年的中国道路和中国经验正在逐渐沉淀和显示真正中国特色的实体性的东西，各门社会科学和党与国家的政策中都已不同程度地触及这种主客统一的本质和规律的东西。比如，我们近年来强调"底线思维"，避免犯颠覆性的错误等，我认为这是当代辩证法的普遍原则。现代社会学认为现代性是目反性的,现代社会是高风险社会。而"底线思维"即是风险思维,是对现代社会自我否定甚至自我毁灭的界限和尺度的精准控制。

作为生命体验的辩证法[①]

孙利天　李建萍

辩证法是什么？现行哲学原理教科书似乎给出了最为清晰和科学的表述，即"辩证法是关于自然、社会和思维发展的普遍规律的科学"。具体包括三大规律和五对范畴等理论内容。这个定义和体系从表面上看，具有非常严密和科学的逻辑自洽性，而且易于掌握和理解。但是，深入其内部仔细研究，却存在着很多理论困惑和疑难问题，这也是多年来唯物辩证法受到诟病的原因之一。

一、教科书对辩证法的形式化理解

仔细研究教科书对辩证法的阐释，不难得出这样的结论：教科书辩证法是在传统哲学解释框架中，对辩证法进行了片面的、庸俗化的理解。在这种解释框架中辩证法成为事物一般联系和发展的原则的学说，脱离了事物自身具体的内容，变成了关于"抽象的共同点和僵死的共相"的"科学"。

首先，教科书对辩证法的纯形式化理解导致对辩证法的片面和庸俗化的理解。这主要体现在把辩证法直接解读为关于自然、社会和思维发展的普遍规律的科学。辩证法似乎和其他自然科学、社会科学等实证科学一样，是对客观对象研究的科学成果和结论，它无疑是具有最大普适性的对

[①] 原载《学术交流》2015年第2期。

象性理论，是无所不包的现成的知识总和。例如，按照教科书的理解，辩证法可以区分为客观辩证法和主观辩证法。客观辩证法现成的存在于客观世界之中，人只需要像照镜子一样去"反映"，从而形成主观辩证法。如何证明这个论断的正确性呢？教科书的办法是观点加实例。通过各种实例的总和来解释辩证法的普遍有效性，证明辩证法的科学性和合理性。对辩证法的这种理解带来的问题是：辩证法是否就是一门实证科学，是否存在着这样一种具有最大普适性的科学理论体系？如此简单的反映论，离开了辩证法的认识论内容和人类的思维发展史来叙述辩证法的形成根源，很显然是形而上学思维方式的结果。辩证法所包含的丰富的差异性和特殊性被抽象掉了，成为常识性的经验总结和空洞的形式主义教条。这样的辩证法不能不说是一种新的形而上学。

其次，对辩证法的形式化理解使辩证法成为可以四处套用的公式和逻辑法则。按照这种理解，形而上学的思维方式被表述为非此即彼、静止地、孤立地看问题。辩证法则是以运动的、联系的、发展的眼光看问题。辩证法是辩证推理的形式，即固定的形式法则和逻辑思维工具。不但可以脱离事物的具体内容单独存在，而且还是一套实证的科学方法和现成的工具理论，一经掌握，就可以以不变应万变，成为套话、空话、假话的逻辑基础。对辩证法的形式化理解从表面上看似乎克服了形而上学的非此即彼的思维方式，达到了对世界的整全性的认识。而实际上，只是"用辩证法的语言表达知性思维方式的要求"。辩证法成为放之四海而皆准的教条原理和公式。用辩证法来分析和解决问题就是用类似于自然科学的规律原理去对事物和事实进行裁剪、宰制。这样理解的辩证法与其说是客观的，还不如说是绝对的主观主义。既失去了形式逻辑所具有的"必然得出的"形式的正确性，也没有事物、事实自身内容的真实性，成为一种亦此亦彼、是非不分、无立场的相对主义言说，只能造成思维的混乱和诡辩，被戏称为"变戏法"。这样的辩证法至多表现为某种常识水平上的机敏或机智，根本无法正确认识世界、理解生命的无限丰富内容。即便是在日常生活当中，形式化的辩证法也会导致模棱两可，推卸责任。辩证法陷入到绝对的不确定性当中，只剩下纯粹形式规则本身的确定性。辩证法不仅没有被在哲学层面上深入理解，反而被降级为一般的经验常识。辩证的思维方式也无需经过艰苦的训练和教养，而是拿来就可以使用，辩证法完全丧失了对人的关注，完全失掉了哲学的本性。

二、知性思维方式是辩证法被形式化理解的根本原因

把辩证法解读为一套现成的工具理论，借以去发现自然、人类社会、思维的规律。结果就是辩证法被实体化、客体化，独立于人之外。这正是知性思维方式对辩证法的规制。在知性思维范式下理解的辩证法，失去了否定性的、批判性的本质。

知性思维是人类认识能力的一个必要环节。我们反对知性思维对辩证法的宰制，但是并不否定知性思维本身存在的合理性，而且从传统来看，中国人恰恰缺乏的就是知性思维能力。我们反对的主要是知性思维的僭越，反对以知性思维来消解马克思的辩证法，从而把辩证法变成新的教条和形而上学。

知性思维作为人类精神活动的一个有机组成部分，在认识中居于基础性的地位。正如黑格尔所言："无论如何，我们必须首先承认理智思维的权利和优点，大概讲来，无论在理论的或实践的范围内，没有理智，就不会有坚定性和规定性。"① 黑格尔这里的理智指的就是知性思维。本质上是一种主客二分法，把事物和世界区分为二元的对立关系，从而达到对丰富的事物的千差万别的认识。知性思维遵循的是同一律，"运用知性逻辑从事认识活动，能够保证我们的思想具有坚定性和确定性，使我们对每一思想都能加以充分、确切、清晰的把握，而绝不容许有丝毫的空泛和不确定之处"②。知性思维方式是科学研究必须坚持的思维方式，也是科学精神的核心内容。因此，知性思维在实证科学和经验常识中是居于主导的思维方

---

① ［德］黑格尔：《小逻辑》，贺麟译，商务印书馆2004年版，第173页。
② 贺来：《辩证法的生存论基础》，中国人民大学出版社2004年版，第12页。

式。西方文化传统正是以知性思维为主导的，不仅造就了近代自然科学的兴起和发达，而且渗透到各个文化领域和人的日常生活之中，进而演变为一种操作、控制一切的意识形态和专制力量。

知性思维方式为什么能够实现对辩证法的消解、取代，从而使辩证法沦为工具性、技术性的方法，丧失了批判性和超越性？黑格尔对知性逻辑的批判提供了有力的论证。黑格尔认为知性思维方式主要存在以下特点：

首先是形式性。形式指的是对象的内在和外在的结构、有序性和量的比例性。知性思维只从结构、有序性、量的比例来把握对象的本质。这一特点主要体现在形式逻辑中，体现在形而上学的思维方式中。知性思维通过概念、共相来把握对象，而概念和共相是脱离了感性、内容的纯形式。特殊性、丰富性已经被抽象掉了，只剩下一个抽象出来的共同性。比如"存在"作为一个共相是无所不包的，凡物无不存在，存在即是"有"，而这个"有"其实也就是无，因为它没有内容，没有规定性，只是一个没有内容的纯粹的外在的思维形式。而辩证法是关于内涵的逻辑，它在本质上是"自否定"，在自我矛盾中自我分化、建构自身。自否定本质上就是自由，同时也是自律，因此，辩证法是关于具体的内容的逻辑，是对生命原则的表达。以知性思维来规制辩证法，必然使辩证法也变成了思维的纯形式，成为脱离内容的形式主义的教条。辩证法作为无所不能的科学真理，成为高高在上的权威，批判一切却唯独不反省自身的独断论。同时，因为可以完全不顾内容而无限的加以灵活运用，辩证法便成为是非不分、可以随意主观使用的工具，陷入了诡辩论的泥淖。

其次是知性思维方式的抽象性。这种抽象性是建立在形式性特点基础之上的。知性思维把握对象的共相，是从对象中抽取出来的共有的规定性，并用概念把它固定下来。这种抽取出来的东西同特殊、具体是对立的，是排斥特殊性的"抽象的同一性"。由于概念只是事物的共同点，舍弃了事物的特殊性、差异性、具体性和变动性，所以不能达到"具体的同一性"。因此，知性思维无法把握生成着的世界本身，而只是关于世界的普遍、静止的"图像"。辩证法一旦被形式化，脱离了对象的具体内容，必然导致自身的僵化和教条化，从而只具有操作、控制对象的有效性，成为实用的工具。

最后，知性思维方式具有外在性。知性思维方式建立在主客二元对立的基础之上，主体与客体是相互独立的异质性存在。主体对客体观察、研究，目的是要实现对客体的控制和利用，使客体按照主体的尺度来显示自己，而客体是主体的自由意志的对象。知性思维方式最终还是外在的主体对于客体的价值化，仍是主体性视域内的客体，客体本身的存在作为主体的反映已经脱离了原初意义的存在，客体对象的存在仅仅是为了可资利用。这种主客二元对立在现实中反映到人和自然、人和人的关系两个方面。处理这两方面的关系无论采取自然主义的态度还是人类中心主义态度，最终导致的都是人与自然的异化和人与人的异化。而辩证法的内在要求是用整体的、统一的、发展的原则来看待事物、看待世界。知性化的辩证法必然导致辩证法的工具化和实用化，使辩证法只具有形式上的灵活和机智，实际上是没有内容的词汇游戏，很难与诡辩论、相对主义、怀疑论和主观主义划清界限。以知性思维方式规制辩证法，辩证法只能沦为追求狭隘的功利目的的工具，完全丧失了否定自身、超越自身的旨趣。

三、辩证法是生命的体验

辩证法不是关于对象的外在认知和现成的知识体系，它是内容的逻辑。这个内容指的是什么？辩证法的合法存在领域在哪里？

一方面，辩证法不是对感性直观的表达。感性作为直观能力，其形式是空间和时间。空间用于把握对象的个体，而时间则用于把握自身生命的个体。感性直观具有事实的明证性，如太阳的东升西落，河水的流动，人的情感、情绪等日常经历的现象本身具有感性的确定性，不需要辩证法的把握。辩证法在这个领域的使用反而会打乱日常经验的确定性，并且不能提供更多更强的明证性。另一方面，辩证法不是关于知性的知识。"知性之知的明证性在于按照思维的不矛盾性原则将反思的共相回归于直观，因此矛盾律和经验证实便是知性之知的明证性的承载者。在这里辩证法也是根本不必要的。不仅如此，它不但不会增加知性之知的明证性，反而动摇了知性明证性的承载者——矛盾律，因此它对于知性之知来说也是消极的。"① 因此，知性逻辑获得的必然是知性的知识。

辩证法的合法存在领域只能是生命的价值领域。生命是具有内在性的存在，无法被直观和知性化，它不是感性、理性等各种因素的外部联合，而是内在统一的辩证否定过程。辩证法是生命的逻辑，它生发于人的生命活动，既是对生命自由的体验和内在感悟，也是生命得以生成和觉解的过程。因此，辩证法是关于真理内容的逻辑，而不是符号化、数字化的外在形式和规范。

人的生命具有什么样的特性，需要用辩证法来表达？人的生命是自否定的、超越性的过程。人的生命从来不是现成的、凝固的存在者，它是其所不是，不是其所是，人在每一瞬间都是自我创造、自我发展、自我超越的过程，是一个经验的自我综合过程，具有未完成的开放性。形式逻辑难以克服的困难——悖论恰恰是辩证法得以开始的地方，悖论的实质就是自否定。人的生命是一个悖论性的存在，主要表现在人是自然的，又不仅仅是自然的。世界上的全部存在，可以区分为生命的存在与非生命的存在。马克思认为："人直接地是自然存在物。人作为自然存在物，而且作为有生命的自然存在物，一方面具有自然力、生命力，是能动的自然存在物；这些力量作为天赋和才能、作为欲望存在于人身上；另一方面，人作为肉体的、感性的、对象性的存在物，和动植物一样，是受动的、受制约的和受限制的存在物。"② 人及人以外的其他生物的生命存在首先是纯粹的自然而然的存在，必须服从机械的必然性法则。同时，马克思也认为："动物和它的生命活动是直接同一的。动物不把自己同自己的生命活动区别开来。它就是这种生命活动。人则使自己的生命活动本身变成自己的意志和意识的对象。他的生命活动是有意识的，这不是人与之直接融为一体的那种规定性。有意识的生命活动把人同动物的生命活动直接区别开来。"③ 人

---

① 王天成：《生命意义的觉解与辩证法的任务》，载《吉林大学社会科学学报》2005 年 4 期。
② 马克思：《1844 年经济学哲学手稿》，人民出版社 2000 年版，第 105 页。
③ 马克思：《1844 年经济学哲学手稿》，人民出版社 2000 年版，第 57 页。

的生命存在不仅仅是自然而然的存在,而且还是超越自然的存在,是自由自觉的存在。人的生命的自相矛盾还表现为感性与理性、有限与无限、自在与自为、生与死等相互对立的两极性矛盾关系,这些矛盾共存于人的生命,人的生命就是这些矛盾关系的否定性统一。人的生命的自否定性首先不能够被还原到经验事实,生命的基础不是经验事实的例子可以说明和证实的,所以辩证法也不可能是观点加实例;其次自否定和他否定是对立的。他否定也可以称为外在的否定,即外在规定性的彼此排斥和对立。这种否定是两种规定的僵硬对立,传统的教科书对否定的理解就是这种抽象的否定观。辩证的否定不是外物的否定,而是事物的自我否定,自我超越,因而,同时也是对自己的肯定。可见,否定的基础是同一个本体。只有人的生命表现为这种自否定,因为人不仅有自我意识,而且有自觉的行为,生命是一个不断反观自照、自我完善的过程。自否定作为辩证法的核心精神,是对人的独特生命存在的表达。辩证法的本质是对人的生命本性的揭示,是沉入生命的体验活动。辩证法的真实基础只能是人的存在和人的历史发展,而形式化的辩证法对辩证法和人的生命的本质关联进行了遮蔽,是对存在本身的遗忘。

四、黑格尔的辩证法:精神生命的体验

黑格尔对知性形而上学的抽象性和独断性进行了批评,批判了康德哲学的主观主义和形式主义,把两千多年西方哲学的范畴史思辨演绎成绝对理念自我否定、自我发展的逻辑体系。每一个范畴既是纯粹的思维规定,也是事物和世界的本质规定,不仅实现了逻辑学和本体论的统一,也在自然哲学和精神哲学中实现了本体和现象的统一。在自然和历史的现象形态中,绝对理念表现自身、认识自身,最终在绝对精神里完成了自我认识。黑格尔的辩证法超越了形式逻辑,可以归结为精神生命的体验。

首先,黑格尔的辩证法是内容的逻辑。黑格尔在对形式逻辑的批判中,阐述了"辩证法是关于内容的逻辑"。他认为:"形式推理以脱离内

容为自由,并以超出内容而骄傲。辩证法则是要主动放弃这种自由,不成为任意调动内容的原则,而把这种自由沉入内容,让内容按照它自己的本性,即按照它自己的自身而自行运动,并从而考查这种运动。形式推理否定地对待所认识的内容,善于驳斥和消灭这种内容。可以看出内容不是这样,这种看法本身只是空洞的否定;这空洞的否定本身乃是一种极限,它并不能超越自己而达到一种新的内容。"① 在辩证思维里,否定作为内容的内在运动和规定就是内容的一部分,否定就是这种运动和规定的全体。否定就是从这种运动中产生出来的,即规定了的否定。由于形式逻辑的否定只是外在的否定,因此,它所认识的主体只能是一个想象出来的主体,内容作为偶性和宾词与主体相联。在概念思维里,概念即是对象本身,但是对象本身不是静止的、不动的、具有偶性的主体,而是对象本身的生成运动过程。概念就是对象自我建构并将它自己的规定收回于其自身的过程。因此,主体即是内容,没有内容之外的主体,实体即主体。所以,辩证法作为方法只能是体验,即实际生活,是由内容自身决定发展的过程,是理性向对象的沉入、投入,是对于内容的亲切接触。黑格尔第一次使辩证法这种历来只靠内在知觉才能体验到的深刻思想有了系统的、确定的逻辑表达形式,这种表达形式不是建立在诗意的比喻上,而是建立在纯粹概念之上。思维的能动综合作用把丰富具体的内容和世界的发展作为概念的内容表达出来,思维就从抽象走向了具体。因此,黑格尔的辩证法是与众不同的存在逻辑,如果单从它的逻辑形式去理解,无法揭示它的生命力。它是非演绎的,非形式的。它的目的在于它所表达的客观内容,它是沉浸于客观内容的,以理性方式表达的精神生活。因此,黑格尔的辩证法与其说是一种方法,不如说是以精神的辩证运动为真理内容和本体的内涵逻辑。正如黑格尔所说:"辩证的运动本身,则以纯粹的概念为它自己的原素;它因此具有一种在其自身就已经彻头彻尾地是主体的内容。"②

其次,黑格尔的辩证法的本体是精神生命。在黑格尔那里,辩证法的真实基础是基于精神生活内容的体验,而不是形式逻辑的固定法则。"绝

---

① [德] 黑格尔:《精神现象学》上卷,贺麟、王玖兴译,商务印书馆1979年版,第45页
② [德] 黑格尔:《精神现象学》上卷,贺麟、王玖兴译,商务印书馆1979年版,第45页

对理念的内容就是我们迄今所有的全部生活经历。那最后达到的见解就是：构成理念的意义和内容的，乃是整个展开的过程……内容即是理念的活生生的发展。"① 辩证法的主体不是人，而是绝对精神。这就必然提出一个问题：如何解释外在于精神的那些经验中的矛盾？黑格尔对此作出了回答：自然和人是思维的外化，并且不过是纯粹思维自身的异化，一切的对立都是在思想本身范围内的对立。辩证法仅仅只是"绝对精神"的运动。对此，马克思认为："全部外化历史和外化的全部消除，不过是抽象的、绝对的思维的生产史，即逻辑的思辨的思维的生产史。"② 既然所有的都是思维本身的异化，那么，"对于人的已成为对象而且是异己对象的本质力量的占有，首先不过是那种在意识中、在纯思维中即在抽象中发生占有，是对这些作为思想和思想运动的对象的占有"。一切都只是思维过程，思想从未超出过自身。马克思对此作了精彩的表述："只有精神才是人的真正本质，而精神的真正形式则是思维着的精神，逻辑的、思辨的精神。自然界的人性和历史所创造的自然界——人的产品——的人性，就表现在它们是抽象精神的产品，因此，在这个限度内，它们是精神的环节即思想的本质。"③ 黑格尔的辩证法以"思维过程"为主体，是概念直观自身的体验活动，是概念的自我综合、能动的体验过程，并以逻辑形式为根据深入生命的本质。因此，黑格尔辩证法的本体就是生命的体验，但它是以精神的、意识的方式表现出来的。精神生命的能动性从何而来？黑格尔在《小逻辑》里认为，有生命的事物具有一种感受痛苦的优先权利，正是这种感受痛苦的能力使它能够"自己运动"，并把自己建立为一个规定，在规定中保持自身。绝对精神的这种能动的活动性，是通过绝对精神内在的否定完成的。

黑格尔的辩证法把绝对精神的逻辑运动看作生命本身，其实质是对人的生命作了纯意识的、精神化的表达。马克思对这种唯心主义的表达进行了批评，他认为绝对精神的自我否定和自我运动，其实质是无人身的理念

---

① ［德］黑格尔：《小逻辑》，贺麟译，商务印书馆2004年版，第423页。
② 马克思：《1844年经济学哲学手稿》，人民出版社2000年版，第99页。
③ 马克思：《1844年经济学哲学手稿》，人民出版社2000年版，第99页。

的自我运动，对象、本体都是精神自身的产物，完全消解了物质生活的基础。在黑格尔的辩证法中，生命是思辨的、概念化了的泛逻辑主义的表达，带有神秘主义色彩。黑格尔的辩证法克服了知性思维，却完全忽视了人的感性生活，片面夸大了思维的能动性，因此，它仅仅是思辨的形而上学。

五、马克思的辩证法：现实生命的体验

马克思以感性的实践活动为出发点，实现了对黑格尔辩证法的改造，他把辩证法的基础置于人的现实生命的存在和历史性的展开的基础之上。感性的实践活动第一次突破了意识哲学的樊篱，打开了精神的客观化、物质化的通道，为思维和存在的统一、思想的客观性、具体普遍性找到了现实基础。在马克思看来，人是现实的、从事活动的人，人们的存在就是他们的现实生活过程，而意识在任何时候都只能是被意识到了的存在，即被生活决定了的意识。因此，黑格尔"从意识出发，把意识看做是有生命的个人"是不符合客观实际的，而从"现实的、有生命的个人本身出发"[①]才是"符合现实生活的考察方法"。这样，辩证法的本体基础被置于感性活动的人的基础之上。"这种活动、这种连续不断的感性劳动和创造、这种生产，正是整个现存的感性世界的基础。"[②] 马克思以"生产过程"取代了黑格尔的"思维过程"，以感性活动的能动性取代了"思维过程"的能动性。正如马克思所言："在思辨终止的地方，在现实生活面前，正是描述人们实践活动和实际发展过程的真正的实证科学开始的地方。"人是一种以生产活动为存在方式的特殊存在者，并受自己的生产力和相应的生产关系的发展水平的制约，人的存在就是生产过程。马克思以"生产"取代黑格尔的"思维过程"，具有理论和现实的双重必然性。

首先，哲学要想实现人的解放，就不能是仅仅停留在头脑中的思维过

---

① 马克思、恩格斯：《德意志意识形态》，人民出版社2003年版，第17页。
② 马克思、恩格斯：《德意志意识形态》，人民出版社2003年版，第21页。

程。马克思认为:"理论的对立本身的解决,只有通过实践方式,只有借助与人的实践力量,才是可能的;因此,这种对立的解决绝对不只是认识的任务,而是现实生活的任务,而哲学未能解决这个任务,正是因为哲学把这仅仅看作理论的任务。"① 只有以"生产过程"代替黑格尔的"思维过程",才能使哲学走出内在的思想和意识,进入感性活动的物质化过程中,变成实际改变现存世界的力量。② 生产作为人的存在的第一个历史活动和全部历史活动,不仅是主体力量的自我确证,也是自然和存在自身显现的过程,是原初的存在的体验。所谓原初的存在,即是未被知性化、价值化、客体化的生存本身。"生产过程"就其作为人的原初体验来讲,是全面的"人"的感觉。一方面,人在生产中,体会到的是人的感觉,感觉的人性。劳动就是人的现实,是人的真实的存在感的来源,人只有在感性活动中,才能表现自己的生命,生产是人的一种自我享受。另一方面,自然也只有在生产活动中,才能显示出自身的物质性和客观性,并且"作为那是某物自身的东西显现出来"。总之,辩证法只有以生产活动为本体,而不是以头脑中的思维为主体,才能真正实现人和自然的双重解放。

其次,马克思之所以强调生产过程,是因为只有批判资本主义私有制,才能使思想的能动性转化为现实的物质力量,从而真正实现人的解放。马克思认为:私有制条件下,"当前的经济事实"是生产劳动的异化。主要表现在:第一,"物的世界的增值同人的世界的贬值成正比",劳动的产品作为一种异己的存在物同劳动对立;第二,劳动活动已经不是工人的本质活动,而是他自身的丧失;第三,这种劳动因为夺走了人的生产对象,同时也就把人的类生活,即自由自主的活动变成了维持动物般生存的手段;最后,这种异化关系必然同时反映到人对他人、对他人的劳动和劳动对象的关系之中。总之,私有制条件下的生产过程,已经从一种自由自觉的、确证人的本质的全面的、肯定的活动,成为一种片面的、否定的、剥夺人自由的工具性、功利性的活动。劳动的异化就是生命的异化,"我的劳动是自由的生命表现,因此是生活的乐趣。在私有制的前提下,它是

---

① 马克思、恩格斯:《德意志意识形态》,人民出版社2003年版,第28页。
② 孙利天:《让马克思主义说中国话》,武汉大学出版社2010年版,第28页。

生命的外化，因为我劳动是为了生存，为了得到生活资料。我的劳动不是我的生命"①。生产活动、我的生命唯一的目的是维持我的肉体的存在。在资本的逻辑中，生产已经不是全面的"人"的感觉，"物质的直接的占有是生活和存在的惟一目的"，"一切肉体的和精神的感觉都被这一切感觉的单纯异化即拥有的感觉所代替"。生命的价值就是"我们彼此拥有的物品的价值"。因此，人的解放首先是从资本主义生产——异化劳动的现实中解放出来。

马克思正是在生产的辩证发展的过程中，通过对私有制条件下生产异化的批判，阐述了他的历史唯物主义思想，从而为人的解放找到了最终的道路——共产主义。在《巴黎手稿》中，他这样表述道："共产主义是私有财产即人的自我异化的积极扬弃，因而是通过人并且为了人而对人的本质的真正占有……这种共产主义作为完成了的自然主义等于人道主义，而作为完成了的人道主义等于自然主义，它是人和自然界之间、人和人之间的矛盾的真正解决，是存在和本质、对象化和自我确证、自由和必然、个体和类之间的斗争的真正解决。它是历史之谜的解答，而且知道自己就是这种解答。"② 克服生产的异化是实现人的解放的唯一现实的道路。生产过程就是人的生命的现实存在过程，生产的异化，就是人的生命的异化。走出异化，就是人对自己生命的全面的重新占有，因此，辩证法的存在基础由"思维过程"向"生产过程"的转换是马克思主义哲学对黑格尔哲学超越的关键之处。也就是说，马克思对传统的知性哲学以及黑格尔哲学的批判，其要害不是在于唯物主义还是唯心主义，而在于马克思发现了辩证法的真实基础，使辩证法真实地表达了人的现实存在。马克思的辩证法就是对人的现实的生命进行自我领会和阐释的基础论和生存论。由此得出，历史唯物主义的真实基础是立足于感性的实践活动的辩证法，而不是传统教科书当中所认为的"物质"。

辩证法突破知性思维方式的规制，作为生命的体验，经过黑格尔，最终在马克思那里实现了对人的感性的、现实的生命体验的关注。

---

① 马克思：《1844年经济学哲学手稿》，人民出版社2000年版，第184页。
② 马克思：《1844年经济学哲学手稿》，人民出版社2000年版，第81页。

信仰的对话：辩证法的当代任务和形态[①]

孙利天

谁也不会否认，辩证法这个哲学术语是与黑格尔的名字联系在一起的。只是通过黑格尔，辩证法这个希腊语词才清洗掉了论辩、诡辩的主观色彩，获得了思辨真理的必然性和确定性。海德格尔认为西方思想用了两千年的时间才达到"自身中介"的思想[②]，正是黑格尔用自身中介、自我意识的具体同一性代替了希腊哲学对话结构的他者性、非同一性，使辩证法成为了世界自我意识的绝对真理。因此，可以说黑格尔的辩证法是希腊思想的完成，同时也是西方辩证法的终结。

20世纪以来的现代西方哲学大都是从反叛黑格尔开始的，甚至可以说拒斥、批判、拆解黑格尔的辩证法，是一百年来西方哲学的根本任务。人们说，这是对黑格尔的特殊尊重，也可以说黑格尔的辩证法是一切后来哲学话语的深层语法。这个难以驱除的哲学幽灵，以尖锐的形式在提问：辩证法之后能否有新的哲学思维？

现代西方哲学对辩证法的批判似乎集中在两个主题上，一是拒绝接受有区别于科学真理的哲学真理、理性真理或思辨真理，拒绝接受有区别于形式逻辑、知性逻辑的思辨逻辑、理性逻辑；二是以差异性、非同一性、他者性拆解辩证法的同一性、自我意识或自我学。黑格尔自觉地区分了表象思维、形式思维或知性思维与理性思维，区分了经验科学和哲学科学。

---

① 原载《社会科学战线》2003年第6期。
② 孙周兴选编：《海德格尔选集》，上海三联书店1996年版，第648页。

用黑格尔喜爱的表达方式，可以说后者是前者的本质和真理。只有理性思维或思辨思维所达到的哲学真理才是真正的科学。现代西方哲学拒斥这种知识、科学、真理的等级表，并以经验科学的逻辑和有效性尺度取消了哲学的科学资格。众所周知，逻辑经验主义科学划界的尺度是双重的，一个是形式逻辑或形式科学的逻辑一致性即无矛盾性，一个是可以诉诸经验的可检验性。黑格尔的辩证法恰恰是一种思想内容自己运动的逻辑，是所谓的内涵逻辑。它要把经验上升为逻辑，把逻辑实现为经验或作为经验的本质。这种特殊的逻辑和真理如果真的存在，它的性质和验证方法也必然不同于经验科学。

黑格尔的辩证法要统一逻辑和经验、形式和内容、主体与实体等矛盾，从而达到具体同一的绝对知识或绝对真理。黑格尔所说的"绝对"主要是非对象性的意思，亦即思想以思想为对象的自我意识，也就是普遍精神在世界中的自我意识。自康德开始的德国古典哲学已把笛卡尔的"我思"转变为"纯思"，即普遍的纯粹思维，用马克思的说法是"无人身的理性"。因此，黑格尔的精神自我意识已取消了经验主体之间的差异性、多样性，从而也消除了对话辩证法的结构。黑格尔在《精神现象学》中虽然也考察过主人和奴隶意识的辩证法，但却只是把它作为精神发展的一个意识形态环节，作为理性达到自我意识的中间驿站或所谓消逝的环节，它自身并没有终极的确定性和真理性。黑格尔的辩证法是大写的、人类的自我学，现代哲学所关注的个体的自我、经验的自我，只是普遍的理性或精神实现自身的环节和工具。黑格尔认为，个体的死亡是对共体或精神的最大贡献，因为人们在忆念死者时唤起了普遍的伦理意识。①

黑格尔的辩证法作为理性自我意识的绝对真理和方法，是区别于经验科学的哲学真理，是人类自我意识的自我学，也可以说是一种理论态度的世界观。这种特殊的真理和方法如何证明自己的真理性？黑格尔似乎诉诸一种历史的证明。他的《精神现象学》提供了一种意识形式或形态的历史证明；《哲学史讲演录》提供了哲学史的证明；他的"精神哲学"提供了

---

① ［德］黑格尔：《精神现象学》下卷，贺麟、王玖兴译，商务印书馆 1979 年版，第 10—12 页。

世界史、文明史的证明。黑格尔的名言"密涅瓦的猫头鹰要在夜幕降临以后才觉醒",意味着黑格尔把自己的哲学智慧看作是历史的总结和真理。但如人们指出的那样,历史主义埋藏着怀疑主义的黑色野兽,历史的开放性、未完成性使所有的历史真理都成为相对的、可疑的。随着经验科学通天彻地的辉煌成功,随着个体自我、经验自我对感性快乐的痴迷和执着,黑格尔理性自我意识的辩证法与它所欲证明自身的时代精神格格不入。辩证法只是作为黑格尔所欲克服的机智、主观任性乃至诡辩的机巧而存留于世。

辩证法真的"终结"或成为"死狗"了吗?仔细思考上述现代西方哲学对辩证法的两点批判,我们能否开启辩证法研究的新视界?我们可以肯定,第一,辩证法不是经验科学意义的真理,它是一种罗尔斯所说的"全整论说"或我们所说的世界观理论,其中包含着超越经验的思辨设定或信仰,因此它不可能完全由经验检验或证明;第二,黑格尔的辩证法是希腊哲学或柏拉图主义的完成,它对纯粹思维或理性自己运动逻辑的揭示,已经受到了柏拉图主义的先行定向。思维、理性已经被预设为具有绝对同一性、统一性的力量,辩证运动的全部历程不过是证明这种同一性的历史材料而已。因此,黑格尔思维和存在同一的辩证法缺少真正的异质性、他者性,亦即缺少真正的矛盾和差异,特别是缺少其他"全整论说"的对抗和限制。综合以上两点,我们能否在今天这个所谓全球化的时代,也是各种不同的宗教、哲学、文化相互冲突的时代,打开辩证法的一个潜在视界,即信仰对话的辩证法?

不能否认黑格尔是一个具有世界视野的哲学家,他在自己的时代力求把握整个世界的世界精神。但是,黑格尔用哲学的方式把握世界,在海德格尔和德里达等人看来就是用西方特有的思维方式把握世界,因此他只能用西方的理性标准编排民族精神的等级表,并从中构造世界精神转移、升华的历史神话。在黑格尔看来,古代中国因为只有一个人有自由,所以也就没有理性和哲学,古代印度也只是达到了"无"这样一种初始的逻辑学环节。这种对东方的蔑视,不仅是历史材料和历史知识限制的结果,更为根本的原因是德里达所说的"逻各斯中心主义"所必然导致的西方中心主义。我在最近的一篇文章中认为，后现代主义哲学的最大贡献是开启了思的视域，从而为各种不同的"全整论说"或思的视域进行平等的对话提供了可能。①

把辩证法的当代任务和形态规定为信仰的对话，并非是应对全球化过程中宗教、文化冲突的权宜之计，而是辩证法、哲学或形上之思的演化和拓展。如前文所述，德国古典哲学对普遍的纯粹思维的反思和规定，是伟大的人类精神遗产，是具有永恒意义的科学真理。因为人类一切科学、文化和文明的创造，都是思维能动作用的产物，反思和规定思维能动作用的规律和原理，确实是为人类文明奠基的伟大事业。但是，哲学家反思这个绝对基础的思维仍是有前提的、历史的、文化的因而是相对的，它所获得的仍是有限的科学真理而非绝对真理。我喜欢把辩证法或哲学称为"关于绝对的相对真理"。这意味着，对思维能动作用的反思有区别于西方哲学视域的思的可能性。在《实践理性的自然基础——中国哲学对意识能动性的理解》一文中我认为，中国哲学对意识能动性或思维能动性的理解是实践理性的能动性，即人有在自然情欲需要中自觉中节、中道的理性能力，并且这种能动性即在情欲需求中有着内在根基。这种意识能动性的理解，不仅一般地区别于西方哲学的理论理性，也区别于康德的实践理性。② 对思维能动作用的不同反思规定，即是对人性理解的根本差异，这种根本差异才是哲学的、宗教的矛盾，才是哲学对话的居所。

信仰的对话、哲学的对话仍需某种同一性的设定，否则，对话即成为自言自语的哲学独白。在我看来，这种同一性即是人性的自然统一性，这是哲学对话的先验形而上学前提。所谓人性自然统一性不是经验事实上的人的同质性，因而也不能用自然科学的方法如基因测序的方法来证明。人性自然统一性是人类共同生活、和平相处的逻辑前提，因而是一种先验的承诺和设定。赵汀阳在《"天下体系"：帝国与世界制度》这篇精彩的长篇论文中，论证了古代中国"天下"理念作为一种世界理论和世界理念的

---

① 孙利天：《后现代主义哲学与东方思想》，载《社会科学战线》2003年第5期。
② 孙利天：《实践理性的自然基础——中国哲学对意识能动性的理解》，载《吉林大学社会科学学报》2002年第5期。

意义,并强调"在中国的帝国理论中,'天下'是个具有先验合法性的政治/文化单位,是关于世界社会的绝对必要的思想范畴"。① 借用中国古代的范畴,我们可以说人性自然统一性即是"天民"的统一性。《诗》云:"天生民,有物有则。"如果说"天下"是关于文化、制度的世界想象,那么"天民"则是关于人性的文化统一性的想象,我们所以不使用人性的文化统一性范畴,意在强调人性统一性的先验的文化设定,因而称之为自然统一性。它也可以说是关于"天民"或"世界公民"的绝对必要的思想范畴。

"人同此心,心同此理"的人性自然统一性的设定,是不同种族、民族和国家的人们相互承认、相互交往乃至相互合作的先验前提,是世界公民概念的固有内涵,因而也可以说是一个分析的真理。但由于世界公民、人性等概念的历史性和复杂性,人性统一性的具体规定,或者说人心是什么、心之理是什么的反思认识,却有不可还原的多样性和差异性。每种不同的宗教、文化和哲学的人性理解,规定了一个民族和文化的精神特质,用海德格尔的说法,它规定了一种思的视域和方向,甚至决定了民族的历史命运。我们还可以补充说,它规定了人们对世界的感受方式、体验方式和情感态度。总之,对人性自然统一性的思辨的或超越的设定,作为一种精神奠基,高度地凝聚着一个民族、一种文化的智慧、体验和情感。不同宗教、哲学、道德传统的形上差异,虽然可以在生活世界的交往中、在功用的经验层面上得到某种程度的调整和弥合,而一旦自觉地进入信仰的或形上的对话领域,这势必触及人们的根本激动,它将是一场比"生或死"的选择更为深刻、尖锐的精神戏剧的冲突。

美国哲学家奎因曾以野外语言学家的思想实验论证了翻译的不确定性,否定了意义的同一性。赵汀阳以"理解不能保证接受"和"对话上的时间投资会导致利益上的损失"为由,宣告了"对话哲学"的破产。② 显然,我们这里设想的信仰的对话、哲学的对话,是属于"无论经过什么样的理性对话仍然是不可互相接受的"这类问题。但是,形上理念的对话也

---

① 赵汀阳:《"天下体系":帝国与世界制度》,载《世界哲学》2003 年第 5 期。
② 赵汀阳:《"天下体系":帝国与世界制度》,载《世界哲学》2003 年第 5 期。

许可以超越哲学解释学、哈贝马斯的对话伦理学的视域，获得自身可能性、合法性的基础。首先，形上理念的对话是超越现实利益从而是绝对利益的对话，它或许可以不受时间成本的限制，而展开为漫长的话语的斗争，表现为一种新的辩证法的无限进展。其次，哲学解释学、对话伦理学所理解的理性对话，从根本上说仍是西方的理性视野，它缺少莱维纳和利奥塔尔等人所强调的"他者"和异质性，从而使理性对话或者成为一个传统的自身延续，或者成为启蒙理性普世化自身的环节和过程。而信仰的对话应是异质性的传统、"他者"之间的思的视域的碰撞，是海德格尔所说的思的"前视轨"之间的跳跃、游移和相互往来。它允许一种不同于西方理性的话语进入对话、展示自身，显明自己的真理和逻辑。

　　信仰的对话所以可能，在于各种不同传统对人性自然统一性的理解都是理性的，尽管其理性的方式各有不同。没有不可理解的信仰，是信仰对话的预设前提。各种不同的信仰体系，其信仰的对象、信仰的情感态度和信仰的论证方式可能千差万别，但信仰都有某种可以解说、传授的可理解性，亦即有进入公共话语的通道，否则，它就不能成为公众的信仰，而只能是某种神秘的私人"记号"。在我们看来，信仰体系中的超越对象或超验本体千差万别，而且似是信仰的核心，但如康德已揭示的那样，支持各种形上证明的意识机能，却是理性固有的超越倾向，或所谓"幻象的逻辑"。这意味着一种对信仰体系的超验本体进行先验还原的批判思路。对人性自然统一性的先验理解，是理解任何一种信仰体系或"全整论说"的可能进路。如何理解人性，就如何想象神性。或者相反，如何想象神性，就蕴含着某种人性理解的先验前提。

　　从关于人性自然统一性的先验设定进入信仰的对话，是解决超验形而上学对抗和冲突的可能路径。而且这是一种相对平静、理性和学院化式的相遇，较之充满激情的宗教辩论乃至宗教战争肯定会有更大的相互理解的可能性。对人性自然统一性的理解和设定，也是每一文化传统乃至每一个体更为亲切和熟悉的东西，所谓天道远，人道近，人们可以从自身生活的切近处，直接体验作为"他者"的文化传统关于人性设定的合情或合理之处，从而拓展自己本有的人性想象。比如，西方哲学自柏拉图以来，即从人与动物的根本区分中规定了人性作为意识性和理论理性的实在性，从而形成了一种纯粹理论态度的生活理想，这不能说有什么错误，而且对其他非西方民族也提供了一个重要的理想生活维度。但如果把理性实体化、绝对化，这就不仅遮蔽了人性作为道德理性或实践理性、人性的语言性、身体性等多种可能的理解，而且必然导致西方中心主义乃至各种形式的霸权主义。自工业革命以来，由于西方经济、军事等的优势地位，已逼迫东方特别是他的知识分子充分理解了西方的人性体验，以致很多学者比西方人更希腊化、西方化。这至少表明，信仰的对话、人性自然统一性的不同理解的沟通是完全可能的。

对其他宗教、哲学等信仰体系的接受或皈依，未必都是充分理解的结果。理解不能保证接受，接受未必归于理解。但信仰的对话却不应以接受为宗旨。完成于黑格尔的西方辩证法作为同一性哲学已被阿多诺、利奥塔尔等指控为"死亡哲学"。"奥斯维辛"之后，唯一的理性、唯一的人性理解，都潜含着形而上学的恐怖。

信仰对话的辩证法也不是多样性、差异性、"他者性"的简单并存，甚至也不是抽象的"和而不同"。人们不会忘记，当年的日本"皇军"正是高喊着"东亚共荣"、"日满亲善"之类的东方话语血腥地屠杀着我们的同胞。这不仅因为任何美好的形而上学话语都有被盗用、污秽的可能，而且也因为中国哲学这些美好的理念自身缺少确定性。"同则不继，和实生物"的和谐原则，表达了一种充满生机、活力的宇宙理解。夫妇和、家和、阴阳和、五味和、五音和等等，既有形上的"和谐"理念，也有形下的经验知识，但似乎缺少先验的证明和论说，较之西方哲学的逻辑同一律，和谐原则或规律如作为抽象的形式法则，应该说有所不及。它可能使经验层面的"掺和"、暴力的介入获得形式的合法性。在我看来，"和"的理念应与儒家的"仁"、"良知"、"良能"等相互论证，形成先验的观念体系，亦即一种确定性的先验人性理解。莱维纳的"他者"的无限责任的伦理学，似乎也接近这种人性理解。信仰对话的辩证法，是关于人性自然统一性不同理解的对话，是各种关于绝对的相对真理之间的批判考察，它仍是绝对真理的追求。与黑格尔自我意识的辩证法不同，它是在真正的世界视野亦即各种不同的思的视野之间追寻那使一切人类文明得以可能的先验条件，那个绝对的基础。信仰的对话所获得的不是一种思的视界可能达致的绝对真理，而是多元互补的开放的真理体系，这其中有差异，有和谐，有永无止境的辩难和探索，各个不同的思的视域在对话中拓展自己对绝对的理解，当然也有可能在批判的反思中转换视域，出现新的哲学形态。这不意味着任何关于人性自然统一性的理解都有同等的价值，先验的人性设定也总要受到经验的矫正。比如，就一种纯粹理论态度生活的可能性而言，希腊哲学关于人性即为理论理性的理解是充分的；就一种道德生活的可能性而言，中国哲学关于人性即为"良知"、"良能"的理解是充分的。如果用理论理性的利益计算或所谓理性选择解释道德生活，则既不经济，也不充分。自由主义经济学的形而上学，从根本上说基于理论理性的人性假定，它只能部分地解释人类经济生活的可能性，而不是充分的解释。能否把人类生活的所有领域都还原为一个先验的解释原则？这意味着对一种超越人类视域的神的视域的期待。按照莱维纳，人只能从他人的面孔、他人的视域超越自己、走向无限。永恒的、漫长的对话，特别是各种"全整论说"或信仰的对话，可能就是辩证法或当代哲学唯一能够接近的真理的道路。

现代哲学革命和当代辩证法理论[①]

孙利天

现代西方哲学及后现代主义哲学在一个世纪中对西方传统哲学的批判，也部分地涉及对辩证法理论的批判。究竟应该怎样看待和评价这些批判的合理性，我们能否从中吸取积极的成果以抛弃辩证法理论中确属形而上学的东西，并探索符合时代特点和当代哲学精神的辩证法理论形态？粗略地说，现代西方哲学包括所谓后现代主义哲学未能完全摆脱知性思维方式的限制，往往以精密自然科学的思维模式去分析和批判传统哲学，缺少自觉的哲学态度，因此很难领悟传统哲学特别是辩证法理论的真正旨趣和意义，以致有些批判是文不对题，陷入偏执、浮躁甚至盲目的激烈情绪中。同时又必须承认西方一百年的哲学运动不是一场无意义的空忙，它使现代哲学家经历了一番严格的逻辑和语言训练，这种思想的训练和清洗使现代哲学家具有很高的逻辑和语言分析能力，从而使他们能够准确地指出传统哲学的种种弊端。现代哲学以它特有的清晰，一劳永逸地消除了许多传统哲学的混乱，哲学的背景或基地得到了一次新的清理，这为我们重建辩证法理论、探索辩证法的当代形态打下了基础。

一、形而上学终结的真实内容

马克思主义经典作家早在一百多年前就宣告了自然哲学的终结、旧哲

[①] 原载《哲学研究》1994 年第 7 期。

学的终结，许多现代哲学家无数次地重复这一论断。作为形而上学的传统哲学在现代哲学中被"拒斥"、"取消"、"拆解"、"摧毁"，以致海德格尔说，马克思已经完成了对形而上学的颠倒，形而上学终结了，只是还留下"思想的任务"[①]。问题在于：形而上学在何种意义上终结了，现代哲学通过哪些有力的论证终结了形而上学的哪些内容，亦即清除掉了哪些"假问题"，形而上学终结后是否还有新的形式可以尝试哲学思维，以担负起时代赋予哲学的思想的任务。

首先，形而上学的终结意味着客观知识形态的旧哲学的终结。

起源于希腊的西方哲学最初作为知识总汇的形式而存在，科学和哲学同作为对事物普遍原理和原因的探求，只有普遍性大小的模糊区别。随着近代实证科学相继从哲学的母体中分离出来，科学与哲学的分界、科学与哲学的关系才成为问题。在德国古典哲学中，康德首先改变了哲学提问的方式，他不再把哲学的任务看作是增加经验知识，而是要为科学提供合法性的证明，寻求科学何以有效的理性基础。黑格尔是较早对自然科学方法包括数学方法表示轻视的哲学家，他为自己哲学设定的任务显然也不是增加经验知识，而是要达到精神和自然的合解，他通过自在理性和自为理性的设定，使自然精神化，精神客观化，从而达到世界自我意识的绝对知识，这又使他的哲学体系仍保留了客观知识形态的外观。恩格斯明确指出，用主观臆想的联系拼凑世界图景的自然哲学的终结，哲学的任务也不是提供绝对真理的体系，而是用辩证思维概括自然科学成果去追求可能达到的相对真理。至此，作为客观知识形态的旧哲学的终结以及其后的哲学任务已基本得到廓清。

现代西方哲学对传统形而上学的批判使作为客观知识形态的旧哲学彻底消亡，各派哲学从不同的方面基于不同的理由深化了这一批判的主题。逻辑实证主义认为形而上学命题不可证实或证伪，因而是无意义的。他们所说的无意义是指不具有实证科学的经验效准，不具有经验知识的意义。赖欣巴哈指责旧哲学冒充客观知识从而混淆了哲学和科学的界限。在我们

---

① 参见《哲学译丛》1991年第5期，第57页。

看来，尽管后来奎因的经验整体论重新模糊了哲学和科学的界限，但逻辑实证主义关于科学和哲学的分界原则仍是有效的，哲学命题和哲学知识与经验科学确实是不同性质、不同层次的东西。如果从思维方式上追究两者的差异，那么对哲学作为客观知识的否定就更有逻辑力量。胡塞尔认为，日常意识和自然科学是一种自然态度的思维，它非反思地设定了自然客体的存在，也不去思考内在的意识如何能够切中外在的客体，而哲学则要以自觉反思的态度去追究这些问题。胡塞尔的现象学思考客体是如何被意向性构造的，作为一切知识基础的意识本质是什么，其目标是建立严格的科学的哲学。胡塞尔的现象学方法是先验的方法、绝对的方法，与经验科学方法根本不同，所以建立的知识的性质也不同，严格科学的哲学不是经验科学意义上的科学。从思维方式的根基进一步思考哲学与科学的分界，现代西方哲学正确地指出了传统哲学的另一个弊端，即认识论中心主义或基础主义。笛卡儿、康德、黑格尔包括胡塞尔都力图给认识提供一个终极的、绝对可靠的基础。这一方面使他们自觉区分哲学和科学的不同性质，另一方面却又总是不能完全摆脱主客体二元区分的认识论模式，仍把哲学看作是主体反映对象的客观知识。罗蒂认为这是"自然之镜"的哲学，他以一种简单的逻辑驳斥认识论模式的哲学立场。其论证如下：哲学要研究整个世界，研究者内在于世界之中，研究者企图跳出世界之外观照世界，则世界就不再是完整的世界，而且如维特根斯坦所说思考世界界限的两边是无法想象的。所以，哲学不能作为反映整个世界的客观知识形态而存在。

其次，现代哲学对西方传统形而上学的批判集中在实体本体论这一主题上，形而上学的终结意味着实体本体论哲学形态的终结。

古希腊哲学家按照因果关系的思考模式去追究世界的第一因，在素朴的自然哲学中第一因是水、火等物质性的本原，这实际是宇宙发生论的问题；古希腊哲学家也曾从事物构成要素的方面去寻求第一因，例如德谟克利特的原子论，这实际是宇宙结构论的问题。对世界本原和始基的追求在现代已是物理学问题，但古希腊哲学这种追本溯源的思考方式却一直影响着西方哲学，把某种终极物质、理念或心灵看作是全部现象的本体根据，并不同程度地设想本体的自身存在，这是西方传统哲学的共同特点。其实，无论是物质、理念或心灵都是哲学反思的最高抽象而形成的概念，这些概念在其合理性上只能作为理解和说明世界的逻辑根据，而不能作为事实上的根据。西方知性思维的传统，总是倾向于把这些本体概念看作是指称外部实在的东西，从而把精神物质化，概念实体化，这就是现代哲学所说的西方两千年实体本体论的形而上学。

现代哲学对传统实体本体论的批判是从多个方面展开的。语言哲学认为实体本体论的形而上学是由于语言的误用造成的，维特根斯坦认为形而上学混淆了形式概念和专有概念，后期的日常语言学派认为形而上学犯了"范畴错误"，它使用的是一种"系统地引人误解的表达式"，海德格尔和伽达默尔则认为西方语言的主谓词结构把西方哲学引向了实体—属性的形而上学。总之，从语言分析的批判中揭示出实体本体论错误的根源在于抽象概念或抽象名词的实体化。现代哲学对实体本体论的批判也触及到思维方式的层面。海德格尔和伽达默尔都把概念实体化的形而上学看作是西方传统哲学没有摆脱自然科学思维方式的结果，这种思维方式把日常语言的丰富含义加以抽象和提纯，以造成单义的明确的科学概念，便于对自然或对象的控制和操作，这种控制论的思维方式或工具理性的态度虽然增加了人对自然的控制力量，但却造成了学院化、术语化概念对存在意义的遮蔽和遗忘，因此必须摧毁实体本体论，改变哲学的思维方式。实体本体论的形而上学也蕴含着对哲学性质和使命的承诺和期许，它企图一劳永逸地结束认识论、伦理学和形而上学的无穷角逐，从而给科学、文化和全部社会生活提供一个绝对可靠的终极基础。物质的、精神的或心灵的实体是人类一切理性提问的终极解答，这就使任何理论形态的实体和本体都很像一个名叫"上帝"的东西。这种极端的绝对的理性信念总是同时伴随或必然走向它的反面，即蒙昧主义和信仰主义。因此，现代哲学对实体本体论的摧毁和拆解也总是包含着哲学观的转变。

最后，形而上学的终结意味着基础主义和学科帝国主义哲学观的终结，哲学不再是为其他学科和文化形式提供终极基础的最高智慧，而是众多文化形式中的一种特殊文化形式。

在西方的哲学传统中，不管哲学家对哲学的性质和使命有怎样不同的看法，但大都把哲学看作是第一原理、一级学科和其他学科的基础，哲学作为最高根据和第一原理也总是直接或间接地设定了某些最高规范，成为人类生活基本价值即真善美的最高尺度。启蒙运动以来，人们在社会生活特别是政治生活中极力倡导自由、平等、公正的原则，却长期没有思考设定这些原则的启蒙哲学何以会有这种超越的权力，人们没有思考各种文化形式及其社会主体是否平等，是否存在学科帝国主义、概念帝国主义，即哲学学科和概念的未经反思的文化特权。大多数哲学家困窘的生活也许遮蔽了这个问题，人们不会觉得颠沛流离甚至亡命他乡的哲学家非法地僭越了思想的权力。但根本原因乃在于人们对启蒙理性的认同，哲学和科学作为理性的典范获得了人们的崇拜和信仰。现代哲学对绝对确定性的寻求和对形而上学的理性清洗，却动摇了启蒙理性的信念，哲学乃至科学的理性根基和确定性基础露出了破绽，从而人们也开始对哲学学科传统地位的合法性发出质疑。

罗蒂的后哲学文化、德里达和福柯的后结构主义都从根本上改变了传统的哲学观。用边缘颠覆中心，从而拆解和解构任何形式的中心主义，是后现代主义文化的主要特征，这也必然使哲学作为一切学科和文化基础的地位受到颠覆。罗蒂在从认识论到解释学的转向中，明确地拒绝了传统哲学的基础主义和学科帝国主义，在没有哲学作为基础和导向的文化即后哲学文化中，哲学成为沟通各种文化形式的解释学，成为广义的文学批评。从而文化的进化不再有哲学理念的保证，只能凭借自由创造的偶发的"语言的机缘"来造成。福柯的知识考古学否定了19世纪的两个核心术语即连续性和根源性，在断裂的考古学层面上知识和权力相互交织，自主的哲学反思及其虚构的历史统一性被拆解和炸裂。德里达以他的"延异"作为消解策略把西方语言固有的形而上学从而把哲学话语系统消解在无限延伸的边缘之中，哲学的逻各斯中心主义、传统哲学作为在场的形而上学甚至伽达默尔提出的对话的真诚，都作为寻求意义统一性的徒劳繁忙而被废弃。

我认为，现代哲学对传统形而上学的批判深化了马克思主义经典作家在这个问题上已有的思考，更明确地厘清了形而上学终结的真实内容，从而有助于我们加深对马克思主义哲学革命变革实质的理解。但是，现代西方哲学对辩证法的盲目拒斥使它难以挣脱知性思维方式的限制，要真正富有成效地克服西方传统哲学的形而上学，就必须探索和重建经过现代哲学清洗了的辩证法理论。

二、清洗掉了形而上学的辩证法是什么

现代西方哲学对传统哲学的批判也包含着对传统辩证法理论和马克思主义辩证法的批判。波普尔指责辩证法既能解释合乎意料的情况，也能解释出乎意料的情况，因而不包含被证伪的风险，所以是无意义的形而上学；海德格尔谴责德国唯心主义辩证法对语言的遗忘，伽达默尔认为黑格尔的辩证法虽然是对实体本体论的消解，但仍把自我运动的绝对理念看作本体从而存在着本体论上的自我驯服；英美哲学家甚至把黑格尔哲学看作是形而上学的典型形态，反叛黑格尔的哲学运动固然与当时新黑格尔主义在英美哲学中的巨大影响相关，但从根本上说却是对传统辩证法理论的目标、态度的批判和拒绝。詹姆斯诅咒那个"该死的绝对"，赖欣巴哈嘲讽黑格尔用"神秘的方式"说话，现代哲学后来的发展则更为明确地否定了辩证法无限理性的追求和绝对理性主义的态度。我认为，现代哲学对辩证法理论的批判既有合理之处又有其知性思维的局限性。就其合理之处说，传统辩证法理论并未完全脱离传统哲学的思维框架，辩证法长期被作为最高普遍性的客观知识，作为实体本体论的一种形态，作为一切知识的基础，这使辩证法成为超验意义上形而上学的一种理论形态，现代哲学拒斥形而上学自然包括对这种辩证法理论的拒斥，形而上学的终结也同时是这种辩证法理论的终结。

需要特别指出的是，我们长期受传统哲学思维方式的影响，把马克思主义的辩证法也纳入到传统形而上学的理解框架中。辩证法是关于整个世界一般发展规律的科学，辩证唯物论是一种自然本体论，辩证法是一切科

学方法的基础，这些对辩证法的基本规定把辩证法定位在传统形而上学的格局中。我认为，把马克思主义辩证法与黑格尔辩证法的区别看作只是唯物和唯心的抽象对立，这是严重的误解。马克思主义哲学革命变革的实质是对传统哲学思维方式的扬弃，是对西方两千年形而上学的颠倒，而绝不仅仅是对黑格尔唯心主义辩证法的颠倒。以传统哲学的思维框架理解马克思主义的辩证法必然使其重新受到形而上学的污染，现代哲学对这样理解的辩证法的批判也自然有其合理之处。

真正的问题在于现代哲学对传统哲学的批判仍是以知性思维为基础的，它不可能在本来的意义上"扬弃"形而上学。所以，尽管它无数次宣告形而上学的终结，形而上学却依然存在，即便是论证充分、言之凿凿的形而上学弊端也不能彻底根除。原因在于这些反驳和论证仅仅基于知性的理由，而人的本性即有超验的思辨的理性要求，"正是因为它荒谬所以我才信仰"。这种悖论式的陈述恰恰表明，知性思维的明晰性和自然科学思维的确定性并不能完全驱除形而上学的神秘。要真正克服形而上学就必须在哲学思辨的理性层次上与其展开对话，辩证法作为思辨的逻辑和哲学的思维方式才能在信念和信仰的问题上取代形而上学。所以，经过现代哲学清洗的辩证法是对传统形而上学和现代西方哲学的双重超越。我认为，马克思以来的当代辩证法在其本来的意义上应当具有如下特点和形态。

首先，辩证法不是绝对真理的体系和最普遍的客观知识，而是探索真理的内涵逻辑。

现代哲学对传统哲学和辩证法的批判相对清晰地确定了哲学和科学的分界，也显示出辩证法作为哲学方法与实证科学方法的原则区别。黑格尔正确地领悟了哲学方法与知性思维和各门具体科学方法的区别，他强调哲学不能从别的学科借用现成的方法，因为哲学方法是一种绝对的方法、无限理性的方法，它要打破知性逻辑设定的认识界限，追问一切认识乃至世界可能的最高根据。黑格尔的辩证法作为不脱离思想内容的内涵逻辑区别于传统的仅从思维形式和概念外延关系进行推理的形式逻辑，是一种关于真理的逻辑，即不仅仅考虑思想和命题的形式的真假，而且考虑其内容的真假，这就使他的辩证法与认识论乃至形而上学汇合了。从思想内容这个实质性的方面去思考真理问题，就必须回答思维与存在、主观与客观能否统一、如何统一这样一些超验的问题。黑格尔唯心主义地设定了思维和存在的同一性，并在对认识史的反思中揭示出思维与存在统一的基本逻辑环节，构建了一个绝对真理的哲学体系。人们对黑格尔的"绝对"存在很多误解，现代哲学更是把它看作完全荒谬的东西。其实，绝对真理只是关于绝对的真理，即关于一切相对认识终极基础的哲学真理；绝对真理不是客观知识，因为它已超越了主客二元区分的相对性；探索绝对的方法也不是实证科学方法，只能是思辨的哲学方法。辩证法作为辩证逻辑或内涵逻辑是哲学思考的逻辑，在思想的可靠性上它同样是相对的、可错的。黑格尔哲学的根本错误在于把这种逻辑实体化、本体论化，从而把关于绝对的知识变成了绝对可靠的知识，并混淆了哲学知识与实证科学知识的界限，造成了客观知识形态的虚假外观。

辩证法理论研究长期存在的根本缺陷之一是用知性思维方式理解辩证法，不懂得辩证法作为内涵逻辑、认识论和哲学世界观三者统一的真实意义。或者把辩证法当作抽象的公式或形式外在地主观地加以运用；或者把辩证法混同于实证知识，把它变成实例的总和，从而使辩证法庸俗化；或者把辩证法看作世界发展一般规律的最终认识，从而把辩证法绝对化、凝固化，成为形而上学的教条。问题的关键是要懂得辩证法知识与形式逻辑知识和实证科学知识的原则区别。把辩证法作为内涵逻辑、哲学逻辑或如列宁所说"资本论"的逻辑来对待，辩证法就是在思想内容自己运动中反思它的逻辑规定，从而在哲学层次上把握思想对象，同时也把握思维规定自身的主客体统一的哲学知识。就这种知识指向的对象说，这是超验的、形上的、绝对的，而就它的反思程度、合理性程度说，它是历史的、可错的、相对的，所以我们说辩证法是关于绝对的相对真理。

其次，辩证法不是与人的价值态度无关的中性认识框架，而是一种人生态度和境界。

现代西方哲学通常是在传统哲学冒充实证科学的意义上拒斥形而上学，而不否定追问人生的意义和价值对于生活的意义，只是这种追问和沉思不能获得精密自然科学的可靠性。按照海德格尔的逻辑，科学认识只是人的一种存在方式，而且它已先行受到生活世界的情感定向，先于科学认识的前理解、前判断是更为基础性的东西。辩证法对认识基础的追寻同样达到了生存论或存在论的层次。就德国唯心主义辩证法说，自由是它的最高原则，实体本质上是一种伦理实体，就是黑格尔逻辑学繁难深奥的诸多环节，其实质也是使个体精神达到普遍精神从而使人崇高起来的精神教化的历程。德国唯心主义辩证法的失误之一在于把这种伦理根据实体化，始终难免宗教创世说的痕迹。

马克思主义的辩证法是无产阶级解放的学说，对无产阶级生存状况和历史使命以及人类未来的思考是马克思主义创始人的根本关怀，使无产阶级由自在阶级转变为自为阶级，形成社会主体的阶级意识和人类意识进而实践地改造世界，是马克思主义辩证法的历史内容。辩证法不是对客观规律和历史必然性的被动反映，而是对无产阶级和人类发展的应当性、合理性的表达。就每个觉悟的共产主义者说，这种觉悟是精神的新生，人生境界的跃迁，是一种真诚的精神实践的辩证过程。辩证法作为一种超越的、生生不已的人生态度把人们带入真正的哲学境界。也许"境界"这个词很能准确地传达辩证法的真精神，在境界中没有主体与客体的二元区分，没有实体与属性的形而上学，它作为理念性和具象性的统一、超验性和经验性的统一，全面地显示着人们对人生意义的觉解和领悟，消融了实体本体论的理论形态。

最后，辩证法不是可以机械运用的现成工具，而是精神教化的实践，交往和对话的话语实践。

马克思主义经典作家都讲过辩证法是最好的劳动工具，是伟大的认识工具。但是如果以工具主义理性的态度理解和运用辩证法则背离了辩证法的本质精神。辩证法作为不脱离思想内容的内涵逻辑，就在思想内容自己运动的客观逻辑中，《资本论》的逻辑就是资本主义经济运动的逻辑。设想以某种普遍的辩证法范畴作为主观的思想工具外在地套用到经济事实上，这正是马克思批判的蒲鲁东的经济学方法。[①] 辩证法确是劳动工具和

---

① 参见《马克思恩格斯选集》第 1 卷，人民出版社 1972 年版，第 122 页。

认识工具，但却是通过长期的思辨训练而获得的整体思维方式，不能把它作为现成的物质性工具机械地运用。

现代哲学对工具理性和控制论思维方式的批判，呼唤着失落了的人文主义精神，它启示我们排除工具理性的影响，把辩证法作为人的自我理解和自身解放的学说。不论把辩证法看作内涵逻辑和哲学思维方式，还是把它看作人生态度和人生境界，它都不是具有知性确定性的客观知识。所以，学习和掌握辩证法也不同于学习实证知识，它需要漫长的精神教化的实践。要掌握辩证法的思维方式，就要破除知性思维的蔽障，而要破除这一蔽障又要改变极端功利主义或极端理想主义的人生态度和境界；反之，要达到辩证法的人生境界也同样需要克服知性思维的狭隘眼光。用中国儒家的说法是要发明本心的良知良能，用马克思主义的说法是要改造主观世界。

语言转向和生活世界的转向使现代西方哲学十分关注交往和对话的话语实践。按照马克思主义哲学的看法，物质生产实践是人类生存和发展的基础，也是人的本质力量自我确证和自我理解的基本形式，物质生产实践的辩证法是辩证法学说的核心内容。但是，生产实践和任何实践形式一样，是具有责任性的、伦理性的、交往性的或者说是主体间性的，辩证法也是对话、言谈的话语实践。现代哲学揭示出交往的扭曲，话语系统中的权力因素，对话结构中的真诚、宽容和话语的斗争，这种复杂的矛盾结构也展示出在漫长的话语实践中人类获得更高同一性的可能性。和平与发展的世界主题使对话的辩证法不再仅仅是言谈论辩的技术，也不仅仅是启发、回忆和获得最高觉解的智慧追求，而且成为人类生存的基本样式。

总之，经过现代哲学冲击、清洗的辩证法，不再具有认识的特权、文化的特权，也不再具有最普遍的原理和最高真理的专断的权威，但它仍是人类自我理解和理解世界的有效方式，它不能直接具有经验的效准和经济的效益，却是人类精神自我批判、自我调节、自我升华从而走向崇高的伟大事业。

三、当代辩证法的实证化趋向

辩证法作为一种早熟的哲学智慧长期只是被少数人所享有，这是因为辩证法是对人之为人的根本或绝对的理性追求，它超越了日常意识和实证科学研究中的自然态度，因而没有一种知性的发现程序和检验程序以保证人们可以循序渐进地学习和掌握辩证法。苏格拉底式的对话，老庄对自然和生命审美式的感悟和体验，禅宗的机锋，乃至谢林的创造性直观，对芸芸众生来说都是玄之又玄的东西。黑格尔反对谢林的认识论贵族主义，力求使辩证法理论获得可以传授学习的理论形态，但他也提醒人们学习辩证法必须使思维运行在抽象的思辨层次上，这对大多数人来说仍是难以做到的。所以，黑格尔的辩证法在当时就不得不为自己的神秘性进行辩解。[①]后来的哲学家几乎是众口一词地指责他的神秘主义。

辩证法学说的玄奥和神秘关键在于它没有一个可以直观的经验对象，康德据此划分了知性理性和思辨理性的界限。辩证法的对象是在反思的消解和建构中显露和创造的对象，它可以从事情本身、意识事实乃至经验事实出发，但它的目的则在于扬弃这些事情或事实而寻求它的内在根据。作为根据的东西，至多只能创造性地直观，而不能经验地直观到它，所谓形上的意义即在于此。黑格尔的辩证法并不设想作为根据的本体或实体可以自身存在，它就在经验之中，因而并不存在可以单独直观到的超验对象，但作为经验根据的本体仍是从本质上异于经验的东西，它也不能用经验的方法证实或证伪。

在经过逻辑经验主义对形而上学的批判之后，辩证法学说如何既能保持它区别于经验科学的超验性质，又能以不同于经验科学的方式获得一定的实证性效用，当代辩证法理论显示出这种致思取向。

首先，在辩证法的研究对象上，当代辩证法理论表现出克制的接近经

---

① 参见［德］黑格尔：《小逻辑》，贺麟译，商务印书馆1964年版，第195页。

验层次的理性追求和普遍性追求。赖欣巴哈认为,对最高普遍性概括的追求是造成传统哲学诸多"假解释"的一个根源。谢林的辩证法力求创造性地直观思维和存在的直接同一,思维直觉地规定感性的先验机制;黑格尔的辩证法则通过诸多的逻辑环节揭示自然和精神、思维和存在的差异,动变中的同一。这都是对最高普遍性的无限理性的追求。当代哲学的辩证法则更多地思考语法规则、语义规则、语用规则、正义规则、伦理规则和美感规则等的同一或统一,这种自觉的理性限制使当代哲学和辩证法出现了方法论上的变化。

其次,当代辩证法理论对非元哲学的次级规则的探索作为一种解释模式具有哲学—经验的特点。它把辩证法和实证科学联系起来。哲学—经验的解释模式是一种思辨的设计和经验的验证相结合的方法,是一种反思的判断和直觉的判断相结合的方法。约翰·罗尔斯的《正义论》典型地体现了这种新的哲学方法特征。罗尔斯本人并未把这种方法叫作辩证法,但我认为这是当代辩证法的新形态。原因在于罗尔斯对理想正义原则的寻求是思辨地、反思地获得的,而非经验的归纳,也可说它是超验的、哲学的或者说是"乌托邦"的。在这样的意义上,罗尔斯的道德哲学方法显然是区别于经验科学方法的思辨方法亦即辩证法。但另一方面罗尔斯把理想的正义原则和道德理论"设想为想描述我们道德能力的企图","把一种正义论看作一种想描述我们的正义感的企图"[1],而不把它作为实体性的存在和道德命令。理想的正义原则对非理想的正义具有指导意义,但它不是康德式的"绝对命令",相反,它必须与人们现实的正义感、道德感和直觉判断在"反思的平衡"中加以比较、验证和调整,这又使罗尔斯的方法区别于传统辩证法的绝对性和纯粹性,使它更接近于人们的日常经验,并从中获得一种直觉的证实。罗尔斯把他的方法"与描述我们对母语句子的语法感的问题"做了比较[2],超越特殊语法规则的范围去构造深层语法,并把它与人们对母语句子的语法感加以比较和验证,这很类似于罗尔斯道德哲学的情况。推而广之,这种哲学—经验的辩证方法不是也可以描述和解释

---

[1] [美]罗尔斯:《正义论》,何怀宏等译,中国社会科学出版社1988年版,第43页。
[2] [美]罗尔斯:《正义论》,何怀宏等译,中国社会科学出版社1988年版,第43、48页。

人们的逻辑感、美感、语义感等问题吗？在现代哲学对传统形而上学包括传统辩证法理论进行了一番思想清洗之后，辩证法可能作为这种哲学一经验的方法而存在。

在马克思主义的思想传统中，法兰克福学派的社会批判理论也出现了这种哲学一经验的方法论转变。"50 年代末、60 年代初，哈贝马斯写作中反复出现的一个主题是：批判必须以某种方式置身于'哲学和科学之间'。"① 把社会批判理论置于哲学和科学之间，把批判的反思与经验的验证结合起来，并把哲学批判作为参与和实践的设计渗透于社会生活之中，这使传统的辩证法理论获得了新的形态。这一方面使哈贝马斯获得了广阔的现代视界，批判的主题转向交往、对话、社会团结，乃至民主问题、人民的主权问题、法的改革问题等现实问题②，从而使辩证的批判具有更多的经验性、实证性内容；另一方面哈贝马斯仍坚持传统辩证法理论特有的批判的、否定的思维向度，他在与实证主义、解释学的论战中始终注意到社会科学方法不可或缺的意识形态批判的作用，从而与实证的、经验科学的方法乃至科学主义的意识形态划清了界限。哈贝马斯认为，一个正确的社会探究方法论应该把解释性理解、意识形态批判和以历史为指向的社会系统分析综合在一起。他把弗洛伊德的精神分析、马克思主义的历史唯物论看作是怀疑的、批判的深层解释学，揭示出被扭曲的交往和意识形态的欺骗，从而寻求一种未被扭曲的普遍语用学规则，以使人类获得一种新的"团结的一致性"和同一性，以重建被后现代主义哲学摧毁和拆解了的理性信念。哈贝马斯的这种努力使当代辩证法理论既保留了辩证法的批判性、思辨性特征，又使它更多地具有了实证性和实践性的特点。

最后，我认为，现代哲学对传统形而上学的批判，其实质是对人类无限理性信念的怀疑和否定。辩证法理论就其本性说，它既要寻求和建构无限理性的原则和理论形态，又要不断地消解这种绝对理性的僵死性。当代辩证法理论在方法论上由纯粹思辨的方法转向哲学一经验的方法，实际是

---

① 参见《现实与对话伦理学》，载《哲学译丛》1994 年第 2 期。
② 参见 [德] 哈贝马斯：《交往与社会进化》，张博树译，重庆出版社 1989 年版，英译本序。

哲学理性信念的变化,即由绝对的无限的理性信念转向相对的有限的理性追求。这既是对现代哲学革命的认同,也是对它的一种超越,同时也是辩证法理论符合自身本性的发展。

什么是辩证法[1]

姚大志

一段时间以来,关于辩证法的研究在某种意义上陷入了困境。困境源自这样一个事实:辩证法似乎是一个没有边界约束的论域。人们可以随意把任何东西都称为"辩证法",可以把任何现象都归于"辩证法"的名下。辩证法成了一个硕大无比的筐,什么东西都能往里装。这样的结果就是,辩证法很难有任何确切的涵义了。因此,要进行关于辩证法的理论研究,首先应该追问"什么是辩证法"。

探讨"什么是辩证法",可以有两种不同的态度。因所持态度的不同,所得到的结果也可以大相径庭。第一种态度是我认为什么是辩证法,那么什么就是辩证法。以这种态度谈论辩证法,天马行空,望文生义,恣意奔放,洋洋洒洒,但不着边际。或者仅仅拿某位经典作家(如马克思或黑格尔)装装门面,开头引几句,下面则都是与门面无关的滔滔宏论了。因为各说各话,相互不搭界,这种探讨永远都得不出明确的结果,而且任何东西都可以是辩证法。如果任何东西都可以是辩证法,那么辩证法就没有任何意义了。所谓"辩证法是一座迷宫",所谓"辩证法是变戏法",这些使辩证法声名狼藉的说法都源于此。第二种态度是明确承认,辩证法是有思想资源的。我们能在今天谈论辩证法,是因为前人已经提出并讨论了辩证法。在我们的讨论与前人的论述之间存在着历史的关联,存在着思想的渊源关系。虽然辩证法的论题不是封闭的,然而却是有约束的,这种约束

---

[1] 原载《社会科学战线》2003 年第 6 期。

来自于前人的说法。诚然我们不必拘泥于前人的说法，但我们也不能随意杜撰辩证法的涵义。也就是说，在我们进行辩证法研究之前，应该明白前人所说的辩证法是什么意思。如果本体论和认识论因其历史传承而拥有确切的论域，那么辩证法也是如此。

我赞成第二种态度，因为只有这种态度才能推进辩证法的研究，才能使研究产生有意义的结果。如果采取第一种态度，那么我们对辩证法只能说一些别人不懂我们自己实际也不懂的空话。

我们的目的是澄清"什么是辩证法"，而且我们承认辩证法问题是有思想渊源的。这样，要回答"什么是辩证法"，我们可以按照思想的渊源关系向前追溯，一步一步地揭示出辩证法的起源和发展。

我们现在谈论辩证法，在很大程度上与马克思有关。无论是在中国还是在西方，辩证法成为一个论题或者学术界关心的焦点，都是因为马克思谈到了辩证法，并且高扬了辩证法。"辩证法"和"意识形态"这两个词，都因马克思而成为当代使用频率很高的词汇，尽管它们都不是马克思发明的。如果没有马克思的使用，那么在今天"辩证法"这个概念不会有几个人知道，而"意识形态"这个词甚至会死掉。同时我们必须指出，虽然"辩证法"的广泛应用得益于马克思，但马克思并没有直接和清晰地讲明"什么是辩证法"。

我们现在关心辩证法，这渊源于马克思；马克思高扬辩证法，则渊源于黑格尔。虽然在我看来人们通常夸大了马克思与黑格尔之间的思想关联，也夸大了黑格尔对马克思的影响，但我认为，如果马克思与黑格尔之间确实存在思想关联，而且黑格尔对马克思确有影响，那么这主要是在辩证法问题上。黑格尔是现代辩证法的大师，辩证法则是黑格尔庞大思想体系中的精华。由于黑格尔对辩证法的阐发和赞扬，辩证法才能在今天的哲学领域中占有重要的一席之地。

黑格尔对辩证法的高扬起因于康德对辩证法的贬低。黑格尔之所以大谈辩证法，是因为他对康德不满：对康德的辩证法观念不满，对康德的理性概念不满，对康德的思维方式不满，对整个康德哲学体系不满。看不到这一点，就不能充分理解黑格尔的辩证法。说康德贬低辩证法，是指康德赋予辩证法以否定的涵义，而这与我们今天对辩证法的肯定理解是非常不同的。康德也不是辩证法的奠基者，他对辩证法的理解来自古希腊，来自柏拉图。"辩证法"这个词是古希腊人发明的。

辩证法有一个历史，一个其涵义既有连续也有变化的历史。在这个辩证法史中存在着四个关节点，这四个关节点体现了辩证法涵义的历史关联和时代嬗变，它们是古希腊、康德、黑格尔和马克思。如果我们能够澄清辩证法之演变和发展的这四个关节点，那么我们也就回答了"什么是辩证法"。迄今为止，我们知道"辩证法"这个词最先出现于柏拉图的著作中，尽管它不是柏拉图发明的。虽然无法考证古希腊人在什么时候发明了"辩证法"这个词，但有一点可以肯定，在苏格拉底的时代，"辩证法"已经是一个经常使用的词汇了。在古代希腊，辩证法的涵义非常广泛，涉及许多不同的领域和问题，但主要与论辩术和讲演术相关。一般认为，苏格拉底是古希腊辩证法的杰出代表。

苏格拉底的辩证法主要有两层涵义。第一，辩证法意味着"对话"。在柏拉图的著作中，我们看到，苏格拉底通过一问一答的对话，将论题层层推进，抽丝剥茧，最后得出真理。辩证法就是通过对话达到真理的方法。柏拉图的著作几乎都是由"对话体"写成的，而"对话体"表现了古希腊辩证法的精髓，正如"辩证法"（dialectics）和"对话"（dialogue）这两个词拥有共同的词根那样。第二，辩证法意味着"正反"。在对话中，苏格拉底总是佯装自己无知，而与别人唱反调。在苏格拉底与他人的论辩中，对同一论题（如《理想国》中关于正义的讨论）通常形成正面和反面两种观点，通过对立双方的辩论，真理最终脱颖而出。就此而言，辩证法是通过辩论逼出真理的逻辑。

在古希腊，辩证法既是一种方法，也是一种逻辑。作为方法，辩证法是一种言辞的艺术，一种对话的技巧，一种说服别人的方式。这种意义的辩证法仅兴盛于古希腊，后来就消失了。作为逻辑，辩证法内在于人类理性之中，是一种认识世界和表达世界的方式。后来康德和黑格尔都是在这种逻辑的意义上谈论辩证法的。一方面，从斯多葛哲学开始，贯穿整个中世纪，辩证法一直与形式逻辑紧紧联系在一起。另一方面，尽管在16—18

世纪西方大哲学家不断涌现，新论迭出，但他们似乎都把辩证法遗忘了。近代哲学家中首先重新发现辩证法的是康德。

康德在《纯粹理性批判》中把世界分为经验的现象世界和超经验的本体世界。对于现象世界，人的理智能力是有效的，能够通过感性形式和知性范畴把握真理。然而，康德认为，人类理性具有一种形而上学的冲动，试图突破现象认识超经验的本体世界，但是理性又不具备与本体世界相应的认识能力，这样人类只能将适用于经验世界的感性形式和知性范畴运用到超经验的本体世界上去，结果导致理性自身的"矛盾"或"幻相"。康德《纯粹理性批判》之"先验辩证论"的第一句话就是"我曾一般地把辩证法称为幻相的逻辑"。在康德哲学中，辩证法就是幻相的逻辑。"幻相"的德文为Schein，其涵义很多，译为中文的"表相"好一点，很难译为"幻相"。各种版本的中文都把这个词译为"幻相"，可能依据的是康蒲·斯密（Norman Kemp Smith），他在其《纯粹理性批判》英译本中将Schein译为illusion，而illusion则具有"幻相"的意思。

辩证法作为"幻相的逻辑"典型地表现在宇宙论的四个"二律背反"之中。康德论证，在关于世界的开端、组成、规律性和原因等问题上，都存在一个正题和一个反题，两者都能得到同等程度的证明，但却是完全相反的。这就是"幻相"。康德认为，理性出现"幻相"，问题不在对象，而在人的判断。换言之，康德的辩证法意味着理性一旦进入形而上学的领域，就会陷入自相矛盾的境地。

虽然古希腊的辩证法与康德的辩证法都意味着思想的逻辑，但两者有明显的区别。古希腊辩证法作为逻辑是肯定的和积极的，它揭示的是事情的真理。康德辩证法作为逻辑则是否定的和消极的，它在认识中揭示的是理性的矛盾。黑格尔对辩证法的兴趣显然是康德引起的，但他不赞成康德辩证法，而最终回到了古希腊辩证法的肯定性和积极性。在黑格尔哲学中，按照黑格尔本人的用法，"辩证法"与"形而上学"是对立的。这种对立是非常令人困惑的：在西方哲学的传统中，"形而上学"是关于终极实在的研究，而"辩证法"不管作何种理解，都可视为思想的逻辑。就此而言，两者谈不上什么对立。但是，如果我们把关于辩证法的讨论置于康德哲学的背景中,那么"辩证法"与"形而上学"的对立就是可理解的了。在康德哲学中,只有理性涉入形而上学的领域,才会导致"幻相"的发生。辩证法作为"幻相的逻辑"只有在形而上学领域才能发挥作用,而且其结果是否定的和消极的。对于康德,重心在形而上学,辩证法只是一种必然而又不合适的工具。黑格尔对康德的辩证法不满。在黑格尔看来,康德的形而上学中,名义上起作用的是辩证思维,实际上还是知性思维,所以康德的辩证法只有对立没有统一。

在黑格尔哲学中,辩证法将形而上学消解了,现象世界与本体世界之间不再有一道不可跨越的鸿沟,认识中也不再存在一个不可知的形而上学领域,相反,理性有能力把世界的所有方面展示出来。对于黑格尔,辩证法是中心,形而上学只是一个被错误界定的思维领域。因此,黑格尔用"辩证法"来同康德的"形而上学"对抗。

黑格尔是理解辩证法的关键。没有黑格尔对辩证法的深入发掘和积极高扬,就没有当代辩证法。追问"什么是辩证法",首当其冲应该追问黑格尔"什么是辩证法"。首先,黑格尔把辩证法理解为最高的思维方式。近代以来,分析理性一统天下。在分析理性之思维方式的统治下,一切认识活动都被归结为对认识对象的分析、分解和还原,以求发现最基本的元素,并用这种最基本的元素来解释一切。黑格尔将这种分析理性贬之为"知性",认为它仅仅是理解世界的一种片面方法,而辩证法则是一种更高级的思维方式,知性只有在辩证法的统领下才有意义。其次,从形式上看,黑格尔辩证法表现为正、反、合的过程。古希腊辩证法和康德辩证法都是由两个因素构成,表现为一正一反,一问一答。黑格尔认为,这种辩证法只有对立,没有统一,从而导致否定的结果。真正的辩证法应该是肯定的和积极的,对立的因素应该得到统一。为此,黑格尔在"正题"和"反题"之后又加上了"合题",形成了著名的"三段式",而黑格尔辩证法作为最高思维方式的肯定性质就表现在三段式的"合题"之中。最后,从内容上看,黑格尔辩证法包含有整体论、有机论和过程论等思想。辩证法是整体论的,它主张不是部分构成了整体,而是部分存在于整体之中,不能用基本元素的性质来解释整体的性质,而是这些基本元素的性质只有在整体中才能得到说明。辩证法也是有机论的，它主张任何事物或元素都不是孤立的，永远处于与其他事物或元素的联系之中，没有联系就没有它们的存在，而支配这些联系的则是它们的组织结构。辩证法还是过程论的，它把事物理解为过程，而过程体现着变化，变化则导致一种更高的现实。

如果辩证法对于黑格尔只是一种思维方式，那么如何理解客观辩证法、自然辩证法和历史辩证法？我认为，黑格尔的辩证法被理解为客观辩证法、自然辩证法和历史辩证法，这是一种误解，而这种误解则是由黑格尔的泛逻辑主义和唯心主义造成的。泛逻辑主义使黑格尔的辩证法由思维方式变为概念体系，使之成为概念自我演化的内在动力，这样辩证法就变成了包罗万象的逻辑学。唯心主义则使黑格尔的辩证法实在化，从一种思维方式变为"绝对精神"的一种辩证运动，而且这个"绝对精神"还要按照内在逻辑使自己对象化，即外化为自然界和人类历史社会。因为自然界和人类历史社会从根本上说只是"绝对精神"的自我显现，所以自然辩证法和历史辩证法不过是思维逻辑的客体化。泛逻辑主义和唯心主义是黑格尔哲学的主要缺点，而客观辩证法、自然辩证法和历史辩证法是同黑格尔哲学的主要缺点联系在一起的。这一点具有讽刺意味。

黑格尔是现代辩证法的奠基者。但是在黑格尔哲学中，辩证法又是同泛逻辑主义和唯心主义纠缠在一起的，这不仅掩盖了辩证法作为思维方式的原本意义，而且也使辩证法变得神秘难解了。马克思是从黑格尔那里学习到辩证法的，同时马克思又对以黑格尔主义形态存在的辩证法感到不满。

虽然马克思在不同的历史时期多次倡导和赞扬辩证法，但他对辩证法并没有作出明确的阐述。马克思关于辩证法的观点主要存在于《资本论》第一卷第二版的"跋"中。在这篇文章的结尾，马克思极为概括地谈论了辩证法。我们可以在该文马克思关于辩证法的讨论中区分出两层涵义。

第一，马克思对黑格尔辩证法的批判。马克思批评黑格尔的辩证法是"神秘的"，其所以是"神秘的"，因为"在他那里，辩证法是倒立着的"。因此，马克思提出必须把黑格尔辩证法倒过来，"以便发现神秘外壳中的合理内核"。这里的关键在于,"倒过来"意味着什么?许多人根据恩格斯在《费尔巴哈和德国古典哲学的终结》中的解释,认为黑格尔是从主观辩证法演绎出客观辩证法(自然辩证法和历史辩证法),把它"倒过来",就是从客观辩证法引申出主观辩证法。我认为这种理解是不正确的。马克思讲把辩证法"倒过来"确实与黑格尔哲学的局限性有关,而黑格尔哲学的局限性也确实在于它的唯心主义和泛逻辑主义。但是,马克思的"倒过来"不是从主观辩证法中寻找作为其根基的客观辩证法,而是剥除唯心主义和泛逻辑主义强加给辩证法的"体系化"、"实在化"和"客体化"。剥去"体系化"、"实在化"和"客体化"之后,辩证法就是一种思维方式,这样就恢复了辩证法的本来面目。

第二,马克思对辩证法本质的理解。马克思把辩证法的本质称为"批判的"和"革命的"。客观辩证法无所谓"批判"或"维护","革命"或"保守",只有作为思维方式的辩证法才能够被称为"批判的"和"革命的"。这从另一个方面证明,马克思把辩证法理解为一种思维方式。辩证法作为思维方式之所以是"批判的"和"革命的",在于"辩证法在对现存事物的肯定的理解中同时包含对现存事物的否定的理解"。马克思既是一位理论家,更是一位革命家。无论是作为理论家还是作为革命家,马克思都迫切需要一种同主流思维方式不同的、革命的、批判的思维方式,以揭示现实社会的不合理,以论证社会革命的可能性,以期望一个更为理想的现实。

质言之,无论是对于古希腊和康德,还是对于黑格尔和马克思,辩证法都意味着一种思维方式。而黑格尔和马克思重提并高扬辩证法,都在于辩证法包含了对现实和主流思想的否定和批判。

在什么意义上黑格尔辩证法是马克思哲学变革的思想源头?[①]
——从"卢卡奇-科耶夫解读"看

张 盾

一、为何要重温"卢卡奇-科耶夫解读"

关于马克思与黑格尔的理论关系,卢卡奇在《历史与阶级意识》中的解读是最有名的解读之一,但也是颇受研究者质疑的一种解读。卢卡奇的观点一般被称为"黑格尔主义的马克思主义",认为他过于强调黑格尔哲学对马克思产生的作用和影响,因而不能最终越过黑格尔思想的界限而达于马克思哲学的革命本质,成为一种有严重局限性的理解。这里似乎隐含着一种倾向:由于黑格尔哲学神秘的思辨形式和马克思对其进行的猛烈批判,研究者为强调马克思实现了哲学的一次革命,易于认为马克思与黑格尔之间的理论传承关系不是主导性的而仅仅是次要的,这就注定了卢卡奇解读的不幸定位。但是,黑格尔和马克思两种文本至为复杂的内容,决定了它们之间的关系不可能被某一种倾向性的解读所穷尽,也决定了马克思哲学革命的哲学史背景只有回到黑格尔文本深处才是可理解的。

尽管卢卡奇解读受到质疑,但其思想洞察力、文本根据以及巨大影响

[①] 原载《复旦学报(社会科学版)》2007年第3期。

力均不容否认。卢卡奇解读的核心观点认为,马克思取自黑格尔的最重要哲学遗产是总体观点,即把存在本身理解为在历史过程中自我实现的同一性主客体。"黑格尔的哲学方法——最引人入胜之处是在《精神现象学》里——始终既是哲学史,又是历史哲学,就这一基本观点而言,它决没有被马克思丢掉。黑格尔使思维和存在辩证地统一起来,把它们的统一理解为过程的统一和总体。这也构成历史唯物主义的历史哲学的本质。"① 撇开卢卡奇当时是针对第二国际正统理论这一特定背景不论,以我浅见,卢卡奇关于马克思与黑格尔理论传承的内在逻辑的这一解释本身基本准确,即使今天对我们理解马克思与黑格尔的关系仍然具有启示作用。所以由卢卡奇重新揭示的同一性主客体的历史辩证法成为20世纪20年代西方马克思主义的逻辑起点,这不是偶然的。对卢卡奇解读的最大支持来自20世纪30年代科耶夫对黑格尔《精神现象学》的研究,科耶夫的研究重申了黑格尔哲学最重要的内容是强调主客统一、反对二元分裂的历史辩证法,他的研究对法国哲学界黑格尔哲学的复兴和马克思主义的兴起起到了决定性作用。两者比较,可以说卢卡奇已经抓住了黑格尔哲学中最具革命性的那个主题,并卓有见地地强调了《精神现象学》的特殊重要性,从而为后人从马克思主义立场理解黑格尔启示了正确的路径;但卢卡奇的侧重点是通过黑格尔的视角去重新理解马克思学说的革命本质,他对黑格尔本身的解释则是纲要式的。科耶夫沿同一方向继续前进,但他主要侧重于黑格尔哲学,其研究工作也更加靠近黑格尔的文本,特别是《精神现象学》。科耶夫解读的最大成果是,他在黑格尔哲学令人生畏的思辨文本形态、绝对唯心主义的表述方式、重大洞见与晦暗错误的混乱交织中,第一次使黑格尔哲学的主导问题变得明晰,从而使黑格尔在哲学史中的准确定位成为可能,这个问题便是:终结近代形而上学的主客分裂的理论逻辑,瓦解以主观性为最高原则的内在化论域,重建主客同一性,并使之成为现代性自我理解的哲学形式。克朗纳有句名言:"理解康德就意味着超越康德,理解

---

① [匈] 卢卡奇:《历史与阶级意识》,杜章智、任立、燕宏远译,商务印书馆1996年版,第84页。

黑格尔则是要明了黑格尔是不可再被超越的。"① 恩格斯也说，黑格尔哲学是近代哲学的完成。这些说法的深刻含义只是在科耶夫清晰揭示了黑格尔的问题之后才变得清晰。

意识哲学的内在性思路的瓦解是近现代哲学发展的最重大事件。学界公认马克思和海德格尔从不同路径对这一事件发挥了重要作用。但黑格尔在这一事件中的地位和作用却一直是成问题的，研究者们对此抱有不同甚至完全相反的看法。如果接受"卢卡奇—科耶夫解读"，黑格尔就是最早反对主客分裂、击穿内在性思路的哲学家，后来的马克思乃至海德格尔的思想源头都应上溯至黑格尔。但是也有完全相反的看法认为：近代西方形而上学的基本建制，是以主体性为最高原则的知识论路向和内在性论域，马克思哲学革命的核心内容就是对这一形而上学基本建制的颠覆，即对意识哲学之内在性论域的瓦解；这一颠覆和瓦解在很大程度上实现在马克思对黑格尔哲学的批判中，因为黑格尔哲学就其绝对唯心主义的形态和本质来说，正是近代认识论哲学之内在化论域的最后完成形式。

这使我们再次面对如下问题：（1）如何理解马克思哲学革命的实质？（2）如何理解黑格尔哲学的性质？在此，问题（2）成了通达问题（1）的一个关键。本文想通过回顾卢卡奇特别是科耶夫对黑格尔的解读，来重新解释黑格尔哲学的特征和马克思批判黑格尔的要义。

二、黑格尔如何从主体性哲学内部击破主体性哲学

科耶夫解读的最大特色有两个：（1）把黑格尔的问题解读为存在论问题，而非认识论问题。他认为，黑格尔的逻辑学并非一种认识论，也不是一般意义上的逻辑学，而是"一种存在论或作为存在的存在科学"②；黑

---

① [美]里夏德·克朗纳：《论康德和黑格尔》，关子尹译，同济大学出版社2004年版，第8页。
② [法]科耶夫：《黑格尔导读》，姜志辉译，译林出版社2005年版，第532页。

格尔的精神现象学是对人的存在的一种现象学描述，其对象是"作为存在现象的人"，其内容是"人在历史中的实际存在"。①（2）把辩证方法规定为不是一种主观的思维方法，而是事物存在的一种真实本性。科耶夫认为，辩证法的本意应是：仅仅因为存在本身是辩证的，即存在本身包含有一个否定的因素或方面，揭示存在的思维和语言才是辩证的。"只有当思维正确地揭示存在和实在事物的辩证法，思维才是辩证的。"② 在此意义上，科耶夫提出，黑格尔的方法并不是"辩证的"，而是纯粹直观的和描述的，即胡塞尔意义上的现象学的。③

按科耶夫的理解，这也是黑格尔本人对辩证法本质的看法，他在《精神现象学》的序言中为此找到根据："但科学的认识所要求的，毋宁是把自己完全交付给认识对象的生命，或者换句话说，毋宁是去观察和陈述对象的内在必然性。科学的认识既然这样深入于它的对象，就忘记了对全体的综观，而对全体的综观只是知识脱离了内容而退回到自己的一种反思而已。但是，科学的认识则是深入于物质内容，随着物质的运动而前进，从而返回于其自身的。"④ 科耶夫的这种解读猛烈冲击人们对于黑格尔辩证法的流俗理解，把对黑格尔哲学的研究带入一个新境界。在这里，思想的结构由它所揭示的存在来决定，知识论态度、主体性原则和内在性问题不再享有优先特权。照此理解，恩格斯所谓黑格尔对近代哲学的"完成"是讲对近代哲学的"终结"，而不是"近代哲学之知识论路向的完成形式"。我们看到在《精神现象学》的导论中，确实有对主客分裂的近代知识论思路的激烈批判。黑格尔认为近代哲学"一切关于与绝对不相关联的认识的观念和关于与认识不相关联的绝对的观念"，全都是"无用的观念"⑤，它们带来矛盾和混乱，使思想和存在处于分裂和对抗之中。为克服这一分裂，黑格尔建议，如果放弃物自体的假设，取消绝对与知识的二分，而径直以被思想揭示的存在即"显现为现象的知识"本身为"我们的研究对

---

① ［法］科耶夫：《黑格尔导读》，姜志辉译，译林出版社2005年版，第37—38页。
② ［法］科耶夫：《黑格尔导读》，姜志辉译，译林出版社2005年版，第533页。
③ ［法］科耶夫：《黑格尔导读》，姜志辉译，译林出版社2005年版，第534页。
④ ［德］黑格尔：《精神现象学》上卷，贺麟、王玖兴译，商务印书馆1979年版，第36页。
⑤ ［德］黑格尔：《精神现象学》上卷，贺麟、王玖兴译，商务印书馆1979年版，第53页。

象",那么主客观就不再分裂,因为此时"意识自身给它自己提供尺度,考察研究成了意识与它自身的一种比较……那么考察研究就是在看对象是否符合它自己的概念"①。黑格尔设计了如下思路:意识关于对象的知识也就是关于它自身的知识,在这个过程中意识对自身实行了一个辩证的运动,从而超越它与对象间僵硬的抽象对立;意识现在有两种对象,第一种对象是一个自在,第二种对象是这个自在的为意识的存在;在辩证运动中,第一种对象改变了自己,变成一种"为意识的"但同样"真实的"东西,这个新对象包含着对第一种对象的否定。黑格尔称新对象乃是关于第一种对象的"经验"。② 在这个新思路中,对象和概念、自在的存在和为他的存在,都处在作为"经验"的知识本身之内,主客间的分裂被克服,"意识发现,它从前以为是自在之物的那种东西实际上并不是自在的,或者说,它发现自在之物本来仅只是对它(意识)而言的自在"③。

这很像胡塞尔通过"现象学还原"把一切"超越对象"都还原成"内在对象",其实并非如此。此处理解黑格尔的关键在于,这是一条在现象学视域中解决存在论问题的思路,其中的意识、概念和对象等都是存在论范畴而非认识论范畴,都被黑格尔赋予和认识论思路完全不同的新意义(否则黑格尔就不过是退回了观念论的老路上去):概念和对象是同一个东西,即"被揭示的存在";而意识按科耶夫解读,"在《精神现象学》中,人被称为'意识'"④。在这个存在论的问题中,黑格尔把认识当成存在的自我认识,把真理规定为"真实的东西"。"认识不是把内容当成一种外来物对待的活动,不是从内容那里走出来而返回于自身的反思;科学不是那样一种唯心主义……而毋宁是,由于认识任凭内容返回的内在的自身,是在他物里面的纯粹的自身同一性。"⑤ 很显然,黑格尔的认识概念是存在

---

① [德]黑格尔:《精神现象学》上卷,贺麟、王玖兴译,商务印书馆1979年版,第58—59页。
② [德]黑格尔:《精神现象学》上卷,贺麟、王玖兴译,商务印书馆1979年版,第59—61页。
③ [德]黑格尔:《精神现象学》上卷,贺麟、王玖兴译,商务印书馆1979年版,第60页。
④ [法]科耶夫:《黑格尔导读》,姜志辉译,译林出版社2005年版,第686页。
⑤ [德]黑格尔:《精神现象学》上卷,贺麟、王玖兴译,商务印书馆1979年版,第37页。

论的,已经不属于意识哲学的内在性思路。而且,能否打破内在性思路,就取决于能否成功地把认识规定为存在内容的自我认识。

为了做到这一点,黑格尔提出:"一切问题的关键在于:不仅把真实的东西或真理理解和表述为实体,而且同样理解和表述为主体。"① 科耶夫断言,理解这句话是理解《精神现象学》乃至黑格尔整个哲学体系的关键。② 确实如此。因为实体和主体是西方形而上学的两个基础性概念,实体与主体的差别和对立是近代西方形而上学的绝对信条,全部近代哲学的内在化论域就建立在这个信条之上。所以,当黑格尔提出实体也是主体,他是在挑战和解构近代意识哲学的概念基础,此举意义重大。黑格尔讲,实体之所以主体,是因为所谓实体作为现实的存在,实际上是一个建立自身并展开自身的实际运动过程,"活的实体,只当它是建立自身的运动,或者说,只当它是自身转化与其自己之间的中介时,它才真正是现实的存在,这个存在才真正是主体"③。引起这一运动的力量是"纯粹的否定性","实体作为主体是纯粹的简单否定性,它是单一东西分裂为二并树立对立面的过程,此过程又是这种区别及其对立的否定"。所以黑格尔认为,直接的自身同一性并不是真实的东西,只有这种在否定性中重建自身的同一性才是真实的存在即真理:"真理就是它自己的完成过程"④。

现实的存在作为一个在否定性中建立自身的运动,黑格尔称之为"精神"。所以"实体是主体"也被黑格尔表述为"绝对即精神",即"实体在本质上即是主体,这乃是绝对即精神这句话所要表达的观念"⑤。我们知道,"绝对"在黑格尔哲学中是表示存在的概念,而"精神"(即主体)在这里用来表征存在本身那种在运动中自我否定的辩证特性,所以黑格尔的这个命题是存在论命题,与认识论问题中的唯心主义没有关系。黑格尔讲,绝对之所以是精神,是因为只有精神才能成为否定性的力量:"精神之所以是这种力量,乃是因为它敢于面对面地正视否定的东西并停留在那

---

① [德] 黑格尔:《精神现象学》上卷,贺麟、王玖兴译,商务印书馆1979年版,第10页。
② [法] 科耶夫:《黑格尔导读》,姜志辉译,译林出版社2005年版,第629页。
③ [德] 黑格尔:《精神现象学》上卷,贺麟、王玖兴译,商务印书馆1979年版,第11页。
④ [德] 黑格尔:《精神现象学》上卷,贺麟、王玖兴译,商务印书馆1979年版,第1页。
⑤ [德] 黑格尔:《精神现象学》上卷,贺麟、王玖兴译,商务印书馆1979年版,第15页。

里。精神在否定的东西那里停留,这就是一种魔力,这种魔力把否定的东西转化为存在。而这种魔力正是上面称之为主体的那种东西。"① 正是在此意义上,黑格尔说:"惟有精神的东西才是现实的东西。"② 科耶夫的解读进一步指明,黑格尔的"精神"就是在世界中存在的人以及被人揭示的存在,因为人是天生的否定性存在,"人的现实不是一种自然的或者'直接的'现实,而是一种辩证的或'间接的'现实"③。所以黑格尔把实体设想为主体,就是把存在设想为包含否定性的绝对整体,亦即设想为作为历史过程的"人的现实"。

通过把实体解释为主体,把绝对设想为精神,黑格尔重建了在近代认识论哲学中失落的主客同一性,把问题变成一个存在论问题。在黑格尔这一学说中,以存在本身自我否定的辩证法为基础,主体与实体(客体),精神与绝对(现实)这些对立项,全部被改造成同等地表示存在者存在之内容的存在论概念,即黑格尔的"主体"概念不是笛卡尔—康德意义上独立于实在事物之外的认识主体,而是事物存在的一种辩证方式;黑格尔的"精神"概念也不是作为主观性的认知作用,而是指存在内容的自我运动和自我认识。所以科耶夫讲:"黑格尔哲学的所有特征都源于把否定性范畴引入存在论。"④ 在这样引入之后,存在和对存在的认识成为同一个内容,因为,如果把对客体(即实体)的认知理解为对客体的否定,那么黑格尔提出,这个否定应该是客体的自我否定,此时,"看起来似乎是在实体以外进行的,似乎是一种指向着实体的(认知)活动,事实上就是实体自己的行动,实体因此表明它自己本质上就是主体"⑤。结果主观性与客观性的坚固对立被取消,存在被"中介化","当实体已完全表明其自己即是主体的时候,精神也就……既是它自己又是它自己的对象。存在于是被绝对中介了……不再分裂为存在与知只的对立"⑥。所以科耶夫说:"绝对

---

① [德] 黑格尔:《精神现象学》上卷,贺麟、王玖兴译,商务印书馆1979年版,第21页。
② [德] 黑格尔:《精神现象学》上卷,贺麟、王玖兴译,商务印书馆1979年版,第15页。
③ [法] 科耶夫:《黑格尔导读》,姜志辉译,译林出版社2005年版,第631—633页。
④ [法] 科耶夫:《黑格尔导读》,姜志辉译,译林出版社2005年版,第634页。
⑤ [德] 黑格尔:《精神现象学》上卷,贺麟、王玖兴译,商务印书馆1979年版,第24页。
⑥ [德] 黑格尔:《精神现象学》上卷,贺麟、王玖兴译,商务印书馆1979年版,第24页。

哲学没有外在于它的对象。"① 黑格尔没有主客二分的认识论思路，在他手上，主体和客体是同一的。

　　黑格尔认为哲学是内容的思想。现在可以看清其要义：存在论的认识是存在内容的自我认识，此内容就是既作为实体真实存在、又作为主体认识自身的那个内容。它也被黑格尔称为"概念"。黑格尔说："逻辑必然性就在于事物的存在即是它的概念。"② 按照黑格尔的规定，逻辑哲学用"概念"来表征作为主体的内容的那种辩证运动，"辩证的运动本身以纯粹的概念为它自己的原素；它因此具有一种在其本身就已经彻头彻尾地是主体的内容"③。这就是黑格尔在《精神现象学》序言中提出的"对哲学研究的要求"：必须用"概念思维"取代认识论哲学中盛行的"形式思维"，因为后者"脱离内容"。④ 至此，黑格尔动用了几乎所有近代认识论哲学用来表示主观性的用语，如精神、意识、概念、经验等，来表征这种主客同一体概念，用来瓦解认识论路向。这就是哈贝马斯所说的"黑格尔从主体性哲学内部击破主体性哲学"⑤。

三、科耶夫论作为存在论和现象学的黑格尔辩证法

　　把握住黑格尔哲学的基本问题是把意识理解为存在的自我意识，而把存在理解为在自我否定中建立自身的同一性主客体之后，我们便能理解科耶夫惊世骇俗的研究结论：黑格尔的方法不是辩证的，而是直观的和描述的。研究者一般认为，黑格尔是把辩证法看作理性在世界历史中实现自身的一种绝对形式，理性的辩证法在所有的层次和环节上都被实现于世界之

---

① ［法］科耶夫：《黑格尔导读》，姜志辉译，译林出版社2005年版，第36页。
② ［德］黑格尔：《精神现象学》上卷，贺麟、王玖兴译，商务印书馆1979年版，第38页。
③ ［德］黑格尔：《精神现象学》上卷，贺麟、王玖兴译，商务印书馆1979年版，第45页。
④ ［德］黑格尔：《精神现象学》上卷，贺麟、王玖兴译，商务印书馆1979年版，第39—40页。
⑤ ［德］哈贝马斯：《现代性的哲学话语》，曹卫东等译，译林出版社2004年版，第27页。

中。此理解促使研究者把黑格尔哲学看成比康德更彻底的唯心主义。但科耶夫认为，在黑格尔那里，不是思想而是实在和历史本身有一种辩证运动的结构，即对给定物的主动否定，所以辩证法只能是一种实在的辩证法。"在黑格尔看来，作为哲学的这种观念辩证法之所以能产生，仅仅是因为它是关于存在的实在的辩证法的一种反映。"① 这种辩证法并不是哲学家和历史学家进行综合的产物，而是由实在和历史本身按其固有规律完成的，黑格尔仅限于把它记录下来，他不需要做任何事情，不必求助于一种特殊的方法。所以黑格尔把自己的哲学称为"科学"。

按惯常理解，辩证运动是一种思想的运动，现实本身并不这样运动，辩证法是一种哲学的方法。作为一种哲学方法的观念辩证法形成于古希腊。在苏格拉底和柏拉图那里，方法之所以是辩证的，是因为它包含了一个思想中的否定因素，即正题和反题构成的矛盾，思想者在讨论和对话中为论证一个正题而反驳一个反题，由此得到真理。从笛卡尔到康德，虽然哲学的形式由对话变成哲学家个人的沉思和现代"体系"创作，但就其仍然从事论证正题和反驳反题的工作来说，他们仍在运用一种探索和阐释真理的论证方法，这种方法并不涉及真理所揭示的实在事物。所以科耶夫断言，从希腊一直到黑格尔之前，"辩证法只不过是一种在实在事物中没有对等物的哲学方法"②。他认为黑格尔第一次自觉地放弃了这个作为观念辩证法的"方法"传统："黑格尔第一个有意识地抛弃了被当作一种哲学方法的辩证法，而仅限于观察和描述在历史过程中完成的辩证法。"③ 科耶夫对黑格尔哲学和此前作为"方法"的其他哲学的区别作了精湛而独到的描述。他认为，从形式上来看，黑格尔的思想和语言本身并没有辩证的东西：它既不是一种"对话"，也不是一种"讨论"，而是一种关于实在事物辩证法的纯粹的和单纯的描述。另外，就黑格尔文本的独断样式来看，黑格尔也没有"论证"他所说的东西和"反驳"其他人，而这是因为这些论证和反驳在他之前的历史过程已经完成，不过不是通过语言的论

---

① [法] 科耶夫：《黑格尔导读》，姜志辉译，译林出版社2005年版，第548页。
② [法] 科耶夫：《黑格尔导读》，姜志辉译，译林出版社2005年版，第550页。
③ [法] 科耶夫：《黑格尔导读》，姜志辉译，译林出版社2005年版，第547页。

据，而是通过历史中的"斗争和劳动的考验"完成的，黑格尔只需记录并正确地描述这种"辩证"考验的最后结果。就其用完全的和一致的语言描述了实在历史本身的最后的辩证综合结果而言，黑格尔的描述是一种"绝对知识"，"因为按照定义，这种描述的内容永远不可能变化，不需要补充，也不会被驳斥，所以人们能说，黑格尔的描述是绝对的、普遍的和永远有效的真理"。①

科耶夫的解读有其文本根据，因为正是黑格尔自己讲过，辩证法不是一种外在于事物的主观任意的思想之术，而是事物本身固有的本性。"就它的特有规定性来说，辩证法倒是知性的规定和一般有限事物特有的、真实的本性。"②辩证法是一种"内在的超越"，意味着"凡有限之物莫不扬弃其自身"。因此，"辩证法是现实世界中一切运动、一切生命、一切事业的推动原则"③。对于自己的方法，黑格尔一直坚持其"科学方法"的被动的、直观的和描述的特性："科学的认识所要求的，毋宁是把自己完全交付给认识对象的生命，或者换句话说，毋宁是去观察和陈述对象的内在必然性。"④但科耶夫解读的更深层根据在于黑格尔的问题之中，既然认识是存在的自我认识，那么黑格尔辩证法作为一种"科学认识"就只能是对实在本身之辩证法的一种描述和揭示。这就再次证明了黑格尔是如何打破近代的内在性思路，将哲学的焦点从主体意识转移到现实世界之中；证明了黑格尔辩证法绝不是在近代主观性的广阔领域中继康德之后又增添了一种新的主观性原则和方法，而是一个指向现实世界的全新的存在论问题。所以科耶夫认为，黑格尔以前的哲学家总是追求某种为主观性所特有的"方法"，以此来"抵制实在事物"，黑格尔则不同，他不需要特有的方法，而是"完全地最终与存在的一切东西一致：他毫无保留地信赖存在，完全地向实在事物敞开，不抵制实在事物"⑤。

这个实在事物却不再是主客分裂意义上的"自在的客观性"，而是一

---

① ［法］科耶夫：《黑格尔导读》，姜志辉译，译林出版社2005年版，第555页。
② ［德］黑格尔：《小逻辑》，贺麟译，商务印书馆1986年版，第176页。
③ ［德］黑格尔：《小逻辑》，贺麟译，商务印书馆1986年版，第176—177页。
④ ［德］黑格尔：《精神现象学》上卷，贺麟、王玖兴译，商务印书馆1979年版，第36页。
⑤ ［法］科耶夫：《黑格尔导读》，姜志辉译，译林出版社2005年版，第538—539页。

个主客同一体。进而言之，黑格尔的世界是一个被人的存在所揭示的世界，是能够认识自身的存在内容。按照科耶夫理解的黑格尔思路，现实之所以是辩证的，仅仅因为它包含一种否定的因素，即任何现实存在物莫不扬弃自身。而这种否定性只能通过人来实现：人不同于一切自然的给定存在的独特之处就在于，人是天生的否定性存在，人通过活动（创造）改变和取消给定的存在，使存在由自然的直接现实变成间接的或辩证的"人的现实"，存在由此分裂为主体和客体。这就是否定。然而，正是人作为这种否定性，又通过语言来揭示存在并追求语言与存在的"一致"，存在由此变成"被语言和思维揭示的存在"①。这一次是对否定的否定，其结果便是作为人的历史性存在的同一性主客体。科耶夫这样概括黑格尔这一工作的成果："统一性的建立，或主体和客体的最终一致，是在'绝对哲学'（即黑格尔哲学）对存在和实在事物的整体的一致性描述中完成的，其作者的人的存在归结为这种哲学的完成，因为他不再主动地使作为'主体'的自己对立于作为'实体'的自然。"② 在这种情况下，"由于黑格尔的经验本身是一种能揭示的语言，所以它本身是它所描述的具体实在事物的一个方面。它不从外面带给实在事物任何东西，从中产生的思维和语言不是对实在事物的反映，而是实在事物的自我反映。之所以黑格尔的思维和语言是辩证的，仅仅是因为它们忠实地反映了它们作为其中一部分的实在事物的辩证运动"③。

最后，把人理解为否定性，就是把人理解为历史性的存在，因为人通过活动改变给定存在（自然）的过程就是历史（科耶夫有这样的规定：人＝否定性＝活动＝历史④）。人的基于否定性的历史性存在才是黑格尔辩证法的真正主题。黑格尔讲，"世界历史是审判世界的法庭"⑤。就是说，实在本身的辩证法不是由哲学家来完成，而是由世界历史本身来完成的，推动历史辩证运动的那个否定性因素，乃是某种在历史中实际存在的否定

---

① ［法］科耶夫：《黑格尔导读》，姜志辉译，译林出版社2005年版，第533页。
② ［法］科耶夫：《黑格尔导读》，姜志辉译，译林出版社2005年版，第631—632页。
③ ［法］科耶夫：《黑格尔导读》，姜志辉译，译林出版社2005年版，第541—542页。
④ ［法］科耶夫：《黑格尔导读》，姜志辉译，译林出版社2005年版，第575页。
⑤ ［德］黑格尔：《. 精神哲学》，杨祖陶译，人民出版社2006年版，第355页。

性力量，这就是劳动和斗争。它们是黑格尔《精神现象学》第四章"主奴辩证法"的主题。科耶夫对黑格尔这一主题的解读，被专家公认为是最重要、最具有马克思主义精神的一个解读，构成了他对《精神现象学》的全部卓越解读的基础。① 本文对此不拟评论，只简要说明，科耶夫对黑格尔的这一解读更进一步地确证了黑格尔是如何脱离并瓦解近代主观性论域的。因为科耶夫揭示，斗争和劳动作为对现实世界的主动的和实际的改变，乃是实在对自身的辩证否定得以实现的现实条件，而通过斗争和劳动实现的这种"实在的否定"，只能在现实的人与人之间关系中进行。科耶夫讲，就辩证法的本意是讨论和对话来说，"人们也可以说，历史是一种在人与人之间长期进行的'讨论'。但是，这种实在的历史的'讨论'完全不同于哲学对话或讨论。人们不用语言的论据进行'讨论'，而是一方面用大棒、刀剑或大炮，另一方面用镰刀、锤子或机器进行'讨论'。如果人们想讨论历史中使用的'辩证方法'，那就必须明确地指出，它是一种斗争和劳动的方法"②。科耶夫揭示出问题的关键在于，当黑格尔把斗争和劳动作为否定性引入历史辩证法的讨论时，他不自觉地把现实的人与人之间的关系引入哲学的论题，从而更加远离了以主观性为最高原则的意识哲学，为马克思探索新哲学道路准备了理论契机。

四、马克思批判黑格尔的焦点所在：
从思辨问题到政治问题

至此，我们再次面临那个老问题：为什么马克思在19世纪40年代创建新哲学观之际要对黑格尔进行那一系列批判？他到底批了黑格尔哲学中的什么东西？为回答此问题又需再次追问：19世纪40年代马克思哲学变革规划的真正问题到底是什么？

---

① [美] 罗克摩尔：《黑格尔：之前和之后》，柯小刚译，北京大学出版社2005年版，第281页。
② [法] 科耶夫：《黑格尔导读》，姜志辉译，译林出版社2005年版，第549页。

在什么意义上黑格尔辩证法是马克思哲学变革的思想源头？

1843年马克思在一封信中讲，他不满意费尔巴哈的地方在于："他过多地强调自然而过少地强调政治。然而这一联盟是现代哲学能够借以成为真理的唯一联盟。"① 我认为马克思这一说法对我们了解他的问题具有重要的提示作用。要言之，马克思哲学探索的真正问题，用马克思自己的话说，是一个"改变世界"的问题，也就是"揭示并改变现存社会结构和政治结构"②。根据上面的提示，我愿称之为"政治问题"。以此为出发点，可以重新解释黑格尔对马克思的意义和马克思对黑格尔的批判。

现在回答本文提出的问题：在什么意义上黑格尔是马克思的思想源头？从马克思的问题角度看，黑格尔的重要性在于，他实现了"从主体性哲学内部击破主体性哲学"，从近代主客分裂的内在性论域突围出来，重建失落的主客体同一性。马克思敏锐地看出了黑格尔建立主客同一性的重要意义，指出黑格尔的绝对精神是斯宾诺莎的实体与费希特的自我意识的统一，而其实质则是自然与精神在"现实的人"身上实现的同一性③。这种主客同一性的重建，即黑格尔所谓"理性与现实的重新和解"，让时代精神的现实性能够重新进入哲学的主题，使黑格尔能够"第一次为全部历史和现代世界创造一个全面的结构"④，这就是以抽象形式建起的现代性的完整问题域，体现在黑格尔的著作涉及了他的时代几乎所有重大历史主题：法国革命，市民社会，劳动和财产，国家和政治权力等等。这些工作为马克思探索一条全新哲学道路准备了思想前提，其中最重要的主客体同一性预示了后来马克思的理论与实践统一原则。马克思和黑格尔的一个重要共同点是，他们都把理论视为现实的自我认识，因为正是马克思本人讲过：不仅思想应力求成为现实，现实也应力求趋向思想。所以洛维特才说："黑格尔的最重要的原则，即理性与现实同一的原则，也是马克思的原则。"⑤

但另一方面，黑格尔对马克思的积极意义有限，因为按马克思的问题

---

① 《马克思恩格斯全集》第27卷，人民出版社1972年版，第443页。
② 《德意志意识形态》（节选本），人民出版社20C3年版，第15页。
③ 《马克思恩格斯全集》第2卷，人民出版社1957年版，第177页。
④ 《马克思恩格斯全集》第3卷，人民出版社1960年版，第90页。
⑤ ［德］卡尔·洛维特：《从黑格尔到尼采》，李秋零译，生活·读书·新知三联书店2006年版，第125页。

去看，黑格尔的历史概念是抽象的，在其中不可能真正建立起主体和客体、理论和实践的统一。马克思所理解的历史是现实的历史，是"追求着自己目的的人的活动"，是"群众的事业"①，黑格尔无法达到这一理解，因为"黑格尔哲学认为：一切问题，要能够给予回答，就必须把它们从正常的人类智慧的形式变为思维理性的形式，并把现实的问题变为思辨的问题"②。结果"人类的历史变成了抽象的东西的历史"③，据称描述了历史本身真实辩证法的黑格尔"只是为历史的运动找到抽象的、逻辑的、思辨的表达"④。尽管在历史中重建同一性主客体这个要求为马克思发现自己的问题提示了正确的方向，但黑格尔却不在真实的历史中指认这个同一主客体，而是把它规定为绝对精神；绝对精神与历史之间这种无法理解的关系，又迫使黑格尔采取一种更加无法理解的观点：历史在他的时代和他的哲学体系中达到终点。所以马克思讲，在历史问题上，黑格尔作为哲学家是"事后才上场的"，这使他的同一主客体重新沦为概念神话。"既然绝对精神只是事后才通过哲学家意识到自身这个具有创造力的世界精神，所以它的捏造历史的行动也只是发生在哲学家的意识中、见解中、观念中，只是发生在思辨的想象中。"⑤

从哲学史看，黑格尔哲学是一个承前启后的过渡性现象，它确证着哲学从纯理论问题向现实政治问题的转移。击破内在性对于理论哲学来说是一个重大问题，黑格尔的同一主客体在这一领域中具有重大意义；但这不是马克思的问题，马克思的问题是政治问题，当以这一问题为背景时，便会看到黑格尔的同一主客体重新变成了一个概念神话。卢卡奇认为黑格尔的局限是时代的局限，"黑格尔不能深入理解历史的真正动力。一部分原因是，在黑格尔创造他的体系时，这种力量还不能完全看明白"⑥。这种力

---

① 《马克思恩格斯全集》第 2 卷，人民出版社 1957 年版，第 104、118 页。
② 《马克思恩格斯全集》第 2 卷，人民出版社 1957 年版，第 115 页。
③ 《马克思恩格斯全集》第 2 卷，人民出版社 1957 年版，第 108 页。
④ 马克思：《1844 年经济学哲学手稿》，人民出版社 2004 年版，第 97 页。
⑤ 《马克思恩格斯全集》第 2 卷，人民出版社 1957 年版，第 108—109 页。
⑥ ［匈］卢卡奇：《历史与阶级意识》，杜章智、任立、燕宏远译，商务印书馆 1996 年版，第 67 页。

量就是无产阶级作为新政治力量的崛起,它给当时下层群众反抗压迫的政治斗争开启了一个新的方向,就是对资本权力的反抗。以此为背景才生成了马克思的作为政治问题的新哲学问题,即他是把争取解放的无产阶级看成真正现实的历史同一性主客体。以此新问题为背景我们才能理解马克思对黑格尔的批判的焦点所在。对此可从现代性的角度来看。哈贝马斯说黑格尔是第一个使现代性上升为哲学问题的哲学家。这个问题就是现代性自我理解的哲学形式问题,也就是现代资本主义社会体制的合法性问题。可以说,这也是马克思的问题,是马克思和黑格尔共同面临的一个时代性的哲学主题。但是对这同一问题,黑格尔和马克思作了不同处理:黑格尔把问题置于概念的自我运动中,马克思则要求通过改变现存世界的革命实践来解决之。对这种复杂的问题关联,依波利特曾作过一个实证性研究。此研究表明,黑格尔哲学具有强烈关注现实的特征,黑格尔曾接受斯密的古典经济学的强烈影响,深入研究过劳动问题和财产问题,又以深邃的辩证法超越斯密自由主义,而发现了近代资产阶级社会的诸多矛盾,并以此启示了马克思。但依波利特认为,黑格尔不可能解决他提出的问题,因为他的哲学"并不是致力于一个积极的行动,而是在一个并不坚持其诺言的思辨唯心主义中完成"①。以异化问题为例,黑格尔的异化"是在思想中而不是在事实中被克服的",而对马克思来说,异化的克服是"一个只有通过历史革命才可解决的特殊历史问题"。②

依波利特的研究支持了本文的论点:黑格尔和马克思关注共同的问题,但黑格尔坚持在思想中解决该问题,马克思则要求在现实中解决之;结果是,黑格尔把问题变成思辨哲学问题,而马克思则把问题变成了政治问题。我认为这才是理解马克思对黑格尔之批判的关键,即该批判绝不是和黑格尔较量如何瓦解内在性论域(这一前提性工作已由黑格尔完成,后来海德格尔以更漂亮的方式重演),而是在争论解决所谓现代性问题的场所是在思想中还是在现实中。据此来看19世纪40年代马克思批判黑格尔的一系列文本,可以清晰地看出马克思的真正问题及其与黑格尔争论的焦

---

① 张世英:《新黑格尔主义论著选辑》下卷,商务印书馆2003年版,第440页。
② 张世英:《新黑格尔主义论著选辑》下卷,商务印书馆2003年版,第443页。

点。简言之,《黑格尔法哲学批判》讨论的市民社会与国家问题,《〈黑格尔法哲学批判〉导言》讨论的解放问题和无产阶级历史使命问题,以及《神圣家族》讨论的群众观点和无产阶级历史地位问题,无一不是和现代性有关的政治问题和政治观点;另一方面,所有这些文本又无一不在指责黑格尔哲学把现实政治问题变成思辨的问题。在余下的篇幅里,我想以《1844年经济学哲学手稿》和《德意志意识形态》为例,来进一步确证马克思的问题本质和批判焦点。

《1844年经济学哲学手稿》关于黑格尔辩证法的一节是对黑格尔的一次系统批判。马克思一开始就明确他的目的就是为"现实历史的运动"找到一个"批判的形式"①,即将其描述为消除异化,重新占有人的本质的共产主义运动。尽管马克思对问题的表述留有黑格尔和费尔巴哈的概念痕迹,但共产主义作为私有财产的积极扬弃和人的真正人的本质的复归,显然是一个主张改造现存社会关系的政治观点,和击破内在性这种概念问题没什么关系。马克思指出黑格尔的错误就在于,他对历史运动的描述用的是"抽象的思辨的表达形式"②,在他那里,财富、国家权力以及人的本质以"非人的方式"来实现等所有异化问题的产生及其消除,都在思想中进行:"全部外化历史和外化的全部消除,不过是抽象的、绝对的思维的生产史……在这里,不是人的本质以非人的方式同自身对立的对象化,而是人的本质以不同于抽象思维的方式并且同抽象思维对立的对象化"③。但另一方面,《现象学》既然坚持异化是一个问题,它就"潜在地包含着批判的一切要素……包含着对宗教、国家、市民生活等整个领域的批判的要素"④。可见马克思关注的焦点是,黑格尔发明异化问题,为他自己提出资本主义条件下异化劳动和私有财产问题准备了思想形式,《手稿》的核心内容就是把异化从概念问题改造为政治问题。由此观之,马克思在《手稿》中强调"人直接地是自然存在物"⑤是为了把消除异化这一历史

---

① 马克思:《1844年经济学哲学手稿》,人民出版社2004年版,第97页。
② 马克思:《1844年经济学哲学手稿》,人民出版社2004年版,第97页。
③ 马克思:《1844年经济学哲学手稿》,人民出版社2004年版,第99页。
④ 马克思:《1844年经济学哲学手稿》,人民出版社2004年版,第100页。
⑤ 马克思:《1844年经济学哲学手稿》,人民出版社2004年版,第105页。

任务的解决置于现实的基础上，而不是为了打破内在性思路。因为在马克思看来，像黑格尔那样把人规定为自我意识，就会借口"在自己的异在本身中就是在自身"，而让意识冒充现实，让精神世界冒充真正存在的世界①；这种虚假的概念辩证法产生的政治后果，就是把消除异化这一历史任务的解决保留在纯思想中，比如"一个认识到自己在法、政治等等中过着外化生活的人，就是在这种外化生活本身中过着自己的真正的人的生活"②。马克思指出，黑格尔"那只是虚有其表的批判主义的根源就在于此"③。

在《德意志意识形态》第一章，马克思对自己的问题作了更明确、更成熟的表述："全部问题都在于使现存世界革命化，实际地反对并改变现存的事物。"④ 这显然是一个要求社会变革的政治目标，也就是作为"解放"的共产主义，马克思强调它不是一种思想活动，而是一种现实活动，"是由历史的关系，是由工业状况、商业状况、农业状况、交往状况促成的"⑤。新哲学的任务是重新理解哲学自身与这一现实政治目标的关系。马克思认为，面对新问题，哲学的功能就在于它应揭示这样一个事实：解放不是靠"用词句反对词句"这种纯理论演绎实现的，而是靠"使用现实的手段去反对现存的东西"来实现的。马克思将哲学的这种新功能称为"对现实的描述"，它带来哲学的全新自我理解："在思辨终止的地方……对现实的描述会使独立的哲学失去生存环境，能够取而代之的充其量不过是从对人类历史发展的考察中抽象出来的最一般的结果的概括。这种抽象本身离开了现实的历史就没有任何价值。"⑥ 由此观之，马克思要求给予存在先于意识的优先地位，主要不是为了颠倒黑格尔的观念论和击穿内在性，而是为了把哲学从抽象思辨带向"对现实的描述"。基于此，马克思对实体、主体和自我意识等黑格尔概念进行了最彻底的解构：在黑格尔那里，作为

---

① 马克思：《1844年经济学哲学手稿》，人民出版社2004年版，第109页。
② [德]黑格尔：《精神现象学》上卷，贺麟、王玖兴译，商务印书馆1979年版，第110页。
③ 马克思：《1844年经济学哲学手稿》，人民出版社2004年版，第109页。
④ 《德意志意识形态》（节选本），人民出版社2003年版，第19页。
⑤ 《德意志意识形态》（节选本），人民出版社2003年版，第19页。
⑥ 《德意志意识形态》（节选本），人民出版社2003年版，第17—18页。

实体的主体也就是作为自我意识的人,而在马克思这里,这些思辨构造全被清除,所谓人就是"现实的个人",他们"从事实际活动",并"发生一定的社会关系和政治关系";由"实体"和"自我意识"构成的同一性主客体,实际上不过是在工业中向来就有并随着工业的发展而变化的"人和自然的统一"。① "每个个人和每一代遇到的现成的东西:生产力、资金和社会交往形式的总和,是哲学家们想象为'实体'和'人的本质'的东西的现实基础。"② 为了支持对哲学的政治理解,马克思对思想的权力本质特别作了一个极深刻的分析,指出任何重要的思想都是"以思想的形式表现出来的物质关系",所以占统治地位的思想永远是统治阶级的思想,革命思想的存在则以革命阶级的存在为前提,而所谓"概念的自我规定"则不过是权力对于自身的意识形态想象;黑格尔的局限就在于,在他那里,"问题完全不在于现实的利益,甚至不在于政治的利益,而在于纯粹的思想"③。在这一章中,马克思系统讨论了现代社会阶级结构的起源、无产阶级的历史使命,以及作为革命运动目标的共产主义。这些就是马克思的新哲学中以现代性为背景的政治问题,也是马克思对自己与黑格尔的关系所作的一个了断。

海德格尔晚年有一个论断:"没有黑格尔,马克思不可能改变世界。"④ 这是对的,但不够全面,需作如下补充:"不批判黑格尔,马克思同样不可能改变世界。"这两个论断加在一起,才算达到了一个包含着否定性统一的完整的真理。

---

① [德] 黑格尔:《精神现象学》上卷,贺麟、王玖兴译,商务印书馆1979年版,第15、20—21页。
② 《德意志意识形态》(节选本),人民出版社2003年版,第37页。
③ 《德意志意识形态》(节选本),人民出版社2003年版,第38页。
④ [法] F. 费迪耶:《晚期海德格尔的三天讨论班纪要》,丁耘译,载《哲学译丛》2001年第3期。

生命意义的觉解与辩证法的任务[①]

王天成

本文试图从对辩证法的操作平台的定位出发,论述辩证法与生命体验的内在相关性,为在新的时代拯救辩证法创造一些条件。

一、辩证法的操作平台

辩证法在何种平台上操作?这涉及辩证法的根本性质问题。要想对此有一正确定位,必须首先回归其奠基处,对精神活动的机能进行分析。

人的精神活动,一般说来处于一种向外的显现作用和一种向内的体验作用的张力关系中,我们称其为"知悟统一体"。这里所谓的"张力"关系,取"相反相成"之意,由此便可以形成两种思想的取向,甚至凝结成代代传承的两种思想方式。一种是外向型的,从知出发,以悟为中介最后落脚为知,在这里,悟被知化了;另一种是内向型的,从悟出发,以知为中介最后落脚为悟,在这里,知又被悟化了。这两种思想的取向遍在于人的个体意识和群体意识之中,并无优劣之别。就个体意识说,有人天性喜欢求知,有人天性喜欢体悟,有人的目标是知者,而有人的目标则是仁者。就和哲学相关的群体意识来说,西方哲人更趋向求知,以纯知为旨归,中国哲人更趋向求悟,以成圣为旨归。但需要注意的是,无论是以求

[①] 原载《吉林大学社会科学学报》2005年第4期。

知为主还是以求悟为主,并不抹杀知悟的张力关系的存在,求知必在与悟的牵连中而获知,只不过悟隐而不显;体悟亦必在与知的牵连中而得悟,只不过知隐而不显罢了。

现在的问题是,辩证法的操作平台究竟是知还是悟?回答是前者。严格意义上的辩证法只能在知的平台上进行操作,甚至可以说,辩证法本来就是一种最高的纯知。正是基于这一点我们可以预先说,严格意义上的辩证法是西方哲学所独有的。

辩证法既然在知的平台上操作,而知又可分为感性之知和(广义的)理性之知,而广义的理性之知又可分为知性和狭义的理性之知(我们在以后的讨论中采取感性、知性和理性的三分法),那么辩证法究竟在哪个环节出现?要回答这个问题不能操之过急而陷于笼统。为什么,因为西方又把感性、知性和理性分别把握为形式和内容的统一,而辩证法在形式方面和内容方面的出场状态是不一样的。因此,辩证法究竟在其中哪个环节出现的问题需要从形式和内容两个方面分别进行确定。

首先我们看形式方面。感性是直观能力,其形式是空间和时间。空间用于把握对象的个体,而时间则用于把握自身生命的个体。康德曾将其分别称为外感直观形式和内感直观形式。由于西方理解的感性以外向型为主,是一种向外的观照,所以它的感性形式实际上是以空间为主,而时间则往往随空间外化出去变成空间化的时间(也可叫数学的或物理学式的空间)。理性与感性不同,它是把握超感性的对象的能力,因此它就不能以空间和空间化了的时间作形式,而是以更抽象化的符号作形式,这就是广义的语言。那么,知性的形式是什么?知性介于感性和理性之间,是由感性到超感性和由超感性到感性的变换功能,因此它的形式便既有直观特点又有超直观的抽象特点,我们可称之为"象",而象之产生的机能便是想象力。

基于上述分析,我们就可以进一步从形式方面确定辩证法究竟出现于哪个环节。而这种确定工作所遵循的公理有两条:第一,知成就于明证性。第二,明证性的内涵在于,或者是无法展开怀疑的,或者是经过展开的程序而无怀疑余地的。前者构成基础的明证性,后者则构成次级的明证性。而有了基础明证性就不再需要次级明证性，但有了次级明证性仍需要基础明证性。我们下面就按这两条对上述三种知的形式进行分析。

首先我们看感性直观，在感性直观中，时空形象作为对象直接给予我们，我们是无法对其展开怀疑的，因此它自身具有基础的明证性。比如，我们看一种形象，我们无法怀疑我们没有看到。那么按照上面的原则，感性之知就其形式（而不是内容）来说不需要辩证法。知性形式为象，而象是先验想象力在自由变更中所达到的同一性，因而它是一种比感性直观更高的理智直观，而这种理智直观之所以达成，是因为先验想象力在自由变更中达到了一种无矛盾性或不可怀疑性，因而它本身便包含有上面所说的次级的明证性。由此看，知性之知除了需要基础的明证性之外，也不需要辩证法为其提供明证性而成就自身为真知。这样，辩证法栖身之地就只有一个——既无法提供感性直观，又无法提供知性直观的理性的话语形式。这也就是说，就形式方面说，辩证法以理性为操作平台。

理性的形式是语言。严格说来，语言就起源于知性之象，但在进一步发展中又超越了知性之象。因此，语言的运作方式便不是存在于它和直观的反思关系中，而是把这种关系扬弃在语言的链条之中了。这就决定了，在语言活动中，并不是先有某种脱离语言的意象，然后再去诉诸语言的表达，而是语言在其自身展开中便生成着意和象。从这个意义上说，辩证法以理性为操作平台也就意味着辩证法以语言为操作平台。辩证法的操作形式是语言。由于语言的运作形式有多种，我们可以更确切地说辩证法的操作形式是一种特殊的论证性语言，或叫思辩论证，而这种思辩论证是理性所特有的。

二、辩证法操作平台的合法性

辩证法虽然就形式来说属于理性，其操作平台是论证性语言，从而和感性、知性有严格的区别，但就内容来说，理性及其语言却贯通到感性和知性的内容之中，使这些内容通过语言而在理性中得到处理。一个在直观中的具体事物，或一个在先验想象力活动中的共相之象，均可以在理性形式中得到论证和言说。因此从内容上说，辩证法具有更大的普适性，它既可以有关于感性世界内容的辩证法、关于知性世界内容的辩证法，也可以有关于理性世界内容的辩证法。甚至就辩证法的发生史来看，最先出现的恰恰是感性世界的辩证法和知性世界的辩证法形态（而理性世界的辩证法作为辩证法的纯正形式只有在近代黑格尔那里才被真正确立起来了）。感性世界的辩证法是以理性的语言对感性世界内容的论证，如西方哲学史上赫拉克利特的辩证法。知性世界的辩证法是以理性的语言来处理知性之象，如作为论辩的辩证法等。

那么，究竟在哪个环节需要辩证法？我们仍然根据明证性原则来探讨。我们先讨论前两种。前面说过，感性之知的明证性在直观中被提供，按照思维的经济原则，辩证法是根本不必要的。不仅如此，对于感性世界，即使诉诸辩证法的语言也并不增加任何明证性。比如，我们的感性直观完全可以明证地把握河流中水的运动，但我们把它把握为"这水既在又不在"或"既在此又不在此"等等，这虽然没有什么错，但恰恰把感性的确定性打乱了，而其自身又没有带来任何比感性直观中更强的明证性。由此看来，感性世界的辩证法相对于感性知识来说是消极的，它对感性之知无所增益。同理，知性之知的明证性在于按照思维的不矛盾性原则将反思的共相回归为直观，因此矛盾律和经验证实便是知性之知的明证性的承载者，在这里辩证法也是根本不必要的。不仅如此，它不但不会增加知性之知的明证性，反而动摇了知性明证性的承载者——矛盾律，因此它对于知性之知来说也是消极的。在历史上，对这两种辩证法的消极性进行系统揭露的最著名的理论当分属芝诺和康德的辩证法。

但是，感性世界的辩证法和知性世界的辩证法的消极性并不是绝对的，它仅仅对于感性之知和知性之知来说才是如此，而如果站在理性的立场上对它进行合理的改造，它却有积极意义。可惜的是，在黑格尔以前，多数哲学家虽然能自觉地抓住理性的形式，但在内容上却并没有站在理性的立场上，而是站在了感性和知性的立场上。因此这两种辩证法都被赋予了贬义。例如，古希腊许多哲学家之所以把理性形式所把握的感性世界称为"意见世界",就是因为他们虽然在理性形式上进行操作,但在内容上所站的却是感性和知性的立场。康德之所以将辩证法归为"幻相的逻辑",也是由这种立场所致。

那么,从内容上来说,哪个领域既无法从感性直观中获得明证性,又无法从知性逻辑中获得明证性,而只能在辩证的话语中获得明证性?这就是理性世界或自由世界的领域。只有在这个世界中,辩证法才获得积极的意义。这也就是辩证法的合法操作平台。

理性是西方哲学的专有名词,代表一种把握超感性对象的能力,而经理性把握的关于超感性对象的知识就是形而上学(metaphysics)。要真正从根源上理解理性与形而上学,除了语言学、词源学的研究之外,尚有两个问题是至关重要的。第一个问题是:超感性的东西与人们的日常生活格格不入,人们为什么非得去追求和把握它?第二个问题是:西方以什么理性形式把握超感性对象?关于第一个问题,西方人往往归结为"好奇心"或"惊异",这虽然对,但并没有说透。这是因为,人之所以对形上对象有好奇的天性,正是因为人作为有限的生命要追求永恒。又因人具有知识和表象能力,他就必然将这种永恒化为外向之知的对象去追求。这可以被称为理性的本能或智慧的本能。西方所谓好奇和惊异实际上就是这种智慧本能的表现。如果进一步看,这种智慧的本能也不是凭空出现的,它的前提就是遍在于整个生命世界的以暂时趋向永恒的生命的本能形式,而这种形式的核心就是繁殖。生命正是通过繁殖试图将个体建立在与永恒的张力关系中。由此看,形上追求既源于智慧的本能,而智慧本能又是对生命本能的觉解和升华。关于第二个问题,它涉及这种觉解的形式问题。前面说过,西方哲学的思维方式是以知为主的思维方式,那么,这种追求永恒的智慧本能必通过知的机能而指向于外,变成一个知的对象。由于这样的对象既不能诉诸感性直观,又不能诉诸想象力与知性逻辑,它就只能在理性的形式——语言层面来体现意义,而其作为对象的最高体现就是西方来源于系动词的"存在或有"(英文 Beirg)。语言、存在、形上之知在这里是一体化的。语言是存在的平台,而形而上学作为形上之知则是存在在这个平台上的自身展开系统。

"存在"将人的知识推到了极致,因为它从知的层面说是绝对肯定和绝对否定的统一。在其他的知识中,否定的东西总有他物,这他物的共相可以"非存在"示之,但存在的他物却不是"非存在"而是"无",而"无"又是存在自己。从这个意义上看,它是一个有无相生的十足的矛盾体,不用辩证法是无法获得关于它的知识的。这就像它所昭示的生命一样,生命的意义也正是在生和死这对绝对肯定和绝对否定的矛盾中而被彰显的。对生命意义的思考也构成了人对价值思考的极致,不用辩证的方式是无法达到的。正像感性之知是感性直观的合法领地,知性之知是理智直观和知性逻辑的合法领地一样,关涉生命意义的形上之知则是辩证法的合法领地。只有在这里,辩证法才有了它的任何其他知识无法代替的独特的建构性,因而具有了积极意义。

三、辩证法与生命境界的异曲同工

现在的问题是,任何知、任何觉解都是确定的,那么,我们如何在存在所包含的绝对肯定和绝对否定的原初矛盾中获得确定性?以及我们如何在生命的原初矛盾——生和死的矛盾中获得确定的意义?以及我们如何保证这些确定性是明证的?解决这些问题就是辩证法所应有的任务。辩证法正是按照生命及其昭示者——存在的原初矛盾,将其发展成了一个理性之知的系统,而也正是通过这理性之知的系统熏陶,生命的意义才得到了觉解。

首先我们看参与辩证法建构的诸因素。一个就是前面我们说的形上对象——存在所包含的固有矛盾,但除此之外,由于形上之道承载着人的生命的永恒,因此它被赋予了两个根本的特点,一个是全,一个是自由。"大全"和"自由"是以知的形式承载的生命之永恒性,这是西方传统哲学的固有产物。所谓的全,就是存在在其发展中必统摄感性世界和知性世界的内容,将其变为自身的环节。因为如果理性不把这两个世界包容进来,就不可能成就全,当然也就无法承载永恒。存在自身包摄感性和知性世界而展现为大全的过程，是一个必然的过程，它显现为一个按必然性推导出来的必然世界。所谓的自由，在于将它所包容的内容扬弃掉，或者说将必然过程扬弃掉，因此自由的建构过程和必然的建构过程是相反的。必然过程要走出自身，自由过程要扬弃这走出过程而返回自身。这就决定了，必然由外观和推论可得，但自由却外观不到，推演不出，建构不得。自由是内在的，它不是一种知。那么按前面所说的知悟统一体，它是不是一种悟？严格说来它又不是悟，而是一种在西方外向之知的思维模式中被知化了的悟，或者更严格地说，它是西方形上之知作为知悟统一体的悟这个环节而被知化了的生命永恒。从这个意义上说，把生命和自由看作一个东西属于西方的知化思路。

综上，存在的展开基于其原初矛盾，且其作为生命意义的彰显又是在必然和自由的变奏中实现的。这就出现一个问题，存在的展开应该是一个论证过程，而论证必遵循必然性，因此展开的结果是一必然联系之全。但是与必然不同的自由如何能同时被展现？只能有一个途径：建构的同时就对这种建构实现着消解。这就决定了存在的展开过程必然是一建构和消解的一体化运作过程。应该说，这样一个辩证的运作思路是由黑格尔所明确提出来的。在黑格尔看来，之所以存在的展开是建构和消解的一体化，根源就在于存在本身就是有无的一体化，因而是从无到有的产生与从有到无的消灭的双重变奏。建构和消解的一体化则是有无之变、产生和消灭之变奏的进一步展开，这种展开的形式便是严格意义的、在其合法领地中运作的理性形式——辩证法，它是以知的形式所表现的对生命意义的觉解。

知必具明证性方能成真知，那么辩证法的明证性是什么？为了说明此问题，首先要确定辩证法所明证的是什么。前面说过，整个的必然世界内容包括感性和知性世界，其明证性是不需辩证法提供的，也就是说，往外观，感性的常识和科学技术足可以保证其真理性，因此，辩证法所要为其提供明证性的便只有内在的生命意义，而这意义在西方是由"自由"承载的。由此来看，辩证法是要为自由提供明证性，而自由却是内在的，它不是一种知识。换句话说，在西方，辩证法就是要为承载生命意义的"自由"提供一种纯粹理性的知的形式，使人们通过这种严密的形式而领略到自由，从而实现对生命意义的觉解。辩证法恰恰是这种自由的训练。这就决定了它与感性和知性直观的明证性有根本的不同。在感性直观和知性直观中，对象是通过建构而在直观过程中被给予的，而在辩证法的论证过程中，承载生命意义的自由却并不能在建构过程中直接被给予，而只能通过与建构过程一体化的消解过程才能被触及。但消解过程的结果应该是无，而无又是一种绝对否定性，那么自由是如何被触及的呢？

前面说过，任何知实际上都是一知悟统一体。自由及其生命意义正是通过悟这个环节出现的。只不过辩证之知所达到的无恰恰是这种悟的触发点。这样，辩证法所建构的必然世界作为范畴的世界对于其所要彰显的对象——生命和自由来说，便不是规定关系，而是象征关系。而它的明证性便不是感性和知性中所说的被给予性，而是一种审美意义上的类比性和谐，而其和谐性的原理便是不同于感性确定性、知性同一性的类比同一性原理。它好像是一种艺术品，通过它的语言的必然性形式而实现着对自由、对生命意义的领悟，从而达到一种人生境界层面的确定性。

那么，除了理性的辩证话语形式之外还有没有能够实现生命意义觉解的另外形式？有，那就是不同于西方传统以知为主的思维方式的东方以悟为主的话语形式。这种话语形式因其以知为环节而归于悟，因此并没有发展出代表纯知的严格逻辑系统，因此并没有严格意义上的辩证法。这种诗化式的、象征式的语言更切近于对生命意义的觉解。与此相比，辩证法的严格逻辑形式及其必然性的外貌往往遮蔽着它本身相对于生命意义来说的象征性意义，因而遮蔽着它的审美意蕴。要真正消除这种遮蔽，使辩证法回归于其合理性，就必须重视辩证法本身所包含的消解因素，意识到它所具有的批判维度，只有这样，辩证法所具有的必然性形式才能成就真切的生命境界，我们才能真正理解辩证法作为知与生命境界作为悟二者的异曲同工之妙。

生命的辩证性与辩证法

王天成　邵斯宇

一般说来，人们对辩证法的形式及形式起源问题讨论得多些。自亚里士多德开始就认为，真理需要清晰的证明，但有些命题过于复杂是无法证明的，这些命题被称为"论题"，需要用论辩的形式来处理，论辩的方法就是辩证法。论题之所以无法证明，是因为它包含着自相矛盾。就人的认识来说，自相矛盾的东西是没有确定性的，因而也就不会成为知识。这种看法一直延续到近代，到了黑格尔把这个问题讲清楚了，这反映在他关于知性、辩证理性和思辨理性之区别和联系的学说中，他称其为"从形式方面看"的逻辑真理。在他看来，人要获取知识必用知性，知性就是按照同一律从对象中获得规定的能力。但知性是有限的，对象的真理却都是无限的。这样知性就既是对象的一种规定，又是对对象真理的一种否定，所以要达到对象的真理，就要否定知性的有限性。上述的说法主要涉及辩证法的形式及其起源问题，它的要点有：第一，人的认识只能以形式把握对象，有限的形式把握有限的对象，无限的形式把握无限的对象；第二，人的认识形式是有限的，其代表是概念规定，它只能把握有限的对象；第三，人没有现成的无限认识形式来把握无限的对象，只能通过否定有限的概念规定来代替无限的认识形式，这种替代者就是辩证法。可见，辩证法从形式方面看，起源于人类认知形式的有限性与无限性的矛盾。

但人为什么会不吝陷入矛盾去追求无限的东西？这个涉及辩证法缘起

---

① 原载《社会科学战线》2017年第3期。

的问题不能从对辩证法的形式探讨中找到答案,而只能从对辩证法内容的探讨中找到答案。实际上,正像任何事物的发展一样,人们在辩证法内容的探讨方面也经历了一个不断深化的过程,从古代论题、意见的辩证法,到观念的辩证法,包括康德所谓辩证法之为幻想的逻辑以及黑格尔辩证法之为思辨的逻辑,再到黑格尔之后的诸种不以逻辑命名的辩证法,显示了辩证法研究在内容上由语言到观念再到精神、生命的一种深化。这种发展的结果实际上预示了,人追求无限的本性不能仅仅从理性本性(康德)、神性(黑格尔)去理解,而是内在于生命的辩证性之中,因而辩证法从内容上看,起源于生命的有限性与无限性的矛盾。深入到生命的层次来思考辩证法,才能真正理解辩证法的必要性、合法领地以及它的积极作用。

这样,顺应辩证法研究内容由命题到观念再到精神和生命的深化趋势,通过探讨生命的辩证性来确立生命辩证法的基本内容,进而探讨一般辩证法在内容上的起源问题就显得极为重要。本文试图通过生命的有限和无限这一对矛盾,对生命的辩证性的不同层次进行简要解读,并指出一般辩证法可以理解为人的生命这种辩证性的最高反映。如果将关于生命辩证性的探讨称之为生命辩证法,那么生命辩证法构成了一般辩证法内容上的根源。

生命的辩证性作为有限与无限的矛盾或张力,包含多个层面,我们吸取了亚里士多德关于灵魂分类的观点以及黑格尔的相关观点,简要地将其区分为生命的再生与繁殖、生命的感觉、在想象和反思中的生命自我三个方面。这三个方面相互区分,又在后者包含前者的基础上层层递进,构成生命矛盾结构或张力结构的整体。其中,生命本身的再生和繁殖构成生命原初的和潜在的辩证性,也构成生命辩证法甚至一切辩证法的内在隐秘基础。谈生命辩证法必从此开始。

一、生命之为再生与繁殖

谈到生命原初的辩证性,我们不得不触及亚里士多德所说的最低等级的灵魂——营养灵魂。营养灵魂是一切生命体所固有的，因而是生命之为生命的最基本要素。它包含两个基本作用：从自然界摄取营养和繁殖。亚里士多德的这种关于生命的思想为黑格尔所继承，并加以辩证化和系统化，由此黑格尔提出了生命是三个辩证环节的统一，这三个环节他分别称之为生命个体、生命过程和类。生命个体讲的是生命体本身内部的辩证运动原则，它揭示出了生命本身是一种张力结构或矛盾结构。生命一方面表现为向内的敏感，另一方面表现为向外的反感，而合外内为一，即敏感和反感的统一，构成了一种张力关系，正是在这种张力关系中生命体时时得到再生，从而成其为生命。所谓生命过程，即生命体与外在世界发生关系的过程。生命不仅是一个内部运动过程，同时它走出自身，客观化自己，并在对象中保持自己，发展自己。这就产生两面：一方面它从外界摄取营养来补充自己、充实自己的机体；另一方面又将自己的能量释放出去。它释放能量为的是摄取营养，摄取营养又为的是释放能量，最终的结果便是维持自己的生存，我们现在将这两个过程称之为同化和异化，生命的现实性即是在这种与外界同化与异化的矛盾中完成的。生命最后归结为普遍性，黑格尔谓之族类或"类"，它是生命的共相或真理，因为只有生命作为类才称得上是真实的生命，所以族类构成生命的最高环节。那么个体生命如何达到类呢？黑格尔在这里提出了亚里士多德所说的繁殖。在他看来，一方面，类总是通过个体来显现的，不会有没有个体的类，而现存的生命总是特殊而有限的个体；但另一方面，特殊而有限的个体之真理或共相又是普遍的和无限的类。生命体的这两个方面决定了生命在这个环节上必须通过特殊而有限的个体达到普遍而无限的类，这个过程就是繁殖。换句话说，生命的本性就表现为个体不断趋向类的运动过程，而这种运动过程的机制就是繁殖，繁殖成为生命的真理。个体在其繁衍中，维持生命的普遍性，维持其类的生存，从而实现着生命的本性。

亚里士多德和黑格尔对生命的理解，揭示出了生命体原初所固有的矛盾结构，为我们理解生命提供了理论资源。但同时我们也知道，黑格尔理解任何事物都是普遍性在先的，因为普遍性是逻辑的基本要求。表现在对生命的理解上，他把生命上升为类的普遍性，试图在这个平台上理解生命，可以说更好地满足了他的逻辑要求。但生命作为一"活生生的个体"总是一个时空延续体，而在这时空延续体的视阈中，亚里士多德所说的摄取营养和黑格尔所说的生命过程，一般可以归结为生命的空间关系，而他们所说的繁殖、繁衍，则可归结为生命的时间关系。生命通过前者实现外延之量的扩张，通过后者实现内涵之量的延续。这样，我们就可以将生命的根本矛盾归结为生命之为有限和无限的矛盾，而空间性的矛盾和时间性的矛盾则是这种矛盾展现的两个方面。

就生命的空间展现说，生命的矛盾通过生命之为个体性与自然的关系而表现，所表现的现象就是个体的生存。我们可以按黑格尔的说法称其为再生。这种个体的生存最初显现为一种生命体与自然的能量交换过程。即生命将其能量对象化同时又将自然的能量内在化的双重化过程。我们所知的"同化""异化"过程也就是这种双重化过程的一种表达。在这种双重化中，生命一方面是一个有限的存在者，而另一方面又包含着不断蚕食他物而扩大自己以至于无限化自己的倾向。我们通常说的人的欲望的无限性，实际上就是这种生命在空间上追求无限化的感性表达，对此以后还要提到。

就生命的时间展现说，生命的有限和无限的矛盾表现为有限个体在时间上向无限的趋近，而这种趋近就表现为个体的繁衍。我们通常按照科学的说法，生命的繁衍在于DNA的复制。有限的生命在直接性的意义上，正是通过DNA的复制，在实现着向其本性即无限性的进展，而生命过程也就是这种进展本身。

如果我们分析（个体的）生存和繁衍这两个表述的意义，可以看到生命之为有限性和无限性的矛盾的一些更为具体的内容。在个体生存的同化和异化的关系中，生命体活动的出发点是和自然的同一性，但同时自然又是生命体的他物，因而二者又有差别性，生命体的活动的本质便呈现为在他物中实现自身的矛盾关系。它不断地克服自然，实现和自然的统一性，但自然最终也是一个有限物。这决定了生命在和自然的同化异化关系中总是在有限物中挣扎，无法达到它的无限性。换句话说，它决定了任何生命个体都是有界限的，因而是有始有终的。个体的生存在空间上的扩大无法通达生存的最高意义——无限性,这样就需要繁衍。繁衍的出发点是对个体有限性的否定,因而是生命的无限性,在这个意义上说它是生命原初的真理。但是,由于个体生命总是在他和自然的关系中得以生存,因而它对有限性否定所产生的否定物仍然是一个有限的生命个体。这样,生命的繁衍就只能表现为个体生命的不断自身否定又不断生成的恶性循环。它的无限性只能表现为个体生命的否定,但否定只是虚的,真实存在的是有限个体的叠加。由上面可见,无论是空间上还是时间上,生命总是处于有限和无限的张力之中,这个张力中的矛盾是原初的。生命本身具有原初的辩证性。

综合上述可见,生命之为有限与无限的矛盾的两个方面,大致有一种主次关系,后者为主,前者为辅,但前者之为辅,却是后者的前提和基础。这就可以概言之:生命之为有限与无限的矛盾实际上是一个以空间性矛盾为前提的、以时间性矛盾统摄空间性矛盾而构成的复杂矛盾体。在这个复杂矛盾体中,生命作为有限在与无限的矛盾中向无限的趋近是生命的主要旨趣,当然,要分析这个矛盾体的细微环节,需要更为深入的研究。

现在的问题是,生命能否解决这个矛盾?实际上不能。因为生命之为生命,就在于这个矛盾过程。这个矛盾解决了,生命就完成了。就前者说,生命通过内外化的关系对他物的蚕食,无论蚕食到什么地步,总要有一个他物在和生命体对立;就后者来说,正如前面所说,通过繁衍来解决这个矛盾,所带来的是一种不断消解矛盾又不断生出矛盾的恶的无限性。因为无论繁衍到哪一代,所达到的总是一些有限的个体,而不是无限性,矛盾依然存在。

二、生命的感觉

再生、繁殖包含的矛盾构成生命最原初的辩证本性,但生命并不总是停留于原初状态,它的进一步表现就是感觉。感觉既是生命在原初状态上发展出来的生命,同时也是对生命原初状态辩证本性的最初的把握。由此，生命的辩证性进一步表现为感觉的辩证性。

从前面谈到的生命原初的辩证性可见，生命的有限性和无限性的矛盾构成其辩证性的主线。一方面生命是有限的，但有限的生命之所以为生命，在于它本身是一种趋向无限的生生不息的运动。就有限的生命体来说，无限性既是它的本质环节又是它的他物，所以它是在它的他物中建立着自己。生命本身包含着的这种自身否定性，在感觉中被建立起来，便直接显现为感觉层面上的矛盾，而这种矛盾的情态就是痛苦。痛苦的辩证性从逻辑规定上说是肯定和否定的统一。黑格尔也曾经在描述生命过程时对痛苦、感觉、冲动等作了较详细描述。他认为，生命的本性本来是精神性，但它却要在非精神的自然中实现自己的本性，由此便产生了一种矛盾的感觉，这就是痛苦。所谓的痛苦，无非是说我一方面必须和它同一，我的本性的实现要依赖于它；而另一方面我又和它处于否定关系之中，从这里说我又不能和它同一。这样一种自身矛盾性的感觉就是痛苦。所以痛苦是感觉生命辩证性的基本情态。

痛苦作为肯定和否定的统一可以表现为外内两种感觉形式，一个是外感，另一个是欲望，而这两种感觉形式又是渗透和交替的。外感采取的是从外向内的方向，这决定了对生命体来说，外感总是具有某种被给予性和强制性。这种强制性需要由内向外的欲望来克服。欲望要突破这种强制性，从而达到生命的无限性。一般说来，欲望针对的是外感，而外感也总与欲望相伴随，所以二者构成一种矛盾关系或张力关系。在这种关系中，可以说外感是包含欲望在内的统一体，欲望也是包含外感在内的统一体。对生命体来说，前一个统一体的方向是由外向内，后一个统一体的方向是由内向外。

现在的问题是，既然感觉是原初生命辩证性的升华，那么无论外感也好欲望也好，作为矛盾体也是对生命之有限与无限的张力关系的表现。要对这种表现进行细化研究，需要我们对外感和欲望的具体内容和态度进行研究。就外感说，外感内容显示出了这样的双重性，一方面它是有限的生命所具有的，因而它具有特殊而有限的内容，是生命有限性的肯定。任何生命体的感觉，总是通过感觉的有限性内容，实时地实现着自己的生存；

但另一方面，外感又不仅仅是有限的和特殊的，它给我们提供着"一般的对象性"，这种对象性又是对特殊性和有限性的超越，而这个超越性的对象恰恰又决定了外感的基本方向——即由外向内的方向。由此，对于生命体来说，在外感中总是受到外物的否定。这个外物作为"对象性"似乎是强加于有限生命体的共相，是对生命有限性的否定。但如果上升到更深的层次看，外感的这种超越有限性的对象性，又恰恰是生命之内在的无限性的环节，是生命体的意义所在。从这个意义说，外感是一个在感觉生命层面上的、从对象性出发的生命的有限性和无限性的张力关系。再看欲望：欲望的内容也有着双重性，一方面欲望总是特殊的，这种特殊性源于生命有限性所决定的外感特殊性；但另一方面，它又要否定这种特殊性，试图通过否定这种特殊性、有限性而达到普遍性和无限性。由此看来，欲望也是一个在感觉生命层面上的生命的有限性和无限性的张力关系，只不过它是从生命体本身出发的。这样，外感和欲望就从外内两极各自表现着同一个内容，即感觉生命层面上的生命的有限性和无限性的张力关系。

外感与欲望作为感觉生命有限性和无限性张力关系的两极，在生命体上表现为两种可能的生命样态。任何感性生命体都可归为其中一种生命样态，或者以外感为主，或者以欲望为主。由于外感是从外到内的，因而以外感为主的生命样态便表现为对生命无限环节的直接肯定。同理，由于欲望是由内向外的，因而以欲望为主的生命样态便表现为对生命无限环节的间接肯定，或者说通过否定达到肯定。前一种样态是无限生命体的样态，而有限的生命只能处于第二种样态中，因而我们也只能描述第二种生命样态。

就直接性说，生命体作为欲望所达到的是特殊的目标，而这特殊的目标其实是外感所建立的目标的特殊性。而一旦欲望为这种目标所限制，一方面欲望会特殊化，这种特殊化只能通过实现或达到限制它的特殊目标而满足。但另一方面，欲望的实质却不在于"达到"或"实现"目标的这种特殊性，而在于否定目标的特殊性和有限性。但正如前面所说，外感具有特殊和普遍、有限和无限的双重性，外感的有限性和特殊性形式尽管是欲望所超越和否定的对象，但是外感的对象性作为对生命有限性的否定，即无限性，恰恰是欲望的目的。这样欲望就在外感之有限形式的压抑中不断否定这种有限的形式，通过这种否定实现其无限的目标。由此看来，正如繁殖所表达的是生命原初的辩证性一样，欲望所表达的则是感性生命的辩证性。不仅如此，欲望也和繁殖一样，无法解决感性生命的矛盾。因为欲望也总是以否定有限的方式而通达无限性，否定了一个有限的对象，又会产生新的有限对象供它否定，它所达到的总是一个有限的对象，因而总是处于一种对立和矛盾的状态。这个矛盾状态对外感来说，便变成不断确立一个有限的对象，又不断被欲望所否定，然后又确立一个有限的对象，这样一种恶性循环。生命体在这个循环中的暂时平衡在于，生命体的欲望被外感所制约，而外感又被生命体的欲望所制约，这种相互制约所构成的张力状态方构成生命体的暂时平衡。但平衡将很快被打破，从而进入不平衡状态。生命体的生命状态是这种平衡和不平衡的统一。这决定了感觉所固有的矛盾状态是无法克服的。

如果进一步把这种情态落脚到苦乐之感上，那么感觉的这种不断确立有限对象，又不断被欲望所否定，然后又确立一个有限对象的恶性循环便表现为一种苦乐循环，而这种苦乐循环的实质便是矛盾的感觉即痛苦。

要实现这种矛盾的消解，不是要消灭欲望，而是使欲望摆脱特殊性的纠缠。前面说过，欲望的特殊性是由外感的特殊性决定的，但外感不仅有特殊性也有普遍性，而这普遍性恰恰是欲望所追求的真实目的，是欲望否定一切感性特殊性的动因。因此可以说，欲望是因为要肯定外感的普遍性方面而在不断地否定着外感的特殊性方面。但是在单纯的感觉层面上，由于欲望总是特殊的，所以才出现了前面所说的矛盾的恶性循环。而欲望之所以是特殊的，在于规定它的外感内容显现为特殊的内容。因此，超越这种恶性循环的契机就是欲望的普遍化，而欲望的普遍化又取决于感性显现内容的普遍化。这种普遍化的感性显现就是想象。

三、想象、反思与生命自我

前面我们说到在感觉生命中，生命本身的辩证性表现为痛苦，而发展到想象，生命的矛盾就上升到了一个更高的环节。想象是一种在差异中建立同一的活动，这种差别中的同一就是事物的本质。原来的感觉生命与其特殊的内容直接同一，而普遍的东西是潜在的。而当生命发展到想象的阶段，由于想象是一种在差别中建立同一的本质化的能力，生命便直接和这普遍的本质相同一了。这样，相对于感觉生命来说，这种更高的生命阶段是一种抽象化和疏离化，它表现为生命的自我化。由于感觉生命并不会在想象中被完全同化，所以想象的直接结果就是生命体自身的疏离和分裂。这种分裂实质上是感觉生命与生命自我的分裂，而进一步表现为自我本身的分裂。因此对这种分裂的分析需要从想象与感觉之上述两个环节的对比中作出。

想象作为对感觉的跃迁，最主要表现为对外感的跃迁上。我们曾分析过外感内容的双重性，其中外感内容的无限性方面作为对象性对于生命体来说是被给予的，因此想象不能创造这个被给予性，而只能把它作为对象性接受过来，并将这个对象充实起来，建立起来。充实的方式就是将原来那些特殊的感性内容通过想象的变异变成这个一般对象的性质（共相）。这样，想象就将感性中的那个潜在的一般对象性建立为一个具有各种性质的现实的对象，与生命疏离并对立起来了。所以我们可以说，通过想象生命建立起了一个与自身疏离的对象性的东西。而对于欲望这一端来说，前面说过，感性的欲望总是不断否定外感所显现的特殊的内容，通过这种方式而达于那个一般的对象性。但由于那个一般对象是潜在的，所以感性的欲望便呈现出一种永恒的否定性。但在这里，由于这种对象性被想象建立起来并疏离了生命自身，因此欲望也不再像感性阶段那样，显现为一种不断吞噬和否定那个外感对象性的流，而是在和对象的对立中发现了自身的肯定性，这种对自身的肯定性便是自我的反思，在反思中，这种肯定性最终化为与对象性不同的自我性。我们通常所说的自我（即通常说的主体），就是这种自我性的进一步发展。作为意识的生命便是这种对象意识与自我意识的统一，而它是在想象和反思过程中形成的。这里需要强调的是，如果我们用主体客体统一来标识这种作为意识的生命，也是可以的，但由于在这种表述中自我意识变成了"主体"，在理解中就容易将它绝对化，从而陷入自我中心。自我作为本质同一性不是原初的东西,其产生的前提是想象力通过将特殊内容本质化建立的那个与生命疏离的对象。从这个意义上说是对象意识产生了自我意识,而不是相反。生命自我的建立使欲望变成了一种更为自觉的或有目的性的欲望。如果我们进一步分析这种欲望,也可以看到生命自我包含的双重矛盾。

前面我们说过,欲望在和外感的张力关系中,受着外感对象之特殊内容的规定。外感中的那种"一般对象性"尽管构成了欲望的真实目的,但它是潜在的。而在想象中,由于外感的这些特殊的内容经过想象的变异上升为一种普遍性共相,变成了对象的性质,这种性质作为超越了特殊情境的一般性的东西,成为规定欲望的内容。这样在想象活动的参与下,规定欲望的内容被双重化了。一方面是外感为它提供的内容,这种内容是当下和被动的,而另一种则是想象活动为它提供的一般性质或共相,这种内容是非当下的、抽象的和能动的。而这种能动的内容就成为欲望的直接目的性。欲望在这里是通过达到并克服外感所提供的特殊内容而达成一种共相或普遍性(目的)。比如,在纯粹的感觉生命中,欲望所达到的快感是特殊的和当下的,它不会自觉地寻求快乐。但在想象参与的生命中,作为共相的快乐便成为欲望的目的,它之所以寻求各种特殊快感,是因为它的直接目的是快乐。但是,正如我们在感性欲望那里所碰到的矛盾那样,生命自我通过达到和克服特殊的东西而达成一般的目的或共相,最终也会陷入恶性循环。

但是,这里仍有一个因素没有触及,这就是代表生命无限性的那个对象一般。在感觉中,那个对象一般潜在于特殊内容之中,它尽管是欲望的真实目标,但欲望只能通过不断否定特殊的内容而实现它,从而表现生命的无限性。在想象中,那个感觉所提供的对象一般又通过各种不同的共相而表现,因而也隐藏在这些共相之中了。欲望的目的是通过克服感性的特殊性而去追求那些共相,至于隐藏于其中的那个对象性则更深地隐蔽起来了。但是,这个隐藏起来的无限的对象性恰恰是生命的本性所在。这就造成了生命自我的第二重矛盾,即有限目的与无限目的的矛盾,自我总是通过确立和达成自己的有限目的而实现自己,但它所实现的仅仅是有限的自我，而不是生命的无限性。

这样看来，由于感性的欲望通过克服外感的特殊性而达到那个一般对象的无限性，所以感性生命要通达它的无限性需要一重克服。而生命自我在第一重克服中所达到的是他所追求的那些共相，而这些共相和那个无限的一般对象比起来仍然是特殊的东西，因而他需要再进行一次克服和超越，才能达到那个无限的对象。这就决定了自我所达成的那个有限的目的，尽管成就了自我，但却疏离了生命。可见，生命自我与生命的感觉比起来，处于生命之自身分化和疏离的阶段。

四、生命的体验与生命辩证法

按照前面所说，感觉生命本身便包含着矛盾，但想象中的生命自我不仅包含感觉生命的矛盾，又包含着更高层次的，即自我的有限目的与无限目的的矛盾。他的实质性的分裂在于其并不是出于原发于生命体的那个否定一切的欲望（那个否定一切的欲望和生命的真实意义是切近的），而是欲望所要达到的那个作为共相的对象。而那个对象对生命体来说具有他物的特点，所以自我的本性在于它包含的共相异己性。但另一方面，这个对象中却隐含着表征生命意义的一般对象性本身，而这对象性本身正是生命的意义所在，是一切生命体所追求的那种无限性。这决定了生命体在自我中，为了达到自身的终极意义不断去建构这个作为对象的他物，但一旦他建构了这个他物，他会意识到这个他物不是终极的而是有限的。这样他会去超越，建构一个新的他物，但这个他物又需要超越……循环往复以致无穷。一般说来，陷入这个循环的生命自我如果仅仅停止在想象中，就无法停止这种恶性循环。但正如前文所说，这种恶性循环本身正表现了生命包含着对有限性的超越本性，或者说包含着无限性作为其本质环节。生命对这种作为自身否定性的本质环节的自我认知便是一种更高的反思——生命的反思。

反思是将潜藏于差别事物中的一般性抽象出来的功能。而生命的反思则是将最高层次的对象抽象出来的功能。一旦产生了这种反思，原来隐藏于那些由想象建立的作为欲望目的的共相中的一般对象性，便直接成为生命要建立的对象，即绝对的或无限的对象。康德在其《纯粹理性批判》中认定理性是由有条件者推出无条件者，康德指出了这种理性推论的超越性，其实这种超越性的根源恰恰在于上面所说的生命的反思。因此那个无条件者，作为以后谢林黑格尔所说的绝对也好，作为无限的对象也好，从内容上说并不是理性推出来的，而是生命对自身本质环节的反思所致。

一旦生命自身反思到其本质的无限性环节，那么他同时便意识到其自身的有限性环节，由此产生最基本的生命意识。这种有限与无限之矛盾的意识显现在情态上便表现为痛苦的进一步发展，进而表现为无名的苦恼、无奈、恐惧等消极的生命情态。但生命毕竟是积极的，他要超越这种生命情态，办法就是建立一种无限性的对象。但我们知道，生命就其直接表现来说，无论表现为繁殖、感性还是想象平台上的自我，都是有限的。无限性尽管是其本质性的环节，但对于有限的生命体来说，只能通过对有限性否定才能达到，因而无限性是作为一种可能性而不是现实性存在的。但现在他要将这种作为可能性的无限性确立为一种现实性的对象，他也只能以有限的形式来表征，而这种表征的心理功能又是反思与想象力。

用有限的形式来表征无限，也可称之为象征。一切无限的对象包括宗教和形而上学的对象都是通过这种象征建立起来的。因此，象征便成为在此阶段上生命超越其有限性而达于无限性的根本法则。反思与想象力按照这种根本法则的协同作用显现为一种张力关系，在这种关系中，反思是一种内在体验作用，而想象力则是一种表现形象的作用。它们的协同作用可以有各种不同的形态，但大致有两种基本模式。一种模式是以反思的内在性为主，以内在的时间为平台而实现对有限性的超越，达于无限性。另一种模式则是以想象力的空间表象为主，以空间为平台而实现对有限性的超越，达于无限性。生命的这两种超越有限性而达于无限性的模式，实际都是反思与想象力的统一，只不过一个以反思为主，一个以想象力为主。所以，以反思为主的模式可以进一步表述为以反思为主体的反思与想象力统一的模式，而以想象为主的模式可以进一步表述为以想象为主体的反思与想象力统一的模式。这构成了生命自我把握的最主要模式。也可以简化地称之为体验模式和觉知模式。

一般说来，生命自我把握的体验模式是向内的，他所直接体验到的是欲望不断超越有限性的那种可能性。由于欲望和反思的同向性，因此以这种模式对生命的把握是更为切身的和亲切的。而就服务于这种内在反思的想象力来说，它所提供的形象也是时间性的，具体说来是在时间中的间断性，因而它表现出来的是一些特殊的和异质性的东西，正是通过对这种异质性东西的不断扬弃，使生命自我体验到一种绵延不断的生命之流。这种生命之流所赖以表现的形象作为异质性的因素，不同的民族可以赋予不同的具体形象，但是这形象所象征的在有限和无限的矛盾中而趋向无限的生命之流却是真切的。

与体验模式相反，觉知模式是向外的。它的特点就是通过想象力而确立一个空间上超越生命自身的形而上的对象。由于想象力有不同层次，因而它所创立的对象也便有不同的层次。比如康德列举出了宇宙、灵魂、神等对象，而黑格尔则列举出艺术、宗教、哲学的三个对象层次。伴随着对这些不同层次对象的反思，在对象的制约下便进一步表现为对对象的理解作用。而一旦反思变身为这种对对象的理解作用，它也就变成了所谓的知性，随之概念变成了理解对象的根本形式。这时在自我看来，这个作为形而上学对象的实体是根本的，而生命自我则只是这个实体的属性或表现。

由于概念服务于知的确定性，因而总是表现为一种有限的规定，但它所要规定的对象却是无限的，有限的规定是对无限性的否定。这就需要通过否定的否定，否定这些有限的规定而达于无限性。但这种否定又是不能完结的恶性循环。而摆脱这种恶性循环的唯一道路就是承认这些特殊的和有限的规定本身就包含着自身的否定。既然它包含着自身的否定，那么它作为有限的概念同时就是潜在的无限性。换句话说它是在有限的形式内包着无限的统一体，而这种统一体恰恰就是生命。就西方形而上学来说，莱布尼兹初步达到了这一点，黑格尔则将其完成了，其表现就是思辨辩证法或思辨形而上学体系。由此看，生命把握自身的觉知模式最终造就了形上之知，而这种形上之知的完成，表现为思辨辩证法，而思辨辩证法之所以能成立，其前提就是成就了一个无所不包的生命体，在这个生命体中，普遍性、特殊性和个体性是一体化的。这样它就回归到了生命。

辩证法向生命的回归使辩证法回归到了它的本性。我们知道，辩证法一词（dialectics）源出希腊语"dialego"，意为谈话、论战的技艺，即辩论术。这表明了辩证法最初的形式是语言形式的辩证法。但语言不是空洞的，它有自己特定的内容。尽管不同哲学家对这个内容的表述不同，但都意识到辩证法的内容就是矛盾，是自身的否定性。至于这个自身的否定性怎么来的，他们的解释各异，但都没有抓住根本。比如智者派抓住感觉的相对性，亚里士多德抓住事物的复杂性，来论证任何命题都有反命题，实际上都没有找到这种自身否定的必然性。近代哲学主体转向将语言形式的辩证法推向了观念形式的辩证法，即我们所说的概念辩证法，其最高代表就是黑格尔。黑格尔揭示了自身否定的必然性的来源。他认为辩证法起源于知性，知性为了确定性必设一规定，而这规定既是肯定又是界限，而界限本身就是否定。这样，知性所设立的任何概念规定都包含自身否定性。黑格尔的这个说法只是一个表面的说法。如果仅停在这个说法上，你就解释不了为什么知性要设一个规定，设一个界限，又依其本性超越或否定这个界限。所以要解释这个困难还要联系到黑格尔的另一个说法。按照黑格尔的说法，如果站在知性立场上理解知性的规定，你就看不到什么矛盾，所以只能歪曲知性规定的真实性。这也能解释为什么他在其学术生涯中一直批判知性立场以及站在这个立场上的知性思维。在他看来，只有站在理性的高度才能真正抓住知性规定的真实性，或者说抓住知性的真理。那么什么是他说的理性呢？我们知道，理性从古代开始就被理解为是一种追求无限者、无条件者的能力，因此理性的立场就是绝对的立场。但是在黑格尔看来，真正的理性不是在于将有限和无限、特殊和普遍、相对和绝对分离，而是在于理解到每一有限、特殊、相对的事物都内包着无限性、普遍性和绝对性，因而都是一个活生生的个体，正像莱布尼兹所说的每个单子都包含整个宇宙一样。这样，黑格尔所谓的思辨逻辑作为"有内容"的逻辑，其内容实际上就是生命，他也称之为精神。可以说，理解黑格尔辩证法的钥匙实际上在于理解生命。这也从另一角度显示了，辩证法实际上是在生命反思的觉知模式中对生命辩证性的一种概念显示，因此只有在生命这个平台上才能建立辩证法的合法领地，从而证明辩证法的必要性，摆脱辩证法仅仅作为消极的外在工具和诡辩的尴尬境地。

辩证法与人的存在[①]
——对辩证法理论基础的再思考

贺 来

作为马克思主义哲学的重要组成部分，辩证法是一个始终得到高度重视的领域。但近年来，其研究呈现出相对沉闷的局面。导致这种状态的一个重要原因在于辩证法的一些基本的、前提性的问题始终未能得到切实的澄清。在这些问题中，"辩证法的理论基础"无疑属于最重要者之一，这一点严重束缚着对它的研究取得有重大意义的突破。本文试图从一个新的角度出发作出探讨，以期推动辩证法研究的深入。

一、人的存在与辩证法的理论基础

所谓辩证法的"理论基础"，就是指辩证法的"本体论根基"或"本体论载体"。它意味着：辩证法在理论本性上是一种"本体性"的理论，离开其相应的本体论基础，辩证法就将失去了其"真理内容"，成为任意化的形式化公式甚至概念游戏。

在马克思哲学之前，黑格尔的概念辩证法代表辩证法的最高成就。在黑格尔看来，辩证法是以绝对精神的辩证运动为"本体"和"真理内容"的"内涵逻辑"，因此，辩证法的理论基础就是超感性的精神活动性。他

[①] 原载《哲学研究》2002 年第 6 期。

说道，辩证法"就是在纯概念中的运动，——是逻辑理念的运动"①，而"概念才是真正在先的。事物之所以是事物，全凭内在于事物并显示其自身于事物内的概念活动"，"概念世界"作为绝对的"逻辑在先性"，构成了世界存在的理由："逻辑思想是一切事物的自在自为地存在着的根据"②，纯粹的概念王国作为一种自在自为的、独立自因的力量，构成了世界的终极存在、终极解释和终极价值，因而也构成为辩证法本体性的理论基础。

在马克思看来，黑格尔的概念辩证法虽然表现出超越传统形而上学独断性和僵化性的强烈意向，但它仍受制于传统形而上学的理论范式，仍执着于对绝对同一性的、永恒在场的超感性世界的追寻，人现实的生命存在被他的逻辑概念所虚化，本来是衍生的、"第二性"的存在反而成为了基础性、本体性的存在，用马克思的话来讲，就是"头足倒置"了。

因此，对黑格尔辩证法和整个哲学的批判，就包含了两重动机，第一重动机是要从根源处废黜概念辩证法和传统形而上学所共同膜拜的那个永恒在场的、绝对的、超感性的本体论基础，以拯救概念辩证法的合理内核；第二重动机是要为辩证法寻求并确立一个新的、坚实的本体论根基，并从此根基阐发辩证法的理论精神和思想内涵。如果说第一重动机着眼于"摧毁"和"解构"，那么第二重动机便是着眼于"显现"和"重建"。

马克思的这种双重动机在如下著名论述中得到了最为集中的体现，他说道："黑格尔的《现象学》及其最后成果——作为推动原则和创造原则的否定性的辩证法——的伟大之处首先在于，黑格尔把人的自我产生看作一个过程，把对象化看作失去对象，看作外化和这种外化的扬弃；因而，他抓住了劳动的本质，把对象性的人、现实的因而是真正的人理解为他自己的劳动的结果。"③

这一论述包含几个至关重要的关节点：第一，"推动原则"和"创造

---

① [德] 黑格尔：《哲学史讲演录》第 2 卷，贺麟、王太庆译，商务印书馆 1978 年版，第 199 页。
② [德] 黑格尔：《小逻辑》，贺麟译，商务印书馆 1980 年版，第 85 页。
③ 《马克思恩格斯全集》第 42 卷，人民出版社 1979 年版，第 163 页。

原则"是辩证法最为基本的理论原则;第二,辩证法是"否定性"的辩证法,"否定性"构成了辩证法的理论本性;第三,辩证法的理论贡献在于"把人的自我产生看作一个过程,把对象化看作失去对象,看作外化和这种外化的扬弃",也就是说,辩证法的功绩在于提供了一种理解人的"自我产生过程"的基本观点。第四,辩证法的这一贡献之所以可能,关键在于"抓住了劳动的本质,把对象性的人、现实的因而是真正的人理解为他自己的劳动的结果",抓住"劳动"的本质,把人理解为自己劳动实践活动的结果,是辩证法赖以成立的前提。

通过对黑格尔的批判性改造,以感性实践活动取代了抽象的精神劳动,把现实的"人的存在"确立为辩证法的真实根基,从而实现了辩证法的现代变革,这就是马克思在辩证法史上所作出的最为根本的贡献。然而,十分可惜的是,在以往的辩证法研究中,由于缺乏对此的充分自觉,人们常常在传统的、近代哲学的视野里来理解辩证法的理论基础,或者把辩证法的理论基础归结为与人无关的"自然物质",或者把辩证法的理论基础归结为思存关系之中的"思维"及其活动性,从而将马克思辩证法的现代哲学意义深深地掩蔽了起来。

二、实践作为人本源性的生存方式与"人的存在"的辩证特性

实践观点是马克思哲学首要的、基本的观点。"实践"所意指的乃是人"本源性"的生命存在和活动方式,"实践"是一个与"人的存在"内在相关的生存论本体论概念:实践活动作为人本源性的生存方式,以一种现实的方式展开着"人的存在",使"人的存在"所具有的辩证本性得以充分地揭示出来。只有这样理解,实践观点深刻的理论内涵才能得到充分的显示,辩证法深层的理论基础也才能切实地被确立并彰显出来。

人是一种以实践活动作为自身本源性生存方式的存在者,这一点使人具有了独特的存在特性:在实践活动中,"人的存在"绝不是摆在那里的

"现成存在者",而是显示为一种"生存"过程,显示为一个矛盾的否定性统一体,显示为一个不断生成的开放流动过程,也就是说,在实践活动中,"人的存在"具有了"辩证"的本性。这种"辩证"本性,决定了对它的把握,内在地要求一种与之相应的"辩证"的理论思维方式。

以实践活动作为人本源性的生存方式,"人的存在"的这种辩证本性典型地表现为:

1. "人的存在"具有"自相矛盾"、"二律背反"的悖论性质,这一点既体现在人与世界的关系上,又体现在人内在的生命结构上。就人与世界关系而言,"人的存在"是一个由多重矛盾关系构成的开放网络,其中交织着人与自然、人与人之间既有确定区别同时又否定性统一的复杂关系;就人内部生命结构而言,人的生命是一个由多重矛盾关系相互渗透、相互交错的复杂系统,自然性与超自然性、有限性与无限性、自在与自为、本能与智慧……这些相互对立的两极性矛盾关系在人身上同在共存,共同构成人生命的有机环节,人的生命不存在于任何一极,而存在于这些矛盾性环节的否定性统一之中。

2. "人的存在"拥有无限的包容性与开放性。人来自于自然,直接的就是"自然存在物",人不但要与各种事物乃至一切对象打交道,而且通过对象化的活动还能够把它们变成自身结构的组成部分,成为"为我的存在"和"人的无机身体"。

3. "人的存在"处于与自然的普遍联系之中,又处于与他人的普遍的社会关系之中,就前者而言,自然是人的"无机身体",是"人必须不断与之交往的人的身体";就后者而言,人在对象化的活动中,总是超越个体的特殊性,成为一个普遍的、具有社会共同性的人,人是与整个世界融为一体的,人与世界具有一种否定性的统一关系。

4. "人的存在"是一个自我否定、自我超越的历史发展过程,"否定性"与"超越性"以及由此而生的"历史性"是人生存方式的又一重大特性。人不是一个"现成"的、被某种前定本质所规定的存在者;通过生存实践活动,不断实现自我否定和自我超越,以"是其所不是,不是其所是",并在此历史过程中"成其所是",正是人最基本的生存本性。

所有这一切，都充分表明，由于实践活动被理解为人本源性的生存方式，人的存在不再是一种单向的、现成的存在者，而已成为一种自我创生性的、禀赋"辩证本性"的特殊存在者，甚至可以说，人已经具有了一种与众不同的禀赋辩证本性的"存在逻辑"。而辩证法则在此确证了深层的理论合法性并确立了自身坚实的根基。

三、"人的存在"之失落：传统形而上学的根本局限

传统形而上学的思维逻辑与人独特的存在格格不入，以它来把握禀赋辩证本性的"人的存在"，"人的存在"必然被知性化，其辩证本性必将遭到抹杀。它追求"人的存在"的"实体统一性"，即寻求人存在诸现象后面某一终极、超时空、永恒在场的实体性本质，并把整个人的存在归结成这一实体性本质，从而对"人的存在"加以"去伪存真"的过滤。

1. 人成为一种"现成的存在者"而完全失去了原本具有的活生生的生命性质，人被当成一个与现成之物无区别的"客观对象"，——人也是一种现成的"物"，差别仅在于人这种"物"在某些方面具有一些特殊性，需要运用知性思维来对这一"特殊性"予以揭示。

2. 人拥有一先天、前定、不变、永恒、同一的本质，这一本质决定着人的全部存在，"人的存在"就在于它的"本质"，人的"本质"比人的现实生存更重要。

3. 人是一种"定性化"的、失去了历史性、超越性和发展性的存在。既然人的生存根据在其前定"本质"中，而"本质"总是具有永恒、超感性、超时空和超历史的性质，对于无论过去、现在还是未来的人都拥有普遍有效性，那么人必然成为一种已"定性"的、被先验地"完成"了的存在，成为一种禀赋"永恒"的超历史本性的存在。

4. 人是一种超越矛盾关系的被清除了差异性、丰富性的单极性、单向性存在。人的存在必然被蒸馏成单向、单极的抽象化幽灵。

很显然,"人的存在"所呈现出的上述形象,必然是一幅封闭、僵死和抽象的形象。知性逻辑犹如一个吞噬一切的巨大黑洞,把丰富多彩的"人的存在"简化还原为一元性的存在,要求人生命的全部内容都统统服从唯一的实体化本体的安排,人所具有的矛盾性、否定性、发展性以及所具有的与世界的普遍关联性等辩证本性都完全消失了。

四、辩证法是关于"人的存在"的自我理解学说

知性思维终结之处,正是辩证思维发挥作用的起点。马克思通过对传统形而上学的批判性改造,使辩证法真正成为了关于"人的存在"的自我理解学说。

辩证法要求把"矛盾"置于思维的核心,要求人们学会在"矛盾"中思考"矛盾",认为"自相矛盾"正是辩证思维的一个根本特质。辩证法从不认为有一成不变的规定,它"在现存事物的肯定理解中同时包含着对现存事物的否定的理解,即对现存事物必然灭亡的理解;辩证法对每一种既成的形式都是从不断的运动中,因而也是从它的暂时性方面去理解;辩证法不崇拜任何东西,按其本质来说,它是批判的和革命的"①,"否定性"而非"肯定性"构成了辩证法的灵魂。辩证法则要破解主客二元的抽象对立,超越与人相敌对的异己存在,不断推动人与世界的内在跃迁,因此,它代表着一种把人从异化中超越出来的"人文解放旨趣",表征着一种超越狭隘功利的思想智慧。

辩证法的这些理论特性,所表达的正是"人的存在"的辩证本性,它是与人特殊的"存在逻辑"完全相一致的。只要把辩证法这些理论特性与上文分析的"人的存在"的辩证本性作一比较,就不难发现,二者之间具有内在的"同构性":辩证法的"矛盾观"所表达的是人的生命存在的

---

① 鲁从明、李世华等:《〈资本论〉节选本解析》,中共中央党校出版社1988年版,第14页。

"自相矛盾"和"二律背反"本性，辩证法的否定本性所表达的是人的生命存在的"否定"本性，辩证法的人文解放旨趣所表达的是人的发展和超越本性。在辩证法的理论逻辑与人特殊的"存在逻辑"之间，有着一种内在的呼应关系。

"对立统一"规律是辩证法的实质和核心，"可以把辩证法简要地概括为关于对立统一的学说，这样便抓住了辩证法的实质"，而这一规律的深层根据就是人独特的生命存在。在马克思看来，人的生命存在在本性上就是"对立统一"或"矛盾"的，"悖论性"或"二律背反"性是"人的存在"的固有本性，这一点既体现在人的生命存在中"自然性"与"超自然性"的矛盾关系上，也体现在人的生命存在中个性与类性的矛盾关系上。

人是自然物中的一员，这一点决定了"自然性"构成了人的重要性质，正像马克思指出的："人直接地是自然存在物。人作为自然存在物，而且作为有生命的自然存在物，一方面具有自然力、生命力，是能动的自然存在物；这些力量作为天赋和才能，作为欲望存在于人身上"①，但另一方面，人总要求超越自然的限制，通过自己创造性的实践活动去生产自己的生活资料，扩展自己的属人世界。在此意义上，"超自然性"同样是人的生命的本质要素。"自然性"与"超自然性"，这似乎正相反对的两极同时存在于人的生命存在之中，而且这种"同时存在"，绝不是一种外在的结合，而是一种内在的、否定性的统一。人对自然的"依赖"和人对自然的"超越"二者属于同一个过程，"自然的人化"与"人的自然化"二者属于同一个过程，二者之间真正是一种既"对立"又"统一"的辩证关系。

人的存在的上述对立统一本性内在地要求一种与之相应的理论原则来予以把握，辩证法的对立统一规律正是与之相适应的。

同样，"推动原则"和"创造原则"作为辩证法最基本的原则也只有植根于"人的存在"，才能获得充分的根据。"自我推动"和"自我创造"

---

① 《马克思恩格斯全集》第 42 卷，人民出版社 1979 年版，第 167 页。

乃是人的存在所具有的本性，自我生成、自我敞开、自我"推动"和自我"创造"乃是实践活动，即人本源性的生命活动的题中应有之义，或者说，"自我推动"和"自我创造"正是人的生命活动的内在原则。实践活动使人得以超越其物种给予他的自然限制，使人的生命拥有了与动物进化完全不同的发展方式："整个所谓世界历史不外是人通过人的劳动而诞生的过程，是自然界对人说来的生成过程，所以，关于他通过自身而诞生、关于他的产生过程，他有直观的、无可辩驳的证明。"①

人的这种"自我推动"和"自我创造"的存在本性内在地要求与之相应的理论原则来予以把握，辩证法的"推动原则"和"创造原则"正满足了这种理论需要，它以一种反思意识的形式自觉地揭示了人"自我推动"和"自我创造"的存在本性，因而与人的存在的辩证本性是完全一致的。

最后，"否定性"作为辩证法的理论本性也只有植根"人的存在"之中，才能得到合理的理解。实践活动作为人本源性的生命活动，在本性上就是人的生命的自我否定和自我超越性活动。人来源于自然，"自然性"是人的生命得以存在的必要前提，但实践活动以人的自然肉体生命为前提，同时又要否定和超越人的自然肉体生命，并在这种不断的否定中得以实现自我生成。因此，甚至可以把人的生命存在本性规定为"否定性"，在此，"否定性"意味着人的生命的自我生成和自我实现，意味着人不断地摆脱束缚，不懈地追求自由，不断地否定自身、向未来敞开自我超越的新天地。这是人区别于物的、唯有人才具有的本性，物是不具有"否定性"的，它不能也无需"否定"自身，而人却恰恰只有在"自我否定"中才能超越自我，生成自身。在人本源性的生命存在和活动方式中，"否定性"作为辩证法的理论本性确立了自身坚实的根基。

可见，无论辩证法的实质和核心还是辩证法的理论原则和理论本性等，都植根于以实践活动为本源性生存方式的"人的存在"之中。它们从各个角度充分表明：辩证法就是关于"人的存在"的自我理解学说，"人

---

① 《马克思恩格斯全集》第42卷，人民出版社1979年版，第131页。

的存在"构成了辩证法最深层的理论基础，奠基于以实践活动作为本源性生存方式的"人的存在"，辩证法的理论合法性获得了一种内在的巩固性和坚实性。

"思维"与"存在"的异质性与辩证法的批判本质[①]

贺 来

关于辩证法的批判本质,最经典的表达无疑是马克思在《资本论》第二版"跋"中的这一段论述:"因为辩证法在对现存事物的肯定的理解中同时包含着对现存事物的否定的理解,即对现存事物的必然灭亡的理解;辩证法对每一种既成的形式都是从不断的运动中,因而也是从它的暂时性方面去理解;辩证法不崇拜任何东西,按其本质来说,它是批判的和革命的。"[②] 这一论述为我们理解辩证法的批判本质提供了最具根本性的思想指引。其中最引人深思之处在于:辩证法的批判本质要得到彻底的体现,有赖于从"思维"与"存在"的"统一性"优先向"思维"与"存在"的"异质性"优先[③]这一重要观念的转换。这是把握辩证法批判本质关键性的思想枢纽,值得人们深入思考。

一、理解辩证法批判本质的两种不同出发点

"思维"与"存在"的异质性,是与"思维"与"存在"的统一性相

[①] 原载《天津社会科学》2015年第3期。
[②] 《马克思恩格斯选集》第2卷,人民出版社2012年版,第94页。
[③] 主张思维与存在异质性的优先地位,并非否认人的认识能力,更非否定世界的可知性,人无疑能够在一定条件下获得关于"存在者"的知识,但是,与思维相对的"存在"是一个总体性概念,人的思维永远无法获得对于"存在"总体的知识。在此意义上,思维与存在的异质性构成思维与存在关系的一个根本特性。

对而言的，二者究竟何者优先，代表着理解辩证法批判本质的有着根本区别的两种出发点。

对"思维"与"存在"统一性的追求，基于恩格斯的两个基本论断。一个是恩格斯关于哲学基本问题的论断："全部哲学，特别是近代哲学的重大的基本问题，是思维与存在的关系问题"，另一个是恩格斯关于思维与存在关系的论断："我们的主观思维和客观的世界服从于同样的规律，因而二者在自己的结果中不能相互矛盾，而必然彼此一致，这个事实绝对地统治着我们的整个理论思维。它是我们的理论思维的不自觉的和无条件的前提。"① 第一个论断把"思维"与"存在"关系置于哲学的"拱顶石"地位，赋予了其特殊的重要意义，第二个论断又进一步把"思维"与"存在"二者的"服从于同样的规律"和"彼此一致"视为理解"思维"与"存在"关系的核心内容和主导原则，这即是说，"思维"与"存在"的统一性是理解思维与存在关系，解决二者矛盾的基本条件，因而也是一切真正的理论思维必须遵循和服从的"无条件的前提"。

很显然，在这种理解中，思维与存在的统一性被置于一个优先的地位，辩证法要解决的根本问题于是被设定为：如何克服"思维"与"存在"的异质性，超越由这种"异质性"所造成的"矛盾"，以实现"思维"与"存在"的统一？按照这种理解，"主观"的思维与"客观"的存在在"表现形式"上是"异质性"的，而在"内容"和"逻辑"上是"同一的"，由此形成了"主观"与"客观"两个系列之间的矛盾。"客观"存在是运动、变动的，遵循着"自在辩证法"，而人的思维用来把握和表达"客观世界"的"概念"则具有"凝固性"和"僵化性"，"主观"的思维要把握"客观"的存在，就必须克服概念的凝固性和割裂性，使"概念"流动起来，以使之与运动变化的客观世界相一致。

很显然，以这种理解为根据，辩证法所要探讨的即思维如何发挥自己的能动性，以实现与存在的统一；辩证法的使命不是解决自在的客观世界如何存在（这是实证科学的任务），而是解决认识论的基本问题即思维与

---

① 《马克思恩格斯全集》第20卷，人民出版社1971年版，第610页。

存在的统一，"只有在对思维和存在的关系的肯定理解中同时包含否定的理解，把思维和存在的统一理解为'不断的运动'过程，才能构成辩证法的理论思维方式"①，而在思维与存在的矛盾关系中，思维是具有能动性和超越性的一方，发挥思维的这种辩证能力，以一种自为的方式超越思存的对立，去把握客观的、自在的存在，从而实现思维与存在这一基本矛盾的否定性统一，构成了思维辩证活动的基本原则。

从这种理解出发，辩证法的批判性究竟体现在什么地方呢？比较有代表性的观点是："以思维与存在的关系问题为基本问题的哲学，本质是对理论思维前提的自觉反思，也就是把思维与存在的统一性作为反思的对象来考察；关于世界观矛盾的辩证法理论，就是研究理论思维前提的内在矛盾，而辩证法理论之所以在本质上是批判的，就在于它是对理论思维的前提批判"，"辩证法理论之所以在本质上是'批判的'，也同样是因为它所指向的是理论思维的'不自觉的和无条件的前提'。没有对思维与存在关系问题的批判反思，不把这种批判反思指向理论思维的'前提'，就无法揭示出蕴含在人类全部活动之中的'不自觉的和无条件的'前提，也就没有作为世界观理论的辩证法的理论思维方式，因而也就没有辩证法"。② 这即是说，辩证法的批判本质正体现在对思维与存在的统一性这一理论思维前提的追问与反思中，并因此形成了自身独特的问题域："思维与存在统一的根据何在？思维所表达的存在是不是自在的存在？思维怎样实现与存在的统一？思维与存在统一的现实基础是什么？存在的规律怎样用思维的概念运动来表达？人类的知、情、意在思维与存在的关系中如何统一？"③ 通过对这些问题的"前提性追问"，哲学的批判本性得以充分地显现和落实。

从上述讨论可以清楚地看出，这种对辩证法批判本性的理解完全是围绕着"思维与存在的统一性"这一"无条件的前提"而展开的，换言之，这一"无条件的前提"构成了辩证法的批判功能得以发挥的支点、出发点

---

① 孙正聿：《哲学通论》，辽宁人民出版社1998年版，第339页。
② 孙正聿：《理论思维的前提批判》，辽宁人民出版社1997年版，第13、17页。
③ 孙正聿：《理论思维的前提批判》，辽宁人民出版社1997年版，第11页。

和归宿。与上述阐述不同，还存在另一种理解方式，即不把思维与存在的统一性视为辩证法批判本性的出发点，相反，它把思维与存在的"异质性"的优先性作为理解和阐发辩证法批判本性的基点。

按照这种理解方式，把思维与存在的统一性作为辩证法批判本性的出发点，实质上恰恰建立在对这一出发点本身非批判的基础上，思维与存在的统一性不仅不能当成"无条件的前提"，相反，它本身恰恰是需要反思和解构的教条；不是二者的统一性，而是对这种统一性的否定以及由此对思维与存在异质性的捍卫，构成了辩证法批判本性的深层根据。

以思维与存在的异质性而非统一性为辩证法批判本性的出发点和深层根据，所要彰显的思想旨趣是：辩证法在根本上是一种"非同一性"思维，任何试图追求并宣称达到了思维与存在统一性的理论思维和意识形式都是独断和僭妄，消解和解构一切总体化和统一性的意识形态的幻觉，捍卫生活和思想的多样性与丰富性，是辩证法批判精神最为根本的体现。

按照这种理解方式，在思维与存在的关系中，二者的"异质性"拥有比"同一性"和"统一性"更为优先、首要和根本的地位。它的基本理论是："思维"永远无法达到对"存在"的总体性与整全性把握，无论是形式还是内容，二者都具有无法"统一"起来并实现"同一化"，思维与存在这两个系统服从于"不同的规律"，而且在结果中不可避免地发生"矛盾"。自觉到这种异质性，揭示并捍卫思维与存在之间的这种矛盾性和非同一性，并因此对一切试图抹杀和遮蔽这种异质性、矛盾性和非同一性的抽象的同一性观念和同一性力量保持警醒、反省和质疑，这是辩证法的批判性成为可能的深层根据。

与前一种理解不同，这种理解方式对于异质性、非同一性、矛盾性等的态度发生了一个根本性的转变。如果说前者把统一性和同一性视为思维与存在关系的出发点和归宿①，那么，后者则把异质性和非同一性视为思

---

① 虽然它也承认在实现这种统一性和同一性的过程中，会经历"曲折"和"磨难"，会存在"矛盾"和"冲突"，但是，"矛盾"和"冲突"代表着思维与存在的非理想状态，它们的价值在于其都是通向"统一"和"同一"的中介和桥梁，克服"矛盾"和"冲突"，实现思维与存在的统一，获得二者"遵循同一规律"的自觉，是在思维与存在关系问题上最高的追求目标。

维与存在关系的出发点和归宿，它承认追求思维与存在的统一性是人的思维难以避免的自然倾向，但是，这种自然倾向并不等于思维具有充分的能力可以达到这一目标，相反，思维与存在之间永远存在着不可克服的异质性和非同一性，任凭思维追求与存在统一的自然趋向的指引而不加批判，将使人的理性陷入自欺欺人的幻觉和独断。因此，对思维与存在的异质性和非同一性的自觉澄清和捍卫，正是哲学的重大使命，也是辩证法批判性的最根本表现。

在现当代哲学中，对辩证法的这种批判本性表达得最为充分的无疑是阿多诺及其"否定辩证法"。阿多诺明确指出："传统思维的错误在于把同一性当作目标……把同一性定义为自在之物与其概念的符合，这是罪孽"①，同对思维与存在的统一性的追求相反，"对真正的哲学来说，和异质东西的联系实际上是它的主旋律"。哲学的这种"主旋律"集中地体现在辩证法上。他认为，在思维与存在、概念与对象、主观与客观的关系中，前者永远不可能达到对后者的总体性把握："概念不能穷尽被表达的事物"②，因此，思维与存在之间存在着无法终结的"矛盾"，而"矛盾"在根本上就是"非同一性"，"矛盾"与"非同一性"服从同样的规律，消解"非同一性"，意味着矛盾的消解，同时也意味着辩证法的死亡。如果说以往以柏拉图、黑格尔为代表的辩证法向往某种"超矛盾的东西"并试图"通过否定来达到某种肯定的东西"，那么，"否定的辩证法"不是"倾向于每一客体和其概念之间的差异中的同一性，而是怀疑一切同一性；它的逻辑是一种瓦解的逻辑"③，对思维与存在这两个系列之间的异质性始终如一的自觉，是辩证法的批判性精神得以彻底贯彻和落实的基本前提。

通过以上分析，我们可以看出，以思维与存在的统一性还是以二者的异质性为出发点，代表着对于辩证法批判本质的两种不同理解路径。在这两种不同的出发点中，究竟何者更能彰显辩证法的批判本质，是值得我们深思的重大课题。

---

① ［德］阿多诺：《否定的辩证法》，张峰译，重庆出版社1993年版，第146—147页。
② ［德］阿多诺：《否定的辩证法》，张峰译，重庆出版社1993年版，第2页。
③ ［德］阿多诺：《否定的辩证法》，张峰译，重庆出版社1993年版，第142页。

二、思维与存在的统一性观念与辩证法的"反辩证法倾向"

如前所述,思维与存在的统一性追求有一个最为基本的假设,那就是思维与存在这两个系列在根本上服从和遵循着同样的规律,二者在"内容"上是"同质"的,仅在"形式"上存在矛盾和差异,这种矛盾和差异是实现思维与存在统一的障碍,因此,重要的问题是破除这一障碍,以实现思维与存在的统一。对于辩证法来说,这一前提是"无条件的"、"不容置疑"的,辩证法的反思和批判就是要在承认这一前提无需反思的条件下,对各种具体理论思维形式中这一前提统一的方式、路径、基础等进行批判性反思,辩证法的批判本质正彰显于这种批判性反思活动之中。

但从思维与存在的异质性优先的立场出发,对它所提出的一个最为根本的问题是:这一"无需反思"的、"无条件"的前提果真具有不容置疑的合法性与合理性吗?思维与存在的统一性果真具有"天经地义"的必然性和客观性?首先需问及的是,思维与存在二者服从"同样的规律",这"同样的规律"究竟意指什么?二者是如何在此"同样规律"的基础上实现这种"统一"的呢?对此问题,把思维与存在的统一性视为"无条件前提"的立场始终缺乏有说服力的澄清与阐释。思维与存在所服从的同样的规律,究竟是"客观的物质规律",抑或"主观的精神规律",或者是超越主观和客观之外的,同时兼具二者属性并能把二者统一在一起的超人"实体"?

对于法国一些唯物主义者来说,思维与存在所服从的"共同规律"是"自然物质"的因果规律,他们把机械力学的规律放大为整个世界的普遍规律,无论是物理、化学、生物还是精神的存在,无论主观的思维还是客观的存在,都服从于"同样的规律",它们在结果中"不能相互矛盾",客观世界是一部巨大的机器,人不过是一部更为复杂的机器,以机械因果必然性为基础,以"自然的齐一性"为根据,思维与存在实现了统一。

对于彻底的经验主义和彻底的唯理主义来说，思维和存在二者所服从的"共同规律"是认识规律。区别仅在于彻底的经验主义者把认识过程的"经验"环节既视为知识的来源，也视为存在的确证，贝克莱的"存在即是被感知"把经验的感知与存在等同起来，所表达的正是彻底的经验主义者对于思维与存在服从于"同样的规律"的特殊理解，而唯理主义则把认识过程的"理性"环节视为知识的来源和存在的确证，认为二者服从"同样的理性规律"且在"结果中不能相互矛盾"。

对于以黑格尔为代表的"绝对唯心主义"而言，思维与存在所服从的"共同规律"是作为"绝对"的客观精神的运动规律，"绝对精神"既作为"实体"，同时又作为"主体"，是思维与存在的共同本质和灵魂，也是二者内在统一的基础。只有"绝对精神"才超越了思维与存在的异质性与矛盾，克服了二者的两极对立和二元论，实现了思维与存在的"辩证的统一"。

当今天人们强调思维与存在服从"同样的规律"的时候，我们所说的"同样的规律"与上述三种立场究竟有什么不同和区别？很显然，上述三种答案中，经验主义与唯理主义的观点在马克思主义哲学的谱系中是难以接受的，因为它们代表着"唯心主义"观点。法国唯物主义由于其机械的、非辩证的形而上学缺陷，因而也不能为人所接受。黑格尔哲学对"思维与存在的统一采取了唯心主义的头足到置的形式"①，这一点自然也无法为马克思主义哲学所认同。那么，我们所说的"同样的规律"是何种规律？

恩格斯在《自然辩证法》中提供了对此问题的经典答案。在表述"我们的主观思维和客观的世界服从于同样的规律，因而二者在自己的结果中不能相互矛盾，而必然彼此一致，这个事实绝对地统治着我们的整个理论思维。它是我们的理论思维的不自觉的和无条件的前提"这一观点之后，恩格斯对上述问题给出了自己的回答，他认为，这一"同样的规律"就是辩证法的普遍规律："辩证法的规律无论对自然界和人类历史的运动，或

---

① 《马克思恩格斯选集》第 3 卷，人民出版社 2012 年版，第 977—978 页。

者对思维的运动,都必定是同样适用的。这样的规律可以在这三个领域中的两个领域中,甚至在所有三个领域中被认识到,只有形而上学的懒汉才不明白他所认识到的是同一个规律"①。接着,恩格斯从几何学、物理学、化学等自然科学中列举了大量实例,证明辩证法规律,即质量互变规律、对立统一规律与否定之否定规律乃是思维与存在必须服从的共同的客观规律。

不难看出这一回答的基本逻辑:整个世界都遵循着辩证法的基本规律,思维与存在虽然在表现形式上有所不同,但二者都是"世界"的组成部分,因而必然服从"同样"的客观的辩证规律,辩证法的规律作为放之四海而皆准的普遍规律无论对于主观的思维还是客观的存在,都具有不可违背的约束力,因而在其"结果中不能相互矛盾"。

很显然,这种对"同样规律"的理解,所代表的正是我们自20世纪80年代以来学者们深入进行批判性反省的本体化的哲学思维方式。近三十年来,学者们已经十分透辟地指出,这种思维方式所造成的重要后果是"哲学失去了主体意识,失去了固有的理想性质,失去了理论思维方法的特点,变成了与实证科学没有本质区别的单纯追求客观知识的理论。它的基本特征是完全脱离开人和人对客体世界的关系去研究存在和存在运动的规律。它研究人的认识活动、实践活动,也只是把它当作与自然对象同样的客体,从它的自然过程去研究它的本性和规律"②。这种本体论思维方式构成了传统教科书体系的核心和基石。深入揭示这种思维方式的理论独断性和教条主义弊病,已成为推动当代中国马克思主义哲学观念变革和思想解放的极为重要的问题意识。

上述后果是坚持以思维与存在的统一性作为理解辩证法批判本质出发点的人们始料不及的。对此,人们将会反驳:我们强调的是在思维与存在的矛盾关系中,通过发挥思维的能动性,克服概念思维的僵化性与凝固性,使主观的思维在其辩证运动中与客观存在的"自在辩证法"实现统一,在此意义上,强调思维与存在的统一,并非要以普遍的、客观的辩证规律"统一"整个世界,而是要把辩证法理解为认识如何把握存在的认识

---

① 《马克思恩格斯选集》第3卷,人民出版社2012年版,第978页。
② 《高清海哲学文存》第3卷,吉林人民出版社1996年版,第41—42页。

论。然而，这一回答仍然面临以下两个理论困难。

第一，如何证明"自在辩证法"的理论合法性？"自在辩证法"是上述辩证法理解模式的一个基本设定。然而，在这种设定中，未曾反思的是：断言"自在辩证法"存在的根据究竟何在？在我们意识之外的客观世界遵循着辩证规律这一设定是如何可能的？人们在这一点上已经达成基本共识：经过近代"认识论转向"之后，任何未经认识论反思的"直接断言世界"都将难以摆脱独断的指控。"自在辩证法"的设定如何能够逃离这一指控？如果承认认识论转向的重大成果，那么，它必然又必须面对海德格尔曾概括的"主体中心困境问题"："这个进行认识的主体怎么从他的内在'范围'出来并进入'一个不同的外在的'范围？认识究竟怎么能有一个对象？必须怎样设想这个对象才能使主体最终认识这个对象而且不必冒跃入另一个范围之险？"① "自在辩证法"设定完全回避和取消了这一问题，只是"理所当然"地"相信"和"断言"客观世界遵循着"自在辩证法"，其初衷无疑是为了维护素朴唯物主义的直觉信念，却在根本上落入了缺乏哲学反省深度的独断。

第二，思维与存在的统一性如何获得证明和确认？既坚持"自在辩证法"的存在，同时又强调发挥思维的能动性，主张通过概念的创造性与自为运动克服主观与客观的矛盾，实现思维与存在的统一，这种观点中始终没有自觉澄清的是：主观的思维与客观的存在究竟是如何统一的？如何能够证明这种统一性？这一问题，实际上是哲学史上的一切"符合论"真理观都面临的共同挑战。海德格尔曾指出，如果不先行澄清认识本身的存在方式，主观与客观两个异质性的东西之间的"符合"关系是不可能得到证明的："如何符合的意义是一个存在者（主体）对另一个存在者（客体）的肖似，那么，真理就根本没有认识和对象之间相符合那样一种结构"②。马克思在《关于费尔巴哈的提纲》中，也指出："人的思维是否具有客观真理性，这不是一个理论的问题，而是一个实践的问题。人应该在实践中证明自己思维的真理性，即自己思维的现实性和力量，自己思维的此岸

---

① ［德］海德格尔：《存在与时间》，陈嘉映、王庆节译，三联书店2006年版，第69页。
② ［德］海德格尔：《存在与时间》，陈義映、王庆节译，三联书店1987年版，第263页。

性。关于离开实践的思维的现实性或非现实性的争论，是一个纯粹经验哲学的问题。"① 海德格尔和马克思的观点都深刻地说明：以抽象的主客二元框架为前提，是无法确证思维与存在的"统一"的。在哲学史上，为了证明这种统一性，或者表现为以"思维"统一"存在"的观念主义，或者表现为以"存在"统一"思维"的旧唯物主义，或者用"无人身的理性"统一思维与存在的绝对唯心主义，等等，实际上都已充分显现在此问题上的困境。人们对哲学史上的这些立场持拒斥态度，一方面要承认客观存在所遵循的"自在辩证法"，另一方面又要承认主观思维的"自为辩证法"，然而由于它无法证明和确证二者的统一性，其结果必然陷入难以克服的二元论。

对于把思维与存在的统一作为辩证法批判本质的出发点的观点来说，上述理论困难很显然是其没有充分自觉并切实面对的。然而，一旦这些理论困难被揭示，它的非批判的独断性就凸显在人们面前。以这种非批判的独断性为根据，去阐发辩证法的批判本质，其结果必然是与辩证法的批判本质背道而驰的。

三、思维与存在的异质性与辩证法的批判本质

以思维与存在的统一作为"无条件的前提"，阐发辩证法的批判本质，其结果恰恰导致辩证法的批判本质被窒息。要克服这一困境，必须放弃思维与存在统一性教条，自觉到二者的异质性。

关于思维与存在的异质性，黑格尔作为辩证法的重要代表曾有过深刻的讨论。他对知性形而上学的批判，实质就是对思维与存在异质性的阐明。他说道："康德以前的形而上学认为思维的规定即是事物的基本规定，根据这个前提，坚持思想可以认识一切存在，因而凡是思维所想的，本身就是被认识了的"②，把"思维的规定"视为"事物的基本规定"，即认为

---

① 《马克思恩格斯选集》第 1 卷，人民出版社 2012 年版，第 137—138 页。
② ［德］黑格尔：《小逻辑》，贺麟译，商务印书馆 1980 年版，第 95 页。

思维与存在遵循着"同样的规律",二者具有"统一"的关系。黑格尔认为这种形而上学必然陷入"独断论",因为在黑格尔看来,"存在"是"大全",是"绝对",试图以有限的思维规定把握无限的"存在",其结果必然把片面的知性规定视为固定的真理,从而导致"非此即彼"的独断。黑格尔深刻地指出了传统形而上学坚执"思维与存在"同一性教条所存在的深层缺陷,在这一点上,他与康德有着共同的旨趣。但是,黑格尔并没有真正摆脱传统形而上学的思维方式,传统形而上学的理论内核,即"同一性思维"仍然构成其哲学的底色,差别仅在于,他理解的"同一性"是包含"多样性"的"同一性","普遍性"是包含着"特殊性"的"普遍性"。哈贝马斯十分中肯地指出:"他(指黑格尔——引者注)最终革新了形而上学的同一性思想……把普遍同一性概念真正付诸实现。"① 就此而言,以"革新"的方式把"普遍同一性概念"付诸实现,并没有放弃"同一性概念",恰恰是"同一性概念"的完成和彻底化。这里的"同一性概念",最为根本和核心的就是思维与存在的同质性或同一性观念。黑格尔曾这样论述道:"就存在作为直接的存在而论,它便被看成一个具有无限多的特性的存在,一个无所不包的世界。这个世界还可进一步认为是一个无限多的偶然事实的聚集体(这是宇宙论的证明的看法),或者可以认为是无限多的有目的的相互关系的聚集体。如果把这个无所不包的存在叫做思维,那就必须排除其个别性和偶然性,而把它认作一普遍的、本身必然的、按照普遍的目的而自身规定的、能动的存在。这个存在有异于前面那种的存在,就是上帝。"② 在此,黑格尔区分了两种存在,一种是作为"无限多的特性的存在",另一种则是作为"思维"的存在,在他看来,只有后者才是真正的存在,它构成一切存在的灵魂和生命。黑格尔的辩证法以批评思维与存在的"抽象同一性"为开端,却最终仍然落入了二者同质性的形而上学窠臼。

黑格尔辩证法的这一深层缺陷使他难以逃脱马克思所说的"非批判的

---

① [德]于尔根·哈贝马斯:《后形而上学思想》,曹卫东、付德根译,译林出版社2001年版,第151页。
② [德] 黑格尔:《小逻辑》,贺麟译,商务印书馆1980年版,第135页。

实证主义和非批判的唯心主义"这一理论后果。破解思维与存在的同质性教条，肯定二者无法被"统一"起来的异质性，是辩证法的批判本质得以充分实现的重大前提。以思维与存在的异质性为前提，辩证法的批判性集中体现在对一切试图成为终极话语霸权和最高真理的"同一性"话语的警惕、解构和消解上。如前所述，思维与存在的统一性教条所代表的是思维企图把握"无条件的总体"的野心。辩证法自觉到这种野心所包含的僭妄以及因此造成的严重后果，揭穿一切以"绝对真理体系"面目出现的思想独断，暴露其有限性，从而解除其对于人的思想和生活的强制性束缚和压迫，构成辩证法批判本质的根本旨趣。

马克思哲学的辩证法对思维与存在异质性的自觉，根植于生活实践的观点。马克思明确说道："思想本身根本不能实现什么东西。思想要得到实现，就要有使用实践力量的人"①，"意识在任何时候都只能是被意识到了的存在，而人们的存在就是他们的现实生活过程"②，"不是意识决定生活，而是生活决定意识"③。这一基本观点意味着，与思维和意识相比，实践活动与现实生活具有更为本源和优先的地位，任何思想体系和理论都无法把现实生活与生活实践囊括其中，达到对现实生活和生活实践的总体性把握。与生活实践与现实生活的无限性与丰富性相比，任何思想体系与理论构想都是"片面"的；与生活实践和现实生活的"异质性"相比，任何思想体系和理论构想都是"单一"和"同一性"的；与生活实践和现实生活的"历史性"相比，任何思想体系和理论构想都是"非历史性"的；与生活实践和现实生活的开放性与生成性相比，任何思想体系和理论构想都是"封闭"和"凝固"的。"片面"的、"同一性"的、"非历史性"的、"封闭"和"凝固"的思想体系和理论构想永远无法与丰富、异质、历史性和不断生成的生活实践和现实生活实现"同一"。不仅如此，生活实践和现实生活的优先性表明：必须彻底放弃以思想体系和理论构想统一"人们的存在"，即"实际生活过程"的野心和幻觉。

---

① 《马克思恩格斯文集》第1卷，人民出版社2009年版，第320页。
② 《马克思恩格斯选集》第1卷，人民出版社2012年版，第152页。
③ 《马克思恩格斯选集》第1卷，人民出版社2012年版，第152页。

然而，马克思哲学同时又充分地意识到，在不同历史阶段，试图从某种思想体系和理论原则出发强制性地"统一"并控制人们现实生活，将是难以避免和根除的历史现象。马克思把这种现象称为"意识形态的假象"，其特点在于把"特殊利益说成是普遍利益，或者把'普遍的东西'说成是统治地位的东西"①，消解这种把"思维"与"存在"强制性地统一起来的"意识形态假象"，防止和抵御现实生活被抽象观念所侵蚀和控制，成为辩证法彰显其批判本性的重大旨趣。

在马克思的著作中，这种对辩证法的理解和运用体现在方方面面。我们可以用马克思对"国民经济学"的批判作为范例具体说明马克思对辩证法批判本质的这种理解。在"政治经济学的方法"这一节中，马克思这样批判黑格尔："黑格尔陷入幻觉，把实在理解为自我综合、自我深化和自我运动的思维的结果，其实，从抽象上升到具体的方法，只是思维用来掌握具体并把它当作一个精神上的具体再现出来的方式。但决不是具体本身的产生过程。"② 在这里，马克思明确把用来掌握具体的"思维"与"具体本身的产生过程"即"存在"区别开来，认为黑格尔的"幻觉"就在于认为"实在"与"思维"遵循着"同样的规律"并因此具有同质性和统一性。在马克思看来，这同样是"资产阶级政治经济学"的幻觉，即"它把私有财产在现实中所经历的物质过程，放进一般的、抽象的公式，然后把这些公式当作规律"③，把自身"发现"的"理论规律"视为"客观存在"的规律，认为二者具有"同一性"。以此为根据，它必然会把这一规律视为不可超越的"科学真理"而使之永恒化和终极化。"国民经济学"的"意识形态幻觉"使之无法在"对现存事物的肯定的理解中同时包含对现存事物的否定的理解，即对现存在事物的必然灭亡的理解"，因而它在实质上站在"私有财产的立场"上，表述着"异化劳动的规律"。在此意义上，马克思对"国民经济学"的批判就是要揭穿"思维"与"存在"之间具有同一性这一意识形态的幻觉，为无法被"思维"所容纳

---

① 《马克思恩格斯选集》第1卷，人民出版社2012年版，第181页。
② 《马克思恩格斯全集》第46卷上册，人民出版社1979年版，第38页。
③ 《马克思恩格斯全集》第3卷，人民出版社2002年版，第266页。

和主宰的现实生活开辟自由空间。

以生活实践为根据,破解思维与存在的同一性观念,彰显辩证法的批判本质,蕴含着这样一种深层信念:任何试图建立一个自足完备的永恒、终极的系统,并把系统的"他者"消解并同化为一体并由此消除系统的矛盾的形而上学努力都是对人的理性能力的僭越;通过对这种僭越的自觉反思与批判,消解一切总体化和绝对化的理性幻觉,捍卫人类思想的创造性、自由性与丰富性,正是辩证法批判本质的集中的体现。

这种信念包含相辅相成的两个方面的意蕴。一方面,它自觉意识到,由于生活实践和现实生活的无限丰富性、历史性和开放性,决定了人的思维永远不可能达到对"存在"的总体性认识,二者永远不可能遵循着"同样的规律",因此,思维与存在的"统一"既无必要,也无可能;另一方面,它又自觉意识到,人的理性又总是难以避免地试图超越理性的界限,去追求对"无条件总体性存在"的终极把握,以实现"思维与存在"的统一。正如康德所深刻地指出的,这是人的理性的"自然倾向",其旨趣在于把"理性看作在原理之下获得知性的规则的统一性之一种能力。据此,理性就绝不直接致力于经验或任何对象,而是致力于知性,为的是通过概念而给知性的杂多知识以一种验前的统一性,这种统一性可以称为'理性的统一性'"①,这即是说,试图获得对绝对的"无条件存在"的把握,是理性的"自然本能"。这两个方面,正构成人的理性悖论性的双重属性。这一悖论性的双重属性,要求人们对人的思维的"自然趋向"保持充分的警醒,从而避免人的思维陷入自我欺骗的幻觉。康德曾深刻地指出,试图通过理论理性去获得关于存在本身的普遍性原理,实质上是把"有限"当成了"无限",其结果必然导致"先验幻象"和自相矛盾,认为要避免这种"幻象的逻辑",必须通过对纯粹理论理性的批判,自觉意识到其限度与范围,防止其僭越。马克思比康德更为深刻的地方在于,他把生活实践确立为理性的界限,宣布了一切试图以思维"统一"人们的"现实生活过程"的形而上学欲望的无效。

---

① [德] 康德:《纯粹理性批判》,邓晓芒译,华中师范大学出版社 2000 年版,第 321 页。

在此意义上，辩证法彻底的批判精神就是一种对人的思维的悖论与界限保持充分的警醒并对一切遮蔽和僭越这一悖论和界限的倾向进行自觉抵御的精神。当马克思强调辩证法"对每一种既成的形式都是从不断的运动中，因而也是从它的暂时性方面去理解"、"辩证法不崇拜任何东西"时，所鲜明体现的正是这种精神。

以思维与存在的异质性为前提，辩证法真正克服了一切独断论和教条主义的束缚，真正成为一种推动思想解放与人的解放的力量。在此，辩证法的理论姿态是否定性的，然而，在这种否定性的姿态背后，所蕴含的正是抛弃一切话语霸权和思想独断，"对思想说是"、"对生活说是"、"对未来说是"的深层动机，即要把捍卫的自由本性、现实生活的丰富和创造本性并因此为人面向未来的自我超越开辟空间，视为辩证法最为重大的思想关怀。

辩证法的命运与中国现代性的建构[①]

贺 来

辩证法作为一个哲学术语进入汉语哲学界，仅有80多年的历史。据专家考证，"辩证法"一词是在20世纪20年代经日语翻译成汉语才开始为我们所知的。[②] 但辩证法传入中国以后，它逐渐获得了一种不同寻常的地位。它不仅成为一个重要的学术方向和独立学科，甚至在很多情况下成为"哲学"的代名词，更重要的是，辩证法还渗透到中国人的现实生活与日常语言中，成为最为普及的哲学话语。综观世界大多数国家，辩证法一般仅仅作为某个哲学家，例如柏拉图、黑格尔等思想的某一方面，或者作为某一研究领域或研究方向，例如本体论、逻辑学等的一个侧面来予以探讨，更谈不上在普通民众中拥有如此广泛而深入的影响。这的确是一种颇为独特的理论现象。这一现象最为直接和根本的原因无疑是马克思哲学在现当代中国的特殊地位与重大作用。但从更深入的层次进行反思，我们认为，辩证法在现当代中国哲学与社会生活语境中的理论功能与思想内涵，始终是与中国现代性的建构这一近百年来最为重大的主题内在联系在一起的。从中国现代性的建构来透视与检讨辩证法在中国的思想轨迹与发展命运，将为阐发辩证法的理论内涵与思想效应并为理解中国现代性的特殊性质与道路提供一个意蕴丰富的全新视野与理论生长点。

[①] 原载《吉林大学社会科学学报》2008年第3期。
[②] 李博：《汉语中的马克思主义术语的起源与作用》，中国社会科学出版社2003年版，第294页。

一、辩证法：现代性论证的人文解放叙事

如果按照人们耳熟能详的关于辩证法的知识，辩证法与现代性的建构，尤其与中国现代性的建构将是完全无关的两个话题。然而，如果我们把辩证法置于近代以来的思想脉络中，我们就可以发现它与"现代性方案"之间所具有的深层关联。虽然对"现代性"的理解充满歧义，但许多学者承认，所谓"现代性"，具有这样几个最为基本的特点。第一，它代表着一种面向未来的"时间意识"与"历史意识"，"现代"总是通过与"传统"、"古代"、"过去"的对立关系凸显出来的，它"必然要贬低直接相关的前历史，并与之保持一段距离，以便自己为自己提供规范性基础"①，因此，与古代世界"倒退"的或"循环"的时间意识和历史意识有着重大不同，现代精神意味着它要超越传统，是彻底"面向未来的"，重"未来"而轻"祖辈"，这是现代性的重大特征之一；第二，以这种面向未来的时间意识和历史意识为基础，它坚持一种进步主义的历史观，它相信，人与社会历史在总体上必然朝着完美目标的方向发展，并最终摆脱一切奴役与束缚，达至完全的自由解放的终极结局，正如伯瑞所说："只有人们把握了人类的进步的观念，才能形成或阐述关于历史之于政治家和公民的事务之意义的正确观念。这是一种彻底转化观念且具有伟大意义的构想，从而使历史得以界定自己的覆盖视阈……世界尚未充分意识到关于历史的观念的彻底转化所具有的全部意义，而这种转化的形成则归因于有关发展的学说的提出"②，这即是说，"进步"或"发展"具有为现代社会发展"定向"的意义，通过这种"定向"，现代性使自身获得了合法性的根据；第三，现代性把对自由解放的进步主义信念根植于"理性"，一切都必须在"理性"面前申辩自身存在的资格，理性是唯一透明和自明的权

---

① ［德］尤尔根·哈贝马斯：《后民族结构》，曹卫东译，上海人民出版社 2002 年版，第 178 页。
② ［英］约翰·伯瑞：《进步的观念》，范祥涛译，上海三联书店 2005 年版，"引言"，第 7 页。

威，通过理性的力量，消除一切"非理性"因素的阻碍，最终实现"理性对世界的统治"，这是现代性方案自由解放理想最为根本的保证："现代性必须根据自己所剩下的唯一权威，即理性，来巩固自己的地位"①。

按照哈贝马斯的说法，黑格尔是第一个用哲学的方式来对上述"现代性"现象自觉进行批判性反思的哲学家。黑格尔曾言：哲学是"思想中表达的时代"。这里的"表达"，包含着双重内涵，第一，它意味着用哲学的方式来把握"现代性"，第二，它意味着哲学的重大任务在于通过哲学的方式来论证"人的解放"，并通过这种论证为"现代性"重构合法性根据和规范基础。如果说中古社会人们求助于上帝来证明人们生活的意义和社会制度的正当性（神义论的证明），那么在上帝已经失去了这种论证力量与权威地位的现代社会，人们所求助的只能是哲学社会科学的"宏大叙事"或"元叙事"（Meta-narrative），这即是说，人们对社会历史的意义、社会制度的正当性的论证方式不再是"神义论"式的，而已转换成"人义论"式的，而在这种"人义论"的论证中，哲学居于重要的地位。正是在此意义上，黑格尔认为，现代性自我确证的要求在根本上就是"哲学的要求"②，而这种哲学，在黑格尔看来，只能是"辩证法"。

之所以必须是"辩证法"，这基于黑格尔对现代性内在矛盾的反思和他对现代性价值理想及其实现途径的独特理解。黑格尔认为，自笛卡尔以来，现代哲学所关注的中心问题是"主体性"及其自我意识，"主体性"原则代替了中世纪的上帝，成为了现代性的基本原则，这种"主体性"所"保障的是自明性和肯定性，由此出发，其余的一切都会受到怀疑和批判……同时，主体性还具有一种普遍主义和个体主义的意义。任何一个人都要受到所有的人同等尊重。与此同时，他又是判断所有人各自的幸福要求的源泉和终极权威"③。在此意义上，"主体性"原则不仅具有理论意

---

① ［德］尤尔根·哈贝马斯：《后民族结构》，曹卫东译，上海人民出版社2002年版，第180页。
② ［德］尤尔根·哈贝马斯：《后民族结构》，曹卫东译，上海人民出版社2002年版，第180页。
③ ［德］尤尔根·哈贝马斯：《后民族结构》，曹卫东译，上海人民出版社2002年版，第180—181页。

义，而且构成了现代人与现代社会的规范性基础与价值源泉。在黑格尔看来，主体性的原则在根本上是一种"知性"的原则，它把"主体性"原则绝对化，等于把一种"有限"的东西上升至无限的绝对的地位。"主体性"原则作为知性原则，集中体现在它所遵循的主客二元对立的"对象化"逻辑，贯彻这种逻辑，必然或者把他人作为"客体"来予以控制，或者把自然作为"对象"来予以压迫，在此意义上，"主体性"原则在根本上充满统治性和控制性，必然导致人的社会生活共同体的分裂和瓦解。黑格尔认为，现代性的规范基础不能建立在这种知性化的"主体性"原则的基础上，而是必须超越主体性原则，以"理性"或"精神"作为中介和统一性力量，来实现现代性的自我确证。"理性"是一种超越知性所造成的分裂与矛盾，把它们内在统一起来，使之实现和解的力量，同时，这种对分裂和矛盾的克服与和解不是通过僵化和强制性的方式来实现，"理性"和"精神"具有一种自我创造和自我超越的能动性，这种能动性集中体现在它能够"承受矛盾"和"扬弃矛盾"，并在此过程中实现自身的运动与发展。"理性"与"精神"这种在矛盾中不断自我否定和自我发展的运动，所体现的正是其"辩证"的本性，黑格尔说道："辩证法是这一内在性的超越活动，在其中知性规定的片面性和局限性把自己表现为它们所是的东西，即表现为它们的否定。辩证法因此构成了前进过程的推动灵魂，并且是内在联系与必然性唯一由以进入科学内容的原则，恰如真正而非外在的对有限东西的飞越一般正取决于这一原则。"[①] 黑格尔相信，只有在"理性"或"精神"这种辩证的历史运动中，"主体性"这一知性原则所造成的分裂才能实现内在的和解，现代性的自由解放理想才能获得充分的根据和基础。

可以清楚地看到，就其基本意图与内在动机而言，辩证法是作为"主体性"原则的批判者、超越者和取代者而存在和产生的，其根本旨趣是为现代性提供更为深层和坚实的辩护与论证。利奥塔尔曾十分中肯地指出，现代性方案"明确地求助于诸如精神辩证法、意义阐释学、理性主体或劳

[①] [德] 黑格尔：《哲学科学全书纲要》，薛华译，上海人民出版社2002年版，第17页。

动的解放、财富的增长等大叙事"① 来证明自己的合法性,这些思辨叙事通过对"真理"和"正义"的阐释,来为现代社会及其发展提供合法性基础,而在所有这些元叙事中,"精神辩证法"位居首位。可以说,辩证法是作为现代性的"人文解放叙事"而获得其历史内涵与现实基础的。

概括而言,作为人文解放的元叙事,辩证法在为现代性提供辩护和论证时,体现出如下三个基本原则:第一,它把实现一切矛盾和对立的"和解",达至绝对统一性的、"大团圆式"的完美结局,视为终极的追求目标。辩证法之区别于知性思维,最为根本之处就在于它抛弃了那种"关于一般有限定而又相互对立的知性规定有确然有效性的假定"②,主体性原则所造成的人与自然、人与社会共同体等的分裂在精神的创造性活动中被彻底扬弃与克服,在此意义上,"精神"又被称为"绝对","绝对"即为"无对",它消解和克服了一切冲突与对立,完成自身为一不依赖于任何前提和条件的自足"圆圈",而这一"圆圈"的完成即意味着"自由"事业的完成。对此,我们可以把它概括为辩证法的以创造性活动为中介的"终极统一性"原则。第二,它同时相信,这一自由事业的达成又必然以矛盾和对立面的存在及其辩证的历史性的运动为条件,因而它不是抽象的、直接的同一性,它必须经历精神严肃、艰辛、痛苦与曲折的劳作,但所有这一切,都是通往终极目的和结局必不可少的环节,"环节的必然性"是实现"全体的自由性"之必经阶段,因为与终极目标的内在关联,这些曲折与阵痛、悲剧和磨难都获得并体现了其意义和价值。对此,我们可以把它概括为辩证法的以自由解放为核心的"历史目的论原则"。第三,它相信在历史运动背后,有一个深层的永恒在场的形而上学的普遍"实体"作为内在的支撑,这一"实体"既具有自足、自因、普遍性和客观性等形而上学实体的一切特质,同时它又具有在历史中能动地为自身开辟道路的"辩证"创造本性,遵循着这一普遍的、客观的规律,按照辩证的环节和阶梯,通向消解一切分裂与矛盾的终极解放结局。哈耶克通过对孔德与黑格

---

① [法] 利奥塔尔:《后现代状况:关于知识的报告》,车槿华译,生活·读书·新知三联书店1997年版,第2—3页。
② [德] 黑格尔:《哲学科学全书纲要》,薛华译,上海人民出版社2002年版,第30页。

尔的比较研究，曾指出：作为唯心主义和辩证法家的黑格尔和作为实证哲学家的孔德虽然在不少方面有着重大差别，但他们共同的核心观念是完全一致的，那就是他们都相信："一切社会研究的核心目标，必须是建立一种包括全人类的普遍历史学，它被理解为一幅遵循着可认识规律的人类必然发展规律过程的蓝图"，这种规律孔德称为"自然规律"，而在黑格尔看来是"形而上学原理"①。对此，我们可以把它概括为辩证法的"普遍主义"或"客观主义"原则。

"普遍主义"或"客观主义原则"、以自由解放为核心的"历史目的论原则"和"终极统一原则"，三者三位一体，共同支撑着辩证法对现代性的论证与辩护，这是辩证法在西方近代以来思想史上所扮演的重要角色。阐明了这一点，为我们进一步考察辩证法在中国的命运提供了一个重要的思想背景。

二、辩证法与中国现代性课题的内在关联

综观辩证法在中国的研究，我们可以沿着其演变的历史轨迹，较为清晰地辨认出三种有代表性的对辩证法的解释模式，而这三种模式，都与中国现代性的建构有十分深刻的内在关联。

第一种无疑是由从前苏联教科书引进的辩证法体系所代表的。它对辩证法的基本规定即是我们所熟悉的："辩证法是关于自然界、人类社会与思维发展的一般规律的科学"，其基本内容即是我们所熟悉的"两个观点"、"五对范畴"与"三大规律"。这种解释模式最为注重之点是辩证法所表达的原则和规律的"普遍性"与"客观性"，它要传达的至高理念是：辩证法所表达的规律是世界自在地、本来就具有的、不以人的意志为转移的客观存在，辩证法不过是发现"存在在那里"（overthere）的真理并运用"心灵之镜"如实地再现和表达之。我们可以把它概括为"发现

---

① 参见［英］哈耶克：《科学的反革命》，冯克利译，译林出版社2003年版。

论"的"科学主义"的解释模式。

第二种解释模式是以近代"意识哲学"作为基本解释框架的,它对辩证法的基本规定便是:"辩证法就是认识论"。按照这一解释模式,辩证法的根本课题是如何通过发挥思维能动性,克服知性概念的僵化性与凝固性,从而实现对于存在的辩证把握,它的基本假定是:"思维"与"存在"两个系列有着不同的性质和存在方式,因而二者构成为一对基本矛盾:客观存在世界遵循着辩证运动的规律,具有辩证的本性,这即是"客观辩证法",它具有自在的"客观性",而思维世界则是一个运用概念来认识和把握客观存在的主观王国,"主观性"是其根本特性。围绕"主观"与"客观"、"思维"与"存在"这两个系列的异质性与矛盾,寻求实现其统一与和解的途径,成为辩证法的首要任务。要解决这一任务,最为关键之点是发挥思维的能动性与创造性,让僵化、凝固的概念流动起来,从而使主观的思维与客观的存在、"主观辩证法"与"客观辩证法"实现内在的统一与终极的和解。这种辩证法的解释模式,可以概括为"意识哲学"的解释模式。

第三种解释模式可以称为"实践人类学"的解释框架。在它看来,辩证法的理论性质与目标既不是"发现"无人身的自在世界的普适性的辩证发展规律,也不是对思维能动的辩证本性的揭示以及对思维与存在统一性的追求,而是关于人的实践活动的辩证本性以及在实践活动基础上人与社会历史辩证发展的自觉意识与理论表达。按照这一解释框架,实践活动是人基底性的生存方式,它要解决的是人与世界的矛盾,尤其是人与自然的矛盾,这一矛盾根源于实践活动,同时又在实践活动中不断得到克服与超越,正是在这种矛盾产生与超越的历史过程中,人与社会实现其自我超越和自我发展。在此意义上,辩证法所揭示的是人与社会历史区别于自然界的特殊存在本性与方式,它的最为基本的信念是,人的生存实践活动的本性就是"辩证"的,由实践活动所推动与创造的人与社会的存在与发展方式也因此具有辩证的本性,因此,辩证法的基础既不是抽象的自然界,也不是抽象的主观性,而是主观与客观、感性与理性、人与自然等诸多矛盾关系分裂与统一基础的人类实践活动。

以上三种解释模式在目前中国理论界都各自拥有其接受者。但从历时性角度看，其形成和发展呈现出清晰的历史特征，并与中国社会发展特定的语境有着一种十分深刻的内在关联。第一种解释模式在中华人民共和国成立以后长时间里占据着统治地位，第二种解释模式产生和兴起于20世纪80年代中期，第三种解释模式则产生于80年代末与90年代。

在我们看来，这三种解释模式在深层是对前述辩证法作为现代性元叙事的三个基本原则的分别表达。科学主义的解释模式所表达的是辩证法作为现代性元叙事的"普遍主义"和"客观主义"原则，"意识哲学"的解释模式所表达的辩证法作为现代性元叙事的以创造性活动为中介的"终极统一性"原则，实践人类学的解释模式所表达的是辩证法作为现代性元叙事的以自由解放为核心的"历史目的论"原则。正如前文所讨论的，在西方哲学史上，上述辩证法作为现代性元叙事的三个原则是作为一个整体，同时显示与得到表达的，然而在中国，三者却是在不同历史阶段里依次显示与得到表达的。这是一个十分耐人寻味的独特思想现象，其根源只能从中国现代性建构的特殊历史背景与环境才能得到理解。

"发现论"的"科学主义"解释模式所表达的中国现代性建构的普遍主义与客观主义诉求，与中国共产党人在特定历史条件下进行社会主义革命与建设、探索中国现代性建构的内在要求具有一种内在的亲合性。

众所周知，中国共产党第一代思想者与革命者们所面临的根本任务是在一个半封建、半殖民的"前现代"国度里寻找到中国现代性建构的现实道路，在革命时期和社会主义建设初期，他们所面临的历史环境是极为复杂的，因而对他们来说，寻找并发现能够指导中国革命与建设的普遍和客观的"真理"，乃是最为急迫的需要。正是这种环境和需要，为以一种发现论的科学主义解释模式来理解辩证法提供了充分的主观与客观条件。可以说，以一种科学主义的解释模式来理解辩证法，与第一代中国共产党人与思想者寻求中国现代性建构道路的三观需要和客观环境之间，存在着一种内在的勾连。这集中体现在：第一，辩证法所昭示的人与社会辩证发展的客观的"科学"规律将为人们指明前进的方向与道路，"发现"这种真理，就等于为革命实践确立了正确的目标与路径，很显然，在这种心态支撑之下，辩证法的"发现论"的科学主义解释模式是最容易被人们选择与接受的解释模式；第二，更重要的是，辩证法所昭示的人与社会历史辩证发展的科学规律将为革命者的实践活动提供充分的合法性，帮助人们确立这样一种坚定信念：自己的行动乃是顺乎潮流，合乎趋势，因此不是主观的偶然的任意行动，而是具有充分的历史必然性。第三，与前二者内在相关，对人与社会历史发展的科学规律的掌握意味着可以把它转化为可以运用的策略、政策与方法，从而为现实实践服务，把对"规律"的认识转化为社会主义革命与建设的科学指导思想，把对"真理"的认识转化为探索与规划现代化蓝图的方略和指南，这对于刚着手社会主义现代化建设的共产党人来说，无疑是最为迫切的要求，在此要求支配之下，用"发现论"的"科学主义"解释模式来解读和接受辩证法，显然是十分自然的结果。

然而，辩证法科学主义解释模式在中国长时期的绝对统治地位，是以压抑辩证法作为现代性元叙事的其他维度为代价的，在其主导下，以创造性活动为中介的"终极统一性"维度与以"自由解放"为核心的"历史目的论"维度失去了伸张的空间。随着人们对于中国现代性建构的目标与道路思考的不断深入以及中国现代性实践的不断深化，辩证法作为现代性元叙事的其他两个向度逐渐获得了人们的关注与重视，并在许多学者那里，取代了辩证法的科学主义解释模式。

"意识哲学"的解释模式是在中国社会重新反思其历史方位，调整社会发展主题的历史转折时期产生的，在这种特定的时代气氛中，整个社会与思想界所关注的根本性课题是：如何重新寻求和确立中国社会发展和现代性建构的新的价值坐标与规范性基础？"意识哲学"的解释模式所表达的正是哲学界对这一课题的思考，其深层吁求在于：必须把人从无人身的"客观性"的绝对统治中解放出来，为"主观性"正名，并从它出发，重新理解中国现代性建构的规范基础与价值源泉。

"意识哲学"的解释模式对于中国现代性建构的规范基础的重新理解，包含着如下最为基础的信念：第一，人的思维理性理应成为中国现代性建构的价值源泉，不是无人身的"客观"的、"普遍"的神秘权威，而是每个主体的自我反思和理性能动性以及以此为基础的个人尊严应成为人与社会发展最重要的价值源泉与判定根据；第二，人的思维理性是推动中国现代性进程走向深入的根本动力，它要求不再让"思维"被动地服从于"存在"，而应让"思维"主动地把握"存在"，只有发挥人们的主观能动性与创造性，而不是消极地听命于客观规律的摆布，中国社会才有可能实现从传统社会向现代社会的转型；第三，通过思维能动性的发挥，不断克服思维的僵化性与凝固性，去"融化"与"燃烧"自在的客观世界，最终实现思维对存在、理性对世界的彻底把握，并在这种统一过程中，推动人的主体自我意识的提升与理性的解放，这是中国现代性建构的根本追求。

可见，"意识哲学"解释模式的根本点在于通过"主体性"概念，来为中国现代性建构重新寻求基础。如果说在西方，笛卡尔和康德等曾以主体性为规范性基础，来为西方现代性作出哲学论证的话，那么，20个世纪80年代，中国学者们则试图在辩证法研究中贯注"主体性原则"。正如前文所指出，辩证法作为现代性元叙事，在西方思想史上，尤其在黑格尔那里，是作为近代"主体性"原则的批判者与扬弃者而存在，而在中国，辩证法却一度与"主体性"原则结成了紧密的联盟，这一特殊思想现象，同样只能从中西现代性建构不同的历史方位与时空背景中得到理解。

实践人类学解释模式是上述意识哲学解释模式的一种反思、延伸与深化。它所透露出来的基本思想关怀是：第一，如何以一种更深入的方式确立中国现代性建构的方向与目标？第二，如何更深入地理解中国现代性建构的动力与道路？

与意识哲学的解释模式相比，实践人类学的解释模式对现代性的论证呈现出许多新的特点。首先，它对"意识哲学"范式中的"主体性"观念进行了批判性的反省，在它看来，意识哲学中的主体性只是思维的"主观性"，它局限于"认识论"的框架，把"自我意识"视为"主体"根本规定，这种对"主体"的理解忽视和掩蔽了人的存在其他更为丰富多样的内容与向度，因而导致了人的生命存在的抽象化。在实践人类学的框架里，"主体"不再是"认识主体"，而是"实践主体"，它是感性与理性、知识与情感、自然性与超自然性等诸种矛盾的统一体，人与社会历史就是一个通过实践活动实现对这一系列矛盾的超越从而不断自我创造和自我发展的过程。通过这种对"人"的重新规定,实践人类学解释模式表达出中国现代性规范基础进行调整、丰富与充实的深层意图。其次,由于对人的理解的这种重大变化,因此,中国现代性的根本目标不能局限于"主体自我意识的觉醒"和"思维"对"存在"的统一,而应是生命潜能的全面发挥,人的自由与解放不仅体现在思维理性的能动性与创造性,更体现为人的整体提升与全面发展,"人的全面发展"而非某种单一因素的进步应该成为中国现代性建构根本的目标,这在实质上表达着对于中国现代性目标的重新确认。第三,中国现代性建构的推动力量也不仅是单一的思维理性,而是包含在人的实践活动中的整体性、丰富性的多方面潜能与素质及其发挥。

可见,围绕中国现代性建构的规范基础、价值目标与建构道路等问题,辩证法的三种解释模式呈现出视角与侧重面的转化。科学主义的解释模式侧重于强调中国现代性进程不以人的意志为转移的真理性与权威性,意识哲学的解释模式侧重于强调中国现代性进程中人理性能力的作用以及理性作为基本价值尺度的地位,它蕴含着对科学主义解释模式无人身的"真理"和"权威"抗议、批判与超越的意向,实践人类学的解释模式侧重于强调中国现代性建构中实践活动的创造性以及人的全面发展的价值目标,它要求人们跳出"意识哲学"的框架,从实践哲学的层面来反思中国现代性建构的道路与规范性基础。这种视角与侧重面的变化,在深层所反映的是我们对于中国现代性探索的不断深化。三种解释模式及其所论证的现代性原则的三个侧面,在历史中渐次向人们展现出来,这一过程,本身就具有"辩证进展"的性质和意味。

三、反思辩证法与现代性的总体性逻辑:进一步的讨论

以上我们对辩证法在中国的演变与中国现代性建构之间的内在关系进行了探讨。这种内在关系长期以来一直没有得到人们的自觉意识和反思。

事实上，一旦人们思考辩证法在马克思哲学中所拥有的作为理论基础的重要地位以及马克思哲学在现当代中国现代性建构中所发挥的特殊作用，就会很容易理解辩证法与中国现代性之间的这种内在关系。

面向未来，反思辩证法的未来发展以及与此相关的中国现代性课题，我们认为，虽然辩证法三种解释模式及其对现代性的论证在具体内容上各不相同，但是，在深层它们分享着共同的理论逻辑，即"总体性逻辑"。超越这种"总体性逻辑"，既是推动辩证法研究走向深入的重要课题，也是深入理解与反思中国现代性课题的关键环节。

这里所谓"总体性逻辑"，所指的是一种把一切部分、一切因素都纳入一个单一的整体或体系，认为只有这种整体化或体系化的总体才代表着最终的真理，具有最高的真实性这样一种思想逻辑，这种思想逻辑在哲学史上有着深刻的根源，这集中体现在哲学史长期占据统治地位的传统形而上学思维方式上。传统形而上学思维方式把超感性的、永恒在场的先验实体作为其最高追求，并认为这一先验本体构成了一切"存在者"的最终根据和最高目的，一切"存在者"只有归结于这一终极存在，才能获得其存在的理由与意义。在哲学史上，辩证法代表着一种试图超越和克服这种形而上学的重大努力，它不再把实体理解为僵化的统一性，而是理解为一种在矛盾运动中不断自我否定和自我超越的历史性活动，它也不再把实体理解为抽象的同一性，而是把它理解为包含着矛盾性、差异性、多样性的"具体同一性"。就此而言，辩证法是对传统形而上学思维方式的一种重大变革。但是，辩证法对形而上学的批判和克服，并不表明它彻底摆脱了形而上学的阴影，这集中表现在它仍然保留着对实体本体论思维方式的自我驯服，仍然执着于对一个总体性、整体性的先验的本体化结构的迷恋。以黑格尔为例，他虽然以"巨大的历史感"与强调精神矛盾运动与自我否定的辩证本性而著称，但在他看来，所有那些辩证运动的、多样性和差异性的环节在根本上都归属于"绝对"这一同一性、必然性的、永恒在场的圆圈式总体，正因此，黑格尔明确承认其辩证法与形而上学乃是一回事："思想，按照这样的规定，可以叫做客观的思想，甚至那些最初在普通形式逻辑里惯于只当作被意识了的思维形式，也可以算作客观的形式。因此逻辑便与形而上学合流了。形而上学是研究思想所把握住的事物的科学，而思想是能够表达事物的本质性的。"① 因此，在哲学史上辩证法对形而上学的思维方式的变革，在实质上是形而上学内部的自我变革，它在根本上归属于形而上学这个大的家族。

这一特性在我国辩证法的三种解释模式均得到了鲜明的体现。在科学主义解释模式现代性论证所诉诸的普遍主义与客观主义原则中，这种总体性逻辑是显而易见的，它把包括人与社会在内的整个世界理解为一个按照某种必然性规律运动的过程，很显然，这一必然性规律即是总体性逻辑的产物；意识哲学解释模式虽然突出地强调"主观能动性"与"概念创造性"，并由此凸显出理性的"自由本性"，但正如前面指出的，"主观辩证法"的根本目的是为了实现与"客观辩证法"的统一，而"客观辩证法"所遵循的是如同科学主义解释模式一样的必然性运动规律，可见，在这一解释模式中，隐性的总体性逻辑仍然在起着支配作用；实践人类学的解释模式虽然强调感性实践活动的创造性与人的全面发展的价值目标，但是，在"实践"背后仍隐含着深深的总体主义情结，例如，一方面，矛盾被理解为内在于实践活动的根本环节，另一方面它旨在终结矛盾，通过实践活动，实现人与物、人与人、人与自身等一切矛盾的统一。再如：一方面，发展被理解为通过实践活动所实现的人与社会的自我发展，但一方面它认为这种发展过程体现着某种客观的"规律"和"法则"，这使得发展必然失去其自由与开放的创造性质。这些表明，虽然辩证法的三种解释模式在内容和指向上有着重大差别，但同时又程度不同地分享着共同的基本前提，那就是它们都没有彻底摆脱总体性逻辑的形而上学阴影。

辩证法所蕴含的这种总体性逻辑必然影响它对现代性的论证并赋予现代性以整体主义的独断气质。这集中体现在：第一，现代性进程被理解为朝向某种既定的终极目标发展的内在进程，而人与社会发展的每一个阶段被视为通向这一终极目标的必然环节，所有的矛盾与曲折，最终是为了某种终极的目标的实现，当人们说"道路是曲折的，前途是光明的"时，在

---

① ［德］黑格尔：《小逻辑》，贺麟译，商务印书馆1980年版，第79页。

深层所表达的正是这层信念。这种信念是辩证法总体性逻辑的题中必然之义;第二,既然现代性是这样一个总体性的进程,那么,真正意义上的个人的自由及其权力在此过程中必然面临这种总体性逻辑的挤压而难以获得其应有的独立空间,这并非说在这种现代性的论证中缺乏"个人自由"的话语,事实上,在"主体性"和"实践人类学"的解释模式对现代性的论证中,人的地位和尊严得到了前所未有的重视,但是,在总体性逻辑支配之下,"人"实质上成了为完成某种历史目的而存在的"大写的人",在这种"大写的人"的阴影下,感性的、作为专名的"个体"被抽象成模糊不清、无足轻重的空幻存在,这是总体性逻辑的必然后果;第三,在总体性逻辑的支配之下,现代性将失去自我批判的精神,失去容纳异质性因素与"他者"的空间,其结果现代性有可能成为一种绝对的权威话语而面临失去活力、陷入僵化和封闭的危险。总体性逻辑是拒绝对自身进行前提性的自我批判的,它关心的是由这一逻辑所支配的社会历史进程的实现与完成,而这一进程所可能存在的内在矛盾和缺失等等则处于其视野之外;同时,这一总体性逻辑既然是"总体性"的,就意味着它视自身具有"至大无外"、"至小无内"的完备性与自足性,在此逻辑支配之下,一切异质性与"他性"都必然被视为虚假之物而遭到排斥与清洗。这一点,现当代哲学家,如阿多诺、福柯、德里达、勒维纳斯等曾从多方面作过深刻的批判。

  限于篇幅,以上我们仅只是对辩证法所隐含的总体性逻辑及其对现代性论证的影响作了十分简要的讨论。回顾现当代中国的现代性进程,这种总体性逻辑曾经产生了深远的影响,对此进行反省,无论对于进一步推动辩证法的发展,还是深入反思中国现代性课题,都是十分重要的理想任务。在我们看来,这一思想任务的推动有赖于思想视域的转变,其核心是实现从"形而上学"向"后形而上学"思想视域的转变,对此,笔者曾在另文作过专门探讨。[①]

[①] 参见贺来、刘李:《后形而上学视域与辩证法的批判本性》,载《吉林大学社会科学学报》2007年第21期;贺来:《辩证法与现代性课题》,载《学习与探索》2007年第4期。

历史性的辩证法与辩证法的历史性[①]

韩志伟

一

辩证法从根本上说只有在涉及"本源"、"本体"、"第一性原则"问题上才有意义,仅仅从认识论的意义上理解和解释黑格尔辩证法的历史性维度恰恰遮蔽了其存在的历史意义。黑格尔作为西方传统形而上学的集大成者,通过对古希腊辩证法和康德以来的近代辩证法的超越,最终为我们展现了思辨辩证法的巨大的历史性内涵。他使历史走进了辩证法,同时也使辩证法进入了历史,辩证法在黑格尔这里就其历史视野的广度和深度而言都远远超过了以往的辩证法。在这个阶段,人的历史意识达到了空前的高度,以至于后来的伽达默尔说,19世纪哲学的"一个基本特点似乎是:脱离历史意识,事情就不再是可以思维的。"[②] 在19世纪,无论是以施莱尔马赫为代表的普遍诠释学设想,还是以兰克、德罗伊森为代表的历史学派主张,甚至从事历史理性批判的狄尔泰的历史意识都处于黑格尔历史辩证法的巨大阴影当中,尽管他们对黑格尔进行了各种形式的反抗。可以毫不夸张地说,在黑格尔辩证法的历史性维度中所展现的丰富内容直接决定着19世纪的思想家们关于人的历史意识的思考,黑格尔关于理性构造历

---

① 原载《人文杂志》2004年第3期。
② 何卫平:《通向解释学辩证法之途》,上海三联书店2001年版,第8页。

史的先验历史哲学直接决定了19世纪是一个重新审视其历史性维度的"历史世纪",甚至认识论问题都正如伽达默尔所指出那样通过历史科学获得了新的现实性并且由此导致19世纪成为认识论的世纪。

黑格尔辩证法的历史性维度是在超越了康德批判哲学的非历史的先验意识的基础上所赢获的,因此我们要想真正在存在论意义上把握黑格尔辩证法的这一历史性维度,首先就必须面对康德以来的近代辩证法所经历的这一否定性的环节。黑格尔自己就明确地说"辩证法在哲学上并不是什么新东西",因为"在古代,柏拉图被称为辩证法的发明者",而"在近代,主要代表人物是康德,他又促使我们注意到辩证法,而且重新恢复它的光荣地位"。[①] 在黑格尔看来,康德在近代辩证法的发展中是一个转折点。如果想进一步发展辩证法理论,那么向前发展康德的辩证法是一个绕不过去的直接前提。事实上,黑格尔正是通过对康德以来的近代辩证法的超越,同时吸收基督教哲学的丰足的养料,最终在重返古希腊辩证法的传统中使辩证法理论发生了重大的变迁。黑格尔在历史的重返和现代的变迁中把整个西方传统的辩证理论推向了一个顶峰。

黑格尔辩证法在近代所面临的首先是自康德以来的辩证法所陷入的主观主义困境,即从非历史的先验主体出发去论证认识的可能性问题。因此,伽达默尔指出:"黑格尔在我们所标志的近代思想的情况下有意采纳了希腊辩证法的范式。"[②] 因为在希腊人那里,认识首先并不是一种主体的活动,而是存在本身的一个要素。所以对于他们来说,作为逻各斯事件的辩证法首先不是一种完全由思想指引的运动,而是一种可被思想经验到的事物本身的运动。黑格尔关于思想客观性的态度直接取决于这种可被思想经验到的事物本身的运动,这种运动通过思维与存在、真理与历史的相互中介,克服了围绕着非历史的先验主体旋转的先验意识所陷入的主观主义的困境,从而在思维与存在、真理与历史的历史性的以自身中介的运动和活动中展现事情本身的运动,辩证法自身的历史性维度在这种巨大的存在论意义上的历史意识中显现无遗。而那种在非历史的先验意识指导下的康

---

① [德] 黑格尔:《小逻辑》,贺麟译,商务印书馆1986年版,第178—179页。
② [德] 伽达默尔:《真理与方法》下卷,洪汉鼎译,上海译文出版社1999年版,第588页。

德的消极辩证法受到了黑格尔的讽刺，他认为康德的消极辩证法由于脱离了具体的历史情境来探讨思维如何把握存在的关系问题，只能对自然和历史"抱温情的态度"，企图从自然界和历史中清除矛盾和斗争，从而把矛盾转移到主观的反思或外在的反思那里，从根本上忘记了事情本身的运动始终是同思维与存在、真理与历史的历史性的相互中介的运动过程联系在一起的。

我们知道，康德的先验辩证法主要体现在他所揭示的各种先验辩证幻相中。他的先验辩证法是作为理性自然倾向的自然辩证法存在的。康德认为，人类纯粹理性的各种先验辩证幻相是发自理性自身的、不可避免的存在。我们可以对其"批判"，但不能对其"去根儿"。因为这是人类纯粹理性自身的"自然而然"的倾向。应该说康德所揭示的先验辩证法虽然是消极的，但却是深刻的。他所揭示的这种作为理性自然倾向的自然辩证法既是对传统的独断论和怀疑论形而上学批判的结果，同时又是未来科学形而上学不可回避必须加以解决的理论前提。黑格尔辩证法的历史性维度是在对前者的批判中获得的。在黑格尔看来，康德批判哲学那种以无情景、非历史的主体为前提的先验反思始终是一种"外部的反思"，通过这种"外部的反思"，康德哲学的结果只能导致"知性需要一种材料才能进行活动，理论的理性可以由脑子凭空创造，实践的理性必须依据公设才能行使"①。最后"理性不能认识真理的内容，至于要达到绝对真理，那只有求诸信仰"②。因此，康德哲学在先验辩证幻相的批判中所寻求的必然出路只能是限制理性和巩固信仰。

与之相反，黑格尔却要求思想本身通过以自身为中介的历史性运动完全进入事物的客观内容并抛弃自身的所有幻想。黑格尔这一历史性的反思要求首先不是在对康德理论哲学的批判中达到的，而是从根本上在对康德道德哲学的批判中达到。在康德的道德哲学中，道德是服从绝对命令、遵守道德法则的纯粹实践理性活动。由于这种活动脱离开人的现实的、历史

---

① ［德］黑格尔：《哲学史讲演录》第4卷，贺麟、王太庆译，商务印书馆1995年版，第302页。
② 列宁：《哲学笔记》，人民出版社1993年版，第99页。

的道德活动的情景，整个人的道德实践活动只能诉诸内在的、抽象的良心，面对充满矛盾、斗争的现实的、历史的社会生活，康德的道德哲学的软弱无力是一目了然的。在黑格尔看来，道德不应是这个样子，与其说道德是伦理的真理，不如说伦理是道德的真理。"黑格尔用一种惹人恼火的简单公设表达了这个观点：道德即在于按照某个国家的习惯生活。"① 黑格尔就这样通过抽象法、道德和伦理等一系列的客观精神的环节最终在人类共同体秩序中超越了主观精神本身。而客观精神本身又在艺术、宗教和哲学这些绝对精神的环节中被超越。对于黑格尔而言，正是精神的历史性的自我渗透，才实现了主观精神和客观精神的和解、历史和逻辑的统一以及理性和存在之间的完全透明的符合。在绝对精神中，精神认识到自己是精神。它在经历了自身漫长的历史发展过程中不仅为我们在存在的意义上展示了无比丰富的历史内容，而且还在历史的意义上为我们留下了难以超越的存在论域。然而，伴随着人对自身历史性存在方式的重新反思，黑格尔辩证法的历史性维度的全面展开迎来了人们对这一历史维度的全面批判。

二

在黑格尔之后，人们无法忍受的就是黑格尔那种理性构造历史的先验哲学模式，他们力图回到历史经验中去消解黑格尔在其历史性维度中所围之旋转的辩证法的无限性的原型——精神性的生命原型，在对历史理性的批判中展开对这种绝对理性哲学的各种清算，试图对历史经验怎样可能成为科学这一问题进行答复，从而为包括历史科学在内的精神科学奠定坚实的方法论基础。但是正如伽达默尔在分析这一时期的历史主义发展时所指出的，在黑格尔之后，伴随着浪漫主义诠释学和新康德主义哲学发展起来的历史主义未能真正击中黑格尔世界历史哲学的要害，因为他们在反对黑格尔的历史哲学的同时并没有真正弄清黑格尔的历史意识问题所在，因此

---

① [德] 伽达默尔：《真理与方法》上卷，洪汉鼎译，上海译文出版社1999年版，第112页。

他们仍然存在于黑格尔世界历史哲学的巨大阴影之中，这就使他们自身的历史意识和黑格尔自身的历史意识一样都处于未被批判的状态之中。当代哲学诠释学所揭示的效果历史意识深入到了这种未被批判的历史意识之中，真正把握到了黑格尔辩证法的历史性维度的症结所在，使我们对历史性问题的认识又前进了一大步。在效果历史意识看来，不论是理解者还是被理解的对象都是历史的存在，它们都处于不断生成的相互影响的过程之中，伽达默尔把这个过程历史称为"效果历史"。我们的理解属于效果历史意味着我们只有在传统中才能理解传统，而且正是在此传统中，"过去"和"现在"不断地相互中介，通过"对话"达到融合。在此，伽达默尔看到黑格尔精神哲学要求实现的历史和现代的整个中介，也是诠释学辩证法的效果历史意识必须坚持的同样事情。

在效果历史意识看来，"事情本身"的运动不是与我们的主观理解活动联系在一起，而是与从过去到现在一直在"发生作用"的历史传统的存在论运动紧密地联系在一起。所以，伽达默尔说"黑格尔深刻地思索了作为诠释学问题根源的历史向度"[①]。在这里，黑格尔辩证法的历史性问题得到了应有的重视。面对黑格尔在辩证法的历史性维度中所展现的具体内容，伽达默尔不仅批判吸收了黑格尔辩证法中的合理的东西，更为重要的是，他还通过诠释学辩证法所揭示的效果历史意识发现了黑格尔辩证法的历史性维度的症结所在，从而在扬弃黑格尔辩证法的历史意识的基础上彻底地发展了在历史性维度中所蕴含的辩证法自身的存在论域，使辩证法理论在当代反思中获得了新的发展。在诠释学辩证法看来，作为自我相关的历史意识已经超越了作为人性知识的科学意识，因为后者是把"你"作为一个"物"来加以估量，而前者则把"你"作为一个"人"来理解。但是这种自我相关的历史意识仍然被束缚在一种由你—我关系的辩证法所引起的辩证假象中，因为这种历史意识最终是要通过你—我关系的辩证假象达到对"你"的全面统治和对过去的全面统治。这样一来，这种历史意识不仅在你—我关系的交互性之外反思自己，从而破坏了这种关系的道德制

---

① ［德］伽达默尔：《真理与方法》上卷，洪汉鼎译，上海译文出版社1999年版，第444页。

约性，而且在历史传统之外反思自己，同样也破坏了这种传统的真实存在意义。这种历史意识在对"你"的理解中由于要求超越它自己的一切条件，最终又丧失了自身的历史性维度。因此，伽达默尔强调指出："历史意识实际上必须考虑自己的历史性。"① 黑格尔辩证法的历史性问题的结症就在于此。只有在彼此相互隶属的效果历史意识中，我们自己才能在我—你关系的交互性中彼此开放，在我们自身与传统历史关系中对传统无限开放。这种效果历史意识要求我们要意识到我们都生活于其中的效果历史对我们的自我意识的限制。效果历史虽然有我们自我意识的参与，但是效果历史自身并不具有自我意识，因为这种效果历史是我们永远不可能完全识破的，当我们把自己的自我意识夸大为效果历史自身的意识时，其结果恰恰是效果历史意识的丧失，因此，效果历史意识与其说是一种意识不如说是一种存在。黑格尔辩证法历史性维度最终的丧失就在于未认识到历史意识是包含在效果历史意识中的。效果历史意识所把握的经验是一种真正诠释学的"你"的经验，这种经验在理解"你"的过程中并不因此忽略"你"的他在性。因此，这种经验不是对"你"的统治，而是达到你—我的相互理解。这种经验是一种存在的经验，不是一种科学的经验，这种经验在自身的普遍性、否定性和有限性中显示自身的历史性的、开放性的存在。

伽达默尔在解释这种经验的内在历史性时，谈到了黑格尔对这种历史性经验的辩证否定性的揭示。正如海德格尔曾指出的，黑格尔在这里不是辩证地解释经验，而是相反地从经验的本质来思考什么是辩证的东西。黑格尔是在经验本身所具有的"倒转自身"的结构中经验到了辩证的运动，因为经验自身所具有的这种倒转意识本身就是一种辩证运动。但是，由于这种经验的辩证运动始终以自我意识为标准，因此他只能以克服一切经验而告终，最终在自身绝对知识的确定性中完成，这样一来，"对他者的关系消失了，剩下的是对自己的关系"。② 黑格尔对经验内在历史性把握的最终丧失，再次表明黑格尔辩证法的历史意识遗忘了效果历史本身的存在，

---

① [德] 伽达默尔：《真理与方法》上卷，洪汉鼎译，上海译文出版社1999年版，第463页。
② 列宁：《哲学笔记》，人民出版社1993年版，第115页。

遮蔽了在效果历史意识中所展现的诠释学经验，即在有限性中的无限开放性的存在。因此，黑格尔辩证法的历史性维度最终在末世学中丧失掉了。正如梅洛·庞蒂所讽刺的那样，"黑格尔理解了一切，除了他自己的历史处境；黑格尔叙述了一切，除了他自己的存在。"①

历史意识遗忘了人的历史性的存在方式，最终在诠释学辩证法的效果历史意识中被扬弃。其实早在19世纪马克思就在唯物史观中展开了对黑格尔辩证法的历史意识的批判，并且在对"政治经济学的形而上学"的批判中揭示了人的历史性的社会存在方式，为人们打开了一个辩证法的新的历史维度。对此，海德格尔在其《关于人道主义的书信》中写道："因为马克思在体会到异化时深入到历史的本质性的一度中去了，所以马克思主义关于历史的观点比其余的历史学优越。"② 但是，我们必须明确马克思在唯物史观中关于历史性的思考还是有别于当代哲学诠释学的历史性反思的。可是，他们的相互映照或许会为我们重新理解和解释人的历史性问题开辟一条新的道路。

三

前面我们通过对黑格尔辩证法历史性维度所经历的"否定之否定"发展过程的分析，现在至少可以获得以下几个方面的初步结论。

第一，人的历史性问题不是一个事实问题，而是一个事实性问题。人们首先和通常是在日常经验和科学事实的层面来理解和解释人的有限性、历史性问题，把人的有限性、历史性解释为人总有一死，人的生命是有限的。似乎那些追求人的无限性的、超历史的存在的哲学家们连这样一个起码的科学事实都不知道，简直有悖于常理。但是这种理解和解释压根儿就与人的历史性问题无关。人的历史性问题所探讨的与其说是一个有没有这样的事实问题，不如说探讨的是人的事实性的存在问题，而后者才真正是

---

① 何卫平：《通向解释学辩证法之途》，上海三联书店2001年版，第215页。
② 孙周兴选编：《海德格尔选集》上卷，上海三联书店1996年版，第383页。

一个哲学问题。比如，海德格尔所开创的实存性诠释学就是从我们此在的实存性出发来探讨存在的意义问题，例如从人在世界之中，人的时间性、有限性、有死性存在等现象实情出发来追问人的存在意义问题。这些关于此在的生存结构的分析都是作为基础存在论而存在的。因此，当海德格尔探讨此在的"向死存在"时，他所说的人的"死亡"这个词所具有的含义就不再是一种生物学含义，而是一种生存论存在论含义了。正是通过对我们此在的这一生存结构的揭示，此在的有限性、历史性的存在方式才获得理解，决定这种存在方式的此在的"被抛的筹划"才获得解释。因此，人的历史性问题作为人与存在的历史性关系问题，只有在哲学层面上才能把这种"关系"作为问题加以反思，这样一来，一个可能平淡无奇的日常生活"事实"就可能成为哲学所面向的一个奇妙非凡的"事实性"的"思的事情"了。

第二，人的历史性问题不是一个认识论问题，而是一个存在论问题。仅仅在抽象的认识论中把握历史往往容易把自然过程和历史过程相提并论，看不到自然的非历史过程和人类生活的历史过程的本质区别。尽管今天我们接受的是进化论的思想，把自然的过程设想为在某种方式上类似于历史的过程，但是自然的各种过程仍然是一种循环往复、周而复始的运动过程，而历史的运动却不是在这种循环中重演，而是在螺旋中创造出新的东西。正像维柯所说的那样："人类史同自然史的区别在于，人类史是我们自己创造的，而自然史不是我们自己创造的。"① 所以我们不能用自然演变的历史来比附人类生活的历史过程，把人类生活的历史过程看作是一种循环往复的流变过程，这样只能遗忘人类生活的历史性存在，因此，马克思曾经非常尖锐地指出："那种排除历史过程的、抽象的自然科学的唯物主义的缺点，每当它的代表越出自己的专业范围时，就在他们的抽象的和唯心主义的观念中立刻显露出来。"② 当马克思描述大工业时期的机器发展时，他发现，数学家和力学家把工具看作是简单的机器，把机器看作是复杂的工具，而看不到二者的本质区别；与其相反，马克思从唯物史观的存

---

① 《马克思恩格斯全集》第23卷，人民出版社1972年版，第409—410页。
② 《马克思恩格斯全集》第23卷，人民出版社1972年版，第410页。

在论域出发，首先看到的是机器发展中的历史因素和存在因素，从而揭示了机器大工业时期人类存在的历史性发展过程，在社会历史存在的变动结构中理解和解释了人的社会存在方式。

第三，人的历史性不是一个非辩证法问题，而是一个辩证法问题。如果我们把人的历史性问题等同于一个事实问题，一个认识论问题，那么我们也就在根本上把辩证法排除在人的历史性问题之外了。我们上面在黑格尔辩证法历史性维度中所揭示的内容最能说明这个问题。与其说黑格尔辩证地解释了人的历史性存在，不如说他是从人的历史性存在的本质来思考什么是辩证的东西。黑格尔在批判康德先验哲学的外部反思中发现了其中存在的"界限辩证法"，这一发现直接源于他对经验着的意识结构的揭示，而这一结构又源于他对人的历史性存在本质的把握。正如伽达默尔所指出的，在黑格尔那里，"哲学意识知道经验着的意识当它从一个对象过渡到另一个对象时究竟在做什么：它在倒转自身。所以黑格尔主张，经验本身的真实本质就在于这样的倒转自身。"① 通过经验自身所具有的这种倒转意识结构，黑格尔看到，在康德那里，当思维遭受到向其对立面的不可理解的转化时，辩证法就被真正地经验到了。在黑格尔那里，经验着的意识所具有的这种倒转自身的辩证运动结构就是他所揭示的经验自身的内在历史性本质，正是从这一历史性本质中我们才能理解黑格尔思辨辩证法的真实含义，由此展现在黑格尔辩证法的历史性维度中的具体的存在内容才能呈现出来。因此，当我们真正把人的历史性问题作为一个事实性的、存在论的问题来加以把握时，我们就会自然而然地看到，人的历史性问题本身就是一个辩证法问题，因为作为揭示人与存在之间关系之谜的历史性问题，总是为我们展现着缠绕在历史与我们之间的无比丰富的辩证法问题，它们构成了我们在反思人的历史性问题时所无法回避的辩证的存在论域。

第四，明确上述几个问题是我们进一步深化理解马克思唯物史观中的历史性问题的前提。由于我们通常把人的历史性问题作为一个事实问题、认识论问题和非辩证法问题来理解，这就导致了我们对马克思唯物史观中

---

① ［德］伽达默尔：《真理与方法》上卷，洪汉鼎译，上海译文出版社1999年版，第455页。

所蕴含的深刻的历史性维度的遮蔽,从而对马克思唯物史观进行简单化、抽象化和公式化的解释,这直接影响着我们对马克思辩证法的更加深入的理解。马克思对人的历史性问题的反思是从不引人注目的人的生存活动出发的,这一生存活动作为人们的事实性的生存结构直接表现为"人们首先必须吃、喝、住、穿,然后才能从事政治、科学、艺术、宗教等等"。① 因此在马克思看来:"人们决不是首先'处在这种外界的理论关系中'。正如任何动物一样,他们首先是要吃、喝等等,也就是说,并不'处于'某一种关系中,而是积极地活动,通过活动来取得一定的外界物,从而满足自己的需要。"② 马克思就是这样从人类最基本的物质生活资料的生产出发,在生存论本体论的层面上揭示了我们生活于其中的社会的变动结构,这一结构是我们社会存在的生存结构。与之相反,海德格尔从人在世界之中出发,揭示了我们此在的"被抛的筹划"的生存结构,对此我们应有明确的认识。

马克思在19世纪上半叶,面对黑格尔在辩证法的历史性维度中所展现无遗的自在自为的永恒真理展开了批判,他再一次深入到"历史的本质性的一度"中去,重新解释了人的社会历史的存在本质,在人的社会历史存在的二重性中筹划着人类自我解放的伟大事业。马克思深邃的历史目光使他发现了人类历史的发展规律,实现了西方历史哲学观的一次伟大的革命。他在对人的历史性存在的追问中所赢获的理论成果至今仍然是我们在当代反思人的历史性存在问题时所无法回避的。当然,马克思在辩证法的历史性维度中所展现的丰厚的存在内容在此只能做一简单的勾勒,至于对其内容的具体阐释有待另一篇文章。不过有一点是明确的,我们在存在论意义上理解和解释黑格尔辩证法的历史性维度,最终是为我们进一步理解马克思辩证法的历史性内涵提供直接的理论前提。

---

① 《马克思主义经典著作选读》,人民出版社2002年版,第258页。
② 《马克思恩格斯全集》第19卷,人民出版社1963年版,第405页。

黑格尔概念辩证法的形而上学本性[①]

白 刚

从哲学史上看，辩证法自古希腊产生以来就是与形而上学相互缠绕在一起的。从辩证法与形而上学的内在关系出发，我们可将辩证法划分为"传统形而上学时代的辩证法"、"反形而上学时代的辩证法"和"后形而上学时代的辩证法"。应该说，辩证法本来都是为了反对和超越抽象形而上学的，但实际上，由于形而上学同一性逻辑无比强大的魔力，使与之对抗的辩证法往往不得不屈从在它的引力场之下，特别是马克思之前的辩证法，反而常常是与形而上学纠缠在一起的。

（一）理性与现实的冲突：黑格尔的时代困境与理论难题

通常，我们对黑格尔的理解，总是过分注重从德国古典哲学的内在逻辑演进这一"理论维度"出发，来探讨黑格尔在哲学史上的贡献与局限，而往往忽视或无视从黑格尔所处的德意志社会的时代问题这一"现实维度"来透视黑格尔的时代意义。实际上，若无视黑格尔所面临的时代问题，单从理论演进这个维度来解读黑格尔是缺乏说服力的。正如查尔斯·泰勒所指出的："要是我们不了解引起黑格尔关注的究竟是一些什么基本问题和渴望——它们也是其时代的基本问题和渴望，那么我们将无法真正地了解黑格尔。"[②]

黑格尔生活在18世纪后期到19世纪初期。这一时期，德国虽然已经

[①] 原载《天津社会科学》2010年第2期。
[②] ［加］查尔斯·泰勒：《黑格尔》，张国清、朱进东译，译林出版社2002年版，第3页。

受了宗教改革的洗礼和启蒙运动的影响，资产阶级已有所发展，但德国总体上还是处于半封建、半小资产阶级社会。与欧洲其他国家相比，德国的发展还是落后的。在这一时期，德国只有地方性的贸易、手工业和以手工劳动为基础的手工工场，它们都具有适应封建关系的性质和情况。当时，代表这种经济的中小市民属于保守的小资产阶级，它有变成大资产阶级的愿望，但却无力付诸实践，它不能也不敢领导人们起来革命。他们虽有革命的愿望，但又有安于小利的求稳心态。在一定意义上，黑格尔也正是其中的一个具备矛盾心态和双重性格的知识分子的典型代表。所以，在当时的德国，经济落后、政治割据，难以完成像法国一样的政治大革命。因此，"当法国革命已经开始宣布自由实现的时候，德国唯心主义者只是在观念中占据自由的思维。建立合理的社会形式的具体的历史的努力，在这里变成了哲学的反思和建立理性观念的艰难劳作"①。对德国18世纪末和19世纪初经济落后而思想要求进步这一现实状况，马克思也有如下指认："正像古代各民族是在想象中、神话中经历了自己的史前时期一样，我们德国人是在思想中、在哲学中经历自己的未来的历史的。我们是当代的哲学同时代人，而不是当代的历史同时代人"②。

但也正是在这一时期，作为德国邻国的法国爆发了席卷欧洲的1789年大革命。黑格尔正是生活在深受法国大革命的狂飙突进影响的时期。法国大革命的胜利，激起了德国中小市民的革命热情。这一时期的青年黑格尔，更是深受大革命的感染。法国大革命爆发时，黑格尔与其好友谢林、荷尔德林一起发表煽动性言论，高唱《马赛曲》，并种下自由树，热烈拥抱革命浪潮。黑格尔甚至称赞法国大革命："这是一次壮丽的日出。一切能思维的生物都欢庆这个时代的来临。这时笼罩着一种高尚的热情，全世界都浸透了一种精神的热忱，仿佛第一次达到了神意和人世的和谐。"③这一时期，对黑格尔及年轻的德意志来说都是一个关键时期。启蒙运动的发

---

① [美]马尔库塞：《理性和革命——黑格尔和社会理论的兴起》，程志民译，重庆出版社1993年版，第4页。
② 《马克思恩格斯选集》第1卷，人民出版社1995年版，第7页。
③ [德]黑格尔：《历史哲学》，王造时译，商务印书馆1963年版，第493页。

展，对古希腊理念的同情的最近恢复，伴随狂飙突进的运动而来的文化动荡，所有这一切现在都因在巴黎发生的划时代事件而变得黯然失色。因此，毫不奇怪地在黑格尔头脑里萌发的最高希望是，他们可以看到德国的转变，也给德意志带来一场像法国一样的大革命，使德意志进入"一个新版雅典的伟大时代"①。但是，在18世纪90年代，从巴黎波及整个欧洲的那场所向披靡的大革命却产生了前所未有的双重影响：它使得年轻的德意志知识分子对革命既充满了热情，又掺杂着朦胧的恐惧。这自然也深深影响和制约着黑格尔。所以，在法国发生政治革命的同时，德国发生了哲学革命，黑格尔也只能在思想的领域里实现自己的"大革命"。正因如此，我们才能理解和解释为什么黑格尔的哲学特别是其辩证法，既具有革命性的一面，又具有保守性的一面。因此，泰勒强调，对于"黑格尔及其同时代人的许多著述可以通过想要同对法国大革命之痛苦的、纷乱的、隐藏着冲突的道德经历达成妥协的需要而得到解释"②。

按黑格尔自己的观点，哲学总是"被把握在思想中的它的时代"③。哲学都是时代的产儿，而哲学家也不例外。但黑格尔之所以是黑格尔，其伟大就在于，黑格尔对自己所处的时代状况和时代问题具有自觉的理论意识。一方面，黑格尔既知道西方启蒙运动中的文化现代性带给人类珍贵的自由、自主精神；另一方面，黑格尔亦觉察到为获取上述自由、自主，人类必须付出与自然世界对立、与他人分离、与上帝决裂、与自己的情感理智切割的代价。对黑格尔哲学的这一生存基础的"二律背反"，卢卡奇曾深刻指出，黑格尔哲学"在发展史上处于这样一种自相矛盾的境地：它的目的是从思想上克服资产阶级社会，思辨地复活在这个社会中并被这个社会毁灭了的人，然而其结果只是达到了对资产阶级社会的完全思想上的再现和先验的推演"④。在此意义上，以黑格尔辩证法为标志的"德国古典唯心主义者的辩证法与其说是作为古希腊罗马辩证法的哲学研究的继承而

---

① ［加］查尔斯·泰勒：《黑格尔》，张国清、朱进东译，译林出版社2002年版，第78页。
② ［加］查尔斯·泰勒：《黑格尔》，张国清、朱进东译，译林出版社2002年版，第3页。
③ ［德］黑格尔：《法哲学原理》，范扬等译，商务印书馆1961年版，第12页。
④ ［匈］卢卡奇：《历史与阶级意识》，杜章智、任立、燕宏远译，商务印书馆1996年版，第227页。

产生的,毋宁说是作为对新的社会历史经验和科学成果的领会而产生的"①。但黑格尔在面对时代的困境和难题时,绝不愿放弃他视作人类拥有自由、理性主体性的存在的概念。正如泰勒指出的:"一个自始至终要求着这个时代的思想家们去作出回答的问题",就是"关于人的主体性性质及其与世界的关系问题,就是如何把两个看似互相分离的人的形象统一起来的问题"②。因此,促动黑格尔建构其哲学系统的,正是上述统合、调解理论和现实中浮现的各种矛盾、对立、分离的希求。而"黑格尔的统合、调解的要求,基本上又源自于他对身处其中的现代文化深切的解悟"③。对此,黑格尔自己也强调:"哲学的最高目的就在于确认思想与经验的一致,并达到自觉的理性与存在于事物中的理性的和解,亦即达到理性与现实的和解。"④ 所以,黑格尔后来在其整个哲学系统中,基本工作就是通过"辩证法"来扩充、修正自由、理性和主体性的概念,最后形成以"绝对精神"的自我运动、自我发展为"本体"的辩证的形而上学体系,以此来实现"理性与现实的和解"。但黑格尔思想的深刻的矛盾二重性,却是根深蒂固的。

(二)概念的自我设定:黑格尔辩证法对形而上学的超越

黑格尔辩证法的理论任务,仍然是解决传统形而上学遗留下来的僵化主客二元对立的难题,特别是康德的物自体与现象界对立的难题。在黑格尔看来,对康德这一难题的解决,必须破除"知性思维方式"的限制。黑格尔是较早系统批判知性思维方式的哲学家。在黑格尔看来,知性思维方式主要表现在两个方面:一是"表象思维",这种思维的习惯"可以称为一种物质的思维,一种偶然的意识,它完全沉浸在材料里,因而很难从物质里将它自身摆脱出来而同时还能独立存在"。而当时所谓的法国"唯物主义"可以划归这种思维。二是"形式思维",即"形式推理,乃以脱离

---

① [捷] 伊·奥伊泽尔曼主编:《十四—十八世纪辩证法史》,钟宇人等译,人民出版社1984年版,第15页。
② [加] 查尔斯·泰勒:《黑格尔》,张国清、朱进东译,译林出版社2002年版,第4页。
③ 蔡美丽:《黑格尔》,广西师范大学出版社2004年版,第3页。
④ [德] 黑格尔:《小逻辑》,贺麟译,商务印书馆1980年版,第43页。

内容为自由,并以超出内容而骄傲"。以康德为代表的德国唯心主义可以划归这种思维。① 在黑格尔看来,传统知性形而上学的根本缺陷就是"企图用有限的名言去规定理性的对象",所以,与之相反,"凡是志在弥补这种缺陷以达到真正必然性知识的反思,就是思辨的思维,亦即真正的哲学思维"。而"这种思辨思维所特有的普遍形式,就是概念"②。因此,黑格尔给自己的辩证法提出的任务就是运用"思辨思维"或"概念思维"打破以表象进行思维的习惯,"而把这种自由沉入内容,让内容按照它自己的本性,即按照它自己的自身而自行运动,并从而考察这种运动"③。黑格尔辩证法的出发点,就是就事物本身的存在和过程加以客观的考察,借以揭示出片面的知性规定的有限性。

在黑格尔看来,真正的哲学是以思想、范畴,或更确切地说,是以概念去代替表象,因此,哲学的概念思维或思辨思维也即一种反思,"反思以思想的本身为内容,力求思想自觉其为思想"④。而作为反思的概念思维,其主要课题就是"认识到思维作为理智必陷入矛盾、必自己否定其自身这一根本见解",而这一见解,也即"认识到思维自身的本性",黑格尔强调这就是"辩证法"⑤。"辩证法并不是别的,只是自我思维在自身中的活动"⑥。这样,黑格尔从理性的"自我矛盾"里发现了概念超越和打破自身界限、不断自我创造和自我生成的内在生命力,认为精神的矛盾性,构成了"思维规定的内在否定性、自身运动的灵魂、一切自然与精神的生动性的根本"⑦。可以说,黑格尔正是用概念自身中介、自我意识的具体同一性代替了希腊哲学对话结构的他者性、非同一性,使辩证法成为了世界自我意识的绝对真理,这就使得辩证法所蕴含的能动性在一个前所未有的高度——概念层面上得到了展现和阐发。所以说,黑格尔的概念辩证

---

① [德] 黑格尔:《精神现象学》上卷,贺麟、王玖兴译,商务印书馆1997年版,第40页。
② [德] 黑格尔:《小逻辑》,贺麟译,商务印书馆1980年版,第98、48页。
③ [德] 黑格尔:《精神现象学》上卷,贺麟等译,商务印书馆1997年版,第39、40页。
④ [德] 黑格尔:《小逻辑》,贺麟译,商务印书馆1980年版,第39页。
⑤ [德] 黑格尔:《小逻辑》,贺麟译,商务印书馆1980年版,第51页。
⑥ [德] 黑格尔:《哲学史讲演录》第2卷,贺麟等译,商务印书馆1997年版,第220页。
⑦ [德] 黑格尔:《逻辑学》上卷,杨一文译,商务印书馆1996年版,第39页。

法本质就是概念自我否定自己、自我反对自己,又自我回到自己、自我发展自己的概念的"圆圈式运动",也即概念的"自我否定"。正如黑格尔自己指出的,"这个否定性是自身的否定……是一切活动——生命的和精神的自身运动——最内在的源泉,是辩证法的灵魂"①。对此,马克思也明确指出,黑格尔的辩证法实质上就是"神秘的主体—客体,或笼罩在客体上的主体性,作为过程的绝对主体,作为使自己外化并且从这种外化返回到自身的、但同时又把外化收回到自身的主体","这就是在自身内部的纯粹的、不停息的圆圈"②。列宁也非常重视黑格尔这条关于"自己构成自己"的辩证法道路,指出:"自己构成自己的道路=真正的认识的、不断认识的、从不知到知的运动的道路(据我看来,这就是关键所在)"③。一句话,黑格尔的辩证法就是"概念的自我化"④或"大写的、人类的自我学"⑤。

在黑格尔这里,辩证法既不是古希腊时期哲学家通过经验直观描述事物运动、变化的朴素辩证法,也不是康德意义上作为"幻象的逻辑"的先验辩证法⑥,而是体现人类精神的能动、自由本性的概念辩证法。黑格尔概念辩证法的能动性的最集中体现,就是黑格尔自己所强调的"一切问题的关键在于:不仅把真实的东西或真理理解和表述为实体,而且同样理解和表述为主体",而实体作为主体也即"单一的东西分裂为二的过程或树立对立面的双重化过程"⑦。也就是说,黑格尔的概念辩证法体现的就是概念自身的自我否定、自我对立和自我发展的逻辑过程。用黑格尔自己的话说,辩证法就是使逻辑、概念的枯骨活起来⑧。在这一意义上,黑格尔的概念辩证法将从表象思维和知性思维中解救出来的范畴作为"概念",便

---

① [德]黑格尔:《逻辑学》下卷,杨一文译,商务印书馆1996年版,第543页。
② 马克思:《1844年经济学哲学手稿》,人民出版社2000年版,第114页。
③ 列宁:《哲学笔记》,人民出版社1998年版,第73页。
④ 王天成:《黑格尔概念辩证法中的个体生命原则》,载《天津社会科学》2005年第2期。
⑤ 孙利天:《信仰的对话:辩证法的当代任务和形态》,载《社会科学战线》2003年第6期。
⑥ [德]康德:《纯粹理性批判》,韦卓民译,华中师范大学出版社2000年版,第315页。
⑦ [德]黑格尔:《精神现象学》上卷,贺麟、王玖兴译,商务印书馆1997年版,第10、11页。
⑧ [德]黑格尔:《逻辑学》上卷,杨一之译,商务印书馆1996年版,第35页。

既不是认识论上的来源于表象的僵死的思想规定，也不是传统逻辑所说的表达对象的抽象范畴。即它不是任何有限的知性形式，因而它是有内容的，其内容便是概念自我的活动，而这种活动的逻辑法则就是自身包含否定物又在这否定物中保持自身同一性的辩证法则。所以，黑格尔辩证法的"能动性与其他哲学家都不同，他强调的是把它纳入纯粹理性的概念中，使它逻辑化，把能动性逻辑化"①。黑格尔的辩证法就是理性能动性的逻辑表达。在哲学史上，只有黑格尔的辩证法使逻辑性与能动性内在统一起来了。在黑格尔这里，辩证法的逻辑性绝不是亚里士多德意义上的纯"形式逻辑"，与事物的内容无关，而是体现形式与内容统一的能动性的"辩证逻辑"；而辩证法的能动性既不是经验论的体验和感觉，也不是一种神秘的、不可把握的、偶然的冲动，而是通过逻辑表达的理性能动性。正因如此，黑格尔实现了"逻辑"与"历史"在概念层面的统一。由此，我们看到，古代朴素辩证法反映了事物运动的"内容"的方面，康德的辩证法揭示了事物发展的"形式"的方面，而黑格尔的辩证法则体现了事物在概念层面运动、发展的"形式"与"内容"的有机统一。正是在这一意义上，马克思强调黑格尔的辩证法实现了对近代形而上学的"胜利的和富有内容的复辟"②。

同时，我们也应看到黑格尔的概念辩证法虽然通过概念的自我运动和概念之间的联系发展，批判和超越了知性形而上学思维的僵化和形式化，表达了人类精神和思维的能动性、创造性，但在最深层和最广泛的意义上，它只是一种对事物的概念的、逻辑的和思辨的表达，仍然缺乏对现实的具体的、生动的和实践的把握。黑格尔的辩证法仍是纯粹逻辑的和思辨的辩证法，最终它又与理性形而上学不自觉地走到一起去了。

（三）非批判的唯心主义：黑格尔辩证法的形而上学本性

黑格尔认识到传统形而上学的弊端就在于它是一种凝固的、僵化的实体化本体思维，他试图通过对概念辩证本性的揭示，使"本体"成为一个

---

① 《邓晓芒讲黑格尔》，北京大学出版社2006年版，第4页。
② 《马克思恩格斯全集》第2卷，人民出版社1957年版，第159页。

自我矛盾、自我否定和自我超越的"精神活动性",并呈现为一个历史性的自我生成和自我创造的过程,以此克服传统形而上学实体化本体思维的凝固性和绝对性,从而改造被传统形而上学凝固、僵化地理解的"本体论"。正如伽达默尔所指出的:黑格尔试图"以思想的辩证运动来消解和融化自希腊以来的实体本体论及其概念方式"①。然而,黑格尔的不彻底性在于,他与传统的形而上学一样,仍然把"本体"理解为一个抽象的概念王国和共相世界。这一"概念王国"的根本特质是:其一,它是"逻辑在先"的,因而也是"超感性"的,它高于感性的、现实的世界,并构成后者的根据和理由;其二,它是"普遍性"的,"个别性"、"特殊性"只有纳入"共相"的概念王国中才能得到理解;其三,它是"超时间"、"超历史"、"永恒在场"的,虽然黑格尔强调概念的历史运动,但在他那里,历史最终从属于逻辑和概念;其四,它是"绝对"的、最终消除一切差异和对立的"同一性"的"真理王国",虽然概念的辩证运动以矛盾为前提,但概念辩证运动的最终目的却是要中介和综合一切矛盾,实现以理性为基础的与现实的和解②。

不难发现,黑格尔"概念世界"的上述特质,所表现的其实正是前述传统形而上学思维范式的基本特点,它清楚地表明,黑格尔的辩证法与传统形而上学分享着共同的理论前提和思维原则,它仍然在言说着形而上学的语言,仍然受着超感性、非历史的绝对"本体"的统治。也就是说,黑格尔的辩证法"仍然处于形而上学基本的问题结构之中"③。正是这种形而上学的思想框架,导致了辩证法批判本性的窒息。"黑格尔对政治与文化作出了敏锐的分析,但却不幸地在头脑中保留了一个形而上学的解决方案"④。所以,黑格尔的辩证法,作为概念的自我否定、自我发展和自我运动,本来是反对和超越近代僵化的形而上学的,但最终又不自觉地走向了

---

① [德]伽达默尔:《摧毁与解构》,孙周兴译,载《哲学译丛》1991年第5期。
② 贺来:《"后形而上学"视域与辩证法的批判本性》,载《吉林大学社会科学学报》2007年第2期。
③ 王南湜、谢永康:《形而上学的遗产与实践哲学的发展路向》,载《学习与探索》2005年第2期。
④ [美]大卫·库尔珀:《纯粹现代性批判》,臧佩洪译,商务印书馆2004年版,第15页。

逻辑在先的同一性的形而上学。这就使黑格尔的"辩证法仍具有理性主义和泛逻辑主义色彩",同样遮蔽了自己最终的"根"①。

针对上述这一点,阿多诺认为,黑格尔的以"绝对精神"为本体的概念自我运动、自我发展和自我对置的所谓"肯定—否定—否定之否定"的辩证法,表面上是一种克服康德主客二元结构的能动的、"否定性的辩证法",但实质上仍是主体极度自我膨胀的绝对同一性的最大的形而上学。因为"否定之否定也是一种同一性,一种新的幻觉,是推论的逻辑——最终是主观性原则——对绝对的投射",所以,黑格尔"把否定之否定等同于肯定性是同一化的精髓,是带有最纯粹形式的形式原则"。在黑格尔这里,"他仍然让主体具有毫无疑义地高于客体的第一性",因此,"在这一方面,黑格尔并没有远远脱离康德和费希特,尽管他不厌其烦地斥责他们是抽象主观性的代言人",而是"像康德和包括柏拉图在内的整个哲学传统一样,黑格尔也是同一性的坚决支持者"②。这也正如黑格尔自己所言:辩证法约略相当于普遍观念,犹如"上帝的力量"③。对此,国内有学者指出:辩证法在柏拉图这里获得了正式的"命名"或"规定",但此"命名"或"规定"却是在形而上学的旨趣下进行的。一直到黑格尔,西方思想家所理解的"辩证法"尽管各不相同,但都属于"形而上学的辩证法"。在这个思想谱系中,柏拉图是起点,黑格尔是终点,而"辩证法的所有的历史形式都融入到了形而上学的理论谋划之中"④。所以,黑格尔以辩证法改造形而上学,是通过对构成旧形而上学的抽象理性的批判,以概念的辩证运动实现思维规定感性的形而上学,把形而上学构建成本体论、认识论和逻辑学相统一的辩证法。这就是黑格尔所实现的辩证法与形而上学的"合流"。这个"合流"的实质,是以概念的由"抽象的同一性"(抽象的普遍性)到"具体的同一性"(具体的普遍性)的矛盾运动而展现"最高原因的基本原理"。把形而上学变成概念辩证法,这是形而上学

---

① 邓晓芒:《思辨的张力——黑格尔辩证法新探》,湖南教育出版社1992年版,第35页。
② [德]阿多诺:《否定的辩证法》,张峰译,重庆出版社1993年版,第38、155—158页。
③ [德]黑格尔:《小逻辑》,贺麟译,商务印书馆1980年版,第179页。
④ 田海平:《拯救辩证法:后形而上学时代的思想任务》,载《社会科学战线》2003年第6期。

所能达到的最高境界，因而是形而上学的"完成"①。在这一意义上，黑格尔的辩证法仍从属于形而上学的体系构造，与形而上学是统一的，可以说是"形而上学的辩证法"和"辩证法的形而上学"的最后一次"表演"。因此，伽达默尔强调黑格尔的辩证法只是达到了精神和自由的概念，它仍然保留着"本体论上的自我驯服"②。而勒维纳斯则认为，黑格尔的"逻辑学仍然带有本体论—神学的标记"③。这实际上也就是黑格尔辩证法的本体论批判以非批判的本体论信仰而终结，自觉形态的辩证法理论最终陷入了"非批判的形而上学"④。因此，我们说黑格尔的概念辩证法是与理性形而上学具有内在"勾连"的。

在形而上学的思想框架下，黑格尔的概念辩证法无法逾越的屏障是它对同一性的妥协，这使得辩证法成为一种魔法。同一性的典型形式是形而上学的本体思维对"一"的迷恋、对"概念"的依赖、对"终极"的诉求、对"隐藏主体"的预设、对"权力话语"的运用、对世界的"还原化"企图、对心灵的"镜式本质"的假设、对"这一个"的遮蔽。同一性思维的特点是独断多于宽容、独白多于对话、强力多于平等、控制多于自由、专制多于民主，它反映了那种需要先验制约力量、绝对权威、终极主宰以及权力控制话语的时代人的存在境遇。而辩证法的批判本性使同一性不可能成为绝对，但当它不可避免地面对绝对同一性的预设时，又使自己服务于调和的目的。这种妥协使辩证法成为"同一性与非同一性之间的同一性"（黑格尔语），辩证法由此成为一种能够吸收对手力量转而反对自身的"魔法"，它最终解散了"非同一性"。当辩证思维的魔法与同一性思想结成同盟，辩证法就会蜕变成为一种立场，一套论证，一种解释，一种逻辑，一种知识。⑤ 这正是黑格尔辩证法命运的真实写照。

因此，矛盾原则、否定性向度、历史性与超越性，这些本来都是黑格

---

① 孙正聿：《辩证法：黑格尔、马克思与后形而上学》，载《中国社会科学》2008年第3期。
② ［德］伽达默尔：《摧毁与解构》，孙周兴译，载《哲学译丛》1991年第5期。
③ ［法］艾玛纽埃尔·勒维纳斯：《上帝·死亡和时间》，余中先译，三联书店1997年版，第139页。
④ 孙正聿：《马克思辩证法理论的当代反思》，人民出版社2002年版，第136页。
⑤ 田海平：《拯救辩证法：后形而上学时代的思想任务》，载《社会科学战线》2003年第6期。

尔概念辩证法批判本性最为核心的内容，但在形而上学思维范式的桎梏中，它们最终都遭到了扼杀。从黑格尔的立场来看，"真正的自由仅存于理念中。因此解放乃是一个精神的事件。黑格尔的辩证法仍然未能突破由现存现实原则所确定的框界"①。由此所导致的后果，就是马克思所指出的：黑格尔的辩证法"尽管已有一个完全否定的和批判的外表，尽管实际上已包含着那种往往早在后来发展之前就有的批判"，但在实质上不过是"非批判的实证主义和同样非批判的唯心主义"②。所以，笼罩在形而上学的阴影之下，黑格尔概念辩证法的批判本性最终被窒息了，它最后又与形而上学的同一性逻辑"合谋"了。

---

① ［德］马尔库塞：《爱欲与文明》，黄勇等译，上海译文出版社 2005 年版，第 89 页。
② 马克思：《1844 年经济学哲学手稿》，人民出版社 2000 年版，第 118 页。

辩证法理论的思想移居[①]

王庆丰

毋庸置疑，辩证法与哲学的发展紧密联系在一起。自苏格拉底、柏拉图起，中经康德、黑格尔与马克思，一至延续到阿多诺、伽达默尔等当代哲学家，辩证法总能获得全新的语境和内涵而重新出现在哲学的中心。因此，反思和展望当代辩证法的得失与未来，有一个最根本的前提，就是澄清当代哲学所发生的深刻变化。只有在这一哲学视域中，才能建构辩证法理论的当代形态。

海德格尔把当代哲学发生的转向称为"思想的移居"。在其"晚期的讨论班纪要"中，海德格尔谈到了这一问题："那么从意识转向此在，就其本源而言，难道不就是康德所谓'思想方式的革命'，或者如荷尔德林所说的'一切表象方式与一切形式的回转'吗？海德格尔纠正说，也许更好的说法是思想之居所（Ortshaft）的革命。也许，将之简单地理解为那原初意义上的'移居'（Ortsverlegung），便比理解为'革命'要好一些；也是在这个意义上，那借《存在与时间》而行的思便将哲学曾经置于意识之中的东西从一处迁移到了另一处。"[②] 这和海德格尔在《哲学的终结和思的任务》一文中关于"终结"的理解保持着一致。海德格尔指出："我们太容易在消极意义上把某物的终结了解为单纯的中止，理解为没有继续发展，甚或理解为颓败和无能。相反地，关于哲学之终结的谈论却意味着

[①] 原载《天津社会科学》2012年第4期。
[②] ［法］F. 费迪耶等辑录：《晚期海德格尔的三天讨论班纪要》，丁耘摘译，载《哲学译丛》2001年第3期。

形而上学的完成。"紧接着海德格尔又指出:"'终结'一词的古老意义与'位置'相同:'从此一终结到彼一终结',意思即是从此一位置到彼一位置。哲学之终结是这样一个位置,在那里哲学历史之整体把自身聚集到它的最极端的可能性中去了。作为完成的终结意味着这种聚集。"① 如果把海德格尔的这两处论述联系起来理解,"哲学的终结"就意味着"思想的移居"。

"思想的革命"与"思想的移居"虽然都意指哲学的转向和改变,但这两者之间却存在着本质性的差别。思想的"革命"强调的是思想本身的"断裂",亦即思想本身的改变。思想"移居"的称谓则更富有深意,"移居"意味着思想本身没有发生改变,发生改变的仅仅是思想的"居所"。正是因为思想的"居所"发生了变化,才引发了思想的主题、视域、功能等一系列的改变。建构辩证法理论的当代形态必须以这一新的思想居所、新的思想方向、新的思想视域为前提。

一、辩证法思想主题的转换

海德格尔把思想的移居看作从"意识"向"此在"的转向。在西方哲学史上,从近代哲学到现代哲学确实是一个根本性的转变。因为整个现代西方哲学已经不再停留于抽象的思辨之上,追求一种知识形态的形而上学,而是关注人的存在和生存问题。因此,传统本体论哲学的最大问题归根结底就在于失落了人和人的主体性这一根本点上。这并不是说传统形而上学不关心"主体性"问题,相反传统形而上学被海德格尔称之为"主体形而上学"。之所以如此,是因为传统形而上学把所有问题最终都归结为主体的"内在意识",而从不关心人的现实"生存"的问题。转向"此在"就是关涉人的"实际生命",所以海德格尔才会认为哲学是对实际生命的明确解释而已,并指出哲学如果不想错失自己的使命,必须守护好这

---

① [德]海德格尔:《面向思的事情》,陈小文、孙周兴译,商务印书馆1999年版,第69—70页。

一责任。但是，海德格尔从"意识"转向"此在"只是一个非常笼统的说法，这一问题必须在存在论的意义上得到最彻底的阐明。近代哲学与现代哲学有诸多差别，但其最根本的差别还是存在论意义上的差别，集中体现为"存在论论题"的转换。

我们知道，海德格尔关于存在论有一个著名的区分：存在者与存在的区分，即存在论差异。但是，海德格尔在《现象学之基本问题》一书中还提出了另外一个更加重要的区分：essentia［本质］与 existentia［实存］①的区分，即"存在论分说"。"存在论分说"与海德格尔的"存在论差异"并不重合。存在论差异指的是存在与存在者之间的差别，而存在论分说指的是存在本身的差别。"它属于存在论差异环节的方面，也就是说，无论实在性还是实有性都不是存在者，它们两者正好造就了存在结构。实在性与实有之间（即本质与实存——引者注）的区别在存在之本质性的建制中更切近地分说了存在"②。"存在论分说"是以"存在论差异"为前提的，存在论分说所讨论的"本质与实存"都属于存在的层面而非存在者的层面，是对存在本身的分说。

海德格尔认为，"essentia"（本质）回答的是"什么存在"这个问题，什么是一个存在者，即存在者何以存在的根据。"existentia"（实存）说的是一个存在者的如此存在，即：它存在这一如此。这个区分命名的是两个不同的存在，其中昭示出在某种差异中的存在。海德格尔指出："对什么—存在与如此—存在的区分不仅包含着形而上学思想的一个教本。它指示着存在历史中的一个事件。"③ 这一区分表面上看来是"什么存在"与"如此存在"的问题，其实这两个"不同的存在"意味着存在论论题的转换，这实际上蕴含着两种不同的致思取向。在存在论的意义上，传统哲学向现代哲学的转换就是从"本质"转向"实存"。从根本上而言，辩证法自开端起就是关于"存在"的科学。柏拉图被称为古代世界的辩证法大

---

① essentia（英文为 essence）有"实在、实质、本质"等译法，existentia（英文为 existence）有"实存、实有、存在"等译法，本文分别将其译为"本质"与"实存"。
② ［德］海德格尔：《现象学之基本问题》，丁耘译，上海译文出版社2008年版，第95—96页。
③ ［德］海德格尔：《尼采》下卷，孙周兴译，商务印书馆2002年版，第1037页。

师，是辩证哲学的创始人。黑格尔指出："在古代，柏拉图被称为辩证法的发明者。就其指在柏拉图哲学中，辩证法第一次以自由的科学的形式，亦即以客观的形式出现而言，这话的确是对的。"① 柏拉图在《理想国》第七卷中，对辩证法的研究方法、理论使命、教育地位等进行了详细的分析。柏拉图指出："辩证法是唯一的这种研究方法，能够不用假设而一直上升到第一原理本身，以便在那里找到可靠根据的。"② 这就是说，辩证法所要把握的就是"第一原理"和"纯粹实在"，辩证法就是"能不用眼睛和其它的感官，跟随着真理达到纯实在本身"③。正因如此，柏拉图特别强调辩证法的重要地位。"辩证法像墙头石一样，被放在我们教育体制的最上头，再不能有任何别的学习科目放在它的上面是正确的了，而我们的学习课程到辩证法也就完成了"④。只有辩证法能让人看到实在，别的途径是没有的。在柏拉图看来能正确论证每一事物真实存在的人就是辩证法家。辩证法在实质上就是关于"存在"的科学。在柏拉图那里，作为"存在"的"纯实在"就是理念。因此，辩证法就是认识理念的科学进程，辩证法就是理念论。

可见，哲学的认识论和存在论自古希腊起就是统一的。我们把近代哲学称之为"认识论转向"，从笛卡尔的"我思故我在"所引发的先验主体构成了这种哲学的起始点和根基点。但是，我们不能基于此就把近代哲学的辩证法称之为"认识论的辩证法"，从而把辩证法从近代哲学到现代哲学的变化，称之为"认识论辩证法"向"存在论辩证法"的转换。实际上，辩证法从近代哲学向现代哲学的转换绝不是从"认识论辩证法"向"存在论辩证法"的转换，而是辩证法存在论论题的转换。

辩证法理论形态的转变不是一种辩证法简单地代替另一种辩证法，也不是辩证法理论对象简单地从自然转到认识或者转到实践或人类社会。辩证法理论形态的转变是辩证法理论研究的深化，是辩证法理论研究主题的

---

① ［德］黑格尔：《小逻辑》，贺麟译，商务印书馆1980年版，第178页。
② ［古希腊］柏拉图：《理想国》，郭斌和、张竹明译，商务印书馆1986年版，第300页。
③ ［古希腊］柏拉图：《理想国》，郭斌和、张竹明译，商务印书馆1986年版，第306页。
④ ［古希腊］柏拉图：《理想国》，郭斌和、张竹明译，商务印书馆1986年版，第301—302页。

转换。因此，只有在"本质"与"实存"的比较中，才能明确辩证法理论的当代主题。"本质"与"实存"的区分表面上看来是"什么存在"与"如此存在"的问题，其实这两个"不同的存在"实际上是两种不同的哲学范式，蕴含着两种不同的理论旨趣。以"本质"为主题的存在论，实际上是研究"何以存在"，存在者之为存在的根据。"实存存在论"则关心人的实际生命，是对"如何存在"的研究，这是一种关于人的"生活世界"的存在论。如果说"本质存在论"寻求"物之理"的话，那么"实存存在论"澄明的则是"事之理"或"人之理"。两种存在论对应的是两个世界：物的世界（world of things）与事的世界（world of facts）。"本质"昭示的是对"物"的追问，而"实存"则是对"人"的追问。

"哲学的首要问题是事而不是物，哲学不能'向物而思'（to the things）而只能'因事而思'（fromthe facts）。如果说科学是关于物的世界的解释，那么哲学是关于事的世界的思想"①。简而言之，"寻求'本质'需要科学的研究方式，反思'存在'则需要哲学的研究方式"②。传统形而上学寻求"物之理"，因此把成为"科学"作为哲学的目标，在这个意义上传统哲学都是"本质主义"。海德格尔指出："'物理学'从一开始就规定了形而上学的历史和本质。即使在把存在视为 actus purus（托马斯·阿奎那）；视为绝对概念（黑格尔）；视为同一意志向着强力的永恒回归（尼采）的种种学说中，形而上学也还仍旧是'物理学'。"③ 传统哲学不可避免地会走向科学化的道路，并且以"严格科学"作为自己努力的目标。科学最终终结了哲学，"哲学之发展为独立的诸科学——而诸科学之间却又愈来愈显著地相互沟通起来——乃是哲学的合法的完成。哲学在现时代正在走向终结"④。因此，20世纪西方哲学中拒斥形而上学的科学主义思潮所表征的正是哲学的完成和终结。存在论论题从"本质"转向"实存"之后，哲学便有了完全不同的思想任务。关于"实存"的追问是无论

---

① 赵汀阳：《每个人的政治》，社会科学文献出版社 2010 年版，第 163 页。
② 孙正聿：《哲学通论》，辽宁人民出版社 1998 年版，第 371 页。
③ ［德］海德格尔：《形而上学导论》，熊伟、王庆节译，商务印书馆 1996 年版，第 19 页。
④ 孙周兴选编：《海德格尔选集》下卷，上海三联书店 1996 年版，第 1245 页。

如何也成不了科学的。这是因为作为本质"物之理"是单一的，而作为"实存"的"事之理"则是多元的、存在差异的。

因此，辩证法已不再是与人无关的冷漠的客观知识，不再是客观的中性的认识构架和概念工具，而是内在地包含着生存焦虑、渴望和价值关怀的人生态度和理想。换言之，辩证法已经不再是把握物的逻辑，而只能是把握人的逻辑。所谓当代形态的辩证法，就其存在论主题而言表征的主要是人、人的存在及其活动的本性，只有自觉地运用辩证法的观点去理解人与自然、人与人、人自身，才会使作为此在的我们激荡起来，才会彰显人的"神性"，亦即人的形上本性。这就启示我们，当代形态的辩证法必然是生存论意义上的存在论辩证法。这种存在论论题的转换，也同时意味着哲学关注的视域或者研究的视域发生了转向。

二、辩证法哲学视域的转向

"思想的移居"最形象、最直接的表现就是哲学的理论视域的转向。包括哲学在内的人类所有知识无非都是关于世界的把握，这种认识既包括对那个被假设独立于我们而存在的外部世界的认识，也包括对人类活动所形成和所塑造的人类世界的认识。在这种意义上，哲学就是一种世界观理论。因此，哲学视域的转向集中体现在对"世界"概念的理解上。但是，传统哲学的世界观是一种"颠倒的世界观"。传统哲学把世界区分为现象界和本质界，变动不居的现象界或经验世界是不真实的、是假象或摹本，而本质界或理念世界则被看作真实的、不变的。这样对事物的认识就转换为对事物本质的认识，对世界的把握就成为了对理念世界的把握。整个西方哲学就是这种柏拉图主义，柏拉图对辩证法的理解规定了整个传统形而上学时代辩证法的理论空间。

辩证法哲学视域的转向就是把辩证法的目光从这种超时空的、绝对的本质世界转向他处。在《〈黑格尔法哲学批判〉导言》中，马克思清楚地表明了这一转向："真理的彼岸世界消失以后，历史的任务就是确立此岸世界的真理"①。在马克思看来，传统哲学寻求的是"彼岸世界的真理"，所谓"彼岸世界"就是本质世界、理念世界。而马克思转换了这一理论视域：传统哲学主张"世界是受观念支配的，思想和概念是决定性的本原，一定的思想是只有哲学家们才能理解的物质世界的奥秘"②。在马克思看来，以黑格尔为代表的传统哲学包括青年黑格尔派都相信现实世界是观念世界的产物，德国的哲学家们在他们的"黑格尔的思想世界中迷失了方向"。马克思把理念世界视之为"种种虚假观念"，这些"幻想、观念、教条和臆想的存在物"构成了人们的"真正的枷锁"，并且人们在这种枷锁下日渐萎靡消沉。马克思认为，不仅作为自然的自然界、与这些抽象概念分割开来并与这些抽象概念不同的自然界是无，而且"被抽象地理解的，自为的，被确定为与人分割开来的自然界，对人来说也是无"③。正是在这个意义上，马克思强调，"德国哲学从天国降到人间，和它完全相反，这里我们是从人间升到天国"④。

毫无疑问，马克思所强调的"此岸世界"是指现实的生活世界。与胡塞尔、海德格尔不同，马克思强调"世界"概念的"社会性"内涵。历史唯物主义的前提是一个"现实的前提"，"它的前提是人，但不是处在某种虚幻的离群索居和固定不变状态中的人，而是处在现实的、可以通过经验观察到的、在一定条件下进行的发展过程中的人"⑤。在马克思看来，人们的存在就是他们的现实生活过程，历史唯物主义所要描述的就是"人们的实践活动和实际发展过程"。马克思在这里所谓的"现实生活"和"实际发展"指的就是人的社会性。"人的本质不是单个人所固有的抽象物，在其现实性上，它是一切社会关系的总和"⑥。人就是人的世界，人的社会性决定了人的世界是一个由社会关系所构成的世界。因此，马克思还有一个更为明确的、至关重要的判断："人不是抽象的蛰居于世界之外的

---

① 《马克思恩格斯文集》第1卷，人民出版社2009年版，第4页。
② 《马克思恩格斯文集》第1卷，人民出版社2009年版，第510页。
③ 马克思：《1844年经济学哲学手稿》，人民出版社2000年版，第116页。
④ 《马克思恩格斯文集》第1卷，人民出版社2009年版，第525页。
⑤ 《马克思恩格斯文集》第1卷，人民出版社2009年版，第525页。
⑥ 《马克思恩格斯文集》第1卷，人民出版社2009年版，第501页。

存在物。人就是人的世界，就是国家，社会"①。马克思所理解的"世界"就是国家、社会，就是生产关系意义上的此岸世界。

在与胡塞尔先验哲学相区分的意义上，海德格尔的世界概念也实现了这一转向。我们知道胡塞尔也特别强调生活世界，但是胡塞尔的生活世界依旧是在彼岸世界的意义上使用的。胡塞尔把生活世界看作是一个"原初的自明性的领域"，其目的是为科学进行奠基。"关于客观的—科学的世界的知识是'奠立'在生活世界的自明性之上的。生活世界对于从事科学研究的人来说，或对于研究集体来说，是作为'基础'而预先给定的"②。可见，胡塞尔的生活世界是一个彼岸世界意义上的"先验生活世界"。海德格尔则认为，人首先是"在世之中"的，他拒绝接受一个与世界相脱离的主体，也拒绝接受一个与人无关的世界。在《存在与时间》一书中，海德格尔把人的存在方式称之为"此在"，就是为了说明这个问题。海德格尔指出："我们用'此在'这个术语既指世界的存在也指人生的存在"③。此在表明了"人"和"世界"的同一与共在。

正是在此岸世界的意义上，海德格尔把世界看作是一个有意蕴的世界。世界表现为一种因缘整体性，即一种指引性关联。海德格尔把"这些指引关联的关联性质把握为赋予含义"，他说："我们把这种含义的关联整体称为意蕴。它就是构成了世界的结构的东西，是构成了此在之为此在向来已在其中的所在的结构的东西。处于对意蕴的熟悉状态中的此在乃是存在者之所以能得到揭示的存在者层次上的条件——这种存在者以因缘（上手状态）的存在方式在一个世界中来照面，并从而能以其自在宣布出来。"④世界的因缘整体性关联决定了世界是一个有"意蕴"的世界，这表明海德格尔的世界概念是一个现实的生活世界的概念。海德格尔详细地分析了世界概念，指明了世界概念的四重内涵："一、世界所指的与其说是存在者本身，还不如说是存在者之存在的如何（Wie）。二、这种如何规

---

① 《马克思恩格斯选集》第1卷，人民出版社1995年版，第1页。
② ［德］胡塞尔：《欧洲科学的危机与超越论的现象学》，王炳文译，商务印书馆2001年版，第158页。
③ ［德］海德格尔：《存在论：实际性的解释学》，何卫平译，人民出版社2009年版，第87页。
④ ［德］海德格尔：《存在与时间》，陈嘉映、王庆节译，三联书店1999年版，第102页。

定着存在者整体。它根本上乃是作为界限和尺度的任何一种一般如何的可能性。三、这一如何整体在一定程度上是先行的。四、这一先行的如何整体本身相关于人之存在。因此,世界恰恰归属于人之此在,虽然世界涵括一切存在者,也一并整个地涵括着此在。"① 概述海德格尔的"世界概念",其最根本的一点就是世界"归属于人之存在"。用海德格尔的话来表述就是:"在这里,世界被带入与人之此在的实际生存的基本方式的关系之中了。"②

这样一来,哲学的视域就从传统哲学抽象的、超验的彼岸世界转移到了现代哲学活生生的现实生活世界。但是哲学视域的转换远没有这么简单。因为彼岸世界不仅仅代表着一种哲学视域,在某种意义上更代表着一种研究方式。我们不能说传统哲学的思想家们不关注"现实生活世界"。柏拉图的"理想国"、康德的"永久和平论"、黑格尔的"伦理国家"等也是对现实生活世界的关注。早在古希腊时期,苏格拉底就已经实现了从自然哲学到道德哲学的转变。西塞罗指出,苏格拉底"把哲学从天上带到了地上",使人们意识到"未经审视的生活是无价值的生活"。但是西方传统哲学用思维规定存在,进而宰制和控制存在,换言之就是用彼岸世界来宰制此岸世界。因此,如果一种哲学关注此岸世界,但依旧认为现实世界是观念世界的产物,是理念世界的摹本,理念世界是现实世界何以可能的根据,那么,这种哲学的视域就依旧停留在彼岸世界,依旧是柏拉图主义的延伸或变形。

哲学视域转向之后,关注现实生活世界的辩证法又是何种形态?现实的生活世界总是一个有缺陷的定在,完满的生活世界只能属于彼岸世界的天国,但是我们绝不能因此就放弃对美好生活的追求。如果辩证法的哲学视域转向此岸世界,如果我们追求完美的、理想的生活世界,否定的辩证法就只能是一种对现存的一切进行无情的批判。对于马克思而言,我们所处的现实的生活世界就是资本主义社会。因此,辩证法就是对现存事物——资本主义世界——的批判。"辩证法,在其合理形态上,引起资产

---

① 孙周兴选编:《海德格尔选集》上卷,上海三联书店1996年版,第174—175页。
② 孙周兴选编:《海德格尔选集》上卷,上海三联书店1996年版,第174页。

阶级及其夸夸其谈的代言人的恼怒和恐怖,因为辩证法在对现存事物的肯定的理解中同时包含对现存事物的否定的理解,即对现存事物的必然灭亡的理解;辩证法对每一种既成的形式都是从不断的运动中,因而也是从它的暂时性方面去理解;辩证法不崇拜任何东西,按其本质来说,它是批判的和革命的"①。如果站在海德格尔世界概念的立场上,辩证法就是对常人的生活世界(沉沦于世)的批判。在这个意义上,海德格尔反省了胡塞尔的现象学。他说:"实际上在现象学中存在着一个认识或对于认识的一种可能性的限度,它并不总是把握一切,而且也许今天根本就没把握一切。但问题在于这样一个限度从哲学的基本任务的意义上看是否就是一个缺点。"②我们知道,海德格尔在《那托普报告》中对哲学的基本任务作出了明确的规定:"哲学研究的对象乃是人类此在——哲学研究就人类此在的存在特征来追问人类此在","它必须被理解为对实际生命的一种基本运动的明确把握"。③胡塞尔曾经对现象学进行了严格的限制,认为现象学必须局限在认识论的范围内,而不能越界。在哲学基本任务的意义上,海德格尔认为现象学的这一限度是一个缺陷,即它没有对人的生存作出关照,"由于这个缺点,现象学远远滞后于辩证法的更高尚的深度透视的工作"④。就哲学的基本任务而言,辩证法哲学视域的转向必然引起辩证法理论功能的转变。

三、辩证法理论功能的转变

追求真理一直是哲学的天职和使命,因此,黑格尔把"追求真理的勇气"看作哲学研究的首要条件之一。在黑格尔看来,"真理的王国是哲学

---

① 《马克思恩格斯选集》第2卷,人民出版社1995年版,第112页。
② [德]海德格尔:《存在论:实际性的解释学》,何卫平译,人民出版社2009年版,第51页。
③ [德]海德格尔:《形式显示的现象学:海德格尔早期弗莱堡文选》,孙周兴译,同济大学出版社2004年版,第78页。
④ [德]海德格尔:《存在论:实际性的解释学》,何卫平译,人民出版社2009年版,第51页。

所最熟悉的领域，也是哲学所缔造的，通过哲学的研究，我们是可以分享的"①。因此，"哲学的目的就在于掌握理念的普遍性和真形相"。哲学的本性就是对真理的认识。整个传统哲学把一个超感性的、永恒在场的、先验的理性概念世界作为自己的理论根据，并奉为永恒的、绝对的真理。在传统哲学语境中，辩证法与形而上学并不对立，辩证法就是形而上学的思维方式与思想工具。例如，"在黑格尔那里，辩证方法之所以是神秘的，还因为他把它当作建立一个囊括一切的整体的逻辑结构的工具"②。因此，黑格尔的辩证法就是达到绝对精神（亦即绝对真理）的辩证运动过程。随着时间或历史意识引入形而上学，真理观也随之发生了重大变化。由于真理的内涵发生了变化，辩证法的理论功能也必将随之发生转变。

海德格尔在西方哲学语境下专门探讨了真理的本质。海德格尔所追求的真理是"那种在今天给予我们以尺度和标准的现实真理"，"我们要寻求那个应当在人的历史中并为这种历史而给人设立起来的目标。我们要现实的'真理'"。③ 在海德格尔看来，流俗的真理概念认为：真实的东西，无论是真实的事情还是真实的命题，就是相符、一致的东西。在这里，真实和真理就意味着符合，而且是双重意义上的符合：一方面是事情（Sache）与关于事情的先行意谓的符合；另一方面则是陈述的意思与事情的符合。传统的真理概念表明了符合的这一双重特性。可见，真理的符合性包括两个方面：命题的真理和事情的真理。命题的真理只有建立在事情的真理的基础上才是可能的。

海德格尔指出："真理原始地并非寓居于命题之中"，"真理的本质乃是自由"。④ 自由之所以是正确性之内在可能性的根据，只是因为它是从独一无二的根本性的真理之源始本质那里获得其本己本质的。一个正确的表象性陈述与之相称的那个可敞开者，乃是始终在开放行为中敞开的存在者。向着敞开域的可敞开者的自由让存在者成其所是。于是，自由便自行

---

① ［德］黑格尔：《小逻辑》，贺麟译，商务印书馆1980年版，第35页。
② ［美］悉尼·胡克：《对卡尔·马克思的理解》，徐崇温译，重庆出版社1993年版，第315页。
③ 孙周兴选编：《海德格尔选集》上卷，上海三联书店1996年版，第214页。
④ 孙周兴选编：《海德格尔选集》上卷，上海三联书店1996年版，第220、221页。

揭示为让存在者存在。让存在，亦即自由，本身就是展开着的，是绽出的。着眼于真理的本质，自由的本质显示自身为进入存在者之被解蔽状态的展开。因此，对于海德格尔来说，"'真理'并不是正确命题的标志，并不是由某个人类'主体'对'客体'所说的、并且在某个地方——我们不知道在哪个领域中——'有效'的命题的标志；不如说，'真理'乃是存在者之解蔽，通过这种解蔽，一种敞开状态才成其本质。一切人类行为和姿态都在它的敞开之境中展开。因此，人乃以绽出之生存方式的方式存在"①。所谓人绽出地生存就意味着：一个历史性人类本质的可能性的历史对人来说被保存于存在者整体之解蔽中了。历史的罕见而质朴的决断就源于真理之源始本质的现身方式中。因此，在海德格尔看来，真理的本质揭示自身为自由。自由乃是绽出的、解蔽着的让存在者存在。所以，真理就是存在者之解蔽，一种解蔽状态或敞开状态。海德格尔的真理观已经突破了意识哲学的理解，是一种生存论意义上的存在论真理。

马克思在反思和批判的意义上把黑格尔哲学为代表的绝对真理观的"瓦解"过程称之为"绝对精神的瓦解过程"。马克思转换了真理观的哲学视野，把真理从天国拉回了尘世。正是在这个意义上，马克思把真理区分为"彼岸世界的真理"和"此岸世界的真理"。马克思指出："真理的彼岸世界消逝以后，历史的任务就是确立此岸世界的真理。人的自我异化的神圣形象被揭穿以后，揭露具有非神圣形象的自我异化，就成了为历史服务的哲学的迫切任务。于是，对天国的批判变成对尘世的批判，对宗教的批判变成对法的批判，对神学的批判变成对政治的批判。"② 在马克思看来，宗教和传统形而上学所追求的超感性世界的真理实际上是一个"彼岸世界的真理"。而现在哲学的迫切任务是确立"此岸世界的真理"，这就要求揭露具有非神圣形象的自我异化，具体表现为对尘世、法、政治和国家的批判。

此岸世界的真理相对于彼岸世界的真理，不再是超验的、永恒的真理。因此其真理性的标准也不再是严格的普遍性和必然性，而是思维的现

---

① 孙周兴选编：《海德格尔选集》上卷，上海三联书店1996年版，第225页。
② 《马克思恩格斯文集》第1卷，人民出版社2009年版，第4页。

实性和力量。马克思明确指出:"人的思维是否具有客观的真理性,这不是一个理论的问题,而是一个实践的问题。人应该在实践中证明自己思维的真理性,即自己思维的现实性和力量,自己思维的此岸性。关于思维——离开实践的思维——的现实性或非现实性的争论,是一个纯粹经院哲学的问题。"① 在马克思看来,真理的问题不再是一个单纯的意识哲学的思想客观性问题,而变成了一个"实践"问题。

哈贝马斯也指出:"无论是从皮尔斯到米德和杜威的实用主义,皮亚杰的成长心理学或维果斯基的语言理论,还是舍勒的知识社会学和胡塞尔对生活世界的分析,都充分证明了我们的认识能力深深地扎根在前科学的实践以及我们与人和物的交往中。"② 如果我们的认识能力植根于实践的话,那么由认识所形成的理论也就必然是植根于实践的,而不是脱离实践的、超验的、彼岸世界的真理。因此,以改变世界为根本任务的马克思主义哲学不再是关于绝对真理、世界终极真理的遐想,它不再是企求在某种意识的明证性、绝对的确定性基础上构造永恒真理的学说。在马克思的实践观点看来,事物和世界就是人的历史实践活动不断生成的结果,自然是人化的自然,世界是人的历史世界;不仅如此,作为科学认识的主体人本身也是历史性的存在:人既是历史的经常的前提,也是历史的经常的结果。因此,这就决定了包括哲学认识在内的全部人类知识都是特定历史阶段人类自身历史形态的精神表现。绝对的、永恒的真理只是理性的幻想或将统治阶级思想作为意识形态的假冒和欺骗。但是,否认真理的永恒性、绝对性并不意味着否认真理的客观性。对于马克思来说,作为感性物质活动的实践既是能动的,又是客观的;作为理解方式和思维方式的实践观点既是历史主义的,又是客观主义的。

海德格尔反对传统符合论的真理,转而寻求"现实的真理",指出真理的本质乃是自由。马克思主张确立此岸世界的真理,将真理的客观性理解为"现实性和力量",去寻求和实现人类自由解放的道路。两者有一个共同的特点,就是所理解的真理都是现实的真理,都是以人的"自由"为

---

① 《马克思恩格斯文集》第 1 卷,人民出版社 2009 年版,第 500 页。
② [德] 哈贝马斯:《后形而上学思想》,曹卫东、付德根译,译林出版社 2001 年版,第 7 页。

目标的此岸世界的真理。这就意味着，辩证法对真理的认识，已经不再是对传统哲学知识论意义上的绝对真理的把握，而是对现实世界人的生活观念的反省和批判。

辩证法理论的思想移居在其直接性的意义上表现为肯定的辩证法向否定的辩证法的转变。由于消解了传统形而上学的绝对真理观，这就为辩证法理论敞开了批判的空间。否定的辩证法其实质就是对人类无限理性信念的怀疑和否定。但是，辩证法绝对不是一种"相对主义"。相对主义是无根基的思维的罪过。"辩证法是同相对主义严格对立的，同时也是同绝对主义严格对立的"[①]。未被束缚的辩证法（即否定的辩证法）"并非没有任何稳固的东西。但它不再赋予这种东西以第一性"[②]。简言之，这种辩证法就是"相对的绝对"。辩证法理论就其本性来说，它既要寻求和建构无限理性的原则和理论形态，又要不断地消解这种绝对理性的僵死性。辩证法理论的思想移居，实际上所表征的是哲学理性信念的变化，即由绝对的无限理性信念转向对相对有限的理性追求。辩证法所要达到的不再是人类永恒的绝对精神，而是属于我们时代的人类自我意识。

---

① ［德］阿多诺：《否定的辩证法》，张峰译，重庆出版社1993年版，第34页。
② ［德］阿多诺：《否定的辩证法》，张峰译，重庆出版社1993年版，第37页。

黑格尔辩证法的宗教前提[①]

王福生

一、基督教与黑格尔辩证法的思想萌芽

追踪黑格尔的思想发展轨迹，我们可以发现，在青年黑格尔的思想发展过程中，宗教处在一个决定性的位置上。黑格尔在图宾根神学院接受过系统的神学教育。但黑格尔在学期间广泛阅读了18世纪法国、英国和德国启蒙思想家的著作，对于替超自然的权威做辩护、支持精神的和世俗的等级序列、鼓吹在人的自然和精神方面的激进分化的现存基督教很是没有好感，因此，在较早的手稿《民众宗教和基督教》特别是《基督教的权威性》中对现存基督教展开了系统的道德批判。此时他认为，民众宗教作为主观宗教以自由为标志，其主要目的在于"给整个灵魂灌输以力量和热情，灌输以精神"从而促进其"伟大和崇高的德性"[②]，与此相反，作为客观宗教的现存基督教却是抽象的敌视人的东西，就像自然教师的标本室，擅长把各种活的生物变成死的标本。黑格尔对其好恶之情最鲜明地表现在他对其宗教节日的对比性描述上。在他看来，（比如）希腊人的民众节日全是宗教的节日，豪饮的人群的狂欢、向公众演出的戏剧都受到他们的宗教的支持与鼓舞，在这一方面它是他们的带路者和鼓舞者；而在基督

[①] 原载《江苏社会科学》2008年第2期。
[②] ［德］《黑格尔早期神学著作》，贺麟译，商务印书馆1988年版，第21页。

教的重大节日里，人们出现在教堂，"在悲哀的色调里，以低垂的眼光，去享受圣洁的赏赐品。——有人不敢接过兄弟们大家共饮的圣餐杯，怕在他之前饮酒的那位兄弟会给他传染上性病，心情恍惚，没有圣洁的情感，所以不得不在典礼期间，才把献礼从衣袋里取出放在盘子上。"①

但是，卢卡奇认为，青年黑格尔的思想里有"一种鲜明的反神学的情调"，"它们的基本倾向都是反对基督教"②却是错误的，主要是因为他忽略了很多东西。首先，在《民众宗教和基督教》里，在黑格尔对耶稣和苏格拉底所做的讽刺性对比中，耶稣绝不是令人钦佩的美德教师，他低于苏格拉底；在《基督教的权威性》很大程度上必须被归结于耶稣本人身上，耶稣与苏格拉底的讽刺性对比悄悄地转换为耶稣的门徒和苏格拉底的学生的讽刺性对比，虽然基督教的权威性在很大程度上要由耶稣自己的迂回路线负责，但这种迂回乃是符合时代精神的一个"不得不"，原始的基督教是道德的宗教而非权威的宗教，耶稣本人是一个道德宗教的教师而不是一个权威宗教的教主。这表明，黑格尔对基督教的道德批判主要是针对现存的基督教，而不是原始的基督教，或者更准确地说，并非基督教的精神实质和耶稣的纯粹教导。

详尽阐释基督教的精神实质和耶稣的纯粹教导的《基督教的精神及其命运》的被忽略构成了卢卡奇上述论断的第二个也是最主要的一个漏洞。而实际上，正如伽达默尔所说，正是从这篇手稿中的生命概念尤其是使徒约翰的爱的概念出发，黑格尔的辩证法思想才第一次清晰地呈现出来③。

黑格尔认为，基督教精神不同于犹太教精神，后者的本质是先知规定的严格的对立，即人与神的对立、特选的犹太民族和其他民族的对立；而前者的实质乃是耶稣教导的爱的和解，包括道德教训和宗教教训两部分内容。前者用爱"补充"、"扬弃"犹太律法的权威性，后者则是爱的"扬弃"、"完成"，两部分内容合起来完整地表达了生命发展的圆圈。这种洞

---

① [德]《黑格尔早期神学著作》，贺麟译，商务印书馆1988年版，第31页。
② [匈] 卢卡奇：《青年黑格尔》（选译本），王玖兴译，商务印书馆1963版，第37、38页。
③ [德] 伽达默尔：《科学时代的理性》，薛华等译，国际文化出版公司1988年版，第48—49页。

见使得《基督教的精神及其命运》成了黑格尔辩证法的真正"诞生地"①。

首先，耶稣的道德教训也是"超出道德"的，而且这种超出道德的崇高精神是直接反对法规的，像在登山训众时所表示的那样。耶稣在登山训众时，使用了一种似是而非的矛盾语句以排除庸俗的道德评价，并指出了对于几条法规的"补充"以补救那些旧法规的缺陷。这种"补充"的内容就是"按照所命令的法规办事的嗜好或倾向，嗜好与法规的统一"②，就是爱的和解。由此，法规就失去了权威性，但这不是"废掉"而是"成全"了法规。③ 法规以普遍的理性与特殊的嗜欲的对立为前提，它的统治因此只能表达一个"应当"，从而立即表明了自己的缺点：没有说出"存在"，生命的一种变形。而爱的和解却排除了任何关于牺牲、毁灭、压迫情欲的思想，从而表明自己是一种能够防止人的本性的分裂的"全体感"。法规虽然从形式上说是普遍性的，而内容却是有限制的，从而就会出现这样一种情况：除了它所要禁止的唯一的不道德行为以外，它甚至允许其他一切的不道德行为，也就是说，众多道德之间会有不可解之冲突，终至对道德绝望和打破道德本身。而和解虽然失去了普遍性的形式，但正因为它没有提出任何一个有限制的义务来命令我们，却与接触到的个人（也许很少）发生了活生生的关系，从而赢得了真正的无限的收获。

其次，扬弃（补充）道德的爱本身仍然是不完善的，在爱的和解中所达到的全体仍然是一种片面性，即主观的片面性，因为爱只是一种情感，只是主观地对全体有一种想望、一种直观。黑格尔清楚地知道这一片面性，并自觉地提出宗教作为更高的统一体以克服爱的这种主观片面性。他说："道德扬弃了进入意识范围内的［异己者的］统治；爱扬弃了道德范围的限制；不过爱本身仍然还是不完善的本性。在幸福的爱各个瞬间里没有客观性存在的余地。但是每一个反思都扬弃了爱，又恢复了客观性，有了客观性又开始了有局限性的事物的领域。因此宗教就是爱的完成（它是

---

① 马克思关于《精神现象学》是"黑格尔哲学的真正诞生地和秘密"的论断没有看到黑格尔的早期手稿，它们直到1907年才出版，《精神现象学》实际上是黑格尔用哲学思辨的语言表达对基督教洞见的初步尝试。
② ［德］《黑格尔早期神学著作》，贺麟译，商务印书馆1988年版，第308页。
③ ［德］《黑格尔早期神学著作》，贺麟译，商务印书馆1988年版，第310页。

反思和爱在思想中的统一、结合)。"①

　　透过黑格尔对《约翰福音》的真理本身和它与人的关系的讨论，透过黑格尔对耶稣既是神子又是人子这个圣洁的神秘的解释，我们可以看出黑格尔的作为最后合题的宗教到底意味着什么。简单点说，宗教就是人由与神分离的状态重新恢复到与神合一状态的发展过程；而且，因为只有经过分离、反思、对立，与神合一的爱才是充实、活跃、生动的，才是"最像"而不"就是"小孩子的，所以，宗教乃是人可期待的最高真理，哲学应该就是宗教真理的思辨。但流行的反思哲学根本不能把握、理解这种真理（就更不用说常识和其他哲学了），所以黑格尔感到了一种新哲学的需要，这种哲学基本特性就是辩证特性。因此，这种辩证哲学从否定的意义上说是对传统哲学特别是反思哲学的批判，从肯定的意义上说是对宗教真理的思辨，而要做到后者就必须先完成前者。这直接规定了黑格尔耶拿早期的思想轨迹。黑格尔公开发表的第一篇哲学论文《费希特与谢林哲学体系的差别》，发表在《哲学评论杂志》上的论文"常识如何接受哲学——对克鲁格先生的著作的分析"、"信仰与知识，或康德、雅科比和费希特哲学为其完满形式的主观性的反思哲学"的批判性工作与1801—1802年"绝对本质的理念"手稿、1803年春夏季"精神的本质"手稿以及1803年以后每年一个的体系草稿的建设性工作描画的就是这个轨迹②。《精神现象学》则正式开始了黑格尔辩证哲学体系的建构工作。

二、基督教与黑格尔辩证法的体系建构

　　（一）体系何以可能：《精神现象学》与历史的终结

　　通过上面的讨论我们已经知道，黑格尔通过对基督教精神实质的阐释和对各种流行哲学的批判性考察得出了这样一个认识，即真理是一个圆

---

① ［德］《黑格尔早期神学著作》，贺麟译，商务印书馆1988年版，第350—351页。
② 参见［美］沃尔特·考夫曼：《黑格尔：一种新解说》，张翼星译，北京大学出版社1989年版，第二章第14、17、20节。

圈，表达真理的哲学要想成为科学就必须成为一个体系，因为只有一个体系才能不停留于起点、终点或者从起点到终点的任何一个阶段上，而是完整地表达这个真理的全体。

这样的体系何以可能？黑格尔说，"哲学作为有关世界的思想，要直到现实结束其形成过程并完成其自身之后，才会出现。"① 这也就是说，哲学作为绝对知识的出现依赖于历史的终结，亦即历史目的的最终实现。而从这个角度来重新解读《精神现象学》，就会发现，它作为整个科学体系的导言，其中对有限自我如何提高为无限自我的论证就是世界历史如何走向终结的论证。② 以"精神"为题的第六章是黑格尔对从希腊城邦开始的整个（西方）历史过程的现象学描述。这一章的第一部分讨论了中古社会，第二部分结束于对1789年法国大革命的分析，并预示了拿破仑帝国的来临，最后一部分则致力于分析康德和后康德哲学。这是作为即将出现的黑格尔自己的新哲学的准备过程而被介绍的，以"解释"拿破仑或使拿破仑可能的政治罪行"称义"为其本质目标，正如最后一段的标题"罪恶及其宽恕"所表明的。黑格尔通过将拿破仑及其帝国解释为普遍历史的完成而宽恕了拿破仑并使自己成了那个拥有绝对知识的智慧之人。一方面，拿破仑虽然在事实上完成了历史，但他并不知道自己正在完成历史，知道并说出这一点的是唯一的智慧之人黑格尔，但另一方面，正因为拿破仑确实完成了历史，黑格尔自己的思想才不致沦为单纯的"主观确定性"而是对"客观实在"也即"真理"的揭示。有了如此的思路，接下来的第七章"宗教"和第八章"绝对知识"也就水到渠成了，因为它们都是表现这种和解与宽恕的方式，其间的区别只在于"前者是在自在存在形式中的和解，后者是自为存在形式中的和解"③。

这里要着重指出的是，黑格尔如此看待历史是根据基督教特别是它的末世论思想。首先，黑格尔把历史解释为精神的历史是在基督教把历史解

---

① ［德］黑格尔：《法哲学原理》，范扬张企泰译，商务印书馆1961年版，第13—14页。
② ［法］科耶夫：《黑格尔著作导论》（英译本），康奈尔大学出版社1969年版。科耶夫强调的是黑格尔辩证法本质上的无神论特性，本文的主旨则是黑格尔辩证法的宗教前提，二者关注点不同因而并不相互矛盾，相反在科耶夫那里，这二者恰为因果。
③ ［德］黑格尔：《精神现象学》下卷，贺麟、王玖兴译，商务印书馆1979年版，第262页。

释为神的历史的基础上做到的。在日常用语中，历史或者系于"事件"，如修昔底德所云"凡我所书，皆亲眼所见，抑或以极度审慎诘问他人而得之者"，或者系于"载记"，如吉本所云"著述者欲博史家之名，当致力于具有连贯性且饶有趣味之叙事"①。这二者之间绝难弥合，然而，在这两种对历史的常识性理解中有一种共同的东西，那就是都将历史理解为人之历史。基督教的出现改变了人在历史中的一统地位，神取代人成为历史的主体，历史从此属于神、创于神和为了神②。黑格尔之所以能够说"历史的记载与历史的行动和事变同时出现，使它们同时出现的基础，是一个内在的、共通的基础"③，实是基督教历史观进一步的逻辑延伸。因为这个"内在的基础"实即"精神"之自我实现，而这个"精神"又与黑格尔上面所说的"宗教"有着密切的联系："从有限的生命提高到无限的生命，这就是宗教。与僵死东西的抽象的杂多性相反对，我们可以把无限的生命叫作精神，因为精神乃是多样之物的活生生的统一，精神的这种统一性与多样性的对立乃是与它自己的表现形态相对立（这种形态构成了包含在生命的概念中的多样性），而不是与精神分离开了的、僵死的、单纯的杂多性相对立。"④

其次，黑格尔把拿破仑及其帝国解释为历史的完成是"把通过基督来实现时间的神学断言纳入了启蒙运动的进步信仰"⑤的结果。通过基督的第二次降临来实现时间、完成历史乃是末世论的基本要点。在这种末世论的视野里，事物自身没有意义，它从"所为"或目标中获得意义，因而即便是历史事件，也只有当它们指示着它之外的一个目的时，才有意义；而且，与其说当下事件是从将来获得意义的，不如说它只是一个现成意义的当下映现，那个现成意义就是上帝。黑格尔考察历史事件的方式就是这样。在他眼里，进驻耶拿的拿破仑只不过是"马背上的世界灵魂"，"世界灵魂"就是通过拿破仑而"当下映现"的"现成意义"；"世界精神"

---

① ［美］M. 克利福特：《黑格尔与福柯：迈向不见人影之历史》，刘世安译，载《世界哲学》2002年第2期。
② ［英］柯林武德：《历史的观念》，何兆武、张文杰译，商务印书馆1997年版，第85—89页。
③ ［德］黑格尔：《历史哲学》，王造时译，上海世纪出版集团2001年版，第61页。
④ ［德］《黑格尔早期神学著作》，贺麟译，商务印书馆1988年版，第402—403页。
⑤ ［德］卡尔·洛维特：《世界历史与救赎历史》，李秋零、田薇译，三联书店2002年版，第72页。

就是它(以解释拿破仑为本质目标)所"当下映现"的"现成意义"。可以看出,没有基督教的末世论,就不会有完成了历史的拿破仑和拥有绝对知识的智慧之人黑格尔。

(二)体系建构:《哲学全书》与基督教

首先,体系概观。《精神现象学》是直接从人开始讲述的精神的故事:一些意识样式在时间中相互承继,人在其中逐渐丰富着我们对世界的充分恰当的理解,精神也因而逐渐地达到自我理解。这是意识辩证法,它引导人们从惯常的意识出发达到黑格尔自己特有的精神概念,这与它作为整个体系的导言的地位是适合的,但它并没有告诉我们人的出现的必然性,也没有闭合精神发展的圆圈。真正闭合这个圆圈的是《哲学全书》中的辩证法体系,直接从精神(其本质是在概念中得到完全表达的自由中的理性的自我意识)开始讲述:精神为了成其为精神必须"外化"(实体化)其自身,而由精神自我设置的宇宙存在着如下两个等级系列,即存在的等级系列和文化样式或意识样式的等级系列,前者从最低级的无生命形式开始经过各种生命种类直到人的出现,后者从人的意识开始直到最终获得一种关于绝对精神的知识、一种作为对全体的完美自我认识的知识,并因为在自我认识的过程中,精神认识到的无非是在逻辑中揭示出的并在理念中达到顶点的理性必然性(概念必然性)之链而闭合了圆圈。

在这里,只要我们把这个从精神开始的故事与黑格尔考察基督教的精神实质时从人出发讲述的生命的故事、宗教的故事比较一下就可以看出它们结构的相似了。在那个故事中,"小孩子开始于以恐惧的情绪相信神灵,直到他自己愈来愈通过他的行为,与神灵分离开了,但是他又在寻求与神合一的过程中回复到那原始的统一,但这现在已是发展了的、自我产生的、感觉到了的统一。并且现在他认识神了,这就是说,神的精神在他内部了,超出他自己的许多局限了,扬弃了特殊的形态,并且恢复了全体。圣父、圣子、圣灵。"① 原因其实很简单,因为在黑格尔这里,人是精神自我实现、自我认识的一个手段,两个故事本就是同一个故事,只是讲述的

---

① [德]《黑格尔早期神学著作》,贺麟译,商务印书馆1988年版,第370页。

角度有所不同而已：从人开始或者从神（精神）开始。

其次，体系的开端。黑格尔辩证法体系与基督教的密切关联在这个体系的开端处又一次地表现出来。关于"必须用什么作科学的开端"，黑格尔在《逻辑学》中作了很多讨论，在这个讨论行将结束的时候，他看似不经意地在对上帝这个名词的补充性说明中说了这样一句，即"而且上帝或许有作为开端的最不容争辩的权利"①。说出这句话的形式和句子中的"也许"好像表示了黑格尔的不确定，但是，大凡读过海德格尔的"形而上学的存在—神—逻辑学机制"的人都不会怀疑这句话本身的严肃性。其实，黑格尔自己关于"开端"的基本规定（更准确地说是"说明"）和他对基督教三位一体的思考具有高度的相关性，比如开端应是一切事物的开端，是本原，开端应是直接的抽象的东西但又不能停留在直接、抽象的阶段上，开端不应是间接和经过中介的东西但它又必须成为有中介的东西，所有这些繁复的思辨只要联系到基督教的三位一体就会变得非常容易理解。

再次，体系的一些过渡环节。要想真正使诸多分散的部分相互联系而成为一个体系，一个有机整体，其间的过渡环节就显得非常重要。在这些重要的关节点上黑格尔对基督教的神学语言的求助再一次证明了他的体系与基督教的内在关联。比如说，在由纯思想的《逻辑学》向《自然哲学》过渡的关键时刻，黑格尔讲到："它自己（即'自为的理念'，'享有绝对自由的理念'，引者注）决定让它的特殊性环——自由地外化为自然。"②这其中，至关重要的"决定"就是一个地道的神学语言，其原型为"神说要有光——"。

综上所述，我们可以得出这样的结论，即黑格尔的辩证法不但在他对基督教的精神本质的探讨中有其思想萌芽，而且整个辩证法体系的建构都与基督教有着内在的密切关联，也就是说，黑格尔的辩证法有一个宗教前提。

---

① ［德］黑格尔：《逻辑学》下册，杨一之译，商务印书馆1966年版，第64页。
② ［德］黑格尔：《小逻辑》，贺麟译，商务印书馆1980年版，第428页。

论康德知性逻辑中的想象力"辩证法"①

田忠锋

提起康德意义上的辩证法，人们最容易想到的就是他在辩证分析论中所谈到的消极的"幻相的逻辑"。康德认为，人类只有关于"现象界"的认识才是合法的、具有必然性的，一旦理性试图越过现象去认识其背后的"物自体"时，就会陷入肯定判断与否定判断同时成立的"二律背反"，就会陷入辩证法，这就是康德所谓的消极意义上的辩证法。此外，通常人们把康德在范畴表中对于知性范畴由二分法到三分法的改造也看作是康德对辩证法理论所作的重大贡献。以上对于康德意义上的辩证法的理解都有充分的文本依据和重要的理论意义。不过，如果把康德对于辩证法理论发展的贡献仅仅局限在上述两种意义上，忽视潜藏在康德知性逻辑中的想象力的辩证法，将低估康德对辩证法理论发展所作出的重大贡献，抹杀康德辩证法对于德国古典哲学后来的辩证法理论的奠基性作用。

康德哲学的主要任务，乃是超越近代哲学的经验派和唯理派的尖锐对立，重建思维与存在的统一性。针对近代哲学所集中讨论的认识论问题，"德国古典哲学的奠基人康德，从认识主体与认识对象的矛盾，以及认识内容与认识形式的矛盾去探索'思维与存在的关系问题'，集中地考察了主体的认识能力问题"②。在考察主体认识能力的基础上，康德建立起有别于传统形式逻辑的先验逻辑。康德的"先验逻辑并不像通常的那样涉及的

---

① 原载《学术交流》2011 年第 9 期。
② 孙正聿：《哲学通论》，辽宁人民出版社 1998 年版，第 143 页。

是形式推论,而是涉及实际内容的认识"①,即考察认识内容与认识形式相统一的认识的客观必然性的逻辑。因此,康德的先验逻辑不仅仅包含讨论先天认识形式的范畴理论,而且也包含讨论感性直观内容先天形式的先验感性论以及贯通感性内容与知性形式的先验想象力学说。先验感性论讨论的是认识之感性直观内容的先天形式问题;先验范畴论讨论的是认识之综合形式问题;先验想象力学说讨论感性和知性两种认识能力的贯通和统一的必然性。正是在康德的先验想象力学说中,潜藏着想象力的辩证法。

一、先验感性论:关于感性直观内容先天形式的学说

依照康德的观念,知识总是关于对象的知识,而"一种知识不论以何种方式和通过什么手段与对象发生关系,它借以和对象发生直接关系、并且一切思维作为手段以之为目的的,还是直观"②。因而,探讨直观获得对象的方式,必然成为知识论的前提。也正是在这个意义上,康德才要求,如果"对象必须依照我们的知识",那么"对象必须依照我们直观能力的性状"。我们通过直观来获取对象,但直观只是在对象被给予我们时通过对象以某种方式刺激我们内心时产生的。康德把我们被对象所刺激的方式来获得表象的这种能力称为感性,按照他的"哥白尼革命"的认识论原则,我们的感性必然在接受对象刺激之前先行有了对刺激的接受形式,也就是说,这些接受形式是先于我们的感性经验而存在于我们自身的,因此,考察这些我们接受对象刺激的先天的直观形式,就是一门揭示有关感性的一切先天原则的科学,康德称这门科学为先验感性论。

康德认为,作为先天知识的原则,人有空间和时间两种感性直观的纯形式。"借助于外感官,我们把对象表象为在我们之外、并全部都在空间

---

① [德]奥特弗里德·赫费:《康德的〈纯粹理性批判〉——现代哲学的基石》,郭大为译,人民出版社2008年版,第111页。
② [德]康德:《纯粹理性批判》,邓晓芒译,人民出版社2004年版,第25页。

之中的。"① 与空间作为外感官的直观纯形式不同，时间是内感官的直观纯形式。"内感官则是内心借以直观自身或它的内部状态的，它虽然并不提供对灵魂本身作为一个客体的任何直观，但这毕竟是一个确定的形式，只有在这形式下对灵魂的内部状态的直观才有可能，以至于一切属于内部规定的东西都在时间的关系之中被表象出来。"②

对于作为人的感性直观纯形式的空间和时间，康德作了所谓的"形而上学的"阐明。第一、空间和时间不是从外部经验或内部经验中得来的经验的概念。与此恰好相反，如果我们能够把感觉表象为空间上的相互并列以及时间上的前后相继，那是因为我们首先就有空间和时间的直观形式作为基础。由此可见，空间概念和时间概念都不是依赖于经验的，它们是先于经验的，是先天的。第二、空间是一切外部直观之基础的必然的先天表象，时间是一切直观之基础的必然的先天表象。空间不存在，则我们无法形成关于外部经验的表象；时间不存在，则我们无法形成任何经验的表象。因为虽然我们可以设想一个没有任何现象的空间和时间，但却无法设想一个没有空间和时间的现象。第三、空间和时间不是推论性的、普遍性的概念，而是纯直观。我们所谈到的许多的空间只是同一个独一无二的空间的不同部分，我们所说的不同的时间只是同一个时间的不同部分，它们都不能先行于作为纯直观形式的空间和时间。空间和时间是整体先于部分、单一先于杂多的纯直观，它既不能从事物的关系中推导出来，也不能从经验事物概括而得来。第四、空间和时间的无限性不同于概念的无限性。概念的无限性在于它所包摄的经验事物是无限多的，而它本身仍然是有限的。空间和时间本身就是无限的表象，一切经验事物的空间和时间都由于对着唯一无限的空间和时间加以限制才有可能。

通过先验感性论，康德阐明了认识内容的主观特性：认识的对象并非像人们通常所理解的所谓"客观"的存在，而是依靠人的先天的主观感受形式产生的现象，尽管这一现象的产生还需要自在之物的刺激，但人的主观感受形式对现象的创造性的作用使得它不能反映自在之物的本质。这

---

① ［德］康德：《纯粹理性批判》，邓晓芒译，人民出版社2004年版，第27页。
② ［德］康德：《纯粹理性批判》，邓晓芒译，人民出版社2004年版，第27页。

样，康德就完成了其认识论"哥白尼革命"的第一步，即对象围绕我们的直观的形状形成属于"我"的现象，这个现象就是我的认识的全部对象。这个认识对象的确定勾画了康德认识论的基本轮廓，认识的对象是经由人的先天直观形式整理所形成的现象，认识应当针对这个现象并且以现象为基础，一旦认识跳出了这个范围，就会产生真假难辨的二律背反。

二、先验范畴论：关于知性综合判断机能的学说

　　康德的先验感性论为以"自我"为中心的认识的完成奠定了一个基础，即获得一个符合自身认识能力的对象的基础。但是，仅仅获得认识对象距离形成真正的认识还很远，认识的形成不能单纯地依靠感性。因为，感性的作用在于接受性，在于获得对象，因而，依靠感性无法形成具有普遍性的、清晰的认识。与感性的接受性的作用不同，知性具有对感性直观对象进行思维的机能，也就是说，只有借助知性，我们才能对感性直观对象进行普遍的、清晰的把握，才能获得清晰的认识。因而，在完成了揭示形成现象的先验感性论之后，揭示知性的思维认识机能的先验范畴论自然而然地成为接下来必然要完成的任务。

　　在康德看来，知性是一种非感性的认识能力，进一步说是借助于概念的认识方式，是一种推论性的认识方式。知性是借助概念的认识方式，概念建立在机能的基础之上，而机能是指把各种不同的表象在一个共同表象之下加以整理的行动的统一性，这种行动的统一性就是判断。因此，"我们能够把知性的一切行动归结为判断，以至于知性一般来说可以表现为一种作判断的能力"①。对于知性的机能的考察，就是考察知性的判断能力，把知性在判断中的统一性机能完备地揭示出来。

　　知性的判断机能源于知性的综合的行动，通过这种行动，知性才能将

---

① [德] 康德：《纯粹理性批判》，邓晓芒译，人民出版社 2004 年版，第 63 页。

感性直观所呈现的杂多以某种方式贯通、接受和结合起来，以便从中构成知识。康德所说的知性的综合行动并非一般的综合，而是一种纯粹的综合。纯粹综合所面对的杂多不是经验性地而是先天地被给予的，"在我们对表象进行任何分析之前，这些表象必须先已被给予了，并且任何概念按内容来说都不可能由分析产生"①。知性以概念来表达这种综合，就构成了纯粹的知性概念。知性之所以能够赋予一个判断中各种不同表象以统一性，在于知性本身赋予直观中各种不同表象的单纯综合以统一性，"这种统一性用普遍的方式来表达，就叫做纯粹知性概念。"② 纯粹知性概念作为知性纯粹综合行动的普遍表达方式，同时也就成为一切知识得以形成的先天的形式基础。

康德的先验范畴论的一个根本的要点是：先验的知性范畴作为整理和统摄经验现象的先天形式，其作用就在于对直观所赋予它的表象予以综合统一。换言之，知性范畴的综合作用是针对感性直观对象的综合作用，离开了直观对象，知性范畴就失去了它的先验的必然性。康德的范畴论的这一特征，与他的感性论乃至于它所确立的认识对象围绕"自我"旋转的认识论原则是一以贯之的。认识对象围绕"自我"旋转，则认识的感性对象必须是"为我"的感性对象。此外，整理和统摄此"为我"的感性对象的知识的先天形式必须也是"我"的，其作用必须恰恰在于对"为我"的感性直观对象的先验综合，否则，所谓的认识对象依照我们的认识能力的认识路线将无法贯彻下去。

知性不直观，知性范畴只有在先天直观形式提供感性对象的前提下才能发挥其对直观对象的综合作用形成知识。知性范畴对感性直观的固有综合作用决定，一旦知性范畴脱离了感性直观对象力求认识超越人的主观感性条件的"物自体"，就会陷入正题与反题同时成立的二律背反。也就是说，知性范畴是有固定的效用范围的，这个效用范围就是人的现象界。那么，知性范畴对于现象世界的固有效用是如何形成的，它的必然性依据在哪里呢？因为依据康德对于感性和知性的看法，感性不思维，知性不直

---

① ［德］康德：《纯粹理性批判》，邓晓芒译，人民出版社2004年版，第70页。
② ［德］康德：《纯粹理性批判》，邓晓芒译，人民出版社2004年版，第71页。

观，具有思维机能的知性如何有权利将它的法则颁布给感性直观对象？知性如何把它的法则颁布给感性直观对象呢？为了解答知性同感性的贯通和统一的问题，康德提出了先验想象力学说。

三、先验想象力学说：认识内容与认识形式中介环节

在以想象力学说解决知性范畴与感性直观有效联结问题之前，康德首先论证了知性范畴应用于感性直观对象的先天必然性。康德认为，知识总是综合的，即以一定的形式对知识内容加以有普遍性的联结。因而，知识存在的必然性前提就是一般联结的存在。"然而，一般杂多的联结决不能通过感官进到我们里面来，因而也不能同时被包含在感性直观的纯形式里；因为它是表象力的一种自发性行动，并且，由于我们必须把它与感性相区别而称作知性，所以一切联结，不论我们是否意识到它，不论它是直观杂多的联结还是各种概念的联结"，"都是一个知性行动"[①]。"联结是惟一的一个不能通过客体给与、而只能由主体自己去完成的表象，因为它是主体自动性的一个行动。"[②] 由于知识的联结只能由知性的行动去实现，感性直观的杂多就必然与知性的综合能力相符合，否则知性对它们的联结将无法实现。这样，康德首先回答了感性直观对象必须与知性的综合能力相符合的原因。知性能够综合感性的杂多，这就要求知性的"我思"必须能够伴随我的一切表象，一切表象都是属于"我"的，它们与"我思"有着必然性的关系。自我意识的这个"我思"伴随其他一切表象并且与其他表象有必然性关系的表象，就是"本源的统觉"，也就是"自我意识的先验的统一"，它是一切先天知识的可能性根据。

至此，康德从逻辑上论证了知性范畴运用于感性直观对象的普遍权利。但是，这还仅仅是知性范畴统摄感性直观对象进而形成知识的必要条

---

① ［德］康德：《纯粹理性批判》，邓晓芒译，人民出版社2004年版，第87—88页。
② ［德］康德：《纯粹理性批判》，邓晓芒译，人民出版社2004年版，第88页。

件，而并非其充分条件。换句话说，知性范畴运用于感性直观对象只是有了逻辑上的必然性，它如何运用于感性直观对象还没有得到清晰的阐明。按照康德对感性和知性的判断，感性的作用在于接受性，在于获得感性对象；知性的机能在于把感性直观的杂多带到意识的统一性中，在于形成普遍性的认识。问题在于：不直观的知性如何把自己的法则颁布给感性杂多，"接受性"的感性杂多如何能够转入具有"自发性"的意识而成为意识内容。

具体地阐明知性范畴和感性直观材料的联结进程，需要在具有不同认识机能的两种认识能力（感性直观能力和思维能力）之间建立起一个有效的中介环节，以使接受性的感性直观内容能够进入自发性的、能动的自我意识，同时自我意识也能够借助这个中介环节把自己的法则颁布给感性直观内容，进而形成适应自己先天认识能力的认知对象。康德认为，"尽管范畴并不直接作用于经验性的直观，它却可以并且必然要通过先天直观形式（时间）在内感官中将感性直观杂多综合起来而形成'感官的对象'"[①]，康德称这种综合为"形象的综合"。形象的综合是通过先验的想象力来实现的，"这种想象力一方面属于感性，另一方面又是自发性，因而能成为知性和感性的中介"[②]。说它是感性的，在于它提供给知性概念以相应的直观对象；说它是知性的，在于它是进行规定的而不像感官那样只是可规定的，因而是能够按照统觉的统一而根据感官的形式来规定感官的。想象力对于感官的规定体现在，它是先于单纯依靠知性范畴的智性的综合对直观对象的形象地综合。

按照康德第一版的阐释，想象力的综合作用分为三个层次。第一个综合是直观中把握的综合。这是提供杂多之为杂多的综合，"每一个直观里面都包含一种杂多，但如果内心没有在诸印象的一个接一个的次序中对时间加以区分的话，这种杂多却并不会被表象为杂多：因为每个表象作为包含在一瞬间中的东西，永远不能是别的东西，只能是绝对的统一性"[③]。因

---

① 杨祖陶、邓晓芒：《康德〈纯粹理性批判〉指要》，南教育出版社1996年版，第163页。
② 杨祖陶、邓晓芒：《康德〈纯粹理性批判〉指要》，湖南教育出版社1996年版，第163页。
③ [德]康德：《纯粹理性批判》，邓晓芒译，人民出版社2004年版，第115页。

此，把接受性的感性直观之流表象为杂多，这本身已经要求某种综合，这种综合是针对直观的，它是接受性的感性直观转而成为杂多表象的必要逻辑前提。第二种综合是想象中再生的综合。直观中把握的综合与想象中再生的综合又是必然联结在一起的，它只有在想象中再生的综合的基础上才有可能形成。想象力是把对象甚至在不在场时也在直观中再现出来的能力，它能够把流失的表象再生出来。凭借想象力的再生功能，才可能有直观中把握的杂多。想象中再生的综合不是仅仅再现表象，而是依据一定的规则把它们综合地再生出来，在表象和表象之间确立了某种具体的关系。这种再生的综合是先验的，"甚至我们最纯粹的先天直观也不能带来任何知识，除非它们包含有对杂多的这样一种使彻底的再生的综合成为可能的联结，那么，想象力的这种综合也就先于一切经验而被建立在先天原则之上了，而我们就必须设定想象力的某种纯粹的先验综合，它本身构成了一切经验的可能性的基础"①。第三种综合是概念中认定的综合。想象中再生的综合仍然缺乏概念所提供的统一性，换句话说，想象中再生的综合需要概念中认定的综合加以确认。"如果不意识到我们现在所思维的东西与我们一个瞬间前所思维的东西是同一个东西，那么一切在表象序列中的再生就都是白费力气了。"② 因为这样会导致思维新的不同表象的出现，表象的统一性就无法形成。因此，只有确定意识中的表象就是我们在想象中再生的综合所产生的表象，经验知识中感性直观的表象内容才能和知性概念形式达成统一。康德认为，概念一词本身已经表明把杂多结合在一个表象中的意思。"我们认识对象，是在我们于直观杂多中产生出了综合统一性的时候"③，只有直观按照一条即使这杂多成为先天必然的、也使杂多结合于其中的一个概念成为可能的规则，通过概念中认定的综合而产生出来，才能形成关于直观对象的综合统一性意识。这第三种综合的根据就是先验的统觉，就是意识对它的自身同一性的本源的和必然的意识，也就是康德在知性范畴的客观演绎中所得出的结论。

---

① ［德］康德：《纯粹理性批判》，邓晓芒译，人民出版社2004年版，第116页。
② ［德］康德：《纯粹理性批判》，邓晓芒译，人民出版社2004年版，第117页。
③ ［德］康德：《纯粹理性批判》，邓晓芒译，人民出版社2004年版，第118页。

这里面需要注意的是，想象力的三重综合作用是通过对直观的杂多进入意识形成联结的必要条件的分析所获得的，它的根据不在直观中，而在先验的统觉中，在知性中。知性的综合就是先验的统觉的行动的统一性。"知性即使没有感性也意识到了这种行动本身了，但知性本身通过这种行动就有能力从内部、就按照感性直观形式所可能给予它的杂多而言来规定感性。所以知性在想象力的先验综合这个名称下，对于被动的主体——它的能力就是知性——实行着这样一种行动，对此我们有权说，内感观由此而受到了刺激。"① 由此可见，想象力的综合是知性通过刺激内感观的形式而产生的对直观的形象的综合，它是自上而下的知性把自己的规则颁布给感性直观对象的中介。

通过知性范畴的先验演绎，特别是其中想象力的综合作用的阐述，康德阐明了感性直观对象符合知性法则的必然性以及二者联结的中介环节，在知性范畴和感性直观对象之间建立起必然性的统一关系，从而以人的先天认识能力为基础建立起了认识内容与认识形式相统一的知性判断的内涵逻辑的构架。

四、潜藏在康德知性逻辑中的想象力"辩证法"

康德关于想象力的学说乃是其知性逻辑中最为重要的部分。按照康德的以"自我"为地基的认识论原则，感性和知性的统一的根据只能来自于知性，知性通过其自身的行动的统一性有能力从内部、按照感性直观形式所可能给予它的杂多来规定感性。知性通过想象力的先验活动规定感性直观的杂多，从而形成了在直观中的联结，这种联结不是通过知性概念范畴的"智性"的综合形成的，而是通过想象力的形象的综合作用形成的。正是在想象力的作用下，感性直观的杂多才能够成为符合知性认识条件的感

---

① ［德］康德：《纯粹理性批判》，邓晓芒译，人民出版社2004年版，第102页。

性直观对象，知性范畴应用于感性直观对象的普遍必然性才得到了逻辑上的说明。想象力不仅作为使感性和知性两种认识机能的贯通一致的关键中介环节，在具体的知识判断形成的过程中，它又为具体的感性直观归摄到特定的知性范畴之下提供必要的中介环节——先验的图型。由此可见，在康德的内涵逻辑中，想象力是一个核心的、关键的要素。

分析康德对想象力的规定，我们会发现，作为感性与知性联结的中介环节，想象力具有明显的"辩证"特性。康德虽然根据想象力的综合作用把它规定为知性对感性的一种作用，但这种作用已经完全不同于不直观的知性的综合作用，而是在直观中的"形象的"综合。因此，想象力作为知性的一种行动，就超出了知性的"不直观"的规定，想象力只有具有直观的机能，才能在直观中实行其形象的综合。

想象力一方面具有直观的机能而属于感性，另一方面实行对直观的综合作用而属于知性，它表现出既属于感性，又不是感性，既属于知性，又不同于知性的特性，这就是想象力的"辩证特性"。具有辩证特性的想象力在具体认识中的作用是：通过形成纯粹知性概念的先验的图型为具体的感性对象归摄到特定的范畴之下创造条件。作为具有辩证特性的想象力的产物，先验的图型也是辩证的，它一方面是感性的、与现象同质的，另一方面是智性的、与知性范畴同质，这样它才能对现象被归摄到范畴之下起中介作用。康德关于想象力的既属于感性又属于知性的规定表明：要确立认识内容与认识形式辩证统一的内涵逻辑，必须打破认识对象的感性规定与认识形式的知性规定之间的坚固对立，阐明二者之间既相互区别又辩证统一的关系。只有我们阐明感性对象与知性形式的辩证统一的机制，我们才能阐明知识中认识内容与认识形式的统一，关于认识客观必然性的内涵逻辑才能确立起来。

虽然康德在其知性逻辑中只是涉及了对想象力的辩证特性的规定，并没有对想象力从直观上升到思维的辩证运动进行一般性的阐明。但是，对想象力在知性认识中所发挥的联结直观和思维两种认识机能的作用进行详细的阐明，必然要求系统描述想象力的这一辩证运动。因此，我们可以说，在康德的知性逻辑中潜藏着想象力的辩证法。

想象力的辩证法在康德的知性逻辑中只是潜藏着的，而不是阐明了的，其根本原因在于康德对于辩证法的消极看法。康德虽然看清楚了形式逻辑在考察思维内容必然性上的缺憾，进而提出了建立内涵逻辑的任务。但是，他仍然没有彻底摆脱形式逻辑之知性思维方式的影响。这一方面表现在他仍然把形式逻辑看作思维必须遵守的形式规则，另一方面表现在他把矛盾律看作一切知识的原理之一。

康德对形式逻辑矛盾律的固守同时也导致了他对辩证法的消极的观点，一旦形式逻辑的矛盾律被确立为真理的形式标准，任何违反这一形式规则的"辩证"运动都会被看作是认识的自我消解，因此理性推论的辩证逻辑也就成了康德眼中的"幻相的逻辑"。康德没有意识到，当他力图从形式逻辑之外寻求知识的根据，进而把综合原理视为一切知识的最高原理的时候，他已经超出了形式逻辑的同一律的规则，把差异之物的综合统一视为知识的原则，这实际上已经包含从差异到统一的辩证运动。尽管康德努力把辩证法排除在知性的逻辑之外，但当他努力论证感性对象与知性范畴统一的必然性时，辩证法又不知不觉地包含在他的知识的逻辑之中了。

康德在其潜藏着的想象力的辩证法中所提出的阐明直观机能过渡到思维机能的一般运动规律的任务，规定了费希特、谢林直观辩证法的任务，即阐明从被动的直观到主动的直观（能思维的直观）的一般运动规律。黑格尔高度评价了康德的有关想象力辩证特性的思想，称之为"康德哲学中最美丽的东西"。

从认识机能看辩证法的产生与演变[①]
——兼论海德格尔对辩证法的推进

丁 宁

在传统哲学的视野中,辩证法对于哲学建构起到了至关重要的作用。不管是对于真理建构之先行探寻,还是作为内在的组建要素而附属于真理本身,它都是一种本质性的运演形式。这种形式相对于单纯的思想规律,即同一律、矛盾律和排中律来说却使思想开辟出了另外一个维度,使思想变成有意识的辩证的了。[②] 这种辩证的思想不仅包含着自我反思,而且包含着必然性。它促成了思想在面对实事时总能适恰地合乎实事,以便使最高的真理以符合实事要求的方式确立起来。

然而,随着现代哲学对于超验真理的批判与消解,辩证法似乎也随之一起被埋葬掉了。我们除了能够感受到辩证唯物主义的些许激动之外,辩证法已随形而上学消逝而去了。取而代之是现象学的方法,一种直观的原则,即直接面向实事本身。现象学的这种直接性和辩证法的幽曲性能否并存呢?直接面向实事本身乃是原初真理的自身显现,但这并不妨碍真理的内在构成充满着张力。有张力就表明原初真理的构成要素是对峙着的,是一个差异性结构。现代哲学实际上就坐落于这种差异性的"裂隙"之上。这个结构相对于传统哲学的思辨结构是大异其趣了,但却是在现象学视野下对传统辩证法的一种推进,使辩证的结构成为了现代形而上学重建的内在条理和纹路。

[①] 原载《山东社会科学》2016 年第 10 期。
[②] [德]海德格尔:《同一与差异》,孙周兴等译,商务印书馆 2011 年版,第 124 页。

海德格尔就处于这样一个视野之下，他以"作为差异的差异"重构本原之思，使哲学在辩证的差异性领域中把自身显现出来。现象学和辩证法达到了和解。应该说这是符合思想之实事本身的内在实情的。关于这一点，海德格尔是有充分自觉的。他对辩证法的探讨旨在解构其中的同一性关联，使传统形而上学的这一根基落实于一种差异性结构，从而为整个传统形而上学进行奠基。本文试图清理出辩证法的内在结构，并从这一角度出发审视辩证法的发展理路，以便进一步彰显出海德格尔对辩证法的推进。

一、形式与内容的错位：意见的辩证法与超验的辩证法

辩证法（dialectic）一词起源于古希腊，意即谈话、对话，后引申为辩论、论证等，被称之为一种论辩的技艺。这种定位摆明了辩证法一开始就是不具有确定性的。而希腊人一般认为，只有具有确定性的东西才能称之为知识。所以，辩证法在其发端处就被保留在意见的世界，不被当作知识来看待。[①] 我们知道，确定性的根基乃是一种自身同一性，辩证法既然不具有确定性，也就意味着它原初地就具有对峙、冲突。论辩作为往复的辩难实际上就是把这种冲突展示出来的过程。所以，辩证法一开始只具有否定的意思。但这种否定又是如何造成的呢？我们不妨从认识机制的角度来思考这个问题，虽然辩证法不能说就是一种认识论。

在认识活动中存在着这样一个结构，即知识对象和把握对象的形式之间的二元关联。就对象这一极而言，凡意识之所及的东西皆可称之为对象。这样的话，我们就可以从两个角度来理解它：第一，那些看得见、摸得着的具有感性形象的东西，可以把它们称之为直观的对象；第二，无法

[①] 这一点，柏拉图可以除外，他按照思想本身的内在本性把辩证法纳入到思想的确定性之中，使本原性的思想系统以自满自足的方式确立起来。这一点在后来的德国古典哲学中就完全体现出来了。

以直观的方式确立起来，只能通过想象或思想的方式构建起来的对象，可以称之为思想物。这两个层次是就对象而言表现出来的，是对对象世界所做的实质性区分。纵观传统哲学的发展，自从柏拉图开辟出理念世界与现象世界之后，对象世界就处于这一模式的支配之下。对象的层次区分出来了，把握这些对象的形式又有哪些呢？按照康德的说法，我们把握事物的形式也有两种，即直观和思维。直观一般仅指感性的直观能力，比如我们观看一朵花、听一段旋律等，而思维则又分为知性的和理性的两种，以用来表示有限的和无限的思维能力。这样的话，在直观与思维的两重分类基础之上又进行了再分，使我们在思维这一层面的认识中拥有了有限和无限两种不同的表现形式。

这样进行分类，主要是为了指明确定性的知识必须是形式与内容的一致。因为知识既然以能否达至确定性为标志，而知识的具体产生又以形式与内容（或对象）的结合为目标，那么确定性的知识自然是二者的符合一致。一旦产生了两者的不相一致，它就偏离了知识的要求。这时就会发生形式与内容的错位，不确定性或否定性就出现了，辩证法也就随之产生了。

根据上文所揭示的认识的二元结构，形式与内容并非都是单一的层面，而是自身又包含着层次的。那么，这种错位到底产生于何种认识形式与内容之间的关联呢？这使我们对辩证法的探讨落到了实处。首先，就感性这种形式而言，它所把握到的总是处于时间与空间视野内的这一个、那一个的具体存在物。我们只能说，这些事物都是具有感性形象的、被时空形式所规定了的。相反，一旦用这种形式去把握超感性之物或思想物，感官的触角就无法触及到它们了。这就说明，感性这种机能有其认识上的限度。尽管如此，它终归不会产生形式与内容上的错位，只会出现能否把握到对象的问题。所以，辩证法不会在感性的认识机制下产生。如此来看的话，辩证法的操作平台只能立足于思想之上了。

其次，对于知性来说，需要弄明白的是：它虽然是一种思想形式，而非直观，但这种思想却是有限的思想形式。思想的有限性主要体现在它对对象的处理都是保持在有限制的普遍性规定之内，比如任何单纯共相的确立、一般的范畴规定等。这种思想既然使自身保持在一定的限度之内，实际上它仍然是特殊的东西。也就是说，思想本身并没有以机体的方式形成一个系统，仍然各自保持着自己的差别。这样的话，它们就是各个独立的。以这种形式去把握感性之物，由于感性之物都是鲜活多变、多项关联的，它就会用知性思想的固持和僵化去裁割感性之物的多变性，从而使各物之间产生对峙，造成差异。比如，在思想中，由于连续性和间断性可以是各个独立的，而在感性之物中它们却是内在统一的，一旦我们把思想中的这种规定等同于事物中的规定，就会造成具体之物中连续性和间断性的分裂，从而就会出现"飞矢不动"这种情况。由于这类辩证法实际实行的领域乃是现象界，是以知性思想归拢现象世界导致的结果，我们通常也称之为"意见的辩证法"或"意见的逻辑"。早期希腊哲学的一些论辩以及智者学派或苏格拉底的"诘难法"都属此列。

相反，如若我们以这种形式去把握超验之物，会产生什么样的结果呢？超验之物就其作为无限完满之物而言，它是自身充盈、圆融丰沛的。如以知性的有限形式去把握它，同样会造成完满之物的自身分裂，也会导致辩证的结果。不过，由于这是知性针对着超验之物所实际造成的，它所实行的领域在超验世界，所以也被我们称之为"超验的辩证法"或"幻相的逻辑"。这是康德在认识批判中对知性作超越性运用所进行的限定，是以否定或辩证的方式对知识范围的一种区分。从知性的操作中，我们不难看出，它向下和向上的运用都会产生形式与内容的不相一致，进而造成辩证的结果。由此可以断言，传统辩证法的内在根基实是奠基于知性基础之上的。

在相同的视域下，我们再来看看理性。相对于知性来说，理性思维是无限的思想形式。说其无限，实际上是指它的具体性和现实性。也就是说，它突破了知性所设置的限制和界限，达到了能够包容其他规定性的思想形式。作为一，它并非与多产生着对峙，而是能够浸润于多之中，达到多中之一。这种思想也被黑格尔称之为"具体的共相"。由于思想自身的包容性使其超出了单纯物的规定，从而建立了各物之间的关联。那么，这种思想就既与感性之物又与完满之物产生着同构。这就使它在规定感性之物和完满之物时都不会产生对峙与否定,从而也不会达到辩证的结果。①所以,单纯就理性而言,它是不会产生辩证法的。

通过对上述三重机制的逐次分析,我们可以看出,直观与理性在与对象相关时都不会有辩证的结果产生,唯独知性这种机制才是辩证法的制造者。所以,第一,辩证法虽然是形式与内容的错位所导致,但它的操作平台是思想,而不是直观;第二,在思想范围内,只有知性的思想才足以导致辩证法的产生。由于知性作为有限的思想乃是天然依附于人的思想形式,那么辩证法先天地就是与人结缘的。近代哲学的"认识论转向"引起的对于主体的反思所导致的二元哲学模式就是人之有限性的一种体现。思维与存在的关系问题也是上述问题的一个衍生物。黑格尔在其"逻辑学"中对各认识机制的本质性置放就表明了这一机制的内在本性到底处于何种层次。通过他的哲学我们也可以看出,知性乃是一种反思和分裂的机制。在感性和理性之中则没有这种分裂。

但知识以确定性为目标,它必须消除(或扬弃)辩证法才能获得自己的生存空间。按目前对认识机制的划分,辩证法的消除无非有两条道路可走:一是使认识机制下降,落实于感性以便与直观之物相一致;二是使认识机制上升,落实于理性以便与超验之物相一致。而哲学对确定性知识的追寻并非以获得感性之物的相关规定为满足,它志在形上对象,以获得超验知识为己任。这样的话,任何以直观对象为内容的知识形式就被取消掉了,相应地,第一条道路就被排除了。所以,在传统哲学的视野下,形而上学的建构就变成了理性形式与超验之物的直接关联。

二、由否定到肯定:思辨哲学的辩证法

理性形式与超验之物的关联是以客观普遍的方式确立起真理的唯一方

---

① 关于这两方面可以分别参考柏拉图和黑格尔哲学。柏拉图在创世思想中对理念的思考,理念必须以系统的方式相互关联才能真正确立起现象世界来;另外,在黑格尔哲学中,他以理性的形式使神上升到了严格科学的高度。

式，它从形式与内容而言都属无限的领域。在符合真理之要求方面，这种形式与内容之间的符合一致自然是确定有效的。但这种确定并非像直观的明晰性那样是清晰明白的，而是经过论证了的。也就是说，理性所达到的确定性并非一种直接的确定性，而是有内容包含进去的、作为结果存在的确定性。这个内容和中间环节就是知性所确立的辩证环节。上文已言，哲学要想确立形而上学的知识必须采取从知性上升到理性的道路，但知性与理性并非截然不同的两套思维系统，而是在同一平台基础上对思维采取的不同态度。实际上，理性思维乃是同一个知性思维在辩证中复归于自身的思想形式，它是对知性思维的一种扬弃。所以，辩证法是被理性以内在包含的方式消解掉了的，而不是彻底的抛弃。这种包含着否定性的确定就是黑格尔哲学建构的基本表现形式，是在"意见的辩证法"与"超验的辩证法"之外的一种新型表现形式，它使辩证法从单纯的否定状态上升到了肯定状态，也被我们称之为"思辨的辩证法"。

我们不禁要问：辩证法所走的这条道路仅是知识对确定性追求的一种体现吗？它有没有自己的内在驱迫力呢？也就是说，除了对否定性的消解这一层含义之外，就其自身而言理性就不需要辩证法了吗？说不定理性先天地就摆脱不了自身的辩证本性呢！我们接着思考这一问题：辩证法是否真正参与了真理的建构。它不像亚里士多德那样仅把辩证法理解为为真理清除障碍的探寻性方法，而应该像柏拉图那样把其理解为真理的组建环节，是其本真的构成部分。这些乃是从更高奠基的角度对辩证法新型确立平台的思考，它促使辩证法向新的表现形式转变，即由原先的与真理对峙转变成了真理建构的内在构成环节。这是它以肯定性方式确立起来的生存境域。我们从两个层面来把握黑格尔的这种触及到最高真理的"思辨的辩证法"：一是指出真理的建构为何需要这个思辨的结构；二是在这一结构之中，辩证法由独立性或否定走向了对最高同一性的依赖。这是它在思辨的结构中所表现出的总体视域，也是辩证法在黑格尔这里的独特表现形式。

先看第一个问题。按认识机制进行划分，理性虽然是把握最高知识对象的唯一形式，但它对知识对象的把握是有其内在理路的，辩证法就与这一理路密切相关。我们可以从形式与内容两个层面对这一问题进行分析。通过分析可以看出，理性是有其天然的辩证本性的。也就是说，理性作为最高真理的澄明无论从形式还是内容来说都呈现为一个思辨的结构。

从形式上来说，理性对知识对象的把握并非直观式的，而是证明或论证的方式。因为超验对象并非看得见、摸得着的直观之物，相应地只有用完全脱离直观的机制才能把握住它。以这种方式确立知识的标准就与直观不同，它依赖于思维在自身运演的过程中对自身一贯性的保持。也就是说，仅靠思维自身的逻辑运演来确立起自身，而无需借助于任何直观的帮助。这个运演过程包含两重内涵：一是思维在这个过程之中有自身的扩展，它超出了自身；二是它又能够在扩展中维持住自己，不至于使其偏离了方向。显然，这是一个推论的过程。在这一过程中，思维以三项关联的方式为真理搭建了一个平台。分裂或差异的环节被以更高综合的方式纳入到这一平台之中了。思维的机制由原来的"判断"过渡到了"推论"，内在的结构由"二元对立"过渡到了更高的"三位性综合"。我们知道，黑格尔哲学的整个操作平台乃是理性，理性的运演机制是推论，所以他的整个哲学就是由推论确立起来的，而推论即是思辨的结构；相反，康德的哲学则处于判断的笼罩之下。

另外，从内容上来说，超验对象又是无限完满的东西。完满东西的内在本性就决定了它必须是自持自立、自满自足的自洽存在者。这一存在者是不可能脱离辩证结构的。比如，我们思考上帝，必须在"三位一体"的结构中才能洞见它的完满本性。而柏拉图在"线的比喻"中也认为，对纯粹理念的把握必须用辩证法。这些皆表明，从内容而言，最高的知识对象是内在地包含着差别和对峙的。

这是从形式与内容的角度来思考辩证法与真理建构的关联。以这种方式，我们就把辩证法纳入到一个思辨的整体之中去了。这个整体实际上就是事物的最高根据和充足理由。它是由各环节以符合目的的方式确立的思辨结构。其中的环节是同一、差别和根据，运演的内在形式则是正反合。也就是说，当我们谈及最高真理时，切勿把它理解为一个单纯的实体，而要在思辨的结构中理解它。由此，辩证法真正成为了附属于真理的组建要素了。从这里可以看出：一是辩证法由原先的否定与对峙状态上升到了肯定的状态；二是它牺牲了自己的独立性，成为了最高真理的组建性环节。黑格尔也认为任何思想体都不是一个单一之物，而是包含着三个环节，即知性、辩证的理性和思辨的理性。① 三个环节以正反合的形式结构组建的整体才是真东西。

这是思辨的结构与真理的内在关联，在这种关联之中，辩证法则只能栖身于真理建构的自身维持之下，以确保真理的内在要求。这就过渡到了第二个问题：也就是说，辩证法丧失了独立性，它依赖于真理的自身运演，它被同一性所支配了。如果思想之实事乃是最高的真理或神，那么辩证法则栖居于这一真理的展开过程。上文也说，真理的自身展开是依推论的方式呈现出来的，也曾言及，它是同一、差别与根据依正反合的模式所开辟出来的。那么，真理的具体展现就必须符合如下实情：先按同一性把真理作为实体之物确立起来，再依照同一之物的内在本性裂化为对峙着的差别性，而后再以差别性为平台实现同一之物的复归。也就是说，这一过程始终是有同一之物贯穿着的，分裂的过程不会偏离这一基础。其原因在于，真理的自身展现既然是推论或证明，而证明确立真理的标准就在于论证过程的前后一贯。要想保持这种一贯就要求论证的过程必须符合同一律，要有同一之物在过程之中贯穿着。辩证法在此与同一律产生了合流，这是黑格尔哲学中的独特体现。这种合流的结果乃是以"内在的超越性"对认识论哲学的突破。

辩证法以对知识论证的方式确立起自身的生存论平台，使其上升到根据和整体的高度，这是依照着推论对真理的要求表现出来的。但在这一视野之下，它的运演机制则是以同一性为根基的。这是它的总体基调。这里有两点需要注意：第一，对辩证法的综合和扬弃并非先有两个现成的对峙者，而后再以一种强制性力量把这两者硬性地结合到一起。它由否定状态到肯定状态的转入需要前提也发生改变，即依照着推论的形式先确立起自己的大前提，而后再从这里分化出辩证的环节。所以，同一之物在思辨的

---

① 参见［德］黑格尔：《小逻辑》，贺麟译，商务印书馆1980年版，第172页。

运演机制中已被率先设定了，它像滚滚源泉一样按照正反合的形式开出自己的道路来。辩证的环节并不是自身独立的，而是依赖于同一之物的，是被整体所裹挟着的。如果把辩证这一环节单独提取出来的话，它实际上就是原先的同一之物内在包含着的东西，而不是任何外在之物。既然我们必须在思辨的结构中才能洞见到最高的真理，那么超验之物作为同一之物必然是内在包含着差别的。这符合它的内在本性。第二，前文也言，要想形成超验之物的知识必须进行证明，而证明又是超验之物（或真理）的自身展开。展开的过程其实就是它把自身原有规定性发挥出来的过程。差别性环节或辩证的环节就属于这些规定。差别性环节实际上构成了同一之物自身运演的消解性平台或疏散性空地，使原先作为自身同一的东西在展开的过程中既凝聚又消散，从而达至建构与解构的一体化运作。这样才能使原先的同一之物真正地作为生命体或有机体确立起来。但通过这一过程，辩证法仍然是原先的同一之物所开辟出来的空地，它只是同一之物实现自身的场域，最后仍然要收拢于同一物之中的。

以黑格尔哲学的具体内容来看，绝对精神就是一个思辨的结构：逻辑学、自然哲学和精神哲学以正反合的方式构成了它的各环节。但环节中的差异性仍然被作为同一之物的绝对精神所笼罩。绝对精神始终是当下的，整个展开过程都是为这一当下之物所融通贯彻的。哲学的运转虽然是各个圆圈首尾相衔接，然而各圆圈毕竟是绝对精神的外化，同时它也要复归于精神本身。精神固然要浸润于历史之中，但对历史的扬弃最终获得的仍然是当下。辩证法的这种内在构成以及精神的当下在场使我们对同一之物的审视获得了一个视角：它在与差别性环节的关联中始终保有绝对的支配性地位，也就是说，差别性环节并不足以把这一实体在场的东西消散至无，处于本原性地位的仍是同一之物。

从这不难看出，原初的同一之物乃是在逻辑上先于差别的坚实之物，它固然可以有差别，但差别不足以吞噬掉它。它始终是在场的优先之物。如若差别本身就是那种原初性，同一之物就无法保持自己的无限性了。我们知道，从柏拉图哲学开始，本原之物就是属于超验世界的实体之物，比如理念、上帝或绝对精神等。它们过渡到差异（现象）只是因为它们需要扬弃差异，它们自身并非以差异为开端。相反，哲学如若以差异为开端则会呈现为何种景象呢？显然，立足于其中的并非坚实性，而是错落感和柔韧性。于是，随着现代哲学对本质之物的批判，对神圣形象的消解，哲学不可能再立足于原初的同一之物了，辩证法必须获得新的形态。它从一过渡到了多，出发点是多，而不是一。它一开始就是多元的、自身区分着的，原先的否定或差异被重新确立为哲学的基础了。

三、作为本原的差异：存在论哲学的辩证法

从形式与内容的错位所导致的否定状态到为消解这种状态而投身于最高真理的发生，辩证法实现了自身的飞跃。这种转变有其逻辑上的必然，它是真理自身实现的内在要求。然而，随着作为实在之物的形而上学的瓦解，辩证法要再次发生转变。这种转变有无其内在的必然性呢？实际上，它同样也是哲学运演之内在驱迫力导致的结果。一方面，作为传统哲学中真理世界之基础的实在之物被消解掉了，哲学的出发点重归现实世界，那么归拢和限制辩证法的同一性基础就没有了，辩证法重新获得了独立性；此外，真理世界被取消掉之后，哲学只能以实际性的有限世界为出发点，这一出发点原本就是差别着的东西。另一方面，如海德格尔所言，传统哲学过多地关注同一之物的实现，它的实现场域和可能性前提却没有被关注。这一前提"是一个区域，在此区域范围内，形而上学，即西方思想，能够在其本质之整体中成为其所是"[①]。传统形而上学的同一之物就会从差异的深渊中开辟出来，就像沟垄开辟出田地、河流开辟出文明一样。正如现代诸多哲学家都普遍认可的，作为超验之物及其支撑平台的逻辑乃是从生活之中升腾出来的，生活才是它们得以产生的源头活水，而不是它们被逻辑所规定和限制。

如此来看，辩证法岂非返回到了它之前的状态？原先的作为形式与内

---

① ［德］海德格尔：《同一与差异》，孙周兴等译，商务印书馆2011年版，第56页。

容之错位的否定或对峙不就是自身独立的嘛！应该说，原先的否定仅具有否定的意义，现在的否定则自身就是肯定的了，而且它具有了原先所不具有的本原性意义。海德格尔一方面想用差异取代形而上学作为根据的同一性，认为同一之物已经把整个西方思想弄成了一个巨大的在场之物了；另一方面则想使差异作为通道通达他所设定的另一开端。以其哲学的具体体现来看，为了哲学的自身澄明，海德格尔提出了两个唯一的开端：作为形而上学之完成的第一开端与作为存在而本质性现身的另一开端。哲学的行进就在于经受并突破形而上学从而跳入另一开端的发生中去。第一开端是当下在场的，而且还有延续下去的趋势，另一开端则始终没有到来。为了避免任何的现成性与当下化，它可能永远也不会到来。当前时代所处的境遇就在第一开端的完结之际，而另一开端还远没有发生，它和另一开端就有一个"之间"。这个"之间"就是上文所提的作为本原的差异。我们从三个方面思考这一差异：一是指明这一差异在海德格尔哲学建构中的位置和作用；二是作为真理之最高根据的同一性如何坐落于差异之基础上，也就是它如何为传统哲学进行奠基；三是差异或"之间"作为原初的基础所呈现出的表现形式。通过这三个方面，我们能够看出本原的差异对传统的辩证法，尤其是黑格尔的思辨辩证法作出了何种推进，也能看到它的最终表现形式。

就第一点而言，差异或"之间"在海德格尔哲学中确实占据着核心位置，是其哲学建构的内在机制。如上文所言，海氏哲学力图寻找在形而上学完结之际通达其"另一开端"的新契机。而差异就是这样一个境域与时机之所，也是命运性的转折之点。在作为差异的"之间"，思想发现任何向另一开端的转投或跳跃都是一个在历史的时间－空间中的在－此。这一在－此或此－在通过自身的建基则为另一开端做好了准备，使存在作为"本有"而生发出来。所以，原初的差异或"之间"就是此－在，它起到了建基作用。这是后期的一般思路。即便前提的《存在与时间》也行进在这一差异之间，也是存在之开抛的一次尝试。结合着前期理路，我们知道，此－在或此在乃是以日常存在与本真存在为两端撑起来的，它包含着日常此在的生存以及隐逸之力量（良知）的召唤。自然地，它的实质性构成要素就包括人与神的对峙，而人与神的对峙则正是这一"之间"。那么，此在就必然蕴含这一"之间"，它使人的生存不至于架空。海德格尔有时也把原始的差异称之为"存在论差异"，即存在者与存在本身的差异，但这一差异在《存在与时间》的视角下显然是立足于此在的。这样一来，差异任何时候都构成海德格尔切入存在问题的根本立足点，是其哲学建构的内在基础。

但这一基础同样也为传统形而上学进行奠基。海德格尔有与黑格尔辩证法的直接对话，他对辩证法的思考并不是无的放矢，而是有针对性的，是通过对传统哲学中所谓同一律和根据律的解构确立起来的。同一性和根据则是传统形而上学的立论之最高基础，同时也是思辨辩证法的维护者。然而在海德格尔看来，传统哲学所谓的同一律实际上坐落于差异之基础上，形而上学及其奠基于其上的同一性实质上乃是一种差异。比如他就认为事物的自身等同是事物"与"其自身的等同。"在同一性中有一种'与'（mit）的关系，也就是说有一和中介、一种关联、一种综合：进入一种统一性之中的统一过程。"① 这种统一是两者之间的相互转让与归属，即保持着差异化的统合与勾连。从这一差异化运作中，我们方可端出存在来。同样，在《论根据的本质》一文中，海德格尔把根据把握为超越着的自由，而"自由乃是此在之深渊"②。这一深渊就是存在与存在者的区分，它植根于此在之本质中。在对黑格尔的奠基性思考中，海德格尔则把黑格尔的形而上学建构把握为存在-逻辑学与神-逻辑学的统一。这个统一立足于一种"尚未被思的区分"。由此可见，思辨辩证法的根据或同一性基础被一种区分所取代了。这种取代是哲学自身转变的内在基础，同时也是辩证法自身的深层拓展。

我们从正反两方面对辩证法的新型表现形式——差异进行了探讨。一方面认为它构成了海德格尔哲学建构的内在构成机制，另一方面则认为它消解了黑格尔思辨辩证法的同一性基础，在一个新的平台上为传统哲学进行了奠基。进一步需要思考的问题是：本原的差异是以何种形态显现出来

---

① ［德］海德格尔：《同一与差异》，孙周兴等译，商务印书馆2011年版，第29页。
② ［德］海德格尔：《路标》，孙周兴译，商务印书馆2000年版，第202页。

的？我们从两个方面理解它的具体表现形式：一是差异具有"内在的超越性"；二是它是分解着的，即以"-"字符把不同要素聚集在一种共属的关联之中。

差异既然是指存在者与存在之间的差异或作为本原的差异，那么它就是一种"内在的超越"。在《存在与时间》的视野之下，"存在论差异"是植根于此在的内在本质之中的，而此在本身则是地道的"内在超越"者，那么这一差异就是分环勾连着的，并不是单纯的对峙。对于后期来说，本原的差异也是此-在。在此-在之发生中，存在者并非单纯否定性的东西，而是存在之庇护者。这一庇护者与存在乃是同时发生的。正如海德格尔所言："此-在的'之间'克服掉 Χωρισμό [分离]，并不是由于它在存在与存在者之间架起了一座桥，而是由于它把存在与存在者同时转入它们的同时性之中。"① 这一同时性的发生就是通过物、艺术作品等实际事物直接开启出一个世界来，而世界本身承载的乃是存在之发生。这是在有限事物基础上直接开辟出超越性境域的做法。鉴于此，差异便承担了哲学从第一开端向另一开端的跳跃。这种过渡的必然性就取决于差异的内在超越性。

差异所表现出的这种"内在的超越"也被海德格尔称之为分解（Austrag）。分解是海氏用来思考差异化运作的关键词，它意指着差异化运作的内在机制。按海德格尔，分解乃是分开（Aus）并在统一与共属之基础上承载（tragen），而统一与共属是敞亮的一个区间，可以用连字符"-"表示。它的内涵也就是在场域中使分开之两端以同时性发生的方式闪现出来，是一种分环勾连。两端并不是真正意义上的对峙，而是对峙之中的相互归属。它的构成环节是对峙、共属以及勾连的中介"-"。直观上而言，它与黑格尔的正反合结构相似，但旨趣却大相径庭了。黑格尔意在通过这一思辨的结构把神的实质性内涵彰显出来，同一性是各环节之空隙收拢的集合点，圆圈则是集合点的幻化。相反，"分解也是一种圆周运动，是存在与存在者相互环绕的圆周运动"②。那么，它达到的就不是当下在场之物

---

① ［德］海德格尔：《哲学论稿》，孙周兴译，商务印书馆2012年版，第16页。
② 见［德］海德格尔：《同一与差异》，孙周兴等译，商务印书馆2011年版，第73页。

的自身实现，而是在"－"中的圆舞，是去除掉中心物之后的环化或域化的自由游戏。

连字符"－"的使用首先使中心物被消解掉了，同时也使对峙的两端统摄到了一起，而且这些环节的组合乃是一个本原性的整体。这是辩证法在现象学视域下的内在结构。这一结构是在现象学视野下的彰显，是一种直观的原则，而非推论。这是在消除掉本质之物后哲学重建之新理路的内在要求。法国哲学的新走向就是沿着后期海德格尔的这条道路向下进展的。或许海德格尔并不认可自己的哲学是一种辩证法，正如他同样不认为自己的哲学是一种形而上学一样。但这种按照实事之内在理路对事物的推进使原先的形态发生了转变，这是新形态的辩证法的表现形式，是对辩证法的真正推进与改造。

恩格斯关于辩证法说了什么新东西?[①]

高 超

在《资本论》第一卷出版以后,特别是在马克思逝世之后,德国讲坛社会主义者及其信徒,尤其是"确实不学无术的庸俗作家"(迈耶尔)和"身居要职、自炫博学的教授"(瓦格纳)污蔑马克思的剩余价值理论剽窃了洛贝尔图斯的学说。对于这种无端指责和恶毒攻击,恩格斯站出来进行了驳斥。他先是在1885年德文版《哲学的贫困》的序言中"说了急需说的话",而后在《资本论》第2卷序言中"提出了有决定意义的证据"。[②] 除了在事实上说明那些对马克思的指责毫无根据之外,恩格斯还必须从理论上阐明"马克思关于剩余价值说了什么新东西"[③]。

历史已经给马克思的剩余价值理论以公正的裁决,恩格斯所作的辩护起到了至关重要的作用。但现在需要辩护和有待裁决的变成了恩格斯以及他的以"自然辩证法"为核心内容的辩证法思想。卢卡奇在《什么是正统马克思主义》中率先对恩格斯发难,指控恩格斯无视"历史过程中的主体和客体之间的辩证关系",而这种关系是辩证法中"最根本的相互作用"的关系。[④] 其后,悉尼·胡克、阿多诺、马尔库塞、施密特、萨特、诺曼·莱文等人又从不同角度进一步批评了恩格斯有关"自然辩证法"的思想。在国内学者中,俞吾金教授系统地批判了恩格斯的"自然辩证法"甚

[①] 原载《中南大学学报(社会科学版)》2017年第2期。
[②] 《马克思恩格斯文集》第6卷,人民出版社2009年版,第9—10页。
[③] 《马克思恩格斯文集》第6卷,人民出版社2009年版,第19页。
[④] [匈]格奥尔格·卢卡奇:《历史与阶级意识》,杜章智、任立、燕宏远译,人民出版社1999年版,第51页。

至包括他的人格。徐长福教授则批评恩格斯的"自然辩证法"混淆了"实在词"和"范畴词"。我们在这里为恩格斯及其"自然辩证法"思想所作的"辩护",决不包含情感的需要或论战的兴趣,而仅仅是出于理论上逻辑一致性的要求。要想说明马克思主义辩证法超越了以往一切辩证法特别是黑格尔辩证法,就必须指出前者与后者相比说出了什么新东西。如果我们能够证明在这些"新东西"中有一些是恩格斯以"自然辩证法"的名义说出的,那么对恩格斯的指控就难以成立了。

一、马克思主义辩证法与黑格尔辩证法有什么区别?

"马克思主义辩证法"这个术语本身就是颇具争议的(从根本上说是"马克思主义"这个术语所造成的争议),它应该不等于马克思一个人的辩证法思想,否则这个术语的提出就是多余的,同时也不符合"主义"这个词的基本用法。但如果它不只包含马克思一个人的思想,那么是否包含恩格斯、列宁或其他马克思主义者的呢?卢卡奇早年提出"正统马克思主义"的说法就是要排除某些"非正统的""修正的"马克思主义。不过有一点是没有什么争议的,马克思本人的思想是判断一种观点是否属于马克思主义的根本标准。

马克思一直都有撰写辩证法著作的心愿。在1858年1月16日给恩格斯的信中,以及1868年5月9日给狄慈根的信中,马克思明确表示希望能够写作一部与黑格尔辩证法不同的辩证法著作。[①]但马克思没能"卸下经济负担",也没"有工夫做这类工作",最终未能实现这个愿望。因此我们也就不可能通过对比马克思与恩格斯的辩证法专著来寻找二者的区别。但列宁准确地指出,"虽说马克思没有遗留下'逻辑'(大写字母的),但他遗留下《资本论》的逻辑'[②]——马克思不仅"卖弄起黑格尔

[①] 《马克思恩格斯文集》第10卷,人民出版社2009年版,第143、288页。
[②] 《列宁专题文集》(论辩证唯物主义和历史唯物主义),人民出版社2009年版,第145页。

特有的表达方式",还发现了"神秘外壳中的合理内核"。① 《资本论》不仅运用了辩证法,还构建了马克思主义的辩证法。② 在《资本论》第1卷第2版跋中,马克思简洁、明确地说明了他的辩证方法与黑格尔的辩证方法的不同之处,"在黑格尔看来,思维过程——是现实事物的创造主,而现实事物只是思维过程的外部表现",马克思的看法则相反,"观念的东西不外是移入人的头脑并在人的头脑中改造过的物质的东西而已"。③

可以说,对辩证法的两种不同的解释,或对思维过程、观念的东西与现实事物、物质的东西之间关系的两种不同理解,就是马克思主义辩证法与黑格尔辩证法的根本区别,甚至可以说是唯一的区别。因为马克思指出,黑格尔"第一个全面地有意识地叙述了辩证法的一般运动形式"④,"辩证法的真正规律在黑格尔那里已经有了"⑤,"黑格尔的辩证法是一切辩证法的基本形式"⑥。恩格斯也认可,对立统一、质量互变、否定的否定"这三个规律都曾经被黑格尔按照其唯心主义的方式当做纯粹的思维规律而加以阐明"⑦。马克思、恩格斯对黑格尔辩证法的评价是完全一致的,虽然它的外壳是神秘的、形式上是唯心主义的,但辩证法的一般运动形式、真正规律、基本形式已经被黑格尔阐明了,而且是全面地、有意识地阐明了。换言之,就辩证法的合理内核来说,马克思、恩格斯的辩证法与黑格尔的辩证法是完全一致的——否则为什么叫"合理"内核呢?他们的分歧仅仅在于对这些规律的解释。

不是辩证法的规律本身而只是对它的解释的不同就足以构成马克思主义辩证法与黑格尔辩证法的实质性区别吗?仅从术语的字面含义就可以看出,二者实质上都是辩证法,但差异在于一个提供了唯物主义的解释,另一个则提供了唯心主义的解释。恩格斯在阐明"马克思关于剩余价值说了

---

① 《马克思恩格斯文集》第5卷,人民出版社2009年版,第22页。
② 孙正聿:《〈资本论〉与马克思主义哲学》,载《学习与探索》2014年第1期。
③ 《马克思恩格斯文集》第5卷,人民出版社2009年版,第22页。
④ 《马克思恩格斯文集》第5卷,人民出版社2009年版,第22页。
⑤ 《马克思恩格斯文集》第10卷,人民出版社2009年版,第288页。
⑥ 《马克思恩格斯文集》第10卷,人民出版社2009年版,第280页。
⑦ 《马克思恩格斯文集》第9卷,人民出版社2009年版,第463页。

什么新东西"的时候，援引了化学史上的一个例证，这里为了说明对辩证法的不同解释也会构成辩证法理论的实质性区别，我们援引天文学史上的一个例证。

大家都知道，尽管人们通常把发生在16、17世纪的那场改变人类历史进程的天文学革命归于哥白尼的名下，但《天球运行论》中的大多数论断都是错误的，时至今日依然真正发挥作用的天文学定律是开普勒首先提出的。开普勒在其出版于1619年的天文学巨著《世界的和谐》中提出了著名且重要的一条原理：任何两颗行星的周期之比恰好等于其自身轨道平均距离的3/2次方之比，用现代天文学的方式表述为：$R3/T2=k$，即"开普勒第三定律"。开普勒自称，"这条原理是千真万确的"①，我们也承认至少在一定的精度内它是正确的②。但是，它毕竟是以神秘的方式获得解释的——开普勒早先将太阳系的结构设想为正多面体的相互嵌套，后来又用音乐的和谐关系去解释天体之间的关系。当然，与用神话、教义去解释宇宙结构相比，用几何学或声学去解释完全算不上神秘，但从正多面体的种数（5种）与除地球外已知行星的个数（5个）的偶然相等就得出宇宙的结构，显然已经不能满足16、17世纪欧洲科学对理性和经验的要求。在1687年出版的《自然哲学的数学原理》中，牛顿利用向心力公式和万有引力定律推导出了"开普勒第三定律"。③ 这不正是把"千真万确的"天文学定律从神秘的外壳中拯救出来了吗？需要注意的是，牛顿的工作并没有使这条定律的内容发生实质性的变化，在《原理》出版之前这条定律

---

① ［德］约翰内斯·开普勒：《世界的和谐》，张卜天译，北京大学出版社2011年版，第21页。
② 需要注意的是，波普尔认为："从牛顿力学的观点来看，开普勒第三定律也仅仅是一个逼近——开普勒第三定律和牛顿理论的矛盾，正如伽利略理论和牛顿理论的矛盾一样。"参阅波普尔的《实在论与科学的目标》，中国美术学院出版社2008年版，第137页；美国科学史学家I. B. 科恩认为："从《原理》的动力学观点出发，开普勒第三定律可以说有着双重错误。"参阅［德］I. B. 科恩：《牛顿革命》，颜锋等译，江西教育出版社1999年版，第247—248页。
③ 黑格尔认为，"大家知道，绝对自由运动的定律是由开普勒发现的"，"开普勒发现了经验材料的普遍表达式，在这个意义上证明了这些定律。但此后却形成一种普遍的说法，似乎牛顿第一个发现了这些定律的证明"，"牛顿的公式可以从开普勒的定律推演出来"。黑格尔的这些看法是错误的。参阅［德］黑格尔：《自然哲学》，梁志学等译，商务印书馆1980年版，第89页。

也是完全可以使用的，但牛顿用动力学的解释取代了开普勒的几何学和声学的解释才使之得以被纳入近代天文学的系统之中。这不正是发生在马克思主义辩证法与黑格尔辩证法之间的情形吗？

马克思在《资本论》第一卷第二版跋中对他的辩证方法与黑格尔的辩证方法之间区别所作的说明是高度概括的，但那只是一个明确的立场，还根本不是一套详尽的论证。那么，为了把自觉的辩证法从德国唯心主义哲学中拯救出来，马克思和恩格斯都做了什么工作呢？

二、为拯救辩证法马克思和恩格斯分别做了什么？

马克思和恩格斯都有关于辩证法的论著。马克思曾想以辩证法为对象作专门论述，但最终未能实现，而恩格斯则留下了大量关于辩证法的专门论述。尽管如此，在马克思的著述中找到辩证法以及关于辩证法的思想还是不难的。我们已经知道马克思主义辩证法在总体上与黑格尔辩证法的根本区别，但为了说明恩格斯对此所作出的独特贡献，我们还需要知道恩格斯的工作与马克思相比有什么具体差别。当然，这需要以马克思所做的工作作为参照。这里我们仅举两例以说明与黑格尔已经取得的成果相比，马克思说了什么新东西。

在《资本论》第一卷第九章中，马克思讨论了货币转化为资本的必要条件，他说："货币或商品的占有者，只有当他在生产上预付的最低限额大大超过了中世纪的最高限额时，才真正变为资本家。在这里，也像在自然科学上一样，证明了黑格尔在他的《逻辑学》中所发现的下列规律的正确性，即单纯的量的变化到一定点时就转变为质的区别。"[①] 在这里，马克思明确表达了三层含义：（1）黑格尔首先发现了质量互变的规律；（2）这一规律在自然科学上已经得到了证明；（3）马克思则在社会科学

[①] 《马克思恩格斯文集》第5卷，人民出版社2009年版，第357—358页。

领域证明了它。马克思在对于这个论断的注释中对第二点作了说明:"现代化学上应用的、最早由洛朗和热拉尔科学地阐明的分子说,正是以这个规律作基础的。"① 质量互变的规律,黑格尔发现了它,也可以说是自觉地叙述了它,而洛朗、热拉尔和马克思则在不同的领域中证明了它。在政治经济学中货币转化为资本的问题上证明了"量的变化到一定点时就转变为质的区别",就是马克思关于辩证法说出的新东西(之一)。只要想一想牛顿在开普勒的天才发现与神秘解释的基础上所做的进一步工作就能明白,马克思在这里所做的证明有多么重要。

除了质量互变的规律外,马克思还论及了否定的否定这条规律。在《资本论》第一卷第二十四章中马克思说:"从资本主义生产方式产生的资本主义占有方式,从资本主义的私有制,是对个人的、以自己劳动为基础的私有制的第一个否定。但资本主义生产由于自然过程的必然性,造成了对自身的否定。这是否定的否定。"② 很显然,马克思认为人类历史的发展是服从否定的否定规律的,这条规律不是从头脑中产生并强塞入社会历史的,推动社会历史发展的力量是"自然过程的必然性"。我们可以从社会发展的实际情况中发现这样一条规律,但由于黑格尔已经在头脑中发现了它,所以马克思的工作与其说是"发现"不如说是"证明"。至少从辩证法的这两个基本规律来看,马克思实际增添的就是对它们的一种唯物主义的解释,因为马克思自己公开承认,辩证法的一般运动形式已经由黑格尔全面地、有意识地叙述出来了,那么对于这一"一般形式"本身来说人们还能增添什么呢?如果对这一"一般形式"本身做了实质性的变革,那么得到的还是辩证法吗?

但只是证明人类社会服从辩证法或辩证法是人类社会固有的、不以意识为转移的规律还远远不够。如果只是在有人的思维参与的地方才有辩证法,那么这种辩证法在何种意义上是唯物主义的呢?在社会历史的实际运动中发现了辩证法并不能解决任何问题,因为问题在于如何解释这个社会历史辩证法的来源:究竟是社会历史在人的意识作用下形成,人的意识服

---

① 《马克思恩格斯文集》第5卷,人民出版社2009年版,第358页。
② 《马克思恩格斯文集》第5卷,人民出版社2009年版,第874页。

从于辩证法,还是社会历史也包括人的思维是自然界的一部分和产物,自然界服从于辩证法?如果不能解决自然界中的辩证法问题,马克思的唯物主义就只是"半截子",所以很多马克思主义者在社会历史观上同唯物主义者完全一致,但是在自然观上就不一致了。

对于从自然科学上证明辩证法,马克思不是说已经由两位化学家作出了吗?但是我们已经指出,对于这两位化学家来说,这个"证明"完全是不自觉的,而马克思也只是结论性地提及而已。正如恩格斯在《资本论》第一卷的第三版中对这个注释作了详细的化学上的说明一样,这项任务——"确立辩证的同时又是唯物主义的自然观"——最终落到了恩格斯的肩上。

恩格斯对这项任务的认识在《反杜林论》中有明确表述:"要确立辩证的同时又是唯物主义的自然观,需要具备数学和自然科学的知识。"① 于是在退出商界并移居伦敦之后的日子里,恩格斯把很大部分时间都用在研究自然科学上了。这一研究所产生的成果,一部分作为《反杜林论》的第 1 部分出版,还有更多的内容则没能在作者生前写作、编辑完成,共有四束手稿以"自然辩证法"为总标题被梁赞诺夫编辑出版。恩格斯在这些手稿中主要研究的是自然界和自然科学的辩证法问题,试图利用自然科学已经取得的和新近取得的成就去证明辩证法的规律是自然界固有的客观规律。这既是给自然科学以辩证法的解释,又是用自然科学给辩证法以唯物主义的解释。

但是,对于恩格斯的工作,很多人要么不以为然,要么提出批评性、否定性的意见。一方面,批评者以马克思的说法为依据,指出马克思对"自然辩证法"没有兴趣,甚至持反对意见,认为恩格斯背离了"正统的"马克思主义。另一方面,批评者以爱因斯坦的评价[2]和自然科学发展的事实为依据,认为自然界本身没有辩证法,自然科学也无需辩证法的指导,或者从语言学、语言哲学的观点出发,认为"自然辩证法"不过是语

---

[1] 《马克思恩格斯文集》第 9 卷,人民出版社 2009 年版,第 13 页。
[2] 《爱因斯坦文集》第 1 卷,许良英、范岱年编译,商务印书馆 2009 年版,第 299—300 页。

言的误用①。这些批评是否决定性地否定了恩格斯的工作？恩格斯为拯救辩证法所做的工作有什么意义？

三、恩格斯为拯救辩证法所做的工作有什么意义？

恩格斯称马克思与他"是唯一把自觉的辩证法从德国唯心主义哲学中拯救出来……的人"②，至少他们为这个目标都做了很多努力。从这个说法可以看出，这种"拯救"的实质就是把唯心主义辩证法改造为唯物主义辩证法。从马克思、恩格斯自己的说法以及后世评价可知，马克思的工作主要是在社会历史领域证明辩证法的基本规律，恩格斯则是在自然领域证明这一规律。但这并不是一种简单的并列关系的分工，马克思的确明确表达了他的唯物主义的立场，但并没有详细地证明其观点，也可以说他在社会历史领域证明了辩证法的规律，但并不是以这一证明为目的的。这就与恩格斯的工作构成了明显的区别——恩格斯不是在研究资本主义社会运动规律的过程中运用了辩证法，也不是顺便证明了辩证法或者最终构建了辩证法，而是"想说明辩证法规律是自然界的实在的发展规律"③。换言之，恩格斯所面对的问题是思维辩证法、社会历史辩证法和自然辩证法的关系问题。在黑格尔自觉地确立了辩证法的基本规律之后，确定不同领域的辩证法的关系就成了辩证法研究中首要的基本问题。马克思当然知道这个问题的答案，但他并没有专门对这个答案作过详细的论证。

另一方面，至少在唯物主义者看来，自然界对于人类社会有着本原性的地位，单单证明辩证法是人类社会固有的、实在的规律是不足以确立唯物主义的辩证法的。只有证明了"辩证法规律是自然界的实在的发展规

---

① 徐长福：《实在辩证法：范畴词的误用——以黑格尔和恩格斯为例》，载《哲学动态》2010年第11期。
② 《马克思恩格斯文集》第9卷，人民出版社2009年版，第13页。
③ 《马克思恩格斯文集》第9卷，人民出版社2009年版，第464页。

律",而"头脑中的辩证法只是现实世界即自然界和历史的各种运动形式的反映"①,才是给辩证法以唯物主义的解释,才确立了唯物主义的辩证法。如果不能证明这两点,那么有关辩证法的一切内容黑格尔都已经说完了。但很多马克思主义者和马克思主义学者对恩格斯所从事的自然辩证法研究不屑一顾、嗤之以鼻,认为所谓"自然辩证法"降低了马克思主义辩证法的水平。

在对"自然辩证法"提出的诸种否定性意见中,最典型的一种认为,只有在有人参与的活动中才有辩证法,独立于人的自然界是没有辩证法的。然而这种观点对辩证法的理解还达不到黑格尔的水平,只是在康德的消极意义上理解辩证法——如果没有人类思维的参与就不可能有或无所谓有没有辩证法,那么社会历史中的辩证法也不过是思维中的辩证法的表现,也就是说它根本不承认有一个独立于人类思维的自然界的存在,这种辩证法不仅是唯心主义的,而且是不可知论的,辩证法的唯物主义特征荡然无存。这种观点可以认为起源于卢卡奇《历史与阶级意识》一书,但经过几十年的思考,作者在该书的新序中深刻地反思了自己早年的观点,认识到"正是关于自然的唯物主义观点造成资产阶级世界观和社会主义世界观之间真正彻底的区别"②。对于马克思主义辩证法来说,更重要的是"唯物主义",正如当我们谈论唯物主义发展史的时候,更重要的是马克思、恩格斯引入其中的辩证法。

马克思和恩格斯早年都对社会、政治、法律、经济、宗教、文化、哲学、历史等问题有着广泛而深入的研究,马克思甚至一生都致力于社会历史领域的研究,因而可以说马克思、恩格斯已经把自觉的辩证法从德国唯心主义哲学中拯救出来并运用于唯物主义的历史观了,但是"要确立辩证的同时又是唯物主义的自然观,需要具备数学和自然科学的知识","马克思是精通数学的,可是对于自然科学",他们"只能作零星的、时停时续的、片段的研究"。③ 因此,必须有人站出来系统学习和研究自然科学,才

---

① 《马克思恩格斯文集》第9卷,人民出版社2009年版,第454页。
② [匈]格奥尔格·卢卡奇:《历史与阶级意识》,杜章智、任立、燕宏远译,人民出版社1999年版,第11页。
③ 《马克思恩格斯文集》第9卷,人民出版社2009年版,第13页。

恩格斯关于辩证法说了什么新东西？

可能"确立辩证的同时又是唯物主义的自然观",才能给辩证法一个唯物主义的解释。由于马克思全身心投入到《资本论》的写作当中,这个任务只能由恩格斯来完成。同时,恩格斯也必须完成这个任务,否则他们的"唯物主义辩证法"就只是"半截子",在社会历史领域姑且还能够宣称自己是唯物主义的,一旦进入到自然界就变成唯心主义的或不可知论的了。

到此我们已经澄清了马克思、恩格斯关于辩证法所说的新东西就是给予它以唯物主义的解释或说明。辩证法的基本规律已经由黑格尔发现了,马克思、恩格斯要做的不是改造这些规律,而是重新解释它们。那么,怎么才能说明辩证法是自然界固有的规律并且自然界固有的辩证法是头脑中辩证法的来源呢?这个问题实际上就相当于问,我们为什么接受唯物主义的世界观而非唯心主义的?任何时代、任何水平的哲学争论可曾给这个问题以确凿的答案?历史上以哲学形态表达的唯物主义可曾给唯心主义以致命的一击?换言之,谁为思维和存在的关系问题提供了判决性的答案?恩格斯认为是实践,即自然科学的实验和工业。有很多学者专门批评恩格斯这个观点,认为"工业合成茜素"、"计算发现海王星"都不足以证明可知论、唯物论。但是,如果自然科学的研究表明所有天体都只有永恒的循环运动而没有演化,所有的物种都是从来就有的而不发生进化,微小事物的单纯增加不会引发质的变化,各种形式的能量之间不能相互转化,那么这种辩证法的观点就完全荒唐可笑了。

可以想见,古希腊人看到可感事物的变化、运动从而产生辩证法思想是完全合理的,但仅仅在这种水平上,一种完全相反的观点也可以因为人们观察到天象周而复始的循环而产生。所以辩证法的观点本身并无先天的高明之处,只是因为它愈发地得到了自然科学、社会科学的证实才可能战胜与之相反的观点。如果唯物主义、辩证法处处违背自然科学的结论,那么只有最愚蠢和最固执的人才会相信它们。从更基本的意义上说,如果唯物主义和辩证法的观点与自然科学、社会科学的结论扯不上任何关系,那我们究竟是出于何种偏好选择相信这些观点的?所以可以设想,在牛顿力学占统治地位的时代,机械论的、唯物论的观点占有支配地位是唯一正常的情形，而康德只有在天文学上借助牛顿力学的计算进而提出"星云假说"而不是靠思辨，才有可能动摇"自然界在时间上没有任何历史的那种观念"①，因为关于自然界有或没有历史的猜测、不依赖于自然科学证实的猜测在几千年前就已经作出了。

所以，恩格斯关于辩证法所说出的新东西，也就是他的辩证法研究的真实意义，就在于援引19世纪自然科学的成就证明辩证法是自然界固有的规律。这种意义在以苏联马克思主义哲学原理教科书为范式的各种论著中是被广泛承认的，但是随着对"原理教科书"的反思与批判，这种意义也"和洗澡水一起倒掉"了。与之相对，还有很多学者竭力挖掘"自然辩证法"的历史价值和当代意义，试图对恩格斯作出辩护。但是，这种辩护往往默认恩格斯对自然界和自然科学发表的看法大多已经过时，在这种情况下要为"自然辩证法"辩护，就只能认为，《自然辩证法》研究的不是自然界中的辩证法问题，而只是或主要是自然科学家从事自然科学研究时的思维方式的问题，亦即这种思维所蕴含的辩证法问题。那么《自然辩证法》主要是一部关于什么的著作呢？

四、《自然辩证法》的主要内容是什么？

《自然辩证法》是恩格斯未能完成的著作，其手稿由四束材料组成，恩格斯给它们拟定的题目分别为"辩证法和自然科学""自然研究和辩证法""自然辩证法""数学和自然科学各种札记"。恩格斯并没有为这四束手稿起一个总的题目，1925年梁赞诺夫编辑出版这部著作的时候确定书名为"自然辩证法"。由于《自然辩证法》只是一部手稿，恩格斯也未曾拟定总的标题，这就给后来的读者留下了解读和阐发的空间。

为应付梁赞诺夫对《自然辩证法》手稿的追查，长期隐藏这批手稿的伯恩施坦将它们交给爱因斯坦并请他发表意见。此时，爱因斯坦的广义相

---

① 《马克思恩格斯文集》第9卷，人民出版社2009年版，第61页。

对论已经得到证实并使之获得了与牛顿相当的极高声誉,因而对于一位德国学者用德语写作的涉及自然科学的手稿,似乎没有谁比爱因斯坦更有发言权了。所以爱因斯坦的否定性评价就顺理成章地成为反对"自然辩证法"、支持"马恩对立论"的最有力证据。而持相反意见的人则质疑,把手稿交给爱因斯坦审阅是不是找错人了。如果《自然辩证法》根本不是或主要不是一部自然科学著作,那么就不应该交给一位自然科学家来评判。当然,恩格斯也从未说过《自然辩证法》是一部如同《原理》、《物种起源》一般的自然科学著作,其论述显然依赖于当时已有的自然科学成果,但是这并不意味着该书就不是或主要不是以自然界为研究对象的。

恩格斯在《反杜林论》第二版序言中明确表达了他研究"自然辩证法"的目的:"马克思和我,可以说是唯一把自觉的辩证法从德国唯心主义哲学中拯救出来并运用于唯物主义的自然观和历史观的人。可是要确立辩证的同时又是唯物主义的自然观,需要具备数学和自然科学的知识……我把大部分时间用在这上面。"[①] 很显然,恩格斯从事这一工作的目的是"确立辩证的同时又是唯物主义的自然观",亦即以自然界为对象,确立一种关于自然界的观点。当然,恩格斯没有必要亲自从事科学研究,完全可以借鉴已有的科学研究成果。这就使得《自然辩证法》必然也包含对自然科学、自然科学家以及自然科学的研究方法和思维方式的研究,也就是说,《自然辩证法》的研究对象包括自然界及自然科学。

《马克思恩格斯文集》第九卷的"说明"对《自然辩证法》的性质有一个简要而明确的判断:"《自然辩证法》是恩格斯研究自然界和自然科学中的辩证法问题的重要著作。"这一说法的可信度主要有两个方面的保证,其一是从逻辑上说,如果恩格斯是真正的唯物主义者,那么他会否相信辩证法只是理论思维的规律而不是自然界本身的规律?《自然辩证法》会否只讨论自然科学的理论思维中自觉的辩证法而不讨论这种辩证法的唯一来源——自然界中固有的辩证法?其二是从事实上说,《自然辩证法》中明显谈论自然界中对象的部分约占全书篇幅的60%,其余部分则兼论自

---

① 《马克思恩格斯文集》第9卷,人民出版社2009年版,第13页。

然界与自然科学①。当我们把注意力放在"黑格尔以来的理论发展进程"等几节上时，就会认为该书是关于自然科学的研究方法和思维方式的；但当我们关注其他部分的时候，就会认为作者更主要的是要揭示自然界本身的发展规律的，比如节选本只字未提的"电（和磁）"一节——梁赞诺夫认为伯恩施坦仅把这一部分手稿交给爱因斯坦审阅，爱因斯坦正是以此为依据认为《自然辩证法》在理论价值上不值得发表。② 即使只是把注意力集中于专业性没那么强的一般性论述上，我们也会发现，《自然辩证法》并不只是甚至主要不是论述自然科学的思维方式的：

> 辩证法的规律是从自然界的历史和人类社会的历史中抽象出来的。辩证法的规律无非是历史发展的这两个方面和思维本身的最一般的规律……所有这三个规律都曾经被黑格尔按照其唯心主义的方式当作纯粹的思维规律而加以阐明；③ 所谓的客观辩证法是在整个自然界中起支配作用的，而所谓的主观辩证法，即辩证的思维，不过是在自然界中到处发生作用的、对立中的运动的反映；④ 我们的主观思维和客观世界遵循同一些规律……这个事实是我们理论思维的不以意识为转移的和无条件的前提……辩证法的规律无论对自然界中和人类历史中的运动，还是对思维的运动，都必定是同样适用的。⑤

这三段文本所表达的意思是一致的，包含以下几个要点：（1）辩证法（的规律）是自然界、人类社会和思维共同遵循的规律；（2）思维中的辩证法是对自然界（包括人类社会）中的辩证法的反映；（3）在黑格尔哲学中，辩证规律被看作纯粹思维的规律。

由此可见，即便恩格斯意图讨论自然科学的理论思维中的辩证法，他也必

---

① 这个比例在《自然辩证法》的节选本中大幅降低。
② 爱因斯坦后来表示他看到了全部手稿。但这个例子可以说明，阅读《自然辩证法》的不同的"节选本"，会对该书产生不同的看法。
③ 《马克思恩格斯文集》第9卷，人民出版社2009年版，第463页。
④ 《马克思恩格斯文集》第9卷，人民出版社2009年版，第470页。
⑤ 《马克思恩格斯文集》第9卷，人民出版社2009年版，第538—539页。

须以澄清自然界本身中的辩证法为前提。如果辩证法的规律只存在于思维之中，那恩格斯的观点与黑格尔的有何区别？那么"把自觉的辩证法从德国唯心主义哲学中拯救出来"又从何谈起？《自然辩证法》的写作目的可以是拯救"自觉的"辩证法，但这一拯救难道不是必须通过证明自然界本身存在的"自在的"辩证法来完成吗？无论揭示自然界本身的辩证法还是自然科学的理论思维的辩证法，对于革命导师来说都不是最终目的；对于用辩证法说明人类社会发展规律的目的来说，证明自然科学的理论思维服从辩证法还远远不够，而且恰恰是头足倒置的。人类社会中的辩证法应该由产生人类社会的自然界中的辩证法来说明，而不是相反，由它所产生出的思维的辩证法来证明。

在这些相对细致的分析之外，还有一个简单而直接的证据用以说明《自然辩证法》的主题：该书的德文原名为"Dialektik der Natur"，不就是"自然界的辩证法"吗？

五、结 论

首先，对于辩证法的真正规律和一般运动形式，马克思、恩格斯与黑格尔是没有分歧的；对于辩证法的规律同时适用于自然界、人类社会和思维这三个领域，他们也都同样认可。① 马克思主义辩证法与黑格尔辩证法

---

① 需要注意的是，从《资本论》第1卷第2版跋中马克思对自己辩证方法与黑格尔辩证方法的区别的说明来看，马克思对黑格尔辩证法的理解与恩格斯的理解并不完全一致。首先从字面上看，马克思在谈论辩证法时似乎只包含"思维过程"和"现实事物"或"观念的东西"和"物质的东西"两个要素，然而从黑格尔的《哲学科学全书纲要》中可以看出，他的哲学体系包含"思想""自然"和"精神"三个要素；其次从实质上看，马克思先是批评黑格尔认为"思维过程"对"现实事物"具有优先性，而后提出自己的观点，认为"物质的东西"对"观念的东西"具有优先性。然而，"在观念这一名称下转化为独立主体的思维过程"实际上指的黑格尔《哲学全书》第一部分《逻辑学》（通常被称为"小逻辑"）的研究对象——"思想"，而作为"移入人的头脑并在人的头脑中改造过的物质的东西"的"观念"实际上指的是《哲学全书》第三部分《精神哲学》的研究对象——"精神"，包括灵魂、意识、心理、法权、道德、伦理（家庭、市民社会、国家）、艺术、宗教、哲学等。换言之，就"思想"与物质世界的关系来说，马克思与黑格尔的观点是相反的，但就"精神"与物质世界的关系来说，黑格尔不正是认为前者是从后者之中产生出来的吗？马克思在"第二版跋"中的简短说明只是表述了黑格尔对"思想"与物质世界的关系的看法，以及自己对"精神"与物质世界的关系的看法，而根本没有表述自己对"思想"与物质世界的关系的看法。只有恩格斯才有意识地针对黑格尔《哲学全书》的三个部分重新讨论了思维的、社会的和自然的辩证法的关系。

的根本区别就在于对三个领域中辩证法的关系的理解不同，对辩证法的来源或起源的解释不同。无论目的是否达到、结论是否正确，恩格斯《自然辩证法》实际上所做的工作就是证明辩证法是自然界本身固有的规律，人类社会作为自然界的一部分，也遵循它的基本规律，而人脑作为自然界长期发展的产物，其中的辩证思维和辩证法思想不过是对自然界和人类社会中辩证运动的反映。这些作为《自然辩证法》的核心观点，是唯物主义辩证法的根本标志，是马克思主义辩证法与黑格尔辩证法的根本区别。

其次，马克思、恩格斯以及他们思想的拥护者，为什么相信唯物主义、反对唯心主义？为什么相信可知论、反对不可知论？为什么相信辩证法、反对形而上学？哲学家们在哲学悠久的历史中和广阔的范围内可曾提供过任何决定性的证据？恩格斯认为"推动哲学家前进的，决不像他们所想象的那样，只是纯粹思想的力量。恰恰相反，真正推动他们前进的，主要是自然科学和工业的强大而日益迅猛的进步"[1]。石里克认为"所有过去的哲学进步都是来自科学的知识和科学问题的研究"[2]。

再次，这里绝不是为《自然辩证法》的具体内容或基本观点作辩护，而只是试图指出"自然辩证法"与马克思主义辩证法之间的逻辑关系。既然"自然辩证法"是马克思主义辩证法与黑格尔辩证法相区别的根本标志，那么就不能在否认"自然辩证法"的前提下承认马克思主义辩证法。我们并没有证明辩证法的确是自然界本身的运动规律，而是指出承认自然界中的辩证运动是一切辩证法的根本来源，是马克思主义的唯物主义辩证法与黑格尔的唯心主义辩证法的唯一区别。如果我们认可恩格斯在论述"哲学基本问题"时所说的在回答世界的本原是什么这个问题之外，"唯物主义"一词没有别的意思的话，那么就应该承认只有包含了恩格斯"自然辩证法"的马克思主义辩证法才是真正的、彻底的"唯物主义辩证法"。

综上所述，证明辩证法是自然界固有的规律，证明自然辩证法是其他

---

[1] 《马克思恩格斯文集》第 4 卷，人民出版社 2009 年版，第 280 页。
[2] ［奥］莫里茨·石里克：《自然哲学》，陈维杭译，商务印书馆 1984 年版，第 8 页。

领域中辩证法的来源，是恩格斯关于辩证法所说的新东西，是他对马克思主义辩证法所作出的独特贡献，也是唯物主义辩证法与唯心主义辩证法的唯一区别。

马克思主义研究文丛

哲学基础理论研究

唯物史观与社会发展理论

（第三卷）

孙正聿◎主编
孙利天 贺来◎副主编

第三卷目录

CONTENTS No. 3

论辩证唯物主义与历史唯物主义的区别和联系
  刘丹岩 ………………………………………………………… 643
马克思论个体活动与历史规律的关系
  ——马克思恩格斯历史唯物论书信介绍(摘登之二)
  高清海 ………………………………………………………… 654
社会主义市场经济向唯物史观提出的新课题
  张维久 ………………………………………………………… 666
论恩格斯晚年探索社会规律的特点
  艾福成 ………………………………………………………… 668
两个体系两种理解
  ——论"实践唯物主义"同"辩证唯物主义和历史唯物主义"
    对实践的不同理解
  蔡英田 ………………………………………………………… 676
唯物史观的地位与马克思主义哲学的对象
  杨魁森 ………………………………………………………… 687
马克思"新唯物主义"世界观的总体性质
  刘福森 ………………………………………………………… 702
价值、主体性与历史唯物主义
  刘福森 ………………………………………………………… 710

社会历史过程中的主体性、合目的性和规律性
　　——历史唯物主义研究中的观念变革
　　　刘福森 ………………………………………… 721
历史唯物主义与哲学基本问题
　　——论马克思主义的世界观
　　　孙正聿 ………………………………………… 733
历史的唯物主义与马克思主义新世界观
　　　孙正聿 ………………………………………… 752
历史唯物主义的真实意义
　　　孙正聿 ………………………………………… 765
马克思的唯物史观对黑格尔辩证法的颠倒
　　　孙利天 ………………………………………… 774
当代文化矛盾与哲学话语系统的转变
　　　郴 正 ………………………………………… 785
"历史的终结"与历史唯物主义的命运
　　　张 盾 ………………………………………… 798
什么是"历史唯物主义"
　　——从马克思的几个比喻谈起
　　　韩志伟 ………………………………………… 822
意识形态批判与历史唯物主义的理论特质
　　　程 彪 ………………………………………… 830
资本现象学
　　——论历史唯物主义的本质问题
　　　白 刚 ………………………………………… 843
历史唯物主义与中国问题
　　　王庆丰 ………………………………………… 858
历史唯物主义与马克思的自然观
　　　王福生 ………………………………………… 874

历史唯物主义与道德
　　——对马克思道德理论研究理路的探寻
　　曲红梅 ·················· 885
历史唯物主义的理想基础
　　——论意识形态的自主本性
　　杨　晓 ·················· 894
"唯物主义历史观"何以是"唯物主义"的历史观
　　——一种认知隐喻学的解释方案
　　高　超 ·················· 915

索　引 ························ 928

论辩证唯物主义与历史唯物主义的区别和联系[①]

刘丹岩

辩证唯物主义是马克思主义的哲学理论，是真正科学的哲学或宇宙观。历史唯物主义是马克思主义的历史理论，是其科学的社会学或历史观。这在马克思主义的经典著作中本来是早已明确了的问题。

但自苏联共产党历史课本出版以后，只是由于在那本书里为了说明马克思主义政党的理论基础，也即是说明共产主义的理论基础，把辩证唯物主义与历史唯物主义放在一起作为一节并且处处结合起来叙述，竟被许多人把辩证唯物主义与历史唯物主义这两门科学之间的界限给模糊起来，甚至混合起来了。

现在，我们可以看到，无论是在学校的教学大纲中，或者在各种论著中，在同一个大纲或论著中，竟都是这里一会儿说辩证唯物主义是马克思主义哲学，那里又一会儿说辩证唯物主义与历史唯物主义是马克思主义的哲学。也有人为了避免这种显然的逻辑混乱而采取历史唯物主义是马克思主义哲学的一个独立部门的说法。在专讲历史唯物主义的著作中；在标题上，不是说当作科学看的历史唯物主义，就是说历史唯物主义是科学的。到底历史唯物主义是什么科学，一般都不明确提出来，虽然在阐述历史唯物主义的特点时也不能不与先前的和现代资产阶级的社会学或历史科学对立起来。在学校的教学组织上，尤其是在课程组织上，一般都是把辩证唯

[①] 原载《东北人民大学学报》1957年第1期。收录于刘丹岩、高清海：《论辩证唯物主义与历史唯物主义的关系》，上海人民出版社1958年版。

物主义与历史唯物主义放在一起的，这就更容易把二者之间的正确界限给模糊起来。这就比较普遍地造成了把历史唯物主义当作哲学的一个组成部分的看法。这就既不能确切地理解马克思主义科学的研究对象，又在形式上取消了马克思主义科学的社会学。因而，在高等学校的教学计划中，在社会科学各系就落到与自然科学各系一样的把历史唯物主义只当作与辩证唯物主义一起的一门政治理论课来学习，而不是把它看作是社会科学各系的一门基础课来学习，特别是历史系也不把历史唯物主义当作一个专业来学习（我们都知道政治经济学在经济系，既是一门基础课，也是当作一门专业来学习的）。而且，把两门科学混在一起，又无形地减少了这两门科学的教学时间。所有这些现象，难道不都是由于把历史唯物主义当作哲学看所引起的后果吗？

这种把历史唯物主义当作哲学一部分的看法，是既歪曲了对辩证唯物主义的理解，又歪曲了对历史唯物主义的理解。这无论对于辩证唯物主义的发展，对于历史唯物主义的发展，以及对于其他科学的发展，都是有害无益的。这种把两门科学混同起来的看法和做法，与把它们割裂开来的看法和做法，是同样错误的。

因此，实事求是地澄清并说明这种混乱现象，正确地认识辩证唯物主义与历史唯物主义二者之间的区别和联系，现在是不容再为推迟的事情了。

最近，我们哲学教研室的高清海和邹化政两同志写了一篇论辩证唯物主义与历史唯物主义的关系论文，他们着重从科学哲学的历史发展来阐明历史唯物主义的社会学应该从辩证唯物主义的哲学中分化出来。现在，我这篇文章，将着重从纠正对马克思主义经典著作的曲解和对于辩证唯物主义与历史唯物主义的实质关系或内在联系的阐明两个方面来加以论述。

首先，让我们从曲解马克思主义经典著作方面来看这个问题。我们先从引起辩证唯物主义与历史唯物主义这两门科学混乱现象的苏共党史说起。苏共党史之所以把辩证唯物主义与历史唯物主义放在一起并且处处结合起来论述，那只是因为这两门科学都是马克思列宁主义党的理论基础。在这里，在这个题目下，这种形式是正确的。但把这种形式固定起来并且因为把它们就当作一门科学那就错了。其实，就在那节文章里，也并未在实质上混淆了这两门科学。在文章里，也明明只说"辩证唯物主义是马列主义政党的世界观"，也明明说"历史唯物主义就是把辩证唯物主义原理推广去研究社会生活，把辩证唯物主义原理应用于社会生活现象，应用于研究社会，应用于研究社会历史"，又明明说"社会历史科学，不管社会生活的现象怎样复杂都能成为例如生物学一样的准确科学"。而且，在论辩证唯物主义的唯物主义特征的时候，又是特别明确地说为"马克思主义的哲学唯物主义"以与历史唯物主义区别开来。其实，只要我们深思一下，有哪一门科学不需要应用辩证唯物主义原理去研究呢？哪能因此就把历史唯物主义看成是哲学或哲学的一部分呢？另外，在这一节的前一节末尾也明明说"他们（指那一部分离开马克思主义的知识分子）从两方面同时开展'批判'，既反对马克思主义的哲学理论基础，即反对辩证唯物主义，又反对马克思主义的科学历史基础，即反对历史唯物主义"。我们真不了解为什么人们都不注意这些内容的实质，而仅从表面形式上来曲解问题呢！

然而把历史唯物主义了解为哲学的人们还是设法在马克思列宁主义其他经典著作中去找依据。他们于是就引证列宁的马克思主义的三个来源与三个组成部分那篇文章，因为列宁是把历史唯物主义放到马克思主义哲学中去的。其实，这也是一种形式主义的看法。我们认为，首先，列宁的这篇文章，正如列宁在这篇文章中所说的，是为了要说明"马克思的全部天才，正在于他回答了人类先进思想所已提出的种种问题。他的学说是直接继承那些伟大的哲学家、政治经济学家和社会主义者的学说而起的"，因此，着重点是马克思主义的来源而不是其组成部分。在这里，组成部分乃是配合着来源而谈的。显然地，马克思主义的来源是永远确定不变的，而马克思主义的组成部分是随着马克思主义的发展而不断发展着的。因此，无论如何，我们是不应该把它永远不变地固定下来。其次，就是那时，列宁在这篇文章中，也并未把历史唯物主义贯彻于人类的认识，发现了历史唯物主义，才使马克思主义的哲学唯物主义成为完备的哲学的唯物主义。谓予不信，除请查列宁那篇文章的原文外，还请看列宁的其他著作。

列宁在《卡尔·马克思》那篇文章中说，马克思认识了旧唯物主义那种不彻底性、不完备性和片面性以后，就认为必须"使社会科学适合于唯物主义的基础，并根据这个基础来改造社会科学"。在《论马恩通信集》一文中说："马克思和恩格斯最为注意，他们对之有最新颖的贡献，因而在革命思想史上造就了天才进步的地方，就是运用唯物辩证法来根本改造全部政治经济学，把唯物辩证法运用于历史、自然科学、哲学以及工人阶级的政策和策略方面。"在《怎么办》一文中说："社会主义学说是由有产阶级出身的那些受过教育的分子，即知识分子所制定的哲学理论、历史理论以及经济理论中长成的。"特别是列宁在《什么是人民之友以及他们是如何攻击社会民主党人的》那篇文章中，已经详细地阐明了历史唯物主义是科学的社会学的别名，是唯一的科学的历史观的见解。为了加深这方面的认识，让我们把他的话摘要录下。他说："社会学中这个唯物主义思想，当然这暂时还会是一个假设，但这个假设是第一次使人有可能用严格科学态度对待历史问题和社会问题的假设。""这个假设也是第一次把社会学提到了科学的高度"，"这个假设之所以第一次造成了科学社会学出现的可能，还因为只有把社会关系归结于生产关系，把生产关系归结于生产力高度，才给了坚固根据来把社会形态发展过程看做自然历史过程。没有这种观点，当然也就不可能有什么社会科学"。"正如达尔文……第一次把生物学放置到完全是科学的基础上来……马克思……第一次把社会学放置到科学的基础上来。""自《资本论》出现以后，唯物史观已经不是什么假设，而是已用科学方法证明了的原理……唯物史观始终是社会科学的别名……是唯一的科学历史观。"列宁在这里所讲的是再明确不过的了。我们认为列宁的这些话是符合客观实际情况的，是客观真理，除非有人能够用事实证明列宁的这些话是说错了，那就不能不把历史唯物主义当作马克思主义的社会学或历史学来看，就不能说它是马克思主义哲学的一个组成部分或哲学的一个独立部门。

可是，把历史唯物主义了解为哲学的人们也会到恩格斯的著作中去找根据，他们说恩格斯的《反杜林论》就是由哲学、政治经济学和社会主义三个部分组成的，而且这也正与列宁所说的马克思主义的三个组成部分相符合。但是这也只能瞒过那些未认真读过《反杜林论》的人。因为，凡是读过《反杜林论》的序的人都会知道这个体系原是杜林的体系，而不是恩格斯的体系。恩格斯在《反杜林论》的初版序中说："……我方决定暂时放下别的工作，来做不甚愉快的分析杜林先生著述的工作……这工作不但是不愉快的，而且是很广泛的……结果不得不跟着杜林进入他的纵谈天下一切事物，甚至比之还扯得更多的广泛的领域中……这书虽不抱定目标，要以另一个体系与杜林先生的'体系'相对立，可是应该希望读者不会略过我的见解中间的内部联系……我也不得不跟着杜林先生走，这实是无可奈何。"而在第二版序中，则更为明确地指出："在本书内所批判的杜林先生的'体系'，包括了非常广泛的理论的领域，而使我不得不跟着他，到处以自己的见解，来对抗他的见解。消极的批评，于是转成了积极的批评；论战的文字，于是转成了多少联贯我和马克思所主张的辩证方法及共产主义宇宙观之叙述——这个叙述，包括了极多的理论的领域。"而在这本书的内容上，则是在哲学部门中包括着道德及法的问题，而在社会主义部门中才论述了历史唯物主义。这样，显然地，我们不难看出，《反杜林论》里的三个部分与列宁所说的马克思主义的三个组成部分会是怎样的一种相符合了。同时，也不难不更深刻地认识到列宁是怎样地联系着马克思主义的理论渊源来提及马克思主义的三个组成部分的。希望我们今后在马克思主义的阐明中再不要把列宁在一定条件下所叙述过的马克思主义的三个组成部分那种说法凝固地、僵化地、到处永久不变地搬用吧！

由于以上的阐明，可见把历史唯物主义看成是马克思主义哲学的一部分或一个独立部门是于马克思主义的经典著作中毫无根据的。而相反的，把历史唯物主义看成是马克思主义的社会学，即唯一的科学的社会学则是显然有据的。

其次，让我们再从辩证唯物主义与历史唯物主义的实质关系或内在联系方面来进一步地研究这个问题。这个问题，实质上，一般地说，是一个哲学与科学的关系问题，特殊地说，则是哲学与社会学的关系问题；而在这个问题的根底上，则是横亘着一个一般与个别的关系问题。

从科学、哲学的历史发展来看，在人类认识和科学发展的初期，只有一种没有分化的科学,其中也包括着哲学概念在内。后来,随着各种实证科学的发展,首先是各种自然科学的发展,就一方面是越来越多的科学从没有分化的科学中分化出来,而另一方面则是哲学力图成为科学的科学,力图把各种科学都纳入哲学体系之内。这就造成了哲学和科学的对峙。哲学的这种企图的最大的一个也是最后的一个就是黑格尔。马克思和恩格斯批判地吸收了当时哲学科学发展的成果,在革命的实践中,建立了历史唯物主义的社会学和辩证唯物主义的哲学,从而把对自然和历史的实际认识的各种科学,同时也是最后地从哲学中驱逐出去,也就是使社会科学和自然科学都从哲学中分化出来。也只有这样,才能把哲学真正地变成为建立在各种实证科学基础之上的一门总结各种科学的成果和指导各种科学发展的科学的宇宙观和科学的方法论的独立的科学。这就是说,马克思和恩格斯批判地总结了以前的哲学和科学并向前发展了科学和哲学,创立了历史唯物主义的科学的社会学,奠定了各种社会科学发展的基础,从而才终结了哲学与科学的对峙,终结了过去的哲学,创立了辩证唯物主义,打下了把哲学真正地变成科学的基础。

马克思和恩格斯在其合著的《德意志意识形态》中说:"独立的哲学,随着实际之叙述而丧失其存世之**媒层**。出而代之者不外是由人类之历史的发展之观察所抽象出的最普遍的诸成果之综合。这些抽象离开了实际的历史,**那单独地**是全无何等价值的。"

恩格斯在《反杜林论》中说:"……近代唯物论,在本质上说来都是辩证法的,而不需要任何站在他种科学之上的哲学。既然要求每种专门的科学,都须阐明它自己在世界事物以及对于这些事物认识的总体系中之地位,那末关于它们的总的联系之任何特殊科学,就变成不必要的了。这样,以前的哲学,只留下了一部分,保持独立的意义,这一部分就是关于思维及其法则的学说……其它一切都属于自然的历史的实证科学中去了。"

恩格斯在《费尔巴哈论》中又说:"马克思的历史理论在历史方面,给了哲学一个致命的打击,正如对自然界的辩证法观点使一切自然哲学成为无用和不可能一样。现在两者的任务,并不在于从头脑中想出联系,而是在于从事实本身中去发现这种联系。这样，对于从自然和历史中驱逐出去的哲学，反之保留下一个纯粹思想的王国，因为这个王国是关于思维过程本身法刻的学说……"

恩格斯在《费尔巴哈论》中又着重指出了："唯物主义，象唯心主义一样，也经过了一些发展的阶段。随着，甚至自然的方面有每一个划时代的发现，唯物主义就不可避免的改变自己的形式。而自从历史也应用唯物主义的观点来解释的时候起，这里也对唯物主义的发展开辟了一条新的途径了。"

那么，究竟马克思和恩格斯是怎样创立了科学的社会学，奠定了各种社会科学发展的基础，并打下了把哲学真正地变成了科学的基础呢？这二者之间有着怎样的密切的内在的联系呢？这乃是我们所要着重阐明的问题。

我们都知道，马克思吸收了黑格尔的辩证法的合理的内核，把它放在现实的唯物主义的基础之上，把整个宇宙看作是一个自然的物质的无限发展过程，同时也把人类社会生活看作是这个自然发展的一个历史过程。

我们也知道，马克思的辩证法不同于黑格尔的唯心的玄思的辩证法，而是把辩证法看作是自然界、人类社会生活和人类思维活动所共同具有的客观发展规律，而是看作思维的辩证法不过是自然界和人类社会生活的辩证法在人们头脑中的反映。因而，在马克思和恩格斯看来，任务并不是从头脑中制造一种辩证法把它加之于自然和人类生活，而且借我们头脑之助从自然和社会中把它揭露出来。

马克思和恩格斯有了这样对客观世界的辩证法的看法，这就给彻底地把唯物主义贯彻于一切认识领域之中造成了可能。马克思和恩格斯就在这种思想的指导下，研究了人类社会生活的历史发展，研究了人类认识发展与人类实际生活发展的关系，这就同时既创造了历史唯物主义的科学的社会历史学说，又创造了辩证唯物主义的科学的哲学学说。正如列宁说《资本论》的出现把历史唯物主义由假设变成了科学的社会学一样，历史唯物主义的出现也就把辩证唯物主义由假设变成了科学的哲学。

显然地，没有辩证唯物主义的思想指导，便不会有历史唯物主义的创立；反之，没有历史唯物主义的创立，也不会证实和完成辩证唯物主义。辩证唯物主义与历史唯物主义原是互相生长和互相依存的。从思想方面看，辩证唯物主义是主导的，而从实际方面来看，即历史唯物主义是主导的。这就不难明白为什么马克思和恩格斯自称清算他们思想（也就是确立他们的思想）的那本《德意志意识形态》一书，在内容上绝大部分是阐述他们的历史唯物主义。这就是因为只有建立了历史唯物主义，才能产成他们的辩证唯物主义。这就是说，在实际上，没有历史唯物主义，就不可能形成辩证唯物主义，正如在思想上，没有辩证唯物主义就不可能去创立历史唯物主义一样。因为，完备的科学的哲学，或者说完备的彻底的唯物主义，是不可能仅仅建立在自然科学基础之上的，而是同时也必须建立在社会科学基础之上；反之，科学的哲学思想，也不仅应该贯彻于自然界，而且同样地也要贯彻于人类历史。因此，既不可能设想，一个辩证唯物主义者可以不是一个历史唯物主义者；也不可能设想，一个历史唯物主义者可以不是一个辩证唯物主义者。这就不难明白，列宁就赫尔岑是"接近辩证唯物主义而在历史唯物主义面前停住了"的那句名言是该有多么正确和透彻了。

在理解哲学和历史的关系时，当然我们可以料想，在没有人类社会以前，宇宙就早已存在着和发展着了；并且也可以设想，就是将来人类社会不存在了，宇宙还是存在着和发展着。但是如果没有人类社会，也就不可能有人类对宇宙的各种认识，也就没有科学和哲学。而且，这种认识的发展，也是直接依赖于人类社会的发展的。而认识之是否正确，也只有通过人类长期的实践才能判定。因此，在认识论的领域中是一点也离不开人类社会生活和社会历史的。而且，人类社会历史，总的看来，不过是自然发展的一个过程，自然发展在有了人类社会生活之后，自然和历史彼此就互相作用着，开始是自然作用于人类的大些，适后随着人类社会生活的发展，人类作用于自然就一天比一天地大起来。这就是说，人不仅是能够认识世界的，而且还是能够改造世界的（双方也都包括人自己在内）。因此，当前无论对于认识世界来说，抑或对于世界本身的发展来说，都是离不开人类社会历史的。因此，任何科学理论，绝不能脱离开历史实践。这理论与实践的联系的发现,乃是马克思主义的精髓的精髓,这就是认识与实践的辩证法。被恩格斯誉为包含着新的宇宙观的天才的萌芽的第一个文件的马克思的《费尔巴哈论纲》,其中心思想就正在于此。

让我们再从现在的辩证唯物主义与历史唯物主义这两门科学各自的具体内容来检查一下,就会更具体地看出二者是如何地在具体内容上互相渗透着和互相制约着,并且在其发展中又是如何地互相推进着。

从辩证唯物主义方面来看,首先,在世界的统一性在于世界的物质性这一根本问题上,就必须是概括着人类社会生活的物质性和人类思维活动的物质基础在内的。其次,在谈到人的意识和思维的时候,就必须阐明人的意识和思维,不仅是物质的产物,而且更是人类社会生活的产物,即首先是劳动生产的产物。在论到认识问题时,如果离开人类社会实践,那是任何问题也得不到解决的。因为,只有通过社会实践,才能说明人类各时代各种各样的观念形态,才能合理地理解它们,并对之加以合理的解决和发展。至于辩证法既是概括自然、社会和思维都在内的宇宙间一切事物的普遍发展规律,当然就不能置人类社会实践于不顾,尤其是因为越是高级的复杂的运动形态,就越显露地揭示着事物发展的辩证法的性质。这就充分表明了,离开历史唯物主义,是不能阐明辩证唯物主义的,也就是离开科学的社会学,就不能有科学的哲学。

再从历史唯物主义方面来看,显然地,没有辩证唯物主义的思想指导,就不可能有对于社会生活的科学的解释和说明,就不可能有历史唯物主义。历史唯物主义的全部内容,可以说正就是辩证唯物主义在人类社会生活、社会历史上的具体表现形态。辩证唯物主义,正是像一条红线一样贯穿于全部历史唯物主义的社会历史学说之中的(当然也同样地贯穿于其他科学之中)。由于这方面的道理是显而易见的,同时也由于我们所要着重阐明的问题是辩证唯物主义怎样地依赖于历史唯物主义那一方面,而不是历史唯物主义怎样地依赖于辩证唯物主义这一方面,因而对于这一方面就不再多加论证了。

由此可见,辩证唯物主义与历史唯物主义原是存在着不可分割的内在联系的(但切不可庸俗地把不可分割理解为就得把它们放在一起才算是不可分割）。这种联系，并不是把它们分开来所能割断或把它们合起来所能增强的。把辩证唯物主义与历史唯物主义明确地区别开来，并不等于说它们之间的联系因此就隔绝了或疏远了。这种区别，正是为了确切弄清它们之间的关系不使它们之间的关系弄得混乱。因为，事实上，只有把它们正确地合理地区别开来，才能把它们正确地合理地联系起来。只有真正清楚地区别开来，才能真正密切地联系起来。把辩证唯物主义与历史唯物主义放在一起就称之为马克思主义的哲学，乃是混淆它们之间的真正关系，乃是用主观的、人为的、形式的、外部的联系去代替它们自身所固有的客观的、真正的、实质的、内在的联系。那样做，势必混乱科学之间的界限，混乱哲学与科学的关系，阻碍哲学和社会学各自发展为独立的科学，阻碍各种社会科学的发展，也势必同时降低在科学发展上彼此互相促进的作用，甚至影响整个马克思主义科学的向前发展。由马克思主义所指导的社会主义革命实践，现在正在雄勃地向前进展着，我们也必须同样地把马克思主义科学推向前进。但是像现在这种对辩证唯物主义与历史唯物主义关系的流行的看法，乃是把马克思主义拉向后退，向马克思主义产生以前退去的看法。因此，我们必须彻底清算和纠正这种不正确的看法，以使我们的科学得以沿着马克思主义所指示的正确道路向前推进。

最后让我们再引证日丹诺夫在苏联西欧哲学史讨论会上的发言来结束本文。日丹诺夫在批评西欧哲学史的作者"不懂马克思和恩格斯创造了新的哲学在质量上与所有以前的，包括进步哲学体系在内，一切哲学体系不同的哲学"和批评作者"不阐明从马克思起开始了哲学历史上一个完全新的时期及第一次使哲学成为科学的事实"时，他正确地指出："在历史过程中，不仅对于某些哲学问题的观点起了变化，而且问题的范围，整个哲学研究的对象都在经常变化着，这是与人类认识之辩证本质完全符合的。而且应当是每个真正懂得辩证法的人都明白的。"同时又指出："哲学发展的特点就在于随着人类对于自然的和社会的科学知识的发展，哲学的范围不断的缩小了（顺便说一句，这个过程直到现在还没有完结）。这种自然科学和社会科学从哲学权力束缚下解放出来的过程，无论对于自然科学和社会科学，或对于哲学本身都是一种进步过程。"日丹诺夫所说的这些话，无疑是真实的和宝贵的。可惜这些话到现在尚未引起我们哲学界予以足够的注意。

马克思论个体活动与历史规律的关系[①]
——马克思恩格斯历史唯物论书信介绍（摘登之二）

高清海

马克思1846年12月28日写给巴·瓦·安年科夫的信，对于我们了解和掌握马克思关于历史运动规律的理论具有重要的意义。

这封信写于马克思唯物史观学说的形成时期。马克思在1844年同恩格斯一起写出了《神圣家族》一书，1845年春草拟了批判费尔巴哈哲学的提纲，随后又和恩格斯一起完成了《德意志意识形态》一书的著述。在这封信里，马克思运用初步形成的唯物史观理论分析了人类历史的实在进程及其运动规律。这里的基本思想同《德意志意识形态》一书以及后来著作中阐述的观点完全一致，应当看作属于马克思业已成熟的思想。

马克思这封信的内容，主要是批判蒲鲁东的《贫困的哲学》一书的错误观点。蒲鲁东（1809—1865）是法国小资产阶级的哲学家和经济学家。他虽然早年当过工人，曾经尖锐地抨击过资本主义的私有制度，提出了"财产就是盗窃"的著名论点，马克思还曾耐心地帮助和教育过他，他的世界观却是资产阶级的，一生充当法国资产阶级和小资产阶级的代言人，对马克思的学说始终持敌对的态度。1846年秋出版了他的第二部著作《经济矛盾体系或贫困的哲学》。这部著作明显地表现了他的资产阶级改良主义和冒牌社会主义以及资产阶级唯心论和形而上学的立场、观点。巴·瓦·安年科夫（1812—1887）是俄国自由派著作家，当时同马克思建立了

[①] 原载《吉林大学社会科学学报》1981年第6期。

密切的联系。蒲鲁东的著作出版后，他于11月1日写信给马克思要求谈谈对这本书的看法。马克思起初没有蒲鲁东的著作，在收到这本书以后仅用两天时间就读完了它，并立即写出这封长信。在这之后，马克思跟着又写了批判蒲鲁东思想的专著，这就是于次年出版的著名著作《哲学的贫困》。

这封信比起后来出版的著作，内容上当然简单得多。马克思在《哲学的贫困》中对蒲鲁东的观点进行了系统的和详尽的批判，该书的副标题就叫作"答蒲鲁东先生的'贫困的哲学'"。相形之下，这封信不过是一个思想提要的简略提纲。但这封信也有它的特点和优长。二者在理论观点和思想内容上虽然基本一致，论述的重点却不尽相同。后一著作侧重从经济学和哲学方法论上批判蒲鲁东，在这之前的书信则着重于揭露和批判了他的唯心史观理论。而且在论述的形式下，书信的扼要简明、集中突出的特点，对于我们了解和掌握马克思的思想也有其特殊的意义。所以有了专著，并不因此否定书信的价值，二者应当配合起来学习。

蒲鲁东在《贫困的哲学》一书中阐述的观点，就其理论基础和思想实质来说，就是传统的唯心史观的观点。他承认历史是不断进化的，却认为历史进步的基础并不是人的物质活动，而是范畴公式的演进。他把历史的发展看作是普遍理性的自我表现，把人看作是理性为了自身发展而使用的工具。不用说，这纯粹是黑格尔观点的翻版。他认为经济范畴是不朽的、不变的、固定的，历史的进步就在于依靠新的公式去组合范畴，消除其间的对立，达到相互的均衡。从这种观点出发，蒲鲁东坚决反对把革命的行动作为社会改革手段，主张通过综合经济范畴的办法消除社会矛盾、实现社会平等。

马克思1845年在《德意志意识形态》中已经对唯心史观作了彻底的批判。蒲鲁东的观点在基本上并未超出那本书所批判的范围。但是我们在这里也能看出某些不同的特点。马克思和恩格斯在那部书里的批判锋芒主要是针对青年黑格尔派的。青年黑格尔派的特点是竭力夸大人们意识活动的作用。在他们看来，仅仅依靠他们的批判思想的活动，就足以使一切现存的东西遭到毁灭。蒲鲁东则不同。他完全无视人的活动的意义，认为历史的发展同人们的活动无关，不是人在创造历史，而是范畴在创造历史。正如马克思在信中指出的，蒲鲁东看到了历史规律与个体活动对立的一面，但他并不理解历史的实在进程，不理解二者还有统一的另一面，因此无法解释他所看到的事实。于是，他就发明出一些神秘的原因如"人类的无人身的理性"一类空话，把历史说成是某种"普遍理性"的自我表现。马克思指出，蒲鲁东谈论的不是历史，即"不是世俗的历史——人类的历史，而是神圣的历史——观念的历史"①。完全排除人的活动，依照范畴公式去构造历史，这就是蒲鲁东的唯心史观所具有的特点。

　　针对蒲鲁东的这种观点，马克思在信中着重分析了人的活动与历史规律的关系、个体发展与社会历史的关系以及物质活动与抽象范畴的关系等问题，并明确作出了"人们的社会历史始终只是他们的个体发展的历史"的结论。马克思的这些论述，从一个新的侧面阐发了唯物史观理论，对于我们全面了解马克思关于历史规律的学说、关于社会发展是一个"自然—历史的过程"的观点，具有十分重要的意义。可以说，以人的活动为基础去阐明人是如何在客观规律的支配下创造人们自己的历史的这个问题，是这封信的主要内容，也是这封信的特色。这个问题在其他许多著作和书信中也讲过，但以这封信讲得最突出，也最鲜明。我们所以必须认真学习这封信的主要意义，就在于此。

　　关于人的活动与历史规律的关系这个问题，在历史理论中即使不算最大的难题也是属于最困难的问题之一。历来的学者不是片面地强调这一个方面，就是夸大另一个方面，在马克思主义哲学产生以前二者始终统一不起来。其所以如此，除了社会现象复杂多变，人们认识起来要更加困难这个原因之外，还由于这里在自然规律固有的矛盾中又加上了主体与客体、主体与主体、主观与客观等等矛盾内容，这就在方法论上形成一系列不容易处理的观点。

　　历史是人们自己的活动创造的，还是由客观规律决定的？社会是由人组成的，历史是人的活动推动的。如果我们由此得出人们自己创造自己的

---

① 见《马克思恩格斯全集》第27卷，人民出版社1972年版，第479页。以下凡属本信引文不再注明出处。

历史的结论,由于人们的活动都是受他自己的意志、思想支配着的,——这是人类活动的根本特点——那就会走向否认历史发展具有客观规律的结果。历史运动如果没有了客观规律当然也就不会有关于历史的科学理论了。这是一个方面的矛盾。在另一个方面,如果我们认为历史发展与自然过程一样,也是由不以人的意志为转移的客观规律支配的,在这种情况下人的活动失去了自主性,又会走向否定历史是由人们自己的活动创造的结论,并且从这个结论陷入历史神秘论。

看来,这似乎是一个很难统一起来的两难推论,已往的历史观就是在这种两极对立中摇摆着的。18世纪的法国唯物论者爱尔维修在贯彻洛克的感觉论中,得出了人们只是教育的产物的结论。在这一方面,他看到了人们所处的环境对人的精神、品德和才能的决定作用。他说:"法律造成一切。"他还认为,就像自然是"服从运动的规律"一样,人的精神是"不折不扣地服从利益的规律"的。但是,当他进一步探究造成不同的人的环境的起源,发现政治制度和法律原来都是人们互相协商建立的,于是又退回到历史是由偶然性支配的观点。他得出的最后结论是:"高明的法律必须是经验和一种开明理性的作品",所以历史的进步决定于"天才"人物的出现。① 这就是马克思曾经指出过的旧唯物论的矛盾:"有一种唯物主义学说,认为人是环境和教育的产物,因而认为改变了的人是另一种环境和改变了的教育的产物,——这种学说忘记了:环境正是由人来改变的,而教育者本人一定是受教育的。因此,这种学说必然会把社会分成两部分,其中一部分高出于社会之上。"② 黑格尔是认识史上最先把辩证法自觉地运用于历史观的哲学家。他明确提出,历史是一个"有必然性的、有次序的"即合乎规律的发展过程。这个思想是杰出的。但是,他所说的历史的必然性,是指世界精神实现绝对观念的意向和由此所决定的历史中的这样联系,它同人及其个体活动并无本质的联系。这样理解的历史,完全是一种神秘的过程。所以他的学生和追随者"青年黑格尔派"在追求人的个性解放时,便由此一跃而跳向了完全相反的极端。例如布鲁诺·鲍威尔把他

---

① 见《十八世纪法国哲学》,商务印书馆1963年版,第460—549页。
② 《马克思恩格斯全集》第3卷,人民出版社1956年版,第4页。

老师的绝对精神化身为他自己的自我意识，认为只有自我即自由人的批判思想活动才是历史的真正动力。后来的施蒂纳更进一步，用至上的"我"——"唯一者"代替了鲍威尔至上的"自我意识"，认为"我"比"人"更伟大，整个世界都是我这个唯一者的自由意志创造的。按照这种观点，当然就谈不到什么历史的规律性了。蒲鲁东的思想所表现的也正是这一矛盾，不同的仅仅是他从黑格尔的学生的观点又退回到老黑格尔的观点上去了。

人们自己创造自己的历史与历史是一个有规律的过程，这两个论断决非彼此否定、互不相容的，它们可以统一而且本来就是统一着的。问题的关键在于：必须把历史规律放到人的活动中去理解，也就是说，必须去发现人的活动的规律，从人的活动自身找出决定历史过程的客观因素，而不能在人的活动之外去寻求什么决定历史的根本原因。历史的实在进程表明：历史是由人的活动构成的，历史的发展是由人的活动推动的，所谓历史规律，不过就是贯穿于人的活动之中并制约人的活动的那种客观必然性的联系。一切脱离人的活动的"历史规律"的观点都是历史神秘论的观点。然而这也正是这一问题最困难的所在。怎样去发现人的活动的客观必然联系？它要求我们必须做到辩证法思想与唯物论观点的有机统一，还要掌握运用这种方法去分析任何复杂问题的高度艺术。这一点，旧哲学是不可能做到的，只有掌握了辩证唯物论这个科学的世界观、认识论和方法论的马克思主义才能够做得到。

马克思在信中着重阐明的，就是这一内容。

人的个体活动与社会关系的变化的关系。

马克思在信中指出："社会——不管其形式如何——究竟是什么呢？是人们交互作用的产物。"这段简短的话，概括了关于个人与社会、个体活动与社会发展种种对立统一关系的复杂而丰富的内容。

这段话表明，马克思完全承认，人是社会的主体，历史是人的活动创造的。而且这里所说的人们，并非指抽象的人类，就是指从事个体活动的一个个具体的个人。这个意思在他和恩格斯合写的《德意志意识形态》中曾经明确地说明过。那里多次把从事一定活动的"有生命的个人的存在"看作是人类历史的第一个前提。他们还明确指出,"可以根据意识、宗教或随便别的什么来区别人和动物。一当人们自己开始生产他们所必需的生活资料的时候(这一步是由他们的肉体组织所决定的),他们就开始把自己和动物区别开来。"① 这就是说,在他们看来,人是由于自己的活动——创造自己物质生活资料的活动——才成为人的。人们是什么样的,也与他们的活动方式相同一。个人怎样表现自己的生活,他们自己就是怎样的;随着人们活动方式的改变,人的性质也必然跟着发生相应的变化。从这个意义上完全可以说,既然人是自己活动的产物,那末②人也就是它自己的"创造主"。

由人及其活动组成的历史也是同样的情形。通常所谓社会的发展,主要指生产关系以及基于此的各种社会关系的变化,这些就是构成社会形态的主要内容。而生产关系,按照马克思所说,不过是人们创造自己的物质生活的个体活动所由以实现的必然形式。人们不仅生产着呢子、麻布和丝绸,针对着自己的生产力,"还生产出他们由以生产着呢子和麻布的社会关系",当着人们改变了自己的生产力,作为它的社会形式的生产关系和以生产关系为基础的各种社会关系,都不能不随着发生变化,这就形成了人类的历史。所以,人作为人自己的创造者,同时也就是历史的创造者,所谓人类历史"不过是追求着自己目的的人的活动而已"③。

这是这段话包含的一个方面的含义。这段话还表明,虽然个人都是在他的意识的支配下从事活动的,历史却不是由人们抱定的目的任意创造出来的。在这一方面,蒲鲁东的确看到了某些真实情况。人们的社会发展跟他们的个人发展有所不同。人们不但不能自由地选择某一社会形态,甚至单独说来他们也并不知道他们做了什么事情。历史发展的进程及其达到的后果同人们最初抱定的目的往往很不相同,甚至是正相反的。但是,能否

---

① 《马克思恩格斯全集》第3卷,人民出版社1956年版,第23、24页。
② 原文如此。本书中多个地方出现的"那末"这个词,都是当时的用法,这次编辑出版时,为保留原貌,未做修改。——编者注
③ 《马克思恩格斯全集》第2卷,人民出版社1957年版,第119页。

认为这种情况就说明历史不是人们自己的活动创造的，而是由人的活动以外的某种力量决定的呢？蒲鲁东在这一点上思想便陷入了混乱。他不了解社会发展的这种看来经常违背人们意志的独立性质，其根源仍然是存在于人们的活动中的，因而制造了一系列"神秘原因即空话"出来。

人们为什么不能任意选择自己活动的产物即社会形态呢？这不是因为别的，还是由人们活动本身的性质决定的。个体活动——马克思和恩格斯曾经说明过——作为人的活动，表现为双重的关系，一方面是自然关系，一方面是社会关系。这两个方面的关系处于互相制约、密切不可分的联系之中。人的个体活动只能在与他人的合作关系中进行，这是区别于动物活动的人的活动的根本特点。人们在物质活动中构成的生产关系既然是人们进行物质生产活动所必需的社会形式，那么它的性质也就必须同人们的实践能力即生产力总和的状况相适应，而不管参加活动的个人的意愿如何，只要人们具有如此的实践能力，从事如此的物质活动，就不能不采取如此的社会关系形式、结成如此的生产关系。当着人们的实践能力提高了，进一步发展了生产力，生产关系也必然或迟或早地跟着发生变化。所有这一切都不以人的意志为转移，因此我们才把生产关系看作一种物质关系，即对人们的活动来说具有客观必然的性质，不论你意识也好不意识也好，都必须如此。

在此基础上，就形成了历史的合乎规律性的运动过程。马克思在信中指出："在人们的生产力发展的一定状况下，就会有一定的交换和消费形式。在生产、交换和消费发展的一定阶段上，就会有一定的社会制度、一定的家庭、等级或阶级组织，一句话，就会有一定的市民社会。有一定的市民社会，就会有不过是市民社会的正式表现的一定的政治国家。"

历史中的一切现象及其变化都根源于人们自己的物质活动，都是这种活动的产物，所以必须说历史是人们自己创造的；人们在活动中必然发生一定的客观的联系，人们也只能在这种客观的必然联系中去创造历史，所以又必须说，历史遵循着一定的客观规律，并非人们任意的创作。这些就是社会"是人们交互作用的产物"的具体含义。

人的个体活动与制约它的活动方式的客观条件的关系。

如果全部历史的基础都归结于生产力的状况，那末，现在问题的焦点就必然要集中到什么因素或力量决定着人们采取何种生产力这个问题上了。只要人们能够自由选择自己的生产力，就可以按着人们的意愿随意去确定自己的活动方式，安排各种社会关系，建立各种相应的制度，改变任何种类的社会结构。当然这样一来，历史规律性也就谈不上了。如果人们不能自由选择生产力，不能任意确定自己活动的方式，那就是说，凌驾于人的活动之上还有某种隐蔽的因素或力量，这种力量最后操纵着历史的发展，人不过是实现它的必然性的一个工具而已。而在这种情况下，历史又不属于人们自己活动的产物了。看来，解决这个矛盾就是跳出上面谈过的那个二难推论的关键所在了。不能解决这一矛盾，就不能最后摆脱陷旧哲学于困境的那个泥沼。

克服这个矛盾只有一种可能的方法，这就是必须从人们活动自身而不是从它以外，发现出决定人的活动能力、制约人的活动方式的因素力量。

人们不能自由选择自己的生产力和活动方式。这是容易被观察到的客观事实。这一事实表明，人的一切活动包括作为始源活动的物质生产活动，都是有条件而不是无条件的，都是有前提而不是无前提的。只有幻想的活动，例如蒲鲁东所设想的综合范畴的普通理性的活动，才是"既无起源，又无发展"的。人的物质生产活动只能在一定客观条件的制约下去进行。这里既有人们活动以外的自然的条件，又有人们活动自身的条件。由于自然条件只能通过人们的活动对人起作用，所以，对人的活动方式起着主要决定作用的条件，还是人们自身活动的条件。

马克思在信中指出，生产力是人们实践能力的结果，一代人具有的实践能力并不是完全由他们自己创造的，而是首先取决于在他们以前先代人所创造出来的生产力的水平。这是每个新一代人从事生产活动的前提条件，也是规定他们活动方式和进一步发展自己的实践能力的基础。马克思说："人们不能自由选择自己的生产力——这是他们的全部历史的基础，因为任何生产力都是一种既得的力量，以往的活动的产物。"

从人的物质生产活动自身发现出制约人们物质生产活动的因素，这可以说是马克思对人类认识史作出的一个不仅在历史理论方面而且在哲学上具有重大意义的贡献。把前人活动创造的结果看作后人从事活动的前提，这就从人们由其意识支配的自身活动中发现出了决定其活动方式的客观的基础。由于这一发现，才能够既承认意识对人的活动的支配作用，又把人的活动归结为客观规律决定的，从而使辩证法和唯物论内在有机地统一了起来。

第一，先代人们所创造的生产力对于后代的个体活动来说，属于一种不以他们的意志为转移的客观的因素。不论他们的意愿如何，他们都只能以此为基础去安排他们的活动。由于这一条件的制约，就使得他们不能任意地去选择自己的活动方式和创造历史。他们自以为是自由的那种意愿，归根结底也是由这个已有的基础所决定的。这就使得每个人的活动虽然都是由他的意识支配着的，而历史的运动却具有了不以任何个人的意识也不以时代的意识为转移的客观性质。

第二，归根结底来说，决定着人们的活动方式的现成的生产力，仍然属于人的活动范畴，是人们活动创造的结果。这里的区别仅仅在于既往的活动与现在的活动的不同。所以在总体上或从本质上说，根本不存在人类活动之外的什么决定历史变化的隐秘的原因。历史是由人的活动创造的，历史的客观的规律性所表现的不过是受前人活动制约的贯穿在人的活动中的必然联系而已。

第三，如果说前人活动的成果是后人活动的起点，那末后人在这个基础上添加进去的活动也就为更后的人们创造了更高的活动起点，而这样构成的历史基础就是一个永远处在进化中的可变基础，绝不是一个什么固定不变的永恒基础。按照这种观点，那种以永恒正义或人的不变本性以及抽象范畴解释历史的神话、空话，自然也就像肥皂泡一样地破灭了。马克思和恩格斯指出："每一代一方面在完全改变了的条件下继续从事先辈活动，另一方面又通过完全改变了的活动来改变旧的条件。"① 这种历史观所坚持的客观决定论，不仅丝毫不会限制人的活动，相反地，正推动人们去更大

---

① 《马克思恩格斯全集》第3卷，人民出版社1956年版，第51页。

地发挥他们的无限创造能力。从这种观点不仅可以合理地说明人的活动与历史规律的统一，也可以很好地说明社会发展与个体发展的统一。马克思在信中说："单是由于后来的每一代人所得到的生产力都是前一代人已经取得而被他们当做原料来为新生产服务这一事实，就形成人们的历史中的联系，就形成人类的历史，这个历史随着人们的生产力以及人们的社会关系的愈益发展而愈益成为人类的历史。由此就必然得出一个结论：人们的社会历史始终只是他们的个体发展的历史，而不管他们是否意识到这一点。"

范畴的运动与人的活动的关系。

由于蒲鲁东不了解人的活动对历史发展的作用，他就不能不向人的活动以外去寻求历史的动力。但他找到的仍然是人的活动的产物，这就是抽象的范畴。只是，这里的关系已经被颠倒过来了。他把经济范畴看作永恒的规律，认为范畴是经济关系变化的始初原因、历史变化的动力。蒲鲁东敌视一切政治运动。他认为只要"普通理性"发明出一种使对立的范畴达到均衡的新的公式，就足以改造现实社会，完全用不着实际的斗争。

马克思在信中全面地批判了蒲鲁东的观点，并且针对这些观点深刻地揭露了抽象范畴的"世俗的起源和历史"，阐明了抽象范畴与历史运动的真实联系。这些内容涉及到唯物史观的基本观点，对于我们了解和掌握马克思主义理论有着重要的意义。范畴是内容更为抽象、概括性也更大的概念。由于范畴的这种抽象性，它同产生它的现实基础之间的真实联系，往往变得很模糊，不容易被人们看清楚。唯心论的哲学家利用了这一点，于是把范畴神秘化、神圣化，完全颠倒了范畴与历史的关系。唯心论的这套理论十分荒谬，但在人们还不完全了解历史的实在进程时，却很难驳倒它。要驳倒唯心论的这套谬论，不仅必须揭示出人的物质活动所具有的能动作用，从而指明能动的思维活动以及作为这种活动的直接产物的范畴的物质根源；还必须找出把范畴同这个物质根源联系起来的中介环节，从而具体指明范畴的起源和历史。这只有唯物史观的理论才能够做得到。马克思在信中提出了唯物史观的一个基本论点，即认为：经济范畴不过是现实的经济关系的"抽象的、观念的表现"。马克思说，当人们生产呢子、麻布、丝绸的时候，适应自己的生产力还生产出了能够由以生产呢子、麻布的社会关系；与此相适应地，"适应自己的物质生产水平而生产出社会关系的人，也生产出各种观念、范畴，即这些社会关系的抽象的、观念的表现"。这就是马克思主义的唯物史观关于范畴的基本观点。按照这个观点，范畴毫无神秘性质，一切都很清楚。范畴就其形式说虽很抽象，它的内容却十分现实，这就是实际存在着的社会关系。经济范畴与经济关系系同出一源，都是人们现实的物质活动的产物；区别只在于，经济关系是基于物质生产水平不以人们的意志而形成的，经济范畴作为经济关系的观念表现则是经过人们头脑的意识而后产生的。正由于有这样的区别，经济关系才被看作物质性的社会关系，经济范畴则属于人们已经意识到的社会关系。范畴经过头脑而形成的这一点，只能使问题复杂化，或者把它的真实起源掩盖起来，却决不会改变它仍然是人们的现实的物质活动的产物这一客观事实。

依照唯物史观的这个观点，蒲鲁东的所有谬论就都不攻自破了。

如果观念、范畴是现实的社会关系的抽象表现，那它就不可能像蒲鲁东说的那样，是什么永恒的、不朽的。经济范畴只有在它所表现的社会关系存在的时候，才能够是真实的。随着社会关系适应生产力而发生的变更，反映它的范畴也不能不跟着变化，失去原来的意义。所以，一切经济范畴都只能看作历史性的规律，即"只是适用于一定的历史发展阶段、一定的生产力发展阶段的规律"。蒲鲁东认为经济范畴是永恒规律，那是由于他把范畴脱离了它的现实基础的缘故，"抽象、范畴就本身来说，即把它们同人们及其物质活动分离开来，自然是不朽的、不变的、固定的"。

如果观念、范畴是现实的社会关系的抽象表现，按照这个观点，蒲鲁东发明的那个依靠综合范畴去改造现实社会的方案，就是纯粹的幻想。范畴是意识到的社会关系，它只能作为意识去起作用。这里不去说物质的社会关系必须用物质的力量才能最后改变它，即就范畴自身来说，范畴的基础不改变，要改变范畴也是不可能的。马克思指出，能够改造现实社会的，不是范畴的公式而是历史的运动，封建等级制度"这一对抗的真正平衡是推翻一切社会关系——这些封建体制和这些封建体制的对抗的基础"。

在信中马克思还揭露了蒲鲁东的观点的资产阶级实质，这对我们了解理论思想与现实斗争的联系也很有意义。蒲鲁东虽然没有直接肯定资本主义制度是永恒的真理，马克思指出，在他关于经济范畴的理论中把资产阶级社会的产物——范畴——想象成为"具有自己的生命的永恒的东西"，这里表现的就是资产阶级的观点，因为它"并没有超出资产阶级的视野"。他极力寻找对这些观念的平衡的公式，企图用自己头脑中的运动去代替由于资本主义社会冲突而产生的历史运动，这也正是一切"好心的资产者所做的事情"，就是"希望有资产阶级生活的条件而没有这些条件的必然后果"。蒲鲁东的这些观点，在理论上也丝毫没有超出剥削阶级的历史观的界限，这种历史观归根结底，不外就是宣扬"历史是由学者，即由有本事从上帝那里窃取隐秘思想的人们创造的。平凡的人只需应用他们所泄露的天机"。

马克思写给安年科夫的这封信，内容十分丰富，信中谈到的远不止上面列出的几个问题。我们在这里只是分析了其中的主要内容和观点。信中还有许多涉及到而没有详细发挥的重要思想，这些对我们了解马克思主义理论也都很有意义。我觉得，这封信在今天对我们意义最大的，还是体现在各个具体观点里面的方法论的内容。马克思对每一个问题的分析，都表现了认真的、严肃的科学态度，贯注了唯物论的实事求是的精神，体现了运用辩证法的高超艺术。这是马克思留给我们的最为宝贵的思想财富。学习马克思的这封信，必须把掌握这一方面的内容放在首要地位。

社会主义市场经济向唯物史观提出的新课题

张维久①

邓小平南方重要讲话和党的十四大报告,进一步深化和发展了建设有中国特色的社会主义理论,同时也提出了一系列新的理论课题,特别是提出了建立社会主义市场经济这个大课题。建立社会主义市场经济向唯物史观提出了多方面问题,主要有:

(一) 关于市场经济在社会历史发展中的地位和作用问题

其中包括:市场经济的历史必然性和不可超越性;市场经济对推动社会发展、社会进步的作用与意义;市场经济与现代化大生产;市场经济的"双重效应";社会主义市场经济与资本主义市场经济的异同;等等。

(二) 市场经济与社会基本矛盾的内在关系问题

其中包括:市场经济与所有制的关系,特别是与社会主义公有制之间的关系,它如何与社会主义国有制实现内在结合;由高度集中的计划经济转向社会主义市场经济对社会基本矛盾带来哪些新变化;根本变革我国的经济体制与坚持社会主义基本制度的关系;改革是解放生产力与社会发展动力系统问题;等等。

---

① 原载《哲学动态》1993 年第 4 期。
张维久(1933—),吉林省吉林市人,与高清海先生先后就读于中国人民大学的研究生,从商品学专业改为马克思主义哲学专业,毕业后回吉林大学执教。吉林大学哲学学科的开创者之一,曾担任吉林大学现代哲学研究所所长、吉林省哲学学会会长。长于马克思主义哲学原著及马克思主义哲学史的研究,有深厚的马克思主义哲学史及原著素养。——编者注

（三）市场经济与人的主体性问题

其中包括：怎样认识社会主义市场经济下的人的主体性；市场经济对实现人的主体性的意义以及对人的主体性的要求；如何实现人民群众在社会主义市场经济条件下的主人翁地位；市场经济对人的主体性的负效应；等等。

（四）社会主义市场经济面临的一些对立统一关系

其中包括：公平与效率，生产力标准与道德标准，竞争与协作，社会稳定与社会改革，社会的自发发展与自觉控制，等等。

（五）社会主义市场经济条件下的利益关系与阶层、阶级结构的新变化问题

其中包括：如何正确认识与处理一部分人、一部分地区先富与共同富裕；个人利益与群体利益、局部利益与社会整体利益，以及各群体之间利益的关系；分配上的差距与公平的关系；由于改革和市场经济发展而引起的社会阶层、阶级结构的新变化；等等。

（六）社会主义市场经济与精神文明建设问题

其中包括：社会主义市场经济条件下人们的生活方式、行为方式、思维方式和价值观、人生观、世界观的变化，以及这些变化的积极方面和消极方面；市场经济与文明进步、市场经济与精神文明建设、经济建设与政治建设文化建设之间的关系；社会主义市场经济条件下意识形态和政治思想教育面临的新问题，如何加强马列主义在意识形态中的主导地位，如何突出爱国主义、集体主义、社会主义的"主旋律"。

以上列举的并非社会主义市场经济向历史唯物主义提出的全部课题。但它已经足以表明，在改革大潮面前，哲学理论工作者肩负着艰巨任务，而决非无所作为，尚更不是可有可无。我们应当立足实践，解放思想，勇于探索，使理论工作更好地为建设有中国特色的社会主义服务。

论恩格斯晚年探索社会规律的特点[①]

艾福成

恩格斯的晚年即马克思逝世后恩格斯在世的 12 年（从 1883 年至 1895 年）非常重视对社会规律问题的研究。他在此期间所写的著作、论文大部分都涉及到这个问题。特别是在《在马克思墓前的讲话》、《家庭、私有制和国家的起源》、《路德维希·费尔巴哈和德国古典哲学的终结》以及晚年有关通信中他对社会规律问题作了大量的极有价值的探索。与他和马克思在 19 世纪 40 年代至 70 年代对社会规律问题的研究相比较，恩格斯晚年的这一探索具有显著的不同特点。

一、19 世纪八九十年代恩格斯探索社会规律的主要特点

恩格斯在 19 世纪八九十年代论述社会规律问题的特点是与这一时期的历史特点和理论斗争的主要任务紧密联系在一起的。从唯物史观发展的视角来看，19 世纪 40 年代至 70 年代是马克思恩格斯唯物史观创立、论证和检验的时期，该时期理论斗争的主要任务是批判、否定历史观领域的唯心主义，打破唯心史观的一统天下，确立唯物史观的统治地位。为此，他们揭示并论证社会发展规律的客观性质，强调物质生产和经济因素的始源性的决定作用。但到了八九十年代，情况则发生了变化：（1）唯物史观创

[①] 原载《学术界》1995 年第 5 期。

立已经40多年并在国际共产主义运动中确立了统治地位。(2) 无产阶级及其政党运用唯物史观指导各种理论的和实际的斗争积累了大量的经验需要加以总结。(3) 各门科学提供了许多新的成果有待加以新的概括。(4) 资本主义进入和平发展时期资产阶级反对唯物史观的手法不断变换。(5) 大批小资产阶级分子涌入党内,他们缺乏马克思主义的理论素养,对唯物史观作简单化的理解,用机械论和形而上学的观点曲解甚至歪曲唯物史观。

以上五点决定了恩格斯晚年关于社会规律问题的论述具有以下三个方面的特点。

第一,理论上的创新精神。恩格斯把唯物史观看作一个开放的体系孜孜不倦地进行理论研究和探索,不断地总结斗争经验概括各门具体科学发展取得的新成果,对社会规律问题作出新的概括,揭示出新的社会规律,不断地为唯物史观添加新的内容。

第二,反对机械论。恩格斯坚决反对把社会规律等同于自然规律,反对把经济因素的作用绝对化,着重阐述了社会规律的特殊性以及经济因素以外的其他因素的作用。

第三,贯彻历史的辩证法反对形而上学。恩格斯针对支持在对唯物史观理解上的形而上学和教条主义的倾向,强调必须辩证地看待社会规律。他尖锐地指出:"所有这些先生们所缺少的东西就是辩证法。"[①]

二、八九十年代恩格斯探索社会规律的理论内容

恩格斯晚年探索社会规律的特点具体地体现在他对社会规律研究的理论内容中。

(一)在充分肯定社会规律客观性的基础上,对马克思揭示社会规律的意义作出新的概括

在40至70年代马克思和恩格斯主要对社会客观规律加以揭示和论

---

① 《马克思恩格斯选集》第4卷,人民出版社1972年版,第486页。

证。在《德意志意识形态》、《〈政治经济学批判〉序言》和《资本论》第一卷第一版序言中他们通过不同的语言文字形式揭示社会发展客观规律的基本内涵。到了八九十年代恩格斯没有再把主要精力放在论证社会规律的客观性上，他只是在肯定社会规律客观性的基础上，着重对马克思揭示社会规律的重要意义作出新的论述和概括。

恩格斯指出，马克思一生中有许多发现，而第一个伟大发现是发现了人类历史的发展规律。他透过纷繁芜杂的现象，揭明直接的物质的生活资料的生产，一定的经济发展阶段，构成社会的基础，而人们的国家制度、法的观点、学术以致宗教观念，则是从这个基础上发展起来的，因而也必须由这个基础来解释。马克思发现人类历史的发展规律，对于社会历史科学的意义，正与达尔文发现有机界的发展规律对于生物学的意义一样，引起了历史观领域空前的、划时代的和革命性的变革。因为在马克思以前，几千年历史观念领域都是唯心主义的世袭领地，思想家们都这样那样地否认社会规律的客观性质。

不仅如此，唯物史观的创立还同时引起了哲学领域的革命性变革。对此正如恩格斯指出："这种历史观结束了历史领域内的哲学，正如辩证的自然观使一切自然哲学都成为不必要的和不可能的一样……这样，对于已经从自然界和历史中被驱逐出去的哲学来说要是还留下什么的话那就只留下一个纯粹思想的领域：关于思维过程本身的规律的学说，即逻辑和辩证法。"① 正是由于马克思揭示了社会发展规律，才有了唯物史观，也才有了马克思列宁主义哲学，从这个意义来说，马克思发现人类历史的发展规律是他在理论上作出的最突出的贡献之一。

（二）恩格斯在总结概括人类学研究成果的基础上，揭示了原始社会的发展规律，填补了这方面的理论空白，对唯物史观作了重要的补充

在19世纪70年代以前，由于受到原始社会史和人类学研究水平的局限，人们对原始社会的社会组织并不清楚，马克思和恩格斯还不可能对原

---

① 《马克思恩格斯选集》第4卷，人民出版社1972年版，第253页。

始社会的发展规律作出概括。恩格斯晚年则具备了这样的条件，他在概括美国人类学家摩尔根《古代社会》和马克思晚年《人类学笔记》研究成果的基础上，揭示了原始社会发展规律进而论述了一般社会规律与原始社会规律的关系。他说："根据唯物主义观点，历史中的决定性因素，归根结蒂是直接生活的生产和再生产。但是，生产本身又有两种。一方面是生活资料即食物、衣服、住房以及为此所必需的工具的生产；另一方面是人类自身的生产即种的繁衍。"① 可以说，这是恩格斯从两种生产相互关系的角度，对社会发展一般规律的一个新的表述和概括。更为重要的是，恩格斯还揭示了原始社会的发展规律。他指出："一定历史时代和一定地区内的人们生活于其下的社会制度，受着两种生产的制约：一方面受劳动的发展阶段的制约，另一方面受家庭的发展阶段的制约。劳动愈不发展，劳动产品的数量、从而社会财富愈受限制，社会制度就愈在较大程度上受血族关系的支配。"② 这就是说，原始社会的发展和其他社会的发展一样，也是受两种生产制约的。但原始社会有其特殊性。由于原始社会生产力水平低下，劳动产品不足，社会财富贫乏，原始社会的社会制度只能是氏族制度。氏族制度与后来阶级社会以地域和私有财产为基础的政治制度不同，它是以血族关系为基础的，主要是受人类自身生产制约的。所以恩格斯说，原始社会的社会制度虽然也受两种生产的制约，但血族关系即人类自身生产起主要的支配作用。这就是原始社会的发展规律。这是一般社会发展规律在原始社会的特殊表现形式。

（三）揭示社会规律与自然规律的区别，指出人的目的性在社会规律形成中的作用

在19世纪八九十年代，人们对社会规律存在着种种错误的认识。其中主要的一种，就是把社会规律与自然规律等量齐观，否认二者的差别。这种观点把社会规律看作是与人无关、在人之外的一种纯粹客观规律，实际上是把社会规律还原为自然规律。这是一种机械论的观点。针对这种错

---

① 《马克思恩格斯选集》第4卷，人民出版社1972年版，第2页。
② 《马克思恩格斯选集》第4卷，人民出版社1972年版，第2页。

误的倾向，恩格斯晚年着重论述了社会规律与自然规律的区别。

第一，社会发展史与自然发展史有一个根本的不同点，这就是，在自然界中，全是不自觉的、盲目的动力，这些动力彼此发生作用，而一般规律就表现在这些动力的相互作用中。在所发生的任何事情中，都不是作为预期的自觉的目的发生的，一切自然规律，都是在人之外客观存在的。"反之，在社会历史领域内进行活动的，全是具有意识的、经过思虑或凭激情行动的、追求某种目的的人。"① 这就是说，社会规律脱离不开主体——人的活动或者说社会规律就是主体——人的活动的规律。社会规律就存在于人的活动之中，如果离开了主体——人的活动，社会规律就无以存在。

第二，社会规律的形式，与人的目的性直接相联。任何社会历史活动，都是人的实践活动的领域，都有人的目的性（动机、意志、愿望、理想追求等等）参与其中，因为目的性是人的实践活动不可缺少的要素。自然规律的形成与人无关，在人之外独立存在，是自在的规律。正是基于这样的认识，认为要探索在历史中起支配作用的规律，找出构成历史的真正的最后动力的动力，那么就应当注意研究使广大群众、整个整个的民族、整个整个阶级行动起来的动机。

第三，社会规律客观性与自然规律客观性的区别。

恩格斯认为，社会历史是人们自己创造的。但是，这种创造活动首先是在十分确定的经济、政治前提、条件下进行的。社会规律的形成，受到这些前提、条件的制约；其次，参加历史活动的人们虽然都是有目的、意志的，但最终的结果却不是按每个人的目的、意志、愿望实现的，而是形成无数互相交错的力量，有无数个力的平行四边形，这些目的、意志、愿望相互作用和相互冲突产生出一个总的结果，即社会规律。社会规律是不以任何个人的意志为转移的，其最后结果是谁都没有希望过的，它无疑具有客观性。但社会规律又不是与各个个人的目的、意志无关的，或者说社会规律就是在一定的经济、政治前提、条件下，在人的各种实践活动中，

---

① 《马克思恩格斯选集》第4卷，人民出版社1972年版，第243页。

由许多单个的意志、目的融合而成的一个总的平均数,一个总的合力,所以,在社会规律的形成中,各个人的意志决不等于零,"相反地,每个意志都对合力有所贡献,因而是包括在这个合力里面的。"① 这说明,社会规律的客观性与自然规律的客观性有所不同,自然规律的客观性是自在的客观性,而社会规律的客观性是自为的客观性。

(四) 恩格斯深刻地论述了历史必然性与偶然性的辩证关系

恩格斯认为,历史的必然性并不是赤裸裸地存在着的,而是与历史的偶然性紧密相联的。历史必然性"以偶然性为其补充和表现形式"②,而且它通过各种偶然性为自己开辟道路。他把偶然性比作上下波动的曲线,把必然性比作曲线的中轴线。历史必然性不在偶然性之外,它就在偶然性之中,是贯穿于各种偶然性中的一般性和共同性。在社会进程中,经济必然性是占统治地位的,一切个别的历史事件和天才人物的出现,当然都是偶然的现象,但在这些偶然性中却表现着历史的必然性。所以,只有通过研究大量的历史偶然性才能揭示历史的各种规律性。

(五) 批驳"经济决定论",阐述社会发展归根到底要以经济必然性为基础的一切社会因素间的交互作用

恩格斯指出:"根据唯物史观,历史过程中的决定性因素归根到底是现实生活的生产和再生产。无论马克思或我都从来没有肯定过比这更多的东西。如果有人在这里加以歪曲,说经济因素是唯一决定性的因素,那末他就是把这个命题变成毫无内容的、抽象的、荒诞无稽的空话。"③ 在恩格斯看来,在历史过程中物质生活资料的生产、经济状况确实是基础,它在归根到底的意义上起决定性的作用。影响历史斗争进程的绝不仅仅只是经济因素,还有上层建筑的各种因素——阶级斗争的各种政治形式、国家政权、宪法、各种法权形式以及政治的、法律的和哲学的理论、宗教的观点等等,这些因素不仅对历史斗争的进程发生影响,并且在许多情况下对历

---

① 《马克思恩格斯选集》第4卷,人民出版社1972年版,第479页。
② 《马克思恩格斯选集》第4卷,人民出版社1972年版,第506页。
③ 《马克思恩格斯选集》第4卷,人民出版社1972年版,第477页。

史斗争的形式起着主要的决定作用。所以，历史发展过程"表现出这一切因素间的交互作用，而在这种交互作用中，归根到底是经济运动作为必然的东西通过无穷无尽的偶然事件……向前发展。"①

三、19世纪八九十年代恩格斯探索社会规律特点的意义和启示

首先，恩格斯在社会规律问题上，划清了唯物史观与形而上学机械论的界限。不仅坚持了唯物史观的正确观点，而且对社会规律问题作出一系列的新概括新总结，补充了新的理论观点和内容，使唯物史观关于社会规律的理论更丰富、更全面。

其次，恩格斯晚年在社会规律问题上为正确理解唯物史观的实质提供了理论指导。

马克思和恩格斯立足于社会实践，研究人的活动方式和人类社会生活，揭示了社会发展的规律，创立了与唯心史观相对立的唯物史观，它在本质上是实践的唯物主义。唯物史观肯定经济必然性、历史规律性对社会发展的决定作用，这种决定作用是通过前代人的实践活动的成果和当代人改变现实的实践活动的制约作用实现的。同时，它又充分肯定人的意志、目的、理想追求在创造历史活动中不可缺少的能动作用，也就是肯定主体的选择性在形成社会规律中的作用。这就充分体现了唯物史观既是规律的决定论，又是包括主体选择作用在内的选择决定论的性质。这些论述对我们今天深入理解唯物史观的实质，解决关于历史唯物论的理论性质、决定论与选择论的关系，合目的性与合规律性的关系等等问题，都具有现实的指导意义。

最后，恩格斯的论述也表明，他从来不把唯物史观当作僵化、凝固的教条理论，而是当作创造性的、不断发展更新的理论来对待。在发展变化

---

① 《马克思恩格斯选集》第4卷，人民出版社1972年版，第477页。

了的形势下，用它作为科学方法论和行动的指南，去进行新的研究和探索。我们今天处于改革开放的时代，应该很好地继承和发扬恩格斯这种理论创新的精神，在唯物史观理论的研究中，不拘守于已有的结论，要敢于面向现实，面向实践，不断开拓进取，创造出新的理论成果。

两个体系两种理解
——论"实践唯物主义"同"辩证唯物主义和历史唯物主义"对实践的不同理解

蔡英田[①]

一

新时期中国马克思主义哲学研究所取得的最重大的进展是突破了辩证唯物主义和历史唯物主义的传统模式,提出了实践唯物主义的新理解和新概括。实践唯物主义作为马克思主义哲学的本质,它表示的不仅仅是理论付诸实践的实用原则,而且是哲学体系的建构原则。实践唯物主义是一个新的哲学框架,它要求我们根据新的社会实践和当代科技革命的最新成果,特别是依据我国社会主义改革的现实,重建现时代的马克思主义哲学。实践唯物主义尽管还存在许多问题和理论困难,但毫无疑义,它已经成为构建 21 世纪马克思主义哲学新形态的坚固出发点。实践的观点是马克思主义哲学首要的和基本的观点,它构成了新哲学和旧哲学的分水岭。以实践为基础,马克思主义哲学实现了哲学主题的转换。旧唯物主义以至整个旧哲学关注的是"整个世界",马克思主义哲学关注的是"现实世界"、"人类世界";旧哲学关注的是宇宙本体,马克思主义哲学关注的是

[①] 原载《吉林大学社会科学学报》2001 年第 6 期。
蔡英田(1941—),男,吉林省大安人,吉林大学哲学社会学院教授,以研究唯物史观见长。

人的生存、人的发展和人的解放。

实践唯物主义不仅与否定实践或者根本不懂实践意义的旧哲学根本对立,而且与旧哲学教科书阐述的"辩证唯物主义和历史唯物主义"理论体系不同,它表明一种新的哲学原则和哲学架构。以旧的哲学教科书为代表的"辩证唯物主义和历史唯物主义"理论体系,是从物质出发的,本质上是一种自然物质本体论。它体现着一种朴素实在论立场和知识论取向,带有浓厚的经验主义色彩。与"辩证唯物主义和历史唯物主义"根本不同,实践唯物主义以实践作为整个体系建构的前提和出发点,从根本上超越了唯物主义和唯心主义的传统对立,构了哲学发展的新阶段。实践唯物主义本质上不是一种本体论,而是一种存在论。它不预设一个物质本体及其绝对的、普遍的规律,作为自己永恒追求的对象,也不把自己作为一门科学或"科学之科学"去追求超时空的绝对真理,而是从人的现实生活和实践出发,通过人的对象性活动改变自然现实和社会现实,实现人的发展,展现人的全部丰富性。

"实践唯物主义"同"辩证唯物三义和历史唯物主义"虽然是对同一马克思主义哲学的理解和概括,但是它们各自标明的哲学对象、解释原则和最终旨归都是不同的,它们是两种不同的哲学框架或哲学体系。弄清"实践唯物主义"同"辩证唯物主义和历史唯物主义"的体系差别,对于正确理解实践,特别是对于正确理解作为实践唯物主义之基础和奠基概念的实践,具有特别重要的意义。

二

任何一门科学的基本范畴都是构建该门科学体系的"脚手架",是组成该门科学理论系统的基本要素,同时它们的地位和意义又被该系统所决定。科学范畴的意义不是先天具有的,也不是完全由词源意义而来的,而是整个体系赋予的,并且是在使用中不断完善的。同一个概念,在不同的理论体系中处于不同的地位,和其他概念具有不同的关系,执行不同的职能，因而也具有不同的意义。牛顿力学中的"质量"不同于量子力学中的"质量"，"元素"在现代化学和古代炼金术中根本不是一回事。"实践"概念也是这样。在实践唯物主义理论体系中有"实践"概念，在辩证唯物主义和历史唯物主义理论体系中也有"实践"概念，但二者理解的"实践"不同，不能用辩证唯物主义和历史唯物主义理论体系中规定的意义去理解实践唯物主义中的"实践"。这对于了解分析哲学和现代逻辑常识的人来说，是不言而喻的道理，然而也正是这一问题构成了对实践唯物主义正确理解的障碍之一。

实践作为马克思主义哲学基础，首先就在于它是世界观的基础，是世界观、认识论和历史观统一的基础，然而在传统的"辩证唯物主义和历史唯物主义"理论体系中，实践只被认为是认识论基础和历史观基础，而没有被作为世界观的基础。在这里，实践概念尽管也引入哲学之中，也受到某种程度的重视，但它毕竟是第二位的，处于从属和服从的地位；处于第一的和主导地位的则是"物质"概念。"物质"作为辩证唯物主义和历史唯物主义理论体系的奠基概念，它是世界的终极本体，是世界上的万事万物所以如此这般的终极根源，它决定世界的面貌和发展趋向，并在归根结底的意义上支配着人及其一切活动，从而也支配着人类历史的进程。辩证唯物主义认识论是从物质到感觉和思想的线性反映论，实践不过是为了认识物质及其运动规律而必需的"中介"和"手段"而已。在历史观中所以需要实践，并非因为历史是人活动的产物，而是为了借助于实践使物质运动成为历史的主体，使历史成为"自然历史过程"。

实践唯物主义以实践为基础，以实践为其全部理论的出发点和归宿。实践不仅是认识论和历史观的基础，更重要的，它是世界观的基础，是观察世界的基本的思维方式。正是在这一点上，实践唯物主义同旧唯物主义彻底划清了界限。马克思指出："从前的一切唯物主义——包括费尔巴哈的唯物主义——的主要缺点是：对事物、现实、感性，只是从客体的或者直观的形式去理解，而不是把它们当作人的感性活动，当作实践去理解，不是从主观方面去理解。"① 马克思认为，对"事物"、"现实"、"感性"，一句话，对现实世界和世界上的一切事物不能只从"客体的"或"直观的"形式去理解，而应该当作人的"感性活动"、当作"实践"去理解。在实践唯物主义看来，现实世界，即人生活于其中的世界，不是物质实体自行演化的结果，而是人实践活动的结果，是人对象性活动的产物。实践唯物主义在把实践提高到世界观高度的同时，也就把实践的观点贯彻到了哲学的一切领域，因为哲学的一切领域都体现着它的世界观的基本原则。

三

传统的哲学原理教科书割裂实践的整体性，不仅表现在把实践局限在认识论和历史观领域中，而且表现在对实践本身的理解上也是割裂的，这就是只把实践理解为物质活动过程，而把精神活动排除于实践之外。

"实践是人类改造客观世界的物质性活动。物质性或客观性是实践的本质特征"。我们随便翻开一本马克思主义哲学原理教科书，几乎都能看到这样的规定。实践所以被规定为物质性活动，据说是因为从事实践活动的主体和客体，使用的手段和取得的结果都是物质的。然而这一理由是不充分的。实践是自觉的、有目的的活动，目的作为规律调节活动过程，制约活动结果，整个活动表现为目的的实现过程。如果把精神因素和精神活动从实践中排除出去，那么，作为人类改造世界的活动就与动物适应环境的活动没什么区别了，甚至实践概念最后要消解在一般物质运动的概念中。实践所以区别于一般物质运动和动物适应环境的活动，不在于它使用物质手段和获得物质结果，而在于实现人的目的，因而能在自然界中打上人的意志的印迹。

其实，实践不仅是物质运动过程，而且也是精神活动过程，是物质和精神统一的过程。且不说那些以认识世界为目的的科学实验和理论批判活

---

① 《马克思恩格斯选集》第 1 卷，人民出版社 1995 年版，第 9 页。

动充满了精神因素，就是被作为典型的物质活动的生产劳动也包含着精神活动过程。生产并非单纯支出劳动和使用生产资料的过程，它同时也是人的全部创造力和文化成果的应用过程。生产既是物质的，也是精神的。生产作为运用人的精神能力并使科学成果客观化的领域，作为一种自觉的、有目的的和合理的活动，也是一个精神活动过程。不仅应当把生产理解为物质财富的创造过程，而且应当理解为观念、知识、艺术形象等等精神财富创造的过程。

实践是物质和精神统一的活动，或者说在实践中达到了精神和物质的真正统一。实践是具有高度融合性的总体范畴，它扬弃并超越了有关物质和精神、主观和客观、主体和客体、理性和非理性等等一切二元对立，实现了物质和精神、思维和存在的"和解"。实践作为对象化活动，是物质和精神、主体和客体的双向转化过程。在实践中，主体客体化、精神物质化，同时客体又主体化、物质又精神化，其结果是精神和物质的真正"融合"。经过实践，客体对象吸纳了精神，扬弃了单纯的客观性和物质性，变成了有"灵性"的存在，变成了人的存在方式；同时，主体精神投射到对象中，扬弃了单纯的主观性和观念性，获得了自己的"肉身"，变成了有形的存在，变成了精神的物化形式。

实践消除物质和精神的对立，把它们熔入一炉，炼成一整块钢铁。经实践的熔炼，我们再也不能从中挑出哪是物质，哪是精神，正像在一块钢铁中再也挑不出哪是矿石、哪是焦炭一样。

实践消除了物质和精神的对立，把二者融合为一。马克思从实践出发，把实践作为整个哲学体系建构的前提和基础，这就从根本上保证了他的哲学必然超越唯物主义和唯心主义的传统对立，从而达到实践唯物主义的高度。把实践只理解为物质活动，而把精神活动排除于实践之外，正是传统哲学坚持主客二元对立的思维模式的必然结果。在以主客二元对立为基础的物质本体论哲学体系中，实践只能在认识论的意义上作为主客联系的"中介"和"桥梁"而得到有限的承认，不可能作为整个哲学的基础得到充分的肯定。与此不同，在实践唯物主义哲学体系中，实践的意义不局限于认识论上联结主客，而在于本体论上消除物质和精神的二元对立，从而在根本上改变哲学的性质。

四

  与消除物质和精神的对立相联系，实践也消除目的和手段的分离，实现目的和手段的统一。对人而言，作为总体活动的实践既是手段，又是目的，既是改造外部世界的活动，又是人的自我生成过程。实践作为手段，主要表现在它是人类改造客观世界的活动。马克思把人类最经常、最普遍、最大量的实践活动即生产劳动看作人与自然之间的"物质变换"过程。通过实践，人支出自己的体力和智力，而客观对象被改造，变成满足人类需要的劳动产品。实践改造世界，创造物质财富，满足人的需要，成为人类生存和发展的首要条件。但是，实践的意义并不仅仅在于这里。如果实践只是改造客观世界、创造物质财富的手段，那么它只能是一个政治经济学范畴，不可能成为马克思主义哲学范畴，更不能成为实践唯物主义的奠基概念。

  作为马克思主义哲学的核心概念，实践的主要意义在于它是人的自我生成活动。实践是人的活动，人不在实践之外，而在实践之中。以生产、劳动为主要形式的实践，作为人的存在方式，不仅给人提供衣、食、住、行的生活资料，维持人的肉体生命的生产和再生产，而且造就人的本性，使人成为人，成为与动物根本不同的另一类存在。所以，马克思恩格斯说："这些生产方式不仅应当从它是个人肉体存在的再生产这方面来加以考察。它在更大程度上是这些个人的一定的活动方式，表现他们生活的一定形式，他们的一定的生活方式。个人怎样表现自己的生活，他们自己也就怎样。"[①] 劳动把人从动物界提升出来，从而成为人与动物之间的本质区别，并不是因为它提高了人的生存手段，而在于它改变了人活动的性质和宗旨，即由手段变为目的本身。人的一切活动的终极目的是为了人自身的

[①] 《马克思恩格斯选集》第1卷，人民出版社1995年版，第9页。

生成、发展和完善,而这一目的不实现于实践之外,而是实现于实践过程之中,是实践过程本身就可以达到的目的,也就是说,实践转化为目的本身,即由外在的改造自然的活动转化为内在的人自身生成过程。正是在这个意义上,马克思指出:"劳动是人在外化范围内或者作为外化的人的自为的生成。"①

把实践理解为人的自为的生成过程,马克思不仅改变了对人的本质的理解,而且实现了哲学中心和主题的转换。在马克思那里,人不是既成的、本质先定的、占有性的个体,也不是被神创造的、纯粹被动的存在物,而是积极的、自我生成的存在物。人没有先天的、固定不变的本质或本性,人的本质和本性是在实践中塑造出来的。实践的不断变化造成人本身的历史性。不断地自我超越乃是人的本性。通过实践范畴,马克思主义哲学即实践唯物主义把人置于中心地位,人的生成、发展和完善成为它的最高追求,人的自由和解放成为它的最终旨归。

发现劳动是人的自我生成过程,是马克思对哲学和政治经济学的重要贡献。马克思以前的许多思想家都看到了劳动的重要意义,而资产阶级古典经济学家则在理论上提出并阐述了"劳动是一切财富的源泉"的著名命题,但是他们都没有提出和深入思考劳动的主体性质即劳动对劳动者本人的关系,其结果是把表现人的一般本质的劳动和在资本主义特定条件下的异化劳动混为一谈,对劳动创造财富的热烈赞扬变成了对私有财产永恒性的可耻辩护。与资产阶级经济学家不同,马克思透过生产、劳动的物质表象,努力发现它的内在的人学的本质,把它归结为人的自我生成过程。这样,马克思就在资产阶级经济学家只看到物和物的关系的地方看到了人以及人和人的关系,并有充分的根据把人的解放归结为劳动的解放、异化的克服和私有财产的消灭。

马克思通过揭示实践的人学本质,把人置于哲学的中心,揭示出通过生产力和生产关系的矛盾运动而不断前进的历史过程同时也是人自身的生

---

① 《马克思恩格斯全集》第 42 卷,人民出版社 1979 年版,第 163 页。

成、发展和完善的过程。这可能就是马克思主义哲学实践唯物主义研究人的特有方式。随着社会实践的发展和传统哲学体系的被批判，人的问题凸显出来，以致我们经常听到"马克思主义哲学就是人学"，甚至"哲学就是人学"的断言。如果在人是哲学研究的中心和主题的意义上说"哲学就是人学"，那么这个命题是可以接受的；但如果认为哲学像人学或人类学那样研究人和人的本质，那就错误了。哲学有它自己的研究对象和研究人的特有方式，不能把它和人学画等号。

五

实践与生活具有密切的联系。实践就是人们的现实生活，它构成我们思维的出发点。哲学怎样对待实践，也就怎样对待生活。

生活，作为一个哲学概念，是指人的自我生成活动，它体现出人的自主性、主体性、创造性，构成人和动物之间的本质差别。生活是人特有的活动；对于动物来说只有生存，没有生活。生活与生存不同，它是自主的、有意义的、反思性的生存活动。人的生活并非单纯吃、喝、住、穿，并非只是为了维持生命的存活和种族的延续。人的生活具有多方面内容、多方面意义和多方面追求。生活是个内容广泛的概念，它包括人的一切活动。学习是生活，工作也是生活，吃是生活，玩也是生活……总之，人从事的一切活动都构成人的生活内容。生活真是丰富多彩，物质生活、精神生活、政治生活、艺术生活、宗教生活、公共生活、私人生活等等，都是它的不同形式。人总是追求有意义的生活，并不断追索生活的意义。对人来说，"生存"变成了"生活"，变成了反思的对象，变成了对意义的追寻，变成了对美好未来的憧憬。

"实践"和"生活"是具有密切联系的两个概念。从人的自主活动、自为生成的意义上说，生活就是实践，实践就是生活。不过"生活"比"实践"内容更广泛，它不仅包括物质生活，而且包括精神生活，不仅包括生产活动，也包括消费活动，不仅包括理性生活，也包括非理性的情感生活。"实践"比"生活"概念要窄，它主要指构成一切生活之基础的物质生产活动、人际交往活动、科学研究活动等等，带有更加明确的目的性、自觉性和理性。人的生活在实践基础上发生，而实践又构成人的最主要、最大量、最普遍、最本质的生活。所以，马克思说："社会生活在本质上是实践的。"① 又说："不是意识决定生活，而是生活决定意识。"② 在这里，实践、生活、社会存在是同一的概念。列宁把"生活"和"实践"当作同等的概念一起连用，认为："生活、实践的观点，应该是认识论的首先的和基本的观点。"③ 实践是人们的现实生活，它构成意识的基础，因而成为我们思维的出发点。

从生活的角度理解实践，对于哲学的重要意义在于树立从现实出发、实事求是的思维方式，反映时代精神，研究现实问题，参与生活，发挥哲学的改造世界的功能。众所周知，马克思主义哲学由于创立了科学实践观，才把哲学从天国拉回现实的人间，才把解释世界的哲学变为改变世界的哲学。作为改变世界的哲学就要关心生活，介入生活，批判生活中消极的和过时的因素，祛除生活中的各种"遮蔽"，显现生活真理，帮助人们建立健康、向上的生活方式。哲学应该回到生活中，成为生活的向导。脱离人民群众火热的斗争和朝气蓬勃的现实生活，脱离轰轰烈烈的"四化"建设，躲在"象牙塔"里雕琢深奥的哲学体系的时代已经一去不复返了。关注现实，关注生活，是当代哲学的基本精神。

为了保持与现实生活的密切联系，马克思主义哲学必须反对本质主义、理性主义和唯科学主义。所谓本质主义，就是采取还原方法，把生活归结为实践，把实践归结为生产，最后把生产活动作为本质和原因去解释一切活动。这样理解实践的结果是把人的一大部分生活排除于实践之外，把人的丰富的、多方面的、活生生的实践简单化、抽象化。与本质主义相联系的是理性主义和唯科学主义。理性主义排斥情感、意志、审美、直觉等非理性活动，把作为人类存在方式的实践活动变成单纯理性活动和科学

---

① 《马克思恩格斯全集》第3卷，人民出版社1973年，第5页。
② 《马克思恩格斯全集》第3卷，人民出版社1973年版，第30页。
③ 列宁：《唯物主义和经验批判主义》，人民出版社1972年版，第134页。

研究的对象。理性主义不仅排斥和压抑非理性因素，而且推崇实用性、功效性，导致工具理性泛滥，人文精神失落。其结果不仅使实践变成没有血肉的僵硬的物质运动，而且使人变成没有灵魂的机器，或者变成形而上学体系中的一个环节。人的主体性和创造性、人的自由和尊严被消解于理性思辨之中。

脱离生活，把实践抽象化，是旧哲学原理教科书阐述的辩证唯物主义和历史唯物主义理论体系的缺点之一。辩证唯物主义和历史唯物主义理论体系，从本质上说，是自然物质本体论体系。它追求的终极目标是物质世界的存在及其运动的普遍规律，而因为客体的物质世界及其运动规律问题也是科学研究的对象，因此它与科学具有密切的联系，辩证唯物主义和历史唯物主义不仅把科学作为自己的基础，而且力图把自身科学化。这种科学化的努力一方面是使自己的理论原理和表述形式更加精确和规范，另一方面是把生活问题和实践问题变成了纯科学问题，从而脱离生活和实践。在对待生活和实践的问题上，辩证唯物主义和历史唯物主义理论体系不同程度地存在着本质主义、理性主义和唯科学主义倾向，这是它一再宣称自己是"改变世界"的哲学，而又严重脱离生活和实践的根本原因。

六

"实践唯物主义"同"辩证唯物主义和历史唯物主义"是两种不同的哲学体系，在这两个体系中，实践处于不同地位，具有不同的意义。在辩证唯物主义和历史唯物主义理论体系中，实践是个辅助性概念，它被理解为单纯的物质活动，改造客观世界的手段，科学研究的纯粹理性的对象。与辩证唯物主义和历史唯物主义不同，在实践唯物主义理论体系中，实践是基础；作为实践唯物主义之基础的实践，是作为人类生存方式的总体性活动，在它之中真正实现了物质和精神的统一、目的和手段的统一、理性和非理性的统一。

哲学体系是哲学思维方式的外在表现。用不同的哲学思维方式去考察实践，得出的结论自然就不一样。只有从实践唯物主义出发，才能科学阐明实践中的物质和精神、目的和手段、理性和非理性等各种因素之间的关系，揭示出实践的总体性质；只有这样的总体性实践才能成为实践唯物主义的理论基础和体系建构原则，而只有建立在这样的总体性实践基础上的唯物主义才是真正的实践唯物主义。坚持辩证唯物主义和历史唯物主义的理论体系和思维方式，把实践理解为单纯的物质活动、改造世界的手段、纯粹理性的对象，并把这种片面理解的实践填充到一切可以填充的地方，以为这样的哲学就是实践唯物主义，那么"实践唯物主义"就是毫无意义的。要建立起真正的、名副其实的实践唯物主义，首要的任务是突破原来的"辩证唯物主义和历史唯物主义"理论体系，转换思维方式，重新理解实践。

唯物史观的地位与马克思主义哲学的对象[①]

杨魁森

怎样认识唯物史观在马克思主义哲学中的地位，涉及到马克思主义哲学的产生发展史、马克思主义哲学革命变革的实质、马克思主义哲学的对象及内容构成等一系列问题的研究。这个问题争论已久，认识各异。本文试从历史的角度作一考察，以求弄清问题的来龙去脉。

一

在马克思主义创立过程中，重点和核心问题是唯物史观的发现。唯物史观是改造旧哲学、建立新哲学的突破口，是马克思、恩格斯这一时期理论活动的中心和主题，是推动整个马克思主义学说形成的枢纽和契机。这一点，是马克思、恩格斯本人多次阐述过的，也是国内外大多数马克思主义史的研究者所承认的。

科学发展史表明，科学发展的突破口，往往发生在社会需要和科学内在逻辑的交叉点上。马克思在经过早期的一番哲学探索之后，把哲学发展的突破口选在解开"历史之谜"上。他之所以这样规定世界观探索的主要方向，也是由当时社会斗争和理论发展这两方面的需要决定的。马克思从"人类解放"的斗争需要出发，早就不满意于德国哲学那种脱离实际的抽

[①] 原载《哲学研究》1985 年第 8 期。

象理论，而是竭力寻求一种能够引导人们正确理解和积极参与社会生活的新哲学。他批评费尔巴哈哲学过多地强调自然，过少地强调政治，在关键场合"从来不谈人的世界，每次都逃到外部自然界"①；而自然和政治的联盟，恰恰"是现代哲学能够借以成为真理的唯一联盟"。所以，哲学要适应新的历史时代和社会斗争的需要，就必须把理论重心从自然转向社会，从自然哲学、思辨哲学转向人世哲学。马克思在《德法年鉴》期间所写的一些文章和通信，曾反复阐明过新哲学的这个观点。同时，这种转变也是哲学理论发展的必然逻辑。列宁说，马克思、恩格斯向前推进唯物主义时，"所特别注意的是使唯物主义哲学向上发展，也就是说，他们所特别注意的不是唯物主义认识论，而是唯物主义历史观"②。如果说，古代哲学侧重于本体论，近代哲学的重点转入认识论，那么，马克思则把主要注意力集中于社会历史观的研究。这是因为：第一，社会历史观问题是以往哲学的一个最薄弱的环节，是唯物主义的一个空白的领域。要把唯物主义推向前进，建立完备彻底的唯物主义，就必须修盖好唯物主义哲学这所建筑物的上层，实现自然观和历史观的统一。第二，社会历史观制约着认识论问题的解决。近代哲学转入以认识论为主导，它所研究的基本问题是主体和客体、思维和存在的关系问题。康德最先提出了这个问题，为建立科学的认识论提供了新的起点。但由于他对人的认识能力提出了怀疑，因而没能解决主体与客体的矛盾，而是将它们割裂开来。如何看待人的认识能力问题，已经超出了纯粹认识论问题的范围，它实际上涉及到如何认识人的本质问题。费尔巴哈从思维与存在的矛盾中已经看出了研究人的问题的重要性，他说："思维和存在的统一，只有在将人理解为这个统一的基础和主体的时候，才有意义，才有真理。"③但他并没有科学地解决人的社会本质问题，至多是在自然的人的基础上做到了思维和存在的直观同一。这就说明，人的认识不单是认识论问题，而且是社会历史观问题；不但要研

---

① 马克思、恩格斯：《德意志意识形态》，人民出版社1961年版，第75页。
② 《列宁选集》第2卷，人民出版社1975年版，第336页。
③ ［德］路德维希·费尔巴哈：《费尔巴哈哲学著作选集》上卷，荣震华译，三联书店1959年版，第181页。

究人的认识能力，而且需要研究"人本身"。如果离开人的社会性、离开人的历史发展去考察人类的认识活动，就不可能科学地揭示人类认识的发展规律。所以，正如解决本体论问题必须研究认识论一样，解决认识论问题又必须进一步研究历史观。我们看到，马克思正是沿着这个思路前进的。他在研究人的本质及发展规律时，提出了人的社会性、实践性的思想，这就为解决思维与存在的矛盾提供了科学的基础和途径。后来人们常说"把实践引入认识论"，"引入"一词是用得很确切的，因为确实是马克思在创立唯物史观的过程中提出了科学的实践观，并用它来改造认识论的。第三，探究科学的历史观也有利于本体论问题的解决。近代哲学在本体论上的基本缺陷，就是唯物论与辩证法的分离。要克服二者的分离，建立起唯物的辩证的世界观，不是把唯物论与辩证法简单结合就能解决问题，而是必须从研究物质运动形态的规律中找出两者之间的内在联系。人类社会是物质世界的高级运动形态，在这种运动形态中充分体现了物质世界客观的辩证的性质。特别是资本主义大工业社会出现以后，这种性质就更加清楚地显示出来，使人们有可能在社会历史领域内把唯物论和辩证法结合起来，树立起辩证唯物主义观点。对马克思来说，从人体解剖找到猴体解剖的钥匙，是他的一贯方法。如同他从人类社会发展的最典型最成熟的形态（就当时而言）——资本主义社会入手，去揭示人类社会发展的一般规律一样，他也是从物质世界发展的最高形式——人类社会入手，去揭示整个物质世界发展的一般规律。尽管社会规律带有与自然规律不同的特点，但它所包含的客观的辩证的性质却具有一般世界观和方法论的意义。马克思在《资本论》第一卷的跋中曾经谈到，有一位名叫伊·伊·考夫曼的作者对他在政治经济学批判方面的研究方法作了评论。那个作者认为，马克思从研究经济生活呈现出来的现象入手，揭示出了和生物学的其他领域的发展史颇相类似的规律。马克思指出：这位作者所描述的正是我的辩证方法。列宁也指出，马克思恩格斯称之为辩证方法的，不是别的，正是社会学中的科学方法。① 由此可见，社会历史领域是当时哲学向前、向上

---

① 参见《列宁选集》第 1 卷，人民出版社 1975 年版，第 32 页。

发展的"制高点",谁能占领它,谁就能高屋建瓴地把哲学推进到一个崭新的阶段。这个为旧哲学所没能攻克的"制高点"也就成了新哲学的起点。马克思在哲学上的最伟大贡献,正表现在他勇敢地站在这个新起点上去攀登新的哲学高峰。

二

19世纪50年代以后,马克思主义哲学进入一个新的发展时期。其中,恩格斯对辩证唯物主义自然观的研究和确立,是导致马克思主义哲学构成和唯物史观地位变化的重要因素。

在马克思主义哲学创立时期,主要致力于上半截(历史观)的变革,这并不是说下半截(自然观)就不需要变革了。这涉及到对世界本质的认识,即所谓本体论观点。旧唯物主义在自然观上是形而上学唯物主义,马克思主义哲学不能以它作为自己的理论基石。但马克思、恩格斯尚无暇顾及,而且也缺乏充分的实证材料。对建立辩证唯物主义自然观具有决定意义的三大发现,即细胞学说(1836)、能量守恒和转化定律(1842—1846)、生物进化论(1859)是陆续提出来的;而且对这些发现给以充分的评价和哲学概括,并以此为基础去揭示整个物质世界的辩证联系,也需要一个认识过程。如果认为马克思在40年代就能充分认识这些伟大发现的深远意义并能作出哲学上的概括,那是不实际的。只是到了70年代,恩格斯才着手这方面的工作。他在对自然科学新成果和以往自然哲学进行系统研究的基础上,阐明了辩证唯物主义世界观的基本观点,即:世界的统一性在于物质性,而整个物质世界是按着辩证规律发展变化的。这种观点是以最新自然科学和以往全部哲学的发展成果为基础的,它既克服了近代哲学唯物论和辩证法相分离的弊病,又克服了古代哲学素朴的直观的弱点,是一种新的、科学的世界观和本体论观点。因此,恩格斯把它看作是唯物主义哲学否定之否定发展的最高阶段,即从古代素朴唯物论到近代形而上学唯物主义,再到现代唯物主义(辩证唯物主义)。可见,辩证唯物主义自然观的建立,是马克思主义哲学发展的又一重大成果。而且,由于它的建立,就把对于自然和对于历史的辩证唯物主义观点统一起来了,形成了统一的、完整的世界观。正如李达所说:"创始者们首先阐明了历史领域中的辩证法,其次由历史的辩证法进到自然辩证法,而在社会的实践上统一两者以创造出科学的世界观的唯物辩证法。"①

随着辩证唯物主义自然观的建立,恩格斯开始从总体上来考虑和阐述他们关于哲学世界观的见解了。在《反杜林论》、《费尔巴哈论》等重要著作中,恩格斯对马克思主义哲学产生的条件、解决的问题、取得的成果作了全面系统的总结,这些总结不仅限于唯物史观,而且包括自然观(物质观)、辩证法、认识论等多方面内容。在世界观的名称上也有变化。他有时用"现代唯物主义"来称呼马克思主义哲学,认为它包括"唯物主义的自然观和历史观",表明对现实世界(包括自然界和历史)的总的看法;有时也使用"唯物主义辩证法"的概念,指明它是关于自然、人类社会和思维的运动和发展的普遍规律的科学。这样,根据恩格斯的论述,马克思主义哲学的内容和领域就大大扩展了。尽管恩格斯仍指出唯物史观是"我所主张的世界观的核心"②,但核心毕竟不等于全部基本内容,唯物史观只是马克思主义哲学的一部分,用"唯物主义历史观"来概括马克思主义哲学已经不够了。

某些研究者(特别是西方一些学者)对恩格斯关于哲学的论述持有异议,并由此提出马克思和恩格斯之间的哲学观点差异问题。他们认为,恩格斯注重从世界观和方法论上总结自然科学新发现所提供的对物质世界本身的本质和规律的揭示,而在马克思看来,恩格斯所描述的那种自然界根本就不存在,马克思的著作中几乎从未使用过《反杜林论》、《自然辩证法》中的那种"物质"概念。所以,恩格斯把哲学引申到物质世界,至少是对马克思思想的误解。

这种说法是难以令人信服的。首先,它否认马克思主义哲学是在不断发展的。马克思、恩格斯在初期是以历史观为主题创立新世界观的。他们

---

① 李达:《社会学大纲》,笔耕堂书店1938年版,第56页。
② 恩格斯:《反杜林论》,人民出版社1970年版,第6页。

解决哲学问题的顺序，首先是历史观，其次是认识论，再次是本体论。他们最先提出了对于社会历史的辩证唯物主义观点，并据此对认识论实行了变革，而对本体论、物质观问题还没有更多地涉及。后来，恩格斯把哲学研究的领域扩展到整个物质世界，形成了完整的、一体化的辩证唯物主义哲学，这应当说是对马克思主义哲学的重大补充和发展。其次，认为马克思主义哲学应当抛弃"本体论"概念也是不正确的。事实上，任何哲学都是建立在一定的本体论基础上的。因为哲学的基本问题是物质和精神、存在和思维的关系问题，而要解决两者的关系，必须回答世界或存在的本质是什么。脱离本体论的认识论是不存在的，哲学不能只回答怎样认识，而不回答认识什么。马克思主义哲学正是包含着对于世界本质的认识。它之所以叫作辩证唯物主义，正是由物质世界的客观的辩证的本质所决定的，马克思主义哲学就是对这种世界本质的正确反映。只有在这个基础上，它才能够成为科学的认识论和方法论。当然，辩证唯物主义本体论与旧唯物主义本体论是有原则区别的，这些区别概括说来就是：辩证唯物主义本体论在最新自然科学的基础上把唯物论与辩证法统一起来，克服了唯物论与辩证法相脱离的弊病；辩证唯物主义本体论对于世界不是作为自然科学的对象去把握，而是作为哲学思维的对象去把握，它从最普遍、最一般的范畴和规律上揭示和认识物质世界，而以往自然哲学对于世界的认识却始终没能跳出自然科学的认识水平。辩证唯物主义本体论对于世界不但是从客观方面去把握，而且是从主体方面去把握，把客观世界同人的认识和实践活动联系起来。所以，问题不在于有没有本体论，而在于本体论的科学程度如何。再次，所谓马克思和恩格斯在哲学观点上存在对立也缺乏根据。50年代以后，根据马克思和恩格斯之间的分工，马克思主要侧重于经济学的研究，哲学和科学社会主义方面的阐释发挥主要是由恩格斯做的。但对恩格斯的哲学观点，我们看不出马克思是持反对或保留的态度。相反，像《反杜林论》这样一部正式地、全面地阐述马克思主义的重要著作，是经过马克思同意的。而且，马克思本人也不止一次谈过要写一部关于辩证法的专门著作的想法，这绝不仅仅是指思维辩证法，而首先应当是关于客观物质世界的辩证法，因为在他看来，"观念的东西不外是移入人的头脑并在人的头脑中改造过的物质的东西而已。"

三

恩格斯逝世以后，在怎样认识马克思主义哲学和唯物史观的问题上，出现了严重的分歧和激烈的争论。

第二国际时期的主要理论家（无论左、中、右派）都特别注重唯物史观，认为它是马克思主义的基础和核心，整个马克思主义是在唯物史观的基础上建立起来的。伯恩施坦说："没有任何人会不同意，马克思主义的基础中的最重要环节，也可以说是贯穿整个体系的基本规律，是它的特殊的历史理论，这一理论被命名为唯物主义的历史观。整个体系在原则上是同它共存亡的。"① 考茨基指出："在马克思和恩格斯这两位精神巨人的许多丰功伟绩当中，最重要的是他们的唯物主义历史观……不理解他们所依据的这种历史观，就无法理解他们的全部社会主义，也就无法理解现代工人运动的本质。"② 梅林认为："历史唯物主义构成马克思和恩格斯一生的主要任务；他们的所有著作都奠立在这个基础之上。"③ 但他们也有一个共同的特点，就是不承认马克思主义的辩证唯物论哲学，认为马克思在哲学上没有超出黑格尔辩证法和费尔巴哈唯物论的水平，因而不存在自己所特有的新哲学。而且，也不认为唯物史观是哲学，只把它看作是一门社会历史学说。考茨基在回答普列汉诺夫是否正确解释马克思的哲学这个问题时说，马克思没有宣布任何哲学，而是宣布了所有哲学的终结。④ 梅林在第二国际理论家中算是比较懂得哲学的，但他也认为，恩格斯关于以往哲学终结的原理意味着马克思和恩格斯也同任何哲学割断了联系，他们只是把

---

① ［德］伯恩施坦：《社会主义的前提和社会民主党的任务》，宋家修等译，三联书店1958年版，第48页
② ［德］考茨基：《唯物主义历史观》第1分册，《哲学研究》编辑部编，上海人民出版社1964年版，第1页
③ ［德］梅林《德国社会民主党史》第1卷，青载繁译，三联书店1963年版，第281页。
④ 转引自［南斯拉夫］普·弗兰尼茨基：《马克思主义史》上册，第205页。（编者注：中文版是中央编译局胡建文等翻译，黑龙江人民出版社2015年出版。）

哲学的历史结果（历史发展思想）带进了唯物主义。他们把这一思想首先带进历史领域，而不是自然领域。他们在社会科学领域中是历史唯物主义者，但在自然科学领域中却是机械唯物主义者①。为什么第二国际时期哲学水平普遍较低，比较普遍地存在忽视或否认辩证唯物论的倾向？这是一个值得研究的问题。苏联有位作者曾提出一种解释，说这是由于马克思的学生们"对马克思主义理论的研究只限于从《共产党宣言》到《资本论》这一时期。结果，马克思主义的形成时期却从他们的视野中消失了，而发现辩证唯物主义哲学的原理是马克思主义形成时期最重要的内容。"②这个解释还不能令人完全信服。因为处于同一时代的普列汉诺夫、列宁也没有读到马克思的某些早期哲学著作，如《1844年经济学哲学手稿》、《德意志意识形态》中最重要的理论部分"费尔巴哈"一章等，但他们对马克思主义哲学的看法却截然不同。笔者对这个问题的研究尚感欠缺，只是觉得原因比较复杂。这里有认识上的原因，同时也有政治上的原因。伯恩施坦、考茨基把唯物史观同辩证唯物论相割裂，并不是要取消任何哲学，而是想把唯物史观同其他哲学结合起来，以适应某种政治需要。如考茨基想把唯物史观同马赫主义结合，因为马赫主义哲学比较适合他的"中派"立场，有利于他在阶级、国家、革命等问题上持调和态度；伯恩施坦则想使唯物史观同康德主义结合，因为康德关于现象世界与自在之物相分离的二元论观点，有利于他把历史活动的过程和目的割裂开来，以便为他的"运动就是一切，而目的是没有的"主张作论证。由此可见，马克思主义如果没有自己的哲学旗帜，唯物史观如果脱离它的真正哲学基础，就势必造成理论水平的降低和理论上的混乱。所以，阐明辩证唯物论与历史唯物论的内在统一和联系，就成为普列汉诺夫、列宁等人的一个重要任务。

普列汉诺夫一生哲学研究的中心也是唯物史观，他也认为唯物主义历史观是哲学唯物主义的最高成就，但他对马克思主义哲学的研究和宣传，

---

① 参看［苏］И. С. 纳尔斯基、［苏］Б. В. 波格丹诺夫、［苏］М. Т. 约夫楚克等编：《十九世纪的马克思主义哲学》下册，金顺福、贾泽林等译，第257页。
② ［苏］尼·伊·拉宾：《论西方对青年马克思思想的研究》，马哲译，人民出版社1981年版，第10页。

又不仅仅限于唯物史观。列宁认为普列汉诺夫是从"彻底的辩证唯物主义观点"去批判修正主义的，并赞扬他对辩证唯物主义作了极其完美的有价值的阐述。① 这不仅表现在只是从他开始才正式使用"辩证唯物主义"术语来称谓马克思主义哲学，而且表现在是他最先全面系统地阐述了马克思主义哲学的基本内容。普列汉诺夫认为，马克思主义哲学的最大成果是历史唯物主义，但同时又包含着自然观、辩证法、认识论等内容，而且这些内容是相互联系、不可分离的。"唯物主义自然观是我们辩证法的基础。辩证法是以它为根据的；如果唯物主义被驳倒了，那末我们的辩证法也是站不住脚的。反过来说，如果没有辩证法，唯物主义的认识论是不充实的、片面的，甚至是不可能存在的。"② 他还特别说明：由于"辩证唯物主义涉及到历史，所以恩格斯有时将它叫作历史的。这个形容词不是说明唯物主义的特征，而只是表明应用它去解释的那些领域之一"③。

列宁认为，马克思主义的哲学就是辩证唯物主义，或者说是完备的哲学唯物主义。首先，从《唯物主义与经验批判主义》、《哲学笔记》及一些介绍马克思主义的文章中可以看出，列宁所说的完备的唯物主义包括物质观、辩证法、认识论、唯物史观等。历史唯物主义属于马克思主义哲学的基本内容之一是肯定无疑的，除了人们注意到的一些提法外，还有如"一般哲学（认识论和社会学）"、"一般唯物主义、特别是历史唯物主义"等说法可为佐证。④ 列宁强调马克思主义哲学是由一整块钢铁铸成的，它的各个基本前提、各个重要部分是不可分割的。其次，列宁指出，历史唯物主义是马克思主义哲学中最重要和最显著的成果。马克思主义哲学向前、向上的发展，主要不是表现在对自然界的认识上，也不是表现在认识论上，而是表现在唯物主义历史观上。最后，列宁指明，现在出现了一个新的理论动向，即资产阶级思想家反对马克思主义哲学的重点，已经从历

---

① 参看《列宁选集》第2卷，人民出版社1972年版，第3页；《列宁全集》第4卷，人民出版社1972年版，第65页。
② 恩格斯：《费尔巴哈论》，张仲实译，生活书后1937年版，第138页。
③ [俄]普列汉诺夫：《普列汉诺夫哲学著作选集》第2卷，生活·读书·新知三联书店1961年版，第311页。
④ 《列宁选集》第2卷，人民出版社1975年版，第337、365页。

史唯物主义转移到辩证唯物主义,他们"把主要的注意力集中于保护或恢复下半截的唯心主义,而不是集中于保护或恢复上半截的唯心主义。"① 而一些没有真正懂得马克思主义的人,只是接受了唯物史观,却没有弄清楚它们的基础即哲学唯物主义,"他们想在上半截成为唯物主义者,但他们却不能摆脱下半截的混乱的唯心主义"②。我们看到,第二国际的一些理论家在对待马克思主义哲学问题上,正是犯了这样的错误。

苏联哲学界对马克思主义哲学对象的看法,在20年代初期尚无统一认识,从20年代末特别是30年代开始,则比较普遍地把马克思主义哲学看作是辩证唯物主义和历史唯物主义。

我国马克思主义者对马克思主义哲学的内容及唯物史观地位问题的看法,也经历了一个认识上的变化过程。如果以1927年分界,大体上可以分为前后两个时期:前一时期主要是接受和宣传唯物史观,后一时期才开始研究辩证唯物论并把它同历史唯物论结合起来。我国早期马克思主义者大都是从唯物史观入手了解和接受马克思主义哲学的,认为"唯物史观是吾党哲学的根据"。只有个别著作如瞿秋白《社会科学概论》(1924)、李达《现代社会学》(1926) 等涉及到辩证唯物论。从20年代末特别是30年代开始,随着苏联对马克思列宁主义哲学著作整理出版工作的加强,随着我国马克思主义者对这类著作的翻译介绍急剧增多,人们对马克思主义哲学的了解也进入一个新的阶段,即由唯物史观进到辩证唯物论与历史唯物论的结合。这个时期发表的阐述马克思主义哲学的论著,同苏联同时期的出版物一样,有一个突出的特点,就是十分强调辩证唯物论与历史唯物论的不可分割。这可以说是对恩格斯逝世以后关于马克思主义哲学对象问题的争论所作的一个阶段性的总结。

四

然而,西方马克思主义者对于马克思主义哲学对象的认识,却是沿着

---

① 《列宁选集》第 2 卷,人民出版社 1975 年版,第 336—337 页。
② 《列宁选集》第 2 卷,人民出版社 1975 年版,第 337 页。

另一条道路发展的。在他们看来，马克思主义哲学发展中存在着所谓两条不同的哲学路线：一条是"本体论"的路线，它是从恩格斯起，经过普列汉诺夫到列宁；另一条是"人本—实践主义"路线，它从青年马克思起，一直延续到早期的卢卡奇和其他一些理论家。"人本—实践主义"观点的核心就是排斥辩证唯物主义对于物质世界的认识，而把哲学归结为人类历史观。

他们认为，哲学并不是研究自然和社会的一般规律，而是以人为中心，研究主体和客体的相互关系。这种关系只存在于人类历史领域，自然界不存在这种关系，因此不是哲学研究的对象。恩格斯把自然辩证法引入哲学，是由于追随黑格尔的错误引导而产生的误解。从这种观点出发，他们反对"物质的本体论上的首要性"，反对"崇拜所谓'客观的'物质世界"，因为在他们看来，这或者是根本不存在的，或者是与哲学无关的。这样，哲学的领地就被局限在人类历史领域，实际上变成一种社会历史哲学。虽然许多西方马克思主义者并未这样直接说过，但也有人明确地表示了这种观点。如萨特说："我所理解的马克思主义乃是以一种历史的内在辩证法为前提的历史唯物主义，而不是辩证唯物主义。"[①]

对于西方马克思主义来说，否认物质本体论并不等于没有本体论。因为本体论问题的解决是任何一种哲学的基石。西方马克思主义者在排斥辩证唯物主义本体论的同时，企图建立一种"社会本体论"，并以此作为自己哲学的基础。至于社会本体论的内容是什么，看法则不相同。有人认为是指人类生存的基本条件；有人认为它囊括整个宇宙，因为一切自然环境都在通过生产力的中介影响着人们的生活，从而对于人类来说都是作为社会历史现象而存在的；而多数人则认为是社会实践。不论各种说法如何，问题在于：离开物质本体论或一般本体论，能否建立起科学的社会本体论？社会客体是由人们有意识的活动所创造的，社会存在物中无不打着人们意志的烙印。如果单从人的社会活动本身去确定何者为第一性、何者为第二性，是难以做到的。马克思创立唯物史观，是从人与自然的统一出发

---

① 本节一材料主要引自徐崇温：《西方马克思主义》，天津人民出版社1982年版，下同。

的。他强调人类史是整个自然史的一部分，反对把人与自然的关系从历史中排除出去。唯物史观要想唯物主义地解释历史，首先需要找到一个牢固的唯物主义的支点，这个支点必须是能够真正把人类社会同自然界联系起来的纽带。在马克思看来，这个支点就是劳动。因为在人类的一切活动中，只有劳动直接体现着自然和社会之间的物质变换过程，因而，只有以劳动为基础去解释人类社会，才能有可靠的根据把社会的产生和发展看作是一种自然历史过程。可见，劳动在唯物史观中的重要地位和作用，首先取决于它与自然界的联系，如果把自然界排除出去，劳动也就失去了它的真正意义。

某些西方马克思主义者由于抛弃了物质本体论的前提，因而也就离开了唯物主义地解释历史的出发点，从而导致对历史唯物主义基本范畴和规律的曲解。例如，他们虽然把实践作为自己哲学的基本范畴，但由于认为它不依赖于客观物质世界，赋予它以独立的本体论的性质，想用它来取代物质范畴，这就歪曲了唯物史观关于实践的本来意义。因为实践是包括客观因素和主观因素在内的综合性范畴，如果不从它与自然界的关系的角度去确定其物质性和客观性，而是笼统地把客观因素与主观因素并列，那就抹杀了唯物主义和唯心主义的区别。对社会历史发展的解释也是如此。西方马克思主义提出了关于历史发展的"总体观念"思想，认为马克思主义同资产阶级学说的决定性区别"在于它的总体性观念，而不在于它在解释历史时给予经济动机的首要性"。所谓总体性观念，就是认为不能像唯物主义或唯心主义那样，单纯抓住和强调物质或精神某一方面，而必须把历史看作是物质因素与精神因素交织作用的过程。然而，仅仅承认交织作用并不就是唯物史观，唯物史观必须首先从人与自然的关系上去揭示社会发展的物质性根源。以上这些观点就其理论根源来说，就在于没有把一般唯物主义的原则贯彻到社会历史领域中去。因此，问题又回到列宁当年对第二国际及马赫主义的批判：哲学理论基础上的混乱不可能导致对历史的正确解释。卢卡奇在检讨《历史和阶级意识》的错误时说：列宁对马赫主义"下半截唯心主义"的批判，"恰恰击中了我书中的主要错误的要害"，这就是拒绝马克思主义本体论，忽视了社会存在的本体论是以一般本体论为前提的。这个认识不管是否出于本意，还是抓住了问题的实质的。

五

近些年来，国内外对于马克思主义哲学对象问题的讨论进行得十分热烈。这种讨论基本上是沿着如何使马克思主义哲学一体化的方向进行的，反映了现代科学向整体化和综合化发展的趋势。讨论中遇到的一个十分突出和争论较大的问题，仍然是如何看待和解决唯物史观在马克思主义哲学中的地位。

"辩证唯物主义和历史唯物主义"的结构体系占据主导地位已有半个世纪，这种"板块"结构存在不少弊病，但由于各种复杂的原因，估计在一定时期内仍将是比较流行的体系。不少作者试图在这个体系的基础上进行改革，提出了"辩证历史唯物主义"的新概念，力求把辩证唯物主义和历史唯物主义内在地统一起来。这个想法不仅考虑到与传统体系的衔接，也符合哲学的内在逻辑。人们都承认，哲学的基本问题是思维与存在的关系问题。但这个命题所涉及的问题与研究的范围，却不仅仅是思维和存在的问题，它还应当包括作为社会存在的主体的人的问题，因为思维与存在只是通过人的中介而内在地联系着并使矛盾得到解决。这样，思维与存在的关系实际上涉及到整个一元化物质世界的三个基本层次或方面，即自然、社会的人、思维之间相互联系和发展的一般规律。马克思曾指出，黑格尔哲学中有三个基本因素：一个是自然，一个是精神，一个是人。[①] 实际上，以往哲学也都在程度不同地研究这三者的关系，但只有黑格尔第一次把这三大因素结合在一个完整严密的哲学体系之中，实现了本体论、认识论、历史观的统一。如果我们沿着这个思路去考虑马克思主义哲学，或许有可能建立起一个科学的一元化的哲学体系。

除此之外，国内外不少学者还从其他角度对马克思主义哲学对象问题

---

① 见《马克思恩格斯全集》第 2 卷，人民出版社 1957 年版，第 177 页。

作了探讨。这里我们只提一下与唯物史观地位问题直接有关的几种看法。

一是，马克思主义哲学是历史唯物主义一体化哲学。这种观点认为，马克思主义哲学就是历史唯物主义，认识论、辩证法、逻辑学都统一于历史唯物主义，不存在历史唯物主义之外的辩证唯物主义。这种看法抓住了马克思创立新哲学时的重点，突出了唯物史观在马克思主义哲学中的地位；但从我们前面的考察中可以看出，把马克思主义哲学仅仅归结为唯物史观是不妥当的。

二是，历史唯物主义是辩证唯物主义之下的一个分支学科。这种看法的实质，是把历史唯物主义仅仅当作辩证唯物主义在社会历史领域中的应用。这种看法没有充分估计到，唯物史观的发现不仅填补了唯物主义哲学的一个空白，而且具有重大的本体论意义和认识论意义。实际上，本体论、认识论、历史观是马克思主义哲学的三个基本组成部分，除此之外或在此之上再没有什么"一般的"哲学。如果将这三部分分离出去，分别变成自然辩证法、社会辩证法、思维辩证法，那么，辩证唯物主义就将同莎士比亚小说中的李耳王一样，他把自己的领地分给了三个女儿，而最后自己却弄得没有立身之地（我认为本体论、认识论、历史观应当属于马克思主义哲学自身的内容，并不是反对这些内容可以扩展为相对独立的学科）。

三是，历史唯物主义是马克思主义的社会学。这种看法是把历史唯物主义从哲学中分离出来，变成一门独立的社会科学。苏联一些作者提出历史唯物主义既是哲学又是社会学，还保留它的哲学一面；还有些外国的哲学家则干脆把它从哲学中分化出去，变成一般（或理论）社会学。这种观点早在二三十年代，苏联、中国就已有过，现在是旧题新议。历史唯物主义具有社会学的意义是毋庸置疑的，但如果否认它的根本观点所具有的哲学意义，那就无法理解马克思主义哲学革命变革的内容和实质。

从以上简要考察中可以看出，在唯物史观地位问题上的各种不同看法，其实质是对马克思主义哲学对象问题的不同认识与争论。为了从根本上解决这个问题，除需要研究现代哲学发展的特点和趋势而外，还需要进一步研究马克思主义经典作家的哲学观，需要对马克思、恩格斯、列宁等经典作家的哲学观作深入研究和确切了解，进一步搞清楚他们对于马克思主义哲学的整体思考。这方面的研究工作必将推动马克思主义哲学的深入发展，同时也有利于解决唯物史观是不是哲学以及地位如何的问题。

马克思"新唯物主义"世界观的总体性质[①]

刘福森

在关于马克思主义哲学的总体性质、马克思实现的哲学变革的实质等问题的理解上，我国哲学界经历了从物质本体论到实践哲学的转变。近年来许多学者都认为：马克思的新唯物主义是历史唯物主义。但对历史唯物主义的总体性质的理解却存在很大的分歧：有人把历史唯物主义叫作"社会生产关系本体论"[②]，也有人把它叫作"历史现象学"[③]。我认为，马克思的历史唯物主义是建立在生存论基础上的"历史生存论"[④]。

一、传统教科书：辩证唯物主义

我国学术界对马克思哲学总体性质的理解大体经历了以下几个阶段：

第一阶段是以传统哲学教科书为代表的辩证唯物主义。它的唯物主义原理被归结为：（1）世界是物质的，世界统一于物质，意识是物质的特性和反映；（2）物质是运动的，运动是物质的存在方式；（3）物质在时空中运动，时空是运动的形式；（4）运动是有规律的。我们把它概括为"物质本体论"。教科书讲的那种唯物主义，实际上没有超出16—18世纪

[①] 原载《人文杂志》2003年第6期。
[②] 俞吾金：《马克思哲学是社会生产关系本体论》，载《学术研究》2001年第10期。
[③] 张一兵：《马克思哲学的当代阐释》，载《中国社会科学》2001年第3期。
[④] 参见刘福森：《生存的关照：历史唯物主义的解释原则》，载《理论探讨》2002年第2期。

英法唯物论的水平。作为它的基本原理的上述命题，都是旧唯物主义的命题。事实上，这些命题确实都是那种旧唯物主义提出来的。教科书企图通过给这种唯物主义"加上"辩证法来创造"辩证唯物主义"。这就把问题简单化了。如果没有一个彻底的哲学革命，企图简单地把旧唯物主义嫁接在黑格尔的概念辩证法上来创造辩证唯物主义的路数是根本行不通的。这是因为，这种唯物主义在本质上是机械论的，是反辩证法的，它与辩证法不属于同一个"血统"，因而我们是无法给这种唯物主义"输"辩证法之"血"的。黑格尔正是在对这种机械唯物主义的批判中才创立了辩证法的概念体系的。在黑格尔那里，辩证法是精神自我生成、自我创造、自我超越的辩证法，是概念的辩证法，是反旧唯物主义的。

人们往往这样简单地理解辩证唯物主义：因为我们承认世界是物质的，又承认事物是辩证地运动和发展的，我们也就做到了唯物主义和辩证法的结合，我们（教科书）讲的唯物主义就是辩证唯物主义。

这种解释是没有道理的。论证了"外部世界是辩证运动的"，并不等于论证了这种"唯物主义是辩证的"。这是因为，当我们说"世界是辩证地运动发展的"时，我们回答的是一个科学问题而不是一个哲学问题，它并没有解决这种哲学"唯物主义"如何是"辩证的"这一哲学问题。回答哲学唯物主义问题的辩证法，只能是在对哲学基本问题的回答中表现出来的辩证法。这种辩证法才是规定唯物主义性质的辩证法；这种唯物主义才是被辩证法改变了形态的唯物主义。当辩证法和唯物主义回答的是同一个问题而且是哲学的基本问题（思维与存在、物质与意识）时，才能做到唯物主义和辩证法的统一。也就是说，唯物主义的辩证法解决的是思维与存在、物质和意识的关系问题上的辩证法。

思维与存在、物质与意识关系上的辩证法，就是人的实践活动中的辩证法。因为这一关系正是在实践中发生，而且只有通过实践才能解决的。在这个意义上说，旧唯物主义只是坚持了物质第一性的基本原则，而没有解决意识如何从物质世界中产生、如何反映物质世界、如何作用于物质世界的问题。因为这个问题离开实践是不能解决的，而旧唯物主义不仅不理解实践，而且在本质上是反实践的。因此，旧唯物主义并没有也不能解决哲学的基本问题。

实践是物质和意识的现实的统一，是二者之间的相互作用。因此，实践中的物质和意识的关系已经消除了"何者是第一性的"这一本体论的问题。恩格斯说："相互作用消除了绝对的首要性……"[①]，而本体论的问题追求的正是"绝对的首要性"。实践概念本来就不是一个本体论的概念。近代哲学的历史告诉我们：如果用本体论思维去看实践，那么，最终不是把实践还原为物质（唯物主义），就是把实践还原为精神（唯心主义）。虽然还原的后果相反，但二者都消解了实践。因此，实践哲学只能在本体论思维之外才能存在。

这样，"实践唯物主义"就遇到了一个新的问题：如果说实践概念"消除了绝对的首要性"，只能在本体论之外存在，那么，我们为什么又把马克思的实践哲学叫作"实践唯物主义"？实践哲学成为唯物主义的根据又是什么？我认为，实践唯物主义对于旧唯物主义来说，是一种改变了形态的新唯物主义。这种新唯物主义之所以仍然被称为唯物主义的根据，已经不再是思维和存在、物质和精神何者第一性的问题，而是是否承认人的实践活动有客观规律性的问题。正是在这个问题上，马克思的新唯物主义既不同于传统的唯心主义（唯心主义抽象地发展了实践的能动的方面，否定实践的客观性），也不同于旧唯物主义，因为旧唯物主义也没有"把人的活动本身理解为客观的活动"[②]。这种新唯物主义已经不再是同传统的唯心主义相对立的旧唯物主义，而是一种全新的既同唯心主义对立又同旧唯物主义对立的唯物主义。因此，真正的辩证唯物主义是实践的唯物主义。

二、体系改革：实践唯物主义

马克思创立了"新唯物主义"，并不是简单地回到16—18世纪的机械唯物主义；马克思对黑格尔唯心主义的辩证法的"颠倒"，也并不是把精

[①] 《马克思恩格斯全集》第20卷，人民出版社1973年版，第506页。
[②] 马克思：《关于费尔巴哈的提纲》第一条。

神颠倒为物质，而是把黑格尔的抽象的精神活动史颠倒为现实的人的感性活动史。因此，马克思的辩证法是关于现实的人的现实的感性活动以及感性活动史的辩证法，马克思的"新唯物主义"是关于人的感性活动史的唯物主义。教科书讲的那种唯物主义，即使对于费尔巴哈来说也是一个倒退。德国古典哲学已经把哲学的问题归结为人的问题。费尔巴哈的唯物主义是一种人本学的唯物主义。这种连费尔巴哈都不能接受的唯物主义却被安在马克思的头上，是货真价实的理论倒退。

20世纪80年代至90年代中期，我国学术界关于马克思哲学总体性质的理解，开始立足于实践概念对传统教科书的物质本体论哲学进行批判。人们把实践概念作为马克思哲学的核心概念，并以此为基础来解释马克思哲学，形成了"实践本体论"、"实践唯物主义"等观点。关于实践本体论的观点，不仅仍然是用本体论的思维方式去处理一个非本体论的问题，而且这种提法也没有马克思文本的根据。即使是坚持"实践唯物主义"的观点的人，大多数也没有反映马克思本来的思想。绝大多数人都把"实践唯物主义"观点或"实践观点"看作是马克思的新唯物主义的世界观，但却把历史唯物主义仅仅看作是马克思的历史观。这样，就把马克思的哲学的实践概念看成超越了历史唯物主义、高居于历史唯物主义之上的抽象的实践，而不是现实的具体的实践。尽管人们反复声明：我们理解的实践是社会历史的实践。但是，如果把历史唯物主义仅仅看成是实践唯物主义世界观下属的不具有世界观意义的历史观，那么，作为超越历史观的"实践观世界观"所讲的实践就不可能具有社会历史的性质，不可能是现实的实践，而只能是德国近代哲学讲的抽象实践。这种对实践的解释，不可能超越近代德国哲学对实践概念的抽象解释。事实上也是如此。我国上世纪八九十年代的实践唯物主义观点用来解释哲学问题的实践原则，主要是主体性、能动性、超越性、批判性、创造性、选择性等原则，而这些解释原则也同样是近代德国哲学的主要解释原则。社会性、历史性原则并没有进入世界观，因而它对实践原则的理解并没有超出近代德国哲学。

因此，仅仅坚持了实践的观点，还不能说就理解了马克思实现的哲学变革的实质。马克思是通过历史唯物主义的创立才实现了哲学的变革；历史唯物主义才真正体现了马克思哲学的革命性实质。我们承认，马克思在批判费尔巴哈时强调的是实践概念的意义，因为费尔巴哈哲学缺乏的正是能动的、革命的实践原则。但是这不是近代哲学的一般特征。像黑格尔、康德等哲学家不仅理解了实践的能动性，而且还把它片面地发挥到了淋漓尽致的程度。马克思实现的哲学变革在于把德国哲学的抽象实践变成了现实的、具体的实践。这样的实践只能是体现了社会性、历史性解释原则的实践。而这一变革正是通过历史唯物主义的创立实现的。没有历史唯物主义，就不可能实现对近代德国哲学的超越。我们可以这样说：真正超越了旧哲学（旧唯物主义和唯心主义）的新唯物主义是实践的唯物主义，但不是那种高居于历史唯物主义之上的实践唯物主义。马克思的实践唯物主义就是历史唯物主义。历史唯物主义不仅是一种唯物主义的历史观，而且是一种新唯物主义的世界观。

三、回到本文：历史唯物主义

我在1991年发表的一篇文章中就提出了马克思的新唯物主义世界观是历史唯物主义："离开历史唯物主义就没有实践唯物主义，实践唯物主义必然是历史唯物主义。"在这篇文章中，我提出"马克思的历史唯物主义包含着两种含义，即存在着两种意义上的历史唯物主义。第一，作为历史观意义上的历史唯物主义（我们称为唯物主义的历史观）。这种意义上的历史唯物主义的功能就是揭示社会历史的一般规律，为人们提供一个观察社会历史的哲学理论原则。第二，作为世界观意义上的历史唯物主义（我们可以称为历史的唯物主义）。这种意义上的历史唯物主义的主要功能是为人们解决人的感性活动、人的本质以及人和自然的关系等哲学问题提供一种哲学理论原则，它是一种不同于旧唯物主义的新唯物主义世界观。当然，这不是说现实地存在着两个不同的历史唯物主义，而是说马克思的同一个历史唯物主义具有上述两个方面的功能和意义。"[①] 在以后的一些论

---

① 刘福森：《马克思主义哲学的主体性原则、实践性原则和社会历史性原则》，载《社会科学战线》1991年第3期。

文中我又进一步重申了这一观点，并进一步阐述了马克思主义认识论也是建立在历史唯物主义基础上的，仅仅给马克思主义认识论找一个实践基础是不够的。没有历史唯物主义的基础，就没有马克思的新认识论。马克思的认识论是历史唯物主义的认识论。①

这里涉及到辩证唯物主义、实践唯物主义和历史唯物主义的关系问题。从辩证法与唯物主义统一的角度看，我们可以把马克思的新唯物主义叫作"辩证唯物主义"。但这里讲的"辩证唯物主义"不是教科书讲的那种"辩证唯物主义"，这种辩证唯物主义实际上就是历史唯物主义。我们也可以把马克思的新唯物主义叫作"实践唯物主义"，但这里讲的"实践唯物主义"不是那种（把历史唯物主义仅仅看作历史观）高居于历史唯物主义之上的"实践唯物主义"，这种实践唯物主义是把历史唯物主义的基本解释原则纳入其中并以此为基础的实践唯物主义。这种实践唯物主义实际上也就是历史唯物主义。教科书把历史唯物主义看成是辩证唯物主义的推广和应用，我国的实践唯物主义观点中的主流观点则把历史唯物主义看成是实践唯物主义的推广和应用。在我看来正好相反：辩证唯物主义和实践唯物主义实质上都是历史唯物主义的推广和应用，因为所谓辩证唯物主义和实践唯物主义都只有在历史唯物主义的基本原理的基础上才能成立。

那么，作为历史观的历史唯物主义何以能够成为唯物主义的世界观？历史唯物主义作为世界观的意义，主要表现在：历史唯物主义的基本理论原则成为马克思的新唯物主义世界观的基本理论原则。马克思在《德意志意识形态》一书中，正是把历史唯物主义作为他的新世界观的基本理论原则的。一般认为，马克思的《德意志意识形态》第一章（即关于费尔巴哈的一章）仅仅是在论述唯物主义的历史观。在我看来，马克思在这里不仅论述了他的唯物主义历史观，而且也同时论述了他的新唯物主义的世界观。《费尔巴哈》一章的副标题——"唯物主义观点和唯心主义观点的对

---

① 刘福森：《从实践唯物主义到历史唯物主义》，载《理论探讨》2001年第6期；刘福森：《马克思的新哲学观和新世界观》，载《学习与探索》1998年第1期；刘福森：《真理的人性基础》，载《长白论丛》1996年第3期；刘福森：《马克思主义认识论与历史唯物主义》，载《社会科学战线》1992年第3期。

立"本身就是一个世界观的标题而不仅仅是一个历史观的标题。在本书中,马克思把旧哲学的"思维与存在"的关系转换成为"社会存在与社会意识"的关系。这表明,马克思已经把思维(意识)与存在的抽象关系转换成为现实的具体的关系。在马克思看来,旧哲学讲的抽象的思维和意识其实都是社会的、历史的思维和意识,它最终根源于人的现实生活,根源于人的社会历史的现实。马克思说:"意识在任何时候都只能是被意识到了的存在,而人们的存在就是他们的实际生活过程。"① "不是意识决定生活,而是生活决定意识。"② 马克思在这里已经不再像旧唯物主义那样用物质解释意识,而是用人们的"实际生活过程"解释意识。旧唯物主义把意识归结为物质,用物质解释意识;马克思的新唯物主义则是用现实的人的实际生活过程去解释意识,而人的现实的生活过程也就是人的社会历史过程。

马克思的新唯物主义对存在、物质和自然界的理解也超越了旧哲学。旧哲学讲的存在是与人无关的抽象的存在。而新唯物主义讲的存在则是与人的生活世界相联系的存在,即进入由人的社会历史而形成并进入历史视野的存在。马克思指出:费尔巴哈"没有看到,他周围的感性世界决不是某种开天辟地以来就已存在的、始终如一的东西,而是工业和社会状况的产物,是历史的产物,是世世代代活动的结果,其中每一代都在前一代所达到的基础上继续发展前一代的工业和交往方式……"③。"这种先于人类历史而存在的自然界,不是费尔巴哈在其中生活的那个自然界,也不是那个除去在澳洲出现的一些珊瑚岛以外今天在任何地方都不存在的,因而对于费尔巴哈说来也是不存在的自然界。"④ 新唯物主义对于思维与存在、人与自然界的关系也是立足于人类历史的发展而加以理解的:"在工业中向来就有那个很著名的'人和自然的统一性',而且这种统一性在每一个时代都随着工业或快或慢的发展而不断改变。"⑤ 在这里,马克思不是在本体论上否定那种未进入人的视野的自在的自然存在的真实性,而是说,那种

---

① 《马克思恩格斯选集》第1卷,人民出版社1972年版,第30页。
② 《马克思恩格斯选集》第1卷,人民出版社1972年版,第31页。
③ 《马克思恩格斯选集》第1卷,人民出版社1972年版,第48页。
④ 《马克思恩格斯选集》第1卷,人民出版社1972年版,第50页。
⑤ 《马克思恩格斯选集》第1卷,人民出版社1972年版,第49页。

自然界对于人的生活没有意义，因而对于人来说是没有现实性的存在。"现实性"是马克思的新唯物主义的基本特征。马克思关注的思维是现实的思维，关注的存在是现实的存在，关注的思维与存在的关系是现实的关系，而这一切都归结为对"现实的人"的理解。黑格尔和费尔巴哈理解的人都是抽象的人。马克思实现哲学变革的历史任务，归根到底是实现从抽象的人到现实的人的转变。恩格斯认为，在对人、自然界以及人与自然界的关系的理解上，"费尔巴哈不能找到从他自己所极端憎恶的抽象王国通向活生生的现实世界的道路。他仅仅抓住自然界和人；但在他那里，自然界和人都只是空话。无论关于现实的自然界或关于现实的人，他都不能说出任何确定的东西。"恩格斯认为，要实现从抽象的人向现实的人的转变，"就必须把这些人当作在历史行动中的人去研究"。"对抽象的人的崇拜，即费尔巴哈新宗教的核心，必须由关于现实的人及其历史发展的科学来代替。这个超出费尔巴哈而进一步发展费尔巴哈观点的工作，是由马克思于1845年在《神圣家族》中开始的。"① 马克思的新唯物主义的历史任务，不是在17、18世纪的机械唯物主义的前提下抽象地解决物质和意识的关系，而是在费尔巴哈之后，解决从抽象的人向现实的人的转变的哲学问题。这一问题的解决正是由历史唯物主义的创立完成的。

---

① 《马克思恩格斯选集》第4卷，人民出版社1972年版，第236—237页。

价值、主体性与历史唯物主义[①]

刘福森

世界观决定价值观,价值问题上的分歧最终反映着世界观上的各种不同的哲学倾向。因此,把价值问题的讨论同哲学世界观联系起来具有重要的意义。一方面,它能使我们从世界观的高度深入理解哲学价值范畴的本质,另一方面,也能使我们以价值问题的讨论为契机,进一步科学地理解马克思主义哲学的精神实质。本文把价值问题同实践、主体性和历史唯物主义联系起来进行讨论,就反映了这一指导思想。

一、价值与实践

价值范畴同实践范畴是紧密联系的,在一定意义上我们可以说,实践范畴是理解全部价值问题的深刻基础。把实践作为价值的现实基础,还是把客体的天然属性作为价值的基础,是马克思的实践唯物主义同直观唯物主义的分歧所在。实践范畴在价值问题上的意义主要表现在以下三个方面:

(1) 事实与价值冲突的实践解决。事实与价值的矛盾,是属人世界中的一个根本矛盾。与这一矛盾相当的还有"实有与应有"、"是和应当"、"规律性与合目的性"、"认知与评价"等矛盾。

---

① 原载《哲学研究》1993 年第 5 期。

事实与价值、实有与应有的对立表现为：第一，从性质上看，所谓事实、实有、客观规律性，是指客体所具有的不依赖于主体的客观实在性，即自在性。而价值、应有、合目的性则是指客体对主体的依赖性，即客体为主体而存在的性质，它实质上是主体的"为我性"、"自为性"在客体上的表现。第二，从时间上看，事实、实有反映的是客体的一种当下的、现实的存在，而应有、价值所反映的则是主体要求客体的一种未来的、理想的存在。第三，从意识关系上看，认知是主体对客体的实有性、规律性的主观反映，它以客体的客观性、实有性为尺度，而评价则是主体对价值、应有、合目的性的自觉意识，它以主体需要的满足为尺度。

正因为上述两个方面是对立的，因而要科学地说明它们的统一就非常困难。自休谟提出这一难题以后，非马克思主义的理论一直没有对此作出合理的解释。人们或者否认二者的对立，把二者等同起来，从事实中直接推导出价值，从价值中直接推导出事实；或者否认二者的统一，得出事实与价值二元论的结论。旧唯物主义"对事物、现实、感性，只是从客体的或者直观的形式去理解，而不是把它们当作人的感性活动，当作实践去理解。"因此，旧唯物主义即使承认应有，最终还是要把应有还原为实有，用实有去解释应有，把实有看成应有、价值的源泉或基础。与此相反，唯心主义则企图从应有中直接推导出实有，否认实有的客观实在性。休谟等人的二元论哲学则完全否认实有与应有、价值与事实的内在统一性，并把二者放到两个彼此隔绝的世界（主观世界与客观世界）中。以往的哲学之所以不能解决这个难题，其根源就是它们都不理解实践的哲学意义。

事实与价值的矛盾，实质上是实践的内在矛盾，只有在实践中，它们才是统一的。我们离开实践，无论如何也不能从事实中直接推导出价值，也不能从价值中直接推导出事实。事实与价值的矛盾，不是发生在理论思辨中，而是发生在现实的实践中。马克思的实践唯物主义、历史唯物主义哲学，把实践作为解决全部哲学问题的现实基础，也就为解决这个价值论难题提供了世界观前提。

在马克思主义哲学看来，实践首先面对的是实有。实有既是制约实践活动的客观前提，又是实践改造的对象。实有对主体来说是一个自在的存在，它并不能天然地满足主体的需要，不具有应然性、价值性，主体所追求的不是这个现实的实有，而是一个同自己的需要相适应的应有。这样，应有与实有之间便发生了尖锐的冲突。在矛盾的解决中，人作为主体，不是像动物那样以自身的改变去适应实有，而是以应有为目标，依据主体对实有的规律性的认识，去消灭实有的自在性，把主体的要求贯注到实有之中，从而使实有发生了向应有的转变，使自在的客体形成了价值。但是，从实有向应有的转化，并没有使矛盾得到彻底解决。随着实践的发展，人的需要也发展了。这样，由原来的实有转化而来的应有对于发展了的实践来说，已不是一个未来的、理想的存在，而是个当下的现实的存在；已不是一个主体追求的理想目标，而是新的实践改造的对象；对于发展了的新的主体需要来说，它已失去了价值性，这样，由原来的实践所创造的应有价值，已经失去了应有、价值的属性，成为一个新的事实、实有。旧过程的应有变成了新过程的实有。这就是在实践中发生的应有向实有的转化过程。

可见，事实与价值矛盾的解决过程，是在实践基础上发生的客体从实有到应有、再从应有到实有的不断的转化过程。这一过程就其可能性说是无限的。实践是解决这一矛盾的现实基础。

（2）价值的实践生成。如前所述，在事实中并不存在价值形成的天然根据，价值既不是客体的天然属性，也不是由客体的自然变化形成的。客体的价值是实践创造的。

从本质上讲，并不存在自然物的天然价值。人和动物的根本区别就在于，动物是直接消费自然界的，因而自然界天然地具有满足动物需要的属性。与此相反，自然界并不能天然地满足人的需要。人只有根据对自身需要的意识，有目的地改造自然客体，使客体的自然结构向着合乎人的需要的方向变化之后，才能成为满足主体需要的有用之物，才形成了客体的价值。这说明，价值不是一种自然现象，而是一种社会、文化现象。价值是在实践中社会地、历史地形成的。

有的同志认为这种说法不全面；认为还存在着天然客体和天然价值。这种理解，实质上把价值的形成二元化了。我们承认，在人类社会的早期，人类在很大程度上还依赖自然界的恩赐（如采集、狩猎）。但这并不能代表人的本质。随着实践的发展，人越来越远离动物界，人对自然物天然属性的依赖性也越来越小，而对实践的直接依赖性则越来越大，人也就越来越成为人。在现代实践发展的条件下，即使是水、空气、阳光这些最"自然"的现象也越来越多地打上了实践的烙印。问题并不在于现在是否还有少数自然物具有所谓"天然价值"，关键在于，它并不能决定人类社会生活的价值本质，不能因此在理论上得出"天然价值"的结论。

（3）实践价值。与价值的实践生成相联系，我们必须引进"实践价值"概念。实践价值的含义是指实践对满足主体需要的有用性。由于价值并不是客体固有的，也不是由客体的自然变化形成的，人要使客体产生价值，就必须从事实践。这样，人对客体价值的需要又引起了某种新的需要，即实践需要，改造客体的需要。人只有首先满足了第二种需要，才能使第一种需要得到满足。因此，实践对主体来说也有价值。

实践价值不同于一般的客体价值。一般客体的价值在于客体具有满足主体需要的属性，而实践价值则在于：实践能使客体形成价值。因此，实践价值是一种创造价值的价值，是一切价值之母，是一切价值中的最高价值。正因为人类有对一般客体价值的追求，才有对实践价值的追求；也正因为有实践价值，人类对客体价值的需求才能得到满足。因此，不理解实践价值，就不能理解一般客体的价值。

二、价值与主体性

（1）主体价值。与"实践价值"相联系，我们还必须引进"主体价值"概念。主体要获得一般客体的价值，必须首先把自己变成一种特殊客体，即变成主体获取一般客体价值的手段；主体既是目的，又是自身的手段。主体是以自身（的实践）为手段来满足对客体的价值需求的。这样，主体就把自身两重化了，它既是主体，又是自身的客体。只有主体才具有这种"一身兼二"的性质。这种特殊客体对主体自身的有用性，就是主体的价值。实践是主体创造一般客体价值的手段，因此，主体价值也就是实践价值；实践价值也就是主体价值。从这个意义上说，主体价值也就是创造价值的价值，它是主体创造力的表现。

"主体价值"概念不同于"人的价值"概念。不能用人的价值概念代替主体价值概念。从人类同自然界的关系来说，人是改造自然的主体，自然是客体。在这个意义上，人的价值就是主体的价值。但是在人类内部，就个别人之间的社会关系来说，有时个人在对他人的相对关系中是作为客体存在的，这时，他的价值就不是主体价值而是客体价值。主体价值是人作为主体时的自身关系，是主体以自身的创造性活动来满足自身需要的价值，是自身作为自身的客体来满足自己需要的价值。

主体价值可以从内容和形式两个方面去看。主体价值的内容是主体的创造力，它是主体创造客体价值的能动力量。在主体的创造力中，最根本的是主体的物质生产力。人的各种创造力的总和构成了主体价值的内容，而个人之间，集团之间，个人、集团同社会总体之间的关系则构成了主体价值的社会形式。因此，主体价值的形式，是主体（人类总体、社会总体）内部不同的个别主体之间的价值交换关系。个别主体之间的产品交换，本质上是个别主体之间的活动交换，也是个别主体之间的价值（主体价值）的交换，即个别主体的价值内容——主体创造力的交换。通过个别、主体之间的价值交换，诸多个人主体才形成了"人类主体"或"社会主体"。因此，主体价值的形式实质上是人类主体或社会主体的社会结构。

与主体价值在内容与形式上的区分相适应，对主体价值的评价也具有两种不同的情况：主体价值的内容只有量的规定性，即只有大、小之分；没有质的规定性，即没有肯定与否定之分。主体价值的内容（主体的创造力）只有积极的意义，没有消极的意义。因此，我们对主体价值的内容只能作出大小的评价，不能作出善恶的评价。主体价值的形式却只有质的规定性，没有量的规定性。因此，对主体价值的形式只能作出肯定或否定的评价，即善恶评价，不能作出大小评价。伦理学中对人的行为所作的善恶评价，是从社会关系上，即从主体的价值形式上所作的评价。所谓"有害的实践"的说法，其实不是主体价值的内容（创造力）本身是有害的，而是在社会关系中人们对这种创造力的利用上才出现了善恶之别。

主体价值的内容决定主体价值的社会形式。当主体价值的社会形式不再适合主体价值的内容发展时,这种社会形式就会被主体抛弃,代之以新的、适合主体创造力发展的社会形式。主体价值内容和形式的矛盾运动,形成了社会主体的历史发展—社会历史的进步。

(2) 价值的主体性本质。在关于价值问题的讨论中,关于价值的本质问题有以下几种观点:第一,认为价值的本质是主体本质力量的对象化。这种观点实质上是把主体性看成价值的本质。第二,认为价值的本质是客体性。把价值的本质规定为"客体对主体的良好效应",实质上是把客体性看成价值的本质。第三,认为价值的本质是主客体关系。这种说法具有折中的性质。说价值是主客体关系并不错,问题是这个说法并没有进一步揭示出该关系的性质,即没有指出该关系的决定性基础与核心。我们可以把主体性看成该关系的本质,也可以把客体性看成该关系的本质。这样,第三种观点最终要归入前两种观点之一。

我认为,价值的本质是主体性。价值这个概念,本身就是反映人的主体性的一个概念,只不过它揭示的主体性不是表现在人身上的主体性,而是表现在客体上的人的主体性。从前面分析的价值与事实的矛盾可以看出,事实、实有等概念是反映客体性的概念。而价值、应有等概念则是揭示表现在客体上的人的主体性的概念。事实不是价值,实有不是应有。如果我们把实有或事实看成价值的本质,那么,价值概念就没有存在的必要了。

说客体价值的本质是主体性,实质上就是说客体的价值本质上是"主体价值"在客体上的表现。通过实践,把主体价值对象化到客体上,从而形成客体价值。客体价值的主体性本质主要表现在这两个方面:第一,通过实践,在客体中对象化了主体的目的或价值追求;决定价值的尺度是主体要求的应有而不是客体的实有。这是表现在客体上的主体的"为我性"、"自为性",它表明客体是为主体而存在的。第二,客体的价值是"主体价值"(即人的创造力) 在客体上的实现。因此,要说明客体价值的本质,就必须引进"主体价值"概念;离开主体价值这个概念,就无法揭示客体价值的主体性本质。客体价值中体现着主体价值（创造力）的发展程度，并随着主体价值的发展而变化。有的同志为了避免夸大主体性，用"客体对主体的良好效应"来规定价值。但如果我们再深入思考一下就会发现，这种说法并不能排除价值的主体性。因为"效应"是否"良好"，不是决定于事实、实有，最终还要以是否满足主体的需要来确证。

（3）价值的客观性。有的同志坚持用客体性来说明价值的本质，是怕因强调了主体性而否定了价值的客观性，这样就提出了一个问题，即什么是价值的客观性？什么因素决定了价值的客观性？有些同志把价值的客观性理解为价值对客体的自然物质结构的依赖性，因而才怕强调了主体性会否定价值的客观性。其实，价值作为一种社会历史现象，其客观性的确证主要的并不在于价值对客体的自然物质结构的依赖性，而在于价值对人的"主体价值"（创造力）的依赖性，对社会实践的依赖性。主体的创造力、实践的发展过程是一个客观的历史过程，因而客体价值的形成和变化也是一个客观的、历史的过程：第一，客体的某种特定价值只能在处于一定历史发展阶段上的特定实践中产生；第二，随着人类实践能力的发展，使客体形成更多方面的价值；第三，随着实践的发展和需要的发展，也使原来有价值的客体失去价值。

当然，客体的自然物质结构也是价值存在的必要条件和承担者，但是，它只是价值存在的自然前提而已。"前提"只是必要条件，不是价值存在与发展的内在根据。价值是社会历史现象，属于社会运动形式，我们不能用自然物质客观性去解释社会运动的客观性。"自然前提"对社会现象的运动来说只是个"常数"，它并不能决定社会现象变化的客观规律性。直观唯物主义只承认自然客观性，不理解实践客观性、历史客观性，因而只能把历史客观性还原为自然客观性，用自然客观性去解释社会历史现象的客观性。

三、价值与历史唯物主义

（1）历史唯物主义中的价值原则。价值是一种社会历史现象。一切价值问题最终都只有用历史唯物主义的观点和方法才能得到合理的解决。同时，对历史唯物主义的科学解释，也必须求助于价值原则。

价值原则和科学原则既是历史唯物主义理论本身的两个基本理论原则，也是我们进行历史唯物主义研究的两个基本的理论支点。

从性质上看，这两个原则是对立的：价值原则是从社会主体的生存和发展需要的满足这一视角去评价社会现象，科学原则是从客观性的视角用规律去解释社会现象；价值原则所追求的是社会现象的应然性、必要性、合理性、合目的性，科学原则所追求的财是社会现象的实然性、必然性、合规律性；价值原则所强调的是社会历史过程的主体性，科学原则所强调的则是社会历史过程的客观性。因此，价值原则在本质上就是主体性原则，科学原则在本质上就是客观性原则。

事实与价值的矛盾不仅是价值论的难题，而且也是历史观的难题。历史唯物主义研究中价值原则同科学原则的关系，就是这一难题在方法论上的表现。

价值原则和科学原则在性质上是对立的，但从存在上看，二者却是统一的，互为前提、相互规定的。如果我们割裂开二者的内在统一，就会导致下述两种错误理论：只承认价值原则而否定科学原则就会导致主观唯心主义历史观；只承认科学原则而否定价值原则就会导致历史宿命论。传统的哲学教科书在历史观上只承认科学原则，忽视价值原则。历史唯物主义被认为只是"关于社会发展规律的科学"，历史的运动往往被认为是与人的活动相对立的自发客体的运动，历史的主体（人）只不过是实现历史必然性的工具而已。而实际上，马克思的历史观不仅不排斥价值原则，而且把价值原则放在非常重要的地位：第一，从历史研究的目的看，马克思并不只是为了解释历史的客观规律性，更重要的是为了改造社会，解放无产阶级和全人类，这是马克思研究社会问题的价值目标。第二，从理论性质上看，历史唯物主义坚持鲜明的党性原则。它不仅客观地描述历史规律，而且还表达了无产阶级的利益追求。马克思对资本主义的批判也不只在于他从客观的角度揭示出资本主义生产方式的内在矛盾，从而科学地说明了资本主义灭亡的历史必然性，而且还在于他从价值的视角揭露了资本主义雇佣劳动的本质，揭示了资产阶级占有无产阶级剩余劳动的不合理性。在对资本主义的批判中，马克思并不是一个冷冰冰的客观主义者。在马克思著作的字里行间都蕴含着对无产阶级的同情和对资产阶级的深仇大恨。第三，从历史唯物主义的理论内容上看，马克思主义经典作家历来都把自由和必然的关系看作历史唯物主义的一个基本关系，并把实现自由看成是社会历史运动的最高价值目标。可见，价值原则是马克思坚持的一个基本理论原则。

（2）价值与历史客观性。社会历史中的事实与价值的关系同人和自然之间的事实与价值的关系相比较，具有不同的性质和特点。因此，我们不能简单地把一般哲学意义上的事实与价值的关系搬到社会历史中来，用它代替对这一问题的特殊解决。

在人和自然的关系中，自然客体只是一个自在的实有，从实有中推导不出应有或价值。客体的应有价值，是由外在于客体的主体规定的（通过实践）。而在社会历史中，主客体是同一的：社会不是在主体活动之外的某种神秘的、独立的存在，社会就是主体的活动总体。在这个意义上，社会既是一个客体，又是主体。社会客体的价值性、应然性不是由外在的神秘主体（神、绝对理念）规定的，而是由社会主体自身的存在和发展需要规定的。因此，社会历史的客观性与价值性都是社会历史的自我规定性。社会历史过程的主客体之间的内在同一性，决定了社会历史的客观必然性与价值性是内在统一的。在历史的客观性中，不仅包含着本体论的规定，而且包含着价值的规定。因此，社会历史过程既是一个客观的合规律的过程，也是一个自为的合目的的过程。

在社会内部，就个别主体的价值活动同社会总体的关系来说，个人是主体，社会总体是个人相互作用的结果，是客体。虽然个人主体都是在目的支配下从事活动的，但是，由于个别主体之间的相互制约，因而所产生的历史结果都是客观的，不以个别主体的特殊的价值目标为转移的。然而，这种社会客观性中也没有完全排除价值的规定性：相互制约只是抵消了个人主体价值目标的特殊性，而个人价值目标中所包含着的潜在的共同要求却在相互作用中扩大地实现了出来。正如恩格斯所说："然而从这一事实中决不应作出结论说,这些意志等于零。相反地,每个意志都对合力有所贡献,因而是包括在这个合力里面的。"①

从历史运动中前后代人之间的关系来看,前人的主体性活动及其结果是后人实践活动的对象和既定环境,因而是后人活动的客体,也即是后人面对的一个既定的不能自由选择的事实。正是前后之间的这种历史联系,使历史的运动成为一个客观过程。但是,作为后人活动环境(前提)的前人活动,也是追求价值的主体活动,它包含着前人的价值追求和价值选择。因此,它也不是自然的自在存在,而是凝结着前人的价值追求和价值选择的存在。这种客观性中也不能排除主体性,不能排除价值的规定。

可见,历史客观性的形成机制存在于不同主体活动之间(同一时代的个别主体之间、前后代主体之间)的社会制约性和历史制约性之中。制约主体活动的社会环境也是人的主体活动本身。因此,在历史客观性中就包含着价值规定。我们不能对历史客观性作简单化的理解,不能用自然客观性去解释历史客观性。

(3) 价值与社会进步。社会为什么会进步?社会进步的可能性是什么?社会是怎样进步的?这些问题就是社会进步的机制问题。社会进步不是社会客体的自发运动所致,而是由社会主体的创造性活动形成的,因而社会进步的机制中不可能排除价值因素的作用。

第一,社会进步的可能性。社会进步的可能性是由主体的实践本性决定的。主体的实践活动所追求的不是一个现实的实有,而是一个理想的应有;不是一种现成的存在,而是一个未来的存在,是一个现实的"非存在"。主体活动的这个特点,为社会进步提供了可能。

在动物活动中,动物只对"实有"作出本能的反应,它只消费这个实有。动物没有可能性观念,它选择的只是现成存在的东西。人则不同,人类在本性上就是一个追求价值的动物,人总是不满足于现实的存在(实有),他总是把活动目标指向一个"应当",因此,人的活动总是要超越现实,创造着自己的未来,实现着自身的进步。

---

① 《马克思恩格斯选集》第 4 卷,人民出版社 1972 年版,第 479 页。

同时，人不仅追求价值，而且追求最优价值，这就是价值选择。当社会中生产出一种更高级的价值物时，新的价值物便取代旧价值物，成为人们普遍追求的价值目标。这样，人的需要也就发生了变化，产生了更高的需要。因此，主体的价值选择不仅是对"有用性"的选择，而且是一种"优化选择"。喜新厌旧、弃旧图新、优胜劣汰是主体的价值追求和价值选择的根本特征。工厂机器设备的更新换代，主要的不是因为它们失去了有用性，而是因为它们同更新的技术设备相比不具有"好用性"。在这个意义上说，社会进步是主体实践活动进行价值优化选择的结果。价值的优化选择，构成了社会进步的灵魂。在一定意义上我们甚至可以说，新的价值取向代替旧的价值取向的频率，是衡量一个社会进步快慢的重要指标，也是衡量一个社会进步程度的指标。其频率越高，社会进步就越快，这个社会所处的历史发展阶段也就越高。如果一个社会越是缺少价值的优化选择，这个社会就越是一个超稳定的社会，其所处的历史发展阶段也就越低。从根本上说，我们的改革之所以能推动社会进步，就在于它给我们的体制中注入了价值优化选择的机制。

第二，在一定意义上说，社会进步是通过价值的积累进行的。社会财富的积累，本质上是一种价值积累；而这种价值积累说到底是"主体价值"（创造力）的积累。动物不创造什么东西，它没有成果的积累，也没有自己的创造力的积累，因而它也没有进步。人则不同，人的主体力量的发展，是依赖于类能力的积累进行的。每一代人都把自己的能力对象化到活动成果中，并以物化的形式保存下来；后人则在此基础上形成自己的创造力，把人类能力的历史成果内化为自己的本质力量，并以此为手段去进行新的创造。这样，便形成了主体创造力的"滚雪球"式的提高，并决定了全部社会文化的向上的发展。

社会历史过程中的主体性、合目的性和规律性[①]

——历史唯物主义研究中的观念变革

刘福森

我国以往的历史唯物主义观点是把社会历史过程作为一般的客体运动过程来看待的，社会运动形式被看成了与自然运动形式并列的一般的物质运动形式。这种观点没有看到，社会运动形式是一种区别于一切自然运动形式的特殊的物质运动形式——主体的运动形式；社会历史过程是一种区别于自然过程的特殊的物质运动过程——主体的运动过程。这种观点只看到了社会历史过程的合规律性、必然性，而忽视了社会历史过程的合目的性、合理性，即只看到了社会历史过程的客观性，而忽视了社会历史过程的主体性。这样，在对社会历史过程的总体性的理解上就陷入了片面性，因而没有找到社会历史过程的特殊本质和规律，不能把社会同自然从本质上区别开来。

因此，要科学地说明社会历史运动的本质和规律，就必须从根本上改变我们的旧观念。本文把社会历史过程看成主体的运动过程，把社会规律看成主体的运动规律，把社会运动形式看成主体的运动形式，对社会历史过程的特殊本质作一个总体性的考察。

我们把社会历史过程看作主体的运动过程，是立足于社会与人的内在统一基础之上的。社会并不是在人之外的某种独立的实体，它就是由处于一定关系中的个人构成的有机系统。这样，在人同自然的关系中，当我们

[①] 原载《哲学研究》1988 年第 10 期。

说自然是客体、人是主体时，也就意味着自然是客体、社会是主体。这样，社会同自然的区别，就不是一般的物质运动形式之间的区别，而是主体的运动同客体运动的区别；社会运动形式并不是与机械的、物理的、化学的、生命的运动形式相并列的一种普通的运动形式，在一定意义上它是与一切自然运动形式相对立的更加特殊的运动形式——主体的运动形式。既然社会运动是主体的运动，那么，它就必然具有主体性。社会历史过程的主体性突出表现为合目的性、选择性与合理性。

一、社会历史过程的合目的性

如果我们把社会历史过程作为主体的运动过程来看待，就必然承认社会历史过程的主体性。社会历史过程的主体性，首先表现为它的合目的性。

自然物质过程是自然物之间盲目的、随机的相互作用构成的。它的发展直接受因果必然性制约。在因果联系中，事物的现状直接由过去的状态所支配。但是，社会历史过程是主体的运动过程；实践活动是主体的基本存在方式。因此，社会历史的运动本质上就是社会实践的运动。在实践中，目的这一主观的环节插入了客观的因果链条中，因而也作为客观运动的现实原因发挥着作用。这样，现实运动的结果就不仅包含着客观原因的作用，而且包含着主观目的的作用；不仅包含着因果联系，而且包含着目的性联系。在实践中包含着一种相反的双重的联系，即前进的联系和后溯的联系：前进的联系是从原因到结果的过程，如有春种（原因）就会有秋收（结果）。而后溯的联系则表现为从结果到原因的过程，如为了秋收而春种。在这里，过程的终态对于过程起着直接的决定作用。目的作为对终态的超前反映，在过程开始时就发挥着重要作用。这样，主体的运动就突破了无机界的机械的因果联系，形成了一种主体运动特有的全新的联系，即合目的性联系（现代科学中的系统论、控制论在解释自然运动特别是生命运动时，也是以合目的性联系为前提的，并且也把运动看成主体的运动。不过这里的"主体"、"目的"都是在引申意义上使用的。从其本来意义上说,目的性联系是社会运动特有的)。社会运动作为主体的后来实践改造先前实践的过程,当然也包含着目的性联系。历史作为客观的过程,具有不以每个特殊的目的和意志为转移的性质。由于许多个人活动的相互作用抵消了个人目的的特殊性,因而由此形成的社会总体运动是不以哪一个个人意志为转移的。但是,这只是个人相互作用所产生的总体效应的一个方面,即相互作用抵消了个人目的之间的差别和对立,可是,它没有、也不可能抵消个人目的中的共同性。这种共同性一方面区别于每个人的特殊目的,另一方面,它也是潜在于每个个人目的中的个别主体的共同要求,因而它就是社会总体运动的要求,即社会总体运动的目的性。可见,社会历史过程的客观性联系不仅不排除目的性联系,而且以目的性联系为条件,其中包含着目的性联系。

社会历史的客观性,不同于唯物主义自然观理解的自然物质的客观性。社会无疑是以自然物质为前提的,但自然物质并不是社会的实体。社会的实体是人们的社会实践活动。社会中的任何存在物,它之所以为社会存在物,不是由于它的自然物质性,而是由于它在社会实践系统中承担着某种实践的功能。例如,工具的社会性就在于作为社会实践的手段的功能。社会联系是一种功能性联系,是发生在实践这一社会实体之中的功能关系。即使是人,如果他不在社会实践系统中承担某种功能,他也只能是一个生物,而不是社会的人。由此可见,社会历史的客观性不能用它的自然物质性去说明,而应当用社会实践系统的功能性去说明。马克思曾经用生产力的不能自由选择性去说明社会历史的客观性。生产力之所以是不能自由选择的,就在于生产力是前人活动的结果,体现的是前人活动的本质力量;而前人活动对后人来说,是一种先在的、既定的力量,后代人是不能自由选择前代人的活动及其本质力量的。马克思在这里正是用实践系统中前后代之间的功能联系来说明社会历史的客观性的。社会历史的客观性,就是指不以人的意志为转移的并对意志起着制约作用的一种社会功能。因此,在社会历史中的客观的东西,可以是人的有目的的活动。由于社会历史的客观性是社会实践系统中的客观性,因而我们不可能找到一种摆脱意识纠缠的客观性。在一定意义上我们甚至可以说，这种客观性不仅不排除主观因素的作用，而且还必须以主观因素的作用作为自身存在的前提和构成自身的必要环节。

因此，承认社会历史过程的合目的性并不一定否定历史过程的客观性。

那么，为什么个人的特殊目的中会包含着社会共同性？个人的相互作用又为什么能够实现这种共同性？要说明这个问题，我们必须使用"社会本能"概念。生物的每一物种都有其维持个体和种族存在的本能，我们叫它生物本能。这种本能是在生物进化中适应外部环境所形成，并在遗传过程中固定下来的对个体和种族生存有意义的行为。人也具有生物本能，不过许多生物本能在社会进化中都被另一种本能代替而退化了，留下来的少数生物本能（如食、性等）在社会进化中也不起决定作用。在社会进化中起重要作用的是另一种本能，即社会本能。社会本能是在社会生产实践中形成，并在人类社会的进化中固定下来的对社会总体的进化有意义的行为。生物的本能使生物物种实现其自发的合目的性运动；人的社会本能则能够使社会进化自发地实现合目的性运动。生命的本能服从着生命的规律，而人的社会本能则服从着社会规律。当人的社会本能被人自觉地意识到以后，本能的活动就转化为自觉的活动。例如，追求以最少的消耗获得最多的产品，这是表现在生产力发展中的人的社会本能。自发地维持适应生产力状况的生产关系，也是人的一种社会本能。恩格斯说过："每一种社会的分配和物质生产条件的联系，如此深刻地存在于事物的本性之中，以至它经常反映在人民的本能上。当一种生产方式处在自身发展的上升阶段的时候，甚至在和这种生产方式相适应的分配方式里吃了亏的那些人也会热烈欢迎这种生产方式。大工业兴起时期的英国工人就是如此。不仅如此，当这种生产方式对于社会还是正常的时候，满意于这种分配的情绪，总的来说，也会占支配的地位。"① 应当特别指出的是，由个人的盲目的相互作用形成社会历史运动的情况只是在历史过程的较低阶段和社会关系的

---

① 《马克思恩格斯选集》第3卷，人民出版社1972年版，第188—189页。

较低层次上表现的状态,而在较高的历史发展阶段的较高层次的社会关系中,历史的总体运动却不能用这种盲目的相互作用来解释。例如,到了共产主义以后,人类自觉地意识到了社会规律,意识到自身的总体利益和长远利益,社会的总体发展有了现实的、自觉的目的,因而是在目的支配下自觉地进行的。当然,这也不意味着历史的发展失去了客观性,而只意味着由自发性转变为自觉性。

其次,从社会关系的不同层次看,在物质生产领域,生产关系是在人们的自发的相互作用中形成的(社会主义以前),而在上层建筑领域,则是在现实总体目的的支配下建立起来的。

社会历史过程的合目的性,是它自动趋向符合人类及社会存在和发展要求的终极目标的性质,具体表现在以下两个方面。

第一,就社会发展的某一阶段来说,总是自动趋向于那种适合生产力要求的社会结构,因为这种结构是符合人类及社会存在和发展的总体要求的。当某种社会结构已经不适合生产力发展要求时,社会系统的各个局部就会发生激烈的振荡,探索、寻求一种新的、适合生产力要求的社会结构。这种社会结构就成为社会总体运动追求的目标。而一旦这种社会结构建立起来,巩固它、完善它,又成为社会总体追求的新的目标。这就是社会系统作为主体运动的自组织。

第二,从社会历史运动的全过程来看,社会的发展(无论在哪个阶段上)总是趋向于人的全面解放,趋向于人的主体性、人的自由的全面实现的终极目标在整个人类社会发展的过程中,人的全面发展和自由的全面实现始终是人类社会所追求的目标和理想。

总之,合目的性联系是主体运动的基本联系,是社会历史过程表现出来的主体性。一般说来,社会所处的发展阶段越高,社会关系所处的层次越高,合目的性联系表现得越突出、越自觉。

二、社会历史过程的选择性与合理性

在无机界中,结果是直接地、完全地由原因决定的,它表现为"原因—结果"的过程。而在主体的运动过程中,由于在原因与结果之间插入了目的这一主观环节,就使得因果联系具有了全新的性质:原因并不能直接地决定结果,而只是为结果的实现提供了客观可能性。而这种可能性并不是唯一的,而是多种可能性,到底哪一种可能性成为现实,则是由主体的目的选择决定的。这样,主体的实践过程就表现为"原因—目的选择—结果"的过程。在这个过程中,作为原因的事物并不能完全决定现实的发展方向;作为结果的事物也不能完全包括在原因之中,而是主观因素和客观因素统一作用的结果。

人们总是习惯于用这样一种观念来思维:如果某一事件发生了,它就是必然发生的,不可能会是别的样子。这种观念的公式是:"现实如此,就是必然如此"。特别是在历史领域,由于历史事件具有不可重复性,人们无法使历史退回到起点,以证实某事件的发生是必然的。其实,在现实中是存在着多种发展可能的,只是由于实现了其中一种可能性,才排除了其他可能性实现的可能。这就造成了一种假象,似乎现实的就是必然的,必然性就是唯一的现实性。这种关于必然性的理解是机械论的。纯粹的必然性在现实中是不存在的,它只能在逻辑上存在。在现实中,必然性是非直接的,它只是作为一种一般的趋势,只是规定了现实发展的大致的范围,只是对现实的或多或少的概括。因此,必然性并不等于唯一的现实性,而是诸多可能性的总和。这诸多可能性的总和才是必然的,而其中的任何一种可能都不是必然的。所谓必然性,其本身就包含着"没有其他可能"之意,而在其中某一种可能性之外都有其他可能性存在,因而都不是必然的,只有这个多种可能性之总和之外才不存在其他可能,因而只有这个总和才是必然的。任何现实性,都是在必然性规定的多种可能性的范围内所实现的一种可能性,因而任何现实性都只是在必然性规定的范围内实现出来的偶然性。

承认多种可能性的存在,是承认选择性的逻辑前提。选择即是由可能到现实的过程。

主体的需要及其对需要的意识是选择的出发点。选择是主体根据自身的需要在客体的多种发展可能性中收缩自由度的过程。任何选择都是价值选择，是由价值导引的合目的过程。价值原则为选择规定了标准、方向和动力。

而人类社会发展的历史则是人的活动系统发展的历史。人类的活动不是为适应环境，而是为改造环境，使环境适合于人类社会的需要；是为改造环境不断变化自己的"身外器官"（工具），而不是为适应环境而改变自身的"身内器官"，工具的使用，使人类的进化超越了生理功能的限制，形成了一种全新的发展形式。这种发展方式就是社会选择方式。这种选择不是对身内器官的选择，而是对身外器官的选择以及在此基础上形成的对整个社会结构的选择。因而人类的发展史表现为其身外器官及其与此相适应的社会结构演变的历史。

社会选择的最根本的尺度是生产力，因为生产力是人类及社会得以存在和发展的最基本的条件。社会所选择的，是适合生产力要求的社会结构。当某种社会结构还能适应生产力发展时，社会系统就会千方百计地巩固这种结构；而当这种社会结构不再适应生产力发展的要求时，社会系统就要寻求、探索新的适应生产力发展要求的社会结构。巩固适应生产力要求的社会结构和寻求新的、适应生产力要求的社会结构，都是社会选择的过程。如果生命的发展规律可以归结为自然选择规律的话，那么，社会规律更应该归结为社会选择的规律。

价值选择是价值追求和价值比较的统一。在生产力中，价值追求的目标表现在两个方面：一是在单位时间内生产更多的产品；二是在生产中人的解放程度的提高。即：一方面追求生产率的提高，另一方面追求尽可能地用外部自然力代替人力、用身外器官的力量代替身内器官的力量。生产力的发展过程，就是这两种追求相统一的过程。这两个方面的统一表现在对劳动工具的选择上。每一种旧的劳动工具被抛弃和新的劳动工具的采用都既提高了劳动生产率，又解放了人的部分身内器官的生理功能。无论是对劳动工具的选择还是对社会结构的选择，都是一个价值比较的社会过程。当某种劳动手段在社会上还占主导地位时，在社会系统中总会出现某些局部的变异，出现某种更新的劳动手段。于是，在社会的价值比较中，新的劳动手段就会逐步普及并代替旧的劳动手段，在此基础上也会发生社会结构的比较和变革。价值比较是以"价值衰减"为前提的。"价值衰减"表现为两种情况：其一是价值的"绝对衰减"，这是一种"有形衰减"。如工具的磨损使工具降低或丧失了价值；其二是价值的"相对衰减"，这是一种无形的衰减。如，某种工具虽未被磨损，但由于出现了更先进的工具，因而在价值比较中旧的工具便减少了价值或失去了价值。工厂设备的更新换代，不是由于价值的绝对衰减，而是由于价值的相对衰减。可见，在价值比较中，价值的大小与"有用性"并不是完全等同的，社会价值的寿命比"有用性"的寿命短得多。正是价值追求和价值比较构成了价值选择，它形成了社会进步的重要机制。社会的这种"喜新厌旧"、"弃旧图新"的进取本性，大大加速了社会的新陈代谢过程。

选择可分为个人选择和社会选择。个人选择是根据个人自身的需要所做的选择。个人选择只能影响个别事件的发展，而对社会总体却不能自由选择。社会总体的发展是社会选择的结果。社会选择是以社会总体为主体的选择。它具体表现为两种情况：第一，自发的社会选择。它是由许多个人选择相互作用所产生的一种总体效应，反映着潜在于不同的个人选择中的共同性。个人具有的社会本能在这种选择中起着重要作用。第二，自觉的社会选择。在这种选择中，社会总体的选择是在现实的总体目的支配下进行的。这是社会选择的最高形式，也是社会选择的主体性本质的最高表现。它表明，社会历史过程是社会主体自决的发展过程。

我们坚持社会历史过程的选择性质，并不否定社会历史过程的客观性，即不能自由选择的性质。每一代人的自主选择总是在前一代人活动成果的基础上进行的。前代人活动的成果对于后代人来说是一种既定的事实，它作为先在的东西制约着后代人选择活动的范围。它使后代人的选择又不是纯粹自由的选择。这表明，前后两代人之间具有一种客观的、历史的联系。因此，社会历史过程是选择性与非选择性的统一，即主观能动性与客观规律性的统一。

由于社会历史过程是主体的能动选择过程，因而社会历史过程必然具有合理性。选择是目的性选择，是价值选择。目的所追求的不是客观必然性的实现，而是自身需要的满足。当然，目的也反映客观，但它是在追求自身需要的满足中反映客观的，是以自身需要的满足为目标对客观对象的批判的、否定的反映。因此，选择的结果不仅体现着客观性，而且体现着主观性；不仅体现着必然性，而且体现着应然性、必要性。所谓合理性，就是客体运动对主体来说的应然性、必要性，是客体运动对主体的意义。所谓社会历史过程的合理性，也就是社会历史运动所具有的满足人类生存和发展需要的必要性和应然性。例如，当我们说某种生产关系是合理的时，就意味着这种生产关系是适应生产力发展要求的，这样的生产关系才能促进生产力的发展，因而才能满足人类生存和发展的需要。而当这种生产关系不再适合生产力发展的要求时，它就阻碍了生产力的发展，对人类的生存和发展失去了意义，因而成为不合理的东西。

合理性概念反映的也是主客体之间的关系，即客体对主体的价值关系或主体对客体的评价关系。不过，社会历史过程的合理性反映的不是社会历史对个别主体的价值关系，而是社会历史对人的活动总体的价值关系。因此，这是社会主体对自身的一种自我评价关系。社会历史的合理性不是对个别主体的应然性和必要性，而是对人的活动总体的应然性和必要性。

合理性概念也应当成为社会历史观的一个重要范畴。

为什么社会历史过程具有合理性呢？这是因为，社会历史过程是通过主体的选择而实现出来的，而选择是一种价值选择。主体所选择的是对自身的存在和发展有利的方向，因而这和选择活动所创造的历史过程必定是应当的、必要的，即合理的。由此我们可以得出结论：在社会历史中，凡现实的都是合理的；只有合理的才能是现实的。这个命题包含着下述两层涵义：第一，由于历史是通过选择实现的，因而凡现实存在的东西在本质上都具有合理性；第二，在社会历史中即使出现某些不合理的东西，或者原来具有合理性的东西由于历史条件的变化变成不合理的东西，都不会长期存在，都终将被社会选择所淘汰，成为非现实的东西。

合理性与客观规律性是对立的：合理性概念反映的是客体对主体的意义，是客体从属和依赖主体的性质和关系。而客观规律性则是不依赖主体的性质。但是，在社会历史过程中，由于主体（人）和客体（社会）是统一的，因而客观规律性与合理性也是统一的。每一历史时代的人类总体选择活动都要受前代活动的制约，因而社会主体的选择活动不是无限制的，历史的发展存在着客观的联系。但是，制约着主体选择活动的，是同样从事着自主选择活动的前人活动。这说明，作为主体的社会历史所受的制约，是总的主体运动过程中的自我制约。因此，社会历史的客观性并不能排除主观性的作用，其客体性并不排除主体性，其客观规律性并不排除合理性。

三、社会规律是主体运动的规律

如果我们把社会历史的运动形式看作主体的运动形式，把社会历史过程看作是实践的自我更新过程，那么，理所当然地也应当把社会规律理解为主体的运动规律。这是在理解社会规律问题上的一个根本观念的变换。用这种观念去认识社会规律，就会发现社会规律是与自然规律具有不同性质的规律。

第一，主客观关系是社会规律的本质与核心。

"社会规律就是人们自己的社会行动的规律"（恩格斯），即人的社会实践的规律。实践是主体在目的支配下能动地改造客体的活动。这种活动当然受着现存的客观条件的制约，受着被改造的客体规律的制约，但是，主体活动却不是为了实现客体的规律，而是为了满足自身的需要而利用客体的规律去能动地改造客体。在实践中，人们首先考虑的是为满足什么样的需要而进行什么样的活动，然后才考虑如何利用客体的规律以便使实践获得成功。在这里，主体的实践活动受着两种因素的制约：一是客体的规律，二是主体根据自己的需要所形成的主观目的。正是这两个方面的关系，构成了实践的最本质的关系。这两个方面的关系就是主客观的关系。

社会是由个人构成的活动系统，再进一步分析，我们发现这一活动系统，包含着三个基本关系：首先是人和自然的关系。这一关系包含着两个方面。一是人适应自然、人包含于自然，人也是总的自然发展过程的一个现实部分。但人又是不同于外部自然的一种特殊的自然——进行着改造自然活动的能动的自然。这种自然就是物质生产力。这一关系表明，社会（人）和自然的区别，是能动的自然与被动的自然的区别，是主体与客体的区别。其次是个人和社会的关系。人的改造自然的能动关系，只有在个体的合作中、在社会集体中才能存在。社会不是生命个体的简单堆积，而是由处于一定关系中的个体活动构成的一个有机的活动系统。这一关系表明，社会是生命的集体存在形式。社会关系就是这些个体的结合方式，是社会的内在结构。再次是人和意识的关系。离开了意识，就不可能有前两种关系的存在。不仅个人活动，而且集体的自觉活动也必须在社会意识支配下才能进行，社会意识、国家、法律，就是社会集体活动中的自觉因素。集体意识的形成，是自发的社会集体活动向自觉的社会集体活动转变的必要条件。这一关系表明，社会和人是生命的自觉存在形式，它表明社会（人）和自然的区别，是自觉的自然与自发的自然的区别。这三种关系统一起来就构成了社会实践的本质：社会是一种能动的、集体的、自觉的存在形式，这是一种主体的存在形式。这三种关系之间的关系，实质上就是社会的生产力、生产关系和上层建筑三个方面的本质关系。这三个方面的本质关系就构成了社会发展的基本规律。可见，在社会规律中，不仅包含着客观的关系，而且包含着能动关系和自觉关系，可以说，全部社会规律都是建立在一种能动关系——人对自然的改造关系基础上的。因此，任何社会规律都反映着主客观关系。如果我们从规律中排除了能动关系和自觉关系，这样的规律只能是自然规律，不可能是社会规律。

当然，我们并不否定社会规律的客观性。社会规律的客观性仅仅是指它的不以人的主观意志为转移的性质。尽管社会规律中包含着人的意识关系，但意识关系是受社会物质关系客观制约的，意识本身的发展规律也是不以人的主观意志为转移的，因而也是客观的。当然，我们说主客观关系是社会规律的本质与核心，并不意味着社会规律就等于主客观关系，也不意味着除主客观关系之外就不存在其他社会规律了。我们只是说，全部社会规律中都渗透着主客观关系。

第二，从规律的性质上看，社会规律是一种自为的规律。

传统的观点把社会规律归结为机械的因果规律。现在有很多人把社会规律归结为统计规律。我认为，因果规律和统计规律都不能反映作为主体运动形式的社会运动规律的特殊性质。社会过程并不排除因果规律和统计规律的作用。但自为规律是比这两个规律更高的规律。因果规律和统计规律只有被纳入到自为规律之中，才具有社会历史的意义，才是社会历史的规律。

社会规律的自为性包含着以下含义：

第一，自为的规律是主体的自我运动的规律，是主体的自我更新、自我创造、自我实现的规律，是社会实践的自我更新的规律。

第二，作为社会运动的本质关系的社会规律，不仅包含着客观制约主观的关系，而且包含着主观制约客观的关系，是这两种关系的统一。

第三，社会规律不仅包含着客观必然性，而且包含着对主体来说的合理性。它充分体现着社会规律的主体性。客观必然性与合理性，常被人们看成是水火不相容的。但是，在主体的运动中，二者是必须统一的。

社会规律的自为性，表明社会规律是主体的自主运动的规律，是主体的自组织规律，是社会历史规律的主体性的集中表现。

在历史唯物主义的研究中，有许多传统的观念需要变换。本文所涉及的是一个最根本的、总体性的观念变换问题，也是观察社会的视角的一个根本变换，这个问题，不仅对于我们理解唯物史观的每一个具体问题有重要的指导作用，而且对于我们科学地理解唯物史观的体系也有重要的指导意义。

历史唯物主义与哲学基本问题[①]
——论马克思主义的世界观

孙正聿

关于马克思主义哲学，人们经常引证马克思和恩格斯的两个著名论断：其一是马克思所说的"哲学家们只是用不同的方式解释世界，问题在于改变世界"[②]；其二是恩格斯所说的"这已经根本不再是哲学，而只是世界观"[③]。对于这两个关系到如何理解马克思主义哲学的著名论断，人们不能不予以追问的是："不再是哲学"的"改变世界"的世界观究竟是什么？这个世界观是"扬弃"还是"抛弃"了作为哲学基本问题的"思维和存在的关系问题"？

一、探析恩格斯的"不再是哲学"的"世界观"

在《反杜林论》中，恩格斯提出了上述著名论断，即：作为"现代唯物主义"的马克思主义哲学"已经根本不再是哲学，而只是世界观"[④]。由此所引发的最为严峻的理论问题是：不再是哲学的世界观还是否是哲学？与世界观相区别的哲学是何种哲学？作为世界观的哲学又是何种哲

[①] 原载《哲学研究》2010 年第 5 期。
[②] 《马克思恩格斯选集》第 1 卷，人民出版社 1995 年版，第 57 页。
[③] 《马克思恩格斯选集》第 3 卷，人民出版社 1995 年版，第 481 页。
[④] 《马克思恩格斯选集》第 3 卷，人民出版社 1995 年版，第 481 页。

学?对此,恩格斯的回答是:与世界观相区别的哲学,是一种"特殊的科学的科学";与哲学相区别的世界观则是"在各种现实的科学中得到证实和表现出来"的哲学;不再是哲学的世界观的哲学涵义在于,"哲学在这里被'扬弃'了,就是说,'既被克服又被保存';按其形式来说是被克服了,按其现实的内容来说是被保存了"。① 然而,对于恩格斯自己所作的回答,人们必然又会提出下述问题:被"扬弃"了的"哲学"是一种什么样的"世界观"?在这种"扬弃"中,被"克服"了的"形式"究竟是什么?被"保存"下来的"现实的内容"又究竟是什么?

在恩格斯的回答中,最为引人注目的是从哲学对科学的关系来区分"哲学"与"世界观",即:"一旦对每一门科学都提出要求,要它们弄清它们自己在事物以及关于事物的知识的总联系中的地位,关于总联系的任何特殊科学就是多余的了。"② 正是基于这个总体判断,在《路德维希·费尔巴哈和德国古典哲学的终结》这部哲学名著中,恩格斯又提出了一个内容相同、表述相近的更为明确的论断:"对于已经从自然界和历史中被驱逐出去的哲学来说,要是还留下什么的话,那就只留下一个纯粹思想的领域:关于思维过程本身的规律的学说,即逻辑和辩证法。"③ 由此提出的意义更为重大的理论问题是:按照恩格斯的这个论断,是否应当把作为"现代唯物主义"的马克思主义哲学定义为"关于思维过程本身的规律的学说"?是否应当把马克思主义哲学的理论内容归结为"关于思维过程本身的规律"的"逻辑和辩证法"?然而,如果对这些问题给予肯定答复的话,则无论是诉诸科学史还是诉诸哲学史,都是说不通的。

从科学史看,关于"思维过程本身的规律的学说",日益显著地成为以语言学、心理学、逻辑学、符号学、信息论等广义的思维科学的根本内容。因此,借用恩格斯本人的说法,"哲学"已经不仅被"驱逐"出了自然界和历史,而且被"驱逐"出了思维领域,试图充当思维科学的"哲学"已经被现代的思维科学所取代。从哲学史看,关于"思维过程本身的

---

① 《马克思恩格斯选集》第 3 卷,人民出版社 1995 年版,第 481 页。
② 《马克思恩格斯选集》第 3 卷,人民出版社 1995 年版,第 364 页。
③ 《马克思恩格斯选集》第 4 卷,人民出版社 1995 年版,第 257 页。

规律的学说",其集大成者就是黑格尔的以概念的辩证否定为内容的"思想的内涵逻辑",它本身已经被马克思和恩格斯所"扬弃",即把黑格尔的思辨的辩证法"扬弃"为"对现存的一切进行无情的批判"的辩证法。因此,以思想的内涵逻辑为内容的"逻辑和辩证法"同样是被"扬弃"了的"哲学",而不是"已经不再是哲学"的"世界观"。

面对科学史和哲学史,我们究竟应当如何理解恩格斯所说的"不再是哲学"的"世界观"?这种"世界观"在何种意义上是"关于思维过程本身的规律"的"逻辑和辩证法"?回答这个问题,必须重新思考恩格斯对哲学所研究的"思维规律"的理解,和关于哲学本身的"重大的基本问题"的概括。

关于哲学所研究的思维规律,恩格斯的最为重要的论断是:"我们的主观的思维和客观的世界遵循同一些规律,因而两者在其结果中最终不能互相矛盾,而必须彼此一致,这个事实绝对地支配着我们的整个理论思维。这个事实是我们的理论思维的本能的和无条件的前提。"① 这清楚地表明,恩格斯所说的"关于思维过程本身的规律的学说",并不是关于思维的实证科学,而是反思"理论思维的本能的和无条件的前提",即恩格斯本人在作出上述论断时所提示的关于"思维和存在的一致"②的学说。

必须深入思考的是,在提出关于"理论思维的本能的和无条件的前提"的论断之后,恩格斯围绕这个论断展开了三个方面的论述,其一是:"18世纪的唯物主义,由于其本质上的形而上学的性质,只是从内容方面研究这个前提。它只限于证明一切思维和知识的内容都应当来源于感性的经验,并且重新提出下面这个命题:感觉中未曾有过的东西,理智中也不存在";其二是:"只有现代的唯心主义的,同时也是辩证的哲学,特别是黑格尔,才又从形式方面研究了这个前提","这个哲学在许多场合下和在极不相同的领域中证明了思维过程同自然过程和历史过程的类似之处以及反过来的情形并且证明同一些规律对所有这些过程都是适用的";其三是:"现代自然科学已经把一切思维内容都来源于经验这一命题以某种方式加

---

① 《马克思恩格斯选集》第4卷,人民出版社1995年版,第364页。
② 《马克思恩格斯选集》第4卷,人民出版社1995年版,第364页。

以扩展,以致把这个命题的旧的形而上学的界限和表述完全抛弃了"。①

在这段具有鲜明的针对性和深刻的思想性的论述中,恩格斯表达了三个重要思想:其一,"思维和存在的一致"是"理论思维的本能的和无条件的前提",对这个"前提"的批判性反思构成哲学意义上的"关于思维过程本身的规律"的"逻辑和辩证法",并因而构成哲学与科学(包括自然科学、社会科学和思维科学在内的全部科学)这两种理论思维方式之间的原则区别;其二,旧唯物主义和辩证的唯心主义"只是"分别地探讨了这个"无条件的前提"的"内容方面"或"形式方面",但均未合理地解决哲学与科学这两种理论思维方式之间的原则区别问题,并因而无法合理地回答"理论思维的本能的和无条件的前提"问题;其三,"现代自然科学"承诺了"一切思维内容都来源于经验这一命题",并因而"完全抛弃"了对这个"无条件的前提"的形而上学反思。由这三个重要思想所引发的基本结论,应当是把哲学的"重大的基本问题"归结为"理论思维的本能的和无条件的前提"即"思维和存在的一致"问题。事实正是这样。在《路德维希·费尔巴哈和德国古典哲学的终结》中,恩格斯就以简洁明确的论断方式提出:"全部哲学,特别是近代哲学的重大的基本问题,是思维和存在的关系问题。"② 由此可以得出的重要结论是:这个"重大的基本问题",就是在"世界观"中被保存的"现实的内容";而在"世界观"中被克服了的"形式",则是企图提供总联系的作为科学的科学的"哲学"。这就是"已经不再是哲学"的"世界观"对"哲学"的"扬弃"。

然而,值得深思的是,在相当长的时期里,关于恩格斯所概括的哲学的"重大的基本问题",人们往往只是引证这个论断本身,而没有关切这个论断所指认的问题,即"理论思维的本能的和无条件的前提"问题,因此,不是从理论思维的两种基本方式——哲学与科学的关系中去理解"思维和存在的关系问题",特别是没有从恩格斯所强调的"内容方面"和"形式方面"及其关系去理解这个"重大的基本问题"。由此导致的一个严重后果,就是把恩格斯所说的"关于思维过程本身的规律的学说"解释

---

① 《马克思恩格斯选集》第4卷,人民出版社1995年版,第364—365页。
② 《马克思恩格斯选集》第4卷,人民出版社1995年版,第223页。

为"思维科学",而不是把这个"学说"理解为关于"思维和存在的关系问题",即关于"理论思维的本能的和无条件的前提"的学说。从哲学与科学的关系上看,这两种理解方式具有重大的原则区别:前者把作为世界观的马克思主义哲学归结为一种与自然科学、历史科学相并列的思维科学,后者则是把作为世界观的马克思主义哲学理解为对"哲学"的"扬弃",它既"克服"了作为科学的科学的"哲学",又"保存"了作为哲学"重大的基本问题"的"思维和存在的关系问题",也就是对"理论思维的本能的和无条件的前提"的批判和反思。因此,正是并且只是在后者的意义上,作为"世界观"的马克思主义哲学,是一种"已经不再是哲学"的哲学——世界观。

这里的根本问题在于,"不再是哲学"的"世界观",是一种根本不同于旧唯物主义的新唯物主义——现代唯物主义。这是恩格斯在论述哲学"基本问题"时突出强调的重要思想,因而也是我们理解马克思主义"世界观"的至关重要的思想。然而,在通常的关于哲学"基本问题"的阐释中,恰恰是"忽视"甚至是"忽略"了这个最为重要的思想,其结果就把作为现代唯物主义的"世界观"与作为旧唯物主义的"哲学"混为一谈,把现代唯物主义与旧唯物主义对"思维和存在的关系问题"的回答混为一谈,从而阉割了马克思主义世界观的真实涵义。

恩格斯在作出"全部哲学,特别是近代哲学的重大的基本问题,是思维和存在的关系问题"这个具有根本性的论断之后,紧接着就论述了这个"基本问题"的历史演化,并提出这个问题"只是"在近代哲学中"才被十分清楚地提了出来,才获得了它的完全的意义"。[①] 以此为基础,恩格斯集中地论述了哲学基本问题的历史演化与唯物主义的发展阶段的关系问题。这对于理解"已经不再是哲学,而只是世界观"的现代唯物主义具有不容忽视的重要意义。

恩格斯指出,费尔巴哈唯物主义对黑格尔唯心主义的批判,只是形成了"物质不是精神的产物,而精神本身只是物质的最高产物"这个"自然

---

① 《马克思恩格斯选集》第4卷,人民出版社1995年版,第223—224页。

是纯粹的唯物主义"的观点,然而"到这里就突然停止不前了"。①恩格斯认为,"费尔巴哈在这里把唯物主义这种建立在对物质和精神关系的特定理解上的一般世界观同这一世界观在特定的历史阶段即18世纪所表现的特殊形式混为一谈了"②。恩格斯由此提出,"像唯心主义一样,唯物主义也经历了一系列的发展阶段。甚至随着自然科学领域中每一个划时代的发现,唯物主义也必然要改变自己的形式;而自从历史也得到唯物主义的解释以后,一条新的发展道路也在这里开辟出来了"③。

正是在关于唯物主义的"发展阶段"的论述中,恩格斯向我们展现了以发现历史的运动规律为任务的"现代唯物主义",与"关于思维过程本身的规律"的"逻辑和辩证法"的内在关联,即:只有"历史也得到唯物主义的解释以后",才能合理地回答哲学的"重大的基本问题"——思维和存在的关系问题。这正如恩格斯所指出的:"费尔巴哈不能找到从他自己所极端憎恶的抽象王国通向活生生的现实世界的道路。他紧紧地抓住自然界和人;但是,在他那里,自然界和人都只是空话。无论关于现实的自然界或关于现实的人,他都不能对我们说出任何确定的东西。"④恩格斯由此得出的根本性结论是:"要从费尔巴哈的抽象的人转到现实的、活生生的人,就必须把这些人作为在历史中行动的人去考察。"⑤"费尔巴哈没有走的一步,必定会有人走的。对抽象的人的崇拜,即费尔巴哈的新宗教的核心,必定会由关于现实的人及其历史发展的科学来代替。这个超出费尔巴哈而进一步发展费尔巴哈观点的工作,是由马克思于1845年在《神圣家族》中开始的。"⑥

由此,关于"不再是哲学"的"世界观",就回到了恩格斯在提出这个判断的同时所提出的另一个论断,即:"现代唯物主义把历史看作人类

---

① 《马克思恩格斯选集》第4卷,人民出版社1995年版,第227页。
② 《马克思恩格斯选集》第4卷,人民出版社1995年版,第227—228页。
③ 《马克思恩格斯选集》第4卷,人民出版社1995年版,第228页。
④ 《马克思恩格斯选集》第4卷,人民出版社1995年版,第240页。
⑤ 《马克思恩格斯选集》第4卷,人民出版社1995年版,第240—241页。
⑥ 《马克思恩格斯选集》第4卷,人民出版社1995年版,第241页。

的发展过程，而它的任务就在于发现这个过程的运动规律。"① 这个论断同马克思和恩格斯在《德意志意识形态》中的以下论断是完全一致的，即："对现实的描述会使独立的哲学失去生存环境，能够取而代之的充其量不过是从对人类历史发展的考察中抽象出来的最一般的结果的概括。这些抽象本身离开了现实的历史就没有任何价值。"② 显然，马克思和恩格斯在这里所指认的"独立的哲学"，就是恩格斯所说的与"世界观"相区别的"哲学"；而恩格斯所说的"不再是哲学"的"世界观"，则是"从对人类历史发展的考察中抽象出来的最一般的结果的概括"。这正是马克思和恩格斯所创建的历史唯物主义。

通过探析恩格斯所论述的"已经不再是哲学"的"世界观"，我们可以形成关于"现代唯物主义"的两点基本结论：其一，现代唯物主义对"哲学"的扬弃，一方面是"克服"了作为"科学的科学"的"哲学"，另一方面则是"保存"了作为"理论思维的本能的和无条件的前提"的"思维和存在的关系问题"，并自觉地把这个"关系问题"确认为哲学的"重大的基本问题"；其二，"现代唯物主义"是从"历史中行动的人"出发去回答作为哲学的重大基本问题的思维和存在的关系问题的，因此，现代唯物主义的真实涵义就是历史唯物主义，只有历史唯物主义才是"不再是哲学"的马克思主义的"世界观"。

二、探析马克思的"改变世界"的"世界观"

对"思维和存在的关系问题"的历史唯物主义回答，就是作为"现代唯物主义"的马克思主义的世界观。这是通过探析恩格斯关于"已经不再是哲学"的"世界观"的论断所形成的总体判断。但是，这个判断与马克思的"改变世界"的论断是相互印证的，还是相互矛盾的？这是必须深入讨论的又一个重大理论问题。

---

① 《马克思恩格斯选集》第3卷，人民出版社1995年版，第364页。
② 《马克思恩格斯选集》第1卷，人民出版社1995年版，第73—74页。

在被恩格斯称之为"包含着新世界观的天才萌芽的第一个文件"① 的《关于费尔巴哈的提纲》中，马克思提出了本文开篇曾引述的著名论断，即："哲学家们只是用不同的方式解释世界，问题在于改变世界。"② 然而，在对这个著名论断的阐释中，人们却往往得出这样的结论，即："思维和存在的关系问题"只是"解释世界"的"哲学家们"的"基本问题"，而不是"改变世界"的马克思主义哲学的"基本问题"。这样的结论不仅推出了马克思与恩格斯在"哲学基本问题"上的对立，而且导致了关于什么是马克思主义世界观的原则分歧。为此，我们需要首先以马克思的《关于费尔巴哈的提纲》（以下简称《提纲》）为"文本"对象，认真地探析马克思的"改变世界"的"世界观"究竟是什么。

诉诸"文本"，我们可以看到：其一，《提纲》的立意是明确的，问题是鲜明的，这就是马克思所指认的"人的思维是否具有客观的真理性"③ 问题，而这正是恩格斯所概括的作为哲学的重大的基本问题的"思维和存在的关系问题"；其二，《提纲》的回答同样是明确的、鲜明的，这就是马克思所说的"全部社会生活在本质上是实践的。凡是把理论引向神秘主义的神秘东西，都能在人的实践中以及对这个实践的理解中得到合理的解决"④。这又正是恩格斯所总结的马克思"超出费尔巴哈进一步发展费尔巴哈观点的工作"——从"历史中行动的人"出发去回答"思维和存在的关系问题"，也就是对哲学的"重大的基本问题"的历史唯物主义回答。

在《提纲》的第一段中，马克思直截了当地提出："从前的一切唯物主义（包括费尔巴哈的唯物主义）的主要缺点是：对对象、现实、感性，只是从客体的或者直观的形式去理解，而不是把它们当作感性的人的活动，当作实践去理解，不是从主体方面去理解。因此，和唯物主义相反，能动的方面却被唯心主义抽象地发展了，当然，唯心主义是不知道现实

---

① 《马克思恩格斯选集》第4卷，人民出版社1995年版，第213页。
② 《马克思恩格斯选集》第1卷，人民出版社1995年版，第57页。
③ 《马克思恩格斯选集》第1卷，人民出版社1995年版，第55页。
④ 《马克思恩格斯选集》第1卷，人民出版社1995年版，第56页。

的、感性的活动本身的。"① 在这里，马克思正是从思维和存在的关系问题出发，简洁而明确地批判了旧唯物主义和唯心主义这两种"哲学"：其一，旧唯物主义"只是从客体的或者直观的形式"去看待思维和存在的关系问题，从而把思维对存在的关系看成是直观的反映关系，而这正是恩格斯所指认的旧唯物主义只是从"内容"方面去看待思维对存在的关系；其二，唯心主义只是"抽象地发展了""能动的方面"，把思维对存在的关系归结为思维的能动作用，而这又正是恩格斯所指认的唯心主义只是从"形式"方面去看待思维对存在的关系；其三，马克思明确地指出，旧唯物主义之所以只是从客体的或者直观的形式去理解思维与存在的关系，唯心主义之所以只能是抽象地发展了能动的方面，其根源就在于离开"感性的人的活动"去看待思维与存在的关系，而这又正是恩格斯所指认的离开"历史中行动的人"去解决思维和存在的关系问题。由此我们可以看到，在马克思的这段被人们广泛引证的主题式话语的论断中，并不是否定了恩格斯所概括的哲学的重大的基本问题，而恰恰是从马克思所说的"感性的人的活动"或恩格斯所说的"历史中行动的人"出发，去回答"思维和存在的关系问题"。由此可以看到：哲学的基本问题，正是在《提纲》中被"保存"下来的"世界观"的根本问题；对哲学基本问题的历史唯物主义回答，则构成马克思主义的世界观。

诉诸《提纲》全文，我们可以看到，正是以揭示和批判旧唯物主义和唯心主义这两种以"哲学"方式所构成的世界观为"纲"，马克思逐段深入地阐述了"现代唯物主义"的世界观。具体言之，在《提纲》的第二段，马克思明确地提出："人的思维是否具有客观的真理性，这不是一个理论的问题，而是一个实践的问题。人应该在实践中证明自己思维的真理性，即自己思维的现实性和力量，自己思维的此岸性。关于思维——离开实践的思维——的现实性或非现实性的争论，是一个纯粹经院哲学的问题。"② 在这段论述中，马克思明确地提出了必须以实践的观点看待"人的思维是否具有客观的真理性"问题，也就是以实践的观点去看待作为哲

---

① 《马克思恩格斯选集》第 1 卷，人民出版社 1995 年版，第 54 页。
② 《马克思恩格斯选集》第 1 卷，人民出版社 1995 年版，第 55 页。

学的重大基本问题的思维和存在的关系问题。在紧接其后的第三段中,马克思针对旧唯物主义所探讨的"关于环境和教育起改变作用"的问题,又提出"环境的改变和人的活动或自我改变的一致,只能被看作是并合理地理解为革命的实践"。在其后的第四段中,马克思又针对费尔巴哈不能从"世俗基础的自我分裂和自我矛盾"来说明"世界被二重化为宗教世界和世俗世界",提出"对于这个世俗基础本身应当在自身中、从它的矛盾中去理解,并在实践中使之革命化"。由此,马克思在《提纲》的第五段揭示了费尔巴哈哲学的本质:"费尔巴哈不满意抽象的思维而喜欢直观;但是,他把感性不是看作实践、人的感性活动。"① 正是基于这种洞见,马克思在《提纲》的第六段提出:"人的本质不是单个人所固有的抽象物,在其现实性上,它是一切社会关系的总和",又在第七段提出,费尔巴哈"所分析的抽象的个人,是属于一定的社会形式的"②。正是依据上述论断,马克思在《提纲》的第八段作出一个具有根本性的论断:"全部社会生活在本质上是实践的。凡是把理论引向神秘主义的神秘东西,都能在人的实践中以及对这个实践的理解中得到合理的解决。"③ 由此提出历史唯物主义与哲学基本问题的问题是:为什么"从前的一切唯物主义"不能"在人的实践中以及对这个实践的理解中"去解决"人的思维是否具有客观的真理性"问题,反而是"把理论引向神秘主义"?马克思在《提纲》的第九、十段所作的回答是:"直观的唯物主义,即不是把感性理解为实践活动的唯物主义至多也只能达到对单个人和市民社会的直观";"旧唯物主义的立脚点是市民社会,新唯物主义的立脚点则是人类社会或社会的人类"。④ 这就是说,新唯物主义之所以在理论上超越了旧唯物主义,从根本上说,是因为新唯物主义在其现实基础上超越了旧唯物主义。正是基于上述论断,马克思在《提纲》的第十一段即最后一段,作出了人们经常引证的基本结论:"哲学家们只是用不同的方式解释世界,问题在于改变

---

① 《马克思恩格斯选集》第1卷,人民出版社1995年版,第56页。
② 《马克思恩格斯选集》第1卷,人民出版社1995年版,第56页。
③ 《马克思恩格斯选集》第1卷,人民出版社1995年版,第56页。
④ 《马克思恩格斯选集》第1卷,人民出版社1995年版,第56—57页。

世界。"①

在这里如此详细地逐段引证和阐述马克思的《提纲》，对于深入地探析马克思的"改变世界"的"世界观"，特别是深入地探析这个"世界观"与恩格斯所指认的"不再是哲学"的"世界观"的内在一致性，是非常必要和十分重要的：其一，从理论内容上看，马克思和恩格斯的"现代唯物主义"的"世界观"对"哲学"的扬弃，既是"克服了"哲学家们把哲学当作关于"总联系"的"科学的科学"的幻想，又是"保存"了作为"理论思维的本能的和无条件的前提"即"人的思维是否具有客观的真理性"的"思维和存在的关系问题"；其二，从根本理念上看，"现代唯物主义"与"哲学家们"的根本区别则在于，"哲学家们"不是"在人的实践中以及对这个实践的理解中"去解决"思维和存在的关系问题"，而是以"直观"的方式或抽象的"能动"原则去回答这个"重大的基本问题"，因而他们的"哲学"只能是"解释世界"的哲学，并且只能是"把理论引向神秘主义的神秘东西"，与此相反，马克思和恩格斯的现代唯物主义则是从"全部社会生活在本质上是实践的"这一根本理念出发，"在实践中证明自己思维的真理性"；其三，从现实基础上看，"哲学家们"之所以不能"在实践中以及对这个实践的理解中"提出和回答"人的思维是否具有客观的真理性"问题，根源在于"旧唯物主义的立脚点是市民社会"，因而"至多也只能达到对单个人和市民社会的直观"，只有立足于"人类社会或社会的人类"的现代唯物主义，才能超越"只是用不同的方式解释世界"的模式，而形成"不再是哲学"的"世界观"——"改变世界"的"世界观"。这种以"人类社会或社会的人类"为"立脚点"、"在实践中以及对这个实践的理解中"所构成的世界观，就是马克思和恩格斯所创建的"现代唯物主义"——历史唯物主义——的世界观。这是认真思考和深入探析马克思在《提纲》中所论证的"改变世界"的"世界观"后，应当得出的基本结论。

---

① 《马克思恩格斯选集》第 1 卷，人民出版社 1995 年版，第 57 页。

三、历史唯物主义的世界观的理论内涵

马克思和恩格斯创建的历史唯物主义,从"感性的人的活动"或"历史中行动的人"出发去解决"思维和存在的关系问题",形成了以"历史"为解释原则、以"生活决定意识"为核心理念、以"历史的内涵逻辑"为基本内容、以"人类解放"为价值诉求、以"改变世界"为理论指向的历史唯物主义的世界观。这个"不再是哲学"的"世界观"具有极其深刻和丰厚的理论内涵。

历史唯物主义的世界观是以"历史"作为解释原则的世界观

在《关于费尔巴哈的提纲》中,马克思明确地揭示了由三种不同的解释原则所构成的世界观:一是以"客体的或者直观的"解释原则回答思维和存在关系问题的旧唯物主义的世界观;二是以"抽象的"能动性的解释原则回答思维和存在关系问题的唯心主义世界观;三是以"感性的人的活动"的解释原则回答思维和存在关系问题的现代唯物主义的世界观。① 对于后一种解释原则,恩格斯明确地表述为以"现实的人及其历史发展"为出发点的"现代唯物主义"的世界观。

"历史"是"追求着自己的目的的人的活动",是"人们的现实生活过程",是"现实的人及其历史发展"。人"作为人类历史的经常前提,也是人类历史的经常的产物和结果,而人只有作为自己本身的产物和结果才成为前提"。② 人自身作为历史的"前提"和"结果",以自己的活动构成自身的存在、自身的历史。历史是人的存在的现实,是人的现实的世界。正是在"历史"即"人们的现实生活过程"中,才形成现实的思维与存在的关系,因此,只有从"历史"即"人们的现实生活过程"出发,才能合理地提出和回答作为哲学基本问题的"思维和存在的关系问题"。

关于"历史",值得深入思考的一个重大问题是,历史不只是一个

---

① 孙正聿:《历史唯物主义的真实意义》,载《哲学研究》2007年第9期。
② 《马克思恩格斯全集》第26卷第2册,人民出版社1973年版,第545页。

"过程",即不只是"感性的人的活动",而且是一种"结果",即"感性的人的活动"或"历史中行动的人"所创造的"文明"。文明结晶着人的历史活动,体现着人与世界的现实关系,并规范着人类社会的趋势与未来。因此,历史唯物主义的历史概念远不只是活动或过程的概念,更是文明的概念。以历史作为解释原则的历史唯物主义,从根本上说,是以文明为其内涵而实现的对思维和存在关系问题的回答,也就是以文明为其内涵构成的世界观。这正如马克思和恩格斯所说:"历史不外是各个世代的依次交替。每一时代都利用以前各代遗留下来的材料、资金和生产力;由于这个缘故,每一代一方面在完全改变了的环境下继续从事所继承的活动,另一方面又通过完全改变了的环境来变更旧的环境。"① 这才是具有革命意义的、以历史作为解释原则的马克思主义的世界观。然而,通常所说的"实践唯物主义",则只是把"实践"解释为"感性的人的活动",而没有凸显人的实践活动所构成的历史的文明内涵。正因如此,笔者既不赞同以"辩证唯物主义和历史唯物主义"来称谓和定位马克思主义哲学,也不认同以"实践唯物主义"来称谓和定位马克思主义哲学,而是把马克思主义哲学称谓和定位为"历史唯物主义"。

以"历史"为解释原则的世界观,是以"生活决定意识"为核心理念的世界观

关于意识与存在的关系问题,马克思和恩格斯在《德意志意识形态》中十分明确地指出:"意识在任何时候都只能是被意识到了的存在",而"人们的存在就是他们的现实生活过程"。② 这表明,马克思和恩格斯所指认的"存在",并不是某种超验的、与人无关的神秘的东西,而是人的"现实生活过程",所谓的自然界则是"在人类历史中即在人类社会的产生过程中形成的""人的现实的自然界"③;马克思和恩格斯所指认的意识,"一开始就是社会的产物,而且只要是人们存在着,它就仍然是这种

---

① 《马克思恩格斯选集》第1卷,人民出版社1995年版,第88页。
② 《马克思恩格斯选集》第1卷,人民出版社1995年版,第72页。
③ 《马克思恩格斯全集》第42卷,人民出版社1979年版,第128页。

产物。"①。马克思和恩格斯认为,由"纯粹动物式的意识"发展为真正的人的"意识",这是"被历史的进程所改变"的结果。这表明,与"被意识到了的存在"一样,"意识"本身也是"历史"的产物。因此,"意识"与"存在"的关系,在其现实性上,就是"社会意识"(现实的人的意识)与"社会存在"(现实的人的生活过程)在"历史的进程"中所形成的关系。在"历史的进程"中所形成的意识与存在的关系,就是社会意识与社会存在的关系;在这种现实的社会意识与社会存在的关系中,从根本上说,"不是意识决定生活,而是生活决定意识"②。这是历史唯物主义的世界观的核心理念和根本观点。

并不存在离开"现实的人的意识"与"现实的人的生活过程"的、抽象的"意识"与"存在"的关系;离开"历史的进程"去说明"意识"与"存在"的关系,只能是"把理论引向神秘主义的神秘东西";只有从"历史的进程"中提出和回答"意识"与"存在"的关系问题,才能"在人的实践中以及对这个实践的理解中",使这个问题"得到合理的解决"。由此可以明确:离开"历史的进程"而提出"意识"与"存在"的关系问题,这是马克思主义以前的全部旧哲学;以"历史的进程"为出发点而提出"意识"与"存在"的关系问题,这才是马克思和恩格斯的世界观——历史唯物主义与哲学基本问题唯物主义的世界观。

以"历史"为解释原则的世界观,是以"历史的内涵逻辑"为内容的世界观

历史唯物主义的"唯物主义",是唯物主义发展史上的马克思主义的唯物主义;历史唯物主义的"辩证法",是辩证法发展史上的马克思主义的辩证法;因此,历史唯物主义的世界观并不是一般意义的唯物主义与辩证法的统一,而是马克思主义的唯物主义与辩证法的统一,这就是以"历史"为解释原则的唯物主义与辩证法的统一。它的最为重要的理论问题,并不是抽象的"思维"和"存在"的关系问题,而是解决"思维和存在的关系问题"中的"历史"与"逻辑"的关系问题、"理论"与"实践"

---

① 《马克思恩格斯选集》第 1 卷,人民出版社 1995 年版,第 81 页。
② 《马克思恩格斯选集》第 1 卷,人民出版社 1995 年版,第 73 页。

的关系问题；它的主要的和直接的批判对象，是黑格尔以唯心主义辩证法所构成的"历史与逻辑的一致"；它的真实的理论内容，是作为历史的内涵逻辑的历史唯物主义。

在《资本论》的"第二版跋"中，马克思明确地提出："我的辩证方法，从根本上说，不仅和黑格尔的辩证方法不同，而且和它截然相反。在黑格尔看来，思维过程，即他称为观念而甚至把它转化为独立主体的思维过程，是现实事物的创造主，而现实事物只是思维过程的外部表现。我的看法则相反，观念的东西不外是移入人的头脑并在人的头脑中改造过的物质的东西而已。"马克思由此提出："辩证法，在其合理的形态上"，是"在对现存事物的肯定的理解中同时包含对现存事物的否定的理解，即对现存事物的必然灭亡的理解；辩证法对每一种既成的形式都是从不断的运动中，因而也是从它的暂时性方面去理解；辩证法不崇拜任何东西，按其本质来说，它是批判的和革命的"。① 在这里，马克思提出了关于"辩证法"的两个根本性论断：其一，是观念决定现实还是现实决定观念，这是黑格尔的辩证法与马克思的辩证法的根本区别；其二，"合理形态"的辩证法不仅是肯定现实决定观念，而且"按其本质来说"是"批判的和革命的"。马克思的这两个论断表明，"现代唯物主义"的世界观是"对现存的一切进行无情的批判"的世界观，是"实际地反对并改变现存的事物"的世界观。这个世界观既变革了以"客体的或者直观的"方式看待人与世界关系的旧唯物主义的世界观，也变革了把思维看成是"现实事物的创造主"的唯心主义的世界观。

黑格尔辩证法的唯心主义本质，深刻地体现为"历史屈从逻辑"。在《哲学的贫困》中，马克思就揭露了黑格尔的历史与逻辑的一致的唯心主义本质："黑格尔认为，世界上过去发生的一切和现在还在发生的一切，就是它自己的思维中发生的一切。因此，历史的哲学仅仅是哲学的历史，即它自己的哲学的历史。""它以为它是在通过思想的运动建设世界，其实，它只是根据绝对方法把所有人头脑中的思想加以系统的改组和排列而

---

① 《马克思恩格斯选集》第2卷，人民出版社1995年版，第111、112页。

已。"① 不仅如此，马克思还深刻地揭示了形成黑格尔唯心主义辩证法的认识论根源："在最后的抽象（因为是抽象，而不是分析）中，一切事物都成为逻辑范畴，这用得着奇怪吗？""正如我们通过抽象把一切事物变成逻辑范畴一样，我们只要抽去各种各样的运动的一切特征，就可得到抽象形态的运动，纯粹形式上的运动，运动的纯粹逻辑公式。"② 因此，马克思关于历史与逻辑的关系的基本观点是："不是在每个时代中寻找某种范畴，而是始终站在现实历史的基础上，不是从观念出发来解释实践，而是从物质实践出发来解释观念的形成。"③

马克思肯定历史决定逻辑，并不是否认以逻辑的方式把握历史，而是把逻辑视为对历史的理论把握。在《〈政治经济学批判〉导言》中，马克思对逻辑与历史的一致作出这样的论述："比较简单的范畴可以表现一个比较不发展的整体的处于支配地位的关系或者一个比较发展的整体的从属关系，这些关系在整体向着以一个比较具体的范畴表现出来的方面发展之前，在历史上已经存在。在这个限度内，从最简单上升到复杂这个抽象思维的进程符合现实的历史过程。"④ "比较简单的范畴，虽然在历史上可以在比较具体的范畴之前存在，但是，它在深度和广度上的充分发展恰恰只能属于一个复杂的社会形式，而比较具体的范畴在一个比较不发展的社会形式中有过比较充分的发展。"⑤ 在《资本论》中，马克思正是通过分析"比较具体的范畴"而把握"比较简单的范畴"，通过考察"比较发展的整体"而透视"比较不发展的整体"，通过揭示"一个复杂的社会形式"即资本主义的社会形式而实现对全部"人类生活形式"即"历史过程"的揭示，从而"发现"了人类历史的发展规律。⑥

历史与逻辑的关系问题，从根本上说，是"人的活动"与"历史规

---

① 《马克思恩格斯选集》第 1 卷，人民出版社 1995 年版，第 141 页。
② 《马克思恩格斯选集》第 1 卷，人民出版社 1995 年版，第 139 页。
③ 《马克思恩格斯选集》第 1 卷，人民出版社 1995 年版，第 92 页。
④ 《马克思恩格斯选集》第 2 卷，人民出版社 1995 年版，第 20 页；《哲学研究》2010 年第 5 期。
⑤ 《马克思恩格斯选集》第 2 卷，人民出版社 1995 年版，第 21 页。
⑥ 孙正聿：《"现实的历史"：〈资本论〉的存在论》，载《中国社会科学》2010 年第 2 期。

律"的关系问题。黑格尔辩证法的真实意义,在于它在批判"抽象理性"的过程中,构成了以概念的辩证运动所展现的人类思想运动的逻辑,即"思想的内涵逻辑"。然而,在黑格尔的历史与逻辑一致的"思想的内涵逻辑"中,却把历史的"规律"视为"无人身的理性"的自我实现过程,从而把历史视为"逻辑"的自我展开,而把人的历史活动本身当作这种"逻辑"的外在表现。这是黑格尔辩证法的唯心主义实质。与此相反,马克思是把历史的"规律"视为人作为历史的前提和结果的辩证运动,而把"逻辑"视为关于人的历史活动的理论把握,从而把黑格尔的作为"思想的内涵逻辑"的辩证的唯心主义,"扬弃"为作为"历史的内涵逻辑"的历史的唯物主义。马克思说:"人们自己创造自己的历史,但是他们并不是随心所欲地创造,并不是在他们自己选定的条件下创造,而是在直接碰到的、既定的、从过去承继下来的条件下创造。"① 以理论的方式把握人的历史活动及其所形成的历史规律,这就是马克思的唯物论与辩证法相统一的"历史的内涵逻辑",即存在论、认识论和逻辑学相统一的历史唯物主义。

以"历史"为解释原则的世界观,是以人类解放为价值诉求的世界观

哲学作为理论形态的人类自我意识,既不是单纯的存在论,也不是单纯的认识论,而是具有存在论、认识论和价值论的三重内涵,即:为了确立某种价值理想而诉诸对真理的追求和对存在的反思,同时,以对真理的追求和对存在的反思而确立某种价值理想。价值诉求是哲学的根本旨趣,是哲学的基本理念,是哲学的主要功能。一种哲学理论的价值诉求,从根本上决定该种哲学对"存在"和"真理"的理解,因而从根本上决定该种哲学的世界观。历史唯物主义的世界观,是以"人类社会或社会的人类"为立脚点、以人类解放为价值目标的世界观。这是"已经不再是哲学"的马克思主义世界观的最具革命性的根本特质。

推翻使人"被侮辱"、"被奴役"、"被遗弃"、"被蔑视"的"一切关系"②,是马克思和恩格斯创建自己的全部学说的真正出发点,也是马克思和恩格斯全部学说所承诺的最高的价值理想——以人的全面发展为内容的

---

① 《马克思恩格斯选集》第1卷,人民出版社1995年版,第585页。
② 参见《马克思恩格斯选集》第1卷,人民出版社1995年版,第9—10页。

人类解放。正是从这个价值理想出发，马克思批判一切把理论引向神秘主义的神秘的东西，从揭露"人的自我异化的神圣形象"转向揭露"具有非神圣形象的自我异化"，把"对天国的批判变成对尘世的批判，对宗教的批判变成对法的批判，对神学的批判变成对政治的批判"①，从而实现"对现存的一切进行无情的批判"，并在这种批判中形成了以人类解放为价值目标的历史唯物主义的世界观。离开这个价值目标，就会像马克思和恩格斯所批判的"独立的哲学"一样，不了解"革命的、实践批判的活动的意义"，"至多也只能达到对单个人和市民社会的直观"，而不可能"在人的实践中以及对这个实践的理解中"去对待"人的思维是否具有客观的真理性"问题，也就是不可能以历史为解释原则而实现哲学的存在论、认识论和价值论的统一。

以"历史"为解释原则的世界观，是以"改变世界"为理论指向的世界观

正如恩格斯《在马克思的墓前讲话》中所说，马克思"首先是一个革命家"②。马克思反对"哲学，尤其是德国哲学，爱好宁静孤寂，追求体系的完满，喜欢冷静的自我审视"的理论态度，认为哲学应当是"自己的时代、自己的人民的产物"，"任何真正的哲学都是自己时代的精神上的精华，因此，必然会出现这样的时代：那时哲学不仅在内部通过自己的内容，而且在外部通过自己的表现，同自己时代的现实世界接触并相互作用"③。"改变世界"，这是马克思的哲学革命的根本理念——把"哲学"变革为指向实践的"世界观"。

关于理论与实践之间的关系，马克思在《〈黑格尔法哲学批判〉导言》中提出一系列值得特别关切的重要论述：其一，"理论在一个国家实现的程度，总是决定于理论满足这个国家需要的程度"④；其二，"光是思想力求成为现实是不够的，现实本身应当力求趋向思想"⑤；其三，"理论

---

① 《马克思恩格斯选集》第1卷，人民出版社1995年版，第2页。
② 《马克思恩格斯选集》第3卷，人民出版社1995年版，第777页。
③ 《马克思恩格斯全集》第1卷，人民出版社2002年版，第219—220页。
④ 《马克思恩格斯选集》第1卷，人民出版社1995年版，第11页。
⑤ 《马克思恩格斯选集》第1卷，人民出版社1995年版，第11页。

只要说服人,就能掌握群众;而理论只要彻底,就能说服人。所谓彻底,就是抓住事物的根本。但是,人的根本就是人本身。"① 马克思的这些论述告诉人们:首先,理论不仅源于实践,而且其实现的程度同样取决于实践需要的程度,离开实践既不会形成理论也不会实现理论;其次,源于实践的理论并不是消极地反映现实,而是以其既"合目的"又"合规律"的思想对现实进行批判性的反思、规范性的矫正和理想性的引导,从而使"现实趋向思想";再次,引导现实的思想必须是具有彻底性的思想,即抓住事物的根本也就是人本身的思想,因此,只有从"感性的人的活动"或"历史中行动的人"出发,才能构成真正具有实践意义的世界观。

马克思关于理论与实践关系的论述,凸显了以"历史"为解释原则的世界观对哲学的基本问题——思维和存在的关系问题的"扬弃":无论是"解释世界"的"哲学",还是"改变世界"的"世界观",都是作为理论形态存在的,都是以"思维和存在的关系问题"为其"重大的基本问题"的;二者的根本区别不仅在于如何看待思维与存在的关系,而且在于如何对待理论与实践的关系。思维和存在的关系问题是理论和实践的关系问题中所蕴含的"基本问题",而理论与实践的关系问题则是思维和存在的关系问题的"现实内容"。历史唯物主义的世界观,以"历史"的解释原则回答了哲学的基本问题——思维和存在的关系问题;以"历史"的解释原则论证了人对世界的关系——人在自己的实践活动及其历史发展中所实现的人对世界的否定性统一关系;以"历史"的解释原则最深切地体现了哲学的批判本质——"对现存的一切进行无情的批判";以"历史"的解释原则升华了哲学对自由和崇高的追求——历史作为"追求自己的目的的人的活动过程"所指向的人类解放和人的全面发展的崇高理想。因此,历史唯物主义的世界观,不只是改变了对"思维和存在的关系问题"的理解,更是改变了对"理论与实践的关系问题"的态度。正是在对关于"理论与实践的关系问题"的态度的改变中,深刻地体现了历史唯物主义的"改变世界"的世界观。

---

① 《马克思恩格斯选集》第1卷,人民出版社1995年版,第9页。

历史的唯物主义与马克思主义新世界观[①]

孙正聿

一、"历史"的唯物主义与历史的"唯物主义"

什么是"历史唯物主义"？它是把"历史"作为解释原则而变革了唯物主义，从而实现了一场"世界观"革命，还是把"唯物主义"作为解释原则而变革了历史理论，从而实现了一场"历史观"革命？这表明，在对"历史唯物主义"的理解和阐释中，隐含着两条不同的解释路径和两种不同的解释原则：一是把"历史"作为解释原则所构成的"历史"唯物主义的解释路径，一是把"唯物主义"作为解释原则所构成的历史"唯物主义"的解释路径。这两条不同的解释路径和两种不同的解释原则，直接关系到如何理解和阐释马克思主义的"新世界观"。

关于历史唯物主义，长期以来主要是从两个方面予以阐释和论证：其一，从唯心主义历史观与唯物主义历史观的对立出发，说明历史唯物主义所实现的历史观变革；其二，从旧唯物主义历史观与新唯物主义历史观的对立出发，说明旧唯物主义历史观的唯心主义性质，从而深化对历史唯物主义所实现的历史观变革的理解。这两方面的阐释与论证的深层的共同之处在于，都是在"历史观"的视域中来阐释和论证历史唯物主义，都是把

[①] 原载《哲学研究》2007 年第 3 期。

历史唯物主义的理论内涵限定为唯物主义的"历史观",都是从"历史观"变革来确认历史唯物主义的真实意义,而不是把"历史唯物主义"视为马克思主义的"新世界观"。这就是把历史唯物主义归结为以唯物主义说明历史而构成的"历史观"的解释路径。

关切这条把历史唯物主义归结为"历史观"的解释路径,是因为这条解释路径包含着一个极为重要的理论前提,这就是:如果历史唯物主义仅仅是一种"历史观",如果历史唯物主义的创立仅仅是一场"历史观"变革,那么,就应当而且必须有一种超越于唯物主义"历史观"的"世界观",就应当而且必须有一种超越于"历史观"变革的马克思的"世界观"革命。正是这个超越于"历史观"的"世界观"前提,正是这个超越于"历史观变革"的"世界观革命"前提,合乎逻辑地引导人们去寻找区别于历史唯物主义的马克思的"世界观",寻找区别于创建历史唯物主义的马克思的"世界观革命"。其结果,就是把马克思的"世界观"界说为区别于历史唯物主义的"辩证唯物主义",把马克思的哲学革命解释为创建"辩证唯物主义",而把历史唯物主义解释为"辩证唯物主义"在历史领域的"推广和应用"。

针对这条把历史唯物主义归结为"历史观"的解释路径,特别是针对这条解释路径所包含的把马克思的"世界观"归结为"辩证唯物主义"的理论前提,应当提出的最根本的问题是:"历史唯物主义"的创立是变革了全部"哲学",从而实现了从"解释世界"到"改变世界"的哲学革命,还是仅仅变革了"历史观",从而实现了"历史观"的革命?这就是把历史唯物主义理解为"历史"的唯物主义与历史的"唯物主义"这两种解释原则、两条解释路径的根本分歧。

在把历史唯物主义阐释为"历史观"的解释原则和解释路径中,其理论内涵是把"唯物主义"原则贯彻到"历史领域",其重大意义是把"半截"的唯物主义变成"完整"的唯物主义,也就是把在"自然观"上是唯物主义而"历史观"上是唯心主义的旧唯物主义变成"自然观"和"历史观"相统一的唯物主义。由此便产生一个理论难题:为什么"从前的一切唯物主义"只能是"自然观"的唯物主义,而不能实现"历史观"

的唯物主义？回答这个理论难题，通常主要是从"世界观"和"历史观"两个方面作出解释：其一，从"世界观"作出解释，认为马克思创建了不同于旧唯物主义的"辩证唯物主义"，从而以"辩证唯物主义"的"世界观"去观察和分析历史，实现了"历史观"的变革；其二，从"历史观"作出解释，认为马克思在历史领域贯彻唯物主义的解释原则，揭示了生产劳动对包括人的精神生活在内的全部社会生活的决定作用，实现了"历史观"的革命。在这种解释中，后者是从属于前者的，即历史观的唯物主义是以"辩证唯物主义"的"世界观"为前提而形成的，历史观的唯物主义是作为"辩证唯物主义"的"世界观"的理论内容而存在的。这就不难理解，为什么长期以来总是把"历史唯物主义"解释成"辩证唯物主义"在社会历史领域的"推广和应用"。然而，在这种"推广论"的解释框架中，把马克思主义哲学称之为"辩证唯物主义和历史唯物主义"，显然是不合逻辑的。在形式逻辑的意义上，这种称谓是把概念之间的包含关系变成了概念之间的并列关系。正是为了解决这个逻辑矛盾，在通常的关于"辩证唯物主义和历史唯物主义"的论证中，总是从强调旧唯物主义的根本问题是"半截"的唯物主义来予以解释，也就是从把唯物主义原则贯彻到历史领域的重大意义来予以解释。然而，这种"弱"的解释并不能真正克服这个逻辑矛盾：如果"辩证唯物主义"是"世界观"，而"历史唯物主义"只是"辩证唯物主义"的"世界观"所包含的"历史观"，二者不仍然是"包含关系"吗？有什么真实的根据把二者确认为"并列关系"呢？

由此我们可以看到，把马克思主义哲学称之为"辩证唯物主义和历史唯物主义"，表面上看是一种概念关系上的逻辑困难，其实质是一种哲学意义上的理论困难。这个深层的理论困难就是：是否存在一种不是"历史唯物主义"的"辩证唯物主义"？"历史唯物主义"是马克思主义哲学的"世界观"，还是仅仅是马克思主义哲学的"历史观"？"历史唯物主义"是马克思主义的"哲学革命"，还是仅仅是马克思主义的"历史观"变革？

为了充分理解这个理论困难，提及一件当代中国马克思主义哲学研究中的往事，也许有助于关于这个问题的讨论。50年前，也就是20世纪50年代末，我的导师高清海教授和他的老师刘丹岩教授，曾经发表过被指斥为"分家论"的文章。这篇文章的核心观点是，以"辩证唯物主义和历史唯物主义"表述马克思主义哲学，不符合列宁关于"一整块钢铁"的思想，应当以作为"世界观"的"辩证唯物主义"概括和表述马克思主义哲学，而把作为"社会理论"的"历史唯物主义"归入科学的社会学。这个"分家论"思想在当时遭到严厉的批判，但在今天反观这个思想，我们不难看出两点：在表层上看，这个思想是从理论上解决"并列论"的逻辑困难而提出的；从深层上看，这个思想在实质上是为了确立"辩证唯物主义"的"世界观"地位而提出的。因此，与通常的关于历史唯物主义的解释一样，这个思想本身所贯彻的同样是把"历史唯物主义"归结为"历史观"的解释原则。50年后，也就是21世纪初，我们提出区分"历史"的唯物主义与历史的"唯物主义"这两种解释原则和解释路径，揭示把马克思主义哲学的"世界观"归结为"辩证唯物主义"的深层的理论困难，包含着对50年来的马克思主义哲学研究成果的某种程度的总结。例如，探索高清海教授的思想历程，我们可以看到，自20世纪80年代以来，他对马克思主义哲学提出了一种新的总体性理解，这就是：作为"世界观"的马克思主义哲学，是以"实践观点的思维方式"去看待人与世界的关系，把人对世界的关系理解为以人的实践活动所构成的否定性统一关系，因此在这个意义上，"实践观"才是马克思主义哲学的"世界观"。在这种理解中，正是蕴含了以"历史"（实践）的唯物主义来解释马克思主义哲学的基本思想。与此同时，学界在关于马克思主义哲学观的讨论中，比较集中地表现了以"实践唯物主义"来克服把马克思主义哲学分解为"辩证唯物主义"和"历史唯物主义"的理论困难。在这种讨论中，一些学者还明确地提出马克思主义哲学就是"历史唯物主义"，并对这种提法作出了各自独立的论证。但是，究竟如何理解马克思主义哲学就是"历史唯物主义"，怎样从两种解释原则和两条解释路径的重大分歧中来论证马克思主义的"历史唯物主义"的"世界观"，则是需要深入探讨的重大的理论问题。

二、作为"新世界观"的历史唯物主义

恩格斯在他的晚年即1888年撰写的《路德维希·费尔巴哈和德国古典哲学的终结》单行本序言中,曾经这样评价马克思写于1845春的《关于费尔巴哈的提纲》:它是"包含着新世界观的天才萌芽的第一个文件"①。这就是说,探索马克思的"新世界观",应当把《关于费尔巴哈的提纲》作为研究的最重要的出发点。正是在这里,我们可以发现,"历史唯物主义"是作为"新世界观"而诞生的。

《提纲》的第一段话是:"从前的一切唯物主义(包括费尔巴哈的唯物主义)的主要缺点是:对对象、现实、感性,只是从客体的或者直观的形式去理解,而不是把它们当作感性的人的活动,当作实践去理解,不是从主体方面去理解。因此,和唯物主义相反,能动的方面却被唯心主义抽象地发展了,当然,唯心主义是不知道现实的、感性的活动本身的。"② 这段主题式话语的理论内涵是极为丰富的,理论意义是极为重大的——它是对马克思主义哲学革命即"新世界观"的自我揭示和自我澄明。

面对《提纲》,非常耐人寻味的是,马克思的"包含着新世界观的天才萌芽的第一个文件",并不是从批判与唯物主义相对立的唯心主义入手,而是从揭示"从前的一切唯物主义"的"主要缺点"入手,这表明了马克思对自己的哲学革命及其"新世界观"的理论自觉:只有准确地揭示"从前的一切唯物主义"的"主要缺点",变革这种旧唯物主义的"世界观",才能真正批判唯心主义的"世界观",并在基础上创建"新世界观"。这表明,马克思对"从前的一切唯物主义"的批判,与对唯心主义的批判一样,在其所实现的哲学革命的意义上,都是一种"世界观"批判。

马克思明确地指出,"从前的一切唯物主义"的"主要缺点"就在

---

① 《马克思恩格斯选集》第4卷,人民出版社1995年版,第213页。
② 《马克思恩格斯选集》第1卷,人民出版社1995年版,第54页。

于，它不是把"对象、现实、感性"当作"感性的人的活动，当作实践去理解，不是从主体方面去理解"，而"只是从客体的或者直观的形式去理解"①。这就是说，"从前的一切唯物主义"的"主要缺点"，就在于它不理解人与世界的真实关系，就在于它不理解人对世界的关系是"感性的人的活动"即"实践"所形成的现实关系，就在于它不理解这种现实关系而把人与世界的关系当作了人对世界的"直观"关系。这表明，"从前的一切唯物主义"的"主要缺点"，是不理解人对世界的真实关系的"世界观"问题；而这个"世界观"问题的实质，就在于如何理解"感性的人的活动"以及由此构成的人对世界的现实关系。马克思的哲学革命，正是从"感性的人的活动"出发去理解人对世界的关系，从而构成了实现哲学史上的伟大革命的"新世界观"。

在《提纲》中，马克思是以揭示"从前的一切唯物主义"的"主要缺点"——"只是从客体的或者直观的形式"去理解人对世界的关系——为前提，进而揭露和批判唯心主义的"世界观"。马克思说，"和唯物主义相反，能动的方面却被唯心主义抽象地发展了，当然，唯心主义是不知道现实的、感性的活动本身的"。这里，马克思是把对"从前的一切唯物主义"的批判，直接地过渡为对唯心主义的批判，也就是从对旧唯物主义"只是"以"直观"的方式看待人与世界关系的批判，过渡为对唯心主义"只能"以"抽象"的方式看待人的"能动的方面"的批判。马克思对唯心主义的批判，是超越"从前的一切唯物主义"的批判，是立足于"感性的人的活动"即"实践"所进行的批判，因而深切地揭露了唯心主义哲学的"世界观"本质——"抽象"地发展了人的"能动的方面"。这表明，马克思是以超越了"从前的一切唯物主义"的"新世界观"而实现了对唯心主义世界观的批判；没有这个以"感性的人的活动"为立足点的"新世界观"，马克思就不可能超越旧唯物主义对唯心主义的批判，也就不可能实现对唯心主义的真正的批判。而这个以"感性的人的活动"为立足点的"新世界观"，就是马克思恩格斯所创建的以"现实的人及其历史发

---

① 《马克思恩格斯选集》第1卷，人民出版社1995年版，第54页。

展"为内容的"历史唯物主义"。

通过对"从前的一切唯物主义"的批判,并通过以这个批判为基础而实现的对"唯心主义"的批判,马克思在他的"包含新世界观萌芽的第一个文件"中得出了两个最基本的结论:其一,"全部社会生活在本质上是实践的。凡是把理论引向神秘主义的神秘东西,都能在人的实践中以及对这个实践的理解中得到合理的解决";其二,"哲学家们只是用不同的方式解释世界,问题在于改变世界"。[①] 这里的第一个结论,明确地表述了马克思的"新世界观"的理论内涵,即:这个"新世界观"是"在人的实践中以及对这个实践的理解中"来看待人与世界的关系。正是以这个"新世界观"去揭示旧唯物主义和唯心主义的"世界观",马克思尖锐而深刻地提出,全部旧哲学的"世界观",都是"把理论引向神秘主义的神秘东西"。这就不难理解,为什么恩格斯说马克思主义哲学已经根本不再是"哲学",而只是"世界观"。由此,我们就可以更加深刻地理解人们广为引用的第二个结论:"哲学家们只是用不同的方式解释世界,问题在于改变世界"。无论是"从前的一切唯物主义"以"直观"的方式解释人与世界的关系,还是全部的唯心主义哲学以"抽象"的方式解释人与世界的关系,它们的"世界观"都不是人与世界的现实的(真实)的关系,因而都只能是"把理论引向神秘主义的神秘东西",都只不过是以其"神秘东西"来"解释世界",而无法"改变世界"。只有超越这些"神秘东西",形成以"现实的人及其历史发展"为其理论内涵的"新世界观",从而"在人的实践中以及对这个实践的理解中"来回答人对世界的关系,才是真正的"改变世界"的马克思主义哲学。马克思主义哲学的创立是真正意义的哲学革命。这个哲学革命,在唯物主义的历史上,实现了从"直观"的唯物主义到"历史"的唯物主义的革命,也就是实现了从旧唯物主义的"世界观"到历史唯物主义的"新世界观"的革命。

"历史唯物主义",是把"历史"作为解释原则或"理论硬核"的唯物主义,而不是把"历史"作为研究领域或解释对象的唯物主义。在前者

[①] 《马克思恩格斯选集》第1卷,人民出版社1995年版,第56、57页。

的意义上,历史唯物主义是马克思的唯物主义的"世界观";在后者的意义上,历史唯物主义则只是马克思的唯物主义的"历史观"。马克思的"包含着新世界观的天才萌芽的第一个文件",表明马克思所创建的新哲学是以"历史"作为解释原则或理论硬核的唯物主义,这就是"历史唯物主义"。"历史唯物主义"不仅是以"历史"为其解释原则的"唯物主义",也是以"历史"为其解释原则的"辩证法"。"历史"是"追求自己的目的的人的活动过程",也就是实现人对世界的否定性统一的过程,即把理想变为现实的过程。在"历史"的"过程"中,蕴含并展现了人与世界的全部矛盾关系,并不断地实现了"人的尺度"与"物的尺度"、"合目的性"与"合规律性"的统一,也就是人与自然、人与社会、人与他人、人与自我的矛盾运动中的统一。离开人对世界的否定性统一过程的"历史",就没有马克思的"唯物主义",也没有马克思的"辩证法"。在马克思的"新世界观"中,"辩证法"和"唯物主义"是以"历史"为其解释原则和理论硬核而实现的统一。"历史唯物主义"所实现的"辩证法"与"唯物主义"的统一,既不是在旧唯物主义基础上"引入"了辩证法,也不是把唯心主义的辩证法"建立"在旧唯物主义的基础上,而是由"现实的人及其历史发展"所构成的"辩证法"与"唯物主义"的统一。因此,在马克思主义哲学中,并不存在独立于"历史唯物主义"之外或超然于"历史唯物主义"之上的"辩证唯物主义"。

三、《德意志意识形态》的"历史观"就是马克思主义的"新世界观"

马克思主义的"历史唯物主义"的"新世界观",在马克思恩格斯合著的《德意志意识形态》中得到了系统性的论证和体系化的表述。在这部以青年黑格尔派为直接对象的论战性的著作开头,马克思恩格斯就明确地指出,他们所指向的是青年黑格尔派的"种种努力"都没有离开过的"哲学的基地",他们所揭示的是青年黑格尔派的"一般哲学前提",他们所批判的是青年黑格尔派的"共同思想前提"①。这就清楚地表明，被人们公认的"历史唯物主义"的奠基之作——《德意志意识形态》——在马克思恩格斯的思想出发点上，就不仅仅是一部"历史观"之作，而是一部"新世界观"之作。"历史唯物主义"的"新世界观"，是《德意志意识形态》的根本思想。

马克思恩格斯指出，青年黑格尔派的"一般哲学前提"或"共同思想前提"，就是"黑格尔体系"，因此，不仅是他们对"一般哲学前提"的回答，而且"连它所提出的问题本身，都包含着神秘主义"——"青年黑格尔派思想家们尽管满口讲的都是所谓'震撼世界'的词句"，但却"只为反对'词句'而斗争"；"既然他们仅仅反对这个世界的词句，那么他们就绝对不是反对现实的现存世界"②。正是针对这个"一般哲学前提"，马克思恩格斯提出，"我们开始要谈的前提不是任意提出的，不是教条，而是一些只有在想象中才能撇开的现实前提"。这个被确立为"一般哲学前提"的"现实前提"，就是"现实的个人，是他们的活动和他们的物质生活条件"③。这表明，在作为"一般哲学前提"的意义上所提出的"现实前提"，是马克思恩格斯重新理解和阐释人与世界的全部关系的出发点，也就是他们的"新世界观"的出发点。

正是以"现实的个人"即"他们的活动和他们的物质生活条件"作为"现实的前提"，马克思恩格斯在"一般哲学前提"的意义上，在《德意志意识形态》中首先是提出了"意识"与"存在"的关系问题。他们明确地指出："意识在任何时候都只能是被意识到了的存在"，而"人们的存在就是他们的现实生活过程"，因此，"不是意识决定生活，而是生活决定意识"④。这三个重要命题的理论内涵及其内在关联是需要深入思考的，这是探索马克思的"新世界观"的根本性的理论前提。首先，人的"意识"并不是离开人的生活的某种孤立的、独立的、神秘的东西，而是"人

---

① 《马克思恩格斯选集》1卷，人民出版社1995年版，第64页。
② 《马克思恩格斯选集》1卷，人民出版社1995年版，第66页。
③ 《马克思恩格斯选集》1卷，人民出版社1995年版，第66、67页。
④ 《马克思恩格斯选集》1卷，人民出版社1995年版，第72、73页。

们物质活动的直接产物",它"在任何时候都只能是被意识到了的存在";其次,被意识到了的"存在",在其现实性上,同样不是某种与人无关的神秘的东西,而正是人本身的"现实生活过程";再次,由于"意识"在任何时候都是被意识到了的"生活",因此,"不是意识决定生活,而是生活决定意识"。在这三个基本命题中,马克思恩格斯所提出的"意识"与"存在"(生活)的关系问题,并不是通常所解释的"历史观"的基本问题,而是"一般哲学前提"即"世界观"的基本问题;马克思恩格斯对这个问题的回答,并不是通常所解释的作为"历史观"的"历史唯物主义"的基本命题,而是作为"世界观"的"历史唯物主义"的根本命题。

  这里的关键问题,首先在于如何理解被意识到了的"存在",即:"存在"是与人无关的神秘的东西,还是人的"生活"本身?马克思在《1844年经济学哲学手稿》中就曾提出:"在人类历史中即在人类社会的产生过程中形成的自然界是人的现实的自然界"①,"自然界,就它本身不是人的身体而言,是人的无机的身体。人靠自然界生活。这就是说,自然界是人为了不致死亡而必须与之不断交往的、人的身体"②,"被抽象地孤立地理解的、被固定为与人分离的自然界,对人说来也是无"③。正是针对这种对"自然界"的抽象理解,马克思恩格斯在《德意志意识形态》中,对费尔巴哈的唯物主义作出这样的揭露与批判:"他没有看到,他周围的感性世界决不是某种开天辟地以来就直接存在的、始终如一的东西,而是工业和社会状况的产物,是历史的产物,是世世代代活动的结果,其中每一代都立足于前一代所达到的基础上,继续发展前一代的工业和交往,并随着需要的改变而改变它的社会制度。甚至连最简单的'感性确定性'的对象也只是由于社会发展、由于工业和商业交往才提供给他的。"④正是由于费尔巴哈从来没有把"感性世界"理解为构成这一世界的个人的全部活生生的感性活动,因此,"当费尔巴哈是一个唯物主义者的时候,历史在

---

① 《马克思恩格斯全集》第42卷,人民出版社1979年版,第128页。
② 《马克思恩格斯全集》第42卷,人民出版社1979年版,第95页。
③ 《马克思恩格斯全集》第42卷,人民出版社1979年版,第178页。
④ 《马克思恩格斯选集》第1卷,人民出版社1995年版,第76页。

他的视野之外;当他去探讨历史的时候,他不是一个唯物主义者。在他那里,唯物主义和历史是彼此完全脱离的"①。应当特别指出的是,与"历史"彼此完全脱离的"唯物主义",并不仅仅是"非历史"地看待"历史",而且是"非历史"地看待"自然界",也就是"非历史"地看待全部的"存在"。这种"唯物主义",就是以"直观"的方式看待人与世界的全部关系的"从前的一切唯物主义"。从"直观"的"唯物主义"到"历史"的唯物主义,并不仅仅是改变了旧唯物主义的"历史观",而且是变革了旧唯物主义以"直观"方式看待人与世界关系的"世界观"。历史唯物主义是作为变革旧唯物主义的世界观的"新世界观"而诞生的。

其次,关于"意识"本身,马克思恩格斯在《德意志意识形态》中指出,"意识一开始就是社会的产物,而且只要是人们存在着,它就仍然是这种产物"②。在对"意识"的具体分析中,马克思恩格斯首先回答了"意识"与"自然界"的关系,即:"自然界起初是作为一种完全异己、有无限威力的和不可克服的力量与人们对立的,人们同自然界的关系完全像动物同自然界的关系一样,人们就像牲畜一样慑服于自然界,因而,这是对自然界的一种纯粹动物式的意识(自然宗教)"③;而这种"纯粹动物式的意识"的实质是,"人们对自然界的狭隘的关系决定着他们之间的狭隘的关系,而它们之间的狭隘的关系又决定着他们对自然界的狭隘的关系,这正是因为自然界几乎还没有被历史的进程所改变"④。由"纯粹动物式的意识"发展为真正的人的"意识",这是"被历史的进程所改变"的结果。这表明,与"被意识到了的存在"一样,"意识"本身也是"历史"的产物。"意识"与"存在"的关系,在其现实性上,就是"社会意识"(现实的人的意识)与"社会存在"(现实的人的生活过程)在"历史的进程"中所形成的关系。离开"现实的人的意识"与"现实的人的生活过程",并不存在抽象的"意识"与"存在"的关系;离开"历史的

---

① 《马克思恩格斯选集》第1卷,人民出版社1995年版,第78页。
② 《马克思恩格斯选集》第1卷,人民出版社1995年版,第81页。
③ 《马克思恩格斯选集》第1卷,人民出版社1995年版,第81—82页。
④ 《马克思恩格斯选集》第1卷,人民出版社1995年版,第82页。

进程"去说明"意识"与"存在"的关系,只能是"把理论引向神秘主义的神秘东西";只有从"历史的进程"提出和回答"意识"与"存在"的关系问题,才能"在人的实践中以及对这个实践的理解中得到合理的解决"。离开"历史的进程"而提出"意识"与"存在"的关系,这是马克思主义以前的全部旧哲学;以"历史的进程"为出发点而提出"意识"与"存在"的关系,这才是马克思恩格斯所创立的历史唯物主义的"新世界观"。

关于"意识"与"存在"及其关系的上述分析,表明了"历史唯物主义"的"世界观"性质。然而,对于这个基本结论,人们会提出的质疑是:在《德意志意识形态》中,马克思恩格斯曾一再以"历史观"来概括和表述他们所提出的问题和他们所作出的回答,为什么可以用"新世界观"来代替"历史观"呢?总结以上的论述,我认为主要理由有三:其一,马克思所批判的全部旧哲学,或者以"直观"的方式看待人与世界的关系(旧唯物主义),或者以"抽象"的方式看待人与世界的关系(唯心主义),其实质都是以"超历史"或"非历史"的观点看待人与世界的关系,从而形成全部旧哲学的"超历史"或"非历史"的"世界观"。正是针对全部旧哲学的"世界观",马克思以"历史"即"现实的人及其历史发展"的观点重新理解人与世界的关系、意识与存在的关系,创立了历史唯物主义的"新世界观"。这个"新世界观"的实质内容是"新历史观",这种"新历史观"的真正意义是"新世界观"。在马克思恩格斯所实现的哲学革命的意义上,"新历史观"构成"新世界观"。其二,在马克思恩格斯所创建的"历史唯物主义"之外,并不存在某种抽象的"新世界观"。对马克思恩格斯来说,"意识"是人的历史活动所形成的"意识","存在"是人们的"现实的生活过程"的"存在","意识"与"存在"的关系是"生活决定意识"的关系。那种"把人对自然界的关系从历史中排除出来",并因而"造成了自然界和历史之间的对立"的哲学,是马克思恩格斯所批判的旧哲学,而不是马克思恩格斯所创建的新哲学。在马克思恩格斯这里,"意识"与"存在"的关系,"自然界"与"历史"的关系,是以其"历史观"的革命而获得新的理解。马克思恩格斯以"历史"

作为新的解释原则而实现了自己的"世界观"革命。其三，马克思恩格斯的"世界观"革命，不是"解释世界"的革命，而是"改变世界"的革命，他们的"毕生的真正使命"，是"参加推翻资本主义社会及其所建立的国家设施的事业，参加现代无产阶级的解放事业"，是"使现代无产阶级意识到自身的地位和需要，意识到自身解放的条件"，马克思的"两个发现"是"发现了人类历史的发展规律"和"现代资本主义生产方式和它所产生的资产阶级社会的特殊的运动规律"①。马克思的这"两个发现"是新的"历史观"，也就是关于无产阶级和人类解放的"新世界观"。马克思恩格斯的"新历史观"是作为马克思主义的"新世界观"而诞生的。

---

① 《马克思恩格斯选集》第3卷，人民出版社1995年版，第776—777页。

历史唯物主义的真实意义[①]

孙正聿

历史唯物主义不是书斋里的学问,对它的研究乃至发展、创新,不能仅仅限于抽象的概念思考或文本解读,而是必须面向生活实践。今天,全球化的发展、知识经济的出现、现代化的推进和世界格局的变化都提出了新的挑战,中国的改革开放更提供了大量的新经验、新问题。善于把时代的问题转化为哲学自身的问题,在解释和解决中国和世界的重大现实问题中表现出历史唯物主义的强大的生命力,是哲学工作者义不容辞的责任。

历史唯物主义对全部的哲学社会科学研究都有指导意义。当前,理论和现实中的大量争论都涉及历史唯物主义问题。我们应当拓展历史唯物主义的研究领域,关注经济学、社会学、政治学、历史学、文化学等学科中的哲学问题,在与其他学科的对话中发展历史唯物主义,并显示出它在理论上和方法上的独特价值。

《历史的唯物主义与马克思主义的新世界观》一文发表后,得到学界的关注。读过李荣海先生与之商榷的《历史唯物主义的解释原则及其世界观意义——与孙正聿先生商榷》(见《哲学研究》2007年第8期;以下简称"李文")后,我感到有些理论问题进一步凸显了出来,其中的一个重大问题仍是关于历史唯物主义的世界观意义的问题。

[①] 原载《哲学研究》2007年第9期。

一、世界观及其解释原则

当人们把哲学定义为"理论化、系统化的世界观"时,人们对"世界观"概念本身的理解不仅是有歧义的,而且正是由于这种歧义构成了对哲学的不同理解。这就是说,在对"世界观"的理解中,蕴含着各不相同的解释原则;只有揭示这些不同的解释原则,才能澄明各种不同的哲学世界观。在《关于费尔巴哈的提纲》中,马克思明确地揭示了由三种不同的解释原则所构成的世界观理论:一是以客体的或直观的解释原则所构成的旧唯物主义的世界观,二是由抽象的能动的解释原则所构成的唯心主义的世界观,三是以人的感性活动为解释原则所构成的马克思主义的新世界观。这三种解释原则构成了三种世界观,亦即构成了三种不同的哲学。马克思主义的哲学革命,从根本上说是关于世界观的解释原则的革命。正是以人的感性活动为解释原则,马克思主义哲学才超越了"把理论引向神秘主义"的全部旧哲学,实现了从"解释世界"到"改变世界"的哲学革命。探索马克思主义世界观的解释原则,这是我所写的《历史的唯物主义与马克思主义的新世界观》一文的基本出发点;正是在这个根本问题上,该文构成与"李文"的原则性分歧。

关于"世界观","李文"的理解是关于整体世界的观点,并具体地表现在唯物主义、辩证法、意识论、认识论和历史观之中。在我看来,"李文"对世界观理论的这种理解和解释,恰恰是忽视了马克思的以"人的感性活动"为解释原则的哲学革命的真实意义,因而仍然是以旧唯物主义的客体的或直观的解释原则来看待世界观——把世界当作与人的感性活动无关的"直观"的对象。在与马克思主义的"世界观"相区别的意义上,我曾把这种解释原则称之为"观世界"的解释原则。① 正是由于对"世界观"及其解释原则的不同理解,本文认为,传统哲学教科书的根本

---

① 参见孙正聿:《怎样理解作为世界观理论的哲学?》,载《哲学研究》2001年第1期。

问题,在于其关于世界观的解释原则,即:它是否超越了旧唯物主义的"客体的或直观的"解释原则,而贯彻了马克思主义的"实践"的或"人的感性活动"的解释原则。因此,传统哲学教科书的深层的理论困难在于对如下问题的理解:人对世界究竟是怎样的关系,究竟应当以怎样的解释原则来构建合理的世界观;或者说,马克思主义哲学究竟怎样理解人与世界的关系,马克思主义哲学究竟以怎样的解释原则构成自己的世界观。正是针对世界观的解释原则,我才提出"历史的唯物主义与马克思主义的新世界观"的问题,并得出历史唯物主义就是马克思主义新世界观的基本结论。因此,只有在世界观的解释原则的意义上展开讨论,才能推进传统哲学教科书的改革,从而在新的世纪坚持和发展马克思主义哲学。

二、历史唯物主义的解释原则

我之所以认为传统哲学教科书的主要缺陷不是表层的体系结构安排上的"逻辑困难",而是一种哲学意义上的深层的"理论困难",是因为我们面对着这样一个根本性的理论问题:"是否存在一种不是'历史唯物主义'的'辩证唯物主义'?'历史唯物主义'是马克思主义哲学的'世界观',还是仅仅是马克思主义哲学的'历史观'?"在这里,我是从马克思主义新世界观的解释原则提出问题的,是从历史唯物主义与这一解释原则的相互关系提出问题的。"李文"以主要篇幅讨论的问题是:把"历史"作为解释原则的唯物主义,还是否是把"历史"作为研究对象的唯物主义?这种说法模糊了我所提出的问题,从而也冲淡了问题的实质。我所提出的问题是:究竟如何理解马克思主义的新世界观?这个新世界观的"理论硬核"或"解释原则"到底是什么?是否存在"独立于'历史唯物主义'之外或超然于'历史唯物主义'之上的'辩证唯物主义'"的解释原则?我在自己的文章中所得出的基本看法是:"正是针对全部旧哲学的'世界观',马克思以'历史'即'现实的人及其历史发展'的观点重新理解人与世界的关系、意识与存在的关系,创立了历史唯物主义的'新世界观'"。正是基于这种认识,我在文章中明确地提出:"这个'新世界观'的实质内容是'新历史观',这种'新历史观'的真正意义是'新世界观'。在马克思恩格斯所实现的哲学革命的意义上,'新历史观'构成'新世界观'"。这就是说,历史唯物主义当然是一种"历史观";然而,正是由于人们通常仅仅从"历史观"去理解和看待历史唯物主义,因而没有在"世界观"的意义上理解和看待历史唯物主义的真实意义。《历史的唯物主义与马克思主义的新世界观》是要论证历史唯物主义的世界观的真实意义,而不是论述把"历史"作为研究对象的"历史观"。

在我看来,正是由于"李文"仅仅从"研究对象"来理解历史唯物主义,因而也只是从这个角度来看待历史唯物主义的"世界观意义"。"李文"提出,"马克思主义哲学世界观体现在本体论、自然观、社会观、实践观等等之中;没有历史观等,就不可能形成辩证唯物主义。历史观等构成了马克思哲学世界观的内在结构,这是哲学世界观的主要内涵的基本方面","没有唯物史观,就不可能形成统一的唯物主义的世界图景,因而也就不可能有辩证唯物主义"。在这里,"李文"强调了历史唯物主义作为"新世界观"的两点根据:其一,马克思主义世界观体现在包括历史观在内的各个哲学领域,这些领域都具有世界观意义;其二,历史唯物主义在这个"新世界观"中具有某种特殊的重大意义。"李文"的这种论证,一方面模糊了自然观、历史观、社会观、实践观所具有的世界观意义与我所论证的马克思主义新世界观的解释原则的关系,另一方面则显露了他所坚持的关于马克思主义新世界观的解释原则——独立于历史唯物主义之外或超然于历史唯物主义之上的辩证唯物主义,而这正是传统哲学教科书的解释原则。

"李文"说,"我们没有必要纠缠于辩证唯物主义与历史唯物主义孰先孰后的无谓争执"。然而,"李文"的观点恰好表明,关于辩证唯物主义与历史唯物主义的讨论绝不是一种"无谓争执"。当然,这种争执并不是"李文"所说的"孰先孰后"的争执。这是因为:其一,讨论这个问题有十分重要的现实针对性,即通常是把辩证唯物主义界说为马克思主义的世界观,而将历史唯物主义视为把辩证唯物主义"推广和应用"于历史领域而形成的历史观;因此,如何理解辩证唯物主义和历史唯物主义就不是二者"孰先孰后"的问题,而是怎样理解马克思主义哲学的新世界观的问题。其二,讨论这个问题具有重大的理论意义,即关涉到怎样理解马克思主义的新世界观及其根本的解释原则,从而关涉到怎样在当代坚持和发展马克思主义哲学,因此这个讨论绝不是"无谓争执"。《历史的唯物主义与马克思主义的新世界观》一文正是基于这两点考虑而形成的。

马克思主义的新世界观是在马克思的哲学革命中诞生的,是作为马克思主义哲学的"理论硬核"或"解释原则"而彪炳于世并与其他哲学区别开来的。因此,只有在马克思所实现的哲学革命的意义上,才能深刻理解马克思主义的新世界观。在我看来,马克思的哲学革命具有双重内涵:一是理论旨趣和理论使命的革命,一是理论硬核和理论内容的变革。就前者说,马克思主义哲学不是沿着旧哲学的逻辑追寻"世界何以可能",而是从"创立新世界"的历史任务出发追寻"解放何以可能"①,因此,把马克思主义的新世界观分解为"本体论、自然观、社会观、实践观",就不仅仅是模糊和冲淡了马克思所实现的哲学革命,而且会把追寻"解放何以可能"的马克思主义哲学等同于追寻"世界何以可能"的旧哲学。就后者说,马克思主义哲学不是以"客体的或直观的"解释原则描述"世界究竟怎样",而是以"人的感性活动"的解释原则反思"现实的人及其历史发展",因此,仅仅把"历史"作为历史唯物主义的研究对象,就不仅仅是模糊和冲淡了历史唯物主义的世界观意义,而且直接导致以旧唯物主义的"客体的或直观的"解释原则去解读马克思主义的新世界观。因此,问题的实质既不是"李文"所论证的自然观、历史观、社会观、实践观是否具有"世界观意义"的问题,也不是"李文"所说的辩证唯物主义与历史唯物主义"孰先孰后"的问题,而是如何理解马克思的哲学革命所蕴含的新世界观的解释原则的问题。

从"解释原则"的角度重新反省"世界观",特别是重新探索马克思主义的"新世界观",这是在新的世纪研究马克思主义哲学的重大的"前

---

① 参见孙正聿:《解放何以可能——马克思的本体论革命》,载《学术月刊》2002年第9期。

提性、基础性"问题。作为一家之言，我作出的论证是，马克思主义的新世界观不仅是对唯心主义世界观的根本性批判，而且也是对旧唯物主义世界观的根本性超越。"无论是'从前的一切唯物主义'以'直观'的方式解释人与世界的关系，还是全部的唯心主义哲学以'抽象'的方式解释人与世界的关系，它们的'世界观'都不是人与世界的现实的（真实的）关系，因而都只能是'把理论引向神秘主义的神秘东西'，都只不过是以其'神秘东西'来'解释世界'，而无法'改变世界'。只有超越这些'神秘东西'，'在人的实践中以及对这个实践的理解中'来回答人对世界的关系，才是真正的'改变世界'的马克思主义哲学。马克思主义哲学的创立是真正意义的哲学革命，它在唯物主义的历史上实现了从'直观'的唯物主义到'历史'的唯物主义的革命，从旧唯物主义的'世界观'到历史唯物主义的'新世界观'的革命。"历史唯物主义关于"世界观"的解释原则，集中地、深切地体现了马克思的"解放何以可能"的哲学使命和马克思的"现实的人及其历史发展"的哲学内涵，因而是马克思主义的新世界观。

三、作为世界观的历史唯物主义的"历史"观念

以历史唯物主义的解释原则来理解马克思主义的新世界观，引起争议的核心观念就是历史唯物主义的"历史"观念。"李文"正是对此提出质疑："马克思主义哲学是否可以统一到'历史'这一过程性的抽象原则上去？"关于"历史"，马克思曾明确地指出，"历史不过是追求着自己目的的人的活动而已"[①]。以"历史"的解释原则而构成的世界观，就是以追求自己目的的"人的活动"为解释原则而构成的世界观。"历史"作为"追求着自己目的的人的活动"，它深刻地揭示了人的独特的存在方式的思

---

① 《马克思恩格斯全集》第 2 卷，人民出版社 1957 年版，第 118—119 页。

想内涵,也就是深刻地揭示了人与世界的独特关系的思想内涵,揭示了人的现实世界(生活世界)的思想内涵。在马克思这里,"历史"不是外在于"人的活动"的抽象"过程","历史观念"也不是脱离"人的活动"的"抽象原则";恰恰相反,"历史"就是"人的活动","历史观念"就是以"人的活动"来揭示人的存在方式、揭示人与世界的关系、揭示人的现实世界(生活世界)的哲学理念,即关于世界观的解释原则。

作为"人的活动"的"历史",它是人的存在方式。马克思说:"人的存在是有机生命所经历的前一个过程的结果。只是在这个过程的一定阶段上,人才成为人。但是一旦人已经存在,人,作为人类历史的经常前提,也是人类历史的经常的产物和结果,而人只有作为自己本身的产物和结果才成为前提。"[①] 人自身作为历史的"前提"和"结果",以自己的活动构成自己的历史,以自己的历史构成自身的存在。离开人的"历史",就会把人的存在方式抽象化,把人与世界的现实关系抽象化。只有从人的存在方式去理解"历史",才能理解"历史"观念的世界观意义。

"历史"作为人的存在方式,构成人与世界的现实的(真实的)关系。人对世界的独特关系是以人的独特的存在方式即"人的活动"为前提的;离开这一前提,就不存在人与世界的独特关系。人的存在就是"人们的现实的生活过程",就是在"历史的进程"中所构成的人与自然、人与社会、人与他人、人与自我的无限丰富和不断变革的"关系"。作为世界观理论的哲学,每个时代向它提出的首要问题,都是人与世界关系的时代性变革问题,也就是人的实践的存在方式的时代性变革问题。这包括:人的存在方式是历史性变革的,人的世界图景是历史性变革的,人对自己与世界的关系的自我意识是历史性变革的,人们的思维方式、价值观念、审美意识和终极关系是历史性变革的。肯定人对世界关系的历史性,我们才会自觉地提出马克思主义哲学所关切的"世界观"问题:以人的当代的实践活动为基础的人对世界的当代关系是怎样的?以当代科学为中介的人的当代世界图景是怎样的?以人的当代社会生活为基础的当代人的思维方

---

① 《马克思恩格斯全集》第26卷第3册,人民出版社1974年版,第545页。

式、价值观念、审美意识和终极关怀是怎样的？其中，最为重要的是，市场经济所构成的"以物的依赖性为基础的人的独立性"的存在方式，在当代人的世界观、人生观、价值观中具有什么样的地位和作用？在建设社会主义市场经济的过程中怎样追求和实现人的全面发展？只有充分理解马克思主义哲学世界观的历史唯物主义的解释原则，才能永葆马克思主义哲学作为"时代精神的精华"和"文明的活的灵魂"的永不枯竭的生命力。

正是由于对历史唯物主义的"历史"观念的不同理解，"李文"在把"历史"视为过程性的抽象原则的前提下，实质上表达了相互联系的两点疑问：其一，"辩证法本身即蕴含着历史性、矛盾性、过程性、发展性思维的要求，因而远比'历史'性原则深刻得多"，为何不把辩证法作为马克思主义世界观的解释原则？其二，"在哲学中，以历史作为解释性原则而探究哲学的大有人在，黑格尔就是著名代表"，唯心主义者黑格尔也运用的"历史"性原则，怎么能构成马克思主义哲学的可靠基础？回答这两个问题，必须诉诸哲学史，特别是诉诸马克思主义哲学对德国古典哲学的批判继承关系。

"历史唯物主义"的"历史"观念，是人类思想史的结晶和升华。作为德国古典哲学的集大成，黑格尔对哲学思维的理论自觉，深切地体现在他所说的"哲学是最具体的"、"哲学是最敌视抽象的"思想中。在黑格尔看来，哲学对"世界何以可能"、"认识何以可能"、"自由何以可能"的追问，都不应该停留于对"世界"、"认识"、"自由"的抽象追问，而必须诉诸对人类思想史的考察，诉诸对"世界"、"认识"、"自由"的思想内涵的概念式把握，从而达到"全体的自由性"与"各个环节的必然性"的统一。这是黑格尔的"历史"观念，也是黑格尔以"历史"观念所构成的概念辩证法——人类思想运动的内涵逻辑、人类争取和实现自由的思想内涵逻辑。在黑格尔这里，作为思想的内涵逻辑的辩证法，既不是与"理论"相分离的"方法"，也不是与"内容"相分离的"形式"，因而并不是某种"抽象的原则"，而是关于"具体的普遍性"的逻辑——概念展现自身的丰富性的"历史"。长期以来，人们之所以把"辩证法"当作可以随意套用的"抽象原则"，从根本上说，就在于以"非历史"或

"超历史"的观念去看待和"运用"辩证法，把作为内涵逻辑的辩证法变成了与"理论"相分离的"方法"、与"内容"相分离的"形式"。"历史"的观念是黑格尔的内涵逻辑的辩证法的灵魂，也是马克思恩格斯从黑格尔哲学那里汲取的思想精华。

在黑格尔的意义上，"历史"是思想自己运动的历史，"辩证法"是思想构成自己的逻辑，因此，黑格尔的"历史"和"辩证法"，是马克思深刻地揭示的"无人身的理性"的自我运动。这就是黑格尔以其"历史"观念所构成的唯心主义的世界观，它以思维规定感性的解释原则，"颠倒"了人与世界的现实的（真实的）关系。然而，黑格尔的"历史"观念的"真实意义"在于，这种观念"颠覆"了对"世界何以可能"、"认识何以可能"、"自由何以可能"的抽象追问，把哲学从"抽象的普遍性"升华为"具体的普遍性"，以其"天才的猜测"表达了人与世界的现实关系——历史的关系，因而包含了"历史唯物主义的萌芽"[①]。马克思恩格斯则是以黑格尔的历史观念——思想的内涵逻辑——为重要的理论资源，以现实的（真实的）"历史"——"追求着自己目的的人的活动"——作为自己的新世界观的解释原则，揭示了人自身的存在方式、人以自己的存在方式所构成的人与世界的无限丰富的矛盾关系，人以自己的存在方式所实现的人自身的发展。这就是以唯物主义的"历史"观念所构成的存在论、真理论和价值论相统一的马克思主义哲学的内涵逻辑——历史的内涵逻辑。这个历史的内涵逻辑（而不是黑格尔的思想的内涵逻辑），以"现实的人及其历史发展"为内容而实现了唯物主义与辩证法的统一，这就是历史唯物主义的新世界观。

---

① 列宁：《哲学笔记》，人民出版社1956年版，第348页。

马克思的唯物史观对黑格尔辩证法的颠倒[①]

孙利天

马克思颠倒了黑格尔唯心主义的辩证法，发现和吸取了它"神秘外壳中的合理内核"，实现了哲学史上的伟大革命。这是我们熟知的马克思主义常识。但是，深入思考颠倒辩证法这一重大的哲学事件，仍有许多重要的问题需要梳理和澄清，比如，为什么其他唯物主义者未能颠倒黑格尔的辩证法？马克思的唯物史观对于颠倒黑格尔辩证法起了什么作用？历史唯物主义的辩证法如何改变了哲学的形态？不弄清这些重要的哲学问题，既无法真正理解什么是黑格尔辩证法的合理内核，也不能真正理解马克思哲学革命的实质和马克思哲学的理论性质，更不能回答现代哲学对马克思哲学的批评和挑战。

一、不能在旧唯物主义原则的基础上颠倒黑格尔的辩证法

马克思曾经写道："我的辩证方法，从根本上来说，不仅和黑格尔的辩证方法不同，而且和它截然相反。在黑格尔看来，思维过程，即他称为观念而甚至把它变成独立主体的思维过程，是现实事物的创造主，而现实事物只是思维过程的外部表现。我的看法则相反，观念的东西不外是移入

---

① 原载《马克思主义与现实》2008年第2期。

人的头脑并在人的头脑中改造过的物质的东西而已。"① 初看这段马克思的区分，唯物辩证法与唯心辩证法的对立竟是如此简单，颠倒黑格尔辩证法的任务也极易完成，只要把观念或思维过程的主体地位转变为物质的主体或本体决定作用，就实现了唯心辩证法向唯物辩证法的改变。我们的哲学原理教科书和大多数马克思主义哲学工作者大概都是这样看待和理解马克思对辩证法的颠倒的。如果问题真的如此简单，我们难免会产生一些疑惑，包括费尔巴哈在内的旧唯物主义为什么不能提出和完成这个任务？或者会想，旧唯物主义的"物质决定意识"的原理是否已完成了对黑格尔辩证法的颠倒？要消除这种疑惑，我们必须深思马克思这段话中的两个关键词，即"思维过程"和"改造过的物质的东西"，进而追问：黑格尔的辩证法为什么要把思维过程作为独立的主体？人的头脑如何"改造"物质的东西而成为观念？而这两个问题正是旧唯物主义所不能理解和解决的。

一般认为，黑格尔哲学是西方两千多年哲学的集大成者，黑格尔辩证法作为列宁所说的对世界认识的历史的总计、总和与结论，② 可以说是西方哲学史、认识史的理论概括。和一些重要的哲学家一样，黑格尔本人也持有目的论的哲学史观，把自己的哲学理论看作是西方哲学所欲趋赴的目的和目的的实现。他认为，古希腊哲学中巴门尼德作为纯粹思想的"存在"与赫拉克利特哲学的"运动"和"变化"，是哲学的起点，而纯粹思想的自身运动即思维过程作为主体，正是辩证法的根本原则或本体基础。从我们习惯的日常思维和科学思维去想，无论如何也不能理解和接受思维过程的本体论。思维只是人脑的机能，是对在我们之外的事物和世界的思维，事物和世界本身才是对象、实体和主体。然而，从哲学思维方式出发，黑格尔的辩证本体论却有其逻辑的根据和思想的必然性。

哲学作为世界观的理论，固然是面向整个世界的思考，也是关于世界本质的根本观点和看法。西方哲学在两千多年的历史发展中提出了许多关于世界的理论和看法。无论是唯物主义还是唯心主义的哲学学说，作为对世界的理论认识，作为追根究底的终极解释，其实质都是关于世界的概念

---

① 《马克思恩格斯全集》第23卷，人民出版社1972年版，第24页。
② 列宁：《哲学笔记》，人民出版社1974年版，第90页。

认识，这些概念作为对世界的最高抽象，即是黑格尔所说的"纯粹思想"。黑格尔在批评唯物论时说："唯物论认为物质的本身是真实的客观的东西。但物质本身已经是一个抽象的东西，物质之为物质是无法知觉的。所以我们可以说，没有物质这个东西，因为就存在着的物质来说，它永远是一种特定的具体的事物。然而，抽象的物质观念却被认作一切感官事物的基础，——被认作一般的感性的东西、绝对的个体化，亦即互相外在的个体事物的基础。"① 我们知道，恩格斯也曾讲到："物质本身是纯粹的思想创造物和纯粹的抽象。"② 而旧唯物主义与它们同时代的唯心主义一样，作为康德和黑格尔所说的知性形而上学、独断论的形而上学，缺少反思地把自己对世界的概念认识或思想创造物直接认定为世界中的实际存在，并用以规定和规范整个世界的现实存在，而不知道这些本体只是纯粹思想。

黑格尔在康德对知性形而上学批判的基础上，充分自觉到以往哲学的本体规定实质是纯粹的思想规定。但他不满足于康德对哲学理念辩证幻想的揭示，而要让纯粹思想自己运动起来，在自己的运动中从抽象走向具体，建设一种非知性、非独断的思辨形而上学，亦即思维过程为主体的唯心主义辩证法。显然，这种已经包含着对旧唯物主义原则的扬弃的唯心辩证法，是旧唯物主义无法理解也无法颠倒和超越的辩证法。以自然态度思维、以朴素实在论的信念理解马克思的哲学思想，必然把马克思主义哲学倒退到旧唯物主义的水平上，从而也不能懂得马克思对黑格尔辩证法的颠倒。

按照旧唯物主义的原则，也不能理解物质的东西如何在人脑中"改造"而成为观念。人脑对物质东西的"改造"是思维能动性或意识能动性的实现过程，思维过程的主体性正是在片面夸大思维能动作用的基础上建立的。就此，马克思《关于费尔巴哈的提纲》第一条作出了经典的概括："从前的一切唯物主义（包括费尔巴哈的唯物主义）的主要缺点是：对对象、现实、感性，只是从客体的或者直观的形式去理解，而不是把它们当作感性的人的活动，当作实践去理解，不是从主观方面去理解。因此，和

---

① ［德］黑格尔：《小逻辑》，贺麟译，商务印书馆1980年版，第115页。
② 《马克思恩格斯全集》第20卷，人民出版社1973年版，第598页。

唯物主义相反，能动的方面却被唯心主义抽象地发展了，当然，唯心主义是不知道现实的、感性的活动本身的。"① 对事物、现实、感性只是从客体或者直观的形式去理解，就是把对象作为物质的东西看作外在的、既定的、给予性的东西，就是把人的思维和意识看作是只能消极被动地反映外在对象的接受过程，而不懂得事物、现实、感性是人的历史实践的结果，一定意义上也可以说是思维能动作用创造的结果。人的意识不仅反映而且创造客观世界，创造即是人脑"改造"物质东西的过程，亦即思维能动作用的过程。在旧唯物主义反映论的哲学原则中，已从根本上否定了思维过程的能动作用，但却是不自觉地、独断地把哲学思维抽象的物质观念看作感性对象的基础。这正是黑格尔所批判的旧唯物主义的自相矛盾。以消极被动的反映论，无法颠倒黑格尔的辩证法。

出路只有一条，即不是简单否定对事物、现实、感性的主观理解，不是否定能动方面的理解，而是具体地、不是抽象地找到和揭示出事物的真正的现实基础，即人的感性活动本身。事物、现实、感性不是永恒不变的对人显现的客体或直观，而是人的历史实践活动首先是物质生产活动不断改变的历史性的对象。从主观和能动的方面去理解事物和世界，关键是找到具有物质性力量的能动方面。所以，马克思和黑格尔的对立是两种不同能动方面的对立，即感性活动的能动性和思维过程主体性的对立。马克思对黑格尔辩证法的颠倒，首先是用物质生产实践的历史性取代黑格尔思维过程的主体性和历史性，进而才能达到"物质是主体"的唯物主义辩证法。所以，只有在深入研究和揭示物质生产实践的基础作用和发展规律之后，才能真正颠倒和超越黑格尔的辩证法。这也就是说，马克思是在唯物史观的视域中而不是在认识论或知识论的视域中颠倒了黑格尔的辩证法。

二、唯物史观对唯心主义辩证法的超越

黑格尔哲学作为西方哲学发展的集大成者，或者说是完成者，较以往

---

① 《马克思恩格斯选集》第 1 卷，人民出版社 1995 年版，第 54 页。

任何哲学体系都更为具体、全面和客观。对哲学思想的具体性和客观性的寻求是黑格尔哲学贯彻始终的原则。黑格尔批判了知性形而上学的抽象性和独断论，批判了康德哲学的主观主义和形式主义，把两千多年西方哲学的范畴史思辨地演绎成绝对理念自我否定、自我发展的逻辑体系，而每一范畴既是纯粹的思维规定，也是事物和世界的本质规定，实现了逻辑学和本体论的统一，进而在自然哲学和精神哲学中实现了本体和现象的统一，在自然和历史的现象形态中绝对理念表现自身、认识自身，而终于在绝对精神中完成了自我认识。黑格尔宏伟的哲学体系以百科全书的形式概括了两千多年的哲学史和认识史，绝对理念犹如精神的"黑洞"吸收了无限丰富的规定性，达到了黑格尔努力追求的包含了无限差异性和多样性的具体普遍性和真理的客观性。

黑格尔哲学成为后来哲学难以逾越的思想高峰，至今仍是令哲学家头痛的沉重的历史负担。在各种针对黑格尔哲学的批判中，马克思的批判肯定是最有成果、最有价值的批判之一，这从根本上得益于唯物史观的发现。如前文所述，马克思用感性活动的实践取代了黑格尔的思维过程的主体性。从学理上说，至少有两点是意义重大的。一是思维过程的主体性所能达到的只是思维规定的具体性，而无法说明感性的具体性和多样性的起源，所以，黑格尔的辩证法无法理解"感性活动本身"，其具体普遍性原则不能真正实现。作为主体的思维过程只能用思维规定感性，而无法使自己具体化和创造新的感性，思维无法创造"非我"的感性，只能直观和规定既有的感性。德国古典哲学缺少真正感性的、物质性的主体性和能动性原则，这是唯心主义无法补救的根本缺失。黑格尔的辩证法的抽象性、保守性亦根源于此。二是思维过程作为主体的能动性缺少感性的动力基础，思维自己运动的逻辑只能设定为精神本性、思维本性，而没有经验人类学的现实基础。精神的活动性和思想自己运动的必然性是黑格尔辩证法的动力基础，它遥承古希腊哲学纯粹理论的生活理想，近以生命科学为隐喻性的前提，从而精神生命的成长运动为思维过程的主体性提供了类比性的证明。黑格尔和他的所有哲学前辈一样，嫌弃和蔑视人的自然生命和物质欲求，从而也必然如费尔巴哈那样"只是从它的卑污的犹太人活动的表现形式去理解和确定"人的实践,不能把满足人的自然生命需要的物质生产实践活动作为思维过程的动力基础,而是抽象地在思想自己运动的圆圈中打转。

马克思唯物史观的发现看似自然和简单,实际上是两千多年西方哲学根本立场和存在论原则的转变,满足人的自然需求的物质生产过程成为具有本体论意义的活动。马克思所说的"感性活动本身",在西方哲学史上第一次打开了意识哲学通向客观世界的通道,为思想和精神的具体化、感性化乃至物质化找到了现实的活动形式,从而也为黑格尔毕生寻求的思存同一性、思想客观性、具体普遍性找到了真正的现实基础。在这样的意义上,可以说马克思哲学是黑格尔辩证法的完成。"生产过程"取代"思维过程"而成为主体,意味着生产过程的感性活动是理解现实世界的钥匙,事物、现实、感性是感性活动的产物,世界是感性活动不断改变和拓展的世界。思想和观念一方面只能在感性活动的基础上获得自己的感性内容和感性的具体性;另一方面思维规定感性、思维实现自己的能动性,也只能在感性活动中物化自身才能成为现实的力量并确证自己的客观性和真理性。公正地说,黑格尔对上述思想并非毫无所知,他在《精神现象学》中对劳动的思辨,在《逻辑学》中对实践理念的分析,都已接近了这些思想。马克思和黑格尔的原则区分是革命家和理论家的区分。黑格尔只是思辨地、理论地看待和理解劳动和实践,从而劳动只是肯定性地达到自由意识的环节,实践也只是作为扬弃客观世界的片面性而达于绝对理念的环节,劳动和实践都从属于绝对理念自我意识的理论目的。而对马克思来说,包括黑格尔哲学在内的理论和观念恰恰是自己时代物质生活的理论反映,理论的真理性和现实性只有在改变人们的社会生活的实践中、在改变世界中才有意义。因此,只有马克思哲学作为"实践的理论"和"理论的实践"才能真正达到和坚持"感性活动本身"的哲学原则。

用"感性活动"和"生产过程"取代"思维过程"的主体性,形成了马克思和黑格尔对立的历史观。在黑格尔看来,"绝对理念的内容就是我们迄今所有的全部生活经历"[①],人类迄今为止的历史就是绝对理念自我

---

① [德]黑格尔:《小逻辑》,贺麟译,商务印书馆1980年版,第423页。

意识的历史。马克思则认为,由黑格尔所表述过的"精神在历史中的最高统治"的"戏法","把一切唯物主义的因素从历史上消除了","任凭自己的思辨之马自由奔驰"。① 而唯物史观则是:"从直接生活的物质生产出发来考察现实的生产过程,并把与该生产方式相联系的、它所产生的交往形式,即各个不同阶段上的市民社会,理解为整个历史的基础;然后必须在国家生活的范围内描述市民社会的活动,同时从市民社会出发来阐明各种不同的理论产物和意识形式,如宗教、哲学、道德等等,并在这个基础上追溯它们产生的过程。"② 应当承认,即使是对社会历史的哲学反思,黑格尔哲学也远远高于他的前辈,他第一次把人类历史把握为有规律的过程,以百科全书式的渊博,思辨地建构了法哲学、历史哲学、美学和哲学史等精神哲学的知识形态,以深刻的洞察力揭示出人类精神发展所创造的具有永恒意义的"实体性的东西",显示出人类文明在客观精神的形态中具有必然性的范畴进展。这是包括费尔巴哈在内的旧唯物主义望尘莫及的。因为,按照旧唯物主义理解事物的方式,"至多也只能做到对市民社会的单个人的直观",而不能从能动的方面理解复杂的社会现实。要超越黑格尔的唯心主义历史辩证法,也必须找到物质性的历史能动因素,才能说明人们自己创造的历史何以会有客观性、物质性和规律性。

黑格尔的历史辩证法消除了历史中的物质因素,其思辨的范畴进展不能真正做到历史与逻辑的一致,难免牵强附会、自由驰骋。没有了物质因素的纠缠、制约,范畴的具体性和客观性也会受到损害。一方面,历史是人的有目的的自觉活动,人们自己创造自己的历史,思想和精神影响历史的进程;另一方面,生产过程和交往方式等作为不可超越的既定的物质性条件,规定了思想和精神的可能空间,规范着人的目的和意志。所以,只有在揭示出物质生产过程的必然性和规律性之后,才有思想过程的必然性和客观性。马克思唯物史观合目的性与合规律性相统一的原理,内在地超越了黑格尔的辩证法,使其在思辨形式中获得的丰富的范畴概括有了现实的、物质性的基础。

---

① 《马克思恩格斯选集》第1卷,人民出版社1995年版,第102页。
② 《马克思恩格斯全集》第3卷,人民出版社1953年版,第42—43页。

三、唯物史观对意识哲学的超越

马克思对黑格尔辩证法的颠倒和超越,从西方哲学发展的内在逻辑看有其必然性。以"感性活动"和"生产过程"的物质性的能动性弥补了黑格尔思维过程主体性的抽象性和片面性,使思维和存在的统一、主体和客体的统一以及哲学思想和哲学范畴作为具体普遍性的真理,有了现实的基础。在这样的意义上,马克思哲学是西方哲学的完成。就此,海德格尔说:"随着这一已经由卡尔·马克思完成了的对形而上学的颠倒,哲学达到了最极端的可能性。哲学进入其终结阶段了。至于说人们现在还在努力尝试哲学思维,那只不过是谋求获得一种模仿性的复兴及其变种而已。"① 如果从海德格尔所说的哲学思想的方向和轨程说,马克思对黑格尔辩证法乃至全部形而上学的颠倒,又是与西方哲学的决裂或革命。因为,马克思哲学从根本上改变了哲学的立场和理论形态,终结了知识形态或理论形态的形而上学,赋予哲学以全新的思想方式和功能形式。马克思和恩格斯认为,自己的理论是"实践的理论"和"理论的实践",哲学理论的动力是"革命",哲学是通过"革命的"、"实践批判的"活动实现自身,是内在于无产阶级和人类解放实践过程中的要素而非独立存在的哲学。总之,哲学超越了意识哲学、理论哲学的形态而进入到现实的实践过程。而这一点是海德格尔所否定的。

海德格尔在晚年的讨论中认为,马克思用"生产过程"取代了黑格尔"生命过程"的存在论,这只是用"人的优先性"取代了"意识优先性",并未超出"主体形而上学"的视域。② 结合上文引述的他对马克思颠倒形而上学的评论以及他在《关于人道主义的书信》中对马克思的论说,海德格尔力图表明他与马克思存在的思想区分似乎是"存在优先"还是"人优

---

① 孙周兴选编:《海德格尔选集》,上海三联书店1996年版,第1244页。
② [法] F. 费迪耶等辑录:《晚期海德格尔的三天讨论班纪要》,载《哲学译丛》2001年第3期。

先"的问题。如果仅从认识论或知识论的视野看,马克思和一切唯物主义一样都主张存在的优先性和客观性,海德格尔的区分毫无意义。而只有在海德格尔所说的生存论视域中,亦即思考人的本质、此在的澄明乃至存在的意义时,存在优先或人优先的问题才具有他所区分的不同意义。其实,从海德格尔本人的思路说,他似乎也并未坚持"存在优先"的原则。他的早期思想虽然坚持人的本质即是生存,人只能从存在中获得本质和规定,但要获得存在的意义却必须领会此在的意义。生存论作为基础本体论既在事实上亦在逻辑上具有优先性。他在晚期著作中开始自觉地避免主体形而上学,力求用一种非规定性的思想表达人对存在的归属。在我看来,他实际是力求唤回被现代工业文明所遗忘了的人的存在感受,类似于人在家里的熟悉感、亲切感、安全感、归属感、自由感乃至根源感等所谓诗意的感受。海德格尔说,只有觉悟到和思及到更原始的一度,"在此一度中,从存在本身方面来规定人的本质,才有在家之感",他还引用亚里士多德的话说:"作诗比存在者的探究更真。"① 人如何诗意地栖居在存在中、在大地上,是海德格尔反复论说的思想主题。但要找回存在的意义,获得家园般的存在感受,仍必得聚焦于人的语言、思想和领会,仍难免"人的优先性"的论说。

仅从逻辑上反驳海德格尔"存在优先"和"人优先"的区分不能令他信服,因为逻辑只能形成某种"存在论"而不能唤醒他所寻求的"存在感"。在我们看来,晚期海德格尔对思想和哲学(形而上学)的区分、人的优先性和存在优先性的区分,确实是一种思想方式的"移居"、思想方向的开拓,邓晓芒先生也把它看作是语言的突围。它确实具有终结两千年西方哲学、从根本上转变现代工业文明生存方式的源始性。但是,在如何实现这一具有世界历史意义的"跳跃"中,海德格尔则显得软弱、无奈,有时甚至有些绝望。他坚持用一种词源学的方法,引导人们听从语言的召唤,倾听存在和大地的言说;他强调思想对存在的归属,要在更源始的思的一度中达到存在的根源;他认为诗作为源始的语言和思想更能本真地亲

---

① 孙周兴选编:《海德格尔选集》,上海三联书店1996年版,第389、404页。

近存在；他有时也对古老东方思想的复兴充满希望和期待，等等。但语言、思想和诗能改变人们的生存领会、终止思维规定存在、宰制存在的意识优先性和人的优先性吗？能改变"技术座架"的统治和催逼吗？一旦涉及"改变世界"的问题，马克思哲学的力量就显得强大无比。

在马克思看来，实践的批判较之哲学的批判，不仅能改变现实的物质力量，也能更有力地改变人们的观念，包括哲学家的思想。"生产过程"的存在论，使哲学走出内在的思想和意识，进入到"感性活动"的物质化过程之中，变成实际改变现存世界的力量。仅就海德格尔所力求唤醒的"存在感"说，"生产过程"的存在论也有未被海德格尔深思的重要意义。海德格尔指责这种存在论未超出黑格尔的视野，仍是"人的优先性"的主体形而上学。实际上恰是海德格尔未超出黑格尔的劳动概念，即仅在人规定和改造劳动对象、对象化自己自由本质的意义上理解劳动，仅看到了劳动主体自我肯定的方面，而未看到劳动对主体的否定方面，未看到劳动的消极方面。马克思不仅揭示出私有制劳动的奴役性质，即劳动主体的活动过程所具有的强制性、否定性的社会性质，也看到了劳动主体与劳动对象否定性统一的自然性质，即劳动对象对主体力量的否定和抗拒。用黑格尔的表述方式说，直观的自然是理念，劳动中的自然才显示出自然存在的物质性和客观性，直观的石头对意识和思想没有阻抗，而要搬起这块石头，则要消除它的重量的抗拒，才知道它是如此沉重、如此真实。劳动不仅是主体本质力量的自我确证，也是自然和存在自身显现的过程，是存在的到场。我们可以肯定地说，不是语言、不是思想、不是诗，是"生产过程"和劳动，才给予人以真实的存在感，才使人实实在在地感受到存在的先在性。

马克思哲学作为"实践的理论"进入到包括改变"生产过程"的实践的批判中，真正超越了意识哲学的内在性。马克思哲学是否超越了近代以来的"主体形而上学"呢？青年马克思思考过人道主义和自然主义统一的问题，他和恩格斯在《德意志意识形态》中也提出过"消灭劳动"的命题。马克思的共产主义理想也真实地包含着人与自然统一、和解的理论设想，而关键的现实性的任务则是无产阶级解放的实践。马克思所说的消灭劳动显然是指改变劳动的社会性质和自然性质，亦即改变私有制条件下劳动的奴役性质，进而改变为满足人类生存需要而不得不劳动的自然强迫性质。马克思设想在生产力高度发展、社会制度根本改变的时候，劳动成为自由人的需要，成为没有社会和自然强制的自由游戏，这就消灭了传统的劳动方式，自然也根本改变了劳动概念。这时候的"生产过程"不再是人对存在的价值化、资源化、对象化，因而也不再是"人的优先性"的"主体形而上学"。只有自由的人才能给自然和存在以自由，自由是人和自然的双重解放。海德格尔所吁求的人扎根于存在，诗意地栖居，以及存在的到场和澄明，只能在"生产过程"的性质根本改变之时才能到来。超越"主体形而上学"的现实道路，只能是缺少诗意的艰难的改变世界的实践。

当代文化矛盾与哲学话语系统的转变[①]

郝 正

随着全球化进程的深入,当代文化发展也呈现出多元文化与一元文化、普世主义与民族主义、文化霸权和文化自主、理想主义和功利主义、大众文化与精英文化的矛盾冲突。这些重大的文化转变,深刻影响着当代哲学主题与话语系统的转变。

一、文化发展的五大矛盾

(一) 多元文化与一元文化的矛盾

传统文化是以民族、国家为核心形成的文化,属于一元文化,如西方的基督教、阿拉伯的伊斯兰教等文化形态,都是一元文化。一元文化追求文化性质、体系的单一性、纯正性和排他性,由此形成并强化了不同文化体系的边界。当然,一元文化体系可能包容着某些多样性,允许一些亚文化与主体文化有所差异,如中国古代的传统文化以儒家文化为主体,但与道家、佛家并存。而这些多样性并非多元性,多样性只是形式的多样化,其精神实质不能与文化主体相违背和对立。

被誉为"人类学之父"的爱德华·泰勒,在1871年出版的《原始文化》一书中,将文化作为一个中心概念提出,并把它定义为:"文化是一

[①] 原载《中国社会科学》2011年第2期。

个复杂的总体,包括知识、信仰、艺术、法律、道德、风俗,以及人类所获得的才能和习惯。"① 很显然,泰勒把文化看成是一个统一的体系。但是,全球化和信息化打破了民族国家界限,全球文化随着全球协同正呈现多元文化的发展趋势。

全球化的后果之一就是大量的外来文化进入本土文化,使许多性质不同的文化从外部嵌入本土文化之中,而且不一定很快与本土文化融合。奈斯比特写道:"在发展中国家的城市中心,国际性青年文化的迹象几乎到处可见。因为我们很热衷于交流食品、音乐和时装。所以在大阪、马德里和西雅图出现了一种新的全球一致的国际生活方式。""这些都是吸引人的消费:喝牛奶咖啡和皮埃尔矿泉水;为公寓房间配备(瑞典)IKEA 公司的家具;吃寿司;穿贝内托公司的混合色彩的服装;开着现代牌汽车,同时听着美国和英国的摇滚乐来到麦克唐纳快餐店。"② 显然,这只是形式上的,更多则是价值观层面的。实际上,这 30 年我们自觉不自觉地逐渐接受了一些外来价值观。比如过去一个时期,我们认为资产阶级人权是资产阶级法权的一个典型表现,是虚伪的,是欺骗人民的,是反对社会主义的。20 世纪 80 年代围绕人道主义发生过激烈的争论,有人只是承认革命的人道主义,即在救死扶伤意义上承认人道主义,认为"以人为本"违反唯物主义原则,是唯心史观的表现。进入 21 世纪,科学发展,以人为本,成为社会的主流价值观,这是一个巨大的意识形态的变化。

(二)"普世主义"和民族主义的矛盾

全球化支撑了所谓的"普世主义",世界主义,抑或全球主义。这些主张尽管名称各不相同,内容也各有侧重,但在一点上是一致的,都强调在当今世界,人类进入全球化时代,信息趋同,经济趋同,生活方式趋同,文化也逐渐趋同,形成了人类基本公认的普遍性的文化原则。人类的普遍性从来都是以具体的历史的人群,如家庭、社区、民族、国家等形式存在,所以,人们都是从自身所处的文化价值角度去理解所谓人类普遍性

---

① [英] 爱德华·泰勒:《原始文化》,连树声译,广西师范大学出版社 2005 年版,第 1 页。
② [美] 约翰·奈斯比特、[美] 帕特里夏·阿伯丹:《2000 年大趋势》,贾冠颜、章玉和、杨晓红译,中国人民大学出版社 1991 年版,第 107 页。

的文化原则。

传统文化大多属于民族主义文化,所有的民族都存在自我文化的中心主义,他们刻意强调自我价值,并认为只有自己的价值观才是合理的,才是对的。以神话为例,中国人相信盘古开天地,女娲抟土造人,认为我们是炎黄子孙,龙的传人。基督教信奉上帝按照自己的样子造了亚当和夏娃。古印度人认为创造之神梵天创造了万物和人类。古希腊人认为普罗米修斯兄弟用土捏出了人,并盗取天火给人类。美国著名历史学家房龙曾说过一句名言:"世界各地差不多所有的人从一开始都用什么名字称呼自己呢?这种例子多得惊人,他们称自己是'上帝的人',或'上帝的选民',更荒谬的是,'属于上帝的人'。"①

福山认为,随着苏东解体,人类进入全球化,传统的历史终结了,从而证明西方的价值观的成功。而亨廷顿正好相反,认为进入 21 世纪后,文明的冲突,尤其是西方价值观和东方价值观的冲突成为主要矛盾。亨廷顿认为:"各文明之间的关系是复杂的、往往显得模棱两可、它们常常会发生变化……冲突也明显地发生在文明的内部,尤其是伊斯兰文明……冷战这种说来相对简单的两极对峙正在为一个多极角逐、多元文明的世界和更加复杂的关系所取代。"② 由此,他认为,20 世纪 90 年代"爆发了全球的认同危机。人们看到,几乎在每一个地方,人们都在问'我们是谁?'、'我们属于哪儿?'以及'谁跟我们不是一伙?'"③ 的问题。亨廷顿之所以对文化的认同问题给予如此高的关注,是因为在他看来,文化认同的差异将成为未来世界文化(文明)冲突的主要根源。与冷战时期国家之间通过意识形态进行联合不同,在新的世界格局中,文化认同是国家之间结盟或对抗的主要因素。因而,在当代世界中,不管是否存在真正的冲突,但目前在现象上看是如此,而是不是文明的冲突则另当别论。

从另一个角度看,传统的殖民主义是以"领土"为核心取向的殖民主

---

① [美] 亨德里克·房龙:《宽容》,迮卫、靳翠微译,三联书店 1985 年版,第 392 页。
② [美] 塞缪尔·亨廷顿:《文明的冲突与世界秩序的重建》,周琪、刘绯、张立平、王圆译,新华出版社 1998 年版,第 129 页。
③ [美] 塞缪尔·亨廷顿:《文明的冲突与世界秩序的重建》,周琪、刘绯、张立平、王圆译,新华出版社 1998 年版,第 129 页。

义。在"二战"以后,其演变成以"经济"为主导的殖民主义。现阶段,这一取向则侧重于"文化",即文化殖民主义。何谓文化殖民主义?文化殖民主义就是西方国家力图通过传播其价值观,使东方的民族、国家接受其价值观,最后实现中西一体化。但是,并不是所有的非西方国家都能接受这一点,由此必然导致所谓"普世主义"与民族主义的矛盾。

(三) 文化霸权与文化自主的矛盾

在现代文化传播与全球化的过程中,谁的文化占优势地位,谁就掌握了文化霸权。因此,文化霸权逐渐取代了政治霸权。美国为什么在现当代掌握世界霸权?这不仅在于它的精良武器,还在于它有能力在全球普及自己的生活方式和价值观。后发展国家不管在政治上多么反美,但在日常生活、教育、文化上都自觉不自觉地受其文化的影响。这一点在美国好莱坞大片中体现得淋漓尽致。好莱坞电影普遍传播美国价值观,它包括几个基本层面:个人主义、英雄主义、世界主义和救世主义。

在这些影片中,美国愿意扮演世界警察的角色,电影的主人公大多是小人物,没有大人物。大人物在电影里几乎都是反面角色,虚伪的政客,变态的领导,官警匪不分,互相勾结。然后一个小警察、一个小记者、一个小医生甚至一个小流浪汉最后拯救世界。这就是美国的价值观,总是幻想拯救世界。以前是从纳粹统治下拯救世界,后来是从克格勃阴谋中拯救世界,现在是从外星人威胁和生化危机中拯救世界。影片的主人公经常是孤军奋战,凭武力、先进的武器、发达的身体,全都是救世主形象。不仅如此,在儿童玩的电子游戏中也渗透着价值观的输出。这样,文化自主就成了很艰难、很尴尬的事情。因为,一方面是以美国为代表的西方文化的强势推行;另一方面却是各民族国家对此的拒斥和对本民族文化振兴的渴望,两者之间的冲突也就在所难免了。由此直接导致的是文化霸权与文化自主的矛盾。

(四) 理想主义和功利主义的对立

所谓理想主义就是以未来为取向,以英雄主义价值观为核心,强调一个人的净化、升华和神圣的文化价值观。英雄主义是一种追求创造、支配外部世界的观念。"英雄"一词,在英文中是"hero",与"男主角"是同义词。英雄主义首先表现为一种在人与自然关系中的主角意识,强调人对自然的征服和支配权。为了获得、实现人对自然的支配权,英雄主义推崇人的创造能力。正如歌德所说,创造使人自由。因此,主角、创造、自信,是英雄主义的三个基本精神。① 中国文化的终极境界是理想主义。它实质上也是一种英雄主义。它强调以人为本,认为人可以参天地之灵气,浩气长存,所谓"天行健,君子以自强不息"《易传·系辞》。② 它极重人事,主张个人通过努力可以成为顶天立地的大丈夫。孟子曰:"居天下之广居,立天下之正位,行天下之大道;得志,与民由之;不得志,独行其道。富贵不能淫,贫贱不能移,威武不能屈,此之谓大丈夫。"《孟子·滕文公》③ 荀子也认为,人"最为天下贵",能够"通天神明,参于天地"。如果人能使"天之所覆,地之所载,不尽其美,致其用",人就能成为主宰天地的"大神"。④ 它提倡一种积极进取,通过个人修养使人能够战胜和支配环境,最终养成浩然之气,至大至刚,塞于天地。所以要当大丈夫,杀身成仁,舍生取义。这都是理想主义。

但是,伴随着传统社会的式微,人类进入了现代乃至后现代社会。后现代社会的特点就在于,理想逐步被消解,社会日常生活化。加之信息化、网络化在整个社会的介入,整个社会最终走向了平面化,神圣的东西被消解了,由之带来的是英雄主义的衰落,即理想主义的衰落。文化是人的活动结果和活动方式,人们做什么、怎样做,决定了他们塑造什么样的文化。今天,人们大多在埋头发展经济,因此,一种令中国人既陌生而又眼花缭乱的功利主义文化便应运而生。这一文化主要表现在两个方面:一是将功利视为社会行为的主要目的;二是把功利作为文化行为表现的价值倾向。

人们往往把功利主义与实用主义等同起来,但实际上二者是有明显区别的。实用主义作为一种哲学,强调的是工具、手段比动机和目的更有重

---

① 参见郗正:《英雄主义还是自然主义———当代社会发展观的冲突与抉择》,载《社会科学战线》1995 年第 4 期。
② 《易传·系辞》,转引自孙振声:《易经入门》,文化艺术出版社 1991 年版,第 33 页。
③ 《孟子·滕文公》,转引自朱熹:《孟子集注》,齐鲁书社 1992 年版,第 80 页。
④ 《荀子·王制》,转引自梁启雄:《荀子简释》,中华书局 1983 年版,第 108 页。

要意义。功利主义（Utilitarianism）的代表人物边沁认为，一个人行为的动机和手段并不重要，行为结果是否符合趋利避害，实现快乐和幸福的最大值，才是最大的善。因此，功利主义往往容易成为社会上的流行价值观。马克斯·韦伯说过："获利的欲望，对盈利、金钱（并且是最大可能数额的金钱）的追求，这本身与资本主义并不相干。这样的欲望存在于并且一直存在于所有的人身上，侍者、车夫、艺术家、妓女、贪官、士兵、贵族、十字军战士、赌徒、乞丐均不例外。可以说，尘世中一切国家、一切时代的所有的人，不管其实现这种欲望的客观可能性如何，全都具有这种欲望。"① 赚钱的欲望人皆有之。但是，人的需要不仅限于满足衣食住行的生存需要，还有满足社会交往和精神生活的发展需要、文化需要。从重农文化到重商文化，从精英文化到大众文化，金钱财富被正名，但并不等于说，时代精神亦应从精神至上转向金钱至上。

诚如马克斯·韦伯所言："对财富的贪欲，根本就不等同于资本主义，更不是资本主义的精神。倒不如说，资本主义更多地是对这种非理性欲望的一种抑制或至少是一种理性的缓解。"② 这表明，韦伯反对崇拜贪欲，并非出自道德谴责，他追求的是如何建立一种既能保持人欲对社会的积极作用，又能把人欲控制在合理范围内的文化精神。这种文化精神体现在人格中，便是一种新教徒式的"天职观"，即"上帝应许的唯一生存方式，不是要人们以苦修的禁欲主义超越世俗道德，而是要人完成个人在现世里所处地位赋予他的责任和义务。这是他的天职。"③ 由此可见，这种文化与拜金主义的区别在于，拜金主义视贪欲的满足为目的，而韦伯的天职观视贪欲的满足为手段，视升华贪欲成为社会创造力为目的；拜金主义放纵贪欲，韦伯的天职观则用理性节制贪欲，寻求使贪欲的宣泄不致伤害个人和社会的最佳表达方式；拜金主义是一种贪欲获得合法性的狂欢，韦伯的天

---

① ［德］马克斯·韦伯：《新教伦理与资本主义精神》，于晓、陈维纲译，三联书店1987年版，第7—8页。
② ［德］马克斯·韦伯：《新教伦理与资本主义精神》，于晓、陈维纲译，三联书店1987年版，第8页。
③ ［德］马克斯·韦伯：《新教伦理与资本主义精神》，于晓、陈维纲译，三联书店1987年版，第59页。

职观则是一种导引贪欲合理化的反省。

韦伯给我们的启示是深刻的。真正属于我们的时代的精神,应该是建立在生存欲望、生活追求合理化基础上的新的精神文化,而不是泛商业社会式的物欲横流。

(五) 大众文化与精英文化的冲突

大众文化是指那些以赢利为目的,以现代传媒为手段,快速流行的文化。大众文化与现代生活方式相联系,借助大众传播手段,它带有浓厚的商业性和高度普及性。

大众文化首先是现代生活方式的产物。现代社会高度工业化、城市化、信息化,具有节奏强、变化快的特点,从而形成一种讲求效率、方便、时髦、变幻的生活方式。人们不喜欢太沉重、太深奥、学院化的文化,越来越注重那种招之即来、挥之即去、时时更新、富有刺激的文化,如时装服饰、流行歌曲、卡拉OK、娱乐大片、旅游文化等。

大众文化也是现代信息传播方式的产物。随着电视、电脑及电子技术的普及和应用,现代技术手段越来越直接影响到文化形式的变革,使之具有一定的技术性,可复制,大批量化和迅速传播,电视文化、电脑文化、电子合成文化应运而生。

大众文化还是商业文化兴起的副产品。商业的特点是市场、商品和服务赢利一体化。商业文化以文化消费者为市场,以文化产品为商品,以满足消费者需要为手段,以赢利为目的。这极大地改变了文化的传统功能,使娱乐大于教化、消遣大于宣传,把文化纳入社会化大生产和社会财富的再创造、再分配体系中。结果使文化追求面向大众(最大数量的消费者),面向通俗性(最大的销售量),面向娱乐的消遣性(最易于接受的形式)。

精英文化则是以传统为基础,以实现理想为目的,只有经过专业训练,才能掌握和传播的文化。它承载传统,与商业价值关系不大。但是在现代社会,我们进入了文化产业化的时代,在这一休闲时代,大众文化占主体。精英文化以什么方式存在?文化究竟是商品还是纯精神产品?这些问题困扰了我们20多年,从20世纪90年代就开始争论这个问题,一直到现在仍然没有弄清楚。所以精神产品和商品的这种两难,普遍存在于文化现象中。

尤其是在当下,专家神话的终结与网络的平面化最终必将促使精英文化面临巨大的挑战。一方面,这体现为精英自身所追求境界的消解。另一方面,则是社会取向所导致的精英"被平民化"。这两个方面纠结在一起,最终使得精英文化有走向衰落的危险,也将大众文化与精英文化的矛盾推向了前台。

二、多重板块的文化构造

(一) 处理好意识形态追求与多重板块结构的矛盾

目前,我们正在努力建设社会主义价值体系,但是我们遇到了当代文化的多元板块结构的矛盾。在这一过程中,究竟以何种文化为基础来建设社会主义核心价值体系,人们存在争议,这一争议在文化层面呈现出四大文化体系的多重板块构造。一是传统文化,核心是儒家思想。二是革命文化,就是五四运动以来,在革命战争年代形成的新文化,其代表体系就是毛泽东思想。三是外来文化,如西方文化的理性主义精神。四是当下文化,由于受来自上述三大文化的不同影响,它呈现出追求与市场经济相适应,力图按市场经济要求调试传统文化和革命文化的务实主义、追求当下物质上的功效与利益的功利主义、受西方文化影响激烈批判传统文化和革命文化的文化虚无主义等多元化的矛盾状态。

我们的日常生活和道德伦理主要受儒家文化的影响,但目前它正在弱化,一方面是由于工业化、全球化和信息化的发展,一方面是由于中国社会生活的结构变迁。举一个社会学的案例,儒家文化的社会基础是家庭和家族。但随着家庭的核心化和独生子女一代的崛起,传统的家族结构将面临瓦解的危险。一旦这一结构和发展的模式衰落,中国文化必将缺乏社会载体,忠孝节义、仁义礼智信就缺乏社会基础。

那么,我们的文化和教育到底是要干什么?理想主义的价值观是培养人。就是古人说的,通过传道、授业、解惑,使人修身齐家治国平天下。毛泽东讲要将人培养成"一个高尚的人,一个纯粹的人,一个有道德的人,一个脱离了低级趣味的人,一个有益于人民的人"①。实际上就是这个意思。但是,在社会主义市场经济条件下,务实主义占了上风。我们必须清晰地认识到,务实主义使我们取得了经济发展的成效,但务实是方式,是手段,不是目的。有善的意义上的务实主义,也有恶的意义上的务实主义,即彻底的功利主义和拜金主义。执政者必须有执政理想,即有给绝大多数人带来利益的理想。不加上理想这个环节,只有盲目的务实,就会发生任意践踏群众利益,产生以牺牲群众利益为取向的权力至上、政绩至上和 GDP 至上的恶的务实主义。在长期执政过程中,中国共产党已经学会了如何带领群众创造财富,但还需学会如何带领群众合理分配和使用财富,需要处理好理想主义的传统文化与务实主义的当代文化之间的关系。

(二) 处理好"公平"和"效率"的理念矛盾

社会主义的核心价值观追求公平优先,力图实现普遍的平等。市场经济则追求效益最大化,追求效率优先。两者结合就是中国特色社会主义的探索,结合就有矛盾,不是天然的吻合。市场经济不会天然推动公平,社会主义理念也不能直接促进效率,所以两者的结合就是一个艺术。为什么有这样的矛盾?因为社会主义的价值追求与市场经济的价值追求彼此之间有适应的一面,也有矛盾的一面。社会主义市场经济,是邓小平同志的创举。虽然是创举,但这并不意味着就不存在问题。文化的矛盾和纠葛是必然的。一方面,主流价值观在主导社会主义文化,另一方面经济生产不断强调市场经济最大化。最大化就有可能不利于公平。因此,公平和效率之争直接体现了社会主义与市场经济的理念分殊。②

要处理好由现有所有制结构带来的社会主义和市场经济的矛盾,就必须对其作深刻的剖析。社会主义和市场经济从本质上讲,既两极相通,又存在着深刻的矛盾。社会主义的基本特征是通过废除私有制实现普遍的平

---

① 《毛泽东选集》第 2 卷,人民出版社 1991 年版,第 660 页。
② 参见《中国模式的社会发展理论思考——访吉林省社会科学院院长邴正》,载《中国社会科学报》2010 年 1 月 28 日。

等,市场经济的基本特征则是通过自由竞争实现效益的最大化。实现效益的最大化的有效途径就是用最小的投入实现最大的产出,由此就导致人力物力向最有效益的群体和区域集中,这最终会导致社会的贫富分化。在现有的所有制结构中,公有制因素扩大,效益就有可能下降;私有制因素扩大,在经济尚未充分发展的条件下,公平就有可能缺失。如何调控二者的平衡,将是对中国特色发展模式的考验。

(三) 处理好文化创新与社会多重跨越的矛盾

当前,我们要在同一时期完成从农业社会到工业社会,从工业社会到信息社会这样多重性的社会跨越,文化也一样,我们要从农业文化转为工业文化,要从工业文化转为信息文化。一方面,中国54%以上的人口是农民,还有20%左右的市民是刚刚离开农村的农民,所以农业文化依旧占据了很大的市场。但另一方面,我们的工业文化、信息文化在城市,尤其是大城市里也已普及。所以,我们要做好文化的创新,就需要实现多重的跨越,需要不断地整合。

我们的社会要和谐,首先要在文化层面整合。文化层面整合,就要重建我们的价值观,就要把中国崛起和民族精神的重建结合起来。仅仅在经济上崛起的民族不是一个真正强大的民族,必须能够为世界文化贡献我们的新文化。美国著名诗人马修·阿诺德说过一句名言:"现代人徘徊在两个世界之间,一个世界已经死亡,另一个世界尚无力诞生。"[①] 我们现在就处于这个转折点,我们正在告别旧的文化,要努力探索创造新的文化。

三、当代哲学主题的文化学转变

(一) 哲学是一个民族的文化自觉的主要形式

古希腊阿波罗神庙有一个著名的神谕:"认识你自己"。所谓现代精

---

① 转引自[美]约翰·杜威:《人的问题》,傅统先、邱椿译,上海人民出版社1986年版,第2页。

神，就是人类的自我批判精神，就是人类自我反省和自我控制的主体精神。马克思主义哲学体现的主体意识，就是这种现代精神。马克思主义哲学的诞生，标志着人类自我意识从自我迷信进入了自我批判、自我反省和自我调控的阶段。研究人与文化之间的矛盾，也必然成为当代哲学与社会学研究的一个重要课题。

也许正因为对这一问题的追索与回答，才有了哲学。当代哲学主题与话语系统应随文化发展的要求而及时转变。哲学应担负起跨越多元文化、整合多元文化、塑造文化理想、引领大众文化的历史任务。这就要求当代中国哲学主题与话语的文化学转向，从文化反思与批判入手，从建构具体的文化理念入手，从文化承传与文化创新入手，探索有助于社会主义理想主义与市场经济务实主义有机结合的新的民族精神。

中国近现代文化经过五四运动转型成了革命文化。但是随着改革开放，在经历现代的市场经济的情况下，革命文化又面临重新整合，这个任务就是摆在我们中华民族面前的一个重要使命。我们的社会今后能否真正实现和谐，与我们建构一个什么样的文化有直接关系。作为一个探索，一个新的理想主义时代是否可能？能不能把现在的功利主义包容到我们新理想主义里面去？我们现在整个学术界就面临上述的文化选择和挑战，我们依然徘徊在理想主义和功利主义之间，这就更需要我们加大文化创新的力度。

（二）民族精神的新发展与当代哲学面对的前沿性问题

探索面向21世纪的民族精神，这一重大问题同时也是马克思主义哲学理论研究的切入点和落脚点。纵观当代中国民族精神的走势，主要面临如下几个方面的前沿问题。

第一，理想主义传统与务实精神的结合问题。中华民族以往曾徘徊在浪漫化的理想主义境界和伦理实用主义的两极对立之间。一方面，中国传统文化追求终极的、完满的道德境界；另一方面，由于普通人在日常生活中很难实现价值观上的道德追求，从而只能在实践中采取普遍的伦理实用主义态度，造成当下的文化出现了极端的功利主义乃至拜金主义倾向，由此必然造成实践上的两难境地。这就要求我们，在推动民族精神发展的时候，应该把理想主义与务实精神很好地结合起来。

第二，集体主义精神与市场经济的个性张扬的辩证结合问题。集体主义既体现了中华民族的优秀文化传统，同时又是有中国特色社会主义的必然要求。由于现阶段我们实行了社会主义市场经济的改革，实行了以公有制为主体、多种所有制经济共同发展的基本经济制度，社会成员相应兼有集体主义与个性自由的双重性质。集体主义传统继续有效地在全球化的当代提高我们的民族凝聚力，在收入差距相对扩大的情况下有力地支撑了社会的安定团结。另一方面，集体主义背景下的个性自由有助于激发劳动积极性和工作活力。

第三，革命英雄主义精神与大众文化、日常生活的结合问题。无论是伦理本位，追求人格完善的传统精神，还是一往无前、前仆后继的革命文化，都具有浓厚的英雄主义色彩，由于大众文化、网络时代的来临，社会生活正迅速日常化，当代英雄的形象也越来越平民化。

第四，全球化背景下的民族个性的拓展问题。全球化的出现，与科学技术的发展、市场经济的扩张、信息网络的形成有着密切关系。传统文化和革命文化的形成过程，是在一个相对封闭和外部敌对势力侵略、包围的氛围下形成的。而今天，全球化的背景将迅速推动民族精神的发展和更新。"海纳百川，有容乃大"，这一传统应该充分发扬。在多元文化的碰撞与融合的过程中，民族个性会更加取长补短，丰富多样。

第五，多元板块互动与文化的统一性问题。我们应该把多元板块之间的互动看成是一个多层次融合的过程。第一个层次是文化共性的沟通与融合。无论是传统文化、革命文化还是外来文化，其中都有一些作为人类普遍性的因素，如人类的共同美德、创造力、凝聚力等，经过一段历史发展的磨合过程，不同文化板块的界限是可以跨越的。发展社会主义文化，必须继承和发扬一切优秀文化，必须充分体现时代精神和创造精神，必须具有世界眼光，增强感召力。中华民族的优秀文化传统，党和人民从五四运动以来形成的革命文化传统，人类社会创造的一切先进文明成果，我们都要积极继承和发扬。

第二个层次是文化个性的相对独立存在与丰富多彩。在不同文化板块的个性中，有些并不互相矛盾，而只是各具特色，各有其发扬光大的领域。如传统文化的家庭美德，革命文化的牺牲奋斗精神，外来文化的科学态度与市场经济的信用意识、效率意识，彼此之间并没有不可兼容、非此即彼的天壤之别。这些个性的相对独立存在，有益于丰富中华民族的民族个性，有益于文化创新。至于第三个层次，才是用现代化和市场经济的要求进行文化改造，剔除那些传统文化中的保守性、陈规陋习，调整仅适应于阶级斗争与战争年代的革命文化中的某些内容，拒斥外来文化中不适合中国国情的因素。

第六，民族精神新发展的核心理念的生成与人格楷模的塑造问题。民族精神的新发展，需要新的系统的核心理念做支持。发展社会主义文化的根本任务，是培养一代又一代有理想、有道德、有文化、有纪律的公民，帮助人们树立正确的世界观、人生观和价值观，坚定对马克思主义的信仰，坚定对社会主义的信念，增强对改革开放现代化建设的信心，增强自立意识、竞争意识、效率意识、民主法制意识和开拓创新精神。这即是中华民族精神及其未来发展的蓝图。为推动和适应民族精神的新发展，当代马克思主义哲学研究理应走在前列。这就要求我们进一步解放思想，实事求是，大胆创新。当代哲学应不断从市场经济的实践、信息社会的发展、全球化的挑战中发现新问题，提出新观念。在当代科技、文化高度发达，社会实践活动中精神因素的作用日益提高的背景下，勇于深入人类精神活动的领域，去探索规律，揭示矛盾，从而加速当代民族精神的创新与提高。

"历史的终结"与历史唯物主义的命运[①]

张 盾

一、引论

1989年,弗朗西斯·福山的《历史的终结及最后之人》在西方学界引起轰动,风靡一时。这本书最著名的核心观点是:20世纪社会主义制度实践的大规模失败,标志着西方自由民主制度是"人类最后一种政治形式"和"人类意识形态发展的终点",并因此标志着"历史的终结"。[②] 这是西方主流哲学为处于困境中的自由民主制度所作的一次最激进也最有力度的辩护,不仅维护其政治基础,而且试图恢复自由主义的绝对话语权。当然,在马克思主义学者和信奉尼采学说的学者心目中,福山也因其维护现代性主流体制的立场而声名狼藉。多年后的今天可以看清,福山具有学术影响力的原因其实在于,他把东西方意识形态的争论变成一个历史理论问题来讨论,从而使历史理论重新成为当代意识形态争论的最大焦点,所引发的争论其实是西方从基督教延续到黑格尔和马克思对历史问题的争论在晚期资本主义时代的一次巨大回响。福山的"历史终结论"是一个鲜明的政治问题,但是作为施特劳斯学派的后学、阿兰·布鲁姆的亲炙弟子,

---

[①] 原载《中国社会科学》2009年第1期。
[②] [美]福山:《历史的终结及最后之人》,黄胜强、许铭原译,中国社会科学出版社2003年版,"代序",第1页。

福山著作的特点却是用复杂的思想史讨论为这个问题建立起一个学术谱系的深度背景，使得我们对这个问题的反思也不得不跟随福山进入这种思想史的考察之中。

现代哲学中的历史意识和历史问题，是现代性要求自我理解和自我确证的产物。在西方，无论古代哲学还是基督教，对历史的意识都极其有限。希腊人没有历史意识，因为希腊人相信自然宇宙的秩序就是历史的秩序，一切事物的运动都是向同一种东西的永恒回归。基督教开始重视历史，但那是一种历史神学：创世、道成肉身、最后的审判和拯救等重大事件，全都不是人的自然的历史事件，而是超历史事件；世俗的历史本身没有重要性。对历史的绝对重要性的信念，对某个历史事件及其历史意义的巨大重视，是现代历史意识的特征。18世纪，对理性和进步的信念以及与旧世界的决裂，对历史意识的生成是决定性的。法国政治革命和英国工业革命对整个文明世界的影响，塑造了一种新概念，即人类生活在一个"历史变革就是一切"的时代里，那些历史变革是人的创造力和理性筹划的结果，历史因此意味着一个以人的努力和进步为内容，而与神意无关的自律的王国。现代历史意识以自然科学的进步为其最大动力，却又反过来彻底改变了人文科学对自然科学的依附关系；亚里士多德的人学是自然科学的一部分，卢梭以后的人文科学则是依赖于全然不同于自然的另一领域的存在。历史研究在19世纪达到鼎盛时期，它赋予人文科学全新的独立目标，即以前所未有的方式把人理解为自由的和道德的个体、历史的创造者，而不是降格为自然科学研究领域的运动物体。洛维特在《世界历史与救赎历史》一书中提出：现代历史意识和历史问题起源于基督教把世界历史看作是救赎历史的末世论信仰。这种救赎历史的关键特征，就是"未来"概念的凸显。

历史事件不能从自身获得意义，只有当它指向自身以外的某个未来的目标时才有意义，历史的终极目标是一种存在于人们期待和希望之中的末世论的未来。这也是基督教和希腊哲学之间的关键不同：希腊人认为一切运动都是向起点的永恒回归，未来无论发生什么都和过去一样，不会带来任何新东西；作为未来而存在的"历史"概念是基督教先知的一个创造，先知的预言成全了历史概念。洛维特最重要的研究结论是,从奥古斯丁到黑格尔和马克思,西方的历史意识是由基督教的末世论主题规定的,"未来"是其焦点和最重要的真理;① 在这个基础上,现代人才能做到不再把人类历史看成向过去的起点永恒回归的循环运动,而是一个指向未来目标的有意义的进程。

由此产生了"历史的终结"这一思想,未来作为历史的终极目标就是历史的终结。当历史作为一个整体而显露其影响时,这乃是就它具有一个确定的出发点和一个最终的终点而言的。而历史有一种终极意义的假定:必须预设历史有一个作为终极目的的终结点,用这个终结点来规定和完成历史进程。"末世"赋予历史进程的就是这个终结点。"末世论"的思想,即对作为"目的"的最后终结的展望这一思想,为历史提供了一个具有不断进步的秩序和意义的图式,同时也能够克服时间性,如果不通过一个历史终点来限制这种时间性,它就会吞噬掉自己的创造物。"末世论的指南针指向作为终极的目标和终点的上帝之国,为我们在时间中指出了方位。"② 但是,世界历史决不直接等于救赎历史,切不可把以进步为中心的现代历史意识穿凿附会地强加于基督教历史神学。把救赎历史与世界历史连接起来,使两者相互兼容,决定性的工作是由黑格尔完成的。黑格尔通过对基督教的世俗化解释,使基督教救赎史对历史终结的期待在世界历史中得到了实现。简单讲,黑格尔认为,基督教教义的核心是上帝与人类的和解,其标志性事件是基督现身,即上帝化身为人。这一事件最终证明的是:人和上帝是同一的,人类在上帝的概念里发现了他自己的本质,这个本质就是"自由",即人的有限性与他所渴望的无限性,在一个特殊的存在个体上臻于统一。黑格尔认为,希腊和罗马均未上升到对人的自由本质的自我意识,基督教对自由的发现是历史的一个转折点,从此以后的全部历史都是这个本质被实现的历史:"世界历史围绕着它旋转。历史向这里

---

① [德] 卡尔·洛维特:《世界历史与救赎历史——历史哲学的神学前提》,李秋零、田薇译,生活·读书·新知三联书店2002年版,第9—10、23—24页。
② [德] 卡尔·洛维特:《世界历史与救赎历史——历史哲学的神学前提》,李秋零、田薇译,生活·读书·新知三联书店2002年版,第24页。

来，又从这里出发。"基督之后的历史才是真正的人的历史。黑格尔最关键的结论是，基督教实现的和解对现代性的发生具有决定性意义，自由和平等这些现代性的基本原则，是基督教第一次让人们知道的，"这些原则是经过基督教而为世俗的王国才获得的"①。

洛维特称黑格尔是最后一位基督教哲学家。②将基督教世俗化，其实是黑格尔给历史研究设置的一个真正起点，也是他为现代性辩护而迈出的关键一步。其后果之一，就是把救赎历史的末世论对历史终结的信仰置于理性主导的世界历史之中。这样，他似乎只能把他自己时代发生的某些最伟大事件理解为世界历史的最后完成。黑格尔说过："历史的最后阶段就是我们的世界、我们的时代。"③这使科耶夫这样的解读者推测，黑格尔认可的历史终结的标志性事件就是《精神现象学》第六章最后部分讨论的法国革命爆发、拿破仑帝国建立以及德国哲学（特别是黑格尔哲学）诞生；也使福山这样的人产生了利用黑格尔为西方自由民主制度辩护的强烈冲动。

二、黑格尔与西方自由民主制度

福山的问题虽然针对20世纪末的重大事件提出，但却把问题回溯至黑格尔乃至更早的基督教。因为他相信，回到黑格尔的历史理论，可以赋予自由民主一个高尚而有说服力的解释，证明自由民主制度是历史的终点。他从黑格尔和马克思共有的一个基本观点出发，即历史不是已发生事件的盲目堆砌，而是一个有意义的和可以理解的整体过程，这个过程从奴隶制和原始农业文明开始，经过各种神权政体、君主专制政体和封建贵族统治，后来上升到自由民主制度和资本主义工业文明。最后得出一个关键

---

① ［德］黑格尔：《历史哲学》，王造时译，上海书店出版社2006年版，第315、330页。
② ［德］卡尔·洛维特：《世界历史与救赎历史——历史哲学的神学前提》，李秋零、田薇译，三联书店2002年版，第128页，并参见第69页。
③ ［德］黑格尔：《历史哲学》，王造时译，上海书店出版社2006年版，第436页。

性理解：黑格尔和马克思都认为历史有一个内在的终极目标，该目标的实现将是历史的终结，黑格尔将这个终结定位于"自由国家"，马克思则将终结定位于共产主义社会。福山自己的定位是，在 20 世纪的最后 25 年，自由民主制度和自由市场经济在全世界取得了决定性胜利，这就是历史的终结。因为，虽然历史的自然过程还会继续，但历史的所有大问题已经完全解决，不再有重大事件发生，构成历史本质的最基本政治形式和精神原则的进步不再可能。①

福山以此为契机重启了 19 世纪巨人们的讨论：什么是推动历史向着一个终极目标前进的动力？他对比了两种基本解释。第一种是现代性耳熟能详的解释：现代科学技术的进步服务于统一的自由市场经济，使财富无限增长，人类欲望无休止释放和满足，最终使所有人都不可逆转地走上一条经济现代化加消费主义的同质化道路。福山称这是"对历史发展的经济学解释"，它既不完整也不令人满意②，因为它不能解释自由民主作为一种历史进步的内在道德基础和人性根据。为此之故，福山提出第二种解释：黑格尔的主人/奴隶辩证法，揭示了不是物质财富，而是追求作为一个人被别人承认的纯粹的激情，才是人性中永恒高贵的部分；这种为获得承认的斗争才是驱动整个历史进步的内在动力。"黑格尔根据美国和法国的民主革命，曾断言历史已经走到尽头，原因在于驱动历史车轮的欲望——为获得承认而斗争——现已在一个实现了普遍和相互承认的社会中得到了满足。没有任何其他人类社会制度能更好地满足这种渴望，因此历史不可能再进步了。"③ 第二种解释优于第一种解释，因为，福山认为由他转述的黑格尔学说提供了理解历史进步之真正道德基础的方法，从而使自由民主制度变得高贵："自由民主在全世界各地的胜利是作为人的人性的发现。"④

---

① ［美］福山：《历史的终结及最后之人》，黄胜强、许铭原译，中国社会科学出版社 2003 年版，"代序"，第 2—4 页。
② ［美］福山：《历史的终结及最后之人》，黄胜强、许铭原译，中国社会科学出版社 2003 年版，"代序"，第 5—6 页。
③ ［美］福山：《历史的终结及最后之人》，黄胜强、许铭原译，中国社会科学出版社 2003 年版，"代序"，第 9 页。
④ ［美］福山：《历史的终结及最后之人》，黄胜强、许铭原译，中国社会科学出版社 2003 年版，第 57—58 页。

这明显是一个被福山过度诠释了的黑格尔历史理论,不能代表黑格尔的本意,但提出的问题对理解黑格尔的思想却很重要。科耶夫说过,世界的未来很大程度取决于人们解释黑格尔的方式。① 福山对黑格尔的解读因为贯穿了思想史而十分复杂,我们只择要讨论两点。第一,福山认为,黑格尔对历史内涵的理解大大高于马克思的理解。他把马克思的唯物史观划入"对历史的经济学解释",指责这其实是现代性世界最习见的思维方式,表明人的理解力已经无可挽救地资产阶级化了。② 他提出,马克思的历史观在现实中受挫——历史终结后出现的允许人们以平等方式生产和消费最大量物品的社会,不是共产主义社会,而是资本主义社会——由此激起的最大问题,不是黑格尔的历史终结预言是否比马克思的预言更准确,而是黑格尔对历史本质的理解是否比马克思更深刻?而他认为,黑格尔对历史的理解深度是马克思的唯物史观所无法比拟的。③ 因为,正是黑格尔发现了人类历史的真正动力不是科技和经济,而是一种非经济的人性力量,"获得承认的激情"。福山说:"如果我们必须触及历史的终结这个问题,我们似乎必须把对历史的讨论放下来,转而讨论人性的问题。"④ 黑格尔依据这个人性观点把社会划分为追求荣誉、甘愿冒生命危险的主人和怕死的奴隶,这比马克思按经济划分阶级的观点更深刻。因为,在柏拉图的《理想国》记录了苏格拉底把人的灵魂分为理性、欲望和激情三个部分的基础上,黑格尔对"承认"的强调解释了激情才是人性中最高的东西,而马克思对经济的强调和洛克一样,只解释了理性和欲望,"黑格尔比洛克或马克思更深邃地看透了人性"⑤

---

① [法]科耶夫:《黑格尔、马克思和基督教》,参见刘小枫选编:《驯服欲望:施特劳斯笔下的色诺芬撰述》,华夏出版社2002年版,第25页。
② [美]福山:《历史的终结及最后之人》,黄胜强、许铭原译,中国社会科学出版社2003年版,第164页。
③ [美]福山:《历史的终结及最后之人》,黄胜强、许铭原译,中国社会科学出版社2003年版,第152页。
④ [美]福山:《历史的终结及最后之人》,黄胜强、许铭原译,中国社会科学出版社2003年版,第157页。
⑤ [美]福山:《历史的终结及最后之人》,黄胜强、许铭原译,中国社会科学出版社2003年版,第235页。

第二，福山认为，黑格尔对人性的发现也使他对自由民主内涵的理解不同于盎格鲁—撒克逊自由主义传统即霍布斯、洛克和美国立国者所发明的理解。霍布斯认为，人最基本的自然权利是自我保存的权利，不顾生命为荣誉而战的态度不是人类自由的起点，恰恰是一切不幸的根源。洛克在自我保存之上为人类自由增加了另一项自然权利——财产权。福山认为，霍布斯和洛克对自由主义的理解是资产者的理解，而资产者代表的利己主义是现代性在道德上最大的失败；黑格尔则把对自由的理解建立在人性中的非利己主义之上，从而看到了霍布斯、洛克没看到的东西——判断人是否自由的关键是看他是否有道德选择能力，即不是只根据是否对自己有利，而是根据人性的更高需要（如尊严和道德）进行选择。为获得别人的承认而甘冒生命危险的这种贵族式的态度，在黑格尔对历史的描述中之所以如此重要，就是因为它证明人超越了自保和自利这些自然本能，因此是一个自由的、真正的人。福山相信，黑格尔证明了人类的自由始于他超出利己主义这一资产者态度，去创造一个新的自我，而"这一自我创造过程的象征性起点就是为纯粹的名誉而拼死战斗。"① 他认为，现代自由民主的成功往往建立在盎格鲁—撒克逊自由主义一直想超越的"非理性的骄傲"和"获得承认的激情"上，比如自由经济中的工作精神"已经不是受到物质诱惑的驱使，而是来自重叠的社会集团的认可"。②

很明显，福山用黑格尔的承认激情理论压制马克思对历史和现实的批判性理解，又用这个理论规避霍布斯和洛克对现代性的奠基，目标就是用黑格尔理论为自由民主社会提供一种高贵的解释。但是他的这一目标不可能达到。因为首先就面临一个内在的困境：想用黑格尔的"承认激情"替代霍布斯、洛克的"自然权利"去解说现代自由民主社会的起源，这是不可能的。为了看清这一点，首先对比这两种理论。（关于马克思稍后再作讨论）霍布斯和洛克的自然权利是他们为现代性建立的真实基础。霍布斯

---

① ［美］福山：《历史的终结及最后之人》，黄胜强、许铭原译，中国社会科学出版社2003年版，第168—170、172页。
② ［美］福山：《历史的终结及最后之人》，黄胜强、许铭原译，中国社会科学出版社2003年版，"代序"，第10—11页。

和洛克不满足于将道德判断建立在纯粹理想主义的主观基础上，相反，自然才是永恒而真实的标准，好人和好社会都有赖于人的自然。霍布斯将自然法确定为公民社会的道德原则，但必须使自然法脱离人的完满性观念，而将其从人类的实际状况中推演出来，由此得出：最强的自然情感是对死亡的恐惧，最大的自然权利是自我保存的权利，这是一切正义和道德的终极根源。具体言之，人之所以进入社会契约和公民社会，是因为生命受到威胁，死亡是破坏契约的自然制裁，公民社会和实在法是从这种制裁中推演出来，并从自然中取得力量的；私利和公共善的冲突也是这样解决的。洛克教诲的核心则是从这种人性的自然中推演出舒适和财产的权利。关键在于，霍布斯和洛克并未从政治生活中排除所谓激情，即对自由的向往，他们都意识到，借助恐惧拔除人类对自由的永恒热爱是不可能的。霍布斯论证的是：自然权利并不是一般的权利，而是自然状态下应该被认可的自由，它假设自我保全在道德上是应受责备的，但却是为环境所谅解的。公民社会和国家的唯一目的就是达成和平和相互保护，从而终结自然状态，把人从这种自然状态中解放出来，并彻底终止人们为自私行为寻找必然性的托辞，造就一种遵守社会契约行事的新环境。霍布斯、洛克乃至卢梭的自然权利理论尽管不同，但在现代公民社会的起源和目的上同出一辙，他们为自然权利提供的论证，都设定了人的自由选择之可能性的先在信念，同时又否定了人有完满理解最佳生活目标的能力，由此出发去为公民社会（即自由民主社会）建立一个真实的基础。①

而在解说公民社会的起源和目标上，黑格尔的"获得承认"学说不及自然权利学说。在最直接的意义上，黑格尔关于主人道德的承认理论并不针对、也不适用于解释现代自由民主社会的历史起源。在《精神现象学》第四章中，黑格尔的承认论题以抽象的形式为正确理解人际关系的社会本质提供了经典模式，即将其理解为在相互依存前提下为追求相互承认而进

---

① 对霍布斯和洛克"自然权利"学说的解读，参见［德］施特劳斯：《自然权利与历史》，彭刚译，生活·读书·新知三联书店2003年版，第5章；及其弟子伯恩斯的论文：《现代性的非理性主义》，刘小枫选编：《驯服欲望：施特劳斯笔下的色诺芬撰述》，华夏出版社2002年版。

行的一场生死斗争。① 这个论题引入了现代政治哲学的核心问题，因而可以引申为各种理论主张：马克思用它来设定阶级政治的基本议程；福山则用它为自由民主提供一个崇高的解释。问题在于，将这个黑格尔理论用在福山的目标上，首先难免的缺点就是苍白的抽象性，其根本不足以让自由民主社会变得崇高。因为，为追求荣誉而冒生命危险这一贵族式的态度没有任何地方与真实的现代性经验相对应；对死亡的畏惧消失，可以使人性崇高，但也使进入现代性世界和接受其规则的内在动机消失了。福山对"追求承认的激情"如何催生了现代性世界的论证非常模糊。此外，更大的缺点是，福山对黑格尔的主人/奴隶辩证法和承认理论使用不当，存在致命误读。他没有看到，在对主人/奴隶辩证法的运用中，黑格尔把现代社会的起源不是归结为主人追求承认的激情，而是恰恰归结为在基督教中出现的作为奴隶道德的绝对自由和普遍平等观念，归结为奴隶重视自己的劳动、通过劳动征服自然和谋求承认的劳动伦理。黑格尔论证了基督教的世俗化就是现代自由民主社会。由此出发，黑格尔对于如何通过契约和法制处理私利与公共善的冲突这一现代社会的核心问题，完全追随了霍布斯、洛克和亚当·斯密：市民社会是"利己的目的（即特殊性）在它的受普遍性制约的实现中建立起的在一切方面相互倚赖的制度"。在这种两极制约中，伦理性的东西消失了，但是每个人的特殊目的通过同他人的关系而取得普遍性的形式，并且在满足他人福利的同时，满足自己。② 正是在这个意义上，施特劳斯认为黑格尔的主人/奴隶辩证法是建立在霍布斯的自然状态理论基础上的。③

总之，福山不能完成他的任务。事实上，读者不难发现，福山这本庆贺西方自由民主最后胜利的书，其根本气质是阴暗的和忧郁的。福山崇拜黑格尔，是因为他在黑格尔描述的贵族鼎盛时期发现了真正人性的、高贵

---

① 详见张盾：《马克思实践哲学视野中的"承认"问题——黑格尔"主人/奴隶辩证法"与马克思政治理论的历史渊源》，载《马克思主义与现实》2007年第1期。
② 参见［德］黑格尔：《法哲学原理》，范扬、张企泰译，商务印书馆1982年版，第182—184页。
③ ［德］施特劳斯：《论僭政：色诺芬〈希耶罗〉义疏》，何地译，华夏出版社2006年版，第208页。

的和自由的事物，他也看到历史已经无情地淘汰了这些属于过去时代的东西；福山怀念这些被驱逐的事物，怀念逝去的激情，在这一点上他彻底吸收了尼采的品位："尼采的著作是对黑格尔的贵族主人及其为纯粹的名誉战斗到死的赞扬，也是对现代性的猛烈抨击，因为现代社会在无意识情况下全面接受了奴隶道德。"①但正因如此，福山无法用黑格尔的教诲来使自由民主社会放射光辉，反而以强有力的笔法论证了，现代性就是用欲望加理性取代激情、用平等意识彻底战胜优越意识、把贵族改造成资产者的一项社会改造工程。"以主人的血腥战斗为起点的历史进程，在某种意义上正在以当代自由民主社会的公民——现代资产阶级以财富而不是光荣为第一追求而终结。"②

三、作为哲学问题的"历史的终结"

福山的历史终结研究因上溯到黑格尔而有力度，他对黑格尔的理解则主要来自科耶夫。福山认为科耶夫是马克思之后最伟大的黑格尔阐释者，认为科耶夫解读黑格尔的最重要结论是，法国革命和拿破仑带来的自由平等社会是一种"普遍的同质的国家"，代表着人类历史达到了一个不可能再进步的终点。但是本文认为，福山误用了黑格尔的历史终结论题，西方自由民主制度不可以在直接意义上理解为历史的终点。福山也误用了科耶夫对黑格尔的阐释，"普遍同质国家"不可等同于现实中的西方自由民主国家。

《精神现象学》是黑格尔建立其历史理论的一部著作，书中前七章从不同角度讨论历史，第八章讨论历史的终结。但是黑格尔从基督教救赎历史接受过来的历史终结观念，并非预设现实人类历史有一个最后的、可用

---

① [美] 福山：《历史的终结及最后之人》，黄胜强、许铭原译，中国社会科学出版社2003年版，第216页。
② [美] 福山：《历史的终结及最后之人》，黄胜强、许铭原译，中国社会科学出版社2003年版，第216页。

经验方式确定的重大目标和重大时刻,而是预设了黑格尔"完成"哲学、达到"绝对知识"的一个本体论前提,这就是全部黑格尔现象学最后的也是影响最大的那个结论:只有在历史完成之时,绝对知识才能产生。在这里,历史的终结是一个纯粹的哲学问题,而非一个历史的自然事件;但理解历史是理解这个哲学问题的前提条件。福山对黑格尔的哲学问题不理解也不感兴趣,他的目标是把历史的终点自然化、实证化。但是,黑格尔理论对于福山的这个目标并无帮助。

黑格尔认为,知识是首要的,人用行动创造世界和历史,是为了把它"放回"知识中进行理解,历史中存在的一切都是为了达到关于存在和历史的完整知识,最后的最完满的知识是一种概念式的理解,这就是哲学,黑格尔称之为"绝对知识"或"科学"。对于黑格尔,绝对知识是历史的最后目标,只有它才是人性的真正现实。通常对此进行的唯心论批判正是人们理解黑格尔的一个失真之处,因为黑格尔的绝对知识是概念与实在的结合,是主客同一的存在整体。

《精神现象学》第八章的标题是"绝对知识",这一章总述全书的问题:绝对知识何以可能?给出的回答是:只有历史终结,绝对知识(即黑格尔哲学)才能产生。但是黑格尔笔法隐微,对这个论点的表述极其晦涩:"精神"发展的最后形态是绝对知识,绝对知识是"精神对自身的概念式知识",以概念作为其"定在形态"的精神称为"科学"。关键是,"关于这个概念的定在,在精神达到对自己的意识之前,科学是不会出现在时间中和现实中的。精神作为知道其所是者,只有在完成了它的工作以后才会存在。"[①]"精神"是黑格尔哲学的核心概念,它并非一般意义的唯心论,黑格尔用这个概念表示世界存在的实体和本质,即"主客合一的存在本身"。重要的是,黑格尔认为,"精神"实现自己的过程就是人类的历史;其最后的完成形态则是一种绝对完美的哲学,即绝对知识。在绝对知识中包含了历史中一切主体和客体的所有可能的规定性,这就意味着,只有在所有这些规定性都在历史过程中实现之后,它们才能被整合到绝对

---

① [德]黑格尔:《精神现象学》下卷,贺麟、王玖兴译,商务印书馆1983年版,第266页。(译文略有改动,参考了姜志辉译《黑格尔导读》第389页的译文)

知识中。

　　黑格尔哲学正是怀着这样的使命感出场的："精神"在它的现实运动中创造世界历史，黑格尔在他的哲学中重演世界历史，也就是"在概念上被理解的历史"。很显然，只有在历史过程终结时，整合历史的完美哲学才能出现。所以黑格尔说："在精神没有自在地完成自己，没有把自己完成为世界精神以前，它是不能作为具有自我意识的精神而达到它的完成的。"① 这个观点锁定了所谓"历史的终结"是与绝对知识的诞生有本质关联的一个哲学的概念事件，而非一个实在历史的自然事件。现实的历史过程不可能终止。这个历史的终结点只能在理论上和概念上被设定，不能在现实的历史事件中去确定，否则就游离了黑格尔的问题本意。

　　历史终结之后的世界什么样？黑格尔的著作对此语焉不详。科耶夫解读的一个最大成就，就是成功地根据黑格尔的本意延伸了他的这一思想，告诉我们：既然历史的终结是一个哲学的概念事件，那就只能根据哲学即绝对知识的结构和需要去构想这个历史终结的涵义。首先，知识要成为绝对的或完全的，就只能是循环的，循环性是使知识的绝对完整性成为可能的唯一路径。科耶夫认为，用循环性来证明和保证绝对知识的绝对真理性是"黑格尔带来的唯一独创成分"，② 因为黑格尔有名言：真理的完成过程是一个圆圈，"精神"的全部辩证运动在其完成阶段重新回到起点。另一方面，绝对知识之所以可能，则是因为历史已终结，历史穷尽地实现了人的本质所要求的全部东西，使世界臻于完美；由此观之，绝对知识本身的循环性的完美真理，其前提条件是，现实本身也是循环的、完美的，因此历史必须终结。历史终结后的完美现实，科耶夫称之为"普遍同质国家"。科耶夫用他自创的这个概念来延伸黑格尔的历史终结论题，目的就

---

① ［德］黑格尔：《精神现象学》下卷，贺麟、王玖兴译，商务印书馆1983年版，第266页。在后来的《法哲学原理》序言中，黑格尔更浅白地重申了这个观点："哲学作为有关世界的思想，要到现实结束其形成过程并完成其自身之后，才会出现。概念所教导的也必然就是历史所呈示的。这就是说，直到现实成熟了，理想的东西才会对实在的东西显现出来，并在把握了这同一个实在世界的实体之后，才把它建成为一个理智王国的形态。"参见该书第13—14页。

② ［法］科耶夫：《黑格尔导读》，姜志辉译，译林出版社2005年版，第340页。

在于使历史终结作为一个概念事件的虚拟性更加明显,同时使绝对知识的循环性成为可以理解的,"普遍同质国家不是别的,它是绝对知识的循环性的实在基础。"① 科耶夫反复讲,所谓"循环性"的关键特征是:不再有新内容出现,不再创造任何新东西,永远与自身保持同一,向自身永恒回归,像希腊人那样看待存在,只有这样才能保证绝对知识的绝对性。"科学必然是循环的,只有循环的科学才是完成的或绝对的科学。"② 这要求,作为历史终结后的永恒完美现实,作为绝对知识的实在基础,所谓"普遍同质国家"的本质特征也是这种自身同一、自身重复的循环性:在这个国家里,所有人的欲望都得到完全的和最后的满足,所有人都得到相互的普遍的承认,不再有劳动和斗争,不再有超越自身的否定性的活动,"在普遍的和同质的国家中,任何东西都不再变化,也不可能再变化。不再有历史,""不创造任何新的东西。"③ 很显然,科耶夫的"普遍同质国家"不同于苏格拉底的理想国家,它不是一个政治生活的理想,而是一个本体论的承诺。科耶夫用它成功地揭示了黑格尔"历史终结"的虚拟性及其理论意义,即只有历史完成了,绝对完美的世界出现了,才能产生绝对知识。所以科耶夫规定,只有能够完成历史并理解这一完成的人才能成为"普遍同质国家"的公民,只有拿破仑和黑格尔是这样的人——拿破仑完成了历史;黑格尔理解这一完成的意义,他撰写了《精神现象学》,实现了绝对知识的循环,并以此标志历史的终结。④ 可见"普遍同质国家"其实是只为拿破仑和黑格尔两个人开放的一个绝对完美的概念世界,只与绝对知识的循环性和完满性有关。这就是科耶夫说的:"普遍同质国家是绝对知识的循环性的实在基础。"

但必须指出科耶夫解读工作中的一个矛盾,即他是在两条不同路径上解释"普遍同质国家"的形成的。一条路径是用绝对知识(即黑格尔哲学)的问世去解释"普遍同质国家"的形成,令其作为绝对知识之绝对完

---

① [法] 科耶夫:《黑格尔导读》,姜志辉译,译林出版社2005年版,第342页。
② [法] 科耶夫:《黑格尔导读》,姜志辉译,译林出版社2005年版,第467—468页。
③ [法] 科耶夫:《黑格尔导读》,姜志辉译,译林出版社2005年版,第461、458页。
④ [法] 科耶夫:《黑格尔导读》,姜志辉译,译林出版社2005年版,第175—176、504—505页。

满性的本体论基础。如我们在上面看到的，这是既符合黑格尔本意，又富于天才创意的一个解读，它揭示出黑格尔的历史终结是一个哲学问题，而非现代性历史的自然事件。与此平行的另一条路径是用承认欲望的满足来解释"普遍同质国家"的形成，其后果是把历史的终结实证化、政治化，即把"普遍同质国家"等同于现代自由民主国家。这正是福山将历史终结问题政治化和意识形态化的滥觞。科耶夫在对《精神现象学》的整本解读中，始终坚持黑格尔用"追求承认的斗争"决定性地解释了世界历史的本质，世界历史就是由主人和奴隶、承认与被承认构成其根本内容的历史；科耶夫还坚持认为黑格尔在《精神现象学》中提出了这样的观点：法国革命和拿破仑战争带来的现代自由国家，使所有人的承认欲望都得到最后的满足，因此标志着历史在我们的时代已经完成，"实现这种'满足'的国家在恐怖（即大革命）中产生，在《精神现象学》作者看来，这种国家就是拿破仑帝国。拿破仑完成了人类历史。"而黑格尔这样理解拿破仑的历史意义："黑格尔听到耶拿战役的炮声，所以他知道历史已经完成。"①科耶夫对黑格尔承认理论这种不当的"过度诠释"，与他对黑格尔历史终结论题的天才的本体论解读如影随形，使整个解读工作陷入深刻的矛盾，其不良后果就是将历史终结问题实证化、政治化，严重背离黑格尔问题的本意。科耶夫晚年为他的《黑格尔导读》第二版所加的著名注解，进一步加深了这一误区："当我观察我周围发生的事情和思考自耶拿战役以来世界上发生的事情时，我理解到，黑格尔在耶拿战役中看到本意上的历史的终结是有理由的。在这个战役中和通过这个战役，人类的先驱者潜在地已经达到了终点和目的，即人的历史发展过程的终结。从此以后发生的事情，不过是罗伯斯庇尔—拿破仑在法国实现的普遍革命力量的延伸。"他甚至举出美国和日本作为历史终结后的"后历史世界"的两个典范国家，前者追求经济财富，后者追求高雅。② 这更强化了把"普遍同质国家"等同于西方自由民主国家的观点。科耶夫始作俑地对黑格尔历史终结的政治化解读，在福山的著作中达到极致。福山接受了科耶夫解读的消极方面，

---

① ［法］科耶夫：《黑格尔导读》，姜志辉译，译林出版社2005年版，第229、202页。
② ［法］科耶夫：《黑格尔导读》，姜志辉译，译林出版社2005年版，第518—519页。

却对科耶夫重新发现的黑格尔最重要的哲学教诲不予理睬。这一教诲认为：无论历史的终结还是"普遍同质国家"，都是黑格尔绝对知识的可能性所必须承诺的本体论前提。福山则认为，科耶夫的重要性就在于帮助我们确认了黑格尔的断言：历史在 1806 年已经终结，法国革命的自由平等原则实现为"普遍同质国家"，即西方自由民主国家，彻底解决了"承认问题"，从而标志着人类政治和意识形态的变化达到了一个不可能再进步的终点。"科耶夫郑重作出的这一论断，应当得到我们高度的重视，因为我们可以把人类历史几千年来的政治问题理解成为解决承认问题而作的努力……如果当代宪政政府能发明一种政体，可使所有人都能获得承认而且还不会出现暴君，那么它肯定是人类最稳定、最长久的政治制度。"①"后历史"的西方民主国家除了带来财富，更重要的是它承认每个人的尊严，保护所有人的权利。② 当然福山没有仅仅满足于此类陈词滥调，如前所述，他很了解自由民主社会的困境，他的著作也因此带有很浓的悲观色彩，甚至正面回应了尼采对现代社会的尖锐批判：生活在历史终点的现代人是一群"末人"，他们放弃对荣誉和一切优越、美好东西的追求，献身于以"舒适的自我保存"为最高目标的经济活动，"他们将重新回归到动物。"福山甚至精辟分析了美国这个典范的自由民主社会如何培育了平庸的"末人"。③ 然而，所有这一切都是手段，正如有人指出的，福山的根本立场是用黑格尔的观点使自由民主社会显得高贵，同时又用尼采的观点使自己的辩护显得高贵。这种根本立场使福山看不出科耶夫最重要的哲学创意，却分享了科耶夫解读中的矛盾和困难。

科耶夫解读的矛盾是：如果历史的终结是指绝对知识、黑格尔哲学的产生，那么"普遍同质国家"的公民就是"哲人"；如果历史的终结是指西方自由民主社会，那么"普遍同质国家"的公民就是尼采的"末人"。

---

① ［美］福山：《历史的终结及最后之人》，黄胜强、许铭原译，中国社会科学出版社 2003 年版，"代序"，第 12—13、74—75 页。
② ［美］福山：《历史的终结及最后之人》，黄胜强、许铭原译，中国社会科学出版社 2003 年版，第 228—230 页。
③ ［美］福山：《历史的终结及最后之人》，黄胜强、许铭原译，中国社会科学出版社 2003 年版，第 352、345—347 页。

这两种观点在科耶夫的书中都有。福山接受后一种观点，施特劳斯却认为，这样的终极国家不值得追求，这种解释本身则是专断的。在其论著和通信中，施特劳斯对科耶夫的"普遍同质国家"提出了深刻而公正的批评。他认为，如果用"承认"的满足去规定"普遍同质国家"，那么这种国家就其不再有高贵和伟大的行为来讲，真正伟大的人性不会在这种终极国家中被满足。"科耶夫事实上肯定了古典的观点：无限技术进步及其伴随物，作为普遍同质国家的不可或缺的条件，正是人性的毁灭。""这一事实恰恰会导向对终极国家的虚无主义式的否定。"① 另一方面，如果用"智慧"而不是"承认"去解释"普遍同质国家"带来的满足，那么这个国家是合法的，其作为历史的终结也是符合黑格尔本意的。但有一点和科耶夫的构想不同，就是只有少数人能够从追求智慧中得到满足，"作为历史目标的所有人的实际满足是不可能的。"施特劳斯告诉我们：古代经典认为，由于人性的弱点，最好的政体及其带来的普遍的满足是不可能的，因此历史不可能有一个完成，所谓历史终点是一个信仰和希望的对象——一个乌托邦。现代人则不满于这一乌托邦，而是要在现实中实现最好的社会和历史的完成，为此他们没有别的办法，只有降低目标和标准，用普遍相互承认带来的满足替代基于德性的真正幸福。② 这就是被福山实证化、政治化的历史终结和普遍同质国家的实质，它背弃了古典的政治理想，同时也背弃了黑格尔的哲学问题。

四、马克思历史唯物主义学说的双重特质

历史的终结，这个从基督教历史神学内在贯穿到现代哲学人类学和历史科学的问题，在马克思唯物主义历史学说中引发激荡和回响，是不可避

---

① ［德］施特劳斯：《论僭政：色诺芬〈希耶罗〉义疏》，何地译，华夏出版社2006年版，第225、266页。
② ［德］施特劳斯：《论僭政：色诺芬〈希耶罗〉义疏》，何地译，华夏出版社2006年版，第227页。

免的。福山宣告，马克思和黑格尔一样，相信人类历史有一个内在的终极目标，该目标的实现将是历史的终点，之后历史将不再发展。其实福山不过是在重申西方学界很盛行的一种观点。比如洛维特在20世纪40年代的论著中就提出，马克思历史感的核心内容是把历史理解为一个社会经济过程，它日益激化为一场世界革命，最终的结局是资本主义的崩溃和无产阶级的彻底解放。洛维特认为，《共产党宣言》在细节上和形式上是一种科学的发现和预言，相信历史由客观规律决定着，在其本质结构和特征上却坚持着一种末世论的福音信仰：资本主义世界的危机就是最终的审判，共产主义则是获得救赎的无产阶级建立起来的尘世天国。"《共产党宣言》所描述的全部历史程序，反映了犹太教—基督教解释历史的普遍图式，即历史是朝向一个有意义的终极目标的、由天意规定的救赎历史。"①

马克思是历史终结论者吗？历史的内在终极目标和最后终结点是马克思对历史的一种根本性理解吗？如果是，这种理解与唯物史观对历史的科学理解是什么关系？只要人们把科学的理解当作马克思对历史的唯一理解，只要人们坚持用科学尺度检视历史终结问题，对上面问题的回答就是否定的。但是我认为，以这种方式回避历史终结问题，回避洛维特乃至福山对马克思历史观提出的问题，将无助于坚持和捍卫马克思主义，反而贬损了马克思主义。

洛维特说，马克思以科学的形式坚持着信仰，坚持着"对人们希望的东西的某种信赖"②。这个说法特别值得重视。这里所谓马克思的"信仰"不可能是本来意义的基督教信仰，却可以在世俗的引申意义上被理解。洛维特把马克思的人类解放与基督教的救赎等同，这是错误的，因为马克思对宗教的彻底批判态度是不可否认的。但这个提法如果作为一个象征性的类比，却可以提示我们去重新认识马克思历史学说固有的双重理论特质和复杂性，即它既包含对现实历史过程及其规律的科学分析，又是对某种最

---

① ［德］卡尔·洛维特：《世界历史与救赎历史——历史哲学的神学前提》，李秋零、田薇译，三联书店2002年版，第53页。
② ［德］卡尔·洛维特：《世界历史与救赎历史——历史哲学的神学前提》，李秋零、田薇译，三联书店2002年版，第53页。

高理想的信仰和坚持,它的一切科学发现和断言都被最高理想的信仰所引导并赋予力量。在象征类比的意义上可以说:"历史唯物主义是国民经济学语言的救赎史。似乎是一种科学发现的东西,从头到尾都充满了一种末世论的信仰,这种信仰在他那里规定着所有具体断言的全部力量和有效范围。"① 就共产主义学说联系着对一个最高历史目标的展望而言,人们有理由把它看成马克思信念中历史的内在终极目标。因为,无论《共产党宣言》中的"自由人联合体",还是《资本论》中"真正的自由王国",②还是《1857—1858年经济学手稿》中人的全面发展基础上的自由个性的第三阶段③,这些预言在其对最高理想的展望上,都强烈暗示着历史过程的完满性和目标的内在终极性,它们已经超出马克思科学分析的一切界限,只能被理解为终极目的。重要的是,它们因此而构成了马克思历史学说中与科学的理解相并行的信仰一面和目的论一面。历史唯物主义由此展示了极复杂的理论景观:马克思在一种完全与科学规律兼容的意义上引入了对历史的目的论理解以及对这个目的的信仰。对于马克思,历史不仅仅是被科学规律决定的客观的"自然史",它同时也是被更高目的引导而通向自由的过程,"全部历史是为了……使'人作为人'的需要成为需要而作准备的历史"④。我们习惯于过分强调唯物史观对历史的科学性理解,忽视其目的论和信仰的一面,但这恰恰是一种抽象的片面的解读,导致把唯物史观看成经济史观和经济决定论,损害了马克思历史地理解的人性内涵、学术品位和思想力量。超越这种抽象的纯粹科学理解,我们可以看到,革命的历史目的论是马克思历史学说的高度理想特征和信仰维度的实现形式,只有当对历史的科学理解和目的论理解结合到一起,才能解释马克思学说经久不衰的思想力量。正如洛维特指出的:仅仅从科学上论证无

---

① [德]卡尔·洛维特:《世界历史与救赎历史——历史哲学的神学前提》,李秋零、田薇译,三联书店2002年版,第53页。
② 马克思:《资本论》第3卷,人民出版社1975年版,第927页。
③ 《马克思恩格斯全集》第30卷,人民出版社1995年版,第107—108页。
④ 马克思:《1844年经济学哲学手稿》,人民出版社2004年版,第90页。

产阶级的解放使命,并通过纯粹事实来激励千百万追随者,这是不可能的。① 另外,这样一种更丰富的理解也把马克思置于一种思想史的深度背景之中,马克思曾经指认古代的目的论观点比现代性观点更崇高,同时也深受黑格尔观点的影响,即历史作为"精神"的更高目标(自由)的实现过程,是合规律性与合目的性相统一的过程,但这个精神不是"无人身的理性",而是无产阶级的阶级意识,这个自由的实现就是以无产阶级解放作为其政治形式的全人类解放。因此,对于马克思是否是历史终结论者,答案既是又不是。这是一种矛盾。这种矛盾正是他学说的丰富和复杂本质。在不同文本中,马克思曾反复论及唯物史观的核心观点:历史是一个有规律的客观过程,因此对历史的研究应该成为一门"科学"。例如,他指出,共产主义不是现实应当与之相适应的理想,而是用实际手段来追求实际目的的最实际的运动。② 他还提出,到现在为止的一切历史只是人类的史前时期,只有从人类超越现代性而进入自由王国起,他们才真正开始创造自己的历史;③ 这意味着人类历史远未完成,甚至尚未开始。这些特定的说法既否定了基督教以信仰为特征的对历史终结的展望,也否定了福山出于意识形态动机对历史终结的宣告。在实证的意义上坚持历史终结并将其强加给马克思,正是福山的错误。然而,历史终结问题仍然与马克思有不可取消的本质关联,对马克思来说,这个本质就在于它牵涉到历史的最高目标,即人类的自由和解放的实现。它揭示了马克思历史学说的信仰和目的论一面。从这种革命的历史目的论出发,可以解释洛维特所谓马克思历史观中科学与信仰的矛盾。

古代的目的论宇宙观认为,世界上的一切都是为了某种先定的目的而存在的,世界因此是一个有统一目标的有意义的整体。马克思对历史最高目标的展望则是一种革命的目的论(它与马克思对历史的科学理解相辅相成),它首先是马克思批判资本主义的政治问题的产物,其次是马克思理

---

① [德] 卡尔·洛维特:《世界历史与救赎历史——历史哲学的神学前提》,李秋零、田薇译,三联书店2002年版,第53页。
② 《德意志意识形态》(节选本),人民出版社2003年版,第31、91页。
③ 《马克思恩格斯选集》第2卷,人民出版社1995年版,第33页;第3卷,第758页。

解历史的辩证方法的产物。这两者都和黑格尔有关。

第一,福山认为,马克思的历史终结问题是从黑格尔继承来的。这是对的。但是如前所述,福山没有看出,黑格尔的历史终结是一个哲学的本体论问题,而不是一个自然的历史事件。福山更没有看到,历史终结问题到马克思这里从哲学问题变成政治问题,是马克思超越黑格尔哲学的一个重要结果。19世纪40年代,马克思对黑格尔进行的激烈批判不是单纯的哲学观点的改变,而是为了把历史理论变成政治问题的场所。就历史终结问题来看,马克思曾详细评述过黑格尔《精神现象学》的相关论点:"黑格尔在'现象学'中用自我意识来代替人,因此最纷繁复杂的人类现实在这里只是自我意识的特定的形式……'现象学'最后完全合乎逻辑地用'绝对知识'来代替全部人类现实……全部'现象学'的目的就是要证明自我意识是唯一的、无所不包的实在。"① 这就是黑格尔对历史的完成,黑格尔为这个完成规定了纯哲学的形式,"因此历史也就变成了单纯的哲学史"。② 马克思指出他与黑格尔的最大分歧在于:对黑格尔来说,"问题完全不在于现实的利益,甚至不在于政治的利益,而在于纯粹的思想。"而对他来说,"全部问题都在于使现存世界革命化,实际地反对并改变现存的事物。"③ 因此,马克思对历史终极目标的态度,既不同于基督教末世论信仰的预言和等待,也不同于黑格尔哲学的本体论承诺,而是当作一个非常现实而有限的政治问题来讨论的,对如此完美的一种终极状态的构想直接联系着对现存社会体制的批判和否定,对它的信仰和预言完全基于科学发现的结论:资本主义已经为实现这个终极目标准备好了一切条件,这就是大工业和无产阶级。在西方学者认为最接近马克思历史终结论的著名的"人的关系的三个阶段"论题中,对作为终极目标的第三阶段的描述是:"建立在个人全面发展和他们共同的、社会的生产能力成为从属于他们的社会财富这一基础上的自由个性。"④ 这样一个目标不是信仰的和等待的,

---

① 《马克思恩格斯全集》第 2 卷,人民出版社 1957 年版,第 244—245 页。
② 《马克思恩格斯全集》第 3 卷,人民出版社 1960 年版,第 131 页。
③ 《德意志意识形态》(节选本),人民出版社 2003 年版,第 38、19 页。
④ 《马克思恩格斯全集》第 30 卷,人民出版社 1972 年版,第 107—108 页。

但却是希望的和目的论的;不是实证化和自然化的,但却是政治的和科学的。从马克思的论述来看,人类的历史发展不可能有比个人全面发展基础上的自由个性更高的理想了,它具有最高的完满性和启示性,但它却是作为最紧迫的现实政治问题来提出的,即资本主义把对人的自由个性的压迫发展到极致,从而使反抗这种压迫成为最现实的任务。所以他在别的地方也说:我们所称为共产主义的,是那种消灭现存状况的现实的运动。

第二,马克思共产主义学说的这种高度理想性、完满性与现实性、政治性之间的张力,无法从希望的信仰或客观化的科学任何一个单独方面得到完美解释。换一种思路,马克思的共产主义作为历史的终极目标,与其说是一个预言和展望的目标,不如说是一种辩证的历史思维方式的产物,它来自黑格尔辩证法对马克思的影响,而黑格尔辩证法的源头则再次上溯到基督教的末世论。按照学者托匹茨的研究,基督教关于初始状态、有罪堕落和最终救赎的三阶段图式,最早引发了对世俗历史过程的一种理解,即世俗历史也是按发生、堕落和复归的图式进行的,一切负面的或恶的东西最终都将在历史过程中被克服。而这正是黑格尔所阐述的"概念辩证运动"的原型,这种概念运动由"否定性因素的力量"即对不完善状态的批判和克服来决定其核心问题。托匹茨认为,辩证法实质上是一种以末世论为基础的历史逻辑,它的以"否定性因素的力量"为核心的三段式,构成了黑格尔、马克思学说之间"体系结构上非同寻常的相似性"。①

托匹茨的研究至少提醒我们,马克思对资本主义的政治批判,充分借助了黑格尔的伟大遗产"否定辩证法",而把历史设计成人的本质发展的三段式过程:从前现代人的简单本质表现开始,资本主义是本质异化的否定阶段,它作为负面的恶的东西终将被克服;最后的结果,即人的本质的复归,被理解为历史的一次完成。由此观之,所谓历史的内在终极目标其实是马克思批判方法和批判理论本身的必然产物,就概念的理论性质而言,它是引导马克思全部批判工作的最高理念。从福山的思路来看,他没有理解黑格尔和马克思历史理论的这种辩证法基础,只是把黑格尔和马克

---

① [德]托匹茨:《马克思主义与灵知》,参见刘小枫编:《灵知主义与现代性》,华东师范大学出版社2005年版,第108—109、115页。

思的历史终结问题直接实证化：黑格尔和马克思都曾相信，人类历史的发展是有终点的，黑格尔将"终结"定位于自由国家，马克思则把它定位于共产主义社会。福山的实证化尽管出于明确的意识形态动机，但他并不理解马克思历史终结作为政治问题所蕴含的政治与信仰、科学性与目的论之间的矛盾张力。所以如前所述，他把马克思的历史唯物主义划归"对历史的经济学解释"，并断言黑格尔的历史理解大大高于马克思的理解，因为黑格尔用"为承认而斗争"来解说历史走向终结的内在动力，从而发现了历史进步的人性根据和道德基础，而马克思的经济学解释却落入了现代性的资产阶级意识形态。福山以这种方式压制马克思对西方自由民主制度的批判。而我们看到，把唯物史观当作经济史观和生产主义，进而当作资产阶级意识形态来批判，也是后现代思潮中反复出现的一个主题。更有西方学者认为，马克思的共产主义未来人和西方自由民主社会的"后历史的"公民没有差别，都是尼采所说的"末人"，是人的极端堕落状态。他们在历史终结之后存在，共产主义的经济性质意味着他们是一群"有好吃好喝好居所而无理想无激情"的经济动物。① 不消说，这是对马克思论域中的"历史终结问题"的极端曲解。众所周知，被视为马克思历史终结观点范本的《1857—1858年经济学手稿》中"人的关系的三阶段"命题，其聚焦点甚至不是未来社会形态，而正是人性和人的本质发展的全面性，这是特别意味深长的。《1844年经济学哲学手稿》中的共产主义概念被认为具有最高的启示性和完满性：它是人的自我异化的积极扬弃，是对人的本质的真正的全面的占有，是人与自然界之间、人与人之间矛盾的真正解决。② 很难理解马克思这一概念与尼采的"末人"是如何画等号的。马克思在《德意志意识形态》中确实说过共产主义"具有经济的性质"、需要"经济前提"，③ 但经济、生产力和财富的一定发展只是作为人的全面发展的必要条件；更重要的是，马克思的经济和财富概念因为始终联系着对历史终

---

① 参见贺照田主编：《西方现代性的曲折和展开》，吉林人民出版社2002年版，第127、100页。
② 马克思：《1844年经济学哲学手稿》，人民出版社2004年版，第81页。
③ 《德意志意识形态》（节选本），人民出版社2003年版，第66、100页。

极目标的展望和视野,因而不是功利主义的和现代性的,而是目的论的和古典的。他认为在经济和财富问题上,古代的观点比现代性世界要崇高得多:"如果抛掉狭隘的资产阶级形式,那么,财富不就是在普遍交换中产生的个人的需要、才能、享用、生产力等等的普遍性吗?……财富不就是人的创造天赋的绝对发挥吗?"①最后要指出,在历史终结问题上,福山的"政治化"和马克思的"政治问题"之间的区别是特别值得注意的:福山以实证主义态度直接指认资本主义全球化的现实是人类历史的最后终结点,马克思则借助黑格尔辩证法把这个制度现实当作历史的负面的和恶的阶段、否定和批判的对象,对它的否定指引着一个更高的目的。福山对历史终结的欢呼明显喻示着马克思主义理论与实践的终结,但是,在福山为这个问题限定的思想史学术框架中,正是马克思更好地诠释了所谓历史终结的真正意义。因为,所谓历史的终结是赋予历史以意义的那个东西,但它因此恰恰是不确定的东西。这个由基督教发明的问题对后世(包括马克思在内)理解历史产生了决定性的影响。这是为什么?洛维特认为,提出不能用经验的方式来回答的问题,是神学和哲学的特权,关于最初事物和最终事物的问题就属于此列。它们之所以保持其价值,恰恰因为没有任何答案能使它们归于沉寂。②确实如此。我们跟随黑格尔和马克思追问历史的内在终极目标,其实这是由基督教神学最先提出的一个没有边际的问题,它吸引我们,但超出一切理性的认知能力,只能靠希望和信仰来回答。基督教认为,只有上帝和先知能预言未来,但正因如此,预言的实现不是一个历史的自然事件,而是一种无条件信仰的希望,其理由不可能建立在事实与合理性的基础上,也不会由于事实和合理性而成问题。"希望在本质上是信赖的、耐心的和充满了爱的。因此,它既把人从一种贪婪的思维中解放出来,也把人从一种不再期待任何东西的听天由命态度中解放出来。"③

---

① 《马克思恩格斯全集》第 30 卷,人民出版社 1974 年版,第 479—480 页。
② [德] 卡尔·洛维特:《世界历史与救赎历史——历史哲学的神学前提》,李秋零、田薇译,三联书店 2002 年版,第 7 页。
③ [德] 卡尔·洛维特:《世界历史与救赎历史——历史哲学的神学前提》,李秋零、田薇译,三联书店 2002 年版,第 245—246 页。

从这种思想史的学术谱系视角，再结合 20 世纪世界范围的无产阶级斗争失利、全球资本主义时代到来的现实，我们可以更深刻地理解马克思历史理论中的内在终极目标问题的意义。与福山为西方现行体制的现实作辩护相比，马克思是以科学的和政治的批判形式坚持着对一个更高目标的希望与信仰，这个目标正是对现实的否定和超越。这就是为什么德里达在回应福山以"历史的终结"宣告马克思主义的终结时会提出："不能没有马克思，没有马克思，没有对马克思的记忆，没有马克思的遗产，也就没有未来。"[①] 德里达提醒人们："不是在历史终结的狂欢中欢呼自由民主制和资本主义市场的来临，不是庆祝'意识形态的终结'和宏大的解放话语的终结，而是让我们永远不要无视这一明显的、肉眼可见的事实的存在，它已经构成了不可胜数的特殊的苦难现场：任何一点儿的进步都不允许我们无视在地球上有如此之多的男人、女人和孩子在受奴役、挨饿和被灭绝。"[②] 他所依据的正是马克思的遗产。这个遗产是双重的：一方面，马克思以科学的分析指明了资本主义的优点和缺点，优点是基于其现实可操作性的体制上的强势，缺点是对人的本质的压抑和异化；另一方面，马克思又以历史目的论的理论方式指明，对资本主义现实的否定和超越通向一个希望和信仰的更高目标。由此可以提出，对历史唯物主义的研究有必要澄清其双重理论性质及其前提，避免片面化理解，从而更有效地开启其当代性，并回应现代西方思潮的冲击和挑战。

---

① ［法］雅克·德里达：《马克思的幽灵——债务国家、哀悼活动和新国际》，何一译，中国人民大学出版社 1999 年版，第 21 页。
② ［法］雅克·德里达：《马克思的幽灵——债务国家、哀悼活动和新国际》，何一译，中国人民大学出版社 1999 年版，第 120 页。

什么是"历史唯物主义"①
——从马克思的几个比喻谈起

韩志伟

历史唯物主义是彻底的历史意识和彻底的唯物观点相统一的新世界观,这种新世界观直面我们生活于其中的无法理解的现代社会,成为我们批判这一社会的有力的方法论武器。这里,我们从马克思的几个生动比喻说起,进一步理解和把握"历史唯物主义"这一新世界观和新方法论。

一、"普照的光"

马克思曾指出:"在一切社会形式中都有一种一定的生产决定其他一切生产的地位和影响,因而它的关系也决定其他一切关系的地位和影响。这是一种普照的光,它掩盖了一切其他色彩,改变着它们的特点。这是一种特殊的以太,它决定着它里面显露出来的一切存在的比重。"② 这里说的"普照的光"就是资本。在资产阶级社会中,资本的生产决定其他一切生产的地位和影响,因而资本的关系也决定其他一切关系的地位和影响。这种"普照的光"不是那种脱离人的现实物质生产的抽象的"理性之光",而是源于人的现实物质生产的具体的"历史之光"。在马克思看来,"我们的时代,资产阶级的时代"就沐浴在这种"普照的光"下。

首先,"我们的时代"是一个现代世界。在现代世界,由于资本对财

---

① 原载《长白学刊》2013年第4期。
② 《马克思恩格斯文集》第8卷,人民出版社2009年版,第31页。

富永无止境的追求，人与生产的关系发生了彻底的颠倒。生产不再围绕着人旋转，人必须围绕着生产旋转。生产表现为人的目的，财富表现为生产的目的。人类社会进入了一个新的生产时代。"生产的不断变革，一切社会状况不停的动荡，永远的不安定和变动，这就是资产阶级时代不同于过去一切时代的地方。"① 在这个"永远的不安定和变动"的现代世界图景中，"一切等级的和固定的东西都烟消云散了，一切神圣的东西都被亵渎了。人们终于不得不用冷静的眼光来看他们的生活地位、他们的相互关系"②。整个资产阶级社会生产过程成了人不可能两次踏入的同一条河流，它把每个毫不相干的孤立的个人以物的社会关系全面地联系起来。但是，在马克思看来，仅仅从孤立的个人出发来看待这种生产的历史过程是不行的，这种看法是"18世纪缺乏想象力的虚构"，没有看到"人只是在历史的过程中才孤立化的"。③ 设想孤立的一个人在社会之外生产是不可思议的，因为人只能在社会中进行生产。但是，这种虚构的历史进步性和局限性都有其自身存在的历史根据。18世纪，一个自由竞争的现代社会初露端倪，"普照的光"出现在地平线上。18世纪的思想家们认识到孤立的个人是封建社会形式解体的产物，并预言了一个新时代的到来。但是，他们还不能把孤立的个人看作是历史的结果，只能看作是历史的起点，因为对他们而言这个新的时代刚刚开始。因此，马克思认为，这种"18世纪缺乏想象力的虚构"是"16世纪以来新兴生产力的产物"。马克思作为19世纪的思想家，不再局限于"18世纪缺乏想象力的虚构"，开始展现出"世界历史性的视域"，那是因为"普照的光"已经如日中天，一个新的生产时代已经大白于天下，历史向世界历史的转变已经成为事实。

资产阶级"首次开创了世界历史，因为它使每个文明国家以及这些国家中的每一个人的需要的满足都依赖于整个世界，因为它消灭了各国以往自然形成的闭关自守的状态"④。资本家无非是资本的人格化的代表，履行

---

① 《马克思恩格斯选集》第1卷，人民出版社1995年版，第275页。
② 《马克思恩格斯选集》第1卷，人民出版社1995年版，第275页。
③ 《马克思恩格斯文集》第8卷，人民出版社2009年版，第147页。
④ 《马克思恩格斯选集》第1卷，人民出版社1995年版，第114页。

的无非是资本的固有使命,即无限地创造剩余价值。为此,资本必须不停地运动到世界的每个角落,这就像"光"一旦照射出来,必然遍布大地,洒向人间。马克思把资本比喻为"普照的光",就是告诉我们,资本就是运动,就是一种世界历史性的运动。资产阶级生产方式第一次脱离了它在欧洲的特定历史起源,标志着表现为真正全球性的物质生活的生产方式及全球化时代的到来。理解和把握这样一个时代,无疑需要世界历史的视阈。但这并不是说,我们是通过最终进入全球化的时代而获得这种视阈的。情况正相反,我们为了能在已经经验到人的世界历史性的存在中不断地进入全球化的时代,必须具有这种世界历史的视阈。这是一种超越我们却又与我们共同存在的大视野;正是在这种大视野中,马克思把握了"我们的时代"精神——永远的不满足,永远的不安定,永远的不封闭。同时,也正是在这种大视野中,我们看到:在黑格尔之后,"普照的太阳"落山了,在马克思这里,"普照的光"升起了。但是,二者的区别很大:在"普照的太阳"中,一切都消融于"绝对精神",历史与其融合了;而在"普照的光"中,一个庞大的"机械怪物"矗立在我们眼前,它与历史相遇了。

二、"机械怪物"

马克思曾这样生动地描绘机器大工业的图景:"在这里,代替单个机器的是一个庞大的机械怪物,它的躯体充满了整座整座的厂房,它的魔力先是由它的庞大肢体庄重而有节奏的运动掩盖着,然后在它的无数真正工作器官的疯狂的旋转中进发出来。"① 显然,这个庞大的"机械怪物"就是机器大工业社会。我们应如何理解这个社会?这是摆在历史唯物主义面前的现实问题。

对历史唯物主义而言,要理解这个庞大的"机械怪物",首先要理解

---

① 马克思:《资本论》第 1 卷,人民出版社 2004 年版,第 438 页。

其内在的本质,把机器和工具区分开。马克思认为,仅从动力来源把二者区分开是不正确的,认为工具的动力来自人手,机器由自然力推动,这种区分抛开了机器发展史,仅仅是从力学的意义上进行区分,根本没有看到二者的区分实际上是经济学意义上的区分。马克思的经济学就是历史学,就是历史唯物主义的政治经济学。只有从这个角度出发,才能把握二者区分的本质,认识其中所包含的历史要素。如果我们只是在力学的意义上区分二者,则无法把握机器的内在本质,看不到机器固有的历史要素。

因此,要揭示机器的内在本质,就必须关注从运用工具生产到应用机器生产的历史转折点。马克思认为,机器发展史的第一个历史转折点就是工具机的变革,它"是18世纪工业革命的起点"①。应用工具机进行的生产已经不是工具生产了,而是机器生产,哪怕这时的工具机构造还非常简单,还不是机器大工业时期的发达机器形态,可能还是手工业时期的简单的机器形式,比如"脚踏式纺纱机";但是,在这个工具机身上,我们看到的是一种新的生产方式的变革,一个哪怕是简单的机构开始代替一个使用工具的工人了,这个机构就是"机器"。"即使人本身仍然是原动力,机器和工具之间的区别也是一目了然的。"② 因此,工具机的变革不仅是生产工艺的变革,而且是资本主义生产方式的变革,整个18世纪的工业革命正是在这种双重的历史意义上展开的。工具机的革命,必然带来机器的动力机构和传动机构的革命,这既是生产工艺进一步变革的客观要求,也是资本主义生产方式进一步变革的必然趋势。在整个机器大工业的发展进程中,自然科学等方面的因素直接参与进来,持续推动着庞大的"机械怪物"的形成。

至此,这些庞大的"机械怪物"的发明此起彼伏,不仅引起了资本主义生产方式的变革,还引起了工人生活方式的改变。随着机器大工业社会的发展,工人最终成了机械的人,成了机器生产的一个器官。同时,由于不断采用先进的机器生产,劳动变得越来越简单了,不仅成年男子,而且妇女和儿童也都一并成为了机械的人。随着机器大工业社会的变动,工人

---

① 马克思:《资本论》第1卷,人民出版社2004年版,第429页。
② 马克思:《资本论》第1卷,人民出版社2004年版,第430页。

最终成了多余的人，大量的过剩人口开始出现。机器生产不断地更新换代，它在不断地抛出工人的同时，又在不断地吸收工人，工人生活经常波动，成为产业后备军所特有的现象。最后，随着机器大工业社会的到来，工人成了过时的人，无法再面向未来。因为在这些庞大的"机械怪物"面前，过去的死劳动完全统治了现在的活劳动，即在机器这样一个过去的死劳动面前，工人这样一个现在的活劳动永远都是过时的。人不再是一个面向未来的人，永远是一个面向过去的人。这不仅是资本主义生产关系上的社会真实，而且是资本主义生产过程中的"工艺上的真实"。机器本来是人创造出来的，现在反过来人却成了机器面前的古董。也就是说，机器本身的自我生产不断地使人成为古董，变得过时。"因此，在资产阶级社会里是过去支配现在，在共产主义社会里是现在支配过去。"① 为了实现共产主义，马克思不仅要在历史中理解这个矗立在我们面前的庞大的"机械怪物"，而且他还要通过对资产阶级社会作"人体解剖"式的更为深入的工作，建立起彻底的历史科学。

三、"人体解剖"

马克思明确指出："人体解剖对于猴体解剖是一把钥匙。"② 这里的人体就是资产阶级社会，即资本处于支配地位的社会形式或机器大工业统治的社会形式；而猴体就是前资产阶级社会的各种社会形式。在此，马克思是从现在看过去，而不是从过去看现在的。在这一点上，马克思与历史主义的思维态度是不同的，后者力图按照过去历史时代的标准来把握过去历史时代，反对按照现代社会标准来把握过去历史时代。在历史唯物主义看来，这种历史思维是不彻底的，它只看到了我们所认识的对象是历史性的，而没有彻底认识到我们自身的存在也是历史性的。当我们去理解前资产阶级社会的各种形式的时候，我们是带着关于自身所处的资产阶级社会

---

① 《马克思恩格斯选集》第 1 卷，人民出版社 1995 年版，第 287 页。
② 《马克思恩格斯文集》第 8 卷，人民出版社 2009 年版，第 29 页。

形式的先行理解去理解的。由于我们是有限的历史性存在,因此无法摆脱自身所处的历史性情境。但是,如何认识自身所处的这种历史情境,即如何进行"人体解剖"呢?显然,我们无法站在这个情境的对面,对其加以完全"中立性"的客观认识,因为我们总是发现自己已经身处其中了。因此,这里所谓的"人体解剖"不是我们所面对的与我们漠不相关的"尸体解剖",而是我们总是已经身处其中的富有生命力的"活体解剖"。这种"人体解剖"无非是人体的自我解剖,资产阶级社会的自我批判。在这个意义上,马克思强调指出:"资产阶级经济学只有在资产阶级社会的自我批判已经开始时,才能理解封建的、古代的和东方的经济。"① 更重要的是我们还要认识到,资产阶级社会的自我批判是一项根本无法彻底完成的历史任务,只要我们仍然生活在资产阶级社会的各种变形的社会形式之中,想要最终阐明这种社会形式就是不可能的。这种不可完成性不是源于我们缺乏反思,而是源于我们自身作为历史存在的本质。我们正因为是有限的历史性存在,所以才会无限地进行自我批判。因此,不能把马克思的"人体解剖"看作是对现代社会的彻底的自我批判的完成,恰恰应看作是对现代社会的不断的自我批判的开始。

随着资产阶级社会自我批判的展开,"我们看到,工业的历史和工业的已经生成的对象性的存在,是一本打开了的关于人的本质力量的书,是感性地摆在我们面前的人的心理学"②。现在的问题是:这里的"心理学"到底是人的科学,还是自然科学,或者两者都不是,而是一门别的什么科学?显然,"人体解剖"与这里的"心理学"密不可分,对后者的理解甚至直接关乎前者的成败。"如果心理学还没有打开这本书即历史的这个恰恰最容易感知的、最容易理解的部分,那么这种心理学就不能成为内容确实丰富的和真正的科学。"③ 而最终依据"内容确实丰富的和真正的科学"的"人体解剖"又从何谈起呢?在马克思看来,这里的"心理学"只能是一门关于历史本身的科学。但是,这种历史学不同于历史主义的历史

---

① 《马克思恩格斯文集》第8卷,人民出版社2009年版,第30页。
② 马克思:《1844年经济学哲学手稿》,人民出版社2000年版,第88页。
③ 马克思:《1844年经济学哲学手稿》,人民出版社2000年版,第89页。

学，后者总是把历史科学与自然科学对立起来，总是努力寻求不同于自然科学的历史科学的方法论基础，从根本上忽略了人的现实生活的物质基础，即"工业的历史和工业的已经生成的对象性的存在"。在这个意义上，马克思的历史科学是唯物主义的历史科学，历史科学彻底地建立在现实生活的物质基础之上。现代机器大工业已经成了人的生活的基础，"说生活还有别的什么基础，科学还有别的什么基础——这根本就是谎言"①。无视这种人的生活的基础的历史科学，只能高傲地撇开"人的劳动"这一巨大部分，感觉不到自身的不足，最终陷入历史唯心主义的窠臼。反之，唯物主义的历史科学不再简单地从外在的有用性方面去理解工业的历史，而是深入地从内在的历史性方面来把握工业的历史，"历史的这个恰恰最容易感知、最容易理解的部分"被打开了，"心理学"成了"历史学"。工业不再是仅仅满足人类一般需要的抽象的物质活动，而是人的本质力量的公开的历史展示，"工业是自然界对人，因而也是自然科学对人的现实的历史关系"②。在这种历史关系中，人与自然的外在对立不复存在，自然界的人的本质，或者人的自然的本质，已经变得一目了然；同时，人的科学与自然科学也不再存在于外在的对立之中，"自然科学往后将包括关于人的科学，正像关于人的科学包括自然科学一样：这将是一门科学"③。这门科学就是历史唯物主义。

  资产阶级社会的自我批判并不是从马克思开始的，至少我们可以追溯到卢梭那里。甚至与马克思同时代的资产阶级经济学家们也在批判资产阶级社会，他们的政治经济学著作直接成为马克思政治经济学批判的对象。马克思与资产阶级经济学家们的主要区别是：在总体上，二者对于资产阶级社会的定位是不同的。马克思认为，资产阶级社会不是有待进一步发展的完美的社会形式，而是已经完成了的历史的社会形式。对于这种已经完成了的历史结果，我们不能抽象地理解和把握。资产阶级社会的自我调节和自我发展的客观事实是不容否认的，直到今天我们还能亲身感受到。但

---

① 马克思：《1844年经济学哲学手稿》，人民出版社2000年版，第89页。
② 马克思：《1844年经济学哲学手稿》，人民出版社2000年版，第89页。
③ 马克思：《1844年经济学哲学手稿》，人民出版社2000年版，第90页。

是，马克思认为，资产阶级社会仅仅是人类社会历史发展中的一个历史性的生活形式，并不是一个永恒性的自然形式。资产阶级经济学家们从一开始就把资产阶级社会看作"社会生产的永恒的自然形式"；把这种社会形式不是看作一种已经完成了的历史结果，而是看作一种有待发展的历史起点。在这个意义上，他们认为，"封建制度是人为的，资产阶级制度是自然的"①。这种"关于物的依赖关系的永恒性的信念"，恰恰是这种历史性的资产阶级社会的生产方式的产物。这些抽象或观念在理论上使人们放弃了对资本主义生产方式的历史性把握，从而使其理论发展为资产阶级的社会科学方法；在实践上，使"统治阶级自然会千方百计地来加强、扶植和灌输"②，因为这些抽象或观念也是由资产阶级的阶级状况和阶级利益产生的。甚至那些"把推翻这种观念统治同创造自由个性看作一回事"的人也仍然受抽象的统治，这种做法本身就充分表明了持有这种想法的哲学家们现在仍受抽象的统治。因此，马克思认为，只有通过这种已经完成了的社会形式的自我批判，才能透视一切以往已经覆灭的社会形式的结构和生产关系，才能实现那种消灭现存状况的现实的共产主义运动，才能最终建立起一门"内容确实丰富的和真正的科学"。

总之，追问"什么是历史唯物主义"并不是要给出一个现成的答案，而是要寻求那些提出的问题，从而在这些问题所开辟的现实道路中理解和运用这种新世界观和新方法论。在这个意义上，反思"什么是历史唯物主义"始终是一个说不尽的话题。

---

① 《马克思恩格斯选集》第 1 卷，人民出版社 1995 年版，第 151 页。
② 《马克思恩格斯文集》第 8 卷，人民出版社 2009 年版，第 59 页。

意识形态批判与历史唯物主义的理论特质[1]

程 彪

《德意志意识形态》(以下简称《形态》)作为历史唯物主义创立的标志性文本,它的一个突出特点是:历史唯物主义的创立和阐述是与意识形态批判紧密交织在一起的。抓住这一突出特点,充分理解意识形态批判对于历史唯物主义创立的实质性意义,不仅能够凸显出历史唯物主义与当时意识形态理论的本质区别,而且能够纠正当下各种对历史唯物主义的抽象化和实证化解读,从而能更好地理解历史唯物主义的理论实质。人们总是倾向于把历史唯物主义理解为一种社会历史理论或历史观,意识形态理论是这种社会历史理论或历史观的一部分。这种实证化解读必然导致对马克思哲学或历史唯物主义的抽象化扭曲。历史唯物主义作为一种社会历史理论或历史观,最多只是体现、蕴含或运用了某种马克思哲学的世界观基础、思维方式、批判精神、方法论等。其不可避免的理论后果是,根本否定了历史唯物主义理论自身的哲学性质,把马克思的哲学思想从其存在的具体问题和批判性研究中抽离出来,在历史唯物主义之外建构和诠释马克思的哲学,寻求历史唯物主义的哲学基础,因而难以超越旧的"推广论"或"应用论"的解读模式。无论人们对这种孤立的马克思哲学作何新解,都必然导致马克思哲学或历史唯物主义的双重抽象化,使之成为马克思所竭力与之划清界限的"意识形态"或"独立的哲学"。因此,意识形态批判对于历史唯物主义创立的实质性意义,不在于意识形态理论构成了作为

---

[1] 原载《学习与探索》2015年第12期。

社会历史理论的历史唯物主义的一个重要组成部分——没有这一部分，历史唯物主义理论就是不完整的；而在于意识形态批判充分彰显出了作为马克思哲学的历史唯物主义的本质特性——这些本质特性正是通过意识形态批判而逐渐确立起来的。如果把《形态》理解为"《神圣家族》的工作的继续和完成"，是进一步划清与费尔巴哈的思想界限，那么意识形态批判的确是历史唯物主义创立的前提性条件。回到马克思的思想形成过程，我们也会非常清晰地看到，马克思的思想正是在与意识形态观念的纠缠和斗争过程中逐渐形成的，历史唯物主义的创立过程也是一个不断深化的意识形态批判过程。本文将从"理论旨趣""核心问题"和"思维方式"三个方面，具体阐述意识形态批判对于历史唯物主义创立的重大意义，以深化我们对历史唯物主义的理解。

一、意识形态批判与历史唯物主义的理论旨趣

马克思首先是一个革命家，人的自由解放是马克思哲学或历史唯物主义的根本理论旨趣。这已经成为一个基本理论共识。然而，在对历史唯物主义的理解和阐发中，人的自由解放这一根本旨趣却被不同程度地模糊化、抽象化，被重新置于抽象的人本主义的理论框架之中，模糊了历史唯物主义与各种人本主义意识形态观念之间的根本区别。虽然人的自由解放是马克思一以贯之的终极关怀，但作为历史唯物主义的根本旨趣，人的自由解放的理念却是通过与各种抽象的人本主义意识形态观念的斗争而逐渐确立起来并获得其独特性内涵的。

马克思对人的自由解放的理解可以大致分为三个阶段：起初，马克思是从布鲁诺·鲍威尔的"自我意识"出发，把人的自由理解为个体的思想自由或理性自由，其最重要的现实体现是言论自由，这种理解没有超出资产阶级法权的范畴；后来，马克思从费尔巴哈的人本主义思想出发，把人的自由解放理解为"人的全面恢复"，认为必须通过无产阶级革命和彻底废除私有制才能实现人的自由解放；最后，马克思从全新的历史唯物主义

的立场出发,把人的自由解放理解为现实的个人的个性解放,根本改变资本主义生产方式,即在生产力的发展的基础上联合起来的个人占有和控制生产力,消灭片面分工、消灭强制劳动,实现人的全面发展。作为历史唯物主义的根本旨趣,人的自由解放的理念之所以能够超越意识形态观念的关键在于,马克思最终找到了一种理解和确定人的现实性的研究路径,进而把人的自由解放由一个抽象的伦理理想转变为真实的历史目标。对于马克思思想形成过程的前两个阶段即阿尔都塞所指认的马克思的意识形态的阶段,无论人们有怎样不同的概括和理解,却都承认,人以及人的自由解放是马克思的核心关注,反而对于第三个阶段即历史唯物主义创立的阶段,人们却在人的自由解放是否仍然是马克思思想的核心关注这一点上存在根本分歧。在此,我们既反对像阿尔都塞那样完全否认历史唯物主义中的人道主义思想的科学主义的观点,也反对从抽象的哲学人类学的角度硬是从历史唯物主义理论中剥离出某种抽象的人道主义思想的做法。前者过分夸大了历史唯物主义与意识形态观念的对立,后者又过分强调了它们之间的联系,两者实际上都没有认识到历史唯物主义的创立是对人以及人的自由解放问题的深化提升,特别是对费尔巴哈的人本主义思想的根本超越,而只有经过如此提升和超越,人的自由解放才真正成为作为马克思哲学的历史唯物主义的根本旨趣。

  对于正深陷于"真正的历史危机和理论危机"① 中的马克思来说,费尔巴哈的人本主义使几于失语的马克思又找到了新的话语方式。费尔巴哈的"感性的人"、"现实的人"、"真正的人"等概念,深深地打动了马克思,使其坚信对人以及人的自由解放的真实理解必须遵循费尔巴哈的唯物主义的思路。然而正如许多学者指出的,马克思从来不是一个彻头彻尾的费尔巴哈派。陶伯特指出:"马克思在1844年夏天就已经感觉到他的人道主义的构想是有问题的。"《1844年经济学哲学手稿》中的许多论述表明,马克思注意到人的社会性,注意与费尔巴哈划清界限。② 在《神圣家族》中,"马克思和恩格斯通过自己的'现实的人道主义'在质上超越了费尔

---

① [法] 路易·阿尔都塞:《保卫马克思》,顾良译,商务印书馆2006年版,第220页。
② 林进平主编:《马克思主义研究资料》第1卷,中央编译出版社2014年版,第45—46页。

巴哈的理论的人道主义"①，而进一步划清与费尔巴哈的界限正是《关于费尔巴哈的提纲》和《德意志意识形态》的主要问题，当然只有在《形态》中马克思才彻底超越和批判了费尔巴哈的人道主义。"马克思和恩格斯在这部手稿（即《形态》——引者注）中不再费心为'人的本质'下定义，这既非偶然，也不是形式问题。对个人和社会的关系做出的唯物主义的回答使这一点成为多余的了。"② 在《形态》中马克思指明，费尔巴哈"把人只看作是'感性对象'，而不是'感性活动'，因为他在这里也仍然停留在理论的领域内，没有从人们现有的社会联系，从那些使人们成为现在这种样子的周围生活条件来观察人们"③。因此在费尔巴哈那里，所谓的"感性的人""现实的人""真正的人"等概念仍然是抽象的，根本没有进入社会历史或现实生活领域。马克思则直接从"他们的活动和他们的物质生活条件，包括他们已有的和由他们自己的活动创造出来的物质生活条件"来确定"现实的个人"④，人的现实性也就是其实践性、社会性和历史性。这种"现实的个人"根本超越了费尔巴哈对人的现实性的理解。

从"现实的个人"出发，马克思也实现了对人的自由解放的真实理解。费尔巴哈的人本主义，特别是其异化理论，对人的本质的异化的断然否定和对人的本质的复归的坚定信念，直接而有力地切中了马克思从根本上批判和消灭现存状况、追求人的自由解放的理论旨趣，使马克思第一次找到了明确表达其共产主义思想的理论工具，其兴奋之情溢于言表。从费尔巴哈的人本主义原则出发，马克思所理解的人的自由解放就是"人以一种全面的方式，就是说，作为一个总体的人，占有自己的全面的本质"⑤。当然，马克思与费尔巴哈的根本区别在此也是非常明显的。马克思等人曾热切地期待费尔巴哈公开表明其共产主义信仰，如果共产主义确实是其人本主义原则的必然结果，那么这对马克思等人无疑是巨大的鼓舞，所以恩

---

① 林进平主编：《马克思主义研究资料》第1卷，中央编译出版社2014年版，第21页。
② 林进平主编：《马克思主义研究资料》第1卷，中央编译出版社2014年版，第47页。
③ 《马克思恩格斯选集》第1卷，人民出版社1995年版，第77—78页。
④ 《马克思恩格斯选集》第1卷，人民出版社1995年版，第67页。
⑤ 马克思：《1844年经济学哲学手稿》，人民出版社2000年版，第85页。

格斯把得知费尔巴哈公开宣布是共产主义者看作是一个最重要的事情。而在《关于费尔巴哈的提纲》和《形态》中，马克思深刻揭露了费尔巴哈的人本主义的非批判性和保守性，划清费尔巴哈的直观的唯物主义与共产主义或实践的唯物主义的思想界限。马克思不仅把共产主义理解为实际地消灭现存状况的现实运动过程，而且明确指出："建立共产主义实质上具有经济的性质"，"共产主义和所有过去的运动不同的地方在于：它推翻一切旧的生产关系和交往关系的基础，并且第一次自觉地把一切自发形成的前提看作是前人的创造，消除这些前提的自发性，使它们受联合起来的个人的支配。""随着联合起来的个人对全部生产力的占有，私有制也就终结了。""各个人在自己的联合中并通过这种联合获得自己的自由。"① 人的自由解放的真实内涵也就是现实的个人的个性自由和全面发展，其核心是"劳动向自主活动的转化"和"过去受制约的交往向个人本身的交往的转化"。②

二、意识形态批判与历史唯物主义的核心问题

在《形态》中，历史领域是马克思的历史唯物主义与意识形态理论激烈交锋的战场，历史唯物主义就是在这种交锋中确立起来的。"我们之所以在这里比较详细地谈论历史，只是因为德国人习惯于用'历史'和'历史的'这些字眼随心所欲地想象，但就是不涉及现实。"③ 而且在德国，意识形态观念有着重要的现实意义，而且已经根深蒂固，要真正实现人的自由解放，就必须同他们进行斗争。④

在通常的实证化解读模式中，历史唯物主义被界定为"关于现实的人及其历史发展的科学"，而意识形态理论及其唯心主义历史观却不顾社会

---

① 《马克思恩格斯选集》第 1 卷，人民出版社 1995 年版，第 122、130、119 页。
② 《马克思恩格斯选集》第 1 卷，人民出版社 1995 年版，第 130 页。
③ 《马克思恩格斯选集》第 1 卷，人民出版社 1995 年版，第 78 页。
④ 《马克思恩格斯选集》第 1 卷，人民出版社 1995 年版，第 75 页。

历史的经验事实，从各种抽象的观念出发任意地剪裁和臆想历史，因而是极其荒谬的。如果意识形态理论及其唯心主义历史观真的是违反常识、无视事实、荒谬绝伦，那么马克思也就无须多费笔墨去批判它，更不可能曾深受其影响了。

问题的关键是如何理解社会历史的本质，即什么是真正的现实以及如何实际地改变现实。众所周知，黑格尔曾严格区分"现存"与"现实"，把现实确认为合乎理性的东西。虽然马克思一直致力于哲学的现实化，但是马克思对现实以及如何改变现实的理解也曾深受黑格尔主义的影响：在《〈黑格尔法哲学批判〉导言》中，马克思基本遵循黑格尔的思路，把哲学归入德国的现实范围，哲学批判也就是改变现实的重要手段。"当我们批判……哲学的时候，我们的批判恰恰接触到了当代所谓的问题之所在的那些问题的中心。""即使从历史的观点来看，理论的解放对德国也有特别实际的意义。"① 在《1844年经济学哲学手稿》和《神圣家族》中，马克思曾认为费尔巴哈是对黑格尔思辨唯心主义的直接否定，并高度评价费尔巴哈，把"创立了真正的唯物主义和实在的科学"看作是他的一个伟大功绩。② 借助于费尔巴哈的"与唯物主义相结合的人道主义"，特别是其"感性"、"对象性"、"自然界"等概念，马克思把现实确定为人的现实的自然界、人的劳动、劳动产品以及人的社会关系等。而且正是从费尔巴哈的人本主义立场出发，马克思把"现实的、活生生的人"确定为历史的主体，第一次实现了对黑格尔主义的唯心主义历史观的揭露和批判。③ 马克思不同于费尔巴哈的深刻之处在于，他把对异化的批判和对私有制的批判结合起来，认为只有扬弃私有制才能根本改变异化的现实。在《形态》中，马克思把费尔巴哈归入黑格尔哲学的余脉，对他们的唯心主义历史观进行彻底的批判，进而完成了对整个德意志意识形态的批判和超越，创立了历史唯物主义。马克思指出，费尔巴哈对人和世界的感性直观理解仍然是抽象的、非历史的，和思辨哲学一样，仍然满足于"从人的概念、想象

---

① 《马克思恩格斯选集》第1卷，人民出版社1995年版，第7、10页。
② 马克思：《1844年经济学哲学手稿》，人民出版社2000年版，第96页。
③ 《马克思恩格斯文集》第1卷，人民出版社2009年版，第295页。

中的人、人的本质、一般人中引申出人的一切关系"。"和其他的理论家一样，只是希望确立对存在的事实的正确理解。"① 因此，费尔巴哈并没有真正进入社会历史领域。正如马克思在《关于费尔巴哈的提纲》中指出的，"直观的唯物主义，即不是把感性理解为实践活动的唯物主义至多也只能达到对单个人和市民社会的直观。"② 马克思正是从实践或感性活动的角度理解"对象"、"现实"和"感性"的，由此马克思真正进入到现实存在的历史维度之中，把现实理解为现实的个人通过他们的现实的活动所创造的物质生活条件，包括哲学在内的意识形态观念作为现实的虚幻的反映，本身既从属于现实，也需要从现实得到说明。要改变现实也就不能停留于思想观念领域之中，"'解放'是一种历史活动，不是思想活动，解放是由历史的关系，是由工业状况、商业状况、农业状况、交往状况促成的"。"只有在现实的世界中并使用现实的手段才能实现真正的解放"，必须"推翻一切旧的生产关系和交往关系的基础"，"实际地反对并改变现存事物"。③

历史唯物主义创立的艰难的思想历程表明，认清意识形态理论的肤浅与荒谬，并非易事；也并非直接面对事物、按照事物的真实面目去理解事物，就可以抛除一切抽象观念，把握住现实，进而战胜意识形态理论。所谓现实只能是通过特定的理论框架而呈现出来的现实。虽然马克思强调历史唯物主义的现实的前提可以用"纯粹经验的方法"来确认，生产的经济条件方面所发生的物质的变革可以用"自然科学的精确性"加以指明，但是却不能认为用自然科学的方法或纯粹经验的方法就可以确定何者为历史唯物主义的现实前提，更不能把历史唯物主义本身看作是实证科学。按照实证化或科学化的解读模式，只有科学地揭示出社会历史发展的客观规律，才能切实地指导无产阶级的革命实践、真正实现人的自由解放，也即只有科学地"解释世界"，才能切实地"改变世界"。这种要求似乎是合情合理的，然而，对于社会历史这一异常复杂的对象来说，这几乎是一个

---

① 《马克思恩格斯选集》第 1 卷，人民出版社 1995 年版，第 101、96 页。
② 《马克思恩格斯选集》第 1 卷，人民出版社 1995 年版，第 56—57 页。
③ 《马克思恩格斯选集》第 1 卷，人民出版社 1995 年版，第 74—75、122 页。

不可能完成的任务，即使是可以企及的，也不是历史唯物主义所关注的核心问题。

马克思关注历史，其目的不是为了建构一种科学的社会历史理论，而是为寻求一条人的自由解放的现实之路，历史唯物主义的核心问题是要确定人的自由解放的现实条件与现实途径。对于马克思来说，这一问题必须定位于真实的社会历史领域之中。然而在德国的社会历史研究领域中，黑格尔主义的历史观居于绝对的统治地位，意识形态观念大行其道，它们从"自我意识"、"人"、"类本质"、"自我"、"唯一者"等抽象的观念出发，任意想象历史，施蒂纳的《唯一者及其所有物》就是一个典型的代表。马克思之所以花费大力气逐章逐节地批判《唯一者及其所有物》，主要就是因为施蒂纳在这一著作中把黑格尔主义的唯心主义历史观发挥到了极致。意识形态理论认为思想观念统治着世界，主导着历史，思想观念也就成为人的自由解放的根本限制，因此，只要通过思想批判，改变思想，从头脑中抛除这种虚假的观念，就会导致现实的崩塌。马克思嘲笑道："有一个好汉一天忽然想到，人们之所以溺死，是因为他们被关于重力的思想迷住了。如果他们从头脑中抛掉这个观念，比方说，宣称它是宗教迷信的观念，那么他们就会避免任何溺死的危险。"① 马克思指出："这种改变意识的要求，就是要求用另一种方式来解释存在的东西，也就是说，借助于另外的解释来承认它。"② 马克思把意识形态观念归为现实的产物："意识在任何时候都只能是被意识到了的存在，而人们的存在就是他们的现实生活过程。""每个个人和每一代所遇到的现成的东西：生产力、资金和社会交往形式的总和，是哲学家们想象为'实体'和'人的本质'的东西的现实基础，是他们神化了的并与之斗争的东西的现实基础，这种基础尽管遭到以'自我意识'和'唯一者'的身份出现的哲学家们的反抗，但它对人们的发展所起的作用和影响却丝毫也不因此而受到干扰。"③ 然而，意识形态理论甚至没有想到要提出德国哲学和德国现实之间的联系问题，当然

---

① 《马克思恩格斯全集》第3卷，人民出版社1960年版，第15—16页。
② 《马克思恩格斯选集》第1卷，人民出版社1995年版，第66页。
③ 《马克思恩格斯选集》第1卷，人民出版社1995年版，第72、92—93页。

就不可能揭示现实生活的问题和矛盾，不可能接近人的自由与解放问题一步。

只有把目光从天国拉回到人间，在现实的社会历史领域中，才能找到人的自由解放的现实之路。如果说"历史不过是追求着自己目的的人的活动而已"，那么历史的主体就是进行着自己的"现实生活的生产和再生产"的"现实的个人"，这些现实的个人是"从事活动的，进行生产的，因而是在一定的物质的、不受他们任意支配的界限、前提和条件下活动着的"①。"现实生活的生产和再生产"之所以构成历史过程中的决定性因素，是因为这种生产和再生产既创造了人们的现实生活及其发展的现实条件和基础，也创造了人们的现实生活及其发展的现实制约和限制。马克思指出："历史的每一阶段都会遇到一定的物质结果，一定的生产力的总和，人对自然以及个人之间历史地形成的关系，都遇到前一代传给后一代的大量的生产力、资金和环境，尽管一方面这些生产力、资金和环境为新的一代所改变，但另一方面，它们也预先规定新一代本身的生活条件，使它得到一定的发展和具有特殊的性质。由此可见，这种观点表明：人创造环境，同样环境也创造人。"②虽然自然环境、社会结构和政治结构、意识形态观念等都构成了人们的现实生活的界限和制约，但是对于人们的现实生活以及社会历史发展来说，最根本的制约在于生产力和交往方式的制约。如果用马克思在《〈政治经济学批判〉序言》中的说法就是："物质生活的生产方式制约着整个社会生活、政治生活和精神生活"③，在当前资本主义条件下，资本主义生产方式就是人们现实生活和社会历史发展的根本制约。当然，马克思对这一制约的理解并非是完全否定性的。在《1844年经济学哲学手稿》中，马克思就认为，异化和异化的扬弃是同一条道路。在《形态》以及后来《共产党宣言》、《资本论》中，通过揭示资本主义生产方式所固有的内在矛盾：资本与劳动的对立、资产阶级和无产阶级对立、生产力社会化发展与生产资料的私人占有之间的矛盾、人的孤立化片

---

① 《马克思恩格斯选集》第1卷，人民出版社1995年版，第72页。
② 《马克思恩格斯选集》第1卷，人民出版社1995年版，第92页。
③ 《马克思恩格斯选集》第2卷，人民出版社1995年版，第32页。

面化与交往的普遍化世界化之间的矛盾等，马克思阐明了资本主义生产方式的自我否定、自我超越的必然性，充分展现了人的自由解放和全面发展的现实性。

三、意识形态批判与历史唯物主义的思维方式

思想与现实的关系问题，是历史唯物主义与意识形态理论及其唯心主义历史观对立斗争的核心问题，在这一问题上的思想交锋所体现的不仅是本体论意义上的两种历史观的对立，更是方法论意义上的两种哲学思维方式的对立。历史唯物主义思维方式正是在这一思想交锋中明确和建立起来的。

虽然马克思一直努力寻求真正从现实出发的唯物主义的思维方式，但却总是难以克服和超越意识形态理论的唯心主义的思维方式。在博士论文时期，马克思主张哲学要"面向那存在于理论精神之外的尘世的现实"，然而受黑格尔主义的影响，马克思也认为"哲学的实践本身是理论的"，"世界的哲学化同时也就是哲学的世界化"。[①] 在《〈黑格尔法哲学批判〉导言》中，马克思强调哲学必须承担起为历史服务的新任务："对天国的批判变成对尘世的批判，对宗教的批判变成对法的批判，对神学的批判变成对政治的批判"；并强调哲学与无产阶级的联合，认为"批判的武器不能代替武器的批判，物质力量只能用物质力量来摧毁"。然而马克思又指出："理论一经掌握群众，也会变成物质力量。理论只要说服人，就能掌握群众；而理论只要彻底，就能说服人。""思想的闪电一旦彻底击中这块朴素的人民园地，德国人就会解放成为人。"[②] 在此，黑格尔主义的影响仍然清晰可见。在《1844年经济学哲学手稿》中，马克思强调要从被国民经济学家所忽略的"当前事实"出发，并对人的异化和私有制进行了激烈的批判，甚至指出："理论的对立本身的解决，只有通过实践的方式，只

---

① 《马克思恩格斯全集》第1卷，人民出版社1995年版，第75—76页。
② 《马克思恩格斯选集》第1卷，人民出版社1995年版，第2、9、15—16页。

有借助于人的实践力量、才是可能的。"① 然而，马克思所从以出发的实际却是费尔巴哈的自然主义和人道主义观念，而不是实践或现实本身。在《神圣家族》中，马克思深刻地揭露了布鲁诺·鲍威尔的思辨哲学的幻想，并指出"思想永远不能超出旧世界秩序的范围，在任何情况下，思想所能超出的只是旧世界秩序的思想范围。思想本身根本不能实现什么东西。思想要得到实现，就要有使用实践力量的人"②，然而却仍然不能根本超越费尔巴哈的人道主义观念。

在《关于费尔巴哈的提纲》中，马克思批判了意识形态理论对思想和现实的关系的颠倒，确立了从实践出发的新唯物主义的思维方式。马克思指出："人的思维是否具有客观的真理性，这不是一个理论的问题，而是一个实践的问题。人应该在实践中证明自己思维的真理性，即自己思维的现实性和力量，自己思维的此岸性。关于思维——离开实践的思维——的现实性或非现实性的争论，是一个纯粹经院哲学的问题。""全部社会生活在本质上是实践的。凡是把理论引向神秘主义的神秘的东西，都能在人的实践中以及对这个实践的理解中得到合理的解决。"③ 意识形态理论之所以颠倒了思想和现实的关系，其深层的思想根源在于深信思想本身的现实性和力量，夸大了思想、观念或理论对现实世界和历史发展的作用，迷信哲学家的威力并赞同他们的幻想："改变了的意识、对现实诸关系的稍新的解释，能够把整个现存世界翻转过来。"④ 在《形态》中，马克思把青年黑格尔派，特别是费尔巴哈的直观唯物主义归入黑格尔主义的思辨哲学的范畴，对其唯心主义的思维方式进行了深刻的揭露和批判。这种唯心主义的思维方式被指认为"从观念出发来解释实践"⑤，"迄今为止的一切历史观不是完全忽视了历史的这一现实基础，就是把它仅仅看成与历史过程没有任何联系的附带因素。因此，历史总是遵照在它之外的某种尺度来编

---

① 马克思：《1844年经济学哲学手稿》，人民出版社2000年版，第88页。
② 《马克思恩格斯文集》第1卷，人民出版社2009年版，第320页。
③ 《马克思恩格斯选集》第1卷，人民出版社1995年版，第55—56页。
④ 《马克思恩格斯全集》第3卷，人民出版社1960年版，第95页。
⑤ 《马克思恩格斯选集》第1卷，人民出版社1995年版，第92页。

写"①。这种唯心主义的思维方式主导了德国的历史研究。马克思深刻揭露了黑格尔的思辨哲学与统治阶级的思想统治之间的内在联系,揭露了德国占统治地位的、思辨哲学的历史方法的全部戏法。② 施蒂纳的历史方法就是其典型代表③,这也是马克思不遗余力地批判施蒂纳的一个重要原因。

在批判意识形态理论的唯心主义的思维方式的基础上,马克思确立起了"从物质实践出发解释观念的形成"的历史唯物主义的思维方式。"从直接生活的物质生产出发阐述现实的生产过程,把同这种生产方式相联系的、它所产生的交往形式即各个不同阶段上的市民社会理解为整个历史的基础,从市民社会作为国家的活动描述市民社会,同时从市民社会出发阐明意识的所有各种不同的产物和形式,如宗教、哲学、道德等等,而且追溯它们的产生过程。这样当然也能够完整地描述事物(因而也能够描述事物的这些不同方面之间的相互作用)。这种历史观和唯心主义历史观不同,它不是在每个时代中寻找某种范畴,而是始终站在现实历史的基础上,不是从观念出发来解释实践,而是从物质实践出发来解释观念的形成。"④ 这是马克思对历史唯物主义基本原理的第一次详细阐述,这一阐述突出表明了历史唯物主义不仅是一种历史观,更是一种思维方式,即对历史的基础、市民社会、国家以及各种意识形态形式的理解、描述和阐述方式。马克思在《〈政治经济学批判〉序言》中更为明确地表示,历史唯物主义是指导自己研究工作的指导性原则⑤。恩格斯在《路德维希·费尔巴哈和德国古典哲学的终结》中也指出:"人们决心在理解现实世界(自然和历史)时按照它本身在每一个不以先入为主的唯心主义怪想来对待它的人面前所呈现的那样来理解;他们决心毫不怜惜地抛弃一切同事实(从事实本身的联系而不是从幻想的联系来把握的事实)不相符合的唯心主义怪想。

---

① 《马克思恩格斯选集》第 1 卷,人民出版社 1995 年版,第 93 页。
② 《马克思恩格斯选集》第 1 卷,人民出版社 1995 年版,第 98—102 页。
③ 聂锦芳:《批判与建构:〈德意志意识形态〉文本学研究》,人民出版社 2012 年版,第 218 页。
④ 《马克思恩格斯选集》第 1 卷,人民出版社 1995 年版,第 92 页。
⑤ 《马克思恩格斯选集》第 2 卷,人民出版社 1995 年版,第 32 页。

除此以外，唯物主义并没有别的意思。"① 按照恩格斯的这一提示，我们把历史唯物主义首先理解为一种历史唯物主义的思维方式，只有遵循这种历史唯物主义的思维方式，才有历史唯物主义的历史观、世界观之建构。因此，虽然马克思在《形态》中强调历史唯物主义是一种"真正实证科学"，但从马克思的表述来看，"真正实证科学"是在方法论的意义上与"思辨"相对而言的，这一点是非常清楚的。② 而且从马克思对抽象的经验论者把"历史看作是僵死的事实的汇集"的反对，特别是后来在《资本论》中对"排除历史过程的、抽象的自然科学的唯物主义"方法的批判来看，绝对不能把历史唯物主义理解为一种同自然科学一样的科学理论，不能把历史唯物主义的基本原理理解为关于社会历史发展的客观规律的纯粹实证科学揭示。当然，更不能把历史唯物主义及其基本原理当作抽象的教条，当作适用于各个历史时代的药方或公式到处套用。否则，就根本抹杀了历史唯物主义对于意识形态理论在思维方式上的批判和超越。

---

① 《马克思恩格斯选集》第 4 卷，人民出版社 1995 年版，第 242 页。
② 《马克思恩格斯选集》第 1 卷，人民出版社 1995 年版，第 73 页。

资本现象学[①]
——论历史唯物主义的本质问题

白　刚

一、引言

　　作为对资本主义社会"历史之谜"解答的马克思的历史唯物主义，其所研究的最关乎本质的问题就是"资本"问题。马克思倾其一生的巨著《资本论》，就是以"资本"命名的，由此可见"资本"在马克思的研究中的地位。但资本的本质到底是什么？其地位、作用和命运又怎样？在马克思之前，这些问题在古典经济学家和哲学家那里虽有所论及，但并未得到深入、合理的说明。马克思哲学围绕展开的中心词就是"资本"。而资本就是市民社会的现实王国的统治者，它以资本逻辑的方式隐蔽地左右着人的身心。所以，欲理解马克思的哲学，必须抓住"资本"。无论是对政治经济学的批判还是对现代社会的考察，马克思都会不约而同地聚焦在"资本"这个现代社会的内在灵魂和核心原则上，资本乃是解开现代社会秘密的一把"钥匙"。马克思的历史唯物主义正是通过研究和揭示资本的"秘密"，来断言资产阶级的命运和共产主义的前途的。在马克思看来，历史唯物主义的实质就是对资本主义社会"历史之谜"的解答；而对"历史

[①]　原载《哲学研究》2010年第4期。

之谜"解答的关键，又在于对"资本之谜"的揭示；对"资本之谜"的揭示，需要"面向资本本身"——回到资本的现实生活关系——对资本进行"现象学"的揭示和显现，从而使"隐形者显形"（德里达语），借此"把现代社会关系的全部领域看得明白而且一览无遗"①。马克思的这一做法，被德里达称为"现象学的'花招'"和对"商品的现象学洞识"，并强调"现象学在马克思那里同样起作用"。② 在此意义上，我们确实可以说，现象学与马克思历史唯物主义的直接论域和思路的出发点是一样的，即都是把作为还原剩余的世界现象当作直接起点，而后去探询构造这个世界现象的"根据"。③ 只不过先验现象学认为世界的根据是以"意向关系"为基本存在方式的"先验自我"，而马克思的历史唯物主义则认为世界的根据是作为资本主义一切社会关系的核心和基点的"资本"。胡塞尔在现象学的意义上曾强调"原社会学"是"一门使社会现象直接地被给予，并且根据这些现象的本质来进行研究的社会科学"④。若按这一理解，我们完全可以说马克思的"政治经济学批判"正是一门使"资本现象"直接地被给予，并且根据这些现象的本质来进行历史唯物主义研究的社会科学——"资本现象学"。而在此意义上，悉尼·胡克也认为马克思的经济学说是把历史唯物主义应用于价值、价格和利润这些"神秘东西"的产物。⑤ 这也就是说，马克思把历史唯物主义引进了现象学或马克思的历史唯物主义具有现象学的意蕴。

二、资本本质的"现象学显现"

无论是在胡塞尔先验现象学"方法"的意义上，还是在黑格尔精神现

---

① 《马克思恩格斯选集》第2卷，人民出版社1972年版，第269页。
② [法] 雅克·德里达：《马克思的幽灵》，何一译，中国人民大学出版社1999年版，第178、208页。
③ 参见丁耘：《胡塞尔现象学的转型意义及其与历史唯物主义的理论联系》，见《当代国外马克思主义评论》，人民出版社2002年版，第273页。
④ [德] 胡塞尔：《哲学作为严格的科学》，倪梁康译，商务印书馆1999年版，第20页。
⑤ 参见 [美] 悉尼·胡克：《对卡尔·马克思的理解》，徐崇温译，重庆出版社1989年版，第154页。

象学"本质"的意义上,马克思对"资本本质"的揭示和批判都具有"现象学"的基本含义:通过剥离(还原)现象(假象)而逐步呈现事物的真实本质。而资本的本质就隐藏在它的变化多端的表象的后面。正是通过现象学的视角,马克思的政治经济学批判才能直接进入到资本现象的内在本质结构中,并对之作出某种规律性的但又不脱离直接经验的把握,从而实现了资本从"现象"到"本质"的"现象学显现"。

(一) 资本作为"物"

在马克思之前,提出和关注资本的主要是古典经济学家,其中最具代表性的就是亚当·斯密的资本理论。斯密对资本的理解是:资本是为了生产而积蓄起来的物质资产。在斯密那里,资本本质上体现的还只是一种"物",好像与人的"劳动"无关,更缺乏应有的"社会关系"内涵。针对古典经济学家对资本本质的这一指认,马克思强调"资本被理解为物,而没有被理解为关系",他们"只看到了资本的物质,而忽视了使资本成为资本的形式规定"。① 在古典经济学家们的视野中,这个作为资本的"物"是能增殖的、能带来利润的、为资本家所拥有的、占统治地位的、超历史的东西。"把表现在物中的一定的社会生产关系当作这些物本身的物质自然属性,这是我们在打开随便一本优秀的经济学指南时一眼就可以看到的一种颠倒"②,所以,将资本物质化,确立资本和雇佣劳动关系的自然性、永恒性和绝对性,完成对资本关系的意识形态遮蔽,这是所有自觉不自觉地充当资本关系和资本利益的代言人的古典经济学家们共同的理论取向,这实际上是一种狭隘的自然主义态度。对此马克思指出:"单纯从资本的物质方面来理解资本,把资本看成生产工具,完全抛开使生产工具变为资本的经济形式,这就使经济学家们纠缠在种种困难之中。"③

不过,斯密在分析利润时,也还是部分地揭示出了资本的真实本质:资本是雇主用于购买劳动,从而占有劳动成果并获得利润的财富。"资本一经在个别人手中积聚起来,当然就有一些人,为了从劳动生产物的售卖

---

① 《马克思恩格斯全集》第46卷上册,人民出版社1979年版,第212、211页。
② 《马克思恩格斯全集》第49卷,人民出版社1982年版,第56页。
③ 《马克思恩格斯全集》第46卷下册,人民出版社1980年版,第89页。

或劳动对原材料增加的价值上得到一种利润,便把资本投在劳动人民身上,以原材料与生活资料供给他们,叫他们劳作。"① 斯密的这一见解同他的劳动价值论、利润论相一致,实际上已经接触到资本与劳动力相结合而获取价值这样一个实质性问题,从而触及到了资本是资本家和雇佣工人之间的一种社会生产关系问题。而这正是后来马克思在古典经济学家的基础上进一步分析和揭示出来的资本的秘密和实质。

(二) 资本作为"社会关系"

在古典经济学家对资本本质"物化"理解的基础上,马克思通过对物化现象的剥离,进一步揭示出了资本的更为真实的"社会关系"本质。在《雇佣劳动与资本》中,马克思批判了资产阶级经济学家把资本等同于"积累起来的劳动"——物化劳动的观点,认为资本是一种"社会生产关系",强调生产资料只有在一定的社会关系下才成为资本。为此,马克思还用形象的比喻对资本的社会关系本质进行了说明:"黑人就是黑人。只有在一定的关系下,他才成为奴隶。纺纱机是纺棉花的机器。只有在一定的关系下,它才成为资本。脱离了这种关系,它也就不是资本了,就像黄金本身并不是货币,砂糖并不是砂糖的价格一样。"② 在《1857—1858年经济学手稿》中,马克思继续强调,"资本显然是关系,而且只能是生产关系",是"资产阶级社会占统治地位的关系"。③ 在《资本论》中,马克思更是多次明确指出:"资本不是一种物,而是一种以物为媒介的人与人之间的社会关系"④,"资本不是物,而是一定的、社会的、属于一定历史社会形态的生产关系,它体现在一个物上,并赋予这个物以特有的社会性质。资本不是物质的和生产出来的生产资料的总和"⑤。由此可见,马克思对资本的社会关系本质的指认是前后一贯的。而资本作为一种社会关系,其实质就是资产阶级社会的生产关系,而且只有在资产阶级社会的生产关

---

① [英] 亚当·斯密:《国民财富的性质和原因的研究》上卷,郭大力、王亚南译,商务印书馆1972年版,第43页。
② 《马克思恩格斯选集》第1卷,人民出版社1972年版,第362页。
③ 《马克思恩格斯全集》第46卷上册,人民出版社1979年版,第518、204页。
④ 马克思:《资本论》第1卷,人民出版社1975年版,第834页。
⑤ 马克思:《资本论》第3卷,人民出版社1975年版,第920页。

系下，积累起来的、物化的劳动才能支配直接的、活的劳动，才能变成资本。也就是说，只有在"死劳动"——"物"支配"活劳动"——"人"的颠倒的资产阶级社会关系里，资本才真正存在。因此，"资本的实质并不在于积累起来的劳动是替活劳动充当进行新生产的手段。它的实质在于活劳动是替积累起来的劳动充当保存自己并增加其交换价值的手段"①。在此意义上，资本本质上就是一种"颠倒"的社会关系。而这一社会关系实质上就是颠倒的"主客体关系"。在这里，资本的社会关系本质已经体现出了"资本"与近代"主体性哲学"的"联姻"与"合谋"：资本已经从"物"变成了大写的"人"——"主体性资本"——资本的人格化或人格化的资本。② 在马克思看来，"主体性资本"是资本主义社会的主要生存根基，它的实质是人的主体地位的异化，它是虚假的和颠倒的主体性，根本上是对人的真实主体性的消解，是对工人和资本家各自主体性的双重消解。

在此意义上，马克思《资本论》的主要课题，就在于通过对"价值形态"之现象学透视，"来打破与经济学或货币经济的历史一样有历史的、古老的'偏见'"，揭开"货币形态的谜"；恰恰在此处，才存在着马克思与古典经济学或黑格尔之间的根本"差异"。③ 而马克思对资本的这一社会关系本质的现象学揭示，正是马克思高于和超越之前和同时代思想家的伟大之处。

（三）资本作为"权力"

在马克思看来，资本作为一种颠倒的社会关系，同时又是一种支配一切的"权力"。资本之所以是资本，就在于它能"增殖自身"，而资本为了增殖自身，就必须与雇佣劳动之间处于支配与被支配的关系。在具体的生产和流通过程中，资本通过支配和控制雇佣劳动，获取一定量的剩余价值而增殖自身。所以资本"按其本质来说，它是对无酬劳动的支配权"④，

---

① 《马克思恩格斯选集》第1卷，人民出版社1972年版，第364页。
② 参见张雄：《现代性后果：从主体性哲学到主体性资本》，载《哲学研究》2006年第10期。
③ ［日］柄谷行人：《马克思，其可能性的中心》，中田友美译，中央编译出版社2006年版，第15页。
④ 马克思：《资本论》第1卷，人民出版社1975年版，第584页。

即对剩余价值的掠夺权和控制权。这是资本与生俱来的权力,是资本生存的根本目的,也是资本存在的根本理由。对马克思来说,资本行使权力的真正起始点就是生产劳动。因为科学、发明、劳动的分工和结合、交通工具的改善、世界市场的开辟、机器等等,"都不会使工人致富,而只会使资本致富,也就是只会使支配劳动的权力更加增大,只会使资本的生产力增长。因为资本是工人的对立面,所以文明的进步只会增大支配劳动的客观权力"。① 因此,可以说"资本是对劳动及其产品的支配权"②,是资产阶级社会的支配一切的权力,它影响和决定着其他一切社会关系。而资本的这种支配力量,在颠倒的、以资本增殖为目的的资产阶级社会生产关系中,却反过来成了一种"普照的光",一种"特殊的以太",它决定着它里面显露出来的一切存在的"比重"。③ 在此意义上,资本成了万物的尺度:资本是万物存在的尺度,也是万物不存在的尺度,一切都必须在资本面前为自己的存在作辩护或放弃存在的权利。资本摇身变成了现实中万能的上帝。在《1844年经济学哲学手稿》中,马克思还专门通过论述货币的力量来揭示资本的巨大"权力":货币作为"万能之物",具有使一切人的和自然的性质颠倒和混淆、使冰炭化为胶漆的"神力",人的力量的大小完全是由货币来决定的;但"货币就已是个性的普遍颠倒:它把个性变成它们的对立物,赋予个性以与它们的特性相矛盾的特性",因此,货币是作为"颠倒黑白的力量"而出现的。④

在资本主义社会里,资本的权力又具体表现为以资本增殖为目的的等价交换原则。这一原则以一种强大的同一性逻辑,迫使资产阶级社会的一切行为都被纳入到以增殖资本为目的的交换关系当中:生产是为了交换,而交换是为了增殖资本,甚至工人也"仅仅为增殖资本而生活"⑤。对资本这种同一性力量对个人的统治作用,马尔库塞曾深刻指出:"在此过程中,目的与手段似乎易位了:异化劳动时间占用了个人需要的时间,从而

---

① 《马克思恩格斯全集》第46卷上册,人民出版社1979年版,第268页。
② 马克思:《1844年经济学哲学手稿》,人民出版社1985年版,第21页。
③ 《马克思恩格斯全集》第46卷上册,人民出版社1979年版,第45、44页。
④ 马克思:《1844年经济学哲学手稿》,人民出版社1985年版,第111、112页。
⑤ 《马克思恩格斯选集》第1卷,人民出版社1972年版,第266页。

也规定了需要本身。逻各斯表现为统治的逻辑。"① 而马克思正是运用现象学的"还原",揭示出等价交换原则的表象背后隐藏着剥削的本质,进而展示了"权力"是如何从生产者那里抢夺过来,又以货币或资本的形式作为凌驾于他们之上的异己力量对他们进行控制的,从而通过资本现象学——历史唯物主义的批判道路,将这一人的本质和人的关系真正还给了人自己。

三、作为历史唯物主义的"资本现象学"

在黑格尔精神现象学的意义上,以赛亚·伯林曾明确强调"像黑格尔一样,马克思也把历史看作为一种现象学"②;梅洛-庞蒂则认为"《资本论》是具体的精神现象学"③。对此,马克思本人也认可俄国学者对自己《资本论》的政治经济学批判所使用的"现象学方法"的评价:作为这种批判的出发点的不能是观念,而只能是外部的现象(经济生活呈现出的现象);只有一件事情是重要的,那就是发现他所研究的那些现象的规律(变化的规律和发展的规律)。④ 只不过马克思在《资本论》中颠倒了黑格尔精神现象学的秩序,反其道而行,从本质(抽象)到现象(具体)。当然,这不是指从哲学到科学,而是指从直接的本质哲学转到另一种哲学概念——历史唯物主义。在马克思的历史唯物主义中,人的生存状况是通过资本主义的体验达到的,这种体验揭示了无产阶级是怎样在历史中形成的、历史又是如何展现资本的本性和逻辑的。在此,历史唯物主义实质上就是把附加在资本身上的各种真实的假象一点点剥离开来的过程:马克思

---

① [美] 赫伯特·马尔库塞:《爱欲与文明》,黄勇、薛民译,上海译文出版社2005年版,第84页。
② [英] 以赛亚·伯林:《历史唯物主义》,见张一兵主编:《社会批判理论纪事》第3辑,江苏人民出版社2009年版,第249页。
③ Merleau-Ponty. *Sense and Non-Sense*. translated by Herbert L. Dreyfus. Northwestern University Press. 1964, p. 133.
④ 参见马克思:《资本论》第1卷,人民出版社1975年版,第23、20页。

首先建立了决定商品世界的抽象关系（例如商品、交换价格、金钱、工资），并从这些抽象关系回到资本主义完全发展的内容（将导致资本主义灭亡的资本主义世界的结构倾向）。所以，从现象学的视角出发，历史唯物主义既不是一门抽象的思辨哲学，也不是一门仅仅基于感性经验的实证科学，而是一门"关于人的真正的感性现象学"①。而这一"感性现象学"，又是通过对"资本"的现象学揭示和批判来实现的。因此，马克思的历史唯物主义也就是马克思的"资本现象学"。

（一）反对"主体性资本"：破除"抽象"对人的统治

本来在宗教改革和启蒙运动之后，人获得了一定的独立性，但马克思却看到了相反的情形："在资产阶级社会里，资本具有独立性和个性，而活动着的个人却没有独立性和个性"②，反而个人现在受"抽象"统治。但这个"抽象"到底是什么呢？按马克思紧接着的解释，"抽象或观念，无非是那些统治个人的物质关系的理论表现"。③ 由此可见，抽象就是现实社会中的作为物质关系而存在的商品、货币和资本。这正如科西克所言："到了19世纪，至上的实在不再以超验的上帝的身份在天国实行统治；而是下降到地上，以超验的'经济'（即拜物教化的人类物质产品）的身份实行统治。"④ 在这里，我们可以清晰地看到黑格尔的精神现象学与古典经济学的丝丝缕缕的关联：正是那个抽象的"一"（本质）——绝对精神幻化成了"资本"——"主体性资本"在现实经济中作为"普照的光"的统治地位。⑤ 而马克思作为历史唯物主义的资本现象学的主要目的，就是恢复劳动者的主体性地位，以取代现象学还原中先验主体——"资本"的主体性地位。

在马克思看来，"抽象"之所以能成为统治与资本的主体本性有关。资本的主体本性就是无限增殖自身，而为了增殖自身，就必须把一切都纳

---

① 参见张廷国：《历史唯物主义是什么意义上的"实证科学"》，载《学术月刊》2010年第2期。
② 《马克思恩格斯选集》第1卷，人民出版社1972年版，第266页。
③ 《马克思恩格斯全集》第46卷上册，人民出版社1979年版，第111页。
④ ［捷克］科西克：《具体的辩证法》，傅小平译，社会科学文献出版社1989年版，第85页。
⑤ 参见张一兵、蒙木桂：《神会马克思》，中国人民大学出版社2004年版，第143页。

入到资本的强大的同一性逻辑之中。在资本主义社会里,这种"主体性力量"是以资本增殖为核心的市场交换体系具体体现出来的。"交换价值"和"交换原则"成了压倒一切的主宰力量,在它的无坚不摧的强大同一性"暴政"下,人与物的一切关系都被颠倒了:不是人支配和使用物,而是物反过来控制和奴役人,人的一切棱角和个性都被夷平了,世界被彻底"同一化"了。这其实正是马克思"桌子跳舞"的隐喻的真实意蕴:主体性资本的同一化魔力颠倒、控制了一切。在资本主义社会里,"抽象"本来只是为了标示诸种感性活动之感性结果之间的同一性,以便确立商品的一般交换价值,但现在它却成了主体,其他事物反而成了它的客体,成了被它所构造的东西,这就是"资本原理"。① 在此意义上,科西克认为"抽象"成为统治就是一个颠倒的"伪主体":"物统治人、产品统治生产者、神秘的主体统治真实的主体、客体统治主体。"② 对此,国外学者沃克也形象地把资本的抽象统治比喻作"抽象的病毒":"资本是抽象的病毒。它进入所有的社会关系,破坏这些社会关系。它是一种具有两面性的病毒形态。它将每一个定性的和特殊的关系转变成一个定量的和普遍的关系。"③ 而资本作为"抽象的病毒",也正是资本主义社会本身的痼疾。所以马尔库塞强调"抽象是资本主义自己的杰作"④。在这一意义上,我们确实可以说"一部资本主义的历史,也就是一部抽象的历史"⑤。

在马克思资本现象学的视野中,作为"抽象"统治人的"资本",实质乃是一种启蒙的主体性神话所造成的强大的"主体性逻辑"的"感性显现";资本本质上就是颠倒的"人的世界及其历史"在时空中的展开,它与主体性哲学具有内在无法割舍的"姻亲"关系:资本是主体性哲学的动力和世俗根基,而主体性哲学则是资本的灵魂和理论框架。在这里,资本

---

① 参见王德峰:《论马克思的资本批判的原则高度》,载《江苏社会科学》2005 年第 6 期。
② [捷克] 科西克:《具体的辩证法》,傅小平译,社会科学文献出版社 1989 年版,第 2 页。
③ 转引自 [英] J. K. 吉布森-格雷汉姆(Julie Graham and Katherine Gibson):《资本主义的终结》,陈冬生译,社会科学文献出版社 2002 年版,第 179 页。
④ [美] 赫伯特·马尔库塞:《爱欲与文明》,黄勇、薛民译,上海译文出版社 2005 年版,第 265 页。
⑤ 张一兵、蒙木桂:《神会马克思》,中国人民大学出版社 2004 年版,第 2 页。

的主体性本质与主体性哲学的资本本质是内在统一的。在主体性资本的控制下，人的发展采取了物的发展的形式，人类历史不再是人本身的历史，而是资本发展的历史。对此，马克思指出：在资本主义社会里，"物的世界的增值同人的世界的贬值成正比"，"以致工人生产的对象越多，他能够占有的对象就越少，而且越受自己的产品即资本的统治"。① 在这里，正是主体性资本导致了人的异化——"主体性的颠倒"——对人的本质的扭曲：物与物的关系赢得了对人与人的关系的主宰地位；这种颠倒的表象作为历史规律把人约定在物的必然王国中，那个抽象的"看不见的手"完全把人的逻辑淹没在主体性资本的总体发展之中了。而马克思的资本现象学所要做的，正是通过解剖和批判资本主义，变"资本的"独立性和个性为具体的"人的"独立性和个性。在反对主体性资本"颠倒主体性"的意义上，意大利"现象学马克思主义学派"的代表人物伯奇强调：马克思主义现象学的实质就是揭露和批判资本主义"颠倒主体性"的现实和意识形态，通过对人的能动的活动改造人的生活和历史，使人过一种真正人的生活。② 对此，海德格尔高度评价马克思的"资本现象学"——历史唯物主义对资本主义社会的种种异化的批判和揭示优于和高于胡塞尔的"先验现象学"和萨特的"存在主义"："因为马克思在体会到异化的时候深入到历史的本质性的一度中去了，所以马克思主义关于历史的观点比其余的历史学优越。但因为胡塞尔没有、据我看来萨特也没有在存在中认识到历史事物的本质性，所以现象学没有、存在主义也没有达到这样的一度中，在此一度中才可能有资格和马克思主义交谈。"③ 海德格尔的这一评价，实际上揭示和论证了马克思的历史唯物主义与其资本现象学的内在相通性：资本现象学奠立在历史唯物主义基础之上，历史唯物主义通过资本现象学而具体呈现和展开。

马克思历史唯物主义的最终目标，就是运用现象学的还原和批判，"抽象"出资本的全部现实生活关系，对现存的一切进行无情的批判，从

---

① 马克思：《1844年经济学哲学手稿》，人民出版社1985年版，第206页。
② 参见李惠斌：《意大利现象学马克思主义学派》，载《国外社会科学》1992年第1期。
③ 孙周兴选编：《海德格尔选集》上卷，上海三联书店1996年版，第383页。

而推翻奴役人的一切现实关系,在联合起来的个人共同建立的"自由人的联合体"里,实现对人的本质的真正占有。

(二)反对"实证主义":破除普遍永恒资本的"幻象"

古典经济学家和哲学家普遍对资本持一种非批判的实证主义态度,认为资本的生存和增殖是自然的、非历史的普遍永恒存在。但马克思却敏锐地认识到,古典经济学家们对资本本质的这一指认,使"资本存在于一切社会形式中,成了某种完全非历史的东西",因而"资产阶级关系就被乘机当作社会一般的颠扑不破的自然规律偷偷地塞了进来"。①而马克思的历史唯物主义,就是运用"历史性"和"现象学"的方法和视域,揭示出资本的"自反性",最终破除普遍永恒资本非历史性的实证主义"幻象",从而论证资本主义必然灭亡的历史趋势。这正如马克思自己所言:分析资本主义经济形式,既不能用"显微镜",也不能用"化学试剂",而必须用"抽象力"。②这实际上表明马克思反对一切对"资本"的实证主义理解。

在马克思看来,资本无限增殖自身、获取剩余价值的秘密,就在于资本是在生产过程中"通过占有他人劳动而使自己的价值增殖"③的。也就是说,资本之所以能够无限增殖,是因为资本作为"死劳动"占有和控制了工人的"活劳动"所致:"资本是死劳动,它像吸血鬼一样,只有吮吸活劳动才有生命,吮吸的活劳动越多,它的生命就越旺盛。"④因此,资本的形成和增殖绝不像古典经济学家们所说的是由于商品的"交换"和"流通",而是由于商品的"生产",也即广大工人的劳动。若没有工人的活劳动,资本就只能是死的、僵化的抽象物。对此,马克思还专门用一个形象的比喻作了深刻的说明:"劳动是酵母,它被投入资本,使资本发酵。"⑤但是,当资本家"把活的劳动力同这些商品的死的物质合并在一

---

① 《马克思恩格斯全集》第46卷上册,人民出版社1979年版,第211、24页。
② 马克思:《资本论》第1卷,人民出版社1975年版,第8页。
③ 《马克思恩格斯全集》第46卷上册,人民出版社1979年版,第268页。
④ 马克思:《资本论》第1卷,人民出版社1975年版,第260页。
⑤ 《马克思恩格斯全集》第46卷上册,人民出版社1979年版,第256页。

起时,他就把价值,把过去的、物化的、死的劳动变为资本,变为自行增殖的价值,变为一个有灵性的怪物"①。而资本作为一个有灵性的怪物,成了资本主义社会里控制一切的魔力,这种魔力致使资本主义社会变成了"一个着了魔的、颠倒的、倒立着的世界。在这个世界里,资本先生和土地太太,作为社会的人物,同时又直接作为单纯物,在兴妖作怪"②。而在资本的"作怪"下,整个社会必然处于永不停息的动荡不安之中,因为"资产阶级除非使生产工具,从而使生产关系,从而使全部社会关系不断地革命化,否则就不能生存下去"。所以,生产的不断革命,一切社会关系不停的动荡,使"一切固定的古老的关系以及与之相适应的素被尊崇的观念和见解都被消除了,一切新形成的关系等不到固定下来就陈旧了。一切固定的东西都烟消云散了,一切神圣的东西都被亵渎了"。③ 在此情势之下,一切稳定的价值信念必然变得不确定了,一切可靠的价值准则都被动摇了,任何想找到一个坚实的价值立足点的希望,在资本裹挟一切的骚动力量面前,都被无情地击碎了。由此导致资产阶级的生产关系和交换关系,这个曾经仿佛用法术创造了如此庞大的生产资料和交换手段的现代资产阶级社会,现在像一个巫师那样不能再支配自己用符咒呼唤出来的"魔鬼"——"资本"了。这其实正是马克思的资本现象学所揭示的作为资本主义社会基点的资本逻辑的"自反性"——"资产阶级用来推翻封建制度的武器,现在却对准资产阶级自己了"④。也就是说,资本主义按其本质而言具有一种力量:它能把人所创造的一切有价值的东西都变成自己的反面。

但对资本的这种自反性力量,与马克思同时代的甚至是马克思之后的一些理论家或经济学家,却没有认清它的实质,而是仅将其看作是资本的天性和普遍本质。马克思认为这种对资本的非历史的实证主义态度,必然使资本从而使资本主义制度永恒化。马克思资本现象学的首要任务,就是

---

① 马克思:《资本论》第1卷,人民出版社1975年版,第221页。
② 马克思:《资本论》第3卷,人民出版社1975年版,第938页。
③ 《马克思恩格斯选集》第1卷,人民出版社1972年版,第254页。
④ 《马克思恩格斯选集》第1卷,人民出版社1972年版,第256—257页。

要揭开古典经济学家罩在资本"身上"的这一非历史性的"神秘面纱"：资本的自我增殖必将导致资本逻辑的自我否定和自我瓦解——进而资本主义最终将自取灭亡。通过对资本的现象学透视和分析，马克思逐渐认识到资本为了使自身无限增殖，就必须要求资本为劳动和价值的创造确立明确的界限，但这种界限又是和资本要无限度地扩大劳动和价值创造的趋势相矛盾："资本一方面确立它所特有的界限，另一方面又驱使生产超出任何界限，所以资本是一个活生生的矛盾"。而正是这一矛盾，决定了"资本的本质"就是"自相排斥"，也即"资本必然自己排斥自己"。① 正因如此，马克思看到了"资本不可遏止地追求的普遍性，在资本本身的性质上遇到了界限，这些界限在资本发展到一定阶段时，会使人们认识到资本本身就是这种趋势的最大限制，因而驱使人们利用资本本身来消灭资本"② ——资本在运动中创造了未来它自己被废弃的条件。对此，马克思在《资本论》中曾有过明确的断言："资本的垄断成了与这种垄断一起并在这种垄断之下繁盛起来的生产方式的桎梏。生产资料的集中和劳动的社会化，达到了同它们的资本主义外壳不能相容的地步。这个外壳就要炸毁了。资本主义私有制的丧钟就要响了。剥夺者就要被剥夺了。"③ 在此意义上，国外学者戈德利尔指出，马克思的政治经济学批判，就在于他通过对商品、货币和资本等的分析，"真实地再现了"在资本主义生产方式中以"颠倒的形式"表现在人们日常生活中或观念上的各种"事实"，阐明了资本主义社会关系所带有的那种"虚幻性"。④

应该说，对资本的非历史性和实证主义态度的现象学呈现和批判，是马克思从青年到老年的终生事业。在此意义上，马克思的资本现象学就是在"批判性"和"反实证主义"方面最为彻底的革命世界观。而且只有这样的"现象学"才能使我们透过资本的"实物世界"看清真正人间的现实，才能使我们透过客体化了的所谓静止不动的结构，揭示出人类自主

---

① 《马克思恩格斯全集》第 46 卷上册，人民出版社 1979 年版，第 408、409 页。
② 《马克思恩格斯全集》第 46 卷上册，人民出版社 1979 年版，第 393—394 页。
③ 马克思：《资本论》第 1 卷，人民出版社 1975 年版，第 831—832 页。
④ 参见张一兵：《回到马克思》，江苏人民出版社 1999 年版，第 578 页。

活动的"可能性"。也正是因为这样,马克思的历史唯物主义"才能这么深刻地深入资本主义生产方式的规律,把它理解为一个完整的有机整体,并阐明资本主义生产方式势必为社会主义生产方式所代替的那个历史倾向"①。在此基础上,马克思强调资本绝不是"超历史的永恒存在",而是"现实的历史性存在"。马克思正是运用现象学还原法,把物的实体或使用价值放在括号内,才为我们呈现出资本"幽灵般的现实性"(马克思语)——揭示出"资本之谜"。所以说,马克思的资本现象学在本质上就是对资本主义非历史的实证主义"幻象"的彻底历史反动。对此,美国女学者罗瑟琳·鲍嫪曾指出,马克思在分析和批判资本主义时运用的正是"现象学的方法":从对现有的范畴和现实的怀疑入手,进而把它们还原于生活世界,探索它们的根据和历史前提,它的实质是"反实证主义"。②也就是说,作为马克思批判资产阶级政治经济学的历史唯物主义,它蕴含和体现了与现象学相一致的"反实证主义"的旨趣和方法。也只有在这一"现象学"的意义上,我们才会理解马克思为什么批评黑格尔的"精神现象学"为"非批判的实证主义"③。在此,我们完全有理由说,马克思的历史唯物主义早在资本的时代就实现了"现象学的革命"。

四、结语

由以上论述可以看出,马克思的历史唯物主义是以与古典经济学家或哲学家完全不同的方式思考资本的本质及其可能性的,这种思想实际上就是政治经济学批判与现象学分析相结合的"资本现象学"。在资本逻辑全球扩张的今天,人不是摆脱了而是更深地陷入资本的全面宰制之中,人在今天更加需要扬弃资本,获取自由。而要实现这一目标,就需要我们继续

---

① [苏]马·莫·罗森塔尔主编:《马克思主义辩证法史:从马克思主义产生到列宁主义阶段之前》,汤侠声译,人民出版社1982年版,第184页。
② 参见李惠斌:《鲍嫪的辩证现象学》,载《国外社会科学》1991年第7期。
③ 马克思:《1844年经济学哲学手稿》,人民出版社1985年版,第118页。

推进马克思作为历史唯物主义的资本现象学——资本主义社会的"解剖术",来瓦解资本的逻辑而最终超越资本主义。在此意义上,马克思对资本主义的批判不但没有过时,反而随着资本逻辑逐渐趋向其历史极限,越发显示出其不朽的生命力。因此,事实是资本逻辑的发展,一方面为20世纪的资本神话和野蛮状态提供了最广泛、最深刻的基础;另一方面也"已经以一种潜在的方式、已经作为一种潜能或秘密,包含着在后来的发展中随处可见的倒退的萌芽了"。[①] 所以,今天强调从"资本现象学"的视野来透视资本主义的历史"前途"和把握马克思历史唯物主义真实的批判和解放意蕴,更具有理论和现实的意义。

---

① 吴晓明:《现代性批判与"启蒙的辩证法"》,载《求是学刊》2004 年第 4 期。

历史唯物主义与中国问题

王庆丰

任何一种真正的哲学，都必须回答自己时代的重大理论和现实问题。问题是时代的呼声，哲学作为"时代精神的精华"，理应把自己时代的迫切问题作为自己关注的聚焦点。因此，重大的现实问题同时也就是重大的理论问题。"以马克思主义为理论基础的社会主义运动，是争取人类解放和实现人的全面发展的伟大事业。反思社会主义的历史命运，探索中国特色社会主义道路，是当代最重大的现实问题，因而也是我们时代最现实的哲学课题。"② 在某种意义上，对中国特色的社会主义道路的现实探索，在理论上就表征为探讨"历史唯物主义与中国问题"的关系。探讨两者之间的关系，并不是以历史唯物主义的观点教条地去评判中国现实，而是以历史唯物主义的方法或者说历史唯物主义开辟的道路去解决中国问题，从而探索一条中国特色的社会主义道路。

一、为什么是历史唯物主义

西方思想流派纷呈，为什么单单选择历史唯物主义去分析和解决中国问题？这不仅仅是因为中国是社会主义国家，马克思主义是当代中国的指导思想，更是因为马克思所开辟的这条理解人类社会现实的道路比其他思

---

① 原载《天津社会科学》2011 年第 4 期。
② 孙正聿：《马克思主义哲学的当代课题》，载《光明日报》2010 年 8 月 24 日第 11 版。

想优越、深刻得多。那么，马克思历史唯物主义的这种深刻性和时代性究竟体现在哪里？

海德格尔在《关于人道主义的书信》中认为："马克思在体会到异化的时候深入到历史的本质性的一度中去了，所以马克思主义关于历史的观点比其余的历史学优越。但因为胡塞尔没有，据我看来萨特也没有在存在中认识到历史事物的本质性，所以现象学没有、存在主义也没有达到这样的一度中，在此一度中才有可能有资格和马克思主义交谈。"① 海德格尔在此高度评价了马克思，认为其深入到了"历史的本质性的一度"，这也就是历史唯物主义优越于其他思想的地方。接下来，我们就要追问这个"历史的本质性的一度"的内涵是什么？海德格尔在其晚期讨论班的纪要当中给出了答案。"现今的'哲学'满足于跟在科学后面亦步亦趋，这种哲学误解了这个时代的两重独特现实：经济发展与这种发展所需要的架构。马克思主义懂得这〔双重〕现实。"② 可见，海德格尔所说的"历史的本质性的一度"指的就是我们这个时代的两重独特现实："经济发展与这种发展背后的架构"。正是这种经济发展及其背后的逻辑架构决定了人的异化的生存状态。由此，马克思开辟了一条理解人类社会现实的道路，而我们今天仍然生活在这样的社会现实中。

"经济发展"是我们这个时代的主要特征，这种发展背后的逻辑架构就是资本的逻辑，更确切地说就是"资本运动的逻辑"。这一逻辑**座架**正是被马克思的《资本论》等一系列著作揭示出来。马克思历史唯物主义的实质就是对资本主义社会"历史之谜"的解答，而对历史之谜解答的关键，又在于对"资本之谜"的揭示。马克思通过"资本"把现代社会关系的全部领域看得明白而且一览无遗。也正是在这个意义上，有学者指出，"资本主义是马克思一生研究的主题"，因此，"《资本论》不是为社会主义改造提供的菜谱，也不是为社会主义制度下的经济描绘的乌托邦蓝

---

① ［德］海德格尔：《关于人道主义的书信》，见孙周兴选编：《海德格尔选集》上卷，上海三联书店1996年版，第383页。
② ［德］海德格尔：《晚期海德格尔的三天讨论班纪要》，费迪耶等辑录，丁耘摘译，载《哲学译丛》2001年第3期。

图。它是对资本主义的潜在动态变化的系统研究。"① 这种资本主义的潜在动态变化就是"资本运动的逻辑"。马克思深刻地揭示了这一逻辑:以"价值增殖"为动机和目的的"没有止境"和"没有限度"的资本运动,这就是资本运动的逻辑。简而言之,价值增殖构成资本运动的逻辑。② 当马克思对资本主义社会进行深刻地洞察之后,马克思并没有停留于此,他还想改变世界,消除人的异化生存状态。海德格尔指出:"然而他还提出了其它的任务:'哲学家们只是以不同的方式解释世界,而问题在于改变世界。'"只有当马克思试图改变世界的时候,他才能真正地解释世界。"那么,在马克思那里谈到的是哪样一种改变世界呢?是生产关系中的改变。"③ 只有生产关系的改变,人才能摆脱资本主义条件下人的异化状态。马克思通过对西欧资本主义起源的考察找到了一条人类自由解放的现实道路。

对此,马克思曾经明确地指出:"一定要把我关于西欧资本主义起源的历史概述彻底变成一般发展道路的历史哲学理论,一切民族,不管他们所处的历史环境如何,都注定要走这条道路,——以便最后都达到在保证社会劳动生产力极高度发展的同时又保证人类最全面的发展的这样一种经济形态。"④ 可见,马克思并不想把历史唯物主义当成一种经验的历史学,而是想上升为"理性具体"的层面,成为一种"一般发展道路的历史哲学理论",而这条发展道路是所有民族发展的必由之路。这种发展状态是生产力高度发展和人的全面发展的统一,即作为"自由人的联合体"的共产主义社会。必须引起我们重视的是,马克思这里所谓的发展理论包括两方面的内容:生产力的发展和人的全面发展。我们不能离开生产力的高度发展而企图实现人的全面发展,如果离开就会陷入一种抽象的人道主义;同时,我们也不能离开人的全面发展去盲目地追求生产力的发展,如果这样

---

① [美]詹姆斯·劳洛:《马克思主义哲学和共产主义》,见欧阳康:《当代英美哲学地图》,人民出版社2005年版,第644页。
② 参见孙正聿:《"现实的历史":〈资本论〉的存在论》,见《中国社会科学》2010年第2期。
③ [德]海德格尔:《晚期海德格尔的三天讨论班纪要》,费迪耶等辑录,丁耘摘译,载《哲学译丛》2001年第3期。
④ 《马克思恩格斯全集》第19卷,人民出版社1965年版,第130页。

就会陷入经济决定论，堕入一种马克思所谓的"拜物教"，人与人之间的关系被贬低为一种物与物之间的关系。

对于我们的时代而言，马克思的思想仍然具有最强的解释力。不是马克思的时代已经过去了，恰恰相反，而是"马克思的时代"已经到来了。现代的社会仍然按照资本的逻辑进行着，各种社会现象仍是受资本的逻辑支配和制约的。要说变化，只不过与马克思所处的时代环境不同，资本的逻辑已不再局限于一个国家、民族，而是扩展和贯彻到整个世界。我们生活的时代，不仅仅是马克思所谓的"资本的时代"，而是一个"全球资本化"的时代。只要资本的逻辑没有被超越，围绕这种逻辑所阐发的各种发展思想也就很难被超越。马克思仍然是我们这个时代最深刻的思想家。这是因为"马克思的天才，马克思的影响经久不衰的秘密，正是他首先从历史长时段出发，制造了真正的社会模式。"① 在布罗代尔看来，马克思是19世纪"最强有力的社会分析"，马克思一眼望穿了历史的深处。正因如此，只要资本的逻辑没有被瓦解，马克思就永远是我们同时代的人。我们的时代更是一个马克思思想中所把握到的时代。

当代中国面临的最大问题仍然是"发展问题"。邓小平看到了发展生产力对社会主义的重要性，指出："马克思主义最注重发展生产力。我们讲社会主义是共产主义的初级阶段，共产主义的高级阶段要实行各尽所能、按需分配，这就要求社会生产力高度发展，社会物质财富极大丰富。所以社会主义阶段的最根本任务就是发展生产力，社会主义的优越性归根到底要体现在它的生产力比资本主义发展得更快一些、更高一些，并且在发展生产力的基础上不断改善人民的物质文化生活。"② 邓小平看到了生产力发展或者说经济发展是一切发展的前提，生产力是推动社会发展的根本动力。邓小平在判断中国现实的时候，指出我国更加需要发展生产力，这和中国所处的历史阶段是密不可分的。"要阐述中国社会主义是处在一个什么阶段，就是处在初级阶段，是初级阶段的社会主义。社会主义本身是

---

① ［法］布罗代尔:《资本主义论丛》，顾良、张慧君译，中央编译出版社1997年版，第202页。
② 《邓小平文选》第3卷，人民出版社1993年版 第63页。

共产主义的初级阶段，而我们中国又处在社会主义的初级阶段，就是不发达的阶段。一切都要从这个实际出发，根据这个实际来制订规划。"① 正因为我国处在社会主义初级阶段，发展生产力就成为了当代中国的第一要务。因此，邓小平认为："社会主义要消灭贫穷。贫穷不是社会主义，更不是共产主义。"② 中国要发挥社会主义的优越性，要实现人的全面发展，必须发展生产力。只有在经济发展的前提下，才能谈到其他发展。人类的一切进步，人类对自由、平等的向往和追求都要以经济的高速发展为基础。因此，邓小平对社会主义的本质进行了具有中国特色的全新的理解，"社会主义的本质，是解放生产力，发展生产力，消灭剥削，消除两极分化，最终达到共同富裕。"③ 社会主义的本质和根本任务告诉我们"发展才是硬道理"，因此在邓小平看来，抓住时机，发展自己，关键是发展经济，而实现发展经济的方式就是改革开放。

进入 21 世纪之后，改革开放取得了举世瞩目的成就。那么，发展还是不是当代中国的主题？当代中国发展不均衡的现状告诉我们，发展不仅仅是当代中国的主题，我国当下已进入了全面建设小康社会的关键时期，也是深化改革开放、加快转变经济发展方式的攻坚时期。这就需要我国实现"科学发展"。《中共中央关于十二五规划的建议》指出："以科学发展为主题，是时代的要求，关系改革开放和现代化建设全局。我国是拥有十三亿人口的发展中大国，仍处于并将长期处于社会主义初级阶段，发展仍是解决我国所有问题的关键。在当代中国，坚持发展是硬道理的本质要求，就是坚持科学发展，更加注重以人为本，更加注重全面协调可持续发展，更加注重统筹兼顾，更加注重保障和改善民生，促进社会公平正义。"总而言之，就是应更加重视落实科学发展观。科学发展观相对于以往的发展观最大的区别在哪里？简而言之，就是从"又快又好"转变为"又好又快"，这是一种发展标准的顺序性选择发生的转变。"又好又快"意味着不再单纯地追求经济的高度增长，而更加关注经济增长的效益。因此，虽

---

① 《邓小平文选》第 3 卷，人民出版社 1993 年版，第 252 页。
② 《邓小平文选》第 3 卷，人民出版社 1993 年版，第 63—64 页。
③ 《邓小平文选》第 3 卷，人民出版社 1993 年版，第 373 页。

然发展仍旧是当代中国的主题，但是发展的方式发生了重要的改变，转变经济增长方式成为这一时期的重点。以加快转变经济发展方式为主线，是推动科学发展的必由之路，符合我国基本国情和发展阶段性新特征。加快转变经济发展方式是我国经济社会领域的一场深刻变革，必须贯穿经济社会发展全过程和各个领域，提高发展的全面性、协调性、可持续性，坚持在发展中促转变、在转变中谋发展，实现经济社会又好又快发展。

现代西方思想家的发展理论是立足于西方的经济社会现实建立起来的理论体系，不仅在表层上是一种西方的理论话语，更深的层次上体现的是一种西方的道德价值观念。这就决定了其不可能真正担负起为发展中国家的发展合理制定理论、战略、目标与道路的任务。不仅如此，在对现代社会的分析与诊断上现代西方思想家远没有马克思深刻。建设具有中国特色的社会主义道路，历史唯物主义为我们提供了丰厚的理论资源。

二、经济发展的三个悖论与中国问题

"资本主义是马克思一生的研究主题"①，尽管当今时代的资本主义发生了很大的变化，但是现代社会，资本仍然是一种决定性的生产关系，它的关系也还在决定着其他一切关系的地位和影响。利奥塔曾经指出："资本主义是现代性的名称之一。"② 马克思对资本主义的剖析和批判，就是对现代性的分析和批判。马克思揭示了资本主义社会经济发展的三个悖论，这三个悖论不仅仅是资本主义社会所独有的，而且是资本时代的现代社会所共同面临的人类性问题，因此也是当代中国所面临的根本性问题。受资本逻辑支配的经济发展不可避免地会造成三个悖论：环境悖论、两极悖论和存在悖论。

---

① ［英］梅格纳德·德塞：《马克思的复仇》，汪澄清译，中国人民大学出版社2006年版，第10页。
② ［法］利奥塔：《后现代性与公正游戏——利奥塔访谈、书信录》，谈瀛洲译，上海人民出版社1997年版，第147页。

资本主义社会的特征是工业文明。工业文明是继农业文明之后兴起的一种新的文明形态。它开始于英国的产业革命，是现代社会的主要的文明形式。现代文明就是工业文明，工业文明的生产是工业生产，其技术基础是"大机器"。正是由于"大机器生产"代替了传统的"手工生产"，劳动生产率得到了快速的增长。资本逻辑是关于"物"的逻辑而不是"人"的逻辑。它关心的只是对物的占有，而人则仅仅被看成是实现资本运行的手段——"人力资源"和"消费机器"。最大利润的获得和资本的最快的增殖，是资本逻辑的最高原则。因此，掠夺更多的自然资源和消费更多的商品就成为资本逻辑的两个基本的支点。无偿地占有和支配更多的自然资源是经济过程的逻辑起点，而更多地消费则是资本逻辑的逻辑终端。它们是获取最大利润的两个关键的、必要的环节。在资本逻辑的支配下，已经不是通过经济增长来保证消费的满足，而是通过消费的扩张来保证经济的持续增长。当消费成为支撑"利润最大化"的逻辑的手段以后，这种消费也就主要不再是满足需要的活动，而是变成了对过剩产品的"消耗"和"毁灭"的活动。人成为毁灭过剩产品的机器，因为只有"毁灭"了过剩产品，生产才能继续进行，经济才能继续增长，资本才能继续增殖。因此，从本质上说，工业文明的经济（商品经济）是以挥霍性消费为前提的，这种经济从本质上看是不能做到"节约"的。因此，资本的逻辑要求对自然资源进行疯狂的掠夺，自然生态系统平衡的破坏，就成了工业文明的经济发展不可避免的必然后果。

资本逻辑导致了经济发展的环境悖论：只要人类促进经济发展，就不可避免地掠夺和消耗自然资源。但是，恩格斯告诉我们："我们不要过分陶醉于我们人类对自然界的胜利。对于每一次这样的胜利，自然界都报复了我们。每一次胜利，在第一次都确实取得了我们预期的结果，但是在第二步和第三步却有了完全不同的、出乎意料的影响，常常把第一个结果又取消了。"[①] 劳动是人类改造自然的最主要的方式。长期以来，人们存在一种认识上的误区，即认为人类的生产活动只是改造自然、利用自然物质为

---

① 《马克思恩格斯全集》第20卷，人民出版社1971年版，第519页。

人类生存和生活服务的活动,而没有看到人与自然和谐相处、协调发展的重要性。马克思把劳动过程看成是人类和自然界之间的物质变换过程。他指出:"劳动首先是人和自然之间的过程,是人以自身的活动来中介、调整和控制人和自然之间的物质变换的过程。"① 劳动本来是人以自身的活动来中介、调整和控制人和自然之间的关系,而现代社会却把劳动变成了人类改造、奴役、宰制自然的工具,人和自然之间的平等关系变成了人对自然的统治关系。因此,受资本的逻辑所支配的经济发展不可避免会产生环境问题。

在财富分配领域,资本主义社会条件下的经济发展必然会产生第二个悖论:两极悖论,也就是说资本主义社会经济发展的结果必然会导致贫富两极分化。"因为私有制把每一个人隔离在他自己的粗陋的孤立状态中,又因为每个人和他周围的人有同样的利益,所以土地占有者敌视土地占有者,资本家敌视资本家,工人敌视工人。在相同利益的敌对状态中,正是由于利益的相同,人类目前状态的不道德已经达到极点,而这个极点就是竞争。"② 每一个竞争者,不管他是工人,是资本家,或是土地占有者,都必定希望取得垄断地位。竞争建立在利益的基础上,而利益又引起垄断;竞争以垄断即所有权的垄断为前提,而最终导致更大的垄断。因此,作为国民经济学家主要口号的自由竞争,是不可能的事情。在资本主义社会中,大资本吞并了小资本,小资本家最终变成了无产者,财富迅速地向大资产者集中。"这种财产的集中是一个规律,它与所有其他的规律一样,是私有制所固有的;中间阶级必然越来越多地消失,直到世界分裂为百万富翁和穷光蛋、大土地占有者和贫穷的短工为止。任何法律,土地占有的任何分割,资本的任何偶然的分裂,都无济于事,这个结果必定会产生,而且就会产生,除非在此之前全面变革社会关系、使对立的利益融合、使私有制归于消灭。"③ 竞争的结果是:在通常情况下,按照强者的权利,大资本和大土地占有吞并小资本和小土地占有,就是说产生了财产的集中。

---

① 马克思:《资本论》第1卷,人民出版社2004年版,第207—208页。
② 《马克思恩格斯文集》第1卷,人民出版社2009年版,第72—73页。
③ 《马克思恩格斯文集》第1卷,人民出版社2009年版,第83—84页。

在经济危机发生的时期，这种集中进行得更快。

在财富向大资本家手里集中的同时，经济得到迅速的发展。因为，资本的集中更加有利于经济发展。但是，工人的生活水平并没有得到根本性的改变。这是因为，工人的工资相对而言一直是固定的，"实际上工人得到的是产品中最小的、万万不能缺少的部分，也就是说，只得到他不是作为人而是作为工人维持生存所必要的那一部分，只得到不是为繁衍人类而是为繁衍工人这个奴隶阶级所必要的那一部分。"① 死的资本总是迈着同样的步子，并且对现实的个人活动漠不关心。由于资本的本性就是追求利润的最大化，这就决定了工人的工资永远是最低工资，永远是维持其本人生存和繁衍其后代所必需的生活资料的价值。"因此，在社会的衰落状态中，工人的贫困日益加剧；在增长的状态中，贫困具有错综复杂的形式；在达到完满的状态中，贫困持续不变。"②

马克思指出，工人的这种生存状态是一种"异化"状态，"工人生产的财富越多，他的生产的影响和规模越大，他就越贫穷。工人创造的商品越多，他就越变成廉价的商品。物的世界的增值同人的世界的贬值成正比。"③ 因此，劳动所生产的对象，即劳动的产品，作为一种异己的存在物，作为不依赖于生产者的力量，同劳动相对立。马克思指出："工人对自己的劳动的产品的关系就是对一个异己的对象的关系。因为根据这个前提，很明显，工人在劳动中耗费的力量越多，他亲手创造出来反对自身的、异己的对象世界的力量就越强大，他自身、他的内部世界就越贫乏，归他所有的东西就越少。"④ 资本主义社会的经济越发展，资本就越集中，工人所创造出来的异己的力量就越强大，工人自己就越贫穷，属于自己的东西也就越少，胜利必定属于资本家。正如恩格斯所说，"直到世界分裂为百万富翁和穷光蛋、大土地占有者和贫穷的短工为止"。⑤

资本主义社会的经济发展必然造成"以物的依赖性为基础的人的独立

---

① 《马克思恩格斯文集》第 1 卷，人民出版社 2009 年版，第 122 页。
② 《马克思恩格斯文集》第 1 卷，人民出版社 2009 年版，第 122 页。
③ 《马克思恩格斯文集》第 1 卷，人民出版社 2009 年版，第 156 页。
④ 《马克思恩格斯文集》第 1 卷，人民出版社 2009 年版，第 157 页。
⑤ 《马克思恩格斯文集》第 2 卷，人民出版社 2009 年版，第 84 页。

性"生存状况,这是现代社会中人的存在方式的悖论。资本的逻辑表明,以生产关系为基础的人与人之间的全部社会关系,已经被异化为物与物的关系,"它使人和人之间除了赤裸裸的利害关系,除了冷酷无情的'现金交易',就再也没有任何别的联系了"。① 资产阶级在它取得了统治的地方把一切封建的、宗法的和田园诗般的关系都破坏了。"资产阶级撕下了罩在家庭关系上的温情脉脉的面纱,把这种关系变成了纯粹的金钱关系。"②

在《资本论》中,马克思通过对商品的剖析,揭示了"人与人之间的这种关系"。马克思指出,商品的神秘的性质不是来源于商品的使用价值,也不是来源于价值规定的内容,而是从商品这种形式本身来的。"商品形式的奥秘不过在于:商品形式在人们面前把人们本身劳动的社会性质反映成劳动产品本身的物的性质,反映成这些物的天然的社会属性,从而把生产者同总劳动的社会关系反映成存在于生产者之外的物与物之间的社会关系。由于这种转换,劳动产品成了商品,成了可感觉而又超感觉的物或社会的物。"③ 可见,商品之所以怪诞和神秘,其根源就在于,商品把人们本身劳动的社会性质反映成劳动产品本身的物的性质,因此也就把人与人之间的社会关系反映成了物与物之间的社会关系。马克思进一步指出:"商品形式和它借以得到表现的劳动产品的价值关系,是同劳动产品的物理性质以及由此产生的物的关系完全无关的。这只是人们自己的一定的社会关系,但它在人们面前采取了物与物的关系的虚幻形式。因此,要找一个比喻,我们就得逃到宗教世界的幻境中去。在那里,人脑的产物表现为赋有生命的、彼此发生关系并同人发生关系的独立存在的东西。在商品世界里,人手的产物也是这样。我把这叫作拜物教。劳动产品一旦作为商品来生产,就带上拜物教性质,因此拜物教是同商品生产分不开的。"④ 马克思在这里找到了人与人之间的社会关系采取物与物的关系的虚幻形式的根源,那就是商品拜物教,"人手的产物"劳动产品成为了商品,成了有生

---

① 《马克思恩格斯文集》第 2 卷,人民出版社 2009 年版,第 34 页。
② 《马克思恩格斯文集》第 2 卷,人民出版社 2009 年版,第 34 页。
③ 马克思:《资本论》第 1 卷,人民出版社 2004 年版,第 89 页。
④ 马克思:《资本论》第 1 卷,人民出版社 2004 年版,第 89—90 页。

命的、彼此发生关系并同人发生关系的独立存在的东西。

因此,《资本论》最本己的任务就是揭露物与物的掩盖下所形成的人与人之间的关系。马克思通过一种特殊的商品——劳动力——来揭示这一异化的社会关系。马克思指出:"如果劳动是商品,那么它就是一种具有最不幸的特性的商品。"① 劳动力成为商品是资本得以增殖的前提。在G—W—G′的运动中,"要转化为资本的货币的价值变化,不可能发生在这个货币本身上","这种变化必定发生在第一个行为G—W中所购买的商品上"。② 这就是说,在G—W—G′的增殖运动中,"货币占有者就必须幸运地在流通领域内即在市场上发现这样一种商品,它的使用价值本身具有成为价值源泉的独特属性,因此,它的实际消费本身就是劳动的对象化,从而是价值的创造。货币占有者在市场上找到了这样一种独特的商品,这就是劳动能力或劳动力"③。

劳动力成为商品标志着雇佣劳动关系的产生,标志着资本主义生产方式的确立。"只有当生产资料和生活资料的占有者在市场上找到出卖自己劳动力的自由工人的时候,资本才产生;而单是这一历史条件就包含着一部世界史。因此,资本一出现,就标志着社会生产过程的一个新时代。"④ 也正是在这个意义上,马克思一再强调资本是一种"社会生产关系",生产资料只有在一定的社会关系下,它才成为资本。在《1857—1858年经济学手稿》中,马克思明确地指出,"资本显然是关系,而且只能是生产关系"⑤,并且这种关系是"资产阶级社会占统治地位的关系"。在《资本论》中,马克思更是多次明确指出:"资本不是一种物,而是一种以物为中介的人和人之间的社会关系"⑥,"资本不是物,而是一定的、社会的、属于一定历史社会形态的生产关系,后者体现在一个物上,并赋予这个物

---

① 《马克思恩格斯文集》第1卷,人民出版社2009年版,第128页。
② 马克思:《资本论》第1卷,人民出版社2004年版,第194页。
③ 马克思:《资本论》第1卷,人民出版社2004年版,第194—195页。
④ 马克思:《资本论》第1卷,人民出版社2004年版,第198页。
⑤ 《马克思恩格斯全集》第30卷,人民出版社1995年版,第510页。
⑥ 马克思:《资本论》第1卷,人民出版社2004年版,第877—878页。

以独特的社会性质。资本不是物质的和生产出来的生产资料的总和"①。"资本"所体现出来的生产关系就是资本主义社会的生产关系,即资本家无偿占有工人创造的剩余价值的关系。资本的唯一目的和动机就是占有尽可能多的剩余价值。这就是人的独立性与物的依赖性这一悖论,或者说人与人之间的关系被贬低为物与物之间的关系所产生的现实根源。

经济发展的三个悖论都根源于资本主义的生产方式,"资本主义的生产方式和积累方式,从而资本主义的私有制,是以那种以自己的劳动为基础的私有制的消灭为前提的,也就是说,是以劳动者的被剥夺为前提的"②。瓦解资本的逻辑就是推翻资本主义社会的生产关系。这是因为,"资产阶级的生产关系和交换关系,资产阶级的所有制关系,这个曾经仿佛用法术创造了如此庞大的生产资料和交换手段的现代资产阶级社会,现在像一个魔法师一样不能再支配自己用法术呼唤出来的魔鬼了。"③资本主义社会已经无力驯服和驾驭"资本"这一"魔鬼"了,那么社会主义呢?我国建立中国特色的社会主义市场经济体制,引入市场或资本这一现代社会最有效的资源配置方式和扩大再生产的手段,就不可避免地要面对资本逻辑的支配力量以及经济发展产生的三个悖论性后果。当代中国问题的关键就在于如何消解资本的逻辑所导致的经济发展的三个悖论。对于社会主义来讲,避免经济发展的三个悖论,不在于瓦解资本的逻辑,而在于如何驯服资本。

三、社会主义对资本力量

马克思为我们揭开资本主义社会发展的神秘面纱,经济发展背后的逻辑架构:资本增殖的逻辑。马克思把资本的这种正面效应称之为"资本的文明",并且高度地评价了资本的这种积极作用。马克思指出:"资本的文

---

① 马克思:《资本论》第3卷,人民出版社2004年版,第922页。
② 马克思:《资本论》第1卷,人民出版社2004年版,第887页。
③ 《马克思恩格斯文集》第2卷,人民出版社2009年版,第37页。

明面之一是，它榨取这种剩余劳动的方式和条件，同以前的奴隶制、农奴制等形式相比，都更有利于生产力的发展，有利于社会关系的发展，有利于更高级的新形态的各种要素的创造。"① 因此，"资产阶级在它的不到一百年的阶级统治中所创造的生产力，比过去一切世代创造的全部生产力还要多，还要大。自然力的征服，机器的采用，化学在工业和农业中的应用，轮船的行驶，铁路的通行，电报的使用，整个整个大陆的开垦，河川的通航，仿佛用法术从地下呼唤出来的大量人口——过去哪一个世纪料想到在社会劳动里蕴藏有这样的生产力呢？"② 资本所召唤和激发出来的生产力，是前所未有的，它使人类社会产生了爆发式的发展。以至于马克思在谈论"资本"时使用了"法术"、"魔法"等词语。

毫无疑问，作为经济发展的内在驱动力，资本仍是现代社会最有效的资源配置方式，中国作为社会主义国家在完成了对资本主义大工业体系的模仿之后，必须引入资本来作为扩大再生产的社会手段。"社会主义和市场经济之间不存在根本矛盾。问题是用什么方法才能更有力地发展社会生产力。"③ 这是当时中国所急需解决的问题。因此，当邓小平作出"贫穷不是社会主义"的论断之后，引入资本就势在必行。

邓小平改变了资本的流俗观念，指出："计划多一点还是市场多一点，不是社会主义与资本主义的本质区别。计划经济不等于社会主义，资本主义也有计划；市场经济不等于资本主义，社会主义也有市场。计划和市场都是经济手段。"④ 邓小平的这段话有三重含义，或者说引发了三个问题：第一，资本与资本主义的问题。邓小平不再把资本看作是资本主义所独有的、决定社会性质的东西。这样，资本就被从资本主义当中剥离出来，社会主义国家也可以引入资本，搞市场经济。这样，我们就可以充分地发挥资本增殖逻辑的正面作用，为社会主义经济建设注入活力。总而言之，要资本不要资本主义，但是如何做到成为问题；第二，计划和市场的关系。

---

① 马克思：《资本论》第 3 卷，人民出版社 2004 年版，第 927—928 页。
② 《马克思恩格斯文集》第 2 卷，人民出版社 2009 年版，第 36 页。
③ 《邓小平文选》第 3 卷，人民出版社 1993 年版，第 148 页。
④ 《邓小平文选》第 3 卷，人民出版社 1993 年版，第 373 页。

迄今为止，人类发明的组织扩大再生产的社会关系力量只有两种：一是作为政府力量的权力，用它来配置社会资源进行扩大再生产就是计划经济；一种是作为市场力量的资本，用它来配置社会资源，仅此能够扩大再生产就是市场经济。政府的经济权力与资本二者都是支配生产要素来进行生产活动的社会关系力量。那么计划和市场两者之间的关系是怎样的呢？第三，资本和社会主义的问题。如果说社会主义引入市场经济，引入资本的力量，如何为己所用，而不致为其所困。换言之，也就是社会主义如何驯服资本的问题，将资本作为利用、引导和驾驭的对象。三个问题归根结底是一个问题，就是社会主义如何驯服资本的问题。更明确地说，社会主义如何发挥资本的正面效应，而避免它的负面作用。

为了更清楚地分析这一驾驭资本的现实途径，在此引入"三种逻辑"的分析框架。我们可以把人的现实世界分成三个维度：生活世界、政治世界（国家）和经济世界（市场）。"虽然生活世界、国家和市场这三个实践场域之间密切相关，但它们各有其内在的规定性或内在的逻辑。生活世界的主体是全体社会成员，其自发的指向是维持全体社会成员好的生活或正常的生活，故其内在逻辑可称之为生活逻辑或生存逻辑；政治活动场域的主体是国家权力，其目标是将社会生活维持在一定的秩序范围内，故其内在逻辑可称之为秩序逻辑；市场或经济活动的主体是资本，其自发的目标是获取最大化的利益，其内在逻辑可称之为资本逻辑。这样，三个实践场域之间的博弈，也就是生存逻辑、秩序逻辑和资本逻辑之间的博弈。"[①] 三种逻辑为我们分析社会主义与资本力量提供了很好的理论坐标。

资本逻辑与生存逻辑经常处于一种对立状态。马克思在《1884年经济学哲学手稿》中曾经通过引用亚当·斯密的话来说明这种冲突，"对资本家来说，资本的最有利的使用，就是在同样可靠的条件下给他带来最大利润的使用。这种使用对社会来说并不总是最有利的。"由于利润最大化构成了资本逻辑的指挥棒，因此"最重要的劳动操作是按照投资者的规划和盘算来调节和指挥的。而投资者所有这些规划和操作的目的就是利润"。

---

① 王南湜：《全球化时代生存逻辑与资本逻辑的博弈》，载《哲学研究》2009年第5期。

所以，这就导致了"经营某一特殊商业部门或工业部门的人的特殊利益，在某一方面总是和公众利益不同，甚至常常同它相敌对。商人的利益始终在于扩大市场和限制卖者的竞争……这是这样一些人的阶级，他们的利益决不会同社会的利益完全一致，他们的利益一般在于欺骗和压迫公众。"①由于资本逻辑和生存逻辑处于一种天然的对立状态，那么，国家权力应该在两者之中采取一种什么样的立场？

第一种情况，资本逻辑支配国家政权，其最终的结果必将损害老百姓的生存逻辑，而使财富迅速地向少数人手中集中，违背了社会主义国家的宗旨，也违背了改革开放共同富裕的目标，其结果必将是政府被资本的逻辑所绑架；第二种情况，国家政权支配资本逻辑，国家政权以生存逻辑为导向，这样能够更好地保障民生，更好地引导和驾驭资本。除行政权力之外，国有资本应该在驾驭和引导社会资本方面发挥积极的作用，国有资本不应该以资本的逻辑及利润最大化为导向，而应该保障生存逻辑，引导整个社会的资本服务于民生。

因此，当代中国的问题，一言以蔽之，就是"社会主义对资本力量"问题。从总体上说，只有当社会主义力量足够强大，能够引导、利用、驾驭、制约私人资本力量，才有可能保持和发展我国的社会主义制度，才能建立起真正的社会主义市场经济。反过来说，当社会主义力量无法引导与驾驭私人资本力量，反过来私人资本力量成为全社会主宰力量。邓小平指出："多搞点'三资'企业，不要怕。只要我们头脑清醒，就不怕。我们有优势，有国营大中型企业，有乡镇企业，更重要的是政权在我们手里。有的人认为，多一份外资，就多一分资本主义，'三资'企业多了，就是资本主义的东西多了，就是发展了资本主义。这些人连基本常识都没有。"② 如果说邓小平"关于计划和市场"的论述为我们破除了关于"资本"的教条观念的话，那么这段话为我们指出了驾驭资本的道路："有国营大中型企业，有乡镇企业，更重要的是政权在我们手里。"这句话我们可以看出驾驭资本的两条道路：国有资本和国家政权。国家政权通过行政

---

① 《马克思恩格斯文集》第1卷，人民出版社2009年版，第133页。
② 《邓小平文选》第3卷，人民出版社1993年版，第372—373页。

权力和国有资本去调控和引导资本。改革开放以来，我国致力于建设有中国特色的社会主义市场经济，标志着社会主义结束了对资本力量的恐惧与敌对的态度，而代之以充满自信的主人翁态度，资本只是我们利用的手段，而不是我们信奉的主义，可以使资本力量纳入到社会主义轨道，为社会主义建设服务。

国家政权通过行政权力和国有资本去调控和引导资本，这也就是我们通常所说的宏观调控。党的十七大报告指出：要深化对社会主义市场经济规律的认识，从制度上更好发挥市场在资源配置中的基础性作用，形成有利于科学发展的宏观调控体系。完善国家规划体系，发挥国家发展规划、计划、产业政策在宏观调控中的导向作用，综合运用财政、货币政策，提高宏观调控水平。中国特色的社会主义市场经济的特色和其社会主义性质就在于通过国有资产资本化为"国有资本"，引导、吸收和控制全社会的资本来实现社会的公平和正义，来保障民生，实现共同富裕。

因此，如果从三种逻辑的视角看待社会主义力量对资本的驾驭，就是秩序逻辑与生存逻辑相结合，去引导资本的逻辑。而所有问题的关键在于政权的性质，政权的性质取决于执政党即中国共产党的本性，这就要求无论是党和国家，还是马克思主义中国化，都必须坚持马克思主义人类解放的理论旨趣和价值诉求。

历史唯物主义与马克思的自然观[①]

王福生

一

马克思自然观的真实意涵是什么？是以"客体或直观"的方式理解自然，还是从"人的感性活动"理解自然，这直接关涉如何理解马克思"新唯物主义"的问题。具体而言，就是如何理解辩证唯物主义与历史唯物主义的关系问题。人们的通常理解是，辩证唯物主义是马克思以自然观为基础的世界观，历史唯物主义是辩证唯物主义在社会历史领域中的推广和应用。这种解释的问题在于：历史唯物主义是否就是唯物史观，有没有脱离历史唯物主义的辩证唯物主义世界观？这是一个需要辨析和解释的前提性问题。把历史唯物主义单纯地理解为唯物主义历史观，从而把脱离历史唯物主义（在前述前提下这种脱离是必然的）的辩证唯物主义理解为马克思的世界观，其理论困难主要在于，难以说清辩证唯物主义的"辩证"究竟意味着什么。对此，人们的通常解释是，"辩证唯物主义"作为"唯物主义"和"辩证法"的有机统一，是给费尔巴哈"唯物主义"的"科学基础""补充"了黑格尔"辩证法"的"合理内核"的结果。这种解释的错误之处在于：把有内容的"辩证法"理论变成了可以随意加以套用（"加

[①] 原载《学术月刊》2011年第12期。

上"、"补充")的抽象原则和公式,从而极大地误解了马克思哲学革命的真实内容。实际上,正如孙正聿教授所曾详加论证的那样,根本就没有超越于"历史唯物主义"的"辩证唯物主义",如果要想使马克思的"新世界观是'辩证唯物主义'"这一命题不流于形式和口号的话,其真实的理论内涵只能是:马克思的"新世界观"是"历史唯物主义"。① 对于马克思的"新唯物主义"作为彻底的唯物主义来说,问题的关键是如何理解"历史"。众所周知,马克思以前的旧唯物主义者们也是关注社会历史领域的。比如,费尔巴哈就曾大谈特谈政府、君主、德国精神、平等、自由、财产关系和法权关系等,甚至还讲过"人是人的作品,是文化、历史的产物"②。但问题是,所有这些对社会历史问题的"唯物主义"关注最终都演变成了"爱的呓语",从而陷入了"历史唯心主义"的泥潭。这是为什么?原因在于,"对于古代和近代唯物主义来说,其眼中的存在都只是自然存在,并不存在原则上不同于自然存在的社会历史存在"③。

与旧唯物主义者们从"趋乐避苦"的"自爱"(爱尔维修)或"人对人的爱"(费尔巴哈)的感受性原则出发讨论历史相反,德国古典哲学发展了由维柯开始的"普遍历史"或"世界历史"原则。④ 维柯的"普遍历史"作为哲学原则,是说任何事物要想获得理解,就必须是由认识者本身创造出来的,而人类世界确实是人类自己创造出来的,那么这个世界的原理必然能在人类心智中找出,但创造的心智之不一致,却会使创造的结果超出个人目的而具有一种"天意"或"天神意旨"的必然性。康德把"普遍历史"的"天神意旨"的必然性发展为先验逻辑的必然性,即概念间的必然联系,不过这样一种必然性与事物本身的性质无关,而只是我们理解事物的主观原理即"准则"。黑格尔认为,康德的观点是主观的,但同时又认为,康德对有生命的东西的目的论解释提出了主观与客观、概念

---

① 参见孙正聿:《历史的唯物主义与马克思主义的新世界观》,载《哲学研究》2007年第3期。
② 《费尔巴哈哲学著作选集》上卷,荣震华等译,生活・读书・新知三联书店1959年版,第247页。
③ 王南湜:《历史唯物主义何以可能》,载《学习与探索》2009第5期。
④ 吴晓明:《维柯的历史原则及其意义》,载《哲学研究》1992第2期。

与现实等对立面的和解的自觉要求。黑格尔通过把康德先验逻辑的自我意识原则改造为思辨逻辑的精神原则,最终完成了维柯历史原则的逻辑学改造。因为绝对精神的自我活动原则,即从其无限的可能性达到无限的对立,进而扬弃这种对立而重返自身的原则,就是黑格尔的历史原则,其纯粹的展开形式是思辨逻辑的辩证法,其见诸实行的形式就是世界历史。由此,黑格尔统一了逻辑与历史,"不仅创新了逻辑,而且无疑重铸了历史概念"①。

但在马克思看来,黑格尔所把握到的历史不过是历史的"抽象的、逻辑的、思辨的表达,这种历史还不是作为一个当作前提的主体的人的现实历史,而只是人的产生的活动、人的形成的历史"②。这里的区别在于,黑格尔视绝对精神为历史发展的主体,只有符合绝对精神之计划的事件才具备真正的现实性,从而人的现实的生活世界就被思辨的逻辑图式所消解掉了;而马克思则在对黑格尔的颠倒中把现实的有生命的个人确立为历史发展的主体,而构成历史的人的实践活动是一种对象性活动,作为一种对象性活动,它是一种以人类存在为新的同一性基础的否定性的辩证统一关系,是一种消除自然的外在性、不合目的性而使之成为合目的性的活动。由此出发,马克思既找到了费尔巴哈等旧唯物主义者们所没有的把握现实历史的辩证法,又为黑格尔等人所发展的历史原则提供了新的唯物主义基础,从而真正实现了唯物主义与辩证法的统一。可以看出,马克思的辩证唯物主义完全是由他对历史的特殊理解所贯通的,没有他对历史的辩证的、唯物主义的理解就没有辩证唯物主义。因此,"在马克思主义哲学中,并不存在独立于'历史唯物主义'之外或超然于'历史唯物主义'之上的'辩证唯物主义'",马克思"以'感性的人的活动'为立足点的'新世界观',就是马克思恩格斯所创建的以'现实的人及其历史发展'为内容的'历史唯物主义'"③。

---

① 吴晓明:《维柯的历史原则及其意义》,载《哲学研究》1992 第 2 期。
② 马克思:《1844 年经济学哲学手稿》,人民出版社 2000 年版,第 97 页。
③ 参见孙正聿:《历史唯物主义的真实意义》,载《哲学研究》2007 第 9 期。

二

历史唯物主义地理解马克思的自然观,关键是要明确马克思自然观的"社会—历史性质"[①]。实际上,早在《1844年经济学哲学手稿》中,马克思就说:"被抽象地理解的,自为的,被确定为与人分隔开来的自然界,对人来说也是无","在人类历史中即在人类社会的形成过程中生成的自然界是人的现实的自然界"。[②] 由此而来的第二点就是,自然不是"一切存在物之总和",其外延是"人本身的自然"和"人周围的自然"[③],其核心是二者之间否定性的辩证统一关系。而这也就意味着,即使在马克思使用"物质"、"自然"、"物质力量"、"整个物质世界"等术语来标识他的自然概念时,他所指的依然是"人"周围的自然、经过人及其活动"中介"了的自然,而绝非与"人"无关的本体论意义上的"物质"本源。在《1844年经济学哲学手稿》中,马克思讲到:"人直接地是自然存在物。"[④] 而这也就意味着:一方面,人作为有生命的自然存在物,具有自然力、生命力,是能动的存在物;另一方面,人作为自然的、肉体的、感性的、对象性的存在物,是受动的存在物。因此,他和其他自然存在物一样,都需要外在的对象、自然界来维持和延续自己的生命存在,"而人和动物相比越有普遍性,人赖以生活的无机界的范围就越广阔"[⑤]。在这里,前一方面说的是"人本身的自然",后一方面说的是"人周围的自然",整个命题讲的是人作为自然存在物是二者的否定性的辩证统一。

在《德意志意识形态》中,马克思对人类历史的现实前提与真实内容作了如下规定:首先,人类历史的首要前提是"有生命的个人的存在",而关于"个人",首要的则是"这些个人的肉体组织以及由此产生的个人

[①] [德] 施密特:《马克思的自然概念》,欧力同等译,北京,商务印书馆1988年版,第2页。
[②] 马克思:《1844年经济学哲学手稿》,人民出版社1985年版,第116、89页。
[③] 马克思:《资本论》第1卷,人民出版社1975年版,第560。
[④] 马克思:《1844年经济学哲学手稿》,人民出版社1985年版,第105、56页。
[⑤] 马克思:《1844年经济学哲学手稿》,人民出版社1985年版,第105、56页。

对其他自然的关系"。① 一方面是人们自身的生理特性,一方面是人处于其中的外在自然环境,包括地质条件、山岳水文地理条件、气候条件等,人类生产自己生活资料的实践活动,从而人类历史就是在这样的情形下开始的。其次,正是人与自然之间的关系、人与人之间的关系以及它们二者之间的关系构成了历史发展的真实内容。比如,在人类历史的早期,"自然界起初是作为一种完全异己的、有无限威力的和不可制服的力量与人们对立的,人们同自然界的关系完全像动物同自然界的关系一样,人们就像牲畜一样慑服于自然界,因而,这是对自然界的一种纯粹动物式的意识(自然宗教)","这里和任何其他地方一样,自然界和人的同一性也表现在:人们对自然界的狭隘的关系决定着他们之间的狭隘的关系,而他们之间的狭隘的关系又决定着他们对自然界狭隘的关系"。②

在《资本论》中,马克思依然是从"人本身的自然"和"人周围的自然"及其相互关系来考虑问题的。比如对劳动过程的如下考察:

> 劳动首先是人和自然之间的过程,是人以自身的活动来引起、调整和控制人和自然之间的物质变换的过程。人自身作为一种自然力与自然物质相对立。为了在对自身生活有用的形式上占有自然物质,人就使他身上的自然力——臂和腿、头和手运动起来。当他通过这种运动作用于他身外的自然并改变自然时,也就同时改变他自身的自然。③

在这个对劳动的一般性规定中,劳动的出发点和目的本身都是自然:人利用他身上的自然力去作用、改变他周围的自然,使之为其所用,其结果则是他自身自然的改变。在此一般规定之后,马克思接着指出:"劳动过程的简单要素是:有目的的活动或劳动本身,劳动对象和劳动资料。"④这里,自然作为"人本身的自然"和"人周围的自然"的意涵清晰可见:一方面,马克思特别重视劳动者的劳动本身,认为"不同的人的天然特性

---

① 《马克思恩格斯选集》第1卷,人民出版社1995年版,第67页。
② 《马克思恩格斯选集》第1卷,人民出版社1995年版,第81—82页。
③ 马克思:《资本论》第1卷,人民出版社1975年版,第201—202页。
④ 马克思:《资本论》第1卷,人民出版社1975年版,第202页。

和他们的生产技能上的区别"① 对劳动生产力有巨大影响；另一方面，马克思又明确指出，诸如土地、水以及捕获的鱼、在原始森林中砍伐的树木、从地下矿藏中开采的矿石等都是天然的劳动对象或原料，诸如已经加工过的石块、木头、骨头、贝壳以及各种生产工具等都是所谓的劳动资料，而在所有的劳动资料中，生产工具最为重要："各种经济时代的区别，不在于生产什么，而在于怎样生产，用什么劳动资料生产。劳动资料不仅是人类劳动力发展的测量器，而且是劳动借以进行的社会关系的指示器。"②

再比如对"剩余价值的自然基础"③ 问题的讨论。首先，是自然条件对剩余价值生产的推动：一方面，就"人本身的自然"来说，人的劳动、生产"取决于自然需要的量，从而取决于对劳动的自然推动"，"取决于行动的必要性"。④ 另一方面，就"人周围的自然"来说，过于富饶的自然会使生活资料的获取变得极为便捷，从而会使人们不思进取，劳动的积极性必然不高；而过于贫瘠的土地和过于恶劣的气候则会使人们劳动的艰辛付之东流，从而完全消灭人们劳动的愿望。因此，"资本的祖国不是草木茂盛的热带，而是温带。不是土壤的绝对肥力，而是它的差异性和它的自然产品的多样性，形成社会分工的自然基础，并且通过人所处的自然环境的变化，促使他们自己的需要、能力、劳动资料和劳动方式趋于多样化"⑤。

其次，是自然条件对剩余价值生产的限制。

一方面，就"人本身的自然"来讲，虽然资本家总是想尽可能多地消耗劳动者的劳动能力，从而尽可能多地赚取剩余价值，但这种对劳动者劳动能力的消耗毕竟是有一定界限的：第一是劳动力的身体界限。人在一个24小时的自然日内只能支出一定量的生命力……除了这种纯粹身体的界限之外，工作日的延长还碰到道德界限。工人必须有时间满足精神的和社会的需要，这种需要的范围和数量是由一般的文化状况所决定的。⑥

另一方面，就"人周围的自然"来讲，也有一个自然富源对剩余价值

---

① 《马克思恩格斯全集》第16卷，人民出版社1964年版，第140页。
② 马克思：《资本论》第1卷，人民出版社1975年版，第204页。
③ 马克思：《资本论》第1卷，人民出版社1975年版，第559页。
④ 转引自周义澄：《自然理论与现时代》，上海人民出版社1988年版，第64页。
⑤ 马克思：《资本论》第1卷，人民出版社1975年版，第561页。
⑥ 马克思：《资本论》第1卷，人民出版社1975年版，第259—260页。

生产的限制问题。马克思把自然富源大体上分为两类：一类是生活资料的自然富源，例如土壤的肥力、渔产丰富的水等；另一类是劳动资料的自然富源，如奔腾的瀑布、可以航行的河流、森林、金属、煤炭等。马克思就此明言：在文化初期，第一类自然富源具有决定性的意义，比较雅典、科林斯与黑海沿岸地方的发展可以证明此点；在较高的发展阶段，第二类自然富源具有决定性的意义，比较英国和印度的发展可以证明此点。[①] 因此，可以确定的是，劳动的自然条件越是优越（比如占有更多肥沃的土地、丰富的矿藏等），那么，生产必要生活资料和一些劳动资料的时间就会越短，其最后的结果就是剩余劳动时间的延长和剩余价值的增加。总之，即使生产劳动得以在其中进行的社会形式相同，各个国家和地区的劳动生产力水平也会因自然条件的不同而呈现出极大的不同。

由"剩余价值的自然基础"问题出发，《资本论》还讨论了资本主义的大机器生产使自然力变成"社会劳动的因素"的问题。因为，正是对劳动力使用的上述限制最终促使资本家从热衷于绝对剩余价值的生产转向了相对剩余价值的生产，并因此成了促进生产力发展的一个动因。在相对剩余价值的生产中，机器、科学在生产中的应用是至关重要的一个环节。机器生产取代手工生产标志着人对自然力更强大的征服和利用，是科学进步及其应用于工业的结果。马克思关于机器、科学、工业对自然的影响，科学在人与自然之间新的历史关系中的作用、特征的论述，极大地充实了历史唯物主义自然观的基本内涵。

马克思讨论科学多是把它及其应用放到现实的生产过程之中加以考察，而不是一般地讨论科学问题。马克思认为："大生产——应用机器的大规模协作——第一次使自然力，即风、水、蒸汽、电大规模地从事于直接的生产过程，使自然力变成社会劳动的因素（在农业社会，在其资本主义前的形式中，人类劳动只不过是它所不能控制的自然过程的助手）。"[②] 也就是说，在前资本主义的生产形式中，人类劳动不过是其"所不能控制的自然过程的助手"，而在大机器生产时期，人类通过使用机器而取得了对自然力的控制，并最终使其变成了"社会劳动的因素"。这种情况在资

---

① 马克思：《资本论》第 1 卷，人民出版社 1975 年版，第 500 页。
② 《马克思恩格斯全集》第 47 卷，人民出版社 1979 年版，第 569 页。

本主义生产时期是如此普遍，以致马克思说：人需要作为"人的手的创造物"的机器在生产上消费自然力，就像呼吸时需要肺一样。① 科学应用于工业和生产不仅使资本家最大可能地赚取了剩余价值，而且还极大地改变着人与自然之间的关系。在原来的生产过程中，作为人与自然界中介的是某种经过加工的自然物，但在科学和机器介入生产过程之后，科学过程也就取代作为自然物的工具而成了人与自然界之间的中介："不再是个人把改变了形态的自然物作为中间环节放在自己和对象之间；而是工人把由他改变为工业过程的自然过程作为媒介放在自己和被他支配的无机自然界之间。"② 正是因为科学在资本主义生产中的上述重要作用，马克思才在论及"机器和大工业"时写下了下面这段话：

工艺学会揭示出人对自然的能动关系，人的生活的直接的生产过程，以及人的社会生活条件和由此产生的精神观念的直接生产过程。甚至所有抽调这个物质基础的宗教史，都是非批判的。事实上，通过分析来寻找宗教幻象的世俗核心，比反过来从当时的现实生活联系中引出它的天国形式要容易得多。后面这种方法是唯一的唯物主义的方法，因而也是唯一的科学的方法。那种排除历史过程的、抽象的自然科学的唯物主义的缺点，每当它的代表越出自己的专业范围时，就在他们的抽象的和唯心主义的观念中立刻显露出来。③

这是马克思在政治经济学的科学研究之中重新表述历史唯物主义的基本原理：从物质生产生活这个"世俗核心"出发理解一切人类历史，而所有的人类历史都奠基于人对自然的能动关系之中，而人对自然的能动关系，在现时代，就突出地表现在科学技术之中。

三

历史唯物主义地理解马克思自然观具有重要的理论意义和实践价值。

---

① 《马克思恩格斯全集》第47卷，人民出版社1979年版，第569页。
② 《马克思恩格斯全集》第46卷下册，人民出版社1980年版，第218页。
③ 马克思：《资本论》第1卷，人民出版社1974年版，第410页。

首先，这将有助于理解马克思历史唯物主义的真实意义。要想真正理解历史唯物主义作为马克思新世界观的真实意义，前提之一就是对历史唯物主义作为马克思新世界观所具有的"解释原则"的意义与马克思"自然观"、"历史观"、"社会观"、"实践观"等所具有的"世界观意义"进行认真区分。一方面，"自然"、"历史"、"社会"、"实践"等都是哲学所要处理的重要认识对象，因此，"自然观"、"历史观"、"社会观"、"实践观"等都是哲学世界观的重要组成部分，也都具有某种"世界观意义"。另一方面，哲学家在处理所有这些问题时总是会为某种"世界观"的"解释原则"所支配，而马克思"新世界观"的"解释原则"就是历史唯物主义。因此，把"历史"的唯物主义确定为马克思"新世界观"的"解释原则"，既没有否定马克思"自然观"、"历史观"、"社会观"、"实践观"等所具有的"世界观"意义，也没有取代马克思"自然观"、"历史观"、"社会观"等的真实研究。把"历史"的唯物主义解释为马克思主义的"新世界观"，只是确立了马克思与其他所有旧唯物主义者之间的本质区别，并由此为深入理解"自然"、"历史"、"社会"、"实践"等奠定了必要而坚实的方法论基础。由本文对马克思自然观的阐明来看，把历史唯物主义确定为马克思的新世界观不会占领任何马克思主义专题研究的学术领地，恰恰相反，它只会把这些研究置于坚实的基础之上，并为其打开更广阔的理论空间。

其次，这将有助于当代科学理论的进一步发展。相对论和量子力学的出现，一方面促进了现代自然科学的迅猛发展，另一方面也为哲学的发展提供了很多坚实的资料，并提出了诸多挑战。爱因斯坦和哥本哈根学派之间关于量子力学阐释的著名争论就是这样一个典型案例。双方争论的焦点是外在世界的客观实在性问题：爱因斯坦一方面坚持不以人的主观意识和意志而独立存在的外在世界的客观实在性，一方面又坚持这种客观存在的外在世界在被人们观察、测量和认识时的相对性，这本来十分符合马克思历史唯物主义的自然观，但由于爱因斯坦并没有认识到把这两个极端（绝对性和相对性）真正统一起来的中介，即人类的物质生产实践，从而只能把统一的根据放在上帝里面（机械降神），这直接导致了其在争论中的被动地位。与爱因斯坦的辩证态度相反，哥本哈根学派从主观的、相对的立场出发，完全放弃了对外在世界客观性的承认，这虽然正确地强调了人的主观因素在人与世界的认识和实践关系中的重要地位，但却把这种主观因素片面地加以发展了，从而最终陷入了唯心主义泥潭。我们认为，只有马克思主义的以"现实的人及其历史发展"为出发点的历史唯物主义，才使外在世界的客观物质性与人的主观能动性真正地统一在一起，从而解决困扰爱因斯坦的两难困境，而这一困境真正说来是不被哥本哈根学派的科学家们所知晓的。因此，马克思历史的、辩证的唯物主义的自然观对于当代科学理论的进一步发展具有重大启示意义。

最后，历史唯物主义地理解马克思的自然观，可以有助于解决全球性的环境和生态问题。在现代社会，不论是资本主义的物质生产还是社会主义的物质生产，都随着现代科技革命而得到了迅猛发展。发展的结果是双方面的，其积极的一面是现代生产力水平的极大提高，其消极的一面则是对自然界无节制的开发引发的全面的环境破坏，也即当今世界所面临的全球性的环境问题和生态问题。面对这些日益严重的生态和环境问题，悲观失望（如《增长的极限》的作者们）和盲目乐观（如某些信奉"市场/科技万能论"的学者们）的态度都是要不得的。唯一正确的态度就是1972年联合国人类环境会议通过的《人类环境宣言》所表达的态度，即切实转变人类对待自然的态度——从支配和宰制自然到与自然和谐相处：人类不愿也不能做自然的奴隶，但也不能反过来使自然成为我们人类的奴隶；人类与地球、人类与环境、人类与自然之间需要和谐，需要共同兴衰的协调发展。在评论德国植物学家、农学家弗腊斯（K. Frass，1810—1875）所著的《各个时代的气候和植物界，二者的历史》一书时，马克思讲到：

"这本书证明，气候和植物在有史时代是有变化的……他断定，农民非常喜欢的'温度'随着耕作的发展（并且是和耕作的发展程度相适应地）逐渐消失（因此，植物也从南方移到了北方），最后形成了草原。耕作的最初影响是有益的，但是，由于砍伐树木等等，最后会使土地荒芜……结论是，耕作如果自发地进行，而不是有意识地加以控制（他作为资产者当然想不到这一点），接踵而来的就是土地的荒芜，像波斯、美索不达米亚等地以及希腊那样。"①

对照马克思关于人与自然关系的论述以及对生态问题的判断,可将上述《人类环境宣言》所表达的观点视为马克思历史唯物主义自然观的现代注释。根据在于,马克思对解决生态问题给出了如下意见:以"有意识的加以控制"的行为来代替"自发进行"的行为。所谓"有意识的加以控制",具体而言就是:(1)对社会的调节,社会化的联合起来的社会生产制度是其必要的前提条件;(2)对人与自然关系的调节,其中,人是这一调节行为的唯一承担者,其调节的方向是"人按照美的规律来构造"②,也就是在对象的内在尺度上来执行人的内在尺度,而不是任意妄为、**冥行妄作**。

---

① 转引自周义澄:《自然理论与现时代》,上海人民出版社1988年版,第214页。
② 马克思:《1844年经济学哲学手稿》,人民出版社1985年版,第58页。

历史唯物主义与道德[①]
——对马克思道德理论研究理路的探寻

曲红梅

自马克思逝世以来，国内外马克思主义研究者对"具有鲜明科学性的马克思主义是否有伦理学，以及如果有，是什么样的伦理学"的争论始终没有停止过。如何理解马克思哲学中"科学与伦理（人道）"的关系问题贯穿于马克思道德理论研究的始终。本文认为，对这个问题的理解始终是同人们对历史唯物主义的解释密切相关的。这种马克思道德理论与历史唯物主义的纠缠自马克思理论诞生之后就从未停止。因此，清理马克思道德理论研究的内在理路，探寻历史唯物主义与这种研究的内在关联，对于当代马克思主义伦理学的研究有着非常重要的意义。

一、马克思道德理论的缺失与
历史唯物主义的教条化

马克思道德理论研究中的一个典型观点认为马克思是一个非道德哲学家，马克思的理论中并没有道德元素。作为修正主义者的伯恩施坦与作为正统马克思主义者的考茨基在这个问题上的看法是一致的。伯恩施坦指出，马克思在他的思想中弃绝了道德诉求、拒斥从道德原则出发推导社会

[①] 原载《吉林大学社会科学学报》2009 年第 2 期。

主义。伯恩施坦同时也发现，马克思理论上的反道德主义与他的理论在实际中的应用相抵触：在马克思的著作中，每当涉及资本主义社会对工人阶级的残酷剥削，很多言论都属于道德判断。这样的观察促使伯恩施坦提出了修改马克思主义的方案。他提出把康德的"绝对命令"应用在政治经济学领域中以革新马克思主义，从而赋予社会主义以伦理和人道主义的基础。考茨基则坚定地认为历史唯物主义只与必然性相关；马克思主义在理论上是自足的，不需要伦理学上的补充和扩展。在这个意义上，马克思是一个彻底的非道德主义者。也就是说，科学社会主义的道德目的已经转变成经济目的，道德理想（即阶级的消除）其实是经济发展的必然结果。很明显，以上双方在对马克思思想的判定方面并没有实质上的差异：他们都把历史唯物主义看作经济决定论并确信马克思由此证明社会主义的必然性；因此他们都认为马克思在道德哲学史上是缺席的。他们的不同只是在于采取什么措施来面对马克思思想中道德理论的缺乏。修正主义者期冀从康德伦理学中有所借鉴，而正统的马克思主义者则始终坚持马克思主义独立的科学性。

那么，为什么马克思被看成一个非道德主义者呢？这与人们对历史唯物主义的理解息息相关。在此，历史唯物主义被看成是"历史"的唯物主义规律，它作为规律是同自然规律没有本质区别的规律，它作为历史科学是同自然科学具有同样性质的科学。自考茨基和布哈林传播开来的经济决定论（或历史的经济解释）本质上认为全部社会历史的发展是一个自发形成的自然过程，在其中经济关系起着决定性的作用。历史在这里成为外在于人并统摄人的命运的巨大机器，而人不过是历史这部机器中的零件。普列汉诺夫认为"历史唯物主义是马克思唯物主义世界观的社会历史部分"；列宁指出"历史唯物主义是马克思唯物主义在社会历史中的应用"；而斯大林的总结是："历史唯物主义是辩证唯物主义在社会历史中的应用。"这三种解释虽然试图以唯物论去论证社会历史过程中人与自然、人与社会以及人与人之间的关系，但由于缺乏对马克思辩证法理论的深刻理解，历史依旧是以一种与生物进化论相同的方式被理解和阐释。从根本上说，当马克思主义被判定为一种客观上有效的科学，历史唯物主义无论作为它的全部还是作为它的组成部分都被看成是一门关于社会发展的特定科学，马克思自然就被判定为一个非道德主义者。因为，如果历史唯物主义仅仅被理解为一种与自然科学同质的历史科学和规律，那么在这个意义上谈论马克思的道德理论就是一个伪问题：在自然规律所蕴涵的绝对必然性面前，人类并没有选择的自由，自然也不必为自己的行为负责，这也就取消了伦理道德存在的意义和价值。

二、马克思的人道主义与历史唯物主义的科学化

随着马克思的一些早期著作（特别是《1844年经济学哲学手稿》）的出版，人们发现马克思在这些作品中不仅有着明确的道德理论，而且他正是依靠这种道德理论阐发其社会理想和革命追求。对于这一发现，我们似乎应该欣喜，因为这为马克思道德哲学的存在提供了强有力的证据。但事实是，人们不仅没有解决伯恩施坦关于马克思道德思想中存在矛盾的质疑，而且问题更加复杂化了。如何看待《手稿》中马克思表达的道德哲学与他后期作品中确立的历史唯物主义之间的关系成为人们关注的重点。学者们就《手稿》中所表达的人道主义思想产生了两种截然不同的态度。大部分人（他们被称为马克思主义的人道主义者）认为，马克思主义发展走向庸俗化的主要原因是没有重视对《手稿》的研究，因为《手稿》中蕴涵着一种人道主义，这是马克思哲学的真正基础，而历史唯物主义是马克思思想的倒退；也有一小部分人（他们是科学主义的马克思主义者）认为《手稿》是马克思不成熟时期的作品，真正的马克思哲学是一种科学，是反人道主义的。在这种争论中，马克思的思想所存在的不再是完满与否的问题，而是哪一时期的马克思思想更具说服力的问题；人们关注的也不再是马克思是否有道德哲学的问题，而是马克思的道德哲学是否可以代表马克思思想本质的问题。

产生上述重大分歧的根本原因仍在于对历史唯物主义的理解。在马克思主义的人道主义者看来，马克思在《手稿》中对人的本质的关注才是他

可以被称为道德哲学家的根据,而历史唯物主义作为对社会历史规律的科学表达否弃了人的存在价值,是不值得过多关注的;而科学主义的马克思主义者则认为"马克思的历史唯物主义不仅提出了关于社会历史的新理论,同时还含蓄地、但又必然地提出一种涉及面无限广阔的新'哲学'"①。之所以用引号来框定哲学,是因为他们想要说明这是不同于传统意义上的哲学,这是马克思全新的社会观和历史观的科学表达。从这样的立场出发,科学主义的马克思主义者坚信在科学的历史唯物主义中并没有规范的伦理价值的立足之处;道德作为一种意识形态不可能是马克思批判资本主义社会结构的基础。

从以上的分析我们可以看出,研究者们认为马克思主义或者是科学,或者是哲学,两者只能选其一。如果马克思的思想是哲学,那就是人道主义;如果马克思主义是科学,那就是唯物主义。尽管从整个哲学史的发展看来,科学主义与人道主义并非决然对立,但对马克思思想的人道主义解释和科学主义解释却如同磁铁的两极,互相对立。这种从单一维度解释马克思的方式使人们对马克思哲学的"误认"达到前所未有的高度,这个"误认"就是:马克思主义中的人道主义与唯物主义是对立的。这里已经不再是马克思主义中有无人道主义的问题,而是如何判断、理解和定义马克思的人道主义思想的问题。马克思主义中的道德悖论已经从伯恩施坦和考茨基那里的一个边缘问题上升为事关马克思主义性质的重大问题。只有解决了马克思主义中人道主义和唯物主义的对立问题,才能真正解决马克思的道德悖论。

三、解决马克思道德悖论的尝试与
历史唯物主义的多样化

解决马克思道德悖论的前提是对这一悖论作出合理的解释。很多学者在这方面都有自己独到的看法。比如,史蒂文·卢克斯提出把马克思的道

---

① [法]路易·阿尔都塞:《保卫马克思》,顾良译,商务印书馆2006年版,第225页。

德思想划分为"关于法权的道德"和"关于解放的道德",认为前者是马克思所批判的,而后者是马克思所倡导的。理查德·米勒用另一种方式描述马克思思想中的悖论:马克思不是一个道德学家,但他的哲学是"正派的"(decent),因为马克思成功地把握住了"狭隘的自我利益与本然的道德自律之间一直被忽略的广大区域"①。这种对马克思思想中道德悖论的直接剖析,主要的目的还是找到马克思思想的独特视角,从而确立其道德哲学的根源和基础。无疑,马克思思想中最为与众不同的地方是他的唯物主义历史观。一些分析马克思主义者正是从历史唯物主义出发作出了解释马克思道德悖论的尝试。比如对历史唯物主义作出功能性解释的 G. A. 科亨认为:马克思的理论中有两个主题:一是生产力选择什么样的生产关系与该种生产关系推动生产能力发展的程度相关;二是生产力总是在不断发展。② 许多学者对马克思强调"生产力的首要性"持反对意见,因为他们认为这意味着生产力作为某种非人的东西成为人类社会发展的动力从而控制着人本身,贬低了人性。科亨却提出相反的观点,认为无论在实践中还是马克思的理论中,生产力的发展始终与人自身能力的发展保持一致:生产力的提高实际上就是人的劳动能力的提高。有了这样的认识,人们就会理解,马克思所强调的技术发展(也就是社会生产力的提高)并非贬抑人性,而是凸显人自身的进步。科亨的功能性解释提供了一个重要的视角,提醒我们把历史唯物主义的解释与对人的理解联系起来:生产力不再是一种人之外的某种单独的力量,它的发展与作为理性存在的人的活动息息相关,并且在不断改变着人类的生存状况,满足着人们的各种需要。乔治·布伦克特则直接表明,马克思的道德理论是他的科学观点的组成部分,历史唯物主义是马克思的"元伦理学"。在《马克思的自由伦理学》中,布伦克特提出,作为历史唯物主义基础的不是生产力而是生产方式。至于生产方式的内容,布伦克特强调一个人的道德结构和价值观在他的工作中也

---

① Miller. *Marx and Morality* [M] //ROLANDP, JchnWC. *Marxism*: *Nomosxxvi*. New York: New York University Press, 1983, pp: 3-4.
② [英] G. A. 科亨:《卡尔·马克思的历史理论———一个辩护》,岳长龄译,重庆出版社 1989 年版,第 174—179 页。

起了作用,也应该被看作是生产力的组成要素。① 通过这样的改造,道德就成为生产方式的组成部分由社会意识转变成社会存在了。然而,这两个版本都不尽如人意:科亨的主要理论兴趣并不是探讨历史唯物主义与道德的关系,而布伦克特虽然明确指出了历史唯物主义与道德的关系,但他对历史唯物主义的重新解释很大程度上是对马克思原有思想的篡改。这些解决马克思道德悖论的尝试只是深化和丰富了我们对马克思道德悖论的认识,并未从根本上解决问题。不过,这样的研究成果却又一次印证:从历史唯物主义出发研究马克思道德哲学是一条可行的道路。

到这里我们可以对马克思的道德悖论作出总结。它包括三种形式:以人的类本质为基础的人道主义与历史唯物主义的对立;对资本主义的道德谴责与道德被判定为意识形态之间的对立;以及阶级社会的道德与"共产主义道德"之间的矛盾。无疑,想要化解上述三种对立,必须对历史唯物主义做出合理的解释,这其实是理解马克思哲学的关键。通过上述对马克思道德哲学研究史的总结和分析,我们不难看出,无论是断定马克思道德理论的缺失,还是坚持马克思早期人道主义思想与后期唯物主义思想的对立,甚至以远离马克思的方式重新解释历史唯物主义以化解马克思前后期思想的矛盾,都是以对历史唯物主义的独特理解为前提。当历史唯物主义被判定为"历史的"唯物主义规律时,马克思就被判定为非道德哲学家;当历史唯物主义是表达社会观和历史观的科学时,就产生了两个马克思;当历史唯物主义被篡改时,马克思也成了其他人。我们因此可以断定,理解和确立历史唯物主义在马克思哲学中的地位是马克思道德理论研究的前提。换言之:对马克思哲学观的理解决定着对马克思道德理论的理解。

四、马克思道德悖论的解决与作为马克思世界观的历史唯物主义

我们的看法是,马克思主义哲学的新唯物主义是历史唯物主义;历史

---

① Brenkertg. *Marx's Ethics of Freedom*. London:RKP,1983,p. 36.

唯物主义不仅是马克思哲学的历史观还是它全新的世界观。从《手稿》到《形态》，马克思思想上发生的并不是阿尔都塞所说的认识论断裂，或者人道主义者所认为的思想上的倒退，而是一种哲学解释原则上的革命，是从哲学观的角度对唯物主义与人道主义的关系进行反思的转变。马克思在《手稿》中秉承着自然主义的唯物主义哲学观，并以此来为人道主义理论奠基，这使得他仍旧从抽象的人性出发去看待和评价人类社会及其历史，从而无法正确地解决唯物主义与人道主义的对立，无法从根本上超越旧哲学的解释原则。从《形态》开始，马克思通过历史唯物主义的确立，实现了哲学观上的变革，这不是在原来的路上又前进了一大步，而是开启了一个新的路向，即"在历史中理解人的生存"的路向。

历史唯物主义既是马克思显性的科学理论也是马克思隐性的哲学解释原则。在马克思之前，无论是唯心主义者还是唯物主义者，在历史观上都表达着相同的看法，即"一切历史变动的最终原因，应当到人们变动着的思想中去寻求"[①]。马克思却发现了历史的真正基础：直接的物质的生活资料的生产。但为什么物质生活的生产对人类来说是必需的？马克思提出了一个更为先在的出发点，即"有生命的个人的存在"，这是全部社会存在和社会历史的第一个前提。人只有首先满足了生存的需求，才能进行其他的活动。当其他活动追求与这种满足生存活动的追求发生价值冲突的时候，其他一切价值都需要让位给生存价值。在马克思这里，通过发现历史规律，对生存的价值追求被放在了首要的位置上；而历史规律能够成立，归根结底还是根源于人的生存。

因此，马克思的历史观所体现的不仅是人类社会的发展规律，也表达着历史规律得以存在的生存论解释原则；两者互为前提，互相依赖。

历史唯物主义作为解释原则实现了人道尺度和科学尺度的统一。生存论的前提解决了人道主义与唯物主义的对立，实现了对人的理解上的哲学革命。马克思从人的生存出发，完成了一次对德国古典哲学人性观的革命。在德国哲学中：（1）人的本质被预先假定为一种已经存在的东西，一

[①] 《马克思恩格斯选集》第3卷，人民出版社1995年版，第334页。

种崇高的东西；（2）人的行为和享乐都是由人的本质决定的。这实际上是一种以观物的方式观人的传统哲学的思维方式，它是近代以来科学精神对哲学影响的产物。无论是经验主义者还是理性主义者，从本质上说都是在追问"人性是什么"这个问题，但这种奠基于科学的认识论思维的提问方式本身其实是把人重新看作某种其性质已经固定了的存在物。传统的人道主义正是立足于这种对人性的前提假定来推论人类行为的合理性和应然性。也就是说，"人性是什么"是人类行为所应该遵守的规范和律令的理论基础。这就是传统人道主义的思想逻辑。在这样的思想逻辑中，人作为追求自由的存在物与外在世界的客观必然性之间的矛盾永远存在，自然观上的唯物主义与历史观上的唯心主义（人道主义）的矛盾不可调和。

与德国哲学家们不同，马克思提出：人类的活动决定着人的本性。从人们"为了生活，首先就需要吃喝住穿以及其他一些东西"① 这个前提出发，马克思断定人无论在理论上还是在实践中都需要满足他的生存需要。一方面，这是人最初且最重要的价值，是物质生产的根本原因；另一方面，这也是人终极的价值追求，因为人的存在是人作为价值判断主体的永恒的生物学前提，只有首先确保了人的生存才能确保人类的其他活动。由此，历史并不表现为唯一者自我产生的过程，而是前后相继、彼此相连的个人的现实活动；历史不是可以消融于"自我意识"中的"产生于精神的精神"，不是人的本质的自我实现。这也就表明从人性出发解释人类活动的传统人道主义的哲学观站不住脚了。从"人的本质"的现实基础出发，才能真正理解人以及人的生存状况。马克思认为，一方面不同时代的人们需要无条件地接受他们的前人留下的生存环境，另一方面不同时代的人们又有各自不同的生存需要，人的本质不是固定不变的。马克思理解的人是不断生成的人，是在历史中变化的人。在历史中，人对自然的作用以及人对人的作用得到了合理的沟通，人的自然属性和社会属性的和解得以实现，在费尔巴哈那里分离着的自然界和社会真正获得了统一。这种在历史中统一的人道主义与唯物主义已经是另一种思维方式和解释原则下的人道

---

① 《马克思恩格斯选集》第 1 卷，人民出版社 1995 年版，第 79 页。

主义与唯物主义：这是历史的人道尺度和科学尺度的统一，人的价值追求的理想性与生存的现实性之间的统一，以及历史的合规律性与人类活动的合目的性之间的统一。马克思以这样一种统一表明，建立在自然主义哲学观基础上的唯物主义与永恒不变人性基础上的传统人道主义永远无法实现真正的对接，对历史唯物主义的片面理解只会加剧上述两者的对立，而无法澄清历史中行进着的人的真实状况。

从全部历史的基础出发来解释人、自然以及人与自然的关系，使马克思找到了解决唯物主义与人道主义之间矛盾的方法，也为我们展现了他的哲学中新的人道主义基础。历史的观点所表达的人道主义与《手稿》中的人道主义已完全不同。这是一种新的人道主义。它不再是关注人的本质的抽象和普遍的特征，而是关注人在社会生活中的存在状态。相应的，正义、平等和自由等由人的本质所生发出来的概念也失去了它们作为普遍准则的作用。每一种社会形态都有它自己的人道主义标准。不变的是，每一个人道主义标准都不能违背人的生存利益。从这样的理解出发，我们可以解决马克思的道德悖论，真正理解马克思道德理论的价值和意义。

总之，通过对马克思道德理论研究史的回顾和分析，我们可以发现两条清晰的线索：一是马克思的道德理论越来越被人们所认可，二是马克思的历史唯物主义的作用和意义越来越被人们所发现。最后这两条线索汇聚在一起，让我们看到一条理解马克思道德理论实质的可能路向。沿着这条道路深入地研究下去或许能有所收获。

历史唯物主义的理想基础[①]

——论意识形态的自主本性

杨 晓

历史唯物主义的理想基础问题是马克思主义哲学中尚未得到解决的重大问题。从恩格斯对历史唯物主义的修正到西方马克思主义中的人道主义与结构主义之争，以致近年来国内学界的"历史"的唯物主义与历史的"唯物主义"之争论，无不是这一问题的反映。已有学者明确提出，应当探讨马克思主义哲学中的唯物主义与唯心主义，研究唯物史观的理想价值问题，建立与"历史科学"构成互补的"价值科学"，以及在历史唯物主义中解决规范性问题等。[②] 总体说来，对这一问题的解决是以个人与社会的对立为条件的，把理想价值落实到个人活动的主观能动性与创造性上，而在社会历史层面则强调超越个人的客观必然性。个人的能动的创造性只能存在于社会关系的可能性空间中，而社会对个人的现实规定性中常常不存在这一可能性空间，人作为非自由的定在或者非本质的存在，意味着现实社会很不理想，理想被迫成为个人的事情，甚至是非现实的"主观性"的事情。作为个人与社会之统一的"社会主义"是超越个人主观性的社会理想，那么社会主义如何与历史科学统一起来是一个值得探讨的问题，由此可知实际的社会理想如何在阶级社会中以分裂的方式存在着。

[①] 原载《天津社会科学》2016年第2期。
[②] 郗戈：《规范基础与历史唯物主义的规范性建构》，载《天津社会科学》2012年第2期。

一、历史科学的革命性意义

"生产力决定生产关系,经济基础决定上层建筑"这一历史唯物主义的基本原理,违背了传统人文主义的直觉。这一违背肇始于第一个现代性的政治哲学家马基雅维利,马克思不算原创。但是把这一反抗彻底化地发展为科学,以实现对现实的真实的把握则是马克思的伟大功绩。

恩格斯于《在马克思墓前的讲话》中指出,"正像达尔文发现有机界的发展规律一样,马克思发现了人类历史的发展规律,即历来为繁芜丛杂的意识形态所掩盖着的一个简单事实:人们首先必须吃、喝、住、穿,然后才能从事政治、科学、艺术、宗教等等;所以,直接的物质的生活资料的生产,从而一个民族或一个时代的一定的经济发展阶段,便构成基础,人们的国家设施、法的观点、艺术以至宗教观念,就是从这个基础上发展起来的,因而,也必须由这个基础来解释,而不是像过去那样做得相反。"① 法国哲学家阿尔都塞以极大的热情赞扬了作为科学的历史唯物主义的革命性意义。阿尔都塞认为,从1845年的《德意志意识形态》(以下简称《形态》)起,"马克思同一切把历史和政治归结为人的本质的理论彻底决裂"②。从《1844年经济学哲学手稿》(以下简称《手稿》)到《形态》,发生了马克思思想发展中的总问题的转换,又叫作"认识论断裂"。《手稿》中的核心概念"类本质"、"人性"、"异化"、"自由自觉的生命活动"被历史科学的崭新概念所代替,如"社会形态"、"上层建筑"、"意识形态"、"经济起最后决定作用"以及其他特殊的决定因素等等,"类本质"观点被指认为抽象人道主义的意识形态。当然,哲学人本学也是作为"思辨唯心主义"与"唯物主义"的"历史科学"相对立③。马克

---

① 《马克思恩格斯选集》第3卷,人民出版社1995年版,第776页。
② [法] 路易·阿尔都塞:《保卫马克思》,顾良译,商务印书馆2006年版,第222页。
③ 王南湜:《"历史科学"何以可能:从〈德意志意识形态〉到〈资本论〉》,见"《德意志意识形态》与历史唯物主义"学术研讨会论文集,2014年。

思在《形态》中也意味深长地进行了反映现实的科学话语与想象现实的意识形态话语的比较与置换。

解剖市民社会、研究政治经济学，帮助马克思走出了哲学家的意识形态世界，发现了建立在物质生活的生产方式之基础上的现实社会。其中，经济基础是"物质的、可以用自然科学的精确性"把握的部分，这是现实的基础部分，现实生活的另一部分是建筑于基础之上的"法律的、政治的、宗教的、艺术的或哲学的，简言之，意识形态的形式"①。上层建筑部分可以分为政治上层建筑与精神意识形态。意识形态是不能成为科学的"思辨部分"，这部分与现实经济结构相适应，并能为其所说明。科学以有限者为对象，即科学所把握的对象是规定性、限定性或者说定在。在这个意义上，客观物质性是定在的意思，生产力作为改造自然的能动力量，只有在成为"受动"的时候，即成为它的现实存在方式生产关系的固定规定性时，才表现出它的客观物质性。科学所能把握的人的存在是其经济活动。意识形态本质上是一种无限性的存在，无限即对限定的否定，即非限定、非规定与超越性。历史唯物主义认为，人的现实生活既包括科学所能把握的部分，也包括意识形态部分。历史成为科学、成为唯物主义的关键在于，马克思以现实的定在部分为标尺，以从事实际活动的现实个人为出发点，这些个人是"进行物质生产的，因而是在一定的物质的、不受他们任意支配的界限、前提和条件下活动着的"②，而且"从他们的现实生活过程中还可以描绘出这一生活过程在意识形态上的反射和反响的发展"③，从而破除了意识形态的独立性、必然性与决定性的外观。马克思把意识形态归源于经济基础，正如现代哲学让无限性以有限性为基础。"德国哲学从天国降到人间；和它完全相反，这里我们是从人间升到天国"④。马克思把天国埋在尘世中，指认了道德、宗教、形而上学等高贵意识形态的分裂性与异化性，异化的崇高是以等级压迫与阶级对立为补充的。历史唯物

---

① 《马克思恩格斯选集》第2卷，人民出版社1995年版，第33页。
② 《德意志意识形态》（节选本），人民出版社2003年版，第16页。
③ 《德意志意识形态》（节选本），人民出版社2003年版，第17页。
④ 《德意志意识形态》（节选本），人民出版社2003年版，第17页。

义继承了国民经济学，历史科学的革命性意义源自资本的力量：资本消灭了等级，世俗化了基督教，瓦解了形而上学，把诗人、学者变成资本招募的雇佣劳动者。资本消灭了宗教、形而上学、艺术等意识形态，在不能消灭它的地方，就把意识形态变成赤裸裸的谎言。①

　　与消解意识形态的独立性、必然性与决定性相伴而行的是，历史唯物主义对个人的"扬弃"与消解。科学所能把握的那个经济的人，是劳动与交往相统一的人，即社会的个人，也就是作为出发点的"现实的个人"。从《手稿》中的具有类本性的自由自觉的个人，如何成为"现实的个人"呢？"人的本质不是单个人所固有的抽象物，在其现实性上，它是一切社会关系的总和"②。人的自由本质在劳动异化与交往异化中成为现实的定在，即社会关系的固定的规定性。社会关系的异化使现实的个人变成了非个人的现实，因为个人只是承载一种固定的规定性与外在的强迫性的容器，所谓社会的个人就是把个人消融在他无意造成又不能占有与驾驭的社会关系中。个人的能动性与社会的客观性并不处于同一层次，个体意志在不以人的意志为转移的社会历史的客观必然性面前是无效的，个人的能动性被社会的必然性贬低为主观性，从而"能动"成为"受动"。人的能动性之沦为主观性是以阶级对立为条件的个人与社会的分裂造就的。恩格斯的"历史合力论"出色地论述了个人在社会交往中的消融，他指出："在社会历史领域内进行活动的，是具有意识的、经过思虑或凭激情行动的、追求某种目的的人；任何事情的发生都不是没有自觉的意图，没有预期的目的的……无数的单个愿望和单个行动的冲突，在历史领域内造成了一种同没有意识的自然界中占统治地位的状况完全相似的状况。行动的目的是预期的，但是行动实际产生的结果并不是预期的……历史事件似乎总的说来同样是由偶然性支配着的。但是，在表面上是偶然性在起作用的地方，这种偶然性始终是受内部的隐蔽着的规律支配的，而问题只是在于发现这些规律。""无论历史的结局如何，人们总是通过每一个人追求他自己的、自觉预期的目的来创造他们的历史，而这许多按不同方向活动的愿望及其

---

① 参见《德意志意识形态》（节选本），人民出版社2003年版，第58页。
② 《马克思恩格斯选集》第1卷，人民出版社1995年版，第56页。

对外部世界的各种各样作用的合力，就是历史……它们的动机对全部结果来说同样地只有从属的意义。"① 历史的类自然性，是与人的物化相对应的，历史的内在一般规律是以个人意志的偶然性为材料的。

到底在社会中存在着什么神秘的炼金术使个人消融了，而且还要把这种牺牲颂扬为个体对类的贡献？个人的能动意志在社会交往（冲突）中沦为偶然的私欲，社会的必然性与历史的客观性是个体私欲的偶在借助社会历史无意识地超越了有限意图所达到的更高的理想价值。这种无目的的合目的性，被斯密与黑格尔称为"看不见的手"，这只"看不见的手"是黑格尔绝对理念的内在奥秘，但这只"手"的"看不见性"却被马克思视为人的不幸与灾难，即阶级对立、个人与社会的分裂所造成的人的不自主性。马克思在《资本论》中指出，形而上学的神秘颠倒的根据在于社会关系的异化。

"人民群众创造历史"。个人在历史中是无名的偶在。结构主义者阿尔都塞认为，历史无主体，不能把历史还原为活动，如同不能从个人去解释社会。按历史唯物主义的科学观点，活动与历史、个人与社会处在不同层次上，个人只有献身于与其相排斥的超人的社会存在，才有科学与唯物主义。但人们仍可追问，难道历史不是"追求着自己的目的的人的活动"吗？社会不是人的交往活动的结果吗？说社会历史中看不到人，不是指看不到"活动成为受动"的、受苦的、忍受着固定的规定性的无个性的、"偶然的个人"，而是指看不到科学拒绝将之作为出发点的"想像的个人"。这种"想像的个人"、"理想的个人"就是有着生命的整全性与内在必然性的自主个人。

结构主义者对历史唯物主义的界定割裂了马克思哲学的整体性。关于历史科学与社会主义的统一问题，我们常常把生产力与生产关系、经济基础与上层建筑的矛盾运动作为通向"自由人的联合体"的必然道路。卡尔·洛维特把历史唯物主义称之为"国民经济学语言的救赎史"②。"自由

---

① 《马克思恩格斯选集》第4卷，人民出版社1995年版，第247—248页。
② ［德］卡尔·洛维特：《世界历史与救赎历史》，李秋零、田薇译，上海人民出版社2006年版，第71页。

人的联合体"被认为是某种类目的性的价值预设,"人的解放"被认为是在未来某一时刻到来的正义,社会主义再次从科学变成了空想。但是,如马克思所说,"解放"不是理论预设,而是一种"历史活动"①。"共产主义对我们来说不是应当确立的状况,不是现实应当与之相适应的理想。我们所称为共产主义的是那种消灭现存状况的现实的运动"②。人的解放现实地存在于生产劳动中,生产力对生产关系的冲突即阶级斗争中。人道主义与结构主义(科学主义)的二元对立是抽象反思的理论结果。"凡是把理论引向神秘主义的神秘东西,都能在人的实践中以及对这个实践的理解中得到合理的解决"③。自由的类本性之所以是抽象的,是因为它是未完成的,这正与阶级社会对人的现实规定性相补充。"抽象",从理论的观点看来,是一种非现实的构想,而从实践的观点看来,则是"未完成"的意思,即以分裂的、异化的方式存在于现实中。超越理论的实践观点,可以使我们破除对历史唯物主义的抽象界定,澄明历史唯物主义的整体形象。

二、社会历史作为大写的人

　　结构主义对历史唯物主义的科学界定确立了人与社会历史的抽象对立。当然,结构主义者并不认为存在这种对立,因为个人与社会历史不处于同一层次上。个体意志在相互冲突的"历史合力"中,是作为为必然性开辟道路的"偶然性"而存在的。个人的现实性是作为社会的规定性而存在的,在社会对个人的规定性之外的部分是非现实的,不具有客观有效性的。个人的目的、意图、理想、意志之所以沦为"主观性",是因为它没有被阶级社会对个人的现实规定性所识别。用亚里士多德的话说,个体理想的能动性是作为质料存在的,而社会历史的形式则在更高的层次上,人的能动性自身在利用它、规定它的更高形式中是一种盲目的存在。人的理

---

① 参见《德意志意识形态》(节选本),人民出版社2003年版,第19页。
② 《德意志意识形态》(节选本),人民出版社2003年版,第31页。
③ 《马克思恩格斯选集》第1卷,人民出版社1995年版,第56页。

想价值在社会现实层面被消解,说明社会现实是非个人的和不理想的。社会主义作为人的自主的联合,是对人的个性在社会层面的恢复,这个社会是人的理想的实际性(现实)。社会主义的理想在阶级社会中并不仅作为一种幽灵只在人的头脑中存在,而且以未完成的和分裂的方式现存着。历史唯物主义之所以极力避免一种经济决定论的理解,是因为经济决定论不但不是社会存在的真理,而且代表一种极端的社会状况,社会现实对人的稠密规定中已经丧失任何自由空间,这是社会有机体僵化与行将解体的表现。可以看到,结构主义对历史唯物主义的科学界定阉割了历史唯物主义的理想基础。

社会作为超人的存在,是人的不自主的现实表现。社会历史更清晰地反映了人的现存状况。个人与社会的对立,说明社会现实中的个人存在没有证得人的"类本质"。人与人有着极高的差异性,个人也是难以认识的黑箱,以至于"认识你自己"已经成为德尔斐神庙的神谕。但是,"人同此心,心同此理",在"心"与"理"的层面上,极为不同的人又都归属于它的"类",人们的交往形成"社会"。个体意志的冲突扬弃了个人的次要的、偶然的品质,把一个时代之为一个时代的人的"同心"、"同理"的本质保留下来、"聚集"起来,"历史合力"是人的放大镜。社会历史是作为"大写的个人"而存在的。当然,"作为社会的社会"是人的类本质的存在,而阶级社会则是人的类本质的分裂存在。

"根据柏拉图的看法,人类本性就像一篇困难的文章,其意义必须靠哲学来译解。但是在我们的个人经验中,这篇文章是用非常小的文字写成,因而很难辨认。哲学的最初的工作就是必须放大这些文字。哲学只有在已经发展了一种国家的理论时,才能给予我们一个令人满意的人的理论:人的本性是以大写字母写在国家的本性上的。在国家这里,这篇文章的隐含意义突然显现出来,原来看上去暧昧含混的现在变得清晰可辨了。"① 柏拉图在《理想国》中探讨了人的本质,我们可以将柏拉图的理想国与马克思的社会有机体进行对比,其间有重要的对应性。

柏拉图把人的心灵分为三个部分:理性、意志与欲望,分居于身体的

---

① [德]恩斯特·卡西尔:《人论》,甘阳译,上海译文出版社2003年版,第99—100页。

头胸腹三个部位。理性的美德是智慧，意志的美德是勇敢，欲望的美德是节制。智慧、勇敢与节制的协调统一才能实现完满的人格——正义。完满的人格分裂地存在于国家不同等级的人中。国家的统治者对应人格的理性部分，其美德为智慧；国家的保卫者对应人格的意志部分，其美德为勇敢；国家的生产者对应人格的欲望部分，其美德为节制。唯有国家的三个等级各得其所，各适其性，各美其美，才能实现协调统一的理想国，成就国家的正义。"除非真正的哲学家获得政治权力，或者出于某种神迹，政治家成了真正的哲学家，否则人类就不会有好日子过。"①。成就理想国的关键在于统治者是哲学王，而哲学王的统治活动就是哲学教育。哲学王不仅使自己成为智慧的朋友，还用智慧浇灌存在的另外两个层次，使国家的保卫者俱足勇敢，使国家的生产者实现节制。哲学王的智慧不是观念性的理论存在，而是教化性的实践存在，必须深入、落实到不同的存在层次，点化、超升出各自的美德。理想国的正义成就了哲学王的智慧。意志听理性的话节制欲望，同样，政治也成了由上而下的哲学教育。

马克思的社会有机体也分为三个部分：经济基础、政治上层建筑与意识形态。马克思在《〈政治经济学批判〉序言》中指出："人们在自己生活的社会生产中发生一定的、必然的、不以他们的意志为转移的关系，即同他们的物质生产力的一定发展阶段相适合的生产关系。这些生产关系的总和构成社会的经济结构，即有法律的和政治的上层建筑竖立其上并有一定的社会意识形式与之相适应的现实基础。物质生活的生产方式制约着整个社会生活、政治生活和精神生活的过程。不是人们的意识决定人们的存在，相反，是人们的社会存在决定人们的意识。"② 由下而上层层制约的社会结构构成了"必然王国"，这个"必然王国"是颠倒的"理想国"。经济基础大约相当于理想国中的生产者，政治上层建筑相当于城邦的保卫者，而意识形态则接近于哲学王。

柏拉图的城邦虽然分为三个阶层，但要成就城邦的正义，就必须有哲学教育的智慧浇灌，各阶层的交互作用与协同运作。城邦的哲学家是从洞

---

① 《柏拉图全集》第4卷，王晓朝译，人民出版社2003年版，第80页。
② 《马克思恩格斯选集》第2卷，人民出版社1995年版，第32页。

穴中走出,又回到洞穴的,哲学家作为智慧的朋友,对智慧的热爱必然成为对人类的热爱,爱智慧必将表现为对城邦的服务。智慧成就于城邦的正义中,城邦的正义作为完成了的智慧是完美人格的表现。马克思的社会有机体在阶级社会中分为三层结构,其中的界限也不是绝对不变的,因为界限只是分裂与异化的表现,只具有相对的意义。社会有机体之所以为有机体,就在于各部分的交互作用与相互渗透。对于这种作用,马克思在不同地方有两种把握:或者是决定与反作用,或者是制约性与相对的独立性。还有一种作用是相关性,相关性远离实体性,最具包容性。作为阶级社会中个人与社会的对立现实的反映,人们对社会有机体的把握也是知性的、实体化的、"地形学"的。三层结构的实体化甚至是相斥性是反生命有机体的,这与阶级社会的自我分裂及个人和社会的对立相对应。阶级社会的现实中暗示了社会主义的理想,人们的"灵魂"中还保持着对完满性的"回忆"。"代替那存在着阶级和阶级对立的资产阶级旧社会的,将是这样一个联合体,在那里,每个人的自由发展是一切人的自由发展的条件。"① 人与人的交往不再受自然的、自发的外部力量的支配,而成为一种自觉的、自愿的联合。在这种联合体中,社会的同时成为个人的,被安排、被规定的转化为个人自主的,每个人中包含着一切人、包含着社会。作为人与人的关系的自由自觉的联合,意味着每一个人都作为"至心若镜"与其他一切人交融互摄、相互包含。因此,社会有机体的三层圆融、平等无碍地存在于每一个自由人中,经济基础、政治上层建筑与意识形态扬弃了它们的分裂的、对立的形式,"自主活动才同物质生活一致起来"②。在人的自由个性中,物质生产力、生产关系与意识形态显现出它们的本来面貌。

三、历史唯物主义的整体形象

"物质生产力"、"生产关系"与"意识形态"在马克思主义哲学的整

---

① 《马克思恩格斯选集》第 1 卷,人民出版社 1995 年版,第 294 页。
② 《德意志意识形态》(节选本),人民出版社 2003 年版,第 74 页。

体形象中的重新阐释，就是在对立面的统一中把握历史唯物主义的基本概念。这些对立面包括：物质与精神、能动与受动、外在与内在、偶然性与个性、现实性与可能性、必然与自由等。

　　探讨"物质生产力"概念之前，重新清理"物质"概念是必要的。尽管马克思除了埋怨霍布斯等机械唯物主义者的"物质"已经丧失了唯物主义的始祖培根的"物质"概念中的生命力与诗意光辉外，几乎没有正面讨论过"物质"概念，但在历史唯物主义中马克思以其他方式更深刻地使用着"物质"概念。"物质"被剥夺了内在生命与诗意光辉，变成能被数学严格规定的广延，是霍布斯的伟大创造。"物质"违背了每一个有生命的个人的感性直观，同样可能让霍布斯感到不舒服，但"物质"不正是个人生命的现存状况吗？当马克思说，"物质生活"应当同"自主生活"一致起来时，他正是用非自主的、无生命的抽象规定来指认"物质"的。何为"物质"？两个唯心主义哲学家最清楚：贝克莱说，"物是观念的集合"；黑格尔说，"物质"是一个最抽象的概念。"物质"是存在的现实规定，因为在资本的逻辑中，物与人的个性生命早就丧失了。概观"物质"的概念史，唯物主义者是在大体一致的倾向中使用"物质"概念的。"物质"是具有或承载各种规定性的基质、质料，基质的无限定性只是各种固定的规定性的集合的补充，也可以说，这种无限定性是用来固化、聚集各种规定性的。"物质"意味着固定的规定性与外在的强迫性。机械必然性正是撞击、推动所造成的外在必然性，当然这种外在必然性对于那个作为自由精灵的"偏斜原子"而言，又叫外在的强迫性、被规定性。能被自然科学的精确性所规定的"物质"，处于"精神"的对面，除了是这些规定性之外，"物质"不再是什么，大约类同于与理性相对的"知性"概念。"物质"理解不了"生命"，除非"物质"与"精神"抽象对立的现实被消灭。人与自然在资本的逻辑中成为数学的对象。如果不是把"物质"作为决定性的本原，而是当作抽象的现存状况的概括，"物质"是一个有用的、深刻的概念。当我们在日常话语中指责某人很"物质"的时候，在最深刻的意义上是指，他丧失了作为内在必然性的个性生命，不能包容、涵摄其他的可能性，失去了自主性、否定性、超越性等"精神"特质与形上本性。

就此看来，生产力的客观"物质性"其实就是生产关系的意思。生产力在一开始就采取了共同活动的方式，生产关系是生产力的存在方式。我们一般认为，生产力是人类改造自然的能动力量。这种改造是由人们结成一定的关系才是可能的，但在阶级社会中这种关系不是平等的，不是自愿、自觉的自由联合，而是一种自然、自发形成的超人（或曰外在、异化）力量。人们在物质生活的生产中处于一定的地位，这个地位不是自由选择的，而是从前代继承的，也可以是沦落的或自力挣得的。这种关系或地位常常失去其他的可能性，变成固定的规定性。阶级社会中的生产活动一般丧失了自主活动的特点，成为强制性与必要性的活动。整个活动如果变成了外部规定性的纯粹加减，就失去了作为内在必然性与整体性的个性生命，成为毫无自主性与创造性的"物化"活动。使用工具的人变成了工具的延伸，"活动变成受动"，生产力从能动的本质力量变成客观物质力量，成为"物质生产力"。历史唯物主义所理解的历史的客观性，正是作为历史活动之结果的给定性、条件限制性或现实规定性，而非来自自然的物质性。"物质"作为不以人的意志为转移的客观实在，不是自然的独立性或中立性，而是现实社会对人的固定的规定性与外部强迫性，"不以人的意志为转移"正是人的活动无意造成的他不能支配的力量。自然的"物质性"是资本主义社会的产物（工业社会的产物），在当代社会压迫人的并不是自然的物质性，而是造成了自然的物质性并不断利用自然的物质性实现自身增殖的资本的关系。马克思的政治经济学批判正是揭示在"物与物的关系"下隐藏的"人与人的关系"。

生产力的"物质性"是由生产力的存在方式，即生产关系（交往形式）构成的。社会生产力是个人活动的大写形式。"生产力与交往形式的关系就是交往形式与个人的行动或活动的关系。个人相互交往的条件，在上述这种矛盾产生以前，是与他们的个性相适应的条件，对于他们来说不是什么外部的东西……这些条件是个人的自主活动的条件，并且是由这种自主活动产生出来的。这样，在矛盾产生以前，人们进行生产的一定条件是同他们的现实的局限状态，同他们的片面存在相适应的，这种存在的片面性只是在矛盾产生时才表现出来,因而只是对于后代才存在。""这些不同的条件,起初是自主活动的条件,后来却变成了它的桎梏……已成为桎梏的旧交往形式被适应于比较发达的生产力,因而也适应于进步的个人自主活动方式的新交往形式所代替。"① 交往形式(生产关系或共同活动方式)是生产力的存在形式。生产力与交往形式的矛盾,其实是指比较发达的生产力的交往形式与社会中占主要地位的旧交往形式之间的冲突,而社会中占主要地位的旧交往形式的集中表现则是政治上层建筑,比较发达的生产力的新交往方式对旧交往方式的反抗必然具有政治的性质。

  已成为桎梏的僵化的交往方式是作为新交往方式的背景存在的,"偶然的个人"与"有个性的个人"共在于分裂的社会活动中。社会形态的转换,打破桎梏的政治革命总具有一定的社会解放的性质。进行革命的阶级不是作为一个阶级而是作为全社会的代表而出现的②,其思想的普遍性还不完全是抽象的。新生的社会有机体破壳而出,革命是一次"壮丽的日出",人们作为主人翁发挥出历史首创精神,一切存在者被带到历史的开端处,完成了一次关于存在的本质的"灵魂的回忆",政治解放可视为人类解放的摹本。社会新生命尚未僵化为三层结构,社会关系对生产的规定与普遍的理想价值对生活的范导(引领、超升)还交融在一起。可以说,物质生活的生产还没有被社会现实的稠密规定所封闭,具有向上的开放性,从而构成了意识形态起作用的空间。新的交往形式与活动的个人的现实局限与片面存在相适应,因而物质生活的生产活动"还被认为是自主活动的从属形式"③。生产力除了具有一种物的形式之外,还表现为与个人结合的个人所有的力量。生产者占有生产资料的劳动过程成为生产者的生命表现,生产的生命活动把劳动工具与劳动对象从外部给予的经验材料转化为具有内在必然性的存在。自主活动具有一种"似乎先验"的结构,把外部材料生产为内在自我的生命。自主活动的人还保留着关于本质的某种记忆,对劳动者而言,自主性是他的活动中的现实内容。

---

① 《德意志意识形态》(节选本),人民出版社2003年版,第67—68页。
② 参见《德意志意识形态》(节选本),人民出版社2003年版,第44页。
③ 参见《德意志意识形态》(节选本),人民出版社2003年版,第73页。

与现实局限和片面存在相适应的自主活动只是达到了新的局限性而已。成为桎梏的旧交往形式中，社会有机体已经僵化，紧张的阶级对立中不再存在共同的理想空间，统治阶级的思想丧失了革命时期（上升时期）的"具体的普遍性"，生产活动被剥夺了想象力起作用的能动空间，从而失去了活动者的现实内容（除了谋生的手段），在必要性与强迫性之下成为"受动"的活动。存在与本质相分离，劳动成为生产者的非现实。生产力成为一种与个人相分离的物的形式，生产者受制于固定的规定性与外部的强迫性，成为生产资料的资料，生产的先验结构变成了结构的经验制造，劳动中的物不再具有生命的意味，而生命则具有了物的形式。中世纪的手工业者之间没什么分工，每个人必须全盘掌握本行手艺，从而"对于本行专业劳动和熟练技巧还是有兴趣的，这种兴趣可以达到某种有限的艺术感"[①]，而现代工人则完全受物的力量所支配。

有局限性的交往形式即使作为个人自主活动的条件时，仍然是人们无意造成的外部关系。阶级关系总无法摆脱物的性质，还不是人自身的关系。在"代替那阶级和阶级对立的资产阶级旧社会的"自由人的联合体中，生产力摆脱了物的形式，成为人的自由个性与本质力量，人与人之间的关系扬弃了物化的外部形态，成为人的自觉自愿的自由联合。意识形态失去了被分裂出去的天上王国的角色，回到了个人的创造性活动中，也深入到"物质"中，恢复了事物的个性。理想价值不再是阶级利益的幻想形态，成为每一个人的现实活动（自我实现的活动）。所有人的成为每一个人的，每一个人的成为所有人的，个人与社会实现了统一。在人的本质性存在（类生活）中，阶级社会分裂的三层结构，恢复了其本来面貌，统一于人的自由个性的全面发展。

四、意识形态作为"想像的真实"

在对历史唯物主义的整体形象进行概观之后，我们才冒险进入对意识

[①] 《德意志意识形态》（节选本），人民出版社2003年版，第51页。

形态的探讨。根本说来，历史唯物主义的理想基础就是意识形态。出于批判德意志意识形态以及对社会现实进行真实把握的历史科学的需要，马克思的意识形态概念是对意识形态的消极使用。在《〈政治经济学批判〉序言》中，马克思指出："在考察这些变革时，必须时刻把下面两者区别开来：一种是生产的经济方面所发生的物质的、可以用自然科学的精确性指明的变革，一种是人们借以意识到这个冲突并力求把它克服的那些法律的、政治的、宗教的、艺术的或哲学的，简言之，意识形态的形式。"① 当意识形态家意识到社会的冲突与分裂，力求以意识形态的方式将其克服的时候，精神意识形态从属于政治上层建筑，并被经济基础所决定，其独立性已经被压抑，沦为了消极的欺骗。当新生的社会有机体的矛盾尚处于隐蔽状态时，意识形态的普遍性还有着具体的现实性，我们还不能怀疑意识形态家的真诚性，此时意识形态的独立性尚未被压抑，它对政治生活与社会生活具有范导性。马克思在《形态》中主要批判了意识形态的抽象的普遍性，即给狭隘的利益披上了普遍性的外衣，使现存事物显得光彩。这是消极的意识形态，有时被叫作"精神鸦片"、"锁链上的花朵"。消极意识形态处于收缩状态，其独立性是被压抑和锁闭的，并被归根于现存条件下的阶级利益。马克思把意识形态定义为，对人与现实的关系、现存条件与现实状况的想象的把握，物质生活过程的"反射和反响"。在他们看来："意识在任何时候都只能是被意识到了的存在，而人们的存在就是他们的现实生活过程。如果在全部意识形态中，人们和他们的关系就像在照相机中一样是倒立成像的，那么这种现象也是从人们的生活的历史过程中产生的，正如物体在视网膜上的倒影是直接从人们生活的生理过程中产生的一样。"② 马克思把意识形态当作意识，这种意识是对现实的"颠倒反映"或"倒立成像"，从而很容易把意识形态与现实及作为对现实的真实把握的科学区分开来。可是，一旦把意识形态想象从社会现实及历史科学中剥离开来，历史唯物主义就丧失了理想基础。因而有了后来的一系列补充：恩格斯对历史唯物主义的修订，人道主义与结构主义之争，历史唯物主义

---

① 《马克思恩格斯选集》第2卷，人民出版社1995年版，第33页。
② 《德意志意识形态》（节选本），人民出版社2003年版，第16—17页。

的规范性问题,历史决定论的困境等等,不一而足。

我们再从马克思的意识形态概念中对其追本溯源,以求克服消极意识形态与积极意识形态、意识形态的表观与本性的对立。当然这也是建立在克服个人与社会的对立的基础上的。意识形态虽然是对现实的想象的把握,但也作为社会分裂的三层结构之一的精神生产部门而存在,因而意识又化身为较为客观的固化形态,如概念、理念、思想、艺术、宗教等。马克思在《关于费尔巴哈的提纲》中已经从社会的自我分裂与自我矛盾去理解意识形态,他认为:"世俗基础使自己从自身中分离出去,并在云霄中固定为一个独立王国。"① 马克思认为,意识形态的独立性与决定性外观是由它的相对的独立性造成的。它是对现实的想象,这种想象力在消极的意义上被称作"颠倒反映"、"倒立成像",在积极的意义上就是能动的超越性。对意识形态的想象力的评价应当超越利益对立的世俗视角,相对的独立性说明意识形态有着不同于经济基础的现实规定的另一来源。意识形态"不用想像某种现实的东西就能现实地想像某种东西。从这时候起,意识才能摆脱世界而去构造'纯粹的'理论、神学、哲学、道德等等"②。意识形态作为想象力是自动的而非被推动的,是能动的超越性和创造性。如同康德所说,知识始于经验,但并非源于经验,知识的普遍必然性意味着知识有着基于理性自身的内在构成。经验无法告诉我们,如何把经验的外部给予转化为内在自我的生命,经验无法提供的内在必然性来自哪里。所谓"经济基础决定意识形态",是把材料的相关性当作了本质决定性。意识形态的生产活动当然使用它的时代的经济基础与现实的生活过程所提供的材料,或者说相关于现实状况和现存条件,但它是自身本源的。纯粹的理论、神学、艺术、哲学虽然有着民族性的风格、时代性的内容和阶级性的局限,但又有着永恒的人类性意义,从而是一种"相对的绝对"。马克思在《〈政治经济学批判〉导言》中提出了艺术的独立性困惑:艺术的"一定的繁盛时期决不是同社会的一般发展成比例的,因而也决不是同仿

---

① 《马克思恩格斯选集》第1卷,人民出版社1995年版,第55页。
② 《德意志意识形态》(节选本),人民出版社2003年版,第26页。

佛是社会组织的骨骼的物质基础的一般发展成比例的"①;"困难不在于理解希腊艺术和史诗同一定社会发展形式结合在一起。困难的是,它们何以仍然能够给我们以艺术享受,而且就某方面说还是一种规范和高不可及的范本。"② 希腊神话超越时代的永恒魅力,不受"这种艺术在其中产生而且只能在其中产生的那些未成熟的社会条件"的限制,是因为意识形态生产能摆脱阶级社会的现实桎梏,完成超越性的跳跃,以"灵魂的回忆"实现对永恒与绝对的模仿,从而持有对类本质的记忆。当然,现实就是马克思的"罗陀斯岛",政治经济学批判成了马克思哲学的新城。政治经济学批判同时又是意识形态批判,共产主义不光有经济的性质而且有哲学的性质,扬弃经济基础与意识形态的分裂,消灭哲学与现实的对立,使其更为深刻更为直接。

如果把意识形态作为一种认识或反映,"想像的真实性"必然被"对真实的想像"所取代,它的相对的独立性不可能是深刻的。之所以把意识形态当作现实生活过程的反射与反响,是因为把意识形态活动的结果(产品)当成了意识形态本身,把意识形态的表观当成了它的本性。马克思把意识形态指认为意识、观念、概念,或者是精神生产部门中的宗教、艺术、形而上学等。如同从内容上说,思维中所有的一切无不在经验之中,意识形态生产所用的材料无不来自于现实生活过程(经济基础的现实规定)。但意识形态活动是想象力对经验的超越性构造。正如列维·斯特劳斯所说,石斧子与铁斧子的材料虽不同,但成就斧子的智性却是相同的。如果我们从意识形态的表观追溯到其本性的话,意识形态不是意识、观念、概念(这些当然不是本源性的)。也不限于作为《神圣家族》的精神上层建筑,意识形态不是对现实的"想像的把握"、"颠倒的反映"、"倒立成像",而是一种生产,意识形态生产着分裂的阶级社会的整全性。它是不同于能为数学的精确性所把握的现实经济基础的另一种真实。这种想象的真实性是看不见、摸不着的,尽管我们可以被必要性与强迫性剥夺了任何意识形态生产的空间,成为物化的存在,但我们仍然被意识形态的生产性所占据,即使它没有活动、没有起作用,意识形态的生产(创造)本

---

① 《马克思恩格斯选集》第2卷,人民出版社1995年版,第28页。
② 《马克思恩格斯选集》第2卷,人民出版社1995年版,第29页。

性是不灭的。它比自我意识更为寂静，比逻各斯更为深刻。想象的真实不是指想象创造出的产品，而是说想象是真实的存在，是一种即使不活动、未起作用，也不能被否认的真实存在。如同我被资本所迫，没有一点自由时间，或者我只是一个懒汉，你却不能否认人的能动的超越性、精神的否定本性与创造本性，也不能因为人的现实局限而不承认人性的绝对性与完满性。因为如果没有后者，你就不能确定异化与桎梏或者我是一个懒汉的事实，也不能作出有限理性的断言。想象不是自我意识的一个机能，而是其能动性根源，超越了主观与客观的存在层次。它可以通过人的自主活动显现，也可以不显现。想象的真实是一种与规定性的现实不同的真实性，这种真实是非规定的、无限的、否定的。想象与现实之所以是不同的，是因为二者是分裂的，或者说是未完成的。无限性与否定性的现实表现就是能动的超越性与自主的创造性。在阶级社会中，意识形态虽然只是一种分裂与异化的表现，但我们仍可从其本性上使其超出精神上层建筑的范围，在生产力的活跃性中或者生产劳动的自主性中保持其存在。想象与现实之分裂的整体表现，是阶级社会中的一部分人的发展只能以牺牲另一部分人的自由时间为代价。

五、想象与现实的否定性统一

从整体上说，或者对社会的人来说，"整个所谓世界历史不外是人通过人的劳动而诞生的过程，是自然界对人来说的生成过程"①。"周围的感性世界决不是某种开天辟地以来就直接存在的、始终如一的东西，而是工业和社会状况的产物，是历史的产物，是世世代代活动的结果，其中每一代都立足于前一代所达到的基础上，继续发展前一代的工业和交往，并随着需要的改变而改变它的社会制度。"② 这种整体的概观与洞见是不完整的，因为它是与现实生活中的个人的生命经验不相契合的，在阶级社会

---

① 马克思：《1844 年经济学哲学手稿》，人民出版社 2000 年版，第 92 页。
② 《德意志意识形态》（节选本），人民出版社 2003 年版，第 20 页。

中，这种整体是在不同的时间、空间、领域与阶级那里以分裂的方式存在着的。"物质"与"精神"、历史的前提与结果、人的受动性与能动性的统一在生活世界中并没有直观的存在。回归生活世界，我们只有从想象与现实的结合去探究自主活动的秘密。

"历史的每一阶段都遇到一定的物质结果，一定的生产力总和，人对自然以及个人之间历史地形成的关系，都遇到前一代传给后一代的大量的生产力、资金和环境，尽管一方面这些生产力、资金和环境为新的一代所改变，但另一方面，它们也预先规定新的一代本身的生活条件，使它得到一定的发展和具有特殊的性质。"[1] 在个人占有生产力之前，他首先被生产力所占有，环境也还不是人的环境，而人只是环境的附属物。社会现实对个人的规定在成为他的生命的内在丰富性之前，是人的重负与压迫。人必须要接受的或必须得达到的是与他的生命相异在的，或者说，人的存在与他的本质是不相契合的，其存在是非本质的物化的存在，而其本质是受压抑的或尚未存在的。生产力、资金和社会交往形式的总和作为前人历史创造活动的结果，是哲学家们想象为"实体"的东西的现实基础，但在实体性的结果中并未保存历史创造活动的全部意义，或者说后人并未通过与其存在条件或环境的相遇，而共享自主活动的真实意义。实体性结果作为社会现实对个人的规定已经丧失了人的本质，人必须通过重新"从头开始"才能再次成为本质性的存在，生产力只有如此地被人占有才能成为人的本质力量。"本质力量的对象化"的真实意义是人的理想价值延伸、充实到他的环境、条件与对象上，人与世界共享了人的理想价值，原先作为活动对象的外部规定性失去了固定的、分裂的知性特征，似乎具有了一种内在必然性，成就了整全性的个性生命。而这个物的个性生命也是人的同一个个性生命，在存在的本质性维度上，人与物（现实对人的规定性）都丧失了固定的僵化的界限，成为交融互摄、相互包含的存在。人在对象或异在中同时成为在自身中，人在对象中看到自己，因为物已经成了人的生命之镜，不只物成为人的，人也成为物（社会）的，人与物（社会）成为一

---

[1] 《德意志意识形态》（节选本），人民出版社2003年版，第36—37页。

种感性的共在。

自主活动作为想象对现实的否定性统一，以往人们过于注重对现实的实体性改造，即创造新的规定性，把自主性当作人的目的、意图、意志的实现。有限的目的、意图本来就是自我意识的剧场假象，表面上是自我的、我要的，其实"假名我"做不得主。创造新的规定性并非真正的否定性与超越性，创新所携带的无限性的讯息消失在了新的规定性之中。苏格拉底曾论及哲学这一创造的本性，他指出："在同一天之内，他时而茂盛，时而萎谢，时而重新活过来……丰富的资源不断地来，也不断地流走，所以他永远是既不穷，又不富。"① 新的不一定是重要的，而本质性的创造活动确实实现了人的自主本性。但我们不应把创造新的规定性这种表观当作自主活动的本质，因而可以抓住创新所带出的其后其外的存在，直奔主题，存留无限性之意味。社会现实对人的规定性作为前人创造活动甚至是自主活动的结果，未能把自主性存留于物中，直接交与后人。物化的结果既作为支配人的物的力量，又作为人实现其自主活动的印迹、路标与入口处。社会现实对人的规定性首先作为"知性—物质"，与人构成了一种外部反思关系，从而是一种抽象的普遍性。想象对现实的否定性统一，是一个既充实化又空灵化的过程。想象穿越了物化现实的表观，把其带回本质性层面，召唤回现实规定之后之外的生命——精神。可以说再现了原创者在"灵魂的回忆"中所带来的关于永恒的意象与绝对性的信息，恢复了物的个性生命与创造的真实意义。想象对现实规定的充实，把存在者带回了开端处，回到事情本身，使其从抽象的普遍性达到具体的普遍性。想象对物化现实的充实又是对它的消解与扬弃。前已述及，想象的真实是非规定性的、无限的、否定的。想象力物化现实规定的活动，消解了现实规定的固定性外观，使其在真实意义的层面上与其他的可能性交融互摄、相互包含，也就是在现实的规定性中存放、涵摄、保持住其他一切可能性，从而成为精神，富于辩证性。想象把现实带回真实意义的层次，也就是消灭了物质，并转化为精神。

---

① 转引自《柏拉图文艺对话集》，朱光潜译，人民文学出版社1963年版，第261页。

自主活动所实现的是人与自我的统一。人与自我之关系的完成是对人的异化或人与自我之疏离的克服。马克思专门谈到资本主义条件下的劳动异化与交往异化，但异化存在于深层的人性结构中。异化有转让、疏远、脱离等涵义，哲学上指主体活动的结果变成了主体的异己力量。主体的对象化活动构成了人与他物、人与他人的关系，所谓异化就是人在异在中不能保持自身，对象化是人在对立面中丧失本质的过程，这也是黑格尔辩证法的否定阶段。其后则是扬弃异化，实现对立面之统一，达到更高的概念的否定之否定阶段。否定之否定所肯定的就是人与自我的统一，即人在异在中就是在自身中。黑格尔辩证法有着天才的洞察力，但是"回到自身"、"对立面的统一"、"发展"（达到更高存在）的真实意义是什么呢？现实的个人是"从事活动的，进行物质生产的，因而是在一定的物质的、不受他们任意支配的界限、前提和条件下活动着的"①。因而，现实的人正是通过人与自然的交往、人与他人的交往来实现人与自我的统一。在实现人的本质的自主活动中，人与自然的关系、人与他人的关系根本上都是人与自我的关系。自主活动不是一个人对他物、人对他者的对象性、意向性的单向度主体性过程，而是一个人与他物、人与他人的循环往复的创生过程。无疑"人—对象—自身"的循环往复的创生结构是对对象性、意向性的主体性结构的超越。现代西方哲学把这一循环往复的结构称为互主体性或主体间性模式，但还需要更为深刻地揭示其真实意义。从对象"回到自身"的过程并非是对第一个对象化、外化过程的"颠倒"，而是如黑格尔所说，对立面的统一是在更高的存在层次上实现的发展。"回到自身"并不是一个简单地把人失去的关系归还给人的过程，"归还"必须是一个本质性的活动，或者说实现人的本质的"复性"活动。所回归的"自身"不是自我，而是比自我更深层的自性，"回到自身"是主体自我的自性化过程，它实现了生命的整全化与人格的完满化。我们所谓的"异化"、"人与自我的疏离"，是指人在自我意识的剧场假象中丧失本心、不明自性、不见本体。"人与自我的统一"把人与自然的交往（生产劳动）、人与他人的

---

① 《德意志意识形态》（节选本），人民出版社2003年版，第16页。

交往（社会关系）带到了人的"类本质"层面上，正是在人的"类生命"中，人在异在中才能同时是在自身中。"人与自我的统一"、"回到自身"是借助人与自然的交往、人与他人的交往的暗示所实现的"灵魂的回忆"，因此自主存在具有绝对性、无限性与永恒性品格。人在异在中就是在自身中，意味着人与他的对象交融互摄、相互包含，人在对象中的活动与对象在人中的活动是同一个自主活动，人与对象俱足同一个性生命，共享绝对性的理想价值。而这一自主存在也涵摄其他一切可能存在，这种涵摄与辉映正是想象的无限性在现实规定的当下即是。

马克思批判了意识形态的抽象的普遍性，主张消灭阶级和阶级对立，克服意识形态与经济基础的分裂，实现想象对现实的否定性统一的自主活动。这正是倒立的政治经济学批判。

"唯物主义历史观"何以是"唯物主义"的历史观[①]

——一种认知隐喻学的解释方案

高 超

在《路德维希·费尔巴哈和德国古典哲学的终结》(以下简称《费尔巴哈论》)中,恩格斯对"唯物主义"和"唯心主义"两词的用法做了明确的界定,他指出:"凡是断定精神对自然界说来是本原的……组成唯心主义阵营。凡是认为自然界是本原的,则属于唯物主义的各种学派","除此之外,唯心主义和唯物主义这两个用语本来没有任何别的意思"。[②] 在《〈政治经济学批判〉序言》中,马克思对他的社会历史观做了简要的概述:"生产关系的总和构成社会的经济结构,即有法律的和政治的上层建筑竖立其上并有一定的社会意识形式与之相适应的现实基础。物质生活的生产方式制约着整个社会生活、政治生活和精神生活的过程。"[③] 恩格斯也曾对马克思的历史观作过精辟、生动的评述:"以前所有的历史观,都以下述观念为基础:一切历史变动的最终原因,应当到人们变动着的思想中去寻求,并且在一切历史变动中,最重要的、支配全部历史的又是政治变动",然而在马克思的历史观中,"历史破天荒第一次被置于它的真正基础上;一个很明显的而以前完全被人忽略的事实,即人们首先必须吃、喝、住、穿,就是说首先必须劳动,然后才能争取统治,从事政治、宗教和哲

[①] 原载《现代哲学》2017年第5期。
[②] 《马克思恩格斯选集》第4卷,人民出版社2012年版,第231页。
[③] 《马克思恩格斯选集》第2卷,人民出版社2012年版,第2页。

学等等,——这一很明显的事实在历史上的应有之义此时终于获得了承认。"①

通过上述文本我们可以清晰地看到,恩格斯所说的"唯物主义"是关于精神和自然界的关系特别是二者何为本原的问题的一种观点,而马克思的历史观则是关于经济结构和社会意识形式的关系或物质生活(吃、喝、住、穿)和社会、政治、精神生活(统治、政治、宗教、哲学)的关系,特别是其中何为基础的问题的一种观点。那么,马克思的历史观亦即被人们称为"唯物主义历史观"的历史观何以是"唯物主义"的呢?

一、马克思的历史观与一般唯物主义的异质性

这个问题似乎从字面上就能得到回答。恩格斯在《费尔巴哈论》中把"思维对存在的关系问题"("精神对自然界的关系问题")作为"全部哲学的最高问题",哲学家被划分为两大阵营的根据也在于对"思维和存在的关系问题"的回答。② 而在《〈政治经济学批判〉序言》中马克思也说道:"不是人们的意识决定人们的存在,相反,是人们的社会存在决定人们的意识。"③ 这里显然是"(社会)存在与意识的关系问题",而且可以推知,恩格斯认为唯物主义主张存在对思维来说是本原,那么马克思所主张的(社会)存在决定意识的观点不就也是唯物主义的吗?类似的字面上的证据还有,马克思在对其历史观的表述中使用了"物质生活"和"精神生活"这样的说法,等等。这些证据似乎说明,唯物主义历史观所探讨的问题是一般唯物主义或唯物主义世界观、唯物主义自然观所探讨的问题在社会生活中的表现或延伸,唯物主义历史观似乎是唯物主义世界观和自然观在社会生活中的运用。

这种观点长期存在是有其历史根源的,马克思也是要负一定责任的。

---

① 《马克思恩格斯选集》第3卷,人民出版社2012年版,第722—723页。
② 《马克思恩格斯选集》第4卷,人民出版社2012年版,第230—231页。
③ 《马克思恩格斯选集》第2卷,人民出版社2012年版,第2页。

在《神圣家族》中马克思认为:"法国唯物主义有两个派别:一派起源于笛卡儿,一派起源于洛克。后一派主要是法国有教养的分子,它直接导向社会主义。前一派是机械唯物主义,它成为真正的法国自然科学的财产。"[①] 这"后一派"主要指的是爱尔维修、霍尔巴赫等人的"社会生活方面的唯物主义"。以爱尔维修为例,他主张环境决定人的精神。这个"环境"指的不是自然地理环境,也不是经济生活环境,而是教育、法律、政治制度等环境。而他进一步认为,这个"环境"是由英雄、君主的意志决定的。总体上看,这实际上可以称为"唯心史观",单就环境(教育、法律、政治制度)决定个人精神这个观点来说,也谈不上是唯物主义的,因为这里所谈的是一种精神现象与另一种精神现象的关系,与"物质"无关。

那么马克思的历史观讨论了(社会)存在、物质生活等问题,是不是就是"唯物主义"了呢?我们这里讨论的不是马克思的历史观能否被称为"唯物主义历史观"的问题,因为这一观点事实上就被称为"唯物史观"并且被人们良好地使用;我们所要探讨的是恩格斯所界定的,亦即人们通常所理解的,在世界本原问题意义上的,在世界观、自然观意义上的"唯物主义"与"唯物史观"的关系问题。这里我们能够明显发现二者在多个方面都有明显区别。

(一)一般唯物主义与唯物史观所论及的内容是不同的

无论二者是否都出现了"存在"、"物质"、"意识"、"精神"等字眼,都不能因为字眼相同就断定它们的实际内容是相同的。一般唯物主义在"思维和存在的关系问题"的字面下实际上探讨的是灵魂与肉体、精神与自然界、神与世界等一系列问题,这些问题中所涉及的"物质"实际上是摸不着、看不见的,是不能被人的感官所把握的,用列宁的话说就是"标志客观实在的哲学范畴"[②]。马克思的历史观在"社会存在和社会意识的关系问题"的字面下实际上探讨的是吃、喝、住、穿、劳动等与政治、宗

---

① 《马克思恩格斯全集》第2卷,人民出版社1957年版,第160页。
② 《列宁选集》第2卷,人民出版社2012年版,第89页。

教、哲学等的关系问题，或说是整个经济基础与庞大的上层建筑的关系问题，这个问题中所涉及的相互关系的两端并不能与前述问题中的物质（存在）和精神（思维）唯一对应，物质生活和经济活动中也包含精神的因素，上层建筑或意识形态中也包含物质的东西。"社会存在"绝不是"存在"在社会中的表现形式，不是"存在"的一部分。这里所谈的"物质"都是摸得着、看得见的，人们吃、喝、住、穿的都得是感官可以把握的物质的具体形态，人们绝不可能吃"标志客观实在的哲学范畴"。这里也不是说一般唯物主义涉及的是作为抽象范畴的物质（马克思的历史观涉及的是作为具体表现的物质），而是说这里在读音和字形上完全一致的两个词是完全不同甚至尖锐对立的。在前一种意义上，我们可以找到纯粹的物质，而在后一种意义上，物质生活的各种资料无不掺杂了人的精神，所以在马克思的历史观中起决定作用的是物质生活或经济活动，而不是纯粹的物质。

（二）一般唯物主义与唯物史观在能否还原为物理学陈述的问题上是不同的

从语言学或卡尔纳普、纽拉特的物理主义的观点来看，一个一般意义上的唯物主义陈述最终可以还原为一个物理学陈述。① 这里需要指出的是，卡尔纳普等人认为唯物主义与物理主义的根本区别就在于后者的陈述都可以还原为物理学陈述，而前者是一种形而上学，不能还原为任何有意义的陈述。这无疑是一种"辉格史观"。库恩曾发现，当他试着以亚里士多德的视角去理解问题的时候，古代物理学也变得合理起来。如果唯物主义是坚持物质第一性的学说而物理学就是研究物质的学问，那么唯物主义的陈述从来都能还原为物理学的陈述，只是我们当然不能要求古代唯物主义的陈述能够还原为现代物理学的陈述。事实上，在泰勒斯的时代，物理学与哲学是难以区分的，"世界的本原是水"既是一个唯物主义的哲学陈述，也是一个古代物理学的陈述。再如恩格斯认为实验和工业能够解决思维和存在的关系问题，能够得出唯物主义的结论，显然也是认为唯物主义的陈

---

① ［澳］斯图尔加:《物理主义》，王华平、张文俊、赵斌译，华夏出版社2014年版，第11页。

述能够还原为物理学的陈述。然而马克思历史观中的陈述明显不能还原为物理学中的陈述，社会历史领域发生的事件固然不能违背物理学的规律，但至少到现在物理学对于解释社会历史现象还无能为力。卡尔纳普等人的"统一科学"的理想至今也没有实现的迹象，更不用说在马克思的历史观中使其陈述还原为物理学陈述了。

（三）一般唯物主义与唯物史观所研究的对象的结构是不同的

一般唯物主义讨论的是物质与意识、存在与思维、自然界与精神的关系问题，唯物主义历史观讨论的是经济与政治、宗教、哲学的关系等问题，不仅如此，这些非常不同的问题所处的结构也是完全不同的。前者讨论的是何为本原的问题，亦即谁还原为谁的问题。唯物主义认为物质是本原，意识最终能还原为物质，意识并不具有实在的地位，它不过是物质的一种特殊的、高级的表现形式。正如马克思所说，"观念的东西不外是移入人的头脑并在人的头脑中改造过的物质的东西而已"①，亦即是说观念、意识归根结底是某种形式的物质，意识和物质不是两种而根本就是一种东西。也正是在这种一元论的意义上，所有关于意识的陈述也都能还原为关于物质的陈述，在物理学是关于物质的学说的意义上，即都可以还原为物理学陈述。而马克思的历史观所讨论的是谁为基础、谁决定谁的问题。马克思认为经济生活是基础，经济生活决定了政治生活、精神生活，或用随附式物理主义的术语来说就是政治生活、精神生活随附于经济生活，而随附性恰恰是区别于还原性的。也就是说，政治生活并不是一种特殊形态的经济生活，二者毕竟是异质性的，政治生活随附于或决定于经济生活，但绝不能还原为经济生活。所以，严格地说，马克思的历史观不是一元论的，但这也绝不是说它是二元论或多元论的，而是说这里并不涉及还原的问题，所以根本谈不上一元论、二元论或是多元论。

以上三点已经表明在内容、表述和结构上一般唯物主义与马克思的历史观的异质性，这里我们简要地说明二者之间并没有逻辑上的推导关系。如果唯物主义的历史观（不特指马克思的历史观）只是一般唯物主义或唯物主

---

① 《马克思恩格斯选集》第2卷，人民出版社2012年版，第93页。

义的世界观、自然观在社会历史领域的延伸、扩展或运用，那么为什么那么多杰出的唯物主义者都陷入了唯心主义的历史观呢？如果因为世界包括自然界和人类社会就认为历史观是世界观的一部分，或因为人类社会是自然界长期发展的产物就认为历史观是自然观的一部分，那么就只能认为这些杰出的唯物主义者缺乏最基本的逻辑素养了。如果我们决心不草率接受这样简单、粗暴的回答，那么我们就应该思考一般世界观或自然观与历史观到底有没有必然的联系。是否可以设想，一个人认为世界是神创造的而他同时又相信经济生活决定政治生活，又是否可以设想一个人认为世界是从来就有的而他同时又相信政治生活决定经济生活？如果他一方面相信世界是神创造的，另一方面又认为世界不是神创造的，那么他将陷入逻辑矛盾；但是相信世界或自然界是神创造的与主张在人类社会中经济生活决定政治生活完全是不矛盾的。所以唯物主义的世界观和自然观并不必然能够推出唯物主义的历史观。①

二、对"唯物史观是唯物主义"的认知隐喻学解释

著名语言学家乔治·莱考夫和马克·约翰逊在《我们赖以生存的隐喻》中指出："不论是在语言上还是在思想和行动中，日常生活中隐喻无所不在，我们思想和行为所依据的概念系统本身是以隐喻为基础。"② 隐喻广泛存在于我们的语言现象中，以至于人们经常是在不自觉的情况下隐喻地使用语言。因此，我们可以尝试从隐喻的角度去理解"唯物主义历史观"何以是"唯物主义"的历史观这一问题。

（一）历史观中的"物质"概念是对一般唯物主义中"物质"概念的隐喻使用

在《费尔巴哈论》第二节的末尾部分，恩格斯指出"施达克在找费尔

---

① 当然，只有同时坚持唯物主义的世界观、自然观和唯物主义的历史观，才是真正的、彻底的、完整的唯物主义观点。这种观点迄今只为马克思主义所拥有。

② [美]乔治·莱考夫、[美]马克·约翰逊：《我们赖以生存的隐喻》，何文忠译，浙江大学出版社2015年版，第4页。

巴哈的唯心主义时找错了地方"①。按照恩格斯的理解，费尔巴哈的唯心主义在于"他不是……直截了当地按照本来面貌看待人们彼此间以相互倾慕为基础的关系……而是断言这些关系只有在用宗教名义使之神圣化以后才会获得自己的完整的意义。"② 然而施达克却认为"费尔巴哈是唯心主义者，他相信人类的进步"③。这在恩格斯看来明显是错误地使用了"唯心主义"这个词，相应地也要误用"唯物主义"一词。就此恩格斯指出："在这里无非是把对理想目的的追求叫作唯心主义"，"如果一个人只是由于他追求'理想的意图'并承认'理想的力量'对他的影响，就成了唯心主义者，那么任何一个发育稍稍正常的人都是天生的唯心主义者了"，"关于人类（至少在现时）总的说来是沿着进步方向运动的这种信念，是同唯物主义和唯心主义的对立绝对不相干的"。④

恩格斯认为，"事实上，施达克在这里向那种由于教士的多年诽谤而流传下来的对唯物主义这个名称的庸人偏见作了不可饶恕的让步"⑤。那么，"庸人"是如何理解"唯物主义"的呢？恩格斯认为"庸人把唯物主义理解为贪吃、酗酒、娱目、肉欲、虚荣、爱财、吝啬、贪婪、牟利、投机"等"一切龌龊行为"。⑥ 我们在讨论世界本原问题时涉及"物质"，在谈论贪吃、肉欲、牟利等物质享乐时也涉及"物质"，这显然是同一个读音、字形的两种不同含义。如果在世界本原问题上我们使用了"唯物主义"一词，那么在完全不同的另一个问题上使用这个词就很可能是一种隐喻的用法了。

隐喻之成立要求本体与喻体具有相异性，而它们的部分属性又具有相似性，而且这种相异性与相似性越强烈，隐喻的效果就越好。作为世界本原的"物质"与用于享乐的"物质"分属于不同论域，是不同学科的研究对象，前者是不可感的"标志客观实在的哲学范畴"，后者则是可感的，

---

① 《马克思恩格斯选集》第4卷，人民出版社2012年版，第237页。
② 《马克思恩格斯选集》第4卷，人民出版社2012年版，第240页。
③ 转引自《马克思恩格斯选集》第4卷，人民出版社2012年版，第237页。
④ 《马克思恩格斯选集》第4卷，人民出版社2012年版，第238—239页。
⑤ 《马克思恩格斯选集》第4卷，人民出版社2012年版，第239页。
⑥ 《马克思恩格斯选集》第4卷，人民出版社2012年版，第239页。

往往还会掺杂精神成分，因而二者之间具有很强的相异性。但物质与精神的对立同物质生活与精神生活的对立具有相似性。"庸人"正是利用这种相异性与相似性自觉或不自觉地构造了这种隐喻，以攻击在世界本原问题上持唯物主义观点的人。

现在的问题是，如果我们"不用玫瑰色描绘""庸人""暗中迷恋着的一切龌龊行为"，即不添加感情色彩而只是客观描述，那么贪吃、酗酒、娱目、肉欲、虚荣、爱财、吝啬、贪婪、牟利、投机与吃、喝、住、穿、物质生活、物质利益、商品生产、商品交换、追求利润最大化等说法指的都是同一些对象、行为和活动，具有高度重合的外延。如果我们认为"庸人"在说这些行为时使用"唯物主义"是一种隐喻用法，那就不得不承认"唯物主义"在表述马克思的历史观的时候也是一种隐喻用法。如果马克思和"庸人"都是在隐喻的意义上使用"唯物主义"一词，那么为何一个导向一种科学的历史观，而另一个则只造成了诽谤？他们的隐喻究竟有何区别？

（二）马克思与"庸人"对"唯物主义"的隐喻使用有着本质区别

笔者在博士学位论文《"马克思哲学革命"观念的分析》中曾提出，这种区别就在于隐喻的两种不同的功能——修辞和认知。① 隐喻通常被认为是一种修辞的手法，只具有修辞的价值，只是为了取得尽可能好的表达效果。"庸人"正是在修辞的意义上理解并使用"唯物主义"这个词的。前文已经说过，哲学上的"物质"与"庸人"所说的"物质"完全是异质性的，但是用于享乐的物质总是能够与肉体联系起来，而理想信念总能与精神联系起来，正如肉体与灵魂的对立，所以以肉体和灵魂的关系为中介，享乐用的物质与理想信念的关系同哲学上的物质与精神的关系就取得了隐喻性的联系。然而这个隐喻纯粹是修辞性的，把一些人在哲学上所信奉的唯物主义隐喻为在道德上受到谴责的拜金主义、享乐主义，只是出于人身攻击的目的，以期达到道德上败坏而非理论上驳倒论敌的效果。稍后

---

① 参阅高超：《"马克思哲学革命"观念的分析》，吉林大学博士学位论文2016年6月，第80—89页。

我们就能够看到这种隐喻为什么没有认知价值了。

而在《我们赖以生存的隐喻》出版之后，隐喻的认知价值开始受到关注，并逐渐形成了专门研究隐喻的认知机制的认知隐喻学。从认知隐喻学的角度去看"唯物史观"中的隐喻，能够看到这种隐喻的必要性、可行性和恰当性。

（1）"唯物史观"对"唯物主义"一词的隐喻使用是必要的。一门科学或一种学说形成之初，术语往往是最缺乏的东西之一，这时研究者会从成熟的科学或学说中借用术语隐喻地表达新的含义。比如心灵哲学把人体或人脑隐喻为机器，电学把原子核与核外电子的关系隐喻为太阳与行星的关系。这表明心理学、电学在它们的幼年时期都要从相对成熟的物理学、天文学那里借用术语。关于历史的研究相对于关于自然的研究要年轻许多，马克思的历史观在当时诸多历史观中又是最新的，所以有很多新的、陌生的概念需要借用人们熟悉的概念去表达，比如借用光学术语（照相机隐喻）、化学—生物学术语（结晶体—有机体隐喻）、建筑学术语（建筑物隐喻）以及力学术语（平行四边形法则隐喻）。可见，唯物史观的众多核心命题都是通过隐喻的方式去表述的，那么这时还需要一个术语从整体上隐喻地表达这种历史观，"唯物主义"成了不二之选。

（2）"唯物史观"对"唯物主义"一词的隐喻使用是可行的。首先，哲学与关于社会历史的学问相比更为成熟，其术语的含义更为明确且被广泛接受，所以一种历史观借用哲学术语来表达是可行的。其次，在这个隐喻中，本体的实体部分（经济结构、意识形态）与喻体的实体部分（物质、意识）是异质性的，经济基础、意识形态与物质、意识在内涵和外延上都不重叠，这使得隐喻可行。再次，对于一般的唯物主义来说，物质是第一性的，意识现象可以通过关于物质的理论而得到解释；对于唯物史观来说，经济是第一性的，法律、政治、宗教、艺术、哲学等意识形态的现象都要通过关于经济的科学来解释。这表明本体的部分特征与喻体的部分特征具有相似性，这也使得隐喻可行。

（3）"唯物史观"对"唯物主义"一词的隐喻使用是恰当的。表面上看，马克思和"庸人"都是在隐喻地使用"唯物主义"一词，似乎没有什么区别。但是从认知隐喻学的角度来看，"庸人"用"唯物主义"隐喻"拜金主义"、"享乐主义"是用人们较陌生的概念隐喻较熟悉的概念，不具有认知的价值。但用"唯物主义"去隐喻一种主张经济生活是基础的历史观则能让具有一定哲学素养的读者迅速、准确地抓住要点，使他们能够清楚地通过物质与意识的关系去理解经济基础与上层建筑的关系。因此，这种隐喻具有很高的认知价值。此外，唯物主义在18、19世纪代表一种批判的、战斗的精神，用它来隐喻一种革命性的历史观是非常恰当的。

三、认知隐喻学解释的推论和问题

运用认知隐喻学的观点去解释"唯物主义历史观"何以是"唯物主义"的历史观这个问题，其结论就是，"唯物主义历史观"这一术语隐喻地使用了一般唯物主义学说中的"唯物主义"概念，并且这是一种具有认知价值的隐喻。除了这一结论，我们还能得出一些推论，同时也会发现一定的问题。

（一）"辩证唯物主义"与"历史唯物主义"没有语义上的逻辑联系

辩证唯物主义和历史唯物主义通常被视为马克思主义哲学的两大核心理论，而后者是前者的一般原理和方法论在社会历史领域的运用。对于这一看法，学界一直存在不同的声音。比如高清海、邹化政两位先生认为，"辩证唯物主义是马列主义的哲学，历史唯物主义是马列主义的社会学"[①]。辩证唯物主义是一种表达了对世界的根本看法的哲学理论，是对素朴唯物主义、机械唯物主义的继承与超越。而历史唯物主义在它等同于唯物史观的情况下，是一种对人类社会历史发展的根本观点，它关心的不是一般性的物质、意识在历史领域的表现，而是生产力、生产关系、经济基

---

① 高清海、邹化政：《论辩证唯物主义与历史唯物主义的关系——哲学与社会学的统一和分化》，载《东北人民大学人文科学学报》1956年第1期。

础、上层建筑等对象，所以并不是一种与素朴唯物主义、机械唯物主义、辩证唯物主义以及各种唯心主义并列起来的关于物质与意识何为第一性的学说。历史唯物主义只是在隐喻的意义上使用了"唯物主义"一词。所以，这就在认知隐喻学的意义上佐证了上述两位先生的观点——历史唯物主义与辩证唯物主义是异质性的。此外，还有一种观点认为辩证唯物主义与历史唯物主义实际上是同一个东西，都是马克思主义哲学，存在不同称谓是因为侧重点不同，前者强调它的辩证特性，后者强调它的历史特性，但无论如何它们都是一种唯物主义学说。但根据我们前文得到的结论，历史唯物主义并不是一种本来意义上的唯物主义学说。所以，"唯物主义"一词在"辩证唯物主义"这个术语中是它的本来含义，而在"历史唯物主义"这个术语中则是它的隐喻含义。二者之间没有语义上的必然联系。

（二）唯物史观不是马克思的哲学理论

上文认为唯物史观与一般唯物主义没有必然联系，但并没有说明它因此就不是哲学理论，这里我们尝试说明这个问题。通常认为马克思的《序言》提供了唯物史观的经典表述，如："物质生活的生产方式制约着整个社会生活、政治生活和精神生活的过程"、"人们的社会存在决定人们的意识"等①，这些表述能够在一定程度上表明，唯物史观关注的不是传统哲学通常关注的问题，所以它不是一种哲学理论。但反对者依然可以说，马克思实现了一场"哲学革命"，变革了哲学的研究对象。事实上，《序言》还给出了唯物史观的另一种表述：在考察社会变革时，"必须时刻把下面两者区别开来：一种是生产的经济条件方面所发生的物质的、可以用自然科学的精确性指明的变革，一种是人们借以意识到这个冲突并力求把它克服的那些法律的、政治的、宗教的、艺术的或哲学的，简言之，意识形态的形式。我们判断一个人不能以他对自己的看法为根据，同样，我们判断这样一个变革时代也不能以它的意识为根据。"② 在这里

---

① 《马克思恩格斯选集》第 2 卷，人民出版社 2012 年版，第 2 页。
② 《马克思恩格斯选集》第 2 卷，人民出版社 2012 年版，第 3 页。

马克思明确指出,社会变动的原因不能通过哲学研究来发现。① 如果唯物史观本身是一种哲学理论,那么这种表述就造成了自相矛盾。所以,一方面我们从唯物史观只是隐喻地使用了"唯物主义"一词这个观点出发,表明唯物史观并不是一种哲学理论,另一方面则通过马克思的相关表述印证了这个结论。

(三)尽管认知隐喻学对马克思主义能够提供有益的理解,但是它也存在一定的问题

"隐喻思维具有或然性、不保真、可能产生陷阱,这是人们往往忽视的问题。"② 在隐喻中,只是本体的部分特性与喻体的部分特性相似,这也就意味着本体的另一些特性无法用喻体来表现,而喻体的另一些特性也不适合用来表现本体。而且在隐喻中并没有专门的标记去标识喻体的哪些特性表现了主体的哪些特性,这就需要人们根据自己的背景知识和当时的具体情境去判断了,有时听话者就会无意甚至有意地曲解说话者的意图。比如,马克思说"人们的社会存在决定人们的意识",这实际上是一个"决定论隐喻"。这里用科学上的机械决定论去隐喻地说明社会存在与社会意识之间的关系。但既然是隐喻,就意味着本体与喻体之间有着根本不同,这恰恰表明马克思的历史理论不是一种决定论。但有学者没有看到这里的隐喻,而是认为马克思的历史理论就是一种决定论。唯物史观与决定论的相似性在于都强调系统中有一些因素具有逻辑上的优先性,但区别在于,前者允许另一些因素反作用于优先的因素,而后者则不允许。所以唯物史观并不真的是一种决定论,而是隐喻地使用了"决定"的概念。但是长期以来,很多学者不能认识到这种隐喻,只是在字面上去理解"社会存在决定社会意识"、"生产力决定生产关系"、"经济基础决定上层建筑"等命题,导致某些马克思主义者陷入"经济决定论"的误区,某些马克思主义的批评者对唯物史观产生了"历史决定论"的误解。同样,马克思一方面

---

① 恩格斯在《社会主义从空想到科学的发展》中说得更为直白:"一切社会变迁和政治变革的终极原因……不应当到有关时代的**哲学**中去寻找,而应当到有关时代的**经济**中去寻找。"见《马克思恩格斯选集》第3卷,人民出版社2012年版,第797—798页。
② 王东:《科学研究中的隐喻》,世界图书出版广东有限公司2016年版,第2页。

用建筑物隐喻社会结构，另一方面又用有机体隐喻社会结构，听话者可能既抓住经济的基础性作用又抓住社会结构的复杂性，也可能片面夸大经济作为基础的决定性或意识形态的能动性，造成对马克思历史观的种种不同理解。甚至"唯物史观"这个名称本身由于它的隐喻性也遭到了论敌"庸人"的曲解，以至于恩格斯不得不撰文（《费尔巴哈论》）回应。可以看出，一方面马克思、恩格斯不得不依赖隐喻去表达他们的历史观，另一方面正是隐喻造成了后世对他们思想的不同理解和持久争论。

　　隐喻的使用往往是因为没有更好的、直接的表达方式，所以在运用隐喻和理解隐喻的过程中就会产生这样那样的问题，造成这种那种误解。由于隐喻是我们思维所依赖的，所以我们不可能通过拒绝使用隐喻来避免这些问题。相反，我们应该更加深入地研究隐喻的学问，以期更为准确地理解马克思、恩格斯文本中的隐喻，更好地把握经典文本的真实含义。总之，隐喻广泛存在于人类各种涉及语言的活动之中，无论日常生活、宗教活动、艺术创作与欣赏、哲学和科学研究，但很多人仍然认为隐喻只是语言问题而非思维问题，只是修辞手法而非认知方式。只要我们能够认识到隐喻是我们思维所依赖的最基本的活动，用它去理解马克思、恩格斯的思想就是必要的、可行的和恰当的。

索　引

外国人名

I. B. 科恩　629
M. 克利福特　598
阿伯丹　786
阿多诺　141，173，176，182，190，346，456，533，557，576，579，592，626
阿基米德　167，221，229，239
艾耶尔　123，161，171，186，235
爱德华·泰勒　785，786
爱尔维修　9，657，875，917
爱因斯坦　632，636，637，638，882，883
安东尼·吉登斯　241
安年科夫　654，665
奥古斯丁　211，800
奥尼尔　176，177，180
奥斯马科夫　251
奥特弗里德·赫费　602
奥伊泽尔曼　165，571

巴加图利亚　87
柏拉图　19，22，90，158，171，174，177，202，203，204，205，206，207，209，210，211，229，230，231，236，356，433，452，455，474，487，533，544，559，576，579，581，582，584，587，613，614，616，617，618，620，803，900，901，912
鲍嫽　856
贝克莱　25，33，36，165，184，535，903
比梅尔　86
边沁　9，790
宾克莱　158，167
柄谷行人　847
波格丹诺夫　694
波普尔　463，629
伯恩施坦　636，638，693，694，885，

886，887，888

伯林　215，221，222，350，849

布哈林　886

布鲁诺·鲍威尔　657，831，840

布罗代尔　861

查尔斯·拉莫　238

查尔斯·泰勒　568，570，571

大卫·库尔珀　575

德勒兹　173，174，235

德里达　141，162，166，171，173，174，182，190，235，236，237，452，462，557，821，844

德罗伊森　558

狄尔泰　94，558

迪尔凯姆　239

笛卡尔　18，19，24，36，56，229，316，451，485，487，546，553，582

杜威　33，209，210，591，794

恩格斯　10，42，49，62，63，64，74，75，76，77，78，90，91，103，104，105，106，109，110，114，118，119，122，127，129，134，137，145，146，151，153，154，156，158，159，180，188，191，223，239，250，252，258，266，271，282，286，290，291，292，293，294，295，296，320，321，322，323，325，327，329，330，333，337，342，343，344，345，346，347，348，352，353，354，355，357，359，360，364，365，371，373，374，377，378，379，381，382，384，385，386，387，389，390，391，392，393，394，395，396，397，398，399，400，401，402，403，404，405，413，414，415，426，431，447，448，459，466，478，481，482，491，492，521，526，527，529，530，535，536，538，540，541，565，567，569，574，585，586，588，590，591，626，627，628，630，631，632，633，634，635，636，637，638，639，640，641，646，647，648，649，650，651，652，654，655，656，657，658，659，660，662，668，669，670，671，672，673，674，675，679，681，682，684，687，688，689，690，691，692，693，695，696，697，699，700，704，708，709，718，719，724，730，733，734，735，736，737，738，739，740，741，742，743，744，745，746，747，748，749，750，751，756，757，758，759，760，761，762，763，764，768，770，771，773，775，776，777，780，781，783，815，816，817，820，822，823，826，827，829，832，833，834，835，836，837，838，839，840，841，842，844，845，846，847，848，850，853，854，855，860，864，865，866，867，868，869，870，872，

876、878、879、880、881、891、892、894、895、896、897、898、899、901、902、907、908、909、915、916、917、918、919、920、921、925、926、927

恩斯特·卡西尔　89、100、900

房龙　787

费尔巴哈　4、18、22、25、91、129、134、165、272、372、377、414、478、491、494、537、648、649、651、654、668、678、688、691、693、694、695、704、705、706、707、708、709、734、736、737、738、740、742、744、756、761、766、775、776、778、780、831、832、833、834、835、836、840、841、874、875、876、892、908、915、916、920、921、927

费希特　34、164、168、316、491、576、596、611

弗腊斯　883

弗兰尼茨基　693

弗雷格　236

弗洛姆　174

弗洛伊德　22、168、174、470

福柯　173、225、462、557、598

福山　787、798、799、801、802、803、804、806、807、808、811、812、813、814、816、817、818、819、820、821

伽达默尔　141、190、191、461、462、463、558、559、561、562、563、566、575、577、579、594

戈德利尔　855

格雷汉姆　851

葛兰西　141

哈贝马斯　86、141、175、176、177、182、192、215、216、218、219、234、235、237、241、349、350、455、470、486、493、539、545、546、591

哈耶克　158、193、548、549

海德格尔　22、41、43、45、53、56、74、84、85、86、88、94、96、97、122、141、166、177、182、190、191、192、193、201、206、220、221、229、230、231、235、236、429、430、433、450、452、454、455、459、461、463、465、481、493、496、537、538、563、564、565、567、579、580、581、583、585、586、587、588、589、590、591、600、612、613、621、622、623、624、625、781、782、783、784、852、859、860

荷尔德林　191、569、579

赫拉克利特　19、287、500、775

黑格尔　5、13、18、19、25、34、39、42、43、54、64、65、66、67、69、70、71、72、73、74、77、78、80、84、86、87、93、112、113、114、122、129、153、156、158、159、161、162、164、165、168、169、171、174、177、178、180、181、

183，184，185，186，187，188，
189，190，191，192，193，223，
235，236，252，253，258，259，
262，263，266，268，269，277，
281，282，284，285，288，289，
290，291，294，295，299，302，
305，307，311，312，313，316，
319，322，326，327，331，333，
338，339，340，341，342，343，
344，345，346，347，348，349，
350，351，352，353，354，355，
356，358，359，360，361，362，
363，364，365，366，367，368，
370，371，372，373，374，375，
376，377，378，379，380，382，
386，388，397，401，413，415，
424，426，427，428，429，430，
431，432，433，434，440，441，
444，445，446，447，448，449，
450，451，452，456，459，460，
463，464，465，466，468，469，
472，473，474，475，476，477，
478，479，480，481，482，483，
484，485，486，487，488，489，
490，491，492，493，494，495，
496，500，503，505，506，507，
508，510，516，517，518，520，
521，522，533，535，538，539，
541，544，546，547，548，549，
553，555，556，558，559，560，
561，562，563，564，566，567，
568，569，570，571，572，573，
574，575，576，577，578，579，
582，583，584，585，587，588，
589，590，593，594，595，596，
597，598，599，600，611，615，
616，617，618，619，620，622，
623，624，627，628，629，630，
631，633，634，635，638，639，
640，648，649，655，657，658，
693，697，699，703，704，705，
706，709，735，737，747，748，
749，750，759，760，772，773，
774，775，776，777，778，779，
780，781，783，798，800，801，
802，803，804，805，806，807，
808，809，810，811，812，813，
814，816，817，818，819，820，
824，835，837，839，840，841，
844，847，849，850，856，874，
875，876，898，903，913

亨利·哈代 215

胡塞尔 36，82，86，88，96，122，141，168，169，193，232，236，308，309，312，313，316，428，460，482，483，585，586，588，591，844，852，859

怀特 161，171，175，186，231，235，429

怀特海 231

霍布斯 158，804，805，806，903

霍尔巴赫 24，917

霍耐特 432，433

吉本 598

加塔利　173，174

卡尔纳普　115，161，235，918，919

开普勒　629，630，631

康德　18，19，22，24，36，54，57，74，75，122，158，163，164，168，172，176，178，179，183，185，187，189，190，214，225，231，236，253，316，335，362，424，427，433，444，451，453，455，459，460，468，469，473，474，475，476，478，480，481，485，487，488，498，500，501，506，516，517，538，539，542，553，558，559，560，561，566，571，572，573，574，576，579，587，596，597，601，602，603，604，605，606，607，608，609，610，611，614，615，618，634，636，688，694，706，776，778，875，876，886，908

康蒲·斯密　475

考茨基　693，694，885，886，888

考夫曼　596，689

科亨　889，890

柯林伍德　344

柯日布斯基　173

科尔纽　341

科西克　850，851

科耶夫　479，480，481，482，483，484，485，486，487，483，489，490，597，801，803，807，809，810，811，812，813

克莱夫·贝尔　209

克鲁格　596

孔德　548，549

孔多塞　221

奎因　113，454，460

拉宾　694

拉梅特里　24

莱布尼兹　18，19，22，325，517，518

莱维纳　455，456，457

赖欣巴哈　168，173，187，235，459，463，469

兰克　173，470，558

勒维纳斯（艾玛纽埃尔·勒维纳斯）　557，577

李比希　396

里夏德·克朗纳　481

利奥塔尔（利奥塔）　173，455，456，547，548，863

利科尔　174

梁赞诺夫　632，636，638

列宁　88，126，138，147，159，185，186，251，252，261，263，264，266，267，269，270，271，280，281，282，283，284，285，286，288，289，290，291，292，293，294，295，296，297，298，299，302，305，324，327，328，331，333，337，353，358，359，360，361，362，363，364，365，366，367，368，369，370，371，372，373，374，375，376，377，378，379，380，381，382，383，385，

386，387，388，404，405，409，
413，415，416，417，428，429，
433，465，560，563，573，627，
644，645，646，647，649，650，
670，684，688，689，694，695，
696，697，698，700，755，773，
775，856，886，917

卢卡奇　141，479，480，481，492，
570，594，626，627，634，697，698

卢卡斯·克拉那赫　43

卢梭　799，805，828

罗蒂　141，161，162，166，174，176，
177，180，235，236，237，240，
241，243，460，462

罗尔斯　158，176，177，240，452，
469

罗克摩尔　490

罗森塔尔　856

罗素　71，83，161，165，173，236

洛克　18，158，657，803，804，805，
806，917

洛维特　491，598，799，800，801，
814，815，816，820，898

马尔库塞　86，87，141，223，569，
578，626，848，849，851

马赫　558，694，698

马克·约翰逊　920

马克思　1，3，4，9，12，13，20，41，
42，49，61，62，63，64，66，69，
71，73，74，75，76，77，78，80，
82，83，84，86，87，88，89，91，
92，94，95，97，99，100，103，

104，105，106，109，110，111，
115，116，118，119，120，121，
122，123，127，129，131，132，
133，134，135，136，137，138，
139，140，141，142，144，145，
146，147，148，149，150，151，
153，154，156，158，159，165，
166，168，169，174，176，178，
179，180，181，188，194，195，
196，200，205，207，208，223，
231，239，249，250，251，252，
257，258，260，261，266，267，
268，269，271，272，277，280，
281，282，283，284，285，286，
288，289，290，291，292，293，
294，295，296，297，298，299，
302，304，305，307，320，321，
322，323，324，325，327，329，
330，333，336，337，338，341，
342，343，344，345，346，347，
348，349，350，351，352，353，
354，355，356，357，358，359，
360，365，366，367，371，372，
373，374，375，376，377，378，
379，380，381，382，383，384，
385，386，387，388，389，390，
391，392，393，395，396，397，
398，399，402，403，404，405，
406，411，412，413，414，415，
416，417，418，419，420，424，
425，428，429，430，431，432，
433，434，440，443，446，447，

448，449，451，458，459，462，
463，464，466，467，470，472，
473，474，477，478，479，480，
481，490，491，492，493，494，
495，496，520，521，522，525，
526，527，529，530，535，536，
537，538，539，540，541，542，
543，544，555，564，565，566，
567，568，569，573，574，577，
578，579，584，585，586，587，
588，589，590，591，595，626，
627，628，630，631，632，633，
634，635，636，637，638，639，
640，641，643，644，645，646，
647，648，649，650，651，652，
654，655，656，657，658，659，
660，661，662，663，664，665，
666，668，669，670，671，672，
673，674，676，677，678，679，
680，681，682，683，684，687，
688，689，690，691，692，693，
694，695，696，697，698，699，
700，701，702，704，705，706，
707，708，709，710，711，717，
718，719，723，724，733，734，
735，736，737，738，739，740，
741，742，743，744，745，746，
747，748，749，750，751，752，
753，754，755，756，757，758，
759，760，761，762，763，764，
765，766，767，768，769，770，
771，772，773，774，775，776，

777，778，779，780，781，782，
783，784，795，797，798，800，
801，802，803，804，806，807，
813，814，815，816，817，818，
819，820，821，822，823，824，
825，826，827，828，829，830，
831，832，833，834，835，836，
837，838，839，840，841，842，
843，844，845，846，847，848，
849，850，851，852，853，854，
855，856，857，858，859，860，
861，863，864，865，866，867，
868，869，870，871，872，873，
874，875，876，877，878，879，
880，881，882，883，884，885，
886，887，888，889，890，891，
892，893，894，895，896，897，
898，899，900，901，902，903，
904，907，908，909，910，913，
914，915，916，917，918，919，
920，921，922，923，924，925，
926，927

马克斯·韦伯　790
梅格纳德·德塞　863
梅林　693
摩尔　165，490，671
摩尔根　671
纳尔斯基　694
奈斯比特　786
尼采　22，122，190，235，236，491，
　　　581，583，798，807，812，819
牛顿　43，65，168，629，630，631，

635，636，637，678
纽拉特　918
诺曼·莱文　626
培根　18，22，57，903
蒲鲁东　466，654，655，656，658，659，660，661，663，664，665
普列汉诺夫　283，284，288，290，292，366，367，373，388，415，693，694，695，697，886
乔治·布伦克特　889
乔治·莱考夫　920
乔治·麦克林　81
日丹诺夫　652，653
萨特　22，426，626，697，852，859
塞缪尔·亨廷顿　787
色诺芬　803，805，806，813
舍勒　218，219，591
施达克　920，921
施蒂纳　658，837，841
施莱尔马赫　558
施兰格　214
施密特　626，877
施太格缪勒　244
石里克　232，235，335，640
叔本华　43，52，165，235
斯宾诺莎　18，56，221，335，491
斯大林　258，420，886
斯图尔加　918
苏格拉底　163，221，468，474，487，579，587，594，615，803，810，912
索绪尔　141
泰勒　20，568，570，571，785，786，918
陶伯特　832
托马斯·阿奎那　583
托马斯·库恩　332
托匹茨　818
瓦托夫斯基　110，351，352
维特根斯坦　31，86，122，141，161，173，211，218，229，232，460，461
沃尔什　56，57
乌尔里希·贝克　241
悉尼·胡克　589，626，844
夏夫兹博里　203
谢林　34，164，168，189，316，468，469，516，569，596，611
休谟　33，36，163，172，711
修昔底德　598
雅科比（耶可比）　189，596
亚当·斯密　806，845，846，871
亚里士多德（亚里斯多德）　19，32，54，158，163，183，192，214，215，228，265，266，315，401，505，506，507，508，518，574，617，782，799，899，918
伊·奥伊泽尔曼　571
伊壁鸠鲁　22
伊姆雷·拉卡托斯　332
依波利特　493
约夫楚克　694
约翰·伯瑞　545
约翰内斯·威尔姆斯　241
詹姆士（詹姆斯）　161，188，463，860

詹姆斯·劳洛 860
芝诺 287，500

中田友美 847

中国人名

艾福成 668
白刚 843
邴正 789，793
伯尼 173
蔡美丽 571
蔡英田 676
曹卫东 175，176，216，234，237，350，
　486，539，545，546，591
车槿华 548
陈冬生 851
陈嘉映 537，586
陈维纲 790
陈维杭 640
陈小文 580
陈晓旭 177
程彪 830
程志民 87，569
邓晓芒 191，542，574，576，602，603，
　604，605，606，607，608，609，782
丁宁 612
丁耘 177，496，579，581，844，859，
　860
杜任之 171，235
杜小真 225
杜章智 480，492，570，626，634

范岱年 110，351，352，632
范祥涛 545
范扬 43，64，80，570，597，806
冯克利 193，549
冯友兰 48，59
付德根 175，176，234，237，350，539，
　591
傅统先 794
傅小平 850，851
干春松 81
甘阳 89，100，900
高超 120，127，128，665，922
高建平 210
高清海 1，14，84，107，108，109，282，
　299，426，429，536，643，644，
　654，666，755，924
高云涌 120，123，124
顾良 832，861，888，895
关文运 172
关子尹 481
郭斌和 582
郭大力 846
郭大为 602
郭英 218
韩志伟 558，822

索 引

何地　18，651，708，806，813
何怀宏　469
何卫平　558，564，586，588
何文忠　920
何一　821，844
何兆武　56，57，85，344，598
贺来　240，243，440，557，575
贺麟　54，70，72，73，80，113，184，
　　326，339，341，342，360，427，
　　431，440，445，446，451，468，
　　482，483，484，485，486，488，
　　495，496，521，538，539，556，
　　559，560，571，572，573，576，
　　582，589，593，594，595，596，
　　597，598，599，600，619，776，
　　779，808，809
贺照田　819
洪汉鼎　45，53，559，561，562，563，
　　566
洪谦　220
胡传胜　222，350
胡建文　693
胡锦涛　149，150
黄胜强　798，802，803，804，807，812
黄勇　174，578，849，851
贾冠颜　786
贾泽林　694
江怡　69
姜志辉　481，482，483，484，485，486，
　　487，488，489，490，808，809，
　　810，811
金顺福　694

靳翠微　787
瞿秋白　696
柯小刚　490
李博　544
李步楼　171
李达　691，696
李惠斌　852，856
李建萍　438
李秋零　491，598，800，801，814，815，
　　816，820，898
李世华　525
李幼蒸　236，243
连树声　786
梁启雄　789
梁志学　629
林进平　832，833
林利　353
刘丹岩　249，643，755
刘绯　787
刘福森　41，51，64，69，702，706，
　　707，710，721
刘李　557
刘擎　238
刘世安　598
刘小枫　219，803，805，818
刘鑫　86
刘英　86
鲁从明　525
陆忍　87
路国林　241
吕梁　215
马元德　71，83，158，167

马哲　694

马钟元　209

毛泽东　147，148，149，302，305，404，
　　405，406，407，408，409，410，
　　411，412，413，415，416，417，
　　792，793

蒙木桂　850，851

孟宪忠　419

倪梁康　844

聂锦芳　841

欧力同　877

欧阳康　860

邱椿　794

曲红梅　885

青载繁　693

任立　480，492，570，626，634

任平　120，121，122，123

荣震华　688，875

邵斯宇　505

石冲白　43，52

舒炜光　249

宋家修　693

孙丽娟　195

孙利天　161，171，179，182，195，426，
　　438，448，450，453，458，573，774

孙振声　789

孙正聿　98，109，111，120，131，152，
　　227，320，338，357，358，375，
　　389，404，531，577，583，601，
　　628，733，744，748，752，765，
　　766，769，858，860，875，876

孙周兴　74，450，564，575，577，580，
　　581，583，587，588，589，590，
　　612，621，623，624，781，782，
　　852，859

谈瀛洲　863

汤侠声　856

田海平　576，577

田禾　241

田薇　598，800，801，814，815，816，
　　820，898

田忠锋　601

万俊人　240

汪澄清　863

王炳文　244，586

王丹　426

王德峰　851

王东　926

王福生　593，874

王华平　918

王谨　341

王玖兴　113，184，341，431，445，451，
　　482，483，484，485，486，488，
　　495，496，572，573，594，597，
　　808，809

王南湜　575，871，875，895

王庆丰　579，858

王庆节　41，56，192，220，221，537，
　　583，586

王太庆　70，72，73，80，158，167，
　　521，560

王天成　443，497，505，573

王晓朝　210，211，901

王晓升　432

王亚南　846

王圆　787

王造时　569，598，801

韦卓民　214，573

吴寿彭　214，215

吴晓明　857，875，876

郗戈　894

谢永康　575

邢国凯　201

熊伟　41，56，192，220，221，583

徐长福　627，633

徐崇温　589，697，844

徐文瑞　176，241

徐友渔　214

许良英　632

许铭原　798，802，803，804，807，812

薛华　547，548，594

薛民　849，851

颜锋　629

燕宏远　480，492，570，626，634

杨凤岗　81

杨晓　786

杨一文　572，573

杨祖陶　489，607

姚大志　472

叶闯　335

应奇　238

于晓　790

余中先　577

俞吾金　227，626，702

岳长龄　889

臧佩洪　575

连卫　787

张博树　470

张卜天　629

张盾　806

张峰　346，533，576，592

张国清　237，568，570，571

张慧君　861

张立平　787

张连良　194，195，198

张企泰　43，64，80，597，806

张世英　96，493

张树义　249

张廷国　850

张维久　666

张文杰　56，57，85，344，598

张文俊　918

张雄　847

张岩磊　171

张一兵　702，849，850，851，855

张仲实　695

张竹明　582

赵斌　918

赵汀阳　45，50，62，63，67，453，454，583

钟宇人　571

周金环　209

周琪　787

周义澄　879，884

朱光潜　912

朱进东　568，570，571

朱熹　158，789

邹化政　5，30，307，644，924

专业词汇[1]

存在

此在 37，83，96，166，177，193，202，206，232，257，565，567，579，580，581，584，586，587，588，622，623，624，713，755，782，833，862

共在 16，586，905，912

存在者 6，8，54，85，86，95，97，177，192，215，220，221，443，447，485，508，522，523，524，529，537，555，581，583，586，587，589，590，618，623，624，782，905，912

存者在 220，220

存在秩序 215

存在论差异 581，623，624

存在论分说 581

本质与实存 581

抽象存在（抽象的存在） 24，206，342，343，344，345，346，348，349，708

具体存在（具体的存在） 83，197，200，322，345，566，614

属知存在 33

意识外的存在 394

意识内的存在 394

人的存在 6，7，8，15，20，22，25，33，82，84，85，86，89，90，91，92，94，95，97，106，119，133，136，141，142，189，196，199，208，240，242，344，387，444，447，448，482，489，520，522，523，524，525，526，527，528，553，565，577，580，584，586，659，680，681，744，771，782，867，877，888，891，892，896，900，911

生命存在 26，89，90，93，238，240，443，444，521，522，525，526，527，553，877

自然存在 2，15，20，22，23，24，84，443，494，523，526，708，783，875，877

超自然存在 22

超越性的存在 19

完美存在 207，211

本质与实存 581

世界

物质世界 8，9，10，11，13，21，27，585，639，685，689，690，691，

---

[1] 主词条按照我理解的本书思想主旨的逻辑结构编排，次级词条按照逻辑与拼音规则混合编排。

索 引

692，697，698，699，703，877

精神世界　19，21，27，223，495

绝对精神世界　19

客观世界　2，3，21，26，258，270，271，283，284，288，289，294，297，328，331，362，366，367，372，384，394，412，413，439，530，534，537，553，638，649，679，681，685，692，711，777，779

主观世界　2，3，199，467，711

彼岸世界（神学世界）

此岸世界　16，17，22，28，83，85，86，88，142，584，585，586，587，590，591

可见世界　19，201，212

可知世界　201，204，212

自然世界　1，2，3，15，16，17，20，21，84，85，86，90，91，93，570

超自然世界　2

实体世界　19

物自体世界　19

本体世界　1，2，108，475，476

单子世界　19

现实世界（对象世界）　1，2，14，16，17，18，19，20，23，26，27，28，29，49，63，76，78，108，137，166，196，204，223，286，337，356，413，423，427，488，490，585，587，592，614，621，634，676，679，691，709，738，750，771，779，840，841，866，871

分化世界　2，19，20

矛盾世界　17

生活世界　16，49，50，54，56，61，62，63，64，65，75，77，78，82，83，84，85，86，87，88，90，92，93，94，95，96，97，100，169，186，216，217，241，454，466，467，583，585，586，587，588，591，708，771，856，871，876，911

理想世界　17

潜能世界　17

价值世界　1

属人世界　1，2，3，17，20，21，85，90，104，526，710

自我世界　2

理念世界　2，19，90，229，584，585，587，614

心内观念世界　2，21

心外自在世界　2

意义世界　1

意见世界　206，210，501

改变世界　91，136，159，180，181，231，337，372，414，417，426，491，496，591，684，685，733，739，740，743，744，750，751，753，758，764，766，770，779，783，784，836，860

解释世界　85，87，91，165，180，231，332，337，339，401，412，414，417，423，426，684，733，

740，742，743，751，753，758，
764，766，770，836，860

主体活动世界　2

主体人化世界　21

类

类共相　31，32，34，35，36，39

类殊相　31，32

类本质　837，890，895，900，909，914

类的普遍性　507，786

类能力　720

类生活　448，906

类哲学　426

属性

普遍性　39，57，83，92，113，143，173，178，182，186，190，191，225，231，241，292，293，302，303，304，340，341，350，355，361，377，381，400，401，407，409，417，420，433，447，459，463，469，507，511，512，514，518，539，542，548，549，563，575，576，589，590，595，603，604，606，607，614，772，773，778，779，781，786，796，806，820，855，877，905，906，907，912，914

特殊性　100，112，113，167，168，191，303，304，321，322，393，400，401，407，408，409，439，441，511，512，514，515，518，523，524，539，544，575，600，

669，671，718，723，732，806

二重性　209，377，387，567，571

否定性　3，101，129，130，132，180，181，182，185，186，187，189，190，191，203，326，328，345，377，378，384，395，434，440，444，484，485，489，490，496，504，510，513，515，518，521，522，523，525，526，527，531，543，559，563，572，573，576，577，614，617，624，632，634，637，751，755，759，783，810，818，838，876，877，903，910，912，914

具体性　377，441，615，778，779，780

人性　9，11，12，13，16，23，43，44，90，95，96，97，163，167，176，187，198，202，204，205，206，207，208，210，216，240，446，448，453，454，455，456，457，562，707，802，803，804，805，806，808，813，815，819，889，891，892，893，895，910，913

实在性　5，6，7，8，9，10，11，13，17，24，32，33，38，73，164，199，307，308，310，311，312，313，314，315，316，317，318，319，456，581，711，882

属人性　16，23

现代性　88，92，98，99，103，104，

索 引

111，118，119，131，140，172，188，191，219，238，241，342，351，353，357，431，432，437，480，486，491，493，494，496，544，545，546，547，548，549，551，552，553，554，555，556，557，570，575，798，799，801，802，803，804，805，806，807，811，816，818，819，820，847，857，863，895

自然性　16，22，23，117，117，197，197，198，198，208，423，523，523，526，526，526，526，526，526，527，553，553，783，784，845，898

规律性（见"规律"词条）

同一性（见"同一"词条）

联系

内部联系（内在联系）　58，64，65，208，219，246，259，264，269，270，312，314，359，391，399，401，411，420，544，547，644，647，651，689，841

外部联系　411

普遍联系　391，417，421，523

客观联系　313，316，362，363，368

联系成序　311，312，313，314，315，317

矛盾

基本矛盾　2，89，90，431，531，550，666

矛盾的主要方面　408，417

矛盾的次要方面　417

矛盾关系　1，16，17，23，27，89，130，300，301，302，303，304，323，324，331，334，337，394，421，423，444，508，510，523，524，526，531，536，550，759，773

矛盾世界　17

生存矛盾　82，89，90，91，92，196，199

同一性　11，13，25，28，71，73，117，127，128，173，174，178，183，184，188，190，198，201，215，216，224，225，237，239，241，246，273，302，303，304，305，308，316，319，326，327，339，340，341，342，343，344，345，346，348，349，350，351，352，353，355，356，381，409，429，433，441，450，452，453，454，456，465，467，470，480，483，484，485，486，489，491，492，493，496，499，504，508，514，521，532，533，539，540，541，542，548，555，568，572，574，575，576，577，578，608，613，617，619，621，622，623，624，718，779，848，851，876，878

非同一性　178，349，356，450，532，533，572，577

斗争性　302，303，304，305，409

对抗　165，174，409，452，455，476，482，568，647，664，665，787

对立　2，10，12，21，22，23，24，27，28，39，42，53，91，92，95，99，104，107，108，110，143，163，187，199，200，201，204，205，207，210，267，283，287，288，289，290，291，294，297，300，302，303，305，307，310，324，330，331，362，363，364，378，390，409，421，422，429，440，441，442，444，446，448，464，474，475，476，483，484，485，489，494，509，512，513，523，525，531，535，545，547，548，566，570，571，573，575，589，592，594，595，596，598，601，610，618，637，638，643，647，655，656，657，663，674，677，680，681，692，704，711，717，722，723，729，740，752，756，762，763，775，777，779，785，788，795，828，832，838，839，848，865，866，871，872，876，878，888，890，891，893，894，895，896，897，898，899，900，902，903，906，908，909，913，914，918，921，922

对立统一　3，35，36，39，40，202，209，301，304，308，311，313，314，317，318，336，381，416，

419，421，423，425，526，536，628，658，667

转化　11，12，15，22，37，87，90，93，103，104，144，204，205，260，269，270，287，288，289，301，302，305，314，316，317，321，327，328，331，334，346，361，362，363，369，378，409，448，484，485，545，552，554，566，630，631，635，639，680，682，690，712，724，747，765，834，868，902，905，908，912

同一

　抽象的同一　326，327，339，340，341，345，352，441，532，555，576

　具体的同一　326，340，341，345，352，441，576

　直接同一　211，301，302，443，469，513

　同中之异　100

　异中之同　100

运动

　自己运动　167，183，186，187，188，190，191，331，345，430，434，446，451，452，465，466，773，776，778，779

　自身发展　178，200，426，427，430，434，655，724

　自我否定　108，163，183，190，191，327，328，426，427，430，434，437，444，446，484，485，

索 引

486，523，527，547，555，573，
575，778，839，855

规律

规律性　85，259，281，289，315，
324，361，362，368，402，411，
412，416，430，475，658，660，
661，662，673，674，704，710，
711，712，716，717，721，728，
729，730，759，780，816，845，
893

运动规律　290，291，294，323，354，
397，400，402，410，535，556，
611，633，640，654，678，685，
721，730，732，738，739，764

历史规律　132，348，350，354，355，
392，433，434，654，656，658，
661，663，674，717，732，749，
852，888，891

特殊规律　292，400，401

普遍规律　85，123，257，258，261，
263，265，266，291，292，293，
296，311，312，313，315，368，
385，393，395，400，401，402，
420，438，534，535，536，685，
691

直观规律　315，316，317，318，319

认识规律（认识的规律）　255，256，
283，289，291，292，293，294，
299，366，367，392，408，421，
535，549

思维规律　167，185，186，253，254，
255，256，258，271，308，311，

315，326，328，376，428，433，
628，638，735

质量互变规律　39，419，421，536

对立统一规律　39，419，421，526，
536

否定之否定规律　39，421，536

主体

认识主体　89，95，485，553，601

实践主体　423，424，553

主体性　2，3，36，90，135，136，142，
163，164，176，184，423，424，
442，481，482，486，491，546，
547，548，553，557，571，573，
580，667，682，683，685，705，
706，710，713，715，716，717，
719，721，722，725，728，730，
732，776，777，778，779，781，
847，850，851，852，913

交往

交往理性（交互主体性）　176，177，
237，241

交往实践　136，140，433

交往方式　142，349，708，780，838，
905

交往关系　834，836

社会交往理论　176

语言

有言的系统　42

有言的知识系统　59

语言的陷阱　173

语言分析　123，141，165，168，187，
458，461

语言学　86，133，166，169，173，175，234，454，461，501，632，734，918，920

语言学转向　175，234

意识

意识活动　308，309，655

意识内容　164，394，607

意识形式　47，49，61，77，184，189，190，394，431，451，532，780，901，915，916

意识形态　62，87，134，149，156，162，165，167，187，188，189，195，208，342，441，447，448，451，470，473，491，494，495，496，532，541，591，648，650，654，655，658，667，670，688，694，707，739，745，759，760，761，762，763，783，786，787，792，798，811，812，816，817，819，821，830，831，832，833，834，835，836，837，838，839，840，841，842，845，852，877，888，890，894，895，896，897，899，901，902，905，906，907，908，909，910，911，913，914，918，923，925，927

意识能动性　453，775

意识哲学　206，207，208，447，481，484，490，550，551，552，553，554，556，590，591，779，781，783

意识的间接性　9

意识的直接性　8，9

意识的总体性　9

意识规律　10，11，12，13

元意识　243

对象意识　394，513，514

自我意识　1，3，6，17，70，72，80，97，98，99，100，101，102，103，104，106，117，118，119，136，152，153，158，162，164，168，169，191，223，334，335，356，394，426，444，450，451，452，456，459，486，491，495，496，513，514，546，553，554，563，572，592，599，606，607，658，749，771，779，795，800，809，817，831，837，876，892，910，912，913

主观意识　328，368，882

求真意识　109，357

向善意识　109，357

审美意识　101，106，109，132，136，321，332，333，334，335，357，771，772

生命意识　89，90，93，516

个体意识　345，497

群体意识　497

社会意识　61，165，174，431，434，708，731，746，762，890，901，915，916，917，926

阶级意识　466，479，480，492，570，626，634，698，764，816，819

历史意识　85，545，558，559，561，

562，563，564，589，799，800，822

先验意识　559

集体意识　239，246，731

思维

思维方法　28，258，259，260，265，287，289，290，323，328，360，482，536

思维规律　167，185，186，253，254，255，256，258，271，308，311，315，326，328，376，428，433，628，638，735

思维过程　159，378，446，447，448，449，628，639，649，670，734，735，736，738，747，774，775，776，777，778，779，781

思维活动　110，124，129，185，253，254，255，256，257，258，260，265，275，277，278，279，281，283，322，330，351，649，651，663

思维形式　167，198，253，254，255，256，257，258，259，260，262，265，266，267，268，269，270，271，277，278，279，280，281，297，323，361，391，441，464，534，555

表象思维　112，113，115，156，183，187，428，450，571，573

知性思维　187，192，193，394，428，429，439，440，441，442，447，449，450，458，461，463，464，465，467，476，518，524，525，548，571，573，611，617

理性思维　213，300，311，450，451，615，617

辩证思维　284，288，296，299，391，394，398，402，403，410，411，445，459，476，525，577，640

理论思维　74，76，79，96，106，108，114，115，127，128，129，130，153，154，156，158，201，202，205，206，207，208，293，294，320，321，322，323，324，325，326，327，329，330，331，332，333，334，335，336，337，352，353，357，364，365，370，371，381，389，390，391，392，393，394，396，398，399，400，401，402，403，414，415，417，523，530，531，532，534，535，536，637，638，639，735，736，737，739，743

经验思维　106，113，389，391，393，394

概念思维　445，486，536，572

哲学思维　2，23，24，49，85，93，113，162，184，195，230，339，352，380，387，388，389，394，399，426，427，428，429，450，459，463，464，467，536，572，685，692，772，775，777，781，839

对立中思维　330，390

思维和存在 89，106，114，117，127，128，129，130，184，186，188，285，291，321，322，323，324，326，328，331，332，333，336，337，340，360，361，364，365，367，368，373，375，380，381，382，383，384，385，387，388，393，394，395，399，400，401，402，414，415，417，447，452，465，469，480，531，535，635，680，688，699，704，733，735，736，737，738，739，740，741，742，743，744，745，746，751，781，916，917，918

抽象的能动性 414

主观能动性 416，417，553，556，728，883，894

思存同一性 339，340，341，343，345，346，351，352，353，433，779

先验

先验统觉 164

先验逻辑 185，189，316，601，602，875，876

先验理性 239，240

先验方法 164，168

概念

个别的概念 280

一般的概念 280，285，324，361

概念的形式 279，280，286，300，363，376

概念的内容 261，279，445

概念实体化 461

实体概念 300

关系概念 300，302

概念体系 45，46，149，200，331，426，427，428，477，703

理性概念 190，427，473，589，729

知性概念 427，550，605，607，608，609，610

形式概念 205，461

专有概念 461

逻辑

客观逻辑 167，434，466

先验逻辑 185，189，316，601，602，875，876

形式逻辑 10，39，163，185，250，251，253，254，261，264，265，266，267，268，269，270，271，273，274，276，277，278，315，316，319，325，326，327，328，329，332，334，335，336，337，427，439，441，443，444，445，450，451，464，465，474，555，574，601，611，754

辩证逻辑 10，39，185，250，251，253，254，264，265，266，267，274，276，277，278，434，465，574，611

应用逻辑 185，376，428

知性逻辑 440，441，443，450，464，501，502，525，601，609，610，611

思辨逻辑 191，427，450，518，876，

876

理性逻辑 312，450

泛逻辑主义 167，188，447，477，478，576

范畴逻辑 39，311，316

符号逻辑 316

概念逻辑（概念的逻辑） 50，64，88，287，323，331，338，363，364，382，383，417

总体性逻辑 554，555，556，557

幻相的逻辑 475，476，501，601，611，615

幻想的逻辑 506

幻象的逻辑 455，542，573

逻辑的非心理性 312

逻辑的格 328，372

逻辑关系 374，417，640

逻辑结构 8，376，589

逻辑经验主义 172，451，468

逻辑实证主义 33，115，166，235，459，460

逻辑体系 70，278，374，444，778

逻辑先在（逻辑在先） 12，341，352，355，521，575，576

逻辑形式 172，200，269，445，446，504

逻辑运动 178，323，364，376，384，446

逻辑自洽性 438

正题 189，340，475，476，487，605

反题 189，340，475，476，487，605

合题 189，340，476，596

逻辑公式

同一律 271，272，274，275，276，318，319，326，327，440，456，505，611，612，619，623

矛盾律 272，274，312，326，442，443，500，611，612

排中律 272，326，612

充足理由律（充分根据律） 272，273，325

逻辑相异律 318，319

判断

肯定判断 601

否定判断 270，601

判断能力 604

推理

推理前提 325，326，329

推理过程 325

辩证推理 439

形式推理 156，183，444，445，571

辩证法

主观辩证法 265，294，296，297，439，478，550，556，638

客观辩证法 265，285，286，291，294，296，297，439，477，478，550，556，638

自发辩证法 287，299

自觉辩证法（自觉的辩证法） 284，300，396，397，630，633，634，637，639

自在辩证法 530，536，537，538

自然辩证法 127，133，293，396，397，399，400，402，403，477，

478，535，560，626，627，632，
633，634，636，637，638，639，
640，691，697，700

唯心辩证法　258，262，266，277，
775，776

唯物辩证法　249，251，252，254，
258，262，263，265，267，268，
270，274，275，276，277，278，
281，282，295，296，297，327，
336，337，405，438，646，691，
775

概念辩证法（概念的辩证法）　258，
262，263，265，266，285，286，
288，290，324，327，331，340，
341，342，350，351，352，353，
361，362，364，365，368，377，
380，382，383，387，426，427，
428，431，495，518，520，521，
568，573，574，576，577，578，
703，772

认识辩证法　266，284，380，402，
423

思维辩证法　291，297，402，633，
692，700

历史辩证法　168，402，430，432，
433，434，435，436，477，478，
480，490，558，631，633，780

生命辩证法　506，515

否定的辩证法　182，190，346，434，
485，533，576，587，592

"三者一致"的辩证法　352，358，
374，385，387，388，422

社会历史辩证法　430，432，433，
434，435，436，631，633

思维活动的辩证法　258

思维形式的辩证法　258

本体论追究的辩证法　336

认识论反省的辩证法　336

逻辑学反思的辩证法　336

辩证法的矛盾规律　274，275

辩证法的普遍规律　257，535

辩证法的历史性　558，559，560，
561，562，563，564，566，567

基本范畴

物　质　2，8，9，10，11，13，17，
21，22，23，24，27，49，62，68，
75，87，88，94，104，106，112，
133，137，143，144，145，159，
181，201，202，203，204，207，
209，210，211，219，241，261，
263，266，285，289，320，333，
344，345，354，359，362，370，
378，395，420，429，430，433，
434，435，447，448，449，460，
461，467，482，496，522，534，
541，567，571，585，591，628，
639，649，651，655，656，659，
660，661，663，664，668，670，
673，677，678，679，680，681，
682，683，684，685，686，689，
690，691，692，693，695，697，
698，699，702，703，704，705，
708，709，714，716，721，722，
723，724，725，731，737，738，

747, 748, 760, 761, 775, 776, 777, 778, 779, 780, 781, 783, 792, 802, 804, 822, 824, 828, 833, 836, 838, 839, 841, 845, 846, 850, 853, 861, 864, 865, 869, 877, 878, 881, 882, 883, 891, 892, 895, 896, 901, 902, 903, 904, 905, 906, 907, 909, 911, 912, 913, 915, 916, 917, 918, 919, 920, 921, 922, 923, 924, 925

精神　6, 8, 9, 10, 11, 12, 13, 17, 19, 21, 22, 23, 24, 25, 27, 28, 40, 42, 43, 48, 49, 50, 56, 57, 61, 64, 65, 67, 68, 70, 72, 73, 74, 75, 76, 77, 78, 80, 83, 86, 87, 93, 97, 98, 99, 100, 101, 102, 104, 105, 106, 111, 113, 115, 116, 117, 118, 119, 121, 123, 124, 125, 132, 133, 134, 136, 137, 149, 150, 153, 156, 164, 168, 169, 170, 174, 179, 180, 181, 183, 184, 185, 187, 188, 189, 190, 191, 192, 194, 195, 198, 199, 200, 201, 203, 204, 206, 207, 208, 210, 211, 219, 222, 223, 224, 230, 231, 232, 236, 241, 245, 247, 249, 251, 263, 273, 299, 309, 313, 316, 320, 321, 325, 333, 336, 341, 342, 343, 344, 345, 348, 352, 359, 361, 395, 426,

428, 429, 430, 431, 432, 433, 434, 436, 440, 444, 445, 446, 447, 449, 451, 452, 453, 454, 458, 459, 461, 466, 467, 469, 470, 477, 480, 482, 483, 484, 485, 486, 488, 489, 490, 491, 492, 495, 496, 497, 506, 510, 518, 520, 521, 522, 532, 533, 534, 535, 541, 543, 545, 547, 548, 555, 557, 561, 562, 569, 570, 571, 572, 573, 574, 575, 576, 577, 578, 589, 590, 591, 592, 593, 594, 595, 596, 597, 598, 599, 600, 620, 639, 657, 658, 665, 667, 669, 675, 679, 680, 681, 683, 684, 685, 686, 692, 693, 698, 699, 703, 704, 705, 710, 737, 738, 750, 754, 772, 778, 779, 780, 785, 789, 790, 791, 792, 794, 795, 796, 797, 801, 802, 804, 805, 807, 808, 809, 810, 811, 816, 817, 824, 830, 838, 839, 844, 849, 850, 856, 858, 875, 876, 879, 881, 892, 896, 901, 903, 905, 907, 908, 909, 910, 911, 912, 915, 916, 917, 918, 919, 922, 924, 925

主体　1, 2, 3, 4, 6, 7, 11, 12, 20, 21, 36, 45, 62, 68, 70, 73, 75, 89, 90, 91, 92, 94, 95, 99, 107, 132, 135, 136, 142, 162,

163，164，176，177，184，187，
188，190，191，192，198，212，
315，318，321，324，338，340，
342，353，356，378，382，384，
386，390，394，395，422，423，
424，425，430，436，442，445，
446，448，451，460，462，466，
467，481，482，484，485，486，
488，489，491，492，495，496，
513，516，518，535，536，537，
546，547，548，552，553，554，
557，559，560，571，573，576，
577，580，582，586，590，591，
598，601，606，609，616，626，
639，656，658，667，672，674，
678，679，680，682，683，685，
688，692，697，699，705，706，
710，711，712，713，714，715，
716，717，718，719，720，721，
722，723，725，726，728，729，
730，731，732，740，747，756，
757，774，775，776，777，778，
779，781，782，783，784，785，
791，795，796，808，835，838，
847，850，851，852，871，876，
892，898，913，926

客体　2，3，21，90，91，94，95，
107，118，129，132，135，136，
198，207，324，350，365，369，
371，382，384，386，390，394，
395，403，414，420，421，422，
423，424，425，440，442，448，

460，465，466，477，478，480，
485，486，489，491，492，493，
496，513，533，536，537，547，
573，576，590，603，606，626，
656，678，679，680，685，688，
697，710，711，712，713，714，
715，716，717，718，719，721，
722，726，729，730，731，740，
741，744，747，756，757，766，
767，769，776，777，781，808，
847，851，855，874

主观　1，2，3，12，17，23，25，
46，53，74，87，94，96，101，
105，107，108，128，132，156，
164，166，170，186，187，189，
199，200，207，209，251，253，
258，262，263，264，265，267，
268，270，273，275，286，293，
294，296，297，310，311，313，
314，315，317，322，328，352，
362，363，365，368，370，372，
394，399，405，406，407，415，
416，417，422，431，432，433，
434，439，441，442，444，450，
452，459，465，466，467，478，
480，482，485，486，488，490，
530，533，534，535，536，537，
538，550，551，552，553，556，
559，560，561，562，576，593，
595，596，597，603，605，638，
652，656，679，680，698，711，
717，722，724，726，728，729，

730，731，732，735，776，777，
778，805，875，882，883，894，
897，899，910

客观 2，3，7，8，9，10，11，12，
13，16，17，20，21，23，26，31，
32，34，45，48，53，54，55，60，
79，83，85，90，93，94，95，96，
107，108，117，128，129，132，
143，164，167，178，182，183，
184，187，188，189，191，192，
199，202，204，207，209，231，
252，253，254，255，256，257，
258，259，261，262，263，264，
265，266，267，268，270，271，
272，273，274，275，277，278，
279，280，281，283，284，285，
286，288，289，290，291，293，
294，296，297，311，312，313，
314，315，316，317，318，319，
322，323，324，327，328，331，
332，337，349，350，352，354，
355，356，357，359，361，362，
363，364，365，366，367，368，
370，372，380，382，383，384，
385，387，394，395，399，405，
406，407，409，411，412，413，
414，415，416，417，420，422，
423，428，429，431，432，433，
434，438，439，445，447，448，
459，460，463，464，465，466，
467，477，478，483，485，488，
507，524，530，531，533，534，

535，536，537，538，541，548，
549，550，551，552，553，555，
556，559，560，561，572，582，
584，586，591，593，595，597，
602，603，608，610，616，632，
638，646，649，652，656，657，
658，660，661，662，664，668，
669，670，671，672，673，679，
680，681，685，689，692，697，
698，704，711，716，717，718，
719，721，722，723，724，725，
726，728，729，730，731，732，
735，740，741，742，743，750，
776，777，778，779，780，782，
783，790，814，815，816，818，
825，827，828，836，840，842，
848，875，882，883，886，892，
894，896，897，898，899，904，
908，910，917，918，921，922

有限 15，22，103，104，105，110，
122，169，170，190，191，197，
203，204，207，215，216，217，
219，223，224，245，288，362，
392，422，427，428，444，453，
471，488，491，501，505，506，
507，508，509，510，511，512，
514，515，516，517，518，523，
539，540，542，547，548，563，
564，565，572，574，592，595，
597，598，603，614，615，616，
621，624，680，799，800，817，
827，860，896，898，906，910，

912，926

无限　22，83，103，104，109，151，186，196，215，219，241，247，256，287，297，324，357，369，370，392，422，427，428，439，441，444，455，456，457，462，463，464，469，470，471，505，506，507，508，509，510，511，512，513，514，515，516，517，518，523，539，540，542，547，561，563，564，592，595，597，598，603，614，615，617，618，620，649，663，712，730，762，771，773，778，800，802，813，824，827，850，853，855，876，878，888，896，903，910，912，914

应然　16，17，128，712，717，718，729，892

必然　6，7，8，10，11，12，16，17，19，22，24，25，26，28，32，33，34，36，37，39，44，49，52，53，57，60，61，66，67，70，71，74，76，78，79，82，92，93，98，112，122，132，136，143，145，146，157，162，163，165，169，170，172，178，179，180，182，183，185，186，187，188，189，191，197，200，201，202，203，208，214，217，221，223，224，225，227，235，236，237，238，240，242，243，244，245，247，255，257，262，265，270，273，276，277，281，285，286，287，291，296，297，300，301，303，305，310，312，314，316，317，318，324，327，339，340，341，350，354，361，362，378，381，382，383，385，390，392，409，420，421，422，423，427，428，431，432，433，434，436，439，441，442，443，446，447，448，449，450，451，452，456，461，462，464，466，476，482，486，488，501，503，504，518，524，525，529，530，534，535，536，537，538，539，541，542，545，547，548，549，552，555，556，557，560，572，584，588，590，591，599，601，602，603，604，605，606，607，608，609，610，611，612，620，621，623，624，631，637，657，658，659，660，661，662，663，665，666，673，674，680，688，706，717，718，721，722，726，728，729，732，734，738，747，750，772，775，776，778，780，781，788，793，795，796，805，809，810，818，824，825，830，833，839，852，853，854，855，864，865，866，874，875，879，886，887，888，892，894，896，897，898，899，901，902，903，904，905，908，

909，911，920，925

自在 2，16，21，22，32，34，35，103，107，164，210，250，315，328，332，334，340，341，363，444，459，466，483，488，521，523，530，531，533，536，537，538，549，550，553，567，586，597，603，639，672，673，694，708，711，712，718，719，809

自为 340，341，341，423，426，431，444，459，466，521，521，523，531，537，538，567，585，597，600，673，682，682，683，711，715，718，731，732，732，732，732，732，877

感性认识 （见"认识"词条）

理性认识 （见"认识"词条）

直接经验 （见"经验"词条）

间接经验 （见"经验"词条）

相对真理 179，181，189，297，410，412，417，453，456，459，465

绝对真理 27，57，109，164，179，189，224，225，410，412，413，417，450，451，453，456，457，459，464，465，540，560，572，589，590，591，592，677，809

主要矛盾（主要的矛盾） 85，90，363，408，409，417，787

次要矛盾 417

社会存在 9，12，61，87，165，174，186，301，342，431，434，564，566，567，684，697，698，699，708，723，725，746，762，890，891，898，900，901，916，917，918，925，926

社会意识 （见"意识"词条）

生产力 90，165，301，431，447，496，646，659，660，661，662，663，664，666，667，671，682，697，714，723，724，725，727，729，731，745，784，819，820，823，832，834，837，838，848，860，861，862，870，879，880，883，889，890，895，896，898，899，901，902，903，904，905，906，910，911，924，926

生产关系 301，431，447，586，646，659，660，682，702，724，725，729，731，826，829，834，836，845，846，848，854，860，863，867，868，869，889，895，896，898，899，901，902，904，905，915，924，926

经济基础 189，431，895，896，898，901，902，907，908，909，914，918，923，924，926

上层建筑 431，673，725，731，895，896，898，901，902，905，907，909，910，915，918，924，925，926

界限

界限分析 213，217，218，220，221，222，223，224，225

划定界限 218

澄清界限　213，216，217

消融界限　213，215，216，223

有界限　215，508

无界限　217

前提

　　常识前提　329

　　科学前提　329，332，334

　　哲学前提　329，335，336，337，759，760，761

价值

　　价值观　43，45，46，49，50，57，58，60，61，63，64，68，75，76，79，80，101，104，106，132，133，134，136，142，143，157，158，167，170，239，321，332，333，334，335，667，710，771，772，786，787，788，790，792，793，794，795，797，863，889

　　价值形式　345，363，376，714

　　价值预设　46，47，899

　　价值追求　53，715，719，720，727，728，793，891，892，893

　　价值比较　727，728

　　价值关系　135，324，729，791，867

　　价值积累　720

　　价值衰减　728

　　价值同一　63

　　价值选择　719，720，727，728，729

　　价值预设　46，47，899

　　价值原则　195，225，716，717，718，727

　　价值指向　45，57

交换价值　62，75，345，377，847，851

使用价值　345，377，856，867，868

剩余价值　376，377，428，626，628，824，847，848，853，869，879，880，881

天然价值　37，38，712，713

创生价值　37

人造价值（知识）　1，18，19，22，23，30，31，32，33，34，35，36，37，38，41，42，43，45，46，47，48，49，50，51，52，53，54，55，56，57，59，60，96，99，105，112，113，115，122，124，129，140，150，153，154，161，162，163，164，166，167，170，172，173，174，175，183，185，187，199，200，202，203，204，205，206，207，208，210，211，213，214，215，217，218，219，220，222，231，235，243，245，247，262，279，292，293，299，307，313，315，316，317，318，322，329，332，333，335，339，341，342，360，365，367，371，381，391，394，396，397，398，399，400，401，402，411，412，428，439，442，443，451，452，456，459，460，462，463，464，465，467，481，482，483，485，488，500，501，502，503，505，529，535，536，542，545，548，553，

562，563，569，570，572，577，580，584，586，591，592，596，597，599，602，605，606，608，610，611，613，614，615，616，617，618，619，620，632，634，637，640，645，646，652，677，680，734，735，765，777，780，781，782，786，808，809，810，812，817，908，926

认识

 感性认识　256，410，411，412，417

 理性认识　95，256，259，260，270，272，274，279，410，411，412，417

 自发的认识　292

 自觉的认识　292

 认识规律　256，291，292，293，408，421，535，549

 内感知　309，310

 外感知　309，310，311

 感性之看　309，310，311，312，313，315，317，318

 理性之看　309，310，311，312，313，315，318

 飞跃　290，331，340，365，411，412，621

直观

 感性直观　309，442，499，500，501，502，504，602，603，604，605，606，607，608，609，610，835，903

 理性直观（理智直观）　189，309，499，502

 创造性直观　316，468

 直观反映论　133，379，380，382，383，386，388，389，392，407，414

 成知能动性　311，312，314，315，316，317，318，319

 本质直观　219

 直观认识　2，21，314

经验

 经验主体　390，451

 经验客体　390

 经验事实　116，117，119，195，199，207，287，289，300，304，330，331，332，363，444，453，468，835

 经验对象　113，183，186，323，331，393，468

 直接经验　222，410，411，412，417，845

 间接经验　410，411，412，417

 时间经验　349

 偶在经验　349

 个人经验　412，900

 共同经验　329，330，390，411，412

 超验　83，107，113，217，235，239，427，428，455，463，464，465，466，468，469，587，590，591，612，613，615，616，617，618，620，621，745，850

理性

 个体理性　340，341，345，353

普遍理性　340，341，342，345，348，349，353，354，356，655，656

理论理性　394，453，456，457，542

实践理性　176，240，394，453，456，560

批判理性　86

真理

全体的自由性　191，339，340，341，350，353，548，772

环节的必然性　191，339，340，341，350，548，772

相对真理　（见"基本范畴"词条）

绝对真理　（见"基本范畴"词条）

思想

思想的前提批判　120，121，123，124，125，126，127，128，130，357

思想的移居　177，579，580，584

思想积累　159

思想性的历史　152，153，154，155，156，158，159，160，336

思想中的时代　335，355

精神

精神分析法　168

精神客观化　164，459

精神世界　（见"意识"词条）

精神形态　70

精神修养　50

科学

科学化　18，220，583，685，836，887

科学精神　42，48，56，57，440，892

科学世界　16，17，18，84，85，86，96

科学文化　56

科学哲学　133，140，141，162，166，173，187，235，351，352，644

科学主义思潮　99，113，115，117，133，139，143，161，583

哲学

哲学观　21，22，23，28，31，41，44，49，51，52，53，54，55，56，57，58，59，63，65，66，67，68，69，71，72，73，74，75，76，77，78，79，80，86，87，89，93，98，99，100，102，104，106，112，115，118，123，124，125，127，133，139，140，165，166，171，178，179，201，213，226，227，228，229，230，231，232，233，247，248，282，461，462，490，536，567，691，692，700，701，707，755，817，890，891，892，893

哲学立场（思想坐标）　46，53，55，63，76，79，81，460

哲学派别　21，117，118，132，200，229，231，232，235，369，370

哲学独白　453

哲学对话　121，450，453，490，572

哲学职能的分化　244

哲学的分化　244

哲学的生命　44，46

哲学的时代性　42，44，64，65，66，

78，79，80，81

哲学合法性　151，161，162，163，167，169，170，234

哲学的变革　77，78，705

哲学观念的变革　49，68，102

哲学进化论　47

哲学现象学　30，40

批判

精神批判　320，321

实践批判　320，321，750，781

前提批判　114，115，120，121，123，124，125，126，127，128，130，168，320，321，323，325，326，327，329，331，332，333，334，336，337，357，531

自我批判　109，115，170，331，332，333，335，336，349，357，432，467，557，795，827，828，829

经验常识批判　331

法哲学批判　87，348，431，494，584，750，835，839

经济学批判　346，359，387，431，670，689，748，828，838，841，844，845，849，855，856，901，904，907，908，909，914，915，916

空想社会主义批判　346

宗教批判　431

社会批判　86，431，470，849

前提批判　114，115，120，121，123，124，125，126，127，128，130，168，320，321，323，325，326，327，329，331，332，333，334，336，337，357，531

批判主体　191，321

批判对象　175，180，236，237，321，322，332，343，347，747

批判结果　321

批判方式　245，321

批判活动　126，225，320，321，336

批判尺度　431

生命

生命意义　90，443，497，502，503，504，515

现实生命　90，447

精神生命　187，444，445，446，778

感觉生命　510，511，512，513，514，515

生命自我　506，512，513，514，515，517

生命的体验　442，444，446，447，449，515

人类兴趣　219

人的解放　88，95，447，448，449，543，546，677，682，727，899

人生境界　57，59，60，96，186，466，467，504

自然性　16，22，23，117，197，198，208，423，523，526，527，553，783，784，845，898

超自然性　22，117，523，526，553

自然的人化　526

人的自然化　526

自我

有限自我 597

无限自我 597

自我世界 （见"世界"词条）

自我意识 （见"意识"词条）

自我产生 521，522，599，892

自我创造 15，17，443，526，527，547，553，572，575，703，732，804

自我理解 17，85，94，95，139，141，228，246，349，467，480，493，495，525，527，599，799

自我否定 108，163，183，190，191，327，328，426，427，430，434，437，444，446，484，485，486，523，527，547，555，573，575，778，839，855

自我异化 103，119，156，348，355，356，449，590，750，819

自我超越 109，115，139，196，349，357，443，444，523，527，543，547，550，555，575，682，703，839

自我实现 17，238，328，353，354，355，480，527，598，599，732，749，892，906

生产

生产劳动 37，38，448，680，681，754，848，880，899，910，913

大生产 666，791，880

再生产 9，62，76，671，673，681，838，869，870，871

劳动

劳动产品 345，671，681，835，867

雇佣劳动 718，845，846，847，868，897

剩余劳动 718，870，880

劳动工具 22，466，727，905

劳动过程 219，865，878，905

劳动力 435，436，846，853，868，879，880

劳动手段 727

活劳动 345，346，826，847，853

死劳动 345，346，826，847，853

劳动生产率 436，727，864

劳动对象 448，783，878，879，905

劳动主体 783

消灭劳动 783

阶级

阶级斗争 295，429，430，673，797，821，899

阶级统治 870

剥削阶级 665

阶级结构 496，667

阶级社会 342，345，347，354，375，493，569，570，665，671，764，822，823，826，827，828，829，846，847，848，850，854，868，869，890，894，899，900，902，904，906，909，910

阶级意识 466，479，480，492，570，626，634，698，764，816，819

阶级解放 466，783，816

阶级政治 541，806，856

索 引

社会

社会本能 724，728

社会存在 9，12，61，87，165，174，186，301，342，431，434，564，566，567，684，697，698，699，708，723，725，746，762，890，891，898，900，901，916，917，918，925，926

社会关系 196，241，342，374，376，494，496，523，585，646，658，659，660，661，663，664，665，714，715，724，725，731，742，823，835，844，845，846，847，848，851，854，855，859，865，867，868，870，871，879，894，897，898，905，914

社会规律 668，669，670，671，672，673，674，689，721，724，725，727，730，731，732

社会劳动 37，38，860，870，880

社会历史过程 12，80，426，708，717，718，721，722，723，724，725，728，729，730，886

社会矛盾 194，195，655

社会形式 569，659，660，714，715，742，748，822，823，826，827，828，829，853，880

社会形态 239，646，659，660，819，846，868，893，895，905

社会性 37，38，142，423，431，585，689，705，706，723，783，784，832，833，846，867，869，870

社会选择 727，728，729

社会意识 61，165，174，431，434，708，731，746，762，890，901，915，916，917，926

社会主体 462，466，714，715，717，718，719，728，729，730

社会主义 98，131，132，133，134，135，136，137，142，143，144，145，147，149，150，151，181，303，346，409，426，431，432，434，435，436，551，552，626，634，645，646，647，652，654，666，667，676，692，693，725，772，786，792，793，795，796，797，798，856，858，859，861，862，863，869，870，871，872，873，883，886，894，898，899，900，902，917，926

社会化 241，791，838，855，884

历史

历史必然性 70，242，409，432，433，434，466，552，666，673，717

历史规律 132，348，350，354，355，392，433，434，654，656，658，661，663，674，717，732，749，852，888，891

历史活动 94，132，135，136，146，328，343，348，355，356，386，395，426，430，433，448，672，674，694，745，749，763，836，

899，904

历史客观性　433，716，718，719

历史偶然性　673

历史神秘论　657，658

历史生存论　702

历史唯物论　135，470，654，674，694，696

历史唯物主义　41，73，75，76，78，123，138，156，165，258，346，380，402，415，449，480，585，627，643，644，645，646，647，648，649，650，651，652，667，676，677，678，685，686，693，694，695，696，697，698，699，700，702，705，706，707，709，710，711，716，717，718，721，732，733，739，740，741，742，743，744，745，746，747，749，750，751，752，753，754，755，756，758，759，760，761，762，763，765，767，768，769，770，772，773，774，798，813，815，819，821，822，824，825，826，828，829，830，831，832，834，835，836，837，839，841，842，843，844，849，850，852，853，856，857，858，859，860，863，874，875，876，877，880，881，882，883，884，885，886，887，888，889，890，891，893，894，895，896，897，898，899，900，902，903，904，906，907，924，

925

历史现象学　702

历史宿命论　717

历史运动　186，246，283，494，547，548，575，654，657，663，665，718，719，721，724，725，729

历史之谜　449，687，843，859

聪明的唯心主义　364，365，380，382

愚蠢的唯物主义　364，365，380，382

聪明的唯物主义　364，365，380，382

后形而上学　111，175，176，182，191，192，216，234，235，236，237，238，242，243，245，246，247，338，346，348，349，350，351，352，353，354，355，356，357，432，539，557，568，575，576，577，591

两重化　16，713

表征　98，99，115，116，117，118，119，124，125，135，151，199，342，343，351，484，486，515，516，525，583，584，592，858

体系　4，5，8，12，13，19，23，26，30，31，32，33，34，36，38，42，45，46，63，69，70，71，73，80，86，93，96，97，103，105，111，120，121，132，133，137，138，139，140，141，142，144，148，149，150，162，163，164，165，167，168，186，191，195，200，227，229，231，239，247，249，278，288，295，296，298，311，

315，323，331，333，335，341，
343，346，347，348，351，352，
369，370，374，386，421，422，
423，424，426，427，428，429，
432，434，438，439，442，444，
453，454，455，456，457，459，
464，465，473，477，478，484，
487，492，517，536，540，541，
549，555，571，577，596，597，
599，600，639，647，648，652，
654，669，676，677，678，680，
683，684，685，686，693，699，
703，704，732，750，759，760，
767，778，785，786，791，792，
818，851，863，870，873

物化 90，92，349，431，680，720，779，846，847，854，898，904，906，909，911，912

异化 18，91，92，94，103，119，156，181，346，348，355，356，423，424，442，446，448，449，493，494，495，507，508，525，541，564，590，623，624，682，750，818，819，821，833，835，838，839，847，848，852，859，860，866，867，868，895，896，897，898，899，902，904，910，913

扬弃 32，34，97，108，111，187，201，202，203，204，205，210，223，239，327，336，354，377，421，423，449，464，468，488，489，494，499，503，517，521，522，547，548，553，562，564，594，595，599，616，617，619，620，621，680，733，734，735，736，737，739，743，749，751，776，779，819，835，838，856，876，897，900，902，906，909，912，913

德性 59，238，593，813

美趣 59

智悟 59

自在 （见"基本范畴"词条）

自在之物 22，164，363，483，533，603，694

自主 24，27，92，208，216，423，448，462，570，657，683，728，730，732，785，788，834，847，855，894，898，900，902，903，904，905，906，910，911，912，913，914

自立 27，618，797

自律 27，216，441，799，889

自由人的联合体 181，853，860，898，906

（本索引词条由杜永明编制）

图书在版编目（CIP）数据

哲学基础理论研究：1—3卷／孙正聿主编．—北京：中央编译出版社，2018.8
ISBN 978-7-5117-3586-7

Ⅰ．①哲…
Ⅱ．①孙…
Ⅲ．①哲学理论－研究
Ⅳ．①B0

中国版本图书馆 CIP 数据核字（2018）第 116507 号

哲学基础理论研究：1—3卷

总 策 划：	葛海彦
出 版 人：	葛海彦
出版统筹：	贾宇琰
责任编辑：	杜永明
美术编辑：	王洪广　吴成英
责任印制：	刘　慧
出版发行：	中央编译出版社
地　　址：	北京西城区车公庄大街乙 5 号鸿儒大厦 B 座（100044）
电　　话：	（010）52612345（总编室）　（010）52612339（编辑室）
	（010）52612316（发行部）　（010）52612346（馆配部）
传　　真：	（010）66515838
经　　销：	全国新华书店
印　　刷：	三河市华东印刷有限公司
开　　本：	710 毫米×1000 毫米　1/16
字　　数：	920 千字
印　　张：	62
版　　次：	2018 年 8 月第 1 版
印　　次：	2018 年 8 月第 1 次印刷
定　　价：	198.00 元

网　　址：www.cctphome.com　　邮　箱：cctp@ cctphome.com
新浪微博：@ 中央编译出版社　　微　信：中央编译出版社(ID: cctphome)
淘宝店铺：中央编译出版社直销店(http://shop108367160.taobao.com)
　　　　　（010）55626985

本社常年法律顾问：北京市吴栾赵阎律师事务所律师　闫军　梁勤
凡有印装质量问题，本社负责调换，电话：（010）55626985